中华人民共和国审计署主办

《中国审计年鉴》编委会编辑

2005

中国审计年鉴

中国时代经济出版社

图书在版编目(CIP)数据

中国审计年鉴.2005/《中国审计年鉴》编辑委员会编.北京:中国时代经济出版社,2005.12
ISBN 7-80169-842-8

Ⅰ.中… Ⅱ.中… Ⅲ.审计-中国-2005-年鉴
Ⅳ.F239.22-54

中国版本图书馆 CIP 数据核字(2005)第 145330 号

刊　　名	《中国审计年鉴》(2005)
编　　者	《中国审计年鉴》编辑委员会
出 版 者	中国时代经济出版社
地　　址	北京市东城区东四十条 24 号青蓝大厦 11 层
邮　　编	100007
电　　话	(010)88361317(发行处)　68320852(编辑部)
发　　行	各地新华书店
印　　刷	北京昌平百善印刷厂
开　　本	787×1092　1/16
印　　张	正文 51 印张　彩插 5 印张
字　　数	1500 千字
版　　次	2005 年 12 月北京第 1 版
印　　次	2005 年 12 月北京第 1 次印刷
书　　号	ISBN 7-80169-842-8/Z·029
广告代理	北京时代国审广告传媒有限公司
电　　话	(010)82511473
定　　价	180.00 元

ISBN 7-80169-842-8
9 787801 698421 >

12月28日，在中央电视台举办的"2004 CCTV年度经济人物"评选中，李金华审计长被评为"2004 CCTV年度经济人物"，并获"2004 CCTV年度经济人物大奖"。图为全国人大常委会副委员长成思危（右一）为李金华审计长颁奖。

12月28日，李金华审计长参加中央电视台举办的“2004 CCTV年度经济人物”颁奖时，发表题为《当务之急》的限时演讲。

12月28日，在中央电视台举办的“2004 CCTV年度经济人物”评选颁奖晚会上，李金华审计长接受中央电视台记者现场采访。

6月23日，李金华审计长受国务院委托，向全国人大常委会作《2003年度中央预算执行和其他财政收支的审计工作报告》。

1月30～31日，全国审计工作会议在北京召开，李金华审计长作了《求真务实，开拓创新，进一步提高审计工作质量和水平》的工作报告。

1月30～31日，令狐安副审计长在全国审计工作会议上传达国务院总理温家宝对审计工作的重要指示。

1月30～31日，全国审计工作会议在北京召开。图为大会现场。

7月22日～24日，全国审计工作座谈会在昆明召开。图为大会主席台。

10月27日，全国审计机关人才和廉政工作会议在南京召开。图为大会主席台。

8月，中国审计学会审计管理研讨会在大连召开，石爱中副审计长等出席会议。

贵州省委常委、常务副省长王正福出席贵州省审计工作会议。

9月17日，李金华审计长会见美国主计审计长大卫·沃克尔先生。

11月，李金华审计长访问法国，会见法国审计院院长弗朗索瓦·罗日浩先生。

4月，李金华审计长访问英国时会见英国审计长约翰·布恩。

3月15日，李金华审计长会见越南国家审计署审计长杜平洋，并签署中越审计谅解备忘录。

7月5日，李金华审计长会见保加利亚审计长尼科洛夫。

9月6日，李金华审计长会见应邀来华访问的罗马尼亚审计法院院长丹·德·沙古纳一行。

11 月，李金华审计长访问希腊时会见希腊审计长康斯坦丁·利左。

11 月，李金华审计长参加 OECD 世界指标论坛大会，并在大会上发言。

8月，李金华审计长率团访问韩国监查院。

8月，李金华审计长访问蒙古时与牧民合影。

3月25～31日，令狐安副审计长会见缅甸国家审计署审计长伦貌少将，并签署中缅审计谅解备忘录。

6月，令狐安副审计长出席世界环境审计会议时，与巴西审计法院院长（右二）合影。

9月，意大利审计法院院长斯塔里尼（左一）会见刘家义副审计长。

4月，罗马尼亚审计法院院长丹·德·沙古纳会见董大胜副审计长。

8月，利比亚审计长玛尔会见项俊波副审计长。

12月，突尼斯审计法院院长凯菲女士会见王道成纪检组长。

内蒙古自治区党委副书记、常务副主席岳福洪（左五）会见蒙古国审计署审计长贾瓦兹玛（左四）一行。

越南审计代表团访问广东时，广东省审计厅主要负责人向越南审计长赠送礼品。

4月，李金华审计长视察广州特派员办事处。时任特派员的余效明陪同李审计长了解计算机审计情况。

8月29日，李金华审计长在苏州视察工作，并为苏州审计题词："只有搞好审计信息化建设，才能实现审计工作科学化。"

9月，李金华审计长到浙江进行工作调研。图为李金华审计长在听取浙江省审计厅工作汇报后作重要讲话。

李金华审计长在黑龙江视察时，为龙江审计题词："以科学发展观为指导，大力加强人法技建设，全面提高审计工作水平。"

令狐安副审计长在湖南省省长周伯华的陪同下，到湖南省审计厅视察工作。

刘家义副审计长在安徽省审计厅主要负责人的陪同下，视察安徽省审计厅计算机中心。

3月，董大胜副审计长到浙江调研时与陈加元副省长（右二）亲切交谈。

3月2日，纪检组长王道成在湖北省审计厅视察指导工作。

9月，余效明副审计长到京津冀特派员办事处视察信息化建设和机关后勤工作。

11月24日，石爱中副审计长在京出席国家标准化管理委员会、审计署、财政部联合召开的《信息技术——会计核算软件数据接口》国家标准新闻发布会，并发表讲话。

全国经济责任审计工作会议

11月29～30日，中纪委、中组部、监察部、人事部、审计署、国资委在北京联合召开全国经济责任审计工作会议。

11月29日，李金华审计长在全国经济责任审计工作会议上作题为《把握机遇，开拓创新，全面推进经济责任审计工作》的报告。

11月30日，中央纪委副书记、监察部部长李至伦在全国经济责任审计工作会议上作总结讲话。

图为全国经济责任审计工作会议主席台。

11月30日，大会主持人令狐安副审计长在全国经济责任审计工作会议主席台上主持大会。

6月16日，中央五部委经济责任审计工作座谈会在济南召开。

辽宁省全省审计工作暨经济责任审计工作会议在沈阳召开，省长张文岳（主席台中）、省委副书记王万宾（右三）、副省长鲁昕（左三）出席大会并讲话。

11月，广西柳州市被评为全国经济责任审计工作先进市。图为柳州市审计局主要负责人在进点会上代表审计局讲话。

2月19日，上海市经济责任审计工作联席会议2004年度第一次会议在上海市委组织部召开。

5月13日，苏州市实行领导干部经济责任审计预告会制度。预告会由市委组织部牵头，五部门负责同志出席，当年拟接受审计的领导干部及其单位领导参加。

审计署社会保障审计局通过中国红十字会总会向发生大海啸的印度洋灾区捐款。

审计署外资运用审计司党支部赴西柏坡接受革命传统教育。

9月2日，出席第二届国际计算机审计研讨会的代表到南京特派员办事处参观信息化建设。南京特派员办事处向代表介绍了自行开发的审计项目管理软件。

2月，济南特派员办事处组织计算机培训考试。

长春特派员办事处开展 AO 系统应用培训。

重庆特派员办事处为庆祝建党 83 周年组织全体党员开展党日活动。

天津市审计局大力推进信息化建设。图为处级以上领导干部参加计算机培训。

河北省审计机关开展精品工程创建活动。

山西省审计厅主要负责人赴太原化工集团硫酸厂开展联企帮困慰问活动。

吉林省审计厅审计人员研究基建审计工作方案。

黑龙江省审计厅举行纪念《行政复议法》实施5周年宣传日活动。图为审计厅主要负责人在活动现场解答问题。

4月28日，山东省审计厅举办机关职工“健康杯”工间操比赛。

12 月 31 日，湖北省审计厅发布《审计结果公告》（第 1 号）。

湖南省审计厅与财政、地税、国库、海关等部门联欢迎新年。

四川省审计厅召开处级正职领导干部述职述廉大会。

2月1～5日，云南省审计厅组织厅机关全体干部职工进行计算机知识培训。

青海省组织审计知识电视竞赛，图为竞赛现场。

新疆维吾尔自治区审计厅主要负责人（中）代表审计厅慰问企业特困职工。

京津冀特派员办事处在金融审计中充分运用计算机进行电子数据的分析和应用。图为金融审计处在某资产管理公司审计现场。

太原特派员办事处审计人员认真研究审计中出现的问题。

沈阳特派员办事处农林社保审计处工作人员在沈阳市失业保险基金审计现场。

哈尔滨特派员办事处法制处人员深入审计现场，指导检查审计组贯彻执行审计署6号令情况。

上海特派员办事处对上海烟草集团公司的财务收支情况进行现场审计调查。

2月，武汉特派员办事处审计人员在长江重要堤防隐蔽工程现场勘察。

9月，广州特派员办事处金融审计一处审计组成员在审计现场研究工作。

郑州特派员办事处审计人员在审计现场调查取证。

西安特派员办事处审计人员在现场研究工作。

兰州特派员办事处审计人员在现场开展讨论。

昆明特派员办事处和社会保障审计司在联合实施的大姚地震救灾资金审计项目中，审计人员深入农村走访农户，了解救灾资金使用情况。

成都特派员办事处领导深入审计现场指导工作。

长沙特派员办事处积极探索计算机辅助审计新路子。图为计算机审计现场。

12月10日，深圳特派员办事处主要负责人和审计人员在岳阳长江干堤上与岳阳长江干堤修防处有关人员一起查看大堤图纸。

北京市密云农业综合开发项目审计现场。

大连市审计人员在大连市城市轨道一期工程审计现场。

浙江省审计厅审计人员在对省人民大会堂迁建工程审计中，实地丈量绿化工程。

4月13日，福州市审计局审计人员在福州市卫生防疫站进行世行贷款结核病控制项目审计。

江西省九江市审计局对电力项目开展审计。

安徽省审计人员在治淮项目审计现场。

为了确保农业税灾歉减免资金发放到农民手中，河南省审计人员深入农户调查核实。

8月，广西壮族自治区西林县审计人员深入花贡河河道整治工程实地调查。

海南省审计厅审计人员亲临毛拉洞水库实施现场审计。

陕西省审计厅围绕解决“三农”问题，加大对农业专项资金的审计力度。图为审计人员在现场取证。

《中国审计年鉴》编辑委员会

《中国审计年鉴》编辑部

总　编　辑： 刘宝衡
副 总 编 辑： 宋灵恩　刘玉慧
编辑部主任： 刘　荇
责 任 编 辑： 王松宝　徐以营
美 术 编 辑： 张　戈
技 术 编 辑： 杨婷婷　马立霞　连　华

《中国审计年鉴》(2005)特邀编辑

编辑说明

一、《中国审计年鉴》以邓小平理论和“三个代表”重要思想为指导，以记录中国审计工作历程、服务经济建设、加强理论引导、推动审计事业发展为宗旨，富有与时俱进的特色，对审计工作具有指导意义。

二、《中国审计年鉴》（2005卷）是由中华人民共和国审计署主办并组织编纂的第九部年鉴，具有极强的权威性、指导性、资料性、专业性和保存、馆藏价值。本卷年鉴全面、系统、集中地反映了我国2004年审计工作的总体概况，起讫时间为2004年1月1日至2004年12月31日。

三、本卷年鉴基本保持了以往的编撰体例及风格，增加和调整的部分内容如下：

1. 图片部分继续沿用2004年卷的体例和内容，结合形势以及审计工作特点，增加了“经济责任审计”栏目，并将其他栏目相应调整为“特载”、“会议回放”、“国际交往”、“领导在基层”、“基础建设”、“一线风采”，以更加直观地反映审计工作风貌。

2. 为更好地记录2004年度审计工作在社会上引起的强烈反响，特设了“审计风暴”栏目，记载社会各界对审计工作的关注和评价。

3. 结合审计工作发展历程，增加了“审计结果公告”栏目，刊载截至2004年底审计署对外发布的所有审计结果公告。

4. 调整了“重要财经审计法规”和“审计科研成果及论文”栏目，增删了部分内容，以增强年鉴的信息量。

四、本卷年鉴由“特载”，“审计风暴”，“经济责任审计”，“审计署工作概况”，“地方审计机关”，“解放军审计署工作概况”，“内部审计”，“科研、培训、出版、学术团体”，“优秀审计项目及科研成果”，“审计结果公告”，“重要财经审计法规”，“大事记”和“审计工作统计”等部分组成。

五、本卷年鉴采用文章、条目、统计表格等体例分类排列，栏目下设类目和条目。各类目和条目在字号、字体及编排上都有所区别，以便读者检索。

六、本卷年鉴采用的稿件均由各级审计机关提供。香港、澳门和台湾地区的资料暂未编入。

七、本卷年鉴在编辑过程中得到了各级审计机关的大力支持和协助，在此谨致谢意！

由于编辑人员的水平有限，缺点和错误在所难免，敬请广大读者批评指正。

《中国审计年鉴》编辑部

目　录

特　载

求真务实　开拓创新　进一步提高审计工作质量和水平　李金华　1
李金华审计长在派出局局长助理座谈会暨处长培训班上的讲话　李金华　10
李金华审计长在2004年中央部门财务审计工作研讨班上的讲话　李金华　13
令狐安副审计长在2004年金融审计培训班上的讲话　令狐安　18
为全面推进审计信息化建设而努力奋斗　刘家义　21
董大胜副审计长在2004年全国外资审计业务培训班上的讲话　董大胜　31
项俊波副审计长在2004年失业保险基金审计培训班上的讲话　项俊波　37
总结经验　与时俱进　努力构建审计机关廉政工作体系　王道成　40
余效明副审计长在全国社会保障基本理论和审计业务培训班上的讲话　余效明　46
石爱中副审计长在农村公路和退牧还草专项审计调查培训班上的讲话　石爱中　52

审计风暴

审计工作报告
关于2003年度中央预算执行和其他财政收支的审计工作报告　56
媒体评论
审计风暴之后期待问责风暴　63
期待审计署“触目惊心”报告之后的处理结果　64
追问审计报告:中央机关政府官员何以私定乾坤　64
呼吁法律阳光代替审计风暴　66
以预算监控遏制审计黑洞　67
审计报告追惩缺位之忧:如何处理屡查屡犯现象　68
廉政审计——我国反腐斗争中一个重大信号　69
审计报告暴露我国现行财政体制三大弱点　70
审计:从“孤胆英雄”到全面建设　72
中国“审计风暴”四大热点透视　72
审计暴露六大体制软肋　75
“审计风暴”观察　76
整改情况
国务院办公厅关于2003年度中央预算执行和其他财政收支审计查出问题纠正情况的报告　78

经济责任审计

领导讲话
在全国经济责任审计工作会议上传达中央领导批示精神时的讲话　赵洪祝　87
把握机遇　开拓创新　全面推进经济责任审计工作　李金华　87
在全国经济责任审计工作会议上的总结讲话　李至伦　94
经验交流
深化经济责任审计　加强对权力的监督制约　96
推行经济责任审计　促进提高领导干部执政能力　98
围绕加强执政能力建设创新经济责任审计　99
发挥审计作用　追究经济责任　101
努力放大经济责任审计的综合效应　102
海关关长经济责任审计的基本经验　103
立足规范　标本兼治　104
强化经济责任审计　促进企业健康发展　105
表　彰
中央五部委经济责任审计工作联席会议关于表彰经济责任审计工作先进地区和先进单位的决定　107

审计署工作概况

署领导、党组成员 109

审计署机关

审计工作简述 109

办公厅 112

法制司 115

财政审计司 117

金融审计司 119

行政事业审计司 121

经贸审计司 123

农业与资源环保审计司 124

社会保障审计司 126

固定资产投资审计司 128

外资运用审计司 129

经济责任审计司 131

外事司 132

人事教育司 134

直属机关党委 137

驻审计署纪检组、监察局 138

离退休干部局 140

机关服务局 142

审计署派出审计局

外交外事审计局 144

发展计划审计局 145

经济审计一局 147

经济审计二局 148

贸易审计局 150

国防工业审计局 150

教育审计局 152

科学技术审计司 153

政法审计局 154

民族宗教审计局 155

监察人事审计局 157

资源环保审计局 158

社会保障审计局 160

建设建材审计局 161

交通运输审计局 163

信息邮政审计局 164

农林水审计局 165

文化体育审计局 166

卫生药品审计局 168

海关审计局 169

经济执法审计局 170

新闻通讯审计局 170

旅游侨务审计局 171

科学工程审计局 172

地震气象审计局 173

审计署驻地方特派员办事处

京津冀特派员办事处 174

太原特派员办事处 176

沈阳特派员办事处 178

哈尔滨特派员办事处 180

上海特派员办事处 182

南京特派员办事处 184

武汉特派员办事处 186

广州特派员办事处 189

郑州特派员办事处 192

济南特派员办事处 194

西安特派员办事处 196

兰州特派员办事处 198

昆明特派员办事处 199

成都特派员办事处 201

长沙特派员办事处 203

深圳特派员办事处 205

长春特派员办事处 208

重庆特派员办事处 209

地方审计机关

北京市 212

天津市 223

河北省 233

山西省 248

内蒙古自治区 259

辽宁省 272

大连市 279

吉林省 286

黑龙江省 294

上海市 308

江苏省 320

浙江省 333

宁波市 338

安徽省 345

福建省 354

厦门市 359

江西省 364

山东省 374

青岛市 381

河南省 391

湖北省 410

湖南省 424

广东省 439

深圳市 447

广西壮族自治区 459

海南省 473

重庆市 477

四川省 495

贵州省 515

云南省 526

西藏自治区 539

陕西省 544

甘肃省 554

青海省 567

宁夏回族自治区 575

新疆维吾尔自治区 582

新疆生产建设兵团 592

解放军审计署工作概况

军委首长对审计工作的重要批示 597

军队审计工作概况

解放军审计署 598
海军审计局 599
空军审计局 600
第二炮兵审计局 600
沈阳军区审计局 601
北京军区审计局 601
兰州军区审计局 602
济南军区审计局 603
南京军区审计局 603
广州军区审计局 604
成都军区审计局 604
总参谋部审计局 605
总装备部审计局 605
总政治部审计局 606
国防大学审计处 606
国防科学技术大学审计处 606
武警部队审计局 607
军事经济学院军队审计系 607

内部审计

中国内部审计协会 608
中国电力投资集团公司 610
中国航空工业第二集团公司 612
中国南方机车车辆工业集团公司 613
中国人民财产保险股份有限公司 614
中国对外贸易运输(集团)总公司 615
中国电子科技集团公司 616
中国水利水电建设集团公司 617
中国人寿保险股份有限公司 618
中国海洋石油总公司 619
国家开发银行 621
天津港(集团)有限公司 622
中国农业银行河北省分行 623
石家庄钢铁有限责任公司 624
山西焦煤集团有限责任公司 625
东北电网有限公司 627
沈阳重型机械集团有限责任公司 628
吉林省通信公司 629
吉林省能源交通总公司 630
吉林石油集团有限责任公司 631
百联集团有限公司 631
上海文化广播影视集团 632
江苏省邮政局 633
雅戈尔集团股份有限公司 634
中铁四局集团有限公司 635
安徽工业大学 636
厦门象屿集团有限公司 636
福州市总工会 637
江西省电信有限公司 638
江西省邮政局 639
肥城矿业集团有限责任公司 640
青岛港(集团)有限公司 641
安阳钢铁集团有限责任公司 641
河南省交通厅公路管理局 642
三环集团公司 643
太极集团有限公司 644
重庆新华书店集团公司 645
陕西省高速公路建设集团公司 645
陕西有色金属控股集团有限责任公司 647
甘肃省气象局 647
兰州兰石集团有限公司 649
青海省电信有限公司 649
青海省地质矿产勘查开发局 650
中国石油天然气股份有限公司吐哈油田分公司 651
新疆独山子石油化工总厂 652
中国石油天然气股份有限公司新疆油田分公司 653
中国石油天然气集团公司新疆石油管理局 653

科研、培训 出版、学术团体

审计署审计科研所 655
审计署审计干部培训中心 656
计算机技术中心、信息化建设办公室 658
南京审计学院 662
中国时代经济出版社 664
中国审计报社 666
中国审计学会 668

优秀审计项目及科研成果

审计署2004年度优秀审计项目和表彰审计项目 670
科研成果
审计署审计科研所科研成果 671
山西省审计科研成果 673
浙江省审计科研成果 674
安徽省审计科研成果 675
江西省审计科研成果 677
山东省审计科研成果 678
湖北省审计科研成果 680
重庆市审计科研成果 682
甘肃省审计科研成果 683
新疆维吾尔自治区审计科研成果 684

审计结果公告

中华人民共和国审计署审计结果公告2003年第1号 686
中华人民共和国审计署审计结果公告2004年第1号 687

中华人民共和国审计署审计结果公告2004年第2号 689
中华人民共和国审计署审计结果公告2004年第3号 692
中华人民共和国审计署审计结果公告2004年第4号 695
中华人民共和国审计署审计结果公告2004年第5号 697
中华人民共和国审计署审计结果公告2004年第6号 707
中华人民共和国审计署审计结果公告2004年第7号 716

重要财经审计法规

财政部关于印发《关于改进和加强企业年度会计报表审计工作管理的若干规定》的通知 723
审计署关于贯彻实施行政许可法工作安排的通知 728
国务院国有资产监督管理委员会关于印发《中央企业财务决算审计工作规则》的通知 729
审计署办公厅关于印发《审计报告》文书格式标准的通知 732
审计署办公厅转发《关于加强行政执法机关与公安机关、人民检察院工作联系的意见》的通知 733
财政部关于印发《中央本级项目支出预算管理办法》（试行）的通知 735
审计署办公厅关于《审计报告》送达问题的通知 738
审计署关于印发《2004至2007年审计信息化发展规划》的通知 739
审计机关审计项目质量控制办法（试行） 741
中央企业经济责任审计管理暂行办法 749
中央企业内部审计管理暂行办法 754
中央纪委、中央组织部、监察部、人事部、审计署关于将党政领导干部经济责任审计范围扩大到地厅级的意见 758
审计署关于印发《审计署优秀审计项目评选办法》的通知 759

大事记

一月 761
二月 762
三月 764
四月 766
五月 767
六月 768
七月 770
八月 771
九月 772
十月 774
十一月 775
十二月 777

审计工作统计

2004年全国审计机关分行业审计情况统计表 779
2004年审计署业务司审计情况统计表 782
2004年审计署派出局审计情况统计表 785
2004年审计署特派办审计情况统计表 788
2004年地方审计机关审计情况统计表 791
2004年全国审计机关经济责任审计结果情况统计表 797
2004年全国审计机关审计调查情况统计表 799
2004年全国审计机关分行业审计调查情况统计表 799

Contents

Special Selected Articles

Pursuing truth, being practical and creative, further improve the quality and standard of audit work .... Li Jinhua 1
Speech at the training course for assistant director generals from dispatched audit offices .... Li Jinhua 10
Speech at the Workshop on Financial Audit of central government departments in 2004 .... Li Jinhua 13
Speech at the Training Course on Monetary Auditing in 2004 .... Linghu An 18
Striving for improving computerization of auditing in an all – round manner .... Liu Jiayi 21
Speech at the Training Course on National Foreign Funds Application Audit in 2004 .... Dong Dasheng 31
Speech at the Training Course on Unemployment Insurance Funds Audit in 2004 .... Xiang Junbo 37
Summing up experiences, try hard to build a working system for audit institutions' integrity .... Wang Daocheng 40
Speech at the Training Course on Basic Social Security Theories and Social Security Audit .... Yu Xiaoming 46
Speech at the Training Course on Rural Road and Re – vegetation Special Audit Investigation .... Shi Aizhong 52

Audit Storm

Audit Work Report

Audit Work Report on the Central Budget Implementation and Other Fiscal Revenue and Exqenditures for the year 2003 .... Li Jinhua 56

Media's Comments

Longing for an Accountability Storm after the Audit Storm 63
Waiting for the follow – up of the "astounding" report by the National Audit Office 64
Questioning the audit report: Why officials of the central government departments can make 64
Need for "legal sunshine" instead of "audit storm" 66
China News Week: to curb "audit black hole" with budgetary monitor and control 67
Lacking follow – up of audit reports: How to deal with re – occurrence of same 68
Probity Audit, a major signal of anti – corruption in China 69
Audit report revealed three weak points of Chinese public finance system 70
Auditing: from "fighting alone" to all – round development 72
Four Hot Issues in China Audit Storm 72

Audit finds six systematical weak points ········ 75
A look inside the "Audit Storm" ········ 76
Corrective Messures
Report on Correcting Problems Found in the Central Budget Implementation and Other Fiscal Revenue and Expenditures Audit for the year 2003 by the General Office of the State Council ········ 78

Leaders' Accountability Audit

Leaders' Speech
Speech at the National Conference on Accountability Audit ········ Zhao Hongzhu 87
Taking opportunity and being creative, improve the Leaders' Accountability Audit work in all - round manner ········ Li Jinhua 87
Speech at the closure of the National Conference on Accountability Audit ········ Li Zhilun 94
Experiences Exchange
Further improving accountability audit, strengthening the supervision and restriction of leaders' power ········ 96
Improving accountability audit in an all - round manner and enhancing the administrative capability of leaders ········ 98
Creatively conduct leaders' accountability audit to strengthen the capacity building of governments ········ 99
Giving full play to government auditing in pursuit of accountability ········ 101
Trying hard to expand the comprehensive influences of accountability audit ········ 102
Basic experiences from the accountability audit for customs' heads ········ 103
Basing on the standards, treat both the incidental and fundamental aspects simultaneously ··· 104
Strengthening accountability audit for healthy development of enterprises ········ 105
Commendation
The decision of commending outstanding regions and units for their accountability audit works, made on the joint work meeting of five central government departments on accountability audit ········ 107

Brief Introduction of the Work of CNAO

Leaders of the CNAO and Members of the Leading Party Group ········ 109
Internal Departments of the CNAO
Audit Work Brief ········ 109
General Office ········ 112
Law Department ········ 115
Department of Public Finance Audit ········ 117
Department of Monetary Audit ········ 119
Department of Non - profit Government Agencies Audit ········ 121
Department of Trade and Economic Audit ········ 123
Department of Agriculture, Resources and Environmental Protection Audit ········ 124
Department of Social Security Audit ········ 126
Department of Fixed Assets Investment Audit ········ 128

Department of Foreign Funds Application Audit ······ 129
Department of Leader's Accountability Audit ······ 131
Department of Foreign Affairs ······ 132
Department of Personnel and Education ······ 134
CPC Branch ······ 137
Disciplinary Commission (Inspection Bureau) ······ 138
Department of Retirement Affairs ······ 140
Logistics Service Bureau ······ 142
Dispatched Audit Offices of the CNAO
Foreign Affairs Audit Office ······ 144
Development and Planning Audit Office ······ 145
Economic Audit Office No.1 ······ 147
Economic Audit Office No.2 ······ 148
Trade Audit Office ······ 150
Defense Industry Audit Office ······ 150
Education Audit Office ······ 152
Science and Technology Audit Office ······ 153
Security and Justice Audit Office ······ 154
Ethnic and Religious Affairs Audit Office ······ 155
Supervision and Personnel Audit Office ······ 157
Resources and Environmental Protection Audit Office ······ 158
Social Security Audit Office ······ 160
Construction and Building Materials Audit Office ······ 161
Transportation Audit Office ······ 163
Information and Postal Audit Office ······ 164
Agriculture, Forestry and Water Resources Audit Office ······ 165
Culture and Sports Audit Office ······ 166
Public Health and Medicine Audit Office ······ 168
Customs Audit Office ······ 169
Economic Law Implementation Audit Office ······ 170
News and Communication Audit Office ······ 170
Tourism and Overseas Chinese Affairs Audit Office ······ 171
Science and Engineering Audit Office ······ 172
Seismological and Meteorological Audit Office ······ 173
Resident Audit Offices of the CNAO
JingJinJi Resident Audit Office ······ 174
Taiyuan Resident Audit Office ······ 176
Shenyang Resident Audit Office ······ 178
Harbin Resident Audit Office ······ 180
Shanghai Resident Audit Office ······ 182
Nanjing Resident Audit Office ······ 184
Wuhan Resident Audit Office ······ 186
Guangzhou Resident Audit Office ······ 189
Zhengzhou Resident Audit Office ······ 192
Jinan Resident Audit Office ······ 194

Xi'an Resident Audit Office ············ 196
Lanzhou Resident Audit Office ············ 198
Kunming Resident Audit Office ············ 199
Chengdu Resident Audit Office ············ 201
Changsha Resident Audit Office ············ 203
Shenzhen Resident Audit Office ············ 205
Changchun Resident Audit Office ············ 208
Chongqing Resident Audit Office ············ 209

Local Audit Offices

Beijing Municipality ············ 212
Tianjin Municipality ············ 223
Hebei Province ············ 233
Shanxi Province ············ 248
Inner Mongolia Autonomous Region ············ 259
Liaoning Province ············ 272
Dalian City ············ 279
Jilin Province ············ 286
Helongjiang Province ············ 294
Shanghai Municipality ············ 308
Jiangsu Province ············ 320
Zhejiang Province ············ 333
Ningbo City ············ 338
Anhui Province ············ 345
Fujian Province ············ 354
Xiamen City ············ 359
Jiangxi Province ············ 364
Shandong Province ············ 374
Qingdao City ············ 381
Henan Province ············ 391
Hubei Province ············ 410
Hunan Province ············ 424
Guangdong Province ············ 439
Shenzhen City ············ 447
Guangxi Zhuang Autonomous Region ············ 459
Hainan Province ············ 473
Chongqing Municipality ············ 477
Sichuan Province ············ 495
Guizhou Province ············ 515
Yunnan Province ············ 526
Tibet Autonomous Region ············ 539
Shannxi Province ············ 544
Gansu Province ············ 554
Qinghai Province ············ 567

Ningxia Hui Autonomous Region 575
Xinjiang Uygur Autonomous Region 582
Xinjiang Army Production and Construction Corps 592

Auditing Work of the PLA Audit Office

Important Instructions on the audit work made by leaders of the Central Military Commission 597
Auditing work of the PLA
PLA Audit Office 598
Navy Audit Office 599
Air Force Audit Office 600
Second Artillery Corps Audit Office 600
Shenyang Military District Audit Office 601
Beijing Military District Audit Office 601
Lanzhou Military District Audit Office 602
Jinan Military District Audit Office 603
Nanjing Military District Audit Office 603
Guangzhou Military District Audit Office 604
Chengdu Military District Audit Office 604
General Staff Headquarters Audit Office 605
General Equipment Department Audit Office 605
General Political Department Audit Office 606
Audit Division of the National Defense University 606
Audit Division of the National Defense Science and Technology 606
Audit Office of Armed Police Force 607
Army Audit Department of Army Economy Institute 607

Internal Auditing

China Institute of Internal Audit 608
China Electric Power Investment Group Co. 610
China Aviation Industry Corporation II 612
China South Locomotive and Rolling Stock Industry (Group) Corporation 613
PICC Property and Casualty Company Limited 614
China National Foreign Trade Transportation (Group) Corporation 615
China Electronic Science and Technology (Group) Corporation 616
China National Water and Hydropower Engineering Construction Company 617
China Life Insurance Co. Ltd 618
China National Offshore Oil Corporation 619
State Development Bank 621
Tianjin Port (Group) Co. Ltd. 622
Hebei Provincial Branch, Agricultural Bank of China 623
Shijiazhuang Iron and Steel Co. Ltd. 624
Shanxi Coal Group Co. Ltd 625

North East China Grid Company Limited ········· 627
Shenyang Heavy Machinery Group Co. Ltd. ········· 628
China Net Communication Co. (Jilin Provincial Co.) ········· 629
Jilin Provincial Energy and Transportation Company ········· 630
China National Petroleum Corporation Jilin Company ········· 631
Shanghai Brilliance (Group) Co. Ltd ········· 631
Shanghai Media & Entertainment Group ········· 632
Jiangsu Provincial Post Office ········· 633
Youngor Group Co., Ltd. ········· 634
China Tiesiju Civil Engineering Group Co. Ltd ········· 635
Anhui University of Technology ········· 636
Xiamen Xiangyu Group Co., Ltd. ········· 636
The Fuzhou City Federation of Trade Unions ········· 637
China Telecom Corporation Limited Jiangxi Provincial Company ········· 638
Jiangxi Provincial Post Office ········· 639
Feicheng Mineral Industry Company ········· 640
Qingdao Port (Group) Co. Ltd ········· 641
Anyang Iron & Steel Group Co. Ltd ········· 641
Road Administration Bureau of Henan Provincial Communications Office ········· 642
Tri – Ring Group Co. ········· 643
Taiji Group Co. ········· 644
Chongqing Xinhua Bookstore Group ········· 645
Shannxi Provicial Express Way Construction Company ········· 645
Shannxi Nonferrous Metals Holding Company ········· 647
Gansu Provincial Meteorological Administration ········· 647
Lanzhou LS Group Company ········· 649
China Telecom Corporation Limited Qinghai Provincial Company ········· 649
Qinhai Bureau of Geology and Minerals Exploration ········· 650
Tuha Branch Company of PetroChina Company Limited ········· 651
Xinjiang Dushanzi Petrol and Chemical Factory ········· 652
Xinjiang Branch of PetroChina Company Limited ········· 653
Xinjiang Petrol Administration of China National Petroleum Corporation ········· 653

Scientific Research, Training, Publication and Academic Organizations

Auditing Research Institute of the CNAO ········· 655
Staff Training Center of the CNAO ········· 656
IT Center of the CNAO (Informationlization Office) ········· 658
Nanjing Audit University ········· 662
China Modern Economic Publishing House ········· 664
China Auditing Newspaper ········· 666
Auditing Society of China ········· 668

Outstanding Audit Projects and Researches

List of the CNAO's Outstanding Audit Projects and Awarded Audit Projects for 2004 ··· 670
Scientific Research Results ··· 671
Auditing Research Institute of the CNAO ··· 671
Shanxi Provincial Auditing Research Institute ··· 673
Zhejiang Provincial Auditing Research Institute ··· 674
Anhui Provincial Auditing Research Institute ··· 675
Jiangxi Provincial Auditing Research Institute ··· 677
Shandong Provincial Auditing Research Institute ··· 678
Hubei Provincial Auditing Research Institute ··· 680
Chongqing Municipal Auditing Research Institute ··· 682
Gansu Provincial Auditing Research Institute ··· 683
Xinjiang Autonomous Region Auditing Research Institute ··· 684

Announcement on Audit Findings of the People's Republic of China

Announcement on Audit Findings of the P.R. China (2003 – No.1) ··· 686
Announcement on Audit Findings of the P.R. China (2004 – No.1) ··· 687
Announcement on Audit Findings of the P.R. China (2004 – No.2) ··· 689
Announcement on Audit Findings of the P.R. China (2004 – No.3) ··· 692
Announcement on Audit Findings of the P.R. China (2004 – No.4) ··· 695
Announcement on Audit Findings of the P.R. China (2004 – No.5) ··· 697
Announcement on Audit Findings of the P.R. China (2004 – No.6) ··· 707
Announcement on Audit Findings of the P.R. China (2004 – No.7) ··· 716

Important Fiscal, Economic and Audit Laws and Regulations

Ministry of Public Finance: "Rules for Improving and Strengthening the Management of Enterprises Annual Report Audits" ··· 723
National Audit Office: "Notification for the Implementation of Administration License Law" ··· 728
State – owned Assets Supervision and Administration Commission: "Working Rules for Central Enterprises Final Financial Accounts Audit" ··· 729
General Office of the CNAO: "Notification for Implementation of Document Formulation Standards for Audit Reports" ··· 732
Forwarded by the General Office of the CNAO: "Opinions on Strengthening the Working Relationship between Administrative Departments and the Public Security & People's Procuratorate Agencies" ··· 733
Ministry of Public Finance: "Rules for Central Government Level Projects Expenditure Budget Management" (Trial) ··· 735

General Office of the CNAO: Notification of the Matters Regarding the Deliver of Audit Reports 738
CNAO: 2004 – 2007 Audit Computerization Development Plan 739
"Audit Project Quality Control Measures for Audit Institutions" (Trial) 741
"Temporary Measures for Central Enterprises Accountability Audit Management" 749
"Temporary Measures for Central Enterprises Internal Audit Management" 754
Central Commission for Discipline Inspection, Organization Department of CCCPC, Ministry of Supervision, Ministry of Personnel, CNAO: "Opinions on expanding the coverage of leaders accountability audit to Prefecture level" 758
CNAO: "Rules of CNAO's Outstanding Audit Project Appraisal" 759

Auditing Work Chronicle

January 761
February 762
March 764
April 766
May 767
June 768
July 770
August 771
September 772
October 774
November 775
December 777

Audit Working Statistics

Statistical table of audits performed by audit institutions all – over the country classified on an industrial basis (2004) 779
Statistical table of audits performed by CNAO's auditing departments (2004) 782
Statistical table of audits performed by CNAO's dispatched audit offices (2004) 785
Statistical table of audits performed by CNAO's resident audit offices (2004) 788
Statistical table of audits performed by local audit offices (2004) 791
Statistical table of leaders' accountability audits performed by audit institutions all – over the country (2004) 797
Statistical table of audit investigations conducted by audit institutions all – over the country (2004) 799
Statistical table of audit investigations conducted by audit institutions all – over the country classified on an industrial basis (2004) 799

特　　载

求真务实　开拓创新
进一步提高审计工作质量和水平

——李金华审计长在全国审计工作会议上的讲话
（2004 年 1 月 30 日）

这次全国审计工作会议的主要任务是，认真贯彻党的十六届三中全会和中央经济工作会议精神，总结去年审计工作情况，部署今年审计任务，研究进一步提高审计工作质量和水平的措施。国务院领导对这次会议很重视，1 月 19 日，温家宝总理和华建敏国务委员听取了审计署的工作汇报，充分肯定了一年来的审计工作，并对今后工作提出了明确的要求，我们要认真贯彻执行。下面，我就去年和今年的审计工作讲几点意见。

一、2003 年审计工作取得了显著成绩

2003 年，全国审计机关在党中央、国务院和地方党委、政府领导下，紧紧围绕经济工作中心，进一步突出对重点领域、重点部门、重点资金的审计监督，加大对重大违法违规问题和经济案件的查处力度，审计工作取得了新的进展。全国共审计 13 万多个单位，审计处理后，已上缴财政 148.2 亿元，减少财政拨款和补贴 10.1 亿元，归还原渠道资金 90.7 亿元，向纪检司法机关移送各类违法犯罪案件线索 1867 件。

（一）预算执行审计。去年的预算执行审计，在总结以往经验的基础上进一步深化和发展，审计重点更加突出，效果更加明显，社会影响进一步扩大。从中央预算执行审计来看，有三个比较突出的特点：

一是把揭露预算分配和管理中的问题作为工作重点。这次审计反映的许多问题都是涉及预算分配和管理的深层次问题，如一些负责资金分配的部门在年初安排预算时，未将资金及时批复到具体部门和项目，有 380 多亿元在年度执行中通过追加的方式再进行分配的问题，引起全国人大、国务院及有关方面的高度重视，对于进一步规范预算管理，提高预算分配到位率，起到了积极的促进作用。

二是加大了对中央补助地方支出的审计力度。去年，采取上下联动的方式，进一步加强了对这部分支出的审计，揭露了有些项目重复设置、多头审批，有些资金分配超越范围，甚至向本系统倾斜等问题，促进有关部门进一步整合归并项目，严格资金分配管理。

三是加大了对中央二、三级预算单位的延伸审计力度。共延伸检查了 216 个二、三级预算单位，查出违规资金 37 亿元，发现和揭露了一批严重违法违规问题，促进中央部门加强了对所属单位的预算管理。国务院各部门对预算执行审计发现的问题十分重视，积极进行整改。截至目前，已上缴财政各项资金 77 亿元，归还原渠道 9 亿元，移送案件 83 起，有 545 人（次）受到党纪政纪处分或被追究刑事责任。

地方审计机关在去年的预算执行审计中也进行了一些新的探索，取得了较好成效。各地以财政、税务部门审计为主导，以部门预算执行审计为基础，加大了对专项资金、重点建设项目的审计力度，进一步完善了预算执行审计的工作体系。对财政部门的审计逐步从单纯的合法性审计向规范管理方面迈进，并注意加强了对财政管理改革有关内容的审计。如北京、湖北、四川、浙江等地围绕财政改革，进一步加强了对部门预算、政府采购、会计核算中心等的审计力度，取得明显成效。

（二）专项资金审计。去年，全国统一组织对国债资金、土地出让金等7项重点专项资金以及武警消防、公安系统的财务收支进行了审计和调查。工作中注意把审计与审计调查、查处违法违规问题与检查资金使用效果、揭露问题与从管理和机制上深入分析原因结合起来，收到了较好效果。

对764个环保及公路国债建设项目进行审计和调查，揭露和反映了部分国债项目建设进度缓慢，管理不规范，损失浪费大，投资效果差，以及中西部一些地区公路建设负债规模过大，拖欠贷款和工程款现象突出等问题。

审计10个城市国土出让金管理使用情况，并对国家征用农村集体土地补偿政策的落实情况进行审计调查，发现一些地方非法买卖土地、违法“圈地”、乱占耕地，以及低价补偿或截留挪用农民征地补偿费问题比较突出，审计结果引起了国务院及有关部门的高度重视。

审计592个国家扶贫重点县扶贫专项资金的管理使用情况，发现的突出问题是，一些地方扶贫贴息贷款投向不合理，主要投向了工业、电力、通讯、交通等基础性和竞争性行业，而用于扶持农户的小额贷款却逐年萎缩，不利于国家扶贫政策的贯彻落实。

审计13个省（市）社会保障资金，通过从总体上掌握和分析社保资金状况，揭露和反映了由于统筹级次偏低，造成社保资金互济性差，基金结余与缺口现象并存等突出问题。另外，审计调查四川省江油市和广东省增城市企业职工基本养老保险征缴情况，发现企业参保率普遍比较低，“应保未保”现象严重。

审计调查湖北、重庆三峡库区水污染防治资金，重点检查国务院批准的库区水污染防治规划及相关政策落实情况，发现进入库区的污染物排放底数不清，部分水污染防治项目重复立项，多数重点治理企业未能实现达标排放等问题，引起国务院的高度重视，温家宝总理、曾培炎副总理作了重要批示，国家发改委专门下发通知，要求对审计发现的问题严肃查处，认真整改。

对19个省武警消防系统财务收支情况及部分地区消防建设情况进行审计和调查，查出和反映了一些地方对消防建设重视不够，投入不足，造成消防站点建设不达标、消防装备缺口大，给生产和社会安全造成一定隐患等问题，引起有关方面的高度重视，公安部消防部门专门下发了《关于切实加强消防部队财务管理工作的通知》，不少地方政府已开始拨出专款，加强消防设施建设。

组织地方审计机关对26个省公安机关财务收支情况进行审计，查出各类违规资金165亿元，主要是：有些收费收入未按规定纳入预算管理，账外固定资产数额较大，“三乱”问题依然存在，一些资金未缴入财政专户。另外发现290多个基层公安机关私设账外账和“小金库”1325个，金额7亿多元。目前已移送案件38起。

根据党中央、国务院的要求，及时组织全国审计机关对防治“非典”专项资金及社会捐赠款物的筹集分配与管理使用情况进行了专项审计，并首次将审计结果向社会公告，标志着审计结果公告制度正式启动。

地方审计机关除参加审计署统一组织的审计外，还结合本地实际，围绕政府工作中心和社会关注的热点问题，积极开展了其他专项资金的审计。如广东、安徽、江苏等地开展了水利建设资金、抗洪救灾资金的审计，山东、辽宁、云南等地组织了失业保险基金和城镇居民低保资金审计，湖北、江西等地分别审计了农村税费改革转移支付资金和移民建镇资金。这些审计都取得了很好的效果，为规范资金管理，提高使用效益，服务于党委政府的宏观决策发挥了积极作用。

（三）金融审计。去年，全国统一组织对中国工商银行总行及21个分行和中国人寿保险公司系统进行了审计。为了适应金融机构信息化快速发展，会计数据高度集中的新情况，在工行审计中，以总行为龙头、实行联网审计，取得了较好效果。这次审计共查出各类违规资金300多亿元，移交案件线索30件，涉案金额69亿元。审计发现的突出问题：一是信贷业务中出现了一些新的风险点，突出表现在，一些单位和个人通过伪造虚假资料，骗取住房和汽车等个人消费贷款，一些地方政府超越自身还贷能力，向银行申请巨额市政设施建设贷款。二是票据市场管理混乱，一些企业通过开具无真实贸易背景的银行承兑汇票，大量套取信贷资金。三是不法分子与银行内部人员串通，利用关联企业骗贷，造成信贷资金损失严重。

对人寿保险公司资产负债损益情况的审计，查出非法代理、超额退保等不正当竞争问题金额23.8亿元；以出借、投资等方式违规运用保险资金25亿元；私设“小金库”3179万元。审计还发现违法犯罪案件线索28件，涉案金额4.89亿元。

地方审计机关除参加人寿保险公司的审计外，还从本地实际出发，对地方商业银行、城市信用社、农村信用社及其他非银行金融机构进行了审计，在促进金融改革和防范金融风险方面发挥了作用。

去年，全国审计机关共对585个国外贷援款项目进行了审计，已全部出具审计公证报告，其中有保留意见报告34份，拒绝发表意见报告2份。审计署还组织28个省对地方政府外债管理体制进行了专项审计调查，揭露和反映了部分项目立项审批流于形式，缺乏责任追究制度，政府外债没有纳入预算全口径管理，各主管部门之间缺乏协调沟通机制等问题。这些问题和相关建议引起中央和地方政府领导的重视。

（四）企业审计。根据中组部的委托，去年审计署组织16个省、18个特派办和有关社会审计人员2000多人，对原国家电力公司领导班子进行了任期经济责任审计。署党组对这项工作高度重视，把它作为去年审计工作的一项重要任务来抓。经贸司承担了具体组织实施的工作。该公司资产总量达1.4万亿元，点多面广，情况复杂。审计历时8个多月，审计的资金面占60%。为了搞好这项审计，组织进行了周密的审前调查，制定了针对性和可操作性强的审计方案，并举办了3期审计人员培训班。工作中，注意及时沟通情况，梳理问题，加强协调指导。广大参审人员克服任务重、难度大、时间长、异地工作多等困难，较好地完成了审计任务。这次审计，基本摸清了电力企业家底，发现和揭露了经营管理中存在的一些突出问题，主要是：损益不实，潜亏数额较大；管理不严，国有资产流失较为严重；主业与三产产权不清，存在收益向三产企业流失等问题。同时，审计发现了一批重大经济案件，仅通过《审计要情》上报国务院的案件已有13起，涉案金额10亿多元。

地方审计机关根据本地实际，抓住企业改革和经济发展中的突出问题，进一步提高了企业审计的效果。如上海对3家政策性亏损企业进行了审计，天津对10户大型企业集团国有资产授权经营情况进行了审计调查，陕西对16户省属大型企业集团对外投资效益进行了审计调查，安徽、河南对全省粮食购销企业亏损挂账情况进行了清查审计，为促进深化国企改革，提高经济运行质量和效益，发挥了积极的作用。

（五）经济责任审计。各级审计机关继续认真搞好县以下党政领导干部和国有企业领导人员的经济责任审计，同时进一步扩大县以上党政领导干部经济责任审计试点。去年，全国共对3.6万名领导干部进行了经济责任审计，查出违规资金671亿元，建议给予党政纪处分317人，移送纪检监察和司法机关查处749人，现已受到降职、撤职处分的267人。全国除个别省区外，都进行了县市长经济责任审计试点。审计署研究制定了《党政领导干部经济责任审计指导意见》，12个省、市出台了县以上领导干部经济责任审计的相关制度规定。中央及各地联席会议和领导小组加强了对经济责任审计工作的调查研究和协调指导，进一步推动了这项工作的深化和发展。

（六）审计基础建设。2003年，在认真抓好各项审计业务工作的同时，审计机关的基础建设进一步加强。结合审计机关成立20周年，审计署集中力量研究制定了审计工作五年发展规划，明确了2003至2007年审计工作的指导思想、总体目标和主要任务。各地认真学习领会规划精神，结合本地实际，在充分调查研究的基础上制定了本地区审计工作的发展规划或贯彻落实意见，明确了审计工作的努力方向和主要措施。各级审计机关狠抓了审计队伍的思想作风建设，组织审计人员深入学习“三个代表”重要思想、十六大和十六届三中全会精神，进一步增强了坚持原则、客观公正的自觉性和做好审计工作的责任心、紧迫感。同时，进一步加强机关党的建设，注重干部职工的思想政治工作，保持了审计队伍良好的精神状态。审计署组织对18个特派办和已实行审计外勤经费自理的10个省、市审计机关开展了执行“八不准”规定情况专项检查，促进了“八不准”审计纪律的进一步落实。根据国务院的统一部署，对审计署成立以来发布的规章进行了全面清理，废止了65项；制定了《审计署关于内部审计工作的规定》，修订了审计抽样等5个准则，进一步完善了审计工作的法规依据和作业标准。审计信息化建设全面推进，“金审工程”一期的应用、网络和安全三个子系统建设已初见成效，编制了《计算机审计软件开发》和网络建设等9个指南与规范。

当前审计工作存在的主要问题是：审计队伍的知识结构、人员结构与工作发展的要求不相适应；审计内容较为单一，审计技术方法比较落后，制约审计监督作用的进一步发挥；审计管理水平低，审计质量控制薄弱，没有形成科学系统的管理体系；审计理论研究滞后，许多新的工作领域有待于我们深入研究和探索。这些问题要在今后工作中认真加以改进。

二、2004年审计工作的主要任务

党的十六届三中全会，对建立完善的社会主义市场经济体制作出了全面部署。中央经济工作会议，明确了2004年经济工作的总体要求、主要原则、任务和政策措施。温家宝总理在听取审计工作汇报时，对今年审计工作的重点也提出了明确要求。我们要结合审计工作实际，切实抓好落实。

2004年审计工作的总体要求是：以“三个代表”重要思想为指导，全面落实十六大、十六届三中全会和中央经济工作会议精神，继续贯彻二十字方针，坚持“全面审计，突出重点”，进一步加大对重大违法违规问题和经济案件的查处力度，积极探索效益审计路子，为实现国民经济持续快速协调健康发展发挥更大的作用。在审计业务上，要重点关注两个方面：一是继续强化财政财务收支的真实合法审计，着力揭露严重违法违规问题和经济案件，防止国有资产流失；二是积极探索效益审计，注意揭露由于决策失误、管理不善造成的严重损失浪费等问题，促进提高经济运行质量和效益。在审计基础建设上，要着重抓好两项工作：一是审计署率先启动审计质量控制体系，省级审计机关相应试点，促进提高审计工作水平；二是进一步加强计算机的推广应用，特别是加大计算机辅助审计的力度。

（一）统筹安排，突出重点，全面完成今年审计任务。

2004年统一组织的审计项目计划（草案），已印发会议讨论，请大家研究提出意见。在今年审计工作指导上，要注意把握好三点：

第一，要继续加大对严重违法违规问题和经济案件的查处力度，防止财政资金和国有资产流失。当前，我国财经领域中弄虚作假、挤占挪用、贪污腐败等违法违规问题还比较普遍，在一些方面甚至比较严重，这就要求我们必须加大查处力度。严肃查处违法违规问题和经济案件是国家审计的基本职责，是我们的看家本领。评判审计责任的履行情况，非常重要的一条标准就是看该发现的重大问题和经济案件是不是得到了揭露和查处，是不是通过审计切实保护了国有资产的安全。经过20年，现在这一点已经越来越清楚了：即真实性永远是审计工作的基础。在摸清真实性的基础上，对照国家法规去检查，就是合法性审计；对照有关效益目标去评价，就是效益审计。以前我们主要做了前一个方面的工作，今后要两者并重，既要揭露违法违规的问题，也要揭露影响效益的问题，它们都对国家财政资金和国有资产的安全构成威胁。但是，五年规划提出实行“两个并重”，决不意味着可以放松对违法违规问题的查处。在任何情况下，查处违法违规问题和经济案件，都是审计机关的首要责任，是第一要务，今后这方面的任务仍然很重。特别是在深化改革，完善社会主义市场经济体制的过程中，一些不法分子会借改革之机，化公为私、损公肥私，侵吞转移国有资产进入小集体或个人腰包，对此必须予以高度关注，严肃查处。

第二，要积极推进效益审计，促进提高财政资金的管理水平和使用效益。积极开展效益审计，是五年规划提出的今后审计工作的重要目标之一，也是实现审计工作现代化的必然要求。要立足于实际，积极稳妥、扎实有效地推进这项工作。党的十六届三中全会提出“建立预算绩效评价体系”，中央经济工作会议要求“推进财政资金使用绩效评估工作”。要抓住这些有利条件，积极推进效益审计的实践。一是要从实际出发，分层次地进行探索。关于效益审计的讨论，我们已经开展了很多年，现在不能只停留在纸上谈兵的阶段，要积极开展实践。从已经开始这方面探索的地方看，效益审计重在实践，只有在干中学、学中干，才能逐步提高、逐步完善。总是等、靠、要，希望别人给你一条出路、一套办法，效益审计永远开展不起来。今年，审计署要适当选择一些项目开展效益审计，有条件的省和部分中心城市也要选择一两个项目试行效益审计，其他地方可从实际出发作出安排。二是要突出重点，以揭露重大的损失浪费等问题为主。目前的效益审计还应主要限定在财政性资金和项目的范围之内，重点揭露决策失误、管理不善造成的严重损失浪费和国有资产流失问题，而不能像一些发达国家那样，搞全面的效益评估。工作中，要注意抓住影响效益的突出问题，摸清情况，深入剖析，予以充分的揭露和反映，不能事无巨细，面面俱到，抓不住要领。特别是在效益审计的起步阶段，反映的问题宁可少一点，也要有说服力，评价的面宁可窄一点，也要经得起各方面的检验，这样才能有效地发挥效益审计的作用。

第三，要切实加强专项审计调查，充分发挥审计监督在促进宏观管理方面的作用。总理今年在听取审计工作汇报时的指示，贯穿着一个重要的思想，就是要发挥好审计监督在促进宏观管理方面的作用。专项审计调查是审计工作为宏观管理服务的有效途径。这是因为，相比较而言，审计主要是针对各个具体的项目和单位，而专项审计调查主要是针对改革和经济生活中的突出问题，因此它在促进宏观管理方面的作用更明显，效果更好，加强这项工作能够提高审计成果层次，扩大审计效应。当前经济工作中存在的问题很多，而且许多是涉及改革发展的带有体制性的深层次问题，对待这些问题，一般审计的方法有时难以适应，定性处理也不好掌握，应更多地采用专项审计调查的方式。审计调查首先要搞清情况，不仅要关注财政收支中的重大问题，还要关注其经济与社会效益方面的突出问题，更要从体制、政策、法规、管理等方面分析原因，提出对策，促进有关部门研究解决。今年统一安排的项目中，专项审计调查比较多，有些是审计与调查结合进行，如“大学城”开发建设情况审计调查、商业银行呆账核销情况审计调查、医院药品购销和医疗服务审计调查、水利建设资金审计调查等。对这些项目要妥善安排，落实到位，保证出成果。同时，各地还要结合当地党委政府的要求，安排组织好自身的审计调查项目。不论是审计还是审计调查，都要善于站在全局的角度看问题，注重审计成果的加工提炼，把握总体概念、反映突出问题、加大分析力度、提出有针对性的审计建议，努力提高审计成果的层次和水平。

（二）加强审计管理，积极实施审计质量控制。

审计管理水平低，是当前审计工作中存在的一个突出问题，是制约审计工作水平提高的一个重要因素。加快审计事业发展，推动审计工作现代化，必须切实加强和改进审计管理。

建立和实施科学的审计质量控制体系，是加强审计管理的中心环节。结合落实五年规划，审计署组织力量研究制定了《审计机关审计项目质量控制办法（试行）》，这次作为会议材料征求意见，会后正式印发。署机关各司局和派出机构从今年开始就要带头严格执行，署定的计划项目都要按这个办法的要求去做，各省级审计机关可以有重点地选择一些项目试行。今后，凡参加全国优秀审计项目评选的项目必须施行这一办法。

制定这个办法的主导思想是对审计项目实行全过程的质量控制，力求建立较为完善的审计质量控制体系。执行中要注意抓住关键环节，解决突出问题。一是要切实增强审计计划的科学性。重点是加强立项前的调查研究，坚持在摸清情况，充分占有和分析资料的基础上确定项目。今后从每年第四季度开始，各业务部门和计划管理部门就要着手这方面的工作，坚决杜绝临时“拍脑袋”的现象。要实行项目建议书或立项研究报告制度，做好项目的可行性论证。同时，逐步着手编制中期审计项目计划。从目前情况看，仅仅编制年度计划，着眼于短期内的项目安排，还不能满足审计工作长远发展的需要。以 2 至 3 年为期，编制中期滚动项目计划，有利于搞好各年度计划的衔接，保持审计监督对重点问题的持续关注，促进一定时期审计工作总目标的实现。中期计划是指导性计划，执行中可以适时调整、完善。

二是要增强审计方案的可操作性。实践证明，制定一个好的审计方案，是搞好项目审计的基础，而搞好审前调查，又是制定好审计方案的基础。现在相当一部分项目审前调查搞得不深不细，蜻蜓点水，甚至不搞审前调查。这就好比不了解战场情况就仓促上阵一样。毛泽东同志说“不打无准备之仗”，对于审计工作，这个“准备”的功夫就要下在审前调查上。去年电力审计之所以成效显著，制定了一个好的审计方案是一个重要原因。

今后每项审计都要把制定好审计方案作为重要环节来抓，通过审前调查，分解审计目标，细化审计内容，突出审计重点，明确具体的审计步骤和方法，落实审计责任。这项工作做好了，能够节省审计实施的时间，提高审计质量。

三是要坚持推行审计日记制度。实行审计日记是加强审计质量控制的新举措。以前编写的审计工作底稿，只注重审计查出问题的记录而忽视审计工作过程的记录，这不利于检查审计人员的工作情况，保证审计质量。审计日记，实际上是一种过程控制、程序控制，能够督促审计人员严格执行计划和方案，认真负责地实施审计，同时它还是追究或解脱相关人员责任的重要依据，相当于飞机的“黑匣子”。因此我们应本着对工作、对同志、对历史负责的态度，切实抓好这项工作。

四是要高度重视发挥审计报告在审计工作中的作用。这次对审计报告进行了一些较大的改进，主要是把审计报告由原来审计机关的内部文书重新定位为审计结果的最终载体，并相应取消了审计意见书。重视审计报告对于审计机关履行职责的作用，是国际审计发展的一个趋势。随着我国审计工作由单纯的合法性审计向“两个并重”转变，审计报告在体现审计成果，履行审计职责方面的作用也越来越大，必须高度重视审计报告的编写，不断提高报告质量。

（三）加快信息化建设，加大计算机在审计工作中的应用。

近年来，审计系统的信息化建设进展较快，特别是2002年“金审工程”正式启动，审计信息化建设进入了新的发展阶段。各级审计机关在网络基础设施、硬件配备和软件开发方面都做了大量工作。审计署和省级审计机关、多数省厅和市地县审计局实现了远程信息交换。通过审计署鉴定的18个审计软件在全国推广，并进一步整合建设了审计实施和审计办公两大系统，作为“金审工程”建设的重要内容，已部分投入试运行。广泛开展了计算机基础知识和操作技能的培训，全国有4万多名审计人员通过了初级培训，515人通过了计算机审计中级考试，审计人员的计算机知识和技能大为提高。计算机审计在金融、企业、财政等领域取得了明显成效，特别是在金融审计中效果显著，借助计算机技术发现并查实了一大批严重违法违规问题和重大案件。在银行和行政事业单位中还探索开展了联网审计试点。当前，审计信息化建设也面临一些困难和问题，主要是：对审计信息化建设重要性、紧迫性的认识有待于进一步提高，信息化建设在地区之间、层级之间发展很不平衡；审计信息共享程度低，在审计机关之间、审计机关内部职能部门之间、审计机关与政府其他部门之间还没有形成一个有效的信息共享链；审计信息化建设中还存在不少误区，一些地方和单位重建设轻应用、重开发轻推广、重设备配置轻人员培训、重形式轻实效，特别是对计算机在审计实施中的应用重视不足；就全国而言，统筹规划和协调不够，低层次重复开发的现象比较突出。

信息社会的发展，正深刻地改变着人们的生活方式、交流方式、经营方式和管理模式。不抓住机会大力推进审计信息化，就会逆水行舟，不进也退。但现在我们不少领导同志，对汹涌而至的信息化潮流不闻不问、泰然处之，或者嘴上讲信息化，思想还停留在手工审计的阶段。有些时候，落后的生产方式可能更让人留恋。旧的一套驾轻就熟，对新东西不熟悉，也不感兴趣，思想惰性极强。因此必须切实提高全体人员，特别是各级领导干部的信息化意识。对于审计工作来说，审计信息化不光是个技术方法的问题，它对审计工作的方式、程序、质量和管理，乃至审计人员的思维方式和自身素质都会带来深刻的影响。审计信息化是一场革命，能不能在这场革命中掌握主动权，直接关系今后审计事业的发展。因此，我们要从关系审计工作前途命运的高度来认识审计信息化建设的重大意义。要破除神秘感，克服“恐高症”，下大力气把这项工作搞上去。

审计信息化工作的重点，要放在计算机在审计实施中的运用上。审计机关是从事审计业务的，审计信息化只有与审计实务相结合，在审计实践中开花结果，它才具有强大的生命力，也才能说这项工作落到了实处、取得了实效。我不是说不可以搞办公自动化，而是说我们的眼光不能局限于此，不能把工作重点完全放在这里。如果我们的工作仅仅停留在对简单的文书运转的模仿上，审计信息化建设的根本价值和终极目的就体现不出来，其对审计工作的意义和作用就要大打折扣。因此，必须高度重视计算机在审计实务中的应用，重点推进计算机审计。要统筹安排，立足于从较高的层次上组织开发和建立审计实施系统，避免资源浪费和低水平开发。要务必在“用”上下功夫，审计署各单位和派出机构都要认真总结以往经验，结合各自的业务，抓好计算机审计，完善和运用好已统一开发的现场审计实施系统等软件。地方审计机关也要根据情况因地制宜地使用计算机开展审计，不断提高审计效果。

计算机在审计管理中的应用，要把重点放在审计信息的管理和使用上，促进信息集合，形成共享。目前我们审计工作中的许多问题都根源于占有并且能够共享的有效信息不足。一方面信息不完整，不能对审计决策、审计实施形成有力的信息支撑；另一方面共享性差，有限的信息也未得到充分利用。要从根本上解决这个问题，必须依靠信息网络技术，对分散的信息实行统一管理和使用。一方面要做好信息收集、整理的协调工作，建立健全分层次的审计数据库，包括宏观经济、法律法规、审计对象以及审计机关人力资源、审计工作中形成的审计结果和审计专家经验等信息。另一方面要依靠有效的网络，分层次地形成信息共享。这方面的工作做好了，计划管理、质量控制、人力资源的整合和审计成果的运用等都会依赖这个平台方便有效地展开。

计算机审计和审计信息管理是今后审计信息化建设的两大重点任务，希望大家在这方面多用些精力，积极探索实践，加强人员培训，切实抓出成效。

（四）优化结构，提高技能，进一步加强审计队伍建设。

十六届三中全会和中央经济工作会议之后不久，党中央、国务院专门召开了全国人才工作会议，对实施“人才强国”战略作出全面部署。以中央、国务院名义召开这一主题的全国会议，在我们党和国家的历史上还是第一次，这充分说明了做好人才工作对于全面建设小康社会，完善社会主义市场经济体制，加快现代化建设步伐的极端重要性。我们要结合审计工作实际，认真贯彻会议精神。当前，在审计队伍建设上还存在一些比较突出的问题，主要是知识结构、专业结构与工作发展的要求不适应，高层次人才缺乏；机构设置不尽合理，尚未形成有利于人才脱颖而出和充分发挥作用的有效工作机制。必须采取切实措施，进一步加强审计机关的队伍建设和人才建设。

大力加强教育培训，调整知识结构，培养多层次的审计人才。审计工作的发展，特别是实行“两个并重”，对审计人员的知识结构提出了新的要求。单纯的财务审计知识已难以适应工作发展的需要，必须大力加强教育培训和人力资源的整合工作。要把普及和提高结合起来，多层次地搞好教育培训工作。一是基础知识、基本技能的学习，应以自学为主，通过统一考试予以确认；二是审计工作中急需的新知识、新技能的学习，要通过抓好骨干培训的方法予以解决，发挥好骨干对工作和对其他人员的带动辐射作用；三是有针对性地抓好部分高级人才的培养，造就一定数量的高层次审计管理人才和高技能审计专业人才。所谓高层次的审计管理人才，应当是精通审计业务，掌握审计工作发展规律，能够引导一个单位、一个地方审计工作不断前进的优秀管理人才。所谓高技能的审计专业人才，一个重要的标准就是要掌握并能熟练运用各种现代审计技术方法。普及性学习、骨干培训与高级人才的培养相互配合，有利于造就一支素质较高、梯次健全、适应工作发展要求的审计干部队伍。

进一步深化人事制度改革，形成有利于各类人才脱颖而出和充分发挥作用的有效工作机制。关键是在干部管理中，要更多地引入竞争机制。要坚持通过公开考试录用审计人员，全面推行公开选拔制度，健全完善干部考核制度，加大竞争上岗和双向选择工作力度。今后署机关及派出机构提拔处级干部都要按照有关规定实行竞争上岗，每3至5年处以下干部要进行一次全员竞争上岗和双向选择工作。同时，不断扩大公开选拔领导干部的职数和范围，充分体现“公开、平等、竞争、择优”的用人机制。在适当时机，要面向社会公开招考部分处以上干部和审计业务骨干。在干部考核和选拔使用中，要切实坚持德才兼备的原则，不唯学历、不唯职称、不唯资历、不唯身份，把实践作为衡量人才的根本标准，作为发现和识别人才的根本途径。要把平时考核与年度考核、定性考核与定量考核、组织考核与群众监督结合起来，把考核结果与干部的任用、奖惩结合起来，切实解决干部能上能下的问题。同时结合审计职业化管理的探索，逐步建立与审计职责相适应的审计人员准入、等级、考核、晋升、奖惩等制度，通过进退和交流，逐步调整人员结构，实现对审计干部的科学管理。

此外，审计系统尤其是省以上审计机关，要充分注重审计理论研究。一要在调查研究的基础上制定三至五年的科研规划。二要做到三个结合：即审计学会、科研部门与业务部门相结合；审计机关与社会科研、教学机构相结合；国内与国外相结合。要把各方面力量组合起来，攻克一些重点课题，力争在今后五年中出一批高水平的对审计实务有很强指导意义的科研成果。

今年，我们还要组织力量研究修改审计法，审计署已向国务院法制办提出申请，国务院将其列入2004年度立法计划。各级审计机关都要高度重视这项工作，认真研究提出修改意见。我们要共同努力，把审计法修改得更好，使之既适应当前的工作实际，又对今后的发展具有前瞻性、导向性，为推动审计事业的发展提供更为有力的法律保障。

三、认清形势，以求真务实的精神推进审计工作

在前不久召开的中纪委第三次全体会议上，胡锦涛同志作了重要讲话，突出强调在全党大力弘扬求真务实精神、大兴求真务实之风。这是推进党和国家各项工作的一个十分重要而又具有基础性、根本性意义的重大问题。要组织全体审计人员深入学习领会这个讲话，充分认识在当前大力弘扬求真务实精神的极端重要性。同时要紧密结合审计工作实际，把求真务实付诸实践，见诸行动，以求真务实的精神推进审计工作，把加快审计事业发展的立足点放在真抓实干上。

当前，审计机关坚持求真务实，加快审计事业发展，必须全面科学地判断形势，增强发展的紧迫感；必须正确分析本地区、本单位审计工作现状，找准差距，提出具体可行的工作目标和措施；必须坚持解放思想、实事求是、与时俱进的思想路线，大力加强审计创新；必须提倡和发扬艰苦奋斗的精神，保持良好的精神状态。

正确地分析和判断形势，是坚持求真务实的基础和根本依据。必须清醒地认识到，我国目前的审计工作正处于社会主义审计事业发展的重要战略机遇期。首先，从我国改革和发展的大局来看，以党的十六大和十六届三中全会为标志，我国进入全面建设小康社会，加快社会主义现代化建设的新的发展阶段，踏上了完善社会主义市场经济体制的新征程。从总体达到小康到全面建设小康社会，从初步建立社会主义市场经济体制到建成完善的社会主义市场经济体制，这是一个新的历史跨越、新的伟大实践。在这个过程中，审计工作面临的主客观环境发生了很大变化，对审计工作的要求进一步提高，传统的思维方式、工作模式已不能适应形势发展的需要。党的十六大提出“加强对权力的制约和监督”，十六届三中全会要求“完善预算编制、执行的制衡机制，加强审计监督”。新形势、新要求，对审计工作是新的机遇和挑战。从这个意义上说，十六大提出的“21世纪头20年，对我国来说，是一个必须紧紧抓住并且可以大有作为的重要战略机遇期”的科学论断，也同样适用于审计工作。其次，从审计工作自身发展来看，经过20年的不懈努力，我国的审计工作取得了很大成绩，积累了基本经验，目前又站在了一个新的起点上。也就是说，20年的工作为今后的进一步发展创造了一个新的平台，在此基础之上，能否经过几年的努力，推动审计事业再向前迈进一步，是摆在我们面前不可回避的重要课题。从这个意义上说，当前审计工作处于一个非常关键的阶段，这个阶段是“总结经验、开拓创新、不断深化、寻求进一步发展”的新阶段，是推动审计工作由传统审计向现代审计迈进的重要阶段。战略发展机遇期的审计工作也是处于战略转型期的审计工作。做好这一时期的工作，对于今后的长远发展至关重要。

分析现状，找准差距，是坚持求真务实的题中应有之义，是推动审计事业发展不可缺少的一个重要环节，是改进工作的第一步。差距找得准不准，直接关系到目标明确不明确，改进有力不有力，发展有效不有效。因此，做好战略机遇期的审计工作，首要的一条就是要切实找准工作中存在的问题和差距。找差距，要有自我否定的精神和勇气。既要肯定成绩，更要看到我们的不足，看到时代发展对审计工作提出的新的要求，要有隔几年推动审计工作上一个新台阶的信心和决心。找差距，要有针对性。不同层级、不同地区的审计工作，其存在的问题既有共性的一面，也有特殊性的一面。即使普遍存在的问题，也有不同的具体表现。因此，各级审计机关必须根据五年规划的总体要求，坚持具体问题具体分析，切实从本地区本单位的具体实际出发，深入查找和研究问题，有针对性地提出解决办法和措施。

把握规律，推进创新，是坚持求真务实的根本要求。所谓审计创新，就是要适应形势发展和审计工作自身发展的要求，不断研究新情况、解决新问题、采取新举措，推动审计工作与时俱进。时代在前进，实践在发展，审计工作必须与时俱进，必须在准确把握主客观环境和条件的基础上，以改革的精神推进审计工作。审计创新包括审计理论创新、审计体制创新、审计内容创新、审计技术方法创新以及审计管理创新等。核心是审计观念、审计思维方式的创新。要自觉摒弃那些与时代要求不相适应的旧的思想、观念、思路和做法对审计工作的束缚，积极适应形势需要，加快审计发展。审计创新的实质是与时俱进，这里的关键是要把握好“时”、解决好如何“进”的问题。因此，要推动审计创新，首先是广大审计人员特别是各级领导一定要正确认识形势，切实增强与时俱进的意识。其次要坚持从实际出发，深刻认识和把握审计工作规律。创新不是凭空想象，它必须根植于深厚的实践基础。要大兴调查研究之风，特别是各级领导干部要带头深入调查研究，把握工作规律，不断激发创新的灵感和动力，使我们提出的各项改进措施都能符合实际，符合审计工作的发展趋势。第三，要树立科学的发展观，统筹安排各方面的工作。使理论创新与实践创新相协调、审计管理创新与审计业务创新相促进、审计内容创新与审计方法创新相配套、审计与审计调查相配合、真实合法性审计与效益审计相辉映。同时要善于抓住一定时期影响审计工作发展的关键问题，重点突破，推动发展。

发扬艰苦奋斗精神，保持良好精神状态，是坚持求真务实的关键。加快审计事业发展，推进审计工作现代化，是一项艰巨复杂的任务，必须树立长期艰苦奋斗的思想，保持良好的精神状态。要正确处理局部与全局、眼前与长远、继承与发展的关系。既要坚持全国审计工作一盘棋，又要提倡从本地区本单位实际出发，创造性地开展工作，以全局来带动局部，以局部来推动全局；既要着眼于审计工作的未来发展，又要抓紧解决当前工作中存在的突出问题，一步一个脚印地朝着既定目标迈进；既要坚持和发扬好传统、好经验、好做法，又要结合实际，不断进行新的实践、新的创造，积极有效地推进审计工作。要切实防止和克服安于现状、不思进取的思想情绪和因循守旧、固步自封的工作态度。既要增强工作紧迫感，又要防止脱离实际、急于求成的心态和做法，老老实实、艰苦创业，扎扎实实、艰苦奋斗。要坚持“从严治理审计队伍”。根据锦涛同志列举的当前干部队伍在作风上存在的十个方面的问题，深入搞好对照检查，认真纠正存在的问题。2003年年初温家宝总理对审计人员提出了“坚持原则、敢于碰硬，公正客观、严谨细致，廉洁自律、甘于奉献，与时俱进、开拓创新”的要求，今年进一步强调：整个队伍建设要贯穿一个“严”字，进人要严把入口，自身队伍要严格管理，发现问题要严肃处理。要按照这些要求，进一步加强审计队伍的思想作风建设和业务素质建设，努力造就一支政治坚定、业务精通、作风优良的审计队伍，为落实五年规划，推动审计工作发展，提供坚实的组织保证。

这里我还需要强调的是，近几年来有不少新的同志走上了各级审计机关的领导岗位，其中有些是从事过审计工作的，有些没有从事过审计工作，不论什么情况，工作岗位变了，担子和责任也就发生了变化，与此相应，思考问题的角度、方式，工作的内容、对象、方法等也都将发生很大的变化。所以我希望新走上领导岗位的同志，一要踏踏实实地学习，主要是学习和把握审计工作的基本内容、方法和规律；二要在此基础上大胆创新，新人要有新的思路、新的要求，从而带来新的景象。

同志们，落实五年规划，拉开了审计工作现代化建设的序幕，如果再进一步，我们不妨做出这样的构想，再经过20年的努力，到我国建立起比较完善的社会主义市场经济体制之时，我们要探索形成较为完善的中国特色审计工作模式；在此基础上再经过20年的努力，到本世纪中叶全国基本实现现代化时，我们要实现审计工作的现代化，使中国审计工作水平名列世界的前茅。

形势发展对审计工作和审计队伍建设提出了新的更高的要求，我们肩负的使命神圣而艰巨，希望全体审计人员深入学习“三个代表”重要思想和十六大、十六届三中全会精神，牢固坚持与时俱进、求真务实，不断推动审计工作取得新的发展，为完善社会主义市场经济体制，保持国民经济持续快速协调健康发展作出更大的贡献。

李金华审计长在派出局局长助理座谈会暨处长培训班上的讲话

（2004 年 11 月 6 日）

举办这次局长助理座谈会暨处长培训班是非常必要的，一是局长助理到派出局工作快一年了，有必要召集大家座谈一下，听听各位局长助理近一年来的思想工作情况、取得的收获和体会，以及对加强派出局审计业务工作的意见和建议。二是派出局处级干部竞争上岗工作刚刚结束，把竞争上处长或副处长岗位的同志集中起来进行一次学习培训，对大家统一思想，提高认识，进一步明确岗位职责，是很有好处的。所以，我认为通过举办这次助理座谈会暨处长培训班，对我们派出局今后的审计工作是一个很好的推动。

派出局从 1998 年组建，至今有六年多了。派出局从无到有，不断发展壮大，同志们包括几批交流干部和局长助理做了大量的工作。客观地讲，近一段时间以来，派出局在家义同志的主抓下，取得了明显的成绩和进步，应给予充分肯定。但是我们要清醒地认识到，从总体上来讲派出局的工作与我们当前面临的形势相比、与我们整体的审计工作要求相比，还不是很适应。下面，我主要讲三个问题：

一、要明确派出局审计工作的指导思想

对这个问题，我希望在派出局工作的每一位同志，特别是处级以上干部，一定要非常明确。我觉得以前派出局的工作与审计工作的发展要求不相适应，其中一个很重要的原因，就是指导思想不明确，至今这个问题仍然没有得到完全解决。派出局审计工作的指导思想，我认为概括起来就是三句话 12 个字“守土有责、总体把握、突出重点”。“守土有责”是总体把握、突出重点的目标和前提，“总体把握、突出重点”是实现“守土有责”的措施和保证。

（一）要坚持“守土有责”的原则。

“守土有责”是一条基本原则，组建派出局之初我们就提出了这条原则，这是派出局最基本的职责。“守土有责”是由派出局的工作特点决定的，与特派办流动性很大的审计工作相比，派出局更像是在打“阵地战”，“守土有责”是对派出局审计工作的整体要求。派出局的审计管辖范围是基本固定的，这就要求我们必须对所在部门的财政财务收支状况、资金使用效益情况等有全面的了解，通过实施审计，使这个部门的管理得到加强，违法违规问题不断下降，资金使用效益逐步有所提高，否则就是我们失职。怎样才能做到“守土有责”？首先要总体把握，然后在总体把握的基础上突出重点。从目前情况看，我觉得我们有不少的派出局，对所负责部门的总体情况并不都是心中有数的，既没有做到总体把握，也没有做到突出重点，所以审计工作成绩平平。前些年我们曾提出了一个目标，即经过三至五年的努力，使所在部门的一级预算单位不出大的违法违规问题，但这个目标并没有完全实现。最近两年我一直在思考这个问题，我们为什么没能做到呢？究其原因就是我们有些派出局没有把情况搞清楚。说到底还是与我们的指导思想不清有关，没有吃透什么叫“守土有责”，没吃透什么叫“总体把握、突出重点”。

（二）要做到“总体把握，突出重点”。

一是要进行全面的调查研究，把握住总体情况。调查要以财政资金，包括预算内、预算外资金的运行轨迹为主要线索，调查了解资金的总量和运转情况，这些资金是怎么来的，怎么去的，把总体的情况把握住。现在我们有很多同志没把握住总体情况，家底没有完全搞清楚。当然，中央、国务院的部门很多，有的可能比较简单，资金量不大，下属单位也不多。有的可能比较复杂，资金量很大，下属单位也很多，资金分配关系比较复杂，不完全一样。审计起来，有的工作量大，有的工作量小。但不管是工作量大还是工作量小，都应该把情况搞清楚。如果不从总体上把情况搞清楚，不从总体上把握，如何能做到“守土有责”呢？有一段时间我还听到有些局长讲，被审计单位资金量小，局里没活干、没事干，是这样吗？每个派出局的审计对象的资料库都建立起来了吗？审计对象的情况都掌握得非常清楚吗？就如医生给病人看病一样，如果对病人的身体总体情况都不了解，怎么给他看病？他的血压是多少？脉搏是多少？其他各项指标情况如何？容易在哪发病？病因的重点可能在什么地方？都应了解清楚，这是治病的基础。同理，如果我们的派出局对审计对象的情况不甚了解，就不可能取得良好的监督效果。我最关心的一个问题，就是我们的派出局如何才能把审计对象的总体情况把握住。我这里讲的总体，是讲大的情况，小问题、小事你别去管那么多。一般来讲，这些部门二、三级单位很多，有些二、三级单位跟他本身就没什么实际的财政关系，没有直接的资金收缴和分配关系，有的就有非常密切的关系，一定要加以区别对待。我希望各派出局在一定的时间内，把相关的资料库建立起来，把各自审计对象的总体情况把握住。大家要明白一个道理，各部门的预算每年变化不会太大的，可能有增有减，有一定的幅度，但不会突然有很大的变化，就是说只要把它的基本情况搞清楚以后，以后每年的变化，基本是一种微弱的变化，不是大量的变化。把握住总体情况，并对比变化的指标，就可知道这个部门的大致情况是怎么样。如果说对审计对象的基本情况、历史状况不清楚，那我们就很难做到审深审透。所以，我在这里特别强调，派出局对各自的审计对象一定要做到总体把握，心中要有数。这项工作可能开始几年难度比较大，但是一定要做。我建议行政事业司要检查落实。

二是要在把握总体的基础上突出重点。主要有两层意思：首先，是要突出重点部门。经署里研究，准备对中央部门一级的审计对象进行分类划分，分成一、二、三类。资金量大、掌握权力大、影响大的部门，可以定为一类。一类部门是我们审计工作的重中之重，将来要投入较大的力量进行审计。至于那些资金小、掌握权力小、影响小的部门，可以定为三类。这些部门将来年年要审，但是花很小的力量，甚至就是对它的会计报表进行审计就可以了，因为它本身预算资金就很少，预算外资金也不多，下属单位又很少，不需要投入太多精力。剩下的其他部门可以定为二类。我们一定要把重点部门把握住，因为这些部门资金量大、下属单位多、权力很大，是我们审计监督的重点对象。现在中央部门一级的审计对象加起来大概有150个部门，我觉得重点部门大约不会超过20多个，我们重点是要把这些部门把握住。对于那些资金量不大的部门，可以通过加强内部控制、逐步开展联网审计等方式来进行审计，合理调配使用审计力量。

其次，是要突出重点项目、重点资金、重点问题。即使是重点部门，也并不代表什么内容都是重点。我们在制定审计计划、实施项目审计的过程中，应选好重点、把握重点、突出重点。当前，审计工作存在一个最突出的问题，就是“突出重点”的指导思想没有被真正落实到每个部门、每个审计项目中去。平时知道要突出重点，可到了具体审计工作中就不知道如何突出重点了，眉毛胡子一把抓。一方面叫任务重、审计力量不够，一方面在实施审计中，又是分不清主次，平均使用力量，大事小事一起抓，花了很大的力气，大的问题没抓住，小的问题抓了一大堆，有什么意义呢？有些审计报告，一写几十页，翻开来看，没有什么东西，净是些鸡毛蒜皮的小事，精力花了不少，成效却很少见到。我们这么大一个国家，正处于经济转轨时期，作为一个单位来说，关键是要把握住那些影响经济秩序的、容易滋生腐败行为的大问题。所以，我们一直在强调要坚持“突出重点，有所为有所不为”的指导思想。

此外，对审计对象没有进行全面的调查研究，没有把握住审计对象的总体情况，心中无数，也不可能突出重点。没有对审计对象总体情况准确地把握，只能搞地毯式的审计，什么都不放过，不管什么事，逮着一个算一个，最后大事没抓住，小事抓了一大堆。记得毛主席说过一句话：“伤其十指不如断其一指”，很形象、很深刻，我们应该认真领会。你抓住一个大问题，这样会对他有很大的震动和影响。如果大问题抓不住，即使抓住50个小问题，对他也不会有什么震动和影响。他甚至会在心里想，你们审计人员就这个水平，就知道抠这些细枝末节的事情。现在有很多问题是相当严重的，可我们就是发现不了、审计不出来。为什么？就是两条：一是在指导思想上不知道突出重点；二是没有总体把握，没办法突出重点。没有总体把握，就不可能突出重点。如果我们把审计对象的基础情况把握住，突出了重点，那这个单位大的问题都在我们的控制之下，这样就基本上做到了“守土有责”。

我认为，看一名领导干部的水平，关键在于他能否把握全局，在把握全局的基础上突出重点，这是衡量一名领导干部的真功夫、真本领、真水平。我认为一名领导干部，真正的本事在于做到心中有全局、手中有重点。部长、省长、局长、处长都是如此，心中是不是有全局，情况是不是熟悉，重点是不是能抓住，这是考验一名领导干部水平高低的试金石和分水岭。作为一名领导干部，很重要一条就是要具备总揽全局的能力。现在有些领导干部今年这个事、明年那个事，就是抓不住要领，像这样的领导干部，与其说水平不高，倒不如说不称职。历史上有很多重大战役的指挥者，在作战之前首先是通过侦察，摸清情况，明确战略要地，抓住关键点，并制定出相应的作战策略和计划。真正到作战时，指挥者就可能下棋去了，因为他心中有全局，把握住了重点，知道这场战役会怎么打，布好局以后肯定能打胜，至于一些具体的事务他就不用去考虑了。大家都还很年轻，不管在什么岗位上都应认真学好这套本事。任何一个单位、任何一个部门、任何一项工作，都有个总体把握、突出重点的问题。有些同志平时忙得不得了，确实很忙，你问他总体情况，一片空白，跟你说的都是一些喋喋不休的具体事，我觉得这不是一个称职的领导，特别是对“一把手”来说，尤为如此。“总体把握、突出重点”既是审计工作的一个重要的指导思想，也是领导干部应该具备的一种工作方法。

我希望同志们牢记“守土有责、总体把握、突出重点”这三句话12个字，并在工作中努力去实践，只要我们做到了这12个字的要求，我相信我们的工作一定会取得新的突破。

二、积极主动地完成派出局的审计工作任务

派出局的工作，既要有相对的独立性，也要富有创造性，要充分发挥出审计干部的主观能动性。派出局的工作，从“守土有责”的要求来看，有着高度的独立性和创造性。对今年的审计工作，首先，各派出局要主动对预算执行审计做出安排。对审计对象的总体情况要做到心中有数，要明确哪些部门把一级单位审好就差不多了、哪些部门需要延伸到二级单位、审计的重点是什么等内容。其次，在充分调动各派出局主动性的基础上，要讲求统一性、协调性，形成整体合力。要把审计干部的主观能动性跟署里的统一部署和要求结合起来，既不能什么问题都要署里去安排，同时也不能光强调自身的主动性、独立性，不服从署里的统一安排。没有统一的协调、统一的要求就形不成整体合力。所以，各派出局在审计工作计划、审计质量控制以及其他一些方面，都应该认真按照署里有关司局的要求去做。署里有关司局也应树立更好地为派出局服务的思想，不要老坐在办公室里指挥，要多主动为派出局服务，遇到事情要多商量。因为派出局很分散，加强这方面的协调工作非常重要。我特别强调，在工作中既要充分发挥派出局审计干部的主观能动性，独立地履行审计工作职责，努力做到“守土有责”，同时又要加强对整个派出局工作的规范和协调，形成整体合力，这样既有利于统一工作思路和确定工作重点，也有利于坚持科学的审计质量标准和统一调配使用审计力量。

三、关于派出局人才工作

我曾经说过，将来我们的审计，派出局这一块是一个非常重要的阵地。中央预算实际上是分为两大块，一块是中央本级，一块是转移支付。中央本级主要由署机关和派出局负责，现在我们还仅仅是停留在传统的财政财务收支审计上，效益审计才刚刚起步，中国的审计还处于一个初级阶段。这样说不是哗众取宠，对照世界上一些发达国家审计的改革进程，我们确实还有很大的差距。差距在哪？关键是人才。关于人才问题，我在南京召开的全国审计机关人才工作会议上讲了三条意见，一是要不断深化干部人事制度改革，建立起制度和机制，有利于人才脱颖而出，有利于人才的培养、成长，有利于发挥人才的作用。二是审计实践是发现、培养审计人才的第一跑道。审计人才主要是搞审计，他的主要战场是审计，第一跑道是审计，所以我觉得看一个人在我们审计系统是不是人才，首先得看他审计的业绩怎么样，审计的水平怎么样。今后，我们要在审计实践中，通过严格的业绩考核来发现、培养和选拔人才，从而引导审计干部把全部精力用到审计工作中去，比能力、比水平、比业绩。三是建设学习型组织，有针对性地开展多层次、多渠道、多方式的教育培训工作。坦诚地讲，派出局干部队伍的整体素质与原来相比，有了很大的提高和发展，但是我们不能满足现状，而是要清醒地看到在署机关、派出局、特派办这三支队伍中，派出局的力量相对是比较弱的。我希望你们能充分认识这一点。我今天之所以这样说，目的就是激励你们，激励起大家的斗志，要奋起直追。当然，署里也有责任进一步为派出局增加人员、加强力量、加强培训、加强对审计业务工作的指导，进一步做好派出局的人才工作。

最后，对我们二十几位助理提点希望，同时也是对各位处长的希望。选派二十几位同志到派出局担任局长助理，这是署党组在推进我署进一步深化干部人事制度改革的背景下采取的一项措施，也是一种尝试。一方面，是为了充实和加强派出局的审计业务力量，促进派出局提升审计工作质量；另一方面，也是对这批同志政治上的关心和爱护，工作上的信任和重用。对大家来说，这既是一种机遇，也是一种挑战。舞台给你了，就看大家如何表现了。对表现确实不错，有能力有水平的同志，署党组会给他提供更大的舞台。我希望这二十几位助理，能够更加严格地要求自己，更好地发挥出自己的才能和作用，特别是在审计业务工作方面。从近一年来的情况看，有不少同志表现很突出，为深化派出局审计工作和提升派出局审计工作质量和水平发挥了重要的作用，希望大家继续保持住这种良好的势头，做出更大的成绩。

今天，借这个机会就简单讲这些，我衷心地希望派出局的工作，在大家的共同努力下，取得更大的发展和提高。

谢谢大家！

李金华审计长在2004年中央部门财务审计工作研讨班上的讲话

（2004年12月7日）

同志们：

我来一是看望大家，这个研讨班我们已经办了一期了，最早也是我提出来的，主要是希望定期不定期地和一些财务方面的领导沟通情况，增强联系。很感谢大家来参加这个研讨班，同时也感谢各部门多年来对审计署工作给予的支持和关心。今天，我也是来给大家通报一些情况，谈谈我个人的一些建议和看法。我主要讲三个方面的问题。

一、当前财务管理的总体状况

随着改革的深化和发展，中央各部门预算管理、预算执行情况、财务管理状况有了很大的改进。特别是预算管理和预算执行在财政部的组织下，进步很大，预算管理水平有了很大的提高，比原来更加规范。从审计的情况看，违法违规的问题逐年有所下降，财政财务制度改革和完善也取得了明显的成效。各级领导，特别是各部门领导，对加强财政财务管理也非常重视。各级财务、会计人员的水平也在不断提高。这些都是应该充分肯定的，特别是中央一级预算部门和单位，这些年确实有了很大的提高。另外，经济责任审计在一定范围内逐步展开，各部门，包括一些大的企业，都有步骤地开展了这项工作，从而增强了各级领导关注财政财务的责任心、责任感。

另外一个方面，从这些年审计的结果看，当前在财政财务管理方面，仍然存在不少值得我们重视的问题。这些问题，概括起来主要是四个方面：

第一，预算执行和财务管理中，不规范的问题比较普遍。不规范是说按照国家的有关法规，有关的程序和要求做得还不到位，还不标准。我觉得这些不是严重违法违规的问题，只是不规范的问题，应该进一步去规范。我们面临的大量的不规范问题，比如预算下拨不及时、会计处理上该并账的不并账、该剔除的不剔除等等，一般说来部门单位也不是故意而为，有一些有客观原因，但是这些做法与有关法规的规定不一致。因此，我觉得还是应该在规范上下功夫，不规范就容易造成随意性，容易出现漏洞，有一些法规就流于形式，得不到执行。

第二，违法违纪的问题还比较突出。这里讲的违法违纪问题，比如挤占挪用国家财政资金、预算不实、虚假预算、违规用财政资金搞一些法律规定之外的经营活动、设立“小金库”等等。这样的问题在一些部门、单位还是比较突出的。但是应该看到，经过多年审计之后，有些在逐年减少。违法违规问题，各个部门的一级预算单位比较少一点，大部分在二、三级单位，特别是一些事业单位，比如，我们这次审计的大学、医院，就遇到好多这样的问题。

第三，财务管理不严格，有的财务管理非常混乱，不严格执行会计法、预算法和国家的有关法律法规。有些部门和单位，财务管理混乱到了非常严重的地步。有的“小金库”就不是“小金库”，而是“大金库”。最近，我们审计一个单位，这个单位开始以会计不在等种种理由不配合审计，我们审计人员坚持要求把账交出来，交出来以后，打开现金库一看，一个“小金库”光柜子里面的现金就一百多万，它不是“小金库”了，而是“大金库”；我们审计的有些系统，累计下来“小金库”300多个，总计下来有几千万、甚至成亿的资金，很多问题让人吃惊。我总的感觉，现在我们国家在经济生活当中，财务管理的混乱是到了比较严重的地步了。我在很多场合都讲这个问题，这个问题如果不解决，怎么依法治国，依法行政？社会簿记是要反映整个社会经济生活情况的，而且应该说是比较准确的，但是，我们很多会计资料本身就是不真实的。这些年社会出现这么多的腐败问题，我认为一个很直接、很重要的原因，是跟我们的财务会计管理的混乱密不可分的。

第四，经济犯罪、重大损失浪费时有发生。这个问题不多说了，同志们都很清楚。经济犯罪的问题，从目前来看，并没有得到遏制，在一些领域当中还是非常严重的，如有些专项资金被挤占、挪用、侵吞、私分。我们是从事审计工作的，可能这些方面看的多一些，但确确实实，有很多项目，只要深入去审，就不难发现一些重大问题。有些经济犯罪，数额之大、作案之容易，让人难以理解。

产生这类问题的原因，我觉得主要是几个方面：

第一，有的部门和单位的领导对管理，特别是财务管理重视不够，有的甚至忽略不管。单位领导的主要精力放在抓事业发展，抓改革、抓大事，这是对的，中央也是这样要求的。但是，如果忽视了财政财务管理，这些大事也不一定得到落实。有些领导到处跑项目、要资金，但对回来的钱到底是怎么花的，关心不够，效益怎么样，很少过问。我最近在几次会议上，包括在中央党校，都呼吁，当前一个突出的问题，是领导如何去关心财务、关注财务，加强这方面的管理。一个国家一年财政收入再多，也要通过各种渠道花出去，怎么花的、花得怎么样、效益怎么样，这是领导的一个不可或缺的责任。

第二，我们一些领导同志、包括财务会计人员，法制观念比较淡薄，有法不依、执法不严这种倾向还是大量存在的。会计法对会计人员的责任有明确的规定，但是现在，可以这样讲，会计监督非常苍白无力。会计监督是很重要的监督，但现在有些会计好像就是记账，有的是领导要求怎么记，就怎么记。会计监督苍白无力，很多犯罪、很多侵占公款非常容易得手，这是其中的原因之一。

第三，财务会计部门自身力量不足。有些会计人员责任心不是很强，业务水平也不是太高，在中央一级部门还可以，到二、三级就差多了，对一些重要的问题也不能及时向领导反映。

第四，法律法规本身不完善。合理不合法、合法不合理的现象也不少。如一个单位采购，对方给了回扣，回扣也入了账（单独入了账），也没有私分、乱花，而是给职工解决了一些福利问题，按规定，回扣应该冲减成本。但目前对这个问题处理有三种方式：一种是入大账、冲减成本；第二种是入小账，解决职工奖金、福利问题；第三种是根本不入账，查也查不着。怎么处理？规定是很明确的，但执行中，不守法的可能没事，严格守法的也没有事，守法不到位的可能受处罚了。很多规定是对的，关键怎么使执法能到位，怎么去监督这些执法能到位？实际生活中遇到很多这样的问题，还有些合理不合法，有些合法不合理的问题，有些法规规定了，没有制定一些强制性的或辅助性的手段，形同虚设。其结果是老实人执行了，觉得吃亏，不执行的也得不到处理。

为什么当前我们财经领域秩序这么混乱，违法违规、经济犯罪问题这么多？其中有一个关键问题是我们的管理水平不高，尤其是财务会计缺乏严格管理，有些权力完全失去监督。有些部门个别人员权力很大，领导又不关注、管理又不严格，漏洞非常多，建议同志们有时间找一些案例分析分析，有些案子根本是不该发生的，可是发生了。有些犯案的人员，年纪很轻、刚工作不久，能轻易地套取国家大量资金挥霍。如果是在严格的制度之下，是根本不可能的。记得几年前某市一个区的财政预算科长，三四年贪污挪用一亿多元，作案手段非常简单，原因是整个的预算拨款、银行对账就他一个人，想怎么干就怎么干，没有监督和制约。所以，当前管理松懈是经济领域当中经济犯罪、腐败的根源之一。机制问题、体制问题固然重要，但机制和体制不是万能的，再好的机制和体制，没有严格的管理也是没有用的。所以这些年，我到处大声疾呼，要加强管理，要严格管理。

二、深化改革、加强管理、提高财政财务管理水平

（一）加强自查自纠。希望同志们回去以后，如实向领导汇报，只要认真检查，问题是很多的。审计署有 18 个特派办，他们拥有的资金量并不大，我们组织办公厅，对这些特派办连续检查了三四年，才把一些问题纠正过来，从中感觉管理的漏洞不少。因而我们提出“外抓纪律、内抓管理”。不客气地讲，我们有些执法单位、管理部门对别人要求很严，自身问题却很多。因此，我希望各单位对本级预算，下面的二、三级单位要不定期地进行财务检查、调查，掌握一些情况，对发现的问题及时纠正。作为审计机关，不希望每次审计都查出很多问题，我们希望问题越少越好，没问题最好。但如果有问题，我们也不能回避。希望各单位在这些方面，多搞一些自查自纠，把有些问题解决在萌芽状态，不要等到问题发展到很严重才解决，这对干部也是一种爱护。有些问题完全靠自觉不一定能解决，更重要的是要督促、要检查。建议各单位领导、主管财务的部门、财务部门，应采取多种方式进行监督。现在，犯罪和腐败无非是两个渠道，一个在“人”上打主意，如买官卖官，有些从财务上检查不出来。第二个是侵吞公款，化公为私。腐败问题都离不开钱。如果财务会计制度严格一些，有一些问题就不那么容易得逞。所以从一定程度上讲，财政财务监督应该处于当前监督中的核心地位。希望一些单位组织力量，如果没有力量，可以请社会审计组织一起，对有关下属单位定期或不定期地进行审计或检查。将来我们对中央部门的审计要分分类，有些单位资金量小，执行财经制度比较好，二、三级单位比较少，作为一类，每年审，但不要花那么多时间和精力；对那些资金量很大，二、三级单位很多，问题突出的，作为一类，重点审计。希望发挥部门和审计两个积极性，以部门为主，通过自查自纠，减少审计成本。同时，也希望各个部门积极推广电算化，如果财务核算的手段更现代化一些，管理更好一些，漏洞就会更少一些。

（二）加强内控。任何一项制度、工作都要有内部制衡力量，没有制衡的力量是不行的。对于财务管理工作来说，制衡的力量就是要建立严格的内控制度。凡是问题多的单位，都是内控制度很不健全的，有的根本就没有内控制度。希望大家回去后，通过自查自纠，从制度上加以研究，怎么从制度上保证不出问题，这是最根本的。比如，现在很多单位建立了对合同的严格审核制度、对各项支出的严格审核制度，不定期的审计制度、经济责任审计等等各种内控制度。从内部形成一种制约，严格的预决算制度、严格的支出标准，严格的银行开户管理、现金管理、定期的财务状况分析等等，都要形成好的内控制度。现在国有资产分为经营性和非经营性两大块，防止国有资产流失的呼声很高，大部分指的是经营性的。据我们所知，非经营性资产管理也是比较混乱的。这次来的很多部门是财务主管部门，希望你们关注这些问题。

（三）加强监督。这个问题和前面问题是相关联的。部门有责任和权力对下面二、三级单位进行监督。我们现在更多的监督可能在业务上，但是在财务上，特别是对有预算资金的部门、单位，有些虽然没有预算资金，但是单位的资金量很大，也要实行某种定期的监督制度，如审计、经济责任审计、必要的检查等。有监督制度与没有监督制度不一样，有监督制度，就会引起一定重视。

（四）加强对财务会计人员的培训。现在会计人员的文化水平越来越高，但是法制观念、管理水平、监督意识、责任心怎样？这次我们请大家来，也是加强沟通，把我们掌握的情况告诉大家。最近，我们审计的一个下属单位，发生一些比较突出的问题，也涉嫌经济犯罪了，这个部门的领导很重视。我跟他们说，下面的单位很多，不能放任自流，要经常关注。现在有一些人由于利益的驱动，胆子很大，用马克思的一句话，如果有百分之三百的利润，宁愿冒着绞刑的危险。我希望不要等到问题到了不可收拾的地步，才去重视，那样损失和影响是无法挽回的。要加强培训、沟通情况，通过培训，提高财务部门领导人的责任心，提高会计的业务水平。这项工作抓比不抓强，只要去抓，就一定会有成效。

三、审计署的总体工作思路

把审计署的总体工作思路给大家通报一下，让大家了解今后我们要干些什么。我们的工作思路围绕、突出这么几句话：

一是突出重点。这是我们一直坚持不动摇的。突出的重点首先是指“中央各部门、国有大型骨干企业”，这一点非常明确。特别是中央各部门，包括中央的、国务院的、人大的、政协的，还有一些大的事业单位，这些部门整个的财政支出占到中央财政预算的一半左右。这些部门是不是严格执法，是否真正做到依法行政，对中国有重大的影响。中央部门应该在这方面起带头作用，自己不严格执法、要求别人严格执法，嘴不硬。其次是指“重大问题”。现在违法违规、不规范的问题很多，有些是属于管理过程中的不规范问题，督促纠正就行了，纠正也不难。但是对一些重大问题，绝不能放过，一个中央部门搞虚假预算、虚报冒领、挤占资金等等是不合适的。第三个重点是“重在责任和整改”。对重大问题要追究责任，要落实到人，不能无人负责。最近国务院颁布的《财政违法行为处罚处分条例》，也是强调责任。再一个是强调整改。今年，审计整改情况是最好的一年，比往年都好，什么原因？一个是国务院领导重视，总理对这个问题的批示、讲话有六七次了，非常重视整改，最近还在抓这件事。各单位领导也非常重视，加上社会舆论，所以今年整改是比较好的。第四个重点是“增强公开性、透明度”。我觉得，审计惟一能提高效率的办法是增强其公开性、透明度。从现在开始，审计的公告制度是坚定不移地执行。一定要公告，本来财政预算就是公开的，西方的财政预算是发白皮书的，很详细，是法律，财政预算执行情况怎么样，当然也得公开，这不能含糊。今年，我们刚刚开始公告，逐步做到凡审必公告，除非涉及到国家机密问题、商业秘密问题。这也是一种公平，我们给人大的报告，不可能把所有问题都点了，点谁不点谁，本身就不那么公平。惟一公平的做法就是不管什么问题都要对外公开，这就叫公开、公平，至于是不是公正，要看我们的实践怎么样。这一条是深化审计改革、增强审计行为公开、透明的一个重要途径。当然“公开”是要充分征求各单位意见，今年的审计公告都是经过各单位审查同意的，同时也公开部门的整改措施。要接受社会监督，老百姓的钱怎么用的，要给老百姓一个交代，这也是合理、公平的。

二是注重效益。按照法律规定，审计是对财政财务收支真实、合法、有效进行监督，前一段时间，我们更多的是注重真实、合法，今后也还是这样，这是基础。只要不真实、不合法，都要监督，同时还要注重财政资金的使用效益。如何注重财政资金的使用效益？一个就是由财政收支并举审计转向以支出审计为主。过去我们对财政的审计监督，注重收入，如税收、海关等等，这在今后也是必要的。今后，我们更多的是要监督支出，再分配以后的钱怎么花的，花得好不好，这是一个很大的转变。第二个转变是监督效益问题，当前突出的是查处决策不当的问题和损失浪费的问题。有些由于决策不当造成了国家财政资金大量流失，这是我们的重点。现在我们挤出点钱解决下岗职工就业问题、职工低保问题、甚至公务员的工资问题不容易，而每年实际浪费的资金不知多少。有些损失浪费无人过问，当前效益审计就是要解决、揭露那些重大的损失浪费问题。现在基本建设投资审计结果大概能使支出节省8%到15%左右，有的能节省20%到30%，某一城市反映，投资审计两年能节省26个亿。银行资金不说，就说财政资金的跑、冒、滴、漏也是非常突出的。有的盖办公楼要花十几个亿、几十个亿，我们国家还没有富裕到这种程度，所以损失浪费问题是我们效益审计的重中之重。

三是不断改善手段。当前最主要是加强信息化建设。我们审计对象会计核算都采取了电算化的办法，我们也要跟上这个形势，审计人员不懂计算机，就不会再有审计资格了。这个工作是互动的，希望你们给我们支持，有些要局部联网，联网可以减少你们很多麻烦，我们还要注意适当开发一些审计软件，提高审计效率，降低审计成本。这方面，过去很多部门给了我们很大的支持，如金融系统、海关系统、发改委和财政部门，今后这项工作还要继续做。现在审计任务很重，不可能靠增加更多的编制，怎么办？一个办法是提高我们自身水平，再一个就是加强信息化建设。

这是我今天说的第三个问题，把我们今后的一些工作思路告诉大家，一是突出重点，二是注重效益，三是改善手段，希望大家了解审计将来要干什么，这样有利于我们更好地相互配合与互动。坦率讲，我们的审计工作，从人员的素质、从我们的经验、从各方面来说，还存在不少问题。所以这次来也请同志们能够给我们做得不对的地方、不到的地方，提出批评，提出我们哪些需要改进。因为我们本身也有一个不断提高人员素质的问题，包括提高思想素质、业务素质等等。我今天坦诚地给你们提了些建议，你们也给我们提一些建议。现在一有机会我就讲，要加强管理，希望各级领导重视，今后我还是会讲、反复地讲。但是我也希望你们，你们分管财务的同志，你们主管财务的一些部门，也经常提一些怎么加强管理的意见。有些领导同志重视，如中国工程院徐匡迪院长就非常重视财务管理工作，曾经找我谈了几次，希望我们提供情况，他采取措施，加强管理。其他部门的领导也是这样。一个单位财务管理要得到加强，领导的重视非常重要。可以这样说，只要认真去检查、认真去了解，问题都有，只是程度不同而已。所以，希望大家高度重视自查自纠，提高自身管理水平。现在国有资产流失问题、违法违规问题、挤占挪用资金问题、损失浪费问题，在我们国家确实非常严重。我认为这些问题不解决，有些目标就难以实现。我今天讲的这些，就是把情况跟同志们通报一下，也说说我的一些切身体会。有时确实有一种很强的忧虑，今年财政收入增长很快，盘子现在也很大，如果说我们手松一点，管理不严格，就可能加剧社会不公问题。一方面老百姓生活非常困难，读书、就医都很困难；另一方面，铺张浪费又很严重，最后是什么结果？只要我们引起重视、加强管理，我们可以节省很大的资金去解决很多问题。所以，我希望我们一起共同来努力，来解决当前存在的这些问题，提高我们的管理水平。

今天，我来看望大家的同时讲这些意见，初衷就是呼吁重视财务管理，加强财务管理！不对的请提出批评，谢谢大家！

令狐安副审计长在2004年金融审计培训班上的讲话

（2004年12月14日）

近几年来，金融审计在李审计长的领导和大胜副审计长的具体分管下，在全体金融审计人员的共同努力下，积累了丰富的经验，取得了重大审计成果，不仅为李审计长向人大做的工作报告增添了具有重要社会影响的审计案例，也培养了一支锻炼有素、高质量的队伍。在此，我代表署党组，向辛勤工作在金融审计第一线的同志们表示衷心的感谢！下面我讲几点意见：

一、资产管理公司审计工作意义重大

今年的资产管理公司审计项目是温家宝总理亲自交办的。为什么总理要将此项任务交给审计署呢？我理解，一是近几年来，金融审计工作取得了明显成效，国务院对审计工作是充分肯定的，希望通过审计这个客观公正的渠道，来了解资产管理公司的真实情况。究竟资产管理公司运行情况如何？处置不良资产存不存在道德风险？管理水平怎么样？这些问题大家都很关心。二是当前如何消化国有商业银行的巨额不良资产，又如何防止国有商业银行继续产生新的不良资产，一直是困扰着国有商业银行改革，也是在深化金融改革中急需加以解决的重大问题。所以，如何有效地解决我国金融机构，特别是国有商业银行的不良资产问题很重要、也很迫切。

国有商业银行改革的目标，就是要按照“产权清晰、权责明确、政企分开、管理科学”的要求，把国有商业银行改造成治理结构完善、运行机制健全、经营目标明确、财务状况良好，具有较强国际竞争力的现代金融企业。近年来，我国国有商业银行的改革一直在稳步推进：1998年，针对国有独资商业银行资本充足率低、不良贷款比率高的情况，国务院决定通过财政发行2700亿元特种国债，补充国有独资商业银行资本金。1999年先后组建4家金融资产管理公司，剥离了国有独资商业银行1.4万亿元不良资产。2003年至今，国有商业银行改革步伐明显加快，一是经国务院批准，2003年12月注册成立的中央汇金投资有限责任公司向中国银行、中国建设银行注资450亿美元。二是中国银行、中国建设银行进一步加大不良资产处置力度，动用原有资本金、2003年利润和原有拨备核销损失类贷款，用市场化的方式将可疑类资产出售给资产管理公司，2004年8月和9月，中国银行股份有限公司和中国建设银行股份有限公司分别成立。

国有商业银行改革的一个重要步骤就是要消化历史包袱，实施财务重组，国家在1999年通过成立资产管理公司收购国有商业银行1.4万亿元不良资产，盘活商业银行不良资产，改善商业银行资产负债状况后，又于今年上半年剥离不良资产3997亿元、核销不良资产1063亿元。截至今年9月底，中国银行、中国建设银行不良贷款比率已分别降至5.16%和3.84%，资本充足率分别提高到8.18%和9.39%，不良贷款拨备覆盖率也分别提高到68.35%和87.70%，这些指标已接近国际先进银行的平均水平。可见国有商业银行不良贷款的消化问题是十分重要的。

资产管理公司成立以来，在管理和处置不良资产方面做了大量工作，正在探索一条有中国特色的处置不良资产的新路子。但由于中国的产权市场不发达，不良资产的有效定价机制还没有建立，一方面增加了项目人员处置不良资产过程中的道德风险，另一方面也对外部监管机构如何有效地监管提出了新的挑战。所以，总理希望审计能够独立客观地反映不良资产剥离和处置过程中存在的突出问题，为国务院领导同志宏观决策提供参考。从这个意义上说，我们今年的资产管理公司审计意义十分重大。

二、资产管理公司审计工作取得显著成效

今年这项工作审计时间紧、任务重、要求高，从4月到12月，不足400名审计人员，要完成对4家资产管理公司及其120余家办事处的审计工作，而且是一项以前从未接触过的全新工作，缺乏现成经验，面临的困难很大。金融司在充分估计这些困难的基础上，精心组织，加强指导，各特派办领导也非常重视，在大家的辛勤工作和共同努力下，这项工作取得了明显成效。我们通过《审计要情》、《重要信息要目》反映的大量信息，国务院领导同志几乎件件有批示。

今年的资产管理公司审计，集中揭露了不良资产收购、处置、管理及财务收支中存在的一些突出问题。

一是不良资产收购审查把关不严，国有商业银行剥离不良贷款存在较为严重的道德风险。由于单纯强调收购剥离进度，忽视收购资产的质量和有效性，造成收购资产债权档案不全、资料不齐问题突出，使得资产管理公司接受被剥离资产后，相当一部分债权难以落实，一些不法分子甚至借机内外勾结，逃废银行债务，进一步加大了国有资产的损失。特别是资产管理公司与商业银行采取对口剥离的方式，难以形成制衡机制，一些银行为了甩包袱、逃避责任，将违规放贷和自办实体、甚至违法犯罪等造成损失的贷款，大量剥离到资产管理公司，企图"一剥了之"。

二是不良资产处置过程中弄虚作假、低价贱卖的现象十分突出，一些人借处置之机谋取私利的情况也时有发生。由于资产管理公司普遍存在内控机制不完善、内部管理不到位的问题，且对债权处置又缺少必要的外部监督，因而资产管理公司处置不良资产往往是自己"说了算"，其内部一些工作人员与购买人相互串通，内外勾结，暗箱操作，利用虚假的资产评估、公告发布、委托拍卖等方式违规低价处置债权，甚至借机为自身谋取私利，造成国有资产大量流失。

三是对收购的不良资产管理不力，造成抵债资产贬损严重。一些资产管理公司资产管理从商业银行接收债权后，由于管理不力，确权不及时，使应有的权益得不到保障；有的公司将接抵债资产长期存放账外，形成大量账外资产；有的甚至违规自用抵债资产等，导致资产管理公司大量资产贬损流失，造成不应有的损失。

四是财务收支管理不规范，违规问题比较严重。有的资产管理公司采取虚报冒领、截留收入、虚列费用等手段，套取财政资金用于发放高工资及奖金、补贴等；有的资产管理公司为了完成考核指标，虚报回收资金；有的甚至随意滞留和挪用回收资金。

出现这些问题的原因，主要是内部管理松弛，成立初期缺乏经验也是一个重要原因。另外，外部环境不佳也值得认真重视。如企业债转股操作不规范、相关政策措施不落实，资产管理公司权益难以保障；一些地方企业在当地政府和法院支持下，通过计划外不规范破产，逃废金融债务，造成国有资产大量流失；一些基层法院在审理涉及资产管理公司的诉讼案件中超标准收取费用，甚至违规司法，导致资产管理公司权益受损；一些中介机构弄虚作假，提供虚假的财务报告、评估报告。对审计中发现的大量问题，我署以各种信息形式上报后，引起国务院领导高度重视。

三、资产管理公司审计的主要特点

第一，完善了以总公司审计为龙头的审计组织方式。金融司认真贯彻审计工作五年发展规划，在总结去年工商银行总行审计经验的基础上，进一步完善了以资产管理公司总公司审计为龙头的统一组织审计方式，更加注重了审计过程中的业务指导，强化了审计质量控制，确保了审计质量。特别是针对金融审计人员从未全面接触过金融资产管理公司的情况，金融司从部分特派办抽调业务骨干组成联合审前调查组，从2004年2月开始，在不到一个月的时间里，通过吃透资产管理公司的相关政策法规和操作规程，并广泛与资产管理公司各业务部门座谈，研究制定了《金融资产管理公司审计指引》。对于帮助审计人员了解情况，指导工作开展起到了很好的作用。在审计过程中，金融司先后下发了25期审计工作动态，加强了系统指导。

第二，注重综合分析，为国务院领导同志决策和促进加强宏观管理服务。今年资产管理公司审计在这方面发挥的作用是比较突出的。据初步统计，目前资产管理公司审计共上报了《重要信息要目》21篇，国务院领导几乎都作出了重要批示，对其中一些综合性要目，总理还作了长篇批示，有关部门正在按照领导批示积极进行落实。如审计反映国有企业债转股中存在的突出问题后，温家宝总理要求“有关部门立即对已批准的债转股企业进行一次全面清理检查，采取有力措施纠正存在的问题，建立严格规范的制度，防范金融风险”，并严肃指出“问题积累会造成大的损失”，国资委等部门根据领导批示精神，发文要求对债转股企业进行全面清理检查。再如，审计反映资产管理公司违规低价处置债权造成国有资产大量流失的问题后，温总理批示：“对不良资产处置工作，我曾多次提出过明确要求。现在看来，这方面存在的问题仍较突出。银监会要切实负起责任，加强监管。财政部也要进行经常性的目标考核。否则会造成不可挽回的损失”。《审计要目》反映国有商业银行不良贷款剥离中存在的突出问题后，黄菊副总理要求有关部门“认真研究审计意见并积极推进”。财政部、人民银行、银监会为此专门下发文件，要求逐笔分析不良资产成因，加强国有商业银行不良贷款剥离过程中责任追究工作。

第三，加强质量控制，不断提高计算机审计水平。今年审计中认真落实署领导关于“金融计算机审计要走在前头，起到示范和推动作用”的指示精神，大力推进计算机审计，针对资产管理公司数据相对集中的特点，审计正式进点前即组织审计业务骨干和计算机技术人员了解数据特点并完成数据下载转换工作；审计过程中，组织人员对全公司数据进行系统分析，并将分析结果下发相关的审计组进行核查，取得较好效果。如对信达公司二次剥离的数据进行分析时，发现并揭露了建行某支行人员内外勾结涉嫌诈骗巨额汽车消费贷款的重大经济案件线索。按照《审计机关审计项目质量控制办法（试行）》的要求，金融司还与计算机中心对通用审计软件进行了完善，并开发出《资产管理公司审计平台》，目的是通过增加项目管理功能，对编制审计方案、收集审计证据、编写审计日记和审计工作底稿、出具审计报告、归集审计档案等全过程实行质量控制。当然，这个软件还需要在以后的审计工作中不断改版完善。

四、继续努力做好收尾阶段工作和明年工作

今年资产管理公司的审计已经进入收尾阶段，明年对中国农业银行等金融单位的审计工作也将开始，具体工作金融司将作详细部署。这里，我想提出几点希望：

一是再接再厉，继续努力完成好资产管理公司审计收尾阶段工作。俗话说，行百里者半九十。虽然我们的资产管理公司审计时间上已近尾声，但我们工作成果的反映实际上只完成了一半，而剩下的工作是至关重要的，那就是要认真做好成果汇总工作，拿出有质量、有水平的审计工作报告和宏观分析报告。这是今年审计工作的“画龙点睛”之笔，大家一定要按照金融司的统一部署做好统计汇总和综合分析工作，将普遍性、倾向性的问题反映上来，并提出宏观建议。金融司也要认真研究各特派办上报的报告，对全国的审计情况进行深入分析，向国务院领导报送一份有价值的审计情况报告，圆满完成资产管理公司审计任务。

二是切实贯彻执行审计项目质量控制办法，加强审计全过程质量控制。李审计长多次谈到，审计管理水平低，是当前审计工作中存在的一个突出问题，是制约审计工作水平提高的一个重要因素。建立科学的审计质量控制体系，实施有效的审计质量控制，是加强审计管理的中心环节。《审计机关审计项目质量控制办法（试行）》已经下发实施，今年资产管理公司审计按照办法的要求做了积极的规范，下一阶段收尾工作以及明年的金融审计项目都要严格按照办法的要求执行，进一步完善对审计项目全过程的质量控制。

三是根据署里确定的明年工作计划，开展对中国农业银行等金融单位的审计。

以上是我的一些想法，供大家讨论。

最后祝大家身体健康，工作顺利！谢谢大家！

为全面推进审计信息化建设而努力奋斗

——刘家义副审计长在全国审计工作座谈会上的讲话
(2004 年 7 月 22 日)

同志们：

2000 年 11 月，审计署在虎踞龙盘的南京成功地举办了“全国审计系统计算机开发应用成果展示会”，通过集中展示计算机开发应用取得的初步成果，统一了认识，鼓舞了士气，找准了方向，吹响了加快审计信息化建设的号角。四年后的今天，我们汇聚春城昆明，以“三个代表”重要思想为指导，专题研究审计信息化建设：展示成果，总结经验，规划蓝图，明确目标，部署任务，落实措施。下面，我受署党组委托，就四年来审计信息化建设的情况和今后几年的工作，讲几点意见。

一、四年来审计信息化建设取得了丰硕成果

四年来，全国各级审计机关在党委政府的亲切关怀和有关部门的大力支持下，经过全体审计人员的艰苦努力，审计信息化快速发展，取得了丰硕成果。

(一) 审计信息化观念深入人心，审计技术革命的积极性空前高涨。

科学技术革命从来没有像现在这样深刻地影响着世界的经济和社会发展。推动这场革命的核心就是信息化。作为 20 世纪最伟大发明的计算机技术，使工业化、信息化以及知识经济紧密结合，极大地影响着人类文明发展的进程，从根本上改变着人类的生产和生活方式。

随着信息技术在我国的迅猛发展，计算机技术在各行各业的运用越来越广泛。信息传输数字化，信息交流全球化，信息技术应用普及化，使得以审查会计账册和相关经济活动资料为主要方式的审计职业遇到了前所未有的挑战。不掌握计算机技术，就无法打开账本，更难以开展审计工作。为此，1999 年，李审计长提出了“审计人员不掌握计算机技术，将失去审计的资格”的重要论断。

在李审计长的大力倡导下，在审计署党组的正确领导下，各级审计机关对于开展计算机审计的重要性、必要性和紧迫性，有了比较统一的认识。全国审计系统掀起了学习和运用计算机技术的高潮，审计信息化建设的重要性深入人心。开展计算机审计，困难重重：思想观念落后、人才奇缺、经费严重不足、无审计软件可用，等等。全体审计人员克服困难，以大无畏的革命精神，自力更生，艰苦奋斗。认识不足，学习提高，转变观念，彻底打破“等、靠、要”的思想；经费不足，从牙缝里挤；计算机专业人员不够，千方百计地引进；计算机审计人员奇缺，花大力气自主培养；广大审计人员计算机知识缺乏，在紧张工作的间隙积极充电。古老的审计职业，充满着信息化的青春与活力。经过几年的努力，计算机审计从无到有，从小到大，已经成为我国现代审计的重要方式和手段，并呈现出全方位、大范围、广泛性的特征：

——全方位。在计算机技术的运用领域，已经由金融审计一枝独秀向财政、行政事业、企业等审计领域全方位发展。1999 年，审计署首次围绕资产质量这条主线对国有商业银行资产、负债、损益实施审计，拉开了大规模运用计算机技术开展审计的序幕，并决心在金融领域计算机审计中杀出一条血路。经过五年努力，金融审计工作基本实现了信息化，不仅大大提高了审计效率，而且极大地提升了金融审计成果和质量。李金华审计长为此专门题词："金融计算机审计要走在前头，起到示范和推动作用。"近几年来，在金融领域计算机审计迅速发展的同时，计算机技术在财政、行政事业、企业等审计领域也取得了突破性进展。例如，在海关审计中，通过使用《海关业务审计软件》，大大节约了审计人员翻阅纸质单证的时间，不仅提高了工作效率，而且使审计人员对审计年度内海关各项业务的情况、企业进出口货物情况有了更直接更全面的了解，扩展了审计视野，提高了工作质量。再如，在中央部门预算执行审计中，各派出局积极使用《预算执行审计》等软件，扩大了审计范围，大大提高了审计效率。去年以来，各局又开始探索与驻在部门财务联网审计的路子，实际工作中取得了很好的效果。计算机技术在审计领域呈现出全方位发展的大好局面。

——大范围。计算机技术在审计机关的运用范围，已经由审计署机关、特派办的异军突起发展到各级审计机关较为普遍地运用计算机开展审计。计算机技术在审计中的大规模运用，最初主要是在审计署机关、各地特派办及个别地方审计机关。计算机审计取得的巨大成效，极大鼓舞了地方审计机关。各级审计机关加大了投入力度，据不完全统计，几年来，各级审计机关压缩开支、勒紧裤带，从正常经费中硬挤出 8000 多万元用于审计信息化建设。湖北省老河口市审计局"不买汽车买微机"的做法和精神，已成为广大审计干部交口称赞的"新时尚"。

——广泛性。2000 年前后，受各种主客观条件的限制，计算机审计主要依靠少数既熟悉审计业务，又初步掌握了计算机技术的业务骨干。在审计现场，主要是依靠单兵、单机作战。尽管起到了重要的带头和示范作用，但缺乏广泛性，更多的审计人员还抱有观望态度，甚至有的审计人员还发出了"我就不信我的算盘算不过你的计算机"的豪言壮语。随着各级审计机关信息化建设步伐的加大，绝大多数审计人员逐渐认识到计算机技术的重要性，掀起了学习、运用的高潮。尤其是随着金审工程的建设，各级审计机关开始系统地、全面地推动计算机技术，计算机已经成为审计人员必不可少的工具，计算机技术在不少审计领域成为必须具备的基本技能。

几年的实践，广大审计人员更加深刻地理解了邓小平同志所说的"科学技术是第一生产力"的道理，更加深刻地理解了"不掌握计算机技术，将失去审计资格"的科学论断。

（二）金审工程取得了阶段性成果。

在国务院领导同志亲切关怀和国务院办公厅、国家发改委、国信办、财政部、信息产业部等相关部门的大力支持下，2001 年正式启动了关乎审计未来发展的宏伟工程——"金审工程"。目前，"金审工程"一期建设已接近尾声。

金审工程的总体目标是：

——建成对财政、银行、税务、海关等部门和重点国有企业事业单位财政财务收支的真实、合法、效益的电子数据，以及对与财政财务收支相关的信息系统的安全性、合规性和经济性，实施有效审计监督的信息化系统。

——建立起适应信息化的"预算跟踪＋联网核查"的审计模式。

——逐步实现审计方式从单一的事后审计向事后审计与事中审计相结合，从单一的静态审计向静态审计与动态审计相结合，从单一的现场审计向现场审计与远程审计相结合的三个转变。

实现上述三个建设目标，有利于进一步增强审计机关在信息化环境下查错纠弊、规范管理、揭露腐败、打击犯罪的能力，有利于进一步提高审计质量，提升审计成果，更好地履行审计监督的法定职责，有利于进一步发挥审计机关在维护经济秩序、促进依法行政、建设法治政府等方面的作用。

金审工程建设的主要内容是：

——研制开发一批审计软件；

——建设一个数据库群；

——联通一套网络；

——建立一支队伍；

——添置一批必要的设备。

上述建设内容的总体构架由网络系统、应用系统（含信息资源）、安全系统、机房设施（含硬件设备)、人员培训、标准规范组成。应用是信息化建设的核心。应用系统是金审工程六大系统的核心，包括审计管理和审计实施两大分系统。

审计管理分系统是按照“整合资源、集成信息，强化对审计事务管理和质量控制的技术支持与支撑，构筑信息化环境下的审计工作平台”的思路，构建由“行政事务管理”、“人力资源管理”和“审计业务管理”三大子系统构成的OA平台。“行政事务管理”主要包括宏观经济信息、公文运转与审核签批、资料储存与浏览、财务与资产管理等功能；“人力资源管理”主要包括人员状况、教育培训、党务工作、纪检监察、群团组织、外事活动等功能；“审计业务管理”主要包括审计决策（计划、分析等)、被审计单位数据库、统计、档案等审计情况数据库、审计法规数据库、审计专家经验库、审计质量控制体系、审计项目管理等功能。

审计实施分系统是按照“构建统一平台、整合开发软件、实施审计查证”的思路构建的计算机审计系统。“构建统一平台”就是构建一个集项目管理、数据采集、统计抽样、评价测试、底稿生成、审计报告、审计分析等多功能于一体的审计操作AO平台。“整合开发软件”就是对已通过全国评审的计算机审计软件进行功能整合，在此基础上进行深度开发，并根据需要组织开发相关软件。“实施审计查证”就是运用相关审计软件和Access、Excel、SQL Server等工具，对被审计单位财政财务收支电子数据的真实性、合法性、效益性和与之相关的财务信息系统的安全性、合规性、经济性，实施单机审计与联网审计、现场与远程审计。

经过广大审计人员的共同努力，金审工程一期建设已经取得了阶段性成果：

1．网络建设取得初步成果。审计信息网络系统主要是依托国家电子政务网络平台，由运行涉密信息的审计内网、运行审计业务和专用信息的审计专网和运行大众信息的因特网接入网3套相互隔离的物理网络构成。经过四年的努力，建成了审计署18个特派办的局域网；完成了署机关办公大楼与派出审计局、在京事业单位联通的SDH宽带城域网；完成了联通京津冀、南京、郑州3个特派办和江苏、黑龙江、四川3个省厅以及南京审计学院共7个广域审计内网节点的建设，组网工作即将展开。

2．应用系统建设初具规模。

(1) 整合开发了审计管理和审计实施两大分系统。其中，审计管理分系统，开发了《机关辅助办公系统》平台，整合了21个软件；审计实施分系统，开发了《现场审计子系统》，整合了5个软件的功能。《数据采集分析》、《通用审计》、《中央部门预算执行审计》等审计软件，也得到了继续完善强化。

(2) 建成了三大数据库。数据库的建设，是金审工程的重要内容。李审计长对数据库的建设非常关心，多次做出重要指示并提出具体要求。经过努力，金审工程一期已初步建成了审计急需的三大数据库：

——被审计单位资料库。在国家统计局的支持下，目前收集了全国189万个单位、每个单位100多个指标的基本信息，搭起了被审计单位资料库的基本框架，给各级审计机关今后以此为基础，继续充实被审计单位的财务资料、业务资料、审计资料提供了方便。金融、外资运用审计司和一些特派办、派出局以及一些地方审计机关也结合审计，建立了被审计单位财务数据库。

——审计专家经验库。审计专家经验库是体现审计人员聪明才智、将审计经验与计算机处理技术相结合的基础资料库，也是下一步研究审计领域人工智能的基础资料。目前已有140条经验入库。建立审计专家经验库是审计信息化建设的一个亮点，不少IT专家对此高度评价。

——审计文献资料库。依托南京审计学院作为国内审计情报资料重要集散地的优势开发建设，目前已初步建成，进库资料文献6000余篇。

(3) 联网审计试点初见成效。联网审计是计算机审计的重要方式，包括三个层次：一是与其他“金”字工程和数据大集中单位连接，并按照“统一连接、集中审核、发现疑点、分散查证”实施审计；二是与重点单位实现点对点连接；三是在被审计单位现场组网连接。经过四年努力，我们已经取得了初步成效。开始于2000年底的审计署与农业银行合作建设的金融审计项目，专门开发了与联网审计相适应的《通用审计》软件，2002年底在农行广东省分行试运行过程中获得成功，不仅通过适时分析广东分行各支行资金缺口，揭露和移送了一家私营企业采用开具银行承兑汇票贴现诈骗银行巨额资金的大要案线索，而且为进一步开展联网远程审计探索了经验。近年来，在财政预算执行、海关、税务等领域也开展了联网审计试点；审计署经济执法审计局与国家工商行政管理总局联网，实现了对中央一级预算单位的实时监督；一些地方审计机关与会计结算中心联网，实现了对多个部门一级预算单位的监督。不少同志在实践中深有感触地说，实行联网审计，已是势在必行。

3．安全系统和机房系统（硬件设备）的硬件环境已基本具备。在金审工程的建设过程中，对网络安全和应用安全进行了同步建设。按照国家规定配置了防火墙、入侵检测、防病毒等安全措施，制定了安全管理制度。审计署与省级审计机关的远程通讯、城域网之间的通讯，采用普密级加密传输，有效地保证了信息传输安全。同时，完成了14个特派办机房的改扩建工程，署机关和18个特派办、4个地方试点接入单位配备了网络设备。审计署机关、特派办和一些地方审计机关基本上做到了人均一台计算机，局域网所用的服务器等也基本配备到位。审计信息化的硬件环境已基本具备。

（三）计算机在审计工作中广泛应用。

2000年以前，全国审计机关在计算机运用方面主要还是集中在辅助办公，运用计算机对审计项目实施管理特别是开展计算机审计，还仅仅是纸上谈兵。经过四年多的努力，各级审计机关在计算机应用方面取得了长足进展，署金融司，南京、广州、昆明、上海特派办，黑龙江、上海、四川和南京、哈尔滨、广东省南海区、湖北省老河口市等地方审计机关在计算机审计方面还闯出了一条路子，积累了丰富的经验。四年来，由于计算机技术的广泛应用，使审计组织、审计手段和审计管理等发生了重要变革，结出了丰硕的成果。

1．在审计组织方式上，从审计现场的单机审计，发展到审计现场的局域网审计，以及目前正在试点实施的远程联网审计；由对被审计单位电子数据实施分散审计发展到对电子数据实施集中审计。2000年前后，计算机技术的运用，主要是单机运行，单兵作战，计算机尤其网络的优势未能得到充分发挥。随着金审工程的建设，各级审计机关开始系统地、全面地运用计算机技术开展审计工作。突出表现在审计的技术和组织方式上，逐渐由审计现场的单机审计，发展到在审计现场搭建局域网运用群集技术开展审计；由现场局域网审计，发展到联网审计。尤其是在有的行业审计中，还针对全国电子数据大集中的状况，利用群集技术，大规模采集数据，开展了以总部为龙头的审计组织方式，实现了由“统一组织、确定重点、划定区域、各显神通”向“把握总体、集中审核、上下联动、重点突破”的转变，提升了审计成果。审计组织方式的改变，克服了单机审计条件下审计人员仅凭个人经验以及单机数据处理能力较弱的局限，实现了电子数据的采集、转换和保存的规范化、系统化、制度化，进一步深化了审计工作，拓展了审计领域，为计算机审计的开展创造了十分有利的条件。

2．在审计的手段上，从利用计算机检索、关联、计算等功能对电子数据进行分析，发展到利用计算机技术将审计人员的经验、技巧、方法智能化，进而利用分析性测试等先进审计方法系统分析电子数据。如，2003年对中国工商银行审计中，广州特派办在实践中摸索出一套《商业银行风险审计评价模型》，通过运用该模型对工行广东分行所有电子数据进行全面分析时，发现工行南海区分行对“华光”集团的贷款风险高度集中且资金流异常的线索，通过艰苦查证，揭示了累计骗贷74亿元的金融大案。目前，包括省分行副行长、南海区财政局局长等犯罪嫌疑人已被抓获。再如，针对目前海关H2000新系统投入运行后全国数据联网和数据统一的新情况，审计署集中力量开发了新的海关联网审计软件，其优点不仅体现在联网审计上，还添加了将审计人员经验模块化以实现智能审计的功能。尽管这一软件目前还处于开发阶段，但在审计试点中已取得明显效果。

3. 在审计的客体上，从单纯审计电子数据，发展到既审计电子数据，又对与财政财务收支相关的信息系统的安全性、合规性、经济性实施审计监督。例如2002年，上海办在审计国家外汇管理局浙江分局和浙江省国家税务局时，同时对出口退税申报、出口退税管理、国际收支申报、进口核销、出口核销和银行国际收支申报等六个信息系统进行了审计。通过审计，发现了由于部门间相互封闭、相互割裂而导致的管理控制上的诸多问题和缺陷，在系统审计方面进行了有益的尝试。近几年，南京、京津冀、兰州、上海等特派办在对国有商业银行审计中，也积极探索和尝试系统审计的路子，积累了丰富的经验，取得了良好的效果。在今年派出局对高校、医院的审计中，利用被审计单位财务信息系统自身的查询功能和我们自主开发的《通用审计》和《预算执行审计》等软件，不仅在财务收支审计中大显身手，而且还发现有的单位系统本身的缺陷，并提出了改进建议。

4. 在计算机运用的范围上，实现了从利用计算机实施审计到运用计算机管理审计项目的跨越。审计信息化不仅使审计技术方法有了很大提高，而且促进了审计计划、组织、实施、汇总和处理等各项工作的程序化、规范化，对加强审计质量控制起到十分重要的作用。按照《世界银行贷款项目审计指南》、《企业审计指南》、《商业银行审计指南》，审计署统一组织开发了《外资审计实施管理软件（FAS)》、《企业审计软件（EAS)》、《资产管理公司现场审计软件》等管理软件，经过广泛试用，收到了较好的效果。尤其是审计管理软件中的程序导向功能，对于加强审计现场作业步骤控制，减少随意性，提高审计质量起到了非常有效的作用。

计算机技术在审计业务、管理工作中的运用，不仅极大地提高了审计工作效率，降低了审计风险，而且进一步提升了审计成果。据对四大国有独资商业银行审计情况的统计，1999年，在以手工审计为主要方式的情况下，全国共组织了2.3万名审计人员审计工、建两行，2000年开始运用计算机对金融单位实施审计，2003年，在审计工商银行中，全部参审人员仅为1999年的1.1%，人均发现的违纪违规问题却是1999年的38倍。同时，不仅发现并查实了一大批严重违法违规犯罪案件，而且在检查分析资产质量和效益状况方面进行了有益尝试，为从总体上把握金融风险状况、提出加强监管建议发挥了手工审计条件下难以想像的作用。

（四）审计信息化的标准、规范建设取得进展。

以国家电子政务标准体系框架为指导，以确保网络互联互通、信息资源共享为目标，按照“有国标用国标，无国标定署标”的原则，不断加强审计信息化标准规范建设。国务院办公厅下发的《关于利用计算机信息系统开展审计工作有关问题的通知》，审计署制定的多项审计准则、《审计项目质量控制暂行办法》、《世界银行贷款项目审计指南》、《企业审计指南》、《商业银行审计指南》等，为审计信息化标准、规范建设奠定了基础。同时，审计署还制定了审计机关、审计事项、被审计单位、违纪违规行为等具有审计专业特色的统一代码，以及审计应用平台技术选型和数据交换接口标准、《审计软件开发指南》、局域网建设等技术文件；会同财政部制定的《信息技术会计核算软件数据接口》国家标准，国家标准委员会即将发布。这些标准、规范的制定，不仅保证了金审工程的顺利推进，为提高审计效率、保证审计质量、降低审计风险提供了保障，而且丰富了国家电子政务标准体系，受到有关部门和专家的好评。

二、审计信息化建设的主要做法和体会

总结四年来审计信息化建设工作，主要做法和体会是：

（一）审时度势，抓住机遇。

所谓审时度势，就是我们认识到信息化是席卷世界的潮流并且不失时机地推进审计信息化。在21世纪，信息科学与生命科学，将是最活跃、发展最迅速、影响最广泛的科技领域，信息化对于经济发展、人民生活和国家管理带来的影响是巨大而不可逆转的。审计，是现代国家权力制衡的手段、民主法治的工具，是国家基本政治制度的重要组成部分。作为上层建筑，能否适应这一历史潮流，将直接关系到审计事业未来的发展。在这个历史潮流面前，审计署党组表现出了应有的政治敏锐和准确的审计职业判断。特别是党组书记、审计长李金华同志，不失时机地提出："计算机应用是审计系统的一场革命"，并身体力行，逢会必讲，全力支持，鼓动呐喊，强力推行，带动各级审计机关的领导，全力推进审计信息化的进程。正是有了对形势的正确判断，我们争取了主动。

所谓抓住机遇，就是我们抓住了国家大力发展电子政务的机遇并且不失时机地启动了金审工程，使审计信息化成为国家电子政务的组成部分。国务院领导高瞻远瞩，在审计署提出建设审计信息化系统时给予大力支持，朱镕基、温家宝、李岚清、王忠禹、华建敏等领导同志多次作出指示、批示，要求审计信息化项目一定要快上！由于我们抓得早、抓得实，争取到了宝贵的建设时间，在通过发改委立项的国家电子政务建设项目中，我们是第一个批下来的。2002 年，国家信息化领导小组又将金审工程纳入国家电子政务，使审计信息化进入了一个新的阶段。2003 年 1 月 13 日，朱镕基、温家宝等领导同志在视察审计署时指出，有关部门要积极创造条件，实现"金审"与"金财"、"金关"、"金税"等"金"字工程之间的相互联网和信息资源共享。可以相信，随着国家电子政务的总体推进，审计信息化必将有一个更好的发展环境。

（二）加强领导，强力推进。

审计署成立了以李金华审计长为组长的审计信息化建设领导小组，下设信息办。各业务司、各特派办也成立了信息化领导机构，派出局指定了专人负责信息化工作。信息化工程是"一把手"工程。审计长、党组书记李金华同志对审计信息化工作非常重视，亲自抓、亲自管，过问得很具体，指挥得很到位，支持力度很大，亲自向国务院领导反映审计信息化的进展情况，多次出面协调金审工程遇到的难题。

审计信息化是一场革命，必然受到来自各方面习惯势力自觉不自觉的抵制和阻挠。对此，我们采取的措施是强力推进。首先抓培训。通过初级考试是审计署干部提拔、职称评定的重要条件之一，不少地方的审计机关在机构改革中将通过初级考试作为上岗任职的条件之一。其次是抓起步应用，不少地方审计机关对在文书处理、公文阅览中使用计算机作出统一规定，推动了基础功能的学习与运用。再次是抓审计实施应用。审计署和一些省厅提出，在制定审计项目方案的时候，必须同时制定计算机审计方案，提交审计报告的时候，必须同时提交计算机应用情况的报告。强力推进的效果是审计信息化从领导重视变成大家重视，从少数人动手变成人人动手，从依靠少数 IT 人员变成广大审计人员须臾难离之工具。

（三）应用是核心，开发是动力。

以审计业务为核心，为审计业务服务，是信息化建设的首要任务和最高追求。为此，我们将计算机技术在审计实施中的应用作为突破口，以增强审计监督能力为最终目标，不搞花架子、形象工程，将主要精力、人力、财力扎扎实实地用在能转化为审计能力的应用项目上。

在金审工程一期建设中，审计署狠抓了应用系统的开发、整合和完善。审计管理分系统的主要软件《机关辅助办公系统》已经试运行近 10 个月；审计实施分系统的软件之一《现场审计子系统》今年 4 月起试用，联网审计子系统经过试点，效果也较为明显。地方审计机关也开发了一些适用的软件。所有这些软件，丰富了审计软件的种类，彻底改变了无审计软件可用的局面，为审计人员提供了更大的选择空间和工作舞台。

在狠抓开发的基础上，各级审计机关把更多的注意力放在了推广应用方面。通过大力推广，计算机在审计中的应用，与四年前南京展示会时的情况相比出现了三个重要的变化。

一是从上到下。四年前用的较多的是审计署特派办和个别省厅，现在相当一部分省厅、地市审计局和具备条件的区县级审计机关都有了很好的应用案例。

二是从点到面。四年前无论是特派办还是省

厅，应用的单位呈点状分布，即使是在用得比较好的特派办、省厅也是个别业务处乃至个别人。现在则呈现出向“重点突破、面上扩展、整体推进”的趋势。

三是从推广具体软件的应用到推广审计模型。以前大家总是寄希望一个比较好用的、能解决所有问题的“傻瓜”软件。随着审计软件的完善和培训力度的加大，计算机审计能否在手工审计的基础上有质的飞跃，计算机审计软件能否发挥作用，关键在于审计人员能否掌握查询分析的方法，针对不同审计项目的具体情况，根据实际需要，将审计人员的经验编制出审计模型。现在不少地方十分注重推广审计模型。金融审计之所以取得很大的成绩，其中一条很重要的经验就是，当某一个特派办查出问题线索后，及时总结审计方法，编制审计模型，分发给其他特派办使用，推广、共享审计经验，扩大战果。

（四）以人为本，强化培训。

人是生产力的第一要素。审计人员对计算机技术的掌握程度，决定了整个审计机关信息化的水平。相当长的一段时间，计算机审计人才奇缺，成为审计信息化的拦路虎。

几年来，我们坚持以人为本，积极开展了多层次、多角度、多形式的计算机技术培训，审计队伍的知识结构得到明显改善。全国审计机关第一轮初级培训于 2002 年结束，37000 多人通过了考试。审计署又紧跟计算机技术发展的步伐，制定了第二轮计算机基础知识和操作技能培训大纲，编写了新教材。河南、吉林、云南、湖北、山东等省行动迅速，已有 1400 多人通过了第二轮培训考试，署机关、特派办有 770 多人通过了第二轮培训考试。为了使培训工作更有实用性，审计署还推出了有行业、职业特点的计算机系列培训课程，其中我们的中级培训课程被清华大学的计算机专家称之为“边缘学科”。

特别值得一提的是，审计署举办的计算机审计中级培训从 2001 年开始，已经举办集中培训 10 期，加上自学考试，目前已有 619 人通过了统一考试，其中地方审计机关 88 人。由于时间长、课程多、压力大，中级培训班被学员称为“魔鬼集中营”，但是参加学习的同志以高度的责任心和使命感，顽强拼搏，较好地完成了学习任务。对审计人员刻苦学习的精神，培训班所在的北京信息工程学院的老师和领导非常感动，经常以此为榜样教育在校学生。通过中级培训的人员，在计算机审计一线将学习掌握的网络、数据库、编程、会计电算化、数据采集转换等知识应用于审计工作中，起到了骨干作用。各级审计机关也积极克服困难，立足于自主培养。尤其是内蒙古、宁夏、青海、广西等经济欠发达地区，克服种种困难，为审计人员创造条件，组织培训。一些偏远州县没有培训条件，有的审计人员甚至自己负担差旅费到省城参加培训，这些同志已成为西部边远地区开展计算机应用的“火种”。

在加大培训工作力度的同时，各级审计机关积极引进 IT 技术人员，开始逐渐改变审计队伍的人才结构。

三、今后四年的主要目标和任务

四年来，审计信息化建设虽然成效显著，但还存在很大的差距和不足。突出的是信息化建设在总体上发展不平衡，重硬件轻软件、重建设轻应用、重设备配置轻人员培训等现象在不少单位和部门不同程度存在。具体表现在：个别单位的领导和审计人员对审计信息化重要性的认识仍然不到位，缺乏紧迫感，存在等、靠、要思想；有的单位在办公自动化方面投入的精力较多，对设备投入力度较大，但没有及时地将信息化工作的重点转到审计应用上来；在审计运用软件的开发方面，存在低水平重复问题；一些管理软件投入运行后，相关配套措施不到位，难以达到预期效果；部分地方审计信息化建设项目的进度不适应要求，已成为上下级审计机关互联互通的瓶颈。上述问题必须在今后的工作中认真加以解决。

著名的《第三次浪潮》作者阿尔温·托夫勒曾说过：“谁掌握了信息，控制了网络，谁将拥有整个世界”。针对我们信息化建设中存在的问题，我们必须增强危机感、紧迫感和责任感，不断加快计算机审计科学化、法制化、规范化建设的步伐，尽快形成以计算机为主要手段的审计作业方式，建成对反映财政财务收支真实、合法、效益的电子数据和与财政财务收支相关的信息系统安全、合规、经济实施有效监督的审计信息化系统，进一步提升审计工作的效率、质量和水平。为此，审计署起草了《2004至2007年审计信息化发展规划（讨论稿）》（以下简称《规划》）。基本思路是：数据库的建设是关键，审计应用是核心，联网审计是主线。按照这个思路，《规划》提出了今后四年审计信息化建设的目标、任务和主要措施，对今后一个时期审计信息化建设具有重要的指导意义。《规划》已印发各位代表，请大家提出意见。根据当前审计信息化建设的现状和形势发展的要求，经过认真研究，确定了今后几年的目标和任务。

2004年至2007年审计信息化建设的目标是：

——完成《审计管理系统》、《审计实施系统》（包括现场审计和联网审计两个子系统）的开发工作并全面投入使用；

——基本建成基础性审计资源数据库；

——初步建成审计署与各特派办、审计署与省级审计机关、省级审计机关与市（地）审计机关之间的信息网络平台；

——基本形成适应信息化条件下开展工作的审计队伍；

——逐步完善审计信息化的标准、规范。

2004至2007年，审计信息化建设的主要任务是：

——强力推行计算机技术在审计业务和管理中的应用。把计算机技术在审计业务中的应用作为审计信息化的首要任务，到2007年，全面应用审计管理分系统；全面推广审计实施分系统，力争利用计算机技术开展的审计项目达到年度计划项目的60%以上。

——加快联网审计步伐。到2007年，审计署初步建成联网审计系统，对中央一级预算单位以及财政、海关、税务、金融等部门开展联网审计。

——加快审计数据库建设，促进信息共享。到2007年底，基本形成适应审计业务和管理需要的信息资源库，建立畅通高效的信息资源收集渠道和方式，不断充实、完善、整理、丰富信息资料，实现审计机关内部、审计署与省级审计机关之间、省级审计机关与市（地）审计机关之间的信息资源共享。

——建成符合国家电子政务建设要求的网络基础设施。按照国家电子政务建设的规划，建成审计内网、审计专网、因特网。

——培养适应信息化条件下开展审计工作的审计队伍。到2007年，力争规定条件的人员全部通过第二轮计算机基础知识和操作技能的全员普及培训考试；通过计算机审计中级水平考试的人员达到审计署和省级审计机关总人数的15%以上。

——建立健全审计信息化标准、规范。保障审计信息系统有序建设、有效运行、规范管理。

为实现上述目标和任务，必须着重抓好以下几方面的工作：

（一）统一认识，加强领导。

党的十六大报告明确指出："信息化是我国加快实现工业化和现代化的必然选择。"逆水行舟，不进则退。如果我们不乘势而上，不仅难以履行我们的法定监督职责，而且将会被时代所淘汰。信息化建设是一项涉及思想观念转变、工作方式转变、队伍结构转变的深刻革命。审计信息化是一场革命，是一项新生事物。在发展过程中，一定会遇到诸多问题，出现诸多差错，甚至走一些弯路，但它是必然趋势和发展方向。因此，我们要爱护它，主动实践、探索、应用、总结、提高，绝不能等、靠、要，更不能冷眼指责，要用全新的眼光和标准来审视它。正如不能用计划经济的眼光和标准来审视市场经济一样，不能用传统审计的眼光和标准来审视现代审计，不能用手工审计的眼光和标准来审视计算机审计，不能用单机审计、单兵作战的眼光和标准来审视联网审计，不能用现实年度计划管理、组织方式的眼光和标准来审视信息化条件下的审计模式和管理方式。因此，全体审计人员特别是各级审计机关的领导干部必须不断提高认识，转变思想，坚定信心，主动适应形势发展的需要。

四年来的信息化建设实践充分证明，凡是"一把手"重视程度高的单位，计算机应用水平就高；凡是计算机应用程度高的单位，审计成果就突出。为此，李金华审计长明确提出：审计信息化是“一把手”工程。在未来的四年中，必须要进一步改进和完善“一把手”亲自抓的机制，各级审计机关的主要负责同志要对历史、对事业负责，要亲自抓、亲自管、负总责，加强督促检查，健全领导机制，加强组织管理，落实各项建设任务。开展计算机审计，“不怕领导不懂，就怕领导不抓”。只要各单位“一把手”真正重视起来，采取有力措施，计算机审计很快就会开展起来，并取得成效。

省级审计机关在信息化建设当中处于承上启下的地位，非常重要，要注意充分发挥作用。一方面要把自己的事情办好，另一方面要加强对下指导。按照国家电子政务建设的安排，电子政务内网和电子政务外网，审计署只联到省和副省级城市。审计署与省联通，省级以下只能依靠省级审计机关去运作。由于审计对象不同，工作重点不同，审计署和省级审计机关与市县审计机关存在较大差异，在信息化建设方面不要简单照搬审计署和省级审计机关的经验，应该走出自己的路子来。省级审计机关应该加强领导，认真组织好本行政区的信息化建设，引导市县审计机关开展计算机技术培训和推广应用。

（二）迎难而上，强力推进。

在审计信息化建设中，各级审计机关会遇到来自各方面的困难，必须迎难而上，正视困难、解决困难，才能取得好的效果。

第一，要推广先进，鞭策后进。审计信息化工作开展以来，各地在软件应用、硬件配备、网络建设等方面，做了大量的工作，有些地方还搞出了自己的特色，涌现出了一批先进典型。对搞得好的地方，要大张旗鼓地表扬；对动作不大或者基本不动的地方，要加强督促。从实际情况看，影响审计机关信息化建设的不仅仅是经济条件、客观环境，很大程度上还取决于主观的努力，取决于审计人员特别是领导班子的精神状态。

第二，要交流经验，缩小差距。全国审计系统，包括每个地区、每个单位，都要努力营造适合审计信息化发展的氛围和环境，积极总结经验，认真寻找差距，通过举办计算机展示、应用竞赛、集中培训等多种生动活泼的形式，掀起比、学、赶、帮、超的热潮，形成人人关心，大家动手的良好局面。

第三，要提出要求，定期检查。审计信息化的每一项工作都要明确目标和要求，应当如何做，做到什么程度，谁来负责，都要明确，并加强督促检查，保证效果。

第四，要建立机制，改善结构。信息化环境下的审计，主要依靠掌握了计算机技术的审计人员和各级领导干部。各级审计机关应该采取强有力的措施，建立有效的激励机制，促进各级审计干部学习和掌握信息化知识。

（三）统筹规划，协调发展。

在审计信息化建设中，必须按照十六届三中全会的精神，牢固树立科学的发展观，统筹规划，协调发展，实现信息化建设投入产出的最大化。

一是要做好建设和运用的统筹协调。各级审计机关在进一步加大网络建设、设备配备的同时，必须把主要精力放在计算机技术在审计实施中的应用和管理上。按照《规划》要求，到 2007 年，审计署、省级和中心城市审计机关要力争做到利用计算机技术开展的审计项目达到年度计划项目的 60% 以上。结合金审工程二期建设，还要整合开发、推广应用联网审计实施系统，加快联网审计步伐。此外，在加快审计管理软件的推广应用的同时，各单位要从审计业务工作支持、支撑的角度重新审视、运用审计管理系统。通过审计管理系统，提高审计计划、统计、信息、档案、公文流转的规范管理水平和利用效率；建立审计机关与审计现场信息互动渠道，了解指导审计现场工作；发挥计算机技术在人事、党务、财务、机关事务管理中的作用，为实行科学的审计管理、建立审计质量控制体系提供技术保障。

二是要做好开发和提高的统筹协调。市场经济条件下，没有竞争，就不会提高，也不能完善和发展。但我们坚决反对的是低水平的重复开发，反对在审计机关内部画地为牢。目前“无审计软件可用”的局面已经基本改观，但还不同程度地存在分散开发甚至重复建设的问题，系统化、规范化、标准化的审计软件不多。我们不提倡大家都在软件开发上大规模投入资金和人力，对于绝大多数地方审计机关、审计人员来说，“拿来主义”更切实可行，要将用好审计软件放在第一位。特别是对于计算机硬件设备、网络条件和技术水平相对滞后的市、县审计机关，更要找准审计信息化的突破口，突出应用，讲求实效。为此，我们要在继续鼓励有开发力量的审计机关开发和完善针对性、实用性强的审计模型、模块的同时，集中财力、物力、人力，通过科学论证，统筹规划，集中实施，按行业、分业务系统开发一批规范化、标准化、智能化的审计软件。

三是要做好计算机技术部门和审计业务部门的统筹协调。实践证明，计算机审计取得成效的重要原因，就在于较好地实现了审计技术和计算机技术的结合，审计业务人员和计算机专业人员的结合，计算机技术部门和审计业务部门的结合。尤其是近年来，署计算机技术中心在人员、技术、设备等方面对于业务部门的大力支持，有力地推动了计算机审计工作的发展。但随着审计信息化建设的进一步深入，随着业务审计部门对计算机技术、设备、软件、专业人员等方面的依赖和需求加大，迫切要求审计业务部门与计算机技术部门加大沟通、协作力度，进一步科学整合资源，尽快实现业务审计和计算机技术的一体化运作，体现整体优势，充分发挥出金审工程的作用。

（四）加大培训力度，完善队伍结构。

各级审计机关要继续开展多形式、多层次的计算机技术培训，加大培养人才的力度；要按照审计署的要求，完成规划草案确定的初级培训和中级培训任务，进一步改善人员结构和知识结构；要紧密结合本地区本单位审计业务和管理工作实际，开展多种形式的软件应用短期专项培训，实实在在地提高计算机应用水平。

（五）积极探索，创新审计方式。

信息化建设给我们带来的不仅是思想观念的转变，更是对我们原有审计方式的冲击。通过这些年的探索，我们已经深切地感受到电子信息已经深入到我们工作的方方面面，原有的组织框架、工作方式已经开始不适应新技术条件下的审计工作需要，逐渐成为了审计发展的障碍。为此，我们必须适应信息化发展的要求，加大改革和创新的力度。

——在组织模式上，积极尝试“统一组织、集中审计、突出重点、联网运作、科学管理”的计算机审计的组织模式，尤其要积极探索“联网运作”，加快与被审计单位的联网建设，大力推进联网审计，实现电子数据的适时下载、定点保存、定期分析、专题研究。

——在审计方式上，组织上下级审计机关实施“集中审查、发现疑点、分散核实、上下联动、左右沟通、集中问题、专题调研”的方式。

——在审计手段上，积极运用计算机审计的思维对电子数据进行分析，充实和完善“审计专家经验库”，建立集科学性、通用性、实效性、智能化为一体的审计模型和模块。

——在审计内容上，有效利用计算机技术，加强对财政财务收支真实、合法、效益的电子数据审计，积极探索对与财政财务收支相关的信息系统的安全性、合规性、经济性审计。

——在审计项目管理上，充分利用计算机技术加强审计质量控制，通过建立项目管理平台，积极尝试审计的扁平化管理，实施科学管理，认真落实《审计机关审计项目质量控制办法（试行）》，建立计算机审计质量控制模型。

同志们，信息化的迅猛发展给我们带来了挑战和机遇。今后四年，中国的审计信息化将迈向一个新的阶段。希望全国各级审计机关和广大审计人员，紧跟时代发展的步伐，继续发扬求真务实、艰苦奋斗、开拓进取、勇于创新的精神，把我国审计信息化建设推向一个新的发展阶段。成功永远属于勇敢的攀登者。这次会议是在四季如春的昆明举行的，“日出江花红胜火，春来江水绿如蓝”。相信经过全体审计人员的辛勤耕耘，审计的信息化建设一定能够获得全面成功！

董大胜副审计长在2004年全国外资审计业务培训班上的讲话

（2004年3月17日）

这次外资审计业务培训班十分重要，它对于我们统一思想、明确任务、掌握方法、做好今年的外资审计工作，将会起到很好的作用。

陈华司长的讲话全面总结了全国外资审计去年所取得的各项成果，对今年的工作也做了布置和安排，并提出了对外资审计未来发展的一些考虑，我都赞成。我今天主要讲三个方面的问题：一是以科学的发展观为指导，深化审计监督；二是当前外资审计面临的形势；三是对今年外资审计提几点要求。

一、以科学的发展观为指导，深化审计监督

2002年11月召开的党的十六大全面分析了国际国内形势，提出了我国在新世纪社会主义现代化建设第三步的战略部署。根据邓小平同志为中国现代化发展所确定的“三步走”蓝图，我国的现代化建设分为三步来走：第一步是从20世纪80年代初到1990年，要实现国民生产总值翻一番；第二步是从1990年到2000年，要在前十年翻一番的基础上再翻一番；第三步是从2000年开始到21世纪中叶，基本上实现现代化，使我国达到中等发达国家的水平。大家知道，小平同志确定的前两步的目标，我们已经在1997年提前实现了。那么如何实现小平同志确定的第三步发展战略？以胡锦涛为总书记的新一代党中央领导集体，提出了新的“三步走”战略。这就是，在21世纪的头10年，实现国民生产总值翻一番；再用10年的时间，到2020年，实现国民生产总值再翻一番，全面进入小康社会；至本世纪中叶，也就是2050年左右，基本建成现代化。对于全面建设小康社会，十六大用了六个“更加”：即经济更加发展、民主更加健全、科教更加进步、文化更加繁荣、社会更加和谐、人民生活更加殷实。这是新的党中央领导集体确定的我们在新时期新阶段的建设任务。党的十六届三中全会制定了《中共中央关于完善社会主义市场经济体制若干问题的决定》，进一步提出了“坚持以人为本，树立全面、协调、可持续的发展观，促进经济社会和人的全面发展”的科学命题。最近，中央党校举办了省部级主要负责同志科学发展观的研讨班。从新一代中央领导集体目前所形成的治国理念上看，很重要的一个方面就是科学的发展观。作为审计干部，要想进一步做好审计工作，必须提高宏观意识，从理论上武装自己，学习掌握好科学的发展观。

也许有些年轻同志认为科学发展观的正确性是不说自明的。实际上，我们能够明确提出科学发展观的理念是很不容易的，它是我们党在领导全国人民建设社会主义过程中所逐步摸索总结出的科学结论。我们在座的很多同志都很年轻，对我们党建设社会主义的历史不一定很了解。最近我在学习科学发展观时感到，我们党建国以后在如何进行社会主义现代化建设方面确实经历了一个比较长的探索过程。比如说，建国初期我们取得了新民主主义革命的胜利之后开始社会主义建设，那么如何建设呢？当时提出了“一化三改”，所谓“一化”是指实现国家工业化的目标；所谓“三改”是指对农业、手工业和资本主义工商业的改造，以此推动社会主义建设。1956年毛主席在听取了国务院各部门的汇报之后，提出了“论十大关系”的经济建设主张，要求处理好农业与工业，重工业与轻工业，内地与沿海，积累与消费等等这样一些比例关系，它表明了当时对社会主义经济建设规律的认识。到50年代末期，我们党又提出了三面红旗，也就是“总路线、大跃进、人民公社”。当时认为要想建设好社会主义，还必须靠大跃进、发动群众、大炼钢铁和搞人民公社。到了60年代以后情况就进一步复杂化了，开展社会主义教育运动，在农村搞四清，以后发展到了文化大革命。认为阶级斗争是社会的主要矛盾，所以要以阶级斗争为纲，先搞阶级斗争，再推动经济建设，就是所谓的“抓革命，促生产”。1978年党的十一届三中全会结束了这种极“左”思想的统治，提出了全党全国人民的工作中心转移到经济建设上来，开始实行改革开放政策。但在改革开放过程中我们对一些问题的认识也是逐步清晰的。一开始我们在农村搞联产承包责任制，以后又在城市搞企业财务制度改革，先是厂长基金、利润留成，第一步、第二步利改税，还有计划与市场的关系。当时对计划和市场的认识就不是很清楚，一度认为市场是资本主义特有的东西，社会主义就是要搞计划经济，后来是有计划的商品经济。这个问题讨论了很多年。以后又提出了社会主义初级阶段的理论，提出了“一个中心，两个基本点”是社会主义初级阶段党的基本路线，以后又陆续提出了处理好改革、发展、稳定的关系，提出了西部大开发、科教兴国、振兴东北等经济建设的思路。应该说，从建国初期到改革开放以后，我们党对于社会主义建设的思路是在不断探索中不断丰富和完善的。

以胡锦涛为总书记的新一代中央领导集体按照十六大的精神，根据新的形势和任务，特别是在去年同“非典”的斗争中以及经济社会反映的新问题中得出的重要启示，提出要建立科学发展观的理念，即要促进经济、社会全面协调可持续地发展。提出科学发展观的目的是要实现我国经济社会更快更好地发展，它为我们全面建设小康社会提供了根本指针。我们要以科学发展观为指导，为实现十六大提出的“全面建设小康社会”的目标而奋斗。

关于科学发展观的内容，十六届三中全会提出了“五个统筹”，即统筹城乡发展、统筹区域发展、统筹经济和社会的发展、统筹人与自然和谐发展、统筹国内发展和对外开放。改革开放以来，我国经济确实取得了巨大成就，经济总量、GDP、财政收入、外汇储备和金融资产的规模增长得很快，但是我们在某些方面确实没有处理好这五个统筹的关系。比如说，我国的很多城市发展建设得很好，一些大城市，如北京、上海、广州等完全可以与一些发达国家的大都市相媲美，也是车水马龙，高楼大厦，商店里的物资供应非常充足。而广大的农村特别是一些中西部地区的农村，其发展水平还是比较落后的。在区域发展上也同样存在着不平衡，沿海地区发展很快，西部地区发展得较慢。我们在社会事业发展方面做得还很不够，特别是去年“非典”疫情的爆发，反映出我们在公共卫生方面还有很大的差距。在教育上虽然九年义务教育已实行多年，但仍有一些地区的九年义务制教育没有得到普及。在人与自然和谐发展方面，也往往注重了发展经济，忽视了环境的保护，忽视了可持续发展，大量地占用耕地，搞开发区，圈了很多地，却没有进行实质性的建设，使很多良田被荒废，水污染、空气污染和资源破坏都比较严重。十六届三中全会提出的“五个统筹”为我们全面建设小康社会提供了一个很重要的指导思想。

要想把“五个统筹”落到实处，我们必须做好以下几个方面的工作：第一，在经济建设方面，要继续以经济建设为中心。要实现经济、快速、健康、可持续地发展，必须牢牢地以经济建设为中心，保持较快的发展速度，用发展来解决问题。在经济建设中我们可能会面临很多困难，如社会保障不充分，失业人员增多，农村问题等等，但必须用发展来解决问题。在经济发展建设过程当中，要实现优化结构，提高经济建设发展的质量和效益，不能仅仅追求速度；要实现速度、质量、效益的统一，走科技含量高、经济效益好、资源消耗低、环境污染少、人力资源优势得到充分发挥的路子。去年我国国民经济发展形势很好，尽管有“非典”和其他自然灾害的影响，但我国国民生产总值仍然比上年增长了9.1%。根据统计资料，去年我们实现财政收入是2.17万亿元，去年年底的外汇储备是4033亿美元（已扣除了向中行和建行注资的450亿美元）。进出口贸易总额8500多亿美元，比上年增长37%。但是我们也应该清醒地看到在经济生活中出现的一些问题，主要包括：投资规模较大，在某些行业中存在着盲目投资和低水平的重复建设，在钢铁、电解铝、水泥等几个行业上的生产能力扩展得太快和能源供应紧张。去年下半年，我们很多地方缺电，主要是因为一些生产企业用电太多。当然缺电也和天气有关系，去年雨水很少，一些西部省份自给电力不足。煤炭供应紧张，小煤窑屡禁不止，安全事故增多。运输也很紧张，特别是春节期间，客运、民工潮很大。我国工业生产、汽车消费对石油需求量很大，去年一共进口了九千多万吨的原油。按照现在的发展速度，我们对原油的进口还要增加。国际上对于石油资源的争夺很激烈，美国之所以要把伊拉克打下来，很重要的一个原因就是要控制中东的石油。我国的自产石油产量增长受到资源储量的制约。我们经济中也存在着其他问题，如企业结构不合理，对原料进口依赖很大。占有的耕地太多，大量地破坏生态环境。所以国务院提出，今年宏观调控的主要任务就是要进一步按照“五个统筹”思路，促进经济和社会的协调可持续发展，要适当控制投资总规模，制止盲目投资和低水平投资，重视防止通货膨胀。

第二，必须保证经济和社会的协调发展。社会事业包括科技、教育、文化卫生等社会事业，也包括就业社会保障、社会公正、社会秩序、社会管理、社会和谐、民主法制、精神文明建设等等，这些方面我们同样应予以足够的关注，注意社会事业和经济能够协调发展。

第三，要注意城乡区域的协调发展。中央对农业问题很重视，今年专门发了1号文件，帮助农民增收。温家宝总理在十届二次人大会议上提出在五年内取消农业税很得人心。中央提出了要“多予、少取、放活”的方针，以促进农业特别是农民收入有较快的增长。关于区域协调发展方面，除了继续西部大开发外，还提出了振兴东北和加快沿海地区发展的思路。

第四，要坚持以人为本。搞“五个统筹”要坚持以人为本，经济建设、社会发展最终都要落实到不断提高人民的物质文化生活水平。这次修改宪法把尊重和保障人权写入了宪法，充分体现了我党对人民群众根本利益的重视，也是“三个代表”重要思想的体现。当前，我们要特别处理好关系到人民群众切身利益的特殊问题，包括在反腐败和纠正不正之风中要把涉及群众切身利益的突出问题作为重点，比如教育乱收费的问题、医疗服务和药品购销当中不正之风问题、就业问题、社会保障问题、农民征地问题、城市拆迁问题、企业改制问题、拖欠农民工工资问题等等，这些都是涉及人民群众切身利益的问题，我们在整个经济发展过程中，必须对这些问题给予足够的关注，及时地解决。

科学发展观对我们进一步做好审计工作同样提出了新的要求，比如按照科学发展观的要求，我们应该更加关注经济增长的质量和效益，所以我们要研究如何进一步搞好我们的效益审计，这也是在审计领域贯彻科学发展观的一个具体的体现。我们还要进一步关注一些社会发展问题；关注三农的问题；关注一些涉及区域发展的问题，比如转移支付；关注一些可持续发展的问题，比如资源、环境环保审计；关注一些群众关心的热点问题，比如教育乱收费，医药乱收费，拖欠农民工工资的问题，这些问题都应该在我们的审计工作当中给予更大的关注。此外科学发展观对我们评价领导干部的经济责任也提出了一些新的要求。不是提出要树立正确的政绩观吗？那么我们就要在更广的视野内来评价一个领导干部政绩和经济责任，不仅要看有关经济指标，而且要看一个地区的社会、人文、环境指标；不仅要看城市的发展，而且要看农村的发展；不仅要看当前的发展，而且要看可持续的发展；不仅要看经济，而且要看社会稳定；不仅要看可见的政绩，而且要看他潜在的政绩或者风险。现在我们的政府预算或决算是按照收付实现制来编制，只反映当年收入和支出，不反映政府的资产，也不反映政府的负债。很多政府资产，比如马路、高速公路、绿地、高楼大厦等，虽然没有反映到资产负债表中，但仍然是可以看得见的，但政府为了形成这些资产而产生多少负债却没有人知道。所以从这个角度来看，科学发展观为我们进一步开阔审计的视野也提供了一个新的思路。

科学发展观与我们的外资审计有没有什么关系呢？我认为，审计干部应该胸中有全局。仅仅了解世界银行贷款审计还远远不够，还应该关注我国经济发展的整体状况，关注经济生活当中面临的突出问题，关注我们宏观调控的目标和任务，这样才能使审计的工作水平进一步提高，更好地为经济建设中心服务，更好地为经济和社会的协调发展服务。

二、外资审计面临的形势

审计机关组建20年来，外资审计取得了重大的发展，为对外开放、合理利用外国资金起到了保驾护航的积极作用。我认为，外资审计的作用主要有五个方面：一是及时地为国外贷援款项目提供了公证审计，赢得了国际金融组织的好评和认可。二是外资审计工作在不断地规范。外资审计的规范化在不同行业的审计当中是走在前列的，较早就编制了《世界银行贷款审计操作指南》，较早地开发了外资审计的软件，这都对规范外资审计起到了很好的作用。三是对外资审计在理论认识上进一步深化。过去外资审计主要从事公证性的审计，但经过几年的探讨，我们认识到，从大的概念上来讲，外资审计应该属于财政审计的范畴，它所审计的对象主要包括政府的主权外债，政府外债的借、用、管和还都是外资审计的内容。外资审计不仅仅局限在公证审计，更重要的是要对整个政府主权外债的借、用、管、还以及外债管理体制进行审计，这是我们对外资审计理论的进一步深化。四是外资审计内容的不断深化。正是由于我们有了上述理论上的认识，这几年外资审计的内容也在不断地深化。我们在搞好公证性审计的同时，还结合中国的实际情况，加大了对外资项目资金使用合法性的审计，不再仅仅是简单地对会计报表发表意见。近一两年来，我们外资审计取得了新的成就，揭露了外资运用当中存在一些违法违规案件，虽然绝对额不像金融审计发现的那么大，但是有些情节也是非常恶劣的。同时，我们在外债管理体制方面连续进行了两年的审计调查，也得出了很多宏观性、深层次的认识和结论。五是一批合格的外资审计队伍已经成长起来。审计署及其派出机构，以及地方审计机关都成长出一批素质较高的外资审计干部，已成为我们外资审计的骨干力量。

目前，外资审计面临着一些新的问题。这些问题可以归纳为以下五个方面：

一是外资审计机构可能会发生一些变化。大家已经知道，去年经过中编办的批准，审计署正在组建国外贷援款项目审计服务中心。组建该中心主要是出于两方面的考虑：一方面是要把审计机关从繁杂的公证性审计事务中解脱出来，更好地关注、组织和领导更广范围内的外资审计。过去，外资审计很多精力都用在对外提供审计报告上，对于其他审计内容如国家主权外债的管理、使用及其效益性等等，没有很多精力去关注。另一方面是把国家审计机关从审计风险当中解脱出来，现在我们对世界银行等国际金融组织提供的公证性审计报告，确实承担了很大的国家信誉风险。许多外资审计项目是授权审计，公证性审计报告需要省级汇总到审计署，它要求涉及的审计机关都必须能够准确、如实地对外和向上提供审计报告，一旦某个环节出现问题，国际金融组织发现审计报告中有虚假的成分，就会导致审计风险，而这种审计风险可能影响到国家审计的信誉，或者说是中国政府的信誉。去年的“非典”，因为一开始没有及时准确地对外公布有关数字，使我们很被动，使很多年建立起来的信誉，在一些小事上受到很大的伤害。因此，审计署党组考虑组建国外贷援款项目审计服务中心，以该中心的名义对外提供报告，以减少政府审计直接承担的审计风险。国外贷援款项目审计服务中心正式组建以后，国外贷援款项目对外公证审计怎么搞，我们还要进一步的研究，但是整个外资审计运作方式可能会发生某些变化。

二是我们在全面实现审计目标上还存在一些差距。审计法规定的审计目标是真实、合法和效益。过去，外资审计在真实性上注重得多一点，在合法性上做得要少一点。有很多外资运用项目需要审计，仅是外资司每年需要审计的项目就有

100多个，每个项目几个审计人员用几天的时间就审计完了，难以保证把这个项目的深层次问题揭露出来。举一个例子，前些年，因为中国农业银行利用了国际组织贷款，外资司组织了几个人用一两个星期的时间对中国农业银行进行审计，并对其全行的财务报表发表审计意见。老实说，这样的审计意见客观与否是很难保证的。金融司组织十几个特派办几百名审计人员用上五六个月的审计时间，也不敢说对大型国有商业银行的财务报表全面发表审计意见有足够的把握。所以，我认为，外资审计在真实、合法性审计方面还有一定的差距。对于审计法规定的“效益”目标，与其他行业审计一样，外资审计同样很少给予关注。所以我认为，我们在落实审计法，全面实现审计目标上仍然有很大的差距。

三是在如实反映审计发现的问题上还存有折扣。特别是一些地方审计机关的同志，在外资审计过程中发现了一些问题，但为了不影响地方政府的形象，不影响地方继续利用外资，不愿意把发现的问题向审计署反映。我们一直强调外资审计是授权审计，审计机关必须内外合一，如实披露，但是实际上虽然审计报告在形式上做到了内外合一，但“上下不合一”，不如实披露的情况仍然是存在的。

四是外资审计人员流动较快，培训任务很重。参加本次培训班的同志，有很多都是从其他行业转过来的，对于外资审计不是很熟悉。外资审计有一套自己的目标、程序和方法，我们需要加强培训，尽快地熟悉外资审计业务。

五是我们面临的外部竞争。加入世贸组织后，我国要对外开放会计服务市场，会有很多的国外会计师事务所进入。现在，我国多数大型国有企业的改制、上市都是聘请的国际几大会计师事务所做的。这反映了国际几大会计师事务所对中国会计服务市场的压力。随着加入世贸各项承诺条款的进一步落实，国外会计师事务所在中国的市场份额将会占更大的比例。这对于我们外资审计特别是公证审计会形成一些压力，也许国外贷援款机构会进一步提出外资公证审计由社会审计组织承担的动议。从事外资审计的同志应该对这些情况有一个清醒而充分的认识。

外资审计是审计法赋予审计机关的一个重要的职责，关系到我国的投资环境，关系到合理有效地利用国际金融组织和外国政府的贷援款，关系到国民经济和社会的持续、健康和协调发展，因为我国借入的国际组织和外国政府贷款大多用在经济建设项目上，用在社会发展和环境保护的项目上。它同时还关系到我们能否有效地防止和克服财政债务风险。我认为，我国经济发展目前存在的两大风险，即财政风险和金融风险。就财政风险来说，一方面是国内债务，从中央财政来说，大量发行国债搞基础设施建设，将来到了还本付息的高峰，财政的压力就很大；从地方各级财政来说，各种隐性债务大家都认为数额巨大，但没有准确的统计。另一方面是政府外债。政府外债包括政府借用的和政府担保借用的，一旦出现支付困难，就会出现债务危机。我们的外汇储备虽然有4000多亿美元，但国家是否能够直接拿来偿还外债，恐怕不能。外汇储备只是一个外汇额度，由谁来出钱来买外汇储备来还债则是另外一个问题。现在的外汇储备是人民银行的再贷款买下的。但银行的钱是不能拿来替财政和企业还债的。如果政府外债项目没有效益，不能取得购买外汇额度的收入，那么就无法偿还到期的债务。要偿还外债，光有外汇储备是不够的，还必须有相应的人民币资金来源。所以说，外资审计关系到财政风险的防范，是一项非常重要的工作。

有些同志认为，当前我国经济形势发展很快，银行信贷资金相对宽松，我们今后向国际金融组织机构贷援款可能会越来越少。去年财政部在厦门召开的国际金融组织贷款工作会议得出的一个结论，就是中国与国际金融组织的合作将是长期存在的。根据会议材料，人均收入低于9000美元的国家都可以向世界银行申请贷款。去年我国的人均收入刚刚达到1091美元，到了2020年全面实现小康也不过3000美元左右。中国人口众多，要达到人均收入9000美元仍需要长期的奋斗。所以，财政部得出中国与国际金融组织的合作将是长期存在的结论是合理的。由此，外资审计中的公证审计和外债审计也会长期存在。

政府外债项目的审计公证涉及政府的主权，应该由谁来履行该项职责呢？根据我国驻世界银行执行董事提供的资料，世界上60%的国家是由政府机构进行审计公证的。从我国的会计师事务所来看，包括国际几大著名会计师事务所，它们的审计质量也未必都好。近些年来在国际上，美国的安然、世通，欧洲的帕马拉特等都相继出现了会计丑闻。民间审计的审计力度、权威同政府审计是有差别的。在我国遵守财经纪律尚存在不少问题的情况下，会计师事务所审计未必能够很深入地发现这些问题，即使发现也未必能够如实反映。所以我认为，在今后一个时期，由国家审计为主导对外资项目进行审计公证是必要的。它关系到我国能否积极、合理和有效地利用外资。

很多同志感到，同其他行业审计相比较，外资审计不大容易出成绩。我们进行的公证审计很繁杂，不像有些行业审计如金融审计那样，能够发现数额较大的违纪违规和大案要案，所以在评先进、发现的违纪资金额和大要案等方面，外资审计难以同其他行业审计相比。有些同志有这样的思想是可以理解，但我们要正确对待。从事外资审计的同志要树立一种正确的政绩观，即不要单纯地以收缴多少为目标。审计机关的领导同志也要有不单纯以收缴违纪金额或发现的大案要案数量为惟一考核标准的观念。从事外资审计的同志要有一份只问耕耘、不问收获的淡泊心情，我们要看到外资审计的重要性，看到外资审计还有很大的发展空间。我们在真实合法性审计方面要进一步努力。效益审计在我国还是一个较新的领域，但在一些发达国家已经比较成熟，而外资审计系统的同志们对国际上的情况比较熟悉，外资审计具有在效益审计上走在其他行业前列的条件。大家要进一步明确外资审计任务的艰巨性和重要性，进一步振奋精神、鼓足干劲、开拓创新，开创外资审计工作的新局面。

三、对今年外资审计的几点要求

今年，我们要进一步以邓小平理论和“三个代表”重要思想为指导，认真贯彻全国审计工作会议精神，适当调整外资审计组织方式，扩展外资审计的领域和内容，在进一步搞好真实性审计的同时，认真查处外资运用中违纪违规的问题，积极探索外资项目的效益审计，不断提高外资审计的质量，把我国外资审计提高到一个新的水平。就今年的外资审计，我想提出以下几点要求：

（一）组建好审计署的国外贷援款项目审计服务中心，搞好工作的衔接过渡，稳步推进，讲求实效。前几天召开的审计长办公会议肯定了组建该中心的必要性，要求要稳步推进，讲求实效，不宜操之过大过急，不能急于扩大规模。先把这个机构组建成一个独立的事业法人单位，把牌子挂起来，做到能够以该中心的名义对外提供审计报告，然后再逐步扩大业务的份额。特派办在今年和今后几年仍然要继续承担审计公证任务。地方审计机关仍然要继续对外提供外资审计报告。就目前来说，外资审计的授权方式不会发生变化。

（二）组织好今年的公证审计。要在真实合法性上下功夫，保证审计质量，如实披露问题。

（三）搞好政府外债铁路项目设备采购效益审计。这是审计署明确提出的第一个效益审计项目，要把它做好。我估计该项审计的工作量是很大的，希望能突出重点，不要面面俱到，在充分进行审前调查的基础上，确定审计的重点。

（四）加强审计管理，搞好审计质量控制。审计署今年出台了《审计机关审计项目质量控制办法（试行）》，外资审计有比较好的审计规范和程序，应结合该办法，进一步加强外资审计管理和质量控制。

（五）搞好人员培训。这几年外资审计人员流动比较大，要搞好人员培训。

在此，预祝本次外资审计业务培训班圆满成功，并希望同志们在今年的外资审计工作中取得更大的成绩。

项俊波副审计长在2004年失业保险基金审计培训班上的讲话（节选）

（2004年3月27日）

同志们：

我就去年社保审计情况及有关要求讲几点意见。

一、2003年，社会保障审计工作有了新突破，取得了可喜成绩

2003年，审计署认真贯彻“依法审计、服务大局、围绕中心、突出重点、求真务实”的方针，按照《审计署2003至2007年审计工作发展规划》的要求，坚持“全面审计、突出重点”，组织开展社保审计工作，取得了可喜的成绩。

2003年春，社保司在对1998年以来社保审计工作进行认真总结的基础上，邀请在京的社保理论界的十位专家、学者就建立社保审计监督体系框架进行了深入研讨。大家结合我国目前社会保障体制的现状和存在的各种问题，从不同的角度，对加强审计监督提出了很好的建议。我们认为，社保审计工作的新思路，与过去最大的不同，就是使社保审计跳出单纯查错纠弊的模式，把揭露社保制度的缺陷和检讨现行社保政策的效应当作重要工作内容之一，将财政财务收支审计与效益审计相结合，积极探索社会保障效益审计路子。

通过2003年对社会保障资金的审计和专项调查，使我们对社保制度运行方面存在的主要问题和制度方面的不足有了一个基本的了解。通过查处和揭露问题，引起了各级政府和社会各界人士的高度重视。例如，对财政部社会保障资金预算执行审计，查出中央养老保险基金财政专户59亿元资金长期闲置和4亿元社保资金超范围分配的问题，被李审计长向人大所作审计工作报告采用，《经济日报》、新华社、因特网等媒体予以转载报道，在社会上产生了重大影响。2003年下半年，由社保司和18个特派办的人员组成专项审计调查组，按照李审计长的要求，对四川省江油市和广东省增城市5800户企业和40000户个体工商户养老保险费征缴情况进行了地毯式调查，基本摸清了两个城市应参保对象的基本情况，重点揭露了参保率低的问题，审计调查结果得到了当地政府的充分重视和肯定。审计调查结束后，我们就西部经济欠发达地区和东部发达地区养老保险费征缴工作中存在的问题向国务院作了汇报，并就存在的共性问题写出《重要信息要目》，得到了国务院领导同志的批示。

据统计，2003年，社保司上报《重要信息要目》13篇，其中《养老保险统筹级次偏低引发的问题应予重视》等3篇得到中央领导批示。中央政治局常委、国务院副总理黄菊同志对挤占挪用社保资金问题非常重视，在社保司汇总的一些地方和单位挤占挪用社保资金问题的上报材料上做了重要批示，要求财政部、民政部、劳动和社会保障部三部门在审计部门工作基础上，联合查办。事实证明，社会保障审计和审计调查，对于维护社会保障资金的安全完整，促进建立健全社会保障制度起到了积极的作用。2003年社保审计取得的成果也充分说明，我们确定的社保审计的工作思路是正确的，今后还要继续沿着这个思路开展工作，使社保审计发挥出更大的作用。

二、认真贯彻十六届三中全会和“两会”的精神，搞好失业保险基金审计工作

今年年初，署党组向温家宝总理汇报审计工作时，总理非常关心社会保障问题，他强调，凡是与人民群众生活和切身利益密切相关的资金的使用，都要引起审计机关的高度重视。政府对人民群众利益的高度关注，为开展社会保障审计工作提供了良好的机遇。所以说，社保审计工作已经迎来了新的春天。

去年，党的十六届三中全会公报中强调，健全就业、收入分配和社会保障制度是完善社会主义市场经济体制的主要任务之一。前不久闭幕的全国人大十届二次会议通过的宪法修正案，将建立健全社会保障制度提到了宪法的高度。温家宝总理在回答记者提问时还强调，我们工作中最关心的是涉及群众利益的事情。社会保障制度建设关系到千家万户老百姓的利益，关系到社会稳定的大局，关系到全面建设小康社会目标的实现，社保审计工作必须紧紧围绕党和国家的中心工作，通过揭露社保制度建设上的深层次问题，为建立健全有中国特色的社会保障体系发挥应有的作用。

党的十六届三中全会通过的《中共中央关于完善社会主义市场经济体制若干问题的决定》具体提出了健全失业保险制度，实现国有企业下岗职工基本生活保障向失业保险并轨的要求。我们应该看到，在统筹发展思想的指导下，就业再就业正在日益成为我国的经济社会发展目标，而健全有效的失业保险制度是实现就业目标的重要制度保证。署里在充分领会全会精神的基础上，适时地提出了审计失业保险基金，就是要贯彻党的十六届三中全会和“两会”的精神，促进失业保险制度的进一步完善和发展，加强对失业保险基金的审计监督，保证失业保险制度有效运行，保护弱势群体利益，维护社会稳定。参与失业保险基金审计的同志要提高思想认识，牢牢把握审计的总体目标，只有这样才能充分发挥工作的主动性，加大审计力度，确保审计任务的完成。

三、开展2004年失业保险基金审计工作的几点要求

(一) 加强质量控制，提升审计工作质量。

最近，署里颁布了《审计机关审计项目质量控制办法（试行）》（以下简称《控制办法》），对今后的审计工作提出了新的要求。署党组研究认为，审计管理水平低，是当前审计工作中存在的一个突出问题，是制约审计工作水平提高的不可忽视的重要因素。加快审计事业发展，推动审计工作现代化，必须切实改进审计工作管理。建立和实施科学的审计质量控制体系，是加强审计管理的中心环节。

《控制办法》规定，审计机关实施审计项目时，对编制审计方案、收集审计证据、编写审计日记和审计工作底稿、出具审计报告、归集审计档案等全过程实行质量控制。这次失业保险基金审计，是《控制办法》颁布后第一个社会保障方面的行业审计，新的办法执行起来是有一定难度的。这次审计项目，涉及的部门和单位很多，工作量很大，不仅要对基金收支进行审计，还要收集、核对、分析大量的数据，深入企业、单位进行调查，反映所审计城市的失业保险覆盖情况。我们要求在审计和调查的每一个环节都必须保证工作质量。前一段时间，各特派办按照社保司的要求，已经开始进行审前调查，初步了解了审计和调查对象的一些基本情况，但大家还要根据审计工作方案提出的目标和要求，进一步摸清情况，制定出符合当地实际情况、有可操作性的审计实施方案。

此外，还要坚持审计日记制度，这是一个基础性的工作，也是我们检查审计工作质量的一个重要的环节。我建议大家在每天的审计结束后，用一点时间，回顾当天的工作情况，把审计进展和工作成果如实地写入审计日记。大家不要怕麻烦，更不能敷衍了事。社保司要加强对各特派办审计质量的检查，审计日记也是一项主要的内容。只有把审计过程质量控制好，才能确保整个审计工作质量的提高，才能防范审计风险。

(二) 积极探索效益审计的路子。

《审计署2003至2007年审计工作发展规划》确定“积极开展效益审计，促进提高财政资金的管理水平和使用效益”，是规划年度审计工作的主要任务之一。我认为，我们开展社会保障效益审计是有较好条件的，最重要的一条，是因为国家的社会保障制度关系到千家万户，关系到社会稳定，社会保障资金管得怎样，用得如何，是党中央和国务院非常关心的。除经济效益外，更重要的是社会效益，这种效益关系到国家政权的稳固问题。通过审计和审计调查，反映劳动、民政、财政及负责社会保险基金征收的税务部门在资金管理方面存在的主要问题，对社保资金的使用效益进行评价，提出切实可行的审计建议，这些都属于效益审计的范畴。当然，社会保障资金的效益审计应该引入哪些现代审计技术与方法，如何提高研究和分析水平，怎样解决审计依据不足的问题，这些都还需要在座的每一位审计人员研究探索。

（三）坚持审计与审计调查并重，促进加强宏观管理。

这次失业保险基金审计项目，既有对基金收支的财务审计，又有对失业保险费征缴情况的审计调查。对基金审计的目标是：摸清各城市失业保险基金的总体规模，全面准确地反映失业保险基金的收支结构、结存情况，以及目前在管理中存在的矛盾和问题，提出改进建议，同时反映基金收支和专户管理中存在的不规范、挤占挪用等违纪违规问题，并提出审计意见。为达到这一目标，审计人员应充分发挥审计的特长，把问题和事实搞准确，做到实事求是、客观公正，维护基金的安全和完整。

对失业保险费征缴情况进行专项审计调查的目标是：从微观到宏观，通过对应参加失业保险的对象进行审计调查，掌握目前在失业保险扩面及失业保险费征缴工作中存在的矛盾和问题，促进各级主管部门贯彻执行《失业保险条例》和《社会保险费征缴暂行条例》，壮大失业保险基金，促进我国失业保险政策的落实。审计调查要注意客观反映失业保险的覆盖面，对参保率低的各种原因作深入分析，对政府及有关部门执行社会保险政策的情况作出公正的评价，反映制度设计中的深层次问题，提出积极的改进建议。

审计和专项审计调查都是本项目的重要内容，没有孰轻孰重之分。实行审计与审计调查并重，是审计署五年规划的要求，对开展社保审计尤其重要。失业保险基金的数额不算很大，不能因为基金量小而不重视，或者单纯追求大案要案而忽视对基金管理情况的专项调查。在工作中，要由点到面，由面到点，把问题说深说透，既要揭露挤占挪用等违纪违规问题，也要揭露损失浪费、资金使用效益不高和制度管理中的问题，促进党和国家方针政策的贯彻落实，促进进一步加强宏观管理。

（四）注重对审计结果的分析和利用，扩大社会影响。

李审计长一直强调，审计人员既要注意抓审计过程的质量，又要重视对现有审计成果进行充分的分析和利用，形成有分量的审计报告及其他审计信息，为上级领导的决策提供参考。就社保审计来说，如何将现有的审计成果上升到理论高度，使其得到充分利用并扩大影响，需要注意三个方面的问题：一是要善于总结，对问题的定性要准确，分析要透彻；二是对问题的认识要有高度，不能仅仅就事论事；三是要不断提出完善和改进的建议。社会保障审计要侧重政府和群众关心的问题，在查处违纪违规问题上显示审计的威力，在改进管理、促进制度完善方面显示审计的层次和水平，发挥审计的作用，扩大社保审计的社会影响力。

审计署已经开始实行重要审计事项向社会公告的制度，从防范审计风险的角度，对审计机关的工作质量提出了更高的要求，它将给审计机关带来机遇与挑战。各特派办也应该有这样的准备，把失业保险基金审计的汇总结果向社会公告。公告的基础是建立在各特派办的审计结果之上的，是不是有强有力的事实和数据作支撑，是不是有客观、深入的分析，是不是能提出好的建议，直接影响向社会公告的结果。大家不要把社会公告这种形式看得过于简单，必须要进行充分的准备，既包括程序、方法和技术上的准备，也包括心理上的准备。这就要求我们的审计工作不能简单地就事论事，要跳出审计看审计，充分运用审计的结果和数据，全面地分析和反映问题。

两天半的培训就要结束了，艰巨的审计任务即将开始。同志们回去之后，要向特派办领导汇报本次培训的成果，传达社保司对本次审计的具体要求。各特派办一定要高度重视，分管社保审计的特派办领导要担任审计组长，在审计一线工作的时间不能少于 10 天。我也准备与社保司领导一起，深入审计现场，多了解具体情况。社保司要组织力量到各个特派办进行检查指导，随时了解工作进展。希望同志们抓住开展社保审计的良好机遇，按照审计工作方案的要求开展工作，确保审计质量，圆满完成 2004 年失业保险基金审计任务。

总结经验　与时俱进
努力构建审计机关廉政工作体系

——王道成在全国审计机关人才和廉政工作会议上的讲话（节选）

（2004 年 10 月 27 日）

同志们：

我受审计署党组的委托讲三个问题，同大家一起研究讨论。

一、三年来审计机关反腐倡廉工作的基本情况

2001 年以来，各级审计机关在中央纪委、地方党委、政府和审计署的领导下，按照“从严治理审计队伍”的方针，认真贯彻党中央、国务院和中央纪委加强党风廉政建设，反对和防止腐败的决策和部署，把廉政建设作为审计工作的生命线，紧密结合实际，突出工作重点，从建立健全预防机制入手，加强教育，健全制度，严格管理，强化监督，有效地防范了各种不良风气和腐败现象的发生，促进了审计工作健康发展，各项工作取得了明显成效。

（一）加强党风廉政教育，领导干部廉洁自律的自觉性进一步提高。各级审计机关把廉政教育作为加强党风廉政建设的一项基础性工作，列入思想政治教育的重要内容。认真组织学习“三个代表”重要思想和《中国共产党党内监督条例（试行）》和《中国共产党纪律处分条例》；广泛开展学习郑培民、任长霞等先进典型的活动；不失时机地组织“党风廉政教育月”、“纪律教育学习月”、“职业道德检查月”、“廉洁从政知识竞赛”等活动；认真开好领导干部专题民主生活会；积极推行述职述廉和廉政谈话等制度。先后开展了对超编制超标准配备使用小汽车、领导干部超标违规住房、违规收受和赠送现金、有价证券、支付凭证、配偶或子女违规从业、领导干部违规持有因私护照以及拖欠公款和用公款购买个人商业保险等情况的专项清理活动，初步建立起一套在社会主义市场经济条件下，适应审计工作发展要求的审计干部廉洁从政行为准则和道德规范。

（二）重视信访举报工作，查处违纪违法案件的工作力度进一步加大。署党组高度重视群众来信来访和查办案件工作。李金华同志在工作十分繁忙的情况下，亲自阅批群众来信和过问群众来访及查办案件情况，多次在有关举报件上批示，要求有关部门认真对待群众反映的问题，对已经查实的违纪违法问题，必须严肃处理，绝不姑息迁就。驻署纪检组监察局根据署领导批示，三年来共核实查处举报司局级领导干部违纪问题 10 件，给予党纪政纪处分 4 人，组织处理 4 人，诫勉谈话 2 人，印发通报 4 期。各级审计机关始终把“从严治理审计队伍”的要求，作为加强审计队伍建设，维护审计机关形象的重要措施来抓，对审计队伍中发生的各种违纪违法问题，积极支持纪检监察部门严肃查处。据初步统计，2001 年以来，全国审计系统共有 57 名违纪违法人员受到查处并分别给予了党纪政纪处分，其中县（处）级以上干部 21 人，在这 21 人当中，有 14 人是单位主要领导干部。对于比较典型的违纪违法问题，不少单位都进行了公开处理或通报，做到处理一个，教育一片，有效地预防和遏制了各种违纪违法现象的发生。与前些年相比，违纪违法受处分人数已呈现下降趋势。

（三）结合审计机关实际，纠正和防范不正之风工作取得新的成效。近年来，各级审计机关针对群众反映审计机关自身的一些热点问题，从严格审计纪律、加强审计收缴违纪资金专户管理、严禁通过向社会审计组织介绍审计业务谋取私利等主要方面入手，采取规范审计工作程序、切断与被审计单位经济福利联系、严格审计现场纪律、逐步撤销审计专户、彻底与审计（会计师）事务所脱钩等有效措施，狠抓“审计组廉政责任规定”、审计纪律“八不准”等规定的贯彻落实。继署机关和各派出机构实行外勤经费自理办法之后，目前，全国已经有 14 个省市、81 个地市、272 个区县审计机关实行了这项措施，审计人员在吃、住、行、用等方面完全依赖于被审计单位的情况有了较大改观。各级审计机关积极参加当地政府开展的精神文明建设和行风评议活动，通过在社会各界聘请特约审计员，在电台设立“阳光热线”，在电视台进行“审计访谈”，实行审计回访，公布举报电话等措施，对社会公众实行公开承诺，不断增强审计工作透明度，主动接受社会各界监督，有力地促进了审计机关的行风建设。2003 年，全国县级以上审计机关共有 1213 个单位参加当地政府组织的行风评比活动，进入先进行列前三名的 125 个，占 10.3%，有 902 个单位被评为精神文明先进单位。审计机关从严要求、秉公执法的廉政形象，进一步赢得了社会各界的良好赞誉。

（四）积极采取治本措施，从源头上防治腐败工作收到良好效果。各级审计机关紧密结合人员、任务、环境等特点，按照署党组提出的“外抓审计纪律，内抓机关管理”的工作重点，突出“权、钱、人”的监督管理，从源头上积极采取预防和治理腐败的治本措施。一是努力建立健全审计法规和准则体系，规范审计工作程序，不断完善审计程序公开、审计业务会议、审计质量控制、廉政检查回访、审计执法责任追究等规章制度，使审计权力行使全过程受到了更加全面有效的监督制约。二是进一步完善了机关内部财务管理，严格财务审批程序，积极推行财务公开、民主理财、内部审计等制度，主动接受干部群众监督。对基本建设、大型设备、重要物资和大宗材料的采购，普遍实行了领导班子集体研究决定、公开招（投）标、政府采购和纪检监察部门参与监督等制度。财务管理已逐步走向规范化、制度化，有效地防范了乱收乱支和各种违纪违规问题的发生。三是进一步加大了干部人事制度改革工作力度，在干部选拔任用、竞争上岗、教育培训和管理监督等方面，做了大量卓有成效的工作。从了解的情况看，各单位普遍实行了审计干部公开考试录用和领导干部竞争上岗制度，健全公开录用选拔监督机制，坚持用好的作风选作风好的人。特别是在处以上领导干部选拔任用工作中，严格实行民主推荐、群众测评、考试考核、竞争上岗、任前公示等规定，基本做到了不符合程序、任职条件和未经民主评议的不研究，群众有反映并已查实的不提拔。实行干部公开交流轮岗制度，加大交流力度，防止因长期固定工作关系造成的“熟面孔、老朋友”而影响审计质量，避免不廉行为。完善考核评价制度，以业绩写实为基础，对干部的业绩进行量化考核，公开评价，形成科学的干部管理机制。积极推行领导干部经济责任审计制度，加强对领导干部廉洁自律情况的检查。通过上述措施，既增加了干部选拔任用工作的透明度和公正性，又从制度上防止了选人用人失察、失误，减少了人事腐败的客观条件，优化了审计干部队伍，从源头上为审计机关廉政建设打造了良好基础。

（五）加强组织领导，党风廉政建设责任制得到较好落实。各级审计机关普遍建立了责任分工、责任考核、责任追究等一系列较为规范的廉政责任规定，基本形成了党组统一领导、党政齐抓共管、部门各负其责、纪检部门组织协调、依靠群众支持和参与的领导体制和运行机制，使廉政责任逐步纳入目标管理的考核指标体系，与本单位的审计中心工作一起部署、一起检查、一起考核、一起落实。按照“一岗双责”和“谁主管，谁负责”的要求，许多单位把“一把手”负总责、班子成员各负其责、一级抓一级、层层抓落实的领导机制，作为党风廉政建设责任制的“龙头工程”来抓，将廉政责任分解落实到分管领导和责任处室，细化到审计组，形成了“廉政重担大家挑，人人肩上有指标”的良好局面。

总之，这些年来全国审计系统的反腐倡廉工作形势是好的，审计机关的社会形象不断提升，广大审计人员在错综复杂的审计工作环境中，不仅经受住了来自各方面的诱惑和考验，涌现出一大批一身正气、廉政勤政的先进典型，而且更加忠于审计事业，坚持原则，敢于碰硬，客观公正，廉洁奉公，得到了国务院领导的高度赞扬和社会各界的一致好评，这是审计系统廉政工作的主流。但是，在我们审计系统内部仍然存在着一些不容忽视的问题：一是廉政教育还不够深入。审计队伍中的一些模糊认识还没有完全消除，有的认为审计机关的党风廉政形势良好，不会有大问题的“盲目乐观”思想；有的认为审计部门不管钱、不管物，没有行政审批权，缺少产生腐败条件的“和平麻痹”思想；有的认为审计机关工作辛苦、生活清苦、条件艰苦，抓廉政是自己卡自己的“廉政吃亏”思想；有的认为审计业务工作繁忙，党风廉政建设由纪检监察部门抓就行的“与己无关”思想。因此，在落实廉政规定方面不同程度的存在着强调客观、放松要求的现象。二是制度建设还不够完善。制度建设的系统性、规范性、前瞻性不够强，还存在着一些滋生腐败和造成审计不公的薄弱环节。如许多县级审计机关的审计经费长期依赖于被审计单位，甚至与审计处罚金额直接挂钩等问题，成为个别单位放松廉政要求的客观理由。三是监督检查还不够到位。领导不愿接受监督，群众不敢主动监督，以及有了问题难发现，发现问题不督查，查出问题不处理，甚至隐瞒不报等现象还不同程度的存在。四是违纪违法问题还时有发生。特别是利用审计权力为本单位或个人谋取不正当利益的现象仍时有发生。如有的在审计和处理过程中，照顾关系、不讲原则，甚至讲条件，相互获利；有的个别审计人员利用审计工作报销因私费用或办理私事；有的审计机关把主要精力放在罚没收入、取得分成上；还有个别审计机关或审计人员跟事务所在利益上有着密切关系等。在已经受到党纪政纪和刑事处理的57人中，有17人属于索贿受贿，有19人是违反财经纪律，都直接或间接的与利用审计权力有关。这些现象，都值得引起我们的高度重视。

二、努力构建审计机关廉政工作体系

党的十六届三中全会通过的决定中提出：“加强党风廉政建设、反对和防止腐败，是建立和完善社会主义市场经济体制的重要保证，必须贯穿于改革开放和现代化建设的全过程。”“要坚持标本兼治，综合治理，注重思想道德教育，加强廉政法制建设，完善监督制约机制，建立健全与社会主义市场经济体制相适应的教育、制度、监督并重的惩治和预防腐败体系”。把党风廉政建设和反腐败斗争纳入到建立完善的社会主义市场经济体制的总体部署之中，并提出了要一手“持剑”抓惩处，一手“持盾”抓预防，坚持惩防并举，注重预防的新理念、新思想、新措施，为新世纪新阶段开展党风廉政建设和反腐败工作指明了方向。胡锦涛总书记在中央纪委第三次全会上的重要讲话，又进一步全面系统地阐述了这个问题。十六届四中全会又进一步强调：“各级党委要把党风廉政建设和反腐败斗争作为提高党的执政能力、巩固党的执政地位的一项重大政治任务抓紧抓实。坚持标本兼治、综合治理，惩防并举、注重预防，抓紧建立健全与社会主义市场经济体制相适应的教育、制度、监督并重的惩治和预防腐败体系。”吴官正同志在中央纪委四次全会上进一步要求：“各地区各部门要把建立健全惩治和预防腐败体系，作为当前和今后一个时期的重要任务，切实抓紧抓好。”我们应自觉地把思想和行动统一到中央的部署和要求上来，努力构建与社会主义审计事业发展相适应的廉政工作体系。

（一）建立健全审计机关廉政工作体系是完善社会主义市场经济体制下审计监督制度的内在需要。从审计机关反腐倡廉工作实践来看，开展审计工作要靠廉政工作来支撑，审计机关廉政工作要以保证审计事业健康发展为目的，审计工作与廉政工作是贯穿于审计事业发展全过程的相互统一、互为前提、密不可分的统一整体。审计机关加强廉政建设，不仅与一般的机关、单位有着共同的需求，而且还有审计职业的独特的内在需求。审计机关廉政工作是维护审计机关独立性，促进依法有效履行职责的重要保障。审计机关不廉政，就谈不上审计工作的客观公正，就不可能有审计的力度和质量，就难以有效地履行法律赋予的职责。因此，审计机关加强廉政工作，是维护审计机关独立性的需要，是保障审计工作客观、公正的需要，是加强审计职业道德建设的需要，是审计文化建设的重要组成内容。一句话，构建适应审计事业发展的教育、制度、监督并重的廉政工作体系，是完善社会主义市场经济体制下审计监督制度的内在需要，是审计工作的生命线。从审计机关廉政工作的实践来看，审计干部队伍的主流是好的。党的十四大以来，审计系统查处的违法违纪审计人员不到400人，其中真正属于钱权交易的只是一部分。这与全国近8万审计人员相比，比例是很小的。正是基于这样的分析和判断，我们认为，对审计机关来讲，廉政工作主要是立足于教育，着眼于防范，靠制度防腐，预防在先。因此，我们不能就廉政谈廉政，必须从全局和战略的高度，把审计机关的廉政工作放在发展社会主义审计事业的大环境中去认识和把握。构建教育、制度、监督并重的廉政工作体系，是实现这一指导原则的有效途径。

（二）建立健全审计机关廉政工作体系应当着力突出和把握的五个原则。一是系统性原则。廉政体系既包括从严治标的措施，又涵盖着力治本的内容。要正确把握教育、制度和监督相互之间的内在联系，克服孤立地只抓某一方面的倾向，充分发挥体系的整体功能。二是前瞻性原则。要结合本地区和本单位实际，从治本的角度，制定切实可行的制度和规定，把问题解决在事前、事中，防患于未然。三是创新性原则。要创新教育形式，切实增强教育的针对性和有效性。要创新制度规范，形成用制度规范从审行为、按制度办事、靠制度管人的机制。要创新监督方式，增强监督的实效。四是针对性原则。廉政教育要以各级领导干部为重点；廉政监督要突出加强对权力运行的制约和监督，坚持以领导干部特别是“一把手”为重点。五是有效性原则。体系建设一定要注重实效，既要有宏观架构，又要有微观措施，避免把体系搞成空架子，流于形式。

（三）建立健全审计机关廉政工作体系的框架。要以邓小平理论和“三个代表”重要思想为指导，坚持“标本兼治、综合治理，惩防并举、注重预防”和“从严治理审计队伍”的方针，突出管好“权、钱、人”；强调“教育、制度、监督”三者并重；以促使审计机关廉政工作走向系统化、法制化、规范化为目标。主要内容是：

第一，要注重思想道德教育，努力夯实思想教育这个基础。从我国廉政建设的实践来看，加强思想道德和纪律教育，是铲除滋生腐败现象内在动力的重要手段，人的素质高了，能够廉洁自律，只有提高了思想觉悟，才能增强遵纪守法的自觉性。在拒腐防变的体系中，思想道德防线是第一道防线，它是通过教育、宣传、培养等手段在个人内心形成自我反省和价值评判机制，反映了人们对善与恶的区分以及基本价值取向，具有相对的稳定性，可起到使人不为权力和利益所惑，不肯为恶的作用。我们一些党员干部堕落成腐败分子，往往是从这道防线失守开始的。加强思想道德和纪律教育，不单纯是反腐倡廉工作的思想基础和党员干部拒腐防变的思想保证，更是在社会主义市场经济体制下推进反腐倡廉工作的一项十分重要的治本之策，对推动党风廉政建设和反腐败斗争起着不可替代的作用。因此，我们要充分认识教育的基础性地位，发挥其在反腐倡廉中的基础性作用。各级审计机关应按照建立和完善宣传教育工作大格局的要求，努力形成一个党组（党委、支部）统一领导，纪检监察部门组织协调，有关部门密切配合、各展所长，广大干部群众通过多种形式积极参与的良好教育氛围。当前，按照胡锦涛总书记在中央纪委三次全会上提出的要求，结合审计机关实际，在审计干部中应深入开展理想信念教育、党纪政纪教育、典型示范和警示教育，构筑拒腐防变的思想道德和纪律两道防线。一要坚持以科学理论武装人。组织学习马克思列宁主义、毛泽东思想、邓小平理论和“三个代表”重要思想，要以各级领导干部为重点，引导广大审计干部树立马克思主义的世界观、人生观、价值观和正确的权力观、地位观、利益观，坚定共产主义理想信念，增强反腐倡廉的坚定性。二要坚持用先进典型引导人。开展革命传统教育，培养勤俭生活、耐得住清苦、抗得住诱惑、顶得住歪风、管得住“小节”的作风，树立长期艰苦奋斗的精神，增强反腐倡廉的自觉性。三要坚持用反面案例警示人。通过剖析不同时期的典型案例，做到警钟长鸣，增强党员干部的自律意识。四要坚持用良好的环境塑造人。大力宣传先进典型，以真实可信的形象和事迹催人奋进，营造“创先争优”的良好氛围。五要坚持用党纪政纪教育人。使广大审计干部做到知法、懂法、执法，成为遵纪守法的表率，增强廉洁自律的自觉性。

六要坚持以审计文化支撑审计事业的发展。通过审计文化建设，使审计活动与现代文化价值观念和思想道德精神相结合，努力形成全体审计人员共同遵循的价值取向、行为方式、思想意识、精神追求、道德规范，为审计人员的成长和审计事业的发展，提供强大的精神力量。

第二，要加强廉政法制建设，认真搞好制度建设这个保证。历史和现实表明，好的制度有利于塑造完善的人格，而有缺欠的制度则可能使人的心灵发生扭曲。当前，我国正处在体制转轨、结构调整和社会大变革时期，许多制度不够完善，有的方面还存在一些漏洞，这就容易给一些品质不好的人搞腐败以可乘之机。解决用人上的不正之风、行政行为不规范和工作不落实等问题，固然要靠广大党员干部的党性修养和提高自我约束的能力，但从根本上说，还是要靠深化改革，不断推进体制和机制创新，形成能够有效防范腐败的体制机制。当前，各级审计机关应针对审计管理上容易滋生腐败的环节，建立健全规范性的审计权力运行机制、倡导性的审计行为准则、防范性的保廉制度，逐步形成一套完善的惩治和预防腐败制度体系。一是建立健全规范的审计工作运行机制。要完善审计复核和审计业务会议制度，健全审计准则体系、审计业务管理体系、审计质量控制体系、审计技术方法管理体系，逐步实现审计工作的规范化。要杜绝个人说了算，用“阳光作业”来防止“暗箱操作”，用正面的“规矩”和反面的“禁令”来制约行使审计监督过程中的随意性，以科学严密的审计业务管理制度推动审计工作运行的规范化，逐步实现对审计监督过程和效果的全方位监控。二是建立健全财务管理制度。积极推行部门预算、财务公开、内部审计、领导干部经济责任审计，以及建设工程招投标和政府采购等制度，加强对资金的监管。三是建立健全科学的干部选拔任用和管理监督机制。坚持公开考试录用制度，严把进人关；健全公开选拔制度，完善民主推荐、组织考察、领导酝酿、集体讨论决定、任前公示和任职廉政谈话等制度，严把用人关；加大竞争上岗、交流轮岗力度，健全科学的业绩考评体系，逐步形成干部能上能下的机制，强化激励功能；坚持和完善组织人事部门与纪检监察部门联席会议制度，健全监督体系，加强对干部选拔任用的监督检查；实行责任追究制度，防止用人上的失察失误。四是建立健全防范性的制度。建立健全领导干部个人重大事项报告制度、述职述廉制度、民主评议制度、谈话诫勉制度和经济责任审计制度；探索建立廉政激励机制和健全测评预警机制；完善责任追究制度等。

第三，要完善监督制约机制，加强对审计行为的制约和监督。腐败的实质，就是滥用权力谋取私利。因此，开展反腐败斗争，必须始终抓住权力这个核心问题，从决策和执行等环节加强对权力的制约和监督。各级审计机关开展廉政监督工作，一是要监督审计工作的运行。通过对审计人员执行审计法、审计准则、审计计划管理、审计质量控制、审计技术方法管理等情况的监督检查，推动审计监督的规范化。实行审计公示、审计回访、双向承诺制度，设立举报箱和举报电话，促进审计机关和人员依法公正的行使审计监督权。二是要严格执行审计纪律。按照“从严治理审计队伍”的方针，监督执行《审计组廉政责任规定》、《关于加强审计纪律的规定》，彻底切断审计机关与被审计单位之间经济福利联系，从源头上预防用公款吃喝玩乐等不廉行为的产生，把执行审计纪律作为审计机关的“生命线”来抓。三是要加强对干部人事制度执行情况的监督。重点对《深化干部人事制度改革纲要》和《党政领导干部选拔任用工作条例》以及《党政领导干部选拔任用工作监督检查办法（试行）》情况的检查，保证任前公示、公开选拔、民主推荐、竞争上岗、轮岗交流等制度的全面落实，努力从源头上避免用人上的不正之风的产生。四是要强化资金管理。锁紧“钱匣子”，取消“小金库”，重大开支项目，必须经过领导班子集体讨论决定。

三、正确处理好纪检监察体制改革后职能调整和工作关系的变化

根据中央纪委监察部的统一部署和要求，驻审计署纪检组、监察局实行了统一管理，由原来实行的双重领导、双重管理的体制，改为由中央纪委、监察部直接领导。这次改革“分两步走”：第一步先对派驻机构的业务工作和干部管理实行直接领导，行政后勤仍按原渠道由驻在部门负责；

第二步待条件成熟后再对后勤保障工作实行统一管理。改革后驻署纪检组、监察局主要职责是：一是加强对驻在部门及所属系统贯彻执行党的路线方针政策和决议，遵守国家法律、法规，执行国务院决定、命令等情况的监督检查；二是加强对署党组和行政领导班子及其成员的监督；三是协助署党组组织协调署机关及审计系统反腐倡廉工作；四是查办司局以上领导干部违反党纪政纪和其他纪律的案件；五是受理检举、控告和申诉等；六是承办中央纪委、监察部交办的事项。实施这六项职责的主要思路是：

（一）加强对署党组和行政领导班子及成员的监督。这是实行统一管理后，派驻机构第一位的职责，监督的重点是对领导干部行使权力的制约和监督。主要是通过两种方式实施监督：一是通过协助署党组研究制定署领导班子及其成员的党风廉政建设责任制、党风廉政建设情况沟通办法和署领导述廉会议等自我监督、自我约束制度，将领导班子及成员置于组织和群众的监督之下，依靠行之有效的廉政监督制度，使接受监督成为署领导班子及其成员的自觉行为。二是通过参与、参加或全程介入重大工作决策、重大项目安排、重要干部任免和大额资金使用等活动，提建议、当参谋，支持署党组抓好审计工作，发挥驻署纪检监察部门的监督和促进作用。

（二）协助署党组组织协调反腐倡廉工作。这是实行统一管理后，派驻机构的一项重要职责，也是衡量派驻机构工作成效和改革是否成功的主要标志。履行好这项职责，第一，署党组是抓好署机关及审计系统反腐倡廉工作的主体，驻署纪检组、监察局是协助工作；第二，驻署纪检组、监察局通过参加署党风廉政建设领导小组，协助抓好反腐倡廉工作的部署和任务的落实；第三，针对署机关和审计系统反腐倡廉工作的重大问题，加强调查研究，提出加强反腐倡廉工作的意见和建议；第四，本着积极稳妥、平稳过渡的原则，目前，驻署纪检组、监察局仍以署党风廉政建设领导小组办公室的名义，会同署内办公厅、机关党委、人事教育司等有关职能部门，主动做好日常的反腐倡廉工作。在实施中，逐步强化署机关办公厅、机关党委、人事教育司等有关职能部门的反腐倡廉职责，使驻署纪检组、监察局集中更多的精力加强对领导班子的监督，为实施第二步纪检监察体制的改革创造条件。

（三）建立健全相关的工作联系制度和协调配合机制。建立以党组书记为组长，党组副书记和纪检组长为副组长，办公厅、机关党委、人事教育司以及驻署监察局负责人为成员的党风廉政建设领导小组，全面领导署机关和审计系统的反腐倡廉工作。建立相关的工作联系制度。驻署纪检组、监察局对中央纪委、监察部的工作部署和要求，及时主动地向署党组和行政领导班子通报；与署办公厅建立信息沟通制度，及时沟通信访举报、执行审计纪律和审计系统的党风廉政建设情况；与署人事教育司建立工作联系制度，及时沟通干部人事制度改革、干部任免奖惩、执行党政领导干部选拔任用工作条例以及署管干部经济责任审计情况；与署机关党委建立纪检工作协调制度等。通过联系和沟通，及时了解和掌握情况，监督和促进署机关及系统的反腐倡廉工作。驻署纪检组、监察局通过参与审计活动、公务员招考、职称考试、工程建设招投标、大宗物资设施采购等项工作，加强事前监督，发现苗头问题，及时向有关部门提出纠正意见或建议；深入基层，对审计执法、廉政建设和执行审计纪律“八不准”规定，以及审计署重大决策落实情况，开展调查研究或专项检查，向署党组反映情况，提出建议，促进落实。

（四）加强与地方审计机关纪检监察机构的工作联系和业务指导。驻署纪检组、监察局通过参与或组织工作调研、理论研讨、经验交流、抓行风建设等多种形式，建立与地方审计机关纪检监察部门的业务联系和信息沟通机制，协助和促进各级审计机关纪检监察机构做好反腐倡廉工作。各省、自治区、直辖市、计划单列市审计厅（局）要主动加强与审计署及有关职能部门的反腐倡廉工作联系，通过文件、简报、信息、专项报告等形式，及时向审计署反映廉政工作情况，相互沟通信息。要继续保持与驻署纪检组、监察局的业务联系和工作上的协助配合，并通过抄送文件、简报、信息、专项报告等形式，及时反映情况和相互沟通信息。今后这方面的业务联系和工作配合只能加强，不能因为实行统一管理而中断或削弱。

（五）齐抓共管，形成合力，做好审计系统的反腐倡廉工作。在党风廉政建设上，署党组及行政领导班子和驻署纪检组、监察局有着共同的工作目标和政治责任。实行统一管理后，虽然派驻机构的领导体制发生了变化，但齐心协力抓好审计系统反腐倡廉工作的共同目标没有变。署党组和行政领导班子要进一步发挥总揽全局、协调各方的领导主体作用，并积极支持驻署纪检组、监察局发挥监督检查和组织协调作用。驻署纪检组、监察局在切实履行监督职责的同时，也要积极搞调研、提建议、当参谋，大力支持、协助署党组和行政领导班子抓好署机关及审计系统的反腐倡廉工作。继续深化统一管理体制改革工作，积极探索、创新工作机制和工作方法，通过齐抓共管，形成整体合力，把审计系统的反腐倡廉工作不断推向前进。

余效明副审计长在全国社会保障基本理论和审计业务培训班上的讲话

（2004 年 10 月 26 日）

这是我来署里以后参加的第一个全国性会议，能与从事社保审计的同志们在一起学习、研讨，感到非常高兴。

审计系统设立专门的社保审计机构以来，曾经开过几次部署行业审计工作的会议，但从未办过全国性的社保审计培训班。这次举办全国性的社保基本理论和审计业务培训班，目的是通过集中学习、研讨和交流，使大家在社会保障的基本理论和实践方面都有所提高，有所收获，为以后的社保审计打好基础。刚才姜司长讲了，这次培训班专门邀请有关部委从事社会保障管理的同志来讲课，这些同志亲身经历了我们国家近 20 多年来社会保障制度改革发展的过程，有的同志还参与了对我国有关社会保障制度的制定工作，请他们来讲课，机会非常难得。举办这次培训班也说明了署党组对社保审计工作的重视。下面，借培训班开班的机会，讲几点意见，作为一个发言，也是一次动员。我主要讲三个问题。

一、当前我国社会保障的形势

从 19 世纪 30 年代英国新济贫法的颁布开始，经过一百多年的发展，现在世界上很多国家均已建立了较为完整的社会保障体系，社会保障制度已经成了一个国家社会经济制度的重要组成部分，西方国家的社会保障制度是非常健全的。我国经过 20 年的努力，已经逐步建立起了以基本养老保险、基本医疗保险、失业保险和城市居民最低生活保障制度为主要内容的、与社会主义市场经济体制相适应的社会保障体系基本框架，社会保障体系建设初见成效。主要反映在以下方面：

一是各项社会保险制度的建设取得重大成果。首先表现在社会保险覆盖面不断扩大。至 2003 年末，基本养老保险的参保人数达 1.55 亿人，医疗保险的参保人数达 1.09 亿人，失业保险的参保人数达 1.04 亿人，生育保险的参保人数达 0.37 亿人，工伤保险至 2004 年 6 月底的参保人数达 0.5 亿人。其次表现在基金规模不断扩大，保障能力进一步加强。仅就基本养老保险基金和基本医疗保险基金的收入规模来看，2003 年，全国基本养老保险征缴总额达 2595 亿元，各级财政对养老保险基金的补助达 544 亿元，同年基本医疗保险基金收入 924 亿元，两项合计的年收入超过了 4000 亿元。此外，管理服务社会化不断推进。到 2003 年底，企业退休人员基本养老金全部实现社会化发放，已有 84.5% 的企业退休人员实现社会化管理服务。

二是建立了国有企业下岗职工基本生活保障、失业保险、城市居民最低生活保障有机衔接的"三条保障线"，推动了国有企业改革的顺利进行。1998年至2003年，全国共有2400多万国有企业下岗职工进入再就业服务中心，其中有近1900万人出中心实现再就业，进中心下岗职工基本按时足额领到了基本生活费并由中心代缴了社会保险费。随着经济体制改革的深入发展，国有企业下岗职工基本生活保障正在实现向失业保险的并轨。

三是住房保障制度的改革和建设取得重大进展。目前，以住房公积金制度、经济适用住房制度、廉租住房制度为主要内容的住房保障体系已基本形成。截至2003年底，全国建立住房公积金职工人数达6045万人，累计归集公积金5563亿元；1998年到2003年，全国经济适用住房竣工面积达4.77亿平方米；2003年，全国已有35个大中城市全面建立了最低收入家庭廉租住房制度。

四是社会救助体系不断得到完善。我国目前已建立了有效的灾害救助、流浪乞讨人员救助和社会互助机制，特别是20世纪90年代后期建立起来的城市居民最低生活保障制度，短短几年时间即获得很大发展，至2003年底，全国领取城市居民最低生活保障金的人数达2247万人，当年各级财政支出最低生活保障资金156亿元。

五是农村社会保障事业不断发展。多年来，国家指导和鼓励有条件的地区探索建立农村社会养老保险制度、农村合作医疗制度和农村最低生活保障制度。截至2003年底，全国有1870个县开展了农村养老保险工作，5428万人参保；还有1257万人享受农村最低生活保障或农村特困户生活救助。全国自2002年开始建立新型的农村合作医疗制度，截至2004年6月，已覆盖9504万农业人口，实际参加人数达6899万人。

从以上五个方面看，我国的社会保障体系建设虽然起步较晚，但取得了很大的成绩。目前，与我国社会主义市场经济体制相适应的社会保障体系基本框架已经建立，对此，国务院新闻办公室今年9月7日发表的《中国的社会保障状况和政策》白皮书作了全面的阐述。

在看到我国社会保障体系建设取得成绩的同时，也应看到我国的社会保障体系仍处在建立健全的过程中，还存在许多问题，面临严峻挑战。

一是人口老龄化对我国的社会保障体系特别是基本养老保险形成很大的挑战。2000年，我国60岁以上人口占总人口的比重已经超过10%，按国际通行标准，已进入老龄化社会，而且今后老龄化率还会继续提高。同西方工业化国家相比，我国老龄化具有规模大、速度快的特点。西方国家老龄化率从5%上升到10%，提高5个百分点，一般经过40年甚至更长时间，而我国仅用了20年左右的时间。西方国家是先实现工业化，后进入老龄化，"先富后老"；我国工业化还没有完成，老龄化就提前到来，"未富先老"。西方国家65岁以上老龄人口达到7%时，人均GDP一般在1万美元以上，人口老龄化对经济的压力不大。而我国2000年进入老龄社会时，人均GDP仅为850美元，因此人口老龄化对经济社会的发展产生巨大压力。这就给社会保障带来一系列问题，其中必然对养老保险产生巨大的冲击。

我国基本养老保险现行制度实行的是部分积累制，但由于老龄化的提前到来，在没有留出足够的积累资金的情况下，使得部分积累制实际无法实现，突出的表现是我国的基本养老保险基金长时间出现当期收不抵支，统筹基金占用个人账户基金的情况至今尚未缓解，目前已达数千亿元的个人账户基本上是空账。我国解放初期生育高峰时期出生的人口正在陆续进入退休年龄。预计到本世纪30年代，我国老龄化将达到高峰。如果对这个问题没有恰当的解决对策，不仅养老保险制度无法平稳运行，而且将影响社会经济的可持续发展。可见，人口老龄化对我国的社会保障体系特别是基本养老保险形成的挑战是异常严峻的。

二是农村劳动力转移对现有社保模式形成挑战。目前我国社会保险制度覆盖的主要是城镇职工。近年来农村劳动力转移的速度加快，城镇化率以每年1个百分点的速度提高，据统计，进城务工的农民已达9300多万，被征地农民有4000多万，还有1.3亿农民在乡镇企业从事二、三产业，他们已成为产业大军中的重要力量。而我国的就业和社会保险制度主要是针对城镇人口设计实施的，如何适应城镇化过程中数亿农村转移劳动者的需求，是一个重大的理论和实践课题。

三是将非公有制经济从业人员和灵活就业人员纳入社会保障范围的问题目前还未很好解决。近几年，我国就业格局发生明显变化。许多以灵活方式就业的劳动者，游离在现行的社会保障制度之外。这种情况说明，传统的以“单位”为本位的社会保障制度，已经不能适应当前我国新的就业格局。现行的社会保障制度必须扩大覆盖面，解决灵活就业人员的社会保障问题。

四是社会保险基金管理不规范，挤占挪用等违纪违规甚至违法的情况仍时有发生，对各项社保资金安全完整构成严重威胁。例如，2003 年审计署组织特派办对 13 个省市 2002 年财政投入和管理的社会保障资金进行的审计，以及组织地方审计机关对 8 个省 2002 年城镇职工基本医疗保险基金进行的审计，共查出各种挤占挪用资金达 6.27 亿元，其中：养老保险基金 4.03 亿元，医疗保险基金 0.84 亿元，城市居民最低生活保障资金 0.37 亿元，下岗、失业等其他社保资金 0.77 亿元。另外，农村社会养老保险基金被挤占挪用和流失的情况也很严重。如据某省劳动和社会保障厅提供的材料反映，截止 2003 年末，该省累计结余的 6.72 亿元农保基金中，已被拆借和挪用的基金达 1.46 亿元，占农保基金总额的 22%。这是一个非常严重的问题，将来到了需要支付的时候，问题和矛盾就会显现出来。

此外，我国社会保障体系还存在法制建设滞后、覆盖面过窄、社会保险统筹级次偏低、调剂能力不强、征缴困难等问题。以上存在的问题说明，尽管我国的社会保障体系基本框架已经建立，但仍不完善，建立健全我国的社会保障体系还有大量的工作要做。

二、过去几年社会保障审计工作的回顾

审计署社会保障司自成立以来，围绕党和国务院的工作中心，按照“全面审计、突出重点”的工作方针，多次组织了对社保资金的行业审计，包括基本养老保险基金、失业保险基金、基本医疗保险基金、城市居民最低生活保障资金、救灾资金、国有企业下岗职工基本生活保障和再就业资金以及社会捐赠资金的审计。各地社保审计机构也结合本地的实际情况，围绕当地政府的工作中心，不失时机地积极开展社保审计工作。几年来，通过大家的共同努力，初步摸清了我国社会保障的家底，查处了社会保障领域一些违纪违规甚至违法的问题，为各级党和政府提出了有价值的意见和建议，取得了很大成绩。近两年来，通过审计署上报党中央、国务院的有关社保问题的《重要信息要目》24 篇、《审计要情》1 篇、《审计工作通讯》和简报 8 篇，其中被中央办公厅采用 15 篇，被国务院办公厅采用 19 篇，被中央领导同志批示的有 8 篇。省、市、县各级地方审计机关也连续多年开展社保审计工作，并取得了很大的成绩。下面我想重点介绍一下审计署近几年社保审计工作取得的成果：

（一）对企业职工基本养老保险基金进行了连续审计。

我国社会保障体系的建设，是从构建企业基本养老保险开始的。无论是从资金的收支量还是从覆盖的人群面来看，基本养老保险基金规模都是最大的。近年来，审计署几乎每年都组织对基本养老保险基金进行审计或审计调查。2003 年，审计署组织 13 个特派办对 13 个省市财政投入和管理的社会保障资金进行了审计，同时还组织力量对四川省江油市和广东省增城市基本养老保险的参保缴费情况进行了审计调查。通过审计和审计调查揭示了我国目前社保制度运行中存在的许多深层次问题。对审计中发现的普遍性、倾向性、苗头性问题，以简报、信息、工作通讯等形式，及时予以反映，审计和审计调查的结果还上了李金华审计长在 6 月份向全国人大常委会作的审计工作报告，引起了各方面高度重视，收到了较好的社会效果。

（二）对基本医疗保险基金进行的审计。

2003 年，审计署指导 8 个省的审计机关对本省 2002 年度城镇职工基本医疗保险基金的收支管理情况进行了审计，从总体上掌握这些省基本医疗保险制度的建立和运行情况，以及医保基金的管理情况，揭露出这些省基本医疗保险制度运行中存在的参保率不高，统筹层次偏低，欠缴少缴医保费严重，挤占挪用医保基金以及医保基金决算不实等问题。审计署将上述问题以《重要信息要目》等形式上报中央办公厅和国务院办公厅，审计的情况也在李金华审计长今年向人大的报告中进行了汇报，推动了基本医疗保险制度的健康发展。

（三）对失业保险基金的审计。

今年3月开始，审计署组织驻京津冀、沈阳、上海、成都、西安5个特派办分别对石家庄、沈阳、宁波、成都、西安5个有地区代表性城市的失业保险基金进行了审计和审计调查。为组织好这项工作，社保司和各特派办事前进行了认真的审前调查，制定了周密的审计工作和审计实施方案；审计实施过程中又由司长和副司长带队，深入审计现场进行调查研究和实地指导；各个参审的特派办领导重视，参审人员认真主动，创造性地开展工作，发现重要情况和问题及时沟通。由于领导有力，组织严密，上下沟通顺畅，使这项工作得以顺利进行，发现了失业保险制度运行中一些带普遍性、苗头性和深层次的问题。这项工作现场实施过程已经结束，目前正在汇总审计结果，相信会是一项成果丰硕的审计和审计调查。

（四）对救灾资金的审计。

我国是一个水灾、旱灾、火灾、病虫害、地震等自然灾害多发的地区，每年各级财政都要拨出大量的资金用于救灾，社会各界也对此进行资金和物资的捐赠。中央领导和全国人民群众都十分关注救灾款物的管理、使用情况。审计署自成立以来从未放松过对救灾资金的审计，设立社保审计机构后更加重视此项关系到国计民生资金的审计工作。近年来，我们曾多次组织过对中国红十字总会接受香港红十字会对内地地震、水灾、雪灾的捐助项目的专项审计。2001年，组织全国16个省（自治区、直辖市）的审计机关对救灾资金进行审计。全国社保审计机构在这些救灾资金审计项目中，发现各地在管理使用救灾资金中存在不少问题，审计机关依法做出了处理决定，并向纪检监察部门和司法机关移送了一批案件，收到了很好的社会效果。

今年根据署审计项目计划的安排，社保司和昆明特派办联合组成审计组对去年云南大姚地震救灾资金管理使用情况进行了审计。社保司司长担任审计组长，全体审计人员以高度的责任心和不怕艰难困苦的精神，克服种种困难开展工作，揭露出救灾资金下拨进度缓慢，上报灾情不实套取资金，挤占挪用救灾资金，及建造高标准的移民安置点、少数基层干部以权谋私等问题。这些问题在今年6月李金华审计长向全国人大常委会所作的审计报告中予以披露后，在社会上引起强烈反响，有力地促进了云南省规范救灾资金的管理。

（五）对城市居民最低生活保障资金的审计。

随着改革开放的深化和经济的发展，一些企业在竞争中被淘汰，一部分职工下岗、失业，相对地出现了一批社会的弱势群体。我国的城市居民最低生活保障是“三条保障线”的最后一道防线，城市居民最低生活保障资金的来源基本上是各级财政承担，各级政府是否足额安排了低保资金，是否做到了应保尽保，是社会关注的焦点，也是社保审计的重点。2002年，社保司对山西省2001年城市居民最低生活保障资金的收支情况进行了审计调查。审计调查发现，山西省财政厅拨款不及时，影响了部分地区低保资金的发放；在低保对象确定和资金的分配上，存在简单化、随意性等问题；低保资金在使用中存在改变资金用途、按比例平均发放等问题。审计调查结果引起了山西省政府的重视并认真进行了整改。

（六）社保计算机辅助审计有了初步的进展。

社会保障涉及到社会的方方面面和千家万户，社保资金管理的信息化程度越来越高，征收网络化、发放社会化的计算机信息系统已经初步形成，仅凭手工审计手段很难在浩如烟海的资金信息流中找到匿藏违纪违规问题的蛛丝马迹，只有采取计算机审计手段，才能有效解决这些问题。近年来各地社保审计的同志对社保资金计算机辅助审计软件的开发给予了高度的重视，一些地方审计机关做了许多开拓性的工作。例如，青岛市审计局运用计算机进行社保资金数据分析，查出很多手工审计难以查出、无法查出的问题，同时也发现了被审计单位管理系统设计、控制等方面的缺陷，提高了审计质量和效率，促进了社保资金的规范管理；河北省保定市南市区审计局利用计算机技术，通过对城镇职工基本医疗保险基金管理系统进行数据分析，克服了涉及面广、数据库结构复杂、数据量大等困难，不仅查出了基金管理部门、医疗服务机构在基金管理和使用方面存在的问题，更重要的是查出了基金管理系统对部分参保人员个人缴费基数超过最高限额和对单位缴费划账比例没有控制的问题，审计结果得到了市长的重要批示和省、市有关部门的高度重视。

今年初，在各地工作的基础上，社保司与署计算机技术中心、黑龙江省审计厅合作，成立了社会保障业务计算机审计软件预研项目组，对社保计算机辅助审计软件的开发进行可行性研究，现正在形成最后的报告。今年审计署组织的计算机审计专家经验评选，不少地方审计机关和特派办积极参加，青岛市审计局的失业保险基金审计经验还被评为优秀审计项目。

总之，近年来我们从事社保审计的同志克服种种困难，紧紧围绕"依法审计、服务大局、围绕中心、突出重点、求真务实"的审计工作方针，全面开展各项社保审计工作，做了大量卓有成效的工作，积累了经验，取得了可喜的成绩。但是，也应当看到，社保审计工作还存在许多不足。例如，对社保审计的理论和技术方法还研究不够；社保计算机审计还有待开拓；社保审计的基层组织机构亟待完善，社保审计队伍的素质有待进一步提高。因此，社保审计工作者要发扬成绩，弥补不足，逐步提高社保审计工作水平。

三、用科学发展观指导社保审计工作

党的十六届三中全会明确提出了"坚持以人为本，树立全面、协调、可持续的发展观，促进经济社会和人的全面发展"新的科学发展观。温家宝总理今年2月在省部级主要领导干部"树立和落实科学的发展观"专题研究班结业式上的讲话，全面论述了科学发展观的理论基础、精神实质和丰富内涵。上个月召开的党的十六届四中全会通过的《关于加强党的执政能力建设的决定》又再次强调要"坚持以人为本、全面协调可持续的科学发展观，更好地推动经济社会发展"。牢固树立和全面落实科学发展观，对于我国建成完善的社会主义市场经济体制，实现全面建设小康社会进而实现现代化的宏伟目标，具有重大而深远的意义。

今年以来，全党全国都在大力倡导和实践科学的发展观。今年8月审计署集中培训时，李金华审计长讲的第一课就是用科学的发展观指导审计工作，推动中国审计事业的可持续发展。这里，我对如何用科学的发展观指导社保审计工作谈两点意见。

（一）明确认识科学发展观与我国社会保障制度和社会保障审计的关系。

首先，建立和完善社会保障制度是我国实现全面建设小康社会的内在要求。这体现在两个方面：一是科学发展观的本质和核心强调以人为本，强调维护人民的利益，强调不断满足人们多方面的需求。我们知道，一个人在一生中必然或可能面临年老、伤病、失业、贫困等风险，一个国家只有建立了完善的社会保障制度，才能保证人民老有所养，病有所医，伤有所保，失业有救济，残疾有帮助，贫困有支援。所以，建立和完善社会保障制度是人民利益的具体体现，是人们需求的基本而又重要的方面，也是以人为本这一科学发展观的本质和核心的内在要求。二是科学发展观强调实现经济社会更快更好地发展，而完善的社会保障制度是经济社会发展的重要前提和基本保证。温家宝总理指出，"科学发展观的实质是要实现经济社会更快更好地发展。发展观的第一要义是发展"。社会保障制度产生以来世界各国经济社会发展的实践，以及我国改革开放20多年来的实践充分证明，社会保障制度是社会的"安全网"，它具有保障人民基本生活、解除社会成员的后顾之忧、有效地化解各种社会矛盾、实现国家安定和社会稳定，为经济发展创造稳定的社会环境的巨大作用，这种作用本身就是对经济发展最有力的支持和促进。不仅如此，社会保障制度还直接成为经济发展的"助推器"和"稳定器"。就宏观经济而言，雄厚的社会保障基金能够有力地支持经济发展，并将对经济发展的格局发挥宏观调控的重要作用；从微观经济来看，通过社会保障制度的建立，还可以规范和均衡企业和社会的负担，有助于社会主义市场经济微观基础的形成和完善，促进经济稳定增长。由此可见，建立和完善社会保障制度是经济持续快速健康发展的重要前提和基本保证，它体现了科学发展观强调的实现经济社会更快更好地发展的内在要求。简单地说，科学发展观和建立社保制度是什么关系？两点：第一点，科学发展观强调的是以人为本，建立社会保障制度就是以人为本的内在要求和充分体现；第二点是科学发展观强调实现经济社会更快更好发展，社会保障对此起到助推器和稳定器的作用。所以，社保制度的建立，本身就是科学发展观的要求。

其次，维护社保资金的安全和完整，促进社会保障制度的不断完善是我国社保审计的基本职责。世界各国发展社会保障事业的实践证明，社会保障事业的发展离不开不断完善的社会保障制度，也离不开社保资金的安全和完整。而通过审计监督工作来维护社保资金的安全和完整，促进社会保障制度的不断完善正是我国社保审计的基本职责，从上面对近年来我国社保审计工作实践的回顾可以看出，社保审计在维护社保资金的安全完整方面是可以大有作为的。

综上所述，做好社保审计工作本身就是社保审计工作者落实科学发展观的最好体现，在这点上，我们必须有十分清醒明确的认识。

（二）以科学发展观为指导，切实搞好社保审计工作。

最近李金华审计长在厅（局）长培训班上作专题讲座时指出：当前应加强对财政资金、社保资金、金融资产和国有资产的审计监督。把社保资金作为一个重要部分，与财政、金融、企业审计的重要性一并予以强调，充分说明了社保审计工作的重要。当前和今后一段时期，在社保审计方面我们要着力抓好以下几项工作：

一是认真贯彻党的十六届四中全会精神。9月20日至24日，署党组中心组召开了今年第三季度学习会，中心是学习党的十六届四中全会精神。党组中心组在会上提出，当前要认真学习四中全会会议文件和《关于加强党的执政能力建设的决定》，努力提高依法审计的能力，不断加强审计创新。在这方面，我们有很多工作要做，有对党的方针政策的学习理解，有对审计人员素质的提高，有对审计思路、审计手段和方法的创新，还包括审计结果如何发挥作用等等。审计部门贯彻落实十六届四中全会的精神，重点就是在提高依法审计的能力上下功夫。我们社保审计工作者要不折不扣地落实好署党组的要求，从提高执政能力的高度，认真思考如何在新形势下进一步搞好社保审计工作，如何将四中全会精神贯彻到我们的社保审计工作中去。归结到一点，就是如何提高社保审计工作的能力。这是当前要抓的一项主要工作。

二是进一步明确社保审计工作的目标。有了明确的目标才有前进的方向，才能保证社保审计工作的可持续发展。关于社保审计的目标，《审计署2003至2007年审计工作发展规划》写得很清楚，这就是：掌握社会保障资金总体状况，着力从制度和管理上揭露分析问题，维护社保资金的安全完整，促进建立社会保障预算，完善社会保障制度。这一目标体现了科学发展观的要求，我们一定要非常明确，并要千方百计、下大力量去努力实现这些目标。

三是加大社保审计中效益审计和审计调查的力度。审计署审计工作五年规划强调要坚持“两个并重”，即财政财务收支的真实合法与效益审计并重，审计与审计调查并重。社保审计中如何坚持“两个并重”？我认为，对于第一个并重，我们当前重要的是把效益审计的观念贯穿到整个社保审计工作中。首先，要确保社保资金安全完整而不流失，这是社保资金发挥效益的前提。其次，要关注社保资金的受益面，即是否做到应保尽保，是否存在该受益的未受益，不该受益的却受了益。如果存在这种情况，则社保资金的效益显然不好，审计就应予揭露并严肃处理。在对优抚安置、救灾救济、城市低保资金的审计时尤其应注意这些方面。第三，要注意查处重大违纪违规问题。社保资金管理使用中如出现重大违纪违规问题，则社保资金的使用效益必然大为降低，这个道理是很明白的。

关于在社保审计中如何加大审计调查力度的问题，我认为，审计调查比审计更难，要求面更广，更宏观，要从客观存在的众多现象中分析、研究、提炼。审计调查的成果对领导宏观决策更有价值。在揭示普遍性、规律性问题方面，发挥的作用更大。在社保审计中，凡适合开展审计调查的领域和事项，都应该尽可能安排审计调查。如社会保险的覆盖范围和征缴环节，基本医疗保险审计时的医疗服务价格和药品价格，还有住房公积金贷款对象的合规性等。对这些适合开展审计调查的领域和事项，有条件时都应开展审计调查。

四是大力提高社保审计的计算机应用水平。据我了解，目前我们社保审计的计算机应用水平还不高，与财政、金融等行业审计相比，我们社保审计的计算机应用水平有明显差距。这里有客观原因，即我国的社保制度还不完善，各项社会保障项目本身的计算机应用水平还不高，有关的社保计算机业务系统还不成熟、不统一。但主观上看，我们创新、探索不够，应用也不到位。计算机审计是今年署里抓的一项重要工作，我们社保审计人员一定要努力探索，发挥能动性，争取在社保计算机审计方面有新的突破，取得好的成绩。目前国家发改委批准了劳动和社会保障部"金保"工程的立项，我们的"金审"二期也已把对社保资金计算机辅助审计软件的开发列入其中，可行性研究正在进行。有条件的地方审计机关可以探索与社保部门联网，搞联网审计试点。可以进行系统审计，也可以利用小工具、小模块进行辅助审计。希望大家都来关心这项工作，积极主动地探索适合本地区的社保计算机审计路子。

五是要大兴学习研究之风，努力建设一支高素质的社保审计队伍。我国的社保制度建设是一项新的事业，对我们许多社保审计工作者来说，对国内外社会保障制度的学习和研究还不够，这方面的知识积累还不多，这将不可避免地影响我们社保审计工作的质量和水平，对此我们要有足够的重视。我们要大兴学习研究之风，努力学习社会保障知识，积极思考研究问题，不断提高社保审计的能力和水平，建立一支适应社保审计工作需要的高素质的审计队伍。

六是认真贯彻落实《审计机关审计项目质量控制办法（试行）》，全面提高审计项目质量水平。这个问题署领导在各个场合已经讲得很多了，希望大家真正重视这个问题。

用科学发展观指导社保审计工作是一个很大的课题，需要大家认真探索和总结，希望大家在这方面多下工夫，同时希望大家把在培训班学到的东西运用于实践中，不断创造新成果。

最后，预祝这次培训班取得圆满成功！

石爱中副审计长在农村公路和退牧还草专项审计调查培训班上的讲话

（2004 年 11 月 25 日）

今天，投资司在这里举办农村公路和退牧还草专项审计调查培训班，主要目的是研究部署这两项工作，同时进一步听取大家对审计调查工作方案的意见，以统一思想认识，明确目标和要求，确保高质量、高效率地完成审计调查任务。下面，我就做好这两项审计调查工作讲几点意见。

一、指导思想和工作目标

此次审计调查总的方针、原则、思路和目标与以往相同。工作方针是"依法审计、服务大局、围绕中心、突出重点、求真务实"；工作原则是"全面审计、突出重点"；工作思路是"揭露问题、规范管理、促进改革、制约权力、提高效益"。审计署五年规划提出，投资审计的总体目标是"固定资产投资审计走以效益审计为主的路子，促进提高建设资金的管理水平和投资效益，深化投融资体制改革"，这也是此次审计调查总的目标。李审计长对投资审计工作的要求是"收拢战线、规定范围、突出重点、明确目标、注重效益"。审计调查工作方案上提到了前三项，没有提到后两项。但从方案内容上可以看出，它们是符合后两项的。具体表现在以下几个方面：

第一，收拢战线，划定范围。这两项审计调

查的内容都属于公共领域，都是公共物品，属于公共财政支出的范畴，大量的建设资金来源于中央财政性资金。

第二，突出重点，明确目标。这两项审计调查的目标可以归纳如下：一是揭露投资管理、预算管理、投资管理制度和体制、预算管理制度和体制等方面存在的问题，促进投资体制改革；二是评价项目建设效益，揭示效益低下和损失浪费等问题，促进建设资金管理水平和投资效益的提高；三是检查有无严重违法违纪问题。针对上述目标，审计调查工作方案列出了一些重点审计调查内容。从方案中提出的几点工作要求可以看出本次审计调查的重点。比如，在退牧还草项目审计调查方案的要求中强调：退牧还草项目的效益主要体现在“生产效率”和“生态环境”两个方面；审计调查要紧紧抓住“项目安排”和“工程效益”两个重点。在农村公路改造工程审计调查方案的指导思想中，强调以“体制、管理、效益”为中心。

第三，注重效益。该两项审计调查都是效益型的，实际上就是效益审计。我们现在还不能很好地区分审计调查和效益审计，所以一搞效益审计都冠以审计调查。从现在的理论研究和工作实践看，财务审计以外的审计都可以看作为效益审计，而且称谓很多，如绩效审计、管理审计、业务审计等。在政府审计领域，称“绩效审计”的多一些。从这个意义理解，这两项审计调查都属于效益审计范畴。效益审计注重效益是很自然的，也是必需的。

二、投资审计的工作特点

（一）与财政审计一体化。

收拢战线，划定范围后的投资审计已经纳入了财政审计范畴，每年的投资审计都是财政审计的重要组成部分。

国家审计是政府监督工作的重要组成部分，投资审计作为国家审计的重要组成部分也不例外。随着市场经济体制的逐步建立，政府职能的逐步转变，公共财政框架的逐步完善，国家审计的工作重心也必然随之转变。市场经济要求政府履行公共管理职能，因此必然要求改革财政支出结构，必然要求调整投资范围和结构，这也就必然会影响到国家审计，尤其是投资审计的范围和结构。

这种变化：一是要求投资审计应将工作范围转移到公共财政资金中来；二是要求投资审计应将工作重心转移到公共领域的投资项目上来。我们这两项审计调查符合这一原则。因此，退牧还草审计调查工作方案提出，本次审计调查是《审计署 2004 年度财政审计总体方案》的要求，也是为审计署关于 2004 年度中央预算执行和其他财政收支的审计工作报告提供素材。

（二）与中央预算执行审计一体化。

近些年来的财政改革，改变了政府对投资资金的管理方式，资金管理方式由分散型改为集中型，权力由部门向财政集中，并逐渐建立了国库集中收付、会计集中核算、政府统一采购、部门预算等配套制度。在这种条件下，投资审计应该更加关注主管部门对建设项目的管理是否合理，财政部门对建设资金的分配和管理是否合理，部门上报的预算和预算的批复是否合理，而不是单纯的建设单位财务账目，更不是施工单位的财务账目。因此投资审计与中央预算执行审计的关系越来越密切，投资审计应该与中央预算执行审计一体化。

这也正是为什么将这两项审计调查列入了《审计署 2004 年度财政审计总体方案》中“审计国家发改委 2004 年预算执行情况”一节的原因。这两个方案在审计内容中都突出强调了有关建设项目管理和建设资金管理等内容，并要求在完善投资管理体制和预算管理体制方面提出有分量的建议。

（三）与国家发改委预算执行审计一体化。

这是最具体的一体化，也是《审计署 2004 年度财政审计总体方案》的具体要求。实际上，我们也可以将这两项审计调查理解为对发改委预算执行审计的一个组成部分。这种上下结合的做法是一个新的尝试，是符合投资审计改革思路的。因此，对国家发改委的审计是由投资司和发展计划审计局共同负责，并且以投资司为主。如何做好这两项审计调查与国家发改委预算执行审计的衔接，将决定此次审计调查工作的成效大小。

三、对下一步开展具体工作的几点要求

（一）审前学习。

这两项审计调查工作都是专业性很强的工作，同时我们的目标定得也很高，因此审前学习就显得十分重要。公路项目我们比较熟悉，退牧还草项目我们可能并不熟悉。比如，在技术上如何了解它，如何分析退牧还草对生态环境的影响等，都是我们面临的新课题。在审前学习阶段，要请些专家给审计人员讲讲课。此外，学习一些有关改革的理论和规定，也是十分必要的。对投资管理体制改革和预算管理体制改革的有关情况，审计人员要有所了解，掌握改革趋势。例如，学习理解国务院在今年7月颁布的《国务院关于投资体制改革的决定》。

（二）审前调查。

无论做什么审计或审计调查，审前调查都是非常重要的。它不但影响到工作效率，甚至事关成败。有经验表明，成功和高效的审计，计划阶段所用时间占整个审计时间比重有加大的趋势。从理论上讲，审计调查都应该有一个试调查阶段，也有叫初步调查的。在这个阶段，审计调查的所有程序性和技术性问题都应得到确定和解决。例如，应确定好审计调查重点范围和事项，确定好重要的审计调查程序，选择好所要使用的审计调查技术和方法，确定好审计调查对专家的需要等。在实际工作中，我们往往不注意区分审前调查与正式审计调查，许多工作混在一起做。这种做法严重影响了审计调查的效率，有时甚至影响审计调查的最终结果。这个问题应当加以克服。

今年，投资司、发展计划审计局和财政司在对国家发改委进行审前调查之后，做了一个非常好的审前调查报告。这是优良的审计实务，在理论上讲，是一种非常值得推崇的做法。一般的大型审计或审计调查项目都应做审前调查并提交审前调查报告。但也有些不足，缺少工作建议。将来可考虑将审前调查报告的内容规范化，形成审计或审计调查的惯例，并嵌入审计或审计调查程序。

（三）审前咨询。

审前咨询应该是审前调查的一部分。我们单独提出是为了强调它的重要性。审前咨询包括专家咨询和收集各类具有咨询价值的文件资料，这也是我们以前经常忽视的问题。在技术性非常强的审计调查工作中，我们一定要养成咨询的习惯，特别是审前咨询，它确实会起到事半功倍的效果。当事情做到不愿罢手的程度，但由于缺乏某种信息或技术而不得不罢手时，那将是非常遗憾和恼人的事情，也是资源的巨大浪费。

今年投资司审计国家发改委时，审前做了大量的咨询工作，编制了《国家发改委财政预算执行审计培训资料》，这是一个值得坚持的好做法。这次退牧还草和农村公路两项审计调查项目也搞了文件汇编，为审前学习提供了一定条件。

（四）专家咨询和专家支持。

不但在审计准备阶段，而且在整个审计过程中，专家咨询和专家支持都是非常重要的。它既能弥补审计人员在知识结构上的不足，同时也能弥补审计人员在获取信息方面的不足。关于此项工作，两个工作方案都给予了一定的重视。退牧还草方案要求，要积极创造条件，聘请有关专家参与审计调查，以便增加调查报告的专业性和调查质量。农村公路方案要求，必要时可聘请公路工程技术方面的专家参与审计调查，以提高调查质量和效果。请大家务必高度重视这个问题。在审前，我们还应明确专家咨询渠道，以便在审计调查过程中，审计人员遇到技术问题，可以随时得到专家咨询。

（五）审计调查方案。

审计调查工作方案虽然规定了指导思想、工作目标、重点范围和内容，但它还是粗线条的，指导性的，并且没有确定出审计评价标准。各审计调查组还需制定一个可以直接用以操作的实施方案。尤其是本次审计调查要大量运用抽样调查方法，方案应更加详尽周密。

在审计调查的范围及内容方面，实施方案可沿着项目管理和预算管理的脉络来确定。例如，关于管理的内容，可以按照项目决策阶段，包括项目建议书、项目规划和项目评价、项目可研报告等，项目实施阶段，包括项目计划、项目勘察和设计、项目施工和竣工验收，以及项目合同执行和后评估阶段，包括立项决策评价、设计施工评价、生产运营评价、建设效益评价等内容来设定。关于资金的内容，可以按照建设资金预算管理的程序和步骤来设定。上述两种设计方法可以结合运用。两个工作方案大体上就是按两者结合的思路设计的。总之，要有系统性和周密性，防止在审计调查范围和内容上有遗漏。

方案中确定的每项重要审计内容之后，应该明确相应的审计方法，至少要确定重要的审计方法。如果我们有能力做得到的话，对审计调查的风险和重要性水平也应做出评价。

审计调查方案的制定标准，至少应当达到主审或组长能据以检查审计的实施情况，存档以后让后人看了感觉编得还不错。

从理论上讲，效益审计方案应该是相对固定的，但同时是可以修订的，这是由效益审计的技术复杂性所决定的。由于这次审计调查是效益性的，因此大家更要注意方案的可行性。如果发现需要修改方案的情况，请立即上报协调组。

（六）评价标准。

实施效益审计最难的技术问题是评价标准问题。这个问题应在审前调查阶段予以解决。尤其是退牧还草项目，如何评价环境效益，这比评价经济效益要难得多。农村公路项目还要求运用“循环经济”和“可持续发展”观念，要求探索评价体系。这两项审计调查技术性都非常强，因此，评价标准一定要在审前调查阶段结束，与专家一起把它定下来。需要特别强调的是，评价标准一定要与专家一起制定，以确保其科学性和可操作性。

（七）入手点和落脚点。

两个工作方案都突出了对制度和管理的审计调查，从两个方案的工作重点和主要内容上看，基本都属于效益审计范畴。我们可以这样理解，本次审计调查的入手点是制度和管理，落脚点是问题和效益。即从制度和管理入手，最终要找到问题，确定效益，提出建议。如果这个理解是正确的，那么就请大家一定要统一认识，认真贯彻。因为这代表了审计机关投资审计今后的发展方向，也是落实近年来全国审计工作会议精神的具体体现。

现在，财务审计都是从制度和管理入手，理论上不是叫“制度基础审计”吗？效益审计就更无理由不从制度和管理入手。这绝不是一个主观理念问题，而是一个客观需求问题，一个审计工作规律问题。举例来说，从今年投资司、发展计划审计局和财政司提交的《关于国家发改委审前调查报告》中，我们可以清楚地看到，审前调查组发现的审计难点有：政府投资预算分配额度、方向不明确；投资体制改革方案尚未出台；政府投资预算下达后建设项目的实际执行情况不清楚。这些都是管理问题。审前调查组建议的重点审计内容是：预算资金安排的程序、依据和管理制度；预算资金安排的投向、待分配指标；国家发改委自身近几年的基建情况。这里有两项是制度和管理问题。审前调查组建议的审计内容是：投资预算下达情况和国债转贷资金的预算管理；中央本级财政性建设资金的安排和财政转移支付制度；财政性建设资金安排和建设项目的效益、管理；中咨公司的职能和重点项目的评审；机关财务收支情况。这里有四项是关于制度和管理问题，仅一项是财务收支问题。从比重上看，虽然它还叫预算执行审计，即财政财务收支审计，但实质上已属于效益审计范畴。而且通过对被审计单位客观分析，审前调查组自觉不自觉地将制度和管理问题列为了审计的中心问题。今年当然也不会例外。

这里的确涉及一个理论问题，即财务审计和效益审计的界线区分在哪里？理论上划分比较容易，但在实务中划分就不那么容易。在实践中的解决办法就是将两者结合起来一起做，即一次审计两个目标，要求达到两个结果，只是两者的比重不同而已。

（八）审计效果和质量。

为了确保审计效果，我们应尽量采取量化和指标化方法，利用指标的量化分析，来加强结论的定性分析。这也是效益审计或审计调查与单纯财务审计的重要区别。为此，我们的底稿和证明材料可能就需要进行更多的表格化处理。希望大家在这些方面多动动脑子，想想办法。在这方面也要充分利用专家。

最后要说的是，这次专项审计调查时间紧迫，任务繁重，希望同志们扎实工作，继续发扬好的传统，高质量、高效率地完成此次审计调查任务。

审 计 风 暴

审计工作报告

关于2003年度中央预算执行和其他财政收支的审计工作报告

——2004年6月23日在第十届全国人民代表大会常务委员会第十次会议上

审计署审计长　李金华

委员长、各位副委员长、秘书长、各位委员：

我受国务院委托，向全国人大常委会报告2003年度中央预算执行和其他财政收支的审计情况，请予审议。

根据《中华人民共和国审计法》和《中央预算执行情况审计监督暂行办法》的规定，审计署对2003年度中央预算执行和其他财政收支进行了审计。按照十六大、十六届三中全会和国务院对经济工作的部署，今年的预算执行审计紧紧围绕加强宏观调控、推进依法行政、维护群众利益、促进提高财政资金使用效益开展工作，主要审计了财政部具体组织中央预算执行情况，国家发改委及中央其他部门预算执行情况，税务系统税收征管情况，教育、扶贫、救灾等专项资金管理使用情况，工商银行和原中国人寿保险公司资产负债损益情况，以及原国家电力公司领导班子经济责任履行情况。

一、2003年度中央预算执行和其他财政收支审计情况

2003年，国务院及其各部门认真贯彻中央确定的各项方针政策，落实全国人大提出的要求，坚持扩大内需方针，继续实施积极的财政政策和稳健的货币政策，针对经济运行中出现的新情况，及时采取措施进行宏观调控，有效促进了国民经济的持续快速协调健康发展。国务院各部门继续推进部门预算和“收支两条线”管理改革，坚持依法理财，加强内部管理，预算和财务管理水平不断提高。2003年，全国财政收入增加较多，首次突破2万亿元，比上年增长14.9%。财政支出重点向农村、科技教育、公共卫生等方面倾斜，有力保障了应对非典疫情、战胜自然灾害和加强社会保障等资金需要，社会事业投入显著增加，财政的宏观调控作用进一步加强。总的看，2003年度中央预算执行和其他财政收支情况是好的，但仍存在一些不容忽视的问题。

（一）中央预算管理中存在的主要问题。

1．预算外资金清理不够彻底，彩票公益金等财政性资金271.94亿元仍未纳入预算管理。其中：24个部门收取的行政事业性收费39.45亿元，仍存放在预算外中央财政专户；中央财政集中的彩票公益金135.75亿元，在收缴中央财政专户后，直接拨付相关部门安排使用。财政部应尽快研究办法，将上述资金纳入预算管理。

2．在中央本级支出年初预算中安排补助地方支出502.13亿元。2003年，财政部在批复和追加交通部预算时，同意交通部将车辆购置税435.2亿元直接拨付地方交通部门，用于公路建设；将中央本级基本建设资金39.77亿元，调整为补助地方支出；将补助地方的教育支出24.66亿元编入中央本级预算；将补助地方的卫生防疫专项经费2.5亿元列入农业部预算。这种做法，虚增了中央本级支出，同时也使这部分资金的使用脱离了地方政府、人大的管理和监督。

3．采取退库、退税的方式，解决应由预算安排的支出282亿元。主要是对9家企业集团仍实行所得税超额或定额返还的“包税”方式，2003年共退付所得税254.55亿元，用于解决企业办社会和医疗卫生、社会保障等方面的支出。这种做法，虽然是在特定历史条件下形成的，但不规范，缩小了预算收支规模，影响了正常的分配秩序。财政部应按照“收支两条线”原则，对现行的退库、退税项目进行清理。

4. 中央部门上年累计结余资金 589.38 亿元未纳入当年部门预算予以安排。据部门决算反映，129 个中央一级预算单位 2002 年底财政拨款结余 646.03 亿元，其中有些是预算编制不严格、管理不规范造成的，也有些是由于历史原因多年累积下来的。财政部在核定 2003 年部门预算时，仅将其中 56.65 亿元纳入部门预算，其余 589.38 亿元仍沉淀在中央部门。这样不但导致财政资金大量闲置，也影响部门预算的真实完整，不利于深化部门预算改革。对此，财政部应深入调查研究，提出解决办法，报国务院审定。

5. 一些省对中央补助地方收入预决算编制不完整。据对 17 个省（区、市）的审计调查，这些省 2002 年本级预算共编报中央补助收入 936 亿元，仅为实际补助 4149 亿元的 22.5%。有 4 个省根本没有编报中央补助收入。未编入预算的这部分中央补助资金，实际上脱离了地方人大的审查监督。造成上述问题的主要原因是，财政部年初没有把中央补助地方支出分解到地区和项目，加之省级预算在中央预算审查批准之前编报，地方难以对中央补助资金的数额作出预计。同时，也与一些地方财政自觉接受政府、人大监督意识不强有关。有 9 个省在决算中也存在少报甚至不报中央补助收入的问题，2002 年这 9 个省决算编报中央补助收入数仅占实际补助的 26%。

6. 部分专项转移支付管理仍不够规范。审计发现：一是目前中央补助地方基本建设专项资金和其他 19 项专项转移支付资金，没有具体的管理办法或办法没有公开，涉及金额 111.72 亿元。二是在采用因素法分配的中央专项转移支付资金中，有 11 项没有严格按规定进行分配，人为作了调整，调整率达 11%，涉及金额 33.07 亿元。三是有些项目的预算安排与实际情况不符。专项转移支付管理不规范，使资金分配存在一定的随意性，缺乏透明度。

（二）中央基本建设预算管理中存在的主要问题。

1. 中央预算内投资年初预留比例过大。2003 年，国家发改委安排中央预算内基本建设投资 304.49 亿元，年初审批下达 228.36 亿元，预留 76.13 亿元，占年度预算的 25%。在年初审批下达的 228.36 亿元中，含有可研报告尚未批复和“打捆”项目投资 54.96 亿元，实际落实到项目的只有 173.4 亿元，仅占年度预算的 57%。部分项目因特殊原因在年度执行中改变投向。国家发改委要进一步提高投资管理的科学性，认真落实预算管理的要求。

2. 部分中央预算内基本建设投资按基数法分配，不够合理。2003 年，国家发改委按基数法分配 63 个中央部门和单位基本建设投资 80.18 亿元，其中超过 1 亿元的部门有 13 个，不足 1000 万元的 24 个，不足 200 万元的 5 个。这种分配办法，虽有一定的历史延续性，但容易与实际需要相脱节。国家发改委应尽快研究改进，按项目分配中央预算内基本建设投资。

3. 2003 年，国家发改委安排的中央预算内补助地方基本建设投资为 88.19 亿元，共涉及 11 个行业、2040 个项目，其中 20 万元以下的项目有 809 个。由于项目多、数额小，对项目难以作出客观判断。国家发改委应进一步研究改进中央预算内投资补助地方项目的管理办法。

4. 1994 年国务院决定停止征收“国家轿车零部件横向配套基金”后，由于当时的客观原因，原国家计委未将此前已收取的基金上缴财政，截至 2003 年底，该基金本息合计 8.58 亿元。国家发改委应对这项基金进行清理，上缴中央财政。

5. 1994 年，原国家计委批复同意所属宏观经济研究院等 7 个单位联建科研办公楼，截至 2000 年底，实际投资 8.59 亿元，建筑面积 8.87 万平方米。办公楼建成后，原国家计委并未全部交给所属单位使用，而是将其中部分面积用于出租，2001 至 2003 年共收取租金 3285 万元，用于机关离退休干部医疗费超支等。国家发改委应对出租房产进行清理，报国管局研究处理。

（三）中央其他部门预算执行中存在的主要问题。

审计 55 个中央部门和单位 2003 年度预算执行情况，查出的突出问题是：

1. 7 个部门采取虚报人员、编造虚假项目等方式，套取财政资金 9673 万元。如国家林业局调查规划设计院等 4 个单位编造、变造 7 份“林业治沙项目”贷款合同，套取财政贴息资金 415 万元。

2. 41个部门挤占挪用财政专项拨款和其他有专项用途的资金14.2亿元，主要用于建设职工住宅、办公楼和发放各类补贴。如1999年以来，国家体育总局动用中国奥委会专项资金1.31亿元，其中用于建设职工住宅小区1.09亿元，用于发放总局机关工作人员职务补贴和借给下属单位投资办企业2204万元。

3. 一些部门预留预算资金问题比较突出。一是有预算分配权的部门年初大量预留资金。2003年，国防科工委共分配预算资金162.1亿元，年初预留62.91亿元，预留比例达38.8%；科技部在年初分配预算资金时，将科技三项费用17.01亿元全部预留，直到当年8至11月份，才采取追加的方式批复到有关地方和部门。二是22个部门在向所属单位分配预算资金时，年初预留223.69亿元，占财政部批复预算的13.65%。上述做法造成资金分配随意性大，不符合部门预算改革的要求。

此外，基本建设和事业发展专项资金闲置问题比较普遍。抽查23个部门管理的43个基本建设和事业发展专项资金项目，截至2003年底，财政部累计拨款31.14亿元，项目实施单位实际仅使用12.61亿元，资金闲置达18.53亿元，占项目预算拨款的64.74%。

根据全国人大常委会和国务院的要求，审计署还对国务院24个部门2003年度决算（草案）进行了审签。从审计情况看，部门决算编报不真实、不规范的问题仍然存在，主要是少报收入和结余、虚列支出、漏汇少汇部分资金等，涉及金额40.54亿元。对这些问题，审计长已签署意见，要求予以纠正。

（四）税收征管中存在的主要问题。

审计调查17个省（区、市）35个地（市）的税收征管质量，重点抽查了788户企业，发现少征税款问题比较突出。这些企业2002年少缴税款133亿元，2003年1至9月少缴税款118亿元。影响税收征管质量的主要问题是：

1. 人为调节税收进度。一些税务部门在完成税收计划的情况下，有税不征、违规缓征，甚至违规退库或利用税款过渡户人为调节收入。调查的788户企业中有近一半的企业存在这类问题，由此造成2002年底和2003年9月底分别少征税款106亿元和102亿元。如唐山市国税局2002年11月以来，在企业完全具备纳税能力的情况下，违规批准13家钢铁企业延期纳税10.63亿元，用于扶持地方钢铁企业扩大生产规模。

2. 有些税务机关征管不力，造成税收流失。有些税务机关对企业纳税申报审核不严，擅自扩大优惠政策执行范围，违规批准减免税，导致税收流失27.6亿元，涉及企业169户，占调查企业户数的21%。审计还发现，个别税务机关严重失职渎职，造成国家税款大量流失。如河南省许昌市地税部门对货运专用发票管理失控，向无货物运输业务的企业无限量发售专用发票，致使这些企业以收取手续费为目的，大量违规代开、虚开货运发票，受票企业用虚假的货运发票抵扣增值税，侵蚀国家税款。审计抽查6户企业，2001至2002年共代开、虚开货运发票1万多本，金额19.17亿元，从中收取手续费513万元。若这些发票全部抵扣，将造成1亿多元的增值税流失。此案经审计发现后，河南省政府和国家有关部门进一步组织查处，已移送涉嫌犯罪案件62起，抓获犯罪嫌疑人39人，追缴入库税款8687万元。当地税务机关73名责任人受到处分，2人被移送司法机关处理。

3. 有些税收政策存在漏洞。如现行民政福利企业税收优惠政策虽然在鼓励残疾人就业方面发挥了一定作用，但国家付出的代价过高，残疾人得到的实惠较少。审计调查的10个地（市）共有民政福利企业6438户，2002年1月至2003年9月，享受税收返还和减免103.49亿元，而同期这些企业支付给残疾人的工资福利只有12.3亿元，仅占退免税总额的11.89%，大部分减免税成为企业的自有资金或被有关部门集中使用，违背了制定这项政策的初衷。而且由于福利企业监管难度较大，在实际执行中，部分企业弄虚作假，采取虚报、挂名等手法人为提高残疾人员的比例，骗取税收优惠。

（五）专项资金管理使用中存在的主要问题。

2003年，围绕“三农”、教育、安全生产等社会关注的热点、难点，审计署组织对国土出让金、扶贫资金、基础教育经费、社保资金、救灾资金、“大学城”开发建设情况以及武警消防系统财务收支进行了审计和调查，发现并纠正了一些侵害群众切身利益的突出问题。

1. 审计和调查10城市国有土地出让金管理

使用情况，发现的主要问题是：一些地方非法买卖土地、乱占耕地的问题比较严重；征地补偿政策落实不到位，侵害农民利益。武汉市洪山区927亩集体山林地，先后4次被非法买卖，有关单位和个人从中牟利4000多万元。在对国家食品药品监督管理局预算执行审计中发现，2003年12月，该局机关服务中心与两个公司签订协议，擅自将国家无偿划拨给该局位于北京昌平区的216亩土地，以8500万元的价格转让给这两个公司，用于经营开发。上述土地转让未报有关部门批准，也未办理任何合法转让手续，违反了土地管理法和国务院关于整顿土地市场秩序的规定。审计以后，该局高度重视，正在研究纠正。

现行征地补偿标准明显偏低，实际补偿中又往往执行不到位。个别不法分子甚至大肆诈骗征地补偿款，严重损害农民利益。2001年4月，私营企业华海公司在得知武汉市政府准备征用江汉区后湖乡两个村805亩土地的情况下，通过该乡有关领导引荐，未经任何审批手续，分别与两村签订了对上述土地联合进行开发的合同，“特别”规定，如遇国家征用该地，华海公司保证对两村每亩地的补偿不低于10.8万元和12.5万元，若国家征地补偿高于上述价格，则超出部分的80%或全部归华海公司所有。同年8月，武汉市以每亩14.8万元和14.7万元的价格征用上述土地，华海公司从中攫取差额1801万元。华海公司在得到最后一笔资金两天后，即向工商部门申请注销。目前，该私营企业主在逃。

此外，我署还对南京、杭州、珠海、廊坊4个城市的“大学城”开发建设情况进行了审计调查，初步发现的问题：一是违规审批和非法圈占土地问题突出。如2001至2002年，东方大学城开发有限公司以建设大学城配套设施等名义，与廊坊市和北京市通州区的5个村委会非法签订协议，大量租用农民集体土地，并将其中的6007亩（含耕地5728亩）用于建设5个标准高尔夫球场。二是“大学城”建设贷款规模过大，存在偿贷风险。如南京市仙林、江宁和浦口新校区的12所高校建设项目，目前银行贷款为27.28亿元，占实际到位资金的71%。这些学校还本付息主要靠学杂费收入，按目前收费情况测算，今后每年还本付息额将超过学杂费收入的40%，个别甚至达到80%。

2．审计21个省（区、市）592个国家扶贫开发工作重点县的扶贫资金，发现财政扶贫资金被挤占挪用问题比较突出，其中用于平衡预算等4.28亿元，用于买车和弥补行政经费等1.5亿元；扶贫贴息贷款投向不合理，主要投向了交通、工业、电力、通讯等基础性和竞争性行业，而用于扶持农户的小额贷款却逐年萎缩，不利于发挥扶贫资金的作用。如重庆市2002年9亿多元扶贫贴息贷款中，小额贷款280万元，仅占3‰。吉林省安图县农业银行2000年发放小额贷款769万元，2001年下降到128万元，2002年再降至45万元。有些农民因申请不到扶贫贴息贷款，只得以约6%的年利率向信用社贷款，增加了农民负担。

3．审计调查17个省（区、市）50个县的基础教育经费，发现的突出问题是：基础教育负债严重，增长过快，已成为县乡政府和学校的沉重负担；中小学乱收费问题尚未得到根本遏制；少数地方挪用挥霍教育经费问题比较严重。

50个县2001年底基础教育负债为23.84亿元，2002年底上升为31亿元，增长30%；到2003年6月底，仅半年时间又增长了25.7%，达38.98亿元。负债增长速度大大高于同期教育经费投入增长速度，负债总额相当于这些地方一年财政收入的80%，最高的四川省小金县负债达到地方财政收入的6倍多。同时教育负债面也很广，有些县80%以上的中小学都有负债，宁夏中宁县中小学负债面达96%。形成负债的主要原因是，目前基础教育实行以县为主的财政投入体制，而县级财政普遍困难，对基础教育投入不足；一些地方和学校过分追求超前发展和不适当的达标升级，目前的负债中有72.5%是因新建校舍和“普九”达标形成的。调查发现，负债形式主要是银行贷款、施工队垫款以及向教师和社会借款等，其中拖欠施工队垫款较为普遍。据对28个县的不完全统计，截至2003年6月底，拖欠施工队垫款达12.1亿元，约占负债额的50%。一些学校经常被债主强行封门逼债、官司缠身，影响正常的教学秩序。

50个县基础教育收费规模仍呈增长趋势。2002年收费总额23.2亿元，比上年增长7.8%，生均负担469元，增长4.68%。乱收费问题仍然存在，50个县中有45个县存在此问题，2001年以来共违规收费4.13亿元，其中地方政府及有关部门违规出台政策收费2.46亿元，中小学自行违规收费1.67亿元。江苏省溧水县10所中小学违规收费达3049万元，占同期全部收费的39%。

一些县的教育及财政部门“吃”教育问题十分严重。如2002年以来，广东省化州市教育局及各镇教办挪用学杂费等2561万元，主要用于建办公楼和办公、招待费开支；市财政局挪用400万元平衡预算。1999年以来，该市教育局还将中小学生订阅图书资料回扣款等1356万元，用于私分和吃喝，其中私分1103万元，招待费等支出253万元。吴川市地处粤西地区，财政十分困难，但该市教育主管部门在2002至2003年6月的一年半时间里，“吃”“分”教育经费600多万元，其中市教育局吃喝209万元，人均近3万元，是同期在职教师人均工资的近1.5倍；17个镇教办吃喝和发放补贴402万元，人均2.9万元。

4. 审计13个省（区、市）基本养老保险基金和8个省（区、市）城镇职工基本医疗保险基金，发现的突出问题是参保率不高。截至2002年底，河北、河南等8省基本医疗保险参保率只有58.5%，还有50个县尚未启动基本医疗保险制度。四川省江油市基本养老保险企业参保率只有22.6%，广东省增城市虽达到63.5%，但已参保企业中有近一半从业人员未参保，个体工商户参保情况更不容乐观，两市的参保率分别仅为5.8%和24.6%。

5. 审计19个省（区、市）武警消防系统财政财务收支，发现各地消防基础设施建设滞后，器材装备严重不足，消防的安全防御和应急能力较弱，给社会生产和人民生命财产安全带来隐患。一是消防站数量不达标。湖北、四川等11个省应建消防站2479个，实有1267个，仅占应建数的51%。二是消防配套设施建设不足。甘肃、云南等5省有一半以上的市政消火栓应建未建，其中甘肃省的应建未建率达到72%。三是消防配备缺口较大。6个中西部省份消防车的配备缺额26.9%，河南省特勤车辆配备缺额高达83%。湖北、辽宁等7个省的消防救生、排烟等器材缺额65%。造成上述问题的原因主要是，目前武警消防系统的行政经费和消防事业费分别由中央和地方财政负担，一些地方政府对消防建设重视不够，投入不足，有些地方的财政预算甚至没有安排消防事业费。

6. 审计淮河流域安徽、河南、江苏14个灾区县的救灾资金，发现一些地方虚报套取、甚至挪用私分的问题比较严重。有9个县采取重报、多报移民迁建户数等手法，套取灾区群众建房补助资金1.36亿元，占9县迁建补偿资金总额的19%。安徽省霍邱县降低上级补助标准，克扣1804户灾区群众的建房资金360万元。阜南县3个乡镇的17名干部弄虚作假，骗取并私分国家蓄滞洪区运用补偿资金20万元，严重侵害农民利益。

审计去年云南大姚地震救灾资金管理使用情况发现，救灾资金下拨进度缓慢，截至2004年3月，中央财政下拨的1.2亿元特大自然灾害救济补助费，仍有5174万元滞留在县级财政，占43%；9个地震灾区县中有7个存在上报灾情不实的问题，共套取救灾资金868万元；有关部门挤占挪用救灾资金4111万元，主要用于平衡预算、兴建楼堂馆所及招待费开支等。云南省抗震救灾指挥部还批准动用救灾资金4847万元，建造两个高标准的移民安置点，计划搬迁495户，户均补助近10万元，是其他同类灾区群众户均补助的20倍。少数基层干部以权谋私，借机为自己和亲友牟取高标准住房。抽查一个安置点的40户计划搬迁户，发现有20户不符合搬迁条件。

（六）财政资金投资效益方面存在的主要问题。

审计和调查部分城市基础设施、公路、水利等项目，发现投资效益不高的问题非常突出，主要表现在：

1. 部分项目未按期建成投产。抽查的28个省（区、市）利用国债建设的526个城市基础设施项目，有136个未按期建成，占25%。工期延误的主要原因是，项目前期准备不充分，地方配套资金不落实以及项目建设管理不善等。概算投资1.4亿元的广西北海白水塘垃圾处理项目，计划于2000年底建成投产，由于选定的代理商没有进口设备代理资格以及进口合同多处违背国际惯例等，导致已付款的关键设备供货中断，工程拖延至今仍未完工。

2. 部分已建成项目运营效果差。抽查已建成的320个城市基础设施项目，有32个没有投入运营，18个长期处于试运营或开开停停的状态，69个运营水平未达到设计能力。投资22.79亿元的国家重点建设项目河南省煤气化工程，从立项到

2001年竣工投产历时16年，期间燃气市场供求发生重大变化，但项目决策者和建设单位仍坚持按原定规划进行建设，致使项目建成后只能按设计供气能力的一半运行，经营陷入严重困境，仅2002年度就亏损2亿多元。

3．有的工程质量存在重大隐患。审计长江堤防隐蔽工程建设情况发现，部分施工单位买通建设和监理单位，采取各种手段弄虚作假，偷工减料，水下护岸抛石少抛多计，水上护坡块石以薄充厚，工程质量令人担忧。抽查5个标段发现，虚报水下抛石量16.54万立方米，占监理确认抛石量的20.4%，由此多结工程款1000多万元，目前部分堤段的枯水平台已经崩塌；抽查11个重点险段发现，水上块石护坡工程不合格的标段达50%以上。在该工程建设管理中，有关责任人以权谋私、大肆受贿。此案上报国务院后，有关部门立案查处，目前已逮捕21人。

4．挤占挪用建设资金及损失浪费问题严重。湖北省黄冈市政府及有关部门弄虚作假，挪用明珠大道项目国债资金1167万元，侵占安居工程用地110亩，兴建"形象工程"——东方广场，挪用资金占该项目国债资金总额的19.45%，严重影响明珠大道的建设。合肥市北郊生活垃圾处理项目采用国际先进的焚烧、堆肥和卫生填埋相结合的处理工艺，由于堆肥工艺对垃圾分类收集程度要求高，目前国内不具备这个条件，引进设备试运行4个月即被弃用，垃圾处理改为单一填埋方式，填埋库容迅速饱和，致使投资1.05亿元、设计使用25年的垃圾处理场仅运行了4年就被迫关闭，不得不另行选址建设。

（七）金融机构资产负债损益中存在的主要问题。

1．审计工商银行总行及21个分行的资产负债损益情况，查出的主要问题是：违规发放贷款，违规办理票据承兑和贴现。同时发现各类案件线索30件，涉案金额69亿元。

一是信贷业务中出现了一些新的风险点。主要表现在个人消费贷款上。一些房地产开发商、汽车经销商和个人采取弄虚作假的手法骗取住房和汽车等个人消费贷款，有的甚至内外勾结，合谋骗取银行资金。如工行上海外高桥保税区支行向姚康达一人就发放个人住房贷款7141万元，这些资金被用于购买128套住房，炒作房地产。审计抽查工行北京翠微路支行办理的7.91亿元汽车消费贷款发现，4家汽车经销商用虚假资料骗贷达9650万元，占12%。

二是票据市场管理混乱。这次审计共发现工商银行违规办理汇票承兑和贴现101亿元。在一些地方，无真实贸易背景的票据充斥市场，甚至出现以提供虚假贸易合同、增值税发票为主要"服务"内容的公司，专门对无真实贸易背景的银行承兑汇票进行"包装"，帮助套取银行资金，从中非法牟利。如洛阳芬莱商贸有限公司与银行工作人员内外勾结，2002年仅为大连实德塑料工业公司及其关联企业就"包装"银行承兑汇票4.92亿元。2001年以来，该公司通过此类"业务"共收取好处费216万元。

三是民营关联企业骗贷问题突出。审计发现，不少民营企业采取关联公司相互担保等方式，从商业银行套取巨额贷款，造成信贷资金严重损失。如广东省佛山市民营企业主冯某利用其控制的13家关联企业，编造虚假财务报表，与银行内部人员串通，累计从工行南海支行取得贷款74.21亿元，至审计时尚有余额19.29亿元。这些贷款有许多没有用于生产经营，而是大量转入个人储蓄账户或直接提取现金，有些甚至通过非法渠道汇出境外。经初步核查，银行贷款损失已超过10亿元。审计发现后，监察部等正在组织力量深入查处。

2．审计原中国人寿保险公司资产负债损益情况，发现的主要问题：一是擅自改变保险费率、超额退保、非法代理保险业务等不正当竞争问题金额23.74亿元。二是将保险资金违规出借、投资和兴建办公楼等24.82亿元。审计还发现各类案件线索28件，涉案金额4.89亿元。这些问题发生在中国人寿保险公司改制前。审计结束后，人寿保险公司非常重视，随即开展全面整改，问题正在逐步得到纠正。

3．对交通银行锦州分行进行专项审计调查，发现2000至2002年，锦州分行与锦州市中级法院、古塔区和凌河区法院联手作假，用伪造的法律文书上报交通银行总行核销175户企业的"不良"贷款2.21亿元。在上述联手作假过程中，法院不执行相关法律程序，直接向锦州分行提供假案号，由该行风险处起草、打印本应由法院办理的法律文书，共盗用案号236个，编造假案号110

个。实际上，这些被核销贷款的企业根本不知情，有的还在继续归还贷款，归还的贷款本金及抵押资产的变现收入，被该行全部存入“小金库”。同时，法院从上述虚假诉讼中收取“诉讼费”，其中锦州市中院和凌河区法院将收取的85.3万元存入私设账户。审计机关将此案移交有关部门查处，已有7人被审查，1人被逮捕。

（八）原国家电力公司领导班子任期经济责任审计情况。

受中组部委托，审计署对原国家电力公司领导班子进行了任期经济责任审计，审计资产总额10150亿元，占该公司总资产的70%。发现的主要问题：

一是损益不实比较严重。该公司2002年决算报表反映当年利润总额为215亿元，经审计确认应为247亿元，净增加32亿元，调增15%。1998至2002年，累计少计利润78亿元。损益不实的原因，主要是少计收入、收益和多列成本。

二是决策失误造成重大损失。抽查该公司投资、借款、担保、大额采购和重大股权变动项目6818个，有损失或潜在损失的项目631个，金额78.4亿元，其中因个别领导人违反决策程序或擅自决策造成损失或潜在损失32.8亿元，占42%。主要是以前年度下属公司造成的。如1994至1996年，北京供电公司总经理赵某在公司不具备独立法人资格的情况下，擅自为北京威克瑞公司提供担保，本息合计11.2亿元。由于威克瑞公司濒临破产，经法院判决，北京供电公司承担部分赔偿责任，造成损失4.57亿元。

三是国有资产流失比较严重。审计发现国有资产流失45亿元。其中，因违规处置资产、通过关联交易让利，造成国有资产向三产企业流失29.7亿元，占66%；因违规对外投资、借款、担保以及其他违法违规问题，造成流失15.3亿元。

这次审计查出该公司涉嫌个人经济犯罪案件线索12件，涉案金额10亿元。如原中国电力企业联合会副理事长（副部级）林某在任华中电业管理局局长、华中电力集团公司总经理期间，以权谋私，其女儿、女婿等在承包电力工程、向电力单位供货中暗箱操作，弄虚作假，非法牟利8300万元。此案正在进一步查处中，林某等35人已被逮捕。

这次中央预算执行审计结束后，审计署对查出的问题依法进行了处理。对违反财政财务法规的问题，已下达审计处理决定，要求有关单位予以纠正；对制度规定不完善、管理不规范的问题，有关部门根据审计署的建议，正在建章立制，完善内部管理；对执行国家政策中存在的问题和重要项目的审计情况，审计署及时向国务院作了报告，国务院责成有关部门研究整改；对涉嫌经济犯罪的案件线索，已按有关规定移送司法机关或纪检监察部门立案查处。这次审计查出问题的全面整改情况，国务院将在今年年底前向全国人大常委会作出专题报告。

二、加强中央预算管理的意见

（一）细化中央补助地方支出预算，增强资金分配的透明度。

当前中央补助地方支出已占中央财政总支出的一半以上，但财政部在每年编制和报告中央财政总预算时，未将其细化到地区和项目，使资金的分配缺乏透明度，也影响地方完整、准确地编报财政预决算，不利于政府和人大加强预算管理和监督。国务院已要求财政部采取积极有效的措施，进一步清理整合专项转移支付项目，控制专项转移支付规模，提高一般性转移支付的比重；要细化中央补助地方支出预算，编制分地区、分项目的详细预算，增强资金分配的透明度。地方各级财政应将上级补助收入及其分配使用情况，完整地编入本级预决算，接受同级政府和人大的监督。

（二）完善政府投资管理和审批体制，提高资金使用效益。

近年来，政府基础设施投资规模不断扩大，但在项目规划、决策、审批和管理中仍存在一些不容忽视的问题。国务院要求国家发改委等部门进一步研究完善政府投资的决策机制，合理划分中央与地方的投资事权，提高项目规划和决策的科学化水平；协调各职能部门合理安排投资计划，更好地履行宏观管理与调控职责；逐步建立健全政府投资项目绩效评估制度以及建设责任追究办法，加强对项目建设的监督检查，促进提高财政资金的投资效果。

（三）改进税收管理机制，坚持依法治税。

目前，各级税务机关仍采取“基数加增长”的模式确定税收计划，计划与实际往往存在较大出入，且将计划完成情况作为考核和奖励税务机关的重要依据。这种计划管理和考核机制，导致一些税务机关根据计划完成情况，人为调节进度，严重影响税收收入的及时完整。从对 788 户企业税收征管情况的审计调查看，少征税款的 80%左右是由税务机关人为调节造成的。国家税务总局将在认真调查研究的基础上，完善现行的税收管理机制，推行税收征管综合质量考核，引导各级税务机关严格依法治税，杜绝人为调节税收进度现象的发生。

（四）强化国有商业银行内部控制，防范和化解金融风险。

从近几年审计情况看，国有商业银行重大违法违规问题和经济案件时有发生，而且呈现出新发案件多、涉案人员层次高、涉案金额大的特点。究其原因，与银行的一些分支机构依法经营意识不强，内部控制机制不完善，特别是对一些分支行的“一把手”管理监督不力有很大关系。国有商业银行要结合深化金融改革，坚持依法经营，正确处理市场开拓与风险控制的关系，防止发生新的风险；商业银行及其内部各分支机构之间要建立行之有效的信息沟通机制，加大对企业跨地区、跨行办理贷款的监控力度，切实防范重大骗贷等案件的发生；要加强内部控制制度建设，狠抓对各级机构“一把手”的教育和监督，建立严格的领导责任追究制度，切实防止权力失控。

媒体评论

审计风暴之后期待问责风暴

触目惊心——人们这样评价审计署提交给十届全国人大常委会的审计“清单”。这不是危言耸听，看看那些天文数字般的资金都“流”到了不该去的地方，就明白了。

以“触目惊心”来表述，大约有以下原因：一是“问题资金”数额巨大，动辄百万、千万甚至数以亿计；二是性质严重，有的竟然把救助灾民身家性命的拨款挪用去建设楼堂馆所；三是行政级别高，不少部委牵涉其中；四是“集中展示”，有的问题已经跨度 10 年而不被外人所知，这次审计署“积零为整”，陡显问题之严重。

公布这些问题是需要勇气的：审计署不留情面找到问题是其一，通过媒体公布于天下是其二。诚实永远是政府的上策。所有问题并不因大白于天下而出现，恰恰是过去一度的不透明、缺乏监督而产生。直面问题，是解决问题之前提。

“审计风暴”气势已经不凡，“触目惊心”之后，人们自然期待另一个“问责风暴”的来临。

近几年，每年审计署都要向人大常委会提交审计报告，但是，人们发现问题似乎没有解决，而且从问题资金的数额、使用资金的性质等有越来越严重的趋势。何以如此？官员问责制的缺失是一个重要方面。

当每年的审计报告公布之后，人们没有等来所期望的对涉嫌问题官员的处理的通报，反而有信息披露一些官员或者毫发无损，或者易地为官以避开舆论压力。似乎可以这样说，正是过去对审计出来的有些问题没有很好地追究责任，使得后来者有恃无恐。

还有一种可能是，有关部门已经对涉案官员进行了处理，但是没有像审计报告那样及时将处理结果公布于天下。人们容易怀疑，“那些官员受到处理了吗?”花费纳税人的税金对相关资金运用情况进行审计，正是为了要解决发现的问题。当然，从大量的问题中找到共性的原因，从而建立起一种防范制度，也是审计的目的之一。

但是，这一切都建立在对个案处理的基础之上。对大众而言，很多时候对个案处理的关注甚至大于对制度的建设，人们正是从对每一个“问题官员”的问责中看到正义的力量，重树被“问题官员”所伤害的国家威信。

当下，官员问责制度正在确立，而且已经从开始的只对安全事故问责逐渐扩大到其他领域，这是国家治理的必然。倘若说官员们对偶然性的安全事故承担责任还有理由叫屈的话，那么，相关官员违法违规使用资金不是偶然的，而是有意为之，主要负责人难辞其咎——数亿元资金的动用，主要负责人不可能不知道。至于截留挪用救灾款，势必使灾民雪上加霜，甚至陷于生活无着之境，这样的行为，其性质更恶劣，更加不可原宥。

李金华去年在接受记者采访时说，审计报告的公开主要是两个目的：一是促进政府部门行政行为的公开透明，就是“阳光政策”，让社会来进行监督行政行为。作为国家财产的“看门人”，审计署表现了刮骨疗毒的决心和“不怕得罪人”的精神，这些值得负有问责官员之职责的有关部门学习。同时，人们也希望对问题官员的处理不要“内部化”。公众的监督是官员问责的一个重要方面，公众有权利知道是谁该对这些问题负责，最后负了什么责。完整意义上的问责，本来就包括处理结果的透明。(2004/06/25　《新京报》　艾君)

期待审计署“触目惊心”报告之后的处理结果

审计署审计长李金华向十届全国人大常委会第十次会议所作的2003年度中央预算执行和其他财政收支的审计工作报告，开出了一份长长的“审计清单”，包括7个中央部委共套取财政资金近亿元、中国工商银行等金融机构的违规发放贷款和贷款损失等问题，国家电力公司决策失误造成重大损失，等等。

许多媒体在报道李金华审计长的审计工作报告时，不约而同地使用了“审计风暴触目惊心”、“一份触目惊心的审计清单”之类说法。审计报告披露的大量事实表明，从中央预算管理、中央基本建设预算管理到一些中央部门预算执行、财政资金投资效益等方面都存在突出问题，用“触目惊心”来形容显然毫不为过。

这几年来，审计机关每年都查出多起大案要案，如1999年审计三峡移民资金和移民建镇资金的挤占挪用问题，2000年审计16个省、自治区、直辖市国债重点建设项目资金的使用问题，2002年查出中国农业发展银行8.1亿元资金投资股市所获收益去向不明，2003年审计并公开披露财政部违反预算法问题、社保基金问题、国资流失问题。在对2003年度中央预算执行和其他财政收支的审计过程中，审计机关忠实履行职责，无私无畏，大刀阔斧，雷厉风行，又向国家和人民交出了一份不寻常的答卷。

审计署敢于拿一些中央部委和强势单位开刀，通过“查账”发现他们的违规违法问题，有的还由此暴露出隐秘的重大腐败案件，同时，通过新闻媒体把审计结果公之于众，使被审计单位的违法违规问题及一些腐败案件受到舆论和群众的监督，这些都显示了中央严肃政纪法纪的坚强决心，也很好地回应了群众对于依法治国和依法行政的殷切期盼。但事情并不能就此结束，群众更关心的另一个问题是：那些被审计出了重大问题的单位和责任人，下一步将面临什么样的命运？会不会也像以前有的地方那样，审计时“高高举起”，处理时“轻轻放下”，甚至干脆三拖两拖就没了下文？

李金华审计长在工作报告中披露了大量触目惊心的内幕，其中的违法违规问题及腐败行径都是客观存在的，如果它们没有被审计出来，或者即便被审计出来了但未能公开曝光，舆论和群众要么毫不知情，要么被蒙在鼓里，总之都不会对此有什么特别的意见或要求。然而现在审计清单既然已经公开，舆论和群众已经产生了“且听下回分解”的强烈欲望，那么，如果不对那些被审计出来的问题进行认真追究，不对有关责任人作出严肃查处，在“触目惊心”的审计结果之后，如果没有一个负责任的、禁得起历史检验的处理结果，事情恐怕就不能圆满收场。人们期待着。(2004/06/25　《北京青年报》　潘洪其)

追问审计报告：中央机关政府官员何以私定乾坤

违规机关或官员在玩老鼠躲猫的游戏。猫如果总是捉不到老鼠，这个猫就应该受到处罚。审计署报告披露的触目惊心的违规事实，都是在中央领导人和有关监察、审计机构不断警告和监督下发生的，可谓眼皮底下做乾坤，不是利欲熏心就是胆大包天。

堂堂中央级政府机关，赫赫政府官员，何以敢不按时执行财政预算，何以敢私设“小金库”，何以敢公款私借，何以敢乱开收据？

这里面让人真正不寒而栗之处，究竟在哪里？

聋子的耳朵和瞎子的眼睛

李金华审计长及其部下每每在翻查那些部委机关的“糊涂账”时，一定痛心至极。笔者认为，更应该为这样的违法乱纪现象之屡禁不绝而痛心。

早有学者建议，要把审计署直接划到全国人

大管辖，以便让最高立法和监督之法眼能够直接看住那些机关和官员。

这样的思路是有道理的。在中国目前这样的社会经济情势下，各个领域中的违规现象层出不穷，固然有那些机构或个人道德沦丧、行为不端、心术不正的原因，但还是与监管机构没有履尽职责有直接的关系。

审计机关没有执法权，却一直在动脑筋通过审计手段来行使监督权，真是用心良苦。比如说，他们提出要进行同步审计，把一些违规事端遏止在最初阶段，防止小过变成大错。问题在于，审计机关尚且如此动脑筋，其他监督机关呢？

如国家电力公司这样大面积、长时间的违规现象之发生，究竟应该追究谁的责任是要仔细研究的。那些做手脚的人或集体，当然罪责难逃，但是该巨无霸公司的内部监督部门是不是也有严重过失而应该追究呢？答案是肯定的。

依照常规，国家电力公司内部应该至少有纪律检查机关、监察机关、审计机关这三股监督力量，在其外部，还有更高级别的纪律检查机关、监察机关和审计机关。

就是在这些机关的眼皮底下，出现数以亿计的严重经济违规，至少说明这些机关失察。三道监督之网疏忽之大，实在有悖于其设置的初衷。它们成了聋子的耳朵和瞎子的眼睛。

这显然与新一届中央领导集体倡导的提高政府效率、建立责任政府的主张不一致。

需要建立责任连带追究制度

接下来就出现了一个很现实的问题。

审计报告披露了违规事实，有些线索移交了司法机关继续处理，这方面，审计署有责任提出建议。

然而，多年来审计署的建议多集中在强化财务制度和经济责任制度的优化与管理上，多集中在对直接责任人进行行政的、经济的和司法的处理上，而鲜有对相关检察机关的失职应如何处理的建议。

笔者认为，这不是审计部门的做法问题，而是全社会的观念没有转换的问题。

近年来，人们在阅听审计报告时有出气的感觉，但是，对于如何解决这些高级机关和官员的违规之行，却办法不多。个中原因很复杂，很主要的就是没有连带追究相关机关的失察责任，所以，才有那些机关和个人经常大胆作奸得逞。

前些年，关于水利部违规建造调度大楼的处理，涉及了对部级高官的责任追究，却没有对相关检查、监察机关官员失察责任的追究。同样的情况还有，近年来，十几个省级交通厅长因为经济犯罪被判决，但没有听说对交通厅纪检部门及官员的失察处理。

有一阵子，组织人事部门曾经讨论，对一些干部的堕落行为，应该追究选拔任命环节上的失误或失察，为的是在一开始就把好关。这是很好的开端，但现在还没有见到制度化的做法。

在目前的情况下，责任连带追究制度的尽早建立和完善，实在必要。

在审计报告中，挪用专项资金去建职工楼的现象已经不是新闻，过去，有关部门也对这样的行为进行过专项查处，但问题还是没有绝迹；私设“小金库”问题更是许多机关的痼疾，查了无数次，还有前几年上届政府厉行推行的财务税务大检查风暴，但是效果甚微；那种不讲究资金使用效率的现象更是普遍，依照列宁同志“浪费就是最大犯罪”的说法，那些相关责任人应该被枪毙过无数次了。

事先预防比事后审计更重要

令人深思的是，相关的规章制度不可谓不完整，可就是无法阻止违规行为的反复发生。

审计报告给全国人民的印象就是：在一些中央机关和官员那里，制度规章在纸上，永远在纸上，那是虚拟的秩序，真正的秩序是这些机关和官员随心所欲打造的，实质上是一种无序。

更可怕的是，李审计长的报告显示出，这些机关或官员的违规之举，很少是过失，而多是蓄谋之为。这是故意在破坏经济社会运行秩序。

中国社会的变化带来了很多新特点，其中主要的一点就是不确定性因素增加了。为了让社会能够平稳运行，就需要对这些不确定性进行把握和控制。

我们看到，在各个领域中不断出现的大量违规事件，都偏离了社会既定原则和规范，都加剧了社会的不确定性。这就需要建立强有力的监管机构，其责任就是对那些不确定性进行预测、防范和纠正。

没有监管部门的严加监督，社会的基本秩序就会崩溃，而中央机关和官员的违规，其恶劣影响就在于树立起了很不好的示范，让整个社会的是非尺度难以揣测。而对中央机关和官员的违规之举的失察，就会让人们对检查监察机关的权威性和有效性产生极大的怀疑，这同样会促使人们怀疑是不是存在着合理的社会秩序。

从检查监察机关的职责角度看，是事先预防违规还是事后处理违规，不仅仅是工作重点的问题，更是一个社会监管体系的科学性问题。现在普遍的情况是，检查监察机关变成了一个办案机关，整天在忙于应付查处已经发生的事件。

中央领导人一再强调，要“关口前移”，在反腐败问题上，要重视防腐败。依照这样的思路，检查监察机关就应该确立起严格的工作目标制度和责任追究制度，其核心就是在所管辖范围或领域内出现的违规事件的多寡，应该成为检查监察机关的主要业绩考核标准。相应地，如果在管辖之内出现了机关或官员的违规事件，就应该查处有关的检查、监察官员，至少以失察来进行处理。

李审计长以后的报告中，也最好能够加上如何追究相关检查监察机关责任的建议。

这是一种现代意义上的连坐制度，其责任连带含义，反映的是严格评价监管机关行使职权的业绩。违规机关或官员在玩老鼠躲猫的游戏。猫如果总是捉不到老鼠，这个猫就应该受到处罚。

审计署依法行使了其权责，把那些机关和官员的违规黑幕掀起了一个角，让全国人民大大警觉了一番。我认为，最应该警觉的，还有与这些机关和官员直接相关的检查监察机关和官员。他们应该就这些违规事件，公开地向全社会表明自己做了什么事情和没有做什么事情。人大审议审计报告之后，应该专门就相关监管机关在这些违规事件中的责任，作出相应的决定。这一点尤其重要。

我相信，全国人民在阅读审计署报告的全文时，一定很希望同时能够读到这些被披露有违规行为的机关和官员之相关监管部门负责人的名单、工作表现和对审计报告的认识。（2004/6/28 《瞭望东方周刊》 陆建华）

呼吁法律阳光代替审计风暴

2003年6月，美国加州因政府预算未获通过，造成政府运行几乎处于停顿状态。这一极端情形的背后，体现的是其在制度设计上，政府钱袋已被有效地牢牢看住。

一年后的6月23日，在十届全国人大常委会第十次会议上，审计署审计长李金华大胆披露中央到地方各级部门、机构在政府预算管理中大量违规违法的事实，舆论对该审计报告以“风暴”二字形容，表达了一种肯定和期待——自1999年审计署第一次公布审计报告始，一年一度的审计报告愈发给公众以惊喜和信心。这背后，反映的则是中国现在面临如何进一步加强对政府预算控制的问题。

今年审计报告中违规违法主体的排序依次为：政府机构、官员以及国企工作人员、国有金融机构工作人员，最后是民营企业或个人。与往年相比，违法违规表现形式并无差别，“边纠边犯”依然有所体现。

会不会出现“审计风暴”越发猛烈，而预算违规违法问题却无法制止？仅就目前我国各级地方政府收支构成看，因预算内公共资金、预算外资金、制度外收支大致三分的局面，政府收支缺少透明度，使得财政数据并不能完全真实、准确地反映财政活动。

如果预算管理出问题属于丢失了羊，则审计报告只是事后对丢羊数目的不完全统计评估，欲彻底堵塞漏洞制止预算违规违法蔓延，还须有事前的制度防范，如此方为“亡羊补牢”。

制度上强化财政预算管理，首要的是对政府部门的事前预算审查。而审查、监督财政预算，不但是宪法和预算法赋予人大的一项权利和义务，还是人大有效监督整个政府工作的重要途径和手段。

目前，要真正实现人大对政府的预算审查职能这一目的，还有待多方改进。在时间安排上，政府的财政预算是从年初开始，而预算审查却要到三月的人大会议，从时间顺序上看带有追认的性质；从机构设置上，目前各级人大及其专门委员会还缺乏真正审查预算的能力，而预算报告也缺乏足够详细的说明，技术上缺乏足够的透明度；从法律地位上，政府的财政活动要有法律依据，被通过的财政预算就是年度法案，违反预算本身就是违法，而不是触犯了别的法律法规才受处分。

国外的成熟经验是，所有的政府收支都要先

有法律，后有行动。其法律效力来自议会审查通过的预算案。议会对政府事前的预算编制审查，是由专业的常设委员会来完成，这类委员会往往是议会常设委员会中人数最多的部门。政府预算编制一般要通过多次审读，而被通过的预算法案，必须对公众完全公开，在制度和程序设置上，政府预算高度透明化。

当然，事后审计同样重要。我国独立的政府审计机构起步很晚，审计署成立于1983年3月，直到1995年《中华人民共和国审计法》正式施行，其作用才开始真正显现。加强事后审计的力度首先表现为最高审计机关的独立性。1997年《利马宣言》中，最高审计机关的独立性被表述为三个方面：最高审计组织的独立性、最高审计组织成员和官员的独立性和最高审计组织在财政经费上的独立性。今年审计署的审计报告超过了公众预期，其实也反映出审计部门目前在实行独立性上尚待进一步加强。

此次审计报告中，当前的国企改制并未作为主要清查对象，而主要抓各级政府本身存在的问题，反映出的更是中央高层从政府自身清理整顿的决心，而非审计部门的自身逻辑和意志。从现实角度考量，我们不可期待对政府预算监督控制的制度建设，马上就有巨大突破，但审计署在现行框架下积极作为的“审计风暴”，实在是个积极的阳光信号。（2004/06/30 《青年参考》 黄章晋）

以预算监控遏制审计黑洞

“审计风暴”席卷全国

在十届全国人大常委会第十次会议上，审计署审计长李金华提交了一份长达22页的审计报告，有19页详尽列举了各个与公共资金有关的部门违法违规的问题，其中包括国家林业局、国家体育总局、国防科工委、科技部等中央单位虚报、挪用预算资金的违规事实，还披露了淮河灾区和云南大姚地震灾区有关地方政府虚报、挪用救灾款的事实，以及原国家电力公司领导班子决策失误造成重大损失的调查结果。件件事实，令人触目惊心。

面对这一黑色清单，全国人大常委们的第一个反应就是，应当予以深入调查并追究有关当事人的责任，“给百姓和社会一个交代”。

问题是如何给民众以交代

去年审计署也曾经曝光出很多预算执行中的违法违规现象，但后来处理结果是什么，外界并不清楚。

宪法已明确规定，全国人大有权“审查和批准国家的预算和预算执行情况的报告”，并在全国人民代表大会闭会期间，审查和批准国家预算在执行过程中所必须作的部分调整方案。

目前审计发现的种种问题，大多属于预算执行中的违法违规。对此，全国人大常委会有权并应当进行深入调查。比如，在这次“审计风暴”中，就目前已经暴露出来的预算管理中的普遍问题，召开特别调查听证会，这种听证会不仅仅是确认具体违法违规事件的事实和责任人，更重要的是，发现预算执行过程中之所以频繁出现严重违法违规事件的症结所在，以进行制度变革，杜绝此类严重事件再次发生。

当然，杜绝预算违法违规，关键还是约束那些利用公共资金的各个部门的权力，这就需要改革当下的预算管理制度。

目前全国人大所审计的预算报告，存在两大问题：

一是过于粗略，各部门只有总体数字，而缺乏部门内部的详尽预算——应当明确一点，全国人大是最高国家权力机关，政府各部门的每一分钱支出，都需要经过人大的审议批准。因此，政府各部门要花每一分钱，都必须事先制定详尽的预算，待人大审议和批准后方可支出。

二是执行中弹性太大，几亿乃至数十亿巨资，可以仅仅根据部长、局长的好恶，而随意改变用途，甚至都未必知会人大。这样的“灵活性”，给各部门挤占挪用财政专项拨款、财政收支不列入预算等违法违规，提供了非常便利的条件。

为此，改革的基本思路应当是淡化决算，强化预算编制。各个部门的各个具体预算科目，事先由人大的各个专门委员会进行详尽的审议。事实上，从人大所扮演的角色来看，这些专门委员会的主要职能，就应当是审议政府各部门的预算，并对其执行情况予以监督。

另一方面，全国人大也是国家最高立法机关，因而，经过人大审议批准的预算案，具有与其他法律完全相同的完整的法律效力。基于这种考虑，需要改变对每年一度的“预算报告”的称呼，应将财政部提交给全国人大审议的预算报告，正式定名为“预算法案”，这意味着该法案一经人大批准，即具有法律约束力。这些预算案中各个科目的支出也应当是刚性的，本身也应基本不留弹性空间，只有人大或其常委会能够对预算案进行修正，包括追加预算或改变拨款用途等等。

而对于预算法案，各部门当然必须严格执行，违反者将被追究法律责任，而不再仅仅是背负行政纪律处分。(2004/07/01　《中国新闻周刊》)

审计报告追惩缺位之忧：如何处理屡查屡犯现象

“上一届审计出国家林业局系统挪用和贪污3300万元，这次又出现变更项目骗取国家预算的恶劣情况，对于这样屡查屡犯的单位和部门要加大审查力度和执法力度。”2004年6月23日，全国人大农业与农村委员会委员李梅芳在人大常委会上听过李金华的审计报告后，愤怒地说。

李梅芳的愤怒代表了许多人大代表的心情。在人们惊叹于审计报告所揭露出来的巨大问题之时，身为预算监督机构的人大常委们已经开始把注意力转移到如何追惩的问题上。联系前一段时间的官员引咎辞职风，“现在各方面对于官员的压力越来越大”，一位熟悉审计工作的人士告诉《国际先驱导报》。

领导不受处分导致屡查屡犯

但是压力虽大，许多部门仍然要顶风而上。

来自审计署的资料显示，1998年至2001年，全国共完成经济责任审计项目5.7万个，审计党政领导干部4.2万名，国有企业领导人员1.5万名。但是直到上届政府，审计报告才开始向社会公开。

1998年的审计报告揭开了粮食收购资金6年来损失2140亿元令人瞠目的事实；1999年的审计报告曝出了水利部长期甚至在1998年大洪水期间仍将水利资金挪作他用的惊天大案；2003年审计并公开披露财政部违反预算法问题、社保基金问题、国有资产流失问题；今年的审计报告又揭露出：7个中央部委共套取财政资金近亿元、国家电力公司决策失误造成重大损失等等。但是，令人奇怪的是，为什么一些问题年年出现，却始终得不到解决？

北京大学人民代表大会与议会研究中心主任蔡定剑告诉《国际先驱导报》，最直接的原因在于现在还没有一个全面的、件件都落实查处的报告。

曾经在人大秘书组工作的蔡定剑非常了解这方面的情况，他对本报记者介绍说，通常情况是审计报告出来后，人大常委会开始呼吁“追根问效”，并要求国务院将处理结果上报给人大。前几年一般是国务院在年底以前提供一份有关处理结果的文字性“通告”，还并不是一个正式的报告。除了个别比较严重的案例，由于人大委员审议和要求查处的压力比较大，其他案例查处力度不足。此外，查处报告不向社会公开也使得社会监督缺位，给内部留下一个通道，屡查屡犯的原因正是对问题没有查处，即使查处，结果也不公开的结果。

蔡定剑说：“一般来讲，审计报告是应该公开的。而我国从1996年以后才开始做这件事，如审计报告在《人民日报》上发表，但是审计报告中问题的查处结果却仍然不透明。”据了解，由于每个案件都错综复杂，因此参与查处的部门也不尽相同。涉及到地方的由地方介入，涉及到中央的，则中央需要参与查处。像这次广东省教育局挪用巨额资金的案件，现在就是由中纪委直接介入。

“现在还有一个问题是，审计报告出台后，问题单位的领导责任没有追究。”蔡定剑认为这才是屡查屡犯的最重要原因。

他说，一个部委可以随便挪用上千万、上亿元的资金去干其他事，甚至是化公为私分掉了，这已经是严重的犯罪。不管怎么样，该部门的领导都有责任。更不用说领导直接参与挪用决策了，像水利部党组领导集体动用国家财政拨款资金，把给下面的钱，以回扣的形式自己留用，这种领导层公开违法犯罪的行为令人大常委们非常气愤，这样的领导应该承担刑事责任。如果追查部委、地方领导责任，领导都要受到处分，部委和地方就不敢再这样做了。否则，查出来又有什么效用？另外，人大对年终处理报告也应该深究下去，如发现报告不全面，不彻底，都应该继续追究。

说没有事后追查也不合适

但是，有关人士指出，如果说审计报告没有

事后追查也不合适。一位知情人士对《国际先驱导报》说："追究责任年年都有，也有一部分人受到处分。"

目前公开出来的处罚结果包括：1998年，粮食系统违规违纪问题共立案2268起，1302人受到党纪政纪处分，172人被追究刑事责任；1999年，审计三峡移民资金和移民建镇资金，挤占挪用现象严重，其中重庆丰都市国土局原局长黄发祥共贪污移民资金1556万元，此人后被以贪污罪判处死刑。

而对蔡定剑来说，令他印象最深的是1999年被审计出来的原国家水利部因挪用水利资金数额较大原部长被追究行政责任。"这是我所知道的惟一一起部级领导干部受到处分的案例，而被审计出来的局级、处级领导，如有直接受贿或挪用资金的，受到刑事追究的也有不少。"

一位不愿透露姓名的人士对《国际先驱导报》说："中央在这方面的决心还是很大的，处罚力度不小，只是大家不知道而已。"

下一步应该怎么办

为了解决"审而不究"的难题，学术界一直试图提出从制度上改进的意见。蔡定剑说："政府应该建立一个合理的制度来堵塞漏洞，这才是政府的责任和应该做的工作。各级政府应该建立和完善统一的公共财政制度，同时要靠人大和国务院共同建立这样一个政策和制度。"

蔡定剑为此提出了"四点方案"：

首先，要有一个统一的财政制度。我国现行财政制度分预算内和预算外两种，大量预算外资金是不报人大审批的，这样造成的客观后果是各级部门"想怎样花就怎么花"。因此，所有的财政预算、政府花钱都应该经过国家统一的预算，而且还要由人大监督审批。

第二，应该改革财政预算，要宏观、细化财政预算并落实到具体的项目上，而不应由一个部门说了算。

第三，财政预算要公开化。公共财政制度的最基本要求就是公开化，需要"阳光财政"，社会监督就是最好的监督。英国的教育拨款原来是国会财政直接拨给县里。但财政公开后，款项直接拨给学校，从此果然没有出现过大问题。

第四，要改革预算编制和审批。目前中国的预算以各个地方、部门报上来的数字为基础，国务院做一个拼盘。而在国外是有预算法的，违反预算就是违法；而我国叫预算报告，所以大家也不认为它具有何种法律效力。（2004/07/05 《国际先驱导报》 白涛 陈南）

廉政审计——我国反腐斗争中一个重大信号

6月23日，审计署审计长李金华向全国人大常委会报告的"审计清单"，特别是通过审计署网站全面公开发布之后，旋即成为各种媒体的关注点。笔者以为，至少值得从以下三个方面来看待刚刚在我国进行的"廉政审计"。它传递了怎样的信息？是好消息还是坏消息？如何加固我国的审计制度？

"廉政审计"是我国反腐败斗争进程中一个重大信号

审计是国家廉政的一个重要制度。在有关国际组织提出的国家廉政体系框架中，审计机构被列为重要支柱之一。

中国国家审计制度，是根据我国1982年的宪法第九十一条的规定，于1983年建立起来的，已有20多年的历史了。然而，在我国过去20多年的反腐败斗争历程中，公众并没有意识到审计机关在反腐败中的重要作用，甚至可能不知道还有审计署这样一个机构。可是，最近两年到底发生了怎样的环境变化，使审计机关的作用得以体现了呢？

首先，是中央反腐败决心不断提升的体现。审计报告的公开发布，表明中央不仅有加大反腐败力度的政治勇气和决心，而且更多地体现在了行动上。其次，是中央进一步调整反腐败战略的反映。党的十五大以来，中央不断加大反腐败治本的力度，到了十六大，进一步明确要在"坚持标本兼治、综合治理方针"的同时，要"逐步加大治本的力度"。十六届三中全会和中央纪委第三次全会进一步提出要"建立健全与社会主义市场经济体制相适应的教育、制度、监督并重的惩治和预防腐败体系"，突显出了制度在反腐败中的重要地位。审计机关的反腐败功能既表现在惩治上，更体现在预防上，应该说，把审计机关的防止腐败作用真正落到实处，正是中央提出建立健全惩治和预防腐败体系的具体体现。

如果仅仅从制度门类来看，和制度建设比较发达的国家相比，我们的反腐败制度并不逊色。但是，从制度的有效性和效率来看，我们还存在明显的差距，主要表现在，一些重要的制度因为缺少核心“部件”，或者缺乏其他制度的有力支撑，而没有发挥出其应有的作用。因此，要建立我国的惩治预防腐败体系，关键是要从系统的角度来检视已有制度体系的薄弱环节，下力气做好修补和加固工作，使这些制度发挥出作用来。

根据比较一致的观点，审计制度的核心环节是：审计机构能够独立地对人民和人民的代议机构负责，能够公开发布审计报告。应该说，从宪法和审计法来看，我国的审计制度在这两方面都还存在一些欠缺。在制度性因素依然存在欠缺的情况下，近两年的审计报告能够做到公开发布就说明人的因素在其中发挥了相当的作用。在这些人的因素中，中央高层领导的反腐败决心，以及审计机关的主动作用是非常重要的。

问题导向的审计报告是好消息而不是坏消息

从这两年的审计报告，特别是今年的审计报告中，人们首先看到的是很多的坏消息。因此，如果只从表面上看，从直觉来看，问题审计带给人们的是坏消息。但是如果人们能够理性地、深入地想一想，那么审计报告就绝对是大好的消息，而不只是坏消息。

首先，我国的审计制度不再失灵。如果没有可以公开发布的问题审计报告，人们几乎永远不可能知道这些内幕消息。因为现代政府公共财政问题的复杂和高深，即使是财政问题专家，都会感到艰涩，普通的、缺少专门知识的公众就更不必说了。能够发挥如此独特反腐败作用的一项制度，开始在它应该发挥作用的方面发挥出了作用，这无论如何都是一件大好的事情。

其次，体制内发现腐败行为能力不足的状况得以改变。解决问题的前提是发现问题，惩治腐败亦不例外。体制内发现能力不足，多年来一直是我国反腐败斗争的“软肋”。以往不少被查处了的腐败大案，多是由其他案件带出来的，或者是突发恶性事件掀起了盖子，腐败分子之间起了内讧，群众的持续上访等发现的。而最近两年来，一些严重腐败违法问题则是经由正常的纪检监察程序和国家审计监督程序，是在体制内被发现的。这种突变当然是好消息。

第三，审计报告中发现的多数问题并不是在“事后”。总体来看，审计制度反腐败的主导功能还是积极的、预防性的。在一个有效的国家审计体制下，多数问题可以在过程中被发现，及时纠正可以起到防微杜渐的作用；具有强大发现能力的审计机构可以威慑那些想向公共利益伸手的潜在腐败分子；通过审计进而健全公共财政制度，其预防作用就更持久有效。就以今年我国审计报告中揭露出来的国家体育总局动用奥委会专项资金问题为例，问题当然十分严重。但是我们都知道，中国举办奥运会是2008年的事情，奥运建设的实质性工作也还刚刚开始不久。我们应该为能提早发现这一问题而感到高兴。我们完全可以想像，如果我们也像雅典那样，到了“鸟巢”盖不上盖子的时候，也就到了奥运会举办在即之时，甚至连每一个老百姓都能看出问题的时候，那将是一种怎样的情形！我们有理由相信，在关乎中国国际形象和声誉的大问题上，这些提早发现了的重大问题一定会得到妥善的解决。

当务之急是要加固我国的审计制度

前面提到，我国的审计制度在近两年能够发挥明显作用的主要原因还是人的因素，我国审计制度的核心环节也还存在明显的欠缺。因此，致力于从制度上加固我国的审计制度仍然是十分紧迫的任务。要使审计机构能够更加独立地为人民负责，显著改善我国的财政问责状况，在审计机构的隶属关系方面，在其预算的来源上，毫无疑问应该深化改革，这是最为核心的方面。有了坚实的制度基础的支撑，公开发布审计报告也才能够更好地得到保证。（2004/07/07　人民网　任建明）

审计报告暴露我国现行财政体制三大弱点

审计署审计长李金华今年向全国人大常委会所作的审计工作报告再次在全国引起广泛关注，舆论矛头直指那些挪用、侵吞、浪费老百姓血汗钱的违法者和违规者。专家指出，发生这么多严重问题，足见我国现行财政体制尚存在诸多不完善之处。

部门预算：“太分散又太集中”

审计报告披露的中央部门预算执行中存在的

问题是舆论反应最为强烈的焦点之一，国家林业局、国家体育总局、国防科工委、科技部、原国家计委等大名都赫然在目。有网友称，连中央部门都是如此，可想而知，地方政府部门又是什么样子？

中央财经大学财政系主任马海涛教授用“太分散又太集中”来概括部门预算方面存在的问题。他说，这是指两个层面而言：从总体看，预算编制权限过于分散，很多部门作为预算编制单位权力很大，弹性很大。而具体到部门内部，预算决定权又高度集中于少数领导手中，在很多情况下就是“一把手”说了算，下级工作人员也编制了预算，但是会不会改动，往往就是领导一句话的事。

马海涛介绍，在财政方面已有两百多年实践经验的西方发达国家，现在实行的是一种统分适度的政府财政资金预算制度。我们过去讲的“预算统一”多半指的是政治上或技术上的统一，而没有把组织机构统一起来。

记者采访的几位专家都指出，必须改变由领导个人决定预算的状况。国家发展和改革委员会经济研究所副研究员刘国艳说，虽有预算法等相关法律，但在很多地方形同虚设，一些政府部门领导并不认真执行预算。预算法规定，如果在预算执行过程中遇到预算收入超收或短收情况时，政府应该提出追加或追减预算的调整计划，经相应的人大机关批准，然后调整年度财政预算。但大部分地方这项工作常常被忽视，少数地方调整预算虽经人大批准也流于形式。

刘国艳说，必须确立民主理财、依法理财的理念，要形成“铁预算”——人大一旦通过，除少数特殊情况外，谁也无权改动。

财政支出：“不透明，还是不透明”

审计报告反映出的一大问题是挤占挪用专项资金：中国奥委会专项资金、财政扶贫资金、国债建设资金都有人敢挪用甚至私吞。挤占挪用财政资金是个说了多少年的老问题，怎么就管不住？

中国人民大学财政系副主任张文春认为，最根本的还是一个财政透明度的问题。目前公众对政府开支的监督还很不够。政府的收入来自纳税人，纳税人当然有权知道这些钱怎么花。而现在，对于预算是怎么编制的，资金都用在了什么地方，老百姓并不清楚。缺乏公众监督，就免不了有暗箱操作。

张文春说，现在每年春天财政部门代表政府向各级人大所作的预算报告大多过于笼统，不仅老百姓看不懂，很多专业人士也不甚明了。而在发达的市场经济国家，类似的报告细分化程度很高。每一笔财政支出用途何在以及相关细节问题，在其中都列得很详细。

马海涛说，目前财政资金的使用权过于集中。国家把资金拨给部门和地方以后，部门和地方怎么支配，基本上就是自己说了算，财政没有进一步的监督。比如一笔防洪救灾专项资金拨给了某地，当地拿到钱以后是不是都用在了防洪基本建设上面？具体修建了哪些水利工程？该给灾民的是不是如数发到了每个灾民手里？除了具体使用这笔资金的政府部门，基本上没人能说清。结果常常是层层盘剥，最后真正落实到其应有用途上的资金大幅缩水。

马海涛特别强调预算执行过程中监督的重要性。审计的确发现了不少问题，但审计毕竟是滞后的，即使发现，很多损失也已造成，难以挽回。他说，要想解决挤占挪用问题，必须在预算执行过程中引入监督制约机制，其中包括财政监督、人大监督和公众监督。

财政投资：容易产生“拿老百姓的钱打水漂”

审计报告指出，在不少地方，财政资金投资效益不高的问题非常突出，部分项目未按期建成投产，部分已建成项目运营效果差，有的工程质量存在重大隐患，损失浪费现象严重。马海涛说，有些地方财政资金使用效率低下是大家有目共睹的事情。某些领导花两亿元只办了5000万元的事，不以为耻，反而当作“政绩”大肆宣扬。在很多发达国家，这种败家子是要被追究法律责任的，而在我国，对行政效率的监督机制还很不完善。尽管财政部提出要建立公共支出的绩效评价体系，但尚处于起步阶段。

马海涛对这种“拿老百姓的钱打水漂”的现象表示愤慨，但他同时指出，要解决这个问题，绝不是单靠财政一家就能办得到的。因为财政部门的作用，就是为政府行为花钱的。一笔钱该不该花，该花多少，该花到哪里，是政府说了算。财政局长都是地方政府领导任命的，如果一个政府领导为了建“形象工程”、“政绩工程”提出追加预算，财政局长很少敢提反对意见。

他说，财政改革的前提是政府职能的改革，政府职能必须规范，政府先要搞清自己该干什么，不该干什么。

张文春从另一个角度论述了这一问题：财政投资不只是强调经济效益，应该是经济、社会效益并重，而经济效益本身又有很大一部分不能货币化，这客观上给财政投资效率评价带来了难度。因此政府应该综合考虑各种因素，科学论证，尽量减少项目决策失误。（2004/07/07 新华网 李柯勇 齐中熙）

审计：从“孤胆英雄”到全面建设

审计署2003年审计报告一出，舆论哗然。除了被点名的若干国家部委还在支支吾吾地辩解搪塞之外，人民群众是一片叫好，审计署审计长李金华也被群众和舆论视作挑开灰幕的英雄。

而在这短暂的欢呼之后，舆论迅速将目光盯住了“后风暴”时代。关注的焦点，一是审计报告中披露的问题能否或如何解决；二是这一轮“风暴”究竟是系于李金华审计长个人的“孤胆”，还是中央政府有计划、有步骤的制度安排。

从目前得到的信息分析，审计报告披露出的问题正在着手解决，但不会一帆风顺。从审计报告披露伊始的避而不谈，到后来的曲意辩解，来自被点名单位的抵触、反弹、搪塞、躲避等各种手段都已经出现。“审计风暴”之后，大概还得来一场“整治风暴”，才能真正解决审计报告中所披露出的问题。

而在审计制度化、常规化建设方面，则有比较多的正面消息出现。譬如审计署正在酝酿审计结果公告制，使审计结果的披露走向制度化、常规化；近日，审计署又披露，将建立专门针对省部级或地厅级干部的经济责任审计制度。同时，派驻各部委的25个审计局实施“一把手”轮换制度，25位审计局长全部轮职换岗，审计署在地方主责中央财政项目审计工作的18个特派员办事处也实行异地审计、交叉审计，以增加审计者与被审计者之间的“陌生感”。一张有点、有面，有各种规避、预防制度的审计网络，正在细密的编织过程之中。

同时，各种社会舆论也在惊喜地认识到审计工作的重要性之后，纷纷探讨更好发挥审计作用、完善审计制度的途径，如有舆论提出应该将审计机关由向国务院负责，改为向全国人大负责，以更好地实现对行政权力的全面监督。也有学者提出提升审计部门行政级别，或由党中央加强对审计工作的领导，成立中央审计委员会等等。

无论是官方的实践，还是舆论的探讨，其基本出发点，都是在充分认识到审计工作重要性的基础上，进一步强化审计工作的制度保障，以真正实现李金华审计长所主张的：审计不是风暴，而是透明。也只有在这样的制度下，李金华审计长才会还原其尽责官员的本色，而不再是具有强烈个人色彩的“孤胆英雄”。

而问题的另一方面是，审计毕竟只能发现问题，却并不能直接解决问题。完善的审计制度，能够保证各种经济问题或腐败现象，能够比较全面和迅速地得到揭露。但是如果没有相应的惩治、解决措施，则审计制度、审计工作又可能成为整个行政体系中“孤军深入”的“孤胆英雄”，其揭露出的问题可能成为被暴露出来又无法治愈的伤口，刺目地晾在那里让人失去信心。从这次“审计风暴”之后各部门的反应看，似乎不能排除这样的担忧。唯愿审计制度的改革、突破也像近期出现的各种“风暴”一样，成为解决某一痼疾的突破口，在盘根错节的僵局中，找到一个解决问题的“着力点”。（2004/07/08 《北京青年报》）

中国“审计风暴”四大热点透视

自6月23日以来，审计署审计长李金华所作的审计工作报告在国内外引起广泛关注，公众在关心对“审计清单”的“问责”之余，对国家审计本身也表现出了极大的兴趣，特别是国家审计的一系列热点问题，已经成为媒体的焦点。

热点一：审计结果公开化能走多远

从众多媒体报道中不难看出，公众一方面为审计结果的公开化叫好，另一方面又非常担心，担心这种进步会不会是李金华审计长个人的孤胆豪情，一旦换了领导，一切都会风平浪静。这种担心是没有必要的，从现在的情况看，审计署已经通过三个步骤，为审计结果的公开化确立了不可逆转的前进方向。

第一步是要解决能不能公开的问题，这一点主要靠法律。审计法第四条“国务院和县级以上地方人民政府应当每年向本级人民代表大会常务委员会提出审计机关对预算执行和其他财政收支的审计工作报告”的规定，明确了各级人大通过听取审计报告来监督政府工作的有效途径；审计法第三十六条“审计机关可以向政府有关部门通报或者向社会公布审计结果”的规定，为审计成果的利用从官方内部走向社会公众提供了法律基础。

第二步是要解决如何公开的问题。审计署已经颁布了有关审计结果公告的具体办法，明确指出在保守国家秘密和被审计单位商业秘密的前提下，审计结果应当逐步实现公告，并对公告的程序、内容和方法进行了规范。2003 年至今，审计署已经先后发布了三份审计公告，虽然数量不多，但已实属不易。

第三步是要解决公开什么的问题，这也是审计署最近力抓的一件大事，就是对审计报告制度的改革。2004 年 2 月，审计署颁布了《审计机关审计项目质量控制办法（试行）》，对审计报告进行了改革，核心思想是将审计报告从内部文书变为外部文书，明确审计报告将意识到，一旦审计报告成为审计公告的主体，那么，无论从内容、范围和深度来看，审计成果能给社会带来的影响和震动将是巨大的。

从国外的经验来看，除了涉及国家安全的内容外，审计机关的审计结果基本都是公开的。这些审计成果的公布，基本通过两种途径，一是对当年预算执行和决算的汇总审计报告，二是单个审计项目的审计报告。我国审计机关的审计结果公开模式，已经基本实现与国际接轨，下一步需要的是坚持原则和坚持不懈。

热点二：为什么会有单位屡审屡犯

审计署的审计报告刚刚公布两年，公众就开始非常敏锐地质疑为什么会有单位屡审屡犯。李金华审计长在接受新华社记者采访时，非常准确地指出有的问题不可能一下就解决，要有屡犯屡审的思想准备。要理解这句话，有必要将审计报告中涉及的问题分分类。

第一类问题主要是有些部门的权力行使过程缺乏制约，使得权力的运用出现随意性，甚至产生腐败。这类问题比较容易发生在拥有资源分配权的单位和部门。这类问题，光靠审计是无法阻止其发生的，审计机关采取的主要对策是推动制度建设，努力促成一种对权力的制约机制的形成，例如审计报告最后提到的预算细化、预算资金分配透明化、规范转移支付等审计建议，就是针对这些问题的彻底解决方案。

第二类问题是不规范的政府行为导致的连锁效应。审计报告涉及的国有土地出让金、大学城开发、扶贫资金、基础教育、城市基础建设和救灾资金等问题，背后往往都有不同程度的政府参与或支持。这些问题的形成，同各级政府的政绩观和法制观有密切联系，彻底解决还有待时日。

第三类问题是在转制过程中，利益多元化了，但相应的激励机制和约束机制还不够健全和科学，有的甚至发挥了反作用。比较突出的例子就是税收管理机制已经落后于时代发展的需要，许多人说，连交通警察的罚款指标都取消了，税务局征税还定指标，那就免不了人为调节、放水养鱼。只有从制度上进行规范，才能消除违纪的动力和借口。

第四类是认识水平和管理水平的问题，也就是所谓的“缴学费”，这类问题主要体现在财政资金投资效益不够理想以及部分金融机构内控薄弱，权力失控。社会公众无意求全责备，但长期、频繁、巨额地缴学费，只能说明国家的钱好花。要解决这类问题，最有效的恐怕就是“问责”了。

第五类问题是违纪和违法。现在的财经法规是比较清楚的，一些单位存在侥幸心理，知法犯法，甚至是边审边违，对这些问题，审计机关是不会姑息的。值得注意的是，一些领域的舞弊和犯罪有所抬头，内外勾结、高科技、团体化、大金额的犯罪现象不断出现，应对这些问题，还需要审计、纪委、监察、公安、检察院和法院等单位的高效率协调配合。

热点三：为什么要公开审计结果

许多读者一边为审计长报告的直白、透明拍手称快，一边也在为审计署担忧，觉得审计署的报告主要讲问题，是不是不合潮流，是不是为了表功？分析这个问题，需要理解审计机关的角色和定位，需要理解国家审计的本质。

李金华审计长认为，现代国家审计是民主与法治的产物，更是推动民主与法治的工具，是在法律框架下对政府及公营事业运转的成果和效益进行检查和评价的一项专业性活动。他认为以前世界上所有的社会主义国家都没有审计，其财政收支都是统收统支的计划经济。这些国家的经济活动，不能说没有民主和法制，但是主要靠行政命令、受计划经济控制。我国改革开放以后，加强了民主与法制建设，由计划经济逐步向社会主义市场经济转轨，审计本身就是民主和法制建设的一种产物。

现代国家审计是民主的产物，更是民主的工具。因为只有民主进步到一定程度，国家审计机关才能得到授权对政府部门和公营机构进行监督，并将其审计结果向人民公开、对人民负责。

李金华审计长还认为，审计是领导决策和民众的眼睛，国家审计就是要推进民主的进程，代表公众的意愿，让政府接受公众或纳税人的监督，用公众的民主监督推动政府执政为民。审计预算执行情况，就是要让公众了解取之于民的财富是否用之于民；开展党政领导干部经济责任审计，就是要让广大群众知道人民的公仆是不是真正为人民履行了责任；探索效益审计，就是要让全社会了解纳税人的钱是否管得好、花得值。实行审计公告制度，把审计的结果公告于社会，不仅可以提高审计的透明度、增强公开性，更重要的是促进政府部门增强行政行为的透明度和公开性，还人民群众以知情权，以民主监督来推动政府执政为民。

十六大报告中，第一次将审计工作与权力的制约和监督联系在一起，从国家治理和政治文明的高度赋予国家审计机关更为重要的职责。这样的政治环境下，国家审计机关要在制约机制中发挥作用，促进公开透明，促进被审计单位的依法行政，必然是一项合理的选择。

热点四：审计法修订走向何方

目前，审计署正在组织对审计法修订的准备工作，业内人士比较关注的焦点包括以下五个方面：

第一，审计机关的独立性能否加强？从国外经验看，国家审计机关有的隶属于议会，例如美国；有的相对独立，向议会报告工作，例如德国；有的具有一定的司法职能，例如法国；还有的集监察、审计职能于一身，例如韩国。有的专家认为，国家审计机关在政府序列，不利于客观和彻底地披露政府存在的问题，独立性差，建议调整审计体制，将审计机关划归人大，或建议成立审计院，与高检、高法并列；还有的认为应将监察、纪委和审计合署，实行监督审合一的体制。但也有专家认为，形式是次要的，审计的独立性和发挥作用，还是要适应中国政治文明建设的进程，不能超越现实。

第二，审计的执法地位能否加强？“审计清单”列出后，人民群众最关心的就是“问责”，但审计对此无能为力。许多专家普遍认为，加强审计的执法地位，有利于更好地发挥审计的作用，否则审与不审一个样、屡审屡犯的问题难以根治。

第三，经济责任审计能否入法？经济责任审计是对国家机关和国有企业领导人员进行监督、评价的重要手段，但目前尚无法律地位，且审计对象主要限于县级以下党政领导干部，这项工作要开展，要审计市长、省长和部长，没有法律基础不行。

第四，效益审计能否大力发展？审计署2003年制定了五年工作规划，明确要求到2007年，投入效益审计的资源要占到50%。为什么对效益审计那么重视呢？举一个简单的例子，假如教育局长把学杂费都用来盖办公楼，他只要把账记好，自己不贪污受贿，传统的财务收支审计奈何不了他。但效益审计就不一样了，审计机关不仅要看你有没有真实记录权力的行使过程，还要评价你行使人民赋予权力的结果。这样一来，权力行使者就不得不时刻惦记着自己的责任。就是说，开展效益审计，将在很大程度上促进政府的执政为民，推动社会主义民主。但也有人担心，现在政府部门还没有明确的绩效考核标准，效益审计如何开展？其实，促进绩效观念和绩效标准的建立，本身就是效益审计的目的。正如在国家预算没有细化之前，预算执行情况审计不是不要搞，而是要不断揭露预算不细化带来的问题，推动预算细化的进步。从国际经验来看，国外审计机关投入效益审计的力量都非常大，一般在60%左右。

第五，谁审计审计署？这是一个非常重要的问题，最好要有一个法定的机构来行使对审计机关的监督权，这样才能保证全社会的公平。有的专家建议财政部审，也有的建议监察部审，还有的建议仿效国际惯例，由社会审计组织对审计署进行审计，并公布审计报告。（2004/07/15 《参考消息》 章轲）

审计暴露六大体制软肋

6月23日，审计署公布了最新年度的政府审计报告。报告以短短万言曝光了大量问题，在社会上引发了“风暴”般的效应。人们难以相信，本来肩负着国家重要使命的一些部委和地方政府，为了小集体利益竟然监守自盗，弄虚作假，致使国家财产大量流失。“审计风暴”暴露出来的我们体制上的诸多漏洞，再一次引起了人们对制度建设的关注。

预算制度：大量财政支出未纳入预算

政府实行财政预算的目的，就是便于人民群众进行监督。然而，从此次审计报告中，我们却看到，大量财政支出没有纳入财政预算，成为吞噬巨额财政资金的“黑洞”。

(1) 预算外资金成为监督盲区。大量财政资金游离于中央预算之外，几百亿元的彩票公益金、行政事业性收费等未纳入预算管理。一些地方政府还故意把预算内资金改变为预算外资金。一些地方用来大盖楼房馆所，购买高级轿车，滥发奖金以及大吃大喝的钱很大一部分来自这部分资金。

(2) 上年累计节余资金成为监管死角。据统计，2002年，中央部委财政拨款节余646.03亿元，只有56.65亿元纳入2003年部门预算，其余589.38亿元都留在了原部门。审计署的一位官员指出，没有纳入预算的节余资金最容易藏污纳垢，滋生腐败。

(3)“小财政部”内部问题多多。目前，除了财政部外，国家发改委、科技部、国防科工委等部门也有不小的预算分配权。这些部门实际上成了一个个“小财政部”，可以对财政部整块划拨的资金进行再分配。而这部分预算资金的分配还很不规范，给预算改革造成了强烈冲击。

转移支付：审批不公开不公正缺乏效率

长期以来，地方政府为了争取更多的资金，对跑中央部委乐此不疲，群众讽刺说这是“跑部钱进”。“跑部钱进”主要“跑”的是有审批分配权的中央部委，而这“钱”主要是指中央专项转移支付资金。“跑部钱进”问题在此次审计报告中有多处体现，暴露出我国财政转移支付体制存在的诸多缺陷。全国人大内务司法委员会委员刘鹤章将之概括为：不公开、不公正、缺乏效率。

投资体制：政府投资效益低下

此次审计报告暴露出的一个重要问题，就是政府投资效益低下。审计报告称，目前部分城市基础设施建设、公路、水利等项目投资效益不高的问题非常突出。部分项目未按期建成投产，部分已建成项目运营效果差，有的工程质量存在重大隐患，挤占挪用建设资金及损失浪费问题严重。2002年审计发现，总投资27.2亿元的福州长乐国际机场，投入运营4年半，累计亏损11亿元。

专家指出，“决策失误”决不能成为国家资金白白损失的借口。一项决策失误造成的经济损失，往往数额巨大，绝非一般贪污腐败行为所能比。所以，必须追究“失误者”的责任。

监督制度：必须加强对“一把手”的监督

我国的监督制度不可谓不多，有党内监督、人大政协监督、专门监督等等。然而，如此大规模、深层次、高规格、不留情面地揭发中央部委和地方政府的问题，触动体制痛处的，却是一个在国务院部委中排名靠后的审计署。审计机关在反渎职、反腐败行动中这种出人意料的表现，为我们完善权力监督提供了诸多启示。比如，必须加快政治体制改革，改变人大在预算监督上的“虚位”状态；必须加强对“一把手”监督，因为对“一把手”监督的失控，必然产生制度虚置、机构虚位、功能虚化的问题；必须加快纪检监察体制改革；必须加强对“钱”的监督。

问责制度：还没有一个高官出面担责

审计报告一出，立刻在群众中引起强烈反响，要求追究有关人员责任的呼声愈演愈烈。但是，令人遗憾的是，审计报告“榜上有名”的各大部门却一片缄默，没有一个高官站出来承担责任。“审计风暴”让我们看到了官员问责制的缺失和漏洞。

人们发现，在此次审计报告中，有不少“屡审屡犯”的例子。这些部门何以敢于屡教不改？官员问责制的缺失可以说是一个重要原因。

当前，官员问责制度正在全国逐步确立，并从安全事故问责逐渐扩大到其他领域。但是，审计问责仍是一个盲点。不少部门违法违规使用资金规模大、范围广、持续时间长，但受到惩处的高官鲜而有之。有的照样升迁，更多的大事化小，小事化了，或内部从轻处理。

因此，对公共部门经济活动的监督，仅仅依靠审计部门“探雷”是不够的，还必须有纪检监察部门的“排雷”行动跟进。同时，组织人事部门必须对“埋雷”者进行责任追究。

政务公开：百姓不清楚钱用在哪里

今年的审计报告引起巨大社会反响，一个重要原因是报告显示出前所未有的公开和透明。权威人士称：“在新中国的历史上，全面揭露政府部门问题的，审计是第一家。”

审计报告披露的中央部门预算执行中存在的问题是公众反应最强烈的焦点之一。中央有关部门作为预算编制单位，权力很大，弹性也很大，而预算决定权又高度集中于少数领导手中，往往是“一把手”说了算，很容易导致预算资金被随意支配和使用。

按理说，公共财政运行应该公开透明，但现实情况却是，政府把钱用在什么地方，钱花得合不合理，划不划算，老百姓并不清楚。缺乏公众监督，就避免不了暗箱操作。

审计署审计长李金华23日表示，从下半年起将进一步加大审计公告的力度，力争尽快做到所有审计项目的审计情况，除涉及国家秘密和被审计单位商业秘密外，全部对社会公告。审计报告揭开了过去紧捂的盖子。公众十分关注这些被审计出重大问题的单位和责任人，将受到怎样的惩戒？“审计风暴”会不会一刮了之？日前，国务院已明确要求有关部门认真整改，坚决纠正，对违法违纪人员要追究责任，严肃处理。据了解，这次审计查出问题的全面整改情况，国务院将在今年年底前向全国人大常委会作出专题报告。而中纪委、监察部也已介入调查审计所涉及的案件。(2004/07/25　《半月谈》)

“审计风暴”观察

入夏以来，一阵“审计风暴”正在神州卷起，其烈度可以用“猛烈”二字来形容。

6月23日，在十届全国人大常委会第十次会议上，审计署审计长李金华提交了一份“沉甸甸”的审计报告，中央部分重权在握的部委被点名，违规资金“黑洞”之大，触目惊心。

国防科工委、科技部将几十亿元的专项资金预留；长江堤防工程款大量被挪用；体育总局动用奥委会1亿多元资金用于职工小区建设……

审计署这次审计出来的问题有的是在重大工程中弄虚作假，偷工减料，出现严重质量问题；有的是挤占挪用包括救灾款在内的各项资金；有的是虚报项目套取资金；还有非法圈地，投资效益差，人为少征税等等。问题发生的范围广，涉及的行业多，上至中央国家机关，下至地方企业，从大城市到偏远山区，问题几乎普遍存在。

一个月后的7月26日，湖北省审计厅厅长高林向省十届人大常委会第十次会议报告了2003年度省级预算执行和其他财政收支的审计情况，亦引人关注。

2003年省级预算收支和管理中问题突出。未纳入预算管理的收入2592万元；批复支出预算指标不足额2422万元；预算支出指标执行不及时，滞留欠拨资金55635万元。有的地方税收征管不严，税收流失等。

审计共查出6个部门预算单位设置账外账和“小金库”23个，资金来源总额3289万元，已支用703万元。10个省级部门的预算编制和执行中，还存在预算编制不够完整、部分项目预算的编制不够规范、有的部门不按预算执行自行调整支出等问题。扶贫资金成“唐僧肉”，挤占挪用扶贫开发资金花样繁多。此外，还有扶贫资金管理制度执行不严、部分扶贫项目没有达到预期效果和效益等问题。

人们之所以称审计署和湖北省审计厅2003年审计报告为“审计风暴”，一是因其震撼力，以官方审计机关首长之口在人大重要会议上公开一一列举中央各部委、省直各厅局的腐败问题，无异于平地惊雷；二是中央和湖北省二个报告均数据翔实，直言无忌，严辞厉色，一反传统八股腔调，让人耳目一新；三是社会反响强烈，广大群众拍手叫好，各界人士一致好评，其“拥戴”率为历年审计报告所罕见。“审计风暴”的背后，体现的是公开和透明。

审计报告从走形式到动真格，从内部通报到向全社会公开，从报喜不报忧到主动揭露问题，折射出我国政务公开的足迹，体现了党和政府依法治国的决心和魄力。审计署3年来报告的透明度越来越高：2002年的审计报告点名的案件只有1起；2004年的审计报告篇幅1.2万字，大批案件被曝光，10多个部委被点名，透明度进一步增强。有关人士称，“在新中国的历史上，全面揭露政府部门问题的，审计是第一家。”“审计风暴”的背后，体现的是监督的威力。

2003年9月24日，湖北省审计厅负责人向省十届人大常委会第5次会议作审计报告，省直12个部门预算执行查出违规违纪资金共计23350万元，此问题引起省人大常委会高度重视。根据省人大常委会提出的审议意见和省委、省政府领导批示，湖北省审计厅对2003年审计的12个部门开展跟踪审计。

7月26日，湖北省审计厅厅长高林向省十届人大常委会第10次会议提交的审计报告说，截至2004年6月，省直12个部门已整改到位资金20562万元，占应整改资金的88.1%。民宗委、财政厅、地税局、计生委、质监局、检察院、广电局、农科院、供销社、省政府驻深圳办事处10个部门已全部整改到位，整改资金共计14849万元。

高林说，省审计厅今年继续对这12个部门进行审计，对比审计情况表明，这些部门依法理财的观念明显增强，本级违纪问题大幅度减少。省民宗委、计生委、质监局、广电局、环保局等8个部门没有发现明显的违纪违规问题。以前年度存在的滞留欠拨资金、乱收费、乱摊派等问题，各部门在2003年均得到彻底纠正。“审计风暴”的背后，是一把反腐的利剑。

很多腐败分子就是在审计的“照妖镜”下现出原形，进而被绳之以法的。

近年来因审计而“东窗事发”落马者众：1998年，我国粮食系统违规违纪问题共立案2268起，1302人受到党纪政纪处分，172人被追究刑事责任；1999年，审计三峡移民资金和移民建镇资金，挤占挪用现象严重，其中重庆丰都市国土局原局长黄发祥共贪污移民资金1556万元，被以贪污罪判处死刑；1999年被审计出来的原国家水利部因挪用水利资金数额较大，原部长被追究行政责任受到处分。

猛烈的“审计风暴”，也荡涤出一些耐人寻味的现实，暴露出我们体制上的诸多不足：

（1）法律有空子可钻。按照审计法规定，国家审计机关只是对中央预算执行情况进行审计监督，对地方则难以顾及。审计发现问题后又该怎么办？审计法规定，被审计单位的财政收支、财务收支违反法律、行政法规的规定，构成犯罪的，依法追究刑事责任。那些胆大包天的罪犯最终难逃法网，但对于被审计单位的领导该追究什么责任，目前没有明确的说法。依照现有的法规，国家仅仅对“县以下党政领导干部任期经济责任审计”和“国有企业及国有控股企业领导人员任期经济责任审计”有相应的规定条文，再上级的部门就无人承担审计责任了。有关专家指出，“审计责任的‘关口’应该上移，出现重大问题不能只把板子打在下面，主管领导必须承担相应的领导责任和管理责任，至少也要追究用人失察的责任。”

（2）预算外资金成为监督盲区。政府实行财政预算的目的，就是便于人民群众进行监督。然而，从此次“审计风暴”中我们却看到，预算外资金成为监督盲区，大量财政支出没有纳入财政预算，成为吞噬巨额财政资金的“黑洞”。大量财政资金游离于中央预算之外，几百亿的彩票公益金、行政事业性收费等未纳入预算管理。据对17个省的调查，2002年，中央政府对这些省实际补助资金4149亿元，但编报纳入省级预算的只有936亿元，仅占补助总额的22.5%。部分资金使用实际上已经脱离地方政府、人大的管理和监督，最容易藏污纳垢，滋生腐败。

（3）审计体制有待完善。根据宪法第一百零九条规定，地方各级审计机关实行双重领导体制，“对本级人民政府和上一级审计机关负责”。有关专家认为，我国的审计体制有四个不足：双重领导体制难以保证审计独立性和审计监督职能的充分发挥；现行审计管辖范围导致了审计盲区的存在；透明度差；审计资源配置不合理。独立审计原则是审计监督的一项基本原则，必须对现行审计体制进行完善和调整，以增强独立性为主，加强审计监督力度，待各方面条件成熟后，向立法型体制转变，从审计体制和地位上解决问题。

“要想从根本上解决挤占挪用问题，在从法律和制度上堵塞漏洞的同时，必须完善监督制约机制。”有关专家指出，人大监督作用尤应得到加强。

我国的监督制度不可谓不多，有行政监督、司法监督、社会监督、党内监督、舆论监督等等。然而，如此大规模、深层次、高规格地揭开疮疤、触动体制痼疾的，却是原本不起眼的审计署，这场“审计风暴”，也为我们充分重视人大监督、完善权力监督机制提供了诸多有益的启示。（2004 年 8 月 24 日　《荆楚网》　赵洪松）

整 政 情 况

国务院办公厅关于 2003 年度中央预算执行和其他财政收支审计查出问题纠正情况的报告

国办函［2004］90 号

全国人大常委会办公厅：

十届全国人大常委会第十次会议审议了李金华审计长受国务院委托所作的《关于 2003 年度中央预算执行和其他财政收支的审计工作报告》，要求国务院责成有关部门和地方政府切实加强整改，并将审计查出问题的处理结果向全国人大常委会报告。国务院十分重视这项工作，要求各部门积极采取措施，认真进行整改。从总的情况看，2003 年度审计查出问题的纠正情况是好的。据统计，截至 2004 年 10 月底，已上缴财政各项资金 208.72 亿元，滞留、闲置的财政资金已按规定下拨 239.27 亿元，已调整有关会计账目 72.48 亿元，各类被挤占挪用的资金已收回 6.77 亿元，已挽回经济损失 2.88 亿元，各级政府、有关主管部门和被审计单位根据审计意见完善各项制度规定 87 项，向司法机关和纪检、监察部门移送各类案件线索 222 起，已有 754 人（次）受到党纪政纪处分或被移送司法机关处理。经国务院同意，现将审计查出问题的纠正情况报告如下：

一、中央预算执行和其他财政收支中存在问题的纠正情况

（一）中央预算管理中存在问题的纠正情况。

1. 关于预算外资金清理不够彻底，彩票公益金等财政性资金 271.94 亿元仍未纳入预算管理的问题。对中央财政集中的彩票公益金，考虑到彩票公益金中绝大部分专项公益金政策将于 2005 年到期，财政部拟从 2006 年起将彩票公益金纳入预算，并实行专款专用。对证监会上缴的新股申购冻结利差资金，证监会、财政部、人民银行已向国务院报送《关于设立证券投资者风险补偿基金的请示》，拟将其作为证券投资者风险补偿基金来源之一。对 24 个部门收取的行政事业性收费，财政部正在与这些部门协商，提出处理以前年度收取的行政事业性收费的具体办法。财政部表示，今后将结合贯彻落实《行政许可法》，全面加强政府非税收入管理，并按照建立健全公共财政体制的要求，尽快将预算外资金全部纳入预算管理。

2. 关于在中央本级支出年初预算中安排补助地方支出 502.13 亿元的问题。对用于地方的车辆购置税支出纳入交通部预算的问题，考虑到目前公路建设管理体制尚未理顺，中央和地方事权尚不清晰，财政部拟对需要统一规划和实施的全国重点公路建设项目，资金先列中央本级，由中央财政集中支付，其余一般性的地方公路建设项目年初均列入地方预算，并在每年编制预算前由交通部商财政部制订项目安排的原则、重点和标准。对将中央本级基本建设支出在年中调整为补助地方支出的问题，财政部商国家发展改革委提出四项具体措施：一是进一步提高基建资金年初预算到位率，逐步将其纳入年初部门预算。二是对年初尚未落实到具体项目的部分，由国家发展改革委按照预算级次，提出分中央和地方、分行业或项目的资金分配数额。三是适当调整年初列中央本级支出和补助地方支出数额。2004 年初已将补助地方基建资金数额由以前年度的 48 亿元提高到 70 亿元。四是国家发展改革委将严格按照年初确定的投资预算指标下达基建投资计划，尽量减少预算执行中的调整。对补助地方的部分教育支出列入中央本级预算的问题，财政部将进一步研究，提出妥善的处理办法。对补助地方的卫生防疫专项经费列入农业部预算的问题，财政部从 2004 年起，已将其列入补助地方支出预算。

3. 关于采取退库、退税的方式，解决应由预算安排的支出 282 亿元的问题。对中石油、中石化、鞍山钢铁集团公司等 9 家企业集团采取“包税”方式退付所得税的问题，财政部将根据财政改革的总体思路，研究税式支出改革和财政支持企业方式的改革问题。对其他的退库、退税问题，财政部已经或正在采取措施纠正。如对退付铁道部铁路建设基金营业税用于铁路基础设施建设的问题，财政部从2004年起已将其列入铁道部预算。对人民日报社、中国外文局等单位的计划亏损补贴，从2005年起将改列预算支出。

4．关于中央部门上年累计结余资金589.38亿元未纳入当年部门预算予以安排的问题。财政部已制定《中央部门预算结余资金管理试行办法》，拟报国务院审定后从2005年起执行。

5．关于一些省对中央补助地方收入预决算编制不完整的问题。财政部将进一步细化中央补助地方支出预算，增强资金分配的透明度。同时，要求各地将中央补助收入编入本级预决算，自觉接受地方同级人大及其常委会的监督。

6．关于部分专项转移支付管理仍不够规范的问题。财政部采取了三项措施：一是对尚无具体管理办法的专项转移支付，将尽快建立规范的管理办法，并对外公开。二是进一步完善已有的专项转移支付管理办法，建立科学规范的因素分配体制，减少人为调整，切实提高因素分配的科学性、规范性和合理性。三是会同国家发展改革委研究制定《中央补助地方项目投资管理办法》，明确中央补助地方投资项目的安排依据、范围和标准，并适时取消现行的中央预算内基本建设支出安排地方项目的办法，将其纳入中央对地方的专项转移支付，由地方自主安排到具体项目。对下岗职工贷款贴息资金预算安排与实际情况不符的问题，财政部将根据下岗职工贷款贴息工作中存在的问题，积极研究解决措施和办法，努力做到既保证贴息资金足额发放，又确保贴息资金安排符合实际需要。

（二）中央基本建设预算管理中存在问题的纠正情况。

1．关于中央预算内投资年初预留比例过大的问题。国家发展改革委与财政部商定，从2004年开始，力争用三年时间将中央预算内投资年初下达到具体项目的比例达到75%。为此，在编制2005年中央预算内投资计划时，国家发展改革委已经会同国务院各部门，按照建设程序加快项目前期准备工作，尽量不搞“打捆”项目，2005年年初中央预算内投资下达到具体项目的比例有明显提高。今后，国家发展改革委还将通过采取提前投资计划编制时间，进一步加强项目前期准备工作等措施，争取按期实现中央预算内投资年初下达比例达到75%的既定目标。

2．关于部分中央预算内基本建设投资按基数法分配，不够合理的问题。国家发展改革委决定，从2005年起，在安排中央预算内投资计划时取消基数法分配办法。

3．关于2003年中央预算内补助地方基本建设投资项目多、数额小的问题。目前，国家发展改革委正在抓紧起草《中央预算内投资补助和贴息资金管理暂行办法》等规定，以进一步规范中央预算内投资补助地方的规则和程序，合理界定补助范围，加强规划的指导作用，促使决策程序和资金管理向科学化、制度化和规范化方向发展。

4．关于原国家计委未将1994年之前收取的“国家轿车零部件横向配套基金”上缴财政的问题。国家发展改革委正在与财政部研究规范“国家轿车零部件横向配套基金”的管理体制。

5．关于原国家计委将其所属宏观经济研究院等7个单位联建的办公楼部分面积出租，取得租金收入用于机关离退休干部医疗费超支等问题。国家发展改革委已就此问题向国务院机关事务管理局提出报告，将按照国管局的批复意见执行。对离退休干部医疗经费和生活补贴超支问题，国家发展改革委也向国务院上报了请示，将按国务院批示执行。

（三）中央其他部门预算执行中存在问题的纠正情况。

1．关于7个部门采取虚报人员、编造虚假项目等方式，套取财政资金9673万元的问题。林业局等6个部门已经按照审计决定要求追回已下拨的财政资金，或将套取的财政资金上缴中央财政，合计7340.9万元，占违法违规问题金额的76%。其他尚未纠正的问题，考虑到被套取的资金已经全部安排并拨付使用，且没有其他资金来源，上缴财政比较困难，有关部门表示，将认真吸取教训，抓紧完善预算管理，避免类似问题再次发生。对林业局调查规划设计院等4个单位编造、变造林业治沙项目贷款合同套取财政贴息资金的问题，林业局党组非常重视，认真研究整改的具体措施，已将套取的财政资金和罚款合计525万元全部上缴中央财政，对有关责任人的处理正在进行之中。针对林业治沙贷款财政贴息资金审核管理中的薄弱环节，林业局正在商财政部对《林业治沙贷款财政贴息资金管理规定》进行修订，并研究制定《林业治沙贴息贷款立项审核下达管理办法》，进一步完善贴息资金申报程序和申报材料审查制度，规范贴息贷款申报和审批程序，严把贴息贷款项目审批关。针对这个问题，林业局举一反三，建立健全了两项管理制度。一是建立重大项目安排及投资计划集中审批制度；二是严格实行重大经济活动事项和大额资金支付单位领导班子集体决定制度。

2. 关于41个部门挤占挪用财政专项拨款和其他有专项用途的资金14.2亿元的问题。有33个部门已全部纠正，7个部门正在纠正，合计已追回和调整纠正被挤占挪用的资金11.29亿元，占违法违规问题金额的79%。关于体育总局动用中国奥委会专项资金1.31亿元的问题，具体整改措施正在研究落实中。

3. 关于一些部门预留预算资金比较突出的问题。国防科工委、科技部主要领导非常重视，亲自抓整改。国防科工委积极与财政部协商，进一步改进预算编制方法，推进项目预算滚动管理。科技部正在与财政部等部门积极沟通协商，研究如何解决现行的科技三项费用预算管理体制中存在的问题。对22个部门在向所属单位分配预算资金时年初预留的问题，截至2004年10月底，各部门已累计拨付资金222.82亿元，占年初预留金额的99.6%。中央各有关部门均表示，今后将严格按照预算法的要求及时足额向所属单位批复预算。

4. 关于基本建设和事业发展专项资金普遍闲置的问题。截至2004年10月底，23个部门管理的43个项目闲置的18.53亿元资金中，已有36个项目的16.45亿元资金全部拨付，占89%。各部门对资金闲置的问题非常重视，采取措施加快项目建设进度，积极拨付资金。如旅游局将转入暂存款的旅游发展基金6700万元全部下拨，保证了财政资金及时发挥效益。

5. 关于决算（草案）审计发现的问题。审计国务院24个部门2003年度决算（草案）发现22个部门的决算编报不真实、不规范，涉及金额40.54亿元。截至2004年10月底，已纠正和调整决算及有关账目合计36.48亿元，占89.99%。对于其余尚未纠正的问题，有关部门正在积极与财政部协商，争取尽快纠正。

（四）税收征管中存在问题的纠正情况。

税务总局对17个省（区、市）35个地（市）税收征管中存在的问题十分重视，积极与审计署沟通，对审计发现的问题进行了延伸检查、核实。在2004年7月召开的全国税收征管工作会议上，税务总局党组要求各级税务机关统一思想，提高认识，以认真负责的态度积极、坚决地纠正审计发现的问题，并已将全面整改情况上报国务院。经各级税务机关调查核实，2002年1月至2003年9月，被审计的788户企业的各类税收问题共影响或迟缴税收269.53亿元，其中国税221.18亿元，地税48.35亿元。截至2004年10月底，各有关税务机关已纠正的问题涉及税款共计256.59亿元，纠正率为95.2%；已组织税款入（退）库192.93亿元，入（退）库率为71.58%。

1. 关于人为调节税收进度的问题。经税务机关核实，到2003年9月底应征收入库税款共计147.72亿元未及时征收入库，各有关税务机关已纠正147.64亿元，入（退）库125.14亿元。对河北省唐山市国税局违规批准13家钢铁企业延期纳税的问题，除将违规缓缴税款10.63亿元全部征收入库外，还对河北省国税局有关领导给予批评，对唐山市国税局局长给予行政警告处分。

2. 关于有些税务机关征管不力，造成税收流失的问题。经税务机关调查核实，实际造成税收流失87.64亿元，已纠正79.13亿元，纠正率90.29%。对河南省许昌市货运专用发票管理失控，致使有关企业违规代开、虚开货运发票的问题，已移送涉嫌犯罪案件62起，抓获犯罪嫌疑人39人，追缴入库税款8687万元。当地税务机关73名责任人受到处分，2人被移送司法机关处理。针对此案暴露出来的突出问题，税务总局专门制定了《运输发票增值税抵扣管理试行办法》、《货物运输业营业税征收管理试行办法》等4个规范性文件，从制度上堵塞发票管理的漏洞。

3. 关于有些税收政策存在漏洞的问题。对现行民政福利企业税收优惠政策中存在的国家付出代价过高，残疾人得到实惠较少，以及部分企业弄虚作假骗取税收优惠的问题，税务总局正在会同财政部研究解决意见。

（五）专项资金管理使用中存在问题的纠正情况。

1. 国有土地出让金。对武汉市洪山区927亩集体山林地先后4次被非法买卖，有关单位和个人从中牟利4000多万元的问题，湖北省纪检、公安、检察等部门组成的专案组正在查处之中，已向湖北省公安厅移送6起涉嫌非法倒卖土地使用权的犯罪案件。目前，上述案件的主要犯罪嫌疑人已被湖北省荆州市公安局采取监视居住强制措施，并追回了1200万元的赃款。对私营企业华海公司涉嫌诈骗征地补偿款的案件，武汉市纪检、公安等部门正在调查中。目前，武汉市公安部门正在全力抓捕华海公司法人代表王克荣。对国家食品药品监督管理局机关服务中心擅自将国家无偿划拨的土地转让给浙江绿城房地产公司和北京坤鹏伟业投资管理公司的问题，食品药品监管局党组非常重视，已依法终止了违规的土地开发建设协议，并成立专项整改工作组，负责有关善后事宜。同时聘请了律师事务所和会计师事务所对项目开发建设中的有关问题进行法律分析和财务审计。终止协议后的有关资金清偿和其他善后处理工作正在进行之中。对东方大学城开发有限公司非法租用农民集体土地建设高尔夫球场的问题，北京市和河北省廊坊市高度重视，正在认真进行整改。北京市已对此问题中负有责任的通州区永乐镇党委书记、通州区国土房管局副局长等5人分别给予撤销党内职务、行政记过、党内警告等处分。廊坊市已责令解除540.84亩非法租地协议，限期恢复耕种。

2. 扶贫资金。截至2004年10月底，被审计的592个国家扶贫开发工作重点县通过拍卖违规购买的车辆等方式，被挪用于平衡预算等的4.28亿元财政扶贫资金已追回4.21亿元，占98.36%，被用于买车和弥补行政经费等的1.5亿元已追回1.3亿元，占86.67%。对于尚未追回的2700万元，主要原因是有关县财政相当困难，资金归垫难度大。对于财政扶贫资金和扶贫贴息贷款管理中存在的问题，中央有关部门非常重视。最近，审计署、国务院扶贫办、国家发展改革委、财政部、农业银行联合下发了《关于进一步做好扶贫资金审计监督工作的意见》，要求各地切实加大扶贫资金审计力度，提高审计效果，做好审计整改工作，促进扶贫开发工作深入开展。

3. 基础教育经费。对17个省（区、市）50个县基础教育经费的审计调查结果，全国人大常委会、国务院和地方各级政府高度重视。全国人大常委会结合《义务教育法》的修订工作，听取了审计署关于基础教育经费审计调查结果的情况汇报。国务院领导同志多次批示有关部门和地方政府严肃查处审计调查发现的违法违规问题。财政部、教育部以审计调查发现的问题为切入点，结合教育系统现状，在审计调查期间就联合下发了《关于严禁截留和挪用学校收费收入加强学校收费资金管理的通知》，教育部下发了《关于进一步规范学校收费行为加强资金管理的紧急通知》，进一步完善了基础教育经费管理的政策法规。

审计查出的问题也引起了被审计地方政府和有关部门的高度重视，一些县还成立了由政府主要领导担任组长的整改领导小组。据初步统计，截至2004年10月底，有关县共制定和完善基础教育经费财务管理、收费管理和危房改造资金投入和管理的规章制度56项，有9个县还对乱收费问题突出的26个学校的校长给予了免职、通报批评等行政处理，部分县还与学校校长签订责任书，实行收费“一把手”负责制，明确工作职责，建立了责任追究制度。针对基础教育负债严重的情况，各县采取多种方式积极筹措资金，努力减少负债总额。如有的县专门制定了“消赤减债”计划，有的县在年初预算和上级转移支付资金中专项安排基础教育还债资金，有的县将债务从学校剥离，纳入县、乡还债整体规划，有的县要求学校按照高中择校费和公用经费结余的一定比例提取资金用于还债。但是，由于县乡财政普遍比较困难，财力薄弱，解决基础教育负债严重的问题尚需时日。

对广东省化州市教育、财政部门存在的挪用、私分教育经费的问题，广东省纪委、省政府对化州市负有责任的领导和相关人员共9人给予了党纪政纪处分，其中化州市原分管教育的市委常委和市政府副市长均受到党内严重警告处分，市教育局长被撤销党内外一切职务。化州市委、市政府还成立了专门的领导小组，对集体私分的教育经费进行清退，截至2004年10月底，化州市教育局中层以上干部已清退私分款244万元，占应清退总额的80%。化州市委、市政府还督促市教育局制定和完善了《化州市教育局财务管理制度》等25项制度，并由教育局与各镇中学、中心学校和教育局直属学校“一把手”签订了55份党风廉政建设责任书，进一步规范收费行为，加强教育资金管理。

对广东省吴川市教育部门“吃”、“分”教育经费的问题，湛江市委、市政府对原吴川市教育局局长给予撤职处分，原分管教育工作的吴川市副市长和原吴川市委常委、宣传部部长等14人分别受到了党纪政纪处分，其中1人已被移送司法机关查处，并收缴了17个镇教办人员应清退的补贴106.2万元，追收47人收取的“红包”12.6万元。此外，湛江市还于2004年6月至7月，对全市11个财政局和12个教育局等172个单位进行了审计，依法处理了审计发现的各类问题。

4. 基本养老保险基金和城镇职工基本医疗保险基金。对参保率不高的问题，有关省（区、市）采取了多项措施：一是积极推进混合所有制、个体经营等非公有制企业人员参保，狠抓企业扩面工作。二是进一步完善医疗保险政策体系。健全公务员医疗补助办法，制定和完善大额医疗保险管理办法，指导企业积极建立补充医疗保险。三是对困难企业采取降低缴费率、调整缴费基数、安排财政补助等方式进行扶持。这些措施实施以后，参保率明显提高。如海南省2003年基本养老保险参保率达到60.3%，比上年提高10.4个百分点。截至2004年9月底，河北省11个设区的市本级、156个县（区、市）都实施了医疗保险，占全部统筹地区的95%，全省参保人数465万人，比2002年底增加134.6万人。四川省十分重视江油市基本养老保险工作存在的问题，截至2004年8月，已安排专项资金4920万元解决江油市养老保险基金支付缺口。江油市进一步加大企业养老保险扩面、清理欠费和稽核缴费工资基数的工作力度，目前已扩面2621人，清理历年欠费1462万元，已完成对60%参保企业及其职工的书面稽核和51%参保企业及其职工的实地稽核工作。广东省增城市对企业职工基本养老保险基金征缴中存在的问题积极整改，市劳动保障部门会同工商、税务、统计等部门开展了深入细致的调查工作，基本摸清全市应参保人员的底数，为确保已参保人员占应参保人员的比例达到95%以上，增城市还建立了扩面征缴奖惩制度。

5. 武警消防系统。消防基础设施建设滞后，器材装备严重不足，消防的安全防御和应急能力较弱的问题引起了各级政府的高度重视。如河南省政府安排1000万元专项资金扶持38个无现役编制的县（市）消防队（站）建设，目前已建成8个，省发展改革委还将郑州市、开封市公安消防特勤装备建设列入2004年基本建设投资计划，安排2080万元用于灭火、救援专用车辆等装备购置。湖南省消防总队作出规定，各地支队将正常消防业务经费的50%以上用于消防装备建设，目前长沙、永州等支队用于消防装备建设的正常业务经费已达到80%以上。截至2004年10月底，湖北、四川等10个省增建消防站点111个，使已建消防站点占应建数的比例从51%提高到55%；甘肃、云南等5省新建市政消火栓10992个，应建未建率从原来的50%以上下降到37%，其中甘肃省的应建未建率从72%下降到目前的38%，整改成效明显；湖北、四川等6个中西部省份新购置配备消防车318辆，使消防车的配备缺额率由26.9%下降到14%；河南省新增特勤车31辆，缺额率从83%下降到60%；湖北、辽宁等7个省新配消防救生、排烟等器材15189件（套），特勤装备缺额率下降了47个百分点。

6. 救灾资金。安徽、江苏、河南等3省对淮河流域14个灾区县的救灾资金审计结果非常重视，要求有关部门组成联合检查组，对洪灾救济补偿资金进行全面检查，认真做好整改工作。如安徽省专门召开全省蓄滞洪区运用补偿资金监督检查工作会议，全面彻底开展清理、审计和整改工作。目前，安徽省各有关县已收缴各类违规违纪资金5501.15万元，责令退回搭车清欠和违规收取的承包费435.31万元，查处违规违纪问题77起，142名相关责任人受到严肃处理，其中7人被移送司法机关查处。截至2004年10月底，对9个县重报、多报的移民迁建户数核减了申报不实的2354户，核增了原漏报的1572户，净核减782户。对安徽省霍邱县降低上级补助标准，克扣1804户受灾群众的建房资金360万元，已按规定安排用于完善“五保户”、“两老户”建房及公共基础设施建设。对阜南县3个乡镇的17名干部骗取私分的20万元国家蓄滞洪区运用补偿资金，安徽省已责成该县全部追缴，并对这17名干部给予行政撤职、记过等处分。

云南省委、省政府及相关州县高度重视大姚地震救灾资金审计发现的问题。省政府专门下发《关于对大姚地震救灾资金整改情况进行督查的通知》，并派出由副省长带队的督查组深入灾区督促整改落实；省纪委下发《关于对大姚地震救灾资金管理使用违纪违规的问题进行责任追究的通知》，决定追究相关人员的违纪责任。楚雄州委、州政府专门召开州级领导干部大会，通报审计查出的问题及整改情况，进一步部署全面彻底的整改工作。据统计，为使整改工作落到实处，云南省先后派出 11 批 83 人（次）、楚雄州先后派出 35 批 579 人（次）深入灾区一线，实行分片包村责任制，狠抓对审计发现问题的整改落实。目前，云南大姚地震救灾资金中的违纪违规问题已基本得到纠正。恢复重建工作已进入收尾阶段，滞留在受灾各县的救灾款已基本下拨完毕；大部分受灾群众已搬入新居，学校恢复重建项目绝大部分已完工；重灾户补助标准调高了 900 元；高标准统建点的补助标准被调低，统建点缺口资金已得到计划安排；28 名干部受到党纪政纪处分。此外，为防止类似问题再次发生，云南省各级政府及相关部门陆续完善了规章制度。云南省民政厅在审计结束后即修改了《云南省接收救灾捐赠款物管理暂行办法》，要求救灾物资必须设账核算，账目与实物必须分开管理。楚雄州政府制定了《楚雄彝族自治州重特大自然灾害救灾项目及资金管理暂行办法》，对灾情上报、救灾项目申报、救灾款物管理、违纪责任追究等作了详细规定。

（六）财政资金投资效益方面存在问题的纠正情况。

1．关于部分项目未按期建成投产的问题。对 136 个未按期建成的城市基础设施项目，有关地方政府积极筹措建设资金，加快配套工程建设进度，截至 2004 年 10 月底，有 69 个已建成，其余正在抓紧建设，绝大部分预计在 2004 年底前完工。对概算投资 1.4 亿元的广西北海白水塘垃圾处理项目工程建设长期拖延的问题，北海市政府计划以 BOT（转让经营权）或由市财政拨款的方式，用 10 个月的时间完成该项目的续建工作。同时，北海市政府将继续通过法律手段向供货商追讨损失。

2．关于部分已建成项目运营效果差的问题。已建成但没有投入运营的 32 个城市基础设施项目，各有关地方政府通过采取落实运营经费、完善配套设施等措施，到目前为止，有 12 个项目已经稳定运营，另有 16 个预计 2004 年底前投入运营。对于其他未投入运营的项目，有关地方正在采取措施，争取尽快投入运营。18 个长期处于试运营或开开停停状态的项目，已有 11 个稳定运营。69 个运营水平未达到设计能力的项目，大部分已达到或超过国家发展改革委规定的 60% 的要求。对投资 22.79 亿元的河南省煤气化工程建成后只能按设计供气能力的一半运营，经营陷入困境的问题，河南省政府已采取两项措施：一是由永煤集团和义煤集团对其进行重组，完善项目法人治理结构，减轻企业债务压力；二是加快一期工程第三台备用气化炉和二期工程建设。目前，该工程已呈现良性发展态势。

3．关于有的工程质量存在重大隐患的问题。对长江重要堤防隐蔽工程质量存在的问题，水利部党组高度重视，与建设部、审计署组成检查整顿工作组和专案调查组，分别对工程质量管理和违法违纪问题展开调查。目前调查工作已结束。水利部长江水利委员会在审计过程中，主动采取措施认真整改。对水下护岸抛石少抛多计的问题，长江委已对部分标段组织实施补抛工作，累计补抛 46400 立方米；对水上干砌石护坡的质量问题，已累计返修干砌石护坡 41710 平方米。对施工单位弄虚作假、偷工减料、违法分包的问题，水利部、建设部已按《招标投标法》和《建设工程质量管理条例》的有关规定作出处理：取消中国水利水电闽江工程局、中国葛州坝水利水电工程集团有限公司两年内参加“堤防加高加固项目”的投标资格，处以工程合同价款 4% 的罚款；对中港第二航务工程局处以工程合同价款 4% 的罚款；对中国水利水电第九工程局、中国水利水电第五工程局、中国铁道建筑总公司、江南水利水电工程公司、新乡市黄河工程公司分别处以工程合同价款 10‰ 的罚款。对上述施工单位的处理情况，水利部、建设部将在全国通报。对监理单位和监理人员存在的失职渎职问题，水利部对有关监理单位分别给予了降低资质、罚款、两年内取消“堤防加高加固项目”投标资格等处罚，拟对 6 名监理人员取消监理工程师资格，对 8 名监理人员给予资格警告处罚。21 名触犯刑法的违法犯罪人员，有 7 人已被判处有期徒刑；收受礼金数额较大，或对施工单位监督管理不力的 10 名严重违纪人员，分别受到开除留用察看一年、行政撤职、行政降职等处分。

4．关于挤占挪用建设资金及严重损失浪费的问题。对湖北省黄冈市政府及有关部门弄虚作假，挪用明珠大道国债资金 1167 万元的问题，黄冈市认真吸取教训，在全市开展了专项资金管理使用情况的大检查，严肃查处挤占挪用专项资金问题，确保专款专用。同时加大地方配套资金的筹措力度，确保明珠大道国债项目的顺利实施。对合肥市北郊生活垃圾处理项目仅运营4年就被迫关闭的问题，国家发展改革委会同建设部、环保总局对该项目进行了稽查，合肥市政府根据稽查意见采取了四项措施：一是本着有利于地方经济发展和最大程度减少损失的原则，对北郊生活垃圾处理项目已经形成的固定资产提出了具体处置方案。将现有的房地产调拨给合肥市城建投资控股有限责任公司，改建为城市公交汽车保养场，并由该公司承担垃圾处理项目的全部贷款；对设备进行分离，一部分继续用于城市垃圾处理，另一部分近期将正式通过合肥市产权交易中心挂牌转让出售，回收的资金上缴财政。二是依法处理与进口设备代理商的合同纠纷。三是由合肥市监察局牵头，市计划、市容、审计等部门组成联合调查组，对北郊生活垃圾处理项目进行全面调查，以查清问题，落实责任。四是逐步将重大公共项目建设全部纳入市重点建设项目管理范畴，严格相应的考核监督机制。

（七）金融机构资产负债损益中存在问题的纠正情况。

1. 工商银行。工商银行对这次审计指出的问题高度重视，积极研究整改措施，严肃查处有关责任人。截至目前，工行针对管理薄弱、风险突出领域和部位，着重强化风险管理和内部控制，制定和完善了20多项制度办法；对368名责任人进行严肃处理，其中开除42人，撤职18人，解除劳动合同和辞退10人。对审计发现的30件各类案件线索已移送有关部门立案查处。

关于信贷业务新出现的风险点问题。工行在全系统开展了个人消费信贷业务大检查，重点纠正和查处了个别分支机构住房按揭和汽车消费贷款业务中存在的"假按揭"问题，对管理不严、风险加大的分支机构采取了"收权严控"措施，对北京翠微路支行等13个二级分行的个人消费信贷业务进行停牌整顿，总行和分行联合派出工作组现场指导和督促整改。工行上海外高桥保税区支行向"姚康达"一人发放的个人住房贷款7141万元已全部收回。工行北京翠微路支行被4家汽车经销商用虚假资料骗取的贷款9650万元，已收回2633万元，另有3500万元也已落实了保全措施，其余贷款仍在催收之中。此外，工行还采取措施，彻底分离前后台业务，完善风险控制体系，有效保证了贷款质量。截至2004年8月底，工行个人消费类贷款余额为4652亿元，不良率控制在1.35%的较低水平。

关于票据市场管理混乱的问题。工行相继组织两次票据业务专项稽核，责令存在问题较多的机构暂停业务，限期整改。经过半年多的清理整顿，违规问题得到了全面纠正，审计发现的无真实贸易背景的票据已全部收回，没有发生资金损失。为了从制度上堵塞漏洞，工行还进一步规范票据业务操作流程，实施票据业务统一归口管理、专业化经营和计算机实时监控，从根本上提高了票据业务风险控制能力。截至2004年8月底，工行票据融资余额2703亿元，不良率仅为0.03%。对河南洛阳芬莱商贸有限公司与银行工作人员内外勾结，"包装"银行承兑汇票的问题，工行进行了认真查处，对26名责任人作出处理，其中行政开除17人，撤职1人，移交司法机关4人。

关于民营关联企业骗贷的问题。工行根据民营关联企业的资金运作特点和风险特征，改进了相应的信贷管理制度办法，突出加强对民营关联客户实际控股股东情况的分析、资本金来源的审查、关联担保的管理和交叉违约的控制，严防关联交易风险。总行通过客户信息计算机管理系统，加强了关联企业贷款的集中监控，对关联关系复杂、存在风险苗头的客户及时向贷款银行作出风险提示，要求给予充分关注，对已出现的风险及时落实资产保全措施和责任人，通过清收、诉讼、重组等多种方法，最大程度地化解贷款风险。同时，工行还加强了对关联企业的统一授信控制，对贷款额度较高、跨区域经营的客户由总行直接进行授信，有效防范了关联客户过度融资和整体风险。对广东省佛山市民营企业主冯明昌利用关联企业骗取工行贷款的问题，监察部正在组织力量进行查处。工行已对涉案的26名责任人给予党纪政纪处分，其中有10人被移送司法机关查处。

2. 原人寿保险公司。中国人寿保险（集团）公司十分重视审计反映的问题，全面落实审计决定，按期全额补缴税款5639.2万元，缴纳罚款1109.34万元。针对业务经营中存在的问题，人寿保险（集团）公司对公司的业务流程进行全面调查评估，排查出580个风险点，并在190个重点风险控制点上制定了防范措施，完善了内部控制制度。对审计发现的不正当竞争和违规出借、投资和兴建办公楼的问题，人寿保险（集团）公司逐项制定具体的整改方案，进一步完善公司法人治理结构，采取脱钩、股权转让和整体出售资产等方式盘活资产，逐步收回资金。原人寿保险公司违规运用保险资金7.5亿元建设中国人寿大厦的问题，人寿保险（集团）公司已与开发商签订了还款计划，并在积极落实。对原人寿保险公司审计发现的28件各类案件线索已移送有关部门立案查处。

3. 交通银行锦州分行。对交通银行锦州分行与法院联手作假，用伪造的法律文书上报交通银行总行核销175户企业“不良”贷款的问题，中央政法委正在研究查处之中。交通银行对这个问题非常重视，已采取五项整改措施：一是继续做好锦州分行账销案存资产的保全和追收工作；二是对检查确认的“小金库”资金全部入账核算，对锦州分行所有不良资产处置中的资金认真进行清理检查；三是对锦州分行原任行长、现任行长和分管行长作出停职措施，并由沈阳分行派出干部主持锦州分行工作；四是待有关部门出具调查结论后，将对有关责任人进行严肃处理；五是通报全行，举一反三，开展全行性呆账核销稽核，健全制度，规范经营行为。

（八）原国家电力公司领导班子任期经济责任审计查出问题的纠正情况。

原国家电力公司领导班子和新成立的11家电力企业领导班子对审计查出的问题高度重视。国家电网公司代表原国家电力公司领导班子，向审计署及时报送了《关于贯彻审计署对原国家电力公司审计报告和审计处理决定的报告》。中国华能集团公司党组多次召开会议，研究和部署审计决定的落实工作，专门下发《关于贯彻落实审计署审计决定的通知》，对审计整改工作提出了具体要求。截至2004年10月底，有关被审计单位已经调整账目36亿元，补缴税金14.16亿元，上缴罚款1813万元，分别占应纠正金额的97.3%、97.32%和88.7%。

关于决策失误造成重大损失、国有资产流失的问题和有关案件的查处情况。这次审计查出的12件涉嫌个人经济犯罪案件线索，已移送高检院、公安部和中纪委、监察部查处。截至目前，司法机关已批捕61人，已逮捕56人，已查证贪污受贿金额613万元，侵占私分国有资金6500万元，转移国有资金2.57亿元，挪用公款2315万元，非法贷款4000万元，非法牟利1800万元，偷税3577万元，已挽回国有资金损失2.88亿元。北京供电公司原总经理赵双驹擅自为北京威克瑞公司提供担保，造成损失4.57亿元的案件，尚处在司法调查阶段。目前，赵双驹已被北京市人民检察院第一分院以涉嫌玩忽职守罪批准逮捕。中国电力企业联合会原副理事长林孔兴以权谋私的案件，已由湖北省随州市人民检察院依法提起公诉，随州市中级人民法院正在公开审理。针对原国家电力公司存在的问题，新成立的11家电力企业自2004年以来先后制定了多项规章制度，进一步强化资产管理、预算管理、对外投资和担保管理等各项管理制度，积极落实安全生产责任制、资产经营责任制和党风廉政建设责任制。如国家电网公司认真吸取教训，成立了公司资金管理中心，制定印发了《国家电网公司资金管理办法》、《国家电网公司财务稽核管理办法》等规范性文件。

二、加强中央预算管理意见的落实情况

针对审计工作报告中提出的加强中央预算管理的意见，国务院非常重视，责成财政部、国家发展改革委等有关部门认真研究，提出具体落实措施。

（一）关于细化中央补助地方支出预算，增强资金分配透明度的问题。

为进一步加强中央补助地方支出预算管理，财政部等部门拟采取以下措施：一是在每年下发的《关于编制中央预算和地方预算的通知》中，明确要求各省（区、市）人民政府将中央补助收入编入省级预算，其中中央对地方的税收返还按照上年执行数加增长率的预计数编列，体制性补助、财力性转移支付和已经确定的一些跨年度专项转移支付按上年执行数编列。二是在每年下发的《关于编制中央和地方财政决算（草案）的通知》中，明确要求各省（区、市）人民政府将中央补助收入编入省级决算，并自觉接受同级人大及其常委会的监督。三是结合全国人大常委会正式启动的预算法修订工作，财政部将进一步研究地方政府如何在本级财政预决算中向同级人大报告中央补助收入方面的规定。四是财政部将进一步细化中央补助地方支出预算项目，增强资金分配的透明度。

（二）关于完善政府投资管理和审批体制，提高资金使用效益的问题。

国家发展改革委结合国务院投资体制改革决定的有关精神，提出了具体落实措施。对农业、教育、交通行业的一些专项投资由几个部门分头管理的问题，国家发展改革委将在国务院的统一领导下，积极会同有关部门按照职责分工，密切配合，加强沟通，相互协作，在国民经济和社会发展各种规划的指导下，尽量统筹安排好中央政府的各类投资。如农林水利投资，按照党中央、国务院关于整合现有各项支农投资的要求，国家发展改革委已就有关问题向国务院进行了报告，12月4日，国务院已经同意。

（三）关于改进税收管理机制，坚持依法治税的问题。

税务总局将继续坚持“依法征税，应收尽收，坚决不收过头税，坚决防止和制止越权减免税”的组织收入原则，进一步落实责任制，完善税收管理机制。一是大力清缴欠税，对纳税人欠税情况定期公告。推行多种缴款方式，利用现代信息技术和金融支付结算工具，拓宽纳税申报和税款缴库渠道。加强对收入的统计分析和预测，分析各主要税种、税目收入增长和相关经济指标之间的关系，进一步强化组织收入动态管理，切实提高税收征管水平。二是强化监督，稳步推进税收执法责任制，制定《税收执法过错责任追究办法》，以明确过错责任、追究程序和处理办法。三是切实加强减免缓退税管理。税务总局专门下发文件，要求各地税务机关严格按照税法规定的管理权限、范围、程序和时限办理减免缓退税审批，不得随意扩大解释税法，不得违规越权审批。四是密切关注税收违法活动新动向，制定切实有效的应对措施，对社会各界普遍关注的税收违法案件，向新闻媒体曝光，以教育纳税人，震慑不法分子。

（四）关于强化国有商业银行内部控制，防范和化解金融风险的问题。

银监会十分重视审计查出的问题和提出的审计建议，对审计查出的问题认真进行核查处理和整改，并对四家国有商业银行重大风险问题进行了持续监管，组织开展了对国有商业银行信贷资产、非信贷资产和表外业务等三项业务的后续跟踪检查和内部控制检查等一系列现场检查。同时，下发了《商业银行集团客户授信业务风险管理指引》、《商业银行房地产贷款风险管理指引》、《商业银行授信工作尽职指引》，制定了《商业银行内部控制评价试行办法》等，加强了对商业银行的风险监管，督促商业银行强化风险管理，完善内部控制。工商银行为强化内部控制，规避金融风险，采取了三项措施：一是完善内部审计垂直管理体制；二是加快开发应用内部评级法，构建覆盖信用风险、市场风险、操作风险的全面风险管理体系；三是制定高级管理人员道德规范，建立对领导干部全方位的教育监督管理体系，特别是加强对分支机构“一把手”的监督制约，加大对各项决策程序和“权、钱、人”等重点环节的管理与检查力度。

经济责任审计

领导讲话

在全国经济责任审计工作会议上传达中央领导批示精神时的讲话

（2004年11月29日）

中央组织部常务副部长　赵洪祝

同志们：

中央领导对这次全国经济责任审计工作会议非常重视，中共中央政治局常委、国务院总理温家宝同志，中共中央政治局常委、中纪委书记吴官正同志专门作了重要批示。下面，我来传达两位领导同志的重要批示。

家宝同志的批示是：开展经济责任审计工作，对于健全领导干部监督管理体制，加强党风廉政建设，提高党的执政能力，推进依法行政具有重要意义。近几年来，各级纪检监察、组织人事和审计部门认真贯彻中央的部署，推进经济责任审计工作，取得显著成绩。要认真总结经验，进一步完善经济责任审计制度，加强审计工作的规范化建设，加强领导，协调配合，努力提高经济责任审计工作的质量和水平。

官正同志的批示是：近年来，在各级党委、政府的统一领导下，审计机关与纪检、监察、组织、人事等部门密切配合，积极推进领导干部经济责任审计，做了大量工作，取得了明显成效，在加强对领导干部的管理和监督、促进廉政勤政等方面发挥了重要作用。这次会议总结交流经验，表彰先进单位，安排部署今后工作，是非常必要的，提出的意见措施是可行的，对于进一步推进经济责任审计工作将起到积极的作用。

开展领导干部经济责任审计工作，是实践"三个代表"重要思想的具体体现，是加强干部管理和监督的重要环节，是促进领导干部廉洁勤政、从源头上预防和治理腐败的重要举措。党的十六届四中全会从加强党的执政能力建设的高度，对建立健全领导干部经济责任审计制度提出了新的要求。

希望进一步把经济责任审计工作与促进领导干部廉洁自律结合起来。推行经济责任审计制度，要紧紧抓住领导干部这个重点，加强对领导干部行使权力的监督，通过对领导干部履行经济责任情况的审计，考察领导干部的遵纪守法意识和廉洁从政情况，纠偏补弊，扶正祛邪，促使领导干部提高自我约束能力和依法行政能力。

希望进一步把经济责任审计工作与干部选拔任用结合起来。切实把审计监督手段运用到干部管理和监督领域，多方面、全方位地了解干部的德能勤绩，坚持用科学的发展观和正确的政绩观考核干部，为正确评价和使用干部提供重要依据，进一步完善选拔任用干部的科学机制。

希望进一步把经济责任审计与构建惩治和预防腐败体系结合起来。要按照贯彻反腐倡廉战略方针、构建惩治和预防腐败体系的要求，充分发挥经济责任审计的治本功能，注意从违纪违法行为中揭露深层次问题，查找制度上和管理上的漏洞，分析原因，健全制度，着眼防范，强化监督，更好地从机制上、源头上预防和治理腐败。

把握机遇　开拓创新
全面推进经济责任审计工作

——在全国经济责任审计工作会议上的讲话

（2004年11月29日）

李金华

同志们：

我们这次全国经济责任审计工作会议的主要

任务是：全面贯彻落实党的十六大、十六届四中全会和中央纪委四次全会精神，以邓小平理论和“三个代表”重要思想为指导，总结2000年以来经济责任审计工作的情况和经验，表彰先进，研究今后的发展目标和工作措施，推动经济责任审计工作在新形势下取得新的更大的发展。下面，我受中央六部委经济责任审计工作联席会议的委托，讲几点意见：

一、全国经济责任审计工作取得的主要成绩

2000年以来，在党中央、国务院和地方各级党委、政府的正确领导下，全国各级纪检监察、组织人事和审计等部门相互协调，密切配合，全面履行职责，经济责任审计工作取得了新的进展。审计覆盖面不断扩大，审计对象的职级逐步提升，审计力度逐年加大，取得了明显成效，经济责任审计工作已由探索起步进入全面推进、稳步发展的新阶段。

（一）县以下党政领导干部和国有及国有控股企业领导人员经济责任审计工作全面展开。

1999年，中办、国办关于《县级以下党政领导干部任期经济责任审计暂行规定》和《国有企业及国有控股企业领导人员任期经济责任审计暂行规定》下发后，特别是2000年全国经济责任审计工作会议之后，县级以下党政领导干部和国有及国有控股企业领导人员经济责任审计在全国已经全面推开，形成制度。2000年至今年上半年，全国共审计党政领导干部和国有及国有控股企业领导人员17.4万人，其中县级以下（不含县级）党政领导干部13.6万人。目前，多数县已将经济责任审计作为选人、用人的必经程序。黑龙江、河北、河南、安徽、湖南、陕西、海南等省的县以下党政领导干部在职务变动时都经过了审计。河南、山东、广东等地还对村基层干部进行了审计。对国有及国有控股企业领导人员的经济责任审计，基本做到了“逢离必审”，四年来共审计1.2万人。

对部门和单位内部管理的领导干部经济责任审计也逐步展开。目前已有80%的中央单位开展了经济责任审计工作。2000年至今年上半年，共审计了7.9万名领导干部。

（二）县以上党政领导干部经济责任审计试点不断扩大。

2000年召开的全国经济责任审计工作会议，对开展县以上党政领导干部经济责任审计试点工作进行了部署。迄今为止，全国31个省和97%的地市都先后进行了试点。2000年至今年上半年，审计署对4名省部级党政领导干部进行了经济责任审计试点。全国共审计县级以上党政领导干部2.4万人，其中，县处级领导干部2.3万人、地厅级领导干部1063人，这些领导干部中有市（地、州）委书记62人，市（地、州）长126人，县（市）委书记1353人、县（市）长3070人。吉林、河北、陕西、内蒙古、江苏、湖南、四川、广西、云南等18个省（区）的县以上党政领导干部经济责任审计已经形成制度。审计机关的主要领导也列入了经济责任审计范围，目前已有1名审计厅长、59名市（地）审计局长和208名县审计局长接受了经济责任审计。

（三）经济责任审计取得了明显成效。

各地在推进经济责任审计工作中注意从实际出发，努力做到实事求是，突出重点，使审计内容更加具有针对性，方式方法更为有效，审计质量不断提高。2000年至今年上半年，全国通过经济责任审计共查出违法违规金额3912亿元，损失浪费金额252亿元，管理不规范金额3398亿元。其中，由领导干部直接经济责任造成的违法违规金额204亿元，损失浪费金额21亿元，管理不规范金额108亿元。内部管理领导干部经济责任审计工作的成效也比较明显，中央单位通过经济责任审计共查出违反财经法规和损失浪费金额746亿元，个人经济问题1.8亿元。

经济责任审计的开展为完善干部选拔任用制度和从制度层面预防、治理腐败发挥了积极的作用。2000年至今年上半年，全国各级参考经济责任审计结果，共选拔任用领导干部1.4万人、降职1730人、撤职983人，有1232名领导干部受到了党纪政纪处分，3253名领导干部被移送纪检监察和司法机关处理。

各级党委、政府对经济责任审计揭露的问题高度重视，边审计、边整改、边规范，在及时查处和纠正各类违法违规问题的同时，不断加强对各级领导干部的纪律教育，增强遵纪守法意识，并注意用制度来规范领导干部的行为，较好地发挥了惩治和防范两个方面的作用。江苏省海门市政府依据审计发现的问题，共纠正各类错误决策53件，减少经济损失1800多万元。经济责任审计以加强对干部的监督管理，确保社会主义市场经济健康发展为目标，强化了对领导干部权力运用的制约和监督，有力地推进了依法治国、依法行政。

二、经济责任审计工作的基本经验

几年来的经济责任审计工作取得了很大成绩，但从总体上看，这项工作还处在发展阶段，需要继续探索和规范。主要有这样几条基本经验需要在今后工作中继续坚持并不断予以完善。

（一）党委政府有力领导，建立运作有效的工作机制，是经济责任审计工作稳步发展的前提。

经济责任审计涉及多个方面和领域，需要党委、政府发挥全局性和关键性的领导作用，统一部署、协调各方。党中央和国务院历来十分重视经济责任审计工作。胡锦涛同志早在1997年就作出批示："先试行起来，然后再推广。"温家宝同志要求经济责任审计查出的问题要最终落实到人。这些要求和指示，为经济责任审计的发展指明了方向。地方各级党委、政府也十分重视经济责任审计工作，主要表现在：一是将经济责任审计列入党委、政府的重要议事日程。湖北省委、省政府领导自2000年以来，对经济责任审计工作及审计结果作出86次重要批示，省委书记俞正声同志在省八届党代会报告中要求，全面实行经济责任审计制度，加强对"一把手"的审计监督；黑龙江省委书记、山东省省长多次对经济责任审计作出批示；青海省省长亲自主持经济责任审计情况通报会；上海市委、市政府把企业经济责任审计纳入到全市国有企业改革和发展的工作大局中考虑和安排。二是建立健全经济责任审计领导机构。全国有16个省、339个市（地）、1995个县（市）成立了领导小组，其余的省、市（地）、县（市）成立了联席会议，在组织、协调经济责任审计工作方面充分发挥职能作用。三是重视审计专职机构建设。各地党委、政府在经济责任审计专职机构的设置、人员编制、经费保障等方面给予高度重视。目前，全国31个省（市、区）、87%的市（地）、77%的县（市）共建立经济责任审计专职机构2452个，配备专职人员8675人。各级经济责任审计领导小组、联席会议以及专职机构都制定了比较规范的工作运行制度，为经济责任审计的开展提供了有力的领导和支持。

（二）加强指导、密切配合，是经济责任审计工作稳步发展的保障。

为认真贯彻落实两办规定，把经济责任审计工作不断推向深入，中央六部委联席会议认真开展调查研究，根据工作发展中不断呈现出的新情况、新特点，采取召开座谈会、组织理论研讨、出台政策意见、开展质量检查等办法，指导全国经济责任审计工作的开展。各地经济责任审计领导小组和联席会议也不断加大对本地区的指导力度。湖南省委组织部长亲自主持召开厅局级领导干部审计进点会；浙江省审计厅与省委组织部建立了经济责任审计情况分析会议制度；海南省纪检和组织部门对审计过程中被审计的领导干部及其所在单位的配合情况及时进行督促检查，排除阻力；安徽省纪委、省委组织部和审计厅每年都联合组织力量，由厅级领导干部带队，对市县经济责任审计工作开展情况进行检查；江苏、辽宁等省还注重加强人员培训，组织经验交流。2003年，中央六部委经济责任审计工作联席会议办公室在总结各地经验的基础上，研究制定了《关于进一步加强经济责任审计工作中有关部门协调与配合的意见》，有力加强对各地经济责任审计工作的指导。

（三）完善制度、保证质量，是经济责任审计工作稳步发展的基础。

各地牢牢把握制度建设具有根本性、稳定性和长期性这一特点，十分重视经济责任审计的法规制度建设。近年来，各地建立完善了有关规章制度。其中，7个省、26个市（地）和63个县（市）通过人大立法或作出规定，确定了经济责任审计在本地区工作中的法律地位；有关部门制定了具体规章制度。如宁夏回族自治区党委组织部与审计厅专门制定了《经济责任审计立项程序》；天津市纪委、市委组织部和审计局制定了内部工作制度，对审计立项、审计委托、审计实施、审计结果报告等作出了具体规定。这些制度的实施，进一步规范了经济责任审计行为，使经济责任审计工作基本实现了有法可依、有规可循。

各地还采取合理确定审计数量、突出审计重点、严格审计复核、实行过错责任追究、加强质量检查等措施，促进提高审计质量。山西省在对中国煤炭博物馆原馆长进行审计时，合理确定审计重点，对任期内投资的22个项目深入审查，发现由于决策不当、管理不善，12个项目投资损失3175万元，造成了失职渎职。成都市在对4个区检察院检察长审计时，以资金走向为重点，查出账外账及个人涉嫌贪污等问题金额3398万元。实践证明，审计质量至关经济责任审计的生命，必须常抓不懈。

（四）与时俱进、探索创新，是经济责任审计工作稳步发展的动力。

面对经济责任审计政策性强、难度大，新情况、新问题多，没有现成经验可以借鉴的情况，各地坚持在求真中科学调整思路，在务实中不断探索创新。2000年底，辽宁省率先开展了市委书记和市长的经济责任审计工作；同年，四川省组织9个市（地）近200名审计人员，采取交叉审计的方法，对22名县（市）委书记和30名县级以上部门领导干部进行了经济责任审计试点；浙江省实践并总结出以“三权”、“四制”、“五指标”为主要内容的市、县长经济责任审计重点；河北省对地方党政领导干部采取“一个对比、三项分析”的审计评价办法；黑龙江、江西、福建等省的一些地方针对“先离后审”的弊端，探索了对拟调任的领导干部实行“待审制”、“试用期制”以及“离岗考察”等方法；上海市将经济责任审计与国有资产鉴证、企业领导人员考核等紧密结合起来，充分发挥经济责任审计的作用。为实现监督关口前移，各地还积极探索实行任中审计方法。山西、陕西、江苏、天津等7个省（市）的任中审计面已经达到了30%。各地在经济责任审计与其他专项审计相结合、经济责任审计评价办法和指标体系等方面也进行了有益的探索。实践证明，坚持在实践中探索、在创新中发展，才能永葆经济责任审计工作的生机和活力。

（五）建立健全审计结果运用机制，是经济责任审计工作稳步发展的关键。

经济责任审计是新时期加强干部监督管理的一个重要环节。要使这项工作不流于形式，扎实有效地开展下去，关键在于建立完善的经济责任审计结果运用机制，使审计结果真正在对领导干部的教育、任用、监督和奖惩等环节中发挥作用。党中央颁布的《党政领导干部选拔任用工作条例》明确提出，“对需要进行经济责任审计的考察对象，应当委托审计部门按照有关规定进行审计”，从而确立了经济责任审计在干部选拔任用和监督管理体系中的作用；中纪委十六届二、三、四次全会将经济责任审计纳入到源头治腐工作体系之中，为审计监督与组织监督、纪检监督搭建了合力作用的平台。各地据此在实际工作中积极探索并总结出了一些经济责任审计结果运用的好经验、好做法。主要有：（1）制定归档办法，纳入法定程序。各地普遍将经济责任审计结果分别记入干部考核和廉政档案，作为考察评价干部的依据。不少地方还把经济责任审计作为党委政府和人大任免干部的必经程序。（2）实行谈话制度，注意防微杜渐。浙江、四川、海南等地实行党政领导或纪检、组织部门负责人根据审计结果与被审计的领导干部谈话制度，肯定成绩，指出问题，督促整改。（3）公开审计结果，加强社会监督。湖北省2000年以来通报经济责任审计结果85次；云南省将经济责任审计查出的案件公开曝光。此外，各地还普遍建立了领导干部经济责任追究制度，加强督促检查，注意建章立制，堵塞漏洞，积极纠正审计发现的问题。浙江省丽水、嵊州、庆元等市县针对审计发现的问题，制定了领导干部离任前经济责任和财务交接制度。

经济责任审计的基本经验告诉我们，只有坚持依靠党委政府的正确领导，坚持发挥各相关部门的合力作用，坚持理论与实践的创新和发展，坚持把握重点，保证审计质量，搞好审计成果利用，经济责任审计工作才能做到与时俱进，不断深化。

三、认清形势，明确目标，推动经济责任审计工作深入发展

经过不懈地探索和努力，经济责任审计已经作为一项制度确定下来，在促进对权力的制约监督、促进依法行政、促进对干部的监督管理、促进党风廉政建设等方面发挥了重要作用，受到各级党委、政府的重视与支持，赢得社会各界的广泛认知和关注。但从根本上讲，这项工作毕竟还是一个全新的领域，从理论到实践，从制度规范到操作实施，都还面临很大的挑战和发展空间，需要我们不断探索和实践。

首先，形势的发展对经济责任审计提出了更高要求。党的十六大和十六届四中全会，在勾画全面建设小康社会宏伟蓝图，部署加强党的执政能力建设时，都就加强对领导干部特别是主要领导干部的监督，建立健全经济责任审计制度提出了明确要求。说明加强经济责任审计工作，是深入贯彻“三个代表”重要思想，全面建设小康社会，强化对权力的制约和监督的需要；是加强党的执政能力建设，推进依法治国、依法执政、依法行政的需要；是健全干部监督管理体系，深入开展反腐败斗争和加强党风廉政建设的需要。我们应当从新的历史时期推进党的建设伟大工程的高度，充分认识进一步加强经济责任审计工作的重要性和必要性，切实增强工作主动性和紧迫感。

其次，经济责任审计工作自身也面临新的机遇和挑战。当前经济责任审计工作发展势头很好，审计覆盖面有了很大扩展，内容得到深化，质量有所提高，作用日益增强。但需要研究和规范的问题也随之增多，一些固有的矛盾和困难日益显露，在一定程度上制约着经济责任审计工作的深入开展。能否妥善地解决好这些问题和矛盾，是经济责任审计工作能否在现有基础上进一步推进的关键。从全国来看，当前经济责任审计工作中存在的主要问题是：(1) 工作发展不均衡。各地之间、层级之间，在领导重视程度、工作开展状况、部门协调配合力度，以及对审计重点的把握、审计质量要求和成果利用等方面都还存在较大差异，影响经济责任审计作为一项制度在全国范围内的整体推进。(2) 审计任务重与审计力量不足的矛盾没有得到有效解决。据对全国 236 个县经济责任审计工作开展情况的调查，经济责任审计项目占审计项目总量的比重逐年递增，2002 年平均达到 37%，有些已经达到 60% ~ 70%。特别是在政府换届和集中调整干部时这一矛盾表现得更为突出，有的地方为了完成数量上的任务，不得不采取突击应付的办法，有些审计工作仅仅是走走过场而已，给经济责任审计工作的健康发展埋下了一定的风险隐患。(3) 有关法规制度还需进一步完善，特别是在审计范围、内容、重点和评价标准等方面还不规范、不统一，工作中随意性较大的问题没有得到根本解决。(4) 审计人员素质还不完全适应工作的要求，审计工作及结果与评价、奖惩、使用干部的需求存在一定差距。这些问题需要我们在今后的工作中认真研究解决。

面对新形势、新任务、新要求，我们必须立足现实，理清思路，明确目标，稳步推进。

当前和今后一个时期，经济责任审计工作的指导思想是：以邓小平理论和“三个代表”重要思想为指针，深入贯彻落实十六大和十六届四中全会精神，紧紧围绕推进依法治国、加强党的执政能力建设这一目标，认真履行职责，加大经济责任审计制度的推行力度，努力把经济责任审计工作提高到一个新的水平。主要工作任务是：总结完善，继续深化县级以下党政领导干部和国有及国有控股企业领导人员经济责任审计；巩固试点成果，认真落实中央五部委关于将党政领导干部经济责任审计范围扩大到地厅级的规定；加强规范化建设，努力提高经济责任审计工作的质量和水平；搞好审计成果利用，充分发挥经济责任审计工作的作用。我们要继续坚持“积极稳妥、量力而行、提高质量、防范风险”的原则，在把握规律、规范行为、突出重点、保证质量上下功夫。重点抓好以下几个方面的工作：

(一) 继续深化县级以下党政领导干部和国有及国有控股企业领导人员经济责任审计。

县级以下党政领导干部和国有及国有控股企业领导人员经济责任审计范围广、数量大，工作中遇到的困难和矛盾比较多。目前，全国仍有 96 个县（市）尚未开展这项工作，已经实行这一制度的县（市）也还没有达到“逢离必审”、“先审后离”的要求。我们要用三年左右的时间，争取凡是设立审计机关的县都要把经济责任审计工作开展起来；对国有及国有控股企业领导人员要逐步基本做到“逢离必审”和“先审后离”；对财政财务收支数额大、有财政资金分配权和行政审批权的重点部门领导干部要逐步做到“逢离必审”。为了实现这一目标，各地要认真总结经验，合理确定经济责任审计的重点单位和重点人员，并根据每年干部监督管理的实际需要，科学确定年度经济责任审计计划，强化经济责任审计工作的计划管理，尽可能避免年度执行中大量追加审计项目，以切实保证审计质量；要把经济责任审计与预算执行审计及其他专项审计和调查结合起来，把离任审计与任中审计结合起来，实现审计成果互用、资料共享，以节约审计成本，提高审计效率；要切实克服只注重数量、忽视和放松质量的倾向，扎扎实实地完成经济责任审计任务。

（二）努力推进县级以上党政领导干部经济责任审计。

最近，中央五部委在《关于将党政领导干部经济责任审计范围扩大到地厅级的意见》中要求，从2005年1月1日起将党政领导干部经济责任审计范围扩大到地厅级。这标志着对地厅级党政领导干部的经济责任审计也要形成制度，逐步做到经常化、规范化。这是一项十分艰巨的任务，需要高度重视、稳妥推行。工作中要注意区分党政主要领导和部门领导的不同特点，采取不同的审计方式和方法。对县处级领导干部和地厅级部门领导干部，要在已经试点的基础上继续扩大审计覆盖面，逐步增强审计的深度和广度，充分发挥审计成果的作用；对地厅级党委和政府主要领导的审计，要注意突出重点，有计划、分步骤地进行。为了保证审计质量和成效，审计前要认真进行审前调查，审计方案要经过领导小组或联席会议审定，对审计过程中发现的重大问题要及时与有关部门沟通并向本级党委、政府汇报，不断总结探索行之有效的审计组织方式和方法。审计署将按照国务院的要求和中组部的委托，继续做好对省部级领导干部的经济责任审计试点工作。

（三）进一步提高经济责任审计工作质量，充分发挥审计成果的作用。

要充分发挥经济责任审计的作用，一方面必须切实抓好审计质量，另一方面必须切实搞好审计成果利用，这是巩固和完善经济责任审计制度相辅相成的两个主要内容。为进一步提高经济责任审计工作质量，当前主要应抓好以下几个环节：

一是要切实突出审计重点。在审计对象的确定上，要把财政财务收支数额大的地区和部门，有财政资金分配权和行政审批权的部门，群众反映问题较多的地区和部门的领导干部以及重要国有骨干企业的领导人员作为重点。在审计内容的确定上，要根据不同类型领导干部经济责任的特点，合理确定审计重点。要坚持以财政财务收支的真实、合法、效益为基础，检查评价领导干部在有关经济活动中的职责履行及廉洁自律情况。要进一步关注与领导干部履行经济责任有关的管理、决策、投资等活动的经济效益、社会效益和环境效益，关注领导干部履行经济责任行为对所在地区、所在单位可持续发展的影响以及未能有效履行经济责任而造成业绩平庸、管理不善、损失浪费等问题。

二是要加大审计力度。主要是对审计中发现的严重违法违规问题和由于决策失误造成的严重损失浪费问题，要深入追查。对已经查实的问题，要及时向党委、政府及有关部门反映或向纪检监察和司法机关移交，依据党纪国法给予处理。

三是要强化审计质量控制。要切实树立质量第一的观念，并贯彻到审计计划的确定、审计重点的选择、审计组织实施以及审计报告、审计处理等各个环节之中。要参照审计质量控制100条，认真抓好审前调查、审计方案、审计日记、审计报告、审计复核等各个环节的工作。在这方面，经济责任审计与其他审计项目相比，要求更高，工作要做得更细更扎实。同时要适应经济责任审计的特点，采用其他一些行之有效的提高审计质量的方式和方法。如要加强与有关部门的沟通。重要的经济责任审计项目，审前要主动走访干部管理和纪检监察部门了解情况；审计方案要征求有关部门的意见；审计中要及时沟通情况，遇到审计手段难以解决的问题，视情况请纪检监察等部门提前介入；审计报告和处理要听取联席会议成员单位的意见等。同时要十分重视群众举报工作，从中发现问题线索。

搞好审计成果利用，是经济责任审计的最终目的，也是经济责任审计工作效果的最终体现。从十多年的实践看，搞好审计成果利用主要应抓好以下几点：一是要使经济责任审计结果成为科学评价领导干部经济责任的重要依据之一。在这个问题上，我们既要充分认识经济责任审计的优势，又要清醒地看到经济责任审计的局限性。经济责任是领导干部所负责任的一个重要方面，经济责任审计是对领导干部进行考核、监督和管理的整个工作体系中一个重要环节。我们既要注意把经济责任审计成果切实作为评价干部经济责任的重要依据，又不能用它来代替或影响对领导干部全面的考核监督，必须坚持在经济责任的范围之内充分发挥经济责任审计成果对科学考察和评价干部的作用。二是要切实纠正经济责任审计中发现的问题。对审计中发现的涉及领导干部个人的问题，要严肃处理；对发现的被审计单位的问题，也要督促搞好整改。三是要注意加强综合研究。对审计发现的问题要深入分析原因，特别是对带有普遍性、倾向性的问题，要注意从体制、机制和制度上研究解决和预防的措施，发挥好经济责任审计的惩治和防范双重作用。四是要逐步增强审计工作的透明度。这既是依法行政，推进政务公开的需要，也是促进提高审计工作质量的重要措施。可先在一定范围内采取通报、公示的方式公布审计结果，条件成熟后，逐步实行审计结果公告制度。

（四）加强经济责任审计的规范化建设，探索科学的领导干部经济责任评价体系。

经济责任审计具有一定的特殊性，一般财政财务收支审计的法规制度不能完全解决经济责任审计的规范问题。实践证明，中办、国办两个暂行规定以及各地出台的有关制度，对经济责任审计的发展起到了有力的推动作用。今后要继续把加强经济责任审计的法规制度和规范化建设，作为推动工作发展的重要措施来抓。一是要进一步提升经济责任审计的立法层次。我们已将经济责任审计写入了审计法修改稿，力求进一步确立经济责任审计的法律地位。明年审计署将与有关部门配合，重点研究起草《经济责任审计条例》，进一步规范经济责任审计的范围、对象、内容、程序及审计成果的运用等。二是要继续研究探索经济责任审计的有关准则，对操作规程、审计评价等作出进一步规范，特别是要积极探索建立科学的领导干部经济责任评价体系。目前，反映企业经济活动的评价指标体系已逐步规范并趋于成熟，而评价党政领导干部的政绩指标还处于探索阶段，需要在实践中进一步研究和总结。制定领导干部经济责任审计评价体系，必须体现科学的发展观，认真执行《党政领导干部选拔任用工作条例》、《中国共产党党内监督条例（试行）》和《中国共产党纪律处分条例》的规定。科学的发展观要求我们在经济责任审计实践中，不仅要核实财政财务收支等经济指标，还要注意在此基础上进一步分析经济指标的变化对社会指标和环境指标的影响，关注经济活动的结果对社会事业发展和可持续发展的影响；不仅要审查领导干部任职期间的经济业绩是否真实，还要评价经济业绩的取得是否经得起实践检验，是否符合人民群众的根本利益。要通过审计和科学评价，揭露做表面文章、搞短期行为，盲目铺摊子、上项目，搞劳民伤财的“形象工程”、“政绩工程”的行为，促使领导干部重实干、办实事和求实效，推动实现经济社会的全面、协调和可持续发展。

（五）加强理论研究和培训，提高干部队伍素质。

我国的改革开放和现代化建设已进入一个新的发展阶段，经济责任审计工作中许多新的领域有待于我们去探索。新的实践呼唤新的理论，各级审计机关和相关部门要十分重视经济责任审计理论的研究工作。要坚持以实践为导向，既要研究基本理论问题，也要研究实际操作问题；既要关注现实问题，也要关注关系长远发展的问题，力争在理论与实践的结合上创新研究成果，更好地推动经济责任审计的实践。要努力提高审计人员的综合素质。经济责任审计工作的发展，要求审计干部不仅要具备扎实的财经、法律等方面的知识和经验，还要具备从宏观、全局的角度，全面地、历史地看待和分析问题的能力。要组织广大审计人员深入学习“三个代表”重要思想和党的各项路线方针政策，学习关于经济责任审计的各项规定，树立爱岗敬业、乐于奉献、敢于碰硬、秉公执法的职业道德；要加强宏观经济知识和各项审计专业知识的学习，不断增强宏观意识和大局意识，不断提高理论素养和认识分析问题的能力；要不断健全人才培养机制，加紧高层次、复合型经济责任审计人才的培养；要深化人事制度改革，建立有效的激励约束机制，激发广大干部的工作热情，鼓励干部在经济责任审计工作中勇于创新、充分施展才华；要进一步加强审计机关自身的廉政建设，严格执行审计纪律和各项廉政规定，保持优良的行业作风。

同志们，贯彻党的十六大和十六届四中全会精神，全面建设小康社会，加强党的执政能力建设，对经济责任审计工作提出了更高的目标和要求，也创造了良好的环境和条件。只要我们认真贯彻落实党中央、国务院的各项指示精神，落实家宝总理、官正书记关于加强经济责任审计工作的要求，勇于实践、开拓创新、求真务实、团结协作，一定能把经济责任审计工作在现有基础上提高到一个新水平，为改革开放和现代化建设作出新的更大贡献。

在全国经济责任审计工作会议上的总结讲话

（2004 年 11 月 30 日）

中纪委副书记、监察部部长　李至伦

同志们：

全国经济责任审计工作会议开了两天，今天就要结束了。这次会议是继 2000 年全国经济责任审计工作会议后，经国务院批准召开的又一次专题研究部署经济责任审计工作的重要会议，也是贯彻落实党的十六届四中全会精神的一次重要会议。中央领导同志对这次会议非常重视。会前，中共中央政治局常委、国务院总理温家宝同志，中共中央政治局常委、中央纪委书记吴官正同志分别作了重要批示，充分肯定了近年来经济责任审计工作取得的成绩，从加强党的执政能力建设和反腐倡廉的高度，对进一步做好这项工作提出了明确要求。我们一定要深入学习领会，认真贯彻落实。下面，我对会议作一个简要的总结。

一、关于这次会议的主要收获

这次会议时间虽短，但内容丰富，主题突出。会议期间，同志们认真听取了李金华同志所作的工作报告，7 个单位作了交流发言，一批先进单位受到表彰。今天上午，与会同志围绕两位中央领导同志的重要批示及李金华同志的工作报告进行了热烈讨论，对进一步做好这项工作提出了很好的意见和建议。大家感到，这是一次求真务实、鼓劲加油的会，对于做好当前和今后一个时期的经济责任审计工作具有重要意义。会议的收获主要有以下几个方面：

（一）回顾了近年来开展经济责任审计工作的情况，总结交流了经验和有效做法。

近年来，在党中央、国务院的正确领导下，各级纪检监察、组织、人事、审计及国有资产监督管理等部门勇于探索，大胆实践，稳步推进经济责任审计工作，取得了明显成效，积累了一些成功的经验和有效的做法。李金华同志在工作报告中，全面回顾了近年来开展经济责任审计工作的情况，系统总结了工作中形成的成功经验和有效做法，并概括了五条基本经验。大家认为，这样的概括反映了我们工作的脉络，既有高度，又具体实在；既是经济责任审计工作实践经验的总结，又是做好今后工作应该遵循的指导原则。经济责任审计工作从试点到推开，从审计县处级领导干部到审计地厅级领导干部，工作范围逐步拓宽，工作质量不断提高，在加强对领导干部监督管理、从源头上预防和治理腐败方面发挥了重要的作用，越来越受到党委、政府的重视。实践证明，这项工作意义重大，方向对头，效果明显，必须坚定不移地推行下去，并在实践中不断丰富和完善。这次会上，我们还印发了一些经验材料，安排了大会发言和小组讨论。通过交流和讨论，大家普遍感到，一些先进单位的经验和做法值得借鉴，听了以后很受启发，拓宽了工作思路。

（二）分析了经济责任审计工作面临的形势，提高了思想认识。

前不久召开的党的十六届四中全会，深刻分析了我们党和国家面临的新形势新任务，明确提出了加强党的执政能力建设的指导思想、总体目标和主要任务，并把推行经济责任审计制度作为加强党的执政能力建设的重要内容，强调要“建立健全领导干部个人重大事项报告制度、述职述廉制度、民主评议制度、谈话诫勉制度和经济责任审计制度”，加强对权力运行的制约和监督。这是对我们工作的新要求，也是对进一步做好经济责任审计工作的有力推动。联系当前的工作实际，大家更加深刻地认识到，开展经济责任审计工作，不仅是对领导干部执行财经纪律情况的有效监督，而且也是对领导干部执行党的方针政策、国家法律法规等方面情况的严格检查。做好这项工作，有利于加强对领导干部的监督管理，规范权力的行使，促使领导干部依法办事、依法理财，不断提高领导水平和依法行政能力。大家一致表示，一定要按照这次会议的部署和要求，进一步提高思想认识，增强政治责任感和工作紧迫感，更有效地抓好经济责任审计工作。

（三）明确了当前和今后一个时期的任务，提出了深化经济责任审计工作的具体措施。

经济责任审计工作已经开展几年了，下一步工作任务是什么？如何继续深化？这是大家十分关注的一个问题。温家宝同志、吴官正同志的重要批示对此提出了明确要求。温家宝同志强调："要认真总结经验，进一步完善经济责任审计制度，加强审计工作的规范化建设，加强领导，协调配合，努力提高经济责任审计工作的质量和水平。"吴官正同志指出，要把经济责任审计工作与促进领导干部廉洁自律结合起来，与干部选拔任用结合起来，与构建惩治和预防腐败体系结合起来。中央领导同志的这些要求高屋建瓴，含义深刻，具有很强的指导性、针对性，为深入推进经济责任审计工作指明了方向，我们一定要认真贯彻落实。

（四）表彰了一批先进地区和单位，鼓舞了干劲。

近年来，在经济责任审计工作中，涌现出一批工作成绩突出的先进地区和单位，这些地区和单位的党委、政府高度重视和支持经济责任审计工作，纪检监察、组织、人事、审计及国有资产监督管理等部门密切配合，通力合作，取得了明显的工作成效。这次会议对浙江省等94个地区和海关总署等10个中央单位进行了表彰，这充分体现了党中央、国务院对经济责任审计工作的高度重视和大力支持，也是对我们工作的肯定。希望受到表彰的地区和单位再接再厉，取得更大的成绩，也希望其他地区和单位以他们为榜样，互相促进，共同提高。

二、关于这次会议精神的贯彻

这次会议十分重要，下一步的关键是要把会议精神贯彻落实好。

（一）要及时汇报传达会议精神。

会议结束后，与会同志要抓紧时间将这次会议的精神，主要是温家宝、吴官正同志的重要批示及李金华同志的工作报告，向党委、政府汇报，进一步争取党政领导对经济责任审计工作的重视和支持。各个部门还要在充分准备的基础上，采取适当的形式，把会议精神传达到基层单位。要认真组织广大干部学习会议文件，使他们都能了解这次会议的主要内容，把思想认识统一到会议精神上来，不断提高对开展经济责任审计工作重要性的认识，明确形势和任务，进一步做好工作。

（二）要抓紧落实会议部署的各项工作。

各地要在认真领会会议精神的基础上，紧密结合本地区、本部门的实际，研究制定贯彻落实的具体措施，特别要注意研究新形势下开展经济责任审计工作的思路和对策，查找薄弱环节，改进工作方法，着力在抓落实、抓成效上下功夫。这里需要强调的是，从明年起，党政领导干部经济责任审计范围要扩大到地厅级。尽管此前已有许多地方开展了试点，也积累了一定经验，但就全国来说，这毕竟还是一项新的任务，需要不断摸索和实践。各地区、各部门要按照《中央纪委、中央组织部、监察部、人事部、审计署关于将党政领导干部经济责任审计范围扩大到地厅级的意见》的要求，注意吸收试点地区积累的经验和做法，研究制定科学合理、切实可行的工作方案，明确任务，落实责任，突出重点，稳步推进，保证这项工作顺利进行。

（三）要注意研究经济责任审计工作中出现的新情况、新问题。

经济责任审计工作涉及面广，政策性强，在工作中会遇到一些新情况、新问题，需要我们加强调查研究，认真加以解决。如，怎样结合《中国共产党党内监督条例（试行）》和《中国共产党纪律处分条例》的贯彻落实，主动监督，加强防范；怎样处理好任期经济责任审计与离任审计的关系；怎样提高经济责任审计的质量，有效应用审计成果；怎样使经济责任审计与财政财务收支审计相结合、与专项执法监督相结合；以及怎样加强对经济责任审计真实性、公正性的监督等等。对于这些问题，各地区、各部门要结合工作实际，积极进行探索，不断积累新的经验和做法，推动工作健康有序地开展。

三、各级纪检监察机关要在经济责任审计工作中充分发挥职能作用

开展领导干部经济责任审计工作，是建立健全与社会主义市场经济体制相适应的教育、制度、监督并重的惩治和预防腐败体系的一项重要措施。中央纪委、监察部对这项工作一直非常重视，1998年以来，历次中央纪委全会和国务院廉政工作会议都对经济责任审计工作作出了部署，将其作为推进干部人事制度改革、从源头上预防和治理腐败的一项重要工作，提出了明确要求。各级纪检监察机关要按照中央的要求，高度重视经济责任审计工作，充分发挥职能作用。

（一）要会同组织、人事、审计、国有资产监督管理部门，加强监督检查，保证领导干部经济责任审计工作顺利开展。

积极参与领导干部经济责任审计工作，纪检监察机关责无旁贷。这些年来，各级纪检监察机关通过参加联席会议、组织专项检查等方式，在推动工作落实方面发挥了积极作用。下一步要会同组织、人事、审计、国有资产监督管理部门，进一步加强对经济责任审计工作落实情况的监督检查。对措施不到位、任务不落实的地区和单位，要分析原因，限期整改；对工作不力、敷衍塞责，造成不良后果的，要追究有关领导的责任。要坚决支持审计机关依法行使职能，帮助排除工作中的困难和阻力。

（二）要认真查处经济责任审计中发现的违纪违法案件，维护党纪、政纪、国法的严肃性。

经济责任审计通过对领导干部任期内执行财经纪律等情况的监督检查，可以在一定程度上判断领导干部是否正确履行其经济职责、是否遵守廉洁从政各项规定。这种审计方式比较科学、客观，能够发现一些深层次的问题。各级纪检监察机关在开展这项工作中，要注意发现案件线索，深挖细查违反财经纪律行为背后隐藏的腐败问题，坚决惩治各种腐败行为。要建立健全纪检监察机关同审计部门之间移交和查处违纪违法案件的协调机制，高度重视审计部门提供的案件线索，及时组织力量进行核查，依法依纪作出处理，以严格的纪律保证领导干部经济责任审计工作取得实效。

（三）要对审计结果进行综合分析，研究制定治本措施。

要结合经济责任审计工作，加强对国家机关工作人员的廉洁自律教育和法纪教育，引导他们牢固树立马克思主义的世界观、人生观、价值观，坚持正确的权力观、地位观、利益观，严格依法行政，自觉遵守财经管理的各项规定。要按照标本兼治、综合治理，惩防并举、注重预防的要求，督促有关地方和单位查找体制、机制、制度、管理等方面存在的弊端和薄弱环节，健全制度，加强管理，切实发挥经济责任审计制度的治本功能，促使领导干部正确运用手中的权力。

同志们，经济责任审计工作是一项长期而又艰巨的任务，做好这项工作意义重大。我们一定要紧密团结在以胡锦涛同志为总书记的党中央周围，高举邓小平理论和“三个代表”重要思想伟大旗帜，深入学习贯彻党的十六大和十六届三中全会、四中全会精神，按照这次会议的部署和要求，扎实工作，狠抓落实，努力取得经济责任审计工作的新成效，为加强党的执政能力建设和全面建设小康社会作出应有的贡献！

经验交流

深化经济责任审计
加强对权力的监督制约

中共湖南省委　湖南省人民政府

开展领导干部任期经济责任审计，是促进各级领导干部正确行使权力的重要手段。2000年以来，我省各级审计机关按照党委和政府的要求，共对11231名领导干部进行了任期经济责任审计，其中厅局级干部27名，县（市、区）委书记、县（市、区）长77名。通过审计，有效地加强了对领导干部经济决策权、经济管理权和政策执行权的监督制约，促进了各级领导干部科学执政、依法行政、务实勤政、廉洁从政，为加快我省经济社会发展提供了有力保障。

一、以监督制约经济决策权为主线，加强对重大经济事项决策过程的审计，追踪决策执行结果，促进领导干部科学执政

正确行使经济决策权是领导干部的一项基本职责。针对少数领导干部滥用职权导致决策失误，造成重大经济损失的现象，我们要求审计机关把监督制约领导干部重大经济决策权作为经济责任审计的主线，重点加强对建设工程项目、招商引资、举债融资、节庆筹资、改革改制、政府采购、土地使用权出让、资产处置等重大经济事项的决策过程和实施结果等方面决策情况进行经济责任审计。按照这一要求，各级审计机关紧紧抓住领导干部在经济决策中是否依法决策、按程序决策、民主决策等关键环节，遵循“权责匹配、标准科学、职责相联、尊重历史”的原则，对其经济责任作出评审，及时纠正审计发现的问题，制止错误决策的执行，促使领导干部树立正确的权力观，不断提高科学决策、科学执政水平。

2000年以来，全省各级审计机关共审计出因领导干部滥用职权、决策失误而导致的损失浪费金额1亿多元，为国家挽回经济损失2.5亿元。审计揭示领导干部在经济决策方面的问题主要有：一是脱离实际，盲目决策。有的地方建设工程项目无资金来源即擅自上马，采取违规举债、挪用国家专项资金以及乱集资摊派等方式筹措资金，加重了企业和人民群众负担。如通过对3名地级市长和77名县（市、区）委书记、县（市、区）长的审计，发现不切实际的“形象工程”、“政绩工程”以及举办各种节庆的“劳民工程”等问题比较突出。仅抽查某市总投资为50余亿元的5个重点工程项目，就发现因资金缺口大而拖欠工程款13亿元。二是违背政策法规，非法决策。审计发现一些高校违背国家政策法规颁发收费文件，加重学生家长的负担。如对19所高校法人代表的审计，查出违规收费2500万元。为此，我们责成有关单位立即停止执行自行制定的政策文件。三是违反工作程序，擅自决策。有的建设工程项目在决策前未经过可行性论证，不履行法定程序，导致重大经济损失。例如，审计查明某市8大城建重点工程总投资7.3亿元，有2.9亿元的工程没有依法履行招投标程序就确定施工队伍，因未履行基建决策程序而边勘察、边设计、边施工所造成的损失达866万元。为此，我们责成当地政府组织有关部门对工程结算进行认真审计，核减造价1.2亿元。四是违反民主原则，独断决策。审计发现全省因领导干部独断决策造成经济损失4400万元。如某市辖区的房改办主任滥用职权决策，造成国有资产流失729万元，有关部门对其作出了严肃处理。

二、以监督制约经济管理权为重点，加强对经济责任目标完成情况的审计，追问经济工作实绩，促进领导干部务实勤政

经济管理权是领导干部履行经济责任的主要职权。我省早在1999年就明文规定，要对领导干部所在地区、部门、单位的经济总量指标、发展能力指标、生活质量指标、政策法定指标、社会贡献指标和人财物管理控制情况等进行审计，以便科学评价领导干部经济工作实绩，积极引导领导干部树立科学的发展观和正确的政绩观，做到求真务实，勤政为民。2000年以来，全省有1251名领导干部因德才兼备、懂经济善管理、政绩突出而被提拔重用。但也有少数领导干部忽视内部管理或内部控制，导致管理失控造成大量国有资产损失浪费，有的甚至弄虚作假，玩数字游戏，虚报政绩。如对14名厅局级领导干部的审计，发现部分单位因内控管理不严而形成不良资产2.5亿元，账外资产2927万元。全省4年来先后审计出管理不规范金额62亿元，管理不善导致损失浪费金额2.6亿元，地方政府虚列财政收支7.8亿元，企业资产、盈亏不实金额20亿元。

这些问题反映上来后，省委书记杨正午、省长周伯华等省党政主要领导多次作出批示，责成有关部门对审计揭露的问题进行深入调查，坚决制止政绩造假行为，对性质严重、造成不良影响的要严肃处理。同时，要求各级各部门切实加强内部控制，提高领导管理水平，坚持把审计结果运用到干部监督管理工作之中。

三、以监督制约财经政策执行权为基点，加强对法纪和有关规定遵守情况的审计，追查违法违纪责任，促进领导干部廉洁从政

正确行使财经政策执行权是领导干部依法行政、廉洁从政的必然要求。4年来通过审计，全省共查出挤占挪用专项资金、招待费严重招标、滥发钱物、凭不规范票据列支、私设“小金库”、偷漏税费以及“三乱”行为等违规金额76亿多元，查出领导干部个人贪污挪用、以权谋私、行贿受贿、请客送礼、私费公报、公款私分等违规金额2873万元。如在对19所高等院校法人代表的审计中，审计出违规收费、私设“小金库”、漏缴税费等4164万元。在对3个市（县市区）房改办主任的审计中，查出违规贷款、非法委托理财、违规购买金融债券、挪用住房公积金、截留收入、贪污受贿等2.6亿元，因违规造成的损失近1000万元。我们还重点对省民政厅、水利厅、安全厅、移民局、物价局、监狱局等管钱管物和执法执纪部门领导干部进行审计，检查水利资金、移民资金、救灾资金等老百姓的“救命钱”是否合理有效地分配使用，是否严格执行收支两条线的规定，较好地发挥了跟踪监督作用。

对审计发现有问题的领导干部，我们旗帜鲜明地要求纪检监察机关和有关部门作出严肃处理。属于一般性的问题，由组织出面找被审计对象谈话进行批评教育；对工作失误造成严重损失的，该调整职务的调整职务；对严重违纪的，由纪检监察机关立案查处；对触犯刑律的，移送司法机关依法处理。2000年来，全省有154名领导干部在审计后受到党纪政纪处分，96人被移送司法机关处理。

通过运用经济责任审计手段加强对领导干部行使权力的监督制约，进一步强化了凭实绩论英雄、靠实干求进步的用人导向，既促进了党风廉政建设，密切了党群干群关系，也优化了经济发展环境，推动了全省经济社会持续健康发展。

推行经济责任审计
促进提高领导干部执政能力

中共湖北省委　湖北省人民政府

近几年来，我省为了加强新形势下的干部队伍建设，全面推行了领导干部经济责任审计制度。目前，县级以下领导干部审计已全面推开并不断深化，县级以上领导干部审计面不断扩大。2000年至今年上半年，全省共对7939名领导干部进行了审计，其中审计市县长（书记）45人，省直厅（局）领导干部21人，市州部门领导干部746人。我们的做法是：

一、加强经济指标真实审计，促进领导干部树立正确的政绩观

省委、省政府充分运用经济责任审计鉴别领导干部政绩的虚实，促进领导干部树立务实作风，树立正确的政绩观。省经济责任审计工作领导小组每年召开会议，安排对重点县市、重点企业进行审计和解剖，掌握县级财政收支和企业资产、负债、损益的真实情况。2000年以来，通过对42名县（市、区）长经济责任审计，发现财政收支不实的问题比较普遍，42个县（市）财政收支不实达11亿多元，县（市）平均2600多万元。有一个县虚增财政收入占当年上报财政收入的21%。同时，县市政府债务较重。其中10个县市近3年因各种建设投资，累计负债达7亿多元，而这些县市多数是吃饭财政，有的是赤字财政，靠财政兜底偿还债务十分困难。对企业法人代表经济责任审计发现，企业资产、负债、损益不实问题比较突出。据对10个企业统计，资产、负债、损益不实27亿多元，其中虚报利润9亿多元。如有一个物资集团公司上报亏损0.61亿元，而实际亏损近3亿元。

根据审计情况和建议，省委、省政府发扬事实求是的作风，区别不同情况，采取了多种整改措施，教育领导干部正确对待政绩：一是坚持凭实绩用干部，以形成正确的政绩导向。对那些勤政为民、实绩突出的干部，予以表彰重用；纪检监察部门对弄虚作假、做表面文章情节严重的进行了纪律处分。2000年以来，全省已审计的7939名领导干部中，有772人因实绩突出被晋升；有396名因弄虚作假或搞"形象工程"造成损失及其他问题，分别被免职、降职、撤职；对涉嫌犯罪的97人，移送司法机关处理。二是对财政困难的县市予以扶持。省政府调整、完善了转移支付资金分配和其他优惠补贴政策，加大了对贫困县市财政的扶持力度。三是加强管理，从体制、机制上防止虚假政绩问题发生。几年来，省委、省政府先后出台了扩大县级经济社会管理权限、改革县市财政管理体制等一系列重大政策和措施，增强县域经济自主发展能力和财政实力，规范财政运行和管理，完善县域经济评价考核体系，进一步调动了县市发展积极性。

经过连续几年的经济责任审计，揭假、治假取得了明显效果，市县财政状况不断好转，2003年，全省税收收入占地方一般预算收入比重达到79.1%，比1999年提高3.4个百分点。各级、各部门领导干部脱离实际、虚报政绩的现象显著减少，讲真话、办事实、务实效、求实绩的风气逐步形成。

二、突出重大经济事项决策程序和效果审计，促进领导干部提高决策能力

加强对权力的制约和监督，很重要的一个方面就是要加强对经济决策权的监督。近几年来，我省不断深化经济责任审计内容，从对单位财务收支审计向领导干部重大经济决策事项审计延伸，抓住领导干部在财政财务收支管理、重点资金分配使用、投资项目建设、国有资产管理等方面的重大决策事项，着重审查决策制度是否健全，决策程序是否执行到位，决策过程是否合法、民主、科学。通过发现和纠正决策程序和决策效果上存在的问题，促进健全决策制度，增强决策责任意识，提高领导干部决策水平。

经济责任审计发现，有的地方和单位权力过分集中，主要领导拍板说了算，违背民主决策原则，导致决策失误；有的不经科学论证，轻易决策造成重大经济损失；有的从部门利益出发行使决策权，导致乱收费、乱投资、挤占挪用专项资金等违纪问题屡禁不止。据统计，2000年以来，全省经济责任审计查出因决策失误和管理不善造成的损失浪费17亿多元。如省农科院原院长独揽财权，在决策对外投资、基建工程、资产变卖等重大事项时，个人说了算，造成损失360多万元；有一个省直单位盲目与境外合资办企业，造成借款本息2亿多元无法收回；有一个企业参与炒股、炒房地产及为其他企业担保贷款造成损失3亿多元；另一家企业盲目引进7000多万元的生产线长期闲置。

针对领导干部经济决策权运用中存在的问题，我省各级党委、政府抓住“制权”、“管钱”等关键环节，加强机制和制度建设，规范领导干部决策行为，努力推进决策的民主化和科学化。

三、加强经济管理的合法性与效益性审计，促进领导干部提高依法管理的水平和能力

2000年以来，我们从加强对省直部门的监督抓起，组织对20多个省直部门的主要负责人进行了经济责任审计，查出其中12个部门滞留欠拨和挤占挪用专项资金、乱收费、私设“小金库”或账外账等2.3亿元。审计后进行了有效整改，对严重挤占挪用专款的某部门主要负责人进行了党纪处理。3个违反规定收费的部门废止了不合规的收费文件，11个部门修订和制定了加强财政财务管理的制度，部门负责人财经法纪观念大大增强，依法理财水平进一步提高，违纪违规问题大幅度下降。以前年度存在的滞留欠拨资金、乱收费、乱摊派等问题均得到纠正。

为了从制度和机制上保证依法行政，提高领导干部依法管理水平，省委、省政府及有关部门根据审计情况和建议，结合大力推进源头治腐工作，采取了一系列重大改革举措，进一步完善了财政财务管理制度。

四、充分运用经济责任审计成果，惩防并举、标本兼治，促进领导干部提高拒腐防变能力

坚决反对和防止腐败，是全党一项重大的政治任务。我省通过充分利用经济责任审计结果，惩防并举、标本兼治、注重预防，进一步提高了领导干部拒腐防变的能力。

我们始终把查处违纪、揭露犯罪作为经济责任审计的重要任务。各级党委政府注重把群众意见大、反映问题多的领导干部列入审计重点。2000年以来，全省经济责任审计查出领导干部个人贪污、受贿、挪用等经济问题3800多万元，移送纪检监察部门和司法机关处理382人。如原省人大代表、枣阳市人大主任谭先龙利用职权非法侵占企业资金；省政府驻深办原主任收受贿赂；襄轴集团公司原董事长对外投资和炒股造成重大损失；夷陵区法院原院长贪污、受贿，单位私设“小金库”等案件均受到了严肃查处。

在经济责任审计工作中，我们坚持惩治与警诫相结合，注重利用经济责任审计结果情况，加强对领导干部的警示教育。建立了经济责任审计诫勉、谈话、教育、通报等多项制度，促进领导干部增强拒腐防变能力。2003年，我们安排对8个省直部门负责人进行了经济责任审计，查出了大量违纪违规问题和经济案件线索。2004年1月16日，省委召开省直机关副厅级以上领导干部通报会，通报了这8个省直部门经济责任审计结果。要求各单位举一反三，责令对存在的问题限期整改。这次审计结果通报，产生了强大的震慑作用。近两年，各市县党委、政府采取不同形式通报审计结果90多次，通过媒体公开报道500多次，起到了审计一人、教育一批、规范一片、防患于未然的好效果。

围绕加强执政能力建设
创新经济责任审计

中共济宁市委　济宁市人民政府

近几年来，我们坚持把领导干部经济责任审计摆到提高执政能力和拒腐防变能力的高度，放到改革发展稳定大局中定位和谋划，丰富内容，拓展领域，创新机制，为经济社会更快更好发展提供了切实保障。

一、在强化监督中规范从政行为，着力提高拒腐防变能力

经济责任审计是反腐倡廉的特殊手段和有力武器。我们坚持以经济责任审计为重要突破口和切入点，通过揭露问题、纠正错误、查办案件、堵塞漏洞，规范从政行为，提高领导干部拒腐防变的能力。

加大查处力度，坚决惩治腐败。在领导干部

经济责任审计中，从对党对人民负责、对改革发展稳定大局负责的高度，树立办案意识，认真履行职责，严肃查处案件。2000年以来，对全市1225名党政领导干部和48名国有及国有控股企业负责人进行了经济责任审计，查出涉嫌犯罪案件线索129件，涉及领导干部343名。对审计查出的严重问题，执行联席会议成员单位联合办案制度，用好审计线索，及时介入，及时立案，及时处理。对审计查出的一般性问题，由组织部门找领导干部谈话教育或诫勉；对问题较重、违反党纪政纪的，由纪检监察机关立案审查；对涉嫌违法犯罪的交司法机关依法查处。严格领导干部的责任追究，把查处个人问题放在更加突出的位置，对承担的责任逐一界定，依法依纪处理。在查处的343名涉案领导干部中，有312人受到党政纪处分，31人被追究刑事责任。

注重以案说法，开展警示教育。现实中的案例，最有说服力，最能警示人。为达到查处一个教育一片，坚持从审计案例中选择具有典型性、普遍性的案例，举行不同形式的案件通报会和警示教育会，引导各级党员干部时刻绷紧廉政这根弦。2000年在对市第一化工厂原厂长经济责任审计中，发现其收受贿赂、贪污公款，这个曾为企业发展作出重要贡献的国企负责人被依法判刑。我们抓住这个反面典型，召开由全市党政领导干部和企业负责人参加的警示教育现场会，让服刑人员现身说法，在与会干部特别是企业负责人中产生很大震动。对经济责任审计中审查出的各类问题，坚持不护短、不掩饰，该披露的披露，该曝光的曝光。近几年，先后将27个典型案例在党政领导干部会议、党政机关进行通报，有些案例还在新闻媒体上向社会公开。2001年审计机关查出嘉祥县广电局、公安局等单位财务管理混乱，集中暴露了一些部门特别是执法执收部门基础管理上的缺陷。根据审计意见，嘉祥县委、县政府召开全县整顿财经纪律大会，县广电局、公安局、财政局主要负责人在大会上作公开检查，县委、县政府并将此事通报全县，并作出了相应的纪律规定。以案说法，警示教育，增强了领导干部拒腐防变的自觉性，起到了警钟长鸣、防微杜渐的作用。

用好审计结果，健全管理机制。审计是手段，运用是目的。一方面加强审计工作，提高审计质量，一方面重视采用审计结果，分析问题，找准症结，提出解决的办法。一是对被审计部门进行整改规范。对审计查出的问题，市委、市政府责令其整改，完善制度，堵塞漏洞。二是审计结果与干部管理使用对接。坚持“凡动必审”，不管是提拔还是调动，离职前必须进行经济责任审计，不留空档，审计结果出来前，不公布新的职务、不履行法定程序；“不动也审”，开展任中审计，坚持每两年审一次，对重点监管部门年年审；“凡审必果”，通过经济责任审计，对每一个领导干部应承担的主管责任、直接责任、主要领导责任等逐一界定，正确评价；“凡果必用”，把审计结果作为领导干部政绩考核、安排使用的重要依据，作为组织任免的必备程序。三是健全完善各项制度。针对制度缺失和管理疏漏的突出问题，市委、市政府先后出台了一系列制度规定。审计成果的充分运用，制度规范的确立，有效规范了领导干部的行政行为，减少了各类违法违纪违规问题的发生。

二、在强化监督中维护好群众利益，着力提高执政为民的能力

高度重视关系群众切身利益的专项资金使用效益。保证各项专项资金的安全、合理、有效使用，是领导干部应负起的重大经济责任，特别是各项农业专款、扶贫救灾资金、社会保险资金、计划生育和教育经费等专项资金的使用，不仅关系群众生产生活，而且关系社会稳定。市委、市政府严格要求审计机关全程跟踪审计这些资金的管理使用情况，发现问题及时纠正解决，确保专款专用，最大程度地发挥效益。针对审计发现的个别县（市、区）和单位擅自挪用专项资金，导致农业开发项目不能如期完成，我们及时召开专题会议，严令纠正，确保被挪用资金全部归位。2002年在对市劳动保障局局长的经济责任审计中，发现该局挪用养老保险金2800万元建设离退休干部康乐活动中心，对负有主要责任的领导干部进行了严肃处理。2000年以来，结合经济责任审计，对与群众利益密切相关的项目跟踪审计了68个，查出一批资金管理不善、挤占挪用专项资金的问题，查出各类问题金额13.1亿元，全部进行了纠正。

集中解决群众反映强烈的突出问题。群众反映强烈的突出问题，就是党委、政府必须关心关注和着力解决的问题，也是经济责任审计的重点内容。我们重视发挥经济责任审计业务内行、介入灵活、群众信赖的优势，先行开展工作，在摸清情况、核实问题的基础上，集中力量进行专项治理。2000年，邹城市结合乡镇领导干部经济责任审计，对群众反映强烈的干部长期借款问题开展了集中清欠，成效很大。市委、市政府及时推广邹城经验，组织纪检、审计、财政等部门联手抓清欠，收回借欠公款8400多万元，社会反响很好，省纪委将我们的做法在全省推广。

坚决纠正损害群众利益的不正之风。损害群众利益、影响干群关系、破坏发展环境的部门和行业不正之风，之所以长期得不到解决，根本原因是部门权力利益化。我们把纠正部门和行业不正之风纳入经济责任审计范畴，加大揭露和查处力度，尤其严肃查处乱收费、乱集资、乱摊派的行为，并公开通报，收到良好效果。在对县市区长、乡镇长的经济责任审计中，发现有些县市区和部门负责人在农村电网改造工程和农村公路建设中，违反政策规定，擅自决定提高农民集资比例，增加农民负担，查实后责令有关县市区和市直部门立即进行了纠正，超出政策规定的集资款全部退还到户，并向群众公开道歉。

三、在强化监督中激励干事创业，着力提高科学发展的能力

纠正偏差失误，促进科学决策。决策失误是最大的失误。针对一些地方和部门盲目决策带来重大损失的教训，为最大限度地减少决策失误，我们坚持把经济决策纳入经济责任审计之中，客观评价领导干部在组织经济运行中的决策情况，明确界定决策失误中主要领导干部的责任，及时纠正决策中的偏差失误。近年来，市县两级党委、政府负责同志先后对60多份审计报告作出批示，针对存在的问题制定出台了一系列规范性文件，及时清除经济发展中的不健康因素。2004年上半年，在县市区长的经济责任审计中，发现一些县市区包括个别乡镇不顾自身条件，盲目圈地建开发区、工业园等，造成大量土地闲置。针对这种情况，市委、市政府按照中央和省的要求，及时进行了集中整治，凡未列入统一规划、未经省政府审批的开发区，一律予以撤销。通过整治，全市撤销开发区、工业园区19个，对保留的园区也进行了规模压缩，避免和减少了土地资源的浪费。

追究弄虚作假，大兴求真务实之风。树立正确的政绩观，抓好真实性审计，是深化经济责任审计的重点之一。对县乡党政主要负责人，重点审核主要经济指标是否真实客观，有无追求虚假繁荣的问题；对企事业单位主要负责人，重点审计有无虚报资产、虚增利润、做假账的问题。在一年一度的财政审计中，我们把县乡党政“一把手”的经济责任审计与之结合，认真审核各项经济指标的真实性，坚决纠正“干部出数字，数字出干部”的现象。2002年以来，全市先后有14名领导干部因审计中发现有虚报浮夸、欺上瞒下等问题被取消评先树优、提拔重用资格，情节严重的受到降免职处理和经济处罚。

澄清事实真相，保护支持干事创业干部。充分发挥经济责任审计的监督约束作用，保护支持干事创业的干部。2003年以来，全市上下举起了“解放思想、干事创业、比学赶超、加快发展”的热潮，各级各部门各行业改革开放力度之大、措施之强前所未有，为巩固发展这种好局面，市委、市政府要求审计监督紧紧跟上，用好经济责任审计这个手段，在鼓励创业者、支持改革者、惩治腐败者、教育失误者方面发挥作用，特别要通过高质量的经济责任审计，为少数受到非议的干部澄清事实，作出公正评价。近两年来，先后对群众反映较为集中的38名部门负责人和国有企业、乡镇、村居班子的领导干部进行了专项审计，澄清了事实真相，肯定了干部的成绩，指出了存在的问题。审计结果公开后，给了群众一个明白，还了干部一个清白，促进了干群关系的改善，激发了领导班子和领导干部开拓创新的热情。

发挥审计作用　追究经济责任

中共大庆市委　大庆市人民政府

伴随经济和社会发展的不断深入，各级领导干部履行经济责任情况倍受社会关注。为了防止领导干部经济行为监管失控，从源头上治理腐败，我们以经济责任审计为重点，加强干部监督，使领导干部违纪违法行为得到有效遏制。仅2000年以来，累计查出违规金额11.6亿元，收缴资金6700多万元，违规金额年均降幅17%，进一步规范了各级领导干部的施政行为，提高了全市党风廉政建设水平。

1．追究虚报数字责任，解决作风浮夸问题。过去，由于种种原因，曾有过“会计捣鬼、统计掺水”现象，也有过“官出数字、数字出官”现象。为此，我们从 2001 年开始，实施真实性审计，开展数字打假，遏制浮夸风。主要采取核对、复算、核实等办法，重点审计国内生产总值、地方财政收入、居民人均纯收入、招商引资额、债权债务等经济指标中存在的虚假问题。审计部门在审计某县长时发现，为了反映政绩，甩掉贫困县帽子，上任不到两年，通过虚报粮食产量、工业产值，将国内生产总值翻了一番。对这一虚报事件，我们在全市公开曝光，并将有关责任人调离原岗，降职使用。三年多来，我们累计查出虚报经济指标 7.3 亿元，招商引资额 4.6 亿元，瞒报账外债务 1.4 亿元，对 3 起虚报浮夸行为事件进行严肃处理，进一步弘扬了求真务实的正气。

2．追究决策失误责任，解决短期行为问题。运用审计结果追溯领导干部决策是否民主、是否科学，划分决策者与实施者的责任，是我们近几年的一贯做法。尤其针对为“圈钱”盲目上项目的决策行为，严肃惩处。2001 年，审计部门对一家国有企业进行审计时，发现该企业主要领导在离任前两年内，巨额举债投资 3.7 亿元兴建水上乐园项目，工程建设中存在腐败问题，经营中发生了严重亏损。通过进一步查实，该项目未经严密论证，属重大决策失误。我们根据审计结果及时撤销其领导职务，并将其移送司法部门，追究刑事责任，处以 10 年有期徒刑。我们从大庆可持续发展考虑，高度重视生态建设。在 2001 年被授予国家环保模范城市之后，为进一步加大生态建设力度，市委、市政府制定出台了《大庆市生态审计办法》。在县区长经济责任审计中，重点审计生态专项资金使用和破坏生态环境等问题，并严肃追究相关人员的责任。这一办法实施后，有力地促进了各级领导干部树立正确的政绩观，把生态建设摆上各级党委、政府的重要日程。近年来，全市累计投入生态建设资金 5.5 亿元，没有发生挤占挪用问题，保证了生态环境建设资金的正常使用。

3．追究财经违纪责任，解决小团体利益问题。针对部分单位和部门为了小团体利益，隐瞒收入、虚列支出、设立账外账、私设“小金库”等问题，我们全面加强预算内外资金管理，建立有效的监督制约机制。先后实行了会计委派、财政集中支付等一系列制度措施，并把清理解决“小金库”作为重点，严令任何单位不得私设“小金库”，并责令审计部门严审细查，发现一起查处一起。2002 年，审计部门在对市文化局局长进行经济责任审计时，发现该局将社会捐赠 50 多万元文化事业发展资金，账外保管形成“小金库”，擅自用于职工福利和个人招待费开支，严重违反财经纪律。经市委常委会议研究决定，撤销其文化局长职务，并向全市通报。三年来，全市共清理“小金库”4 个，累计查出账外资金 300 多万元，查处违纪责任人 8 名，进一步规范了领导干部财经管理行为。

4．追究经济违法责任，解决贪污腐败问题。我们把经济责任审计工作，作为发现经济违法案件线索的重要突破口，及时发现问题，解决问题，有效遏制了贪污腐败现象发生。大庆市新华书店原经理，在工作中曾经取得过很多成绩，多次获得国家和省级奖项。但在经济责任审计中发现，在成绩背后却存在严重的贪污行贿问题，我们及时责成相关部门介入，进行查处，并追究其刑事责任，挽回了 80 多万元经济损失。2002 年，在审计大庆市电影公司时发现，该企业在转制过程中虚假出资，以入股分红形式私分国有资产 39 万元。司法部门利用审计线索，及时立案，依法查处，主要责任人被判处有期徒刑 3 年。近几年，我们通过经济责任审计，共查出违法案件 5 起，分别追究了刑事责任，挽回直接经济损失 1200 多万元。

努力放大经济责任审计的综合效应

中共邳州市委　邳州市人民政府

近几年来，我们站在提高执政能力的战略高度，把经济责任审计作为党风廉政建设中的重要抓手，围绕发展抓审计，抓好审计促发展，经济责任审计工作取得新的成效，干部队伍建设迈出新的步伐。2000～2003 年，全市共开展经济责任审计项目 126 个，查出违规金额 1.56 亿元，查办较大案件 10 多起。市委参照审计结果调整干部 31 人（提拔重用 29 人，撤职 2 人）。随着经济责任审计的强势推进，经济案件大幅下降，干部队伍形象明显改善，2003年全市经济案件比1999年减少20%。与此同时，经济和各项社会事业取得长足进步。

1. 推进经济责任审计与干部队伍建设对接。我们把开展经济责任审计作为强化干部管理的一条有效途径。为此，我们建立健全任中审计和离任审计制度。任中审计，就是对科级主职干部三年轮审一遍，消除审计盲区，做到监督管理的经常化、制度化、科学化，使领导干部在履行经济责任和廉政方面存在的问题，能够早发现、早认识、早整改。我们牢牢抓住离任审计这个关键环节，让离任者走得“明明白白”，让继任者接得“清清楚楚”。我们把经济责任审计结果作为选人用人的重要依据，要求组织部门参照审计结果对拟任干部作出客观评价，充分运用和体现经济责任审计成果。几年来，我们坚持做到先审计后离任、不审计不调整。2003年，市委调整的38名领导干部，均安排了审计。

2. 推进经济责任审计与党风廉政建设对接。近年来，根据审计反映的问题及建议，市委市政府先后出台关于落实《领导干部个人财产申报登记的规定》、《关于党政机关和企事业单位小汽车购买和使用管理的规定》等10多个文件。对小车购置、维修、加油实行政府采购、定点养护。封存拍卖小汽车100余辆。对干部住房进行两轮清理，累计纠处1322人违规住房，退房179套15000平方米，收缴违规住房款1890万元。公款吃喝风得到了有效控制，镇级政府招待费占公务费支出的比重由1999年的10%降到了2003年的5%以下。我们还通过经济责任审计，提高干部用权的透明度，及时化解社会矛盾。我们在开展经济责任审计过程中，始终加大对经济犯罪案件查处力度，使腐败分子无处藏身。要求审计、纪检、检察和公安机关牢固树立办案意识，始终保持打击经济犯罪的强大攻势。特别要求审计机关开展经济责任审计要广伸审计触角，紧紧跟进干部用权过程，重点围绕重大投资决策和重大资金分配使用，抓好延伸审计，检查领导干部是否存在以权谋私等问题，使经济责任审计基本做到纵向到底、横向到边。2003年，审计机关在对种子公司负责人经济责任审计中，通过延伸审计，查出种子试验基地负责人贪污专项资金5万余元问题。

3. 推进经济责任审计与经济发展对接。我们利用审计机关的专业优势，发挥其促进经济发展的职能作用，重点在作出决策、完善决策上下功夫。根据审计部门的经济责任审计综合报告、专题报告、审计专报，市委、市政府在宏观经济管理和重大决策上推出一系列新举措。2004年初，针对审计发现的部分单位截留挪用行政事业性收费问题，市政府出台了非税收入管理办法，将所有行政事业性收费纳入非税收入管理，从源头上杜绝了坐收坐支现象的发生。2004年1～10月全市实现非税收入4.3亿元，比上年同期增加26.8%。在利用审计成果进行决策的同时，我们还根据审计情况的反馈，对决策进行修订完善。去年初，市委市政府根据经济责任审计中发现个别干部在基本建设中存在以权谋私问题，进一步完善了《邳州市建设项目审计监督办法》，在对重点建设项目工程决算监督的基础上，实行全过程跟踪监督。

海关关长经济责任审计的基本经验

海关总署

四年来，海关总署把贯彻落实国务院领导指示作为加强海关自身监督的重中之重，按照中办发［1999］20号和［2000］16号文件要求，在海关系统全面开展了局、处两级关长任期经济责任审计。通过关长经济责任审计，海关各级领导和广大关员依法行政的自觉性普遍提高，严密监管和高效运作的有机统一得到加强，各级海关把执法监督寓于日常管理之中，内部监督制约的力度有了明显加强，特别是促使关长真正发挥“第一责任人”的作用，提高了各级海关“一把手”和领导班子的执政能力，有力地推进了海关依法行政。为今后的发展积累了有益经验。我们的体会是：

1. 统一认识，加强领导，是搞好关长经济责任审计的关键。海关总署党组书记、署长牟新生多次强调：关长经济责任审计的目的是按规矩办事，主要是警示，吸取教训，不是为了惩处。这项工作太重要了。海关各项工作都要有明确的规矩，要完完全全按照规矩办事。牟署长的这段话确立了关长经济责任审计的指导思想。总署党组按照十六大提出的加强执法监督的要求，根据每一时期海关的中心工作，及时提出创新关长经济责任审计的新课题，在实践中加以研究和探索，保证了这项工作的健康发展。

2．加强制度和机制建设，是发挥关长经济责任审计监督职能的有效途径。我们依照五部委联席会议的要求，结合海关实际，先后建立了一整套与关长经济责任审计有关的制度，分别对依法审计和规范实施作出了规定。在贯彻这些制度的过程中，逐步形成了关长经济责任审计工作机制，较好地体现了十六大提出的寓监督于法制建设之中、寓监督于执法过程之中的精神，使关长经济责任审计成为海关内部监督制约长效机制的重要一环，成为规范海关执法、提高依法行政水平的有效途径。

3．全面开展局、处两级关长经济责任审计，是推动海关依法行政的有效手段。总署党组遵照国务院领导指示，在海关系统全面推行局、处两级关长经济责任审计，这既是贯彻依法治国、建设法治海关的客观要求，也是针对海关三级事权、权力下沉的行业特点，对执法活动实施有效监督作出的必然选择。对局、处两级关长履行经济责任的情况进行审计监督，牵住了海关管理的牛鼻子，做到牵关长之一发，动海关之全身，有效地促进了各级海关“一把手”和领导班子的勤政廉政，从而促进了依法治税、综合治税和应收尽收，推动了海关依法行政和管理水平的提高。

4．加强审计队伍的监督能力建设，是有效开展关长经济责任审计的重要保障。我们始终把审计队伍的监督能力建设放在重要位置，一是加强领导力量，选派讲政策、懂业务、客观公正、原则性强、敢于碰硬的同志担任审计部门和审计组的领导；二是在审计实践中培养和锻炼骨干，形成了一支拉得出、用得上、敢碰硬的审计专家队伍；三是在教育培训、经费和技术保障、业务数据开放等方面尽全力提供支持，保障关长经济责任审计顺利开展。

我们要按照十六届四中全会提出的加强党的执政能力建设的要求，进一步探索加强执法监督和内部制约的新路子，研究建立较为完善的经济责任审计评估指标体系，使关长经济责任审计工作年年有创新，年年有进步，为加强海关各级领导班子的执政能力建设，推动全国海关依法行政水平不断提高，更好地履行海关承担的职责和任务发挥应有的作用。

立足规范　标本兼治

中国电力投资集团公司

电力系统经济责任审计始于1987年，从原水利电力部制定下发《厂、局长经济责任审计暂行规定》开始，在能源部、电力部，以及原国家电力公司时期，电力系统各单位一直坚持对所属单位领导人员进行经济责任审计。通过这些年开展经常性的经济责任审计工作，电力系统经济责任审计形成了良好的审计氛围，“离任必审”和“谁任命、谁审计”的原则深入人心，许多离任和接任的企业领导主动要求进行经济责任审计，审计结果已成为提拔使用企业领导干部的重要参考依据。

中国电力投资集团公司（以下简称集团公司）于2002年12月29日正式成立，是在国家电力体制改革过程中，经国务院批准成立并直接管理的五家发电集团之一。

集团公司经济责任审计工作认真贯彻依法治企、从严治企的工作方针，全面履行监督职责，充分发挥审计监督在集团公司干部管理中的监督和促进作用。坚持按制度和程序审计，重点突出对领导干部履行经济责任的监督，对重大违法违纪问题的查纠，对各种不规范管理行为和关联交易的治理；坚持严格执法，审计不走过场，整改落实不走过场，责任追究不走过场；坚持按规定权限和程序，规范审计行为，不断提高审计质量。对审计揭示的问题，集团公司注重从源头上改善和规范企业各项管理，以审计促管理。工作中主要把握了以下几点：

第一，认真抓好问题的整改。对审计发现的问题，按照国家财经法规制度和集团公司的规定，按照审计意见认真落实整改要求，并完善本企业各项管理，巩固工作成果。比如，针对审计揭露的财务管理中存在的重大违规违纪、会计信息严重失真等问题，各有关单位要按审计意见进行认真纠正和整改，集团公司财务部门在全系统开展了为期一年的财务整顿工作，目的是从根本上杜绝“小金库”、账外账，对乱投资、乱担保、乱拆借、乱开户行为进行清理整顿，加强会计基础工作，提高会计信息质量，健全内部控制制度。经过财务整顿工作，基层企业财务管理水平有了明显提高。

第二，点面结合，推动改进和加强管理。坚持个别和一般相结合的领导方法和工作方法，抓好问题整改的同时，对倾向性、苗头性问题，及时采取措施，防微杜渐。对普遍性、共性问题，认真分析查找问题成因，各职能部门形成合力，在企业制度层面堵塞管理漏洞，改进薄弱环节，促进管理水平提高。比如，发电企业燃料成本占生产成本的60%以上，针对审计中发现一些电厂普遍存在的燃料管理混乱，乱收费、乱加价等严重问题，建议集团公司进行彻底整顿和规范。集团公司高度重视审计建议，由市场营销部牵头，财务、计划、人事等各部门积极配合，对集团公司系统的燃料管理体制进行彻底改革，撤销基层发电企业存在的36个燃料公司，成立区域性燃料公司，停止燃料加价行为。仅此一项，集团公司全年可以节省燃料成本支出1.89亿元。燃料成本得到了有效控制，燃料管理行为得到了规范，燃料管理水平得到了进一步提高。

第三，坚持注重从根本上治理。集团公司坚持现代企业制度的改革取向，完善法人治理结构，推进主辅分离，提高企业制度安排的水平；成立财务公司、工程建设公司、运行公司、检修公司等专业性分支机构，巩固和深化专业化、集约化管理，破除旧体制的弊端，不断完善管理模式；坚持不懈地加强领导班子和领导干部队伍建设，干部考核管理与审计监督相结合，为从根本上治理创造条件。

经济责任审计能否扎实有效地开展，确保不流于形式，关键在于对审计结果的正确处理和应用。集团公司非常注重经济责任审计成果的运用和责任的追究。

（一）实行审计通报。对审计发现的情节严重、性质恶劣、数额巨大的重大违纪违规问题，集团公司在全系统进行通报，集团公司已经对9个单位进行审计通报，并在年终经济责任兑现考核中对3个单位实行“一票否决”，此举树立了审计监督的权威，震慑效果非常明显。

（二）进行审计结果披露。集团公司将审计结果在年度工作会议上进行披露，被通报单位的负责人要在会上进行公开检查，这在公司系统引起强烈震动；绝大多数基层单位实行审计结果向职代会报告制度，推动厂务公开，调动广大员工参与企业民主决策、民主管理、民主监督。

（三）建立责任追究制度。对审计过程中发现的所有问题像抓安全生产一样实行“四不放过”，即违法违规问题原因不查清不放过；违法违规问题涉及人员没有受到教育不放过；违法违规问题纠正和防范措施不落实不放过；违法违规问题有关责任人没有处理不放过。做到“审而必用、违规必究、违法必惩”，揭露和查处经营中的违规违纪问题和个别严重违法犯罪案件。人事部门对存在问题单位的主要领导和财务总监实行问责制，进行诫勉谈话，将经济责任审计结果纳入干部考核档案，作为对干部业绩考评和职务任免的重要依据。对重大违法违纪问题的主要责任人视情况分别给予通报批评、党纪政纪处分、撤职，直至移送司法机关处理。

通过经济责任审计成果的有效运用，对集团公司所属各单位依法经营，依法纳税，规范管理，树立法律意识，认真执行国家有关法律法规而言，起到了很好的警示教育作用。

强化经济责任审计　促进企业健康发展

中国铁道建筑总公司

中国铁道建筑总公司是1984年由铁道兵改工组建的国有大型综合建筑企业，现有成员企业28家，员工23万人，资产总额588亿元。2003年完成企业总产值688亿元，实现利润7.1亿元，经国资委确认，国有资产保值增值率处于行业优秀水平；在世界最大225家环球承包商中位居第17位，在“中国企业500强”中位居25名。这些成绩的取得，是不断加强和改进企业管理的结果，这其中重要的一条，就是经济责任审计发挥了很好的作用。

系统1987年开始实行企业行政主管离任经济责任审计制度。随着审计工作的规范和深化，1995年建立了审计例会制度，使审计工作参与企业管理制度化。1998年为配合企业生产经营责任制的有效实施，公司将审计重点逐步向企业领导任中审计转移。特别是1999年中办、国办两个“暂行规定”颁布实施以来，我们结合企业做强做大、重组整合、建立现代企业制度的需要，进一步完善工作机制，加强规范化建设，在总结以往经验的基础上，建立了经济责任审计工作联席会议制度，使经济责任审计成为企业的重要内控机制。2000～2003年，全系统共对902人（次）企业负责人和行政主管（含工程项目经理）进行了经济责任审计，离任审计面达100%，任中审计面达33.7%。

坚持以生产经营为中心，着力提高经济运行的质量和效益，是企业实现持续、健康、稳定发展的根本保证。经济责任审计是对企业主要领导干部经济责任及经营绩效的专业监督形式，它通过对企业财务收支、经营业绩、资本结构和资产质量的审核对比与分析，不仅检查企业管理人员履行职责的情况，促进经营管理者更好地履行职责，提高工作效率；而且揭示企业经营管理中的薄弱环节，不断改进和完善，促进企业经营目标的实现和管理水平的提高。经济责任审计作为企业一种长效的动态监控机制，是掌握所属企业发展状况的有效途径，是进行重大经营决策的重要一环。几年来，公司注重研究和运用审计提供的信息，在企业经营方针、资产重组、资本管理等方面进行了卓有成效的改进和完善，促进了企业生产经营的快速发展和经济效益的持续攀升。

一、经济责任审计为确立适合企业特点的经营方针提供了可靠依据

在市场竞争条件下，经营规模和经济效益是企业生存发展的立足之本。作为建筑施工企业，没有一定的规模就没有效益，但规模与效益不是总成正比的，如果经营规模超越了生产能力和管理能力，企业不仅产生不了效益，甚至成为负担。对这个问题的认识，公司最早是从一份经济责任审计报告引起的。

公司下属的一个集团公司负责人，在5年的任职期间企业完成产值逐年大幅度递增，1999年企业完成总产值25.3亿元，比1995年15.1亿元增加10.2亿元，增长率为67%，但产值利润率却由1995年的5.2%下降到1999年的0.2%。分析产值利润率下降的主要原因是由于所承揽的工程任务中有不少存在低报价中标，高成本投入，垫资施工后形成应收工程款数额大，不能及时收回，导致财务状况恶化，资金紧张。

1999年在全系统经营工作会议上，公司提出了在企业生产经营中必须坚持“适度规模，精耕细作，最佳效益”的指导思想和经营方针，把提高经济运行质量和效益作为企业发展的着力点。实践证明，这个提法是符合施工企业实际的。几年来，各单位认真贯彻执行这个12字经营方针，注重提高经济效益与资产运营质量，通过实施精揽细管、成本控制等有效措施，强化集约经营，推动企业走上了一条集约经营、质量效益型的发展道路，使企业在经营规模、经济效益、综合实力等方面都实现了历史性突破。

二、经济责任审计为企业加快内部单位清理整合和资产重组的步伐发挥了重要作用

积极稳妥地推进企业内部单位清理整合和资产重组，是优化资源配置、提高企业整体竞争力的需要，是建立健全现代企业制度、确保国有资产保值增值的重要措施。由于这项工作涉及面广，情况复杂，必须在深入调查论证的基础上进行。在这方面，经济责任审计为摸清家底、掌握情况、明确难点、有的放矢地开展企业重构和资产重组发挥了重要作用。

2001年，公司先后召开了全系统审计工作会议，总公司第十二、十三次审计例会和审计处长研讨会，集中分析了227个处级以上建制单位及多种经营实体单位的经济责任审计情况。从工业系统看，所属12家工厂，有6家老厂因社会、债务负担沉重、产品结构单一、管理不善、机制不活、长期亏损，累计亏损额达26801万元；从物资系统来看，亏损面达38%，长期不良资产9029万元；10个工程局的多经单位经济实体户数超过300家，因绝大多数产品和服务供大于求，普遍难于维持。同时，由于管理层次过多，管理链条长，致使一些基层单位机构臃肿、监督管理失控、决策效率低下、管理成本增加，影响国有资产的保值增值。

为从根本上解决上述问题，公司认为必须从企业结构、资产结构和生产布局着眼，加快企业结构调整和资产重组的步伐。2001年11月，经总公司、总公司党委研究决定，对34个所属单位40多亿元资产进行调整和重组。通过重组整合，清理了一批经营状况差、管理不善、投资回报率低的非主业单位，精干了主业，减少了管理跨度，盘活了存量资产，为增强企业核心竞争力、建立适应市场竞争要求的管理体制和经营机制、确保国有资产保值增值奠定了基础。

三、经济责任审计为企业实施资本经营战略提供了决策依据

过去公司的经营模式是单纯的施工承包，基本没有涉足工程总承包和工程建设项目管理。为拓展新的生存发展空间，企业以投资建筑业相关产品为重点、实施资本经营战略是克服建筑行业任务短缺、效益低下、降低经营风险的有效途径，是企业进一步做强做大的必然选择。在实施资本经营战略的决策过程中，经济责任审计从两个方面为公司提供了重要依据：一是建筑行业的微利性日趋凸现，企业必须寻求新的发展空间。从经济责任审计反映的情况看，近年来由于建筑市场激烈竞争、低标价中标、建材价格上涨等因素，施工成本不断加大，所属 10 个工程集团公司的产值利润率一直在 0.94%～3.47%徘徊，使公司认识到靠施工单一经营模式，难以实现企业做强做大的目标。二是企业经济实力显著增强，为开展资本经营奠定了坚实的基础。2001～2003 年企业经营业绩不断扩大，三年分别实现营业额 376 亿元、460 亿元和 695 亿元，年平均增长 56.5%；盈利水平不断提高，三年实现利润分别为 2.9 亿元、5.6 亿元和 7.1 亿元，年平均增长 56.5%；开拓市场能力不断增强，三年新签合同额分别为 408 亿元、580 亿元和 1100 亿元，年平均增长 64.2%；资产总额迅速攀升，三年分别为 364 亿元、391 亿元和 588 亿元，年平均增长 27.1%；抵御风险的能力逐年提高，三年货币资金存量分别为 84 亿元、87 亿元和 130 亿元，年平均增长 24.4%。

为此，公司在认真分析国家宏观经济形势和充分论证的基础上，提出了以建筑企业的相关产业为重点，按照“依托主业，慎重决策，量力而行”的原则，稳健地开展资本经营，推动企业由传统建筑业向建筑业领域多元化转变。目前，全系统采用 BT、BOT、BOO 方式开工建设的项目 7 个，总投资规模达 310 亿元；房地产及其他股权性投资 62 个，总投资 50.4 亿元，初步形成了集勘探、设计、施工、监理为一体，国内市场与国际市场相结合，生产经营与资本经营协调发展的经营格局。

多年以来，系统各级领导从经济责任审计的实效性上深刻地体会到这项制度的重要性，把经济责任审计作为检验企业领导班子依法经营、立党为公、执政为民、从业清廉的重要环节，在企业改革发展的实践中，自发、自觉地把经济责任审计制度作为企业持续、健康发展的重要保障措施，并不断强化和完善，使之与企业的发展同步推进。2002 年总公司、总公司党委在《关于公司制企业法人治理结构运作机制若干问题的指导意见》及企业领导人员管理、企业效绩评价、企业经营管理者奖惩等办法中，进一步明确“企业领导干部任免考核应按规定进行经济责任审计”，从而确立了经济责任审计在现代企业制度中的地位。目前全系统设立内部审计机构 131 个、内审人员 970 人，比 5 年前增长了 39.2%，形成了集审计、财务、工程概预算、信息技术等专业人才、作风优良的审计队伍。在审计工作组织上，公司按照“统一要求、分级负责”的原则，建立了“集团总公司－局集团公司－子公司”三级经济责任审计网络体系，扩大了审计的覆盖面；公司将经济责任审计工作推广到企事业单位各级管理者、与境内外机构的合资、合作项目以及境内外建筑工程项目负责人，从而使经济责任审计工作延伸到企业经营管理的各个环节。在工作机制上，由审计例会发展到审计联席会议，由审计部门单一作战，发展到人事、纪检、检察、财务等部门协同作战；在工作方式上，由事后向事中、事前延伸，开展跟踪审计，提升审计成果质量，使经济责任审计工作在广度和深度上不断拓展。审计部门不断规范审计程序，改进审计方法，积极推进审计工作的信息化建设，使审计工作的质量和水平有了较大的提高，为审计结果的有效利用提供了扎实基础。

表　彰

中央五部委经济责任审计工作联席会议关于表彰经济责任审计工作先进地区和先进单位的决定

经审办字［2004］12 号　2004 年 11 月 25 日

各省（自治区、直辖市）、新疆生产建设兵团经济责任审计工作联席会议办公室，中央和国家机关各部门、各事业单位、中央管理的各企业和金融机构：

中共中央办公厅、国务院办公厅关于经济责任审计的两个暂行规定颁布实施以来，在党中央、国务院的领导下，各级党委、政府高度重视经济责任审计工作，纪检、组织、监察、人事、审计等部门密切配合，全面履行职责，在深化和推进经济责任审计工作进程中，取得了明显成效，在加强党风廉政建设、完善干部监督管理、促进领导干部依法行政等方面发挥了重要作用，涌现出了一批先进地区和先进单位。这些地区和单位积极探索，大胆实践，创新工作方式和方法，在推动全国经济责任审计工作中起到了典型引路的作用。

为了鼓励先进，进一步促进经济责任审计工作的发展，中央五部委经济责任审计工作联席会议决定对浙江省等94个地区和海关总署等10个中央单位在经济责任审计工作中取得的显著成效给予表彰。希望这些地区和单位再接再厉，为经济责任审计工作的进一步发展作出更大贡献。各地区、各单位要结合本地区、本单位的实际情况，学习和借鉴先进地区和先进单位的经验，不断深化和推进经济责任审计工作。

附件：经济责任审计工作先进地区和先进单位名单

附件：

经济责任审计工作先进地区和先进单位名单

浙江省、湖北省、四川省、黑龙江省、湖南省、云南省、上海市；

北京市房山区；

天津市河西区；

河北省石家庄市、滦南县、文安县、盐山县；

山西省长治市、阳高县、沁水县、稷山县；

内蒙古自治区呼伦贝尔市、包头市东河区、杭锦后旗；

辽宁省大连市、辽阳市、海城市；

吉林省白城市、通榆县、梨树县；

黑龙江省大庆市、阿城市、海林市；

上海市松江区；

江苏省南京市、邳州市、海门市；

浙江省杭州市、余姚市、嵊州市；

安徽省芜湖市、滁州市南谯区、舒城县；

福建省莆田市、安溪县、云霄县；

江西省南昌市、会昌县、南丰县；

山东省青岛市、东营市东营区、青州市、东平县；

河南省焦作市、辉县市、长葛市、项城市；

湖北省十堰市、武汉市硚口区、老河口市；

湖南省衡阳市、平江县、双峰县；

广东省中山市、广州市荔湾区、曲江县；

广西壮族自治区柳州市、灵川县、浦北县；

海南省澄迈县；

重庆市万州区、垫江县；

四川省成都市、德阳市、邛崃市、广安市广安区；

贵州省黔南布依族苗族自治州、贵阳市花溪区、遵义市红花岗区；

云南省楚雄彝族自治州、易门县、瑞丽市、永平县；

西藏自治区山南地区；

陕西省渭南市、礼泉县、凤县；

甘肃省酒泉市、华亭县、岷县；

青海省黄南藏族自治州、共和县；

宁夏回族自治区石嘴山市、吴忠市利通区；

新疆维吾尔自治区伊犁哈萨克自治州、麦盖提县、玛纳斯县；

新疆生产建设兵团农六师；

海关总署、公安部、中国气象局、中国农业银行、中国航天科工集团公司、中国材料工业科工集团公司、中国石油化工集团公司、中国铁道建筑总公司、中国电力投资集团公司、武汉钢铁（集团）公司。

审计署工作概况

署领导、党组成员

审　计　长：李金华
副 审 计 长：令狐安
刘家义
董大胜
项俊波（—7月）
余效明（8月—）
石爱中（8月—）
驻署纪检组组长：王道成
党 组 书 记：李金华
党组副书记：令狐安
党 组 成 员：刘家义　董大胜
项俊波（—7月）　王道成
余效明（7月—）
孙宝厚（12月—）

审计署机关

【审计工作简述】　2004年，全国审计机关在党中央、国务院的正确领导下，坚持科学发展观，认真履行审计职责，在促进加强宏观调控、推进依法行政、维护群众利益、促进廉政建设等方面发挥了积极作用。据统计，全国共审计12.4万个单位，为国家增收节支385亿元。向纪检司法机关移送各类违法犯罪案件线索1889件。向党中央、国务院及各部门和地方各级党政领导提交审计工作报告、信息9.3万篇，被批示和采用4.2万篇，促进国务院有关部门和地方政府制定、完善规章制度2973条。

（一）深化预算执行审计，强化了对有资金分配权部门的监督。2004年，审计署对中央部门，特别是对有预算分配权部门的审计力度进一步加强，指出了一些部门存在的预算不够细化，年初预留比例过大，资金分配方法不够合理，投向分散、标准不统一等问题，也查出一些部门虚报套取财政资金、挤占挪用专项拨款、决算编报不真实等违法违规问题，通过对这些问题的纠正和对责任人的处理，促进各部门进一步加强了预算管理。同时，采取上下联动的方式进一步强化了对补助地方支出的审计，集中反映了一些专项转移支付管理不够规范，一些地方未将中央补助地方收入纳入预算管理等问题，促进了转移支付制度的完善。

地方审计机关在各级党委政府的领导下，也普遍加强了对本级政府部门的预算执行审计，促进各部门提高认识、建章立制、加强管理，取得了较好效果，得到各级政府和人大的充分肯定。从全国来看，审计重点更加突出，目标更加明确，揭露和反映了预算执行中存在的一些深层次问题。湖北、安徽、云南、宁波着力强化了支出审计，江苏、浙江、陕西、黑龙江在管理和效益方面作了初步探索，山东、四川、新疆、安徽、宁夏将预算执行审计与各专业审计相结合，将本级预算执行审计与下级财政决算审计相结合，进一步整合审计资源，加大了审计的深度和力度。

（二）围绕防范金融风险，加强了对金融机构资产负债损益的审计。2004年，审计署组织18个特派办对华融、信达、长城和东方4家资产管理公司及其分支机构进行了审计。这次审计覆盖面达到41%，审计的重点是核实财务真实性、资产有效性和经营合规性，揭露严重违法违规问题。此次审计共查出各类违规、管理不规范问题和案件线索金额715.49亿元，占审计抽查金额的13%。审计发现的主要问题：一是不良资产收购把关不严，造成相当一部分金融债权难以落实。一些银行为甩掉包袱、逃避责任，借剥离贷款掩盖以前年度违规经营造成的损失。二是弄虚作假，暗箱操作，低价处置债权，造成国有资产流失。三是一些资产管理公司财务管理松弛，虚报、挪用回收资金的情况时有发生，甚至采取虚报冒领、截留收入、虚列费用等手段，套取资金用于发放高额工资及奖金补贴等。

地方审计机关积极开展了对地方金融机构的审计，如上海、甘肃对城市商业银行的审计，河北、新疆对农村信用社的审计，山西、贵州、江西对省属证券公司的审计都取得了较好的效果，发现了资产质量及经营方面存在的问题，提出了加强管理、防范风险的建议。金融审计在促进加强金融监管，防范和化解金融风险方面发挥了积极作用。

（三）为促进加强和改善宏观调控，深入开展了专项审计和审计调查。2004 年，按照温家宝总理的指示，审计署对涉及深化经济体制改革和社会普遍关注的一些热点问题加强了审计监督。一是参加了国务院组织的全国土地市场秩序治理整顿检查验收工作，并配合有关部门，对 6 省（区）农民集体所有土地的征用补偿情况和经营性土地使用权出让情况进行了重点检查。二是对杭州、南京、珠海、廊坊 4 城市 9 个“大学城”的土地使用和建设资金来源等情况进行了审计调查，查出一些地方政府违规审批建设用地，一些建设开发单位违规圈占土地，以及由于建设资金过度依赖银行贷款，还贷风险凸现等问题。据统计，至 2003 年底 9 个“大学城”累计向银行贷款占已筹集建设资金总额的 59.42%，个别高校新校区贷款所占比例超过 90%。三是对七大流域机构、15 个省（区、市）水利建设资金和部分水利项目进行审计，查出一些流域机构和省级水利部门通过办经营性实体、搞同体建设、设“小金库”等手段吃水利资金现象比较严重。同时发现部分项目管理薄弱，建设效果较差。四是审计吉林、辽宁、内蒙古等 8 省（区）粮食风险基金，发现地方配套粮食风险基金不到位或虚假配套以及挤占挪用等问题比较严重。审计吉林、辽宁、河南等 7 省（区）企业关闭破产补偿资金，发现企业虚报冒领、挤占挪用中央补助资金等问题。五是对全国铁路行业利用政府外债建设项目的设备使用情况进行了效益审计，发现由于设计论证不充分、使用管理不善等原因，造成大型施工机械、养路机械和通讯设备利用率低以及闲置和损失浪费等问题。

地方审计机关根据各地具体实际，也注重并加强了专项审计和审计调查。围绕社会关注的突出问题和影响宏观调控政策落实的问题，安徽、湖北、黑龙江、宁夏、河南、内蒙古、海南等地积极开展了农村税费改革、农村乡镇卫生系统建设情况、粮食企业挂账清理情况、建设领域拖欠工程款及民工工资情况、交通规费征稽情况等多项审计和审计调查，审计结果为各级领导宏观决策提供了重要的信息和依据。

结合专项审计和审计调查，许多地方对效益审计进行了积极探索，如深圳市开展了科技三项费用、生活垃圾无害化处理、市政公园建设和管养等 8 个效益审计项目，江苏对国有土地指标拍卖收益进行了专项调查，浙江对全省 94 个财政投资建设项目进行了同步效益审计，云南尝试对部门预算资金效益情况进行审计，湖北、厦门对福利彩票、体育彩票专项资金及一些重点建设项目进行了效益审计试点，山东、四川开展了利用外资项目、退耕还林工程资金效益情况专项审计调查，天津、吉林、广西对中水回用项目、生态建设资金、世行西南扶贫项目进行了效益审计试点，黑龙江在农业综合开发、固定资产投资等行业审计中安排了效益审计项目，这些都取得了较好效果。广东、湖北等省还专题召开了效益审计研讨会，初步总结了效益审计的经验。

（四）配合国企改革，加大了对国有及国有控股企业的审计力度。审计署受中组部、国资委的委托，对国家开发投资公司、中国海洋石油总公司、中国石油化工集团公司等 10 个中央企业的领导人员任期经济责任进行了审计。审计资金面占 10 个企业资产总额的 51%，审计揭露案件线索 9 件，涉案金额 16 亿元。发现的主要问题：一是会计信息不实，有的多计利润，有的形成潜亏；二是有些决策失误，乱投资、乱借款、乱担保造成损失；三是违规处置资产、关联方交易让利、违规经营等造成国有资产流失。

地方审计机关围绕当地政府中心工作，共审计企业近 8000 个，查处各类违法违规问题金额 300 多亿元。为配合国有企业改革，天津、宁波对投资公司资本运营情况进行了专项审计和调查；厦门重点审计了财政投入资金多、财政补贴多、已改制或即将改制的企事业单位；浙江建立了国有企业审计工作协调机制和日常监管机制。企业审计为促进企业深化改革，健全法人治理结构，保证国有资产保值增值发挥了重要作用。

（五）加强对关系人民群众切身利益的专项资金的审计。2004年，各级审计机关以“三个代表”重要思想为指导，普遍关注涉及群众切身利益的问题。审计署针对群众关注的教育、医疗收费问题，对清华大学、北京大学等18所高等院校和10所中央部属医院进行了审计。发现的主要问题是：部分高校通过扩招、面向社会办学等违规收费，截留、隐瞒收入；部分医院通过自立名目、自定标准等方式乱收费，一些生产厂商和经销商采取虚报成本、违规加价等手法抬高价格，并将获取的超额利润用于支付回扣，导致药品和医疗器械价格虚高，加重了患者负担。

审计署还组织对“三河一湖”水污染防治资金、失业保险基金、云南大姚地震救灾资金、淮河流域洪灾救济补偿资金等4项专项资金进行了审计和审计调查，发现虚报套取、挤占挪用等违规问题，主要被用于弥补公用经费、发放人员工资和奖金补贴等。

地方审计机关对城镇居民最低生活保障、医疗保险、失业保险、扶贫、水污染防治、支农资金、农业综合开发等多种专项资金开展了审计，发现和查处了一批挤占、挪用、截留财政专项资金和侵占农民利益的突出问题，为促进社会事业的发展，树立政府良好形象发挥了积极作用。

（六）认真贯彻中办、国办两个暂行规定，积极开展了经济责任审计。各级审计机关按照“积极稳妥、量力而行、提高质量、防范风险”的原则，全面推进国有及国有控股企业领导人员和县以下党政领导干部经济责任审计，积极开展县以上党政领导干部经济责任审计试点，取得明显成效。全年共审计领导干部33737名，其中党政领导干部31568名，企业领导人2169名，查出违规金额655亿元，损失浪费金额126亿元，领导干部个人经济问题金额1.29亿元。审计后移送纪检监察部门、司法机关查处561人，移送被审计领导干部以外的其他涉案人员351人。经济责任审计对于促进领导干部增强法律意识、责任意识、廉政意识，提高管理能力和水平起到了积极的推动作用。

此外，2004年，审计署还组织完成了513个国外贷款和援助项目审计，对外出具审计报告516份。

（七）积极推行审计结果公告制度，逐步把审计监督和群众监督、舆论监督结合起来。根据审计法规定和国务院指示精神，2004年审计署在较大范围内推行了审计公告制度，对外公告了11个部门（单位）和3项专项资金的审计结果。公告前反复征求了被审计单位的意见并征得他们同意，公告时将被审计单位的整改情况一并公布。实践证明，这样做的效果是好的。从媒体反映看，广大群众对党中央、国务院坚持求真务实、支持审计署公开披露问题给予高度评价，对审计署依法履行职责、如实反映问题给予积极支持，对被审计单位接受监督、认真整改给予充分肯定，更加坚定了推进依法行政、加强民主法制建设的信心；从被审计单位看，对公告的问题，高度重视，认真对待，加强整改，规范管理；从各部门反映看，对没有审计或公告的单位起到了举一反三的借鉴和警示作用。审计公告对审计机关自身建设、审计能力和水平、审计质量要求也是一个极大的促进和推动。地方审计机关也采取多种形式积极推进审计结果公卅，并逐步加以规范，湖北、北京、上海、山东、云南、黑龙江分别制定了审计结果公告试行办法，对社会普遍关注的财政专项资金审计或审计调查结果进行公告。2004年，全国地方审计机关共向社会公布审计结果522篇，促进了各部门单位加强管理，提高资金使用效益，并进一步扩大了审计工作的影响。

2004年，审计发现问题的整改结果为历年最好，审计监督效果更加明显。对审计发现问题的整改工作，国务院领导高度重视，温家宝总理多次强调有关部门单位和地方政府要认真整改，给全国人大和人民群众一个认真负责、实事求是的答复。国务院先后两次向全国人大常委会报告了整改落实情况。除国家体育总局动用中国奥委会资金尚未落实整改外，其他部门和地方政府根据国务院的要求，认真纠正违规行为，追究有关人员责任，并注意强化管理，堵塞漏洞，取得了明显成效。从统计情况看，2004年中央预算执行和其他财政收支审计发现问题的整改情况是历年来最好的。已上缴财政各项资金233.58亿元，滞留、闲置的财政资金已按规定下拨241.05亿元，已调整有关会计账目77.54亿元，各类被挤占挪用的资金已收回7.03亿元，已挽回经济损失2.88亿元，各级政府、有关主管部门和被审计单位根据审计意见完善各项制度规定87项，向司法机关和纪检、监察部门移送各类案件线索222件，已有762人（次）受到党纪政纪处分或被移送司法机关处理。

各地审计发现问题的整改工作也取得较好效果。地方人大、政府及有关部门单位更加重视审计发现问题的整改工作，整改力度大，落实情况好。山西、江西、广东、辽宁、重庆、西藏等审计机关根据人大、政府的要求，对有关部门落实审计意见情况进行了专项检查；吉林省通过省政府全体会议通报查出问题的纠正和整改情况；山东省政府将预算执行审计查出问题的整改情况列为重点督查事项，查出问题整改率已达到97.8%；天津有关部门和单位在整改中注重完善制度，加强内部控制，审计决定落实率达到92%。

2004年，审计工作之所以取得比较好的效果，主要有四个方面的原因：一是党中央、国务院全面推进依法治国、依法行政，整个社会的法治氛围进一步增强，为审计工作创造了良好的法治环境。二是国务院和地方各级党政领导对审计机关充分信任，对审计工作高度重视。特别是温家宝总理，对审计工作多次作出重要指示，提出要求，为审计机关依法履行职责提供了强有力的领导和支持。三是贯彻五年发展规划，审计工作思路明确。四是各级审计机关坚持求真务实、开拓创新，较好地履行了法定职责。（撰稿人：郭彩云）

【办公厅】 2004年，办公厅人员编制43人，在编43人。设有政策研究室、计划统计处、财务处、秘书处、档案处、审计长办公室、署举报中心办公室、厅办公室8个职能处（室）。

领导成员

主　任：刘宝衡

副主任：王秀明（兼政策研究室主任，—9月）

刘玉慧（兼审计长办公室主任）

周德铭（兼审计信息化建设办公室主任）

正司级审计员：颜建军

副司级审计员：郑　济（兼秘书处处长）

提高文稿质量　加强信息宣传

（1）围绕中心，积极开展调研。为促进加强基层建设，组织开展了对全国县级审计机关建设情况的调研，调研报告得到署领导的较高评价。根据李金华审计长批示，编发了2期《审计工作动态》反映调研成果，还将调研中总结的江苏省建湖县审计干部管理的典型经验在人民日报等媒体上作了报道。

（2）认真提炼，提升文稿层次。共起草各类重要文稿40多篇，包括中央预算执行审计"两个报告"，全国审计工作会议、全国审计工作座谈会、全国审计机关人才和廉政工作会议、全国经济责任审计工作会议的领导讲话，向国务院汇报的预算执行审计整改情况和2004年审计工作的汇报提纲等。在文稿起草中，加大分析力度，提升思想内涵；加强归纳提炼，力求简洁明了。特别是"两个报告"的写作与往年相比，更加注意从研究分析基础材料入手，联系国家宏观经济政策，突出反映政府和社会关注的热点、焦点问题，提升了报告的立意和层次。李金华审计长向人大的报告在社会公布后，引起强烈反响，审计机关的地位和威望进一步提高。

（3）充分挖掘，提高信息质量。深入挖掘信息源，增强政策敏锐性，把握国务院领导关心的问题，重点反映经济社会发展中的新问题；按照事实、法理、案例的要求，概括剖析所反映的问题，尤其是综合反映带普遍性的问题，进一步提高了报送信息的针对性和有效性，为国务院领导决策提供了准确依据。全年共编发《审计要情》34篇，比上年增加11篇，均被中央领导批示；编发《重要信息要目》120篇，比上年增加36篇，采用率为88%，再创历史新高。此外，还转发部委信息141篇，编发《审计简报》10期、《审计工作动态》21期、《审计工作通讯》37期。

（4）把握时机，加强审计宣传。按照"集中性宣传有声势，日常报道不断线"的指导思想，关注舆情，把握时机，提高宣传层次，创新宣传形式，增强宣传工作的计划性和主动性。2004年，组织了中央电视台、人民日报、新华社、凤凰卫视等媒体对李金华审计长的4次专访。中央电视台首次对年初全国审计工作会议的现场直播，并对审计长向人大报告和全国审计工作座谈会、全国审计机关人才和廉政工作会议、全国经济责任审计工作会议作了宣传报道，对审计机关“人、法、技”建设情况作了专题采访报道等。共在中央新闻媒体播发审计宣传稿件近200篇（次），取得了很好的宣传效果。

（5）大胆实践，加大公告力度。2004年，根据审计长指示，边实践、边总结，逐步实施了审计结果公告，摸索了中央部门公告的规律和特点，加强了与有关部门的协调沟通，较好地保证了公告的质量。全年共公告了4个专项审计和10个国务院部门单位的审计结果，产生较大的社会影响，促进各有关部门认真的整改，效果良好。

规范计划管理　提高统计质量

（1）加强计划执行情况的动态分析。修订印发了《审计署审计项目计划管理办法》，坚持按月反馈审计项目计划执行情况，按季综合分析向署领导报告的制度。在全署范围通报了2004年第一季度的计划执行情况。开展了改进授权审计工作的调研，并进行了“审计机关审计计划管理”的课题研究。此外，根据署领导指示，与经贸审计司、机关纪委组成联合调查组，调查核实了内蒙古自治区某市审计局审计中央单位中的违规问题，督促落实了处理意见。

（2）探索审计统计工作新路子。尝试开展审计统计结果的综合分析，形成了按季进行分析并向署领导专题报告的制度。根据署领导指示，向各省级审计机关和全署各单位印发了2003年度审计统计分析报告。同时，组织地方审计机关开展了加强和改进审计统计工作的调研，提出了改进工作的基本思路和建议；强化了对统计质量的检查监督，组织了《统计法》贯彻执行情况的自查，恢复了统计报表汇审制度，加强了对审计统计报表的经常性审核，及时发现和纠正了各单位上报报表中的数据差错。

（3）积极推动审计计划、统计管理软件的开发应用。积极参加了审计计划、统计管理软件的开发与测试工作。组织了审计统计管理软件在北京市、河北省部分审计机关的试运行。协助审计署信息建设办公室举办了审计统计管理软件培训班，培训人员130多名，为软件在全国的推广应用做好准备。

坚持改革创新　加强财务管理

（1）大力开展财务调研和分析。对18个特派办开展了财务状况调研，通过逐一分析资金硬缺口产生的原因，帮助特派办解决了一些历史包袱和实际困难。同时，还对中央有关部门参照北京市规定发放职务补贴情况进行调查，提出了为署机关职工增发职务补贴的建议。对署机关的家底进行盘点分析，为解决职工宿舍建设资金不足问题提出了建议。对部分行业的岗位补贴、外勤经费标准等问题进行调研，为提高有关经费支出标准、规范署机关同城审计住宿等问题提出了建议。

（2）积极推进财务管理方式的改革创新。在国库集中支付、收入收缴、预决算管理等方面，进行了多项改革和创新，积极推进了全署财务工作的科学化和规范化管理。为保证改革取得实效，在全署组织了4次财务工作会议和培训班，研究部署改革措施，对财会人员进行业务和操作培训。

（3）强化审计监督。根据署领导指示和人事教育司委托，对广州、成都、昆明、京津冀、哈尔滨等5个特派办和机关服务局、中国内部审计协会进行了离任审计和内部审计，促进了各单位严格依法理财。尤其是对机关服务局原局长的离任审计，既摸清了机关家底，又提出了加强机关财务管理的多项建议。

（4）加强协调沟通。进一步加强与财政部、国家发展和改革委员会、国务院机关事务管理局等部门的沟通协调，初步建立了审计署与外部财务主管部门的沟通协调机制。审计署年中申请追加的各项经费取得较好结果。

提高公文质量　加强公文管理

2004年，共完成核稿1900多件，收发纸质文件18300多件，收发电子文件4900多件，扫描加载各类资料1700多件，加载网站电子信息近3000条，用印、开信约3500次，机要交换文件信函34000多件，促进了公文处理工作的进一步规范，确保了及时、准确、安全。

（1）公文培训科学化。为解决公文处理中存在的问题，提高公文处理质量，4～8月，组织开展了审计机关行政公文处理工作网上培训，全国8万多审计人员参加了培训。不仅强化了各级审计机关严格遵守公文处理规章制度的意识，形成了规范公文处理工作的长效机制，还尝试了一种充分利用现代化办公手段开展全员培训，以较小的成本获取较大效益的培训模式。

（2）公文管理制度化。为进一步规范公文处理工作，相继制定了领导批示文件用语规范、6号令文种使用规范、重要涉密文件专办规定、表彰奖励事项使用文种规范、派出局简报应用及格式规范，并建立了远程通信故障报告备案制度。在实际工作中，坚持做到文件日收日结，无拖延、无失误；对各单位上报文件严格审核，发现错误及时纠正或退回；对远程收文情况抽查通报，对派出局取文定期检查。

(3) 公文处理信息化。经过一年多的努力，金审工程公文处理软件的研发工作基本完成，已在部分特派办开始试用并得到初步认可。为适应新软件的功能，方便查询使用，对前十年网络系统内积累的43700多份旧文件全部进行了重新登记。及时更新互联网和国办网审计署网站的信息，点击率大幅提高，在国务院办公厅对中央国家机关网站的评比中，审计署互联网站被评为第三名。

各项服务工作

(1) 服务领导细致主动。共起草以署党组或署领导名义的工作报告、调查报告、讲话稿等文稿100多篇，协助署领导接收、登记、传送各种文件资料32000多份、各类文稿12000多份，收发电报和传真400多次；承办署领导主持召开的各种会议，编写《会议纪要》、《值班简报》、《值班简报增刊》100多篇；整理编写了《2003年署领导重要工作活动大事记》、《国务院领导对审计工作的重要指示和批示》；跟踪催办署领导重要批办事项300多件，完成署领导和办公厅领导直接交办事项200多件；处理群众来信4000多封，接待来访700多人次。此外，还制定了《审计署专职秘书管理工作暂行规定》，整理汇编了《秘书工作手册》，组织了政务值班和值班人员接收密码专网文件的培训等。

(2) 组织协调工作。认真组织承办了2004年全国审计工作会议、全国审计工作座谈会、全国审计机关人才和廉政工作会议、全国经济责任审计工作会议等4个全国性会议的筹备和会务工作，会议数量和规模均为历年之最，确保了会议的顺利进行。组织完成了13件人大建议和政协提案的答复工作。按审计长指示，各承办单位对每件建议提案的答复都当面或电话征求了提议（案）人的意见，这一做法，在人大代表和政协委员中产生较大反响。另外，还协调组织了全署集中培训、年终总结等工作，完成了署领导交办的其他工作事项。

(3) 信访工作。全年共受理群众信访举报事项9201件，比上年增加4076件，增长80%，再创历史新高。其中，接待来访群众302批、1150人（次），比上年增加185批、932人（次）。编发《审计信访举报工作动态》11期，起草《关于霍邱县群众上访情况和建议》等签报、信函10余件，署领导对其中5件作出了批示。对8项信访举报制度进行修订，进一步完善了工作规范和机制。近10个经审计查实的重要信访举报事项，已在上报的《审计要情》和《重要信息要目》中得到反映。通过大量耐心细致的工作，妥善协调处理了多起重大信访举报和大规模群体突发性上访事件，避免了意外事故的发生。

(4) 档案管理。围绕档案信息化建设和审计质量控制，强化档案管理工作。启用档案管理软件，完成3万多条目录数据的导入，与人事管理软件、公文流转软件和AO审计软件衔接，初步实现了审计档案信息化管理。目前已能从办公辅助系统查阅到建署以来接收的所有中共中央、国务院文件，审计署以署和署办公厅名义制发的各类文件，以及基建档案和会计档案的目录。严把档案收集关、立卷关和归档关，全年共检查、接收各类档案3165件（卷）。按照国务院办公厅要求，收集整理了1991～2003年朱镕基总理对审计工作有关的讲话、批示、题词、音像等资料191件。根据国家档案局的要求，使用《全国档案事业统计年报管理软件》，高质量地完成了全署档案年报统计汇总报盘，得到国家档案局的通报表扬。另外，还完成了《2003年审计工作文件选编》和《审计署建署20周年组织机构沿革（初稿）》的编撰工作。

(5) 保密工作。制定了《审计署保密委员会2004年工作要点》，印发了《审计署普通密码使用管理规范（试行）》。按照中办机要局的部署，组织开展了审计系统密码保密检查，抽查面达到52%，抽查优良率为57%，没有不及格单位。根据国家保密局的要求，组织开展了全署的计算机网络安全保密检查，对检查发现的问题，各单位认真整改，取得较好效果。对部分密码设备进行了更新，协调组织了中央国家机关密码通信专网的开通工作。此外，通过机关局域网的《网上课堂》播放录像片的形式开展保密教育，组织征集

了审计现场保密规章制度。（撰稿人：陈遥征）

【法制司】　2004年，法制司人员编制18人，在编15人，领导职数3名；设有法规处、审计复核处、审计质量检查处、法律事务处4个职能处。

领导成员

司　长：王常松（—9月）

副司长：王秀明（9月—）

李淑敏

立法工作　法制司针对2004年审计立法任务比较重的情况，集中力量、突出重点，审计立法工作取得丰硕成果。

(1) 审计法修订工作取得阶段性成果。国务院和全国人大常委会将审计法修订工作列入2004年度立法计划后，审计署党组高度重视，法制司全力以赴，已取得阶段性成果。年初，李金华审计长在全国审计工作会议上作了部署。2月，审计署成立了由董大胜副审计长任组长的审计法修订工作小组。3月，审计法修订工作小组赴部分地方进行调研，听取大家的意见，在此基础上起草了《审计法（修订征求意见稿）》。4月，审计署书面征求全国审计机关对修订征求意见稿的意见。5月，审计署、国务院法制办公室（以下简称国务院法制办）联合书面征求8个省级人民政府、30个中央部门和6位专家学者的意见。在汇总吸收相关意见和建议的基础上，形成了《审计法（修订送审稿）》。7月，审计署将《审计法（修订送审稿）》正式报请国务院法制办审定。8月，国务院法制办召开审计法修订协调会议，就修订中涉及的主要问题与有关部门进行磋商，并将《审计法修正案（草案）》送有关部门征求意见。9月，国务院法制办将《审计法修正案（草案）》报请国务院常务会议审定。国务院常务会议将对该草案进行审定，此后将提交全国人大常委会审议，有望在2005年内出台。12月，法制司还就审计法修订情况向全国人大预算工作委员会进行了汇报，为下一阶段审计法的审议奠定了基础。

(2) 完成《国务院关于违反财政法规处罚的暂行规定》修订工作。根据国务院立法计划，2004年法制司和财政部、监察部、国务院法制办的相关工作部门共同对1987年《国务院关于违反财政法规处罚的暂行规定》进行了修订，在2002年草拟的《财政违法行为处罚处分条例（送审稿）》基础上，经与有关部门多次研究协调，报送国务院常务会议审定。2004年11月5日，国务院第69次常务会议审议并原则通过了《财政违法行为处罚处分条例》。11月30日，温家宝总理签署第427号国务院令，正式发布了《财政违法行为处罚处分条例》，自2005年2月1日起施行。《财政违法行为处罚处分条例》的发布施行，有利于维护国家财经秩序，有效制止各种财政违法行为，更好地促进我国社会主义市场经济的健康发展。同时，这也是我国审计法制建设的一件大事，有利于更好地促进审计机关坚持依法审计，规范审计处理处罚行为，努力提高审计工作水平。

(3) 与最高人民检察院联合制定下发《关于进一步加强检察机关与审计机关在反腐败工作中协作配合的通知》。为进一步加强检察机关与审计机关的协作配合，法制司与最高人民检察院有关部门在2000年制定的案件移送和加强工作协作配合基础上，共同研究细化了健全工作联系与协调机构、完善案件移送制度、建立移送案件备案审查制度等。11月，审计署与最高人民检察院联合下发了《关于进一步加强检察机关与审计机关在反腐败工作中协作配合的通知》。

《审计机关审计项目质量控制办法（试行）》　2月，李金华审计长签署第6号审计署令，发布了《审计机关审计项目质量控制办法（试行）》，自4月1日起在署机关及派出机构试行，地方审计机关根据具体情况确定试行范围。此后，法制司采取有效措施，通过多种途径努力推动6号令的贯彻落实，促进加强审计项目全过程质量控制，取得了较好的成效。

(1) 举办多期培训班，帮助深入学习理解6号令精神。3月，法制司在苏州举办6号令培训班，各省、自治区、直辖市和计划单列市审计厅（局）、各特派办的法制机构负责人参加了学习培训，为各单位培养了6号令的宣讲人员。此后，法制司又与培训中心连续举办了6期培训班，为地方审计机关宣讲6号令，帮助审计人员学习领会6号令精神，为更好地贯彻执行6号令奠定了基础。

(2) 认真组织开展6号令贯彻执行情况的专题调研。为全面了解6号令的贯彻执行情况，法制司9月向全国审计机关发出通知，要求对本单位、本地区贯彻执行6号令情况开展专题调研，重点研究贯彻执行中遇到的困难和问题，提出改进的意见和建议。从10月份开始，法制司先后在署机关召开3个座谈会，并组织力量赴辽宁、广东等地进行实地调研，听取一线审计人员的意见和建议。根据各单位的反馈意见和实地调研结果，法制司围绕审计项目质量控制的6个主要环节，共整理出42条问题和建议，并提交司务会逐条研究，提出了12条修改意见，为下一步细化和完善6号令奠定了基础。

（3）结合6号令有关要求，重新修订了《审计署优秀审计项目评选办法》。为进一步规范优秀审计项目评选工作，充分发挥优秀审计项目的示范、引导作用，法制司在总结三年来优秀审计项目评选经验的基础上，结合6号令的有关要求，对《审计署优秀审计项目评选办法（试行）》和《优秀审计项目评分标准（试行）》进行了修订，形成了《审计署优秀审计项目评选办法》。经审计长会议审定后，已于12月正式印发。

（4）起草《审计署审计业务会议规定》。为规范审计业务会议工作，推动6号令的贯彻落实，根据署领导指示，法制司从下半年开始起草《审计署审计业务会议规定》。

社会审计机构审计业务质量监督检查　2004年，法制司继续组织开展社会审计机构审计业务质量的监督检查工作。4月，举办社会审计机构审计业务质量监督检查培训班，制定了监督检查计划，草拟了监督检查工作方案，明确了监督检查的内容和重点。6～9月，组织16个特派办对16家具有上市公司审计资格的会计师事务所进行了现场检查，重点延伸检查了30家上市公司年度会计报表的审计业务质量。针对特派办在检查过程中发现的重大问题，法制司及时加强指导，提醒有关审计人员收集证据，并在事实清楚、证据确凿的情况下，及时向领导汇报。法制司就特派办检查发现的问题组织编发了《审计要情》1篇，《重要信息要目》4篇，其中2篇被中办采用，4篇被国办采用，2篇得到国务院领导的批示。根据国务院领导的批示，证监会已经组成调查组，对某上市公司存在的问题进行严厉查处。11～12月，法制司对检查发现的主要问题进行了审核汇总。检查发现，14家会计师事务所的37名注册会计师出具的19份审计报告存在严重失实或重大疏漏问题，涉及上市公司19家，造成财务会计信息不实34亿元。此外，还发现少数大股东及管理人员侵占上市公司利益，挪用上市公司资金，编造虚假财务会计信息等违法违规问题。法制司在情况汇总的基础上，草拟了《审计署关于检查16家会计师事务所审计业务质量情况的报告》，已专题上报国务院，并得到国务院领导的批示。同时，草拟了移送处理函，将上述问题移交财政部和证监会依法进行处理。

审计复核　2004年，法制司共复核机关业务司和各派出局各类审计结论性文书261份，涉及审计项目138个。其中，审计意见书74份，审计决定书75份，审计建议书3份，移送处理书22份，决算草案审签意见书24份，审计报告8份，专项审计调查报告5份，审计结果公告46份，其他文书4份。复核后出具复核意见书170份，提出复核意见288条。此外，法制司还复核移送处理书20份，审计听证告知书16份，审计通知书118份，专项审计调查通知书79份。法制司在复核过程中坚持原则，严格把关，提出的复核意见具体涉及审计事实、审计评价、审计定性、审计处理处罚、引用法规、审计程序等多个方面，绝大多数意见被业务司和派出局采纳。通过开展审计复核工作，进一步提高了审计人员的质量意识、风险意识和法律意识，减少了审计差错，促进了审计规范，有效提高了审计工作质量，防范了审计风险。在审计复核的基础上，法制司起草了2004年度审计复核情况通报，对全年复核工作情况进行全面总结，系统分析了复核发现的主要问题，并有针对性地提出了改进意见和建议。

审计复议、应诉和法制宣传　2004年，法制司共办理审计复议案件4起，其中2起因不符合法定条件而裁定不予受理，1起作出了维持原审计决定的结论，1起变更了原审计决定；应对行政诉讼1起，后因原告撤诉而结案。特别是在办理国家体育总局不服《审计署关于国家体育总局2003年度预算执行情况的审计决定》复议案中，法制司高度负责，多次集体反复研究，坚持从事实出发，实事求是，最终作出了维持原审计决定的结论，得到审计长会议的肯定和认可。同时，法制司负责的普法工作也取得较好成绩。在6月全国普法办公室召开的全国普法工作会议上，审计署作为中央国家机关代表作了典型发言，向全国介绍审计机关普法依法治理的主要经验和做法。

优秀审计项目评选　为鼓励先进，进一步推动审计工作发展，提高审计成果的质量和水平，2004年，法制司按照有关评选办法的规定，继续组织开展了全国优秀审计项目评选。法制司严格执行优秀审计项目的评分标准，坚持公开、公平、公正原则，对32个单位报送的33个项目进行认真评选，提出初评意见，将初评结果报送优秀审计项目评选小组审核、审计长会议审定。审计长会议和优秀审计项目评选小组审核（定）认为，法制司组织的初评工作细致、扎实，初评结果符合实际，同意初评意见。南京特派员办事处实施的中国工商银行北京市分行2002年度资产负债损益审计等5个项目被评为优秀审计项目，外资运用审计司实施的中国节能促进项目2002年度财务收支及执行情况审计等12个项目被评为表彰审计项目。

其他工作　2004年，法制司办理全国人大议案5件、全国政协提案1件，办理批复5件，办理立法协调事项32件，起草报告6件、函8件、通知10件。同时，继续做好财经法规的宣传以及日常的档案管理、内务、保密等工作。（撰稿人：彭新林）

【财政审计司】　2004年，财政审计司人员编制22人，在编人员20人，领导职数3名。设有4个职能处室：一处负责起草中央预算执行和其他财政收支审计工作实施方案，汇总中央预算执行审计情况，起草审计结果报告，承担对财政部组织执行中央预算情况的审计工作，组织各有关派出机构对国库系统办理中央预算收入缴纳拨付情况的审计；二处负责组织对国家税务局系统税收征管情况的审计，和国家税务总局及其在京下属单位财务收支的审计；三处负责组织海关关税和进口环节税收征管情况的审计；四处负责组织对省级人民政府预算执行和决算的审计。

领导成员

司　长：侯　凯

副司长：刘正均

副司级审计员：韩大川

审计成果　2004年，财政审计司先后组织实施了财政部具体组织2003年度中央预算执行情况的审计、山东等8个省（区）粮食风险基金和安徽等7省（区）关闭破产企业补助资金的专项审计调查、西安等3个海关的关税审计、黑龙江等17个省（市）税收征管质量的专项审计调查，以及对吉林省原省长洪虎同志的任期经济责任审计等项目。从审计结果看，通过查处违反预算管理和税收管理制度的各类问题，进一步规范了预算分配行为，堵塞了税收征管漏洞，促进完善了社会主义公共财政制度，较好地发挥了财政审计在维护财经秩序、规范预算管理和税收征管、促进提高财政资金使用效益等方面的作用。

中央预算执行审计　以制约财政资金分配权为核心，以促进建立社会主义公共财政制度为目标，认真开展了中央预算执行审计工作。

（1）从部门财权入手，重点揭露部分财政性资金未纳入预算管理和预算分配不公开、不透明的问题，进一步加强了预算管理制度建设。在审计过程中，注重发现中央预算管理中由于不公开、不透明导致的资金分配不公正、不公平的问题。如审计查出中央部门上年累计结余资金589.38亿元未纳入当年部门预算予以安排的问题。据部门决算反映，129个中央一级预算单位2002年底财政拨款结余646.03亿元，其中有些是预算编制不严格、管理不规范造成的，也有些是由于历史原因多年累积下来的。财政部在核定2003年部门预算时，仅将其中56.65亿元纳入部门预算，其余589.38亿元仍沉淀在中央部门。这样不但导致财政资金大量闲置，也影响部门预算的真实完整，不利于深化部门预算改革。财政部根据审计署的意见，对中央部门预算结余资金情况开展了调查研究，制定下发了《中央部门财政拨款结余资金管理暂行规定》，从2005年3月起执行。另外，部分财政性资金未通过中央预算统一安排使用的问题一直是预算管理中的一个突出问题。财政审计司重点揭露了彩票公益金、新股申购利差资金等财政性资金271.94亿元仍未纳入预算管理的问题，要求财政部及时修订和完善管理办法，将上述资金纳入预算管理。从审计纠正情况看，财政部决定从2006年起将彩票公益金纳入预算管理。同时，协商中国证券监督管理委员会、中国人民银行将新股申购利差资金作为证券投资者风险补偿基金来源之一。

（2）采取上下结合的方法，将对地方管理使用中央补助收入情况的专项审计调查与对财政部的审计有效结合，从制度上规范了中央补助地方支出预算管理。为切实做到对中央补助地方支出预算管理情况的审计有的放矢，财政审计司在财政部审计进点前，组织特派办完成了对黑龙江等17个省（区、市）管理使用中央补助收入情况的专项审计调查。这次调查发现的问题集中体现在一些地方对中央补助收入预决算编制不完整，脱离人大监督和政府管理。从调查结果看，17个省（区、市）2002年省本级预算共编报中央补助收入936亿元，仅为实际接受中央补助4149亿元的22.5%。有4个省根本没有编报中央补助收入；有9个省在决算中也存在少报甚至不报中央补助收入的问题，2002年这9个省决算编报中央补助收入数仅占实际补助的26%。造成上述问题的主要原因是，财政部年初没有把中央补助地方支出分解到地区和项目，加之省级预算在中央预算审查批准之前编报，地方难以对中央补助资金的数额作出预计。同时，也与一些地方财政自觉接受政府、人大监督意识不强有关。财政部对此问题非常重视，将进一步细化中央补助地方支出预算，并在每年下发的编制预算和决算的通知中，明确要求各省（区、市）把中央补助收入编入省本级预决算，自觉接受地方同级人大的监督。

（3）注重横向延伸，充分利用中央部门预算执行审计成果。对如何做好财政部审计与中央部门预算执行审计相结合，审计署财政审计协调领导小组在《审计署2003年度财政审计总体工作方案》中提出了明确要求。财政审计司在财政部审计进点前，积极向行政事业审计司和有关派出审计局了解部门预算执行审计阶段性成果，重点对车辆购置税支出预算管理情况进行了核查。在财政部审计中，查出了将用于地方公路建设的车辆购置税支出435.2亿元纳入交通部部门预算的问题。对此问题，财政部提出了具体的整改措施，拟对需要统一规划和实施的全国重点公路建设项目，资金先列中央本级，由中央财政集中支付，其余一般性地方公路建设项目年初均列入地方预算，并在每年编制预算前由交通部商财政部制定项目安排的原则、重点和标准。

（4）对影响预算管理的一些突出问题，坚持年年审计年年查处，加快了有关问题的解决进度，审计成效明显。如采取退库、退税等方式解决应由预算安排的支出，是财政部沿袭过去多年的习惯性做法，不符合我国市场经济发展和公共财政改革的要求，需要加以修正。从1996年开始对财政部审计以来，财政审计司几乎每年都能查出此类问题。2004年审计发现此类问题金额282亿元，主要是对中石油、中石化和鞍山钢铁集团公司等9个企业集团，财政部仍实行所得税超额或定额返还的“包税”方式，2003年共退付所得税254.55亿元，用于解决企业办社会和医疗卫生、社会保障等方面的支出。这种做法，虽然是在特定历史条件下形成的，但不规范，缩小了预算收支规模，影响了正常的分配秩序。财政部对上述退库、退税项目进行了清理。通过多年的审计，促进财政部逐年减少了退库、退税项目，缩减了退库金额，逐步把原来通过退库安排的支出改由预算统一安排，中央预算执行审计成效明显。

中央补助地方支出审计　以中央专项转移支付资金政策目标的落实情况为切入点，开展粮食风险基金和关闭破产企业专项补助资金审计调查，进一步深化了中央补助地方支出审计力度。

（1）审计调查山东等8省（区）粮食风险基金发现：一是储备制度不落实，地方粮食储备数量严重不足。由于国家对地方粮食储备缺乏刚性指标要求，一些地方政府粮食安全意识不强。截至2003年底，8省（区）实际储备粮食102亿斤，为应储规模的43%。二是粮食企业亏损严重，财务挂账居高不下。1998年粮食企业财务挂账清查后，国家核定上述8省（区）1998年5月以前粮食企业财务挂账1010亿元。按要求这部分挂账应在2003年底予以消化，财力困难的地区可延长至2008年。但从此次审计调查情况看，由于地方财力有限，以前年度的挂账消化困难，同时新挂账增长迅速。截至2003年底，8省（区）以前年度挂账仅消化了205亿元，占20%；粮食企业新发生亏损和潜亏565亿元，新增财务挂账295亿元，导致累计财务挂账达1100亿元，占中国农业发展银行2003年底在8省（区）各项贷款余额的37%，占当地2003年地方财政收入的49%。三是粮食库存质量差，大量陈化粮流入口粮市场。在8省（区）1314亿斤的粮食总库存中，超过合理存储年限的419亿斤，占32%；陈化粮84亿斤，占6.4%。由于有关部门监管不力，内蒙古、吉林、山东、陕西4省（区）1999年以来共有8.6亿斤陈化粮流入口粮市场或去向不明。

（2）审计调查安徽等7省（区）88个关闭破

产企业中央补助资金管理使用情况发现，66个因资源枯竭或扭亏无望而实施关闭破产的资源型企业，真正关闭的只有18个，其他转制重组后大部分仍在原有矿山继续开采。由于生产设施陈旧老化严重，生产条件差，继续开采存在一定安全隐患。据统计，截至审计时，这些重组企业共发生安全事故72起，死亡115人。审计还发现，关闭破产企业中央补助资金的审核管理不严，有49个关闭破产企业虚报冒领中央补助资金17.15亿元，有关主管部门和单位挤占挪用19.16亿元。另外，截至2004年6月，88个关闭破产企业中有48个企业的职工未得到全部安置，未安置人数达7.75万人，占应安置职工总数的18%。

专项审计调查 对17个省份2002年和2003年1~10月税收征管质量的专项审计调查，采取重点延伸企业的方式进行，共调查了788个企业。从审计调查结果看，少征税款问题比较突出。这些企业2002年少缴税款133亿元，2003年1~9月少缴税款118亿元。审计调查结果审计署专门向社会作了公告。国家税务总局对审计调查结果非常重视，对审计发现的问题进行了延伸检查核实。经各级税务机关调查核实，2002年1月至2003年9月，被审计的788个企业的各类税收问题共影响或迟缴税收269.53亿元，其中国税221.18亿元，地税48.35亿元。此外，国家税务总局还针对审计调查发现的问题，进一步落实责任制，完善了税收管理机制。

计算机审计 针对被审计对象信息化的特点，2004年，财政审计司确定将海关审计作为开展计算机审计工作的突破口。2004年2~9月，与长沙特派办研制开发了海关H2000系统联网审计软件。从11月起，组织长沙特派办和京津冀特派办，对西安、广州、厦门等3个海关进行审计，海关联网审计软件进入试用阶段。从对西安海关的试点审计情况看，运用海关H2000系统联网审计软件在很短的时间内就发现了近100条可疑线索，节约了审计时间，提高了工作效率。另外，财政审计司会同行政事业审计司和计算机技术中心，研究制定了《2005年财政审计应用计算机技术工作意见》。

经济责任审计 认真开展对吉林省原省长洪虎同志的任期经济责任审计工作，为今后开展省长经济责任审计探索路子。受中组部委托，审计署从2004年11月中旬到12月底开展了对吉林省原省长洪虎同志的任期经济责任审计工作。这次审计，确定以省长的财政责任为主线，以重大投资决策为突破点的工作思路。从审计结果看，问题主要集中在重大投资、国有资产转让、土地管理、财政收入管理等方面。

其他工作 配合办公厅做好2003年度审计结果报告和审计工作报告的起草工作，认真组织汇总审计查出问题的整改工作。李金华审计长2004年6月受国务院委托在全国人大常委会上所作的《关于2003年度中央预算执行和其他财政收支的审计工作报告》引起社会各界强烈反响，全国人大常委会和国务院对审计查出问题的整改工作高度重视。为了按时向国务院报送审计纠正报告，财政审计司从2004年10月起，积极与办公厅和有关业务司沟通协调，汇总代拟了《国务院办公厅关于2003年度中央预算执行和其他财政收支审计查出问题纠正情况的报告》。（撰稿人：籍吉生）

【金融审计司】 2004年，金融审计司（以下简称金融司）编制22人，在编人数21人。设有4个职能处室：一处（中央银行和政策性银行审计）、二处（商业银行审计）、三处（信托证券审计）、四处（保险和金融资产管理公司审计）。

领导成员

司长：范　鹏

副司长：崔光庆　袁　野

审计成果 2004年，金融司组织各特派办开展了中国人民银行预算执行审计，中国华融、长城、东方、信达等4家金融资产管理公司审计，中国工商银行、中国人寿保险公司、交通银行锦州分行等审计的后续工作，以及对一些交办事项进行审计查处。在2004年度审计署评选的5个优秀审计项目中，由金融司统一组织实施的项目有2个；在表彰项目中，由金融司直接参与或统一组织实施的项目有4个。金融司获得了中央国家机关工委颁发的“五一”劳动奖状。

完善金融审计组织方式 在金融资产管理公司审计中，金融司认真贯彻审计工作五年发展规划，在总结2003年以工商银行总行为龙头实施审计取得成功经验的基础上，进一步改进和完善了以金融资产管理公司总公司审计为龙头的统一组织审计方式。在审计实施过程中，着重加强审计过程实时业务指导，强化审计质量控制，确保了审计质量。针对金融审计人员从未全面接触过金融资产管理公司的情况，从部分特派办抽调业务骨干组成联合编组开展审前调查，通过吃透金融资产管理公司的相关政策法规和操作规程，并广泛与金融资产管理公司各业务部门座谈，研究开发了《金融资产管理公司审计指引》，指导各地实施审计。审计过程中，加大了审计过程的指导，先后下发审计工作动态 26 期，既有各地审计情况的经验交流，也有审计工作指引，加强了对系统审计的指导。

揭露和查处重大案件线索 在金融资产管理公司审计中，通过审查其业务合规性、资产有效性和财务真实性，重在揭露和查处重大违纪违规问题和经济案件线索，取得较为显著的成效，共查出各类违规、管理不规范问题和案件线索金额 715.49 亿元，除了上报多篇《审计要情》外，还向司法机关移送了一批大要案线索。从发现的大要案情况看，具有涉及面广、层次高、影响大的特点。如，有的案件不仅涉及到银行、金融资产管理公司等金融机构，而且还涉及债务人、债权购买人、评估拍卖机构，甚至一些地方政府工作人员，有的案件还涉及到金融资产管理公司的高管人员。审计署上报的有关金融资产管理公司的审计信息引起了国务院领导同志的高度重视，多次批示有关部门严肃办理，有些案件的揭露在金融监管机关和金融企业内引起了极大的震动。

加大综合分析力度 2004 年，金融资产管理公司审计在宏观决策方面发挥的作用十分突出。据统计，金融资产管理公司审计共上报《审计要情》12 篇、《重要信息要目》24 篇，其中大部分是宏观分析性的要目，国务院领导几乎都作出了重要的批示，为政府完善政策、科学决策发挥了积极作用。如，为了进一步规范中、建两行第二次不良资产的剥离工作，金融司通过认真分析第一次剥离中存在的问题，向国务院反映了国有商业银行不良贷款剥离中存在的突出问题、制度缺陷和政策建议，国务院领导批示要求有关部门认真研究审计意见并积极推进。财政部、人民银行、银监会为此专门下发文件，要求逐笔分析不良资产成因，加强国有商业银行不良贷款剥离过程中责任追究工作。又如，金融司认真分析了审计发现的国有企业债转股工作中存在的突出问题后，向国务院上报了综合要目，温家宝总理要求有关部门立即对已批准的债转股企业进行一次全面清理检查，采取有力措施纠正存在的问题，建立严格规范的制度，防范金融风险。国资委等部门根据领导批示精神，正式发文对债转股企业进行全面清理检查。

计算机审计 金融司在审计中认真落实署领导关于“金融计算机审计要走在前头，起到示范和推动作用”的指示精神，大力推进计算机审计，针对金融资产管理公司数据相对集中的特点，审计正式进点前即组织审计业务骨干和计算机技术人员了解数据特点并完成数据下载转换工作。审计过程中，组织人员对全公司数据进行系统分析，并将分析结果下发相关的审计组进行核查，效果比较明显。如，通过对中、建两行第二次剥离的数据进行分析，不仅从不良贷款中揭示出当前国有商业银行存在的一些突出风险和管理中的薄弱环节，还揭露了建行某支行人员内外勾结涉嫌诈骗巨额汽车消费贷款、中行某分行人员勾结港商涉嫌诈骗个人房地产贷款等重大经济案件线索。同时，金融司还与计算机中心按照《审计机关审计项目质量控制办法（试行）》的要求，对通用审计软件进行了完善，并开发出《资产管理公司审计平台》，增加了项目管理的功能。

审计结果公告 按照署党组积极推进审计结果公开的要求，金融司加大了审计结果公告力度，对审计发现问题的整改起到了推动作用。如，在认真核实的基础上向社会公告了 2003 年中国工商银行的审计情况，收到了较好的效果。社会各界反映，审计敢于揭露商业银行业务经营中存在的问题，在加强金融监管方面发挥了积极作用。审计结果公告促进了工商银行提高认识，认真整改。工商银行本着边查边纠、重在整改的原则，针对审计指出的有关业务领域、分支机构和管理环节存在的突出问题进行了重点整治，严肃查处了 368 名相关责任人；对一些严重违规问题和案件线索，总行直接组织和配合有关部门查处；对带有苗头性、倾向性问题深入分析原因，组织多次全行性大检查，并从体制和机制上研究治理措施，先后制定和完善了 28 项制度办法，通过一系列整改取得了积极成效。工商银行的上述整改态度和所采取的措施经公开披露后也得到了社会各界的充分肯定。同时，审计署审计结果公告制度也推动了监管机关进一步加强和改善监管工作，银监会高度重视审计发现的问题，提出了全面加强对商业银行的监管和继续督促工商银行加强内部管理的监管意见。（撰稿人：朱鼎朝　李晓鹏）

【行政事业审计司】　2004年，行政事业审计司人员编制21人，在编21人，领导职数3名；设有4个职能处：一处（行政经费审计）、二处（事业经费审计）、三处（事业单位和预算外资金审计）和四处（中央部门预算执行审计）。

领导成员

司　长：鲍国明（7月—）

张秋霞（—7月）

副司长：赵保林

正司级审计员：张秋霞（7月—）

副司级审计员：褚志德

审计成果　2004年，行政事业审计司共组织开展了55个中央部门的预算执行情况和24个中央部门的决算草案审计，中央部门公务用车、结存资金及县级基础教育经费管理、使用情况等3个专项审计调查，高校财务收支和收费情况、医院财务收支和药品购销情况的审计和审计调查；直接开展了对武警总部、审计署预算执行情况，中国驻意大利等4国境外机构财务收支的审计。审计后，向国务院提交综合和专题审计报告5份，报送《审计要情》、《重要信息要目》等重要信息22篇，被中办、国办采用21篇（次）。同时，加强了对派出审计局审计信息化建设的指导和协调，推动了行政事业审计信息化建设的发展。

中央部门预算执行和决算草案审计　2004年，组织对55个中央部门预算执行情况的审计，在摸清家底的基础上，继续突出重点，深入审查预算管理和执行中存在的突出问题，查出违规金额74亿元。通过审计，揭露了国家体育总局违规动用中国奥委会资金，国家林业局下属单位骗取林业治沙贷款财政贴息资金，国家食品药品监督管理局违规转让国家划拨土地等一些重大违法违规问题，向国务院提交专题报告1份、《审计要情》1篇、《重要信息要目》4篇。在审计署向国务院和全国人大常委会提交的年度审计结果报告和审计工作报告中，中央部门预算执行审计成果进一步得到显现，得到了国务院和全国人大常委会的肯定，也受到社会各界的广泛关注。

在开展24个中央部门决算草案的审计中，揭露了有关部门在决算编制过程中违规列报、漏汇少汇、账表不符、错列科目等决算不真实、不完整、不规范问题金额40亿元，其中要求部门纠正问题金额38亿元。审计结果纳入了审计署年度审计结果报告和审计工作报告。

专项审计调查　（1）基础教育经费专项审计调查。组织对50个县2002年至2003年6月基础教育经费投入及管理使用情况的专项审计调查，查出挤占挪用教育资金、教育乱收费、基础教育负债增长迅速等突出问题。揭露了广东化州市教育局将所属中小学交纳的图书资料款、体检费等，通过向发行单位收取图书资料回扣、虚报套取等方式截留1356万元，全部隐匿账外，大部分涉嫌被集体和个人私分（该案被中央电视台“焦点访谈”节目披露）；广东吴川市教育主管部门“吃”、“分”教育经费600多万元等重大违法违规问题。针对审计调查发现的问题，从体制和制度上分析原因，提出了进一步加强基础教育经费管理、推动教育事业发展的建议，向国务院提交专项审计调查报告1份，上报《审计要情》1篇、《重要信息要目》5篇，中央和国务院领导作了重要批示，对严格教育经费管理，加大基础教育投入，深化教育体制改革发挥了较好的促进作用。

（2）中央部门公务用车专项审计调查。组织对40个中央部门公务用车情况的专项审计调查，摸清了中央部门公务用车和相关费用支出情况，揭露了公务用车配置缺乏有效的控制机制和车辆管理制度不健全、资产管理不完善等普遍性问题，提出了健全管理机制、加强公务用车费用核算与资产管理、积极探索中央部门公务用车制度改革等建议，向国务院提交了专项审计调查报告，国务院领导批示有关部门及时总结经验，认真进行整改，改善管理，节约开支。

（3）中央部门结存资金专项审计调查。组织对40个中央部门结存资金进行专项审计调查，摸清了各部门结存资金总体规模、具体构成和存续形态，反映了一些部门实行部门预算以前立项建设的项目沉淀大量资金，长期未作清理，资金安全存在隐患和有些部门规避预算管理，擅自动用结存资金等问题。分析了中央部门结存资金几年来的增减变化趋势、资金大量结存的形成原因和对中央部门预算执行产生的影响，提出了加强结存资金管理和使用的建议，审计结果纳入了审计署年度审计结果报告和审计工作报告。

专项审计和审计调查　(1) 医院财务收支和药品购销情况审计和审计调查。针对人民群众反映看病难、看病贵这一热点问题，组织对卫生部和北京市所属10家医院财务收支和药品购销情况的审计和审计调查，查出了医院财务收支和盈亏不实，乱收费现象仍未得到有效遏制，一些药品、医疗器械价格虚高，医院收受药品、医疗器械供应商返利、回扣未让利于患者等突出问题。揭露了一些涉嫌违法犯罪案件线索，已上报专题报告1份、《重要信息要目》4篇，相关案件已移交有关部门进一步查处。

(2) 高校财务收支和收费情况审计和审计调查。针对群众反映上学难、上学贵的问题，组织对教育部等部门直属的北京大学、清华大学等18所高校财务收支和收费情况的审计和审计调查，揭露了一些高校有关院系和部门隐瞒、截留收费、科研收入等，设立账外账、"小金库"；违规收取国家明令禁止的收费、自行设立项目收费、超出国家规定范围和标准收费、强制服务和代办收费；对外投资管理混乱，造成重大经济损失等问题。查出了一些重大违法犯罪案件线索，已上报专题报告1份、《审计要情》2篇、《重要信息要目》4篇，得到国务院领导同志和有关部门的高度重视，有关案件正在查处之中。

信息化建设　为贯彻署五年规划要求和署领导指示，行政事业审计司把推进行政事业审计信息化建设作为一项重要的基础工作，在广泛开展调查研究的基础上，制定了工作规划，明确了行政事业审计信息化建设的目标、任务和具体措施，并着重抓好以下工作：

(1) 强力推广运用《现场审计实施系统》(AO系统)。在AO系统开发过程中，配合计算机技术中心，选择农业部下属单位对该软件进行了测试和完善；在中央部门2004年预算执行审计试点工作中，组织各试点组应用AO系统进行了试审；在中央部门2004年预算执行审计中，组织各派出局至少在一个部门应用AO系统开展审计实施工作，初步积累了经验。

(2) 积极推动派出局联网审计试点工作。在深入调查基础上，研究草拟了《中央部门预算执行联网审计试点办法》，同时推动各有关派出局逐步与被审计单位的局域网和财务网联通，实现数据网上传输。根据各局联网进展情况，确定8个派出局对8个中央部门2005年度预算执行情况探索联网审计，并编制了《中央部门2005年度预算执行联网审计试点工作方案》。同时，配合计算机中心实施部分派出审计局AO系统与《机关辅助办公系统》(OA系统) 的对接，提高审计实施和审计管理技术水平。

(3) 大力推进被审计单位资料库建设。与有关单位共同研究制定了《被审计单位资料库建库最低标准》，要求各派出审计局按照要求，建立健全被审计单位资料库和审计情况资料库。

(4) 加强计算机技术培训，提高人员素质。会同计算机技术中心，组织派出局人员先后开展了AO系统操作、数据库建设、AO系统和OA系统的交互等培训工作。同时注意了解和收集各局审计过程中遇到的技术困难和问题，与计算机中心及时沟通，加强指导、督促和服务，推进信息化的整体建设。

工作经验　2004年，行政事业审计司认真贯彻落实审计署五年规划，勇于实践，开拓创新，各项工作有了一个新的开端，积累了一些有益的经验。

(1) 加大专项审计和审计调查比重，发挥审计促进宏观管理的作用。按照审计署五年规划要求和审计署统一部署，行政事业审计司针对当前改革中的难点问题、中央关注的重点问题和涉及群众切身利益的热点问题，明确目标和重点，组织开展了5项专项审计和审计调查，反映当前财政经济运行和社会发展中的普遍性、典型性和深层次问题，分析产生问题的根源，并提出审计建议，对加强宏观管理发挥了促进作用。在县级基础教育经费审计调查后，财政部、教育部以此为契机，制定了《关于严禁截留和挪用学校收费收入加强学校收费资金管理的通知》和《关于进一步规范学校收费行为，加强资金管理的紧急通知》，完善了基础教育经费管理的政策、规定。中央部门公务用车专项审计调查后，提出了3条建议，国务院领导作了重要批示。国务院机关事务管理局已据此制定了《中央国家机关公务用车编制和配备标准的规定》，以解决公务用车超编制、超标准配备和使用管理中的问题。对高校和医院专项审计和审计调查中反映的问题，监察、教育、卫生等部门正进行研究，完善有关政策制度，提出具体整改意见。

（2）积极探索财政支出效益审计的路子。为贯彻五年规划，行政事业审计司根据当前财政支出改革和管理现状，在组织中央部门预算执行审计过程中，从基本建设和专项资金入手，初步探索了效益审计，揭示了一些部门在项目不具备条件或未履行审批手续的情况下申报预算，或小项目编报大预算，造成大量资金闲置，影响预算资金使用效果等问题。如审查23个部门管理的43个项目发现，截至2003年底累计财政拨款31.14亿元，项目实施单位实际支出仅10.98亿元，资金闲置20.16亿元，占预算拨款的64.74%。

（3）建立业务考核机制。按照署领导指示和《审计署派出审计局考核规定》，对审计实施方案、审计实施过程、审计报告和审计结果文书等环节的业务工作考核进行量化，制定了具体的考核办法和标准。采取派出局互评、有关单位考评等方式，首次组织了对派出审计局2003年度审计业务的考核工作，对于提高派出局业务水平和工作质量发挥了积极的促进作用。

（4）努力推行审计结果公告制度，促进被审计单位认真整改。2004年，行政事业审计司除对县级基础教育经费专项审计调查报告进行公告外，首次对部分中央部门预算执行的审计结果进行了公告。到年底，已向社会公告了国土资源部、国家林业局等9个中央部门2003年度预算执行审计结果，引起了广泛的社会反响。通过审计公告，发挥了群众监督和舆论监督的作用，促进了有关部门落实审计决定和整改。据统计，中央部门2003年度预算执行审计中发现的大多数问题都得到纠正和整改，其中：虚报冒领的预算资金已由部门追回或上缴财政7340.9万元，占审计查处该类问题总金额的76%；挤占挪用的财政专项资金已归还原渠道资金或调整纠正11.25亿元，占审计查处该类问题总金额的79%；移送纪检、监察部门和司法机关立案查处的案件3起，有8人（次）已受到党纪政纪处分。（撰稿人：曾宪策）

【经贸审计司】 2004年，经贸审计司人员编制24人，在编21人，领导职数4人；设有五个职能处（室）：一处、二处、三处、四处、五处。

领导成员

司　长：刘国权

副司长：郑凯旋　胡家俊

副司级审计员：肖长年

审计成果　2004年，经贸审计司开展了10个中央骨干企业的经济责任审计，完成党内审计汇总工作、审计报告和审计处理决定，完成电力审计任务。

中央骨干企业经济责任审计　2004年，根据中组部、国资委委托，按照署党组的统一布置，经贸审计司组织18个特派办，并抽调一些地方审计骨干和部分社会审计机构人员，对中国石油化工集团公司等10个中央骨干企业进行了经济责任审计。审计查出了一批侵占、贪污、转移国有资产，严重违规投资、借贷造成国有资产流失的大案要案，共上报《审计要情》8篇，涉案金额16亿元，均得到国务院领导的批示，并移送司法和监察机关立案查处。上报《重要信息要目》3篇，转送有关部委22篇、北京市政府1篇，引起有关部门的高度重视。10个企业资产总额14221亿元，审计资金占10个企业资产总额的51%。发现的主要问题是：有5个企业多计利润46亿元，主要是由于企业领导人员考虑企业经营业绩或为了完成上级的利润考核指标，人为少计成本费用造成的；5户企业少计利润30亿元，主要是少数企业多计成本费用造成的；对外投资、借款、担保等重大决策失误造成损失145亿元；违规处置资产、关联方交易让利、违规决策等造成国有资产流失20亿元。

电力企业审计　年初，经贸审计司组织部分特派办及地方审计人员用了67天时间完成对34个审计组上报的400余份报告及1200余份报表进行了审定和汇总，电力审计报告得到被审计单位的认同和署领导的肯定，在电力系统和社会各界引起强烈反响。通过《审计要情》上报国务院领导，由司法机关查处的涉嫌个人经济犯罪案件线索12件，涉案金额10亿元，涉案人员81人，均得到了国务院领导同志的重要批示，其中已移送最高人民检察院查处2起，公安部查处6起，监察部、中纪委查处5起，同时还批示国资委、银监会配合查处相关问题。目前，司法机关已立案检查61件，批捕61人，已逮捕56人，其中已公诉40人、已判决4人。上报《重要信息要目》2篇，均被国办采用，以专报信息上报国务院领导，经黄菊副总理批示后由有关部门进行了查处，在宏观调控方面发挥了重要作用。6月23日，李金华审计长在十届全国人大常委会第十次会议上，作了《关于2003年度中央预算执行和其他财务收支的审计工作报告》（以下简称工作报告），通报了原国家电力公司领导班子任期经济责任审计的主要问题，引起了较大的社会反响。原国家电力公司领导班子及新成立的11个电力企业领导人员也高度重视，特别是国家电网公司作出了积极反应，代表原国家电力公司领导班子成员，于7月中旬向审计署报送了《关于贯彻审计署对原国家电力公司审计报告和审计处理决定的报告》，该报告对审计署的审计报告给予了充分认可和高度评价，表示对《审计报告》中提出的问题和即将下达的审计决定，要采取切实可行的措施，认真整改。各公司都专门成立了以公司"一把手"为组长的领导小组，成立了由有关部门负责人组成的工作小组，负责贯彻落实整改措施和审计决定。

经贸审计司统一完成了对电力企业审计处理工作，分别给11个电力企业下达了审计决定，各电力公司党组十分重视，确保《审计决定》落到实处。电力企业共上缴税金14.16亿元，对其中涉及"小金库"的问题罚款2040万元，归还原渠道资金122万元，责令被审计单位调账处理37亿元。电力系统各单位还不失时机，抓住机遇，充分利用审计成果，结合这次审计中发现的问题，举一反三，整章建制，堵塞管理漏洞：一是整章建制，建立健全公司各项内控制度9项；二是强化内部监督，完善自我约束机制；三是以求真务实的态度，认真搞好警示教育。

其他工作　配合国资委修改《中央企业经济责任审计管理办法》，参与国务院减负办减负工作，协调有关司法机关的工作，上报企业审计统计报表工作等。

强化企业审计管理

（1）实行项目负责制，积极执行审计质量控制办法，开展计算机辅助审计。经贸审计司在企业审计工作方案中明确规定实行项目负责制，以增强各特派办的责任感。积极执行审计质量控制办法，树立严谨细致的工作作风。在直接承担对中国石油化工集团公司总部审计的同时，对其他9个审计项目从审计调查、制定审计工作方案、审计人员培训、现场审计实施及重大情况上报等方面对各审计组进行指导，重点把好信息上报、编写审计结果报告及审计处理决定关。各审计组在计算中心的支持下，积极开展计算机审计，提高了审计效率。

（2）强化管理，狠抓"人、法、技"建设。经贸审计司确立了以人为本，以工作为出发点和核心，以多出成果、多出人才的管理理念，强化管理，狠抓"人、法、技"建设，保障和推动工作的全面开展。领导干部率先垂范，形成了较强的凝聚力：一是形成了一个团结、民主、协作的领导班子，有力地推动了各项工作的有效运转和贯彻落实；二是经贸审计司领导对每个人都高标准，严要求，形成一种严谨的工作作风，"一把手"身体力行，严格审核和把关；三是按照审计署"人、法、技"建设的要求，坚持在实战中练兵，在企业审计中，给一些新处长压担子，让他们在业务培训中担任辅导的主讲，按照会计信息、资产质量、重大经济决策、国有资产保值增值和资本运作、审计报告的撰写等专题讲解企业审计的内容和重点，在实际工作中放手让他们锻炼。对于新进员工，给他们任务，并采取以老带新的方法，搞好传帮带。

（3）围绕"五年规划"抓落实。按照五年规划的要求，国有企业审计以"摸家底、揭隐患、促发展"为目标，坚持和完善以经济责任审计为中心的企业审计路子。促进深化企业改革，加强国有企业监督。在企业审计实践中，认真按照规划的要求，一是狠抓了审计质量，按照审计质量控制的要求，严格执行审计方案，精心组织，严格审计程序，强调审计项目负责制；二是注意发现重大违法犯罪案件线索，"一把手"亲自抓《审计要情》审核和起草工作；三是坚持全面审计和突出重点的有机结合，在注意发现重大案件线索的同时，注意从总体上把握企业情况，加强督导，从而提高了审计的质量。（撰稿人：刘秋明）

【农业与资源环保审计司】　2004年，农业与资源环保审计司（简称农业司）人员编制16人，在编14人，领导职数3名。设有3个职能处：一处负责水利与国土资源审计，二处负责农业审计，三处负责环境保护审计和司内综合、亚审组织环境审计委员会秘书处、署环境审计协调领导小组办公室工作。

领导成员

司　长：刘达朱

副司长：翟挨才

副司级审计员：黄正华

审计成果　组织实施了4个审计项目，并对上年度组织实施的2项审计和1项审计调查进行了情况汇总，提交了给国务院的审计报告和审计调查报告。温家宝总理、回良玉副总理等国务院领导同志对其中5份报告作了批示。其中，4个城市"大学城"开发建设情况审计调查、淮河流域洪灾救济补偿资金审计、扶贫资金审计和10个城市国土使用权出让金试点审计查出的问题，写入了李金华审计长向全国人大常委会的工作报告。全年提交《审计要情》、《重要信息要目》等信息20篇，中办、国办分别采用11篇和13篇，国务院领导批示11篇。

四城市"大学城"开发建设情况专项审计调查　对杭州、南京、珠海和廊坊四城市大学城的审计，查出的主要问题：一是违规审批和占用土地；二是贷款比重高，偿贷风险大。审计对产生问题的主要原因作了分析，提出了有针对性的意见和建议。

淮河流域洪灾救济补偿资金审计　审计了江苏、安徽和河南三省及所属9个市、14个县，延伸审计了87个乡镇、385个行政村，实地调查了3310户灾民。审计查出的主要问题：一是有些地方虚报国家蓄滞洪区运用损失和灾民倒房情况，套取洪灾救济补偿资金；二是救灾款物发放不及时，有的救灾物资缺斤短两、以次充好；三是移民迁建工作进展缓慢；四是乡村基层组织掌管的救济补偿资金存在一些比较严重的违规问题。三省对审计查出的问题积极组织整改，至2004年底，已收缴和归还原渠道资金5737万元，促使拨付和发放救灾资金1255万元。

"三河一湖"水污染防治资金审计和审计调查　这项审计是第一次由审计署组织对国家重点区域环境保护投入进行的较大规模审计。审计查出的主要问题：一是部分项目立项有失误，计划缺乏可行性；二是项目建设总体进展缓慢，国务院批复的水污染防治"十五"计划难以如期完成；三是部分已建成项目运行效益低；四是一些水污染防治资金被违规使用；五是污染物排放总量控制制度执行不到位。

预算执行审计　国家环境保护总局2003年度预算执行情况审计查出预算分配向局本级倾斜、预算批复不及时、虚列支出，以及部分直属单位挤占、挪用、超范围使用项目资金，账外投资等违规问题。审计后，国家环境保护总局积极组织整改，至2004年底，已调账和归还被挤占挪用资金的97%。

审计调查汇总　(1)汇总了10个城市国有土地使用权出让金（简称出让金）试点审计情况。审计查出的主要问题：一是出让金征收不力，未能及时、足额收缴；二是出让金应纳未纳入财政基金预算管理；三是挤占挪用出让金，用于建房买车、出借、对外投资和平衡财政预算等；四是低价协议出让国有土地使用权，造成国有土地资产流失；五是超范围划拨国有土地使用权，造成出让金流失；六是土地出让未严格执行"招拍挂"，收购储备行为有待规范。在分析产生问题原因的基础上，提出了完善土地监管体系、土地出让金和收购储备资金管理制度等建议。

(2)汇总了对21个省及所属相关地市592个国家扶贫开发工作重点县2001～2002年扶贫专项资金的审计情况。审计发现的主要问题：一是挤占挪用、出借、虚报冒领财政扶贫资金；二是有些地方扶贫贴息贷款投向区域、结构不合理；三是擅自提高扶贫贴息贷款利率、骗取贷款贴息；四是违规抵扣、以新贷还旧贷；五是扶贫资金和项目管理存在薄弱环节，项目单位弄虚作假等。对审计发现的用于平衡预算、买车和弥补行政经费等问题，各地积极整改。至2004年底，整改资金到位率达到99%。

(3)汇总了对17个省及所属38个地市、50个县2001～2002年财政支农资金的审计调查报告。审计发现的主要问题：一是省、地级财政支农资金投入增长低，县本级财政压力大；二是财政支农资金投入渠道多，资金分散，难以形成合力；三是部分财政支农资金投入虚假、不到位或被挤占挪用；四是部分财政支农资金使用效益不佳。审计调查报告不仅反映了查出的问题，还分析了问题产生的原因，提出了改进意见和建议。

全国土地市场秩序治理整顿　一是组织参加国土资源部等七部委组织的对全国土地市场秩序治理整顿情况的检查验收；二是参加由监察部等四部门组成的联合检查组，对6个省（区）征用农民集体土地补偿费管理使用和经营性土地使用权出让情况的重点检查；三是参加由国务院扶贫办公室牵头，财政部等五部门联合对3个省（区）2003年扶贫资金管理情况的检查。

其他工作　一是为落实胡锦涛总书记有关批示，根据审计署领导的要求，赴贵州省常顺县调查扶贫资金审计等情况；二是按照审计署领导的批示，对某集团公司非法圈地问题进行了调查，提交了调查报告；三是按照署领导的批示，参加由中纪委牵头的对反映某市骗取移民建镇专项资金问题的调查；四是完成“两会”4件提案、建议案的答复，其中关于土地问题的2件、南水北调问题的1件、农业问题的1件。

亚洲审计组织环境审计委员会秘书处　一是为审计署参加世界审计组织环境审计会议和欧洲审计组织环境审计研讨会起草有关文稿，并安排人员随同代表团赴会。二是向亚洲审计各成员国最高审计机关征求对开展合作环境审计的意见和建议。三是翻译了世界审计组织环境审计委员会印发的两份文件——《水资源主题审计》和《固体废弃物管理审计》。四是参与2005年在我国举办的亚洲审计组织环境审计研讨会暨亚洲审计组织环境审计委员会工作会议筹备工作，包括起草了审计署领导在研讨会上的演讲稿、《水污染防治审计案例》和《生物多样性审计案例》两篇国家论文，翻译了与会代表提交的论文（摘要），更新了亚洲审计组织环境审计委员会网站。

审计署环境审计协调领导小组办公室　起草了《审计署环境审计协调领导小组关于2005～2007年开展环境审计的意见》（征求意见稿）。继续完成审计署与中国科学院联合进行的“政府环境审计研究与实践示范”项目课题的研究，并编写了课题组年度工作总结报告。

计算机辅助审计　一是通过发函和开会等形式强调统一认识，坚定农业与资源环保审计信息化方向；二是将农业与资源环保资金审计中运用计算机辅助审计的做法和经验在全国性的培训班进行演示，在审计通讯上作介绍，以此作为了推动。在淮河流域救灾资金审计中，审计人员利用计算机对灾民户籍资料进行采集、筛选和分析，查出了重复申报移民迁建户、套取建房补助等问题；在“三河一湖”水污染防治资金审计中，审计人员利用计算机采集环保统计数据，对污染现状进行分析，尝试对环境信息系统进行审计，查出了有关环境统计数据不实、污染物控制和削减指标难以落实等问题；在国土资金审计中，审计人员通过对数据系统的检索、下载分析和排查对比，发现了违规划拨土地和耕地减少等问题。（撰稿人：汪　滢）

【社会保障审计司】　2004年，社会保障审计司（以下简称社保司）人员编制14人，在编12人，领导职数3名。设有3个职能处。

领导成员

司　长：姜　洪

副司长：秦　萌

审计成果　社保司在2004年完成了对云南大姚地震救灾资金的审计；组织驻地方特派办对石家庄、沈阳、宁波、成都、西安5个城市的失业保险基金进行了审计；对劳动和社会保障部2003年度预算执行情况进行了审计，并对该部2003年5项社会保险基金和农村社会养老保险基金决算进行了专项审计调查；对中国红十字会总会的资金管理和使用情况进行了审计；向地方审计机关印发了城市居民最低生活保障资金的审计指导意见等。编发信息简报28篇，其中被审计署、中办、国办采用16篇，被党和国家领导人批示7篇（次）。

地震救灾资金审计　2004年3～5月，社保司在昆明特派员办事处等5个单位支持下组成联合审计组，对2003年云南大姚地震发生后，云南省政府及下属相关部门接收、分配、使用救灾资金和物资情况进行审计。审计范围覆盖3个州9个县，揭露了部分政府和部门挤占挪用救灾资金、滞留救灾资金、虚报灾情套取救灾资金、移民统建点标准偏高、个别干部以权谋私、救灾物资管理不规范等问题，对救灾资金的管理和使用提出了有分量、有价值的审计意见和建议。审计结果引起云南省委、省政府高度重视，专门召开省委常委会和省政府常务会研究整改意见，要求进一步落实责任制、完善救灾资金管理办法。云南省相关州、县共追究了48名干部的责任，其中县级领导9人写出书面检查，28名党政干部受到党纪、政纪处分。民政部也相应出台了《民政部应对自然灾害工作规程》。

失业保险基金审计　社保司于2004年3月召

集京津冀、沈阳、上海、成都和西安5个特派办举办了失业保险审计培训班，就失业保险基金审计和征缴情况的调查的目标、重点内容和审计技术方法进行了培训。社保司在协调和指导特派办开展审计过程中，及时了解各地审计工作的进展情况，解答在审计工作中提出的有关问题，提出有针对性的指导意见。在此期间，社保司根据有关资料，编写出两篇反映损害失业基金安全完整的《重要信息要目》，得到国务院领导同志的批示，同时引起了四川省政府与劳动和社会保障部领导的高度重视。

预算执行审计　完成了劳动和社会保障部2003年度预算执行情况审计。审计揭露了劳动和社会保障部存在的办理无预算支出、政府机关经费挤占劳动保障事业费和外事经费、挤占挪用城镇就业补助费中的劳动力市场建设费、改变专项资金使用方向、本级劳动保障事业费项目管理粗放、违规发放通讯费补贴等问题，促进了预算管理规范化。

专项审计调查　完成了对劳动和社会保障部管理和汇集的各项社会保险基金决算情况的专项审计调查。调查结束后，向审计署上报了专项审计调查报告，并综合三年来对该部社保基金决算的审计调查发现的突出问题，撰写了《重要信息要目》，得到国务院领导的批示，引起了劳动和社会保障部和财政部的高度重视。

联合审计　2004年，社保司与行政事业审计司组成专项审计调查组，对中国聋儿康复研究中心办理人工耳蜗进口免税手续费情况进行专项审计调查，查清了该中心将人工耳蜗进口免税手续费收入全部进行账外核算并将其中的部分收入私设“小金库”的问题。与郑州特派办联合组成审计组，完成了中国红十字会总会的资金管理和使用情况的现场审计任务，揭露了捐赠物资接受和管理环节存在的漏洞等问题。

《城市居民最低生活保障资金的审计指导意见》　2004年，在调查、研究、论证的基础上，社保司提出了《城市居民最低生活保障资金的审计指导意见》，在对我国城市居民最低生活保障工作现状分析的基础上，明确了审计的目标、内容、重点和方法，为地方审计机关提供了参考依据。

审计成果综合利用　(1) 根据13个特派办对财政投入和管理的社保资金以及组织8个省开展的医疗保险基金审计情况，编写上报的社保资金挤占挪用情况被中办《近期社会动态》采用，黄菊副总理批示，要求财政部、民政部、劳动和社会保障部在审计的基础上联合查办，有力地遏止了挤占挪用社保资金的势头。

(2) 根据昆明特派办提供的相关报告，及时整理上报了审计署2004年第6号《审计要情》，经国务院领导批示后，有关部门刑事拘留了挪用巨额农村社会养老保险基金并已造成较大损失的原云南省红河州民政局长等人。

(3) 根据对江油市和增城市养老保险情况审计调查结果写出的《重要信息要目》报中办、国办后，得到国务院领导重要批示。

(4) 根据2003年组织8省基本医疗保险审计汇总的情况，起草了题为“基本医疗保险制度及其运行中存在的突出问题”的信息简报，该篇《重要信息要目》报中办、国办后，国务院领导作了重要批示。

(5) 根据云南大姚地震救灾资金审计结果情况，社保司编发的“云南大姚地震灾民搬迁统建点存在建设标准过高分配不公等问题”和“云南救灾物资管理工作亟待加强”两篇《重要信息要目》上报国办、中办后，均得到中央领导批示；编写的《云南省积极整改大姚地震救灾资金审计发现问题》，作为审计署简报第9期报送党中央、国务院、人大、政协和其他部门，在促进我国救灾资金加强管理，完善救灾体制建设方面发挥了积极作用。

“人、法、技”建设　(1) 狠抓高素质社保审计队伍的建设。一是举办了“全国社会保障基本理论和审计业务培训班”。余效明副审计长以“认清形势，总结经验，以科学的发展观指导社会保障审计工作”为题作了重要讲话，为提高对社保审计重要地位的认识，打开社保审计工作的崭新局面发挥了指导性作用。二是在培训班上、在八月份的整训期间和其他可资利用的时间，安排了相关部委的主管领导、高水平的专家学者授课，并安排了来自基层先进典型的经验交流会，以此作为落实提高执政能力、提高审计工作水平的重要措施，带动了社保审计队伍整体素质的提高。

(2) 强化审计程序法制化理念。一是为增强社保审计人员法律意识和法制观念，提高依法审计水平，组织全司干部学习审计法、行政诉讼法、行政许可法等法律知识。二是在实施社保审计项目过程中，严格执行审计复核制度，进一步规范审计行为，以《审计机关审计项目质量控制办法(试行)》的颁布为契机，规范审计程序，严格控制实施，规避审计风险，努力提升社保审计成果的质量。

(3) 加快审计信息化建设，提高社保审计工作效率。一是加快了社保审计软件的开发步伐。2004 年 2 月，社保司与计算机技术中心、黑龙江省审计厅联合组成了“社会保障业务计算机审计研究——社会保障基金审计软件”项目课题组。对社保基金开展计算机远程审计及论证申报基金审计软件研制的可行性进行了研究，为建立社保基金联网审计模式奠定了基础。此项工作的可行性研究报告已经修改完成，二期社保联网审计项目正在启动。二是通过组织和鼓励社保审计人员积极参加培训，提高社保审计人员对审计信息技术化的宏观认识和实际操作能力。(撰稿人：焦津强)

【固定资产投资审计司】 2004 年，固定资产投资审计司（以下简称投资司）人员编制 18 人，在编人员 14 人，领导职数 3 名。设有 4 个职能处室。

领导成员

司　长：潘晓军（9 月—）

　　　　席　晟（—9 月）

副司长：李　捷

审计成果 2004 年，投资司按照审计署部署，对国家发展和改革委员会（以下简称国家发改委）预算执行情况进行了审计，对水利部 2002～2003 年水利资金管理使用情况进行了审计调查，同时组织各特派办对长江水利委员会、黄河水利委员会等 7 个流域机构和 15 个省（区、市）水利机构进行了审计调查，共查出违规金额（不含组织特派办审计项目）42.75 亿元。编发《审计要情》3 篇，《重要信息要目》18 篇。水利汇总报告报国务院后，温家宝总理作出重要批示：“请发改委、财政部、国土资源部、建设部配合水利部进行整改。”回良玉副总理也作了重要批示。

预算执行审计 3～4 月，投资司会同发展计划审计局对国家发改委 2003 年度组织分配中央预算内投资、国债投资和其他政府投资的情况进行了审计，并延伸调查了农业部、教育部、交通部、国家林业局等部门的基本建设资金分配和管理情况，以及国家发改委所属部分二级预算单位和基建项目情况。投资司主要承担了对国家发改委组织分配中央预算内投资和国债投资情况的审计。通过审计，发现了基数安排不够合理、年初预算内投资预留比例高、补助地方项目投向分散、标准不一、政府投资管理多头分散、国债资金未纳入预算管理，以及在规划、项目评估管理等方面的问题，并就改革政府投资体制，完善投资管理提出了建议，取得了较好的效果。审计结果纳入李金华审计长代表国务院向全国人大常委会所作的审计工作报告。国家发改委十分重视审计查出的问题，整改态度积极，不少问题及时得到纠正。

专项审计调查 (1) 投资司对水利部 2002～2003 年水利项目规划、计划安排及水利建设资金管理使用情况进行了审计调查，并延伸了水文局、综合事业局、水土保持监测中心和国家防汛抗旱总指挥部办公室等二级单位。此外，对水利部执行国库集中支付制度情况、农村人畜饮水国债项目、库区建设基金及老库区移民安置遗留问题等进行了专题调查。通过审计调查，基本摸清了 2002～2003 年中央水利基本建设投资计划下达、预算拨付和资金落实情况，为各特派办开展对流域机构和省级水利部门审计调查提供了重要情况。审计调查发现的主要问题有：一是水利建设资金结余量大，预算执行效率较低；二是治淮工程工期推迟，防洪体系的综合能力未能达到规划能力，没有取得预期效果；三是国库集中支付不规范，农村人畜饮水国债项目未按期完成计划等。针对审计调查中发现的线索，对晋陕蒙沙棘水保生态项目进行了专项审计，查出关联交易严重、2200 多万元国有建设资金面临流失等问题。

(2) 对退牧还草和县乡公路专项审计调查。根据审计署 2004 年工作计划和《审计署 2004 年财政审计总体方案》，从 11 月起，投资司组织有关特派办开展了对县乡公路和退牧还草项目审计调查工作。审计调查中发现部分地方重复申报项目、挤占挪用建设资金、投资效益较差等问题。

(3) 对江苏省泗阳县城镇化建设情况进行专项审计调查。根据温家宝总理的批示，2004 年下半年，投资司组织南京、沈阳、京津冀、兰州等特派办，对江苏省泗阳县城镇化建设情况进行了专项审计调查。调查中发现，泗阳县在城镇化建设过程中，存在不顾当地财力、盲目扩大城镇建设、加重农民负担，以及违规征地等问题。江苏省委、省政府十分重视审计调查结果，积极督促整改，采取一系列有效措施纠正泗阳县在城镇化建设过程中出现的问题。泗阳县原县委书记、县长等主要领导被免职，有关责任人员受到党纪政纪处分。

水利建设资金和重点水利项目的审计和审计调查　投资司组织 17 个特派办对长江水利委员会、黄河水利委员会等七大流域机构、15 个省（区、市）水利机构 2002～2003 年水利建设资金管理、使用情况进行了审计调查，并延伸审计了部分重点水利建设项目。审计过程中，李金华审计长和刘家义副审计长都作了重要指示，对确保此项工作的顺利进行并取得良好成效起到了关键作用。在审计及调查过程中，投资司主要做了以下几项工作：一是召开了三次会议，传达审计署领导指示，研究加大对流域机构和省级水利部门审计调查力度的措施，进一步明确重点调查内容。二是深入审计现场，加强指导。司领导深入第一线，并组织 11 位同志先后到 17 个审计点进行调查研究，并具体指导特派办开展审计工作。三是要求各特派办聘请专家参与水利审计工作，并积极落实专项经费。共有 16 个特派办聘请了水利工程预决算和工程技术方面的专家，专家们在工作中发挥了较好的作用。四是及时研究有关特派办反映的一些政策性问题。五是共编发《水利审计工作动态》10 期，对交流工作经验、落实司里相关要求起到了较好的作用。六是积极探索水利项目效益审计。京津冀特派办在投资司指导下，开展了以循环经济为理论指导、以海河口清淤工程为内容的投资效益审计尝试，积累了宝贵的经验。

审计及调查中发现的主要问题有：一是大量水利建设资金被滞留、挤占挪用或损失浪费。二是不少项目违规招投标，设计、施工、监理“内体作业”现象比较普遍。三是部分水利项目建设效果较差，不少项目工期被严重拖延，有些存在质量隐患。四是违规征地和拖欠农民补偿款现象比较普遍。水利审计结果向国务院作了报告，同时还向国务院提交了 3 篇《审计要情》和 18 篇《重要信息要目》，国务院领导同志对大部分水利审计信息作了重要批示。水利部和有关省（区、市）政府对审计署反映的问题，十分重视，迅速整改，使不少问题及时得到纠正。（撰稿人：姜江华）

【外资运用审计司】　2004 年，外资运用审计司（以下简称外资司）人员编制 16 人，在编人员 14 人，领导职数 3 名。设有 3 个职能处：一处负责联合国开发计划署和农发基金会等国际组织援助项目的直接审计及全国归口管理，负责外国政府贷援款项目及政府担保的商业贷款项目的直接审计和全国归口管理，负责全国外资审计的授权、委托、计划、统计、信息及司内文秘、行政、后勤工作；二处负责世界银行非盈利性贷款和相关赠款项目的直接审计及全国归口管理；三处负责亚洲开发银行贷赠款项目直接审计和全国归口管理，以及世界银行贷款盈利性项目的直接审计和全国归口管理。

领导成员

司　长：陈　华

副司长：徐爱生（2 月—）

副司级审计员：薛新华

审计成果　2004 年，外资司在完成公证审计、做好合规性审计的同时，加大了对利用外资的重点领域、重点部门和重点资金的审计监督力度，在查处严重违法违纪问题、探索效益审计方面取得了突出成绩，完成了各项审计工作。据统计，全国各级外资审计部门审计县以上单位 3984 个，项目概算投资总额 6144 亿元，其中外资 2472 亿元，依法查处了截留挤占挪用项目资金、虚报项目支出、倒卖进口物资、项目资金不到位等问题违纪金额约 42 亿元，违规问题金额约 110 亿元，揭露因论证不充分和管理不善等原因造成的损失浪费金额约 60 亿元。同时，加大了对审计信息的反映力度和对违纪违法问题的查处，审计查出的问题引起了当地政府的高度重视，向司法机关和纪检监察部门移送案件 9 起。外资司提交《审计要情》1 篇，《重要信息要目》18 篇，被国务院领导批示 8 篇；向司法机关和纪检监察部门移送案件 3 起。

国外贷援款项目公证审计　2004 年，外资司组织并安排对全国 513 个国外贷援款项目进行审计，出具 516 份公证审计报告。其中有保留意见审计报告 25 份，拒绝发表意见审计报告 2 份，审计报告质量进一步提高，得到了国际金融组织的好评。在对国外贷援款项目进行审计公证的同时，加大了合法性审计的力度，如实报告和披露审计查处的违法违规问题，共查处项目单位及其主管部门存在的虚报项目支出、挤占挪用项目资金、配套资金不到位、财务报表不实和变卖串换项目物资等违反财经法规和项目贷援款协议问题金额13.8亿元。

外债管理情况审计　4月份，外资司派人参加了审计署对财政部中央预算执行情况审计组，对财政部主管的政府外债管理情况进行审计。针对审计发现的中央统借统还政府外债仍未纳入预算管理、综合性国家统借统还项目的外债资金向财政部倾斜、财政部将虚设机构预算资金用于国际司行政开支等问题，外资司提出将统借统还政府外债收支纳入部门预算和清理撤销财政部国际司在国外开立的某账户等6条建议，审计结果被纳入审计署对财政部的审计报告和审计决定。同时，外资司加强了对国外贷援款项目的审计监督。2004年5～10月，外资司组织13个特派办对世界银行贷款某项目进行终期审计，审计查出大部分项目执行单位未将中央统还外债形成的权益作为国家资本投入，导致国有股权悬空、用世行贷款购买的部分设备闲置、挪用还本付息资金等问题引起了国务院领导的重视，对涉及有关问题的案件线索已向司法机关移送。

外债效益审计　5～11月，外资司组织15个特派办对我国铁路行业1988年以来利用政府外债建设的34个铁路项目设备购置、使用、管理和效益情况进行审计，同时对8个铁道部脱钩单位持有外资设备情况进行了专项调查。这是审计署近年来第一个列入年度工作计划的效益审计项目。在缺少效益审计经验、无效益审计范例可参照等条件下，外资审计人员边审计、边学习、边探索，取得了突出成果。本次审计发现问题金额35.95亿元。审计中共抽查设备金额214.01亿元，发现有问题设备金额24.26亿元。审计发现的主要问题有：项目设计论证不充分、决策失误和使用管理不善等原因造成设备使用率低，闲置和损失浪费，设备招投标违规操作，以及其他违纪违规问题。同时发现铁路系统部分单位和个人向供货商收取商业贿赂等严重问题。审计中注重对设备使用效益的分析评价工作，重点对大型施工机械、大型养路机械和通信设备的使用情况等进行了效益分析评价，分析评价结果得到被审计单位的认可。审计发现的严重问题多次以《重要信息要目》报国务院，得到国务院领导批示，在铁路行业中产生了积极影响；向司法机关移送案件2起。

转变外资审计职能　2004年7月，审计署成立了“审计署国外贷援款项目审计服务中心”，外资司的工作重点将由过去主要履行对国外贷援款项目审计公证业务逐步转为加强对贷援款项目建设管理情况的监督，促进提高外债管理水平和利用效果，做好审计调查等方面。为尽快实现职能转变，外资司统一认识，提出首先在观念上实现转变，在工作上调整思路和重点，在继续做好国外贷援款项目公证审计工作的同时，每年安排1～2项国外贷援款重点项目、重点资金、重大问题的审计调查或效益审计。为保证今后外资审计项目的顺利开展和实施，审计署印发了《关于国外贷援款项目公证审计工作管理办法（暂行）》，明确了外资司与国外贷援款项目审计服务中心的职责分工。

“人、法、技”建设　（1）加强人员培训，提高外资审计队伍素质。根据外资审计业务工作需要，2004年外资司把业务培训工作列为基础建设的重中之重。年初，外资司在怀柔举办了全国外资审计业务培训班，邀请了财政部、商务部、世界银行代表处等部门领导和专家进行了业务专题讲座。针对外资审计系统人员变化大，为强化审计人员的英语水平，11月初在南京审计学院举办了全国外资审计业务骨干英语培训班。为使外资审计人员更好地学习国外审计经验，11月中旬外资司组团赴澳大利亚进行为期3周的效益审计培训，使审计人员开阔了眼界，增长了见识。为保证2004年外资审计项目的顺利实施，外资司分别举办了全国哈龙化工行业审计培训班、政府外债铁路项目效益审计和科技发展项目审计培训班。同时积极协助全国外资审计机关做好业务培训工作，多次派人到地方审计机关进行讲演和培训。

（2）规范审计操作，加强外资审计质量控制。根据《审计机关审计项目质量控制办法（试行）》的规定，外资司加强了对项目审计业务管理和质量的控制，结合国外贷援款机构的有关要求，印发了《审计署办公厅关于2004年度国外贷援款项目审计中若干问题的通知》（审办外资［2004］91号），在审计实施过程中，着重加强审计过程的实时业务指导，注重在审前准备、审计实施和审计成果三个阶段开展审计工作，防范审计风险，提高审计工作水平。2004 年，审计署在对上年度全国优秀审计项目评选中，外资司实施的中国节能促进审计项目被评为 2003 年度全国表彰审计项目第一名。

(3) 积极推广外资审计软件，加强外资审计信息化建设。上半年，外资司组织人员完成了外资审计软件的开发工作。在软件的开发后期，外资司先后派人到北京、河南、广东等审计机关参与利用审计项目对外资软件进行现场测试工作。为保障软件的推广使用，4~11 月，分别在天津和重庆举办了两期全国外资审计软件应用培训班，对加快计算机的审计和应用起到了良好推动作用。(撰稿人：安红烨)

【经济责任审计司】 2004 年，经济责任审计司人员编制 8 人，在编 7 人，领导职数 1 名。设有综合管理处、政策指导处 2 个职能处室。

领导成员

副司长：李树廷

工作综述 2004 年，经济责任审计司主要完成了指导全国经济责任审计工作的开展，组织实施省审计厅正职领导干部的经济责任审计，负责审核审计署对外出具的经济责任审计有关业务文书和行政文书，并承担中央五部委经济责任审计工作联席会议办公室（以下简称联席会议办公室）的日常工作。

起草《关于将党政领导干部经济责任审计扩大到地厅级的意见》 按照中央五部委经济责任审计工作第二次联席会议的决定，经济责任审计司在深入调查研究的基础上，草拟了《关于将党政领导干部经济责任审计扩大到地厅级的意见》，以中纪委、中组部、监察部、人事部、审计署的名义下发。“意见”将党政领导干部经济责任审计范围从县级以下扩大到了地厅级，为经济责任审计工作的全面开展提供了法律依据，标志着经济责任审计工作发展到了一个新的阶段。

全国经济责任审计工作会议 3 月，经济责任审计司组织召开了全国经济责任审计处长会议，并以联席会议办公室的名义统一部署了全国经济责任审计工作会议准备事宜，包括经验材料准备、评选先进单位、上报典型案例等。从 6 月开始，着手经验材料的修改、统计数据的汇总、起草会议主报告以及制定先进单位评选办法等。11 月初，联席会议办公室几次召开会议研究大会召开的有关问题，中纪委、中组部、监察部、人事部、审计署及国资委六部委各有分工、共同协作。在六部委的共同努力下，会议于 11 月底圆满召开。会议总结了 2000 年以来全国经济责任审计工作的情况和经验，表彰了经济责任审计工作先进地区和单位，研究部署了今后的工作任务。

审计文书复核 根据《审计机关审计项目质量控制办法（试行）》的要求，复核了审计署对外出具的经济责任审计项目的相关文书。共完成关于原国家电力公司领导班子任期经济责任审计和中国普天信息产业集团公司原法定代表人的审计报告、关于国家电网公司所属部分单位 2002 年度财务收支情况等审计决定书 11 份、关于对吉林省原省长洪虎同志的任期经济责任审计通知书及其他 4 份业务文书的复核工作。

市县长经济责任审计现场会 6 月，以联席会议办公室的名义在江苏邳州召开市县长经济责任审计现场会，有 16 个省级及 30 多个县从事经济责任审计工作的有关负责人参加了会议。会上，邳州市介绍了审计市县长的经验和做法，与会代表进行了交流和讨论，研究探索了市县长经济责任审计路子。

调研工作 4 月，经济责任审计司与监察部有关人员去江苏调研，全面了解了江苏省经济责任审计工作的开展情况，为邳州的市县长经济责任审计现场会做相关准备。5 月，中组部、监察部及经济责任审计司的有关人员一同去山东调研，听取了山东各地市经济责任审计工作情况汇报，并对省级经济责任审计工作的开展情况进行了专门了解。对铁道部、中国农业银行、中国核工业集团等中央单位的经济责任审计工作开展情况进行调研，指导和推动了中央内部管理领导干部经济责任审计工作的开展。

浙江省审计厅原厅长经济责任审计 按照经济责任审计暂行规定实施细则的规定，对浙江省审计厅原厅长进行了经济责任审计。这是经济责任审计工作开展以来实施的第一个省级审计机关领导干部经济责任审计项目，这个项目的实施，为全面开展审计机关领导干部经济责任审计工作积累了经验，探索了路子。

宣传工作 为了扩大经济责任审计工作的影

响，有力指导和推动全国经济责任审计工作的开展，共向中央五部委经济责任审计工作联席会议成员单位通报经济责任审计工作情况 5 次，编发《审计工作通讯》经济责任审计专刊 15 期，以联席会议办公室名义转发了四川、河北等省经济责任审计的一些好做法和经验。（撰稿人：陈忠志）

【外事司】 2004 年，外事司人员编制 13 人，在编 13 人，司领导职数 3 名。设 3 个职能处：一处主要负责组织实施与各国最高审计机关的双边交流活动；管理和组织实施双边合作项目；提供专业翻译；负责日常双边联系工作；管理外事专用工作网络等。二处主要负责与世界审计组织、亚洲审计组织和其他地区审计专业组织的交流活动；负责审计署担任的国际性审计组织领导工作的具体事务；负责多边合作项目的落实和管理；负责对外审计培训、国际会议、多边研讨会、内审对外交流事务；提供专业翻译；负责审计外事资料的译编出版及对外宣传工作等。三处主要负责外事工作计划、统计、档案、文秘综合及外事工作质量的管理与监督；负责礼宾接待、署内外相关部门协调、行政后勤以及物资管理工作；负责港澳台事务；负责因公出国人员的证照办理和管理；提供专业翻译等。

领导成员

司　长：罗美富

副司长：周维培

副司级审计员：左　玲

工作综述 2004 年，外事司共组织出访团组 76 个，计 593 人（次），其中：访问考察团 22 个，计 98 人（次）；参加国际会议 24 个，计 129 人（次）；培训学习团 26 个，计 353 人（次）。接待来访团组 32 个，255 人（次），其中高访团（副部级以上）18 个。全年组织翻译编写文稿约 220 万字，结集出版多种宣传资料。

积极参与国际组织活动 2004 年，外事司多次组团参加世界审计组织各项专题会议及各地区审计组织的专业研讨会。李金华审计长率中国审计代表团出席 OECD 全球指标论坛，并在大会作《中国国民经济指标与政府审计》专题发言；令狐安副审计长率团参加世界审计组织环境审计大会并在会上发言，同时还参加了欧洲审计组织环境审计委员会工作会议和南太平洋审计组织大会；刘家义副审计长率团出席第 18 届世界审计组织大会并在会上就环境审计和计算机审计发言；董大胜副审计长率团参加世界审计组织计算机审计委员会大会及计算机审计研讨会；项俊波副审计长率团出席地区审计长论坛；王道成纪检组长率团参加亚洲审计组织理事会。此外，外事司还分别组团参加了联合国和世界审计组织联合举办的“政府审计研讨会——最高审计机关的独立性”、国际政府审计准则编订工作小组会议、亚洲审计组织科研项目研讨会等多次会议。通过参加这些国际组织的会议活动，进一步宣传了中国审计事业的发展成就，扩大了审计署的国际影响，拓展了与一些地区审计组织的合作与交往。

高层互访 2004 年，外事司继续推动与国外审计同行的高层互访。李金华审计长率团出访英国、法国、德国、蒙古、日本、韩国、意大利和希腊；令狐安副审计长访问萨摩亚、巴西、阿根廷、塞尔维亚和黑山共和国、阿尔巴尼亚、保加利亚；刘家义副审计长访问意大利、匈牙利和印度；董大胜副审计长访问俄罗斯、罗马尼亚；项俊波副审计长访问孟加拉、利比亚；王道成纪检组长访问印度、突尼斯。署领导的出访，进一步促进了中外最高审计机关之间的交往，扩大了我国审计在世界上的影响，稳固地确立了审计署在审计领域的大国地位。

随着我国综合国力的日益增强和审计事业的不断发展，外国审计机关与我国的合作交流也日益深入和广泛。2004 年，日本、越南、缅甸、哥伦比亚、加拿大、保加利亚、赞比亚、瑞士、摩洛哥、尼泊尔、意大利、乌克兰等 13 个国家的审计首脑率高级代表团来华访问。此外，德国、古巴、波兰、美国、印尼、韩国等国也派出高级代表团来审计署拜会。这些来访团组与审计署领导就审计领域共同关注的问题进行了交流与探讨，考察并访问了上海、陕西、山东、云南等地方审计机关，推动了双边交往合作不断深化。加拿大、瑞士、哥伦比亚等代表团还就各自的审计工作作了专题演讲，进一步增进了彼此之间的了解，密切了相互之间的友谊。

外援培训 2004 年 4 月，外事司举办了第二届国际审计培训班，来自 23 个国家和香港、澳门特别行政区的 34 名学员参加了本次培训。国际学员在认真学习了解中国审计体制、法律法规、财政审计、金融审计、企业审计和经济责任审计相关内容的同时，还分组赴上海、南京、广州、昆明和重庆特派办的审计现场考察观摩。本次国际审计培训班作为我国对外援助项目的一部分，得到了中共中央对外联络部和商务部的大力支持，初步探索了审计署与相关部委合作开展审计援外活动的新途径。它充分展现了中国审计机关20年来的工作成就，进一步加强了审计署和第三世界国家以及周边国家审计机关的交流与合作，同时提高了审计署举办国际培训和国际会议的综合能力，锻炼和培养了审计署的国际师资队伍。

组织承办国际会议 2004年，外事司充分利用国际舞台，精心组织承办多项国际会议。9月，第二届计算机审计国际研讨会在南京成功举行。通过此次会议交流，国外审计机关的同行们了解了审计署近年来在计算机审计领域所取得的重大突破，对审计署计算机审计的快速发展表示钦佩。7月，外事司组织了世界审计组织培训委员会公债审计课程准备会。会后，培训委员会还专门来信，对本次会议的筹备与组织工作表示感谢。此外，作为亚洲审计组织中的重要国家，外事司还承办了亚洲审计组织科研项目研讨会，并与ACCA联合召开了业务研讨会。多项国际会议的成功举办，扩大了中国审计的国际影响，进一步丰富了国际会议的组织和接待经验，为成功主办亚洲审计组织理事会和大会打下良好的基础。

考察培训与境外审计 2004年，外事司相继派出效益审计、社保审计、计算机审计、权责发生制等专题考察团，并组织了效益审计、审计质量控制、公共工程项目审计等培训团组和赴英中长期审计培训班，与国外审计机关进行深入研讨，获得了充分信息。各出国团组报告的质量明显提高，对现实工作的指导价值进一步加强，其中效益审计考察报告得到了署领导的高度赞扬；赴英中长期审计培训班成果显著。

在境外审计工作中，由以往的单独派团执行任务改为与高级代表团访问有机结合，署领导亲自带队体现了对境外审计工作的高度重视。在对中国驻阿根廷、巴西、意大利、匈牙利四国使领馆的审计过程中，外事司与相关业务司局及有关部门及时沟通联系，加强协调配合，保证了境外审计工作的顺利进行。

外事宣传 为积极落实五年规划对外事工作的要求，外事司进一步加大了审计工作的宣传与研究力度，拓宽信息沟通渠道，积极介绍、引进国外审计经验和方法，为加强中国审计的对外宣传工作作出积极贡献。

2004年，外事司在《亚洲审计杂志》、《世界审计杂志》、《计算机审计》、亚审网站等国际媒体上发表大量介绍审计署审计工作和审计专题研究的文章。《世界审计杂志》连续刊登了审计署审计工作新闻报道，在国际审计领域产生积极影响。外事司充分利用《国际审计纵横》、《国外审计资料》和《中国审计报》、审计署互联网及内网等媒介，多方位、多角度地及时引进国外先进的审计理论与技术，介绍国际审计最新发展情况，为署领导决策提供参考，为审计人员了解国际审计发展趋势提供服务。此外，外事司还与有关业务司局合作，及时组织翻译校对了《世界审计组织环境审计论文集》和《计算机审计科研成果集》两本审计专业书籍，积极参与了审计法的修改工作，配合相关单位翻译出版了《部分国家审计法规》一书，并参与了《英国绩效审计》一书的部分编译工作。

队伍建设 2004年，外事司紧紧围绕审计外事工作中心，继续加强班子建设，增强司、处领导“两手抓”的意识和能力。同时着力加强干部职工思想政治和理想信念教育、外事政策学习教育以及业务知识技能培训，不断提高干部队伍整体素质。

(1) 积极开展干部竞争上岗与干部交流。外事司按照署党组的统一部署，坚持“公开、平等、竞争、择优”的原则，认真组织署机关部分空缺处级干部岗位竞争上岗工作，有1人晋升为处长。2004年，外事司连续第7年从特派办借调审计人员进行业务培训，4名特派办的外事“新兵”圆满完成各项任务，表现出色。

(2) 多渠道加强学习培训。2004年，为响应署领导创建学习型组织的号召，外事司开展了多种形式的学习培训活动，包括启动业务培训系列讲座，邀请专家外语授课，学习了解审计业务及相关知识；建立与业务司局对口学习与工作联系制度，以年轻干部为主体，成立审计业务学习小组；派员参加党校学习、计算机中级培训、签证护照培训，并派员赴国外进修。

(3) 深化外事基础建设。2004年，外事司进一步加强内部管理，规范工作流程，集中时间认真整理了各国签证表格、申请护照事项表、申请签证事项表等各种表格，拟订了《审计署因公出国护照、签证及赴港澳地区通行证申办与管理实施条例》，进一步加强领导监督，规范因公出国证照的申办和管理工作。（撰稿人：张　彦）

【人事教育司】　2004年，人事教育司人员编制23人，在编23人，领导职数3名。设有办公室、机关干部处、地方干部处、工资调配处、教育职称处5个职能处（室）。

领导成员

司　长：齐国生

副司长：王鸿津

中组部省部级副职后备干部考察接待工作　为确保中组部考察任务的顺利完成，在时间紧、任务重的情况下，人事教育司做了大量的前期准备工作。对建议人选的档案进行整理，根据中组部要求制作建议人选的多媒体信息采集数据库，撰写建议人选的考察材料，准备考察接待工作材料，总共30多种、100余份。5月24~26日分别陪同考察组到上海和广州特派办进行考察。6月14~18日，以新华社总编辑南振中同志为组长的中组部考察组一行9人到署机关进行考察。人事教育司在5天内组织安排了署领导班子成员，近期退休的老领导，署机关、派出局、特派办、直属事业单位主要负责人以及相关司局的92名同志进行了谈话。6月下旬，根据署党组的指示，在第一时间完成了两名副审计长建议人选向中央报送材料的工作。在短时间内，制作各种文件、表格共3种60份180多件，每一份都认真审核，确保准确无误，并且积极和中组部有关部门沟通协调，保证了报送材料一次性通过审核。中组部考察组认为，审计署高度重视考察工作，李金华审计长亲自检查准备工作，为考察组提供了便利的工作条件，准备材料详实准确，谈话安排紧凑高效，接待工作周到细致，对审计署的工作给予了高度评价。

派出审计局和特派办领导班子建设　为进一步贯彻落实2003年底召开的“派出局领导班子思想政治建设座谈会”会议精神，（1）人事教育司及时整理了各派出局的整改总结和司局级干部思想汇报，呈送署领导审阅，并与行政事业审计司一起陪同刘家义副审计长到25个派出局进行了调研。根据审计长的指示，起草出台了《审计署派出审计局领导班子议事规则》，规范了派出审计局议事程序。11月初，在怀柔组织召开了派出审计局局长助理座谈会，对局长助理一年的工作情况进行了总结，署领导对各位助理的工作给予了充分肯定，同时对今后派出局的工作提出了新的要求和希望。11月底，根据派出局年度考核情况，针对每个派出局的不同特点，撰写了25份详实的考核评价材料；经过充分准备和协调，在两个星期内，组织安排了刘家义副审计长同派出局领导班子集体谈话，肯定成绩，指出不足，提出要求，为今后派出局工作的健康发展奠定了良好的基础。

（2）为了正确评价特派办主要负责人职责履行情况和工作实绩，建立管理科学、运行高效、竞争激励的工作机制，全面加强特派办领导班子建设，人事教育司在深入分析研究和调研的基础上，起草了《审计署驻地方特派员办事处主要负责人工作目标责任制考核管理暂行规定》（征求意见稿）。另外，还草拟了特派办“一把手”后备干部选拔培养意见，为今后科学合理地选拔特派办“一把手”后备干部建立有效的制度保障。

司局级和处级干部队伍建设　（1）根据署党组的指示，完成了对主持工作一年以上的5名派出局副局长和3名副特派员的考察、任职工作，完成了对4名特派员助理的考察、任职工作，完成了18个特派办纪检组组长、副组长和专职纪检员共计53人的任职批复工作。本着优化结构的原则，对部分司局级领导岗位进行了调整。

（2）为进一步加强派出局的干部队伍建设，针对派出局业务力量特点，在派出审计局进行了全员竞争上岗和双向选择工作。经过岗位申报、民主测评、面试等程序，通过两轮竞争上岗和双向选择，共有80名干部填报了150项竞争上岗志愿，52名干部通过竞争走上了处级领导岗位，70名干部选择到了合适的工作岗位，4名干部落选。竞争上岗前后数据对比，处长的平均年龄下降了7岁，副处长的平均年龄下降了5岁；正副处长大学本科以上学历的比例上升了16个百分点；具有中高级专业技术职称的比例达到了80%。

（3）年底，为加强署机关的处级干部队伍建设，在署机关进行了部分处级空缺岗位的竞争上岗，通过个人述职、民主测评、面试和答辩等程序，有19人成功晋升。

(4) 完成了特派办处级及以下干部全员竞争上岗和双向选择的总结工作。按照干部管理权限，完成了18个特派办642名处级干部的任免手续；并向署党组报送了总结报告，得到署领导的肯定，根据署领导批示，将总结报告报送中组部干部四局。

(5) 根据有关规定，先后办理了机关服务局、干部培训中心、国外贷援款项目审计服务中心、审计科研所等事业单位中层干部的聘任备案工作，进一步优化了事业单位的中层干部队伍结构。

队伍建设　(1) 人事教育司在全国审计系统范围内进行了"加强人才队伍建设工作"的专项调研工作，在署机关、派出局、特派办和地方审计机关召开专题座谈会8次，收到来自全国各级审计机关书面调研报告68份。在认真总结实地调研情况和各地调研报告的基础上，起草了《关于进一步加强审计机关人才工作的意见》的初稿，之后又多次组织署机关和派出机构的司、处级干部以及有关业务骨干进行座谈和研讨，令狐安副审计长还亲自主持座谈会听取意见，提出重要指示并亲自对稿件进行数次重要修改，最终形成了《关于进一步加强审计机关人才工作的意见》(讨论稿)，作为会议文件提交10月29日召开的全国审计机关人才和廉政工作会议讨论，得到了全体与会代表的好评和充分肯定。会后人事教育司根据与代表提出的建议修改后又再次向有关部门和专家征求意见，已将修改完善后的《关于进一步加强审计机关人才工作的指导意见》呈送署领导，待署领导批复后印发全国审计机关。

(2) 完善审计干部职业教育体系建设。①不断完善审计干部的"入门教育"。举办了审计署2004年新录用干部初任培训班，对署机关、派出局和特派办新录用的140名干部进行了入职培训，对署机关、派出局新录用的45名干部进行了岗前业务培训。在培训中心的密切配合下，2004年的初任培训和岗前业务培训将全新的培训理念与先进的组织管理模式有机结合，培训实施部门积极推行项目管理，在培训的立项、计划、组织、实施、监控、总结等各环节都探索出一套成功的经验，同时在需求分析、课程设计、方法选择、评估总结等方面均有不同程度的创新，使初任培训和岗前业务培训工作取得了较好的效果。②继续实施第二轮次局处级领导干部培训计划。为落实2003~2005年对全署处级以上干部轮训一遍的目标，人事教育司对署机关、派出局及特派办所有处级干部2003年以来的培训情况进行了统计分析，确定了第二轮次第二年的人员培训计划，并按计划举办了1期厅（局）级干部培训班、2期市（地）审计局长培训班，共培训学员184人。另外，由于2004年年初特派办进行了处级干部竞争上岗，处级岗位人员发生了较大的变化，为了使许多新任处级干部尽快适应新的工作岗位和工作角色，按照署领导的要求，人事教育司及时举办了2期新任处级干部培训班，参加培训人员共245人。③全面落实和推进师资体系建设。为使审计系统的业务骨干能够较好地掌握和运用先进的教学方法和技巧，不断提高教学质量，努力挖掘教学潜能，根据年初人才工作领导小组批准的计划，人事教育司与培训中心积极协调，密切配合，圆满地完成了2期业务讲师培训班，培训学员96人，为全国审计机关大规模开展教育培训工作和下一步建立审计业务师资库奠定了人才基础和资源储备。

(3) 审计专业技术资格考评工作。①创建了审计人事教育信息网。人事教育司创建了审计人事教育信息网，在互联网上发布相关政策信息和工作动态，从而使全国审计系统的人员都可以通过网络与人事教育司进行沟通，及时查询相关信息、下载相关表格，减少了很多不必要的环节。②完成了审计专业技术资格考试工作。2004年度全国有4145人报名参加高级审计师资格考试，14841人报名参加初中级审计资格考试。③完成了高级审计师资格评审工作。组织完成了中央和国务院各部委、有关企业集团（总公司)、署机关各单位、各特派办、各派出局、各直属事业单位的2004年度高级审计师资格评审工作。对86名申报人员的申报材料进行整理和初审。人事教育司重新制作了高级审计师资格证书，对证书样式及填写格式进行了统一规范。总结近几年来高级审计师资格评审工作的经验，着手开发高级审计师任职资格评审软件。

(4) 加大业务骨干培训力度。①继续实施审计署与香港理工大学合作培养研究生项目。在审计署范围内统一选拔符合条件的人员参加了香港理工大学录取考试；圆满完成了3名同志赴香港理工大学学习的后期工作。②组织赴英国中长期培训班。根据年度培训计划安排，经过2003年的推荐选拔，选派19名学员赴英国进行了为期5个月的审计业务培训，均圆满地完成了培训任务。

(5) 开展2004年享受政府特殊津贴人员的选拔推荐工作。在2004年享受政府特殊津贴人员的选拔推荐工作中，人事教育司进一步规范了选拔推荐程序，严格规定，推荐人选必须经过专家评议、公示后方能作为审计署人选上报，并且在政策允许的范围内，经征求人事部同意后，将各特派员办事处纳入了选拔范围。

(6) 完成了中组部《全国公开选拔党政领导干部考试大纲》审计专业科目考试内容的编写和命题工作。受中组部委托，人事教育司承担了全国公开选拔领导干部考试审计专业考试大纲的编写和试题命制工作。经过一丝不苟的录入、整理和筛选，最终将考试大纲、1600余道试题以及工作总结报送中组部。

干部挂职、交流工作　人事教育司起草印发了《审计署人事教育司关于干部交流工作有关问题的通知》，进一步规范了对交流干部的管理工作。会同机关服务局和各有关司局对住房和交流补贴的发放进行了清理整顿，并向有关司局重申了交流、借调干部的程序和办法；同时，考虑到交流干部的实际情况，经署领导同意，对交流一年以上的干部每年提供两次回家探亲的机会，往返路费由审计署按照硬卧火车票的标准报销。先后选派7名处级干部分别到青海、山东、河南省挂职锻炼；选派3名援藏干部入藏；组织完成了审计署与国家开发银行的干部交流工作，双方各派2名处级干部到对方单位挂职一年；接收了3名地方干部到署机关挂职。

综合考核工作　(1) 人事教育司会同办公厅、行政事业审计司联合制定了《审计署派出审计局考核规定》，将派出局的考核改在年中进行，考核年度为每年的7月1日至次年的6月30日，年度考核工作分为业务工作考核与综合工作考核，根据每项指标量化计分，评出名次，对前六名和后六名分别进行奖惩。根据新的考核规定，制定了《审计署派出审计局2004年度考核工作方案》，从8月份开始全面展开对派出局的考核工作，8月底完成了派出局公务员年度考核，9月中旬完成了派出局年度工作考核。

(2) 根据署机关、特派办和署直属事业单位的工作实际，对其年度考核工作仍在年初进行。在特派办的年度考核工作中，人事教育司组成3个考核小组，对京津冀、上海、西安、昆明、广州、深圳、哈尔滨、兰州、郑州等9个特派办领导班子及领导干部2003年度工作情况进行了考核，并在分析研究的基础上向署党组提交了9份考核报告，提出了加强和调整各特派办领导班子的建议。

考试录用机制　(1) 2004坚持“凡进必考”的原则，署机关录用了18名公务员，其中应届毕业生17人、国家行政学院青干班学员1人；18个特派办录用了101人，其中高校应届毕业生98人，社会招考人员3人。

(2) 根据署党组关于从北京市审计局系统选调部分干部，以加强派出局队伍建设的指示精神，通过人员推荐、资格审查、审计业务知识测试、调档考核等程序，择优录用了12名审计业务较熟练、相对年轻的干部，充实了派出局干部队伍。

(3) 根据中央文件以及审计长“适度安排，统筹考虑”的指示精神，人事教育司分别从总参谋部和北京军区录用了4名军队转业干部，圆满完成军转办2004年分配给审计署的军转干部接收计划，受到了军转办的表扬。

(4) 根据人事部下达给审计署的京外调干指标，结合署内各（司）局现有人员结构，分别选调了4名同志到署有关司局工作。

信息化建设　为使人力资源信息管理系统尽快在工作中发挥其应有的效用，人事教育司制定了详细的人力资源信息管理系统完善和维护计划。结合实际工作对人力资源管理系统进行反复测试，并与计算机技术中心、办公厅信息化建设办公室就该系统的功能及使用进度进行了探讨和研究。经过测试、完善更新之后，系统功能稳定，目前已在18个特派办正式推广使用，并在署机关辅助办公系统平台正式运行，为机关辅助办公系统的安全运行提供基础保障，为领导对人员的基本信息查询提供支持。

其他工作　年初，经过积极的协调沟通，中编办正式批复审计署关于调整署内部机构编制的请示，同意将特派办的200名行政编制划拨到署机关使用，以进一步增加审计力量。为此，经与有关司局沟通协商，人事教育司就编制分配问题提出了建议方案，并报党组审议，最终合理分配了部分编制，从而有效整合了审计资源，加强了审计力量。为正式启动2005年全国审计机关先进集体和先进工作者表彰工作，经请示署党组同意，人事教育司已与人事部主管司局多次沟通协商，并报送了申请函，就2005年底全国审计机关先进表彰的数量、工作程序等提出了初步申请。组织开展了“人民满意的公务员”的评选推荐工作。广州特派办金融审计二处处长刘丹同志被评为“人民满意的公务员”。（撰稿人：赵海滨）

【直属机关党委】 2004年，直属机关党委人员编制9人，在编9人，领导职数3名；设有办公室、组织部、宣传部3个职能处（室），还有直属机关工会、团委、妇工委3个群众组织和图书馆。

领导成员

直属机关党委书记：项俊波（兼，—9月）
余效明（兼，9月—）

常务副书记：刘满堂

副书记兼机关纪委书记：刘天贵

副书记兼工会主席：厉培明（2月—）

助理巡视员：安凤华

理论学习 （1）认真组织学习。编印了党组成员关于“三个代表”重要思想的系列党课辅导材料《党组成员讲党课》，使机关党员干部对“三个代表”重要思想的时代背景、实践基础、精神实质和历史地位有了较为系统的把握；对学习贯彻十届人大二次会议精神和《全面推进依法行政实施纲要》作出了安排；印发了学习贯彻《中国共产党党内监督条例（试行）》和《中国共产党纪律处分条例》（以下简称两个《条例》）的通知；组织学习贯彻十六届四中全会精神，印发了《关于贯彻落实十六届四中全会决定和党员权利保障条例的意见》。

（2）加大学习辅导和骨干培训工作力度。机关集中培训期间，组织了两个《条例》学习辅导和权力观教育专题报告。发挥党校的理论学习主阵地作用，全年共选送34名局、处级干部参加了为期3个月的中央党校中央国家机关分校学习，参加人数比上一年度增长了一倍。

（3）发挥党支部在理论学习中的主体作用。一些支部结合开展创建学习型党支部工作，总结经验，探索增强持久学习力的新途径，如离退休干部局第一支部创新学习形式，理论学习取得明显效果，在全国离退休干部“双先”表彰大会上受到表彰，被中央组织部评为“全国先进离退休干部党支部”。

（4）做好学习服务工作。与有关部门一同完成了党组中心组4次学习会的服务及信息报送工作；完成了党组民主生活会前期准备及会务工作；为机关干部职工发放各类理论学习书籍2400余册；印发《学习与修养》活页文选7期，7700余份；充分利用局域网加强学习体会和经验交流，全年刊载理论学习情况及各种学习参考资料40余份。机关图书馆全年办理图书借阅近5000人次，电子阅览室接待4800余人次，接待了9批166人次的各种参观团组。

组织建设 （1）开展党建工作调研。6~7月份，根据中央国家机关工委《关于认真做好保持共产党员先进性教育活动准备工作的意见》和署领导指示，组成6个调研组，对审计署全部48个党支部（总支）进行了调研，基本摸清了当前署机关党员干部的思想状况，摸清了党员教育管理和基层党支部建设情况，摸清了流动党员情况及有关管理情况。

（2）坚持党支部书记培训制度。6月份，举办了支部书记培训班，进一步提高党支部书记“两手抓”的意识和能力。培训班进行了先进性教育活动准备工作动员，开展了创建学习型党支部工作研讨，共有近70人参加。

（3）探索开展创建学习型党支部工作。为各党支部配发了有关学习型组织理论的书籍；总结推广了两个党支部开展创建学习型党支部的经验；机关党委党支部组织了3次专题学习交流会，派人参加了中央国家工委组织的两次培训。

（4）对派出局党支部党建工作进行了考核。根据审计署对派出局综合考核的要求，修订了党支部工作考核办法，年中对25个派出局党支部的工作情况进行了量化考核。派出局人员调整后，进一步健全党支部班子，组织支委成员有变动的支部进行了改选或增补。

（5）完成了机关党委、纪委换届选举工作。年底召开了署机关第四次党代会，对上一届党委的工作进行了全面总结，选举产生了新一届机关党的委员会和纪律检查委员会。

党风廉政建设　(1) 深入学习动员，提高思想认识。两个《条例》颁布以后，按署党组指示，机关纪委下发了学习通知，请署领导作了学习动员，请中央纪委及监察部有关领导和专家作了专题辅导报告，进一步提高了党员干部的思想认识。

(2) 改进方式方法，丰富教育内容。充分利用网络阵地，在机关局域网上编发了《纪律监督条例学习资料》。4～7月份组织了3期学习两个《条例》和《审计机关审计项目质量控制办法（试行)》网上有奖答题活动，共有533人参加了答题。8月份，举办了“党内条规和审计法规知识竞赛”，受到署领导的肯定和广大党员干部的好评。

(3) 注重骨干培训，加强监督检查。年初举办了一期机关纪检委员培训班，传达学习中央纪委第三次会议精神和审计署廉政工作会议精神，组织了廉政工作形势和任务讲座。党建工作调研期间，对各支部组织学习两个《条例》、召开党员领导干部专题民主生活会、执行审计纪律“八不准”规定等情况进行了检查。

精神文明建设　(1) 开展精神文明创建活动。年初评选出2002～2003年度先进党支部14个，为连续3年获得先进集体称号的3个单位记了三等功，43名个人被评为优秀党员或优秀兼职党务干部，3名同志荣立个人三等功。参加了第四届全国五好文明家庭、中央国家机关五一劳动奖状和五一劳动奖章、“中央国家机关优秀（杰出）青年”等评选活动，一些同志被评为先进个人。完成了2004年度“中央国家机关文明单位”申报工作。

(2) 开展审计机关文化建设研讨活动。认真落实审计工作五年发展规划关于“积极开展机关文化建设”的要求，会同科研所等单位开展了审计机关文化建设研讨论文征集活动，召开了全国审计机关文化建设研讨会。

(3) 开展绿化首都捐款植树活动。全署600多名党员干部积极参与，踊跃捐款83000多元，在门头沟区建立了审计署义务植树基地，植树1万余株，造林面积约10万平方米。

(4) 认真组织开展爱国主义、革命传统和文明礼仪教育。开展了向任长霞、牛玉儒等同志学习的活动，在局域网上登载了先进人物的事迹材料；组织干部职工参观了西柏坡精神巡回展、延安精神展、纪念邓小平同志诞辰100周年展览；组织近120多名年轻干部参观了故宫博物院；组织参加了“北京市民文明礼仪知识读书知识竞赛活动”，机关45个单位近600人参加了竞赛。

(5) 坚持开展扶贫济困送温暖工作。制定了《审计署直属机关工会关于开展经常性送温暖活动的实施办法》；春节前组织慰问困难职工43人，国庆节前夕组织慰问了机关老党员和困难党员61名，共发放慰问金10万多元；开展了向印度洋地区受灾国家人民自愿捐款等两次募捐活动，共捐款104000余元。

(6) 组织丰富多彩的文化体育活动。组织了迎新春文艺演出会，署机关干部、离退休老同志和北京市审计局的同志1700余人观看了演出；坚持每月开展“体育健身日”活动；组织了乒乓球、登山、桥牌等比赛；“三八”妇女节前组织女同志观看了芭蕾舞剧《天鹅湖》；成立了游泳、登山、乒乓球、书法等19个兴趣活动小组，丰富了干部职工的业余文化生活。

培训和交流　(1) 参加脱产培训。年内机关党委的全体同志均参加了机关集中培训，2名同志参加了出国培训，1名同志参加了司局级干部培训班，1名同志参加了审计英语培训班。

(2) 开展在职培训。开展了公文写作培训；组织学习有关审计业务知识，拓宽党务干部的知识面；结合创建学习型党支部工作，认真学习研究学习型组织理论。

(3) 加强干部交流，向派出局交流专职党务干部1名，为年轻党务干部的发展创造了良好条件。（撰稿人：俞国庆）

【驻审计署纪检组、监察局】　2004年，驻审计署纪检组、监察局人员编制10人，在编10人，领导职数2名；设有综合室、纪检监察室2个职能室。

领导成员

纪检组组长：王道成

纪检组副组长、监察局局长：李广和(7月—)

胡玉华(—7月)

工作综述　2004年驻审计署纪检组、监察局紧密结合审计机关实际，以“三项清理”为重点，狠抓领导干部廉洁自律工作的落实；加强信访工作，严肃查处违纪违法问题；深入调查研究，协助党组构建审计机关廉政工作体系；加强监督检查，确保党风廉政建设责任制的贯彻执行；加强能力建设，努力提高纪检监察队伍素质，推动了审计机关的党风廉政建设和反腐倡廉工作的深入开展。

反腐倡廉工作 为使中央关于2004年开展党风廉政建设和反腐败工作的指示精神在审计机关及时得到贯彻落实，中央纪委第三次全会和国务院第二次廉政工作会议结束后，在认真组织纪检组、监察局全体人员学习会议文件、领会精神实质的同时，积极协助审计署党组分两步在署机关和派出审计局进行了传达学习。根据中央纪委三次全会和国务院第二次廉政工作会议精神及署党组要求，研究提出了贯彻落实措施，明确了2004年反腐倡廉工作的重点内容：一是按照立足于教育、着眼于防范的工作思路，进一步加强思想道德和纪律教育，严格执行四大纪律和八项要求，促进领导干部廉洁自律。二是严格“八不准”审计纪律规定，加强审计机关作风建设。三是紧紧抓住“权、钱、人”三个环节，从源头上预防和治理腐败现象。四是贯彻党内监督条例，切实加强对领导干部的监督，做好查办案件和信访工作。五是认真落实党风廉政建设责任制，加强纪检监察干部队伍建设。经署党组研究同意后，及时向全国审计机关印发了《审计机关2004年反腐倡廉工作意见》。

领导干部廉洁自律 （1）根据中央纪委要求和审计机关实际，重点抓了三项清理工作：一是对署机关及18个驻地方特派员办事处的小汽车配备情况作了进一步清理，并根据中央纪委党风室的有关要求，对部分单位超标准配备使用小汽车的问题作了纠正处理和通报批评。二是对用公款购买个人商业保险和领导干部拖欠公款、利用职权借用公款等情况进行了清理。对少数单位用公款为干部职工购买个人商业保险和少数同志拖欠医疗费用等问题，分别按规定进行了纠正处理。三是继续做好对地方审计机关审计过渡专户清理工作。经过近年来的多次检查督促，各地审计机关进一步加快了审计专户撤销工作的步伐，从源头上避免了截留、挪用、贪污审计罚没资金等腐败现象。

（2）为了贯彻落实全国行政监察工作座谈会精神，结合审计机关实际，以贯彻执行审计纪律“八不准”规定为主要内容，进一步加强了对有关廉政制度和规定的监督检查，组织各派出机构和部分已实行审计外勤经费自理的地方审计机关，对执行审计纪律“八不准”规定的情况进行了调查总结，向审计署党组提交了《关于开展执行审计纪律“八不准”规定调查总结的报告》，总结好的做法和经验，研究分析存在问题，有针对性地提出了改进意见。对严格执行审计纪律的先进单位和个人，在《中国审计报》等媒体上进行了宣传报道。与此同时，还对署机关及派出机构司局级领导干部述职述廉情况进行了跟踪检查和情况通报，组织署机关和派出机构及时召开司、处级领导干部专题民主生活会，对执行中央纪委关于“四项纪律、八项要求”情况进行了对照检查和自我纠正活动，向审计署党组提交了专题报告，推动了领导干部廉洁自律工作的落实。

信访工作问题 2004年，驻署纪检组、监察局共收到群众信访举报270件，其中：涉及司局级单位或个人的88件，占33%；涉及县处级单位或个人的65件，占24%；其他单位或人员117件，占43%。为了及时处理信访举报，指定专人负责，认真排查案件线索，组织力量查办。到目前为止，共初查核实15件，已办结10件。对已经查实的问题及时认真地作了处理，其中给予批评教育4人、2个单位，挽回经济损失400多万元，组织处理1人。根据派驻纪检监察机构实行统一管理后的职能要求，驻署纪检组、监察局将司局级以上领导机关和领导干部的违纪违法问题作为重点进行查处，先后对两个厅、局级单位和两名厅、局级领导干部的违纪违规问题进行了调查核实，并按有关规定作了处理。

廉政体系建设 为了建立与审计机关相适应的廉政工作体系，进一步推进审计机关廉政工作的系统化、制度化、规范化，根据中央纪委的总体部署和要求，驻署纪检组、监察局在部署全国审计系统进行广泛调查研究的基础上，先后组成4个调研组，分别到湖北、安徽、河北省等8个审计厅（局）及所属的53个地市、区县审计局，以及部分特派员办事处，就构建审计机关廉政体系问题进行了深入调研，并且分三个片区召开了“构建审计机关廉政体系”研讨会，向署党组提交了专题调研报告并提出了构建审计机关廉政体系的基本构想。署党组对此高度重视，专门安排党组成员、纪检组长王道成同志负责此项工作。在认真总结经验教训、反复调研论证、广泛征求意见的基础上，代审计署起草了《关于构建审计机关廉政体系的指导意见》。

为了推动廉政体系的建立，署党组于2004年10月26～29日，召开了全国审计系统廉政工作会议。会议认真总结了近年来审计机关反腐倡廉工作，交流了先进单位成功的做法和经验，研究部署了构建审计机关教育、制度、监督并重的惩治和预防腐败体系工作，讨论通过了《关于建立健全审计机关廉政工作体系的指导意见》。审计署机关、派出局、特派办和地方审计机关、中纪委二室及部分中央新闻单位共200余人出席了会议。

与此同时，积极发挥派驻机构为上级机关决策服务的应有作用，结合审计机关实际，向中央纪委提交了《发挥职能优势，强化审计监督，积极推进惩治和预防腐败体系建设》的论文和《关于开展反腐败抓源头工作，进一步深化领导干部经济责任审计》的调研报告，并且在全国纪检监察系统优秀论文和调研报告评比活动中分别获得二等奖和优秀奖。

党风廉政建设责任制　随着反腐败斗争的深入开展，审计机关的各级领导班子和领导干部，对实行党风廉政建设责任制重要性的认识不断提高，进一步加强了组织领导，使廉政责任逐步纳入目标管理的考核指标体系中，结合其他工作进行不定期的督查。年初，党风廉政建设领导小组专门召开会议，分析总结了2003年贯彻落实党风廉政建设责任制的情况，并下发了情况通报，研究部署了署机关有关职能部门2004年反腐倡廉工作任务分工。与此同时，署党组也根据中央纪委、监察部关于《中央和国家机关贯彻落实2004年党风廉政建设和反腐败工作部署的分工意见》，专门召开会议，对审计部门负责的6项工作进行了认真研究，明确了有关司局的业务分工，并制定了具体落实措施。年底，各单位按照党风廉政建设领导小组的统一部署，结合年终工作总结，对落实党风廉政建设责任制情况进行了检查考核。驻署纪检组、监察局对近几年来审计机关贯彻落实党风廉政建设责任制的经验和做法进行了认真总结，向中央纪委党风室报送了《五措并举，推动党风廉政建设责任制落实》的经验材料。

队伍建设　2004年，驻署纪检组、监察局以贯彻全国纪检监察机关自身建设工作会议精神为契机，以何勇书记提出的“五种能力”建设为重点，以强化学习培训为主要手段，努力提高审计纪检监察队伍的整体素质。除及时组织学习中央纪委、监察部有关指示精神外，根据自身实际，有针对性地制定了年度政治理论和业务学习计划，具体安排了每个季度的学习内容及要求，定期组织全体人员进行学习和研讨。8月，参加了审计署机关为期15天的集中培训。10月，按照中央纪委部署，组织开展了“纪检监察专业知识测试活动”并获得全国纪检监察宣传教育专项工作奖。11月下旬，举办了全国审计系统纪检监察干部业务培训班。（撰稿人：张瑞民）

【离退休干部局】　2004年，离退休干部局人员编制15人，在编10人，领导职数1名。设有3个职能处（室）：服务一处、服务二处、办公室。

领导成员

局　长：王治忠

副局级审计员：张有芳

工作综述　2004年，离退休干部局紧紧围绕落实老干部“两个待遇”开展工作，坚持以人为本，不断开拓创新，继续拓宽离退休干部服务管理工作的新内容，积极探索加强离退休干部党支部建设的新途径、新方法，严格执行加强党风廉政建设的有关规定，努力抓好局领导班子和队伍建设，保证了各项任务的完成，实现了离退休干部的稳定，老干部工作的整体水平有了新的提高。

认真落实“两个待遇”，服务管理工作有新提高　（1）落实好“两个待遇”。在落实政治待遇方面，把保证离退休干部及时阅读文件和参加重要会议、传达重要会议精神，以及落实情况通报制度和组织重要的政治学习作为重点，全力抓好落实。组织召开4次老干部例会，传达学习重要会议、重要文件精神和健康知识讲座。两次请李金华审计长和项俊波副审计长为离退休干部通报审计工作情况。每两个月给3个活动站送一次文件，共送各类文件150余份。每周保障离退休署领导阅文2次。2次组织离退休干部180余人参观“牢记两个务必，永葆政治本色”和“世纪伟人邓小平”大型展览。在落实生活待遇方面，把按时足额发放离退休干部工资和应享受的福利待遇，配合医疗单位按政策规定及时报销医疗费用作为重点，全年未发生不符合政策规定的问题。为离退休干部发放各种补贴、补助、报销车费和订阅报刊费用41万元，为患病和行动不便的离退休干部上门报销费用2万元。

(2) 做好经常性服务工作。为加强和改进服务管理工作，3月份离退休干部局就服务管理工作中的15个方面的相关问题，对132名离退休干部进行了问卷调查，老同志们在充分肯定近几年服务管理工作的同时，对今后开展经常性服务管理工作提出了很好的意见和建议。离退休干部局坚持抓好四项工作：一是做好经常性的走访慰问工作。在重大节日，局领导带领工作人员走访慰问年龄较大的离休干部和生病住院、行动不便的老同志，给他们送去署党组和署领导的关心，共到医院和家中看望病号98人次。二是组织集体祝寿。两次为14位70周岁和75周岁的老同志集体祝寿，到家中为80和85周岁的3名老同志祝寿。三是为个别因患病有特殊困难的退休干部排忧解难。与人事教育司和机关工会协商解决了个别退休干部的特困补助。四是“十一”前夕慰问老党员和困难党员。根据机关党委的安排，按照每人1000元的标准，对署机关36名建国前入党的离退休老党员和22名困难党员进行了慰问。

(3) 开展各项文体活动。为进一步活跃离退休干部的精神文化生活，在组织外出参观游览和开展文化活动方面加大了工作力度，收到了很好的效果，离退休干部比较满意。一是组织了4次外出参观游览。二是开办了离退休干部绘画班。在继续办好书法班的基础上，6月中旬，我们根据离退休干部的要求，开办了绘画班，有48名老同志参加学习。三是组织了离退休干部门球队。3月下旬，我们与船舶工业总公司老干部局协商，解决了门球练习场地后，组建了门球队，有27名离退休干部参加门球队练习。四是组织代表队参加象棋比赛。4月份，参加了中央国家机关离退休干部第二届“怡寿杯”中国象棋比赛，惠武获得个人第9名。10月下旬，惠武参加中国象棋协会举办的全国第四届松鹤杯离退休干部象棋比赛，被中国象棋协会授予全国地方业余一级棋师称号，审计署代表队被组委会评为优秀组织奖。

不断加强党支部建设　学习贯彻党的十六大和十六届四中全会精神是2004年加强老干部党支部建设的重要任务。为了把这项工作切实落实到各党支部和每名党员身上，党总支和老干部党支部认真抓了落实工作。

(1) 党总支围绕学习贯彻十六大和十六届四中全会精神，积极进行计划安排和开展组织工作。具体做了5项工作：一是研究安排计划。年初，根据署党组和机关党委关于学习贯彻“三个代表”重要思想和十六大精神的意见，党总支对2004年离退休干部党员学习贯彻“三个代表”重要思想和十六大精神作了具体的计划安排，明确了学习的主要书目、采取的主要形式和方法。各老干部党支部根据党员的实际情况，制定了学习计划，并认真抓了落实。二是购买并下发了学习资料。对机关党委下发的学习资料，及时发到每个老同志手中，以保证大家的学习。除此之外，还为离休干部购买了《跨过鸭绿江》、《中国审计20年》，为司局级离退休干部购买了《毛泽东传》，为全体离退休干部购买了《离退休干部关心的若干问题》、《中国审计史》等学习书籍。老干部党支部用党员活动经费为党员购买了学习材料。三是认真组织学习《中华人民共和国宪法》、《中国共产党党内监督条例（试行）》和《中国共产党纪律处分条例》。党总支两次召开会议，研究学习贯彻的有关问题，并作出了具体安排。四是在离退休干部中开展了学习任长霞先进事迹活动，组织全体离退休干部观看了任长霞先进事迹报告录像，以党支部和党小组为单位组织了座谈讨论，老同志们联系自身的离退休生活，畅谈了学习任长霞先进事迹的感想和体会。五是扩版创办了《老干部工作通讯》。为了使离退休干部能更多更好地了解署机关建设情况，掌握审计动态，交流学习体会，探讨健身养生之道，在过去办好《老干部工作简讯》的基础上，扩版创办了《老干部工作通讯》。共编印4期约45000余字。

(2) 以开展创建先进离退休干部党支部活动为契机，进一步加强党支部建设。2004年，中组部在全国开展了评选先进离退休干部党支部和先进离退休干部个人的活动，党总支以此为契机，把开展评选活动与加强党支部建设有机地结合起来，以评比“双先”为动力，推进党支部建设。具体做了五项工作：一是按时组织换届选举工作。1月5~7日，党总支在怀柔基地召开党员大会，进行了换届选举工作。党总支和7个党支部同时完成了换届。二是抓好党支部成员的培训。党总支分别于3月中旬和9月上旬，共用6天时间，在怀柔基地组织了两期党支部成员和党小组长学习培训。三是分析了各支部党员的思想形势。党支部成员培训期间，针对少数党员不能按要求参加党的组织生活的问题，各支部分工支部成员积极做工作。四是抓好制度落实，加强党员管理。重点抓了党的组织生活制度的落实，各党支部和党小组按照要求，每季度召开一次党组织生活会，组织党员学习重要文件，交流学习体会，汇报思想情况。五是组织开展了评选先进党支部活动。3月份，中组部关于开展评比“双先”活动的文件下发后，及时组织全体离退休干部党员学习，并按照评比的标准和要求，在各党支部和党员中开展了创建先进党支部的活动。9月上旬，经过评选，离退休干部第一党支部被评为先进党支部，并上报中组部。10月22日，审计署离退休干部第一党支部参加了中央组织部在北京召开的全国先进离退休干部党支部和离退休干部先进个人表彰大会，被授予“全国先进离退休干部党支部”称号，出席会议的离退休干部局局长王治忠和第一党支部书记董惠民同志受到中央政治局常委曾庆红等中央领导同志的接见。11月10日，《中国审计报》以“凝聚在党旗下”为题，报道了第一党支部的先进事迹。

“人、法、技”建设　离退休干部局领导始终坚持把“人、法、技”建设，作为加强自身建设，提高全局人员综合素质，做好离退休干部服务管理工作的基础工程，全力抓好落实。

(1) 廉政建设抓得紧。年初，局领导组织全局人员认真分析了全局党风廉政建设形势，制定了加强党风廉政建设措施，明确了责任制的目标。按照监察局和人事教育司的安排，对个人长期拖欠借用公款和参与赌博情况进行了清理清查。两次召开处以上干部民主生活会，对照党风廉政建设的有关规定和要求，查找自身在加强廉政建设方面存在的不足和问题，使大家受到了教育，提高了遵规守纪的自觉性。

(2) 不断强化服务意识。坚持用“三个代表”重要思想指导工作，要求工作人员在实际工作中，要替老同志着想，自觉维护老同志的利益。经常进行爱岗敬业教育，组织全局人员学习中央关于老干部工作的政策，要求离退休干部工作人员要树立强烈的岗位责任意识，立足本职，尽心尽力地为离退休干部服务。支持鼓励开拓创新，根据审计署离退休干部工作的实际，学习借鉴别人的经验，拓展适合老干部特点的工作，把良好的服务体现到具体的工作之中。

(3) 加强学习培训。重点抓了工作人员两个能力的提高：一是掌握理解政策的能力，利用每周一学习日时间，组织全局人员学习《老干部工作问答》等方针政策，学习其他部委做好老干部工作的经验，先后到林业部和铁道部离退休干部局、故宫博物院离退休干部处参观学习，并组织了两次考试，使大家的政策水平和实际工作能力有了明显提高。二是使用计算机办公的能力，采取请进来教、走出去学的办法，使工作人员能较好地掌握网上收、阅、发文件和使用字表处理软件的技能，都能熟练使用计算机办公。（撰稿人：凌玉祥）

【机关服务局】　2004年，机关服务局人员编制97人，在编62人，领导职数3名。内设13个职能机构：办公室、基建办公室、机关事务管理处、保卫处、财务一处、财务二处、医疗保健处、服务一部、服务二部、文印室、华审宾馆、怀柔培训基地、烟台培训基地。

领导成员

局　长：王道平

副局长：姜永臣

副局级审计员：陈玉华

工作综述　2004年，机关服务局在审计署党组的正确领导下，紧紧围绕审计工作中心，贯彻落实李金华审计长关于“后勤服务工作做好了，思想政治工作就做好了一半”的指示精神，积极履行“管理、保障、服务”职能，在“主动、及时、提高、创新”上狠下工夫，较好地完成了各项后勤保障服务任务。

职工住房工作　2004年，解决职工住房困难成为署机关干部职工极为关心的大事。机关服务局认真按照署住房领导小组年初制定的工作方针，积极做好各项工作：一是通过争取有关部门支持，落实了250套新房作为解决职工住房困难的房源；二是及时制定了《审计署经济适用住房配售实施办法》；三是及时实施经济适用住房配售工作，署机关共有529名干部职工申购住房，396人签订了购买经济适用住房协议书。经过努力，确保了署党组和署领导对干部职工住房的关心在年内落到了实处。

基建工作 根据署基本建设的总体规划，机关服务局2004年承担审计署双榆树事业单位综合楼工程和怀柔培训基地2号楼的改扩建工程建设监管工作，干部职工期望值高、署领导高度重视、任务十分繁重。为确保工程建设顺利进行，机关服务局从抓工程质量监管和廉政建设入手，严格按照工程建设管理规定对建设工程进行监管，着力抓好工程建设施工单位招标、施工队考核、监理公司选定、施工图纸绘制、工程进展流程等环节，做好工程建设开工前的各项准备工作，保证了双榆树事业单位综合楼建设工程和怀柔培训基地2号楼改扩建工程建设分别于4月28日和9月8日顺利开工，并于年内完成了双榆树事业单位综合楼五层主体结构和怀柔培训基地2号楼结构封顶的建设工程项目。

后勤保障服务工作 一年来，机关服务局紧紧围绕审计工作中心，始终把全心全意为机关干部服务作为检验工作质量的根本标准，牢固树立服务第一的思想，任劳任怨，精益求精，做好各项后勤保障服务工作。

(1) 在财务管理方面，认真执行国家财经政策，积极支持财政体制改革，实行国库集中支付，严格执行署机关各项经费管理规定，合理计划使用资金，保证审计工作的需要，各项经费开支做到了收支平衡。

(2) 加强国有资产管理，确保国有资产保值。9月15~17日，机关服务局在沈阳组织召开了审计署资产管理、房地产工作暨政府集中采购工作会议。会议通报了署机关及特派办资产管理、房地产工作及政府集中采购工作情况，找出了存在的突出问题，培训了政府集中采购知识，部署开展了2004年资产清理登记工作。通过清理，掌握了情况，摸清了家底，促进了管理，有效地推动了资产管理和房地产工作水平的提升。

(3) 认真落实国务院关于加强安全工作的通知精神和审计署党组关于安全、稳定工作的指示，积极做好机关安全防范、防火、防盗、防交通事故等工作，对署机关门前、院内交通秩序和环境进行了整治，确保了署机关干部职工不发生安全责任事故。

(4) 认真做好干部职工医疗保健工作，坚持预防为主，积极为机关广大职工进行防疫接种和保健宣传，努力创造条件方便职工就医。全年接待门诊就诊10884人次，累计报销医药费280余万元；为机关干部职工注射“防感灵”疫苗680人次，乙肝疫苗270人份。特别是2004年首次联系千福健康体检中心为机关923名干部职工进行了体检，效果比较好，受到了好评。

(5) 积极搞好餐饮和保洁服务工作，在许新琦同志的带领下，机关食堂严格执行《食品卫生法》，在营养配餐和规范服务方面狠下工夫，想法增添主副食品种，受到署领导和机关干部职工的一致好评。8月份署机关集中整训期间，机关食堂克服困难，每天为600人提供餐饮服务，保证了整训工作的顺利开展。2004年，机关食堂再次被评为“中央国家机关食堂卫生先进单位”。服务一部全年为机关提供会议室服务2000场次，接待来访4800人次，分送报纸杂志213500件，保证了机关工作的有序开展。

(6) 积极做好物业管理工作，为干部职工提供优质服务。对北京站宿舍上下水和绿地停车场进行了改造，完成了署机关部分宿舍公用钢窗更换工作，对署管宿舍楼排烟道进行了全面清理，解决了烟道倒烟问题，为机关干部职工创造了良好的居住环境。对西八里庄宿舍楼的雨水管和供暖系统进行了改造，解决了雨水外流和职工冬季取暖问题。积极创造条件，提升企业资质，通过努力，注册的金审物业管理公司申请并通过了三级企业资质，取得了物业管理资格和市场准入证，为推进后勤服务社会化打下了基础。

(7) 华审宾馆、怀柔基地积极创造条件，克服因工程改扩建建设带来的影响，努力增加服务项目和服务内容，扩大服务范围，做到了功能完善、服务一流、效益良好。2004年，共接待会议141个，接待内外宾客23755人次，创收1980万元。

(8) 在公务用车车辆不足的情况下，科学安排，合理调配，较好地保证了机关各单位公务用车，职工满意率不断提高。

(9) 拨出专款为文印室添置设备，全面提升软硬件水平，增加高科技含量，不断改善服务态度，提高工作效率，保质保量完成了机关全年文件录入、扫描、复印、胶印等服务。全年共完成7项9类行政公文、15款业务文书以及35种部委文件资料扫描和省厅、特派办电子版文件上网工作，文字录入1980余万字，复印、胶印270余万张，完成了全国审计工作会议、座谈会、审计署人才与廉政工作会议和全国经济责任审计工作会议等4个大型会议和署机关及直属事业单位67个培训班的文件资料印刷工作，累计工作量7900余件。

（10）妥善处理烟台培训基地历史遗留问题。在署领导的正确领导和有关部门的大力支持下，通过努力，妥善解决了烟台培训基地退休人员来京上访要求落实退休待遇和烟台培训基地清欠历史遗留债务问题，使困惑烟台培训基地多年的矛盾得到化解，保持了烟台培训基地的稳定和发展。

队伍建设　2004年6月，2002～2004年人员聘期期满，机关服务局对前两次人员聘任聘用工作进行了认真总结，提出了改进和深化的相关措施。在此基础上，结合实际，研究制定了《机关服务局2004～2006年聘期人员聘任聘用工作实施方案》，并严格按照方案，周密部署，精心组织，积极做好各项工作。经过全局干部职工的共同努力，共聘任了12名中层管理人员，聘用了34名工作人员，研究制定了《机关服务局2004～2006年聘期工作意见》，明确了下一步工作目标和努力方向，较好地完成了人员聘任聘用工作。为优化干部结构，11月份，又选聘了3名部门负责人，加强了中层管理干部队伍建设。

为加强人员管理，机关服务局于10月份专门组织开展了内部管理情况自查，找出了管理中存在的问题，提出了"严格按照'合法、规范、严格管理'的原则加强对外聘用工的使用管理，对提前退休人员的返聘使用严格控制在法定退休年龄内，将用工成本和用人风险降下来"的整改意见，并向署领导作了自查报告。署领导批示后，又进行了彻底整改，对外聘用工和退休返聘人员进行了清理整顿，辞退外聘用工17人，对3名已达到（或即将达到）法定退休年龄的返聘人员决定自2005年1月1日起不再聘用。对外聘用工进行全面整顿教育，组织学习了有关法律法规和政策规定，强化安全纪律和职业道德教育。

为提高全局干部职工的整体素质，机关服务局积极采取有效措施，开展多种形式的学习教育活动，加大人员培训力度。3月份，赴河北省顺平县，将2003年被评为署机关"先进党支部"的6000元奖励费全部捐给了该县的两所中学救助30名贫困学生。7月份，组织干部职工向灾区捐衣捐物，全局共向灾区人民捐衣113件，捐钱890元。组织党员、职工到北京灵山、天津塘沽工业开发区考察学习，组织参观了《牢记"两个务必"永葆政治本色——西柏坡精神巡回展》和"纪念邓小平诞辰100周年展览"。根据机关党委的安排，3月份选送了1名处级干部参加中央党校国家机关分校的培训学习，2002年参加大学本科学历继续教育的2名青年年内取得了大学本科毕业证书，全年共选派10多名职工参加了有关职业技能培训。（撰稿人：余永平）

审计署派出审计局

【外交外事审计局】　2004年，外交外事审计局编制15人，实有9人（8月之前8人），其中交流干部1人，内设两个处。主要负责对外交部、中共中央对外联络部、国务院新闻办公室（中共中央对外宣传办公室）、中国人民对外友好协会及所属单位的审计监督。

领导成员

局　长：虞伟萍

副局长：孙晓岩

审计成果　全年共实施审计和审计调查项目7个，当年完成项目5个，其中中央部门预算执行审计3个，决算草案审签和审计调查各1个。已完成项目查出违规问题29577万元，管理不规范金额516809万元，合计546386万元。截至2004年底，被审计单位根据审计决定，已归还原渠道资金1890万元，已调账处理24298万元，已自行纠正513722万元。全年提交专题审计报告、审计调查报告和信息简报共8篇，审计调查报告由审计署上报国务院后被采用1次；信息简报被审计署《重要信息要目》采用3篇，上报后被中共中央办公厅采用2篇，国务院办公厅采用3篇，被党和国家领导人批示3次。另外，信息简报还被审计署《审计工作通讯》采用2篇。在审计署各派出局中，被审计署采用的重要信息篇数位居第二名，被中共中央办公厅、国务院办公厅采用的信息篇数、党和国家领导人批示次数均居第一名。

预算执行审计和决算审签　在对外交部、国家海洋局和中宣部2003年度预算执行审计和外交部2003年度决算审签中，查出的问题主要有：将预付工程款、预付设备款直接列支出，从而多计多报预算支出1.55亿元；未经财政和计划部门审批，自行安排基建投资1800万元；办公楼交付使用6年，但竣工决算久拖不决，结余资金2800多万元长期挂账未能上缴财政；多报预算形成基建结余资金2.16亿元，闲置一年多；计划外搞基建，漏计固定资产8176多万元；2003年末两项专项资金累计结余8.9亿元结存账面，未能发挥作用；对外借款4200多万元长期挂账，有的已造成损失无法收回；自行调整预算项目817万元；少计收入2700多万元；超预算支出1214万元；中央部门违规补助地方965万元；年初结余资金11.72亿元未纳入预算管理；汇总决算报表少计事业收入3779万元，少计售房款收入22650万元，少计职工宿舍、多计办公用房原值179796万元。

审计调查　在对外交部结存资金审计调查中，弄清了外交部结存资金的总体规模，结存资金的分布状况及其资金来源，近几年结存资金的预算决算编报、增减变化及管理使用情况，分析了大量结余资金形成的原因，向外交部和财政部提出了加强结存资金管理、逐步消化和减少部门结存资金、充分发挥财政资金使用效益的建议。

高校及其他审计　对外交部2004年度预算执行和北京师范大学（和教育审计局一起）财务收支进行了审计，但审计工作在当年没有最后完结。派员参加了国务院新闻办公室和驻外使领馆的审计。

主要做法　(1) 全面审计突出重点，认真履行审计职责。外交外事审计局1～4月份开展了对外交部、国家海洋局和中宣部2003年预算执行审计、外交部的2003年决算审签和2001～2003年结存资金的审计调查。下半年，实施了对北京师范大学的财务审计和审计调查、外交部2004年预算执行审计。在人手少、时间紧、任务重的情况下，认真贯彻执行全面审计、突出重点的方针，全面掌握被审计单位的总体情况，分析研究被审计单位的特点和财政财务管理的薄弱环节，科学合理地确定审计工作重点，努力查深查透，认真履行职责，取得了较好的效果。

(2) 严谨细致开拓进取，不断强化审计质量。以审计署颁布的《审计机关审计项目质量控制办法（试行）》为标准，加强对审计过程的质量控制。取证材料和审计工作底稿经过初核和复核两道关，充分听取被审计单位意见，确保问题定性准确，处理合法合理。在审计工作中，查出了有关单位私设10多个“小金库”，连续5年多报预算，1个项目结余数千万元；材料物品结算价格过高，虚增财政支出；7亿多元固定资产不入账；多计设备投资1亿多元，报表少计职工宿舍17亿多元等重大问题，大大提高了审计工作的质量和水平。

(3) 充分利用信息技术，大力提高审计效率。为了全面及时地掌握被审计单位的总体情况和以后查阅方便，外交外事审计局将被审计单位历年预算及财务资料、审计资料收集齐全，建立电子档案。在审计工作中积极试用和推广《中央部门预算执行审计软件》、《现场审计实施系统》、《数据采集分析》、《通用审计系统》等审计软件，大大节省了时间和人力，提高了工作效率。

(4) 立足宏观分析研究，精心提炼审计信息。外交外事审计局在抓好审计业务工作的同时，十分注重审计信息工作。立足宏观大局，注意发现、分析研究审计项目中带有普遍性、苗头性或事关大局的重大问题，提炼加工后形成审计信息，有多篇信息被审计署采用上报或汇总上报党中央和国务院，受到党和国家领导人的关注和批示，为宏观调控发挥了作用。如针对外交部等中央国家机关医药费年年大量超支、长期挂账的问题，经过分析研究起草了《公务员医保制度改革亟待完善》的审计信息，经审计署采用上报后，被国务院办公厅采用，并被国家领导人批示。（撰稿人：余远华）

【发展计划审计局】　2004年，发展计划审计局（以下简称发展局）编制18人，实有9人，其中交流干部1人，内设审计一处、二处。主要负责对国家发展和改革委员会（以下简称国家发改委）、国家统计局、国家信息中心、国家粮食局、国家物资储备局和中国储备粮总公司及所属在京单位的审计监督。

领导成员

局　长：潘晓军（—9月）

副局长：王铁英（9月—）

审计成果　全年共完成审计项目4个：对国家粮食局和国家统计局进行了2003年度预算执行情况审计；配合审计署固定资产投资审计司对国家发改委进行了2003年度财政预算执行情况审计；联合审计署新闻通讯审计局对卫生部北京医院进行了2003年度财务收支情况的审计，同时对其药品、医疗器械、卫生材料购销以及医疗服务收费情况进行了专项审计调查。审计查出违规金额258547.41万元，管理不规范金额207380.48万元，损失浪费金额843.97万元。提出审计建议16条，提交审计报告4份，审计决定4份，审计意见书2份。审计查出的6个问题被《审计署关于2003年度中央预算执行和其他财政收支的审计结果报告》采用，其中4个被《关于2003年度中央预算执行和其他财政收支的审计工作报告》采用。

预算执行审计　2004年1~2月，对国家统计局2003年度预算执行情况进行了审计。审计查出的问题有：2003年国家统计局在预算编报中，多报7270人，获取人员经费数千万元；2003年预算编报中，夹带5个没有经费领拨关系的单位财政拨款预算一千多万元；未按财政批复原申报项目拨付资金数千万元；隐瞒截留财政资金6295万元，转为事业基金，其中挪用购买职工住宅3805万元，余额2490万元；超计划购房6780.96万元；住房改革支出结余2171万元，未纳入预算，形成资金闲置；国家统计信息工程项目超投资数千万元，且自行调整单项支出，未报原审批部门重新审批；锅炉改造项目超计划75.89万元，挤占统计信息工程项目资金；电梯改造结余10.07万元未上缴国务院机关事务管理局，转入“统计事业费”账户。其中国家统计局采取虚报人员套取财政资金和挤占挪用财政资金建设职工住宅等2个问题被“审计结果报告”和“审计工作报告”采用。

2004年1~3月，对国家粮食局2003年度预算执行情况进行了审计。查出的问题有：国家粮食局以前年度分家时转入经费结余两千多万元未纳入预算管理；未按财政批复预算项目拨付资金1370万元；以前年度粮食事业费结余306.67万元纳入当年预算结转使用；住房改革历年节余95.06万元未纳入预算；未将历年军粮差价补贴款利息收入101.5万元转增本金，抵顶2003年度财政拨款预算；储备粮库建设国债资金利息收入916.07万元，未上缴中央财政；锅炉房改造工程结余国债资金105万元，未上缴中央财政；中谷粮油公司归还原国家粮食储备局拆借的财政周转金600万元，直接转入本级经费经常性结余，未上缴预算外资金财政专户；国家储备粮库建设前期费用管理不规范未纳入本级财务统一核算。

2004年3~4月，配合审计署固定资产投资审计司对国家发改委进行了2003年度财政预算执行情况审计。根据审计工作方案要求，发展局主要负责对国家发改委本级进行审计。审计查出：国家发改委将1994年国务院决定停止征收的“国家轿车零部件横向配套基金”本息合计85815.36万元交由所属的计华投资管理公司管理，未上缴财政；1994年11月原国家计委批复所属宏观经济研究院等单位联建科研办公大楼，实际投资85916.6万元，建筑面积88743.2平方米，办公楼建成后，并未全部交给所属单位使用，而是将其中52000平方米改变用途，出租给下属公司用于经营，2001~2003年共收取租金3265万元，主要用于机关福利；原国家计委违规为下属新华房地产开发公司安排配套建校资金15853万元，夹带建一幢1.5万平方米公寓楼，其征地拆迁费用由配套学校资金负担，转借公务员售房款8000万元未归还，无偿提供拆迁安置房住宅184套，使其进行不完全市场化的商业开发；国家发改委离退休干部局违规向企业摊派1000万元，原国家计委市场司摊派360万元；国家发改委所属青岛培训中心将锅炉房等配套设施改扩建项目预算内拨款3000万元以定期储蓄存入银行，除支出部分前期费外，有2000万元定期存款，其余785万元分别开设4个账户存储，形成大量财政资金闲置；国家发改委所属《禁止化学武器公约》工作领导小组办公室以前年度结余4341万元未纳入预算统一管理；国家发改委所属事业单位中国计划出版社经营管理不规范；国家发改委宏观经济研究院所属的国宏物业公司少计物业管理费收入213.74万元、偷逃营业税及附加11.76万元、所得税66.65万元等。其中，停止征收“国家轿车零部件横向配套基金”未上缴财政，办公楼改变用途，违规为所属房地产公司安排资金周转房和向企业摊派问题等4个问题被“审计结果报告”采用，有2个问题被“审计工作报告”采用。

财务收支审计　2004年5~7月，根据审计署统一安排，联合新闻通讯审计局对卫生部北京医院2003年度的财务收支进行了审计，同时对该院药品、医疗器械、卫生材料购销以及医疗服务收费情况进行了专项审计调查。审计查出：卫生部北京医院少计事业收入2584.79万元，应冲减未冲减药品支出2300万元，在往来科目中列收868.85万元列支861.88万元，有关科室私设“小金库”159.18万元，多计药品支出1512.03万元，虚列支出26.5万元，多结转成本33.73万元，少计对外投资533万元，收受代理商返还的回扣、让利146.72万元，超过规定标准收取医疗服务费26.73万元，超标准收取医疗器械、卫生材料及重复使用医疗器械费9.59万元，因未及时调价造成多收费62.77万元，未经批准自制药剂39种收费27.38万元等。其中，有关科室私设“小金库”问题被审计署汇总编入《专题报告》。（撰稿人：宋　晖）

【经济审计一局】　2004年，经济审计一局编制8人，实有8人，其中交流干部1人，内设审计一处、审计二处。主要负责对国务院国有资产监督管理委员会（以下简称国资委）、国家烟草专卖局和中国黄金集团公司及所属在京单位的审计监督。

领导成员

局　长：翁亦然

审计成果　全年共完成审计和审计调查项目4个，揭露和查出虚报住房公积金和人员经费、挪用建设项目结余资金、巨额财政拨款未纳入部门预算管理等违法违规问题，查出违规金额3.31亿元。提出各种审计意见和建议13条，提交审计或审计调查报告4份、审计信息4篇，其中有3个案例被审计署采用；1篇《重要信息要目》被中办、国办同时采用，温家宝总理、华建敏国务委员作了批示。

预算执行审计　完成对国资委和中国外文事业出版局（简称外文局）2003年度预算执行情况的审计，并延伸审计了部分二、三级预算单位。审计查出国资委违规金额两亿多元，查出的主要问题有：虚报住房公积金和人员经费；已竣工的基建项目长期不办理竣工决算，并将建设项目结余资金挪作他用；长期滞留所属单位预算资金和私自调剂预算资金项目等。

审计查出外文局违规金额1亿多元，查出的主要问题有：财政拨款未纳入部门预算管理；私自改变预算资金用途；长期滞留所属单位预算资金等。

决算草案审签　开展了对国资委2003年度决算草案的审签工作，并延伸审计了国资委所属的4个二级预算单位的决算报表编制和汇总情况。此次审计工作既查处和纠正了国资委及其所属单位报表编制和汇总中不真实、不完整、不规范等违纪违规问题，又探索了深化部门年度决算审签工作的路子和方法。

专项审计调查　完成对国资委2000～2003年结存资金的专项审计调查。此次审计调查，基本摸清了国资委结存资金的现状和主要问题：结存资金存量过大，存在着不合理因素和资金使用效率低的问题。审计发现，至2003年底国资委累计结存资金总额数亿元中，有35.45%为非正常原因造成的结存，主要是不按定额编报支出、行政事业性项目“宽打窄用”、财政部门批复不规范、主管部门不及时转拨和随意调剂及结余资金不及时处理形成结存等；有6.57%是因资金利用率低、效益差形成的结存，主要是基建项目长期不开工或开工不及时、行政事业性项目未实施或部分实施造成大量结余等。

工作特点　（1）加强调研，摸清家底。2004年，派出局的审计对象作了新的调整，为了迅速掌握经济审计一局工作对象的基本情况，做到守土有责，在摸清驻在部门家底上下工夫。先后3次深入被审计部门开展审计调研工作，了解和掌握被审计部门机构、职能设置和财政财务管理体制情况。通过调查，对国资委、国家烟草专卖局和中国黄金集团公司的基本情况和财政财务收支情况做到了心中有数，既为2004年审计任务的顺利完成提供了保证，也为今后搞好各项审计奠定了基础。

（2）加大全面审计突出重点的工作力度。主要采取对国资委预算资金的分配和各项资金的分布进行了摸底排序，在掌握全面资金分配和分布的情况下，对资金占用量比较大的基本建设资金、结存比较多的房改资金及部分专项资金进行了重点排查，从而查处了一些重大的违法违规问题，取得了很好的审计效果。如审计查处国资委所属经翔房地产开发公司挤占挪用基建结余资金1.6亿元（含财政拨款）搞自营项目的问题，国资委、原企业工委和监事会采取虚报人数套取财政资金的问题等。

(3) 加强审计和审计调查结合，注意在归纳问题和分析原因上下工夫。如在结存资金的审计调查中，注意从总体上把握情况，从结构状态上把握重点，紧扣工作方案的目标和重点开展工作。对结存资金通过梳理辫子，逐项核对的方法查证落实其来源和结存的原因，对金额大、疑点多的结存资金实施重点审计和排查，对资金量不大且分布分散的，则采用审计调查的方法，既抓住了重点又带动了一般。在审计调查中，注意查问题、揭隐患和促效益的有机结合，注意与摸清被审计单位的家底相结合，提高了审计工作效率和质量。

(4) 注意在审计三项基础工作上下工夫。2004年，结合自身工作特点，认真贯彻落实审计署"五年规划"要求，在加强三项基础工作方面加大力度。①进一步加强审计管理的基础工作。②按照"五年规划"提出的加快数据库建设的要求，将原来留存的各类资料进行了整理和归类，分成政务类、业务类和其他类3部分。目前审计数据库建设已开始起步，正在积极按"五年规划"目标建成一个科学的审计电子管理平台。③按照外塑形象、内抓管理的要求，加大审计内部规范和制度建设的力度。首先在调整处室分工的基础上落实岗位责任制，进一步细化了处室之间以及每位同志的岗位职责，同时对各项工作制度进行了修订和完善，并要求大家一定要按照制度来规范和约束自己的行为，真正做到依法行政。其次，找差距、定目标，进一步提高全局整体的审计工作层次和水平。其三，积极探索信息化环境下新的审计方式：抓好资金流和信息流的有机结合，部门各项工作的开展离不开资金的支持，因此及时掌握部门业务工作动态，对了解和掌握财政财务收支动向有着非常大的帮助；抓好计算机辅助审计的运用，在对国资委的决算审签时作了一些探索，自行设计了一些计算机语言小模块，用其检测报表汇总数据的完整性、科目内容的真实性和资金使用的合法性，起到了积极的效果。(撰稿人：黄泽清)

【经济审计二局】 2004年，经济审计二局编制7人，实有6人，内设审计一处、审计二处。主要负责对中共中央宣传部、国家安全生产监督管理总局（以下简称安全监管局）、国家电力监管委员会（以下简称电监会）、全国哲学与社会科学指导委员会办公室及其在京所属单位的审计监督。

领导成员

局　长：东堆朗杰

审计成果 2004年，经济审计二局完成了对中国民用航空总局（以下简称民航总局）、安全监管局2003年度预算执行情况审计，安全监管局2003年度决算审签审计，对中日友好医院（以下简称中日医院）财务收支审计和药品购销专项审计调查。审计共查出问题金额89403万元，其中：违规金额67530万元，含应上缴财政49600.6万元，管理不规范金额21842万元，损失浪费金额31万元。移送公安部门查处案件1起，中日医院有关案例汇入了审计署综合报告和《重要信息要目》。

预算执行审计 2004年1～3月，经济审计二局分别实施了对民航总局和安全监管局2003年度预算执行情况审计，查出被审计单位存在的政府性基金收入未及时上缴国库、未按规定编制和执行预算造成资金闲置、预算批复不及时、预算执行中挤占挪用项目经费、向非预算单位拨款、违规分配结余资金、虚报冒领财政资金等违规金额62826万元。在预算执行审计中经济审计二局主要抓了三个环节：一是认真作好审前调查，通过调查，掌握总体情况，确定审计重点，为预算执行审计打好了基础。二是审计中坚持"全面审计，突出重点"，一方面做好预算编制和分配情况的审计，另一方面做好重点资金和主要部门的审计，严格审核资金收付环节，降低审计风险。三是提升审计成果质量，提出切实可行的审计建议，促进被审计单位加强预算管理、财务管理和内部控制制度的完善，在维护财经法纪的同时，不断推动被审计单位提高资金使用效益，加强依法行政和规范管理。

部门决算（草案）审签 2004年3～4月，经济审计二局实施了对安全监管局2003年度决算草案审签工作，并延伸审计了其所属的5个二级预算单位的决算报表编制和汇总情况。查处和纠正了安全监管局及其所属单位中违规列报、漏汇少汇、错列科目等决算不真实、不完整、不规范问题金额1309万元。在决算审签中，突出了报表真实性审计，扩大了延伸审计范围和深度，探索了预算执行审计和决算审签相结合的路子，发现了安全监管局在预算和财政财务管理中存在的问题，提出了加强财务管理的建议。在审计中，经济审计二局还在审计报告中指出财政部《2003 年行政事业单位决算报表》设计和使用上存在的一些不足，提出了改进的建议。

财务收支审计和专项审计调查　2004 年 5～8 月，经济审计二局按照审计署的统一部署，实施了对中日友好医院财务收支审计和药品医疗器械购销专项审计调查，审计中经济审计二局以“摸清情况、揭露问题、规范管理、促进改革”为目标，把审核收支的真实性作为重点，对举报信集中反映的病房楼改造、医院信息化系统建设、药学部公款私存等几个问题，进行重点追查，查出收支不实、损失浪费、私设“小金库”等问题金额 25035 万元，其中在病房楼改造项目中，审计人员通过发现购买建材发票联号的异常现象，先后抽调数名同志奔波数百公里进行内查外调，发现由于中日医院审核把关不严，造成个体户借用其他单位发票，从“非典”专项资金中非法获利的犯罪事实，并将有关犯罪嫌疑人移送北京市公安局立案查处。此外，查处私设“小金库”、违规收费、接受药厂赞助出国和收入在往来款挂账等问题，分别被医院审计综合报告和审计署《重要信息要目》等采用。

信息化建设　2004 年，经济审计二局积极应用先进的信息化技术手段，提高工作效率。首先，通过大胆实践，提高了审计软件的应用水平。在预决算审计和对中日医院财务收支和药品购销审计调查中，经济审计二局通过采集被审计单位财务和业务数据，利用 AO 系统和预算执行审计软件分析、检索、抽查直至完成工作底稿、起草报告，不仅解决了“抢账、窝工”的问题，还大大提高了工作效率，促使局内同志更加刻苦地学习计算机知识，形成了良好的学习风气，通过及时归纳总结，还对 AO 系统使用中存在的不足向计算机中心提出了意见。其次，通过与被审计单位财务系统联网，为联网审计摸索经验。在 2004 年度预算执行中，实现了与被审计单位财务系统联网，为联网审计摸索经验。局内成立了由局领导参加的计算机辅助审计试点小组，具体负责电子数据的转换和联网审计工作。经过与被审计单位的充分沟通，取得被审计单位的支持，专门指定人员搭建了网络接口，审计人员可直接登陆被审计单位财务系统，通过网络实时查询分析账簿凭证，备份财务数据，与 AO 审计系统相互补充配合，提高了工作效率，收到了较好效果，发现了某部门从被监管企业借款用于开办费及对外投资等审计线索，取得了阶段性成果。第三，在日常管理中充分利用 OA 办公系统和 OUTLOOK 远程通信系统，提高工作效率，降低审计成本。通过培训，局内全体人员都能够熟练地通过 OA 系统交换信息、查询政策法规、下载软件等，实现了网上报送行政文件和审计报表、查阅下载文件，按时完成了安全监管局、中宣部等被审计单位资料库建立。

队伍建设　2004 年，经济审计二局大力推进“人、法、技”建设为主的干部队伍建设，提高干部综合素质。首先，狠抓内部管理，加强制度建设，提高管理水平。在派出局竞争上岗、双向选择工作结束后，经济审计二局针对人员来自多个单位，工作经历不同的情况和审计署近年关于派出局管理的新要求，一方面认真做好思想政治工作，积极开展谈心活动，认真了解每位同志的思想、工作、生活、家庭情况，征求对局工作的意见，吸收兄弟单位的长处，共商今后工作的思路；另一方面，切实落实署领导“外抓纪律、内抓管理”的指示，及时组织人力修订和完善局内工作规则和各项规章制度，经济审计二局新的工作规则包括总则、职责、决策和会议制度、公文档案管理制度、保密工作制度、统计工作制度、固定资产管理制度、安全卫生制度、经费支出报账制度、廉政工作制度等方面。经济审计二局在建章立制的同时，狠抓制度的落实，做到局内各项管理有章可循，各级干部职责明确，各项工作运转有序，从而为完成审计任务，加强“人、法、技”为主的队伍建设，创建学习型组织打下了坚实的基础。其次，通过多种形式的培训，提高干部素质。经济审计二局克服人员少，任务重的困难，积极贯彻落实审计署人才建设会议精神，组织局内干部参加各种专业学习讲座和业务交流，及时了解审计工作动态和国际形势，增长了知识，开阔了视野。2004 年，分别选派干部参加审计署组织的外语师资培训班、BFT 外语高级培训班的学习，有 1 名同志还被评为高级审计师。同时，利用审计工作间隙，鼓励干部努力钻研财经审计、

计算机和其他业务知识，开展局内业务交流，形成了良好的学习氛围。(撰稿人：王雷鸣)

【贸易审计局】 2004年，贸易审计局实有7人，其中交流干部2人，内设审计一处、审计二处。主要负责对商务部、中国国际贸易促进委员会（以下简称贸促会）、中华全国供销合作总社及在京所属单位的审计监督。

领导成员

副局长：李占维

副局级审计员：徐永顺（—8月）

审计成果 2004年，贸易审计局承担了审计和审计调查项目5个，有商务部、中国国际贸促会2003年度预算执行审计，商务部结存资金、公用车专项审计调查，商务部2003年度决算审签。审计和审计调查共发现违规金额180301万元，应上缴财政5989万元，清理后上缴财政13016万元。审计署下达审计决定、审计意见书后，财政部按审计意见正式批复追缴商务部财政资金达93326万元。2004年查出的违规金额和应上缴财政金额都比上年有大幅度增长，提出加强管理的措施意见15条。

预算执行审计和决算审签 贸促会预算执行审计中，发现行政事业性收费未按规定及时上缴财政专户，多收费、收入转出挂账，挤占项目预算资金用于医疗开支、发补贴、办福利，出国展览会卖品周转金未及时清理归还国库，多头开户，预算编制依据性不强，财政专户管理不严等问题金额达22733万元。其中：应上缴财政5989万元，应调整账处理1756万元，加强管理资金1972万元。已上缴财政13016万元。商务部预算执行审计和决算审签中，发现问题金额42519万元。其中：未经批准动用非有偿使用外贸发展基金400万元，漏计资产1975万元，少计结余资金40144万元。

专项审计调查 （1）对商务部结存资金审计调查发现问题金额数十亿万元。一是财政资金使用率过低，造成资金闲置，影响发挥应有效益资金93326万元。其中："外贸发展基金"结存60107万元，接近两年财政从中央外贸发展基金拨入商务部资金之和；"援外合资合作基金"结存33219万元，2001年和2002年实际使用数仅占当年预算拨入数的19%。二是未纳入预算的结存资金3833万元。三是未在决算中列报的结存资金17829万元。针对这些问题，出具了审计意见。财政部按审计署下达的审计意见，将闲置资金93326万元追缴入库。

（2）公用车专项审计调查发现，商务部资产管理内控制度不健全，导致丢失公车2辆，擅自报废公车2辆，下属单位和外单位无偿使用公车14辆，国外捐赠车2辆未入账，利用公务车开展对外经营取得收入未纳入部门预算等问题。在审计署报国务院《公务用车管理及费用开支情况的审计调查报告》中，贸易审计局反映的问题被采用。

信息化建设 根据李金华审计长在《关于派出审计局2004年审计工作的安排意见》批示中要求各派出局抓好资料库建设的指示精神，贸易审计局集中精力，认真进行资料库建设工作。按照审计署计算机技术中心、行政事业审计司的要求，在收集审计所辖范围——商务部、贸促会、中华全国供销合作总社资料的基础上，经过认真整理加工，并根据本局实际进行改进完善，形成了独具特色的被审计单位资料库，刻录成光盘报审计署后，得到领导及计算机技术中心的充分肯定。

队伍建设 针对贸易审计局班子成员多为交流人员的情况，在2004年度工作计划中，要求交流人员必须有对署党组高度负责的精神，将局领导班子建成一个有凝聚力、向心力、战斗力的干事班子，在全局形成尊重科学、尊重知识、尊重人才、尊重老同志，爱护关心年轻同志，支持保护干事业同志的积极性，营造既有宽松和谐的工作学习环境，又有互相追赶竞争的良好氛围。除了班子成员外，党员和重点培养对象发挥了先进性和模范带头作用。审计中，他们查出的有问题金额137782万元，占查出有问题金额的76.42%。所查问题的广度、深度和严谨性程度也远远高于一般人员。(撰稿人：阮丽华)

【国防工业审计局】 2004年，国防工业审计局编制11人，实有人数9人，其中交流干部1人，内设两个处。主要负责对国防科学技术工业委员会（以下简称国防科工委），国家烟草专卖局（2004年6月划给经济审计一局负责），中国人民武装警察部队森林指挥部、黄金指挥部、水电指挥部、交通指挥部及其所属单位的审计监督。

领导成员

局　长：张　力

副局长：王炽昌

审计成果　全年共完成2003年度国防科工委、国家烟草专卖局预算执行审计和国防科工委决算审计、北京大学人民医院（以下简称人民医院）财务收支审计等6个审计和审计调查项目，共查出违规金额69.5亿元，向检察机关移送2起挪用公款炒股涉嫌犯罪案件，提出审计建议14条。

预算执行审计和决算审签　根据审计署统一安排，于4月中旬完成了对国防科工委、国家烟草专卖局预算执行审计和国防科工委决算审计。查出违规金额34373万元，管理不规范金额646574万元，合计680947万元。

从审计查出违规金额分析，预算执行审计共查出违规金额68.1亿元，比上年度增加52.3亿元，增长331%，人均查出问题金额11.35亿元。从查出问题类型分析，不仅查出财政财务收支违法违规问题，而且还查出在预算编制、批复、分配及管理方面权力部门履行职责不到位和体制、制度不完善等问题，提升了预算执行审计的质量和水平。从审计成果综合利用分析，在提交审计署的3份审计报告、2份专项审计调查报告和2篇信息中，有1个案例被审计长向人大所作的审计工作报告和向国务院报送的审计结果报告中采用，1个案例被审计署公务用车专题调查报告采用，另有1篇信息转送财政部。审计成果综合采用率比以往年度有了新的突破。从审计的效果分析，通过进一步揭露问题，引起有关部门高度重视，国防科工委多次召开主任办公会，就预算资金（指标）分配年初预留比例过大问题，专题向国务院、中纪委（监察部）报送整改措施的报告，召开财政部预算司、财务司、国防司、总装备部科技局和国防工业审计局等部门领导参加的研究落实整改办法的座谈会。财政部根据人大、国务院和审计署的要求，专门就国防军工预算管理问题向国防科工委发函，要求其改进完善国防军工基建、科研项目管理工作。国家烟草专卖局党组决定成立烟草局预算管理委员会，制定了《预算管理委员会工作职责》、《国家烟草专卖局机关预算管理办法》和《资金审批权预算管理办法》等3项制度。

财务收支审计和审计调查　2004年5月下旬至8月中旬，根据审计署统一安排，与旅游侨务审计局共同组成审计组，完成对人民医院2003年度财务收支审计及对该院2003年度药品、医疗器械、卫生材料购销以及医疗服务收费等情况的专项审计调查，共查出违规金额14361.7万元。其中违规收费、加重患者负担729万元，医院科室部门截留返利款、停车费等私设“小金库”334.7万元，会计信息不实少计收入4612万元、虚列支出2944万元，资产核算不实4977万元，药品损失765万元（其中不能说明原因的损失达529万元）等问题。审计中还向检察机关移送了2起挪用公款炒股涉嫌犯罪案件。向审计署提交《重要信息要目》和重要信息共2篇，分别被中办、国办和审计署采用。

工作特色　（1）认真总结，找准问题。领导班子和全体干部认真总结了自国防工业审计局成立以来部门预算执行审计工作情况，在总结经验的基础上，找到了预算执行审计工作中的“空白点”和主要不足：一是前几年预算执行审计的重点主要放在部门预算本级上，而没有把有二次资金分配权作为审计重点；二是在实施审计过程中，习惯于惯性思维，比较重视财务收支部分，而没有按照部门预算改革的“二上二下”预算编制程序进行合规性、真实性检查；三是对二级单位或沿资金走向延伸项目单位审计力度不够。确立了以审计预算资金分配权和加大延伸二级单位力度作为深化中央部门预算执行审计的突破口和重点。

（2）确定思路，明确目标。通过找差距，局内上下达成共识，并制定了今后工作总体目标和思路，即围绕一个中心、搞好两个建设、做到三个结合、加大四个力度、达到五个提高，进一步明确了预算执行审计工作的思路。一是要转变思想观念，就是要求每位同志把中央部门预算执行审计工作，从单纯视为财政财务收支审计一项审计业务工作的认识，转变为中央部门预算执行审计是贯彻党的十六大提出“加强对权力的制约和监督”、推进中央部门依法行政的一项重大举措这样一个高度来认识。二是要吃透工作方案，就是要求每位审计人员要吃透审计署《中央部门2003年预算执行审计和专项审计调查工作方案》中提出的审计目标、审计重点、审计内容、审计方法和审计要求。三是要摸清部门基本情况，包括部门基本职能、部门各司局和单位职责权限、部门财务管理体制、部门年度预算盘子以及二次资金分配的总体规模。四是要紧紧抓住部门预算和二次资金分配两条主线，也就是要求审计人员在工作中一要抓住部门预算编制、批复、拨付、使用这条主线，二要抓住二次资金分配权的预算编制、批复和项目执行、管理、效益这条主线。五是要突出四个重点，就是按照审计署工作方案的要求，突出审计部门预算编制过程是否符合“二上二下”基本规定，突出审计二次资金计划分配情况，突出审计重点专项资金使用效益情况，突出审计结存资金情况等四方面重点。六是搞好三项结合：搞好预算执行审计与效益审计结合、预算执行审计与专项审计调查结合、专项审计调查与效益审计结合。七是实现三个提高：实现提高部门预算执行审计质量、提高部门预算执行审计成果利用水平和提高审计人员整体业务素质。八是达到一个促进：达到促进中央部门有效履行职责、规范管理、依法行政、提高效能的目的。

队伍建设　建立局中心组学习制度、集体领导制度——局长办公会制度和中央部门预算执行审计项目总结制度。努力发挥领导成员的核心作用，定期召开局长例会制度。在审计队伍建设方面，努力培养扎实的工作作风和认真负责的工作态度，积极给年轻人压担子，让他们在重要的审计项目上担当主审，使其尽快成长，队伍的业务水平有了进一步提高。（撰稿人：刘其良）

【教育审计局】　2004年，教育审计局编制8人，实有10人，内设两个处。主要负责对教育部、中央党校、国家行政学院和教育部在京直属高校及在京直属事业单位的审计监督。

领导成员

局　长：李建新

局级审计员：吴泽民

审计成果　先后对教育部、国家行政学院2003年预算执行情况、教育部2003年决算（草案）、教育部公务用车情况、教育部结存资金情况、对北京交通大学和北京师范大学、对国家行政学院所属领导干部考试测评研究中心和教育部学位与研究生教育发展中心等6个单位9个项目实施了审计或审计调查，共查出问题金额6.44亿元，其中：违规金额1.01亿元，管理不规范金额5.43亿元。完成领导交办的其他任务：高校审计协调组工作，协助新疆维吾尔自治区审计厅完成审计线索的协查核实工作，协助审计署固定资产投资审计司、农业与资源环保审计司对教育部有关单位进行审计调查等。

预算执行审计　《审计署2003～2007年审计工作发展五年规划》下发后，教育审计局在总结前几年工作的基础上，按照审计署的总体部署，制定具体的工作目标和任务，着重抓了以下几个方面的工作：

（1）继续深化一级预算单位的审计，突出审查财政预算资金分配方式、预算标准、用途及结果，促进政府部门带头严格执行财经法纪，促进规范财务管理，提高资金使用效益。在预算执行情况审计中，查出教育部未及时报账暂付款2.06亿元，年初批复预算中“21世纪振兴教育行动计划”30亿元、“211工程”1.7亿元等专项资金未细化到具体项目；国家行政学院无预算及挤占其他预算支出219万元，收支不实1781万元，少计固定资产5381万元，漏缴房产税168万元。

（2）在贯彻全面审计、突出重点方面，加强对重点建设项目和专项资金的审计，加大延伸审计的力度。教育部2003年预算执行审计中，对“21世纪振兴教育行动计划”专项资金中“创建一流大学”部分派出两个审计组到北京大学、清华大学进行了延伸审计，查出北京大学部分项目执行缓慢、截至2003年专项资金结余2.56亿元，清华大学超预算列支983.75万元等问题。

（3）继续推进和深化决算审签。查出决算（草案）收入、支出、结余不实1.63亿元，资产负债不实7823万元。

高校审计和审计调查　根据审计署统一部署，承担2004年高校审计调查的试点工作。

（1）努力做好审前调查，编制重点突出、切实可行的审计方案。审前调查中了解了被审计单位的基本情况和财务软件的应用情况，采集被审计单位的财务数据、学生管理数据等，并通过互联网了解该单位的相关信息。

（2）合理分工，建立有效的组织结构，提高审计效果。此次审计，审计组的17名同志来自15个单位，工作方法、业务能力不尽相同，面临的是审计点多面广、时间紧、任务重。在审计组织方面采用了“三三制”，即：一个组长、三个副组长；划分三个大组，每个大组再划分成三个小组；分工负责，责任落实到人，主审和审计组长能够集中精力确定审计重点，解决主要问题。

(3) 采用科学高效的审计方法。针对高校审计的特点，充分发挥计算机辅助审计的作用，公布举报信箱和电话，多渠道发现问题，从结算中心入手，全面了解各单位的资金情况，发现疑点、进行学生问卷调查，发现可能存在的问题、统一进行现金库盘点，挖出“小金库”、以账为基础，查账与填写调查表相结合等方法。实践证明，这些方法收到了很好的效果。此次审计现场工作时间40天，查出财务管理、校办产业和投资管理、收费管理等方面的问题，达到了为中央高校的大范围审计和审计调查摸索了经验的目的，并在高校审计调查培训班上专门介绍了经验，为全面开展高校审计与调查打下基础。

按照工作计划，和外交外事审计局联合组成审计组，对北京师范大学进行审计。

基础工作 (1) 加强审前调查，做好审计实施方案的制定，增加工作针对性、减少盲目性。在每个项目进点前，都要对被审计单位财政财务管理状况、相关内控制度及其执行情况和部本级预算安排情况进行调查。在此基础上，确定审计重点和评估审计风险，收集整理法规资料，经过充分讨论后形成方案。根据每个同志的特点，合理调度审计力量，确保每个审计项目的工作质量。

(2) 加强审计项目管理，实施过程控制，规避审计风险。在审前严格按照审计法和审计准则规定制定审计方案，审中严格按照审计工作方案规定的范围和内容实施审计，做好每一个事项的审计底稿和收集审计证据工作。由主审、审计组长复核底稿，做到事实认定言之有据，定性和法规引用准确。对没有达到要求的审计底稿，及时返工，不仅把问题查深查透，还要把问题“是什么、为什么、怎么样、怎么办”说清楚。对审计报告反馈意见中提出有异议的问题，逐项认真复查，作出说明，做到审计结论经得起检验。

(3) 加强计算机审计的应用，提高审计工作效率。对数据量较大的教育部决算审签、教育部预算执行审计延伸等项目，都是在运用数据库技术对会计数据进行转换基础上完成的。如对清华大学延伸审计中，该校财务凭单库有60多万条记录，完全是采用计算机审计技术实现的，极大地提高了工作效率。

(4) 做好审计事后跟踪，促进落实审计决定。2000年移送公安机关的原中国教育科技信托投资公司董事长王某非法出具金融票据案，经过跟踪和积极配合司法部门，加快办案进度，2004年，王某被绳之以法，判处有期徒刑7年。

队伍建设 (1) 抓领导班子建设，局领导班子提出了“队伍出人才，业务上水平，争取前六名”的工作目标，在全局大力提倡“工作手拉手，批评面对面”的作风。

(2) 根据党委的要求组织了党支部的改选工作，成立了老中青相结合的支部委员会，制定了支部工作计划，并提出了2004年党支部的工作目标。即：抓学习，创新学习方法与讲党课相结合；抓思想教育、走出去与进行实地考察相结合；抓廉政自律与他律相结合；抓小环境的建设，开展丰富多彩的文体活动、送温暖活动等。

(3) 注重人才队伍建设和对人才的培养，鼓励学习，支持实践，着力于全面提高人才素质。2004年有10人次参加党校学习、预算执行审计、外语等各种培训班，全面提高了人员的综合素质。

(撰稿人：刘　洁)

【科学技术审计局】 2004年，科学技术审计局编制11人，实有人员8人，内设两个处。主要负责对科学技术部（以下简称科技部）、中国科学技术协会、国家知识产权局和国家自然科学基金委员会及其在京所属单位的审计监督。

领导成员

局　长：刘新兰

副局长：杨　明

审计成果 2004年，科学技术审计局完成了科技部2003年预算执行情况审计和决算草案审签、国家知识产权局2003年预算执行情况审计、科技部和国家知识产权局结存资金和公务用车专项审计调查、北京友谊医院财务收支审计和药品购销审计调查等4个审计项目。共查出违规金额13753.21万元，管理不规范金额428787.80万元。其中：应上缴财政256.80万元，应归还原资金渠道120.02万元，应调账处理金额10876.39万元，应自行纠正金额431287.80万元。提交审计报告（决算草案审签报告）4份，专题审计调查报告5份。对科技部预算执行情况审计中发现的滞留预算资金问题，被审计长的审计工作报告采用；提交《重要信息要目》1篇，国务院领导对此作了批示，被国务院办公厅采用。

预算执行审计 2004年，完成对科技部2003年预算执行情况审计和国家知识产权局2003年预算执行情况的审计。审计查出的主要问题有：编制预算不细化，属于科技部行使预算分配权的科技三项费用170090万元，年初预算未细化到具体的项目和使用单位，而是通过追加预算方式进行分配；基本支出挤占项目支出，科技部所属中国科学技术交流中心收将属于基本支出的120.02万元，在“科技活动周”专项预算列支；固定资产账账不符。审计发现国家知识产权局截至2003年12月31日所属专利局固定资产财务账反映金额70996.13万元，而其固定资产实物账反映固定资产金额9972.30万元，两账相差61023.83万元；国家知识产权局所属知识产权出版社（企业化管理的事业单位）累计少计投资收益3488.52万元；审计发现国家知识产权局所属知识产权出版社收入不入账，以个人名义私设“小金库”存储公款合计6.94万元；审计发现国家知识产权局专利审查协作中心少计当年收入700万元，漏缴税金256.80万元。

决算草案审签 对科技部2003年度汇总决算报表（草案）进行了审签，并对科技部所属机关财务、机关服务中心、中国科学技术信息研究所等8个行政、事业单位决算报表进行了延伸抽查。审计结果表明，科技部汇总决算报表中存在编报单位账表不符、编报范围不够完整等问题。主要问题有：汇总决算报表反映的数额与会计账簿的数额不符，汇总决算报表填报的科技三项费用和科学支出同会计账簿反映的数额相差29642.44万元；所属有关单位年初和年末财政预算指标结余反映不实，造成科技部汇总决算报表中“上年结转预算指标”比上年实际预算指标结余少列20479.01万元，“待核批结转预算指标”比实际待核批预算指标少列32831.93万元；汇总决算报表编报范围不完整，科技部科技人才交流中心是科技部直属事业单位，未纳入科技部汇总决算报表的编报范围。

财务收支审计和审计调查 根据审计署统一部署，与监察人事审计局联合组成审计组，于2004年6月1日至8月13日对北京友谊医院（以下简称友谊医院）2003年度财务收支情况进行了审计，对友谊医院药品购销情况开展了审计调查。通过对友谊医院的审计和审计调查，发现存在的主要问题有：医疗器械和卫生材料超过规定加价率向患者多收费和医疗服务项目违规收费，未经批准生产部分自制制剂；收受经销商回扣，未调减卫生材料销售价格；自行收取并存放现金，私设“小金库”；医院部分收支不真实，超额提取修购基金，多列设备购置费用；对外投资没有如实反映，投资收益及相应支出未纳入财务核算；资产管理不规范，形成账外资产。由于医院审计截至2004年底尚未下达审计决定，因此该医院的违规金额还没有认定。

“人、法、技”建设 结合派出局工作的特点，利用审计署统一组织派出局处级以下干部竞争上岗、交流这一契机，重新构建内部机构，明确职责与分工，整合审计力量和资源。加强思想政治工作，促使审计干部树立正确的世界观、人生观和价值观，增强审计干部的事业心和责任感。大胆启用年轻干部担任重要审计项目主审，通过具体工作实践，锻炼和提高审计工作的技能，积蓄审计工作经验，年轻干部的政治业务素质有明显的提高。

信息化建设 一是争取派出部门配置或更新计算机、打印机等必备设施。二是大力培训计算机技术骨干。三是在审计项目实施中，积极探索、应用AO和OA现代审计技术和手段，充分发挥计算机辅助审计的作用，成效显著。四是抓好审计资料库建设，于2004年底前初步完成了“预算执行审计对象资料库”和“审计资料库”建设工作。资料库建设内容包括了被审计单位银行开户情况、预决算资料、三定方案、资金流向图、规章管理制度、科学技术审计局历年审计资料等。（撰稿人：周子祥）

【政法审计局】 2004年，政法审计局编制8人，实有9人，其中交流干部1人，长期出国学习干部1人，内设一处、二处。主要负责对公安部、公安部边防管理局、公安部消防局、公安部警卫局、国家安全部、司法部及在京所属单位的审计监督。

领导成员

局　长：张大维

正局级审计员：赵连栋

审计成果 2004年，共完成审计项目4个，其中完成预算执行审计项目2个，决算草案审签项目1个。查出违规金额5098万元，指明要求纠正金额65590万元。提交审计报告5份，工作报告1份。

预算执行审计 2004年1月5日至3月20日，对公安部、司法部2003年度预算执行情况进行了审计。其中：对公安部审计了部本级5个财务部门，主要审计了公安支出、基本建设支出、教育事业费、科学事业费、行政事业单位离退休经费、对外援助支出、住房改革支出；对司法部审计了部本级5个财务部门，主要审计了司法支出、监狱支出、劳教支出和基建经费，指明要求纠正金额1860.6万元。此外，还对公安部、司法部历年来审计决定和意见的落实情况进行跟踪审计，促使被审计单位落实审计意见和建议，纠正违纪违规问题。

决算审签 2004年1月5日至2月10日，完成司法部2003年度决算草案审签工作。审签覆盖了司法部决算编制范围内的13个单位，主要审查了《2003年度行政事业单位收入、支出决算报表》的汇总和计财装备财务司、监狱管理局、劳动教养管理局和离退休干部局等本级决算报表的编报情况，抽审了国家司法考试中心、中国公证员协会、预防犯罪研究所、警官学院、燕城监狱等11个二级单位的决算报表。在决算审签过程中，根据重要性和谨慎性原则，合理运用审计抽样和分析性复核等方法，按经费和单位进行纵向和横向划分，交叉检查。查出司法部本级在决算报表中漏列“其他支出——其他企业发展专项资金”年初结余和年末结余各50万元、2000年分配“提租补贴”年初结余和年末结余各75.6万元；部机关总预算账簿漏列“司法业务费”利息收入年初结余20.05万元、当年收入14.54万元和年末结余40.59万元；决算报表多列“外交外事支出”年初结余和年末结余3万元，致使账表不符。延伸查出国家司法考试中心决算报表“司法业务费”多列支出、少列收支结余60万元，中国公证员协会决算报表“司法支出”多列支出和事业基金弥补收支差额，少列收支结余各27.6万元，少列支出和事业基金弥补收支差额，多列收支结余各10.12万元，致使账表不符。

财务收支审计和审计调查 2004年6～8月，政法审计局与资源环保审计局联合组成审计组，完成了对北京市首都医科大学附属北京儿童医院2003年财务收支的审计和药品购销情况的审计调查，提交审计调查报告3份。

“人、法、技”建设 (1) 根据审计工作五年规划确定的目标和派出局领导班子建设座谈会精神，把学习和审计工作结合起来，组织大家学习了中央《关于完善社会主义市场经济体制若干问题的决定》、《中国共产党纪律处分条例》、《中国共产党党内监督条例（试行）》、《中华人民共和国宪法》、《审计署落实党风廉政建设责任制的实施办法》、《审计署党风廉政建设责任制考核办法》和《审计机关审计项目质量控制办法（试行）》。通过学习，明显增强了三种意识：对党中央、国务院和审计署重要会议及时组织传达、学习的意识；坚决贯彻执行审计署党组决策和部署的意识；重大问题及时请示汇报的意识。

(2) 强化对审计人员的培训工作。2004年，安排2名同志出国短期培训，选派1名同志赴日本长期学习，1名同志参加审计署组织的计算机中级培训。

(3) 严格控制审计质量。坚持严格的审前培训制度，认真落实《审计机关审计项目质量控制办法（试行）》，对审计工作底稿、审计文书实行三道把关。

(4) 完善内部管理制度。在《政法审计局工作规则》的总框架下，制定涉及审计档案管理、公文处理、信息工作、统计工作、保密工作、计算机保密安全工作、严格执行审计纪律等7项内控制度。

(5) 加强计划管理。制定了《政法审计局2004年7月至2007年6月审计工作发展计划》，明确了今后三年的工作重点和推进步骤。（撰稿人：马爱仁）

【民族宗教审计局】 2004年，民族宗教审计局编制11人，实有7人，内设两个处。主要负责对国家民族事务委员会（以下简称国家民委）、国家宗教事务局（以下简称国家宗教局）、国家档案局（中央档案馆）、国家保密局及所属在京单位的财政财务收支的审计监督。

领导成员

局　长：张彦珍

副局长：陈　音

审计成果　2004年，完成审计项目4个，专项审计调查项目2个，提交审计报告4份，专项审计调查报告2份，作出审计决定（代拟稿）15条，提出审计意见或建议（代拟稿）13条，决算审签意见（代拟稿）12条，发出移送处理书2份，写出情况反映2份。审计查出问题金额24862万元，其中违规金额7241万元，管理不规范金额17621万元（含影响决算草案真实、完整性金额共计8318.64万元）；专项审计调查金额22559万元，调查发现问题金额6940万元。有2条查处重大违纪违规问题的信息分别被《审计结果报告》和《审计简报》采用。截至2004年末，被审计单位落实审计决定和审计意见金额17971万元，占审计查出问题金额的72%。此外，对科学技术部及所属在京单位进行审前调查，分别提交了调查报告，制定了《民族宗教审计局、郑州特派办关于科技部2004年度预算执行审计及决算草案审签实施方案》，为实施科技部2004年预算执行情况审计及决算草案审签工作打下了坚实的基础。

预算执行审计　2004年，分别对国家民委和国家宗教局2003年预算执行情况实施了就地审计，提出了审计报告及审计意见书和审计决定代拟稿。

（1）在国家民委2003年度预算执行审计中，查出违规金额和有问题金额8340.87万元，其中：下达审计决定金额5507.84万元，下达审计意见金额2833.03万元。主要问题有：一是国家民委专项资金民族工作经费的预算编报、财务核算均存在不规范问题，2003年有1991万元支出不符合该专项资金使用办法的规定。二是国家民委以电话总机改造的名义重复申请财政资金，套取财政资金220万元，造成项目资金结余208万元。三是国家民委未经批准擅自开工建设综合楼，违规向施工单位融资3000万元，并由机关服务局提供担保。四是国家民委职工医疗费超支严重，长期挂账1423万元。五是延伸审计重点单位，查出中央民族大学以“捐资助学”等名义违规收费1700余万元，该校3个学院违规乱收费并截留456万元的严重违纪问题。六是查出中央民族大学725万元预算外资金未按规定上缴财政专户；舞蹈学院少年艺术团自在银行开户起，财务收支一直脱离学校管理，收入299万元未并入校财务统一核算等。

（2）在国家宗教局2003年度预算执行审计中，共查出违规金额8000多万元，其中审计决定处理金额1733万元，要求纠正金额6469.39万元。主要问题有：一是国家宗教局2580万元项目经费预算没有细化到具体执行单位，本级预算3492万元未批复，140万元未及时批复，批复预算超出使用范围105万元。二是国家宗教局2003年预算编制不完整，没有将本级和所属有财政拨款单位的所有资金纳入部门管理，项目预算只涉及财政拨款部分的编制，上年结余的各项资金没有纳入项目预算编制范围。三是国家宗教局所属培训中心隐瞒收入772万元，其中培训班结余141万元、捐赠收入593万元。四是国家宗教局所属中国佛教协会的2个下属单位，将外币捐款折合98万元人民币以个人名义存入银行，形成账外资产。

决算审签　2004年，对国家宗教局2003年决算（草案）进行审签，提出审计报告和审签意见书代拟稿。决算草案审签意见书要求纠正与调整金额共8318.64万元。主要问题有：一是国家宗教局所属中国天主教爱国会在决算报表中少计2003年收入1030万元、支出275万元、结余843万元，挪用国家拨款资金303万元长期未归还。二是重点追查了200万元基建资金脱离银行账户110天，资金收付情况始终未在单位账户上反映的问题，查出被隐藏、私存多年的原始凭证和基建账簿，并将涉嫌严重违法违纪的该会办公室主任王某及会计兼出纳刘某移交国家宗教局纪检监察部门进一步查处。三是决算报表漏汇收入1826.44万元，漏汇支出898.02万元，报表不实1132.53万元，报表多列固定资产原值4360万元，少列以前年度结余154.32万元，资金收付情况始终未在单位账内反映等。

财务收支审计　2004年，在宣武医院财务收支审计及药品购销专项审计调查中，民族宗教审计局与经济执法审计局组成联合审计组，查出宣武医院违规金额和有问题金额6601万元。主要问题有：一是少计收入938万元。其中2003年未纳入医院财务账户和决算的收入213万元，“非典”救治捐助款216万元和经销商、厂商赞助费106万元等其他收入挂在往来账款中。二是支出、成本不实2098万元，其中：在管理费用中列支基建支出和维修改造支出962万元；手术费收入分成作为成本列支268.7万元；从管理费用中直接提取课题经费配套资金，造成虚列成本417万元；超范围提取科研课题管理费37万元等。三是以各种名义收取药品、医疗器械生产经销企业赞助款、咨询费、技术服务费127万元。四是中西药制剂违规收费，销售超过规定加价率多收86万元。此外，抽查发现宣武医院存在医疗服务项目超标准收费和未经申报批准自行收费问题。五是医院管理方面的问题金额3183万元。其中：原宣医贸易公司由于管理不善、盲目投资造成210万元的损失；违规垫付职工集资建房款2554万元；通过三产公司转手加价，平均加价18%销售给医院，最高加价率达71%；滥支滥用问题。六是审计发现宣武医院2位工作人员涉嫌贪污公款、挪用公款等线索，已移送检察机关处理。

此外，医院审计延伸审计调查北京医药股份有限公司经营分公司药品购销情况，查出其中有11笔业务涉及11万元为虚假经济事项。对北京协和药厂药品定价和营销费用情况专项审计调查，查出该药厂申报药品价格时，其单位制造成本和期间费用没有根据年度财务账面数据据实申报；药品期间费用在总成本所占比重较大，最高达84%；支付医院、经销商公关费用800多万元，以及利用假发票、白条报销费用等问题。

专项审计调查　2004年，分别对国家民委和国家宗教局2000～2003年结存资金进行了专项审计和审计调查，提交了审计统计表。审计和审计调查中发现国家民委违规金额1775万元，主要有结存未在上年决算中列报金额687.97万元，动用结存未纳入预算金额1087.03万元。国家宗教局违规金额4453万元，主要是动用结存未纳入预算4453万元。

“人、法、技”建设　全局通过岗位资格考试和计算机资格考试。按照规定，相关人员通过了英语初、中级考试和BFT高级考试，队伍整体业务水平有显著提高。从人员学历和职称情况来看，具有研究生学历的人员比例达到50%，具有中级职称的人员占现有人员的83%，具有高级职称的比例达到33%。从审计技能和水平看，多数同志能独立承担审计任务，综合能力、分析判断能力、文字表达能力明显提高。预算执行审计中广泛使用AO系统审计软件，实现与OA系统的对接，提高了审计质量和工作效率。制定了岗位责任和年度目标计划，实行目标管理；修订完善22项规章制度；充实完善了审计资料库和被审计单位资料库。全员参加审计署和驻在部门组织的各类培训、讲座和知识竞赛，全年累计培训学习时间人均超过100小时。

工作特色　根据《审计署2003～2007年审计工作发展规划》、《审计机关审计项目质量控制办法（试行）》的要求，进一步转变思想观念，实现指导思想、工作思路和工作方式方法的转变。

（1）在指导思想上克服就审计论审计的单纯审计观，从财政审计一体化的要求和国家财政审计实质上是对权力的制约和监督的思想看问题，将审计查出的问题放到国家改革与发展的大背景下看，从体制上、机制上、法规制度上找原因、提对策。

（2）在工作思路上，按照“摸清家底、揭露问题、规范管理、促进改革、制约权力、提高效益”的总体思路，充分认识部门预算是国家综合预算的重要组成部分，把中央部门预算执行审计放到大财政的范畴中去看待，在紧紧抓住中央部门一级预算执行情况审计，促进部门规范预算管理、依法行政、提高财政资金使用效益的同时，切实突出重点，强化大要案意识和精品意识，积极坚决地查处大要案和重大违纪违规问题。

（3）在工作方式上“深化一级，强化二级，规范管理，提高效益”，强化对部门重点资金和重点二级单位的审计，实行审计一级预算单位与审计重点二、三级单位相结合，审计和审计调查相结合，预算执行审计和决算审计相结合，积极探索财政财务收支审计与效益审计相结合的有效方法。

（4）在工作方法上，广泛运用计算机辅助审计技术，强化审计项目质量管理。从审计实施方案开始抓起，按照《审计机关审计项目质量控制办法（试行）》的要求，严格按审计程序办事，对审计实施实行全过程的控制与监督，防范审计风险。（撰稿人：黄树平）

【监察人事审计局】　2004年，监察人事审计局编制11人，实有9人，其中交流干部1名，内设一处、二处。主要负责对监察部、人事部、国家外国专家局（以下简称外专局）、中共中央组织部（以下简称中组部）、中共中央纪律检查委员会

(以下简称中纪委)、中央机构编制委员会办公室(以下简称中编办)及其在京所属单位的审计监督。

领导成员

局　长：白益兰

副局级审计员：徐　露

审计成果　按照年度审计计划和审计署统一部署，完成审计项目4个，专项审计调查项目2个，延伸审计单位10个，并与文化体育审计局共同组成审计组，开展了对国家体育总局的审计。查出并纠正管理不规范金额4268万元，违规金额5946万元。编发审计简报4篇，其中人事部考试中心坐支考务费1294.56万元问题，刘家义副审计长作了重要批示；在对友谊医院审计中，查出医工部主任涉嫌贪污回扣款的重大违法违规问题，已移送检察院处理。人事部2003年度预算执行审计结果对社会公告。

预算执行审计和决算审签　完成了对人事部、外专局2003年度预算执行情况的审计和对外专局2003年度决算草案的审签工作。在具体审计工作中，紧紧围绕工作方案的要求，审前做了细致的调查工作，特别是对相关的二级单位进行了梳理，以资金量大的二级单位为延伸重点，查出人事部考试中心坐支考务费1294.56万元等问题。针对外专局境外办事处累计收取1722万元收入在往来账款挂账的问题，提出应尽快商财政部，明确收入性质，确定该项资金的使用范围，规范账务处理的意见；就外专局、人事部在政府采购过程中存在的问题及外专局引智专项经费中存在的问题分别写了专题简报。

监察人事审计局和文化体育审计局联合，对国家体育总局2004年度预算执行情况进行审计。已完成了对国家体育总局下属20个单位的审前调查工作和对国家体育总局下属华体实业总公司、乒羽中心等单位的延伸审计工作。查出未经批准改变资金用途1719万元、挪用专项资金2500万元、私存私放资金2412万元等问题。

药品购销审计和审计调查　与科学技术审计局共同组成审计组，按照审计署《部分医院财务收支审计和药品购销审计调查工作方案》的安排和要求，完成了对首都医科大学附属友谊医院2003年度财务收支审计和审计调查项目。查出违规金额4367万元。编发《重要信息要目》1篇。根据审计分工，监察人事审计局分别参加了对医院药品采购供应商的延伸审计调查和对医院药品、医疗器械及一次性卫生材料的采购、加价及收费三个环节的专项审计调查，发现医院主要存在医疗器械和卫生材料超过规定加价率向患者多收费和医疗服务项目违规收费、未经批准生产部分自制制剂、收受经销商回扣、私设“小金库”等问题，重点反映了目前医疗器械和卫生材料以收费品种减少、收费金额增加为特点的发展趋势。

结存资金审计调查　完成了对人事部、外专局结存资金的专项审计调查。在开展这两个部门的调查时，监察人事审计局积极探索专项资金使用效益审计，一方面紧紧围绕编报专项资金预算的依据、预算批复、资金拨付等环节，积极探索完善专项资金管理制度的方法；另一方面从专项资金使用的效率性、效益性和效果性入手，突出重点，解剖重点项目，上下联动，取得了良好的效果。摸清了人事部部本级累计结存数亿元财政资金的构成及其原因，人事部党组对此高度重视，并积极采取措施，加强了对项目资金的管理。

队伍建设　一是完成了竞争上岗和双向选择工作。9月，按照审计署统一部署，局里原4名干部全部顺利实现交流，其中1名提职；从其他局优选的4名处级干部及原有2名干部顺利实现上岗，其中2名提职。二是按照“团结、创新、务实、廉洁”的目标，搞好新组建局的队伍建设。针对新组建局人员来自不同的派出局，相互不太了解的特点，制定了年度干部队伍建设规划，将加强团结作为队伍建设的首要内容。强调以人为本和团队精神相结合，营造一个团结、和谐的工作环境。面对审计理论、审计技术方法的不断创新和各种新情况的出现，要求全局同志要与时俱进，学习掌握各种新技能，创新思路。（撰稿人：崔　明）

【资源环保审计局】　2004年，资源环保审计局定编8人，实有7人，其中交流干部1人，内设两个处。主要负责对国土资源部、国家环境保护总局、国务院参事室、国家信访局及其所属单位的审计监督。

领导成员

局长：冯丽茹

审计成果　全年完成审计项目4个，查出违规金额513128万元，应缴财政948万元，调账处理1955.69万元，指明纠正286799万元。提交审计报告4份，专题或综合性报告9份，信息简报13篇，工作报告及信息被批示采用6篇，向社会公告审计结果2篇。

预算执行审计　完成对国土资源部、国家林业局2003年度预算执行情况的审计，共延伸了20个下属单位。审计过程中把重点放在资金量大和内部控制薄弱的项目经费上，精心组织、果断决策、重点延伸，查出部门未按规定编制和执行预算、造成部分财政资金闲置，预算编制不细化，预算批复不及时，预算执行中挤占挪用项目经费，向非预算单位拨款，违规分配结余资金等问题金额491218万元。审计中发现国土资源部及下属单位动用结存资金、扩大支出范围等问题。国家林业局未细化子项目预算、未及时批复、挪用项目经费问题；下属调查规划设计院等4个单位伪造、变造贷款合同，骗取中央财政贴息问题；大兴安岭林业集团育林基金未缴入国库等问题。审计中还发现财政部门和计划投资部门审批项目或下达投资计划，没有严格按照预算法的有关规定执行。财政部门对预算编制“二上”的细化要求不到位，批复预算过粗，尤其是基建项目“打捆”上报、批复等方面的问题。

决算审签　完成对国土资源部2003年度决算（草案）审签工作。对国土资源部本级及10个下属单位2003年度预算单位决算报表进行了审计，查出预算执行审计中要求纠正尚未纠正影响部门决算的问题，查出下属单位决算报表编制不实，影响部门决算草案真实、完整性问题金额5937万元，其中少反映收入1067万元，多反映支出425万元，多反映负债2138万元，少反映结余2272万元，多反映固定资产35万元。决算审签过程中探索了预算执行审计和决算审签相结合的路子，同时也发现部门在预算和财政财务管理中存在的问题，为开展预算执行审计提供了重点和线索。

专项审计调查　完成国土资源部结存资金专项审计和审计调查工作。审计和审计调查中发现部门预算不细化、不规范，决算编制不完整等问题。参与了审计署统一组织的高等学校财务收支审计和审计调查试点工作。

医院审计　根据审计署统一安排，会同政法审计局对首都医科大学附属北京儿童医院2003年度财务收支和药品购销进行了审计和审计调查，并专项延伸调查了中国大冢制药有限公司和天津太平（有限）公司。审计中查出医院预决算管理不规范、违规提取修购资金、违规收费、资产管理方面的问题金额共4533万元，还查出该院违反规定用公款购买领导干部住房问题，移交北京市卫生局进一步查处。审计调查中发现制药和药品经销企业虚报制造成本、支付药品回扣和收取药品回扣私设“小金库”等问题金额11440万元。

审计质量控制　认真学习贯彻《审计机关审计项目质量控制办法（试行）》，强化质量管理，树立精品意识，不断提高审计工作质量和水平。做好审前调查工作，对管辖部门及部分下属单位进行了的全面审计调查。在调查基础上，制定操作性强的审计实施方案，明确主要环节的工作目标和质量要求，突出审计风险控制和重要性评估等方面的内容。在实施现场审计过程中从深度和力度上下工夫，揭露违纪违规问题和大案要案线索；审计项目后续阶段，在高度上下工夫，进行综合归纳，突出反映审计成果。审计实施过程中，严格按审计程序办事，用“审计准则”规范审计行为，规范了审计日记和审计工作底稿；审计中发现的问题和定性力求事实准确、清楚，证据充分，防范审计风险；审计报告初步形成了总体概念，加强了有针对性的分析，审计建议的质量得到提高。

审计效果　针对审计中发现的被审计单位和部门预算管理中存在的问题，深入分析体制、机制和管理方面的原因，共提出审计建议15条，被审计单位采纳，促进了被审计单位加强整改，建章立制。国家林业局针对下属单位骗取财政贴息资金等严重违法违纪问题，出台了一系列整改措施，制定和修订了《国家林业局关于进一步加强林业项目资金管理的意见》、《林业治沙贴息贷款立项审核下达管理办法》、《重大项目安排及投资计划集中审批制度》、《严格实行重大经济活动事项和大额资金支付单位领导班子集体决定制度》等11项规章制度，会同财政部制定了《林业贷款中央财政贴息资金管理规定》，加强资金管理，规范会计核算。国土资源部加大了财经法纪培训力度，举办了多期预算和财务管理培训班，组织了“依法理财”专题讲座；针对国土资源调查专项资金管理中存在的普遍性问题，会同财政部制定并下发了《国土资源调查专项资金管理暂行办法》，并编印了《国土资源财务制度》汇编，加强了对预算和财务管理。

队伍建设　资源环保审计局提出了“从严治局，学习强局，人才兴局”的新思路，确定了“建设一流队伍、培养一流作风、创造一流业绩”的奋斗目标，制定了具体的整改措施和分步实施计划，确定了年内10项工作任务，着重在队伍建设、支部建设、基础建设和审计信息化建设等方面下工夫。局领导班子认真贯彻执行中央的各项政策及署党组的工作部署，坚持民主集中制原则，反对自由主义，凡重大问题经领导班子集体讨论决定，不搞“一言堂”。班子成员团结协作，拧成一股绳，率领全局同志努力完成各项工作任务。（撰稿人：徐克广）

【社会保障审计局】　2004年，社会保障审计局实有干部职工7人，其中交流干部2人，内设两个处室。主要负责对劳动和社会保障部、民政部、中国残疾人联合会、中国红十字会总会、中国宋庆龄基金会及所属单位的审计监督。

领导成员

局　长：石爱中（—9月）

副局长：吕　衡（9月—）

审计成果　2004年社会保障审计局共完成审计和审计调查项目5个，包括对民政部2003年预算执行情况的审计、对中共中央对外联络部2003年预算执行情况的审计、对民政部2003年决算草案审签、对民政部2000～2003年结存资金情况的审计和调查、对北京大学第三医院财务收支审计和调查。经过审计和调查，共查出违规金额28632万元，比上年增加26813万元，是上年同期的15.74倍；管理不规范金额17357万元，比上年增加12037万元，是上年同期的3.26倍；审计决定处理处罚金额100万元，比上年同期增加94万元，是上年同期的16.66倍；已上缴财政40万元，比上年增加34万元，是上年同期的6.66倍。提交《审计报告》4份、《审计调查报告》3份。

预算执行审计　在对某部2003年度预算执行审计中，查出滞留“非典”资金159万元，未执行项目预算205万元，超预算支出847万元，挤占挪用预算项目经费424万元，多列支出52万元，虚列支出82万元，违规从零余额账户划转资金135万元，欠缴房产税39.6万元等问题。还查出民政部自行改变建设性质、内容和用途，以减灾中心、收养中心和军队干部“双退办”建设办公楼的名义盖楼堂馆所的问题，为促进中央部门规范管理发挥了重要作用。

在对某单位的预算执行审计中，审计组一改传统的审计工作方式，对中联部进行了内部控制制度测评及分析性复核，查出了该部坐支预算外收入429万元，违规列支48.5万元，虚列支出将资金存放在三级单位1320万元，收入1401万元、支出1364万元不纳入预算管理，无预算支出668万元，违规进行政府采购138万元，专项预算执行缓慢造成财政资金闲置、办公用房出租经营关系不顺等问题。针对中联部预算执行中存在的问题，审计组注重从管理体制、管理制度上分析产生问题的根源，并提出了改进管理的审计建议。中联部党组对审计提出的意见和建议十分重视，多次组织有关部门研究落实审计意见。该部领导明确指出，“要以这次审计为契机，从管理机制和制度上对财务工作加以改进，健全制度，理顺关系，切实加强和提高财务预算及各项经费的管理水平”。中联部根据审计建议制定了《关于改进和加强我部财务工作的几点意见》并已经实施，进一步理顺了预算管理、财务管理和资产管理的体制。

决算审签　在对民政部本级2003年度决算审签中，审计组坚持全面审阅与重点抽查相结合，提高了审计效率，保证了审计质量。审计发现多列收入199万元，少列收入128万元，少列支出44.5万元，少列资产14992万元，多汇资产、负债629万元，少汇资产、负债2997万元的问题，针对部本级决算不实的实际，向民政部提出加强预算管理、细化预算的建议。

专项审计调查　在对民政部公务用车的专项审计调查中，注意把推进审计工作和促进各项事业发展结合起来，把查处违规问题和帮助被审计单位规范管理结合起来，促进了公务用车改革的步伐，提高了公务用车的使用效率，取得了很好的效果。对民政部2000～2003年结存资金情况的审计和调查中，发现由于预算编制不科学、不准确，本级预算执行不规范，追加预算较晚等原因，造成累计结存7517万元，动用结存资金未纳入预算369万元，专项资金结存弥补经常性支出37万元的问题，并提出了财政部应进一步完善国库授权支付相关配套改革的建议。对北京大学第三医院的审计和审计调查中，发现违规收费60万元，私设“小金库”4个（金额96万元）；少计收入987万元，售房收入未入专户1206万元；少计支出417万元，多计支出7840万元，滞留财政资金7179万元；超规划4358平方米，超规模969万元，接受设计和供应单位邀请出国，改变中标结果造成多投资106万元的问题。对药品价格及医疗服务项目收费问题及部分经销商、厂家的药品购销价格、生产成本、期间费用、购销费用等问题进行深入调查的基础上，形成有分析、有观点的调查报告，从完善医疗管理体制、定价机制、药品流通环节、生产环节等方面提出了有价值的建议。

计算机审计 在对民政部2003年决算草案审签中，利用“并行模拟技术”发现了该部人为调节报表数据、虚增债权债务600多万元的问题。在中联部预算执行审计中，将该部的财务收支数据与所属某宾馆1999～2003年实现利润等数据进行关联汇总，揭示出该部支付宾馆的补偿费用过高及预支费用等问题，由此向该部提出了应严格控制费用支出，科学合理地核定应支付给宾馆的补偿金额，提高财政资金使用效益的建议。在对中联部2003年预算执行审计中，审计人员运用“预算执行审计软件”，发现该部以虚列支出等方式，将1319万元资金转移到下属单位的问题。利用计算机进行审计，审计人员审计了哪些范围、内容，筛选、查询了哪些数据，制作哪些工作表格、电子图形，进行了哪些电子数据关联、对比、复核和测试，编写了多少审计工作底稿、审计事项记录和审计日记以及依据审计工作底稿编写的审计报告等各类审计文书，计算机都有记录。上级领导到现场检查工作，可以不必听口头汇报，直接上机就可以看到所关注的真实信息，为督促、检查、研究和指导工作提供依据，为全面贯彻实施《审计机关审计项目质量控制办法（试行）》创造了全新的技术条件。

基础工作 为抓好审计质量控制100条的落实，局领导高度重视，年初制定了年度培训学习工作计划，利用5个工作日，组织全局同志对审计质量控制100条逐条学习讨论，结合本局审计范围和审计人员的实际，提出落实100条的具体意见，实行了审计项目主审负责制和审计质量监督检查制，既调动了大家的积极性、增强了责任心，也有效地提高了审计质量。对《审计日记》的写法统一了格式和内容，并且坚持每个审计项目完成之后，召开业务讨论会，就审计过程中的经验和不足及时进行交流和总结，不断提高执行审计质量控制的自觉性。

社会保障审计局在2004年底建立了《社会保障审计局审计质量控制实施细则（试行）》、《审计署、民政部联网审计办法（试行）》、《社会保障审计局审计项目计划管理办法（试行）》、《社会保障审计局综合报告撰写办法（试行）》、《社会保障审计局审计对象资料数据库管理制度（试行）》、《社会保障审计局计算机应用及相关设备管理制度（试行）》、《社会保障审计局保密工作制度（试行）》、《社会保障审计局审计统计基础工作制度（试行）》、《社会保障审计局公文处理制度（试行）》、《社会保障审计局党支部工作制度（试行）》等共24项制度办法。（撰稿人：曹　盾）

【建设建材审计局】 2004年建设建材审计局编制11人，实有9人，其中交流干部1人，内设两个处。主要负责对建设部、国家测绘局、中华全国总工会、中国共产主义青年团中央委员会（以下简称共青团中央）、中华全国妇女联合会、中央国家机关工作委员会及在京所属单位的审计监督。

领导成员

局　长：邢　建

审计成果 全年完成审计项目3个，共查出违规金额21253万元，决定处理处罚12240万元，其中应上缴财政418万元，归还原渠道资金3212万元，应调账处理8610万元，指明要求纠正9013万元。已上缴财政418万元，已归还原渠道资金3212万元，已调账处理金额8610万元，已纠正金额9013万元。与社会保障审计局共同完成了北京大学第三医院（以下简称北医三院）现场审计与审计调查工作，先后派出3人次到国防工业审计局和科学技术审计局参加审计。

预算执行审计与决算审签 全年完成了武警黄金部队和国家测绘局2003年度预算执行审计、国家测绘局2003年决算审签等3个审计项目，并延伸审计了6个二级单位，主要查出了基建预算资金1929万元未及时下拨，利息收入339万元未纳入预算管理，动用历年预算结余6464万元核销购置资产挂账和弥补经费不足未纳入年初预算，集中下级单位预算资金结余1283万元，往来款项2236.04万元长期挂账，未将固定资产登记入账6325.67万元，预算外收入418.28万元未缴入财政专户等问题。在对国家测绘局2003年度预算执行审计中，查出该部门对部分基础建设项目管理力度不强，不能保证相关工程按期完成；部分航空摄影招标合同不能执行、资金长期滞留问题等问题，提出有针对性的审计建议4条。通过审计，该部门采取措施，进一步完善了规章制度，加强了预算管理，提高了资金的使用效益。

按照审计署的统一部署，建设建材审计局于3~4月对国家测绘局2003年部门决算（草案）进行了决算审计工作，在审计中对各决算报表数字进行了详细核查，重点对部门年终清理结算情况、部门决算与预算差异、部门汇总所属单位决算（草案）、部门决算（草案）反映预算执行审计结果等情况进行审计。通过审计发现，国家测绘局2003年度本级决算报表中将代武汉大学收取的专款47.8万元列入了"其他收入"科目，造成国家测绘局2003年度决算报表中多列"其他收入"47.8万元，"其他应付款"少列47.8万元，该局在报送财政部的决算报表中全部纠正。

其他审计与审计调查　(1) 完成国家测绘局结存资金和公务用车的审计调查，在审计中对2000~2003年结存资金管理中存在的问题进行了揭露，分析了深层次原因，从体制上提出一系列改进意见。国家测绘局对审计调查的结果非常重视，采取措施积极整改。

(2) 组织全局力量对新划归建设建材审计局审计管辖范围的共青团中央、中华全国妇女联合会和中央国家机关工作委员会开展基本情况的摸底调查，并对其所属11个二级单位进行了延伸调查，搜集整理了相关文件资料，初步建立了被审计单位的基本情况和财务数据资料库。

(3) 与社会保障审计局共同完成了北医三院的现场审计与审计调查工作。在北医三院的审计中，与社会保障审计局紧密配合，团结协作，审计出涉及财务管理、药品、器械和价格等方面的问题。

工作特色　(1) 把握全局，抓住重点，是深化预算执行审计的有效做法。中央部门预算执行审计经过几年实践，已经取得了显著的成效，如何深化成为思考的重要问题。首先要摸清家底，把握全局，抓住重点，实现突破。2004年建设建材审计局有3个审计项目，涉及两个被审计单位，其中国家测绘局已经连续审计两年，审计成果显著，问题呈逐年减少趋势，为此，建设建材审计局主要从项目资金入手，重点从体制上、机制上进行分析，提出有针对性的意见和建议，促进项目资金使用效益的提高，达到规范财务管理，提高预算管理水平的目的。武警黄金部队是第一次接受国家审计，因此，对武警黄金部队的审计是以摸清家底，查问题为主，重点在本级，查深查透，不留死角。其次，注意方法，掌握政策，武警黄金部队使用的是武警会计制度，与一般行政事业单位的会计制度有很多不同之处，而且军队的预算管理也与中央部门的预算管理有较大的区别。在这种情况下，建设建材审计局注意先从吃透制度开始，做到依法审计，在处理定性上，又充分考虑被审计单位的特殊性。武警黄金部队对审计结果比较满意，按照审计决定的要求，及时整改，并对审计组实事求是的工作态度表示肯定。

(2) 搞好审前调查，制定切实可行的审计措施，是提升审计质量的基础措施。在北医三院开展的审前调查中，审计组运用分析性复核、符合性测试对医院的内控制度和报表数据进行分析检查，绘制流程图，制定了确实可行的审计实施方案，确定审计重点，对重点领域、重点部门进行详查。通过审前调查，既保证了审计质量，又扩大了审计覆盖面，取得了明显成效。

(3) 运用先进的技术方法，开展计算机审计是确保审计质量的有效手段。在中央部门预算执行审计中，计算机辅助审计发挥了较大作用，被审计单位数据库正在逐步建立。在对医院审计中，医院的业务量非常大，计算机辅助手段变得尤为重要。如北医三院每天的门诊量是5000多人(次)，分别涉及财务、医疗检查、药品和医疗器械等几个管理系统，数据量非常大，对数据进行手工筛选相当困难。在这种情况下，建设建材审计局按照方案要求，积极开展计算机辅助审计，在审计现场搭建局域网，将药品数据和财务数据放在网络服务器中处理。这样既提高了数据处理的效率，又达到资源共享，充分发挥计算机的优势。

(4) 建设建材审计局坚持以人为本，重视人才培养，鼓励年轻的同志勇挑重担，争当主审。同时鼓励年轻的同志参加审计职称考试和审计署组织的各类培训，尤其是对计算机知识的学习，建设建材审计局50岁以下的同志都能熟练使用计算机进行审计，适应了审计工作的要求。（撰稿人：商　昆）

【交通运输审计局】 2004年，交通运输审计局编制20人，实有11人，其中交流干部1人，内设4个处。主要负责对铁道部、交通部、中国民用航空总局（以下简称民航总局）及所属单位的审计监督。

领导成员

局　长：李季泽

副局长：贾有长

审计成果 2004年，交通运输审计局完成和参加了11个项目的审计或审计调查：交通部、铁道部2003年预算执行情况审计；交通部2003年决算审签；交通部、铁道部2003年结存资金审计调查；北京协和医院财务收支审计和医疗服务、药品收费情况以及华北制药厂、太洋药业和科园信海医药公司等单位药品价格及经营情况的审计调查。此外，交通运输审计局还派出多名同志参加了审计署对国家发展和改革委员会预算执行审计、外资运用审计司的外资项目审计，高校、医院的试点审计调查等项目。在交通部、铁道部以及北京协和医院的审计中，共查出违规金额529.68亿元，查出29个方面的问题，查出重大问题和案件4起，提交审计信息7篇，《审计要情》、《重要信息要目》和《审计简报》各1篇。移送大案要案线索2件。李季泽局长带队赴英国绩效审计考察培训团被评为审计署优秀培训团，并出版《英国绩效审计》。在审计署《审计情况通报》中，对派出局的五项考核中，交通运输审计局2004年在“查出主要问题”、“查出违规金额”、“人均查出问题高于平均水平”、“查出主要问题增加额”分别位居25个派出局第一位，审计署2004年针对派出局的综合考评，交通运输审计局位居前六。

预算执行审计 在交通部预算执行审计中，查出违规金额5700万元，管理不规范金额35165万元。审计揭露了交通部、财政部车辆购置税435.2亿元的预算管理问题，在《审计信息要目》上作了反映。交通部车辆购置税预算管理问题写进了的审计工作报告。

在铁道部预算执行审计中，查出违规金额和管理不规范金额近160亿元，损失浪费金额367万元，已上缴财政1082万元。查出并上报铁道部虚报下属单位住房改革资金等问题，写进了审计长向人大常委会所作的审计工作报告。铁道部滞留资金的问题经审计公告后，引起强烈反响。

财务收支审计 在对协和医院的财务收支审计中，既注意把握总体情况，又注意突出重点，在促进规范管理、提高经济效益上下工夫。在对财务收支审计的同时，充分发挥审计监督职能，注意发现大案要案线索。向国务院报送了《关于中国聋儿康复研究中心等单位在人工耳蜗销售安装过程中人为损害聋残儿童利益情况的专题报告》，温家宝总理作了批示，中纪委介入查处该案，中国聋儿康复研究中心负责人孙某被移送司法机关处理。

计算机审计 一是积极探索计算机远程联网审计试点。经过摸底和调研、反复研究，确定民航总局作为计算机审计的试点单位。二是在铁道部、民航总局、交通部设置专用计算机，审计人员可实时监控其财务支出。三是在平时工作中大力开展计算机的运用。

工作特点 (1) 围绕目标，查深查透。在审计中，注重在全面审计、摸清家底的基础上，始终围绕审计工作目标，突出重点，把问题查深查透。在车辆购置税审计中，注意体制上、制度上的问题，对有关部门和地方进行了重点审计，对每个具体问题进行逐项落实，查深查透。在北京协和医院审计中，通过检查医院院长会议纪要、计算机审计、延伸审计有关科室等方法，查出医院违规收费、重复收费以及收取回扣、私设“小金库”等问题。

(2) 突出重点，深入调查。在审计和审计调查中，注意突出重点，发现重大问题线索。在协和医院审计中，审计组发现耳鼻喉科人工耳蜗中心治疗收费存在违规收取回扣问题，审计组组成专案小组，深入到经销商及有关单位深入调查，发现一些医院、经销商和有关单位在为聋儿植入人工耳蜗时，违法牟取暴利的重大问题线索。在交通部预算执行审计中，针对车辆购置税预算管理问题，派出人员深入到北京交通部门延伸调查，发现车辆购置税征收管理中存在资金不入库问题，并通过审计署统一协调，对18个省市开展了延伸调查。这些调查工作，对扩大审计成果，发现重大问题起到了非常重要的作用。

(3) 集中力量，分别审计。为了加强审计力量，集中管理，交通运输审计局集中全体人员，采取集中力量，分别审计的办法，取得了好的效果。部门预算执行审计中，改变了过去分组审计办法，解决了人员分散，不便管理，审计信息闭塞，领导班子难以开展工作等弊端。在医院审计过程中，针对发现的重大问题线索，审计组多次组合力量，成立专门小组，突击审查，查出了医院部分科室私设“小金库”、收取回扣，以及医院与经销商和有关单位违法牟取暴利等重大问题。

队伍建设　为了适应审计工作形势发展的需要，根据审计署统一部署，交通运输审计局领导班子认真组织干部竞争上岗和双向选择。通过竞争上岗和双向选择，加大干部交流力度，优化了干部队伍结构。全体人员贯彻“振奋精神、创先争优”的工作思路，干部队伍的凝聚力不断增强。竞争上岗后，由分散办公变为集中办公。交通运输审计局原来是两个局的编制，两个地方管理。为树立整体意识，加强联系和协调，便于管理，经请示审计署领导，集中到一处办公。到2004年底，在铁道部的办公场所、办公设备已经解决。

作风建设　2004年，是交通运输审计局转变作风年。以此为契机，采取措施，突出重点，大力加强作风建设，提高管理水平。一是认真查摆问题，切实加强整改。二是从加强内部管理入手，重点抓综合部门的内部管理和处、室业务管理，把抓作风建设同抓管理结合起来。三是将制度建设贯穿其中。对原有的规章制度进行全面清理，并在清理基础上新制定制度6个，从而把工作成果和经验用制度形式固定下来，将作风建设不断引向深入。四是杜绝与被审计单位经济来往，不接受任何礼品、吃请以及各种福利性物资。五是在审计期间，严格执行审计纪律“八不准”的规定。如在审计中，向被审计单位宣传审计纪律“八不准”，并在被审计单位公开张贴廉政公告，接受监督。(撰稿人：许朝阳)

【信息邮政审计局】　2004年，信息邮政审计局编制11人，实有9人，其中交流干部2人，内设两个处。主要负责对信息产业部、国家邮政局、人民日报社、求是杂志社、光明日报社、经济日报社及在京直属单位的审计监督。

领导成员

局　长：孟令成

局级审计员：王申庆

审计成果　2004年，信息邮政审计局完成了对信息产业部2003年预算执行情况审计和决算草案审签，开展了对信息产业部公务用车和结存资金情况的审计调查；完成了对国家邮政局2003年预算执行情况审计；参加了对阜外医院2003年度财务收支审计和药品购销情况的审计调查。共查出违规金额18712万元，管理不规范金额281485万元。提交《重要信息要目》2篇，其中被中央办公厅采用1篇，被国务院办公厅采用1篇，国家领导人对上述要目都作了重要批示。

预算执行审计　2004年，信息邮政审计局在配合审计署行政事业审计司开展预算执行审计试点的基础上，认真总结经验，编制了预算执行分析表，全面审查了部门预算的编制、批复、分配和执行情况，同时积极开展对二级单位的延伸审计，重点审计了项目资金的管理情况，对外投资、兴办实体的情况，查出重复批复预算，预算批复不完整、不及时，一些下属单位会计核算不规范，个别单位利用结存的专项福利费为职工购买商业保险等问题，提出了4条有针对性的审计建议，有效地规范了预算管理。

信息邮政审计局开展对信息产业部公务用车和结存资金情况的专项审计调查，摸清了部门公务用车和相关费用的支出情况，揭露了公务用车配置缺乏有效的控制机制和车辆管理制度不健全、资产管理不善等问题，掌握了部门结存资金的总体规模及具体构成情况，分析了结存资金形成的原因。

财务收支审计和审计调查　2004年5～7月，信息邮政审计局与科学工程审计局组成审计组，对阜外医院进行审计和调查。审计组通过召开不同层次的座谈会，了解医院各部门职责和特点，收集了大量与审计有关的资料。在此基础上，财务收支审计组从财务管理的真实性入手，重点分析了支出中福利部分的现状和来源；药品组从进销价格入手，重点检查了药品购入和销售中的价格违规问题，提出了加强药品管理的政策性建议；

器械组以器材价格为重点，从以“赞助费”为名的暗扣返款入手，延伸调查了9个器材供应商，剖析进口医疗器材从口岸价至医院进价存在着暴利及价格虚高的原因，提出了加强医疗器械采购、管理、监督的建议。通过审计，查出阜外医院私设“小金库”、科室违规大量存放现金、一次性医疗器材和卫生材料违规加价收费等严重问题。

制度建设　信息邮政审计局制定了本局的规章制度。《信息邮政审计局规章制度》包括内部机构及岗位责任制度、行政工作规则、业务工作规则、局领导和处长职责等30多项具体内容。新制度的建立，也使全局干部明确了各自的职责，规范了办事程序和标准。

信息化建设随着金审工程的不断实施，信息邮政审计局的硬件设施得到改善，配备了高性能的计算机及其他设备，实现了审计人员与审计署机关辅助办公系统联网，实现了信息资源的共享。在审计过程中，成功转化了被审计单位的电子数据，并利用AO系统进行了计算机辅助审计。被审计单位资料库正在逐步建立，其中信息产业部和国家邮政局的资料库已经完成。同时，通过各种方式积极与被审计单位协商，为开展联网审计做准备。

工作特色　(1) 不断加大审计力度，是提升审计成果和质量的关键。在对信息产业部2003年预算执行审计中，信息邮政审计局通过召开不同类型的专业座谈会，了解掌握基本情况，进一步摸清部门机构设置、职责分工、管理体制、预算编报方式以及整个部门预算管理的流程，掌握部门主要业务司局职能、历史沿革，了解了部门基本支出预算管理、基建投资计划管理、电子口军工产品的技改费用等项目支出预算管理的方式与程序，探索并把握审计重点，提高了审计效率。

(2) 加强队伍建设，提高审计干部的业务素质。2004年，信息邮政审计局注意抓住干部队伍调整的契机，及时修订完善了规章制度，并组织干部进行学习讨论，使大家明确分工和职责，增强责任心。同时，组织干部认真学习有关制度，提高干部业务素质。

(3) 加强内部沟通，使审计工作有计划按步骤进行。审计期间，每10天召开一次审计组会议，各小组向审计组长汇报审计发现的问题和下一步的打算，让审计组全体成员了解审计组的全面情况和工作进程，对审计查出的问题进行深入地讨论，提出自己的看法，力求作出实事求是的评价和定性，使各组下阶段工作得以衔接，并达到资源共享、集思广益、统一协调的目的。同时，局长定期抽查审计日记，有效地提高了审计的质量，防范了审计风险。

(4) 加强宣传力度，扩大审计影响。在审计实施前，信息邮政审计局召开了有被审计单位及其二级单位负责人、财务负责人及有关财务人员参加的进点会，宣传审计形势、介绍审计的主要内容、步骤、方法和要求，讲解有关法规，提高被审计单位人员的财经法纪意识以及对审计工作的重视。审计结束后，针对查出的问题，充分听取被审计单位人员的不同意见，尤其是财会负责人及业务骨干的意见，分析产生问题的原因，共同商讨改进和加强管理的意见和建议，以公正执法来赢得被审计单位对审计工作的尊重和支持。

(撰稿人：厉　萍)

【农林水审计局】　2004年，农林水审计局编制人员15人，实有9人（含借用1人），内设两个处。主要负责对农业部、水利部和国家林业局及其在京下属单位的财政财务收支的真实、合法和效益的审计监督。

领导成员

副局长：丁仁立

副局级审计员：傅顺喜

审计成果　2004年，共完成审计项目3个，共查出违规金额10018万元，管理不规范金额377350万元。其中审计决定处理处罚1082万元，应自行纠正金额386386万元。已缴财政205万元，已归还原渠道资金279万元，已调账处理金额709万元，已自行纠正金额8955万元。发现违法案件线索2件。向审计署提交审计报告10份，综合性报告和审计简报3篇，被中办、国办采用3篇。提出财政、财务处理处罚意见和改进管理建议57条。

预算执行审计　2003年9月至2004年5月，对水利部、农业部2003年预算执行情况进行了审计，查出农业部、水利部违规金额38.74亿元。查出农业部、水利部在预算编制、执行及其他方面存在的问题，财政部未批复水利部2000、2001年部门基本建设决算、水库移民局经费未纳入部门预算等方面的问题，以及国家发展和改革委员会违规批复基建计划的问题。农业部基本建设资金使用效益差、医疗费用超支严重的问题，被审计署《重要信息要目》采用；水利部骗取财政资金的问题，被审计署向国务院上报的《审计结果报告》采用。在预算执行审计过程中，按照审计目标，以预算的编制、批复和财政资金的使用为主线，对重点项目、重点资金和重点单位进行审计监督，揭露部门在财政财务运行机制和收支活动中存在的突出问题和倾向性问题，促进农业部、水利部依法行政，依法分配和使用财政资金，提高财政资金使用效益。

结合预算执行审计，对农业部、水利部结存资金和公务用车情况进行审计调查，农业部超标购置公务用车的问题，被审计署向国务院上报的《公务用车管理及费用开支情况的审计调查报告》作为案例采用。农业部和水利部领导对审计报告高度重视，水利部专门召开了“落实审计决定和审计意见大会”，针对审计发现的问题，制定了详细的整改措施。农业部召开部属单位财务工作会议，对审计发现的问题予以通报，并要求各单位严格按照审计意见和决定加强整改。农业部和水利部均及时反馈了审计决定的落实意见。

决算审签 完成对农业部 2003 年决算草案审签工作，在审计中发现农业部部分二级单位收支不实等问题金额 1 亿多元。同时，查出农业部 2003 决算草案未如实反映部分所属单位的财政财务收支情况、财政部部门决算报表设置不完善等 12 个问题，提出了纠正问题、改进管理的建议。

财务收支审计和审计调查 按照审计署统一要求，农林水审计局与文化体育审计局组成联合审计组，由农林水审计局担任审计组组长，对中国医学科学院肿瘤医院 2003 年度财务收支进行了审计，同时对该院的药品、一次性医疗器械和卫生材料购销，以及医疗收费情况进行了审计调查，发现该院少计收入、多计支出、私设“小金库”和多收费等违纪违规问题。组织对北京协和医药开发公司药品购销的审计调查，发现违法案件线索，并移送北京市宣武区检察院。组织对中国聋儿康复研究中心的审计调查，发现违法案件线索。

外资运用审计 完成对国家林业局 GEF 项目中英文审计报告和审计决定的起草工作。对国家林业局设立“小金库”等违纪问题进行了处理处罚。审计发现的问题被审计署《重要信息要目》采用。配合审计署固定资产投资审计司对水利建设资金进行审计，及时提供水利部预算执行审计的资料及情况，组织安排水利部水利建设资金情况汇报会。配合财政部审计组对农业部进行了延伸审计调查；配合国家发展和改革委员会审计组对农业部进行了延伸审计调查。根据审计署的要求，选择农业部全国水产技术推广总站进行“现场审计实施系统”AO 软件的测试，发现 AO 软件存在不够完善之处，提出了 100 多条修改建议，完成 AO 软件的测试任务。

队伍建设 农林水审计局根据队伍现状，确定队伍建设总体思路：坚持以人力资源能力建设为主题，从促进审计工作发展出发，通过多种方法和途径，重点培养队伍的开拓意识和创新精神，开发队伍的创新能力；坚持以优化队伍结构为主线，适应审计工作“两个并重”和财政审计“两个转变”的需要，不断调整人员结构，保持动态合理平衡；坚持提供人才支撑为出发点，把人才工作纳入审计工作发展的总体规划，以人才队伍建设推进审计工作的可持续发展。

创建“学习型党支部” 一是运用学习型组织的理念加强党支部建设。不仅采用灵活多样的方式组织学习，而且注意结合审计实践抓学习，用学习成果指导审计工作，有效地避免了学习和运用“两张皮”的问题。二是充分发挥党支部的战斗堡垒作用和党员的先锋模范作用。在审计工作面临任务重、人员少、时间紧、要求高的情况下，党支部要求全体党员，尤其是党员领导干部要充分发挥模范带头作用，克服一切困难，保质、保量、按时完成审计工作。三是增强学习力，创造健康向上的小环境，做到“工作学习化、学习工作化”。四是“严”字当头，狠抓廉政建设不放松。五是努力提高机关管理水平。加强计划管理工作，对审计计划的编制、执行、跟踪反馈和总结实行了全过程管理；强化统计分析工作，注意用分析结果来指导工作。同时修订和完善了 16 项内部管理制度，并在抓落实上狠下工夫。（撰稿人：宋　波）

【文化体育审计局】 2004 年，文化体育审计局（以下简称文体局）编制 11 人，实有 9 人，内设两个处。主要负责对文化部、国家文物局、国家体育总局、中国文学艺术界联合会和中国作家协会及其所属在京单位的审计监督。

领导成员

局　　长：苏乃民

局级审计员：孔繁涛

审计成果　2004 年，文体局完成了文化部、国家体育总局 2003 年度预算执行情况审计和结存资金专项调查，文化部 2003 年度决算审签，文化部和国家体育总局公务用车及结存资金专项审计调查，中国医学科学院肿瘤医院 2003 年度财务收支审计和审计调查等 6 个项目。查出违规金额 20604 万元，管理不规范金额 134548 万元，损失浪费金额 3248 万元，应调账处理 7500 万元，应自行纠正 137797 万元。

预算执行审计　查出文化部和国家体育总局两个部门在预算编制、预算批复和调整、预算资金拨付、预算资金使用、财政财务收支、结存资金使用等方面存在的预算编制不细化、预留预算资金、不按预算用途拨款、预算资金管理不规范、不到位等 33 个问题，审计查出违规金额 20604 万元，管理不规范金额 103473 万元，损失浪费金额 3000 多万元。提交了《关于国家体育总局违规动用中国奥委会社团资金的专项报告》、《关于文化部用已完工程虚报基建项目编制虚假预算 2600 万元的专项报告》和《关于国际儒学联合会动用财政社团基金违规借贷的专项报告》等审计专项报告 3 篇。向财政部送达《关于文化部用已完工程名义虚报项目编制虚假预算有关问题的审计建议》1 篇。撰写报送《体育彩票发行印制费结余资金管理亟待规范》审计简报 1 篇。提供的上述材料，均被审计署采用，有些意见和建议还被财政部有关司局采用。督促有关部门、单位纠正了一系列违纪违规行为，促进这些部门、单位建立和完善了制度，强化了管理。针对文化部、体育总局审计和调查中存在的问题，在审计报告中提出进一步加强预算管理，规范国库集中支付方式、如实编报项目预算等审计建议 9 条。重点查出了国家体育总局动用中国奥委会资金 1.31 亿元建设职工住宅、发放职工补贴等问题；文化部虚报基本建设投资项目，套取财政预算资金 2600 万元；文化部所属国际儒学联合会出借财政社团基金，违规借贷 3100 万元的问题。国家体育总局动用中国奥委会资金问题，审计署以专项报告上报国务院后，受到国务院领导的高度重视。温家宝、华建敏、陈至立等国务院领导同志分别作出“要求严肃查处”的重要批示。这一问题在李金华审计长受国务院委托向人大所作的审计工作报告中被引用后，得到社会广泛关注和积极评价。

决算审签　3～4 月，按照审计署统一部署和安排，完成了文化部 2003 年度决算草案审签工作。审计查出部门决算编报不完整，所属二级预算单位报表少汇部分账户资金；资产负债不实，少计部分事业费和补助经费；收入支出不实，合并报表虚增收入和支出；个别二级单位少计收入和虚列支出等方面的 9 个问题，审计查出决算编报不实、会计核算不规范金额 15157 万元。审计针对存在问题提出调整账务、纠正错误、改进方法，如实编报年度决算的审签意见，为促进部门编制决算的真实性、完整性及合规性发挥了审计作用。

财务收支审计和专项审计调查　4～8 月，根据行政事业审计司的安排，与农林水审计局合并组成审计组，按照审计署《部分医院财务收支审计和药品购销审计调查工作方案》的安排和要求，完成了对中国医学科学院肿瘤医院 2003 年度财务收支审计和审计调查项目。根据审计分工，文体局分别参加了联合审计调查小组对医院药品采购供应商的延伸审计调查和对医院医疗器械及一次性卫生材料的采购、加价及收费三个环节的专项调查。在摸清医疗器械和卫生材料购销渠道、加价率及销售收费情况的基础上，通过对占比 73% 的选样品种的抽查，重点反映了目前医疗器械和卫生材料以收费品种减少、收费金额增加为特点的发展趋势；医院从自身利益出发，加重患者负担，通过自办实体增加购销环节，获取进销价差 248 万元用于职工福利性开支；卫生材料招标采购价格脱离市场，超过非招标采购品种加价率 10 倍，招标采购方法有待于完善；医院超过加价率规定销售卫生材料，向患者多收费 12.1 万元等 6 个方面存在的问题，揭示了目前医院在器材购销和收费管理中存在的典型性、倾向性、普遍性的问题，为促进医院加强财务管理、规范收费行为，推动医疗体制改革，减轻人民群众就医负担发挥了作用。

计算机审计　文体局在各审计项目实施中积极开展计算机辅助审计，充分利用被审计单位电

子资料，最大限度地收集审计信息，采用手工审计和计算机审计相结合的方法，有效发挥计算机辅助审计的作用。（撰稿人：乔红兵）

【卫生药品审计局】　2004年，卫生药品审计局编制15人，实有11人，其中交流干部1人，设有审计一处、审计二处。主要负责对卫生部、国家人口和计划生育委员会（以下简称计生委）、国家食品药品监督管理局（以下简称药监局）和国家中医药管理局（以下简称中医局）及其在京所属单位的审计监督。

领导成员

局　长：徐吉明（5月—）

副局长：徐吉明（—5月）

副局级审计员：廖金梅

审计成果　2004年，卫生药品审计局按照审计署的计划安排，完成了对卫生部、中医局2003年度预算执行审计，对卫生部2003年决算草案审签，对中日友好医院财务收支审计和药品购销专项审计调查。组织完成了北京大学第一医院（以下简称北大医院）2001～2003年药品购销和医疗服务专项审计调查、计生委2004年度预算执行情况审计试点工作。全年共查出违规金额6亿元，管理不规范金额3.2亿元。

预算执行审计　2004年，卫生药品审计局继续深化预算执行审计，以专项经费为突破口，从全面规范专项经费管理和使用入手，加大了审计监督力度。审计发现卫生部本级专项经费在二级单位代管，层层闲置；二级代管单位无预算在项目经费中列支办公楼装修费，甚至提取管理费等问题。卫生部对审计发现的问题非常重视，取消了本级专项经费在二级单位代管的做法。审计决定下达后，立即清理收回了代管经费，并出台了《卫生部中央本级财政专项资金管理办法》。在对中医局的审计中，发现全国中医专款管理中存在预算编制不细化、未经批准自行调整预算、滞留专项资金、部门经费支出不规范等问题，促使中医局出台了《国家中医药管理局中央本级财政专项资金管理暂行办法》，规范了专项经费的管理。

决算审签　在重点审计了卫生部本级决算编制和汇总情况的基础上，抽查了11个单位的决算编报情况。针对卫生部本级因记账错误导致账实不符、代管专项经费结存未列入本级决算、非法人单位收支未纳入单位决算等问题，提出了处理意见和改进管理的建议。

专项审计调查　2004年6～8月，卫生药品审计局以查处重大违法违规问题为突破口，以规范财务管理为目标，完成了中日友好医院财务收支审计。审计查出中日友好医院财务决算不真实、药品收支结余未按规定实行收支两条线管理、私设“小金库”、超标准收取医疗费用等违规金额1.6亿元。审计核实医院向患者多收取一次性卫生材料费用、私设“小金库”以及变相收取药品回扣等问题，分别被审计署《重要信息要目》采用。审计报告中反映的医院盈亏不实3349万元问题，被上报国务院的综合报告采纳，得到了总理的批示。医院有关部门管理不到位，致使建材经销商非法盈利、偷逃税款的违法问题已移送公安机关立案，涉案人员已经逮捕归案。

审计调查试点　卫生药品审计局组织了北大医院药品购销和医疗服务专项审计调查试点工作。组织了对北大医院及所属公司的审计调查，对药品、医疗器械生产、经销企业的延伸审计调查。审计发现北大医院在药品购销和医疗服务方面，接受药品、器械厂商返利和回扣，试用药品向患者收费、部分医疗检查项目未经批准收费和重复、超标准收费等问题；在财务收支方面，超期提取修购基金、私设“小金库”、科室创收资金管理不规范等问题。在揭露上述药品生产、经销和销售环节虚高定价和医院违规加价销售一次性卫生材料以及医疗服务项目乱收费等问题的基础上，为审计署组织对10个中央部属和北京市属医院进行财务收支审计和药品购销专项审计调查制定了切实可行的工作方案。同时，在总结调查试点经验和做法的基础上，编写了审计培训资料，在审计署医院审计和专项审计调查培训班上进行了讲解。

信息化建设　2004年，制定了《卫生药品审计局信息化建设发展规划》，完成了与审计署城域网的连接工作和与卫生部办公网、财务网的连接工作，全面完成了被审计单位资料库建设工作。卫生部、计生委、药监局和中医药管理局4个一级预算单位和所属52个二级预算单位的资料库已初步建立，入库资料共4类26种173份，达到了审计署提出的建库标准要求，实现了基本要求具体化，收集资料齐备化，装载数据统一化，资料使用普及化。广泛推广使用了现场审计实施系统。

全面利用AO系统开展预算执行审计被列为全局年度主要工作目标之一，不仅要求审计人员利用AO系统看电子账，还提出了运用AO实现“过程管理、建立关联、扩大战果”的要求。利用AO编写底稿、证明材料，记录审计日记和导入导出功能，实现了审计组对审计过程的管理和控制。利用AO提供的账套管理和审计分析平台，在数据分析过程中，一是实现同一单位不同年度间的数据关联，二是实现上下级间、相关单位间的数据关联，三是实现财务数据与业务数据的关联。

队伍建设 为贯彻落实审计署派出局领导班子建设座谈会精神，班子多次召开会议认真寻找差距，提出了树立积极向上、严谨细致作风，构建和谐派出局的队伍建设目标。领导班子成员以身作则，始终坚持在审计一线，带领大家核实情况，研究问题，并积极探索审计方法的创新。党支部充分发挥战斗堡垒作用，针对处级干部竞争上岗后人员彼此不熟悉的情况，支部成员加强相互沟通，更加细致地做好政治思想工作，主动关心并帮助解决实际困难，充分发挥桥梁纽带作用，组织丰富多彩的业余活动。2名同志顺利通过了计算机中级考试。（撰稿人：窦爱平）

【海关审计局】 2004年，海关审计局编制15人，实有10人，其中交流干部1人，内设一处、二处。主要负责对最高人民法院、最高人民检察院、海关总署、国家质量监督检验检疫总局（以下简称质检总局）及在京所属单位的审计监督。

领导成员

局　长：鲍朔望

审计成果 完成审计项目8个，共查出违规金额43877万元，管理不规范金额226683万元，其中：应归还原渠道资金1847万元，应调账处理金额40930万元，应自行纠正金额226683万元。提交审计信息3篇，上报国务院《审计要情》1篇。揭示财政部、国家发展和改革委员会等部门存在的问题3个。审计中，查出国家质检总局下属金越公司原负责人涉嫌挪用公款1100万元造成国有资产损失被移送检察机关。完成海关总署、国家质量监督检验检疫总局2003年度预算执行审计结果对社会公告初搞。

预算执行审计 完成了对2003年海关总署预算执行情况审计和质检总局2003年预算执行情况审计及决算审签。适时调整审计思路，重点揭露部门预算不完整、不细化，促进部门预算改革的进一步深化。一是追根溯源，将预算编制作为审计重点之一，紧紧抓住海关总署、质检总局预算编制、批复这两个薄弱环节，有针对性地剖析其在预算管理中存在的问题和产生的原因。二是将审计的重点转移到部门直属单位和项目支出上来，重点审计项目支出有无随意调整预算，有无挤占、挪用和铺张浪费资金，有无向非预算单位拨款等问题的发生。查出的主要问题有：预算编制不完整、项目支出未细化到用款单位、向非预算单位拨款、项目支出用于基本支出、设立账外资金等问题。还透过海关总署和质检总局存在的问题，反映出财政部在预算外资金收缴分离制度改革中存在的问题、对海关总署缉私办案费管理不规范等问题。对审计中发现的带普遍性和倾向性的问题进行综合性分析，从强化预算执行、规范项目管理出发，提出了促进部门预算执行水平提高的意见和建议。海关总署和质检总局针对审计发现的问题和提出的改进建议，采取了一系列加强和改进管理的措施。

财务收支审计 6～7月，海关审计局和昆明特派员办事处联合在对清华大学进行财务收支审计和专项审计调查中积极开展计算机审计。在人力资源配置、充分利用各种电子数据，开展网络调查、多维数据分析和利用政策制度建立审计模型等方面，进行了有效的探索与创新，取得了较好的成效。审计组成员优势互补，相互配合和交流，从多种数据入手结合网络调查，多角度大范围摸清高校收费总体情况，从制度入手，建立审计模型，实现对科研和教育事业支出的审计，提升了财务收支审计的宏观意识。新的审计理念和方式提高了高校审计的工作效率，通过在计算机审计方面多方位的探索和创新，短时间内摸清了清华大学收费、科研课题的总体规模、项目构成，并揭示了清华大学在收费、科研经费管理和对外投资存在的问题。其中，查出清华大学所属阳光能源开发公司原总经理等人涉嫌贪污侵占国有资产上千万元，以《审计要情》上报国务院后，引起国务院领导的高度重视，温家宝总理作了重要批示。

专项审计调查 在对2001年以来质检总局财

政结存资金的管理及使用情况进行专项审计调查时，积极探索专项资金使用效益审计。一方面围绕编报专项资金预算的依据、预算批复、资金拨付等环节，积极探索、完善专项资金管理制度；另一方面从专项资金使用的效率性、效益性和效果性入手，突出重点，解剖重点项目，上下联动，取得了良好的效果。查出中国计量科学研究院实验基地建设进展缓慢、2.8亿元巨额财政资金被闲置的问题，引起了质检总局党组的高度重视，并积极采取措施，加强了对项目资金的管理。

对海关总署和质检总局2003年度公务车辆管理及使用情况进行了专项审计调查。在调查报告中，对部门公务车辆管理及使用中存在的诸如交通费支出无定额标准和明细预算、账实不符、车辆内部调拨未经国管局审批，自行处理、公务车辆被所属单位或其他单位占用、车辆资产移交管理混乱等问题，分析了其产生的原因，提出了整改建议。（撰稿人：周方为）

【经济执法审计局】 2004年，经济执法审计局编制6人，实有6人，其中交流干部1人，内设2个处。主要负责对国家工商行政管理总局、国家食品药品监督管理局、中国法学会、国务院法制办公室、国务院经济发展研究中心及所属单位的审计监督。2004年后，国家食品药品监督管理局的审计管辖，经审计署调整由卫生药品审计局负责。

领导成员

局　长：薛启谊

副局级审计员：黄致敏

审计成果 2004年，经济执法审计局根据审计署统一安排，完成了对国家工商行政管理总局、国家食品药品监督管理局2003年预算执行情况审计和国家工商行政管理总局2003年决算审签，完成了对国家工商行政管理总局2003年公务用车使用情况，国家工商行政管理总局、国家食品药品监督管理局结存资金的审计调查；与民族宗教审计局一起完成了对首都医科大学宣武医院2003年财务收支的审计及其药品、一次性医疗器械和卫生用品的审计调查。审计查出违规金额18362万元。出具审计报告2份，决算审签报告1份，审计决定2份，审计调查报告4份。提交审计专题报告2份，审计信息2篇。移送司法机关及中央有关部门处理案件线索2件。

预算执行审计 在审计国家工商行政管理总局2003年预算执行情况中，发现该局滞留财政预算资金1000余万元，引起该局领导的高度重视，及时进行了整改。在审计国家食品药品监督管理局2003年预算执行情况中，查实该局机关服务中心于2003年12月与两家私营企业签订协议，违规将该局位于昌平区沙河镇国家行政划拨付用于基地建设的216亩国有土地转让给私营企业，造成国有土地出让金的重大损失。其中一家私营企业为“三无”企业，其注册资金、注册地址均为虚假，无纳税记录。这一违规问题披露后，引起国家食品药品监督管理局的高度重视，并迅速采取措施予以整改。在对该局审计中，还发现一下属单位用新药注册审评费等7个项目经费800万元，弥补政府机关经费不足及支付全局人员各种补贴合计785.54万元；另一下属单位从职工福利基金中列支146.92万元，为本单位职工购买商业保险等违纪违规问题。

财务收支审计和审计调查 在对首都医科大学北京宣武医院财务收支审计和一次性医疗器械及卫生用品购销情况的审计调查中，发现该院负责一次性卫生用品采购的医学工程科违规通过医院“三产”向各科室加价销售，加大了患者负担；医学工程科负责人挥霍浪费及涉嫌贪污、挪用公款158万元，已移送司法机关查处。

计算机审计 经济执法审计局按照国务院办公厅《关于利用计算机信息系统开展审计工作有关问题的通知》的要求，加快财务会计信息联网建设，在审计署领导和行政事业审计司的关心帮助下，在国家工商行政管理总局和审计署计算机中心的大力支持下，与国家工商行政管理总局的财务信息联网系统于2004年5月12日正式开通，实现了对被审计单位财务数据24小时不间断的即时监控，满足了计算机辅助审计的要求，使审计人员能够全面、及时、准确、有效地掌握被审计单位的业务动态及资金流向。这也是经济执法审计局在审计署派出局系统率先实现与被审计单位计算机联网审计。（撰稿人：张在银）

【新闻通讯审计局】 新闻通讯审计局编制15人，实有9人，其中交流干部1人，内设一处、二处。主要负责对国家广播电影电视总局（以下简称广电总局)、新华通讯社（以下简称新华社)、新闻出版总署（国家版权局)、中国外文出版发行事业局、中华全国新闻工作者协会及其在京下属单位的审计监督。

领导成员

局　长：陈太辉

副局级审计员：焦克勤

审计成果　全年完成了对广电总局、新华社2003年度预算执行情况的审计；对广电总局2003年度决算草案的审签；按照审计署的统一部署，与发展计划审计局一起对卫生部北京医院2003年度财务收支情况的审计及药品、一次性医疗器械及卫生材料的购销情况、医疗服务收费情况的审计调查；按照审计署的统一部署完成对1家药品经销商、2个制药企业的专项审计调查。审计查出违规金额30930.56万元，管理不规范金额26256.8万元。提交工作信息4篇。

预算执行审计　对广电总局2003年度预算执行情况的审计，查出广电总局用福利基金发放补贴、奖金3541.2万元，挪用扶贫资金401.82万元，奖励基金拨付不规范110.25万元，超范围使用资金93.92万元，向非预算单位拨款4000万元。对新华社2003年度预算执行情况的审计，查出新华社未执行财政部批复预算金额5731.56万元，行政事业类项目调整未报批3428万元，2个滚动项目未报批3293万元，12个行政事业类项目列入日常支出6466万元，虚列支出7290万元，转让无形资产收入1225万元未纳税等问题。

决算审签　对广电总局2003年度决算草案审签，查出决算报表少汇4个单位，造成少反映资产7293.27万元，少反映负债4945.75万元，少反映净资产2347.52万元等问题。

财务收支审计和专项审计调查　按照审计署的统一部署，新闻通讯审计局与发展计划审计局一起开展了对卫生部北京医院2003年度财务收支情况审计及药品、一次性医疗器械及卫生材料的购销情况和医疗服务收费情况的审计调查。查出该院少计事业收入、少计对外投资、少冲药品支出、在往来科目中列收列支、虚列支出、多结转成本、超标准收取医疗服务费、医疗器械、卫生材料费及重复使用医疗器械费、收受代理商返还的回扣让利、未按规定及时调整药价多收费、未经批准使用自制药剂、有关科室私设“小金库”等问题。抽出人员对北京医药股份有限公司药品分公司2003年药品购销价格、北京医院等13家医院药品销售价格情况、2001~2003年全部药品进销差价率及财务收支中营业费用、管理费用支出情况进行了专项审计调查。派人参加由审计署组织的对齐鲁制药有限公司和华北制药集团有限责任公司药品抽样品种规格目录，相关价格申报表和2003年的相关药品成本、销售利润明细账、2003年最后一批销售药品价格情况以及销售给北京医院等13家医院的药品成本费用等进行了专项审计调查。

基础建设　2004年，新闻通讯审计局领导班子通过调查分析和认真研究，确立了今后4年的工作目标，即“一年一个台阶，至2007年将新闻通讯审计局建设成为一流的审计局”。在此基础上，制定了《新闻通讯审计局2004至2007年审计工作发展规划》，明确了今后4年的总体目标、主要任务。

8月，审计署对派出审计局处级干部进行了竞争上岗，新闻通讯审计局处级干部调整了67%。新闻通讯审计局根据干部调整大的特殊情况，及时制定了《新闻通讯审计局工作规则》，补充修订了《新闻通讯审计局工作制度（试行)》。明确了会议制度和班子议事规则和各级领导的工作职责、处室人员分工，建立健全了工作报告、公文审批、考勤考核、印章管理、办公室管理及安全、计算机使用管理、廉政、外勤经费管理、公用交通费管理使用等制度。成立了审计质量控制、信息化、保密等3个领导小组。

计算机审计　新闻通讯审计局在对新华社2003年度预算执行审计中，根据该社财务数据全国联网、基本实现电算化会计核算的特点，尝试以计算机审计为主、手工审计为辅的工作方法，收到了明显的效果。通过计算机审计发现的违规金额83282万元，占查出违规金额的96%，并及时将审计中的经验体会加以总结，向审计署上报了计算机审计的信息。在北京医院审计时，运用计算机对药品价格、医疗服务收费等事项进行分析、对比，查出该院超标准收取医疗服务费、医疗器械、卫生材料费及重复使用医疗器械费等问题。(撰稿人：廖　辉)

【旅游侨务审计局】　2004年，旅游侨务审计局编制11人，实有8人，其中交流干部1人，内设审计一处、审计二处。主要负责对国家旅游局、国务院港澳事务办公室、国务院侨务办公室、中共中央统战部、中共中央台湾工作办公室、中华全国台湾同胞联谊会、中华全国归国华侨联合会等部门及其在京直属单位的审计监督。

领导成员

局　长：李　钦

审计成果　2004年，旅游侨务审计局对国家旅游局、国务院侨务办公室两部门2003年度预算执行情况，国务院侨务办公室2003年度决算审签、国家旅游局机关服务中心2002～2003年度财务收支进行了审计，查出违规金额153695.1万元。与审计署国防工业审计局一起，对北京大学人民医院2003年度财务收支进行了审计，查出违规金额14898.8万元。全年提交审计报告5份，专项审计调查报告7份，重要信息被采用7篇（次），其中《重要信息要目》3篇（次）、国办采用2篇（次）、中办采用1篇（次）、国务院领导批示1篇（次），情况反映被采用2篇（次）。在对人民医院审计中，向检察机关移送了2名挪用公款炒股涉嫌犯罪的财务人员。

预算执行审计和决算审签　在对国家旅游局、国务院侨务办公室两个部门年度预算执行情况审计中，主要问题有：国家旅游局长期以来对境外办事处实行以拨代支的管理方式，造成14个境外办事处2003年底结余11071万元未纳入国家旅游局当年决算反映。国家计委、财政部1998年批准国家旅游局将以前年度下达给旅游企业的中央级基本建设经营性基金本息余额45186万元转为国家资本金，指定国家旅游局代行出资人资格，但未明确出资人的权力、义务，国家旅游局也未采取措施落实国家资本金收益的收缴，审计发现有的国家资本金已经流失，有的国家资本金收益成为部门服务中心的收入等问题。国务院侨务办公室1998年从原直属企业筹集资金6000万元用于机关大院的迁建工作，截至2003年10月27日，尚有银行存款余额332.7万元，该项资金全部收支结余情况未在历年预算和2003年决算报表中反映等问题。针对以上问题，审计署下达了审计决定和审计意见书，对两个部门存在的问题进行纠正。

3月下旬至4月上旬，还对国务院侨务办公室2003年决算草案进行了审计，查出该办自2000年起，将某专项经费结余在会计报表列为支出，造成虚假会计信息，少反映结余资金13167万元等问题。对此，由审计长签发了审签意见书，要求予以纠正。

财务收支审计　在对国家旅游局机关服务中心及其控股公司的审计中，发现该局不但将行政事业性收费项目“饭店星级铜牌制作费”交给服务中心的控股公司收取，还自设收费项目“A级景区铜牌制作费”交公司收取并作为公司收入的问题。在对国务院港澳办公室所属中国新闻社审计中，发现该社将以前年度收入756万元在“其他应付款”科目中挂账和在“其他应付款”科目中直接列支人员经费168万元等问题。在北京大学人民医院审计中，该局与国防工业审计局的同志共同组成审计组，查出了一批比较典型的案例，如医院财务收支不实，少计收入4612万元；虚列、多列支出2944万元；临床科室和职能部门私设“小金库”涉及金额334万元；无依据收费，重复收费，多收费及价格违规等高达769.7万元；重复使用一次性医疗器械、药品损失浪费、资产不实，以及药品生产、经销企业资助医院人员出国282人次2376天、费用近400万元等问题。除人民医院外，其他被审计单位正按审计决定、审计意见的要求进行整改，进一步规范财政财务收支行为。（撰稿人：张立铭）

【科学工程审计局】　2004年，科学工程审计局实有10人，其中交流干部1人，内设两个处。主要负责对中国科学院、中国社会科学院、中国工程院及其所属在京单位财政财务收支的真实、合法、效益的审计监督。

领导成员

局　长：刘　实

副局长：李凤雏

审计成果　2004年，科学工程审计局共完成审计和审计调查项目7个。完成中国科学院、中国工程院2003年度预算执行情况审计和中国工程院2003年度部门决算草案编制情况审签，中国科学院、中国工程院结存资金专项审计调查，中国医学科学院阜外心血管病医院（以下简称阜外医院）2003年财务收支情况审计和药品医疗器械专项审计调查，共查出违规和管理不规范金额894437万元，上缴财政555万元，归还原渠道资金20726万元，调账处理金额25636元，自行纠正金额846058万元。向司法机关移送案件1起，向纪检监察部门移交涉嫌违法违纪线索1件，向审计署报送审计报告、审计调查报告等审计材料7篇。提供的上述材料，均被审计署和中国科学院、中国工程院采用。其中中国科学院结存资金过大的问题，被写入审计署向国务院所作的审计结果报告。阜外医院2003年财务收支审计和药品医疗器械专项审计调查披露的21个问题，有关内容被审计署综合报告采用，其中私设“小金库”问题、医疗器械加价过高等问题被以《重要信息要目》形式上报并得到国务院领导批示。

预算执行审计 对中国科学院、中国工程院2003年度预算执行情况审计和结存资金情况的审计调查、中国工程院2003年度部门决算审计。其中，中国科学院预算执行审计披露该院存在的8类35个方面的问题。审计过程中，将切入点和审计重点放在二、三级单位，通过将审计与审计调查、财政财务收支审计与效益审计相结合，共查出违规和管理不规范金额83.03亿元，披露中国科学院存在的违规计提养老保险储备金、挪用知识创新试点项目资金、未如实反映无形资产对外投资、对外投资回报差、用事业经费违规购买职工商业保险、私设“小金库”等问题，深入分析了产生上述问题的直接原因和深层次原因，依法提出了处理意见和建议，并针对财政部、科学技术部等部门存在的10个问题，分别提出了改进管理的建议，该项目获2003年度全国审计机关表彰审计项目。

财务收支审计与专项审计调查 2004年5～8月，与信息邮政审计局组成联合审计组，对阜外医院2003年财务收支情况进行审计，对药品和医疗器械购销差价等情况进行专项审计调查。查出了违规私设“小金库”、违规存放现金、非法开设银行账户并套取现金、违规加价收费、医疗器械管理混乱、药品账实不符、虚报基建项目投资完成额等一系列问题。查出违规和管理不规范金额6.41亿元，向司法机关移送案件1起，向纪检监察部门移交涉嫌违法违纪线索1件。

队伍建设 党支部确定了“广纳创新、务实求真、协同拼搏、廉明严谨”的局训并开始构建以局训为核心的局文化，确定了“出人、出活”的总体目标和探索三院部门预算执行情况审计、支部建设、队伍建设、廉政建设新路子等具体目标，并采取了四个方面的措施：一是积极倡导并采取措施使大家做一切工作都力求实效；二是鼓励和引导大家明确衡量自己思想和言行的标准，正确处理工作和生活中遇到的各种矛盾；三是对工作中取得的成绩及时予以肯定和鼓励；四是对一些不正确的苗头，旗帜鲜明地予以批评和制止。通过采取这些措施，使全局各项工作都不断在创新中向前迈进。

本着学以致用的原则，运用“案例教学”和“团队学习”方法，组织大家学习政治理论并力求实效，学习审计理论和其他相关知识，学习审计技能。鼓励大家平时学习审计理论、市场经济理论、科研管理知识和其他与审计工作相关的知识，不断总结工作和学习的经验教训，尤其是在工作中通过反思进行学习。尊重大家的首创精神，鼓励并要求大家跳出传统的财政财务收支审计模式，探索适应社会主义市场经济尤其是公共财政要求的部门预算执行审计的新路子。

基础建设 认真总结建局以来的基本经验，对照审计署党组召开的派出局领导班子建设座谈会和审计署五年规划精神，查找业务工作、队伍建设等方面存在的差距，起草了本局工作规则、审计项目管理办法、党风廉政建设责任制、加强审计纪律的实施细则、审计项目管理办法等五项制度。开展计算机辅助审计，提高了审计的效率和质量。配合审计署有关部门完成了城域网改造等任务。（撰稿人：竺伟玲）

【地震气象审计局】 2004年，地震气象审计局编制16人，实有7人，其中交流干部1人，内设两个处室。主要负责对中国气象局、中国地震局、国家海洋局和国家测绘局及在京所属单位的审计监督。

领导成员

副局长：刘海宇

胡安明（12月—）

审计成果 完成审计项目4个，查出违规金额83887万元，其中应归还原渠道资金150万元，调账处理30741万元，自行纠正52996万元。提交审计和专项审计调查工作报告4份，审计信息2篇。合作完成审计项目3个，查出违规金额436934万元。提交审计和审计调查工作报告3篇，审计信息15篇，其中《审计要情》1篇，《重要信息要目》2篇，得到国务院领导3次批示。向公安机关移送1人。

预算执行审计和决算审签　2004年，完成对中国气象局2003年预算执行和决算审签、1999～2003年结存资金专项调查及中国地震局2003年预算执行的审计。对中国气象局及所属17个二级单位的审计，采取预算执行审计与财政结存资金审计调查相结合、计算机审计和手工审计相结合等方式进行。结合检查预算编制、批复和执行，重点对国家投资的重点建设项目、国债建设项目等专项资金的使用情况进行了审计和调查，针对查出的预留财政拨款预算指标、越权批准开工基本建设项目、部分国家重点建设项目进展缓慢，形成年末财政结存资金较大等问题，认真分析产生问题的主要原因，提出了改进办法和建议，引起中国气象局的重视。中国气象局进行了专题研究并认真改进管理办法，加快了项目建设进度。

对中国地震局2003年预算执行审计，重点对本级及所属的地球物理研究所等二级和三级单位进行了审计。查出该局无预算和可行性研究向所属单位拨付财政资金、越权批准基本建设项目、交付使用资产未进行竣工决算，所属单位违规投资注册成立公司造成损失等问题。审计提出纠正、清理和整改的决定和意见，引起中国地震局的重视并采取了一系列措施加以纠正和整改。

专项审计与审计调查　根据审计署统一安排，从5月下旬至10月，地震气象审计局与太原特派员办事处合作，共同完成了对北京大学2003年财务收支的审计和审计调查。审计人员相互配合，通力合作，取长补短，紧紧围绕学校管理体制、教育资金管理和使用、办学收费、投资基本建设和校产企业集团等重点环节开展审计。发现决策失误导致建设资金损失和截留办学收入、科研经费管理使用存在薄弱环节等问题，分别以审计署《审计要情》和《重要信息要目》上报国务院，得到有关领导的批示；发现转移、少计收入，自立项目、调高标准收费及校产企业集团虚假注册、抽逃资金等问题，分别以审计简报信息予以反映。

经济责任审计　根据审计署统一安排，11～12月，地震气象审计局与京津冀特派员办事处合作，共同完成了对中国××局原局长2001年12月至2004年11月期间的任期经济责任审计。审计围绕与履行职责相关的重大决策、预算执行、执行国家财经法规、财务管理等方面，结合群众反映的情况开展工作。肯定了任期内在专业体系建设、重大项目立项和落实资金、部门各项改革方面作出的贡献。同时指出在预算管理薄弱、项目执行率低、资金未发挥应有效益等方面负有的领导责任。审计结果报送给有关部门。

基础工作　地震气象审计局班子成员认真执行《审计署派出局领导班子议事规则》规定，健全各项议事会议制度并坚持执行。成员之间能够坦诚交流思想、研究商讨工作，带领全局较好地完成了审计任务和其他各项工作。领导班子针对该局有些干部存在思想问题没有解决好的情况，采取认真调查研究、与大家深入谈心的办法，对每个干部从思想上理解、工作中支持，生活上关心，较好地理顺了大家的心态，稳定了队伍。制定了《计算机审计有关安全保密工作暂行规定》和《加强审计纪律的规定》，全体审计人员和局领导相互签订了《廉政责任承诺书》，为规范审计行为、加强廉政建设起到了促进作用。根据工作需要，11月份办公地点从中国地震局迁入中国气象局，改善了工作环境。（撰稿人：林开虹）

审计署驻地方特派员办事处

【京津冀特派员办事处】　2004年，京津冀特派员办事处（以下简称京津冀办）在职人员160人，设有办公室、财政审计一处、财政审计二处、财政审计三处、金融审计一处、金融审计二处、经贸审计一处、经贸审计二处、行政事业审计处、固定资产投资审计处、外资运用审计处、农业与资源环保审计处、社会保障审计处、计算机审计处、人事教育处、法制处、机关党委和机关后勤服务中心18个处（室）。

领导成员

特派员：钱啸森（—9月）

　　　　刘汝焯（9月—）

副特派员：任有泉　洪承旭

正司级审计员：陈殿杰（—11月）

特派员助理：彭华彰（1月—）

审计成果 2004年，京津冀办完成审计署下达的审计（调查）项目23个，审计（调查）发现违规金额80.5亿元，向司法机关移送经济犯罪案件线索8件。提交专题或综合性报告、审计信息简报131篇，被采用74篇（次），其中被《审计要情》采用2篇、《重要信息要目》采用16篇，中办、国办采用28篇（次），国务院领导批示14篇（次）。对外宣传稿件被《中国审计报》、《中国审计》和审计署互联网站等新闻媒体采用130篇（次）。保密工作被人事部、国家保密局评为“全国保密工作先进集体”，成为审计系统惟一获此殊荣的审计机关。

财政审计 在对某省财政一体化审计中，查出地方财政预决算对中央补助资金反映不完整、脱离人大监督的问题和基础教育部门违规收费的问题，分别被审计署以《审计要情》和《重要信息要目》汇总上报国务院，有关领导作出重要批示；审计提出的关于加强预算管理、强化财政监督的建议被该省政府采纳，并相继出台和修订了预算管理办法等16项规章制度。在对某省关闭破产企业中央补助资金审计调查中，查出破产企业低报资产变现收入、多报破产费用、冒领中央补助资金、违规使用破产补助资金、清算费用超支严重等问题。在某市国税局举报案件核查中，查出该市国税局自2002年11月以来，在企业完全具备纳税能力的情况下，违规批准13个钢铁企业延期纳税10.63亿元用于扶持地方钢铁企业扩大生产规模的问题，被《重要信息要目》采用，并报中办、国办，国务院领导作出批示，责成国家税务总局查处，相关责任人受到了行政处分，违规批准的延期缴纳税款已经征缴入库。在对某市车辆购置附加税征管审计调查中，发现违反《税收征管法》由交通部门代征车购税并长期得不到纠正的问题，被《重要信息要目》采用，并上报国办，推动了国家车辆购置税征管体制改革，国务院决定从2005年1月1日起将车辆购置税由交通部门划归国家税务部门征管。

金融审计 在对中国人民银行某分行预算执行审计中，发现由国家外汇管理局开发的“贸易进口付汇监管系统”数据经常出现错误，难以满足外汇业务管理需要，被《重要信息要目》采用，国务院有关领导作了批示。在对中国信达资产管理公司某办事处审计中，查出某省15家法院违规超额收费131.16万元和2家法院占压执行回款4500万元，加重金融资产管理公司处置不良资产费用负担的问题，被《重要信息要目》汇总采用。在对中国长城资产管理公司审计中，延伸审计发现某银行总行原国际部、营业部等有关主管人员违规、违法对外放贷，造成9亿多元国有资产损失的重大问题线索。

企业审计 在对中国某工业总公司第二集团公司审计中，查出该集团南方公司所属的上市公司1997~2003年虚增利润3亿余元、上市公司违规享受开发区内企业优惠政策减免企业所得税6062万元等重大问题。查出该集团供销公司因管理混乱造成公款私存2.3亿元、国有资产损失1159万元和3822万元资金去向不明等问题。查出该集团信托投资公司建设工程过程中，采取隐蔽手段将建设资金1217万元转入个人公司，造成国有资产流失的问题。

专项资金审计 在对某市大学城审计中，查出该大学城开发有限公司以建设大学城配套设施等名义大量租用农民集体土地，并非法占用耕地5728亩建设高尔夫球场的问题和债务负担沉重、运营艰难的问题，分别被《审计要情》和《重要信息要目》采用，国务院有关领导作了重要批示。在对教育部某直属高校财务收支审计调查中，查出该校委托理财资金大量流入股市造成1亿元资金难以收回的问题，被《重要信息要目》和中办、国办采用，国务院领导批示教育部认真查处。在对某铁路分局某供电段审计中，查出该供电段2000~2003年通过变卖工程撤旧铜导线、虚列工程支出等方式取得收入，私设“小金库”87万元。在对某经济发展中心审计调查中，查出该单位违规借贷8.1亿元和原总经理崔某挪用公款3000万元涉嫌经济犯罪等问题。在某省失业保险基金审计中，查出了该省某市劳动就业服务局虚列支出，挪用失业保险基金4323万元购买办公大楼和职工宿舍等重大问题。

“人、法、技”建设 （1）京津冀办进一步完善了干部考核激励体系，构筑了以《公务员平时考核办法》为基础，《处室目标管理考核办法》为导向，《审计工作重大成果激励试行办法》、《公务员履行岗位职责考核奖励暂行办法》为激励措施的考核激励机制。特别是《审计工作重大成果激励试行办法》是激励机制中的又一个新的探索，对激发全办干部职工敬业爱岗、争先创优的工作斗志，促进审计工作的开展起到了积极的作用。

(2) 审计项目质量控制办法。采取辅导讲座、考试测验等形式，组织职工认真学习和贯彻执行审计署6号令（《审计机关审计项目质量控制办法(试行)》)，强化审计人员的质量意识和责任意识，防范审计风险。根据审计署6号令的新要求，全面清理近年来制定的各项审计业务制度，新制定和修订规章制度11个。制定了《审计项目专家咨询工作暂行办法》，从京津冀三地审计机关、高校、科研院所和有关被审计单位聘请专家学者，在制定审计实施方案和审计过程中，就有关专业性问题、特殊行业事项、法律决策依据等向专家咨询，充分利用社会人力资源，发挥专家学者的参谋咨询作用，改进决策程序，防范审计风险，提高决策科学性。

(3) 计算机审计。切实加强计算机审计，充分运用现场审计实施系统（AO系统）对审计项目进行全方位管理，包括数据采集转换、构造审计模型、生成审计报告、编制审计日记、审计证据和审计工作底稿等，取得了明显成效。在对某市国税局举报案件核查中，审计人员将CTAIS征管信息系统的查询功能与数据下载分析相结合，查实了该市国税局违规批准某钢铁股份有限公司等13个企业延期纳税10.63亿元的问题。在某资产管理公司审计中，审计组在开展数据审计的同时，积极尝试信息系统审计，发现该公司核心业务系统存在SQL INJECTION安全漏洞、用户登录系统密码管理薄弱、债权处置业务通知单和打包处置业务通知单存在设计缺陷等问题，促使被审计单位完善了业务系统。

党风廉政建设　京津冀办创新思想政治工作方法，由天津电视台拍摄的党建专题纪录片《拳拳审计情》，形象生动地记录了该办审计人员遵守审计纪律“八不准”的感人事迹，被评为金融(综合经济）工委系统三等奖，并在天津卫视播出。组织编写了《廉洁审计录》一书，李金华审计长亲自题写书名，纪检组长王道成作序，影印了该办自2000年2月在全国率先执行“八不准”以来收到的113封表扬信，展现了审计人员精益求精的敬业精神、严格自律的廉政作风和谦和耐心的职业修养，使广大干部职工在潜移默化中接受了一次教育，真正达到用“身边事”教育“身边人”的目的。2004年，先后组织干部职工参观了井冈山精神展览和新中国反腐败第一大案陈列展览；举办了“共铸诚信”演讲比赛，并在天津市金融（综合经济）系统荣获二等奖。制定和实行了《特邀审计监察员制度》，邀请京津冀三地人大、政府、政协、公检法等部门的同志作为特邀审计监察员，并分别召开了京津冀三地特邀审计监察员座谈会。(撰稿人：胡建春)

【太原特派员办事处】　2004年，太原特派员办事处（以下简称太原办）在职人员110人，共设办公室、法制处、财政审计一处、财政审计二处、金融审计处、行政事业审计处、经贸审计处、农业与社会保障审计处、固定资产投资审计处、计算机审计处、人事教育处、机关党委、机关后勤服务中心13个处（室)。

领导成员

特派员：袁定聪（5月—)

副特派员：袁定聪（—5月)

　　　　　朱喜贵　刘文杰

副局级审计员：宋华民（1月—)

审计成果　2004年，太原办组织实施了17个审计和审计调查项目，共查出违规金额1106252万元，管理不规范金额423416万元，损失浪费金额18514万元；审计决定处理处罚936万元，已自行纠正金额387155万元；移送司法、纪检监察部门处理8件，现已判刑2人，逮捕2人，1案正在审理中。全年共编报《审计要情》4篇、《重要信息要目》19篇，被国家领导人批示22篇（次)、中办、国办采用37篇（次)，重要审计信息连续两年在18个特派办中排名第二，成为建办以来发展最快最好、审计成果最为显著的时期。

预算执行审计　查出违规金额324619万元，管理不规范金额47983万元，损失浪费金额8390万元。重要问题有：山西汾河二库移民长期不得安置，内蒙古自治区政府越权审批土地，北京大学有关单位违规办学并涉嫌私分资金，海河流域水污染防治项目进展缓慢、严重影响首都水资源可持续利用等，以《重要信息要目》上报国务院后，被中办、国办采用，得到温家宝、曾培炎等领导的重要批示；高校审计中发现的问题以《审计要情》上报后，温家宝总理批示公安部直接立案查处。

金融审计 审计发现山西、内蒙古两地的金融资产管理公司违规金额781633万元，管理不规范金额375433万元，损失浪费金额10124万元，应上缴财政794万元，应自行纠正金额385557万元。重要问题有：部分资产管理公司违规低价处置债权造成国有资产大量流失以及虚报、挪用回收资金，国有商业银行违规回购已剥离不良资产，以《重要信息要目》上报后，被中办、国办采用，得到温家宝总理、黄菊副总理的重要批示。

经贸审计 共查出违规金额141910万元，国有资产流失30799万元，应上缴财政424万元。发现案件线索1件，涉案金额30101万元。《审计要情》上报后，温家宝、吴官正同志批示查处。

计算机辅助审计 采取“三提前一参与”的方法，实施审计业务骨干和计算机专业力量“捆绑式审计”。一是提前选择审计项目。根据审计重点以及被审计单位的科技信息化程度，选择资产管理公司、网通公司、北京大学等项目作为计算机辅助审计重点突破项目。二是提前采集、转换被审计单位电子数据。计算机审计处人员详细了解被审计单位信息系统，提前采集电子数据，并根据被审计单位信息系统的数据字典对数据进行转换和初步分析。三是提前分析数据。将相关电子数据分发到参审人员手中，并在审计进点之前，根据审计工作方案的要求，对采集转换的电子数据进行分析研究，并据此完善审计实施方案。四是全程参与项目的审计过程。在审计中，计算机审计处人员及时与审计人员沟通，将利用计算机发现的一些线索提供给审计人员，同时，再根据审计业务人员延伸审计调查发现的典型问题，进一步在电子数据中进行同类筛选，扩大审计成果。如对资产管理公司审计中，审计人员充分利用计算机对电子数据进行了检索，发现资产管理公司违规低价处置债权造成国有资产大量流失的问题，以《重要信息要目》上报后得到国务院领导的批示。

2004年，太原办承担了审计署审计现场实施系统（AO系统）的测试任务。经过测试，一方面对该系统提出了意见和建议；另一方面，运用该系统发现了国税部门在税收征管中存在的越权减免企业所得税等诸多问题和线索。编报的《重要信息要目》得到温家宝总理的批示，并被列为山西国税系统“十大案件”之一，达到了测试、审计双丰收。

队伍建设 （1）办党组把抓好班子建设作为全面发展的头等大事：一是抓好政治理论学习。全年共组织中心组学习8次，坚持以自学自修为主，认真撰写理论笔记。二是用科学发展观统领全局工作，贯穿“一条主线”、做到“四个坚持、四个结合”。“一条主线”，就是以科学发展观为主线，统领太原办各项工作。“四个坚持、四个结合”：坚持将贯彻署党组各项指示与太原办实际相结合，坚持用长远发展眼光和近期要解决的实际相结合，坚持重大问题科学决策和群众知情、参与、监督相结合，坚持班长负责和班子成员形成共识相结合。三是提高依法行政和依法办事能力。认真开展普法教育，强化领导干部学法用法意识，推进依法行政、依法审计工作的深入开展，在工作实践中维护法律尊严和审计权威。四是领导班子成员身体力行，廉洁奉公，坚持政治上坚强，工作上高标准，作风上严要求，生活上不特殊，做好示范表率作用。

（2）坚持不懈地抓好处级干部队伍建设。出台了《从严治理处级干部队伍实施办法》，从7个方面对处级干部的政治、思想、工作、日常行为和考核作出了明确规定，对处级干部施行“敢管、严管、善管”的三结合管理模式，要求处级干部每月报送行为动态卡。针对年初竞争上岗后处级干部轮岗交流面比较大、新提升处长想干好工作但又缺少岗位工作经验等实际情况，办领导逐个进行谈话，深入各处室了解情况，给他们理思路、出主意、传授工作方法；还利用集中整训的机会，进行“怎样当好一名合格处级干部”的专题培训，并为处级干部购买了《怎样当好处长》、《怎样当好办公室主任》等书籍。

（3）加强对青年干部群体的培养教育。青年同志具有工作热情高、接受新事物快、领悟能力强等特点。但由于人生阅历浅，社会实践少，对新的工作岗位有一个适应和转换过程。办党组对他们在政治上、工作上严格要求，规范思想作风和工作行为，在生活上主动给予关心，积极改善生活条件。并注意为他们压担子，在实际工作中大胆使用锻炼，还安排老同志一带一，使他们尽快成才。对个别年轻干部身上出现的不严格遵守工作纪律和贪图享受的问题，在讲清道理的基础上，毫不迁就，严肃处理，使其本人既经历了一次强烈的思想震撼，又受到了深刻的教育。青年干部群体目前已紧密地融入整体工作之中，他们政治上紧跟办党组的工作部署，积极要求进步；工作中好学上进，充满活力；生活上严格要求，不怕苦不怕累，越来越发挥出“生力军”的作用。

廉政建设　(1) 强化廉政教育。认真组织全办人员专题学习了新颁发的《中国共产党纪律处分条例》、《中国共产党党内监督条例》等党风廉政建设重要文件。利用召开各种会议组织学习讨论、统一组织各处室进行集中教育等机会，对全办人员反复进行廉政教育。办领导同全办处级干部普遍进行了两次以上廉政谈话，及时分析廉政工作形势，指出苗头性问题，提出要求，敲响警钟。特别是对审计现场纪律作了突出强调和进一步的明确细化，使大家始终绷紧廉政工作这根弦。

(2) 完善廉政工作制度。按照《审计署党风廉政建设责任制考核办法》的要求，全办人员层层签订了廉政承诺书，每个同志都向上一级领导郑重承诺，承担相应责任。继续在全办实施廉政工作月考核，继续坚持各处室设立兼职廉政监察员的有效做法，继续实行审计纪律执行情况“两公告一公示”制度。

(3) 加强廉政检查。安排各处室利用召开民主生活会的机会，对审计纪律执行情况进行对照检查，并组织职能部门对执行审计纪律“八不准”情况进行了回访检查。

“规范管理年”　太原办把2004年作为“规范管理年”，明确提出要进一步细化落实制度，重点抓了以下工作：

(1) 在全办范围内普遍推行了岗位责任制和党员责任牌。将全办每一名干部的岗位职责、量化考核标准制牌上桌，细化干部考核标准，规范干部工作行为，接受群众监督；制作了党员责任牌，要求党员时刻牢记应履行的八项义务，重温入党誓词，向组织作出不忘宗旨、勤奋工作的承诺；开展了公务员礼仪和机关工作管理教育，推行了佩戴工作牌办公制度、经常性卫生检查制度。

(2) 开展严格执行劳动纪律专项整治。下发了《加强干部管理和劳动纪律的通知》，要求全办要加强思想教育，认真学习和落实规章制度，重温了《国家公务员暂行条例》有关规定，组织处室进行自查和检查，并把各项奖金与请销假和出勤挂钩，使全办干部的作风纪律明显增强。

(3) 推行财务公开制度，实行依法民主理财。2004年，办公楼改造和金审工程加固工程，涉及资金、财产事项较多，在全办大会上将财务情况向全办人员详细公布，使财务工作始终置于群众的监督之下，防止暗箱操作和不廉洁行为。针对审计外勤经费包干管理制度的变化，实行了审计组统一记账、统一科目、开支集体商量、记录完整及时、账本组内公开、办里定期检查等管理方式，使审计外勤经费包干后没有出现监督的盲区和管理的空白点。

(4) 下决心改变公文处理基础薄弱、手段落后、水平不高的现状，以全员公文处理培训为契机，编印了《公文处理操作指南》，人手一册，供大家在学习和工作中使用，并迅速完成了金审审计管理软件全员培训和测试，为实现无纸化办公创造了条件。(撰稿人：郭晋红)

【沈阳特派员办事处】　2004年，审计署驻沈阳特派员办事处（以下简称沈阳办）在职人员118人，共设有14个处（室）。

领导成员

特 派 员：李业林

副特派员：冷奎英

　　　　　刘　丹（5月—）

副司级审计员：胡胜元

　　　　　　　王　地（1月—）

审计成果　2004年，沈阳办共完成署定审计项目30个，比2003年增加9个，查出违规金额30余亿元，提交专项或综合审计报告、审计调查报告30份；发现、移送司法纪检等机关处理的重大违法违纪问题和经济案件线索25件，有关部门已立案5件；审计信息采用达81篇（次），是2003年的2倍，审计宣传采用达200多篇（次），均创历史最高。交通银行锦州分行群众举报问题专项审计调查项目被审计署评为2003年度优秀审计项目，实现了该办评优工作零的突破。

财政审计　在对吉林省中央补助资金专项审计调查中，查出违规金额10余亿元，揭露、查处了一批重大违法违纪问题。关闭破产企业中央补助资金审计调查项目是沈阳办在2003年江西财政审计过程中揭露出资源枯竭矿山关闭破产过程中存在严重问题受到中央和署领导的关注后立项的。沈阳办充分利用在江西取得的经验，制定周密的审计方案，围绕中央财政专项资金使用的真实性、合规性和效益性开展审计调查。审计发现吉林省擅自挪用专项资金3110万元用于工作经费；吉林镍业集团编造假账，套取专项资金11364万元；吉林江北机械厂虚报费用，套取专项资金10613万元；资源枯竭的国有大矿关闭后变成个体小煤窑，继续无证非法开采，安全问题严重；揭露了破产企业社会职能机构移交地方的过程中，政策落实不到位，集体企业员工不能享受补助政策等一批严重违规或影响社会安定的问题及地方政府和企事业单位在国家大政方针的执行和落实过程中存在着严重问题，同时提出了切实可行的审计建议。撰写的多篇审计简报，被审计署以要目形式上报，得到中央的高度重视。

金融审计 查出东方资产管理总公司虚报人数，获取空头工资，账外存放各项资金，虚列套取各项费用2亿多元；北京广源大厦项目由于虚假评估致使国家损失6700余万元；华融资产管理公司沈阳办事处“天兴置业”项目违反程序暗箱操作；中国工商银行辽宁省分行25亿元表外利息违规剥离、18亿元资产非债非股等违纪违规问题；信达、长城两资产管理公司沈阳办事处将国家开发银行的正常贷款项目——鞍山钢铁集团公司老矿山项目的本息合计24780万元作为不良贷款收购；大连碧海山庄度假村项目2500万元国有资产被转移流失；中国农业银行（以下简称农行）辽宁省分行铁西支行人员玩忽职守造成3425万元贷款被恶意逃废等违法违纪问题；中国农业银行鞍山市分行违规为鞍山电力公司发放贷款1.9亿元，损失近亿元。上述查处的问题先后被审计署以要目或要情形式上报后，得到相关国家领导人的批示。财政部连续下发三份文件，规范资产公司的财务管理行为；中国农业银行总行分别给予鞍山市分行副行长，盘锦市分行行长，鞍山市分行信贷处、公司业务处、信贷管理处处长等15人行政警告、记过、撤职、留用察看、开除等项处分。

经济责任审计 完成中国联合通信有限公司原领导人任期经济责任审计工作。查出北京分公司2002年在开展CDMA“零首付担保赠机”业务过程中，由于管理措施不到位，不得不承担2.2万台欠费手机成本6811万元，国有资产流失现象严重；北京寻呼公司为完成考核指标虚增销售450万元；山东潍坊分公司少计光缆维护成本145万元；济南分公司将应在20年内平均分配的光缆线路租金收入在2002年集中入账，造成当年多计收入744万元等一系列问题。

行政事业审计 完成南京大学城审计调查项目，审计发现并揭露了南京大学城建设中违规立项、占地，侵占国家基本农田，少缴土地有偿使用费，擅自改变土地用途，滞留农民土地补偿款，学校大量举债超规模建设等问题，并从多个方面分析了南京大学城建设中存在的问题和原因，撰写的审计简报和专项报告，得到了审计署领导的高度重视，在6月23日李金华审计长向全国人大的报告中作为重点案例被直接引用。

在对大连理工大学全面财务收支审计基础上，沈阳办抓住高校违规收费这个重点，力求查深查透，有所突破，彻底查清了大连理工大学2001～2003年的收费、投资情况及2003年度的财务收支情况，查出该校3年违规无依据收费4294万元、挪用8800万元资金用于职工住宅建设、科研课题结题不结账、虚列财务支出252万元和从学生教材发放中牟利等一系列重要问题。审计查出的该校违规无依据收费问题，由审计署向国务院作了专项报告，温家宝总理作了重要批示。

外资运用审计 在世行科技发展项目审计中，沈阳办查处和揭示了利用世行贷款采购设备使用效益不高和6000多万元国有资产在项目依托单位改制中被悬空等问题。在政府外债铁路项目审计中，揭示出了因设计深度不够，利用外资购置的进口材料声屏障闲置和投资156亿元建设的我国第一条准高速客运线路未按设计建设运营，经济和社会效益均未充分发挥的问题。

专项资金审计 在对黑龙江省水利建设资金的专项审计和审计调查中，揭露了国家发展和改革委员会违反国家规定下达黑龙江省农垦总局1000万元国债资金用于人畜饮水工程；由于部分水利项目前期工作不到位，造成11626万元国债资金闲置；应由地方投资的8423万元配套资金不到位，影响了7个水利工程的进度，致使水利项目整体效益无法发挥；挤占、挪用、串用和违规使用国债资金，5016公顷土地未批先用等一系列问题，得到了黑龙江省和有关部门的高度重视。12月，沈阳办完成了新疆退牧还草审计调查项目的现场审计工作。

在对辽河流域水污染防治资金及辽河流域水

污染防治“十五”计划编制和执行情况审计和专项审计调查项目中，沈阳办抓住重点地区和重点环节，揭示出辽河流域由于管理脱节、体制不顺等原因导致国债专项资金效益不佳、地方政府挪用国债资金、污水处理工程建设不力、“十五”计划不能按时完成、辽河流域水污染形势严峻等一系列问题。

社会审计组织业务质量检查　在对北京天职孜信会计师事务所有限公司审计时，发现湖南天一科技股份有限公司披露的会计信息存在重大疑点，审计查出该公司勾结商业银行恶意编造虚假会计报表，转移银行贷款和募集资金2亿多元不入账，投资股市造成巨额损失的重大违纪案件，以《审计要情》方式上报国务院后，温家宝总理作了重要批示。

社会保障审计在对沈阳市失业保险资金审计中，查出地方劳动就业部门大量挤占挪用社保资金1456万元及沈阳市失业保险参保率低、覆盖面窄，资金缺口大，失业保险基金的及时、定额发放正面临严峻考验等一系列问题。

基础管理　(1) 率先实行了特派员与分管办领导签订目标责任书。沈阳办在继续实行办领导与分管处室签订目标责任书的基础上，又实行了特派员与分管办领导签订目标责任书，在办领导之间、办领导与分管处室之间形成了一个完整的“目标责任链”，将以往年度的审后考核转变为审前控制、审后总结转变为审前计划。“关口”的前移，突出了年度工作的计划性、目的性，确保了责有所归、任有所当。

(2) 建立了人事干部激励考核机制。按照署党组提出的“人、法、技”建设协调发展的思路，沈阳办党组始终把加强审计干部队伍建设摆在重要位置，建立了与岗位责任和业绩挂钩的工资奖金分配制度、以审计业绩为条件的立功嘉奖制度、以业绩为导向的非领导职务晋升制度、以电子考勤为突破口的队伍作风建设制度，为培养一支纪律严明、求真务实、严谨细致的审计队伍奠定了坚实的基础。

(3) 积极推行审计项目经费预算及审计成本管理，对预算编制的原则、程序、内容作出明确规定，对执行过程严格控制，树立了预算管理、审计成本核算和全员参与的意识，促进了工作作风的转变，切实提高了工作效率，减少了审计经费支出。

(4) 大力推进信息化建设。2004年，沈阳办大力推广计算机辅助审计，强化计算机普及应用，明确要求在制定审计实施方案时，必须纳入计算机辅助审计方案，并作为优秀审计项目评比条件之一，项目审计结束后，必须编写计算机辅助审计案例，并纳入目标责任考核中，大大提高了业务处在计算机辅助审计方面的积极性和主动性，尤其是在东方资产管理公司软件系统审计中更是取得了突破性成果。

党建和廉政建设　2004年，沈阳办加强思想政治工作，充分发挥党支部的战斗堡垒作用，以各处室党支部为载体，实现支部建设和经常性思想政治工作的有机结合，调动队伍的积极性和能动性，不断提高队伍的凝聚力和战斗力，保证、促进审计任务保质保量地完成。继2004年初获得辽宁省直机关工作目标责任制突出贡献奖后，又被辽宁省评为省精神文明先进单位，申报的“交通银行锦州分行群众举报问题专项审计调查项目”一案被评为辽宁省直机关第三季度最佳实事之一，在省直机关引起强烈反响。

在廉政建设方面，沈阳办设立了党组纪检组，由冷奎英副特派员任组长，办事机构设在机关党委（纪委），进一步加强了党风廉政建设的力度：一是开展深入学习教育，使党员干部的廉洁自律意识不断增强；二是进一步建立和完善廉政工作制度建设；三是坚持检查监督，确保队伍的廉政建设。廉政工作被驻署纪检组、监察局通报表扬。（撰稿人：吕　晶）

【哈尔滨特派员办事处】　2004年，哈尔滨特派员办事处（以下简称哈尔滨办）在职人员103人，共设有财政审计一处、财政审计二处、金融审计一处、金融审计二处、固定资产投资审计处、经贸审计处、行政事业审计处、农业与社会保障审计处、计算机审计处、法制处、办公室、人事教育处、机关党委和机关服务中心等14个处（室）。

领导成员

特 派 员：席　晟（7月—）

　　　　　冯　光（—7月）

副特派员：张殿志　李连霞

特派员助理：张　军

审计成果　2004年，哈尔滨办共有审计署统一组织审计（调查）项目26项，发出审计综合、专题及调查报告19份，查出各种违纪违规资金116.11亿元。报送审计信息87份，被领导批示、采用57篇（次），其中国家领导人批示9篇（次），被中办、国办采用18篇（次），转送各部委14篇（次），审计署审计结果公告采用例证5个，在《中国审计报》、审计署网站发表宣传材料近40篇。发现违法案件线索3件，向司法机关移送案件1起。

预算执行审计 完成了哈尔滨市、通化市本级2001～2003年城市财力专项审计调查工作，共调查资金224.83亿元，系统分析了两市财力的增长潜力和城市建设对债务依存度逐渐提高的实际情况，调查发现问题金额19.37亿元。在吉林省粮食风险基金专项审计调查中，查出吉林省一市、两县粮食企业冒领补贴2.15亿元；陈化粮管理混乱，35.15万吨陈化玉米、2.44万吨陈化水稻流入口粮市场；1个粮食企业伪造“粮食收购发票”骗取粮食收购贷款84.5万元等17类违法违纪问题，全面剖析了吉林省超期粮、陈化粮比例过高的实际状况和吉林省粮食企业330亿元财务巨额挂账的潜在风险及消化挂账的严峻形势，提出了对粮食风险基金重新定位，完善中央、地方两级粮食储备制度等宏观建议。

金融审计 完成对信达、长城、华融和东方4家资产管理公司哈尔滨办事处1999～2003年度资产负债损益的审计，共审阅资产处置项目1576个，延伸原债务企业和相关单位107个，审计处置资产总额175亿元，查出违规金额32亿元。上报审计信息23篇，反映了某资产管理公司哈尔滨办事处违规低价处置债权4287万元、某律师事务所涉嫌出具虚假证明文件使2830万元国有资产面临流失风险等12个典型性问题。包括某资产管理公司哈尔滨办事处总经理在内的5名责任人已受到行政处分。发现违法案件线索2件。

经贸审计 哈尔滨办与广州办联合对国家开发投资公司原法定代表人任期经济责任审计，审计了国家开发投资公司所属的二滩水电开发有限公司、北京亚华房地产开发投资公司等8家三级公司和国投电力公司、国投交通公司等4个二级子公司，审计企业资产总额486.23亿元，占公司2002年末资产总额的66%，查出违规金额240351.52万元。出具审计报告12份，撰写审计简报11份。在对黑龙江省烟草公司的审计中，移送涉嫌犯罪案件1起。

行政事业审计 完成对哈尔滨工程大学和哈尔滨工业大学财务收支、收费和对外投资情况的审计，共查出违规金额21.7亿元，违规收费形成的“小金库”700余万元，上报多篇重要信息，7名责任人受到党纪、政纪处分。有针对性地提出多项审计建议，有效地促进了两校建立和完善相应的固定资产投资管理、票据管理、财务档案管理等管理制度。

农业与资源环保审计 完成对吉林省2001～2003年辽河流域水污染防治资金审计，审计排污费和治理项目资金总额4.49亿元，查出违规金额0.5亿元。审计发现挤占挪用重点水污染防治项目资金等5大类18项违纪违规问题，上报了《吉林省挪用近2000万元污染治理资金新建装修综合楼》等重要审计信息。

固定资产投资审计 完成对水利部松辽委和吉林省水利厅水利建设资金两项专项审计调查，共调查资金52亿元，查出违规金额12亿元，占已审计调查资金的23%，包括：吉林省境内第二松花江堤防工程建设偷工减料，质量问题严重；某市采取“五假”手段套取国债资金295万元；两县（市）河道堤防管理站套取国债资金600余万元私设“小金库”；黑龙江和内蒙古两省区挤占、挪用尼尔基水库移民资金6469万元等一批重大违纪违规问题。上报的《第二松花江堤防建设质量问题严重》的专题报告被审计署编发《审计要情》，得到国务院领导的批示。

其他项目审计 在哈尔滨铁路局政府外债引进设备效益审计中，查出哈尔滨铁路局大型机械化维修段虚列大修、维修成本，私设“小金库”1849万元和虚开发票、虚购配件1161万元等多项重大违规问题。在5个世行贷款项目中，查出哈尔滨焊接研究所某下属单位利用虚假合同套取世界银行贷款232万元，并提供884万元自制设备等违规问题。此外，还完成了对中瑞华恒信会计师事务所业务质量检查。

“人、法、技”建设 2004年，全办共选派5名同志参加了审计署组织的境外审计培训，12名同志参加了新任处级干部培训，2名同志参加了审计业务师资培训，7名同志通过了计算机中级考试。利用虚拟业务数据重点培训SQL语言、数据库操作、《数据采集与分析》等软件的应用。同时，在办内开展了AO和OA系统应用培训，取得了良好的效果。

2004年，哈尔滨办把落实审计署6号令作为规范审计行为、分清审计责任、提高审计工作质量的重要契机。制定了《审计项目质量控制考核办法》、《审计信息和审计宣传工作管理办法》和《审计成果奖励暂行办法》，加大对审计信息和审计宣传工作的重视力度，全年上报信息数量提高近50%，信息质量也有明显提高。

2004年，哈尔滨办将信息化建设工作列为了全办工作的重中之重，特别是新一届办党组高度重视信息化建设。首先，组建了新的审计信息化建设领导小组，在充分调研的基础上制定了信息化工作实施方案，金审工程（一期）已顺利完成了验收。AO系统已在行政事业单位计算机辅助审计中得到顺利应用，OA系统也已顺利开通试运行，同时建设并开通了办内的网站。

党建工作　2004年，哈尔滨办通过召开座谈会、组织参观等多种形式，进行革命传统教育和党员先进性教育，激发全办同志的工作热情和敬业精神。针对2003年末不少年轻同志通过竞争上岗走上领导岗位的实际情况，办党组将教育和引导作为工作的重心来抓，既支持年轻干部大胆工作，同时又提出严格的要求。全办涌现出一大批青年业务骨干和先进典型。

廉政建设　2004年，哈尔滨办制定了《2004年贯彻两个〈条例〉加强反腐倡廉工作的实施意见》、《审计组执行"八不准"审计纪律具体事项的规定的实施办法》和《审计署哈尔滨特派办审计外勤经费管理实施细则（试行）》，加强了对党风廉政建设的领导，完善了党风廉政建设管理体制，强化了党风廉政工作责任制，建立了党组、纪检组牵头，有关部门分工协作的廉政工作机制，对重大财务支出、政府采购、人员招聘等工作事项，纪检部门派人全程跟踪，从源头上抓起，加大廉政建设的力度。针对处级领导干部年轻化的特点，党组纪检组实行了审计组下点前与处室负责人谈话制度，教育青年处级领导干部以身作则，严格执行各项审计纪律。同时，办党组加大了对违纪问题的查处力度，态度明朗，处理果断。（撰稿人：刘铁军）

【上海特派员办事处】　2004年，上海特派员办事处（以下简称上海办）在职人员111人，共设有15处（室），包括办公室、法制处、机关党委、财政审计一处、财政审计二处、金融审计一处、金融审计二处、行政事业审计处、经贸审计处、固定资产投资审计处、外资运用审计处、计算机审计处、人事教育处、机关服务中心、记者站。

领导成员

特 派 员：刘海彬

副特派员：李晓钟　吕　衡（—7月）

副局级审计员：朱世荣

审计成果　2004年，上海办完成上年遗留项目9个，开展本年度项目46个，其中预算执行审计项目4个、行政事业审计项目4个、固定资产投资审计项目5个、经贸审计项目3个、金融审计项目8个、外资运用项目18个、农业与资源环保审计1个、社保审计2个、社会审计组织业务质量监督审计项目1个。2004年，实际完成审计（调查）项目32个，审计查出违规金额500605万元，管理不规范金额3921520万元。提交审计报告、信息等94篇，被中办采用11篇（次），国办采用12篇（次）、国务院领导批示15篇（次），《审计要情》4篇（次）、《重要信息要目》12篇（次）、审计简报1篇（次），转送部委8篇（次）。

金融审计　2004年，在对华融、长城、东方、信达4家金融资产管理公司杭州、上海办事处审计中，审计组牢固树立抓大案要案线索的意识，以不良资产的形成原因和处置作为切入点，对金融资产管理公司存在的超范围收购、违反规定程序处置资产、假评估假拍卖等严重违法问题和各剥离银行违规放贷形成巨额损失等情况进行了着力查处。对审计中发现的重大问题，如某农行违规剥离、某资产管理公司违规处置造成国有金融资产损失近4亿元的问题，某私营业主涉嫌侵占国有资产1亿多元的问题，某副行长违规向经济实体放贷造成巨额损失的问题，某民营企业家恶意逃废债、侵占巨额国有金融资产等问题上报后，温家宝总理、黄菊副总理等国务院领导都作了重要批示，引起了4家资产管理公司和地方政府的高度重视。强有力的审计监督，促使不少相关债务人主动找到金融资产管理公司，清偿国有金融债权，仅浙江省通过审计归还和达成分期归还协议的金额已逾2亿元。

专项资金审计 2004年，上海办对太湖流域水污染防治资金、宁波市失业保险基金、淮河流域洪灾救济补偿资金等专项资金进行了审计。

在对淮河流域救灾资金审计中，审计组抓住资金主线，进行全过程追踪，延伸了9个乡镇，走访调查受灾农户360余户，对灾后重建项目进度缓慢、部分村组干部私分救灾粮、救灾粮短斤缺两、倒卖救灾物资等问题进行了揭露。审计查出的3个问题被写入审计署对国务院的报告，国务院领导作了批示，江苏省、市、县各级政府先后对13名相关领导干部作出停职、记过、警告处分。

在对山东省关闭破产企业中央财政专项补助资金审计调查中，查出某矿业集团通过调减可开采储量、提高核定生产能力等方法，使6家煤矿形成“资源枯竭”而申报关闭破产，申请国家补助资金52000万元；12个煤炭企业虚报冒领中央补助资金19000万元，2个企业挤占挪用中央补助资金42000万元等重大问题。

在对太湖流域水污染防治资金审计中，审计组对部分污水未经处理直接排放、半数以上污水厂污水处理不达标、欠缴排污费、挪用排污费等问题进行了揭露，引起了浙江省有关部门的重视，并采取措施积极进行整改。

在对宁波市失业保险基金审计中，对宁波市失业保险经办机构少计失业保险基金收入、挤占挪用失业保险金、违规发放失业救济金等问题及时予以反映。

审计调查和效益审计 2004年，开展了宁波市和九江市两个城市的财力审计调查。调查金额7130603万元，发现问题金额2565036万元。在检查某钢铁有限公司项目时，围绕该项目存在的分拆批复立项、化整为零拆分批供土地逃避上级主管部门的审批管理等问题展开调查，深入分析原因，形成专项审计报告上报审计署，促进宏观调控政策措施的贯彻执行。

在对浙江省水利建设资金审计调查中，发现部分水利基建项目建议计划脱离实际、流域前期工作投资建议粗糙，部分病险水库除险加固工程概算与实际工程量差距较大、概算调整随意以及未经批准擅自降低建设标准等问题。

在对京九线、合九线铁路设备采购、使用和管理情况的效益审计中，对由于设计论证不充分、使用管理不善等原因造成大型施工机械、养路机械和通讯设备利用率低以及闲置、浪费等问题，提出改进完善的建议，促进提高资金的管理水平和经济效益。

在对外高桥电厂项目审计中，审计组就该厂耗资5600万元建设的出灰码头闲置浪费，脱硫工程迟迟不能上马而造成环境污染等问题进行了反映，曾培炎副总理作了批示。

外资运用审计 在对世界银行贷款上海（崇明、南汇）风电厂项目、太湖防洪项目、天荒坪抽水蓄能电站项目等14个世界银行贷款项目和1个亚洲开发银行贷款的赣龙铁路项目的审计中，查出管理不规范金额100125万元，其中虚报工作量207万元，项目资金不到位4667万元，项目资金不落实800万元，其他不规范金额94451万元。

其他审计工作 2004年，上海办还开展对复旦大学财务收支审计、浙江天健会计师事务所执业质量检查、中国电子科技集团原法人的经济责任审计，审计中发现和揭露了一些问题，引起了被审计单位的重视。

工作创新 2004年，上海办成立了财政、金融、企业审计三个领导小组，实行一体化管理并进行审计组织方式上的创新。审计小组打破原有的以处室为单位的传统组织方式，根据项目审计内容，组成由相关专业审计人员和法制、计算机人员参加的混编小组，按照成员的专业和特长进行分工，设定个人考核目标，审计组围绕项目整体目标进行组织实施和管理，最终按照“一次审计出四项成果（审计、理论研究、人才培养、法制建设）”进行全面考核。从试行情况看，“1+1>2”的工作设想得以实现，在提高审计工作质量、工作效率等方面发挥了积极作用，整体效果良好。

“人、法、技”建设 （1）努力建设一支高水平的干部队伍。2004年，上海办经严格的公务员录用考试，从考试上线的200名大学毕业生中，择优录用4人。通过竞争上岗重新任免34名处级干部、4名处长助理，目前上海办共有正副处长21名，其中博士4人，硕士2人，正处长平均年龄40岁，副处长平均年龄不到37岁。为保持工作的连续性，办党组经过研究，任命几位老处长分别担任了3个工作领导小组的副组长，要求他们认真做好传、帮、带。组织干部参加计算机中级培训、出国培训和外语培训等，提高干部的综合素质和工作能力。

(2) 强化审计项目质量控制。法制工作坚持"突出重点、分步推进、注重实效、防范风险"的方针，强化审计项目审计质量控制，成立了审计项目质量检查委员会，按照审计署 6 号令及时修正复核内容和方法，严格履行三级复核的审计质量职责。在优秀审计项目评比中，对业务处室上报的审计项目，严格按照规定和审计质量控制要求，组织人员调阅相关审计项目档案资料，进行对照检查；组织相关处室对自荐项目实施过程、开展计算机辅助审计情况、项目实施结果、项目中发现的大案要案等进行宣讲；最后综合投票评议和项目规范执行打分结果，由党组会议研究审定最终结果。

(3) 信息化建设。开发了"被审计单位资料库软件"、审计信息交换软件，针对中国工商银行"反传数据处理软件"，针对国税 CTAIS 系统"国税审计软件"，针对集团财务数据进行审计的"集团财务审计软件"、"数据切割软件"，进一步完善了"含错位分隔符的文本文件的处理"软件。完善了远程审计软件，远程审计软件采用通用模式，效率高、费用低，在上海市、区审计局的推广应用中反应良好，受到了审计署信息中心的好评。

初步完成了 863 联网审计项目中安全方面的理论研究，报告已提交审计署领导审阅；提出了基于 COBIT 的信息系统审计支撑系统的原型，为信息系统审计提供支持；在对国有资产管理公司的审计中，发现银行的交易数据存储的时间太短而分散，对洗钱、非法转移资金等非法行为的资金流向的追踪十分困难，通过对四大国有银行计算机系统数据的调查分析，完成了"集中全国所有银行 10 年交易数据以便追踪资金流向的计算机系统建设的可行性"的报告。

在审计署计算机审计专家经验评审中，上海办有 8 篇入选，其中 1 篇被评为优秀专家经验。上海办被评为优秀组织单位。

(4) 审计文化建设。①以人为本，关心职工生活，做好后勤保障工作。一是关心干部健康，组织每年一次体检。积极热心为离退休同志服务，安排离退休人员体检，为部分老同志的就医、配药提供帮助。二是举办第二届职工摄影展览，丰富职工业余生活；组织干部参观南湖革命纪念馆、上海市城市规划展览馆、洋山港配套工程，加强爱国主义教育，增强民族自信心和使命感。三是提高机关后勤服务水平，改善办公环境和伙食质量，为一线审计人员提供了良好的工作环境和生活保障。②为弱势群体和困难地区送温暖。上海办设立扶贫资金专用账户，积极为下岗人员和西部困难省市的部门提供援助，资金来源主要是职工捐款。2004 年，向上海办所在地新华路街道特困户 20 户捐款 1 万元，向湖南会同县粟裕小学捐款 1 万元，向安徽六安九十铺小学改建捐款 10 万元，向西藏山南地区审计局捐款 6 万元，向西藏审计厅捐款 5.3 万元。根据办党组的决定，为西藏、青海等省份的审计机关订阅 2004 年度《中国审计报》和《中国审计》各 800 份，2005 年度《中国审计报》803 份。

基层组织建设 (1) 抓好党风廉政建设。办党组紧紧围绕贯彻"三个代表"的重要思想，切实加强干部队伍思想政治建设。坚持开好中心组学习会议和特派员会议，定期召开领导班子民主生活会，将党风廉政建设和领导干部执行廉政自律规定作为抓好处级领导干部的一项重要工作。

(2) 加强党的基层组织建设。根据处室调整，设立了 14 个党支部，党员处级领导干部按党内规定程序选举担任所在处室党支部书记，既有利于发挥基层党组织的政治核心作用，又便于具体审计工作的组织指挥。以创建学习型党支部为动力，推动处室支部的各项工作。通过对学习型组织的研究和探讨，掌握建设学习型组织的基本方法，提高干部的政治素养和组织能力。

(3) 构建审计机关教育、制度、监督并重的惩防体系。按照办党组统一领导，党政齐抓共管，纪检部门组织协调，部门各负其责，干部群众积极参与和支持的组织原则，坚持"一级抓一级"和"条块结合"，上海办设纪检组和专职纪检员，党支部内设纪检监察员，各审计组建立廉政监督员，做到层层有目标，级级有责任，将拒腐防变的监督岗设立在各个工作点，构建"全方位"的党风廉政建设组织网络。(撰稿人：于海霞)

【南京特派员办事处】 2004 年，南京特派员办事处（以下简称南京办）在职人员 107 人，设有办公室、法制处、财政审计一处、财政审计二处、金融审计一处、金融审计二处、行政事业审计处、经贸审计处、固定资产投资审计处、外资审计处、计算机审计处、人事教育处、机关党委和机关后勤服务中心 14 个处（室）。

领导成员

特 派 员：董化礼

副特派员：王善用　周敦祥

特派员助理：倪志伟（2月—）

副司级审计员：鲍福明（1月—）

审计成果　2004 年，南京办共完成审计项目 31 个，查出违规金额 89.6 亿元，应上缴财政 2.9 亿元；移送案件 18 起，涉案金额 5.5 亿元。全年被采用信息 131 篇（次），其中被审计署、中办、国办采用以及党和国家领导人批示 80 篇（次）。中国工商银行北京市分行审计项目获审计署优秀审计项目评比第一名。档案管理工作顺利通过江苏省特二级验收。

财政审计　重点审计了辽宁省粮食风险基金项目，着重从加强国家宏观调控的角度看粮食安全的重要性、从深化粮食流通体制改革的高度定位粮食风险基金的作用、从支持粮食企业经营发展和防范财政金融风险的深度看解决粮食企业财务挂账居高不下的问题。先后查出数家粮库采取粮食出库不做记录，通过银行账户或将货款直接汇入其他单位等方式，账外销售粮食，直接用于各种费用开支 2 亿余元，有关粮库人员涉嫌挪用侵占公款逾亿元、粮库私设个人储蓄账户，公款私存，收支账外经营，数百万元现金去向不明等问题。

金融审计　重点实施对苏、皖两省资产管理公司的审计，在对收购业务、资产处置业务、管理业务进行全面审计的基础上，进一步突出银行和企业违规操作造成国有资产巨额损失、资产管理公司低价处置资产、债转股资产严重缩水等重点，揭露出资产管理公司部分人员工作失职，中介机构与企业负责人串通作弊，导致国有资产严重流失以及多家金融机构为某企业违规开立无真实贸易背景信用证垫款 1 亿余美元，巨额信用证在境外贴现，资金去向不明等问题。

行政事业审计　完成了淮河流域（安徽段）洪灾救济补偿资金审计和南京大学财务收支审计。在淮河流域救济补偿资金审计项目中，率先执行审计项目质量控制办法，在内控测评、重要性水平、审计风险评估、样本量的选择和确定等方面作出大胆尝试，注重点面结合，灵活运用审计与审计调查相结合的方法，审计效果显著，共查出违规金额 1.5 亿元，反映问题的 3 篇信息简报全部被审计署《重要信息要目》采用，其中 1 篇被国务院领导批示后，财政部、农业部和监察部随即进驻某县进行联合调查，使“三农”政策得到全面正确贯彻。此项审计有多个审计案例被审计署向国务院专题报告采用，在全国引起较大影响。

在南京大学财务收支审计中，紧紧围绕“摸清情况、揭露问题、规范管理、促进改革”的总体思路，重在揭露财务管理分散、违反规定乱收费和投资效益差等问题。

经贸审计　重点实施了中石化驻苏企业领导人经济责任审计，研究从重大国有资产流失、重大损失浪费、重大案件、重大弄虚作假等“四个重大”入手，选准切入点，创造性地开展计算机审计，查出因重大经济决策及经营管理不善造成损失 39.2 亿元，发现个人涉嫌贪污挪用公款 2460 万元，企业违法从事金融业务造成损失 1.7 亿元等重大违法违纪问题。发现涉嫌违法犯罪案件线索 3 件，涉案金额 3146 万元。

积极开展企业效益审计试点，针对试点企业对内对外盲目投资造成重大损失、应收账款居高不下、多经集体企业无偿占用主业资金无力偿还和内部管理混乱造成资产流失等问题进行原因分析，提出建议。

固定资产投资审计　完成了淮河水利委员会水利建设资金、安徽省水利建设资金、安徽省淮河流域水污染防治资金和安徽省长江平垸行洪巩固工程 4 个项目的审计调查和审计，涉及安徽省 11 个地市、34 个区县。审计资金总量 184.5 亿元，共反映了 34 类 100 个方面的问题，查出违规、损失浪费金额 22.3 亿元。

对安徽省长江平垸行洪项目的审计，针对建设项目法人制、招投标制、监理制等关键控制环节，设计调查表，分析比对确定审计重点，揭露某农场造假侵蚀国债资金 138 万元的问题，在该系统引起很大反响。

外资运用审计　以促进项目管理、提高外资使用效率和效益、完善外债管理体制、防范政府偿债风险为审计目标，将“小项目做大、老项目出新、新项目上层次”，逐步实现公证向监督转变，积极探索外资效益审计新思路。针对4个高等教育发展项目、2个科技发展项目规模普遍较小，并已审计多年的实际情况，采用定性与定量分析相结合、绝对数与相对数分析相结合、总体分析与个案解剖相结合等方法，对世行科技发展项目执行中长期存在的老问题进行审计“回头看”，将以往不起眼的小问题串联起来，从促进世行贷款的有效使用和规范管理的角度予以综合反映，重点揭露世行贷款利用中存在损失浪费、效益低下的问题，科学地总结了科技项目利用世行贷款的经验与教训。

计算机审计 以“立足一个平台，突出一个重点，提倡两个结合”为指导思想，调整工作思路，整合分散资源，顺利实现“两个结合、两次会议、两项课题”的工作目标。

(1) 两个结合。一是实现审计业务人员与计算机技术人员的结合，计算机技术人员主动参与项目审前调查，协助转换数据，搭建现场网络审计环境，和业务人员共同分析数据，发现重大问题线索。二是实现软件开发与推广应用相结合，基本完成了“3623工程”，即在3个单位投入使用自行设计的《审计项目管理软件》，为6个单位（行业）定制《数据采集分析3.0软件》模块，为2个派出局构建网络审计平台，开展3项课题的研究。围绕现有的信息传输途径存在的安全、成本、效率三大矛盾，结合推广应用审计项目管理软件，对数据传输进行了包括无线传输及安全性问题研究在内的多方案研究选型，取得了初步成果。

(2) 两次会议。通过精心组织，高质量地完成了“全国计算机审计座谈会”和“第三次计算机审计国际研讨会”的会务工作。

(3) 两项课题。指国家“863”《审计数据采集与处理技术研究》课题和国标《会计核算系统数据接口规范》课题。承担起草的《会计核算系统数据接口规范》通过审查并已正式颁布；《审计数据采集与处理技术研究》的初稿编撰工作已经完成，正在征询专家意见和进行自评。

“人、法、技”建设 进一步深化人事制度改革，建立健全科学的业绩考评体系，制定《处室暨公务员考核暂行办法》及与其相对应的11个单项考核办法，有效地将处室考核与个人考核、个人考核与公务员年度考核、考核与奖金分配结合起来，全面客观地评价各处室及每个工作人员的工作情况和业绩，推进机关内部管理和干部队伍建设再上新台阶。

以贯彻落实审计项目质量控制办法为契机，创造性地开展法制工作。利用《审计项目管理软件》初步建立起与审计项目质量控制相适应的组织体系、方法体系、考核体系以及学习保障体系，促进提高了审计工作质量。同时，以提高审计实施方案质量为“龙头”，规范审计现场取证行为，变过去仅对审计报告代拟稿复核为对审计方案、审计取证材料、审计报告初稿以及审计报告代拟稿等四个环节的综合复核，全面推进审计项目质量控制。以典型引路，先后推荐2篇优秀审计方案和4篇优秀审计日记，其中1篇审计实施方案和2篇审计日记得到李金华审计长的批示。

在坚持分层培训、理论与实践并重、集中与分散有机结合的基础上，继续英语与计算机培训，并以审计实践为指导，强化审计业务技能方面的培训。针对竞争上岗后新任处级领导增多的状况，加强处级干部综合素质培训，借此带动干部队伍整体素质的提高。

机关党建工作 修订完善审计外勤经费现场管理规定，加强对审计组内部包干经费使用的管理。落实反腐倡廉的专项清理任务，先后组织开展超标公务用车、党政领导干部在企业兼职、用公款为干部职工购买商业保险以及机关工作人员拖欠公款、党员和干部参与赌博等专项清理工作。通过创建惩防体系，加强党风廉政建设。

机关后勤建设 围绕提高机关后勤服务质量，狠抓制度建设，先后印发了签报制度、工作督办制度、值班工作规范等一系列规章制度。承担了第二届国际计算机审计研讨会及全国审计机关人才和廉政工作会议的服务保障工作，受到了署领导和与会代表的一致好评。（撰稿人：赵　青　李寿媛）

【武汉特派员办事处】 2004年底，武汉特派员办事处（以下简称武汉办）在职人员140人，设有办公室、法制处、财政审计一处、财政审计二处、金融审计一处、金融审计二处、经贸审计处、行政事业审计处、固定资产投资审计处、外资运用审计处、计算机审计处、人事教育处、机关党委办公室、机关后勤服务中心和记者站等15个处（室）。

领导成员

特 派 员：黄道国

副特派员：吴焕亮　卢家辉

副局级审计员：刘顺章

审计成果　2004年，武汉办共实施34个审计和审计调查项目，已完成29个，查出违规金额105228万元（只包括当年下达审计决定审计项目查出的违规金额），管理不规范金额124879万元，审计调查发现问题金额3517160万元，应上缴财政1556万元，已上缴财政536万元，应归还原渠道资金269万元。全年共提交审计综合报告、专题工作报告、信息简报等129篇。审计查出并向纪检、司法、行政机关移送经济犯罪案件线索45件，涉案金额258694万元，涉案人员134人，其中部级干部1人，司局级干部3人。2004年6月，李金华审计长向全国人大常委会作的审计工作报告采用武汉办5件审计案例。2003年完成的国家电力公司华中公司审计项目被审计署评为全国优秀审计项目。

财政审计　完成上年结转项目湖北省3县（区）财政支农资金和基础教育经费审计调查，湖北省中央补助地方支出资金审计调查，以及湖北省税收征管质量专项审计调查；完成对湖北省荆门、荆州市和贵州省贵阳市等3个城市财力审计调查；完成湖北省粮食风险基金管理使用情况审计调查；完成河南省粮食风险基金分配管理使用情况审计调查项目的现场审计。审计调查发现问题金额3454156万元。通过对湖北省粮食风险基金管理使用情况专项审计调查，发现粮食包袱沉重、国家信贷资金存在潜在风险、粮食体制不顺、粮食安全堪忧和粮食风险基金配套资金不到位等问题，探索了粮食风险基金审计的目标、重点、方法和思路，为审计署制定粮食风险基金审计调查工作方案提供了依据。

金融审计　完成上年结转项目人民银行武汉分行预算执行情况审计；完成信达资产管理公司总部和北京办事处，东方、信达、华融、长城等4家资产管理公司在湖北、江西2省的8个办事处，共10个单位的1999～2003年度资产负债损益审计。共查出违规金额85664万元，管理不规范金额124879万元。金融资产管理公司审计围绕资产管理公司与母体银行不良贷款剥离、收购、处置和管理等重点环节，查出银行违规剥离不良贷款、套取国家收购资金，资产管理公司违规收购、假评估、假拍卖、内外勾结违法低价处置国有资产，给国家造成重大损失等一系列严重违法违规问题，向纪检、司法机关移送经济犯罪案件线索17件，涉案人员50余人，涉案金额10亿多元。如查出中国银行北京市分行零售业务处原负责人徐某违规操作，与港商邹某内外勾结，骗取银行贷款6.7亿元；信达资产管理公司北京办事处在处置银行不良资产过程中，私设自办实体，挪用剥离资金，账外违规借贷，低价处置资产，为个人谋取私利；湖北省枣阳建行与当地政府、法院、工商等部门联手弄虚作假，伪造剥离材料，买受人利用呆账处置之机，与信达资产管理公司武汉办事处、枣阳建行有关人员内外勾结，花60万元购买的不良资产收回钱物1176万元，全部流入个人腰包等严重问题。

企业审计　完成上年结转项目国家电力华中公司和湖北省电力公司经济责任审计的汇总工作，完成中国海洋石油总公司（简称中海油）企业领导人员任期经济责任审计项目的现场审计。在中海油审计中，围绕会计信息、资产质量、多经三产及职工个人收入等重点，紧扣审计实施方案确定的审计目标，全面开展审计和审计调查，并根据审计情况，对中海油香港和新加坡2个分公司开展了境外审计，查出差额工资账外核算、公司资金被私营企业无偿占有、代理私营企业操作原油交易业务等问题。通过审计查出并移送经济犯罪案件线索2件，涉案金额55100万元，涉案人员2人。查出中海油新加坡分公司在油品贸易中严重违规运作，导致发生629.3万美元油款损失，至今未追究当事人责任，并弄虚作假拿国企利益与私企做交易，让利弥补损失资金、掩盖事实真相等问题。

行政事业审计　完成武汉大学2003年度财务收支审计和审计调查，完成内蒙古辽河流域水污染防治资金审计。通过审计查出并移送经济犯罪案件线索5件，涉案金额1500多万元，涉案人员9人。在审计内蒙古辽河流域水污染防治资金项目——通辽市污水处理工程过程中，积极探索效益审计的方法和思路，紧紧抓住项目建设效益这一关键点，通过与当地环保部门共同监测取得关键数据，又远赴武汉、天津等地，邀请国家水处理方面的权威专家对该项目设计工艺、建设效益等作出科学鉴定，从而查明该项目由于前期工作不充分，决策失误匆忙上马，致使项目建成后无法发挥预期效益，造成近亿元建设资金损失浪费等问题。

专项资金审计　配合检察机关完成对武汉市国有土地非法倒卖案的追踪审计，深挖查出武汉市私营业主徐某、王某等人勾结政府部门人员，大肆倒卖国有土地4000多亩，非法获取暴利2亿多元，向司法机关移送案件线索5件，涉案金额42548万元。此案上报后，国务院领导作了重要批示。

固定资产投资审计　完成上年结转项目长江重要堤防隐蔽工程审计收尾工作，完成长江水利委员会2002~2003年水利建设资金审计与审计调查。通过审计查出违规金额19564万元，审计调查发现问题金额63204万元。在长江重要堤防隐蔽工程审计中，向司法机关移送案件线索4件，涉案金额2289余万元，涉案人员23人；配合国务院专家组对审计发现的个别堤段水下抛石弄虚作假、水上块石护岸偷工减料等问题开展了调查处理，专家组对审计工作给予了充分肯定和高度评价。

其他工作　武汉办完成了十世、亚行贷款审计项目10个和北京华证会计师事务所执业质量检查。

信息宣传　全年共上报各类审计信息97篇，被审计署、中办、国办等重要信息采用100篇(次)，其中被审计署《审计要情》采用7篇(次)，国家领导人批示29篇（次)。重要信息采用数量连续第2年列审计系统第1名，关于工行北京宣武支行信贷人员与私营业业主内外勾结，骗取1.3亿元贷款的审计信息上报后，得到国务院领导批示，公安部、北京市公安局立案侦查，3名犯罪嫌疑人被抓获归案。反映华融资产管理公司违规收购硚口工行自办实体，1.3亿元资产被非法侵占损失殆尽的审计信息上报后，国务院领导作出批示，由公安部协调，责成广东和湖北省公安部门坚决查处，主要犯罪嫌疑人钱某已被抓捕。反映长江堤防隐蔽工程审计情况的信息上报后，引起国务院领导高度重视，中纪委、水利部、建设部组织90多人的联合调查组对该工程开展了专项检查整顿，分别对工程建设管理和质量问题、违法违纪行为进行调查处理。在金融资产管理审计中上报的《企业债转股中存在的问题应引起重视》、《湖北475个地方企业不规范破产3家金融资产管理公司损失54亿元》等信息被国务院领导批示后，由国资委牵头，在全国范围内对债转股企业进行全面清理检查，至2004年底，国资委、财政部和银监会已联合发文作出了清理整顿和规范管理的规定。

全年在《中国审计》、《中国审计报》等报刊上发表各类宣传稿件133篇，其中上《中国审计报》头版20篇（头版头条13篇)，再次以明显优势列特派办系统第1名，连续第4年被中国审计报社评为通联工作先进单位。“审计风暴”期间，新华社、《人民日报》、《中国青年报》等中央主流媒体先后以《“三高”会议够奢华三天耗资300万》、《长江堤防下隐蔽的“黑洞”》、《审计署驻武汉办两年查了三个副部级》、《审计署披露大案内幕 审计过程中截下外逃高官》等为题报道了武汉办审计查出的部分严重违法违规问题和经济犯罪案件，受到社会各界广泛关注，极大地促进了长江水利委员会、国家电力华中公司等部门和单位对相关问题的清查整改。

理论研究　以财政效益审计、投资效益审计、金融资产管理、大型企业经济责任审计、审计业务管理等为核心内容，成立了五大课题组集中研究攻关，理论研究能力和层次进一步提高。各课题组全年共提交各类理论研究文章30余篇，在《中国审计》、《中国审计报》（理论版）等报刊发表论文19篇。2004年11月，中国审计学会翟熙贵会长到武汉调研时，对武汉办的理论研究组织方式和效果给予了高度评价，其近3年理论研究工作经验材料被审计署科研所《审计研究简报》全文刊登。在搞好理论研究的同时，武汉办在理论与实践的结合上也收到较好的效果。如在金融资产管理公司审计中，武汉办按照2003年鄂赣两省金融审计研讨会上提出的整合监管资源、建立国家审计与金融监管部门相互联系、相互配合的立体金融监管体系的金融审计思路，邀请地方审计部门和银监局的专家参与审计项目，充分发挥他们掌握情况、熟悉政策的优势，形成监督合力，对于深化审计、揭露问题等发挥了较好的作用。

信息化建设　按照审计署的统一部署，武汉办完成了机房承重加固、互联网10兆宽带接入等后续工程建设，金审工程一期建设顺利竣工并通过审计署检查验收。为加快计算机审计人才培养步伐，武汉办专门制定了《计算机培训和考试管理办法》，全年共有19人获得了审计署计算机中级证书，全办计算机中级人员达到35人。继续加大计算机审计推广应用力度，在财政、金融、企业、投资、高校、医院等审计项目中均开展了计算机审计。在搞好电子数据审计的同时，积极拓展计算机审计思路，创新计算机审计方法，在更高层次上确定审计目标。如在中国海洋石油总公司审计中，武汉办把企业财务分析作为重点，根据审前调查取得的会计资料，引进《智能财务分析系统》对中海油及其下属子公司开展财务报表分析，为审计组迅速摸清企业家底、确立审计重点提供了参考依据。《中国审计报》以《武汉办计算机分析透视企业报表》为题，在头版头条报道这一做法。为了丰富和积累计算机审计经验，武汉办组织全办20多名计算机审计骨干编辑出版了《计算机审计经验与技巧》一书，为审计人员实施计算机审计提供了基本思路和方法。

队伍建设　继续按照“抓骨干带全员，以考试促学习”的思路，采取基础知识培训与技能培训相结合、集中培训与个人自学相结合的方法，全面加强审计干部的教育培训，努力提高培训工作的实用性与有效性。全年共组织各类学习、培训、考试57人（次），8人出国学习考察，5人正在攻读博士学位。目前，全办拥有硕士文凭的已达36人，具有高级技术职称的达44人。正式制定并实施了《审计署武汉办审计专家评审办法（试行）》，按照高标准、严要求、动态管理的原则，经过严格评审，正式聘任29名审计专家（或审计能手）。此外，武汉办积极与湖北省委组织部及相关市县联系，选派了2名年轻干部到地方政府挂职锻炼。

业务管理　认真贯彻落实审计署《审计机关审计项目质量控制办法（试行）》，成立审计项目质量检查委员会，加强了审计项目质量责任评估与督促协调；通过召开审计业务会议、深入审计现场检查、加强审计复核、组织审计项目考核、开展审计项目质量交叉检查等多种形式，进一步增强了审计人员的审计风险意识，提高了审计业务质量。

建立和完善执法衔接机制，促进案件查处工作最终落实。年初，武汉办与湖北省纪检、行政、司法机关等15个部门联合颁布了《关于执法衔接工作的规定》，规范了执法衔接的机构、公文、移送、反馈、协作等各项制度，初步建立了与纪检、司法机关的执法衔接工作机制；11月，邀请湖北省和武汉市纪委、监察厅（局）、检察院、公安厅（局）等部门，举办了审计执法与刑事执法衔接工作研讨会，共同研究执法衔接工作中碰到的问题和解决问题的方法，进一步增进了解，研定了措施，为进一步提高审计工作质量奠定了基础。

廉政建设　通过组织审计人员观看电影《郑培民》、参观《女儿心中的父亲邓小平摄影展》、积极开展扶贫帮困等活动，教育党员和干部热爱审计事业，坚定理想信念，立足本职，建功立业。

坚持不懈地做好反腐倡廉工作，严格执行审计纪律。及时组织党员干部学习讨论中纪委三次全会、全国党风廉政建设责任制电视电话会议和审计署廉政工作会议精神，筑牢思想防线。组织廉政回访小组，开展审计纪律执行情况检查，采取发函、走访座谈、查阅资料、征求意见等方式，了解审计人员执法执纪情况，对于促进加强廉政建设发挥了较好的作用。

加强审计机关文化建设，始终保持干部队伍昂扬向上的精神状态。通过举办春节联欢会，组织“三八”妇女节东湖春游、老干部海南旅游、革命圣地参观、野外拓展训练、兴建职工健身中心等方式，活跃机关文化生活，为创建文明、向上、和谐的审计机关发挥了较好的作用。（撰稿人：尚　锐）

【广州特派员办事处】　2004年，广州特派员办事处（以下简称广州办）在职人员103人，设有办公室、法制处、财政审计一处、财政审计二处、金融审计一处、金融审计二处、行政事业审计处、经贸审计处、社保审计处、投资审计处、计算机审计处、人教处、机关党委、机关后勤服务中心、基建办（临时设立）。

领导成员

特 派 员：余效明（—8月）

副特派员：王淡浓（主持工作，8月—）

　　　　　陈尘肇　马学斌

特派员助理：朱惠红

审计成果　共完成署定审计及审计调查项目18个，共查出违规金额111.2亿元，应上缴财政

4.6亿元；上报简报信息123篇，被署办公厅采用79篇，被中办、国办采用34篇，国务院领导对其中22篇作了重要批示；广东省化州、雷州、吴川市2002～2003年6月基础教育经费管理、使用情况的专项审计调查被审计署评为2003年度优秀项目；全办共在各类报刊发表通讯报道52篇；向司法机关移送案件线索5件，已收审或逮捕犯罪嫌疑人55人。

财政审计　完成广东省税收征管质量审计调查（2003年结转项目），广东省化州、雷州、吴川三市财政支农资金专项审计调查（2003年结转项目），山东省粮食风险基金审计调查及呼和浩特市、乌鲁木齐市政府财力调查等项目。山东省粮食风险基金审计调查发现山东省财政等部门挪用粮食风险基金30733万元、粮食收储企业套取粮食风险基金352万元、财政欠拨县财政粮食风险基金1197万元、财政部门多拨粮食风险基金1939万元等问题。广东省税收征管质量审计调查发现的广州风神汽车有限公司利用委托加工方式避税6000多万元及财政支农资金专项审计调查发现的雷州市农业综合开发节水示范项目在资金投入、管理、使用及检查、验收等多个环节存在的问题，得到温家宝总理的批示。

金融审计　完成中国人民银行广州分行2003年度财务收支审计，东方资产管理公司广州办事处（简称东方广州办）、华融资产管理公司、华融资产管理公司广州办事处（简称华融广州办）、信达资产管理公司广州办事处、长城资产管理公司广州办事处（简称长城广州办）1999～2003年资产负债损益的审计。

在中国人民银行广州分行审计中，发现茂名地区8个企业涉嫌非法集资案，被温家宝总理批示，并立案查处。人行根据审计反映的问题修订、制定了《金融机构外汇存款准备金管理规定》、《外汇存款准备金会计核算办法》。

东方广州办审计，发现中国银行中山分行在剥离8.77亿元不良债权时，涉嫌非法勾结企业向境外转移资金及巨额资金去向不明，东方广州办在“打包”出售佛山顺德资产包过程中隐藏低价处置债权4亿元、恶意逃废债38678万元及抽逃转移巨额银行资金15亿元至境外等问题，得到温家宝总理批示，并立案查处。

长城广州办审计，发现长城公司低价处置国有资产及东莞商人李某采取高评资产向银行抵偿债务的办法逃废8000万元债务、偷逃国家税收2501万元等问题。

华融资产管理公司审计，积极探索并实施以总公司为龙头的系统审计方法，开发设计资产管理公司风险审计模型，取得了良好成效。审计发现中国工商银行北京海淀支行和华融资产管理公司北京办事处严重违规贷款8.3亿元，形成损失，此案得到国家领导人批示并由中纪委牵头立案查处；华融广州办违规处置债权资产8748万元，中国工商银行顺德支行集体私分非法收益1108万元的问题已上报国务院，有关责任人员已被双规。同时，还发现并查处辽宁本溪47户打包处置问题、中国工商银行湖北省分行向猴王集团违规放贷问题、中石化优质股权置换国泰君安不良债权问题等。

企业审计　完成了国家开发投资公司（简称国投公司）2002年度财务收支及原法定代表人任期经济责任审计。通过审计，共查出国投公司违规出借资金和违规担保、弄虚作假编造业绩、低价转让国有资产、合谋骗取外国贷款及虚增资本违规投资金融机构等违规金额21.6亿元。同时，对2003年进行的原国家电力公司南方分公司经济责任审计的成果进行总结，编写了《张茂林等人涉嫌侵吞国家建设资金》一案的案例，被审计署经贸审计司收集汇编；对广电集团计算机营销系统的审计工作被审计署收入审计专家经验库。

固定资产投资审计　完成山东省水利建设资金审计调查、山东省人畜饮水、水利建设管理体制专项审计调查及2002、2003年引黄济津应急工程（山东段）审计。在审计中，一是不断拓宽投资审计领域，重点揭示政策执行不到位、计划管理不规范等问题。二是加大投资政策研究深度，从经济现象、政策投向背后发现违规线索。三是加大研究分析力度，从可持续发展角度提出审计建议。如审计针对聊城市位山灌区由于引黄济津工程的实施加剧当地土地严重沙化等一系列不可逆转的环境问题提出的建议，引起有关部门高度重视。四是关注“三农”问题。如东明黄河滩区灾后移民迁建应急工程进展缓慢，严重影响移民生活生产的问题，得到温家宝总理批示后，当地政府迅速协调，灾民得到妥善安置。五是突出项目建设程序中应急项目的管理问题。六是反映山东人畜饮水、水利管理体制方面存在的主要问题。

行政事业审计　完成化州、吴川、雷州三市基础教育经费审计调查（2003 年结转项目）、暨南大学财务收支审计及审计调查、世界银行贷款科技发展审计项目、广州铁路（集团）公司外资设备效益审计、广州铁路（集团）公司世界银行贷款第七个铁路项目公证审计。基础教育经费审计揭露化州市教育局私设“小金库”1356 万元、吴川市教育主管部门一年半“吃”、“分”教育经费 600 多万元等重大问题，得到胡锦涛、温家宝、吴官正等中央领导同志的批示，审计调查成果被李金华审计长在向人大的报告中采用，并被中央电视台《焦点访谈》、《中国周刊》等栏目和全国各大新闻媒体广泛报道。该项目荣获广州办优秀审计项目评比第一名，并被评为审计署优秀审计项目。

世行贷款科技发展审计，撰写的《世行贷款项目国家工程研究中心转制中存在的问题亟待解决》、《软件工程国家研究中心存在的一系列问题应引起重视》两篇简报，被审计署《重要信息要目》采用，得到温家宝总理批示。广铁集团公司外资设备效益审计，发现该集团决策失误导致损失浪费 9293 万元、株洲桥梁有限公司 8858 万元进口设备闲置、武广电气化铁路工程技术服务部等技协违规收入 1413 万元等问题。

农业与资源环保审计　完成珠海大学园区开发建设情况审计调查，发现该市对部分学校批准建设用地手续不规范、部分建设项目贷款存在风险、财务核算、资金管理不合规定及未严格执行基建程序等问题。此外，还就珠海市 1987～1992 年预征土地及处理有关情况作了专题报告，提出了抓紧摸清家底、完善国土管理基础工作，进一步理顺体制、规范土地审批管理，依法规范又实事求是、妥善处理历史遗留问题等一系列切实有效可行的建议，得到审计署有关领导的肯定。该项目在计算机辅助审计上取得的成果还在审计署 2004 年农业与资源环保审计司培训班上进行演示。

社会审计组织业务质量检查　完成广东正中珠江会计师事务所执业质量检查，揭示了大股东掏走上市公司资产 1 亿多元以及资产评估所高估资产价值和上市公司为维持利润水平提前确认主营业务收入 1 亿多元等问题，反映上述问题的《审计要情》被审计署《重要信息要目》采用，得到中办、国办及国家领导人批示，并转交中国证券监督管理委员会和国家税务总局处理；上报的审计简报被审计署以移送处理书转送财政部处理。

内部管理　财务管理上，组织了对广州办财务和服务中心财务的内部审计，完成固定资产清点工作，对报废的资产进行公开拍卖；建立月底食堂仓库盘点制度，完善每月账目公布制度。信息宣传上，广州办再次获得《中国审计报》对外宣传优秀单位。公文管理上，组织了公文培训，出台了新的公文处理办法。完善制度上，出台和修订了处室目标考核方案、机动车辆管理办法等 21 项规章制度。组织了审计理论研讨、审计案例交流活动。做好车辆调度工作，坚持安全教育和检查；做好“服务热线”和维修工作。

信息化建设　首先加大考核力度，修订完善了《计算机工作考核办法》，实行了计算机考核“一票否决制”。各处室积极尝试运用各种审计软件，通过电子数据的采集、转换和分析，确定审计重点，发现审计线索，提高审计效率。其次，升级开通了审计管理系统，新建了网站，创办了《计算机应用学习园地》，组织汇编了《应用之路 2004》审计案例一书。在 2004 年的昆明审计工作会议上，时任特派员的余效明代表广州办在会上作了《加速计算机技术向审计生产力的转化》的经验介绍，进一步提升了广州办在全国审计系统的地位和影响，也成为推动信息化建设的动力。

法制建设　一是进一步规范审计程序，继续把审计复核作为质量控制的关键环节抓紧抓好。二是实施审计质量控制，贯彻落实审计署 5、6 号令，出台了《贯彻落实审计署 6 号令的具体操作办法》，并对业务处室贯彻 5、6 号令的情况进行了现场检查，召开相关座谈会，编写出广州办范例的审计日记和工作底稿。三是进行普法学习。四是抓移送案件结果的跟踪落实，通过发函和走访的方式对近五年的审计移送案件处理情况进行了跟踪落实。

人事教育　一是以计算机初级和中级培训为重点，全面提升计算机应用水平。计算机初级考试，75 人参加，72 人通过；中级考试 22 人参加，20 人通过。二是大力支持和鼓励审计人员学习深造、参加各类资格考试及外语学习，全面提升能力和素质。三是组织各种类型的业务培训，如组织处级干部培训班、国际审计研讨班及办内审计业务经验交流等。

在 2004 年 8 月由中组部、中宣部、人事部、中央文明办联合举办的“人民满意的公务员”表彰大会上，广州办金融二处刘丹处长作为先进个人代表作了题为《依法审计公正监督，做经济安全的忠实卫士》的演讲，接受中央电视台、《人民日报》等媒体采访。

廉政建设　一是继续加强中心组政治理论学习。二是通过开展“三树立、五落实”主题教育活动，推进机关党的思想、组织、作风和制度建设。三是抓反腐倡廉，开展关于构建教育、制度、监督廉政体系的调研工作，王淡浓副特派员在南京召开的全国审计机关人才和廉政工作会议就相关内容作了汇报交流。四是严格执行审计纪律“八不准”，加强检查。2004 年 6 月，办公室党支部被广东省直工委授予“先进基层党组织”，林家通、何忠燕同志分别被授予“优秀共产党员”和“优秀党务工作者”称号。(撰稿人：肖　菲)

【郑州特派员办事处】　2004 年，郑州特派员办事处（以下简称郑州办）在职人员 119 人，设有办公室、法制处、财政审计一处、财政审计二处、金融审计处、行政事业审计处、经贸审计处、固定资产投资审计处、外资运用审计处、计算机审计室、人事教育处、机关党委、机关服务中心和记者站。

领导成员

特 派 员：乔百芳

副特派员：胡梦月　赵继旺　刘福祥

副司级审计员：陶国强（1 月—）

审计成果　2004 年，共完成审计项目 20 个，查出违规金额 100.14 亿元，管理不规范金额 63.42 亿元，损失浪费金额 3.4 亿元，应归还原渠道资金 24.08 亿元。向纪检、司法机关移送各类违法犯罪案件线索 12 件。撰写审计简报 53 篇、情况反映 6 篇、信息 17 篇，其中 3 篇被审计署《审计要情》采用，15 篇被审计署《重要信息要目》采用，4 篇被转相关部委，28 篇（次）被中办、国办采用，16 篇被中央领导同志批示。负责实施的河南省 2002 年度中央税收收入征管情况审计项目和参与实施的原国家电力公司领导班子任期经济责任审计项目被评为“2003 年度全国优秀审计项目”。

财政审计　完成陕西省关闭破产企业中央补助资金审计和河南省安阳市、新乡市和青海省西宁市人民政府 2001 ~ 2003 年度城市财力情况调查。在对陕西省关闭破产企业中央补助资金审计中，查出 2 个企业挪用中央补助资金 5678.06 万元，7 个企业挤占中央补助资金 5914.57 万元，破产企业资产处置问题金额 23000 余万元。在对河南省安阳市、新乡市和青海省西宁市人民政府 2001 ~ 2003 年度城市财力情况调查中，主要发现虚列一般预算支出 10327 万元、少列一般预算收入 7643 万元、少列基金预算收入 64257 万元、少列预算外收入 11343 万元等问题。

金融审计　完成中国人民银行郑州中心支行 2002 ~ 2003 年度财务收支审计和长城、信达资产管理公司郑州办事处 1999 ~ 2003 年资产负债损益审计。在对中国人民银行郑州中心支行的审计中，主要发现少计收入 17 万元、支出不实 1031 万元、账外固定资产 218 万元、以前年度投资长期未收回 1500 万元、应收未收回贷款 3985 万元等问题。在对信达资产管理公司郑州办事处审计时，发现原建行自办实体河南省金博大开发建设总公司原法人代表黄某等人涉嫌侵吞国有资产 2.75 亿元、预计给国家造成损失约 10 亿元等问题。据此撰写的情况反映被审计署《审计要情》采用，中央领导作出批示。在对长城资产管理公司郑州办事处审计中，发现其资产拍卖业务管理混乱，违规拍卖不良资产高达 97678 万元等问题，同时查出中国农业银行河南省分行所属分支机构违规回购不良贷款本息 49 亿元，1.69 亿元回购资金来源不合规，回购过程普遍存在假评估、假竞价、假拍卖现象等问题。上报的审计简报《长城公司郑州办事处拍卖处置不良资产问题突出》被审计署《重要信息要目》采用，同时被中办、国办采用；

经贸审计　与京津冀特派员办事处共同完成对中国航空工业第二集团公司财务收支及其原法定代表人任期经济责任审计。审计中，抽审单位账面资产总计 1732549 万元，发现有问题金额共计 666333 万元，其中会计信息方面问题 223137 万元、资产质量方面问题 106888 万元、重大经济决策方面问题 95783 万元、主辅改制方面问题 1247 万元、遵纪守法方面问题 225633 万元、其他方面问题 13645 万元。针对审计中发现的重要问题，撰写的审计简报《常州兰翔机械总厂法人代表姜某行贿现金 100 万元豁免债务 8451 万元》被审计署《审计要情》采用，得到中央领导同志重要批示，中纪委、监察部已立案查处。撰写的审计简报《成都发动机（集团）有限公司非法占地1101亩造成损失3.12亿元》、《常州兰翔机械总厂骗取中央财政下岗职工基本生活保障补助资金1100万元》被审计署《重要信息要目》采用，同时被中办、国办采用。

固定资产投资审计 完成水利部黄河水利委员会2002～2003年水利建设资金审计调查，涵盖黄河下游治理项目956个、黑河流域治理项目1个，涉及金额73.87亿元（含以前年度结余39.06亿元）。查出问题金额34.54亿元，涵盖项目立项、审批、建设、土地征用、资金管理多个方面。审计中发现国家水利建设资金年度计划和单项计划严重脱节，导致大量黄河治理项目开工滞后、竣工迟缓，建设资金结存闲置近30亿元，严重影响黄河综合治理和整体投资效益的发挥；黄河下游防洪工程无手续占地9.23万亩，不但对农民补助补偿严重偏低，而且因征地手续不能办理，土地权属关系不能变更，造成许多被征用土地的农民的各种提留、农业税等得不到减免，加重其经济负担等突出问题。

行政事业审计 完成河南省淮河流域洪灾救济补偿资金审计、中国人民大学财务收支审计、河南省淮河流域水污染防治资金审计和中国红十字会总会接受的捐赠资金及物资管理情况审计。在对淮河流域洪灾救济补偿资金审计中，查出信阳市灾后重建水毁工程3183万元配套资金未到位、工程进展缓慢等问题。在对中国人民大学的审计中，发现该校用教育资金发放校外购房补贴14500万元、应缴未缴财政专户资金7709万元、跨学年预收学费3298万元、应列未列教育事业费收入1283万元等问题。在对淮河流域水污染防治资金审计中，查出郑州市自来水总公司、周口市自来水公司等单位欠缴财政污水处理费2804万元等问题。在对中国红十字会总会的审计中，发现中国红十字会总会违规使用救灾基金1168万元，在救灾物资采购中以服务费名义向各供货单位收取回扣405万元，疏于管理导致国债投资800万元存在回收风险等问题。

外资运用审计 完成世行贷款小浪底水利枢纽等6个外资项目的审计，完成小浪底水利枢纽工程竣工决算审计，完成铁道部移交中国铁通河南公司通讯信号设备管理使用情况等3个专项审计调查项目。在5个贷款项目审计中，查出工程项目超概算282万元、投资支出不实3094万元、会计科目使用不当1635万元、挤占挪用专项资金922万元等问题金额331317万元。同时，根据群众举报，查出亚行贷款黄河防洪项目违规进行工程招投标等严重违纪问题。在郑州铁路局政府外债铁路项目设备效益审计和专项审计调查中，发现一些设备资产闲置严重、单机利用率较低等效益方面的典型问题。在小浪底水利枢纽工程竣工决算审计中，查出该工程未经同级财政部门批准，对部分会计事项按照非经营性项目有关规定在项目竣工财务决算报表中反映，单项工程超概算投资支出25217万元，未完项目违规列入预计未完工程及费用表37076万元等问题。撰写审计简报12篇，6篇（次）得到中央领导批示。

社会审计组织质量检查 完成对湖南开元有限责任会计师事务所2003年度审计业务质量监督检查。在延伸审计过程中，发现湖南华菱管线股份有限公司在建工程信息披露不实，岳阳兴长石化股份有限公司与控股子公司深圳兴长公司非经常性交易3769万元信息未披露等问题。

队伍建设 一是抓好领导班子建设，增强班子合力。严格落实各项制度，工作中体现规范化、科学化，树立了团结高效、廉洁奉献、坚强有力的整体形象。二是强化教育培训，不断吸引培养审计人才。2004年录用硕士研究生5名，本科生4名，改善了全办的学历层次结构。积极做好各项培训工作，修订《审计干部在职学历教育办法》，适当提高教育经费额度，鼓励审计干部加快知识更新，不断提高自身素质。三是完善以能力业绩评价人才、竞争择优选拔人才的机制，加大交流轮岗力度。选拔处级领导干部实行竞争上岗，一般干部晋升行政职务实行民主推荐与组织决定相结合，职务升迁实行任职公示，树立正确的用人导向，把干部的精力引导到求真务实、干事创业上来，为干部在不同岗位上施展才能、实现抱负创造良好的环境。

法制建设 一是积极配合审计法修订工作，大力开展审计法制宣传教育。二是建立严格的审计质量控制体系，成立审计项目质量检查委员会，制定《2004年审计项目质量控制目标管理办法》。实行双向承诺制，要求被审计单位承诺所提供的会计资料真实、完整，并负法律责任；审计组长承诺严格依照审计法和审计工作方案要求，保质保量完成任务，出现问题将被追究责任。审计项目实行审计组长、业务部门负责人、法制处三级复核制度，对审计方案、审计工作底稿、审计报告等进行复核监督，所有审计项目未经复核，一律不准上审计业务会，不准发出审计报告。三是严格进行审计质量现场监督检查。由质量检查委员会成员前往审计一线，就审计实施方案编制、审计重要性评估、审计风险评价和审计日记记录等方面进行严格检查，确保审计质量控制落到实处。

信息化建设　一是全面推广计算机辅助审计，以“探索计算机审计新思路，规范计算机审计流程，抓好典型案例”为思路，坚持计算机专业人员与审计人员、整体把握与分阶段重点审计、使用成熟的审计软件与现场开发审计模块的紧密结合，使计算机审计融入审计实施全过程，取得良好效果。二是加快局域网建设，丰富网络信息。三是积极推动审计软件的开发与应用。大力推广《现场审计实施系统》（AO），提高审计人员的工作效率；完成《审计管理系统》（OA）的更新、调试，公文流转等功能投入试运行。四是采取日常辅导与集中培训相结合等方式，认真做好计算机培训工作。

内部管理　一是建立健全各项规章制度，促进各项工作的制度化、规范化，实现业绩量化评价。制定并实施《2004年目标管理考核办法》，科学引进新的管理方法和评价机制，使各处室的工作成绩得到量化，初步形成良性竞争机制。制定或修订了公文处理办法、保密规章制度、档案管理规程和统计工作制度等。二是不断抓好后勤管理，多途径、多渠道、多形式地对后勤人员进行专业知识和技能的培训与考核，使后勤工作向电算化、规范化和制度化方向发展，强化服务意识，提高服务质量。

党建和廉政工作　一是认真贯彻十六届三中、四中全会和中纪委三次全会精神，深入开展“两个条例”学习，不断提高政治理论素质和拒腐防变能力。二是结合实际做好机关党建工作，进一步提高党组织的凝聚力和战斗力。圆满完成各支部的改选和机关党委第五届换届选举工作，重新修订了《党组工作规则》，继续做好支部建设和党员发展培养工作。三是加强党风廉政建设，从源头上遏制腐败。制定了《2004年反腐倡廉工作意见》，组织各支部开展构建郑州办廉政体系调研活动。认真开展“八不准”执行情况检查，通过对部分审计项目进行审计检查、回访和在审计现场召开不同形式的座谈会，全面了解执行“八不准”情况的现状、存在的问题和困难，提出进一步完善的意见和建议。（撰稿人：桂　鹏）

【济南特派员办事处】　2004年，济南特派员办事处（以下简称济南办）在职人员116人，设有办公室、法制处、财政审计一处、财政审计二处、金融审计一处、金融审计二处、行政事业审计处、经贸审计处、农业和社会保障审计处、固定资产投资审计处、人事教育处、机关党委、计算机审计处和机关服务中心14个处（室）。

领导成员

特 派 员：杨新民（5月—）

副特派员：杨新民（主持工作，—5月）

陈成富　张全廉

审计成果　2004年，共承担审计或审计调查项目17个，查出违规金额88.73亿元，管理不规范金额48.79亿元，损失浪费金额2.98亿元。其中：应上缴财政12.27亿元，已上缴12.04亿元；应归还原渠道资金6.11亿元，已归还6.11亿元；应调账处理金额8.97亿元，已调账处理8.97亿元；应自行纠正金额47.47亿元，已自行纠正34.36亿元。编发审计信息140期，被上级机关采用65篇（次）；向司法机关和纪检部门移送案件线索10件，已立案侦查7件，涉案金额2.15亿元。在审计署2004年度优秀审计项目评比中，青岛市国土审计项目被评为全国表彰项目。

预算执行审计　完成对银川市本级财力审计调查，核实该市2001～2003年本级财政收入应为529267万元，比财政决算报表数调增93856万元，并发现该市土地管理体制和高新技术产业开发区、经济技术开发区财政管理体制影响财力等问题。对河南省关闭破产企业专项补助资金审计调查，发现破产重组煤矿未取得生产许可证和采矿证继续开采、破产费用测算办法和审核程序不完善以及挤占挪用专项补助资金等问题。

行政事业审计　对山东大学财务收支审计和审计调查，发现应缴未缴财政专户预算外收入

29576万元、违规收费5233万元、校办企业投资效益低下、基建项目竣工未办理交付使用手续和齐鲁软件学院管理体制存在严重弊端等问题。

农业与社会保障审计 对杭州市"大学城"开发建设情况审计调查，发现该市城市总体规划未经国务院审批已经执行、实际耕地保有量低于控制指标4332公顷、易地有偿保护基本农田15301公顷、侵占或挪用农村集体土地补偿安置费用、应缴未缴新增建设用地土地有偿使用费203057万元、部分用地单位未按合同约定缴纳土地出让金52984万元等问题。对山东省淮河流域水污染防治资金审计和审计调查，发现"十五"计划控制目标难以如期实现、点源监控能力薄弱、国债项目地方配套资金23767万元未及时到位、应征未征污水处理费10558万元以及违规征收、使用排污费等问题。

固定资产投资审计 对河南省水利建设资金专项审计调查，发现该省水利厅投资管理和水利建设资金预算管理不规范、部分建设项目存在损失浪费等问题。对河南省鹤壁市盘石头水库建设项目审计，发现该省计委核减水利部批复工程总投资14459万元、概算多列建设期贷款利息3573万元和挪用侵占建设资金1512万元等问题。

企业审计 对中石化集团公司财务收支及其法定代表人任期经济责任审计，发现收入、成本和费用、损益严重不实，因决策失误、管理不善造成损失和潜在损失236608万元，不良资产794957万元，以及超范围超标准支付补助补偿金和向辅业让利等问题，向山东省公安厅移送了东营胜化精细化工和山东东港精细化工有限公司等单位低价拍卖国有资产、胜华集团公司所属4个单位虚开用于抵扣增值税税款的废旧物资购销发票、瑞森经贸公司经理赵某套取国有资金等涉嫌经济犯罪案件。

金融审计 对4家金融资产管理公司驻青岛、济南分支机构资产负债损益审计，发现了资产收购、处置、管理和财务核算方面存在的突出问题。对于发现的东方资产管理公司青岛办事处依据虚假评估报告逆程序低价出售58套抵债别墅形成巨额损失、青岛康赛贸易有限公司信用证诈骗213万美元、上海新纪元国际贸易公司信用证诈骗812万美元、中国建设银行青岛市南区第二支行王某贪污6万元和中国建设银行青岛市北区第二支行违法发放贷款造成重大损失等涉嫌经济犯罪案件，移送山东省公安厅立案查处。

外资运用审计 对济南铁路局等4个单位政府外债铁路项目设备效益审计，发现铁道部进口并下拨原四方机车厂龙门镗铣床和客车外皮涂装设备因设备报废、不适合企业生产特点等原因形成损失1661万元，以及管理不善导致低效、闲置、报废设备金额6259万元等问题。

社会审计业务质量检查 对上海万隆众天会计师事务所2003年度审计业务质量检查，发现其对天津环球磁卡股份有限公司债务重组置换的7271万元房产产权、为关联方和对外提供担保47856万元、人民印刷厂债务重组3000万元资产未进行评估和购买人民印刷厂63800万元土地等未予充分揭示和披露的问题。

审计项目质量控制 济南办成立审计项目质量检查委员会，结合审计署6号令，制定了《审计项目质量控制细则（试行）》，在加强审计质量日常管理的基础上，业务处室重点抓好审前培训和审前调查，职能部门重点开展审计质量现场检查。法制部门结合目标管理建立审计项目质量考核台账，将质量控制进一步细化分解为审计程序、审计实施方案、审计证据、审计日记、审计工作底稿、审计报告、审计技术方法、审计文书档案和执行审计职权制度等9项具体内容，考核指标达到62项，并先后组织对审计方案实施情况和审计日记等关键控制环节的审计现场检查16次。在上半年编制和运行28个审计文书模板的基础上，济南办还自主开发出具有电子模板和过程记录功能的《济南特派办业务管理系统》，实现了对审计日记不可修改等加密处理。

信息化建设 济南办制定了落实审计署信息化建设发展规划的工作意见，坚持"两手抓"，加大投入力度，一手抓培训，一手抓应用。在全员初级培训的基础上，重点抓好审计骨干的中级培训，有18人通过了计算机中级考试，较以前翻了一番，计算机中级人员累计达到33人。计算机审计应用实现普及化，在金融资产管理公司、胜利油田、济南铁路局等项目中取得较好效果，并自主开发了《公共工程绩效审计系统》软件。济南办如期完成了"金审工程"一期建设任务，计算机应用的硬件环境明显改善；《机关辅助办公系统》第二版已经全员培训后正式投入使用，审计管理软件全面推开。

机关建设　一是领导班子建设。济南办党组制定了《党组工作规则》，严格按规则和程序办事，凡重大问题一律经集体研究决定；注意倾听群众意见，认真召开民主生活会，开展多种层次的征求意见会，主动接受群众监督评议。二是干部队伍建设。进一步完善干部人事制度，加强教育培训，引导全办同志围绕促进济南办的发展献计献策，大力塑造“解放思想、加快发展”的思想氛围。三是以深入开展“我为济南办争荣誉、作贡献”活动为载体，加强机关精神文明建设，连续第6年被评为山东省省直文明机关。四是济南办将谈话制度纳入目标管理，加强交流沟通，巩固思想教育成果。办领导对处级干部全面开展任前谈话，党委人教部门先后同干部职工谈话60多人（次)，谈话面达到了35%以上。五是监督预防为主，加强党风廉政建设。济南办坚持“从严治理审计队伍”，外抓审计纪律，认真落实党风廉政责任制，有关部门将监督检查提前到审计一线，从源头上预防以审谋私事件；内抓财务管理，实行“收支两条线”和“两公开一监督”。六是在政策、资金允许的条件下，济南办尽可能多地为群众办好事、办实事，不断改善工作生活条件，营造团结、健康、和谐向上的工作和生活环境。（撰稿人：李丙泉）

【西安特派员办事处】　2004年，西安特派员办事处（以下简称西安办）在职人员121人，设有办公室、法制处、财政审计一处、财政审计二处、金融审计一处、金融审计二处、行政事业审计处、经贸审计处、固定资产投资审计处、人事教育处、机关党委、计算机审计处等12个处(室)，另设直属事业单位机关后勤服务中心。

领导成员

特 派 员：杜今元

副特派员：姜民权

王铁英（—7月）

正司级审计员：韩文波（—12月）

副司级审计员：于　青

审计成果　2004年，西安办完成审计和专项审计调查项目18个，查出违规金额863741万元，管理不规范金额84670万元，损失浪费金额1175万元，应归还原渠道资金29567万元。西安办和审计署金融审计司联合实施的中国人寿保险公司总部资产负债损益审计项目，2004年被审计署评为全国表彰项目。

财政审计　完成对宁夏回族自治区1999年至2004年6月5个关闭破产煤矿企业中央补助资金分配、管理和使用情况，对西安市、武威市2001年至2003年城市财力情况的审计调查，实施了对西安市2003年失业保险资金及失业保险费征缴情况的专项审计调查。宁夏关闭破产煤矿企业中央补助资金审计调查结果得到了自治区政府的高度重视和肯定。自治区政府主席马启智在《审计调查报告（征求意见稿）》上作了重要批示，要求有关部门和单位认真整改。西安市失业保险资金审计报告反映的西安市失业保险中心对失业人员就业状况监管不严，导致135人在就业期间仍领取失业保险金，西安市地税局19个分局违规开设失业基金收入过渡户19个，年末延压失业保险基金收入3169万元等5个问题被审计署综合报告采用。

同时，西安办2003年实施的陕西省国税、地税审计调查发现的陕西省政府越权违规减免陕西金秀交通有限公司税款277万元的问题被审计署审计结果公告采用。2003年实施的新疆维吾尔自治区中央补助地方支出审计调查反映的地方政府预决算编报中央补助收入不完整问题，被审计署2004年第3号《审计要情》采用，得到了温家宝总理的批示，要求财政部门尽快采取措施予以规范。

金融审计　实施并完成中国华融资产管理公司西安办事处、中国长城资产管理公司西安办事处、中国东方资产管理公司西安办事处和中国信达资产管理公司的资产负债损益审计工作。在资产管理公司审计中，西安办按照《审计机关审计项目质量控制办法（试行)》的要求，结合资产管理公司业务经营和管理特点，以揭示资产有效性、业务合规性和财务真实性为重点，以检查内部控制制度为切入点，以揭露重大违法违规问题为突破口，以提出有效处置不良资产的审计建议为目标，采取不良资产收购、处置、管理业务审计和财务审计相结合，现场审计和延伸调查相结合，取得了较为显著的成果：审计查出超范围收购、违反程序处置、管理不善造成债权悬空或资产毁损、损益不实等资产收购、处置、管理、财务收支和重大经营决策等5个方面的问题。其中：华融资产管理公司西安办事处审计项目中查出的西安市药材公司虚假评估问题和宁夏大河机床厂通过改制手段、悬空资产公司债权问题被审计署第22期审计动态作为典型案例采用；中国银行与东方资产管理公司违规划转在建工程，开发商套取挪用建设资金问题以专题报告上报审计署，得到审计署的高度重视。

行政事业审计　完成对西安交通大学财务收支的审计和审计调查。在西安交通大学的审计中，为全面完成审计任务，西安办对该项目进行了周密的计划和安排，认真实施审前调查，依据审前调查结果，结合项目实际，制定详细的审计实施方案，为审计实施打下了良好的基础。西安交通大学审计实施方案被审计署高校审计协调小组评定为优秀审计实施方案，并作为样本采用。在审计实施中，共查出教育收费、对外投资、基本建设等方面的违规资金23746万元。同时，该审计项目总结出的《行政事业性票据管理情况审计》计算机审计经验材料，入选审计署计算机审计专家经验库，并获得优秀奖。

外资运用审计　完成对西安咸阳国际机场航站楼扩建工程日元特别贷款项目审计，以及陕西省世界银行贷款8个子项目2003年度的项目管理和资金使用情况审计，共出具9份无保留审计师意见和报告。同时，完成了对西安南京线西安至合肥段和包西线神木北至延安北段政府外债铁路项目设备效益情况的审计。通过审计，发现了一些设备闲置、设备利用率不高等问题。其中包西线神木北至延安北段政府外债铁路项目设备效益情况审计中发现铁路运输管理体制存在的有关问题以审计信息上报审计署，引起了国务院领导、审计署和有关部门的重视。

企业审计　完成对中国网通集团山东、吉林和西北公司（陕西）的审计。共查出会计信息质量、重大经济决策、收入成本费用核算不实、违反国家资费政策等违规问题32个，涉及违规金额87283万元，其中收入、成本费用不实38111万元，不良资产和风险资产23534万元，企业主辅分离方面10854万元，违反国家资费政策方面12399万元，其他方面2385万元。在审计中，审计人员认真研究企业审计特点，针对被审计单位固定资产量大、电子化程度高的实际，将固定资产折旧计提的真实性作为突破口，最终利用SQL Server、Access等软件，在对山东、吉林通信公司审计中查出少提固定资产折旧7361万元的问题，其中通过人为调整固定资产使用状态而少提折旧4096万元，未按固定资产交付使用时间计提折旧而少计提折旧3265万元。

固定资产投资审计　完成宁夏水利建设资金专项审计调查和宁夏扶贫杨黄灌溉工程一期工程审计。在宁夏水利建设资金专项审计调查中，紧紧围绕审计署审计工作方案确定的重点内容，紧扣实施方案制定的工作步骤，通过深入、细致、扎实调查，发现水利建设投资计划管理、水利建设资金预算管理和资金使用、水利建设项目管理和工程建设质量、人畜引水工程、水利工程建设管理体制和其他方面存在的一些问题。同时，加强综合分析研究，向审计署上报了宁夏水利建设资金人畜饮水项目和水利工程建设管理体制等2份专题审计调查报告。在宁夏扶贫杨黄灌溉工程一期工程审计中，查出工程建设前期准备工作不足，建设过程中建设管理单位对概算执行不严格，部分单项工程投资超概算，挤占、挪用建设资金，以及资金到位情况差，造成拖欠工程款较多、工程进展缓慢，无法按期完成原定工程建设、土地开发和移民目标等问题，涉及违规金额5599万元。

社会审计质量检查　对西安希格玛有限责任会计师事务所2004年度完成的西安民生集团股份有限公司、陕西航天动力高科技股份有限公司、陕西广电网络传媒股份有限公司3家上市公司2003年度会计报表审计业务质量进行了检查。在审计报告所反映的问题中，陕西航天动力高科技股份有限公司10000万元重复委托理财等3个问题被审计署法制司汇总会计师事务所质量检查报告采用。

信息宣传　共编发《简报》119期，重要信息9篇，其中《审计要情》1篇、《重要信息要目》8篇。重要审计信息被中办采用8篇，国办采用7篇，领导批示7篇。《简报》转送有关部委2篇，《审计工作通讯》1篇。全年在《中国审计报》、《中国审计》杂志及其他报刊媒体上发表各类宣传稿件28篇。

信息化建设　2004年，西安办全力推进计算机技术应用，努力提高审计业务工作的信息技术含量。一方面，下大力气开展多个层次的培训工作。从年初开始，先后认真组织完成了1次准中级培训、2次初级培训和审计署计算机中级考试考前培训，使全办人员的计算机技术应用技能普遍有了提高。另一方面，切实加大对计算机技术应用的考核和激励力度，把计算机应用情况作为处室考核，尤其是业务处工作业绩的主要指标之一，并对计算机应用开发、培训成绩突出的集体和个人予以重奖。

截至2004年底，全办已有24人通过审计署计算机中级考试，占干部总数的20%。在2004年审计署计算机审计专家库案例评选中，经审计署计算机专家经验评审委员会评审，西安办有6篇入选，其中1篇被评为优秀专家经验。在当年的网通公司、高等学校、金融资产管理公司和失业保险等项目审计中，被审计单位相关业务数据量十分庞大，计算机审计技术在审计范围的缩小、审计重点的确定和审计突破口的获得上都发挥了重要作用，极大地提高了工作效率。

队伍建设 2004年，西安办在处级干部队伍建设方面，坚持中心组集中学习与经常性的政治理论学习相结合，努力增强责任意识、宏观意识和大局意识。强化处室"一把手"工程，努力提高其决策管理素质和领导审计业务的能力。通过组织办内培训、参加署培训，切实解决新任处级领导干部综合素质和领导水平的提高问题，使得处室工作有了新变化、新提高。

在年轻干部培养提高方面，一是加强经常性的思想政治教育、艰苦奋斗教育和审计职业道德教育，培养良好的工作作风和奉献精神。二是通过组织计算机技术应用、审计质量控制等多类培训，尽快提高其业务基础技能。三是注重提供锻炼机会，给年轻干部压担子，不断提高工作能力和业务水平。四是关心爱护年轻干部，积极营造良好的工作生活环境，尽力帮助其解决实际困难。（撰稿人：董星辰）

【兰州特派员办事处】 2004年，兰州特派员办事处（以下简称兰州办）在职人员97人，设有办公室、法制处、财政审计一处、财政审计二处、金融审计处、行政事业审计处、经贸审计一处、经贸审计二处、固定资产投资审计处、计算机审计处、人事教育处、机关党委、机关后勤服务中心等13个处（室）。

领导成员

特 派 员：姚爱然

副特派员：王志伟

特派员助理：郑新举

副司级审计员：刘　瑶

审计成果 全年共完成审计项目18个，查出违规金额99.09亿元，向司法机关移送大案要案线索4件，编发审计简报78期，被审计署、中办、国办采用和领导批示23篇（次）。

财政审计 完成了兰州市2001～2003年度政府财力调查。完成了宁夏粮食风险基金专项审计调查，查出超计划退耕地140万亩，两年应补助农户资金5.2亿元无法兑现；政府对粮食市场监管不力，致使5575万公斤陈化粮流入口粮市场等问题。在甘肃财政审计调查中反映的地方财政预算对2002～2003年中央补助资金155亿元未列入预算，失去人大监督问题，被审计署《审计要情》汇总采用。

金融审计 完成对中国人民银行定西地区中心支行2002～2003年度财务收支情况的审计。完成对4个资产管理公司兰州办事处和乌鲁木齐办事处的资产负债损益审计，查出长城资产管理公司兰州办事处牟取小集体利益，造成国有资产损失1524万元的问题，审计署以《重要信息要目》上报，被中办、国办采用。同时，还发现该办事处与中国农业银行宁夏分行串通，对拟实施债转股的宁夏亚麻纺织印染厂突击贷款1000万元，造成400万元面临损失，600万元为私营企业贷款提供质押担保，该问题被审计署《重要信息要目》采用。

经贸审计 完成对中石化上海石油化工股份有限公司等4个企业的审计，查出4个企业资产负债损益不实8亿元。至2002年末，上海石油化工股份有限公司呆滞积压物资、投资、3年以上应收款项等不良资产达10.6亿元，已形成损失1.9亿元；上海石油化工股份有限公司盲目给广东省佛山市石湾区政府出借资金港币5000万元、人民币2000万元，造成国有资产直接损失2219万元。

行政事业和外资运用审计 完成对兰州大学2003年度财务收支审计等7个审计项目，查出兰州大学基建支出不实1.5亿元，超标准和自定项目乱收费1982万元，私设"小金库"159万元；

兰州医学院资产负债损益不实 1.02 亿元。乌鲁木齐铁路局和中科院兰州化物所外资项目中 6223 万元资产未发挥效益；兰州铁路局宝中线外资项目投资 1157 万元引进的设备无法使用，造成损失。

固定资产投资审计　完成对新疆水利建设资金专项审计调查，查出滞留水利建设资金 4.5 亿元，拖欠工程款 10107 万元，拖欠农民工工资 351 万元。向新疆维吾尔自治区人民检察院移送了水磨河管理处利用虚假工程、转移水利建设专项资金 100 万元和麦盖提县塔里木河流域近期综合治理项目重复立项、利用虚假报账凭证套取世行贷款建设资金 150 万元 2 件涉嫌经济犯罪案件线索。

社会审计质量检查　完成对北京信永中和会计师事务所 2003 年审计业务质量检查并抽查了相关上市公司，查出南京熊猫移动通信设备有限公司总经理利用职务之便，两年内先后通过其个人拥有的公司挪用资金 9.54 亿元的问题，其中用于投资股票 5.79 亿元，购置地产 2.09 亿元，借给其他公司 0.8 亿元，存放其个人公司账户 0.86 亿元。至 2004 年 9 月，公司收回挪用的资金不到 1 亿元，造成了巨大的财务风险。该问题审计署以《重要信息要目》上报，被中办、国办采用。

队伍建设　为优秀人才成长提供“快车道”，积极实行竞争上岗，选拔优秀年轻干部充实处级领导岗位；加大干部轮岗交流力度，安排 16 名同志进行了轮岗；改革干部考核办法，实行目标管理责任制，细化和完善考核标准；充实业务力量，积蓄发展后劲，选派 3 名大学生到不同单位进行锻炼。进一步加大培训力度，参加各类培训班 88 人（次），举办各类培训班 9 期，培训 394 人（次）；7 人参加在职研究生班的学习，4 人通过了高级审计师考试，11 人通过了中级审计师考试。建立竞争和激励机制，制定了《审计能手评选办法》并开展评选活动，年初对工作成绩特别突出的 4 名同志分别授予了三等功和嘉奖；分配制度上，福利、奖金、补贴与岗位职责、年终目标考核、工作业绩、考勤等挂钩，对取得中高级职称人员进行奖励。

信息化建设　计算机业务与审计业务结合更加紧密，从实践中积极探索计算机审计方法。在运用过程中，遇到技术难点，计算机技术人员及时跟进，相互启发，重点突破。计算机审计已从金融审计向行政事业、企业等领域拓展，使全年的审计工作取得了显著的成绩。贯彻落实全国审计工作座谈会精神，加大计算机培训力度，通过审计署计算机中级考试的人员占一线审计人员的比例已达到 41%，1 人取得了计算机系统分析师资格。在金审工程一期局域网建设中，加强工程管理内部控制，严把工程质量关，保证了工程的顺利实施。该工程已通过审计署组织的检查，工程质量被认定为优秀。在新建的局域网上开通了审计专网和审计外网，拓宽了审计人员视野，在审计专网上成功部署了审计管理系统，并在 OA 平台上增加了培训考试、法规检索等系统。

法制建设　为了贯彻落实好质量控制办法，在年初整训时对审计署 5、6 号令安排了学习培训，邀请审计署专家进行了辅导。制定了兰州办《贯彻审计机关质量控制办法实施意见》。在具体实施过程中，办领导深入审计现场，检查审计质量控制办法的执行情况；法制部门对审计日记进行了专项检查，及时发现问题并采取整改措施；将审计质量控制办法执行情况纳入年终考核；进一步强化了审计信息的复核工作。

内部管理与后勤服务　为了实现建设规范化特派办的奋斗目标，加强制度建设，以制度建设来推动其他各项工作。坚持成熟一个、出台一个的原则，围绕“规范”和“高效”做文章，2004 年制定制度 19 项，并完成制度汇编，形成了民主的领导决策体系、严格的责任追究体系、科学的监督考核体系、规范的质量控制体系、高效的督办落实体系等相对完整的管理体系，强化了内部管理机制。办党组将后勤服务工作作为温暖人心、稳定人心、凝聚人心的大事来抓。（撰稿人：李志华）

【昆明特派员办事处】　2004 年，昆明特派员办事处（以下简称昆明办）在职人员 94 人，设有办公室、法制处、财政审计一处、财政审计二处、金融审计处、行政事业审计处、经贸审计处、固定资产投资审计处、人事教育处、计算机审计处和机关党委 11 个处室和机关后勤服务中心。

领导成员

特 派 员：刘汝焯（4—9 月）
　　　　　王常松（9 月—）
副特派员：刘汝焯（主持工作，—4 月）
　　　　　袁孝康　李伏廷

审计成果　2004 年，昆明办承担审计署统一组织的审计项目18个。当年完成审计项目12个，跨年实施的审计项目6个。按审计情况统计表口径，查出违规金额140735万元，应上缴财政金额4662万元，已上缴财政金额4522万元，应调账处理28146万元。向司法机关移送案件线索4件，涉案人员18人。提交审计信息134篇，被审计署采用75篇（次），其中《审计要情》采用4篇、《重要信息要目》采用14篇、《审计简报》采用1篇、转送部委9篇，被中办、国办采用26篇，12篇得到中央领导的批示。武警云南省消防总队2002年度财政财务收支审计项目被审计署评为全国表彰审计项目。

财政审计　昆明办和审计署社会保障审计司联合实施的大姚地震救灾资金审计项目，查出滞留救灾资金、虚报或夸大灾情骗取救灾补助资金等有问题资金2.6亿元，占大姚地震救灾资金总额的70.84%。李金华审计长向人大的审计工作报告对此事披露后，受到社会各界的广泛关注，多家新闻媒体进行了报道。云南省相关部门受到很大震动，积极进行整改。目前，楚雄彝族自治州结存在灾区县财政救灾专户的资金已基本下达完毕，80%的恢复建设项目已开工，被占用的资金已调用州财政资金偿还；整改了灾民补助资金差距过大的问题，调低了超标准统建点未完工项目的建设标准；48名干部被追究责任，其中28人受到党纪、行政处分。

在红河哈尼族彝族自治州财力审计调查中，揭示了民政局挪用农保基金6345万元，侵害农民利益涉嫌犯罪等问题，国务院有关领导作出批示，中纪委两次派员督办。检察机关已批捕涉案人员10余人。

专项审计调查　在云南省中央补助地方支出的专项审计调查中，提交了《政府间转移支付制度的立法工作应加快》等3篇简报。审计署以此为基础向国务院作了报告，引起了国务院领导的重视，温家宝总理对此作了重要批示。

行政事业审计　在和审计署海关审计局联合实施的清华大学2003年度财务情况项目审计中，揭示了清华阳光能源公司私分国有资产、清华大学科研资金管理方面存在的问题，温家宝总理、黄菊副总理、陈至立国务委员等国务院领导分别作了重要批示。

固定资产投资审计　在对广西壮族自治区水利建设资金审计时发现，贵港市水利局通过签订虚假协议、违规收费套取水利建设资金945万元，其中874万元被用于本局综合办公大楼建设；柳州市以水利项目之名重复征地、多征地，将所征土地635亩挪作他用，并挤占水利建设资金3572万元；青狮潭水库除险加固资金被挪用，险情未除，安全隐患犹存，资金使用效率低等问题。

在南昆线铁路外债资金审计中，揭示了南昆铁路运营不到一年半即进行电气化牵引设计变更，增加投资，大量替换下的设备闲置、进口通信设备使用效益低等问题。

金融审计　以防范风险为主要目的，围绕资产质量的真实性，以揭露重大违法违规问题为突破口，着力发现大案要案线索，努力揭示金融领域存在的突出问题。对长城资产管理公司昆明办事处资本金巨额损失的问题反映后，温家宝总理、黄菊副总理等国务院领导作了重要批示，公安部立案专项查处。信达资产管理公司贵阳办事处弄虚作假，将抵债资产低价出售给私企的问题，温家宝总理作了重要批示。对某企业集团公司及法定代表人提供虚假证明资料、伪造变造房产证件用于抵押开立信用证形成巨额垫款本金，中国建设银行贵州省分行原国际部副总经理沈某涉嫌贪污公款、挪用保证金账户资金等问题进行揭示后，黄菊副总理作了重要批示，司法机关已展开侦查。

企业审计　以真实性审计为基础，通过摸家底、揭隐患，揭露了重大违纪违法问题。在中国海洋石油总公司2003年度财务收支及卫某任期经济责任项目审计中，一是揭示了中国海洋石油总公司3个下属企业漏缴社会保险的问题。温家宝总理、黄菊副总理、劳动和社会保障部部长郑斯林、财政部长金人庆及国家税务总局局长谢旭人都对此作了重要批示。劳动保障部派出专门调查组进行调查，要求如实补缴。二是关注企业经营过程中个人违法行为，移送了海油南海东部公司原总会计师张某伪造法人授权书，私自为私营企业担保，造成国有资产1600万元面临损失的涉案线索。三是揭露了南海东部阳江实业公司掺杂使假，销售溶剂油、燃料油等非标油，引起国资委、质量监督管理部门和被审计单位的高度重视，相关责任人已被撤职。四是关注重大经济决策和管理问题，揭露了油田服务股份有限公司海外作业项目前期认证不足，面临损失风险7048.42万元，因管理不善造成损失22024万元等问题。

“人、法、技”建设 在队伍建设方面，一是结合审计工作实际，制定了全年教育培训计划，全面提高干部素质。二是强化专业技术培训，提升计算机运用水平。在实践中总结出一套“用已有案例培训——实践总结新的案例——用新的案例培训——实践——出更新的案例”的培训方法。三是进一步修改量化考核办法，制定了《审计项目质量奖励办法》等管理办法。

在法制建设方面，以贯彻《审计机关审计项目质量控制办法（试行）》为重点，努力提高审计质量。首先，加强学习，夯实基础。举办了“贯彻审计署6号令应当注意的事项”的专题讲座，并就审计人员提出的问题作现场解答；同时，结合复核中发现的本办审计工作底稿编写中存在的问题，开展了审计工作底稿编写培训。第二，制定标准，规范审计取证和调查等工作。2004年，昆明办修订了《取证记录表》、《审计调查记录表》、《审计报告征求意见书》、《审计实施方案调整审批表》。第三，加强检查，强力推进审计署6号令的执行。

在计算机审计方面，昆明办不断深化实践，把计算机审计归纳为七个主要流程。同时，重点探索了计算机现场审计组网模式，对这一模式下的审计项目一体化管理、现场网络构建技术和方法、审计流程实施、审计资源共享、审计质量及成果考核等作了一系列的研究，并在金融、财政等项目审计中取得了较大收获。完成了《计算机审计技术和方法》一书，该书由李金华审计长题词，刘家义副审计长作序，已由清华大学出版社出版发行；《计算机审计质量控制模型》一书也已初步完成。

内部管理 2004年，昆明办进一步加强机关管理，向机关管理和建设规范化又迈进了一步。一是先后制定和修改了《审计项目质量考核办法》、《制发公文的规定》、《审计及审计调查现场保密工作规定》、《移动通讯费用补贴管理办法》、《干部职工调出辞职暂行办法》等。二是坚持以人为本，做好关系职工利益的基建、房改收尾工作，改善职工食堂。三是提升接待工作水平，成功地组织国际审计培训班5个国家的外国学员在昆明分点的参观学习活动，参与全国审计工作座谈会的组织工作。四是加强档案工作，夯实基础。昆明办档案室荣立云南省档案局集体三等功，受到云南省人事厅、云南省档案局表彰。（撰稿人：李　霞）

【成都特派员办事处】 2004年，成都特派员办事处（以下简称成都办）在职人员117人，共设有财政审计一处、财政审计二处、金融审计一处、金融审计二处、行政事业审计处、固定资产投资审计处、经贸审计处、农业审计处、法制处、计算机处、人事教育处、机关党委、办公室、机关服务中心等14个处（室）。

领导成员

副特派员：李勇库（主持工作）
　　　　　任承彝
　　　　　赵建设
　　　　　程　光

正局级审计员（挂职）：李　玲

审计成果 2004年，成都办完成审计署下达审计（调查）项目25个，共查出违规金额59.99亿元，管理不规范金额32.6亿元，损失浪费金额23.34亿元，审计决定应上缴财政1.13亿元。向司法机关移送案件28起，涉案人员49人，涉案金额7.7亿元。共上报审计信息简报和专题报告83篇，其中被中办、国办采用27篇（次），被审计署采用54篇（次），有11篇（次）得到国务院领导批示。

财政审计 一是完成对四川省国税、地税系统的审计调查报告。二是完成绵阳市政府财力调查，共查出调整财力10712万元，查增政府债务21亿元，为国家开发银行提供了有力的调查报告。三是完成陕西省粮食风险基金审计调查，查出超范围和挤占挪用粮食风险基金21110万元，及粮食风险基金筹备、配套和使用、地方粮食储备管理、粮食财务挂账消化等方面的诸多问题，特别是发现3个国有粮食企业违反国家规定，将12829吨陈化粮卖入口粮市场，危害人民群众健康的重大问题，专题上报审计署后，引起陕西省政府高度重视，责成相关部门迅速整改，在全省进行了清理。

金融审计 一是完成4家资产管理公司福州、成都共8个办事处的审计，共查出违规金额34亿元，其中财务违规金额470.93万元，违规处置资产15711.61万元，处置资产不规范324705.48万元（其中：收购环节184095.80万元，处置环节97396.44万元，管理环节43213.24万元）；上报的5条审计信息被国务院领导批示。向公安部门移送涉嫌犯罪案件线索6件，其中华融资产管理公司成都办事处低价处置国有资产的问题，经国务院领导批示后，由公安部立案，原总经理等4人已被正式批捕。二是完成对人民银行成都分行审计。三是追踪审计处理结果，以前年度移送的农行阆中支行原行长、工行沙湾支行原行长等人被判处徒刑。四是撰写上报审计信息19篇，其中5篇信息被中办、国办采用。

社会保障审计　完成了成都市失业保险基金审计，发现成都市两个县级市挤占挪用社保资金修建形象工程和弥补经费，以及虚列支出、违规拨付社保基金等一批有影响的违法违规问题，引起国务院领导和四川省、成都市政府的高度重视。移送违法案件线索2件，涉及5名处、科级干部，被纪检部门立案查处。促使四川省人民政府出台了《关于贯彻实施失业保险条例有关问题的通知》，成都市财政局下发了《关于进一步加强社会保障基金财政专户资金管理工作的通知》，成都市劳动局、财政局等4个部门联合下发了《关于加强社会保障基金监督管理有关问题的通知》。有效地推进失业保险扩面征缴工作，使成都市2004年新增参保人员15万人，比上年增长22.38%，实现了较大突破。完成了《社保资金计算机审计的思路及方法应用》的演示文稿，编写了3个审计专家经验数据库案例，2个案例被审计署采用。

固定资产投资审计　完成陕西省水利建设资金专项审计调查等3个项目审计（调查），发现陕西省在筹集、管理和使用水利建设资金方面存在水利投资计划安排和预算资金拨付不及时、部分单位资金管理混乱、大量设置账外资金、部分建设单位弄虚作假、套取骗取水利建设资金、工程造价审核把关不严、部分工程违法转包分包、河道护堤地和护岸地管理混乱、部分项目违反国家规定立项建设等问题，向审计署报送了《陕西省2002、2003年水利建设资金专项审计调查报告》和《陕西省人畜饮水建设情况专项审计调查报告》，向陕西省纪检、公安部门移送案件3起，涉及县处级干部3人，陕西省水利厅农水处处长受到免职处分。完成了攀枝花机场建设效益专项审计调查、四川省县际和乡村公路建设专项审计调查，向审计署报送了专题报告。

企业审计　同上海特派员办事处合作完成对中国电子科技集团公司审计，其中本办负责审计22个研究所和6个直属公司，资产总量为143亿元。通过审计，查出长江数据股份有限公司虚假注册、骗取贷款、转移资金、流失国有资产等违规金额31.5亿元，其中“小金库”金额3.6亿元，引起强烈反响；发现长江数据股份有限公司原法定代表人等涉嫌犯罪线索，向国务院国有资产监督委员会移送违纪案件1起，向重庆市公安局移送经济案件线索1件，已立案逮捕2人。

外资审计　完成对世界银行贷款四川输变电项目、高等教育改革项目2个子项目，科技发展项目6个子项目、四川天然气开发与节能项目，以及政府外债铁路设备效益审计等11个项目审计，共查出违规金额37.6亿元，收缴各类税金684.3万元。向四川省公安厅移送案件1起，涉案人数6人，涉案金额530万元。向审计署报送审计情况简报11篇，其中国务院领导批示2篇，中办、国办采用3篇，审计署《重要信息要目》采用5篇，转发相关部委2篇。

行政事业审计　完成了对四川大学2003年度财务收支审计和审计调查任务，共查出违规金额56452万元，其中隐瞒、转移收入18339万元，滥发钱物121万元，虚列支出8300万元，设置“小金库”459万元，少缴税费105万元，违规收费14880万元，风险资产5139万元以及基本建设项目超投资、超概算等问题，得到了审计署领导的肯定。同时，完成了对举报四川大学华西医院的审计查证工作。

农业与资源环保审计　完成江苏省太湖流域审计和审计调查任务，积极探索了环保效益审计。在审计过程中，准确地把握了江苏省太湖流域的总体情况，将经济发展初期污染最严重、项目多、资金投入量大的无锡市和常州市确定为重点审计地区，将江苏五里湖水污染防治工程的效益分成水质本体效益和连带效益两个部分进行分析，从而揭示出存在的主要问题，并提出审计建议，得到了审计署的肯定和地方政府的认同。

社会审计组织质量检查　完成对四川君和会计师事务所业务质量检查，查出违规金额2亿元，发现的8个问题被审计署汇总报告采用，其中上市公司弄虚作假包装业绩和挪用公司资金的问题，经审计署《重要信息要目》上报后，被国办采用。

工作创新 (1) 制定全办贯彻审计署《五年发展规划实施意见》，对2004年至2007年每一年的阶段性目标和任务进行细化，提出“一年打基础、二年求发展、三年上台阶、四年创一流”的总体工作思路和“达到一流的队伍、一流的管理、一流的业绩”的总体目标，以指导全办的审计工作。

(2) 试行审计项目招投标办法，探索竞争机制。在6个项目中，进行审计组长、小组长和主审等多个层次的招标试点，其中审计组长招标1个，主审招标1个，小组长招标10个，参加投标人数达26人。

(3) 引入ISO9000国际质量标准认证体系，探索质量控制长效机制。利用贯彻《审计机关审计项目质量控制办法（试行）》的契机，借鉴ISO9000国际质量标准认证体系，建立全员审计质量控制体系，提出了质量方针、质量目标，编写了质量手册，起草了13个程序文件，制定完善32个内部管理制度，制定了各处室和审计组岗位职责，形成了质量控制体系基本框架。

(4) 制定《资源整合和重点项目推进工作指导意见》，探索审计资源配置机制。

(5) 改革处室目标考核办法，将审计管理与审计项目分别考核，第一次实现了审计项目单独考核，建立了干部业绩考评机制。

法制建设 2004年，成都办按照审计署要求，全面贯彻落实审计署6号令，开展了“审计质量管理年”活动，并以“管理年”为载体，组织全办对6号令进行了学习讨论，邀请法制司和审计科研所专家作了专门讲座。根据6号令要求，修订了《审计业务会议制度》，并准备出台6号令实施细则，坚持审计日记制度。同时，坚持审计回访追踪制度，对审计决定和审计意见执行情况进行定期检查，主动与受送机关衔接，及时了解移送案件的处理情况，维护了审计监督权威和审计执法的严肃性，规避了审计风险，推进了审计质量的提高。

人员培训 坚持采用多种方式加强人员培训，全年举办各种专题辅导8次，派出28人次参加各种培训。除参加署组织的计算机培训班外，自行组织了异地全脱产、全封闭计算机培训。通过年初和年中2次强化培训，全年通过计算机审计中级考试21人，使全办合格总人数达到37人。（撰稿人：杨志永）

【长沙特派员办事处】 2004年，长沙特派员办事处（以下简称长沙办）在职人员103人，设有办公室、机关党委、人教处、法制处、财政审计一处、财政审计二处、金融审计处、固定资产投资审计处、经贸审计处、行政事业审计处、外资审计处、机关服务处12个处（室）。

领导成员

特 派 员：罗　凌

副特派员：马亚力　车列武

　　　　　魏　强（6月—）

审计成果 2004年，长沙办完成审计（调查）项目36个，查出违规金额184682万元，损失浪费金额30595万元。提交审计报告42份，审计调查报告16份，信息122篇，被采用73篇，其中被党和国家领导人批示11篇，中办、国办采用16篇；移送大案要案线索3件。2004年，长沙办加大了对重大违纪违法问题和经济犯罪案件的查处力度，并在查处“大要案”方面取得了新的突破；与审计署财政审计司共同承担的海关联网审计软件研发取得突破性进展和实质性成果；全面启动了审计质量控制体系，审计项目基础管理工作进一步增强，工作质量稳步提升。在审计署全国优秀审计项目评比中，长沙办承担的2001年1月至2002年4月长沙海关关税及进口环节税审计项目受到通报表彰和奖励。

企业审计 在对神华集团公司财务收支及经济责任审计中，采取审计与专项调查相结合，点与面相结合的办法，从资金流向入手，历时6个多月，内查外调，做了大量艰苦细致的工作，找到审计切入点和突破口，发现了重大问题线索。除查出损益不实金额2.5亿元、因管理不善决策失误造成巨额国有资产流失等严重问题外，还查出了集团公司个别领导人的亲属在集团公司牟取不当利益，以及其下属公司违规高价发包工程、弄虚作假、套取现金等严重违纪违规问题，在集团内外引起了极大反响。

金融审计 在对华融、信达等4家金融资产管理公司长沙、南宁办事处的审计中，结合审计项目所处的经济环境和地域特点，以“抓住特点、突出重点、做出亮点”和“积极谨慎、快出成果”

为工作思路，始终强调对资产管理公司特点的把握，发现国有商业银行利用自办实体借剥离之机，隐瞒有效资产，上千万资金去向不明；低价处置土地使用权，买受人弄虚作假高估土地价值骗取银行贷款数千万元；挪用回收资金炒股造成巨额损失等突出问题。发出审计简报27篇，截至12月底，被中央领导同志批示、中办、国办采用、编入审计署《重要信息要目》、转送部委达27篇；向地方移交大要案线索3件。

投资审计　在珠江流域水利委员会、广东省水利建设资金审计调查和广西百色水利枢纽工程在建审计中，发现珠江流域上游水土流失严重、“优良工程”存在工程质量隐患、部分工程管理混乱、瓜分侵蚀、挤占挪用建设资金等问题，引起水利部、珠江流域水利委员会、广东省以及项目业主的高度重视，并正着手进行整改，取得了良好的效果。

农业与资源环保审计　在对北京市海河流域水污染防治资金审计中，查出北京市政府多付首创股份投资回报和折旧资金8000多万元、多征建设用地造成土地闲置、北京市环保局多报COD（化学需氧量）排放量、环境统计信息软件存在缺陷造成数据不真实等问题，引起北京市政府的高度重视，有效地促进了水污染防治工作的规范、整治措施的完善和管理手段的提高，并为进一步探索和开展重点区域环境审计的路子积累了宝贵的经验。

外资运用审计　在世行贷款湖南电力发展项目、科技发展项目中南大学粉末冶金等8个子项目的审计中，重点反映了设备采购、投资效益和国有资产保全方面存在的问题，其中由国家统借统还的世行贷款科技发展项目，在资产重组上市过程中，国有权益遭到严重侵蚀问题，得到温家宝总理的批示。

行政事业审计　在中南大学财务收支审计中，抓住教育乱收费这一社会关注的“热点”问题，重点揭示了学校存在违规收费、巨额资产不入账、对外投资反映不全、校办实体造假账、侵吞公款等问题，并针对性地提出整改意见，有效地促进了学校财务的规范管理，提高了资金使用效益，收到了良好效果。

城市财力情况审计调查　在对湖南省邵阳市本级及所属三区的城市财力调查中，以财政收支状况和城建项目作为调查重点，着重分析了收入结构不合理、财政收支矛盾突出、预算赤字严重、潜在财政风险较大的情况，为国家开发银行贯彻积极的财政政策，规避信贷风险，提供了客观参考。

社会审计组织业务质量检查　在对北京中勤万信会计师事务所的业务质量检查中，以该会计师事务所对上市公司2003年度会计报表出具的审计报告公允性、合法性为重点检查内容，查出该事务所未如实披露上市公司对外担保利息少计预计负债等重大问题被审计署汇总转发。

信息化建设　在完成挂接审计署“AO”平台的审计抽样方法的测试及修改和国家863课题“计算机审计数据采集与处理技术”组网技术研究的同时，长沙办着力研究和开发海关联网审计软件。该课题是长沙办与审计署财政审计司共同承担的“金审工程”重点项目，由长沙办财政审计处和法制处联合组成海关联网审计软件课题组，经过8个月的封闭式研究开发，于6月底完成了主要功能模块的开发和编码；7月份在全国审计工作座谈会上，该软件的演示汇报受到与会代表的重点关注和高度评价，刘家义副审计长称之为“思路成熟，演示成功”；9月完成了《海关H2000联网审计系统》的设计和编码；10月通过了系统测试；11月份，与京津冀特派员办事处共同承担了西安海关联网审计的试点工作，联网审计软件发挥了重要作用，初战告捷，效果显著：一是审计更具针对性，缩短了现场工作时间、节约了审计成本、提高了审计效率；二是短短20天时间查出了69个问题，如综合运用软件系统的功能模块，查出某航空公司融资租赁飞机少申报纳税近亿元的问题等，达到了测试练兵和核查问题的双重目的。

队伍建设　长沙办把以人为本作为实践科学发展观的核心内容，贯穿于班子和队伍建设之中，实施人才强办战略，促进干部的全面发展。首先是着眼于提高“五个水平”，加强领导班子自身建设，健全决策程序和党组中心组学习、民主生活会制度，大力推行政务公开，将民主集中制和行政首长负责制有机结合起来，形成了工作上相互支持、团结协作、同舟共济的良好氛围，班子的凝聚力、战斗力和创造力得到增强。在队伍建设方面，按照审计署的统一部署，开展了竞争上岗。

同时，注重抓好人才培养工作：一是实施中青年干部启用后的再教育、再培养工程和处室班子“一把手”工程；二是继续实施“一带一”人才培养工程；三是完善考核奖惩制度，建立以能力和业绩为导向的考评体系；四是加大了大学生录用力度，充实到审计一线，发挥了生力军的作用；五是致力于建设学习型机关，开展多种形式的培训。

党建和廉政工作　长沙办机关党委圆满完成换届选举，产生了新一届机关党委会，在政治学习、组织发展、宣传教育、思想工作多方面狠下工夫，全年培养发展中共预备党员4名，考察转为中共正式党员8名，同时进一步加强和改进了老干部工作。在廉政建设方面，设立纪检组，强化纪检监察工作和廉政建设；签订廉政责任状，抓好廉政责任制的落实；成立审计纪律回访调查工作组，促进廉政纪律的落实。在10月份审计署组织的“廉洁从政知识测试活动”中，长沙办荣获二等奖，并受到嘉奖。

综合后勤服务　长沙办围绕“以制治办”的工作思路，重点对自定的有关规定进行了全面清理，取消不规范、不合理的有关规定。同时，出台了审计项目质量检查、审计组长主审等系列奖惩办法，开展公文处理工作的全员培训，完善了党组会议、特派员会议、特派员办公会议纪要制度，加强了机关财务、档案、远程站、资料室管理工作。机关服务中心在积极做好后勤保障工作，为职工提供优惠服务的同时，通过采取改善客房条件和宾馆硬件设施、积极申报三星级宾馆、实行信息联网、加强租赁管理等措施，拓宽了创收渠道，经营业绩创历史最高。工会、妇委会、共青团等也做了大量的工作。(撰稿人：陈冠蕾)

【深圳特派员办事处】　2004年，深圳特派员办事处（以下简称深圳办）在职人员68人，设有办公室、法制处、财政审计处、金融审计处、经贸审计处、外资运用审计处、境外中资机构审计处、计算机审计处、人事教育处、机关服务中心和机关党委。

领导成员

特 派 员：庄晓玖

副特派员：王淡浓（—7月）

段大波　刘贡力

审计成果　2004年，深圳办共承担审计和审计调查项目16个，查出违规、管理不规范和损失浪费金额135.4亿元；移送司法机关处理的案件线索2件，涉案金额5944万元。与纪检司法机关联合办案1起，涉案金额3500万元。提交审计简报、专题报告、调查报告、综合报告共计45篇，其中，作为《审计要情》上报国务院1篇，编入审计署《重要信息要目》6篇，被国办采用4篇、中办采用4篇，被国务院领导批示3篇，转送部委5篇。

财政审计　完成对上海市税务部门2003年税收征管质量情况的审计调查、对广东省深圳市龙岗区人民政府2001～2003年度财力情况的审计调查、对上海市农工商（集团）总公司改制及享受税收优惠政策情况的专项审计调查。完成对安徽省关闭破产企业中央专项补助资金管理使用情况的专项审计调查，发现该省在关闭破产项目立项中，淮南矿业集团下属两个资源并未枯竭的矿山申报关闭破产，违规申领关破补助资金7.1亿元和核销银行债务9.2亿元；违规将资源能量丰富的停缓建的独立矿山并入破产项目，核销银行债务2.3亿元。铜陵有色金属（集团）公司将下属6个企业并入4个资源枯竭矿山破产项目，违规申领关破补助资金3.1亿元；在落实国家政策中，部分企业宣布破产后仍继续从事原矿井资源开采，破产企业原有社会机构大部分未能移交给地方，破产企业职工安置到位率仅为43%，以及关破补助资金闲置现象严重，共有23.7亿元滞留财政部门及企业，占整个关破补助资金的66%；在申请、管理和使用关破补助资金中，虚报多领3.6亿元、挤占挪用3.6亿元支付塌陷补偿费和作为生产经营费用等问题。

金融审计　2004年，完成了对中国华融资产管理公司、中国长城资产管理公司、中国东方资产管理公司、中国信达资产管理公司深圳、海口办事处共8家金融机构1999～2003年度资产负债损益情况的审计。审计发现违规经营和管理不规范问题金额合计43.1亿元。其中在收购环节中存在银行通过剥离转嫁经营损失等问题，合计金额3.3亿元；在处置环节中存在违反程序或权限、谋取小集体利益、拍卖和评估不规范等问题，合计金额30.8亿元；在管理环节中存在维权不力、违规自用处置资产等问题，合计金额5.4亿元；在财务核算中存在虚列费用、挪用回收资金等问题，合计金额3.5亿元。审计发现经济案件线索2件，其中：深圳市中级人民法院原法官傅某涉嫌渎职的问题，已移送深圳市人民检察院处理，涉案金额4709万元；海口中大旅业有限公司法人代表曾某通过虚假土地转让诈骗信托资金，原建行海南省分行信托投资公司海口办事处负责人左某对资金被骗负有重大责任的问题，已移送查处，涉案金额1.1亿元。审计还发现中国工商银行汕头市韩江支行根据总行的要求，借剥离不良贷款之机，违规向所属银城、银海投资基金管理部发放2.2亿元贷款，用于抵顶这两项基金经营中所形成的不良资产，并将贷款本息作为银行不良资产全部剥离给华融资产管理公司，使本应由银行承担的经营性损失转由国家承担的重大问题，该信息被中办、国办采用，国务院领导作出重要批示。此外，审计还发现海口市人民政府将其持有的海南金盘实业股份有限公司12.8亿元国有债权和8324万股国家股权，以1.4亿元低价转让给两家民营企业，致使巨额国有资产流失以及国有资产管理部门对上市公司的国家股权监管失控等重大问题，该信息引起审计署领导的高度重视并作出重要批示，被编入审计署《重要信息要目》上报国务院。

此外，协助审计署完成了对“中国人民保险公司深圳分公司举报事项”的调查工作，发现该公司截留保费收入、支付高额手续费等问题，被编入审计署《重要信息要目》上报国务院，并被中办采用。

企业审计（经济责任审计） 完成了对中国通用（集团）公司2002年度财务收支及原法定代表人的任期经济责任审计。在以往年度对该公司审计的基础上，此次审计资产总额110亿元，占该公司境内资产的70%，同时延伸审计了17个下属公司及关联企业。揭露出该公司会计信息失真调增资产1.6亿元、重大经济决策失误造成损失6133万元、企业资产质量不高共有不良资产15.6亿元等10个方面的问题，实事求是地评价了企业领导人经济责任履行情况，提出了有价值的审计建议，审计成绩得到审计署领导高度肯定。

审计还发现原北京市计委工业处副处长杨某、原北京市经委规划与投资处副处长荆某涉嫌受贿，北京市东方钰钦信息咨询服务有限公司及其法人代表戚某涉嫌行贿等经济案件线索1件，已移送北京市人民检察院查处，涉案金额1235万元。此外，还对深圳市烟草公司和深圳卷烟厂2003年度财务收支情况进行了审计。

固定资产投资审计 完成了对湖南省2002~2003年度水利建设资金的专项审计调查，发现该省水利建设中立项不规范，“同体建设”现象突出，“一条龙”作业方式比较普遍，大量工程招标不规范；在投资计划管理环节中，上报项目多而全，但实际安排率低；在资金预算管理和使用环节中，因监管不力致使基层单位擅自调整实施计划，地方财政配套资金占地方总配套资金比例过低；在项目建设管理环节中，将批复的除险加固资金230万元用于修建办公楼；以及水利部长江水利委员会对项目实施方案审批不及时，致使1亿元国债资金长期滞留账上等问题。审计发现湖南省岳阳市长江修防处违规成立下属公司，虚假招标采购块石，水下抛石出现62万平方米的工程虚方，涉嫌套取国债建设资金3500万元的经济案件线索1件，经上报审计署，此案移交当地纪检、司法部门联合查处。

此外，还对长江干堤湖南段湖南省实施部分建设项目、江西省县际及农村公路改造工程进行了专项审计调查。

行政事业审计 完成了对厦门大学2003年度财务收支情况的审计和专项审计调查，发现该校存在基础建设工程未进行公开招投标1.6亿元、新校区用地2576亩未取得国家批准、部分校办企业验资注册后抽逃资本金及长期无偿占用学校资产、后勤集团1.4亿元收入及资产未纳入学校统一财务核算管理、创办独立学院不规范等违规问题，有针对性地提出了建议，得到了审计署的肯定和厦门大学的重视。

外资运用审计 完成了对广梅汕铁路外贷引进设备使用效益的审计，揭露出因技改和京九复线建设等原因，部分设备和建筑物建成后不久即拆除或停用造成逾2亿元的损失，可行性研究不够导致盲目采购设备闲置等问题，出具了客观的审计评价，有针对性提出了审计建议。

境外审计 独立完成了境外审计任务暨对中化香港（集团）有限公司2002~2003年度资产负债损益情况的审计，发现该公司通过境外子公司在海外留存化肥业务利润3.7亿元、境外企业未办理国有资产产权登记等问题。通过审计，积累了对大型集团企业在海外的投资及业务监管的经验，为规范管理境外中资企业提供了决策依据，充分发挥了深圳办的地域优势和机构优势，有效地拓展了审计领域。

社会审计质量检查　完成了对深圳鹏城会计师事务所 2003 年度上市公司审计业务质量检查，重点延伸检查了湖南省衡阳市金荔科技农业股份有限公司，发现存在虚增资产 1.2 亿元、利润 623 万元，分别占该公司当年经事务所审计后的资产总额 13.8%、利润总额 20.65%，以及对外担保未予披露等问题，促进了会计师事务所审计业务质量的提高。

队伍建设　深圳办进一步加强人事管理与培训，人事工作取得成效。按照审计署第二次处级及以下干部全员竞争上岗和双向选择工作的部署，精心组织，规范操作，公正平稳地完成了该项工作，进一步优化了干部结构，提高了队伍整体效能。先后开展了计算机基础知识和操作技能、公文处理、年中整训等 3 次较大规模的集中培训，平均每人集中上课 165 课时，并利用互联网开展培训。

法制建设　一是采取集中学习、开会研讨、审前培训、听大课等多种形式，认真组织对审计署 6 号令的学习。二是对原有的审计工作规程作出相应调整，规范了审计取证和工作底稿等工作程序和操作规则。三是开展审计署 6 号令贯彻执行情况的专题调研，通过对照检查，深入研究工作中遇到的困难和问题，提出改进意见和建议。四是通过检查档案、检查现场、质量评比等方式对审计行为进行监督，尤其对方案制定、日记和底稿撰写、报告编制等程序变化较大的环节，严格审核，细化管理，严把质量关，把审计署 6 号令贯彻落实到审计工作的全过程。五是从事实是否清楚、定性是否准确、适用法律是否恰当、处理处罚意见是否适当等角度，加大复核工作的力度，扩大复核的范围，细化复核的内容，确保了审计业务质量符合审计署 6 号令的要求。

信息化建设　2004 年，深圳办一方面积极推进金审工程，认真做好网络日常管理与维护，完成计算机机房加固，推行金审工程软件。另一方面，积极尝试计算机辅助审计的新方式，如在经济责任审计中，将中国通用（集团）公司的电子数据资料全部下载并转换到特派办局域网，进行初步查找审计线索，同时通过互联网连接该公司网上业务，实现了对该公司部分业务的远程实时审计，大大节约了人力、时间，提高了工作效率。在行政事业审计中，针对厦门大学财务计算机系统的构成、业务覆盖及应用情况，制定出计算机辅助审计方案，从网络设置、硬件配置、软件文档及功能等方面对计算机系统是否能真实、完整地反映财务管理作出测试，审计发现“天财高校财务软件”程序设计上未进行加密控制，软件使用手册未明确安全措施而留有重大风险等问题，进一步指出该软件目前在高校中广泛使用，承担着巨额教育经费会计管理、核算等功能，其隐患亟待解决。此项工作拓宽了计算机审计的广度和深度，在审计署行政事业审计领域率先开展了对系统软件的审计，得到审计署的高度肯定。

党建工作　深圳办在思想政治和党建工作方面，采取措施，不断夯实基础。先后组织了十六届四中全会精神等 4 个专题学习，建立起政治学习和思想汇报制度，要求提交心得体会，开展成果交流，促进学以致用，整体上提高了党员干部的政治觉悟和理论素养。在组织建设方面，坚持民主选举和公示制度，完成了机关党委委员和支部书记的增补工作，进一步健全了基层党组织。全年共发展新党员 1 名，确定入党积极分子 1 名，另有 7 名预备党员顺利转为正式党员。在推优评先方面，认真开展了“创五好”支部、争“四好党员”的“双评”工作，评选出先进党支部 2 个，优秀党员 6 名和优秀兼职党务干部 3 名。同时，通过举办丰富多彩的活动，如组织全体党员去湖南韶山进行革命传统教育等，增强了党组织的凝聚力和战斗力。

廉政建设　一是认真落实领导干部述职述廉制度和民主生活会制度，重点加大了对处级以上领导干部的廉政监督力度。二是开展了纠正“跑官要官、收受红包，公职人员参与赌博、公款旅游”等不正之风的情况检查和干部子女及亲属经商的情况调查，没有发现办内干部有违反廉政纪律的行为出现。三是严格执行“八不准”公告制度、报告制度和回访制度。四是组织了多种形式的廉政教育活动。

内部管理　在内部管理方面，通过对华审实业公司清产核资以及宾馆、食堂及服务中心成立以来的财务情况的检查整顿，摸清了家底，明确了责任，督促了整改，改善了资产管理质量；在财务管理方面，在国库集中支付制度业务流程及操作发生重大变革的情况下，会计核算顺利衔接；在保密工作方面，加强了病毒防范，顺利通过审计署两次计算机保密检查，全年未发生任何泄密事件。机关服务中心能够按照“加强管理，服务一线”的指导思想，及时整改财务收支及管理上存在的问题，端正工作作风，在食堂、安全行车等方面，尽最大可能地为审计一线的同志服务，全年安全行车25万公里；在物业、宾馆管理等方面，努力盘活资产，取得了较好的经济效益。此外，还办理了中审大厦的产权分割和房产手续，加强了对国有资产的管理。

记者站工作　深圳办深度挖掘审计成果，对工作成果和经验进行深入报道，全年共在《中国审计报》和《中国审计》上发表文章9篇，其中3篇被头版头条采用，3篇被《经济日报》、《瞭望》、《中国青年报》等媒体转载。（撰稿人：王琳予）

【长春特派员办事处】　2004年，长春特派员办事处（以下简称长春办）在职人员52人，设审计一处、审计二处、审计三处、审计四处4个业务处（室）和办公室、人事教育处、机关党委3个综合处（室）以及机关后勤服务中心。

领导成员

特 派 员：张炳功

副特派员：李秀才（6月—）

特派员助理：矫　强（2月—）

审计成果　2004年，长春办共承担审计署下达的审计和审计调查项目14个，截至12月末，已完成或接近完成10项，预计全部项目于2005年3月底完成。审计查出违规金额451120万元，向纪检司法机关以及主管部门移送案件线索9件，受审计署表彰的审计项目1个。共有4篇审计信息被审计署以《重要信息要目》形式上报给中办、国办，均得到采纳，其中3篇被国家领导批示。

金融审计　在对某资产管理公司进行审计中，长春办查出了某商业银行某分行为消化违规经营损失，借剥离不良贷款之机弄虚作假套取国家资金3.9亿元的违纪问题，并且还发现某商业银行某省级分行与企业联手，诈骗银行资金1.3亿元的问题。在资产管理公司审计中，长春办上报的关于某资产管理公司集体参与虚假竞拍造成国有资产损失1700万元的“情况反映”，被审计署采用并编入专报信息上报国务院，得到了温家宝总理的重要批示。

财政审计　在粮食风险基金审计中，长春办查出个别国有粮库未经审批擅自处理粮食损失，其中一个只有5万吨库存的粮库，两年内就处理损耗17000吨，使国有资产蒙受严重损失。2003年社保资金审计中关于社保资金被挤占挪用的审计结果，纳入审计署综合信息上报后，在本年度被中办采用并被国家领导人批示。2003年税收审计调查中关于部分企业违规享受开发区税收优惠政策的审计结果，纳入审计署综合信息上报后，被中办、国办采用。

经贸审计　在烟草行业审计中，长春办查出某地区政府与某烟草专卖局联手，将公安部门罚没的走私卷烟违规变现处理，造成中央级罚没收入1602万元被截留，并私设“小金库”，涉嫌个人贪污。另外还揭露出某县级烟草公司经理任职仅两年半，涉嫌贪污400多万元的问题。

行政事业审计　在对某高校审计中，长春办查出该单位自立项目收费696万元、超标准收费7614万元、私设“小金库”316万元以及挪用教育资金14026万元等重大问题。上报的关于该高校财务状况恶化、债务负担沉重的“情况反映”被审计署采用并以《重要信息要目》形式上报国务院，得到国务院领导的批示。长春办还与审计署信息办合作，开展了利用AO系统软件对某医院进行现场审计和系统测试的工作。

审计质量控制　长春办把《审计机关审计项目质量控制办法（试行）》执行前后有重大变化的部分，作为审计质量的内部控制点加以关注。例如，在2004年的烟草行业审计中，通过历时两个多月的审前调查和审前分析，准确地掌握了当前该行业存在的主要问题，较科学地确定了审计的重点单位和重点内容，为后来取得较好的审计成果奠定了基础，并在全国烟草行业审计培训会上作了经验介绍。为了使审计人员能够按照要求写好审计日记，长春办在审计小组内部实行了互检制度，小组成员每周都要互检一次，由审计组长召开小组会听取互检情况；处长每个月对各审计小组的日记情况都要进行一次书面检查，并在全处通报检查结果。对于审计项目三级复核制度，长春办做到了层层落实，层层把关，层层负责。

鉴于审计结果公告制度的实施，长春办注重审计报告征求意见的环节，由过去的一次性征求意见，改为审计报告征求意见和审计结果公开前征求意见两个环节，使被审计单位对事实无异议，对处理无争议，对公开无非议。

信息化建设 长春办将2004年确定为“计算机管理、普及、培训、应用年”，主要抓了四点：一是解决认识问题，克服畏难情绪，使大家明白计算机审计是未来审计的发展方向；二是有计划地招录计算机专业人员，配置先进设备；三是加强计算机专业知识和技术培训，曾专门抽出一个多月的时间开展计算机培训，目前通过审计署中级资格考试合格的有18人，占全办总人数的35%；四是在审计中努力探索和实践。

此外，长春办及时建立了与审计署的远程通讯系统，建设了审计署长春特派办局域网，建立了财务、统计、人事、资产管理的专用计算机管理系统，并把金审工程作为重要组成部分规划到办公楼的总体设计中。

机关党建工作 2004年，审计署长春特派办以加强支部建设为重点，夯实基础，注重实效，全面加强党的思想、组织和作风建设。

(1) 健全组织，完善制度，为各项工作的正常开展创造条件。2004年5月，长春办成立了机关团委，先后制发了《审计署长春特派办机关党委工作规则》、《审计署长春特派办2004年机关党委工作要点》、《审计署长春特派办机关团委工作规则》等制度，使党建工作逐步走向规范化和制度化。

(2) 创建学习型团队，营造良好机关氛围。2004年初，长春办将加强机关文化建设、创建学习型机关作为一项重要工作来抓。营造善于开展批评和自我批评的良好氛围；营造关心人、体贴人、与人为善的良好氛围；营造不谋私利、甘于奉献的良好氛围。下半年，经过研究，制定了营造三个良好氛围的具体措施，并在逐步落实中取得了良好效果。长春办2004年被吉林省直机关党工委评为“省直精神文明单位”。

党风廉政建设 2004年，长春办的党风廉政建设以严格执行审计署“八不准”规定为重点，坚持外抓纪律、内抓管理，在组织建设、制度建设和具体措施上都有新的进展和成效。

(1) 健全组织。2004年初，经审计署党组批准，审计署长春特派办成立了办党组纪检组，任命了组长、副组长和专职纪检员；3月份经吉林省省直机关党工委同意，成立了机关纪委，并选举产生了机关纪委书记和委员，从而为加强党风廉政建设提供了组织保障。

(2) 完善制度。2004年，长春办在认真执行《审计署长春特派办关于落实党风廉政建设责任制》、《审计署长春特派办关于加强审计纪律规定的实施办法》等制度的同时，又制定了《审计署长春特派办审中接受审计纪律情况检查办法》，做到思想教育与制度约束相结合。

(3) 措施得力。主要采取了以下六项措施：一是在年初召开廉政建设工作专题会，会后全办同志均签订了“廉政承诺书”；二是在年初和年中整训中，都把廉政教育作为整训的重点内容；三是要求所有审计组进点时必须公示审计纪律“八不准”；四是在审计实施中，不定期地组织有关人员到审计现场检查审计纪律执行情况；五是审计结束后，组织专人到被审计单位进行廉政回访；六是要求所有人员都要将执行廉政纪律的情况写入个人年末工作总结。(撰稿人：石　岩)

【重庆特派员办事处】 2004年，重庆特派员办事处（以下简称重庆办）在职人员44人，设有办公室、审计业务一处、审计业务二处、审计业务三处、人事教育处、基建办、机关党委、机关后勤服务中心。

领导成员

特 派 员：王中信

副特派员：吴德珍

审计成果 2004年，重庆办共承办了6个署定项目，共审计查出违规金额26.54亿元。移送公安、检察机关处理案件3起。审计中发现一些重要情况，编发、上报审计简报29篇，被审计署、中央办公厅、国务院办公厅采用以及国家领导人批示共计19篇（次）。其中被审计署采用8篇，包括《审计要情》2篇、《重要信息要目》4篇、《转送部委信息》1篇、《审计工作通讯》1篇，被中央办公厅采用3篇，被国务院办公厅采用3篇，国家领导人批示5篇，另有1篇信息被审计署审计结果公告采用。

固定资产投资审计 在重庆市水利建设资金和重点水利建设项目审计调查中，发现水利建设资金预算管理不够规范，少编预算 14682 万元，挤占、挪用、违规出借、虚列结转水利专项资金 7182 万元，水利工程建设管理方面存在超概算投资 13675 万元、违规征用土地 6542 亩、前期准备工作不足形成投资损失 1620 万元、工程建设管理不善形成损失浪费 1127 万元以及配套资金不到位影响工程效益等问题。查出地方重复申报、国家有关部委重复批复水利专项资金 400 万元、地方 4 年 3 次变项间闲置挪用的问题；查出黔江区水利局以假合同、假结算、假验收等方式造成中央国债专项资金 100 万元私存及挪用的违纪违规问题；查出农村人畜饮水国债资金“跑”、“漏”多隐性缩水突出问题，并对水利基本建设项目概算结余偏大的体制原因进行专题分析，反映水利基本建设投资管理的体制性弊端；查出重庆市开县鲤鱼塘水库工程行政服务中心成立 14 个月发生管理费支出 131.94 万元的问题，反映该问题的审计信息报审计署后被《转送部委信息》采用，并转重庆市政府。

金融审计　在对四大资产管理公司的审计中，积极探索主审招标审计方式，审计共发现违法犯罪案件线索 4 件，已移送 3 件，形成《审计要情》1篇、《重要信息要目》2 篇。在长城资产管理公司重庆办事处审计中，查明四川盛世集团从 1993 年到 1998 年涉嫌与 10 多个关联企业先后在四川、重庆农行诈骗信用证、银行承兑汇票、人民币贷款、外币贷款，折合人民币共计 20.2 亿元，预计银行贷款本息损失 10.9 亿元的重大违法违规问题，上报信息被审计署以《审计要情》上报国务院，国家领导人作出重要批示，并责成公安部立案查处；农行九龙坡区支行违规将签发银行承兑汇票的质押存单 2100 万元退还企业，企业兑换后其中 340 万元现金去向不明，另外 148 万元现金全部白条列支，该案件已移送九龙坡区检察院处理。在信达资产管理公司重庆办事处审计中，针对该公司原主任压价处置国有资产造成国有资产损失以及违法为亲友谋利的问题，上报信息被《重要信息要目》采用，中办以《近期社会动态专报》上报中央政治局，国务院领导作了批示，责成有关部委处理，该案件已移交重庆市公安局处理。另外，针对信达资产管理公司重庆办 2000 年为完成现金回收任务，借债转股之机要求企业向银行贷款偿还债务，导致多收债转股企业——西南计算机工业公司 913 万元资金，作为当年现金回收上划信达总公司的问题，上报信息被《重要信息要目》采用，国办秘书局《专报信息》1784 期对此采用，国务院领导作了重要批示。

经贸审计　四川烟草行业财务收支审计是审计署安排 2004 年烟草审计的两个试点地区之一。审计查出成都卷烟厂将 1.99 亿元财政拨款作为奖金福利分配，计划外生产试制烟占试制烟生产总数的 96.57%，并少缴税金 4276 万元；四川烟草行业大量外聘人员工资未列入工资基金管理，13248 名外聘人员 2003 年支付报酬 12935 万元，其中列入工资基金占 1.34%，其余挤占成本、费用和其他资金，影响税收 4211 万元；烟草企业按地方政策列支费用 2000～2003 年共 42245 万元，其中县一级政策列支占 74.75%；卷烟生产企业生产四五类低档烟比例过小造成供给严重不足、低档烟生产与消费结构矛盾突出等问题。对烟草行业专卖政策、计划管理、财务体制等若干共性问题进行了专题审计调查，在审计署经贸审计司组织的烟草审计培训班上汇报了试点审计情况和经验，得到充分肯定。

领导班子建设　办党组认真落实中心组学习制度，办领导带头学习马列主义、毛泽东思想、邓小平理论和“三个代表”重要思想，深刻领会十六届四中全会精神，自觉增强政治意识、大局意识、责任意识、执政意识，在思想上、行动上始终同党中央保持了高度一致。在加强理论学习的同时，狠抓了全国审计工作会议、全国审计工作座谈会、审计署五年发展规划和署党组一系列重要指示精神的学习，从而为认清形势、把握大局、明确任务、突出重点、抓住机遇、加快发展奠定了坚实的思想基础。

办党组始终高度重视和强化对处级干部的培养和锻炼，对处长提出“要围绕五力（即要形成合力、增强魄力、善待权力、展现魅力、发展要有实力），提高整体素质”的希望和要求。处级干部深受触动、深受启发，按照“五力”要求自觉加强修养、加强锻炼，坚持把提高执政能力体现在转变作风上、贯穿在实际工作中。

办党组严格按照《审计署驻地方特派员办事处党组工作规则》，认真执行各项制度，坚持照章办事，带头讲规矩、讲程序、讲纪律。继续发扬“公开、透明、民主”的优良传统，坚持办务通报制度，对关系职工切身利益的重大事项、重大决策、重要工作充分听取职工意见，集体研究决定，确保民主、科学决策，力争取得良好效果。

队伍建设 （1）严把关口，确保质量。重庆办继续坚持“求精、求强、求特色”的原则，2004年共招录公务员6名，均为大学本科以上学历，其中硕士研究生3名。截至2004年底，全办共有干部44人，其中研究生14人，占干部总数的32%；大学本科30（含双学士3人）人，占干部总数的68%。

（2）多式并举，强化培训。重庆办在2004年年初自备教材、自筹师资，组织了计算机审计中级封闭培训，取得明显成效。全办共有18人参加计算机审计中级考试，通过17人，通过率为94%。截至2004年年底，重庆办共有21人通过了计算机审计中级考试，占全办人员总数的49%，通过比例在18个特派办中位居前列。

（3）实战练兵，开阔眼界。积极创造条件锻炼年轻同志，促其全面成长。2004年，先后承办了审计署第二届国际审计培训班部分学员赴渝实习和韩国监查院监查教育院代表团接待任务。

（4）创造条件，鼓励学习。落实加强干部培训工作意见，对干部年度累计学时提出要求，并为职工学习、进修创造宽松环境，树立了建设学习型特派办的正确导向。2004年，共有29名同志参加了高级审计师、审计师、ACCA、注册会计师、工程造价师、资产评估师、司法等各类职称、职业资格考试，另有5位同志攻读博士、硕士学位，参加考试和学习深造的职工占全办人员总数的79%。

（5）竞争激励，激情创业。2004年重庆办试行了主审招标制，提倡公平竞争、优者胜出，同时，设立了突出贡献奖、主审津贴以及优秀审计项目奖，明显加大了审计信息和审计宣传奖励力度，极大地调动了干部职工的积极性和工作热情，形成了激情创业的生动局面。

制度建设 2004年，重庆办从建立激励机制、加强机关管理、提高审计质量等方面入手，先后制定、出台了审计项目计划管理办法、举报工作制度、审计项目质量检查委员会工作办法以及优秀审计项目评审奖励办法，修改完善了审计信息和审计宣传考核奖励办法，进一步健全、完善了制度体系，并将制度执行、落实情况与日常考核紧密结合，有效地推动了机关制度化、规范化管理进程。

基础建设 完成了办公楼、住宅的设计方案、初步设计的报批工作，施工图设计按预定计划将于2004年年底完成。完成了向国家发展和改革委员会申请投资的工作，财政部已安排建设资金。为争取时间、加快进度，在办理开工前有关手续的同时，完成了场地平整、车库开挖、工地围墙以及选定审图公司和招标代理公司等工作。制定了《基建工作办事规则》、《项目采购管理办法》等基建制度。

信息化建设 按照审计署统一要求，顺利完成了审计管理系统的重新安装和配置工作并已投入使用，尤其是公文软件的投入使用，标志着审计信息化建设迈出了重要一步，为实现办公自动化奠定了坚实基础。搞好新建办公楼信息系统建设，上报了新建办公楼的综合布线、机房工程建设初步设计和预算方案。派员参加了审计署对审计管理系统中的公文、统计、人事软件的更版培训、现场审计实施系统培训，并在年终整训期间对全办审计业务人员进行培训，将在2005年的审计项目中投入使用，以规范审计行为、提高审计质量，更好地落实审计署6号令的相关规定。

宣传工作 2004年，共编发对外宣传稿件19篇，被采用17篇（次），其中被审计署互联网站采用3篇，被《中国审计》、《中国审计报》采用13篇，被审计播报采用1篇。（撰稿人：张　莉）

地方审计机关

北京市

【北京市审计局】　2004年，共有干部职工535人，设有办公室、人教处、法制处、党委办公室、老干部处、监察处、综合处、行财处、财政审计处、固定资产投资审计一处、固定资产投资审计二处、经贸审计一处、经贸审计二处、行政事业审计处、外资运用审计处、社会保障审计处、农业与资源环保审计处等17个处（室），同时还设有机关服务中心、计算机中心、审计干校（审计科研所）、审计干部培训中心等4个直属事业单位。

领导成员

局　长：杨晓超

副局长：程显华　赵济堃　张海坤　王笑君

纪检组长：张均满

审计成果　全年共审计782个单位，查出违规金额45.91亿元，管理不规范金额163.32亿元，损失浪费金额9467万元，应上缴财政金额3.74亿元，应减少财政拨款或补贴金额5756万元，应归还原渠道资金9.47亿元，应调账处理金额19.45亿元，要求自行纠正金额168.84亿元，为国家增收节支13.78亿元。向本级政府或上级审计机关提交审计工作报告和信息1198篇，被领导批示或有关部门采用887篇。向纪检监察部门、司法机关移送和建议有关部门处理事项和案件7起，涉及人员6人、金额1339万元。

财政审计　全市审计机关把财税审计与政府重点部门决算草案审计、重点财政性专项资金审计有机结合，共审计158个单位，查出违规金额3.64亿元，管理不规范金额134.61亿元，损失浪费金额7928万元。移送纪检监察部门、司法机关和建议有关部门处理的事项和案件2起，涉及人员4人、金额1249万元。

北京市审计局的预算执行审计工作进一步深化。一是从促进完善预算管理制度，细化部门预算的角度，重点审计了市财政局预算管理和组织财政收支情况。二是在税收、国库审计中注重对税收征管和库款收纳拨付重要环节的审计。全年除完成对市财政局具体组织本级预算执行和其他财政收支情况，市地税局税收征管情况，国库北京市分库办理预算资金收纳划解拨付情况，市财政、地税部门决算草案等审计，以及完成市领导交办的对密云县政府截至2003年底债务情况调查外，还配合市财政局完成了10个区县2003年自定税收优惠政策情况及对区县财力影响的调查。共延伸审计单位79个，查出违规金额910万元，管理不规范金额111.1亿元。

为进一步加强财政审计规范化建设，市审计局在完善已有的《税收审计指南》网页的基础上，又制作了《财政审计指南》、《国库审计指南》等网页。

社会保障审计　北京市审计局完成审计项目4个，审计调查项目1个，查出违规金额10634.3万元，管理不规范金额2461万元，损失浪费金额3822万元。提交的《关于北京市2003年度再就业资金专项审计调查报告》得到市领导的批示。

在对同仁医院2003年度财务收支情况进行审计的过程中，借鉴、吸收国外的审计技术与方法，将重要性水平的确定、审计风险的评估分析运用于审计方案的制定，并按照制度基础审计思路，把对内部控制制度的评价作为确定实质性测试的基础，实质性测试中又大量使用了监盘和函证。同时，通过理论抽样规模的确定，运用审计抽样方法等，重点揭露药品价格虚高、违规收费、收受回扣和账外“小金库”等问题，提高了审计效率，保证了工作质量。

农业与资源环保审计　北京市审计局完成计

划内项目6个、临时新增项目2个，审计调查了255个单位，调查金额1235235万元，查出违规金额2071万元，管理不规范金额55012万元，应缴财政收入470万元，应归还原渠道资金12万元，调账处理金额1588万元。《关于我市2003年财政环保资金的审计调查报告》上报市政府后，引起了市领导的重视，并作出“请财政局就审计发现的问题商有关部门整改”的批示。对污染扰民企业搬迁资金一定要加强监督管理，制定有力度的办法。

行政事业审计　全市审计机关共审计单位358个，查出违规金额5.5亿元，管理不规范金额16.8亿元，损失浪费金额902万元。移送纪检监察部门和建议有关部门处理的事项和案件3起，涉及人员1人。北京市审计局共完成审计（或调查）项目64个，查处违规金额5762万元，应缴财政金额1933万元，已上缴1933万元，归还原渠道资金193万元。同时，协助有关部门完成了治理教育乱收费专项检查、清理整顿统一着装检查等工作。

企业审计　全市审计机关围绕国有企业改革和改制工作，坚持以企业财务收支审计为基础，深化开展国有企业审计，完成了对92个国有企业的资产、负债、损益的真实性审计，查出违规金额18.73亿元，管理不规范金额10.57亿元，损失浪费金额637万元。建议有关部门处理的事项2件，涉及人员1人、金额90万元。北京市审计局查出违规金额148982万元，管理不规范金额50322万元，损失浪费金额5340万元，应缴财政6953万元。北京市审计局参与审计的“原国家电力公司领导班子经济责任审计项目”被审计署评为全国优秀审计项目。

外资运用审计　全市审计机关共审计单位22个，查出违规金额140万元，管理不规范金额601万元。北京市审计局对国际金融组织贷援款项目2003年度财务收支和项目执行情况进行了公证审计，审计9个项目，向世界银行提交了8份公证审计报告，向亚洲开发银行提交了1份审计报告，向项目执行单位发出审计报告（代审计意见书）20份，审计决定1份。

固定资产投资审计　全市审计机关加大对重点建设项目的审计力度，抓住水、热、气、路等重点建设项目，对115个单位、18个重点建设项目开展了固定资产投资审计，审计项目投资167.91亿元，查出违规金额10.3亿元，管理不规范金额1002万元，核减工程款2.56亿元。北京市审计局完成审计项目30个，查出违规金额207910万元，管理不规范金额20119万元，应上缴财政7910万元，应归还原渠道资金90257万元，应调账处理金额25890万元。此外，还对4个建筑企业申报的拟核销资产损失5.2亿元进行了审计，对其中5.1亿元予以确认，并针对企业申报核销资产数额较大的问题分析了原因。

对北京住房公积金管理中心、中央国家机关分中心、中共中央直属机关分中心、北京铁路分中心住房公积金归集使用和管理情况的审计结果报告向市政府提交后，得到了市领导的批示。

奥运场馆审计　按照市政府奥运场馆工程建设“依法监督、严格程序，关口前移、重在预防，全程介入、全程监督，各司其职、相互配合”的监督原则，北京市审计局根据场馆建设进度有计划实施审计。完成了10个奥运专项资金审计和奥运场馆建设项目的前期审计调查，配合北京市奥运场馆建设指挥部办公室对10个单位开展了奥运资金使用及合同管理专项调查，全过程参与了5项奥运场馆招投标现场监督，初步制定了奥运场馆建设审计监督方案，建立了完善的监督工作领导体制和工作机制，各项工作有序进行，开端良好。

经济责任审计　全市审计机关按照“积极推动、稳步发展、规范运作、提高质量”的总体思路，积极开展经济责任审计。共审计经济责任人289人，单位290个。审计查出违规金额22.95亿元，管理不规范金额19.23亿元，损失浪费金额805万元。北京市审计局共审计经济责任人员12人，单位27个，查出违规金额218410万元，管理不规范金额47139万元，损失浪费金额785万元。

金融审计　北京市审计局共查出违规金额7万元，管理不规范金额20755万元，应缴财政金额7万元，应自行纠正金额20755万元，已自行纠正金额12256万元。

计算机辅助审计　北京市审计局在财税部门审计中，应用计算机辅助审计软件，进行分析性复核和PPS抽样审计试点。在对中小企业担保金管理和使用审计中，利用计算机功能，对担保对象的行业、担保贷款数额、担保贷款用途进行排序、筛选和整理，科学地选择延伸审计对象，改变了以往仅凭经验人为挑选延伸审计对象的方法，使这一环节更加科学合理。具体做法已被审计署收入专家经验库。在证券审计中，采集了两家公司证券业务的清算、自营证券、委托理财、经纪业务系统的数据，并对数据进行分析、筛选、核对，发现了一些传统审计方法难以发现的问题。如证券公司员工集资炒作股票问题、证券公司在受托资产经营中，将股票在受托股票账户与账户之间和自营股票账户之间进行“对敲”交易等。

内部审计　截至11月底，全市共有内部审计机构1328个，专兼职内部审计人员10473人，共审计11233个单位，查出损失浪费金额3132万元，促进增收节支4478万元，纠正违规金额1.15亿元，发现大案要案线索18件。提出建议意见被采纳3056条。（撰稿人：陈秋玲）

【东城区审计局】　2004年，共有干部职工53人。局长陈红，副局长李凯、王淑云（—5月）、赵刚、徐阳（5月—），纪检组长李凯（兼）。设有固定资产投资审计科、经贸企业审计科、行政事业审计科、财政金融审计科、社会保障审计科、经济责任审计科、综合法制科、内部审计指导科、人事监察科、信息化管理中心和办公室。

审计成果　审计单位270个，审计项目涉及资金量累计156.04亿元，查出管理不规范金额7.19亿元，指明要求纠正金额5.60亿元，核减工程结算1.59亿元。查出违规金额679.08万元，应上缴财政113.13万元，归还原渠道资金373.63万元，已全部上缴、归还。向区委、区政府报送审计报告、专报、信息等258篇（次），其中上报审计专报26篇（次），被区领导批示29篇（次），被上级单位采用信息105篇。

财政审计　审计一级预算单位87个，延伸审计单位109个。查出个别一级预算单位收入核算不规范、资产不完整等会计核算不规范问题。一些单位财务管理水平不高、内控制度执行不到位，个别预算单位存在领导人员财经纪律意识不强、会计人员业务素质低等问题。

固定资产投资审计　完成基建资金审计项目20个，审计项目涉及资金量累计29.26亿元，核减工程结算资金1.59亿元。对审计中发现的出具假证明、假房本等各种弄虚作假行为，责成有关单位对责任人员进行了严肃查处。

经济责任审计　对12名领导干部进行了经济责任审计，发现并处理了一些单位存在的财务核算与管理不够规范，资产管理不到位，财务信息不真实等的问题。

计算机辅助审计　结合审计环境及计算机辅助审计工作模式，自主开发了拆迁审计辅助软件。该软件根据拆迁审计的经验和模式，高度模仿现场审计人员的工作方式，实现了现场拆迁审计的系统化、规范化、效率化。

内部审计　全区内审部门共开展审计项目951个，纠正违规金额784万元，提出建议334条。（撰稿人：吕学英）

【西城区审计局】　2004年，共有干部职工58人。局长周慧来（—10月）、田迪（10月—），副局长徐立维、白永光、李朝阳（—6月），纪检组长徐立维。设有综合办公室、人事监察科、行政科、财政金融审计科、行政事业审计科、固定资产投资审计科、经贸审计科、内审指导科、经济责任审计科。

审计成果　完成审计项目46个，延伸审计单位69个；审计调查项目5个，调查单位36个，审计调查金额20596万元。查出违规金额5608万元，管理不规范金额22387万元，核减工程造价2332万元，应上缴财政596万元，已上缴财政631万元（其中补缴以前年度欠款35万元），应减少、已减少财政拨款596万元，应归还、已归还原渠道资金1758万元，应纠正、已纠正金额22387万元。

预算执行审计　加强对部门预算执行、国库集中支付、政府采购、会计集中核算等情况的审计监督，发现和揭示了预算管理、政府采购、政策执行不到位等问题，查出管理不规范金额4411万元。

固定资产投资审计　完成7个基本建设项目审计，审计项目总投资额63146万元。查处施工单位在结算中高套定额、虚增工程量、重复列项等问题，共查出违规金额2353万元，归还原渠道资金369万元，核减工程造价2332万元。

行政事业审计　对26个行政事业单位的财政、财务收支情况进行了审计，发现财政、财务核算不规范，固定资产不入账，往来账项清理不及时，内控制度执行不到位等问题，查出违规及管理不规范金额7902万元。有关部门根据审计建议，及时整改，积极采取措施完善管理，保证了财政资金的合理有效使用。

企业审计 完成了对6个企业资产、负债、损益真实性的审计，发现被审计单位存在会计信息失真、财务管理薄弱、投资效益差、资产损益不实等问题。查出违规金额3223万元，管理不规范金额9737万元，应上缴财政596万元。

经济责任审计 开展经济责任审计项目15个，包括5个街道办事处主任、8个行政事业单位领导、2个区属企业经理。审计查出资产不实、管理不善、违规操作等问题，查出违规金额1677万元，管理不规范金额11935万元。

审计调查 开展了再就业资金到位及其相关政策落实情况、综合环保资金使用管理情况、中小学校社会力量办学及联合办学情况等审计调查项目5个，调查单位36个，调查金额20596万元。

交办、协办任务 根据市审计局的要求，对区土地政策的执行情况、土地出让金管理使用情况等进行了审计。协助区纪委完成区建设项目实施"阳光工程"的审计。

信息化建设 研制开发审计项目管理软件，已进入试运行阶段。系统实现了审计项目计划阶段、准备阶段、实施阶段和终结阶段的信息化，完成对审计项目的全程管理。

内部审计 组织了区各内部审计单位的经验交流会、内审工作培训班、档案观摩交流会。筹备成立西城区内部审计协会，有46个单位报名参加。（撰稿人：杨晓洋）

【崇文区审计局】 2004年，共有干部职工48人。局长周有成，副局长刘丽娟、李连喜、王诚。设有综合办公室、人事监察科、固定资产投资审计科、经济贸易审计科、财政金融审计科、行政事业审计科、内审指导科、行政管理科。

审计成果 完成审计项目54个，审计查出违规金额1185万元，管理不规范金额25591万元，已上缴财政金额150万元。完成了3个专项资金审计调查项目，延伸审计调查单位32个，调查金额3634万元。对外报送审计信息、简报、宣传稿件等140篇，被《中国纪检监察报》、《中国审计报》等媒体采用135篇（次）。

预算执行审计 以支出审计为重点，对区财政局、区地税局、区教委等6个单位进行了预算执行审计。审计发现部分单位的政府采购计划与采购结果存在差距。受区政府委托，审计局向区人大常委会提交了预算执行审计工作报告和审计问题整改及处理情况的专题报告，得到了区人大常委会和区人大财经委的重视。同时，就教育资金管理使用的审计情况向区人大主任会议提交了教育资金审计工作报告。

行政事业单位审计 对14个行政事业单位进行了财务收支审计，审计查出违规金额26万元，已上缴财政11万元。在使用财政资金数额较大的区公安系统和区卫生系统审计中，从审前调查阶段、审计实施阶段入手，抓好银行账户、资产管理、资金往来、资金结余等四个控制点，规范审计操作规程。

企业审计 审计资金555万元。审计查出企业多计提职工福利费，超标准列支工资，无形资产、递延资产未及时进行摊销及会计科目使用不正确等问题。对发现的问题，建议企业按照《企业会计准则》、《企业会计制度》规定的会计方法进行核算，正确使用会计科目；对于超发工资及多提福利费问题，在年末及时进行纳税调整。

经济责任审计 对29名领导干部进行了任期经济责任审计，审计查出违规金额1160万元，其中应负主管领导责任金额1138万元，应负直接领导责任金额22万元。

固定资产投资审计 开展固定资产投资审计项目4个，核减工程造价款111万元。审计重点是财政资金投入大、群众关心的建设工程项目。在对前门东侧路市政道路建设解危排险专项资金使用情况实行全程跟踪审计过程中，严把解危排险工程程序关、资金关，并及时向区领导汇报资金使用情况。

计算机辅助审计 在审计项目中试用了易通、金剑等审计软件。成立了计算机软件研发小组，用培养专业骨干的方式推动部门计算机辅助审计的开展，并对应用审计软件的技巧及实践中的问题进行交流，为全面实行计算机审计积累经验。

法制建设 制定和补充完善了《审计项目计划管理和考核制度》、《行政执法责任制》、《崇文区经济责任审计联席会制度》等项制度。按照《年度审计工作任务分解表》、《2004年度工作责任纲要》的规定，进一步明确责任人的任务和职责。

在审计项目实施过程中，填制《审计日记》、《审计项目流程登记表》等，实行对审计项目管理的动态监控。

内部审计 共有内审机构15个，专、兼职内审人员266人。共完成审计项目111个，纠正违规金额2134万元。被审计单位采纳审计建议95条。(撰稿人：赵超英)

【宣武区审计局】 2004年，共有干部职工48人。局长梁诒（—2月）、张沪生（2月—），副局长张沪生（—2月）、王兰生、王路明（9月—），纪检组长王兰生（兼）。设有综合办公室、人事管理科、财政金融审计科、固定资产投资审计科、行政事业审计科、经济贸易审计科、经济责任审计科。

审计成果 审计单位41个，审计调查单位87个，查出违规金额7698万元，管理不规范金额1635万元，上缴财政金额4761万元，应减少财政拨款或补贴775万元，应归还原渠道资金40万元，应调账处理金额1499万元，应自行纠正金额1634万元。提交审计信息140篇，被上级部门采用64篇。审计决定执行率100%。被评为北京市精神文明单位标兵。

预算执行审计 审计财政资金总额11亿元，占财政总支出的52%。强化了重点专项资金的审计监督，延伸审计或调查资金管理使用单位和项目96个，做到了人大、政府、被审计单位“三满意”。

固定资产投资审计 对5个财政拨款基本建设工程项目进行了审计，涉及财政资金25235万元，占当年财政预算内安排基本建设支出的69.5%。审计发现，有2个项目在前期手续不健全的情况下违规开工，不符合基本建设程序要求，3个项目存在多计工程款的问题，共核减工程款（含进度款、结算款）261万元。

行政事业审计 查出违规金额1400万元，管理不规范金额381万元，应上缴财政金额178万元，应减少财政拨款或补贴520万元，应归还原渠道资金20万元，应调账处理金额60万元，应自行纠正金额380万元。

企业审计 查出违规金额5348万元，管理不规范金额120万元，应上缴财政金额3896万元，应归还原渠道资金20万元，应调账处理金额1432万元，应自行纠正金额120万元。

经济责任审计 对9名处级领导干部进行了经济责任审计，查出违规金额1300万元，管理不规范金额105万元，被审计领导均负主管责任。(撰稿人：张博威)

【朝阳区审计局】 2004年，共有干部职工61人。局长张春秀（—8月）、邹立嵩（8月—），副局长赵燕川（8月—）、李晓峰、战春燕（1月—）、唐乃仪（—6月），纪检组长杜娥。设有办公室、综合法制科、信息调研科、财政金融审计科、行政事业审计科、经济责任审计科、固定资产投资审计科、经贸审计科、内部审计指导中心。

审计成果 完成审计（调查）项目54个，延伸审计单位287个。审计共查出违规金额31743万元，已上缴财政4935万元（含上年度补缴），抵减财政拨款1777万元。

预算执行审计 共审计（调查）单位71个，其中一级预算单位24个，占全区一级预算单位数的37%。查出并纠正违规金额10304万元，其中应上缴财政4223万元，减少财政支出4595万元，归还原渠道资金1486万元。在审查审计意见的落实和纠正情况的同时，针对预算外资金监管不力、政府采购不完善等问题，提出了统筹预算内外资金、加强采购监管等建议。

固定资产投资审计 完成了对奥运森林公园、元大都遗址公园拆迁等16个政府投资建设项目的审计或跟踪审计，核减工程支出577万元，核减率8.3%。针对政府投资建设项目增多等现象，重点就政府投资建设项目普遍存在的“三边三超”工程等问题，提出加大招投标以及合同执行监管，建立项目考评机制，总结代建制试点经验并制定管理办法等建议和意见，引起市区有关部门的重视。

经济责任审计 共审计了17个单位20名处级领导干部。同时，针对近两年审计所查问题，从领导干部法制观念淡薄、依法决策与行政能力不强的主观层面和外部监督制约机制不完善、改革不到位的客观层面进行分析，提出建议和意见，相关部门已着手建立和完善决策考评和教育培训机制，促进干部管理和廉政建设的制度化和规范化。

信息与调研 提交审计信息、调研报告167篇，被有关部门采用408篇（次），领导批示20人（次）。如教育收费、部门结存资金的调研报告，引起市区有关部门和领导高度重视，有关领导分别作出批示，区长办公会专题研究，财政部门据此制定了结存资金管理办法。

内部审计 全区共有专职内审机构34个，其他单位均配备专兼职内审人员。共完成内审项目1522个，纠正违规金额3496万元，提出建议595条，移交并给予行政处分3人。（撰稿人：邹立嵩）

【丰台区审计局】 2004年，共有干部职工54人。局长李拥军，副局长张全福、张世伟、赵胜利。设有办公室、人事科、综合科、财政金融审计科、固定资产投资审计科、经济贸易审计科、行政事业审计科、内部审计指导科、中关村科技园区丰台园审计办事处等部门。

审计成果 完成审计项目40个，查出违规金额3020万元，管理不规范金额5654万元，应上缴财政2445万元，已上缴财政2223万元，应归还原渠道资金175万元，应调账处理资金94万元。对4个单位开展专项审计调查，向主管区领导提交专题报告4份，全部得到了批示。提交审计报告、信息118篇，审计信息被采用67篇。

财政审计 审计涉及参与预算执行的行政事业单位266个。对房地产开发和建筑安装行业的10个重点纳税单位进行了延伸审计。主要查出了个别单位收入未及时缴纳税款等问题。对查出的问题提出审计意见，有关部门积极采纳审计建议，及时进行了纠正。区人大领导听取汇报时高度评价了审计工作。5月，区人大常委会通过了《关于丰台区2003年本级预算执行及其他财政收支审计工作报告》。完成对8个单位的财务收支审计，纠正了企业在经济活动中资产不实、欠缴税款等问题。

经济责任审计 完成9个单位10名领导干部任期经济责任审计。审计发现和揭示的问题，引起了组织和纪检部门的高度重视。为区委考察任用干部提供了依据。

固定资产投资审计 完成教委36所学校操场改造工程竣工决算审计，水利局小龙河治理、自来水并网、广播电视服务中心消防改造、武装部民兵高炮训练中心工程审计。对因虚增数量、高套定额、核算错误等问题造成的虚增工程造价部分予以核减，共核减工程造价1017万元。

专项资金审计 对土地使用权审批、土地政策执行和有关国土专项资金的管理和使用情况进行了审计，延伸审计有关土地使用部门，提出了完善有关制度和措施的建议，规范了土地市场秩序。（撰稿人：杨利民）

【石景山区审计局】 2004年，共有干部职工42人。局长仲长军，副局长陈玉（—2月）、袁淑琴、顾红雁（2月—）、金志刚（2月—）。设有办公室、审计综合科、财政金融审计科、行政事业审计科、经济贸易审计科、固定资产投资审计科、经济责任审计科和审计指导中心。

审计成果 完成审计项目38个，查出违规金额1974万元，其中应缴财政141万元已全部上缴，管理不规范金额7218万元。对6个单位开展专项审计调查，发现违规金额411万元。提交审计工作报告13份，审计信息172篇，采用76篇，被批示、评优12篇。

财政审计 审计财税等部门7个，查出延压预算资金、预算外资金暂存款长期挂账等问题。提交的审计工作情况报告得到区人大的充分肯定。

企业审计 完成国有企业资产、负债、损益审计项目3个，查出违规金额1061万元，其中少计少缴税金115万元。

固定资产投资审计 完成固定资产投资审计项目4个，共核减工程造价1830万元。

经济责任审计 开展经济责任审计项目5个，查出违规金额2万元，管理不规范金额54万元。

计算机辅助审计 在预算执行审计使用区审计局自主开发的《财政预算拨款指标分析系统》软件，取得较好效果。

内部审计 全区共有内部审计机构95个，其中专职机构6个；内审人员291人，其中专职人员13人。全年共审计单位243个，纠正违规金额289万元，查出损失浪费金额502万元，促进增收节支181万元，提出建议意见被采纳171条。（撰稿人：马晓霞）

【海淀区审计局】 2004年，共有干部职工52人。局长朱民尧（—3月）、刘伯正（3月—），副局长常印怀、王彩霞，纪检组长常印怀（兼）。设有办公室、固定资产投资审计科、财政金融审计科、行政事业审计科、经济贸易审计科、经济责任审计科、行政管理科、人事监察科。

审计成果 全局完成各类审计和审计调查项目49个，延伸审计330多个单位，完成市审计局和区领导及区有关部门交办的审计项目14个，共查出违规金额近10亿元，应上缴财政1.05亿元，已上缴财政7773.08万元，核减基建项目财政支出321.82万元。提出审计意见和建议100多条。累计报送专报、信息125篇，被采用114篇，领导批示10篇。

财政审计 从促进财政预算管理改革出发，重点审计财政部门的预算编制、批复、调整、财政收支和部门预算的执行、国库集中收付、政府采购等，揭示了财政资金体外循环，国有资产管理不规范等问题。

经济责任审计 受区委组织部委托对委办局、乡镇及企业等28名正处级领导干部和国企领导人员进行了任期经济责任审计，揭示出资产管理不规范，违反财务管理制度，违反财经法规等问题，从管理体制机制、加强单位内部管理上提出了意见和建议。审计后，有1人被移送纪检机关。

固定资产投资审计 对区重点基建工程春阳路、温阳路、清华南路等5条道路改扩建拆迁工程进行了跟踪审计，对北清路绿化、海开综合楼等工程竣工决算进行了审计，共核减工程支出633.67万元。同时，对委托政府采购的社会中介机构承担的审计项目进行抽查和再监督，纠正了审计报告中叙述不正确、不合理的问题。中介机构共承担59个工程的竣工决算审计，送审资金145280.24万元，核减建设工程支出13647.11万元，核减率9.39%。

专项资金审计 对市、区拨教育、支农等财政专项资金管理使用情况进行了审计，查出市拨专项资金下拨时间较晚以至于无法有效使用，支农专项资金分配较分散以至于没有充分发挥资金优势等问题。提出改变拨款时间、集中资金使用，充分发挥效益等建议。有关支农专项资金的信息得到区领导批示。（撰稿人：乔　捷）

【门头沟区审计局】 2004年，共有干部职工38人。局长郭砚生（—3月）、高见（3月—），副局长安兴臣、任京华、李秋立。设有办公室、人事教育监察科、综合法制科、财政金融审计科、经贸审计科、经济责任审计科、固定资产投资审计科、行政事业审计科，负责对全区9个镇和33个区直部门的审计监督。

审计成果 2004年，完成审计项目49个，完成临时性审计工作10项。查出违规金额1974万元，应缴财政8万元，已缴财政6万元，指明要求纠正7701万元。提交审计报告、信息68篇，审计信息被采用15篇。

信息化建设 为促进审计信息化建设，改造更新计算机23台。2月25日局域网开通，实现了信息资源共享，加快了信息化建设步伐。（撰稿人：王　双）

【房山区审计局】 2004年，共有干部职工50人。局长李云飞（—3月，改任书记）、李树民（3月—），副局长李庆海、李亮、崔仲山，纪检组长郑启营。设有办公室、综合科、人教科、培训中心、业务一科、业务二科、业务三科。

审计成果 完成审计项目58个，完成年计划的132%。审计资金量达60.12亿元，查出违规及应纠正金额36069.90万元，比去年同期增长了58%，已经收缴入库金额1357.46万元，比上年增长29%。固定资产投资审计核减工程款1086.33万元，平均核减率为20.1%。结合审计工作提交调研报告12份，被媒体采用4份。提交审计信息95篇，被上级部门采用、批示47篇。

预算执行审计 采取了预算执行审计与专项审计相结合，区级预算执行审计与乡镇决算审计相结合的方法，先后对财政局、地税局、金库房山支库、教育资金、社保资金、支农专项资金、生态环境建设资金和退耕还林资金及再就业进行了审计和调查，揭示了预算管理中的问题，提出了加强管理的审计建议。

经济责任审计 完成领导干部经济责任审计项目22个，审计资金量6.34亿元，查出违规金额1097.45万元，管理不规范金额1.72亿元。应上缴财政72.68万元，已上缴财政66.77万元，应归原渠道资金2.33万元，进行其他处理61万元。

固定资产投资审计 先后对良乡政通路改造工程、政府楼地面打蜡工程、政通路电子政务专网光缆工程、昊天广场工程、拱辰南大街改造工程、区政府426会议室装修工程、信访楼装修工程、政府大楼亮丽工程、检察院办公楼工程、房山区档案局工程进行了审计，共完成10个项目，审计投资额5408.12万元，核减财政拨款1086.33

万元。

内部审计　全区内审单位共完成审计项目283个，提出并被采纳审计意见和建议58条，纠正违规金额4.2万元。通过网络组织会议形式，深入基层总结交流内审工作的技术与方法，宣传推广内审工作的先进经验，促进内审工作业务水平和管理水平的提高。（撰稿人：程义方）

【房山区燕山审计分局】　2004年，共有干部职工20人。局长张志平，副局长孙英华、李立伟。设有财政金融审计科、行政事业审计科、经济贸易审计科、综合法制指导科（经济责任审计科挂靠综合法制指导科）、办公室和经济责任审计所、行政事业经贸审计所。

审计成果　共完成各类审计（调查）项目22个，审计单位52个，共查出违规金额578.83万元，其中违反现金管理规定金额65.16万元，核算不合规513.67万元，追回应缴税款3.8万元。提出审计意见、建议49条。提交审计信息48篇，其中被市局和地方政府采用46篇（次）；写出稿件25篇，其中被市级以上刊物采用6篇。

预算执行审计　掌握了燕山财政2004年财力状况，进一步摸清了财政家底。通过对地税审计和重点税源户的延伸审计，揭示出建筑安装企业税款交纳不及时的问题，提出了加强对建筑安装企业纳税情况的规范管理，防止企业结转收入随意性的审计意见建议。国库审计揭示出国库办理库款支拨存在依据不完善的问题，提出应严格按照《国库会计管理规定》的有关规定，履行预算执行监督管理职责，完善预算资金支拨依据的建议。教育专项资金审计揭示出教育专项资金不能在当年乃至次年完全拨付到位的问题，提出加强与财政部门的沟通，在资金使用上要继续严格控制使用范围，提高资金使用效益的建议。

经济责任审计　全年共开展经济责任审计项目8个，改进审计方法，离任审计与届中审计、财务收支审计相结合，有效地提高了工作效率。

专项审计调查　通过对政府投资建设项目招投标情况审计调查，揭示出招投标运作过程中存在执行程序不严密、基础工作不规范等问题，及时撰写出情况反映并得到燕山工委领导批示。审计追踪结果表明，燕山建委等部门积极整改，有关招投标运作过程中的资料已存档备案，基础工作正在逐步规范。

内部审计　共有内审机构10个，内审人员96人，其中专职人员2人。全年共开展审计项目10个。（撰稿人：李晓玉）

【通州区审计局】　2004年，共有干部职工47人。局长孙文宽，副局长李德全（—1月）、潘月东、曹温华、张东凤、李汝刚（1月—），纪检组长安书明。设有办公室、综合指导科、财政金融审计科、行政事业审计科、经济责任审计科、经贸投资审计科、人事教育科。

审计成果　全年完成审计单位53个，查出违规金额13936万元，应缴财政574万元，已缴财政434万元，应自行纠正金额12882万元。提交审计工作报告、信息144篇，被领导批示2篇、采用102篇。

预算执行审计　主要审计了区财政局预算管理和组织预算收支情况，地方税务系统税收征管情况，国库办理预算资金收纳拨付情况，市拨教育专项资金、市拨支农专项资金。作出的审计意见、决定全部落实。

经济责任审计　开展处级领导干部经济责任审计项目18个，查出违规金额9548万元，其中应缴财政345万元，应纠正金额9203万元。

内部审计　共有内审机构58个，其中专职机构18个；内审人员66人，其中专职人员36人。全年完成审计项目304个，其中经济责任审计58个，财务收支审计138个，经济效益审计58个，专项资金审计48个，基本建设资金审计2个。查出违规金额1473万元，增收节支160万元，提出建议被采纳207条。（撰稿人：赵淑君）

【顺义区审计局】　2004年，共有干部职工39人。局长勘银宗，副局长王超、绳桂华、任立强，纪检组长王超（兼）。设有办公室、综合科、财政金融审计科、行政事业审计科、基建审计科、企业审计科、经济责任审计科。

审计成果　共完成审计和审计调查项目35个，其中预算执行审计项目5个，行政事业审计4个，专项资金审计1个，经济责任审计24个，综合环保资金审计调查1个。共延伸审计了106个单位，审计支农和农业综合开发、教育资金、综合环保等专项资金17692.8万元。查出违规金额

46万元，应缴财政金额46万元，已缴财政46万元，管理不规范金额9632.3万元，应自行纠正金额9632.3万元，已纠正9632.3万元。

税收征管审计　在对2003年度地方税收征管情况的审计中，通过对区10个企业缴纳税款情况的延伸审计，发现区地税局2003年度对北京天马房地产开发中心少征企业所得税457974.67元，不符合《中华人民共和国税收征管法》的有关规定，区审计局对区地税部门依法作出了对应征未征税款进行补征的审计决定，现已全部补征入库。

预算执行审计　在预算执行情况的审计中，发现应拨未拨和应支未支财政资金298万元。延伸审计60多个单位，审计教育、支农专项资金5814万元，发现专项资金年底时尚余974.25万元未拨付用款单位。

经济责任审计　对24名处级单位领导干部进行了离任审计，发现6个单位财务核算不规范金额8360.2万元，根据有关规定对管理不规范金额提出了审计意见，问题已经全部进行了改进和纠正。（撰稿人：李宝长）

【昌平区审计局】　2004年，共有干部职工40人。局长郭自成，副局长张爱平、刘会春、王立军。内设办公室、综合科、财政金融审计科、农林行政文教审计科、企业审计科、基建审计科、经济责任审计科。

审计成果　共完成审计项目55个，查出违规金额2285万元，管理不规范金额7957万元。完成区政府和有关部门交办临时任务15项。

预算执行审计　围绕财政部门预算执行、地方税收征管、国库系统资金收付、政府采购等方面进行了审计，共检查了77个单位。

经济责任审计　对区计委、妇联、沙河镇、流村镇、十三陵特区等25个单位的28名处级干部实施经济责任审计，查出违规金额71万元，管理不规范金额7681万元。

固定资产投资审计　共完成28个基建项目审计，核减基建项目投资2500余万元。

专项资金审计　为确保农业综合开发项目顺利通过国家验收，对区2001～2003年农业综合开发资金进行了审计；为反映区再就业资金的落实情况及是否按照规定的范围、标准管理使用，对区劳动和社会保障局、财政局、社保中心2003年再就业资金管理使用情况进行了审计调查，涉及再就业资金750万元，占资金总量的88%。同时，对13个资金使用单位进行了延伸审计。

审计调查　对区2002年7月至2003年12月土地使用权审批、流转情况，2003年度国土专项资金的征收、管理、使用情况进行了审计，同时延伸抽查了部分单位；会同区监察局、农委等部门，对区镇、村集体经济组织征用农民集体所有土地补偿费的分配、使用和管理情况进行了专项审计。

内部审计　制定了《关于在部分单位设置审计业务督导员的管理办法》，将督导工作指导程序、职责和范围、工作纪律等内容进行了明确。以协会名义派出审计督导员，对一些单位的财务管理、监督控制等方面工作进行业务督导。加强与被审计单位日常联系，及时了解部门和单位在财务管理和会计核算方面的难点和问题，帮助找出解决问题的办法。（撰稿人：吕长静　翟　慧）

【大兴区审计局】　2004年，共有干部职工41人。局长石连瑛（—3月）、郭金江（3月—），副局长戴天太、张帆（—7月）。设有办公室、人事教育科、审计综合科、财政金融审计科、经济责任审计科、行政事业审计科、企业审计科和内部审计指导所。

审计成果　共完成审计及审计调查项目39个，发现违规金额36206万元，其中应上缴财政4934万元，应归还原渠道资金4382万元，应调账处理26890万元，管理不规范金额70911万元。全年提交审计工作报告39份，提交审计信息144篇，被采用73篇，被区政府领导批示1篇。

预算执行审计　重点审计了财政部门执行本级预算的真实性、合法性以及履行财政管理职能情况，地方税务部门执行税收征管政策、组织收入情况，本级国库预算资金收纳、上解、退库及支拨情况，有关部门市拨教育、支农资金管理使用情况。审计共涉及231个单位，发现违规金额1706万元，管理不规范金额70911万元。

经济责任审计　受大兴区委组织部委托，对10个单位19名处级领导干部进行了任期经济责任审计。此项审计共涉及51个单位，发现违规金额34500万元，其中应上缴财政金额3228万元，应归还原渠道资金4382万元，应调账处理26890万元，管理不规范金额30597万元。

专项审计和审计调查　对大兴区农业综合开发办公室2003年度立项的农业综合开发资金投入、管理、使用及效益情况进行了审计，对区林业局2003年市级生态保护与建设项目资金进行了审计。对区财政局、区劳动和社会保障局2003年再就业资金拨付、管理、使用情况以及区水资源局永定河左堤路改造，区第一职业学校行政办公楼、教学办公楼、学生宿舍楼及区人民法院审判、办公楼3个建设项目招标、投标执行情况分别进行了专项审计调查。审计及审计调查资金量1.7亿元，共涉及39个单位。发现主管部门和资金使用单位存在滞存资金722万元，超范围使用资金9万元和再就业政策部分条款不明确等问题。

内部审计　大兴区于2004年成立内部审计协会，全年共发展会员单位59个，个人会员22人。内部审计机构共完成财务收支审计项目1396个、经济效益审计项目29个、经济责任审计项目25个、基本建设审计项目8个、专项资金审计项目31个、内控评审项目12个，查出损失浪费金额4万元，促进增收节支31万元，提出建议意见被采纳126条。（撰稿人：王亚男）

【怀柔区审计局】　现有干部职工45人，局长高志刚，副局长刘其田、孔祥会、杜海芳。设有办公室、监察科、财政金融审计科、工交审计科、农林审计科、商粮贸审计科、行政事业审计科、综合审计科、内审业务指导所和经济责任审计事务所，负责对全区14个乡镇和85个区直部门的审计监督。

审计成果　完成审计项目42个，审计176个单位，完成党政领导交办经济责任审计项目31个。查出违规金额303万元，其中指明要求纠正30708万元，已经纠正27287万元，应上缴财政303万元，已上缴财政212万元，应缴未缴66万元。

内部审计　怀柔区内部审计协会共有会员单位53个。有23个单位进行了财务收支审计，16个单位进行了经济效益审计，29个单位进行了经济责任审计，7个单位进行了专项审计。提出建议280条，被采纳130条。（撰稿人：于江明）

【平谷区审计局】　2004年，共有干部职工54人。局长陈江，副局长王炬、张春平、秦东英，纪检组长李素东。设有办公室、人事教育科、财政金融审计科、行政事业审计科、企业审计科、经济责任审计科和审计中心等机构。

审计成果　2004年，共完成审计项目50个，完成年计划的150%，查出违规金额4200万元，管理不规范金额28827万元，应上缴财政85万元，已上缴财政82万元。提交审计信息147篇，被采用47篇，提交调研报告10篇。

预算执行审计　共审计调查83个单位，审计总金额171820万元，查出管理不规范金额22万元，纠正了政府采购未严格执行采购程序、部门预算追加普遍、国库管理不规范等问题。

经济责任审计　共开展经济责任审计项目19个，查出管理不规范金额2634.5万元，纠正了被审计单位存在的固定资产账实不符、人为调节收支、财务管理不规范等突出问题。

企业审计　对9个国有企业资产、负债、损益的真实性进行了审计，掌握了企业经营状况，纠正了企业固定资产账实不符、收入费用不实、白条抵库等问题。

固定资产投资审计　对24个重点工程进行了审计，共计核减工程费用5807万元，查出建设过程中存在的基本建设程序不规范，执行招投标法不规范；部分乡镇工程规划、勘察设计工作不充分，随意增减项目，本级配套资金不到位，虚报工程量，提高工程项目单价，造成工程决算失真等问题。（撰稿人：王海顺）

【延庆县审计局】　2004年，共有干部职工62人。局长张景军，副局长张广相、王如山、宗建华、李靖宇。设有办公室、企业审计科、行政事业审计科、财政金融审计科、经济责任审计科、基建审计科、综合科、信息中心、培训中心、内审指导中心等部门。

审计成果　完成审计项目45个，涉及被审计单位226个，查出违规金额2379万元，管理不规范金额20276万元。上缴国库2002万元、归还原渠道资金254万元，核减工程造价6万元，责令调账处理117万元，要求自行纠正金额20276万元。

财政审计　1～3月，对延庆县财政局、地税局、国库延庆支库等单位2003年度财政预算执行情况进行了审计；对县教委系统、重点农口单位和部分乡镇管理使用的财政资金，对中国农业银行延庆支行所属的8个国库经收处的预算资金收纳、报解情况，对10个税源大户和7个享受减免税优惠政策的企业完税情况进行延伸审计，共审计和延伸审计单位142个，查出违规金额2086万元，并通过延庆有线电视台《延庆新闻》栏目，将审计结果向社会公布。

经济责任审计 完成18个单位22名党政领导干部的任期经济责任审计，查出违规金额67万元，管理不规范金额9497万元，均在规定的时限内归还原资金渠道或自行纠正。针对查出的问题，向被审计单位提出了加强财务管理、完善内控制度等建议和意见46条。

专项资金审计 全年共安排综合环保、农业综合开发、国土资金、生态建设等重点资金审计项目6个，涉及54个部门和资金使用单位。通过对农业综合开发资金审计，反映了以前年度审计存在问题的整改情况及当年农业综合开发项目中存在的工程不能按项目计划及时完工，报账不及时、拨款程序不合规等问题，并提出了县有关部门应加大对项目实施单位自筹资金上缴的督促力度，严格监督农发资金支出，加强对报账凭单的审核，并按农发项目的开展进度拨付资金等意见和建议。此外，还通过对综合环保和生态建设资金、国土专项资金收缴使用情况进行了审计。

固定资产投资审计 对县十一学校、张山营中学教学楼竣工决算工程进行了审计，依法对基本建设过程中虚列成本、多计工程造价和固定资产入账价值不完整等问题作出处理；对代支拆迁费300万元问题作出将资金纳入财务管理的处理意见。

行政事业审计 对延庆镇、香营乡等13个乡镇2003年度预算收入完成情况、预算支出情况、预算外资金收支情况、专项资金使用情况、其他财政财务收支情况进行了审计。针对内控制度不健全，资金混收混支，债权、债务长期挂账清理不及时，固定资产管理薄弱等问题，建议在今后工作中强化内控制度，完善财务管理，及时清理债权债务。

在县林业系统2003年度财务收支审计中，对该单位固定资产及对外投资方面管理薄弱、植树造林资金超范围支出等问题提出了加强固定资产和投资情况清理，冲转有关科目的审计建议和处理意见。（撰稿人：刘宝生）

【密云县审计局】 2004年，共有干部职工43人。局长李洪友，副局长朱全多、于淮泉、从希民、杨学义。设有办公室、人事教育科、经济责任审计科、财政金融审计科、行政事业审计科、农业与资源环保审计科、经贸审计科、固定资产投资审计科和经济责任审计中心、机关后勤服务中心。

审计成果 完成审计项目40个，审计单位209个。共查出违规金额2918万元，应缴财政95万元，已上缴财政95万元，指明要求纠正3081万元。提交审计报告、信息39篇，专题调研报告2篇。

预算执行审计 完成审计项目5个，共审计单位48个。通过对部门预算管理、国库集中收付和政府采购的审计，提出了要进一步提高部门预算编制质量，加强非税收入管理、加快国库集中收付改革的步伐，减少财政拨款环节，提高财政资金使用效益、加大政府采购力度，规范政府采购行为的审计建议。通过税收征管审计中对10个企业的延伸审计，提出了地税部门进一步加大稽查力度，做到依法征缴，应收尽收；加强企业欠税清欠力度，明确责任，积极催缴；加强税法和纳税知识宣传的审计建议等。通过开展支农、教育和社保等专项资金的审计，提出了要进一步加强专项资金管理，提高资金使用效益的建议。

经济责任审计 完成对密云县18个乡镇领导班子和领导干部的届中经济责任审计。审计揭示了乡镇普遍存在的财政负担沉重、往来款项挂账较多、资产不实以及部分乡镇财务人员管理职责未能得到应有发挥等问题，并对问题产生的原因及容易引起的后果进行了全面客观的分析，提出了加强乡镇财政财务收支计划管理，采取措施节约行政成本，进一步加强专项资金管理，强化乡镇长、财务人员财经法规知识的培训，促进依法行政，研究改进乡镇财政管理体制等审计建议。

专项审计调查 完成了对再就业资金到位及相关政策落实情况和综合环保资金2个项目的审计调查，调查单位30个，提交专项调查报告2篇。

审计审核 在总结2002年以来依法建账审计审核工作取得显著成效的基础上，2004年，密云县审计局把依法建账审计审核工作延伸到各基层单位，有效地遏制了做假账、记乱账和会计信息失真等问题，为财政、审计部门加强管理和监督及从源头上预防违纪违规问题的发生奠定了基础。

内部审计　共有内审机构 51 个，内审人员 192 人。审计单位 452 个，纠正违规金额 65 万元，提出建议被采纳 22 条。（撰稿人：时兴芬）

2004 年北京市区、县级审计工作统计表

审计机关	干部职工人数（人）	审计单位（个）	经济责任审计项目（个）	查出违规金额（万元）	应缴财政（万元）	已缴财政（万元）	决定处理处罚（万元）	指明要求纠正（万元）	提交审计报告、信息（篇）	审计信息被采用（篇）
东城区审计局	53	270	12	679	113	113	700	56	258	105
西城区审计局	58	69	15	5608	596	631	596	22387	188	109
崇文区审计局	48	54	29	1185	126	150			140	135
宣武区审计局	48	128	9	7698	4761	4761		1634	210	64
朝阳区审计局	61	54	18	11870	4530	4935	8714	19873	204	160
丰台区审计局	54	40	9	3020	2445	2223			118	67
石景山区审计局	42	38	5	1974	141	141	201	7337	185	76
海淀区审计局	52	330	28	100000	16747	8825			230	114
门头沟区审计局	38	42	15	8	8	6		7701	68	15
房山区审计局	50	58	25	36070	1357	1357			95	47
房山区燕山审计分局	20	15	8	579					48	46
通州区审计局	47	53	18	9548	345			9203	144	102
顺义区审计局	39	106	24	46	46	46		9632		
昌平区审计局	40	76	25	2285				7957	108	38
大兴区审计局	41	39	10	36206	4934	4934			183	73
怀柔区审计局	45	1	31	66				26276	85	39
平谷区审计局	54	50	19	4200	85	82	4200	26658	179	47
延庆县审计局	62	226	18	2379	2002	2002	2379	25276	107	35
密云县审计局	43	209	18	2918	95	95		3081	39	30

天津市

【天津市审计局】　2004 年，天津市审计局定编 391 人，在编 314 人。局机关设有办公室、行政财务处、法制处、人事教育处、工业交通审计处（工业交通审计分局）、商贸审计处（商贸审计分局）、行政事业审计处（行政事业审计分局）、财政审计处（财政审计分局）、金融审计处（金融审计分局）、固定资产投资审计处（固定资产投资审计分局）、外资运用审计处（外资运用审计分局）、社会保障审计处（社会保障审计分局）、经济责任审计处（经济责任审计分局）、机关党委办公室、

政研室、监察室、离退休干部管理处、农业与资源环保分局、机关事务分局、计划发展分局、经济分局、政法分局、滨海分局、机关工会、计算机中心、内审协会和直属事业单位市审计科研培训中心。

领导成员

局　长：王志铭

副局长：王兴虎　杜西平　李延敬　张　维

纪检组长：张永革

审计成果　全年审计单位912个，查出违规金额93.58亿元，应缴财政5.88亿元，已缴财政4.91亿元，归还原渠道资金2.6亿元。移送违法犯罪案件线索4件，涉案人员8人。向各级党委、政府提交审计报告、信息和宣传稿件1443篇，被批示采用639篇，其中市领导批示48次。中央政治局委员、市委书记张立昌对全市审计工作作出重要批示："我市审计工作多年来一直坚持原则，工作刻苦，实事求是，为我市党风廉政建设和经济发展作出了重要贡献。"市委副书记、市长戴相龙给予了"成效明著"的高度评价。

预算执行审计　市级预算执行及其他财政收支审计共涉及687个单位，审计预算资金和其他资金160亿元。重点审计了市财政税务部门组织实施预算情况，20个政府部门执行预算情况，6个区县财政决算情况以及267个延伸单位。主要查出了财政收入未及时收缴入库5.8亿元，各类资金脱离财政财务监管6.16亿元，无证收费、超范围超标准收费、自定项目乱收费、乱摊派1亿元，以及收费管理不规范5亿元等问题，并披露了执行预算管理制度、"收支两条线"管理制度、集中采购制度等方面中存在的倾向性问题。市政府对市级预算执行审计结果非常重视，市领导多次召开会议听取专题汇报，研究解决问题的措施和加强预算管理的意见。市人大常委会听取并审议审计工作报告后，对市级预算执行审计给予了高度评价。回访审计结果表明，市级预算执行审计发现的问题得到较好解决，有关单位制定整改措施76条，建立内控制度28项。在市审计局的指导下，区县预算执行审计围绕加强预算监管、推进依法行政，全部开展了本级预算执行审计工作，向区县政府提交了审计结果报告，并受区县政府委托向区县人大常委会作了审计工作报告，普遍得到好评。

固定资产投资审计　继续强化重点建设项目审计，先后对重点城市基础设施建设项目、农业综合开发项目、城市土地资源以及部分环境项目开展了审计或专项审计调查。城市基础设施重点建设项目跟踪审计，揭示了建设项目立项程序不规范、招投标有失公允、管理缺位等问题。"地铁一号线"和"津滨轻轨"、外环线外侧绿化等重点建设项目跟踪审计，核减概算投资2.14亿元。奥林匹克中心体育场建设项目跟踪审计，促进建设单位加强项目管理，理顺了财政、财务管理及核算体系。农业综合开发项目审计，主要发现部分资金未到位、多数经营性项目效益较差等问题。国有土地有偿使用制度实施情况专项审计调查，客观评价了新制度实施后取得的效果，反映了新旧制度衔接中需要解决的问题，为市政府整合城市土地资源提供了依据。根据审计署授权，开展了世行贷款天津城市发展和环境二期项目、天津港集装箱项目、疾病预防项目、亚行贷款污水处理和水资源保护项目，以及国际组织援助SOS儿童村项目审计，出具对外审计报告5份，发挥了审计鉴证作用。区县审计机关围绕落实国家宏观经济政策，结合区域经济特点，对医疗设施、道路改造、文化广场以及行政事业单位办公楼等42个建设项目开展了预决算审计，查出了履行报批手续不严格、招投标工作不规范以及高套定额、虚报工程量等突出问题，核减投资1.35亿元。

专项资金审计　紧紧围绕社会关注的热点开展拆迁资金管理使用情况，医疗保险制度执行情况，养老保险基金管理使用情况，再就业基金效益情况，16所高校和43所中等职业学校收费情况，中水回用项目效益试点审计，以及农村税费改革情况和减轻农民负担情况等审计或专项审计调查，组织部分区县审计机关就农村人畜饮水解困和改水除氟两项工程的实施情况进行了审计。经过审计和审计调查，发现管理不规范金额4.76亿元，重点反映了拆迁资金管理使用和医保制度改革中存在的倾向性问题。审计结果为深化改革、出台相关政策提供了有益参考。区县审计机关结合本地区实际，进一步加强专项资金审计力度，重点开展了社会保障资金、科技教育资金、公房出售资金、拆迁改造资金、库区生产发展资金、环保资金、授信贷款资金等的审计或专项审计调查。

经济责任审计 进一步深化经济责任审计，强化对权力运行的监督和制约。继续扩大处级以上党政领导干部和市管企业领导人员经济责任审计范围，完成委托审计任务10项。区县审计机关对179名处级和处级以下党政领导干部和56名区县管企业领导人员进行了经济责任审计，查出违规金额10.27亿元，审计结果为各级组织人事部门和纪检监察部门考察监督干部提供了参考，对于加强党风廉政建设发挥了重要作用。组织召开了经济责任审计工作会议，总结了成绩和经验，研究部署天津市经济责任审计工作。继续完善经济责任审计规范体系，制定了《关于区县局党政领导干部和市管企事业单位领导人员任期经济责任审计结果上报及运用程序的实施意见》、《关于政府部门领导干部任期经济责任审计指导意见(试行)》、《审计调查过程中征求委托部门和纪检监察机关对被审计人员意见的办法》和《审计结果利用情况反馈办法》等多项制度。

内部审计 全市设有内部审计机构2047个，内部审计人员6411人。各部门和单位积极有效地开展了财务收支审计、专项资金审计、经济合同审计、物资采购审计、基建工程项目审计、经营管理审计、内部控制制度评审、农村集体财务审计和经济责任审计等各类审计活动，全年共实施审计项目28676个。通过审计，纠正违规金额4419万元，查出损失浪费金额4508万元，促进增收节支11403万元，提出的审计意见、建议被采纳3627条。按照审计署统一部署，开展了内部审计先进集体和先进工作者评选活动，评选出2002~2004年度先进集体69个，先进工作者100人，推荐4个集体和4名个人参加全国内部审计先进集体和先进工作者评选。全市有73人取得国际注册内部审计师资格，成为具有国际资格认证的高级内部审计人才。继续核发《内部审计人员岗位资格证书》，取得资格证书人员达6746人。

基础工作 坚持以人为本，进一步加强干部队伍建设。以权力观教育为重点，加强理想信念、艰苦奋斗和职业道德教育，构建了审计人才选拔任用、培养培训、考核评价、管理和激励等五大机制，干部综合素质进一步提高。加强教育培训，优化知识结构，开展专业培训，举办各类培训班18个，培训审计人员1600余人（次）。组织审计专业技术资格和计算机等级与应用能力等考试，取得较好成绩。活跃机关文化生活，举办了第一届市民操表演比赛和第二届文化艺术节。加强作风建设，坚决执行"八不准"审计纪律。加强审计法制建设，完善审计项目质量控制体系。继续坚持审计复核、质量检查制度，制定审前调查暂行规定，完善审计实施方案编审办法，开展审计日记试点，推行分析性复核、内部控制测评和审计抽样等技术方法，提高审计质量。坚持突出重点方针，探索审计项目计划制定方法的科学化，深入调查研究，增强工作的前瞻性，为提高审计效果提供基础保障。加快审计信息化建设，制定了《天津市审计信息化应用建设发展规划》即天津市"金审工程"规划，该工程已批准立项。引进先进适用审计软件，自行研制开发灵便的小软件，推广计算机技术在审计工作中的应用，实现审计项目方案制定、人员分工、审计取证和编制审计工作底稿全程微机操作和计算机辅助审计。开发网络资源，开通审计政务网，加强信息交流，提供快捷便利服务，提高审计工作效率和质量，进一步扩大了审计服务范围和审计影响。（撰稿人：李 刚 王志楠 罗 平）

【和平区审计局】 2004年，共有干部职工41人。局长姚宝元，副局长刘浩洋、刘婉洁、苏爱华。设有办公室、综合法制科、人事教育科、财政审计科、行政事业审计科、企业审计科、固定资产投资审计科、经济责任审计科、内部审计指导科。

审计成果 完成审计和审计调查项目35个，涉及单位105个，查出违规金额17589万元，应缴财政218万元，已缴财政218万元。提交审计结果报告35份，被批示采用8份；提交审计工作简报70篇，被批示采用38篇（次）；提交审计宣传稿件35篇，被采用25篇。荣获"天津市和平区2004年普法和依法治理先进单位"、"市经济责任审计工作先进区县"称号。

财政审计 本级预算执行和其他财政收支审计，主要发现部分行政性收费未及时缴入国库、随意调整预算支出科目等问题，查出违规金额1015万元，上缴财政169万元。提交的审计工作情况报告受到区人大的充分肯定。

经济责任审计 对18个单位24人进行了经济责任审计，查出违规金额16574万元，上缴财政50万元。提交审计结果报告18份，出具审计决定书12份。

固定资产投资审计　对区体育局柔道馆建设项目、亨得利钟表眼镜有限公司装饰工程项目进行了竣工决算审计，核减工程造价29万元，占项目投资额9.86%。

企业审计　企业审计查出违规金额16425万元，应缴财政24万元，揭露了虚报销售收入、虚列成本费用等问题。

内部审计　设有内审机构32个，专兼职内审人员94人。审计单位254个，查出损失浪费金额1011万元，促进增收节支92万元，纠正违规金额393万元。提出意见和建议被采纳114条。（撰稿人：张文花）

【河东区审计局】　2004年，共有干部职工49人。局长史洪振，副局长许建荣、张庆岩。设有办公室、法制科、人事教育科、财政事业审计科、企业审计科、固定资产投资审计科、经济责任审计科、内审指导科。

审计成果　完成审计单位50个，查出违规金额17163万元，应缴财政444万元，已缴财政88万元。对91个单位开展专项审计调查，发现违规金额3070万元。提交工作报告、信息157篇，被采用76篇。

财政审计　开展本级预算执行和其他财政收支审计，并对教育、科技、社会保障资金进行了延伸审计。提交的审计工作情况报告受到区人大常委会的充分肯定。

企业审计　对9个区属国有商业公司、8个房地产建设开发企业转制前的资产、负债、损益情况进行了审计，查出违规金额5300万元。

经济责任审计　对26人进行了经济责任审计，查出违规金额12665万元。编印了《党政领导干部经济责任审计实用问答》手册。

专项资金审计　印发了《关于进一步加强对专项资金审计监督有关规定的通知》，要求各单位收到10万元以上（含10万元）专项资金，须在1周内向区审计局通报备案。区审计局在接到单位通报备案后3日内，送达“规范使用专项资金的提示”，并定期对使用专项资金跟踪审计。

计算机辅助审计　应用专用软件对河东区盘山道小学财务收支情况进行审计，实现了应用计算机技术进行财务收支审计的突破。

内部审计　审计单位223个，查出违规金额135万元，提出的审计建议被采纳89条。组织业务培训3次，完成148人资格证书审核发证，建立资格证书年检注册管理和后续教育管理资料库。（撰稿人：王敬军）

【河西区审计局】　2004年，共有干部职工43人。局长冯大文，副局长王景义、刘庆荣、邸淑玲。设有办公室、法制科、人事教育科、财政金融审计科、行政事业审计科、企业审计科、固定资产投资审计科、经济责任审计科、内部审计指导科。

审计成果　完成审计单位97个，查出违规金额1847万元，决定处理上缴财政82万元。开展专项审计调查6项。被中央五部委经济责任审计工作联席会议授予“全国经济责任审计工作先进地区”称号，经济责任审计科获“市级‘十五’立功先进集体”，朱俊荷获“市级‘三八’红旗手”，张钟获“市级文明服务示范岗标兵”，陈丁获“区级人民满意公务员标兵”。

财政审计　审计主管预算单位24个，涉及资金3.66亿元。纠正虚列支出、拆迁补偿费不入账等十类问题。提交的审计工作情况报告受到区人大充分肯定。

经济责任审计　对52人进行了经济责任审计，查出违规金额4800万元。主要发现利润不实、漏缴税款、“小金库”等问题。实行《经济责任审计公示制度》、《经济责任审计结果谈话制度》。

专项资金审计　开展“收支两条线”情况、最低生活保障资金收支及管理情况、政府专项拨款使用情况等6项审计调查。提出的开展资金资产自查和加强专项资金管理等审计建议，被区委、区政府采纳。（撰稿人：刘　昀）

【南开区审计局】　2004年，共有干部职工51人。局长常新明，副局长赵家祺、郭福斌、王琦。设有办公室、法制科、人事教育科、财政金融审计科、行政事业审计科、企业审计科、固定资产投资审计科、经济责任审计科。

审计成果　完成审计项目58个，审计单位46个，审计资金83.1亿元，查出违规金额1.3亿元，处罚19万元。提交审计信息、宣传稿件47篇，被采用35篇。荣获“区执法评议达标先进单位”、“区执法责任制考评达标先进单位”称号。

财政审计 审计和延伸审计单位23个，主要发现预算外收入转移到下属单位或直接在下属单位开支等问题。提交的审计工作情况报告受到区人大的肯定。

经济责任审计 对18人进行了经济责任审计，查出违规金额122万元，管理不规范金额5691万元，确定直接责任金额92万元。提出的审计意见和建议被采纳24条。

专项资金审计 对危陋平房改造拆迁资金和南开区物资公司房产转让收入进行专项审计，审计资金35亿元，发现账外资金135万元。对区属企业资产、负债、损益和国债转贷资金到期偿债能力以及拆迁补偿费使用情况等进行审计调查，涉及单位21个。

信息化建设 投资78万元购置电脑50台，建成局域网，开通审计网站。在区热力工程有限公司国债转贷资金使用情况审计中运用计算机辅助审计，提高了审计效率，取得了显著效果。

内部审计 审计单位142个，查出损失浪费金额416万元，促进增收节支149万元。组织140余人参加内部审计培训，制定《南开区内审工作规范化案卷范本》。（撰稿人：王允昌）

【河北区审计局】 2004年，共有干部职工49人。局长杨法清，副局长张麟、刘瑞丁、赵学礼。设有办公室、法制科、人事教育科、财政审计科、行政事业审计科、工商企业审计科、基本建设审计科、经济责任审计科、内部审计指导科。

审计成果 完成审计和审计调查项目8个，涉及单位134个。查出违规金额8486万元，管理不规范金额19708万元，应缴财政396万元，已缴财政117万元。提交各类报告27份，被批示5份；提交信息、宣传稿件107篇，被批示采用57篇（次）。

财政审计 审计一级预算单位9个，涉及预算内、外资金3.2亿元。审计结果得到区人大常委会的充分肯定。

经济责任审计 对22人进行了经济责任审计，查出违规金额5469万元。制定了《经济责任审计公示制度》、《河北区经济责任审计结果报告的规范意见》、《经济责任审计结果利用办法》。荣获“天津市经济责任审计工作先进区县”称号。

专项审计调查 对财政和部分行政事业单位财政财务收支情况、区行政事业性收费和经营性收费情况、40个建筑企事业单位净资产和基本建设资金管理情况进行了审计调查，针对存在的问题提出审计建议，有关部门进行了认真整改。

内部审计 设有内审机构32个，专兼职内审人员220人。审计单位381个，查出违规金额586万元，提出的审计建议被采纳95条。（撰稿人：李　颖）

【红桥区审计局】 2004年，共有干部职工41人。局长马泽众，副局长蒋炳友、张树起、王蕊。设有办公室、法制科、人事科、财政审计科、行政事业审计科、企业审计科、基建投资审计科、经济责任审计科、内审指导科。

审计成果 完成审计单位30个，查出违规金额10605万元，上缴财政351万元，归还原渠道资金500万元。对17个单位开展专项审计调查，发现违规金额17461万元。提交审计报告、信息52篇，被采用41篇。行政事业审计科在保持区级“青年文明号”称号的基础上，被团市委等六部门授予“天津市青年文明号”称号。

财政审计 审计主管预算单位9个，查出违规金额7443万元，主要发现虚增财政收入、虚列财政支出、账外资产等问题。提交的审计工作情况报告受到区人大的充分肯定。预算执行审计结果向全区进行了公告。

专项资金审计 对运河商贸区、小伙巷、红旗北路景观工程、铁路沿线整治工程等4个工程拆迁安置资金使用情况实施跟踪审计，查出违规金额765万元，主要发现挪用拆迁资金等问题。

经济责任审计 对6人进行了经济责任审计，查出违规金额7998万元，管理不规范金额3507万元。

固定资产投资审计 对5个改扩建及装修项目决算情况进行了审计，审核投资额3100万元，主要发现成本不实等问题，核减工程造价403万元。

企业审计 对商业服务系统、街道实业公司系统6个单位进行了审计和专项审计调查。查出虚报、隐瞒、转移收入825万元，虚增资产415万元，虚增负债223万元，揭示了企业改制中存在的共性问题，促进加强行业管理。

计算机辅助审计　在预算执行审计和固定资产投资审计中，运用计算机软件进行辅助审计，取得了显著效果，提高了审计工作质量和效率。

内部审计　开展效益审计、经济责任审计和财务收支审计 273 个，纠正违规金额 286 万元，提出的审计建议被采纳 219 条。（撰稿人：王凤英）

【塘沽区审计局】　2004 年，共有干部职工 36 人。局长沈大方（—8 月）、韩海英（8 月—），副局长叶文智、孙德红、李先壮（8 月—）。设有办公室、综合科、法制科、财政金融审计科、行政事业审计科、工业交通审计科、商业贸易审计科、固定资产投资审计科、经济责任审计科。

审计成果　完成审计单位 68 个，查出违规金额 61 万元，管理不规范金额 12060 万元，应缴财政 936 万元，已缴财政 927 万元。移送纪检监察机关案件线索 2 件。

财政审计　本级预算执行和其他财政收支审计单位 52 个，主要发现决算编报不实、少缴税金、损益不实等问题，提交的审计工作情况报告受到区人大的充分肯定。结合预算执行审计，开展了 3 个专项审计调查项目。对 15 亿元授信贷款资金使用管理情况进行了专项审计调查，发现部分项目高估冒算、未按规定招投标、外包工程管理薄弱等问题。

固定资产投资审计　开展竣工决算审计 5 个，审计建设资金 77320 万元，核减工程造价 11292 万元。

经济责任审计　对 33 人进行了经济责任审计，查出违规金额 49246 万元，管理不规范金额 12060 万元。主要发现事业单位应缴未缴财政性收入 691 万元，利润不实 965 万元，虚列工资 111 万元，私设“小金库”和领导干部从下属单位兼职领取报酬等问题。

信息化建设　建成了审计网站和计算机局域网，尝试计算机辅助审计，开展计算机基础知识及应用技能培训，初步形成了适应不同层次工作需要的计算机人才队伍，为提高审计工作水平和审计工作效率奠定了基础。（撰稿人：李兰英）

【汉沽区审计局】　2004 年，共有干部职工 35 人。局长王克勤（9 月—）、曹俊杰（— 9 月），副局长杨宗弟、张建东。设有办公室、综合科、法规科、财政金融审计科、行政事业审计科、企业审计科、基本建设审计科、经济责任审计科、内部审计指导科。

审计成果　完成审计项目 15 个，审计单位 45 个，查出违规金额 947 万元。提交审计报告 30 份，提交审计信息 40 篇，被采用 22 篇。

财政审计　审计单位 8 个，延伸审计单位 15 个，查出违规金额 459 万元，指明要求纠正金额 380 万元。

固定资产投资审计　工程项目跟踪审计 6 个，工程开工前审计 2 个。

国有企业审计　审计单位 3 个，查出违规金额 382 万元，指明要求纠正 382 万元。

经济责任审计　对 15 人进行经济责任审计，查出违规金额 50 万元，指明要求纠正金额 38 万元。

内部审计　完成审计项目 49 个，其中：财务收支审计 20 个，经济效益审计 22 个，基本建设审计 7 个。查出损失浪费金额 3 万元，促进增收节支 27 万元。提出的审计意见建议被采纳 52 条。（撰稿人：陈宜琴）

【大港区审计局】　2004 年，共有干部职工 45 人。局长刘华建，副局长丁连军、高相元、王秀文（—1 月）。设有办公室、法制科、财政金融审计科、行政事业审计科、工业审计科、商贸审计科、固定资产投资审计科、农业与环保审计科、经济责任审计科。

审计成果　完成审计单位 69 个，查出违规金额 13788 万元，决定处理上缴财政 332 万元，促进增收节支 2757 万元，归还原渠道资金 1478 万元。对 2 个单位开展专项审计调查，发现违规金额 547 万元。提交审计报告、信息 34 篇，被批示采用 35 篇（次）。荣获“市经济责任审计工作先进区县”称号。

财政审计　审计财税主管预算单位 13 个，查出违规金额 3304 万元，提出审计建议意见被采纳 44 条。

专项资金审计　对农村饮水解困、改水除氟、粮食补贴、土地补偿等专项资金进行了审计，审计资金 11987 万元。

上级交办任务　完成上级交办任务 20 个，查出违规金额2469万元，决定处理处罚123.5万元。

经济责任审计　对7人进行了经济责任审计，查出违规金额2956万元，提出审计建议11条。与区纪委联合制定了《将廉政建设纳入领导干部经济责任的规定及补充规定》。（撰稿人：李　强）

【东丽区审计局】　2004年，共有干部职工30人。局长傅国华（4月—）、郑福发（—4月），副局长杨全力、林跃中。设有办公室、法规科、财政事业审计科、经贸审计科、内审指导科。

审计成果　审计单位68个，查出违规金额8677万元，管理不规范金额4497万元，应缴财政1979万元。提交审计信息、宣传稿件77篇，被批示采用53篇。

预算执行审计　对本级预算执行和其他财政收支情况进行审计，对科技三项经费、部门行政事业性收费、农业资金等进行延伸审计。主要发现17个单位行政事业性收费未纳入财政预算管理、契税收入未及时上缴等问题。

财政审计　审计乡镇7个，延伸审计了14个部门。查出违规金额3350万元，管理不规范金额2119万元，主要发现收入挂账、账实不符、挤占专用资金等问题。

经济责任审计　对14人进行了经济责任审计。审计后，平调7人，免职7人。

固定资产投资审计　对七路一广场、天津市第一百中学、公安东丽分局“110”报警中心等基本建设项目审计，核减工程造价685万元。

行政事业审计　对建委系统和粮食系统进行了审计，主要发现未缴税金等10个方面问题，责成相关单位认真进行整改。

上级交办任务　完成区政府及上级有关部门交办审计项目12个，审计单位21个。为区领导了解掌握情况，加强宏观管理提供了资料，区长和主管副区长分别对4份审计报告作了批示。

内部审计　制定《东丽区2004年内部审计工作指导意见》和《东丽区2004年度内部审计协会工作计划》。组织3次业务培训，加强内部审计业务指导和档案检查。（撰稿人：马忠魁）

【西青区审计局】　2004年，共有干部职工27人。局长王志刚，副局长张建。设有办公室、法制科、财政金融审计科、行政事业审计科、固定资产投资审计科、经济责任审计科、内部审计指导科。

审计成果　完成审计项目19个，审计单位52个。查出违规金额32483万元，其中应自行纠正金额5657万元，管理不规范金额26826万元。提交审计信息、宣传稿件50篇，被采用35篇。荣获“市经济责任审计工作先进区县”，财政金融审计科被区委、区政府授予“2004年度行风建设先进基层单位”。“办公自动化文书流转程序”、“审计业务模板”和“计算机文件登记检索软件”等获得区技术创新成果奖。

固定资产投资审计　审计建设项目3个，核减财政拨款116万元。

上级交办任务　完成交办和委托审计项目11个，审计单位19个。

内部审计　召开全区内部审计工作会议。对2个街镇内部审计人员和财会人员进行培训。对9个街镇及有关委局内审工作现状及当前存在的主要问题进行了调查研究。（撰稿人：陈建茹）

【津南区审计局】　2004年，共有干部职工26人。局长张永光，副局长魏瑞荣，纪检组长莒和通。设有办公室、法规科、财政金融审计科、行政事业审计科、工商基建审计科、经济责任审计科。

审计成果　完成审计项目9个，审计单位25个，查出违规金额4645万元，应缴财政67万元，已缴财政56万元。提交审计报告、信息115篇，被采用30篇。

财政审计　开展本级预算执行和其他财政收支审计，主要发现基金预算利息收入挂账、政府采购管理机制不健全等问题，提出的审计建议被区政府采纳。

固定资产投资审计　审计预决算基建项目2个，查出违规金额1571万元。

经济责任审计　对6人进行了经济责任审计，查出违规金额1366万元。

上级交办任务　完成区委、区政府交办审计项目8个，审计单位11个；完成区政府委托项目1个，审计单位5个。

内部审计　审计单位583个，查出损失浪费金额36万元，促进增收节支583万元。（撰稿人：孙玉年）

【北辰区审计局】 2004年，共有干部职工29人。局长刘志光，副局长祁惠红、王振业。设有办公室、法制综合科、财政审计科、行政事业审计科、固定资产投资审计科、企业审计科、经济责任审计科、内部审计指导科。

审计成果 完成审计项目13个，审计单位67个，查出违规金额66311万元，应缴财政109万元，应归还原渠道资金230万元。完成上级交办审计项目19个。提交审计结果报告、信息、宣传稿件116篇，被采用68篇（次）。被评为区级“十佳文明机关”、“市经济责任审计工作先进区县”，内审协会所属的天穆镇审计站被评为“全国内审工作先进单位”。

预算执行审计 审计一级预算单位25个，延伸审计部门和单位66个，审计预算资金和财政补贴69533万元，审计预算外及其他资金5857万元。提交的审计结果报告和审计工作情况报告，受到了区政府、区人大的高度评价。

固定资产投资审计 对北辰第一医院发热门诊部等14个建设项目工程预决算审计，审计工程结算报价19191万元，核减工程造价1312万元。

经济责任审计 对5人进行了任中经济责任审计，对25人进行了离任经济责任审计。查出违规金额49871万元，主要发现抽逃注册资本金、偷逃税费、私设“小金库”、超范围收费等问题。为进一步加强经济责任审计，区委、区政府批准制定了《天津市北辰区基层企业单位法定代表人任期经济责任审计暂行办法》和《天津市北辰区基层事业单位法定代表人任期经济责任审计暂行办法》。

专项资金审计 对科技经费、教育经费、改水除氟工程资金等进行审计，开展了外环线绿化带、各镇固定资产管理情况、政府采购制度执行情况、农业综合开发资金、农业专项资金等专项审计调查，涉及单位40余个。对各镇固定资产管理使用情况的专项审计调查，揭示了部分镇随意借用下属单位车辆、以个人名义购车、部分捐赠的资产未入账等问题，调查结果引起区政府的高度重视，责成审计局、财政局共同制定了《天津市北辰区关于加强车辆购置、管理的意见》。

行政事业审计 审计区卫生系统、农机局、畜牧局等单位6个，主要发现主管部门向下属单位转移支出等问题。

财政审计 审计乡镇9个，主要发现违规集资等问题。

信息化建设 制定《北辰区审计局2004～2007年信息化应用建设发展规划》，审计项目实施与管理、行政、人事、档案及党员日常管理等方面实现无纸化办公，固定资产投资审计、行政事业单位审计使用计算机软件进行辅助审计。

内部审计 审计单位312个，查出损失浪费金额316万元，促进增收节支8479万元，提出审计建议意见被采纳603条，已纠正违规金额555万元。（撰稿人：王宝捷）

【武清区审计局】 2004年，共有干部职工33人。局长丁玉山，副局长王全跃、谢万俊、朱广臣（—10月）。设有办公室、综合科、财政金融审计科、行政事业审计科、企业审计科、经济责任审计科。

审计成果 完成审计单位50个，查出违规金额2328万元，管理不规范金额25337万元，应缴财政1109万元，已缴财政1088万元。提交审计信息43篇，被采用20篇。

预算执行审计 对本级预算执行和其他财政收支情况进行审计，主要发现无证收费、部分预算外资金未纳入财政专户管理、契税、耕地占用税未及时入库等问题。

财政审计 审计乡镇29个，主要发现收入未纳入预算管理、应收款未及时清理、固定资产盘亏等问题。提出审计建议25条，被采纳19条。

经济责任审计 对33人进行了任期经济责任审计。（撰稿人：刘文凤）

【宝坻区审计局】 2004年，共有干部职工33人。局长王玉兰，副局长陈德民、吴春华（—9月）、黄守福（9月—）。设有办公室、法制综合科、财政金融审计科、行政事业审计科、企业审计科、基本建设审计科、经济责任审计科。

审计成果 完成审计项目5个，审计单位38个，查出违规金额8071万元，管理不规范金额34731万元，应缴财政565万元，已缴财政565万元，归还原渠道资金114万元。向检察机关移送案件2起，涉案人员6人，已判刑2人。提交审计报告、《审计要情》等44份，提交审计信息72篇、宣传稿件16篇，被批示采用48篇。

财政审计　审计本级预算执行及部门预算执行单位7个，查出违规金额844万元，管理不规范金额13403万元，损失浪费金额31万元。完成审计乡镇13个，查出违规金额796万元，管理不规范金额12689万元，损失浪费金额10万元，应缴财政22万元，已缴财政22万元。

经济责任审计　对15人进行了任期经济责任审计，查出违规金额1890万元，应缴财政88万元，已缴财政88万元，纠正管理不规范金额6633万元。主要发现私设"小金库"、挪用公款、账外账、公款私存、挪用专项资金等问题。审计后，晋升1人、平调10人、免职3人、留任1人。

内部审计　有内审机构38个，其中专职机构11个；审计人员120人，其中专职人员27人。开展经济责任审计、财务收支审计、经济效益审计、基建审计和专项审计调查单位89个，查出并纠正违规金额216万元，促进增收节支20万元，提出审计建议78条。(撰稿人：陈　亮)

【蓟县审计局】　2004年，共有干部职工36人。局长司永安，副局长黄长山、张士海。设有办公室、行政事业审计科、财政金融基建审计科、工交企业审计科、商贸企业审计科、经济责任审计科。

审计成果　完成审计单位108个，查出违规金额438万元，归还原渠道资金22万元。荣获"市经济责任审计工作先进区县"称号。

财政审计　对本级财政预算执行及其他财政收支情况进行全面审计，主要发现罚没收入未及时足额入库、欠缴税金、预算外资金未全额纳入财政专户存储、列支不合规票据、挤占专项资金以及财政周转金收缴不及时等问题。

企业审计　对工业、物资、建筑企业26个单位进行资产、负债、损益审计，主要发现损益核算不实等问题，提出审计建议75条。

专项资金审计　对人畜引水解困资金和改水除氟资金进行审计，对库区基金、优抚基金、献血基金、教育基金、失业保险金、地下水资源费、残疾人就业保障金等专项资金管理使用情况进行审计，主要发现列支不合规票据、截留挪用专项资金等问题。

行政事业审计　审计行政事业单位40个，主要发现账目不全、手续不完备、缺乏统一监管等问题。

经济责任审计　对8人进行了任期经济责任审计，主要发现列支不合规票据、公款私存等问题。

固定资产投资审计　完成对城区基建工程项目资金预算审核项目36个，审核工程总投资3亿元，核减工程资金1100万元。

内部审计　审计单位385个，　查出违规金额51万元。举办交流会3期，组织业务培训4期，外出学习考察5次。(撰稿人：汪玉国)

【宁河县审计局】　2004年，共有干部职工38人。局长王永顺，副局长孙瑞云、高宝玺。设有办公室、综合科、财政审计科、行政事业审计科、企业审计科、金融基建审计科、经济责任审计科、内部审计指导科。

审计成果　完成审计项目12个，应缴财政165万元，已缴财政165万元，应调账处理金额2327万元，管理不规范金额1562万元，削减基建项目预算26万元。提交审计工作报告、信息、宣传稿件27篇，被采纳17篇(次)。

财政审计　审计一级预算单位10个，延伸审计部门和单位26个，审计预算资金和财政补贴41053万元，预算外及其他资金15090万元。开展乡镇财政决算审计，主要发现固定资产管理不规范、账实不符、白条抵库、以个人名义购置交通工具等问题，提出了审计意见和建议，责成相关单位限期整改。

固定资产投资审计　完成固定资产建设项目决算审计项目3个，主要发现自筹资金未到位、多列预算等问题，削减预算资金26万元，为国家建设节约了资金。(撰稿人：马如红)

【静海县审计局】　2004年，共有干部职工36人。局长李宝芹，副局长孔凡明。设有办公室、综合法制科、财政金融审计科、行政事业审计科、企业审计科、固定资产投资审计科、经济责任审计科。

审计成果　完成审计项目9个，审计单位52个，对3个单位开展审计调查。完成县领导交办审计事项5个，涉及单位54个；审计调查事项5个，单位48个。查出违规金额4048万元，上缴财政215万元，归还侵占挪用资金20万元，促进增收节支235万元。提交审计报告和信息90篇，被批示采用76篇。项目质量、信息宣传、统计、社团、档案、内部审计、计划生育、综合治理等11项工作被市、县评为先进集体。

预算执行审计　完成本级预算执行及其他财政收支审计单位49个，审计预算资金及财政补贴43700万元，预算外及其他资金44700万元。主要发现应缴未缴税金、“账外账”、挪用专项资金、行政性收费未纳入专户管理、预算外资金体外循环等问题。审计后，县政府制发了《关于进一步加强财政财务管理的通知》。

经济责任审计　对6人进行了经济责任审计，查出违规金额517万元，主要发现应缴未缴税金、违规向非预算单位拨款、长期借款挂账等问题。

专项资金审计　审计57个单位的预算外资金管理使用情况，主要发现无证收费、未使用专用票据收费、私设“小金库”等问题，并对违规单位进行了处罚。

行政事业审计　审计卫生、交通系统单位28个，查出违规金额611万元，主要发现应缴未缴税金、乱收费、虚增虚减利润等问题。对教育、工业、物资系统30个单位财务收支及国有资产管理运营情况进行审计调查，查出违规金额2418万元，发现漏缴税金、私设“小金库”、资金体外循环等问题。

内部审计　审计单位619个，查出违规金额2646万元，损失浪费金额829万元，促进增收节支476万元，提出的审计建议被采纳324条。（撰稿人：王文凯）

【经济技术开发区审计局】　2004年，共有干部职工21人。局长邢宝钧，副局长刘同泽。设有办公室、审计一科、审计二科、审计三科。

审计成果　完成审计项目29个，涉及单位108个。审计资产38916万元、负债19195万元、所有者权益18488万元、净利润1592万元。查出违规金额19432万元，其中决定处理处罚846万元、指明要求纠正18586万元、应缴财政733万元，主要发现收入不实3209万元、成本不实3369万元、利润不实1000万元、资产不实6964万元、私设“小金库”406万元、账外资金479万元、所有者权益不实15万元等问题。提出审计意见和建议49条，提交审计信息76篇，被采用29篇。（撰稿人：李　萌）

2004年天津市区、县级审计工作统计表

审计机关	干部职工人数（人）	审计单位（个）	经济责任审计项目（个）	查出违规金额（万元）	应缴财政（万元）	已缴财政（万元）	决定处理处罚（万元）	指明要求纠正（万元）	提交审计报告、信息（篇）	审计信息被采用（篇）
和平区审计局	41	105	18	17589	218	218	0	10175	105	30
河东区审计局	49	50	26	17163	444	88	1138	77	154	75
河西区审计局	43	97	22	1847	82	34	563	815	94	75
南开区审计局	51	46	18	12800	50	50	19	6970	50	39
河北区审计局	49	134	22	8486	396	117	396	19708	122	46
红桥区审计局	41	30	6	10605	351	95	351	4795	60	40
塘沽区审计局	36	68	33	60616	936	927	44644	12058	110	26
汉沽区审计局	35	45	15	947	2	2	2	800	40	22
大港区审计局	45	69	7	13788	332	332	1742	13118	34	35
东丽区审计局	30	68	14	8180	1979		6201	8219	138	46
西青区审计局	27	52	6	32483	116	116	26826	5657	50	35

审计机关	干部职工人数（人）	审计单位（个）	经济责任审计项目（个）	查出违规金额（万元）	应缴财政（万元）	已缴财政（万元）	决定处理处罚（万元）	指明要求纠正（万元）	提交审计报告、信息（篇）	审计信息被采用（篇）
津南区审计局	26	25	6	4645	67	56	3	1625	115	30
北辰区审计局	29	67	30	66311	109	16	287	66023	116	74
武清区审计局	33	50	33	2328	1109	1088		25337	43	20
宝坻区审计局	33	38	16	8071	565	565	1123	34731	121	48
蓟县审计局	36	108	5	438			438	381	62	28
宁河县审计局	38	38	2	2722	165	165	2722	1562	27	16
静海县审计局	36	55	6	4048	196	215	20	624	90	73
经济技术开发区审计局	21	108	2	19432	733			18586	76	31

河北省

【河北省审计厅】 2004年，河北省审计厅定编131人（不含事业编制），在编130人。厅机关设有办公室、人教处、法制处、监察室、机关党委、老干部处、财政审计处、金融审计处、行政事业审计处、社保审计处、投资审计处、农业审计处、外资审计处、经贸审计处、经济责任审计处等处室，另设有经济执法、农林水、科教、文体卫、经贸交通、建设计划等派出审计处，同时还设计算机中心、培训中心、招待所等直属事业单位。

领导成员

厅　长：张成起

副厅长：焦士谦　吴兵冲　李树森

　　　　陈金如（—5月）

纪检组长：刘建新（10月—）

　　　　　肖孟君（—10月）

巡视员：赵文雪

审计成果 2004年，共完成审计项目4424个，查出违规金额1213601万元，管理不规范金额1306140万元，损失浪费金额21755万元，并对审计查出的问题依法进行了处理，应上缴财政166983万元，已上缴财政123706万元。提交审计工作报告、信息4423篇，被各级领导批示或上级部门采用1894篇。向纪检监察部门及司法机关移送案件27起，涉及人员43人，涉及金额26030万元。

财政审计 河北省审计机关共对1022个单位开展了预算执行审计，查出问题金额975137万元，上缴财政56213万元。完成了对482个单位的财政决算审计，查出问题金额304898万元，上缴财政42544万元。河北省各级审计机关突出财政审计的龙头地位，牢固树立财政审计河北省“一盘棋”的思想，突出了对重点领域、重点部门、重点项目、重点资金的审计，财政预决算审计工作水平有了显著提高。省审计厅围绕建立社会主义公共财政体制的总体要求，按照树立科学发展观和省领导“集中财力办大事”的指示精神，遵循收入与支出审计并重，真实性、合法性与效益性审计并重的原则，牢牢把住财政、税务两个收支总源头，加大了对二、三级预算单位的延伸审计力度，取得了较好效果。衡水、承德、唐山等市级审计机关加强对财政审计工作的组织领导，创新审计思路，改进审计方法，加大审计力度，不断扩展审计监督覆盖面，进一步提高了财政预决算审计水平。

2004年，河北省审计机关普遍加大了预算执行审计力度，审计工作报告质量有了明显提高，在此基础上，注重向社会公开审计结果，引起强烈反响，对违反财经纪律的行为起到了震慑作用，促进了审计决定的落实和整改。7月17日，省审计厅代省政府在省十届人大常委会所作的《关于河北省2003年度省本级预算执行及其他财政收支情况的审计工作报告》，受到省人大领导和与会委员们的积极评价，与此同时，报告中揭示出的问题以及处理情况，引起了省委、省政府主要领导的极大关注。省委书记白克明、省长季允石等省领导先后作出重要批示，要求有关部门积极落实审计决定、认真进行整改。省十届人大常委会第十二次会议还专题听取了省审计厅代省政府所作的关于审计查出问题整改情况的报告。邢台、承德市政府高度重视审计结果，专题听取审计情况汇报，责成市政府召集有关单位主要负责同志会议，通报审计结果，要求限期整改，并在全市范围内组织开展财经纪律大检查。

经济责任审计　河北省共对 778 个单位的 839 名领导干部进行了审计（包括 804 名党政领导和 35 名企业领导人），查出违规金额 125200 万元，管理不规范金额 152009 万元，损失浪费金额 745 万元。有关部门依据审计结果，平调 429 人，晋升 38 人，免降撤职 48 人，22 人被建议给予党政纪处分，10 人被移送纪检监察部门和司法机关处理。

4 月，常务副省长郭庚茂主持召开省经济责任审计领导小组会议，总结了前一阶段的工作，研究制定了进一步加强经济责任审计工作的具体措施。6 月，省委常委会听取了经济责任审计工作汇报，根据常委会精神，省委、省政府办公厅联合下发了《河北省党政领导干部任期经济责任审计若干问题的指导意见（试行）》，要求各级党委、政府切实加强领导，充分发挥经济责任审计的作用，并对涉及经济责任审计工作的重大原则问题提出了明确要求。9 月，省纪委、省委组织部、省监察厅、省人事厅、省审计厅联合印发了《省管干部任期经济责任审计实施办法》，对审计对象、项目委托及审计实施程序、审计结果运用等方面内容作了详细规定。省委、省政府的重视支持以及经济责任审计相关制度措施的出台，促进了经济责任审计工作的法制化、制度化、规范化建设，推动了河北省经济责任审计工作的健康发展。

根据省委授权委托，省审计厅组织开展了对省体育局、省教育考试院、省旅游集团、邢台钢铁公司、省物产集团等单位和企业负责人的经济责任审计，审计结果引起了省领导及相关部门的重视，在审计中采用的“一个对比、三项分析”的审计评价方法，得到了审计署的肯定。石家庄、廊坊市对经济责任审计实行计划管理，建立健全审计制度，加强审计理论研究，促进了审计规范化建设。秦皇岛、沧州、保定市加大了经济责任审计和相关责任人员的问责追究力度。由于经济责任审计工作成绩突出，在全国经济责任审计工作会议上，石家庄市和滦南、文安、盐山县被评为“全国经济责任审计先进地区”，受到中央五部委的通报表彰。

行政事业审计　统一开展了河北省工商行政管理系统 2003 年度财务收支审计。通过对 192 个工商局的审计和对 520 个基层工商所的延伸审计，查出隐瞒、截留预算收入和财政专户资金、挤占挪用专项经费、乱收费、乱罚款、私设“小金库”等多种违法违规问题，并依法进行了处理处罚，对涉及的个别经济违法案件按规定向有关部门移送。

牵头组织河北省国有粮食购销企业财务挂账清理审计工作。为贯彻落实国务院《关于进一步深化粮食流通体制改革的意见》，按照省政府要求，审计部门牵头，联合财政、粮食、发改委、农发行等部门，对河北省国有粮食购销企业 1998 年 6 月至 2004 年 5 月底，因执行国家有关粮食经营政策发生的亏损及政策性补贴应补未补情况进行了清理审计。在各级政府的大力支持以及相关部门的紧密配合下，圆满完成了清理审计任务，为进一步推进粮食购销体制改革提供了客观准确的依据。

金融审计　各地本着“摸清家底、揭露问题、规范经营、促进管理、防范风险”的目的，积极稳妥地开展金融审计。省审计厅相继完成了对省证券公司本部及 10 个营业部 2003 年度资产、负债、损益的审计，揭示了其存在的损益不实、违规经营、账外经营等方面的问题。为防范和化解金融风险，促进提高地方金融机构的经营管理水平，审计机关加强了对地方金融机构的审计监督，统一组织市级审计机关对 6 个市的地方商业银行和 5 个市的城市信用社 2003 年度资产、负债、损益情况进行了审计。此外，根据审计署的要求，省审计厅组织完成了对各级审计机关 2003 年审计查出的原中国人寿保险公司河北省分公司系统违规问题的处理工作。

专项资金审计　组织审计机关对 90 个企业职

工基本养老基金进行了审计或审计调查，对31个单位下岗职工再就业资金的筹集、管理及使用情况进行审计，对105个单位的失业保险基金收支及管理情况进行了审计，促进了社会保障资金的征收管理和规范使用，确保了专款专用，维护了社会稳定。按照计划，河北省审计机关还对科教、卫生、农林水等专项资金的管理使用情况进行了审计。

外资运用审计　根据审计署授权，完成了农业节水灌溉、结核病控制、城市基础建设等12个国外贷援款项目的审计，涉及项目单位339个，如实出具了审计报告。组织对8个省级援助款物管理使用单位和部分县级受援助单位的审计调查，并将审计调查报告上报了省政府。

领导交办任务　按照省领导批示，省审计厅组织力量，对省国土资源厅所属的永兴房地产开发公司资产负债损益情况、西柏坡纪念馆改陈布展工程、省纪检监察干部培训中心改造工程、原口岸大厦债务遗留问题等项目进行了审计，审计工作受到高度赞扬。此外，根据省政府主要领导意见，省审计厅与财政厅联合对石家庄、唐山、保定、沧州四市2004年1～9月财政收入完成情况进行了审计调查。

综合调研　为贯彻落实中央一号文件及省委六届五次全会精神，围绕“三农”问题，河北省审计机关组织开展了3项审计综合调研：一是河北省粮食生产状况审计调研；二是乡镇卫生院建设情况审计调研；三是农村信用社资产质量及经营状况审计调研。审计综合调研上报后，引起了省委、省政府领导的高度重视。

审计项目精品工程活动　结合贯彻实施审计署《审计机关审计项目质量控制办法（试行）》（审计署6号令），河北省审计机关继续开展“审计项目精品工程”创建活动。省审计厅确定2004年为河北省审计机关学习贯彻审计署6号令启动年，专门成立了“精品工程创建委员会”和“审计项目质量检查委员会”，下发了《关于深化精品工程创建活动，全面提高审计质量的实施意见》，对创建工作提出了更高要求。同时，加大督导检查力度，对11个市贯彻执行审计署6号令情况进行了专项检查。各级审计机关把搞好创建活动作为加强审计机关“人、法、技”建设的重要内容，不断丰富创建形式，深化创建内容，创建工作取得明显成效。

队伍建设和廉政建设　1．加强政治理论学习，有针对性地开展业务培训，提高审计人员综合素质。根据形势发展对审计工作的要求，狠抓审计信息化建设，积极开展计算机辅助审计。在审计署组织的计算机审计专家经验评比中，河北省有3篇获奖，其中1篇被评为优秀计算机审计专家经验，省审计厅被授予“优秀组织单位”奖。

2．积极参与行风评议活动，切实改进工作作风，树立“公正、诚信、廉洁、谦和”的审计形象。省审计厅先后制定了《河北省审计系统行风建设六项制度》、《河北省审计机关行风建设工作标准》、《行风评议责任制考核办法》等制度规定，同时，向社会进行公开承诺，自觉接受监督。下半年，省审计厅组织河北省审计机关开展了“走千家、纳万言、献良策”活动，收到良好效果。积极参与省电台“阳光热线”栏目，拉近了与群众之间的距离。省审计厅连续两年获得省民主评议行风工作先进单位称号。在河北省文明行业创建活动中，审计系统位列第四，受到通报表扬。唐山、石家庄、廊坊、承德、邢台、沧州市审计局被当地评为行风评议工作先进单位。

3．加强党风廉政建设，确保审计执法客观公正。省审计厅党组制定了《河北省审计厅党风廉政建设责任制实施办法》，严格执行“两书一卡一公示”（审计人员廉洁自律承诺书、审计组长廉政责任承诺书、廉政监督反馈卡、审计纪律公示）廉政制度，使廉政责任制贯穿于审计权力运行的全过程。同时，加强对重点审计项目的廉政监督，有效地防止审计工作中不廉洁行为的发生。（撰稿人：刘元飞）

【石家庄市审计局】　2004年，共有干部职工129人。局长杨英波，副局长曹书辰、胡荡舟、张家亮、李士宗，纪检组长李国辉。设有办公室、人事处、综合处、财政审计处、金融审计处、行政事业审计处、农业审计处、经贸审计处、外资运用审计处、社会保障资金审计处、固定资产投资审计处、法制处、机关党委、纪检组（监察室）、计算机信息中心等处室，另设直属县级开发区审计分局、经济责任审计分局（县市区审计处、企业审计处、市直部门审计处、计核处）、培训中心（温泉审计培训基地）和驻市国资委、商务局、建设局3个特派员办事处。

审计成果　全市共完成审计单位（项目）487个，查出违规金额169722万元，管理不规范金额153114万元，损失浪费金额4878万元，应上缴财政24734万元，已上缴财政23788万元，归还原渠道资金6445万元，调账处理金额13904万元。移送司法或纪检监察机关案件5起，涉及人员7人。首次被河北省委、省政府授予“省级文明单位”；对地税审计的论文荣获审计署“优秀计算机审计专家经验”奖；在全国经济责任审计工作会议上，石家庄市作为全国经济责任审计工作先进地区，受到了中央五部委的表彰。

经济责任审计　审计单位90个，审计经济责任人96人，查出违规金额7643万元。审计后，平调42人，晋升3人，免职10人。石家庄市所辖的鹿泉市、新乐市、无极县被省委、省政府评为全省经济责任审计工作先进单位。

财政审计　树立全市审计一盘棋意识，在对“三农”资金审计中，市审计局把财政部门拨付的农林专项资金等资料，下发相关县（市）区审计局，并延伸至具体项目。查出资金拨付不及时，影响资金使用效益等问题。利用地税审计软件，查出截留市级收入的问题。有关部门改革了原有的税收划分办法，对市内五区和高新技术开发区实行属地征管，市级和区级按税种比例分成的收入划分体制。

专项资金及其他审计　农业审计把专项土地资金的审计作为重点，严格审查所属单位每一项专项资金的管理和使用情况，将触角延伸到每一个经济活动单位，从资金运行过程中发现存在的问题和管理上的薄弱环节，帮助被审计单位整改。社保资金审计监督养老保险基金按照规定及时、足额征缴，确保基金实行专户管理，资金拨付及时到位。外资审计对传染病与地方控制、疾病预防、贫困地区林业发展、小规模肉牛发展等6个项目审计，保证了各项目稳定运行。经贸审计牵头组织了全市国有粮食购销企业财务挂账清理审计工作，对全市国有粮食购销企业近6年来因执行国家粮食经营政策发生的亏损，以及政策性补贴应补未补情况进行清理审计，受到市政府的表扬。金融审计努力增强办案意识，将某银行在管理和经营中存在的违规问题，分别向纪检、检察机关进行移交。固定资产投资审计完成了市政府交办的钢铁、电解铝、水泥以及党政机关办公楼和培训中心等18个行业的固定资产投资项目的清理工作。行政事业审计重点组织了全市工商行政管理系统的交叉审计工作，查出延压收入、收取会费不规范、漏缴税费等问题，促进了被审计单位的整改和管理。

金审工程　依托市政府电子政务平台，实现市局与县局2M光纤的连接。市审计局与被审计单位的联网方案通过专家论证。荣获市政府“全市信息化暨信息产业工作先进单位”称号。（撰稿人：贾栓良）

【张家口市审计局】　2004年，共有干部职工61人。局长申兰旺，副局长李树田、于九玫、孙占山、宇清光，纪检组长郭玉莲。设有办公室、法制科、经贸审计科、财税审计科、金融审计科、固定资产投资审计科、农业与资源环保审计科、行政事业审计科、社会保障资金审计科、外资运用审计科、老干部科、党委办公室、监察室。

审计成果　2004年，全市审计机关共审计单位286个，查出违规金额58113万元，应缴财政1620万元，已缴财政1365万元。提交工作报告、审计建议、信息等375篇。

预算执行审计　预算执行审计坚持以财政、税务审计为源头，以部门预算执行审计为基础，以项目预算和资金活动审计为主线，以延伸审计专项资金使用情况为重点，对在市级财政分配中占主导地位的城建、城市公用事业、房管、土地资源、卫生等5个部门的33个单位财务收支情况进行了审计，加强了预算执行审计的广度和深度，确保了预算执行审计的完整性和全面性。

经济责任审计　在加强经济责任审计工作规范化建设、提高审计质量的同时，把重点放在审计成果的利用上。共完成了对134名领导干部任期经济责任审计，查出违规金额1326万元。干部管理部门参照审计情况，平调129人，晋升3人，免职2人。

固定资产投资审计　一是对宣大高速公路、京张高速公路建设项目进行审计，并在全省率先开展对路面混凝土钻芯取样，查出了部分施工单位不按设计要求施工的问题。由于审计力度大，审计执法严，在社会上产生了较大影响，有效地促进了其他公路建设管理水平和工程质量的提高。

二是对城市建设、公用设施等56个建设项目进行了审计，为维护建筑市场秩序发挥了监督作用。全市共审计重点建设项目投资总额131亿元，发现违规金额3.3亿元，审减工程造价、纠正不合理资金为国家节约建设投资4210万元。同时对审计发现被审计单位不具备建设条件建设的边设计、边审批、边施工的“三边”工程；超计划、超规模，损失浪费、拖欠工程款问题；建设项目管理不规范问题；施工单位高估冒算、偷工减料、降低质量、多计造价问题。欠缴漏缴税费问题依据国家法律法规的规定进行了严肃处理。

金融审计　开展了对张家口市商业银行2003年度资产、负债、损益情况的审计，共完成该银行总部及12个支行的审计，查出违规金额480万元，应缴财政17万元。审计查出地方商业银行经营管理不规范和信贷资产质量不高等7个方面的问题，财务管理不规范等5个方面的问题，引起商业银行的高度重视，并积极采取整改措施，已取得初步成效。完成了对怀来、张北、宣化3家县级联社及所属9家农村信用社2003年度资产质量及经营状况的审计调查。调查发现这些企业存在信贷质量不高、制度不严、潜亏严重等8个方面的问题，并提出了5条审计建议，得到了市银监局及信合办的肯定，为深化农信社改革提供了有力保障。

企业审计　按照省政府统一部署，全市审计机关以“核实亏损、核准挂账”为目标，按照“分清责任、分类处理、分级负责”的原则，历时3个月对129个国有粮食购销企业、7个军粮供应企业1998年6月至2004年5月底的政策性亏损进行了全面清理。

行政事业行业审计　完成了对市卫生局、市中医院和市第一医院2003年度财政预算执行及财务收支审计，查出违规金额446.76万元，其中账外资产（资金）376.4万元，对存在的问题进行了处理、处罚，并提出了切实可行的审计建议，受到被审计单位好评。开展了乡镇卫生院建设情况的审计调查，对康保县和宣化县乡镇卫生院建设情况进行了调查，并走访了怀来县的3个乡镇卫生院。共抽查5个县直医院，7个中心卫生院，8个一般乡镇卫生院。调查覆盖面达到51%，其中乡镇卫生院覆盖面达到54%。

外资运用审计　组织对4个世行贷款项目进行审计。特别是连续6年对疾病预防项目、农村供水项目、林业发展项目实施了不间断审计，使4个乡镇、112个贫困村的7万多人口脱贫致富。（撰稿人：李丽芳）

【承德市审计局】　2004年，共有干部职工49人。局长王锡国，副局长韩东光、石泊湖、王艳云、王允昌、王晶凤（4月—），纪检组长马君慧（7月—）、陈清瑞（—7月）。设有办公室、法制科、固定资产投资审计科、财政金融审计科、经贸审计科、经济责任审计办公室、社会保障审计科、行政事业审计科、农业与外资审计科、计算机中心和培训中心。

审计成果　审计单位54个，查出违规金额4.0911亿元，决定处理上缴财政8834万元，归还原渠道资金5944万元。对30个单位开展专项资金审计调查，发现违规金额3569万元。审计局被市委、市政府授予“市级文明单位”、被市直工委授予“先进基层党组织”称号，全市审计系统被授予行风先进系统。

财政审计　审计财税部门6个，查出隐瞒转移预算收入、虚增财政收入、虚列财政收入、延压滞留预算资金等问题。提交的审计工作情况报告受到市人大的充分肯定。市委、市政府专门听取了审计工作情况汇报，高度评价了审计工作取得的显著成绩。

专项资金审计　对世行贷款疾病预防项目、世行贷款贫困地区林业发展项目、结核病控制项目等3个国外援助项目进行了审计，审计核实3个项目概算资金总额600万元，其中利用外资200万元。对3个县京津风沙治理工程项目资金和3个社保项目资金进行了审计。审计情况引起市政府的高度重视，责成相关地方和单位认真进行整改，整改到位资金3166万元。

经济责任审计　对6人进行了经济责任审计，查出违规金额16810万元，其中个人负主管责任15576万元，负直接责任1234万元。审计后，平调5人。

计算机辅助审计　在工商、社保行业计算机辅助审计中，对通用审计软件进行了二次开发，将计算机辅助审计运用到审计前调查、现场审计和审计档案立卷等审计的全过程，取得了显著效果。（撰稿人：曹艳红）

【秦皇岛市审计局】 2004年，共有干部职工62人。局长刘文杰，副局长孙卫国、王文杰、焦鹏利、成樯、徐联河（6月—），纪检组长张桂琴。设有办公室、机关党总支、监察室、法制科、金融审计科、行政事业审计科、经贸审计科、社会保障审计科、固定资产投资审计科、外资运用审计科、经济责任审计科、财政审计科、基本建设审计中心。

审计成果 全年共审计155个单位，查出违规金额18768万元，应上缴财政2274万元，已缴财政1874万元，指明要求纠正11001万元。全年提交审计工作报告、信息和调研报告104篇，被采用55篇。

预算执行审计 审计单位10个，延伸审计52个单位，查出违规金额3776万元，管理不规范金额6138万元，应上缴财政2110万元。市政府对审计结果极为重视，市人大常委会审议预算执行报告认为“市审计局对2003年市本级预算执行及其他财政收支的审计报告实事求是，审计工作组织比较严密，审计重点突出，审计力度进一步加大，审计效果较好”。

经济责任审计 审计经济责任人32人，查出违规金额1187万元。经审计晋升1人，降职1人。在对市城市建设投资公司总经理吴某的经济责任审计中，11名涉案人员被逮捕。移送纪检监察机关线索2件。昌黎县审计局被省政府授予“经济责任审计工作先进县”。

专项和其他项目审计 对农村供水与环境卫生、贫困地区林业发展等7个项目进行了审计，查出违规金额1106万元。受市政府委托，对全市49个改制企业进行审计。目前第一批13个待出售企业已完成审计，为政府挽回资金7036万元。在全省第一个开展企业改制审计把关工作得到了省领导的充分肯定。（撰稿人：刘守礼）

【唐山市审计局】 2004年，共有干部职工77人。局长阚友合，副局长孟庆然（11月—）、郑秀敏、崔明山、王素梅、李桐，纪检组长陈向阳。设有办公室、法制处、经济责任审计室、固定资产投资审计处、行政事业审计处、农业与资源环保审计处、金融审计处、经贸外资审计处、社会保障审计处、财政审计处、高新技术开发区审计分局、海港开发区审计分局、南堡开发区审计分局和监察室、机关党委，另设有教育培训中心（直属事业单位）。

审计成果 审计单位578个，查出违规金额213405万元，纠正管理不规范金额277622万元，决定处理上缴财政73501万元，归还原渠道资金6222万元。提交工作报告、信息603篇。移送纪检监察部门案件1起。

财政审计 全市共审计预算执行单位95个，查出违规金额87990万元，纠正管理不规范金额68449万元。经审计抽查10个减免税企业，其中不符合减免税条件企业4个。市人大和市政府十分重视预算执行情况审计工作，市政府常务会议专门听取了审计工作报告。市人大常委会在听取并审议审计工作报告时，对预算执行审计工作给予了高度评价和充分肯定。审计报告也通过媒体全文向社会公布。

固定资产投资审计 通过对机场迁建部分工程、市第十一医院、部分道路翻修改造等项目的审计，审计资金24115万元，为财政节约资金3803万元。机场新建工程概算总投资76332万元，地方施工建安工程报审金额18708万元，审计核减3169万元，审减率16.9%。市十一院建设单位上报工程决算2347.2万元，审减工程款400.2万元，审减率17%，核定应退还财政资金884.64万元。南新西道翻修和建设南路改造工程建设单位报审工程决算2520万元，其中经招投标确定合同包干部分造价1168.53万元，未经招投标更换便道板以及涉及变更部分上报工程结算589.69万元，审减121.4万元，审减率21%，并查出只对部分施工道路招标、便道施工规避招标等7个方面的问题。

社会保障审计 通过对丰南国丰钢铁集团、丰润乐百氏、迁西津西钢铁集团等非公有制企业养老、失业金的审计，查出存在由于未申报、未计提等原因漏缴社保资金的问题。

企业审计 按照省政府的要求，市政府组成清审组对全市132个国有粮食购销企业、7个军粮供应企业和26个主管部门1998年6月1日至2004年5月31日期间发生的政策性粮食财务挂账情况进行就地清理审计。审计查实确认政策性亏损挂账45029万元，政策性补贴应补未补6120.22万元。对全市国有粮食购销企业财务挂账清理审计的结果，市政府已专门向省清审办作了报告。

计算机辅助审计 全市审计机关投入资金百余万元，配备计算机硬件设备和审计软件。目前，全市审计机关拥有计算机设备150余台，应用软件90余套。全市有40%的审计项目实行了计算机辅助审计。

【廊坊市审计局】 2004年，共有干部职工55人。局长韩少奇，副局长黄志旺（—9月）、李培宁、张士彦、张铁忠、贾军水（9月—），纪检组长张振杰（11月—）、黄志旺（—5月）。设有办公室、人事教育科、纪检监察室、党务室、法制科、金融审计科、财政审计科、行政事业审计科、经贸审计科、社会保障审计科、固定资产投资审计科、经济责任审计科。

审计成果 审计单位41个，查出违规金额60035万元，管理不规范金额1644万元，应上缴财政金额8366万元（其中：税金434万元，罚没38万元），应减少财政拨款或补贴13万元，应归还原渠道资金645万元，应调账处理金额36220万元，应自行纠正金额1696万元；已上缴财政金额309万元（其中：税金175万元，罚没12万元），已减少财政拨款或补贴13万元，已归还原渠道资金85万元，已调账处理金额3387万元，已自行纠正金额992万元。提交工作报告、信息88篇，被批示采用60篇。市审计局关于《文安县长经济责任审计》项目获得全省精品项目一等奖；文安县被中纪委、监察部、中组部、人事部、审计署等五部委授予“全国经济责任审计工作先进县”称号。文安县被省委、省政府授予“全省经济责任审计工作先进县”称号。

财政审计 审计财税部门6个，查出隐瞒转移挖挤预算收入、虚增财政收入、虚减财政收入、虚列财政支出、截留挤占挪用财政资金、擅自动用支配国库库款等问题，提交的审计工作情况报告受到市人大、市政府等部门领导的充分肯定，并首次将工作报告向社会公布。

专项资金审计 对林业持续发展、小规模肉牛养殖、疾病预防结核病控制等30个国外援贷款项目进行了审计，审计核实30个项目资金概算投资总额为2.41亿元，其中利用外资1.2亿元。从中发现两个世界银行贷款项目资金分散到期回收难度大等问题，引起了项目所在地政府的重视。对乡镇卫生院财务收支及建设情况进行审计调查中，获取了2000多个数据，摸清了两个区县的乡镇卫生院家底，发现了乡镇卫生院在经营活动中存在的问题，撰写了《乡镇卫生院生存步履艰难》的调查报告。外资审计发现集中采购物资价格高、债务分割不准确、配套资金落实差、会计账务混乱及短缺等问题。水利工程竣工决算审计发现了工程管理不规范、重复计取有关费用、资金不到位等问题。对农村信用社审计调查发现，农村信用社虽然在农村经济发展中起到了一定作用，但普遍存在资本充足率不够、单户贷款比例超标、资产质量不高、历年亏损较大等问题。

经济责任审计 对10人进行了经济责任审计，查出违规金额3839万元。国有资产增值单位9个，保值单位1个。审计后，平调2人。经济责任审计的调查研究成果，在廊坊市委内刊、《中国审计报》等发表了28篇探讨性文章。

计算机辅助审计 预算执行的计算机辅助审计水平有了进一步提高，在应用中成功实现了对财政局集中支付中心和收费局等不同种类电子数据的下载转换，提高了审计效率，编写了计算机辅助审计说明书，为今后的财政审计奠定了基础。

交办项目审计 廊坊市委、市政府交办的审计任务数量多、分量重、难度大，尤其以有关东方大学城的项目为最。审计局先后投入5个审计业务科的力量对大学城相关项目进行审计或审计调查，相继完成了东方大学城开发公司1999～2003年资产负债审计、东方大学城盈利预测审计调查、东方大学城购销合同审核，协调、服务审计署驻京津冀特派办对东方大学城的审计调查工作。仅资产负债审计的工作底稿数量就达计算机内存4.7兆，相当于2002年以前财税金库“同级审”的工作总量。对313份、金额8.44亿元的购销合同逐个进行“合同文本、甲乙双方、执行状况”三见面式审核。（撰稿人：于永久）

【保定市审计局】 2004年，共有干部职工85人。局长焦冠军，副局长罗凯、李素敏、李晓锋、温丽娜、陈仕强（10月—），纪检组长佟建国（—7月）、朱春友（7月—）。设有办公室、法制处、人事教育处、财政审计处、金融审计处、行政事业审计处、经贸审计处、农业与资源环保审计处、社会保障审计处、固定资产投资审计处、外资运用审计处、经济责任审计处、机关党委、监察室14个职能处室，还设有经济责任审计办公室、基建审计中心2个事业单位。

审计成果　审计单位700个，查出违规金额8.55亿元，应上缴财政3818万元，归还原渠道资金3080万元。对10个单位开展专项审计调查，发现违规金额6008万元。移送纪检监察部门案件10起，涉及人员10人。促进部门制定完善规章50条。

财政审计　审计财税部门26个，查出隐瞒转移预算收入、虚增财政收入、虚列财政支出、延压滞留预算资金等问题。

专项资金审计　对林业资金的征收管理和使用情况进行了审计，查出育林基金征收不到位，挤占挪用专项资金等问题。对全市医疗保险资金的使用情况进行了审计，查出擅自设立收费项目、超标准重复收费、套取资金等违纪违规行为。对世界银行贷款项目进行了审计，发现配套资金不到位、职能部门滞留资金以及项目效益不高等问题。对全市开发银行贷款资金使用情况进行了审计，发现建设项目不落实导致漏缴税金等问题。

经济责任审计　对114人进行了经济责任审计，查出问题金额1.194亿元，纠正管理不规范金额2899万元。审计建议给予党纪处分2人，移送纪检监察机关线索2件。

计算机辅助审计　加大了计算机辅助审计的培训力度，全年共有169名审计干部通过了审计署计算机考试。大力推行计算机辅助技术在审计项目中的应用。南市区审计局开展计算机审计的做法入选了审计署专家经验库。定兴县审计局利用计算机开展工程决算审计的做法，受到省审计厅领导的肯定。（撰稿人：张清立）

【沧州市审计局】　2004年，共有干部职工63人。局长田永利，副局长朱玉山、郭锦侠、李春雷，纪检组长窦松林。设有办公室、人事教育科、法规科、财政审计科、金融社保审计科、行政事业审计科、经贸审计科、农业外资审计科、固定资产投资审计科、经济责任审计科、审计培训中心。

审计成果　审计单位246个，查出违规金额78393万元，应上缴财政7420万元，归还原渠道资金3233万元。移送纪检监察、公安部门案件4起，涉案人员4人。沧州市审计局被市委、市政府授予“先进集体”。在河北省2003年度审计项目精品评选中，获得一等奖1个、二等奖5个、优秀奖1个，名列全省第一。盐山县审计局、东光县审计局被评为全省经济责任审计先进单位。

财政审计　审计财税部门34个，查出隐瞒转移预算收入、虚列财政收入、虚列财政支出、挤占挪用预算资金等违规金额14221万元。

经济责任审计　全市共对137名领导干部进行了经济责任审计，查出违规金额13785万元。在对河北省沧州市纸业有限公司法人代表的经济责任审计中，发现该企业弄虚作假、隐瞒亏损1.03亿元，私设“小金库”近400万元，及时移交查处，该企业法人已由检察院立案侦查。组织部门根据审计结果报告等情况，平调94人，晋升6人，免职5人。

其他审计　一是工商行政管理系统审计。对市本级和17个县（市、区）工商局进行了审计，发现超范围、超标准收费、拖欠、滞留收入、偷漏税金、未按规定程序罚款、私设“小金库”等违规金额700多万元。二是国有粮食购销企业财务挂账清理审计。经审计认定，国有粮食购销企业粮油政策性补贴应补未补18648万元、政策性亏损28087万元。三是商业银行审计。先后对沧州市商业银行和3个支行进行了审计，并延伸了28个贷款企业，共查出违规金额5377万元。四是完成计划内世界银行贷款审计项目35个。审计项目概算投资总额38476万元，查出配套资金不到位、违反贷款协议等管理不规范金额1357万元。

精品工程创建活动　以“精品工程”创建为载体，不断提升全市审计质量工作水平。把精品审计项目创建作为提高审计质量、防范审计风险、推动审计发展的重要举措。加强领导，完善制度，突出重点，明确责任，加大争创力度，形成齐抓共管、人人参与、个个争先的良好局面。并采取走出去、请进来的方式进行学习交流。按照审计署5、6号令要求，严格审计程序，规范操作，对审计项目实行全过程质量控制。

信息化建设　全市审计机关投资50多万元购置了电脑，市审计局还投资70余万元建立了局域网，现已正常开通，实现了与省审计厅、市委、市政府、各县（市、区）网络的互通。加大计算机审计力度，市审计局审计项目全部使用计算机辅助审计。审计人员与通审公司技术人员一起共

同研究和探讨，加强交流与沟通，扩大了计算机应用的深度和广度。（撰稿人：孔书英）

【衡水市审计局】 2004年，共有干部职工51人。局长张彦和，副局长王立勋（—10月）、徐寿昌、张兰顺、王金生、高振华、郭志军（9月—），纪检组长葛培新。设有办公室、法制科、财政金融审计科、经贸审计科、行政事业社会保障审计科、农业外资与资源环保审计科、固定资产投资审计科、经济责任审计办公室和市经济技术开发区审计特派员办公室。

审计成果 2004年，共审计单位360个，查出主要问题金额130660万元，应上缴财政1735万元，已上缴财政1538万元；应归还原渠道资金6349万元，已归还原渠道资金5939万元；应调账处理45447万元，已调账处理42795万元；应自行纠正27618万元，已自行纠正23841万元。向有关部门移送事项4件。提交工作报告、信息669篇，被各级批示采用272篇。先后获得“河北省推进农村小康社会建设宣讲工作先进集体”、“2004年度全市民主评议良好单位”、“全市创建文明生态村工作先进帮建单位”、“先进基层党组织”、“五好机关党组织”等多项荣誉称号。

财政审计 全市共审计财政局、地税局及一、二级预算执行单位120个，发现预算收入不及时、挤占挪用专项资金、截留坐支应上缴财政收入等问题金额54867万元，上缴财政451万元。在市三届人大常委会第十次会议上，代市政府所作的工作报告得到了与会代表的高度评价，认为报告所披露的问题实事求是，要求被审计单位对审计查出的问题必须进行整改。9月份，市审计局又组成6个小组，对26个部门和单位进行了回访，并以市政府名义召开了审计决定落实整改座谈会，从而使审计决定得到了有效落实。

四项重点工作 2004年，在认真开展财政审计、专项资金审计和经济责任审计的同时，突出抓了审计业务质量、廉政建设、教育培训和行风建设等四项重点工作，并就四项重点工作与各县市区局、市局各科室主要负责人签订了责任状，制定了各项工作任务目标百分考核办法，实行月调度，季总结，半年初评，年终总评，加大了检查考核的力度。在审计业务质量方面，11个县市区审计局全部执行审计署6号令，冀州实行集体记日记，景县实行局长跟班作业等行之有效的做法，审计质量明显提高。1个项目被省审计厅评为精品项目三等奖。在廉政建设和行风建设方面，聘请了27名审计监督员，开设了“审计之窗”专栏，制作了反映审计工作的专题片，积极参与各类咨询宣传活动，不断扩大审计影响。在教育培训方面，认真开展“5+1”学习活动，举办了4期以专业审计软件使用为主题的计算机培训班，在12月份审计署组织的第二轮计算机考试中，74人参考，考试合格率为100%。

交办任务 全年共完成各级党委政府交办的奖惩兑现、纳税审核等12个项目485个单位的审计，查出违规金额11391万元，促进增收节支549万元。平息上访1起，建议给予行政处分1人，移送司法机关处理1人。市审计局用10天时间完成了6个机构改革部门的清产核资审计，核实资产2077万元。针对清理核实出的固定资产不记账等14个方面的问题，提出了3条可操作性建议。市政府领导积极采纳审计建议，专门召开市长办公会，对查出的问题逐一研究，并责成有关单位认真整改落实。

经济责任审计 11个县市区全部落实了审计对象并开展了工作，全年共完成对48名领导干部的经济责任审计，其中党政领导干部42人，国有及国有控股企业领导人员6人。查出主要问题金额16406万元，其中：违规金额主管责任9094万元，直接责任1315万元；管理不规范主管责任5996万元，直接责任20万元；损失浪费主管责任11万元。国有资产保值单位10个，增值单位17个，减值单位1个，审计后平调9人。

内部审计 全市有163个内审机构，343名内审人员。共审计单位438个，其中财务收支审计226个、经济效益审计124个、经济责任审计391个、基本建设项目审计1个、专项资金审计4个、内控评审35个、其他9个，查出损失浪费金额211万元，促进增收节支39万元。提出建议意见被采纳294条。（撰稿人：王金生 吴增山）

【邢台市审计局】 2004年，共有干部职工77人。局长王中山，副局长孙洪钊、董金科、杨正学、周金全、张少川，纪检组长董书星。设有办公室、人事教育科、机关党委、纪检室、法规科、财政审计科、金融审计科、行政事业审计科、社会保障审计科、经贸审计科、农业审计科、固定资产投资审计科、外资审计科、高新技术开发区办事处、经济责任审计科。

审计成果　审计单位411个单位，查出违规金额7.1亿元，应上缴财政3065万元，应归还原渠道资金10002万元。向市人大提交2003年市本级财政预算执行审计报告和政府部分投资项目审计专项报告，受到市人大的充分肯定，市人大分别提出了审议意见和决议。报告内容在《邢台日报》和邢台《牛城晚报》首次公开披露，引起社会各界和群众的关注。移送纪检监察机关案件2起，移送司法机关案件1起。向上级提交综合报告、信息187篇，被领导批示和上级内刊采用94篇。

预算执行审计　审计市财政、地税等一级预算单位16个，二、三级预算单位36个，审计延伸面进一步拓宽，审计力度加大。查出综合预算编制不到位、财政资金不能按期收回、部分企业违规拖欠税金、滞留和挪用涉农专项资金等7个方面的主要问题，违规金额57393万元。市人大常委会听取报告后，提出5条审议意见，要求市政府到2005年3月底前全部进行整改。

固定资产投资审计　对全市2002～2003年11个政府投资项目进行专项审计，查出工程项目竣工结算不规范，施工单位高估冒算严重，挤占专项建设资金，多列建设项目成本，建设投资超计划、超规模，违规实施招投标等9大主要问题，报审资金32301.5万元，审减工程造价3375.85万元。市人大常委会第十三次会议专门作出《加强政府投资项目审计监督的决议》。

企业审计　按上级统一部署，积极开展国有粮食政策性亏损财务挂账清理审计，审计邢台市粮食主管部门、国有粮食购销企业、军供企业336个，核定全市国有粮食政策性亏损财务挂账5.1亿元，为粮食流通体制改革提供了可靠依据。

金融审计　对南宫市农村信用联社及其所属单位2003年度资产质量及经营状况进行了专项审计调查，查处南宫市明化信用社和南宫市凤岗第二农村信用社存在的大量挪用储蓄资金搞账外放贷经营等严重问题，涉案金额高达499万元。相关责任人分别移交纪检和检察机关立案。刑事批捕2人，党纪政纪处理49人。移送纪检监察机关邢威高速公路建设挪用土地资金案件线索1件。（撰稿人：刘茂耕）

【邯郸市审计局】　2004年，共有干部职工72人。局长杨志臣，副局长安玉明、冯伟力、杨忠、马明考、周萍（—3月）、张同义。设有办公室、人事教育处、机关党委、监察室、法制处、财政审计处、金融审计处、经贸审计处、行政事业审计处、固定资产投资审计处、农业与资源环保审计处、社会保障审计处、外资运用审计处、经济责任审计办公室。

审计成果　全市审计机关对348个单位进行审计，查出违规金额55541万元，上缴财政1521万元，应归还原渠道资金2449万元。向纪检、监察部门移送案件2起，建议有关部门处理1人。提交各类审计报告及信息364篇，被各级党政部门采纳129篇，向社会公告审计结果11篇。武安市审计局、涉县审计局和临漳县审计局被省委、省政府表彰为“经济责任审计工作先进单位”。

财政审计　对96个部门和单位预算执行情况进行审计，查出违规金额33621万元。通过审计为财政部门及预算执行单位收支管理“把脉”，督促纠正审计查出的问题，维护预算执行的严肃性，为市人大领导和政府领导加强财政管理提供了依据。对审计所揭示的问题和提出的建议，市政府领导充分重视并作出批示，要求有关部门认真进行整改，还将整改意见向市人大常委会作了专题报告。

专项资金审计　重点完成失业保险基金、再就业资金、城镇居民最低生活保障资金、救灾资金等审计项目和乡镇卫生院建设、农村信用社资产质量状况等审计调查。省审计厅厅长对农村信用社资产质量状况审计调查报告作了批示。

经济责任审计　分别对79名责任人进行了任期经济责任审计。其中在对市直撤并机构主要负责人经济责任审计中，发现由于机构改革而被撤并的几个部门财务交接不规范、清欠工作较迟缓等问题，及时向市委、市政府主要领导报送了专题信息，市领导很快予以批示，责成有关部门采取措施加强对撤并部门国有资产移交的管理工作。

企业审计　抽调近百名审计人员组成17个审计组，对277个国有粮食购销企业财务挂账情况进行了全面清理审计，为确保全市粮食购销体制改革顺利进行提供了依据。（撰稿人：靳志新）

2004 年河北省区、县（市）级审计工作统计表

审计机关	干部职工人数（人）	审计单位（个）	经济责任审计项目（个）	查出违规金额（万元）	应缴财政（万元）	已缴财政（万元）	决定处理处罚（万元）	指明要求纠正（万元）	提交审计报告、信息（篇）	审计信息被采用（篇）
石家庄市										
长安区审计局	12	7	2	581	2	2	2	117		
桥东区审计局	11	15	1	398	20	20	368		4	4
桥西区审计局	10	9	5	425	34	11	386	340	1	
新华区审计局	8	10	2	472	15	2	20	3160		
裕华区审计局	13	8		1111	9	1	356		2	1
井陉矿区审计局	9	7	1	1147	1	1	1056	196	1	
辛集市审计局	25	32	21	4460	636	593	3405	600	1	3
藁城市审计局	32	18	17	429	126	118	323	907	10	
晋州市审计局	19	29	2	744	229	3	229	4809		
新乐市审计局	24	20	9	5645	9	9	376	5		
鹿泉市审计局	23	14	64	15197	72	64	592	410	8	2
井陉县审计局	16	16	56	1880	56	56	62			
正定县审计局	19	12	7	715	7	7	231	1119		
栾城县审计局	12	10		2558				95		
行唐县审计局	12	10		3053	110	110	165	26	1	
灵寿县审计局	14	17	6	1134	21	6	96	124		
高邑县审计局	13	12	21	637	21	21	39			
深泽县审计局	15	13	11	1050	14	11	956	65	3	
赞皇县审计局	20	27	10	5587	13	10	672	22	6	6
无极县审计局	14	6	4	673	4	4	213		1	
平山县审计局	20	11	13	455	13	13	60	11		
元氏县审计局	16	23	9	1373	9	9	64	468		
赵县审计局	13	17	18	1716	18	18	89		13	13
张家口市										
桥西区审计局	14	8	2	123	16	16	114	56	2	1
桥东区审计局	5	6	1	141	18	18	135	98	3	1
宣化区审计局	11	13	2	713	50	41	452	289	5	1
下花园区审计局	11	11	1	325	35	25	312	245	4	1
宣化县审计局	34	22	3	1012	94	85	874	365	3	1

审计机关	干部职工人数（人）	审计单位（个）	经济责任审计项目（个）	查出违规金额（万元）	应缴财政（万元）	已缴财政（万元）	决定处理处罚（万元）	指明要求纠正（万元）	提交审计报告、信息（篇）	审计信息被采用（篇）
张北县审计局	14	16	2	897	82	74	874	540	6	1
康保县审计局	13	11	1	683	57	52	598	321	5	2
沽源县审计局	14	12	2	745	63	56	695	258	8	3
尚义县审计局	10	10	2	573	42	39	485	258	6	1
蔚　县审计局	11	17	2	984	78	74	756	485	6	2
阳原县审计局	22	11	1	564	45	38	481	256	5	1
怀安县审计局	17	14	2	682	65	62	652	451	5	2
万全县审计局	10	13	2	754	74	59	659	356	8	3
怀来县审计局	11	13	3	1025	70	65	704	451	8	3
涿鹿县审计局	12	12	2	691	51	40	452	362	7	2
赤城县审计局	19	12	2	641	48	48	452	156	4	1
崇礼县审计局	12	12	3	689	69	62	586	487	7	2
承德市										
双桥区审计局	9	19	9	1212	240	176	240	298	3	2
双滦区审计局	8	14	2	2618	375		1187	30	10	1
鹰手营子矿区审计局	9	10	4					66	1	1
承德县审计局	19	25	6	1114	243	243	249	1140	56	29
兴隆县审计局	16	25	14	157	4	2	12	4264	5	1
平泉县审计局	19	27	6	914	46	46	278	877	46	19
滦平县审计局	12	16		2187			2187	104	19	1
隆化县审计局	19	26	17	130	7	7	36	350	10	24
丰宁满族自治县审计局	18	19	3	543	12	12	98	2065	17	1
宽城满族自治县审计局	16	49	16	144	2	1	2	5129	59	14
围场满族蒙古族自治县审计局	25	18	12	2066	8	8	1920	4911	8	3
秦皇岛市										
海港区审计局	20	43	36	1258	224	10	10		82	8
山海关区审计局	11	9	1	530				52	12	1
北戴河区审计局	10	27	6	155	40		40	909	8	7
开发区审计局	12	12		659				659	21	3
昌黎县审计局	28	25	7	404	53	147	147	4027	52	18
抚宁县审计局	25	17	4	721	187	915	915	330	25	6
卢龙县审计局	15	22	5	3003	33	33	33	3400	22	
青龙满族自治县审计局	17	25	5	386	11	11	11	1483	6	

审计机关	干部职工人数（人）	审计单位（个）	经济责任审计项目（个）	查出违规金额（万元）	应缴财政（万元）	已缴财政（万元）	决定处理处罚（万元）	指明要求纠正（万元）	提交审计报告、信息（篇）	审计信息被采用（篇）
唐山市										
路北区审计局	13	21	6	2361	51	51	1699	474	12	11
路南区审计局	13	18	6	539	38	28	543	1361	33	1
古冶区审计局	15	25	6	1417	521	490	525	35		
开平区审计局	32	25	5	2063	35	35	90	203	33	10
丰润区审计局	35	88	25	9037	618	618	2506	10131	141	9
丰南区审计局	21	64	25	15231	29	27	29	2552	58	30
遵化市审计局	19	33	6	13774	90	90	146	537	52	47
迁安市审计局	16	23	2	73			70	11	10	10
滦县审计局	18	18	4	207			2		72	22
滦南县审计局	28	27	6	5517	59	59	632		17	5
乐亭县审计局	21	18	2	4650	26	26	51		18	
迁西县审计局	20	29	7	8363	5919	5919	7845	3661	68	30
玉田县审计局	12	55	42	4111	20	20	2754	4532	56	
唐海县审计局	18	27	11	2664	55	1	53	573	1	1
廊坊市										
安次区审计局	16	19	1	101	2	2	17		44	9
广阳区审计局	13	57	7	500	14	14		33	72	53
霸州市审计局	26	43	14	4579	43	43	38	2013	25	8
三河市审计局	33	48	29	4800	4422	4422	4800	13878	137	56
固安县审计局	30	39	11	12383	23	23	1910	589	45	39
永清县审计局	30	36	2	2882	23	23	23	556	88	36
香河县审计局	29	69	18	129	22	22	297	572	153	95
大城县审计局	34	70	15	4690	105	105		4717		
文安县审计局	36	13	12	929	23	23	23	51	43	28
大厂回族自治县审计局	26	36	9	2665	214	214	10	2665	25	10
保定市										
新市区审计局	17	11		4169	10	10	4169		13	
北市区审计局	17	17		619	29	9	619	1905	61	27
南市区审计局	8	14	3	1822	44	9	1822	15	27	18
定州市审计局	28	26	5	6031	135	106	6031	607	22	2
涿州市审计局	15	14		553	50	50	553	1907	29	10
安国市审计局	16	22		2177	73	8	2177	1185	7	
高碑店市审计局	23	19	2	209	35	23	209	5411	50	25

审计机关	干部职工人数（人）	审计单位（个）	经济责任审计项目（个）	查出违规金额（万元）	应缴财政（万元）	已缴财政（万元）	决定处理处罚（万元）	指明要求纠正（万元）	提交审计报告、信息（篇）	审计信息被采用（篇）
满城县审计局	16	31		7258	116	99	7258	23	3	3
清苑县审计局	15	50	28	1800	25	25	1800	116	22	7
易县审计局	22	30	5	3055	22	13	3055	8	53	19
徐水县审计局	26	20	3	1619	7	6	1619		32	28
涞源县审计局	20	30	7	1897	22	21	1897	797	17	2
定兴县审计局	21	25	4	2528	69	38	2528	8327	21	2
顺平县审计局	14	23		1337	40	40	1337	25	2	2
唐县县审计局	15	29	4	2616	21	15	2616	212	40	15
望都县审计局	15	28	4	2568	35	26	2568	650	53	40
涞水县审计局	17	15	2	1604	16	14	1604	3	17	8
高阳县审计局	11	29	6	871	31	5	871	3658	6	2
安新县审计局	14	19		1870	334	307	1870	48	51	9
雄县审计局	19	19		430	11	11	430	50	14	3
容城县审计局	20	16		172	5	3	172		38	3
曲阳县审计局	13	24		1184	40	7	1184		13	5
阜平县审计局	15	27	2	2558	55	17	2558		6	3
博野县审计局	13	28	2	407	18	13	407	198	12	5
蠡县县审计局	24	19	3	1726	125	125	1726	3188	22	10
沧州市										
运河区审计局	11	4	16	60	17	10	17	14	8	5
新华区审计局	7	4	7	1				140	6	3
泊头市审计局	38	17	17	3644	26	26	548	52	13	6
任丘市审计局	49	11	15	2131	77	77	77		36	18
黄骅市审计局	23	17	20	6397	89	89	656		39	19
河间市审计局	17	17	5	6378	156	105	182	1646	22	13
沧县审计局	17	20	12	3433	1	1	1	56	18	15
青县审计局	19	25	26	5960	68	37	985	486	56	30
东光县审计局	20	18	5	2638	510	510	510	25	29	14
海兴县审计局	13	9	14	273	142	142	142	70	48	28
盐山县审计局	54	13	20	982	123	123	523	4371	70	45
肃宁县审计局	14	8	6	96	5	5	580	575	15	11
南皮县审计局	21	17	17	1102	38	36	38	896	34	18
吴桥县审计局	24	16	8	1870	19	19	257		24	11
献县审计局	20	24	5	6359	58	58	509	436	26	12

审计机关	干部职工人数（人）	审计单位（个）	经济责任审计项目（个）	查出违规金额（万元）	应缴财政（万元）	已缴财政（万元）	决定处理处罚（万元）	指明要求纠正（万元）	提交审计报告、信息（篇）	审计信息被采用（篇）
孟村回族自治县审计局	22	8	6	2636	12	12	858		18	10
衡水市										
桃城区审计局	38	27	4	6587	264	130	3727		62	46
冀州市审计局	21	29	4	6907	113	113	2749	678	83	44
深州市审计局	29	30	3	7981	131	131	128	631	32	16
枣强县审计局	20	30	3	4864	21	21	2842		29	21
武邑县审计局	22	25	4	2168	36	34	139	1691	28	15
武强县审计局	17	35	4	7988	149	137	483	3310	67	49
饶阳县审计局	16	30	4	4836	112	112	358	615	28	14
安平县审计局	39	29	4	4528	63	63	775	956	31	18
故城县审计局	31	29	4	3805	81	66	1666	372	37	18
景县审计局	13	28	4	5071	104	104	3568	1227	46	35
阜城县审计局	30	28	3	4379	36	36	46	2201	39	13
邢台市										
桥东区审计局	8	11	3	340	1	1	1	10	38	29
桥西区审计局	10	29	11	520	20	20	20	73	56	29
南宫市审计局	15	13	2	1421	17	17	17	96	45	10
沙河市审计局	17	30	9	275	20	20	20	16	44	14
邢台县审计局	21	13	15	7510	53	53	53	675	64	19
临城县审计局	10	26	9	2513	24	24	24	624	6	4
内丘县审计局	12	25	7	1660	16	5	14	12	37	2
柏乡县审计局	16	37	15	380	12	12	39	27	45	10
隆尧县审计局	16	42	3	860	42	33	42	450	48	9
任县审计局	20	36		1316	115	115	115	51	39	3
南和县审计局	13	21	2	855	17	17	17	19	34	19
宁晋县审计局	37	19	1	2503	31	31	31	1659	96	41
巨鹿县审计局	14	43	3	3714	30	27	155	3559	51	4
新河县审计局	10	15		334	7	7	7	38	23	3
广宗县审计局	18	27	2	2740	161	161	75	43	25	16
平乡县审计局	13	65	37	2178	110	100	110	2068	96	36
威县审计局	13	32	28	2532	57	57	57	314	46	14
清河县审计局	23	39	3	3595	3	3	1	3594	20	9
临西县审计局	12	22	2	380	47	47	45	13	15	6
大曹庄管理区审计局	8	25		21	21	21	21	0	27	2

审计机关	干部职工人数（人）	审计单位（个）	经济责任审计项目（个）	查出违规金额（万元）	应缴财政（万元）	已缴财政（万元）	决定处理处罚（万元）	指明要求纠正（万元）	提交审计报告、信息（篇）	审计信息被采用（篇）
邯郸市										
丛台区审计局	11	13	1	303	21	3	21	107	21	13
邯山区审计局	8	13		3022	30	29	30		19	13
复兴区审计局	7	8	1	626	53	53	53	1138	22	13
峰峰矿区审计局	19	22	4	2214	82	81	82	1453	64	18
武安市审计局	31	23	5	1332	37	37	37	5870	47	23
邯郸县审计局	18	12	1	311	33	33	33	2	32	24
临漳县审计局	16	7		139	10	10	10		24	14
成安县审计局	32	21	8	2304	96	57	96	7685	29	13
大名县审计局	13	8	2	178	21	21	21		19	13
涉县审计局	23	30	1	2556	26	25	26	14690	37	16
磁县审计局	45	26	7	3441	346	346	346	430	29	12
肥乡县审计局	15	11		732	28	25	28		8	4
永年县审计局	28	25	17	683	42	25	42	159	52	25
邱县审计局	19	6		40	10	10	10		22	11
鸡泽县审计局	12	14	7	803	4	3	4	9	20	12
广平县审计局	21	30		610	21	20	21	119	23	14
馆陶县审计局	9	18		188	9	8	9	164	11	6
魏县审计局	18	10	1	1056	160	160	160		24	13
曲周县审计局	19	22	8	303	20	20	20	2	34	18

山西省

【山西省审计厅】　2004年，山西省审计厅定编266人，在编228人。设有办公室、法制处、财政审计处、金融审计处、行政事业审计处、工商企业审计处、农业环保审计处、社会保障审计处、经济责任审计处、投资审计处、外资运用审计处、人事教育处、离退休人员管理处、机关党委、纪检监察室等15个处室，同时设有发展计划审计处、经济贸易审计处、政法审计处、经济执法审计处、农林水审计处、科教文卫审计处、建设交通审计处、人事劳动民政审计处、旅游外事审计处、党群审计处，另设有审计科学研究所、审计计算机技术中心、机关后勤服务中心、审计干部培训中心。

领导成员

厅　　长：郝志远

副 厅 长：石维景　郝素珍　高爱平

纪检组长：涂国强（—10月）

　　　　　王维荣（10月—）

总审计师：杨光照

巡 视 员：潘学林

助理巡视员：孙权孝

审计成果　全省各级审计机关共完成11类27项审计任务，审计单位5233个，查出违规金额118.99亿元，为各级财政增加收入18.91亿元，追还被侵占挪用资金 5.49 亿元。发现各类违法违纪案件线索并移交司法、纪检监察机关及主管部门查处 327 件，涉及人员 335 人，涉及金额 1.11 亿元。

预算执行审计 对省直 30 个部门及所属 161 个单位 2003 年预算执行情况审计中，查出违规减免、少征漏征、应缴未缴财政资金 6.80 亿元，截留挤占挪用预算资金 2.26 亿元，隐瞒转移挖挤预算收入 6662 万元。通过总结财政资金运行的规律，总结以往审计工作的经验，对一些普遍性的、深层次的问题进一步加强了宏观分析，从管理、制度、政策和体制的层面上发现问题，分析原因，就预算管理存在薄弱环节、部门利益侵占国家利益、政府偿债任务较重、国有资产存在流失隐患等问题向省人民政府提出了解决问题的思路和建议，张宝顺省长和省人民政府予以高度重视，充分肯定了省审计厅的工作和“审计为发展服务”的思路，对所提出的审计建议全部予以采纳。省人民政府召开常务会议听取了省审计厅汇报，就采纳审计建议，深化财政改革作了专题研究，长期未能解决的几个关系全省经济社会发展大局的重要问题得到解决。

财政决算审计 各级审计机关继续推行“两年审一次，一次审两年”的方法，开展了对长治、大同、阳泉、朔州、晋城、运城 6 个市和 54 个县区 2002、2003 年度财政决算审计，共查出违规金额 25.19 亿元，可增加财政收入 6.53 亿元，追缴省级财政性资金 2.35 亿元，就完善制度和政策、深化改革提出了 9 项建议，为维护财政收支秩序，保证国有资产安全完整，遏制重大违法违纪问题发挥了重要作用。

专项资金和重点工程建设审计 全省统一组织了对综合医院财务收支、海河流域污染治理、企业社会保险费、城市建设资金等 11 项专项资金、2 项重点建设工程审计和审计调查，共审计单位 2156 个，查出违规金额 28.37 亿元，违纪违法案件线索 222 件，涉及人员 233 人，揭示了专项资金征缴管理使用和重点工程建设中的一些普遍性、倾向性问题。

财政性委托贷款审计调查 共调查贷款企业 1058 个，涉及资金 31.31 亿元，分别占贷款企业和资金的 20%、26%，基本摸清了贷款企业的家底和贷款使用状况，查出虚列项目骗取资金、擅自改变贷款用途、随意发放贷款以及其他违法违纪问题涉及资金 1.15 亿元，移送有关部门违法违纪犯罪案件线索 7 件。

外资运用审计 共审计单位 212 个，查出项目资金不落实、管理不善、挤占挪用、虚假配套等违规金额 4 亿元。根据审计意见，促进项目单位回补资金 13.27 亿元，有效地促进了利用外资工作的健康发展。

企业审计 全省各级审计机关查出违法违纪案件线索 40 件，涉及人员 42 人，涉及金额 1290 万元，有效地促进了企业改革的顺利进行。

经济责任审计 共完成对 978 名党政领导干部和企事业单位领导人员的经济责任审计，其中：党政领导干部 885 名，企业领导人员 93 名。查出违规金额 133965 万元，损失浪费金额 2258 万元，管理不规范金额 227720 万元。审计查出涉及个人经济问题金额 121 万元。有关部门参考审计结果，免职、降职、撤职 81 人，移送纪检监察机关 7 人，移送司法机关 3 人。

基础建设 全省组织开展了各项专业培训 19 次，参训人员达 1000 多人次。认真贯彻《审计机关审计项目质量控制办法（试行）》，积极开展了审计质量控制试点工作。认真实施全省审计信息化建设三年规划，努力扩大计算机技术在审计工作中的运用。积极推广《数据采集分析》、《通用审计系统》等软件的运用。“山西审计”互联网站正式开通。现场审计软件技术的推广有了新的进展。省审计厅实行了处长轮岗交流，各市审计机关也普遍加强了干部的轮岗交流，有效地增强了审计队伍的活力。（撰稿人：南春林）

【太原市审计局】 2004 年，共有干部职工 135 人。局长戴天，副局长牛耀岐、张亮元、苗五保、刘蓉华（—9 月），纪检组长柳庆元。设有办公室、法制处、人事教育处、财政审计处、金融审计处、行政事业审计处、工商企业审计处、社会保障审计处、社会和经济发展审计处、经贸审计处、政法审计处、农业环保审计处、固定资产投资审计处、外资运用审计处、文教科卫审计处、城建审计处、党群审计处、经济责任审计分局、机关党委、纪检监察室、离退休人员管理处、机关后勤服务中心、计算机技术中心。

审计成果 审计单位 414 个，查出违规金额

65758万元，应上缴财政31729万元，应归还原渠道资金3006万元。移送纪检监察部门案件5起，涉案人员13人。太原市审计局被市委、市政府授予“市级文明单位标兵”。

财政审计 审计财税部门38个，查出预算管理不规范、税源开征不足、延压税款等问题金额39001万元，补缴预算内外收入24058.6万元。向司法机关移送案件7起。提交的审计工作情况报告受到市人大的充分肯定。

专项资金审计 共审计单位10个，审计总金额28996万元，已上缴财政817万元，促进拨付资金到位1703万元。对疾病预防项目等8个世行贷款项目和日本协力银行贷款项目实施审计，核实项目概算投资总额为26408万元，其中利用外资18494万元。

环保资金审计 完成对阳泉市和清徐县2001~2003年污染防治项目资金的审计，查出阳泉市存在欠缴污水处理费和项目前期费用列支招待费等违规金额7806.42万元，上缴省审计厅审计专户100万元；清徐县存在欠征污水处理费、挤占挪用环保补助资金等问题金额150.34万元。

社会保障审计 查出太原市煤气化社保公司少提各种保险费1439万元，欠缴省企业养老保险管理中心2413万元，并收缴350万元的养老保险费上缴省社保中心。查出清徐县财政局未及时下拨城市居民最低生活保障资金45万元等问题；尖草坪区应缴未缴残疾人就业保障金2万元等问题。查出省第二建筑公司截至2003年底养老、失业、生育三项保险费历年累计欠缴1273万元，收缴欠缴的养老保险费150万元，同时要求该公司将其余欠缴的养老保险费分期足额上缴市社会保险管理中心。

经济责任审计 对144人进行了经济责任审计，查出违规金额15033万元，其中个人负主管责任14059万元，负直接责任974万元。移送纪检监察机关线索3件。审计后，晋升17人，平调81人，免职34人。

审计调查 开展了城建资金、城建项目、非税收入过渡性账户清理情况和省级财政性委托贷款4个审计调查项目，涉及152个单位，调查资金总额186亿元，发现问题金额33亿元。在对太原市10个县（市、区）城建资金、城建项目的审计调查中，涉及资金总额122亿元，发现问题金额8亿元。

行政事业审计 全市开展了综合医院、教育系统、园林系统财务收支审计。查出医院存在违规金额10739万元，向检察部门移送案件3起；查出教育系统部分学校违规收费3711万元等违规金额8093万元；查出市园林系统问题金额1689万元。

固定资产投资审计 对黄河水源太原市城市给水（首期）工程竣工决算、太原市河西北中部污水处理厂（一期）工程建设项目、太原市解放南路拓宽改造工程项目进行了审计，发现违规和管理不规范金额13399万元。

国土收益金清缴工作 由市审计局参加的太原市国土收益金清缴领导组就土地市场存在的违规用地、欠缴土地出让金等问题进行了专项检查，共检查了280个单位412个项目，发现有问题项目83个，清缴国土收益金2958.12万元。（撰稿人：王立军）

【大同市审计局】 2004年，共有干部职工121人。局长康巨文，副局长郭生明、史祥瑞、李恒、曹锦、王勇，纪检组长石文泽。设有办公室、财政审计科、金融审计科、行政事业审计科、工商企业审计科、经济责任审计科、社会保障审计科、固定资产投资审计科、农业环保审计科、外资运用审计科、政法审计科、经济执法审计科、发展计划经济贸易审计科、农林水审计科、科教文卫审计科、城建交通审计科、党政群审计科、法规科、人事教育科、机关党委办公室、监察室等21个部门。

审计成果 审计单位1100个，查出违规金额40.5亿元，应上缴财政7621万元，核减建设资金高估冒算资金1.3亿元。移交纪检监察部门案件24起。阳高县审计局被6部委授予“全国经济责任审计工作先进县”光荣称号。

预算执行审计 对大同市19个部门98个二、三级预算单位的预算执行和其他财政收支情况进行了审计，查出违规金额28568万元，增加财政收入1221万元。移交纪检监察部门案件3起。查出各种非税性财政收入流失严重，拖欠、截留、挖挤预算内外资金，“三乱”现象在一些部门继续存在等问题。提交的审计工作报告受到了市人大的充分肯定。

财政决算审计 共对5个县区财政决算进行了审计，查出违规金额62095万元，决定处理处罚金额15674万元，指明要求自行纠正金额46421万元，提出审计建议21条。

专项审计调查 经市政府授权，对全市集体、私营房地产开发企业及煤炭生产销售企业税费欠缴进行了专项审计调查，审计调查发现大同市煤炭、房地产税费流失严重等问题，引起了市政府的高度重视。审计追缴欠缴房地产税费1100万元，首次在《大同日报》对偷漏税费的8个房地产企业进行了审计结果公示。开创大同市民营审计的先河。

社会保障审计 对大同市天镇、阳高县、铁路分局社会保障资金的筹集、使用、管理情况进行了审计，查出违规金额1.4亿元，收缴违规金额3800万元。

经济责任审计 共对24名领导干部进行了经济责任审计，查出违规金额23115万元，其中：领导责任金额7993万元，主管责任金额13128万元，直接责任金额1992万元。移送案件线索3件。（撰稿人：徐景秀）

【朔州市审计局】 2004年，共有干部职工35人。局长王勇，副局长李富才、李保斌、李沛，纪检组长张富新，总审计师齐文宏。设有办公室、财政审计科、农业外资审计科、经济责任审计科、商贸审计科、行政事业社保审计科、金融审计科、固定资产投资审计科。

审计成果 审计单位366个，查出违规金额50092万元，应上缴财政740万元，已上缴财政690万元，入库率为93.24%，核减建设项目工程投资3493万元，收缴水资源费补偿160万元。发现案件1起。提交审计报告和信息简报132篇，被采用20篇，提交专题报告73篇。

财政审计 审计单位153个，查出隐瞒转移预算收入、违规减免少征应缴未缴预算收入、截留挤占挪用等违规金额35993万元。

固定资产投资审计 审计项目11个，投资总额2843万元，核减工程款786万元，核减率达27.1%，有效地遏制了工程项目中高估冒算、乱套定额等违纪行为。同时，根据市建设项目清欠领导组的安排，协助政府开展了清欠工作，完成15个项目的审计认定工作，送审金额4928万元，认定金额4600万元，核减金额328万元。

经贸审计 开展了对粮食系统财务收支和市房地产综合开发公司财务收支的审计，通过审计，揭示了个别基层单位核算不真实，对偷、欠税款问题进行了处理处罚。同时，根据省审计厅安排，开展了水资源补偿费审计，收缴水资源补偿费160万元。

农业环保外资审计 完成了2个县、区的扶贫资金审计项目，市万亩苗圃建设财务收支和项目执行情况审计，全市退耕还林还草工程专项资金审计，疾病预防项目，第四个贫困地区基础教育，“黄土二期”工程，农村卫生人力开发，山西林业可持续发展项目以及日元贷款“山西植树造林”项目等审计任务。

经济责任审计 对24人进行了经济责任审计，查出违规金额1321.28万元，其中：应负直接责任397.12万元，应负领导责任及主管责任927.16万元。（撰稿人：于 斐）

【阳泉市审计局】 2004年，共有干部职工55人。局长任美福，副局长吕素英、张建华、刘文军，纪检组长张东明，总审计师张冬梅。设有办公室、人事教育科（监察室）、法制科、财政审计科、金融审计科、固定资产投资审计科、社会保障审计科、外资审计科、农业环保审计科、工商企业审计科、行政事业审计科、经济责任审计科，另设有直属事业单位后勤服务中心（审计干部培训中心）。

审计成果 审计单位249个，查出违规金额4.5亿元，应上缴财政3395万元，应归还原渠道资金661万元。对67个单位开展审计调查，发现违规金额180万元。移送纪检监察部门案件4起，涉案人员3人。促进部门制定完善规章2条。

财政审计 审计财税部门5个，查出少征少计预算收入、虚收探收税收、虚列财政支出、挤占挪用财政专项资金、部门预算和预算批复不完整等问题，审计结果受到市人大、市政府的充分肯定。

专项资金审计 对卫生Ⅸ项目、Ⅶ项目和环境改善项目煤气利用工程等3个国外援贷款项目进行了审计，审计核实3个项目总投资21908万元，其中利用外资11756万元。查出投资概算不实、配套资金不到位等问题。对4个市营煤炭企业水资源补偿费进行了审计，审计查出应上缴财政190万元。对全市企业职工养老保险基金收支情况进行了审计，查出欠缴养老保险基金单位351个，欠缴总金额18386万元，并对欠缴百万元以上的48个单位在《阳泉日报》进行了公开曝光，引起市政府和欠缴单位的高度重视。

经济责任审计　对12人进行了经济责任审计，查出违规金额4017万元，其中个人负主管责任2354万元，负直接责任1663万元。移送纪检监察部门案件线索3件。审计后，平调1人，降职1人。（撰稿人：崔福田）

【长治市审计局】　2004年，共有干部职工60人。局长温秀成，副局长王先堂、马宏斌、侯成，纪检组长牛恩毅。设有财政审计科、金融审计科、行政事业审计科、投资审计科、经贸审计科、农业审计科、外资审计科、社会保障审计科、办公室、人事教育科、法规科、纪检监察室、党总支、工会、妇委会，另设有经济责任审计分局、后勤服务中心（均为直属事业单位）。

审计成果　审计单位75个，查出违规金额24983万元，应上缴财政4232万元，已上缴财政4111万元。移送违法违纪案件线索41件，结案28起。审计成果转化和利用403篇（次），其中：省级以上成果189篇（次）。长治市经济责任审计工作，在全国经济责任审计工作议会上，受到了中纪委、中组部、监察部、人事部和审计署等中央五部委的表彰；长治市审计局被山西省人民政府授予“人民满意公务员集体”荣誉称号。

财政审计　审计财税部门24个，查出违规金额12399万元。移送违法违纪案件11起，涉案人员11人。提交的审计工作情况报告受到市人大的充分肯定。

专项资金审计　对水资源补偿费、环保资金、社会保障资金、企业社会保险费等项目进行了审计，审计单位13个，审计专项资金26920万元，应上缴财政714万元，已上缴财政714万元。

经济责任审计　全年共对10个单位10名党政领导干部和国有企业领导人员的任期经济责任情况进行了审计，共查出违规金额6106万元，管理不规范金额29141万元，有4人被移送纪检监察机关处理。（撰稿人：吕晚生）

【晋城市审计局】　2004年，共有干部职工58人。局长韩守元，副局长邢志宏、刘化珠、申秀英，纪检组长张海昌。设有办公室、人事教育科、法制科、监察室、财政审计科、投资审计科、经济责任审计科、工商企业审计科、金融外资审计科、行政事业审计科、社会保障审计科、农业环保审计科。

审计成果　审计单位132个，查出违规金额34313万元，应上缴财政4769万元，应归还原渠道资金2832万元，指明要求纠正6268万元。移送纪检监察部门案件1起，涉案人员1人；建议有关部门给予党纪政纪处分3人。提交审计报告、信息92篇，被批示、采用56篇。

财政审计　审计财税部门和预算执行单位25个，查出违规金额25314万元，应上缴财政3103万元。移送纪检监察部门案件1起，涉案人员1人；建议有关部门给予党纪政纪处分3人。提交的审计工作情况报告受到市人大的充分肯定。

经济责任审计　对6名县（处）级领导干部进行了经济责任审计，查出违规金额2758万元、损失浪费金额10万元。在经济责任审计工作方法、内容和制度方面不断创新，确保思想认识到位、组织领导到位、制度建设到位、工作落实到位等“四到位”，坚持统筹调配审计资源、统筹安排审计项目、统筹利用审计成果等“三统筹”，严把“六环节”，形成了科学规范的工作机制。沁水县被授予“全国经济责任审计工作先进县”称号。

固定资产投资审计　市人大常委会作出决议，要求“凡是使用财政资金投资的项目，未经审计，不得进行竣工决算”。市政府出台了《晋城市国家建设项目审计办法》，要求审计机关对国家建设项目全程监督，解决工程建设领域审计缺位、投资效益不佳等问题。晋城市审计局制定实施了《组织社会中介机构参与国家建设项目审计管理办法（试行）》，探索投资审计市场化运作方法，比照招投标方式，组织辖区范围内有资质的中介机构参与项目审计，对首批通过招投标确定的10个项目、近12亿元投资资金，分别由7家中介机构实施了审计。

企业审计　对全市80多个重点煤炭生产企业及经销机构进行审计，共清缴水资源补偿费1494万元，为加强和完善水资源补偿费的征收与管理作出了积极的贡献。（撰稿人：史晋雷）

【忻州市审计局】　2004年，共有干部职工52人。局长武恩良，副局长李锁奎、杨书文、顾连宽，纪检组长柳胜仁，总审计师杨宗旨。设有办公室、法制科、财政审计科、金融审计科、行政事业审计科、工商企业审计科、农业环保审计科、社会保障审计科、固定资产投资审计科、人事教育科、经济责任审计分局、监察室、外资运用审计科、机关后勤服务中心14个科室及4个派出审计科。

审计成果　审计单位353个，查出违规金额65445万元，应上缴财政2195.6万元，已上缴财政2195.6万元。提交审计工作报告、信息156篇，被批示、采用130篇（次）。移送案件25起，建议有关部门处理4件，涉及人员10人。

预算执行审计　通过对29个部门、单位及所属部分二、三级预算单位实施市本级2003年预算和其他财政收支情况的审计，查出违规金额3168万元，管理不规范金额862万元，应上缴财政87万元，应自行纠正金额862万元。受政府委托所作的审计工作报告受到了市人大常委们的一致认可和充分肯定。

经济责任审计　对6名党政领导干部和企业领导人员进行了经济责任审计，查出违规金额5417万元。其中：应负主管责任4340万元，应负直接责任1077万元。已上缴财政158万元。发现大要案件5起，涉案人员5人，移送纪检监察部门查处5人，有1人受到党纪政纪处理。

社会保障审计　审计资金总量12215.81万元，查出违规金额724.78万元，应上缴财政11.12万元。提出审计建议10条，引起了有关部门的重视。

行政事业审计　完成对全市2个市级和14个县级医院的财务收支情况的审计，审计资金总额63845.98万元，查出违规金额4514.8万元，应上缴财政237.12万元，应归还原渠道资金177万元，审计处以罚款62.7万元。提出整改意见46条。建议上级主管部门处理1人。（撰稿人：韩建柱）

【晋中市审计局】　2004年，共有干部职工52人。局长陈云堂，副局长张建明、贾建华、杨彦红，纪检组长吴荣富，总审计师吕健萍。设有办公室、法制科、人事教育科、财政审计科、金融外资审计科、行政事业审计科、社会保障审计科、经贸审计科、农业与资源环保审计科、固定资产投资审计科、经济责任审计科和监察室。

审计成果　审计单位68个，查出违规金额19255万元，管理不规范金额35304万元，应上缴财政2650万元，收缴罚没款852万元。提交审计报告、信息121篇。

财政审计　主要进行了2003年市本级财政预算执行审计，介休市等6个县（区、市）财政决算审计。其中预算执行审计查出违规金额9319万元，县级财政决算审计查出违规金额9604.52万元，可增加财政收入2153万元，直接收缴罚没款241万元。建议纠正不当规定16条。

专项资金审计　除省审计厅安排对市本级和榆社、左权、和顺3个县环保资金审计外，组织了9个县（区、市）环保资金交叉审计，开展了对榆次区、寿阳县两个县（区）的社会保障资金审计，开展对住房资金、城市低保资金及水资源补偿费的审计。审计发现环保资金征收底数不清，社保资金政策不统一、收支缺口大，水资源补偿费欠征欠交问题严重，资金管理存在漏洞和风险等问题，引起市政府的重视。

行政事业审计　开展了对全市网络公司系统的财务收支审计。对全市22家综合医院（包括中医院）的财务收支审计中，查出无证收费、超范围收费、超标准收费、多计药品进销差价等1073万元；应缴未缴财政收入问题金额806万元；执行医疗体制改革政策不到位，违规购置医疗设备，违规支付集资利息、红利、违规提成1710万元；财务核算不规范，存在隐瞒收入、公款私存、“账外账”等问题。

金融审计　对省、市属贷款企业进行审计调查，发现企业拖欠贷款数额较大、贷款存在随意性、贷款效益差，造成贷款损失浪费等问题。

固定资产投资审计　对晋中市城建项目和城建资金进行了审计调查，基本摸清了全市城建项目的建设数量、规模，资金来源渠道、资金的管理和使用情况，对发现的问题从根本上剖析原因，提出合理有效的建议。

经济责任审计　完成经济责任审计项目21个，查出违规金额4916万元，应负主管责任1604万元，应负直接责任3302万元。（撰稿人：张维蓉）

【临汾市审计局】 2004年，共有干部职工49人。局长王千良，副局长张宏峰（—10月）、赵茂山、祁全保、郭安平，纪检组长周宁康，总审计师张百管。设有办公室、人教科、法规科、监察室、财政审计科、金融审计科、经济责任审计一科、经济责任审计二科、固定资产投资审计科、农业资源审计科、外资运用审计科、行政事业审计科、社会保障审计科、工商企业审计科。

审计成果 共完成10大类18个项目526个单位的审计和审计调查任务，查出违规金额62357万元，应上缴财政10257万元，已上缴财政9939万元；应自行纠正金额19781万元，已自行纠正金额15620万元。向纪检监察和司法部门移交违法违纪案件30起，16人受到党纪政纪处分。提交审计报告352份、审计信息215篇，其中：被国家级采用85篇，被省级采用55篇。共提出审计建议1216条，被上级审计机关和政府部门采纳842多条。

财政审计 共审计一级预算单位25个，延伸审计二、三级预算单位60多个，纳税大户16个，同时对部分县市行政事业性收费收入过渡户清理情况进行了审计调查。完成了对乡宁、蒲县、吉县、安泽等县的财政决算审计。

经济责任审计 共完成经济责任审计项目251个，审计党政领导干部214人，企事业领导干部37人。共查出违规金额36149万元，其中：直接责任问题金额564万元，主管责任问题金额18538万元，领导责任问题金额17047万元。

专项资金审计和重点建设项目审计 统一组织了对行政事业、社会保障、农业环保、城市建设项目等专项资金和1个重点建设项目的审计和审计调查，共调查116个重点城建项目。（撰稿人：鲁双成 王志义）

【运城市审计局】 2004年，共有干部职工105人。局长杨来管，副局长王吉海、侯曙光、赵鹏、王乐乐、陈立定、王凌，纪检组长孙银虎，总审计师李乃胜。设有办公室、法制科、监察室、人事科、财政审计科、经济责任审计科、金融审计科、行政事业审计科、社会保障审计科、农业审计科、固定资产投资审计科、外资审计科、工商企业审计科，另设有审计信息中心、审计咨询所（事业单位）。

审计成果 审计单位679个（含延伸审计），查出违规金额93137万元，应上缴财政2244万元，应归还原渠道资金6130万元，应自行纠正金额38879万元。提交各类审计信息、报告382篇，被采用138篇。向司法、纪检监察部门移送案件61起，涉案人员57人，现已立案5人，追究刑事责任1人，受党纪政纪处分26人。稷山县审计局被授予经济责任审计先进单位。

预算执行审计 对市直15个单位及其所属二、三级预算单位实施了市本级预算执行和其他财政收支审计。预算执行审计共审计单位262个，查出违规金额39518万元，管理不规范金额17079万元，损失浪费金额429万元。提交的审计工作情况报告受到市人大的充分肯定。

经济责任审计 共完成经济责任审计项目91个，审计党政领导66人、事业单位领导21人、企业领导人员4人，审计总资金12亿元，查出违规金额42858万元，其中领导干部应负直接责任的30793万元，负主管责任的7808万元，负领导责任的4257万元。查处经济违法案件4起，涉案人员3人，已分别移送纪检、检察机关处理。（撰稿人：景 磊）

【吕梁市审计局】 2004年，共有干部职工49人。局长卫成印（9月—）、雒守祥（—9月），副局长贾桥、杨喜平、高博，纪检组长李效民。设有办公室、法制科、财政审计科、金融经贸审计科、行政事业与社会保障审计科、固定资产投资审计科、经济责任审计科、农业与资源环保审计科、外资运用审计科，另设有审计审理复核中心（直属事业单位）。

审计成果 审计单位343个，查出违规金额1.9亿元，管理不规范金额2.7亿元，损失浪费金额209万元，应上缴财政707万元，应归还原渠道资金2403万元。对116个单位开展专项审计调查，发现问题金额2.4亿元。移送纪检监察部门案件1起，涉案人员1人。提交工作报告15份、审计信息178篇，被上级部门采用76篇。

财政审计 审计财税部门174个，查出隐瞒转移财政收入、截留挤占挪用财政资金、虚列财政支出、延压滞留预算资金、账外资产、违规减免少征应缴未缴预算收入等问题。

专项资金审计 对贫困地区林业发展、肉牛发展、疾病预防、日元贷款山西黄土高原植树造林等34个国外援贷款项目进行了审计，审计核实34个项目概算投资总额5.8亿元，其中利用外资3.2亿元。对全市3个单位的社保资金和21个单位的农业资源与环保资金进行审计，发现截留、挤占、挪用专项资金的现象比较突出，审计情况引起市政府和各县（市、区）政府的高度重视，责成相关地方和单位认真进行了整改。

经济责任审计 对90人进行了经济责任审计，查出违规金额5482万元，其中个人负主管责任2968万元，负直接责任27万元。审计后，晋升5人，平调14人，免职2人。（撰稿人：薛安同）

2004年山西省区、县（市）级审计工作统计表

审计机关	干部职工人数（人）	审计单位（个）	经济责任审计项目（个）	查出违规金额（万元）	应缴财政（万元）	已缴财政（万元）	决定处理处罚（万元）	指明要求纠正（万元）	提交审计报告.信息（篇）	审计信息被采用（篇）
太原市										
杏花岭区审计局	16	29	3	727	7	6	69	5219	1	
小店区审计局	14	46	16	1529	127	102	150	3054	1	
迎泽区审计局	12	20	3	656	68	29	122	1697	8	
尖草坪区审计局	10	17	4	267	86	86	86			
万柏林区审计局	11	43	24	273	25	19	44		30	16
晋源区审计局	10	39	20	1051	9	9	178	3023	10	
古交市审计局	15	68	36	1404	25	25	96	24	2	
清徐县审计局	11	47	27	1612	47	35	47	461	21	4
阳曲县审计局	11	18	6	995	179		581	28	2	
娄烦县审计局	11	13								
大同市										
城区审计局	16	6	1	444	192		41	2385	1	
矿区审计局	10	20	8	557	57	2	2		1	
南郊区审计局	16	27	1	2157	1128	67	305	2084	1	
新荣区审计局	12	32	2	3065	16	16	14	460	3	2
阳高县审计局	13	62	7	867	48	38	40	275	1	
天镇县审计局	13	26	2	272	102	18	20		1	
广灵县审计局	24	19	6	459	19	3	19	768	1	
灵丘县审计局	18	38	7	411	23	23	23		1	
浑源县审计局	14	22	9	2015	101	13	101		1	
左云县审计局	13	43	4	952	76	73	65	299	1	
大同县审计局	23	46	18	540					1	
朔州市										

审计机关	干部职工人数（人）	审计单位（个）	经济责任审计项目（个）	查出违规金额（万元）	应缴财政（万元）	已缴财政（万元）	决定处理处罚（万元）	指明要求纠正（万元）	提交审计报告、信息（篇）	审计信息被采用（篇）
朔城区审计局	24	15	3	16	16	16	16		28	2
平鲁区审计局	15	78	8	483	28	22	168	1321	13	4
山阴县审计局	19	80	3	356	17	15	300	656	23	6
应县审计局	10	79	7	317	33	32	47	341	16	1
右玉县审计局	18	22	3	32	5	5	8	521	8	2
怀仁县审计局	22	56	4	270	18	18	270	1010	15	1
阳泉市										
城区审计局	8	42	6	347	26	26	26	140	30	
矿区审计局	9	52	7	378	84	77	528	113	39	15
郊区审计局	19	158	4	3448	655	631	0.7	2793	28	16
平定县审计局	17	36	4	1417	224	137	224	467	15	9
盂县审计局	48	105	10	11670	1195	1195	4286		92	77
长治市										
城区审计局	5	87	10	2337	382	382	7		62	13
郊区审计局	14	28	12	1377	131	131	931	446	95	51
潞城市审计局	11	27	8	1813	521	521			39	35
长治县审计局	20	31	5	2547	474	474	474	250	39	49
襄垣县审计局	24	72	20	2738	546	546	10	2909	130	70
屯留县审计局	21	40	3	2582	204	204	23		35	66
平顺县审计局	23	20	4	1169	109	105	1169	1149	59	30
黎城县审计局	20	50	13	1585	131	131	681	6459	180	169
壶关县审计局	21	13	4	971	89	89	25	1693	36	34
长子县审计局	15	84	13	2055	40	40	242		41	23
武乡县审计局	15	36	14	3465	299	299	33	794	89	97
沁县审计局	21	42	18	3009	346	346	420	112	47	36
沁源县审计局	15	30	3	2814	480	480	32	16	96	77
晋城市										
城区审计局	23	117	25	4005	161	161	161	34	34	20
高平市审计局	14	42	9	17284	2344	2344	10624	4699	35	16
泽州县审计局	28	56	4	8942	5301	5293	5402	939	18	13
沁水县审计局	20	101	30	11835	494	494	1355	8834	68	64
阳城县审计局	22	50	25	8785	664	664	664		73	62
陵川县审计局	14	119	27	3956	83	83	650	837	14	9
忻州市										

审计机关	干部职工人数（人）	审计单位（个）	经济责任审计项目（个）	查出违规金额（万元）	应缴财政（万元）	已缴财政（万元）	决定处理处罚（万元）	指明要求纠正（万元）	提交审计报告、信息（篇）	审计信息被采用（篇）
忻府区审计局	19	54	3	4478	244	244	411	59	46	52
原平市审计局	16	37	3	2178	162	162	162	39	29	19
定襄县审计局	19	54	4	5586	40	32	40	225	27	16
五台县审计局	13	82	9	4547	31	31	2492	2055	72	25
代县审计局	17	38	3	1628	61	61	61	128	14	3
繁峙县审计局	16	42	3	3230	43	43	43	1405	10	9
宁武县审计局	15	38	3	7627	30	30	30	2146	36	8
静乐县审计局	12	20	3	1617	20	20	20	372	30	
神池县审计局	15	19	4	3406	30	14	698	2708	57	27
五寨县审计局	10	26	3	589	31	31	283	306	13	2
岢岚县审计局	17	37	4	1929	41	24	1866	63	40	7
河曲县审计局	10	127	3	2455	130	130	42	2413	1	2
保德县审计局	14	6	2	3610	56	22	3345	265	5	
偏关县审计局	14	25	3	489	101	101	101	239	40	6
晋中市										
榆次区审计局	15	54	5	3538	113	113	113	895	75	10
介休市审计局	19	31	7	3407	66	66	2192	3515	11	1
榆社县审计局	7	44	18	1391	20	20	20	2245	47	2
左权县审计局	8	54	4	1268	22	22	285	14	39	7
和顺县审计局	15	37	5	4551	33	33	33	1159	56	11
昔阳县审计局	15	48	18	5036	616	113	616	12385	35	5
寿阳县审计局	12	58	6	645	9	9	63	771	23	1
太谷县审计局	13	22	5	1576	15	15	1177	987	16	2
祁县审计局	20	32	11	2191	11	11	11	130	33	3
平遥县审计局	13	27	5	1084	35	35	35	8726	54	31
灵石县审计局	11	63	6	2056	7	7	18		25	20
临汾市										
尧都区审计局	16	32	8	1947	43	43	123	2135	20	11
侯马市审计局	20	38	16	897	18	24	51	463	12	2
霍州市审计局	17	29	5	2327	373	195	682	2	68	34
曲沃县审计局	26	41	3	1267	33	14	397	3	16	2
翼城县审计局	16	37	3	8937	136	136	147	4502	62	50
襄汾县审计局	16	38	3	1408	13	13	13		20	3
洪洞县审计局	38	27	5	3255	81	81	81	4055	47	11

审计机关	干部职工人数（人）	审计单位（个）	经济责任审计项目（个）	查出违规金额（万元）	应缴财政（万元）	已缴财政（万元）	决定处理处罚（万元）	指明要求纠正（万元）	提交审计报告、信息（篇）	审计信息被采用（篇）
古县审计局	22	50	5	4475	2		976	963	35	5
安泽县审计局	12	32	3	422	15	15	133	8	36	20
浮山县审计局	16	35	3	6261	27	32	375		20	9
吉县审计局	13	33	3	1300	26	6	1104		68	45
乡宁县审计局	19	31	3	9881	5736	4482	6702	136	51	16
蒲县审计局	27	26	3	8260	131	361	1180	14	9	1
大宁县审计局	26	24	3	568	9	9	85	65	6	1
永和县审计局	16	40	2	846	27	27	310		3	1
隰县审计局	28	17	3	179	14	7	81		9	2
汾西县审计局	10	39	2	1791	12	81	107		25	11
运城市										
盐湖区审计局	29	76	8	9442	43	33	958	6898	61	8
永济市审计局	21	14	2	2675	110	89	110	87	70	8
河津市审计局	49	129	8	13085	163	163	163	349	75	42
芮城县审计局	39	53	3	2961	235	92	235	745	53	23
临猗县审计局	23	70	7	6388	101	101	101	1171	51	18
万荣县审计局	36	77	10	8139	55	55	55	605	40	15
新绛县审计局	19	39	9	7753	69	22	69	183	23	4
稷山县审计局	17	76	5	15800	103	102	103	80	56	25
闻喜县审计局	29	77	12	1473	95	95	95		48	17
夏县审计局	24	57	6	836	21	19	21		60	13
绛县审计局	28	44		1037	65	65	65	82	11	2
平陆县审计局	24	51	7	1306	71	71	71	237	71	24
垣曲县审计局	28	72	23	611	45	45	45	210	45	7
吕梁市										
离石区审计局	33	27	6	933	17	17	933	2693	20	3
孝义市审计局	27	60	23	1065	19	19	19	5798	52	29
汾阳市审计局	14	79	8	1361	61	61	1361	1952		
文水县审计局	20	52	9	10000	61	61	61		45	22
中阳县审计局	13	38	6	684	128	98	12	153	12	
兴县审计局	24	96	2	745	15	15		320	65	17
临县审计局	15	147	5	4358	17	17	3302	1046	61	40
方山县审计局	16	54	1	4494	14	8	568	3926	43	16
柳林县审计局	23	61	26	3799	31	31	1482	2317	76	6

审计机关	干部职工人数（人）	审计单位（个）	经济责任审计项目（个）	查出违规金额（万元）	应缴财政（万元）	已缴财政（万元）	决定处理处罚（万元）	指明要求纠正（万元）	提交审计报告、信息（篇）	审计信息被采用（篇）
岚县审计局	12	7	3	1133	2	2	2		9	
交口县审计局	16	52	5	6202	21	19	6202	1329	34	16
交城县审计局	22	28	8	1308	12	12	12		44	7
石楼县审计局	14	25		64	3	3	54	10	10	4

内蒙古自治区

【内蒙古自治区审计厅】 2004年，自治区审计厅定编197人，其中厅机关行政编制107人，驻海拉尔、赤峰审计处行政编制40人，厅机关事业编制46人；在编人数187人，其中厅机关149人（包括事业单位），驻海拉尔、赤峰审计处38人。厅机关设有办公室、人事教育处、法制处、离退休人员工作处、财政审计处、金融审计处、外资审计处、经贸审计处、固定资产投资审计处、行政事业审计处、农业与资源环保审计处、社会保障审计处、纪检组、机关党委；另设有派驻赤峰、海拉尔审计处；下设审计科研培训中心、机关事务服务中心及审计信息与计算机技术服务中心直属事业单位。

领导成员

厅　长：长　江（蒙古族）

副 厅 长：赵慧容（女）　王月胜

孙德志（满族）　吕靖原

纪检组长：王玉璋

审计成果 截至2004年底，全区审计机关共审计5581个单位（项目），查出违规金额63.5亿元，上缴财政6亿元，减少财政拨款或补贴2021万元。向司法、纪检监察机关移送案件97起，涉案人员156人，涉案金额3040万元；建议有关部门处理29件，涉案人员19人，涉及金额4376万元。针对审计发现的热点、难点、重点问题，向各级党委、政府部门提交审计工作报告、审计建议、信息5800篇，被各级党政领导批示采纳2670篇。

财政预算执行、决算审计 当年，对财政厅、地税局、国库和13个厅局2003年年度本级预算和部门预算执行情况进行了审计。重点对财政收支中情况、财政资金的使用效益、部门综合预算的编制和执行情况进行了审计，查出应缴未缴收入、挤占挪用专项资金、乱收费和私设“小金库”等9类问题。同时，提出10条深化财政改革、规范财税收支行为的审计建议，均被采纳。审计工作报告在自治区十届人大常委会第十次会议得到高度评价。自治区杨晶主席、岳福洪副主席分别批示，要求把审计查出的问题通报全区并进行认真整改。

企业审计 共审计单位184个，查出违规金额8.95亿元，管理不规范金额6.6亿元，应上缴财政2281万元，已自行纠正金额6.55亿元。其中受自治区政府委托，对内蒙古自治区地质勘查局、煤田地质局和有色金属勘探局转制前各单位的资产状况、经营情况、专项资金的使用和管理情况进行了审计。摸清了单位资产现状、经营情况和专项资金的使用及管理情况，为下一步的企业转制，自治区领导的科学决策提供了参考依据；对包头钢铁（集团）有限责任公司财务收支的审计，查出财务管理方面存在的一些突出问题。

固定资产投资审计 共审计单位591个，查出违规金额7.9亿元，管理不规范金额7435万元，已归还原渠道资金1697万元，督促自行纠正金额6397万元。其中，审计厅组织全区盟市审计机关对1188个国债水利建设项目进行了审计，资金总额为19.7亿元，查出违规金额5.7亿元。审计厅被自治区党委、政府授予“固定资产投资优质服务奖”。

专项资金审计 围绕社会关注的热点、重点问题，先后组织全区审计机关对教育收费情况、二期义务教育工程资金、生态环境建设资金、部分盟市驻京联络处进行了审计。其中，对2003年全区教育收费情况共审计学校689所，同时还对全区农村牧区中小学经费保障情况进行了审计调查。查出违规金额4700万元，并对乱收费屡禁不止的原因、“一费制”收费政策落实情况、中小学经费保障情况的现状及存在的问题进行了深入剖析，受到了有关方面的重视。审计情况报告被自治区政府批转各盟市，要求认真进行整改落实。对7个盟市30个旗县2003年二期义务教育工程资金的拨付、管理、使用情况进行了审计，审计资金总额9474万元，查出违规金额1148万元。通过审计发现，二期义务教育资金在使用中仍然存在部分盟市、旗县配套资金不到位、挤占挪用和出借工程专项资金、投入的教学器材闲置浪费、个别地区资助贫困生计划未完成、助学金有被挪用现象等问题。对12个盟市及旗县2002~2003年度生态环境建设资金进行审计和审计调查，涉及主管部门、乡镇及用款单位206个，调查农牧民4658户，审计资金总额34.9亿元，查出项目资金拨付不及时3.6亿元，挤占挪用、损失浪费资金9200万元。根据自治区政府领导的指示精神，对9个盟市驻京联络处进行了审计，查出各驻京联络处存在经费收支未严格纳入财政预算管理、财政拨款随意性大、重投入轻管理、内控制度不完善、招待费支出过高、收支不入账等问题。

社会保障审计　为确保下岗职工基本生活，促进再就业，开展了国有企业下岗职工基本生活保障资金及失业保险基金的审计。组织全区审计机关对2002~2003年度国有企业下岗职工基本生活保障资金及失业保险基金征缴、管理、使用情况进行了专项审计。审计资金总额15.8亿元，查出违规金额9369万元，占审计资金总额的5.9%。审计发现失业保险基金漏征、欠缴1.25亿元，有关部门挤占挪用再就业资金2115万元，应缴未缴失业保险调剂金3394万元，滞留再就业资金和失业保险基金1592万元，违规收费和虚列支出478万元等。

为促进医疗改革政策的落实，开展了医院财务收支审计。组织对全区121所城镇医院（含专科医院）2003年度财务收支情况进行了审计。审计资金总额为24.1亿元，共查出违规金额1.89亿元，占资金总额的7.8%。对3个原行业统筹企业移交地方后养老保险基金征缴及基数核定情况进行了审计。

外资运用审计　审计工程项目210个，查出违规金额6.1亿元，管理不规范金额1.3亿元，应上缴财政213万元。在审计过程中，发现了项目实施中存在着违规转包、出借挪用项目资金、违规收取“过头税”、挪用征地拆迁费等问题，深入项目沿线旗县、乡镇征拆管理部门以及相关农户家中，了解征拆费补偿落实情况，掌握了第一手资料，作出了审计处理处罚。

经济责任审计　全区共审计经济责任人1668人，其中党政领导干部1631人，国有及国有控股企业领导人员37人。查出违规金额18亿元，管理不规范金额10.2亿元，损失浪费金额500万元；查出领导干部个人经济问题57万元，建议给予党纪政纪处分13人，移送纪检监察机关38人，移送司法机关7人。受自治区党委组织部的委托，开展了13名盟市、厅级领导干部的经济责任审计，其中盟（市）长2名，厅（局）长8名，事业单位领导干部2名，国有企业领导人员1名。

基础建设　按照中央和自治区的部署，进一步加强了审计机关的党风廉政建设，完善了党风廉政建设责任制，明确了责任分工、责任考评、责任追究等具体操作办法，强化措施和制度落实。9月初，专门召开全区审计机关党建工作和廉政建设工作会议，围绕构建教育、制度、监督并重的廉政建设体系目标，提出了今后一个时期党建工作和廉政建设工作的思路、目标任务和应采取的措施。精神文明创建活动深入开展，优化环境学教活动和帮扶工作取得了好成绩，干部职工积极参加机关文体和辖区公益活动，讲文明、树新风形成浓厚氛围，审计厅连续保持了自治区级文明单位荣誉，被评为“道德建设先进集体”。从加强审计人员的能力建设入手，加大教育培训力度，审计人员的素质和综合能力有了提高。2004年，厅机关举办审计业务和计算机应用培训班13期，培训875人；分别举办4期行政许可法、审计长令培训班，培训460人（次）。（撰稿人：丹　军）

【内蒙古自治区审计厅驻海拉尔审计处】

2004年，共有干部职工20人。处长赵国君，副处长高英玲、赵福春（9月—）、鲍卫平。设有办公室、财税社保审计科、行政事业审计科、经贸审计科、固定资产投资审计科、经济责任审计科。

审计成果　全年完成审计项目6个，查出违规金额2.4亿元，应上缴财政9790万元，已上缴财政 9790 万元，应归还原渠道资金 492 万元。提交审计信息 4 篇，被批示、采用 4 篇。

财政决算审计　开展财政决算审计项目 1 个，查出违规金额 1.4 亿元，应上缴财政 3733 万元。加大了财政投资效益的审计力度，进行了审计调查，提出审计建议，得到当地政府的重视。

专项资金审计　开展专项资金审计项目 1 个，查出违规金额 1512 万元，应上缴财政 26 万元，应自行纠正 6824 万元。处理 5 位责任人员。提交审计信息 4 篇，2 篇被自治区政府采用，并被领导批示。（撰稿人：张慧芝）

【内蒙古自治区审计厅驻赤峰审计处】　2004 年，共有干部职工 18 人。处长马爱杰，副处长于震华、乌建杰、姜桂华。设有办公室、经贸审计科、固定资产投资审计科、财政行政事业审计科和经济责任审计科。

审计成果　全年共审计单位 6 个，查出违规金额 1.9 亿元，应上缴财政 566 万元，已上缴财政 156 万元。提交审计工作报告、信息 19 篇，被采用 10 篇。

财政审计　对巴彦淖尔市 2003 年度本级财政决算和其他财政收支进行了审计。查出欠拨专项资金、截留应上缴自治区财政收入，挪用专项资金、虚列支出、人为调整预算收入等违规金额 8784 万元。同时，还对该市 2003 年末政府债务情况和农村牧区税费改革转移支付资金的分配使用情况进行了审计调查。

行政事业审计　对赤峰市交警系统 2003 年度财务收支进行了审计。查出超范围对新入户和转籍的机动车收取特殊检验费，擅自设立收费项目收费、截留预算内收入，收取的预算外资金和罚没款未按规定上缴财政等问题。

固定资产投资审计　对赤峰市新华书店营业楼扩建项目、二连浩特市公路口岸新通道工程项目、内蒙古民族大学理工实验楼新建项目等进行了竣工决算审计，查出违规金额 9441 万元。

农业与资源环保审计　对锡林郭勒盟本级及苏尼特右旗 2002、2003 年度生态建设工程资金进行了审计。查出滞留生态建设工程资金，截留、挪用生态项目规划设计费，虚报项目、套取生态建设资金等违规金额 775 万元。（撰稿人：付雪峰）

【呼和浩特市审计局】　2004 年，共有干部职工 84 人。局长吴贵武，副局长杨国臣、王岩，总审计师戎志军，纪检组长贺伊生。设有办公室、法制科、人事教育科、监察室、党支部、财政审计科、金融审计科、行政事业审计科、固定资产投资审计科、农业与资源环保审计科、社会保障审计科、经贸审计科、经济责任审计办公室、外资审计科、机关事务中心（直属事业单位）。

审计成果　审计单位（项目）386 个，查出违规金额 3.02 亿元，应上缴财政 1.06 亿元，应归还原渠道资金 2100 万元，核减项目工程款 3131 万元。向司法、纪检监察部门移送案件 4 起，涉案人员 5 人，涉案金额 253 万元，给予党政纪处分 2 人。

财政审计　审计财税部门 19 个，查出虚减虚增财政收入、预征税款、过渡户滞留税款、应缴未缴财政电力附加费等问题，并就加强预算资金管理提出了改进意见和建议。提交的审计工作报告得到了市人大常委会和市政府的高度重视和充分肯定。

企业审计　对呼和浩特市供电局、呼和浩特市三角集团公司等 14 个国有企业的资产、负债、损益情况进行了审计。查出企业会计信息失真，资产、负债、损益不实，虚报隐瞒收入等问题。

固定资产投资审计　对呼和浩特市东河综合治理工程、引黄入呼供水工程、机场路一期工程等 60 个项目进行了审计。项目投资总额 7.9 亿元，已完成投资总额 5.5 亿元，核减工程款 3131 万元。针对工程管理中存在的招投标不规范等问题，向政府和有关部门提出了改进的意见和建议。

经济责任审计　对 82 个单位、95 名领导干部和负责人进行了经济责任审计，其中党政领导干部 91 人，国有企业负责人 4 人。查出违规金额 7008 万元，查出涉嫌经济案件 2 起，建议给予党政纪处分 2 人，移送纪检监察机关 2 人。（撰稿人：杨俊峰　王晓燕）

【包头市审计局】　2004 年，共有干部职工 74 人。局长薛长江，副局长张文光、孙郁（3 月—）、段玉成（3 月—）、高文德（12 月—），纪检组长张日元（12 月—）、高文德（3—12 月）、孙郁（—3 月）。设有办公室、政工科、监察室、法制科、经济贸易审计科、经济责任审计科、财政审计科、金融外资审计科、行政事业审计科、农业资源环保审计科、固定资产投资审计科、社会保障审计科，另设有包头市审计培训中心。

审计成果 共审计单位416个，查出违规金额10.3亿元，管理不规范金额6974万元，损失浪费金额51万元；审计处理处罚金额6.4亿元，其中已上缴财政1.44亿元，减少财政拨款或补贴508万元，归还原渠道资金622万元，调账处理金额4.49亿元。移送纪检、检察机关案件线索7件，涉及人员7人，涉及金额62万元；建议有关部门处理案件2起，涉案人员5人，涉及金额55万元。提交审计工作报告、审计信息433篇，其中被上级领导机关批示采用181篇。在内蒙古自治区2004年审计工作综合考评中获一等奖，督查、信息等工作被有关部门评为先进集体或给予通报表扬。

财政审计 主要审计了市本级财政预算执行情况，包头市稀土高新区与市本级财政资金留用比例情况，税务部门税收征管情况等。共查出违规金额1.9亿元，已上缴财政1.1亿元。查出应缴未缴预算收入7800万元、应缴未缴土地出让金收益5017万元、应征未征资源税790万元等。

行政事业审计 对99所城镇及农牧区中小学2003年度教育收费及专项资金使用情况进行了审计，共查出违规收费、截留应缴财政资金、账外资金等违规金额521万元。同时，对包头市63所农村牧区中小学税费改革前后学校公用经费变化情况进行了审计调查。两级审计机关还对市、区两级13所医院2003年度财务收支情况进行了审计，共查出违规金额1300万元，其中违规收费88万元、不合规单据列支100万元、固定资产不实634万元、少计收入多列费用416万元。

社会保障审计 两级审计机关开展了国有企业下岗职工基本生活保障资金及失业保险基金筹集、管理和使用情况审计，并对部分使用国有企业下岗职工基本生活保障资金及已参保企、事业单位缴纳失业保险费的情况进行了审计调查。审计共查出滞留再就业资金、挤占挪用专项资金、截留收入、违规收费等问题金额2148万元。

固定资产投资审计 对重点投资项目包铝一期电解铝环保治理及节能技术改造工程决算情况及财务收支情况的审计，共查出工程结算不实、多结工程款、少缴税金、挤占建设资金等违规金额5907万元，核减工程款3766万元。

经济责任审计 共对135名单位领导干部进行了任期经济责任审计，查出违规金额4.5亿元，建议给予党政纪处分7人。（撰稿人：梁守礼）

【乌海市审计局】 2004年，共有干部职工33人。局长贾敬忠，副局长冯文彬、武也文，纪检组长罗岚。设有办公室、审理科、财政金融外资审计科、经贸审计科、固定资产投资审计科、农业与资源环保审计科、行政事业审计科、经济责任审计科。

审计成果 全年完成审计单位51个，查出违规金额6127万元，应上缴财政133万元。提交审计工作报告、信息212篇，被采用227篇（次）。

固定资产投资审计 完成建设项目审计13个，审计资金总额4.4亿元，查出违规金额3048万元，核减工程结算资金430万元。参加自治区审计厅组织的对达拉特电厂三期扩建工程竣工决算审计，查出违规金额2000多万元。

经济责任审计 开展经济责任审计项目27个，查出违规金额2507万元，管理不规范金额74万元。查出国有资产增值单位24个，国有资产保值单位1个，国有资产减值单位2个。

内部审计 共有内部审计机构15个，其中专职机构11个；内审人员39人，其中专职人员31人。全年共审计单位12个，纠正违规金额2663万元,提出建议意见被采纳12条。（撰稿人：王雪菖）

【赤峰市审计局】 2004年，共有干部职工51人。局长徐连生，副局长高凤岭、赵中建，纪检组长寇国安。设有办公室、监察室、财政审计科、金融审计科、外资审计科、行政事业审计科、固定资产投资审计科、农业与资源环保审计科、社会保障资金审计科、经贸审计科、经济责任审计办公室、法制科。

审计成果 赤峰市两级审计机关共审计单位708个，查出违规金额3.1亿元，应上缴财政1853万元，已上缴财政1765万元，应归还原渠道资金7569万元，应调账处理5203万元，决定自行纠正6858万元。提交工作报告309篇，被批示或批转55篇；提交审计信息444篇，被采纳309篇

(次)；向社会公布审计结果15次。向司法机关移送案件3起，涉案人员3人，涉案金额32万元；向纪检监察部门移送案件11起，涉案人员8人，涉案金额56万元；建议有关部门处理5件，已处理4人。荣获自治区审计厅2004年度综合考评特等奖，农牧业生态建设审计项目获全区优秀审计项目奖，审计信息工作被市委、市政府办公厅、自治区审计厅评为先进集体，审计统计工作获全区第一名。

预算执行审计 共审计单位116个，其中财政部门22个，国库10个，预算执行单位84个。查出隐瞒转移财政预算收入1619万元，截留挤占挪用预算资金3282万元，虚列财政支出499万元，虚增财政收入1094万元。在查处违规问题的同时，针对预算执行中存在的问题提出了审计建议。市人大常委会出台了《加强资金监管防范财政风险》的审议意见，要求采用经济手段和行政手段并用的办法加强专项资金管理。

财政审计 共审计单位79个，其中：市级审计了6个旗、县、区，旗（县）审计机关审计了73个乡、镇、苏木。发现各旗、县、区滞留专项资金15211万元，虚列财政预算支出4021万元，挤占专项资金7175万元，税务部门违规设立税收过渡户1747万元，违规调整税种5653万元，企业欠税539万元等。

外资运用审计 两级审计机关完成了世行雪灾重建项目、世行三期供水项目、世行粮食流通项目经营效益审计等8个外资项目审计，共审计39个单位。审计查出违规金额2829万元。审计后，依法督促配套资金和滞留项目回补资金到位770万元，追回被挤占、挪用项目资金456万元。

社会保障审计 住宅维修资金审计和审计调查，审计资金总额3680万元。查出随意出借住宅维修基金、企业截留挪用基金等违规金额1810万元，收回住房维修资金132万元。市建委根据市政府会议纪要，落实审计建议，会同财政局制定并下发了《赤峰市住宅共用部位共用设施设备维修基金管理使用办法》。

再就业和失业保险资金审计资金总额6187万元，查出挪用再就业资金182万元，挪用失业保险资金24万元，自行出借再就业扶持金14.8万元，少付失业人员医疗和取暖补助11.7万元及公款私存、就业培训和职业介绍补贴资金支出效果较差等问题。

固定资产投资审计 两级审计机关共审计单位24个，投资总额完成2亿元，核减工程款2071万元。

专项资金审计 2004年，继续开展了对2003年“8.16”及2004年“3.26”抗震救灾资金的跟踪审计。赤峰市审计局多次与有关部门一起到受灾严重的4个旗（县）开展救灾工作。针对审计提出的问题，市政府制定了《赤峰市救灾捐赠款物管理使用办法》。

生态建设资金审计，共审计63个单位，审计专项资金总额6.7亿元，查出挤占挪用专项资金478万元，虚列支出415万元，促进资金到位365万元。

二期义务教育专项资金审计，共审计67个单位，查出挤占挪用资金302万元，账外资产659万元，应缴未缴预算收入87万元。

经济责任审计 两级审计机关共对190个单位、196名科级以上领导干部进行了经济责任审计。其中，市审计局审计单位16个，审计经济责任人16人。旗（县）审计机关完成174个单位、180名科级干部经济责任审计。有1人被移送司法机关。（撰稿人：贾洪榛）

【通辽市审计局】 2004年，共有干部职工45人。局长孟令成，副局长万英余、王相羽、郑福中（兼纪检组长）、王志刚。设有办公室、法制科、财政税务审计科、行政事业审计科、经贸审计科、农业与资源环保审计科、固定资产投资审计科、金融审计科、外资审计科、社会保障审计科、审理科、经济责任审计办公室。

审计成果 全年完成审计单位443个，查出违规金额1.9亿元，管理不规范金额4964万元，应上缴财政5482万元，应归还原渠道资金4233万元。移送经济案件线索29件，涉案人员31人，其中移送司法机关13件，移送纪检机关16件。提交审计报告、信息535篇，被采纳338篇。在全区审计工作综合考评中被评为特等奖，被自治区党委宣传部、政府法制办等单位评为“人民满意行政执法单位”。

预算执行审计 通过审计，已上缴财政2350万元，促进增收节支4850万元，挽回国有资产流失630万元。

固定资产投资审计 全年共实施固定资产审计项目28个，核减工程造价782万元，其中通辽市医院综合病房楼一项审计节约投资581.9万元。

行政事业审计 通过对市直和8个旗、县、市、区93所学校收费情况进行的审计和审计调查，查出扩大范围、提高标准收费121.6万元，代其他单位收费24.3万元，乱收择校生费2.3万元，学校挤占挪用2.2万元、坐支16.3万元、应收未收学费45.6万元。依照相关政策法规对审计查实的问题进行了处理。

经济责任审计 通过协调联系各方，获得了全市104个行政事业单位、8个旗县市区、128名副处级以上领导干部的最新基础资料，建立了经济责任审计信息库。2004年，完成经济责任审计项目228个，查出违规金额14308万元。移送司法机关涉及经济案件线索4件。有关部门利用经济责任审计成果平调165人，晋升37人，免职29人，降职8人，撤职1人，待岗8人。

内部审计 共有内审机构116个，其中专职机构54个；内审人员297人，其中专职人员158人。全年共审计单位311个，纠正违规金额1564万元，促进增收节支453万元，提出建设性意见被采纳355条。（撰稿人：刘釆利）

【呼伦贝尔市审计局】 2004年，共有干部职工50人。局长李全，副局长胡长珍、曲东红、秦远飞，纪检组长马利亚。设有办公室、法制科、财政审计科、金融审计科、行政事业审计科、农业与资源环保审计科、经贸审计科、社会保障审计科、固定资产投资审计科、外资审计科、经济责任审计办公室、机关党总支、审计科研所暨审计信息中心。

审计成果 全年共审计单位（项目）582个，查出违规金额3.4亿元，已上缴财政1244万元，归还原渠道资金5973万元。向司法机关移送案件2起，向纪检监察机关移送案件4起。审计报告、信息批转、采用490篇。在内蒙古自治区2004年度审计质量综合考核中荣获特等奖；获首届自治区“人民满意的执法标兵单位”光荣称号；被自治区政府授予全区“依法行政先进集体”。审计信息工作被内蒙古自治区审计厅、呼伦贝尔市委和市政府评为先进集体；审计统计工作被自治区审计厅评为第一名。

财政审计 在预算执行审计中，共审计单位107个，查出违规金额1亿元，管理不规范金额1.6亿元。在财政决算审计中，查出了乱收费、乱集资、应缴未缴预算收入、挤占挪用资金等问题，取缔了不合理收费，应上缴财政241万元，限期归垫资金556万元，转增财力145万元。

专项资金审计 对全市基本养老保险基金进行了审计，查出被挤占、挪用养老金保险基金1700万元，抵顶养老保险基金的资产拍卖变现后资金未收回1149万元，累计欠缴养老保险基金1.3亿元，金融机构少计付养老金利息100多万元。

对全市2002~2003年生态建设资金管理使用情况进行了审计，并对生态建设项目政策执行情况进行了审计调查。查出被挤占资金75.3万元，未严格执行专户管理办法、与其他资金混收混支1864万元，生态建设资金未纳入单位财务核算管理36万元等。

行政事业审计 对全市部分学校收费情况和二期义务教育工程资金进行了审计，并对农村牧区中小学校实行“一费制”后学校公用经费保障情况进行了审计调查。查出了滞留专项资金、配套资金不到位、虚假配套、跨学期收费、违规集资、拖欠教师工资等问题。

固定资产投资审计 对旗市通油路根河至拉布达林、拉布达林至海拉尔公路建设项目竣工决算进行了审计，审计资金总额3亿元，查出违规金额3708万元，应上缴财政298万元。

经济责任审计 共开展经济责任审计项目153个，查出违规金额13525万元，其中属于领导人直接责任2892万元，主管责任10633万元；移送纪检监察机关案件2起。被中央五部委授予“全国经济责任审计工作先进地区”光荣称号。（撰稿人：吕中军）

【鄂尔多斯市审计局】 2004年，共有干部职工39人。局长李四印（—4月）、薛涛（4月—），副局长孟克、董政华、崔有良、田颖男，纪检组长郭平。设有办公室、政策法规科、财政审计科、外资金融审计科、行政事业审计科、农业与资源环保审计科、经贸审计科、社会保障审计科、固定资产投资审计科、经济责任审计办公室。

审计成果 审计单位49个，查出违规金额

1.6亿元，管理不规范金额1.2亿元，应上缴财政1474万元。

财政审计 预算执行审计查出违规金额1826万元，市审计局对3个旗2002～2003年度财政决算进行了审计，查出违规金额1316万元，应上缴财政532万元。主要问题有：将已入库资源税变换成其他税种少入资源税，部分收费未纳入预算管理，出借社保资金，偷逃税金，截留应上缴市级、自治区级的收费，乱收费、不执行“收支两条线”等。

固定资产投资审计 2004年，突出了对水利建设项目和资金的审计。审计项目投资总额3635万元，审计查出虚结工程款504万元，资金不落实1927万元，核减工程款504万元。

专项资金审计 对全市2002～2003年生态资金管理使用情况的审计。审计资金总额4.3亿元，审计单位数83个，抽审了258户农牧户。审计查出用生态资金平衡预算、虚列支出、挤占挪用生态资金等9994万元。此项审计受到市委、市政府的高度重视，市长听取审计情况汇报，并责成有关部门认真落实审计决定，市政府还批转了生态资金审计情况报告。

金融审计 市审计局在对市城市信用社审计中，查出“小金库”530万元，查出因内控制度不健全，造成资产损失162万元。

经济责任审计 对8名党政领导干部进行了经济责任审计，查出违规金额2965万元，其中个人负主管责任2900万元，负直接责任65万元。对市环保局等主要领导进行了任期经济责任审计。

内部审计 2004年6月，成立了鄂尔多斯市内部审计师协会，吸纳单位理事38名，个人理事53名。截至2004年底，共有市直内审机构31个，其中专职机构30个；内审人员96人，其中专职人员87人。全年共审计单位127个，纠正违规金额3248万元，提出建议意见被采纳151条。（撰稿人：苏媛媛）

【乌兰察布市审计局】 2004年，共有干部职工40人。局长雷忠宝（7月—)、韩有义（—7月)，副局长张林、乔柱、雷忠宝（—7月)。设有办公室、法制科、财政金融审计科、行政事业审计科、社会保障审计科、经贸审计科、农业与资源环保审计科、固定资产投资审计科、经济责任审计科、机关服务中心。

审计成果 审计单位549个，查出违规金额5622万元，应上缴财政817万元，应归还原渠道资金945万元。对11个旗县市区开展专项审计调查，发现违规金额253万元。移送纪检监察部门案件1起，促进部门制定完善规章4条。被市委、市政府授予“市工作成绩突出单位”。

财政审计 审计财税部门14个，查出隐瞒转移预算收入，虚增财政收入、虚列财政支出，延压滞留预算资金问题。审计结果得到了各级党委、人大、政府的高度重视。

专项资金审计 对全市2004年度生态环保建设资金（含京津风沙源治理工程建设资金和退耕还林及扶贫资金）进行了审计和审计调查，审计总金额6亿元，查出违规金额253万元，其中截留挤占、挪用98万元，虚列支出102万元，擅自改变资金计划和资金投向53万元，促进资金到位48万元。

固定资产投资审计 对全市2003、2004年度水利基本建设资金，二期农电网改造项目，市委、市政府大楼，新区广场进行了竣工决算审计，审计核实69个项目概算投资总额5.3亿元，其中违规金额525万元，挪用、侵占建设资金87万元，超标准、超计划金额224万元，审计核减工程款2965万元。

经济责任审计 对128人进行了经济责任审计，查出违规金额1025万元，其中个人负主管责任782万元，负直接责任243万元。审计建议给予党纪处分1人，移送纪检监察机关1人。（撰稿人：杜福山）

【巴彦淖尔市审计局】 2004年，共有干部职工58人。局长王常在，副局长刘雄柏、韩志勇、祁素莲，纪检组长高国良。设有办公室、法制科、财政审计科、金融外资审计科、行政事业审计科、社会保障审计科、农业与资源环保审计科、经贸审计科、固定资产投资审计科、经济责任审计分局。

审计成果 全年共审计单位633个，查出违规金额4.5亿元，管理不规范金额4.2亿元，损失浪费金额111万元。审计处理后，已上缴财政768万元，减少财政拨款、补贴112万元，归还原渠道资金2308万元，调账处理金额4155万元，被审计单位自行纠正金额3.6亿元。向纪检司法机关移送各类违法犯罪案件线索8件。提交审计工作报告、信息513篇，被批示、采用252篇。通过新闻媒体向社会公告审计结果1次。在自治区首届“人民满意的行政执法单位”评选活动中，被自治区党委宣传部、自治区人民政府法制办公室、自治区政协社会和法制委员会评为“全区人民满意的行政执法单位”。

预算执行审计　2004年，巴彦淖尔市审计局对财政局、地税局、国库和14个政府职能部门的2003年本级预算和部门预算执行情况进行了审计。审计查出用专项资金平衡预算3745万元、无资金结转2155万元、挤占挪用专项资金92万元、变相返还税金2276万元、应缴未缴预算收入530万元等问题。审计报告上报政府后，政府将审计报告批转到市直有关部门要求进行整改。特别是临河区审计局依据审计法的有关规定，在征得临河区政府领导同意，首次将预算执行报告通过新闻媒体向社会进行了结果公告，客观真实地反映了预算执行和其他财政收支中存在的突出问题，有力地发挥了审计监督的作用，在全市乃至全区走在了前列。

经济责任审计　全市对158个单位的领导人员实施了经济责任审计，共查出违规金额2.2亿元。各级党委、政府参照经济责任审计报告，晋升8人，平调31人，免职、降职、撤职6人。杭锦后旗被评为全国经济责任审计工作先进地区。

固定资产投资审计　共对91个在建和竣工决算项目进行了审计，查出违规金额4974万元，核减工程结算3680万元。

内部审计　2004年，共审计单位3351个，其中财务收支审计2303个、经济效益审计91个、经济责任审计267个、基本建设项目审计31个、专项资金审计379个、内控评审111个、其他审计170个。发现大要案线索4件，移送司法机关案件5起，建议给予行政处分26人，移送司法机关处理6人，纠正违规金额1067万元。（撰稿人：冯永华）

【兴安盟审计局】　2004年，共有干部职工32人。局长陈锁，副局长姜长利、贾志海、闫淑珍。设有办公室、法制科、财政审计科、行政事业审计科、经贸审计科、农业与资源环保审计科、社会保障审计科、固定资产投资审计科、金融外资审计科、经济责任审计办公室，另设有培训中心（直属事业单位）。

审计成果　审计单位309个，查出违规金额2.8亿元，应上缴财政664万元，已上缴财政621万元。向司法机关、纪检监察部门移送案件线索14件，涉案人员54人。

财政审计　开展预算执行审计项目63个，查出隐瞒财政收入、挤占挪用专项资金、偷逃税金、白条列支、超范围使用现金等问题。提交的审计工作情况报告受到了人大工委的关注和肯定。

专项资金审计　对农保资金审计中查出个人贪占、挪用农保资金等重大问题，已移送司法机关、纪检监察部门案件9起，涉案人员44人，涉案金额194万元。对生态建设工程资金进行了审计和审计调查，揭露和反映了地方政府占用生态资金、税务窗口随意填开发票等问题，对严重违规使用生态建设资金的直接责任人予以了严肃处理，并移送纪检、监察部门案件2起，涉案人员4人，涉案金额426万元。

固定资产投资审计　完成对水利建设国债项目的审计，核减工程款39.6万元，查出国债资金节余222万元。

经济责任审计　对35人进行了经济责任审计，其中任中经济责任审计6人，查出违规金额1767万元。（撰稿人：刘继连）

【锡林郭勒盟审计局】　2004年，共有干部职工38人。局长马烽，副局长钱文会、刘兴友、托雅（女、蒙古族），纪检组长周东虹（女）。设有办公室、审理科、经贸审计科、农业与资源环保审计科、财税审计科、金融外资审计科、固定资产投资审计科、行政事业审计科、经济责任审计科。

审计成果　2004年，审计单位（项目）513个，查出违规金额1.6亿元，管理不规范金额2亿元，应归还原渠道资金3061万元，应上缴财政385万元。

预算执行审计　两级审计机关共完成对28个预算单位的财务收支，12个执收执罚单位执行“收支两条线”，23个单位的专项资金、基金征收和使用管理情况的审计。

财政审计　完成对锡林浩特市、西乌珠穆沁旗、苏尼特右旗财政决算的审计。通过实施审计，推动了旗、县、市政府财政预算制度改革，加强了对各地专项资金的管理。

专项资金审计　两级审计机关对全盟生态、农业建设资金进行了审计。审查项目主管部门 24 个，延伸审计了项目实施单位 45 个，调查退耕禁牧户 42 户，查出应归还原渠道资金 397 万元。

企业审计　首次对国有资产经营管理公司 2002～2003 年度财务收支情况进行了审计，对该公司财务管理制度不健全、会计核算不规范等问题提出了建议，为进一步加强国有资产管理，提高国有资产使用效率起到了促进作用。

行政事业审计　完成对全盟公路管理局系统、桑根达莱粮食储备库的财务收支审计，针对存在的问题，提出了建立健全内部控制机制、严格控制成本费用等建议。

经济责任审计　共审计领导干部和企业领导 102 人，查出违规金额 1323 万元，管理不规范金额 785 万元。根据领导安排，审计局集中力量，对 6 名拟提拔的厅局级干部进行了任期经济责任审计，共开展 16 个县处级领导干部的任期经济责任审计。对经济责任审计工作，领导十分重视，在 3 个专题审计报告上作了批示，有关部门也给予了有力配合，使领导干部任期经济责任审计收到了明显的成效。

内部审计　2004 年 6 月，锡林郭勒盟内部审计师协会召开了第一次常务理事会，总结了 2003 年的工作，部署了 2004 年的任务，就协会会员的管理、内审机构的基础工作、会员会费的标准等问题进行了讨论，交流了情况，加强了工作联系。组织内审人员参加了全区内部审计工作理论研讨，有 2 篇论文获奖。（撰稿人：刘国宾）

【阿拉善盟审计局】　2004 年，共有干部职工 26 人。局长薛思勤，副局长姜和、何凤莲，纪检组长彭辉。设有办公室、法制审理科、固定资产投资审计科、财政金融审计科、社会保障审计科、经济责任审计科、经贸审计科、农业与资源环保审计科和行政事业审计科。

审计成果　全盟审计机关共完成审计单位 147 个，查出违规金额 4325 万元，管理不规范金额 4685 万元，损失浪费金额 280 万元，应调账处理金额 3191 万元，应自行纠正金额 3821 万元，应上缴财政 57 万元，已上缴财政 55 万元。审计报告被批转 4 篇，有 10 篇审计专题或综合报告被党政领导批示或批转。全年上报审计信息 101 篇，被采用 37 篇（次）。

专项资金审计和审计调查　阿拉善盟审计局在对阿拉善左旗生态建设资金的审计和审计调查中，通过审前调查、走访牧户、实地查验和工程量重新核定等审计方法，充分揭示了该旗在生态建设工程资金运用当中存在的主要问题，对形成原因进行了客观深入的分析，提出了“退牧还草饲料粮补助货币化”等 4 条建议。以“审计专报”形式向盟委、行署作了情况反映，引起盟委、行署领导的高度重视。盟委、行署 4 位领导分别批示，要求将审计结果通报 3 个旗政府，并要求按照审计意见书，认真加以整改。

固定资产投资审计　从促进提高工程建设项目管理和投资效益入手，运用数字对比、定量分析、延伸核查、跟踪问效等方法，从投资效益、经营效益、社会效益等方面对基本建设项目、工程项目进行评价，促进了投资管理使用水平的提高。主要对公路建设、农村电网改造等项目进行审计监督，取得了较好的成果。审计共核减工程造价 132 万元，已上缴财政 34 万元，（撰稿人：林民）

【满洲里市审计局】　2004 年，共有干部职工 21 人。局长徐忆滨，副局长梁斌（3 月—）、李云峰（3 月—）。设有办公室、法制科、行政事业金融审计科、固定资产投资审计科、经贸审计科、经济责任审计科。

审计成果　全年完成审计单位 34 个，查出违规金额 547 万元，管理不规范金额 3079 万元，审计决定处理处罚金额 350 万元，应自行纠正金额 26 万元，应上缴财政 251 万元，已上缴财政 251 万元。提交审计工作报告、信息 42 篇，被批示采用 7 篇。

财政审计　审计财税部门 8 个，查出虚增财政收入 365 万元，虚减财政收入 373 万元，截留挤占挪用预算资金 1277 万元，预算编制批复不规范 339 万元。提交的审计工作报告受到市人大的充分肯定。

专项资金审计　对国有企业下岗职工基本生活保障资金及再就业资金和失业保险基金征缴管理使用情况、生态环境建设工程资金进行了审计和审计调查，审计专项资金总额4189万元。

经济责任审计　开展经济责任审计项目13个，查出违规金额431万元，其中个人应负主管责任124万元，负直接责任307万元；管理不规范金额563万元，其中个人应负主管责任29万元，负直接责任534万元。

固定资产投资审计　开展固定资产投资审计项目2个，审计工程投资总额1937万元，核减工程造价42万元，清欠工程税金14万元。（撰稿人：王立威）

【二连浩特市审计局（副地区级）】　2004年，共有干部职工11人。局长白耀武，副局长刘桂荣、张焕武。设有综合科、经济责任审计科、财税行政事业审计科、审计所。

审计成果　审计单位26个，查出违规金额382万元，应上缴财政11万元，应归还原渠道资金63万元，应调账处理金额248万元。提交审计工作报告、信息25篇，被地方党委、政府采纳11篇。

预算执行审计　审计单位4个，查出应缴未缴预算收入、截留挤占挪用预算资金等问题。提交的审计工作情况报告受到市人大的充分肯定。

专项资金审计　对二连浩特市国有企业下岗职工基本生活保障和再就业资金及失业保险基金、生态工程建设资金等项目进行了审计和审计调查，审计专项资金总额1414万元，促进拨付资金到位48万元。

固定资产投资审计　审计项目9个，项目总投资569万元，核减工程价款95万元，为建设单位挽回了经济损失。（撰稿人：曹东霞）

2004年内蒙古自治区
区、县（市）级审计工作统计表

审计机关	干部职工人数（人）	审计单位（个）	经济责任审计项目（个）	查出违规金额（万元）	应缴财政（万元）	已缴财政（万元）	决定处理处罚（万元）	指明要求纠正（万元）	提交审计报告、信息（篇）	审计信息被采用（篇）
呼和浩特市										
回民区审计局	8	18	4	473	14	14	152	59	50	14
新城区审计局	8	20	7	482	41	41	55		42	24
玉泉区审计局	9	23	3	493	2	2	292		29	13
赛罕区审计局	14	29	6	406	37	37	288		38	28
托克托县审计局	16	50	14	970	59	59	484	1121	56	21
武川县审计局	20	31	9	615	26	26	512	845	32	8
和林格尔县审计局	17	42	3	1194	29	29	757	588	35	9
清水河审计局	20	35	7	1015	129	129	900	7213	42	
土默特左旗审计局	21	74	14	1141	209	195	443	47	60	12
包头市										
昆都仑区审计局	10	36	4	4399	175	174	4322	1060	46	13
东河区审计局	11	67	16	1990	308	306	342	63	55	26
青山区审计局	12	63	4	985	5	5	1010	199	43	11
石拐区审计局	8	26	15	989	38	2	980	297	22	1

审计机关	干部职工人数（人）	审计单位（个）	经济责任审计项目（个）	查出违规金额（万元）	应缴财政（万元）	已缴财政（万元）	决定处理处罚（万元）	指明要求纠正（万元）	提交审计报告、信息（篇）	审计信息被采用（篇）
白云矿区审计局	4	22	0	610	4	0	32	320	10	1
九原区审计局	15	30	12	12527	791	791	12256		27	9
固阳县审计局	16	46	11	3932	10	10	153	87	57	21
土默特右旗审计局	16	9	1	305	14	14	141	4364	17	6
达尔罕茂明安联合旗审计局	14	45	21	2470	81	81	751	773	53	26
乌海市										
海勃湾区审计局	13	27	3	288	2	2	176		118	162
海南区审计局	13	32	9	421	22	22	113	593	63	25
乌达区审计局	11	25	16	58	7	6	52	89	78	22
赤峰市										
红山区审计局	19	42	3	2524	63	56	1227	71	62	36
元宝山区审计局	23	57	26	972	92	92	690		44	25
松山区审计局	23	49	8	1937	86	86	1837	604	77	29
宁城县审计局	28	82	37	1669	37	37	336	1308	107	48
林西县审计局	18	52	3	4292	22	15	608		35	3
阿鲁科尔沁旗审计局	14	56	9	6551	401	388	3337		38	11
巴林左旗审计局	17	45	18	1426	684	652	1678		58	28
巴林右旗审计局	12	42	5	697	18	18	95	25	36	8
克什克腾旗审计局	16	55	28	2371	52	52	1095		42	11
翁牛特旗审计局	24	67	18	1898	59	54	323	193	45	
喀喇沁旗审计局	15	46	18	1062	30	29	465	283	46	28
敖汉旗审计局	20	51	1	984	120	120	133	32		
通辽市										
科尔沁区审计局	19	33	16	1219	317	317	851	44	23	9
霍林郭勒市审计局	10	39	11	1206	202	202	924	4	34	11
开鲁县审计局	14	53	4	582	115	115	227		50	26
库伦旗审计局	8	43	11	541	180	180	373		175	108
奈曼旗审计局	16	30	8	1733	161	161	1454		19	4
扎鲁特旗审计局	18	62	20	1724	130	130	1239	23	52	26
科尔沁左翼中旗审计局	16	37	2	391	30	30	123	23	19	4
科尔沁左翼后旗审计局	11	54	19	1342	224	224	724	208	25	18
呼伦贝尔市										
海拉尔区审计局	26	52	13	417	18	18	137	216	69	33

审计机关	干部职工人数（人）	审计单位（个）	经济责任审计项目（个）	查出违规金额（万元）	应缴财政（万元）	已缴财政（万元）	决定处理处罚（万元）	指明要求纠正（万元）	提交审计报告、信息（篇）	审计信息被采用（篇）
扎兰屯市审计局	21	48	9	3762	109	109	3286	11514	89	78
牙克石市审计局	25	56	27	1489	39	39	1500	9	65	43
根河市审计局	16	38	11	2810	51	51	2294	4354	57	26
额尔古纳市审计局	15	39	14	668	102	80	661	5	37	11
阿荣旗审计局	18	61	22	4077	83	83	843		50	12
新巴尔虎左旗审计局	12	27	3	1147	8	8	1140		25	4
新巴尔虎右旗审计局	7	43	2	2265	16	16	1329	184	40	19
陈巴尔虎旗审计局	14	42	19	341	23	23	70		38	3
鄂伦春自治旗审计局	16	33	9	2050	63	62	1255	116	32	17
鄂温克自治旗审计局	11	39	8	343	24	18	75	802	52	19
莫力达瓦达斡尔族自治旗审计局	17	36	5	730	42	39	871	789	49	5
鄂尔多斯市										
东胜区审计局	18	73	59	2011	232	26	567			
达拉特旗审计局	18	58	10	5623	119	119	4710	2610	28	
准格尔旗审计局	23	63	16	2369	47	45	376	172	44	2
鄂托克前旗审计局	13	55	35	2488	40	2	420	1814	63	1
鄂托克旗审计局	30	51	14	1964	59	53	204		20	
杭锦旗审计局	23	55	14	17566	45	44	6733		67	18
乌审旗审计局	16	48	13	3660	38	33	3476	71	37	1
伊金霍洛旗审计局	19	174	28	2716	189	189	945	12690	11	1
乌兰察布市										
集宁区审计局	21	48	28	549	42	38	38	800	87	36
丰镇市审计局	26	54	33	447	30	30	30	1000	80	26
卓资县审计局	15	49	30	420	23	20	20	438	72	10
化德县审计局	18	33	13	498	27	25	25	756	83	28
商都县审计局	14	37	17	389	18	17	17	897	42	5
兴和县审计局	15	44	19	496	24	24	24	362	63	14
凉城县审计局	19	45	14	582	30	28	28	498	50	5
察哈尔右翼前旗审计局	14	42	19	364	19	17	17	542	49	6
察哈尔右翼中旗审计局	16	51	30	288	25	21	21	775	60	9
察哈尔右翼后旗审计局	18	36	20	414	14	12	12	956	47	5
四子王旗审计局	19	37	21	427	30	24	24	796	51	8
巴彦淖尔市										

审计机关	干部职工人数（人）	审计单位（个）	经济责任审计项目（个）	查出违规金额（万元）	应缴财政（万元）	已缴财政（万元）	决定处理处罚（万元）	指明要求纠正（万元）	提交审计报告、信息（篇）	审计信息被采用（篇）
临河区审计局	31	79	23	6527	82	79	463	12316	72	41
五原县审计局	25	62	28	3751	92	68	213	21207	68	15
磴口县审计局	21	74	16	2104	65	64	1806	56	24	2
乌拉特前旗审计局	34	56	15	4576	60	52	522	17	24	8
乌拉特中旗审计局	25	59	10	2180	29	29	839	263	35	29
乌拉特后旗审计局	24	83	31	2372	20	20	90	69	97	76
杭锦后旗审计局	21	34	14	4421	76	64	179	342	63	16
兴安盟										
乌兰浩特市审计局	17	34	7	4971	31	29	2076	2947	17	5
阿尔山市审计局	8	25	1	1184	33	33	319	4042	11	
突泉县审计局	12	35		3973	28	27	1928	49	7	4
科尔沁右翼前旗审计局	16	38	13	2427	26	25	921	5	1	
科尔沁右翼中旗审计局	17	47		1664	19	11	1273		18	
扎赉特旗审计局	19	69	12	2116	25	25	192	5970	23	1
锡林郭勒盟										
锡林浩特市审计局	13	52	17	354	7	4	7	34	2	
多伦县审计局	12	53	17	1363	1	1	1	1389	58	
阿巴嘎旗审计局	13	51	24	584	33	32	7		58	23
苏尼特左旗审计局	10	24	3	124	1	1	1	265	40	3
苏尼特右旗审计局	15	39	17	664	13	13	1		62	2
东乌珠穆沁旗审计局	10	34	10	1606	2	2	2	400	30	2
西乌珠穆沁旗审计局	11	28	16	525	13	13	8	40	24	
太仆寺旗审计局	19	31	1	252	13	13	13	122	53	
镶黄旗审计局	9	39	18	529	2	2		338	41	4
正镶白旗审计局	8	39	19	159	3	3	3	686	48	
正蓝旗审计局	11	25	13	576	4	4		180	24	
乌拉盖开发区审计局	4	48	2	246	1	1	1		42	1
阿拉善盟										
阿拉善左旗审计局	23	48	31	386	4	4	386	906	63	9
阿拉善右旗审计局	13	28	13	458				11	48	1
额济纳旗审计局	15	23	8	1535	9	9	1522	787	23	5

辽宁省

【辽宁省审计厅】 2004年，辽宁省审计厅定编133人，在编120人。设有办公室、综合处、机关党委、纪检监察处、人事教育处、法制处、经济责任审计处、财政审计处、经贸审计处、金融审计处、行政事业审计处、农业与资源环保审计处、社会保障审计处、固定资产投资审计处、外资运用审计处、老干部处等16个处（室）和审计科学研究所、计算机信息中心、审计干部培训中心等3个直属事业单位。

领导成员

厅　　长：王　悦

副 厅 长：关福军（—11月）

孙大林（—12月）

毛　泽（9月—）

傅忠伟　吴　军（1月—）

纪检组长：李凤岐

审计成果　2004年，全省各级审计机关共审计5322个单位，查出违规金额39.8亿元，管理不规范金额169.5亿元，损失浪费金额近6亿元，应上缴财政7.7亿元，已上缴财政5.6亿元。移送司法、纪检监察机关案件线索63件，建议有关部门处理19件。提交报告、信息2591篇，被批示、采用1099篇。积极参加全省软环境建设，跟踪督办落实领导批示意见100多条（次），纠正部门不正当规定40条。审计厅在全省民主评议行风中被评为“先进单位”，被省直机关工委评为省直目标责任制先进单位，审计厅和8个市审计局分别被省委、省政府授予“文明机关”或“文明机关标兵”称号。

预算执行审计　2004年，共审计560个单位，查出各类问题金额38亿元，其中违规金额8.5亿元，管理不规范金额29.3亿元，因决策失误和管理不善造成损失浪费金额928万元，应上缴财政2.7亿元，已上缴财政2.1亿元。代表省政府向省人大常委会作了预算执行审计工作报告，主要反映了省本级财政收支特别是部门预算执行中存在的问题，揭示了环保国债项目、采煤沉陷资金和贫困县财政收支、国有企业资产损益等方面的问题，提出了改进意见和建议。省人大常委会给予了较高评价，并建议省政府严肃处理审计中发现的问题。张文岳省长对省人大常委会的建议作了重要批示，要求有关部门对审计中反映的构成违法违纪的问题一查到底，严肃处理，并按人大常委会的要求，以政府的名义向人大常委会和全社会公布结果。根据省人大建议和张文岳省长的批示，审计部门对预算执行审计查出的问题进行了跟踪检查、监督整改，受到省人大常委会和省政府领导的好评。省级预算执行审计被省直机关工委评为第二季度最佳实事。

财政决算审计　全省共审计财政、国库、税务部门332个，查出了违规变更预算1.5亿元，违规减免缓少征未征、应缴未缴收入2.4亿元，隐瞒、转移、挖挤财政收入1.3亿元，虚增财政收入7498万元，虚减财政收入1.6亿元，虚列财政支出5292万元，截留、挤占、挪用财政资金近4亿元，预、决算编制批复不规范3.5亿元等问题。审计揭示了财政部门项目支出预算编制的基础工作有待完善、省直住房公积金财政补贴存在缺口、一些地税征收分局和纳税单位征缴不及时以及地税稽查入库率较低等问题，分别提出了处理意见和建议。省审计厅完成对葫芦岛、辽阳、营口3个市的财政决算审计。

行政事业审计　2004年，共审计2764个单位，查出主要问题金额38.9亿元，比上年减少1.4亿元；应上缴财政1.5亿元，已上缴财政1亿元。省审计厅在对省直45个部门122个二、三级单位的审计中，查出非税收入未实行收支两条线管理3.8亿元，违规形成专项资金和设置账外账4594万元，违规收费725万元，挤占、挪用专项资金和事业费2260万元。同时，对45个一级预算部门查出问题进行了分析整理，向省政府提交了《关于2003年度省直部门预算执行情况的报告》，张文岳省长作了重要批示。在对全省法院系统2003年度财务收支情况进行审计中，揭示了隐瞒、拖欠、截留预算收入、乱收费、乱罚款、挤占挪用当事人执行款、设置账外账和固定资产账实不符等10个方面问题，并提出了整改建议。根据省政府指示，组织力量对3年以上未审计的省属18所高等院校2002～2003年度财务收支情况进行了审计，对查出的主要问题分别提出了处理意见。

专项资金审计　2004年，省审计厅组织各地审计机关对失业保险资金、失业保险基金缺口补

东莞市三元盈晖投资发展有限公司
地址：广东省东莞市万江区万江大道
三元盈晖大厦2楼策划部
邮编：523043
电话：0769-2187888转225

广东番禺大桥有限公司

广东番禺大桥有限公司是中外合作企业，1994年10月16日正式登记成立，投资总额8.38亿元人民币，合作期33年。董事长黎柏秋，总经理周志洪，副总经理古建平。

经营范围：筹划、设计、兴建和经营管理番禺大桥和配套设施及大桥范围内与大桥管理有关的有偿服务（包括维护服务、桥下仓库、铺位的有偿服务）。

番禺大桥已于1998年9月通车。目前，番禺大桥有限公司拥有一支熟悉现代企业管理的员工队伍，平均年龄为27岁；大专文化程度占13%，中等以上文化程度占60%，初中文化程度占27%，该公司本着“客户至上，优质服务”的原则，为客户提供优良的管理及服务。

地址：广州市番禺区大石镇迎宾路　邮编：511430　电话：020-84794083

地址：天津市河西区琼州道103-1号
邮编：300010
电话：022-26214049

天津中审联工程造价咨询有限公司

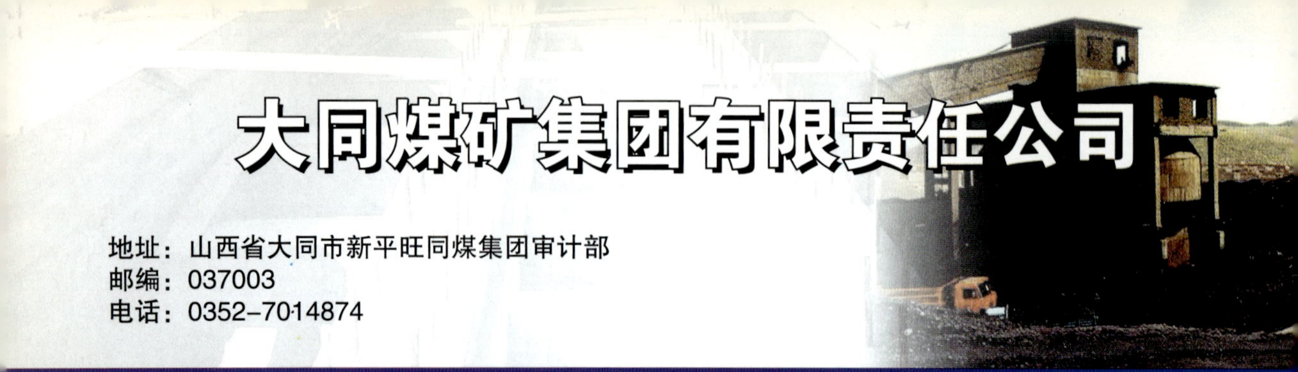
大同煤矿集团有限责任公司
地址：山西省大同市新平旺同煤集团审计部
邮编：037003
电话：0352-7014874

广东省恩平市商业集团公司
地址：广东省恩平市恩城镇恩新东路11号
邮编：529400
电话：0750-7722124

广东省中山火炬高新技术产业进出口公司
地址：广东省中山市火炬开发区康祥路康乐园
邮编：528436
电话：0760-5595399

广东省广宁县公路局
地址：广东省肇庆市广宁县南街镇南东一路
邮编：526300
电话：0758-8621201

广东省广宁县国土资源局
地址：广东省肇庆市广宁县南街镇南东一路66号
邮编：526300

天津市公安消防总队

天津市是全国四大直辖市之一，也是中国北方重要的石油化工和海洋化工基地。近年来，随着经济建设的飞速发展和城市规模的不断扩大，社会各类灾害事故也相应增多，公安消防部队承担的抢险救援任务也更加艰巨和繁重。我们始终坚持科技强警战略，积极拓展抢险救援职能，努力与世界消防工作接轨，向消防多功能化发展；全面加强抢险救援工作的规范化建设，努力实现灭火救援工作的“四个转变”，从1997年至2002年5月，成功实施抢险救灾和社会救助15301起，抢救遇难群众109人，有力地保障了国家、集体财产和公民生命财产的安全，维护了社会大局的稳定，促进了天津经济建设和社会发展的顺利进行。

浙江省海洋与渔业局
地址：杭州市莫干山路76号
电话：0571-88901329
邮编：310005

中国人保控股公司

PICC Holding Company

美的 Midea 美的集团

创建于1968年的美的集团，坐落于广东省佛山市顺德区，是一家以家电业为主，涉足房产、物流、金融、机制造等领域的大型综合性现代化企业集团，是中国最具规模的家电生产基地和出口基地之一。

1980年，美的集团正式进入家电业；1981年开始使用美的品牌；2001年，美的集团转制为民营企业；2004美的相继并购合肥荣事达和广州华凌，继续将家电业做大做强。

目前，美的集团总资产达160亿元，员工6.5万人，拥有美的、威灵等十余个品牌，在顺德、广州、中山、安芜湖、湖北武汉、江苏淮安、云南昆明、湖南长沙、安徽合肥、重庆、浙江上虞、江苏苏州等地建有十二大生基地，总占地面积达700万平方米；营销网络遍布全国各地，并在美国、德国、日本、香港、韩国、加拿大、罗斯等地设有分支机构。

美的集团主要产品有家用空调、商用空调、大型中央空调、风扇、电饭煲、冰箱、微波炉、饮水机、洗衣电暖器、洗碗机、电磁炉、热水器、灶具、消毒柜、电火锅、电烤箱、吸尘器、小型日用电器等大小家电和缩机、电机、磁控管、变压器、漆包线等家电配套产品，拥有中国最大、最完整的空调产业链和微波炉产业拥有中国最大、最完整的小家电产品和厨房用具产业集群。

2003年，美的集团被广东省政府评为“广东省先进民营企业”。在商务部公布的“2004年中国出口额最大200家企业”名单中，美的集团位列第57位。2005年9月，国家统计局中国行业企业信息发布中心公布的2004年度中国最大500家大企业（集团）”中，美的集团荣列第59位。

在保持高速增长的同时，美的集团也为地方经济发展作出了积极的贡献，从1990年至今上交税收超过50亿为社会福利、教育事业捐赠超过6500万元。

美的集团一直保持着健康、稳定、快速的增长。20世纪80年代平均增长速度为60%，90年代平均增长速度0%。新世纪以来，年均增长速度超过30%。

2004年，美的集团实现销售收入突破300亿元，其中出口额超过10.5亿美元，同比增长分别超过70%和0%。在最近揭晓的“2004年中国最有价值品牌”的评定中，美的品牌价值已从2003年的121.5亿元跃升到.18亿元，居全国白色家电行业的第二位。

展望未来，美的集团将在现有家电业务坚持专业化、规模化和总成本领先战略的基础上，在发展成为中国最的白色家电生产企业的同时，通过收购、兼并等途径实现相关多元化发展，培育并拥有除家电外至少两个处于内同行业领先地位的新支柱产业，力争到2010年，集团销售收入突破1000亿元，从单一的家电制造企业发展长为国内知名的综合性、国际化制造企业集团。

德庆县国土资源局
地址：广东省德庆县德庆大道
邮编：526600
电话：0758—7783610

茂名市城市河道堤防管理处
地址：广东省茂名市迎宾路100号大院
邮编：525000
电话：0668—2295288

云浮市水务局
地址：广东省云浮市
云城区丰收洞防汛大楼
邮编：527300
电话：0766—89823000

河源市交通局
地址：广东省河源市兴源路13号
邮编：517000
电话：0762—3299922

化州市城市防洪工程指挥部
地址：广东省化州市站前路188号
邮编：525100
电话：0668—7351725

达州市河市机场建设有限公
地址：四川省达州市达县河市镇
邮编：635022
电话：0818—3520123

地址：重庆市渝中区中山一路218号
邮编：400013
电话：023-63889090
中国银行重庆分行
中国银行 BANK OF CHI

国人民银行南宁中心支行
地址：南宁市桃源路39号
邮编：530021
电话：0771-2800928

址：重庆市渝中区民权路10号
编：400010
话：023-63838407
重庆新华书店集团公司

山西神头发电有限责任公司
地址：山西省朔州市
邮编：036011
电话：0349-2045092

书店 新华书店
天津市新华书店
地址：天津市和平区哈尔滨道99号
邮编：300041

山西神头电力检修有限责任公司
地址：山西省朔州市朔城区神头镇
邮编：036011
电话：0349-2045057

甘肃省庆阳市财政局

改革用人制度 创新用人机制

庆阳市财政局推行全员竞争上岗

庆阳市财政局结合工作实际，大力改革用人制度，创新用人机制。通过推行全员竞争上岗，调动了干部职工的积极性，激发了活力，工作效率明显提高，竞争意识普遍增强。

从2002年开始，庆阳市财政局在机构改革中，就在局机关全面推行了全员竞争上岗。起初，赞成改革的人很少，多数同志流露出维持现状、等待观望的思想。对此，该局党组开展了全方位、多层面的学习教育。在提高认识的基础上，局党组成立了以党组书记、局长为组长，党组成员及抽调的3名政治素质强、敬业精神好的同志为成员的市财政局竞争上岗领导小组，并邀请市组织、人事部门有关人员参与领导小组工作，接受监督。竞争上岗领导小组把科学制定方案作为基础性工作，除了解民意，倾听呼声，广泛征求群众的意见和建议外，还召开了党组会、局务会、机构改革领导小组会等各种会议，制定了《机关机构改革实施方案》、《机关机构改革定员定岗实施法》、《机关机构改革竞争上岗演讲答辩实施办法》、《机关后勤事业定员定岗实施办法》等，对竞争上岗的基本原则、范围、方式、条件、程序等，都作了明确的规定。在具体操作中，及时准确地公布竞争职位和报名资格条件。对"三定"方案确定的23个正、副科长职位和报名资格张榜公布。同时，对竞争者的资格严格审查，张榜公布，接受群众监督。并精心组织演讲、民主推荐，确定正、副科长及科员岗位候选人。同一职位竞争演讲、民主推荐结束后，局党组成员根据竞争人员的德、能、勤、绩情况进行综合评价打分。党组会议研究决定各科室正、副科长的具体人选。按总分多少，确定正、副科级及科员职位人选，并张榜公布。根据个人志愿、民主测评情况、平时表现和工作需要，提出各科室正、副科长及科员职务拟任意见。对拟任人员进行公示和考察。

通过竞争上岗，干部的竞争意识和活力增强了，队伍的结构趋于年轻化、知识化。科长平均年龄由原来的46岁下降到42岁，副科级干部平均年龄由原来的38岁下降到34岁；正、副科长具有大专以上学历的20名，占科级干部总数的87%。

地址：甘肃省庆阳市西峰区南大街62号
邮编：745000
电话：0934-8212972

广东省揭西县水利局

地址：广东省揭阳市揭西县水利局
电话：0663-5529606
邮编：515400

黑龙江省福利彩票发行中心

地址：哈尔滨市南岗区东大直街183号
电话： 0451-53623340
邮编：150001

汕头市潮阳区地税局

广东省汕头市潮阳区地税局深入开展先进性教育活动，致力打造“服务型地税”。

一、强化优质服务，通过不断完善办税服务厅，实行办税流程公示，认真抓好文明办税八公开及各项服务承诺的落实到位。

二、加强“窗口”建设，大力提倡并规范文明用语，充分提高服务效能。

三、实行全员持证上岗，窗口服务置牌公开身份。

四、设立了所长（分局长）接待日，主动接受纳税人和社会监督。

五、召开税企座谈会议，增强税企亲和力。

六、落实规范化制度，结合实际简化办税程序。如该局城区征收分局针对辖区外出施工队的工作特点，在春节期间为纳税人专门开通“绿色通道”，集中办理《外销证》及相关业务工作；公休日则通过电话预约，特事特办，随到随办，真正做到文明服务、高效办税。

湛江经济技术开发区规划国土建设局

助资金、再就业补助资金、养老保险费提缴情况、扶贫专项资金、造林专项资金、采煤沉陷资金、粮食直补资金、国外贷援款、欧盟赠款项目效益等专项资金进行了审计或审计调查，省审计厅还组织完成了公路、水利等9个重点建设项目的审计，共审计专项资金182.7亿元，审计认定问题金额41.4亿元，向各级政府提交报告和信息267篇，被批示采用74篇，及时为领导决策提供了信息和依据，取得明显成效。在组织全省2002、2003年再就业补助资金、失业保险基金及缺口补助资金使用和管理情况进行的审计中，发现当年安排资金不能及时足额拨付到位、资金管理工作不够规范、存在挤占挪用等问题。在辽河石油勘探局、沈阳及大连交通银行、中国银行辽宁省分行等单位基本养老保险费征缴使用和管理情况的审计中，加大了处理处罚力度，收缴保费4534万元，已入库4051万元。组织对18个利用外资项目25个项目单位进行审计，发现财政部门未及时拨付项目资金、项目配套资金不到位等问题，提出了处理意见，提交了《我省部分县结核病控制配套资金不到位》报告。在组织实施对公路、水利等9个重点建设项目的审计中，查出盘锦至海城、丹东至本溪、锦州至朝阳、锦州至阜新高速公路建设项目的施工单位偷漏税金、建设单位违规分包、超标准购车等问题。

经济责任审计　全年共审计各级领导干部1587人，查出各类违规金额50亿元。审计后，免职45人，降、撤职10人，建议给予党政纪处分、移送纪检司法机关处理19人。审计厅完成了16名市厅级领导干部经济责任审计，对其在任期间重大经济决策情况、财政财务收支情况、基本建设及资产负债情况等进行了审计调查，揭示了预算资金管理不规范、财务管理制度不健全、固定资产不实及未实行政府采购等方面问题，分别对被审计领导干部的经济责任进行了认定；对2001年以来全省各级审计机关党政领导干部经济责任审计情况进行了调查，并向省委、省政府呈报了《关于全省党政领导干部任期经济责任审计情况的报告》和《关于省属六个行业管理办公室负责人任期经济责任审计结果情况的报告》；制定了《辽宁省市县长经济责任审计工作方案》，规范了市县长经济责任审计工作，为进一步推进经济责任审计工作起到了积极作用。

企业审计　2004年，审计厅制定下发了全省企业审计工作指导意见，全省各级审计机关围绕服务国有企业改革这一中心，努力做好企业审计工作。全年共审计企业684个，查出各类违规金额6.7亿元，管理不规范金额57.1亿元，损失浪费金额3.1亿元，增加财政收入1.3亿元，移送纪检、监察、司法机关违纪违法案件线索19件。在企业审计中，重点揭露了企业资产负债损益严重不实、内控制度薄弱、产权制度改革滞后以及未按市场经济规律收购、兼并企业造成亏损等多方面问题。根据省领导交办，对全省10个大型粮食企业进行了专项审计调查，发现私自销售库内存粮，销售款转入粮食期货市场交易造成经济损失1.2亿元，利用粮食交易市场倒买倒卖，长期占用农发行贷款进行商业经营，随意调整利润等方面问题，向省政府提交了《我省部分粮食企业专项审计调查的报告》，有关省领导分别作了批示。

金融审计　2004年，组织各市审计机关对城市商业银行、城市信用合作社2003年度资产负债损益情况进行了审计。审计查出主要问题金额10.8亿元，应上缴财政651万元，已上缴财政463万元，重点揭示了城市商业银行和城市信用合作社资产质量低、内部控制不严、历史包袱沉重、管理粗放、技术手段落后、经营风险大等问题，为省委、省政府及有关部门实施宏观决策与调控，防范和化解金融风险提供了依据。对全省50个农村信用合作社2003年度资产负债损益情况进行了审计调查，发现农村信用合作社普遍存在虚假出资，违规发放贷款，资产不入账，不良贷款数额大、比重高等违规违纪问题，并提出了整改意见，为全省农村信用合作社改革、规范金融管理起到了积极的促进作用。

固定资产投资审计　共审计了351个单位，项目投资总额79.6亿元，完成投资总额61.2亿元。查出主要问题金额6.2亿元，其中违规金额1.4亿元，管理不规范金额4.7亿元，损失浪费金额141万元。通过审计，核减工程款3.1亿元，应上缴财政1671万元，已上缴财政1219万元。

外资运用审计　共审计143个单位，外资运用项目概算投资总额226.8亿元，其中外资95.6亿元。查出主要问题金额2.2亿元，应上缴财政66万元，已上缴财政66万元。提交报告、信息45篇，被批示采用17篇。

专项审计调查　全省审计机关共完成专项审计调查项目548个，审计调查单位3444个，审计调查金额713.2亿元，发现问题金额78.5亿元。调查后，提交审计调查报告178篇，被批示、采用33篇，督促地方各级政府制定、完善规章56条。在对抚顺、本溪、阜新三市1998～2003年采煤沉陷治理专项资金管理及使用情况进行审计调查中，揭示了有偿安置非沉陷区居民、违反国家规定将采煤沉陷专项资金存入地方信托并造成经济损失、治沉住宅闲置比较严重等问题，省领导对审计调查报告作出了重要批示；对全省中小学危房改造资金进行了审计调查，查出资金配套不到位、拨付不及时、违规拨付、将危改资金用于项目外学校及有关单位、部分危改项目组织实施不力形成"半截子"工程等问题；对2002～2003年度全省科技三项费用管理使用情况进行审计调查，发现并揭示了项目单位乱提管理费、超前提取酬金和会计核算不规范等问题。

"人、法、技"建设　(1) 研究制定了《厅机关审计组长任职资格评审办法》，对审计组长上岗进行了规范；面向社会和全省部分高校公开招录工作人员，改善了现有审计人员结构，充实了审计力量；实行定期岗位轮换，加大公务员年度考核力度，强化了审计干部尽职尽责和爱岗敬业意识；从提高审计队伍业务素质和专业能力需要出发，先后举办各类审计培训班11期，培训近800人。

(2) 审计厅先后出台了《审计业务会议制度》、《审计结果公告暂行办法》和《落实审计结论跟踪检查实施办法》等规章制度；认真贯彻落实《中华人民共和国行政许可法》，完成了有关法规规章和行政许可主体资格清理工作，对全省审计机关依法行政、依法审计情况进行了大检查。

(3) 积极筹划并采取措施推动"金审工程"建设，制定了《辽宁省2005～2007年审计信息化发展规划》；与辽宁大学计算机学院合作，广泛开展计算机知识和应用能力培训，参训人员达200多人（次），有10人通过审计署计算机中级考试；强化计算机在审计实践中的运用，先后对36个审计项目、71个被审计单位实施了计算机辅助审计，改进了审计方法，提高了审计质量和效率。（撰稿人：邓明强）

【沈阳市审计局】　2004年，共有干部职工160人。局长邱维林，副局长唐玉辉（—7月）、鲁家福、付立，纪检组长李广志。设有办公室、法规审理处、人事教育处、审计信息化管理处、经济责任审计处、财政审计处、行政事业审计处、金融审计处、农业与资源环保审计处、经贸审计处、外资运用审计处、固定资产投资审计处、社会保障审计处、案件审计处、监察处、离退休干部管理处、机关党委。

审计成果　2004年，共审计单位（项目）102个，查出违规金额24867万元，管理不规范金额95632万元，已上缴财政14947万元。向沈阳市委、市政府和辽宁省审计厅等上级机关提交审计报告、信息、要情160篇（次），被省、市领导批示33篇（次），被上级机关及新闻单位采用145篇（次）。2004年5月，被中共辽宁省委、辽宁省人民政府授予"省文明单位"称号。在全市机关行风建设评比中，名列第三名。

预算执行审计　在2003年度市本级财政预算执行审计中，重点分析了农业、教育、科技等财政资金的投向、支出结构和使用效果。除依据审计法等有关规定进行处理、处罚外，还分别向有关部门和单位提出了有针对性的审计建议。市审计局代表市政府向市人大常委会作本级财政预算执行审计工作报告，报告中揭示的主要问题已基本得到处理和解决。市审计局还代表市政府专门就审计查出问题的纠正和整改情况向市人大常委会作了报告。

经济责任审计　首次推行了市委组织部门与审计机关共同召开经济责任审计进点会议制度。2004年5月，以沈阳市经济责任审计工作联席会议办公室名义出台了《沈阳市经济责任审计公示制度》，要求除极特殊情况外，全部实行审计公示。2004年4月，召开了经济责任审计新闻发布会，将2003年开展领导干部经济责任审计工作情况，2004年对市管领导干部进行经济责任审计的工作安排等信息通过新闻媒体向社会进行了公布。9月，对大东、铁西、康平等6个区、县开展了经济责任审计结果利用情况的检查，并向各区、县（市）委、政府通报了检查结果。根据市委组织部门的委托，沈阳市审计局完成了对24名领导干部的经济责任审计任务，其中区、县长4名、市直委办局主要领导11名、企业集团公司董事长9

名，审计结果报告和相关要情被市领导批示10篇（次）。

内部审计　2004年，沈阳市各部门和单位内审机构认真贯彻《内部审计基本准则》和《内部审计人员职业道德规范》，深入开展了内控制度审计、经济责任审计、工程预决算审计、财经法纪审计和各种专项审计及审计调查。全市共有内部审计机构569个，配备专兼职内部审计人员2000多人。全年共审计7100个单位（项目），提出建议、意见被采纳1000余条，促进增收节支、提高经济效益9000多万元。（撰稿人：余　宏）

【朝阳市审计局】　2004年，共有干部职工45人。局长赫明（—4月）、陈世英（4月—），副局长张树清、郭天玺、王秀珍、马仲英，纪检组长郑秀林，总审计师佟宝钧。设有办公室（党总支与其合署办公）、法规外资审计科、财政金融审计科、行政事业审计科、社会保障审计科、经贸审计科、农业与资源环保审计科、固定资产投资审计科、经济责任审计科。

审计成果　审计单位117个，查出违规金额21960万元，上缴财政296万元，归还原渠道资金1645万元，管理不规范金额6284万元。

预算执行审计　对55个部门的预算执行情况、政府使用外债情况、农业综合开发项目资金使用情况等进行了审计或审计调查，审计资金16亿元。发现有些部门存在未按批准的预算支出用途使用财政资金、挤占挪用农业专项资金、少列预算内收入、滞留非税收入等问题，查出违规金额5566万元，予以纠正违规金额4300万元。

固定资产投资审计　对市公路管理处公路工程项目、市中心医院门诊楼和燕都国际酒店投资项目等11项重点工程项目进行了审计，共核减投资额910万元，其中燕都国际酒店核减投资额755万元，并向市政府作了专题汇报，得到市政府主要领导的肯定。

专项资金审计　对造林绿化专项资金管理和使用情况进行了专项审计，审计资金总额2184万元，发现挤占、挪用造林专项资金、配套资金不到位等5个问题，查出违规金额716万元，引起市政府主要领导的高度重视。对种粮农民直补资金的审计，审计资金总额1848万元，审计涉及8个县（市）区、31个乡镇、62个行政村。在深入调查的基础上，提出了加强制度建设的意见，以此为内容报送的审计信息被市纪检委采用，收到较好的审计效果。

经济责任审计　对10名党政领导干部进行了经济责任审计，查出偷漏税金、挤占挪用专项资金、乱收费等违规金额500多万元，真实客观地反映了被审计单位领导干部的工作业绩和存在的问题，为促进领导干部廉政建设、干部部门使用和考核干部提供了真实客观的依据。（撰稿人：刘丽娟）

【阜新市审计局】　2004年，共有干部职工59人。局长王智兼，副局长杨绍军、武瑞华、朱海泉，纪检组长崔有才。设有财政金融审计科、固定资产投资审计科、行政事业审计科、外资运用审计科、任期经济责任审计科、经济贸易审计科、农业与资源环保审计科、社会保障审计科、法规审理科、人事教育科、办公室、审计科研学会等部门。

审计成果　2004年，共审计113个单位（项目），查出违规金额4230万元（其中：处理处罚金额255万元），上缴财政金额297万元，为建设项目节约资金2014万元。移交司法机关立案1起，移送纪检监察机关处理的案件4起，建议主管部门处理的案件4起。提交各种审计报告、信息281篇，被批示、采用68篇。有5个项目被省审计厅评为优秀审计项目。

专项资金审计　对失业保险、财政扶贫、粮食直补资金、林业补助资金等18项专项资金进行了审计，促进了专项资金的专款专用和使用效果。

预算执行审计　查出了财政、地税、国库和预算单位等部门10多个方面问题，并向市人大常委会作了《审计工作报告》，促进了管好用好财政资金，宏观效果突出。

经济责任审计　全年共完成审计项目35个，其中按照“关口前移”原则对60名领导干部实施了任期内经济责任审计。制定了《党政领导干部经济责任审计实施办法》、《国有及国有控股企业领导人员经济责任审计实施办法》及《经济责任审计结果报告编制办法》。

行业审计　开展了法院、交通运输、环保、农电、商业银行、广电、房屋开发等行业审计，采取市、县（区）联动办法，效果良好。对20个私营企业纳税情况的审计被《中国审计报》刊用。

企业审计 全年共审计单位72个，其中不良资产认定3个、转制企业内欠债务审计25个、停产放假企业19个。6篇审计报告和信息被市委、市政府领导批示。

效益审计 2004年，共对原种猪厂、商业银行、百货公司3个单位，危房改造、救灾扶贫两项重点专项资金，煤城路改造等经济转型重点项目开展了效益审计，并在彰武县原县长任期经济责任审计中纳入经济效益审计内容。

审计调查 开展专项审计调查项目11个，其中免费义务教育专项经费、民营企业转型项目(资金)、四家农村信用社等审计调查受到市政府的批示与采用。

"四个工程" 一是审计工作规范工程，实行审计日记试点；二是审计成果效用工程，宏观效果突出；三是无纸化办公工程，在本级预算执行、地税和农电行业实施计算机辅助审计；四是爱岗敬业凝聚力工程。(撰稿人：张百平)

【铁岭市审计局】 2004年，共有干部职工64人。局长曹振祥，副局长张宏伟、赵庆堂、张波(11月—)，纪检组长郭晖莹。设有经贸审计科、农业与资源环保审计科、固定资产投资审计科、行政事业审计科、财政审计科、金融审计科、外资运用与社会保障审计科、经济责任审计办公室、人事监察教育科、法制科和办公室。

审计成果 全市共审计单位413个，查出违规金额20128万元，决定上缴财政1643万元，已上缴财政809万元。移送纪检、司法机关案件8起，涉案人员8人，涉案金额388万元。提交审计报告、信息385篇，被各级党委、政府和上级审计机关及新闻媒体采用264篇，被市领导批示9次。

预算执行审计 全市共审计和延伸检查了132个单位，查出违规金额1831万元，揭示了预算往来占用国库资金、年终集中追加指标和政府采购不规范、跨年提前征税、非税收入不能应收尽收以及存在坐支收入和账外资金等6个方面的问题，提出整改措施，受到人大和政府好评。

经济责任审计 共对142名党政领导干部和7名国有企业领导人员进行了经济责任审计，查出违规金额4359万元，管理不规范金额3082万元，上缴财政124万元。向纪检监察机关移交案件3起。审计后，晋升11人，平调131人，免职7人。

专项资金审计 开展了扶贫专项资金、粮食直补资金、社保资金、再就业补助资金等专项资金的审计。全市共对43个单位进行了审计，审计专项资金总额11366万元，查出违规金额422万元。

固定资产投资审计 共对12个固定资产投资项目竣工决算进行了审计，查出违规金额1600万元，核减工程款572万元。

金融审计 对3个农村信用社资产、负债、损益情况进行审计调查，发现截至2003年末，其贷款总额10720万元中有不良贷款8804万元，其中逾期贷款2924万元，呆滞贷款3485万元，呆账贷款2395万元。对铁岭市城市信用社中心社的审计，揭示了该系统在收取抵贷资产、处理抵贷资产时普遍存在的问题，并以《审计要情》形式及时反馈给市领导，市长作出重要批示，要求信用社对审计查出的问题要引起高度注意，研究措施，提高资产质量，防范金融风险。

内部审计 有内部审计机构347个，内审人员890人。审计各类单位1861个，查出损失浪费金额389万元，促进增收节支450万元。发现大案要案线索37件，向司法机关移送案件11起。提出建议被采纳2267条。(撰稿人：杨　威)

【抚顺市审计局】 2004年，共有干部职工97人。局长刘国强（—12月）、胡新（12月—），副局长张建国、解军红、刘晓滨。设有法制处、财政审计处、固定资产投资审计处、经贸审计处、农业与资源环保审计处、社会保障审计处、金融审计处、行政事业审计处、外资运用审计处、经济责任审计处、人事教育处、办公室。11月，经济责任审计处更名为经济责任审计一处，增设经济责任审计二处和经济案件审计处。

审计成果 全年共完成审计单位104个，查出违规金额34302万元，查出管理不规范金额92858万元，查出损失浪费金额4320万元；应上缴财政4547万元，应归还原渠道资金7504万元，应调账处理金额12895万元，应自行纠正金额97580万元；已上缴财政1641万元。被辽宁省委、省政府评为"文明机关"。

经济责任审计 开展经济责任审计项目23

个，查出违规金额 29800 万元，查出管理不规范金额 13693 万元，查出损失浪费金额 1267 万元。

财政审计　审计了市本级财政预算执行和其他财政财务收支情况、市地税局及所属 3 个征收局税收征管情况和稽查局税收执法情况，对市政府债务、政府采购及非税收入征收管理等重要经济事项进行了审计调查，延伸审计了部分基层预算单位和相关部门。查出主要问题 23 个，查出违规金额 5210 万元，管理不规范金额 40890 万元，损失浪费金额 129 万元，应上缴财政 2269 万元，已上缴财政 316 万元。

固定资产投资审计　对财政资金投入较大的城市垃圾处理、城东防洪堤、市第十中学等 9 个项目进行了审计，审计资金总额 1.3 亿元，查出违规金额 4135 万元。

金融审计　对抚顺市商业银行 1988 年成立以来的资产、负债、损益情况进行了全面审计，发现问题 30 个，查出违规金额 8 亿元。通过审计摸清了企业的家底。

行政事业审计　对教育、公安、法院等 30 多个单位进行了审计，查出违规金额 4823 万元。对抚顺地区公安系统 2003 年财政财务收支审计中，查出违规金额 2296 万元。

专项资金审计　对职工养老保险和城市低保及农业等专项资金进行了审计，审计资金总额 45246 万元，应上缴财政 598 万元，已上缴财政 31 万元。

效益审计　开展了城市供热保证金管理使用情况及政府集中采购项目的效益审计，审计结果得到了市领导的高度重视。

内部审计　全市共有内审机构 42 个，其中专职机构 20 个；配备专职内审人员 138 人。审计单位 801 个，提出审计建议 325 条，促进增收节支 1680 万元，已纠正违规金额 53091 万元。（撰稿人：高玉华　关克娇）

【本溪市审计局】　2004 年，本溪市审计局编制 91 人，实有人员 91 人。局长王震，副局长张岩（—4 月）、张万本、李宁波、杨冬雁、王佳才（7 月—），纪检组长张万本（兼）。设有机关党委、办公室、综合处、法规处、经济责任审计处、财政金融审计处、行政事业审计处、经贸审计处、农业与资源环保审计处、固定资产投资审计处、外资运用审计处、社会保障审计处、经济案件审计处、离退休干部处和事业单位审计干部培训中心。为改善办公环境，2004 年在对原局机关办公楼进行装修的基础上，新建办公楼 1 栋，面积为 1072.3 平方米。

审计成果　2004 年，本溪市审计系统共完成审计项目 259 个，查出违规金额 7.3 亿元，实际上缴财政 3157 万元。提交报告和审计信息 102 篇，其中被省、市级党委、政府采用和领导批示 30 篇（次），完成招商引资 734 万元。市局机关被评为市级精神文明先进单位，市委思想宣传工作先进单位、行政执法先进部门等荣誉称号。

经济责任审计　开展了对国有资产经营公司和 16 个国有企业转制情况的审计调查，深入揭示了存在的问题，提出加强管理、搞好企业转制的意见和建议。

预算执行审计　市本级预算执行审计共涉及 130 个单位，覆盖面达 50% 以上，实行了专题报告制，审计成果得到充分运用。拓宽了财金审计调查的范围。在对地税系统的审计中揭示了预征税款、混淆入库级次的现象；查出了桓仁县电厂欠缴增值税 55077 万元的问题。该项目被评为省审计厅优秀审计项目。为加强审计综合分析，开展了市信用联社和农村信用社的审计调查。

固定资产投资审计　对城区 2003 年城建资金管理及使用情况进行了审计调查，调查报告得到了市人大、市政府的高度重视。加大了投资项目全程跟踪审计力度，全年投资削减额达 7481 万元。

专项资金审计　在对社会养老保险资金的审计中，中小学危房改造、在农业综合开发、扶贫资金和造林资金等农业专项资金以及环保项目改造建设及外债资金管理及资金审计中，着重揭露了专项资金管理使用过程中滞留资金、管理不规范、产权不清等突出问题。提出了有针对性的整改意见和办法，审计结果为市领导和有关部门决策提供了重要信息和依据。

计算机辅助审计　开展了计算机辅助审计的尝试，自主开发了地方税务系统审计软件。

“人、法、技”建设　继续大力开展“创建学习型机关”活动。举办了《审计质量控制办法》培训学习班。开展以“振兴老工业基地，审计怎么办”大讨论为主题的审计征文活动，在市级以上学术刊物上发表审计论文，是建局以来成绩最好的一年。

内部审计　全市共有内审机构51个，其中专职机构23个，配备专职内审人员142人。本钢集团审计处2004年审计工程合同和采购合同12318份，审计出效益额度1018万元。本溪市公安局党委把审计建议作为提拔任用干部的重要依据，从分局局长到处级干部的调离、升迁都必须经过审计。工商银行本溪分行规定，每一项贷款都必须经过内审部门的审计，从而严把贷款关口，2004年没有一笔贷款发生问题。中国工商银行本溪分行被推荐为全国内部审计先进单位。（撰稿人：丁金艳）

【辽阳市审计局】　2004年，共有干部职工70人。局长刘晓莲，副局长杨利、田丰、于兆东（3月—）、袁洪起（4月—）。设有办公室、法规科、财政审计科、金融审计科、行政事业审计科、社会保障审计科、经贸审计科、农业与资源环保审计科、固定资产投资审计科、外资运用审计科、经济责任审计科、人事教育科、综合科、信息中心（事业单位）。

审计成果　审计单位93个，查出违规金额7858万元，查出管理不规范金额27026万元，可增加财政收入3606万元，已增加财政收入2469万元。向纪检、司法机关移送各类违法犯罪案件11起，涉案人员19人，涉案金额638万元。全年编发审计信息70篇，被上级机关及新闻单位采用50余篇（次），提交调研报告11篇。2004年，辽阳市被国家五部委（中纪委、中组部、监察部、人事部和审计署）评为全国经济责任审计工作先进市。审计局被省委、省政府评为省级“文明单位”，被省审计厅评为全省审计统计工作先进单位和审计信息宣传工作先进单位，被省档案局和省保密局评为先进单位。

财政审计　审计财税部门36个，查出隐瞒转移预算收入、虚增财政收入、虚列财政支出、延压滞留预算资金等问题，提交的审计工作情况报告受到市人大的充分肯定。

外资运用审计　对世界银行和外国政府贷款项目的资金到位和使用情况进行跟踪审计，共完成世界银行贷款项目审计项目7个，其中结核病控制项目3个、贫困地区林业发展项目3个、庆化环保项目1个，摸清了情况，并提出了在管理中存在的问题及加强管理的建议。

经济责任审计　对123人进行了经济责任审计，查出违规金额2630万元，管理不规范金额4359万元。审计后，平调71人，其中县级24人，科级47人；晋升8人，其中科级7人；降职1人，撤职1人。受到党纪处分1人，移送司法机关3人（含其他涉案人员2人）。

计算机辅助审计　对辽阳市商业银行开展计算机辅助审计，应用通用审计软件进行了二次开发，编制出多个审计模块，利用自编的个人所得税计算模块，自动核查，在审计实践中取得了显著成效。

内部审计　有内部审计单位40个，专（兼）职内部审计工作人员160多人。共完成审计项目1379个，其中财务收支审计210个、经济效益审计489个、经济责任审计41个、基本建设审计576个、专项资金审计42个、内控评价21个、其他12个。促进增收节支16150万元，已纠正违规金额32159万元。提出建议被采纳914条。中国石油辽阳石化公司被评为全国内审先进单位。（撰稿人：刘博宇）

【鞍山市审计局】　2004年，共有干部职工151人。局长杜俊双，副局长李克明、李洪弟、刘文晓、阚晓阳，纪检组长徐威。设有办公室、人事教育处、机关事务处、法规处、外资审计处、财政审计处、金融审计处、教科文审计处、经贸审计处、政府采购资金审计处、农业与资源环保审计处、社会保障审计处、固定资产投资审计处、领导干部经济责任审计处、经济案件审计处、工程审计处、内审业务指导处、行政政法处、监察处、机关党委、审计学会、信息中心等职能处（室）。

审计成果　2004年，共审计单位244个，查出违规金额56853万元，应缴财政3306万元，已缴财政3306万元。

预算执行审计　以财政预算为主线，突出对重点领域、重点部门、重点资金的审计监督，审计预算单位199个，并延伸审计了80个单位。审计发现并纠正鞍山市本级财政预算执行和其他财政收支中存在的各类违纪违规问题，增加财政收入1072.9万元。

经济责任审计　2004年，鞍山市审计局共对26个单位进行经济责任审计，查出违规金额1394.1万元，追究个人经济责任9人（次），增加财政收入247.7万元。

社会保障审计　制定中省直单位在鞍山市参保单位的审计工作计划，并实施审计，共查出漏缴社保费700万元，上缴财政700万元。

经济案件审计　查处群众举报的各类经济违纪案件12起，罚款6.7万元，补缴税金1.2万元，配合鞍山市纪委查处案件6起。

政府采购审计　正式施行《鞍山市政府采购审计监督实施办法》，参加招投标审计26次，增加财政收入64万元。

外资运用审计　完成世行贷款项目辽宁交通建国路改造系统，辽宁环境污水处理项目，结核病防治VIO项目，贫困地区造林项目，辽宁交通项目的动迁、工程、采购审计，审计资金额1.3亿元。

专项资金审计　2004年，对鞍山市体育场改造项目投入资金、军体校基建项目、解困办危房改造、胜利会堂喷涂亮化工程和国际会议中心工程项目等重点工程的审计，共核减工程款1596万元。

内部审计　2004年，鞍山市共有内审机构305个，内审人员1119人，全年促进增收节支金额7209万元，减少损失浪费金额75万元。（撰稿人：刘红军）

【丹东市审计局】　2004年，共有干部职工63人。局长张东贵，副局长冯钢军、曹瑞洲、张作群，纪检组长杨文斌。设有机关党委、监察室、办公室、法制科、财政审计科、固定资产投资审计科、经贸审计科、农业与资源环保审计科、社会保障审计科、金融与外资审计科、行政事业审计科、经济责任审计科12个机构。

审计成果　全市审计机关共完成审计单位183个，查出违规金额12975万元，管理不规范金额2574万元；审计决定应缴财政4478万元，已缴财政1556万元；减少财政拨款或补贴656万元；应归还原渠道资金2912万元，已归还原渠道资金101万元；应调账处理金额1412万元，已调账处理金额47万元；应自行纠正金额2695万元，已自行纠正金额168万元。移送纪检监察部门案件1起。

预算执行审计　审计区、县（市）两级财政、地税部门、预算执行单位及相关企事业单位446个，涉及金额28.6亿元，查出有问题金额1.8亿元，提出审计意见和建议96条。经确认上年预算执行审计增加预算收入、预算外收入和养老保险基金收入以及归还被挤占挪用专项资金分别为1491万元、1679万元、469万元和308万元。

专项审计和审计调查　完成社会保障基金、中小学危房改造资金、生态公益林补助、农业综合开发资金、法院系统等专项审计和审计调查项目26个。对全市2003年度养老保险、失业保险、再就业补助资金等社会保障基金的审计，查补、追缴拖欠的养老和失业保险统筹资金270多万元，并提出加强和规范社保基金征收、管理的意见和建议。对2001～2003年全市应改造的166所中小学危房改造资金的审计调查，揭示出各级财政部门以指标结算改造资金、配套资金不到位、拖欠危房改造工程款等6个方面的问题，提出解决问题的意见和建议。配合纪委、检察院、公安局等部门的案件审计，查出凤城老窖酒厂、东港市公安局的个别领导违法违纪问题。

经济责任审计　受组织部门委托，对7个市直单位的领导进行了离任审计，对5个单位的在任领导开展了任中经济责任审计，累计查出违规金额1500万元，揭示了高校收费管理不规范、普遍偷逃个人所得税、欠缴社保基金、保留账外资金等违法违规问题。（撰稿人：贾春荣）

【大连市审计局】　2004年，共有干部职工128人。局长白日玲，副局长徐挺鹏、周小渝、于保和（—10月）。设有办公室、人事教育处、工业审计处、固定资产投资审计处、商粮外贸审计处、农林水利审计处、行政事业审计处、财政审计处、外资运用审计处、金融审计处、法制处、经济责任审计处、社会保障审计处和审计科研培训中心。

审计成果　2004年，大连市两级审计机关共审计567个单位，查出违规金额3.37亿元，管理不规范金额72.72亿元，应上缴财政1.73亿元，已上缴财政金额1.45亿元，被审计单位自行纠正金额75.92亿元。向司法机关及纪检监察部门移送各类违法犯罪案件线索25件，涉案金额2706万元。向上级机关和有关部门提交各类审计报告及审计信息等454篇，其中被各级领导批示和有关部门采用323篇。

预算执行审计　以“两个并重”和“两个转移”为目标，进一步深化了财政资金管理和财政资金使用效益的审计，先后对市地税系统2003年税收征管及财务收支情况进行了审计，对市属各先导区税收优惠政策落实情况进行了审计调查。以揭示决策失误、管理不善、挤占挪用为重点，根据资金流程，从立项、拨付、管理、使用等环节入手，对财政投入大、政策性强、社会关注的资金，特别是直接关系到城市发展和人民群众切身利益的财政拨款一查到底。通过审计，揭示和纠正了地税系统存在的税款未及时入库、应征未征税款、缓税政策执行不严格等问题。对上年财政预算执行审计中下达的审计决定和审计意见书的落实情况进行了检查，维护了审计执法的严肃性。

专项资金审计和固定资产投资审计　审计了支农专项资金、种粮直补资金、中小学危房改造资金、市财力投资普兰店市、瓦房店市、庄河市开发项目等16项专项资金；审计了大连市城市供水系统改造项目、城市轨道试验二期工程、海皮公路二期工程等13个重点工程项目；审计了大连市岭前电影院动迁补偿资金、大连监狱迁建项目建设资金等25项重点建设资金。

企业审计　2004年，大连市两级审计机关先后完成了大连渤海集团、大化集团、大重集团、大显集团、冰山集团、市工业发展投资公司等57个国有大中型企业的审计，为企业管理部门和国有资产管理部门了解和掌握企业的整体状况、深化国企改革提供了真实的依据。

领导交办任务　2004年，大连市两级审计机关共完成各级领导交办审计事项285项。市审计局较好地完成了大连国际机场下放地方管理、先导区合并、市土地储备交易中心道路动迁资金、第五届全国城市运动会经费投入情况等审计任务，使审计成果在政府领导决策中也发挥了重要作用。

经济责任审计　全年两级审计机关共对264个单位的251名党政领导干部及企业领导人员进行了经济责任审计。对全市内审单位开展经济责任审计情况、2003年经济责任审计结果落实情况以及经济责任审计对象情况进行了调查。前移审计监督关口，探索并开展了领导干部任中经济责任审计。在中央5部委和辽宁省召开的经济责任审计会议上，大连市分别被评为全国和辽宁省经济责任审计先进地区。

内部审计　2004年，共有内部审计机构184个，其中专职机构45个；共有内审人员462人，其中专职人员67人。审计单位802个，查出损失浪费金额73万元，促进增收节支515万元，纠正违规金额1260万元。审计意见建议被采纳116条。向司法机关移送案件1起，建议给予行政处分1人，移送司法机关处理1人。有12人通过国际注册内部审计师考试。（撰稿人：张　智）

【营口市审计局】　2004年，共有干部职工49人。局长迟成君，副局长徐福忠、张令、王文良，纪检组长林从军。设有办公室、法规科、财政金融审计科、行政事业审计科、经贸审计科、农业与资源环保审计科、固定资产投资审计科、外资运用审计科、经济责任审计科、年薪制企业审计驻厂办公室、机关党委。

审计成果　审计单位163个，查出违规金额73964万元，查出“小金库”5个共有金额983万元，决定处理上缴财政198万元，归还原渠道资金1358万元。向市纪检委移交案件3起。提交审计报告48份，《审计要情》、审计信息17篇，被各级领导批示、采用11篇次。获省优秀审计项目5项。被省委、省政府授予文明机关，市政府授予城乡建设突出贡献奖、全市政府法制工作先进单位，被市直机关工委评为目标管理优秀单位。

预算执行审计　审计资金总额34.2亿元。一是市本级预算执行审计，完成对财政、地税、国库等部门的重点审计，对社会保障基金等7项重点资金的延伸审计，对21个单位预算进行了真实性、效益性的审计，提出进一步推行细化预算编制工作，强化预算执行的约束能力，按照公共财政的基本原则，调整和优化财政支出结构，加强政府债务管理工作，构建安全的公共财政运行机制的审计建议。二是经济技术开发区预算执行审计，审计部门预算22个，审计资金总额32550万元，提出依托港口营造发展环境、加大招商引资力度、培育支柱性财源企业、从总量及结构上做大做强开发区财政的审计建议。三是熊岳镇财政预算执行审计，审计部门预算23个，提出加强税收征管、强化土地管理、积极推行养老保险、规范预算支出的审计建议。市人大常委会对市本级和开发区预算执行审计两个工作报告给予了高度评价，根据审计建议形成了细化预算编制的决议。

经济责任审计 对9名领导干部进行了离任经济责任审计，纠正了坐支预算外收入、私设“小金库”、挪用专项资金、少计税金及附加、不合规发票列支经费等21个违规违纪问题，金额6271.7万元，提出进一步规范领导干部离任程序、实行先“交账”再离任，尤其是对人、财、物等权力较集中部门和单位的领导干部离任，一定要有科学的离任程序，防止国有资产跑冒滴漏的审计建议。

企业审计 审计国有及国有控股企业13个，纠正违规金额2573万元。审计年薪制企业8个，全年共下达调账通知单96份，纠正违规金额11816万元，建立健全年薪制企业审计档案，整合营口市5年来国有企业年薪制机制改革成果。

领导交办任务 一是对市百货仓储公司审计，纠正该公司无依据转移债权债务等7个问题，违规金额162万元，将2个疑点问题移交市检察院立案查处。二是对市特种变压器有限公司审计，纠正该公司虚假入股等6个违纪问题，公司原经理受到处分。三是对市科协审计，纠正下属单位以办理技术咨询名义，出借账户并代开发票，为33个单位代收技术咨询费挂在往来账户核算，以支付各单位的咨询酬金、餐费、借款及办公费用等列支，以逃避国家相关部门监督的问题，并移交市纪检委立案查处。四是对盖州市机关综合办公楼工程竣工决算审计，核减决算1270万元，核减率为43.9%。五是对市华信水泥有限公司进行了审计，纠正该公司虚增股本、虚假出资等16个问题，违规金额3238万元。

计算机辅助审计 在地税计算机辅助审计中，审计人员与计算机辅助人员相互配合，积极开拓计算机辅助审计思路，把现有计算机设施及数据库软件和数据分析软件应用到现场审计过程中，提高了审计效率。（撰稿人：李树森）

【盘锦市审计局】 2004年，共有干部职工32人。局长孙兴福，副局长王贺广、李炜（—7月）、闫志刚（8月—）、张晓光（7月—），纪检组长闫志刚（—8月）。设有办公室、综合科、人事监察科、固定资产投资审计科、经济责任审计科、企业审计科、财金审计科、文教行政审计科、农业审计科。

审计成果 全年共审计243个单位，查出违规金额4724万元，管理不规范金额6789万元，损失浪费金额1693万元。应上缴财政915万元，已上缴财政743万元。提交审计工作报告、信息95篇，被批示、采用51篇。有3个审计项目被省审计厅评为优秀审计项目。

预算执行审计 审计预算执行单位28个，查出违规金额1306万元，管理不规范金额3873万元。应上缴财政741万元，应自行纠正6121万元，应调账处理2787万元。

专项资金审计 审计各种专项资金15项，审计单位49个，查出违规金额243万元，管理不规范金额943万元，损失浪费金额1615万元。应上缴财政74万元，应自行纠正571万元。

固定资产投资审计 通过对市城市防洪工程建设项目预算执行审计和部分基建项目竣工决算审计，查出违规金额260万元，管理不规范金额34万元，应上缴财政43万元，应调账处理251万元。追缴盘海营高速公路盘锦段部分项目审计缴款199万元。

行政事业审计 通过对法院系统等140个单位进行审计，查出违规金额2052万元，管理不规范金额1674万元，损失浪费金额78万元。应上缴财政53万元，应调账处理1820万元，应自行纠正1224万元。

经济责任审计 共对104名党政领导干部和企业领导人员进行了经济责任审计，查出违规金额1861万元，管理不规范金额1029万元。审计后，平调29人，晋升2人。

内部审计 内部审计机构19个，其中专职机构5个；共有内审人员39人，其中专职人员25人。全年共审计380个单位。（撰稿人：赵庆举）

【锦州市审计局】 2004年，共有干部职工71人。局长汤继凡，副局长唐荣和（—9月）、才作义、刘凌滨、何广华（7月—）、马志军（7月—），总审计师李犁（7月—），纪检组长孙玉琳。设有办公室、法制处、财政审计处、固定资产投资审计处、经贸审计处、行政事业审计处、金融审计处、农业与资源环保审计处、外资运用审计处、社会保障审计处、经济责任审计处。

审计成果 2004年，共审计244个单位，查出违规金额6538万元，决定处理上缴财政632万元，应纠正金额9613万元。

预算执行审计　审计了财政部门具体组织本级预算执行情况、地税部门税收征管情况及87个预算部门和纳税企业预算执行和税费缴纳情况。查出扩大专项资金使用范围、财政资金借给预算单位、扶贫配套资金不到位、应缴未缴税费及滞纳金、坐支行政收费、应缴未缴税费等问题。

经济责任审计　对35人进行了经济责任审计，审计调整企业资产1146.6万元，调整负债1097万元，调整利润1267万元，查出企业偷逃税金61.4万元。针对被审计单位财务管理上存在的突出问题，提出审计建议22条。

行政事业审计　对36个机关事业单位财务收支情况进行了审计，查出了账外资金、大额支取现金、漏缴税费等问题，同时对挪用专项资金、乱收费、超标准收费、坐收坐支收入等违纪行为作出处理。

企业审计　对市属6个国有企业的资产、负债、损益情况进行了审计，查出漏缴税金53.65万元，未缴排污费543.6万元等违纪问题。（撰稿人：王文山）

【葫芦岛市审计局】　2004年，共有干部职工55人。局长赵恩纯，副局长时春明、于桂芹、董伟健、陈道发、刘玉森（12月—）、郑洪习（—12月），纪检组长吴殿彬。设有办公室、经济责任审计科、财政金融审计科、行政事业社会保障审计科、经济贸易审计科、农业资源环保审计科、固定资产投资审计科和审计干部培训中心等部门。

审计成果　2004年，市审计共查出违规金额8亿元，上缴省、市、县三级财政及核减投资金额1040万元，创历史最高水平。4个审计项目被省审计厅评为优秀审计项目，市局机关连续三年被市直机关工委评为优秀单位。

预算执行审计　共审计33个单位，查出违规金额2.4亿元。审计揭露了预算执行过程中存在的预算编制不够科学、财政部门不能按进度拨款、预算单位资金使用问题比较突出、财政资金分配不均等问题，并提出了改进意见和建议，促进了部门预算的进一步完善和财政职能的更好发挥。

经济责任和行政事业审计　2004年，对全市10名党政领导干部进行了经济责任审计，查出违规金额6328万元，其中主管领导经济责任5603万元，直接经济责任725万元。通过审计，客观评价了领导干部的任期经济责任，为组织部门考核、任免干部提供了可靠依据。在南票区党政“一把手”经济责任审计项目中，进一步探索了与财政决算审计相结合的路子，取得较好效果。对市法院、绥中、连山法院的审计，将诉讼费票据的审计及案卷的抽查作为重点，查出截留、违规收取诉讼费、设置账外账等违纪问题。

专项资金审计　对全市失业保险基金征缴及其缺口补助资金、再就业补助资金管理、使用情况进行了审计；对全市中小学危房改造资金和建昌县困难家庭学生免费义务教育专项经费进行审计调查；组织县级审计机关开展种粮农民直接补贴资金、村级财务管理审计调查和农业综合开发资金审计，促进了专项资金的规范管理和使用。

金融审计　2004年，对市商业银行部分支行2003年度资产、负债、损益情况进行了审计，对3个农村信用合作社开展了审计调查。审计调查揭示了商业银行和农村信用社违规发放贷款、部分信用社高息揽存、损益不实、违规购置固定资产等严重问题。全面核实了各银行（信用社）资产、负债、损益情况，进一步规范了地方金融机构管理，为全省农村信用社改革决策提供了真实、可靠的依据。

企业审计　市审计局对锦西化工机械集团公司、医药公司、运输管理处及所属单位进行了审计，较全面地核实了各国有企业的资产、负债、损益情况，摸清了企业家底，揭示了经营管理中存在的突出问题。（撰稿人：郭晓宗）

2004 年辽宁省区、县（市）级审计工作统计表

审计机关	干部职工人数（人）	审计单位（个）	经济责任审计项目（个）	查出违规金额（万元）	应缴财政（万元）	已缴财政（万元）	决定处理处罚（万元）	指明要求纠正（万元）	提交审计报告信息（篇）	审计信息被采用（篇）
沈阳市										
沈河区审计局	15	33	20	1769	703	140			45	41
和平区审计局	14	25	14	312	133	133			23	12
大东区审计局	15	43	34	3	3	3			15	5
皇姑区审计局	14	34	23	787	63	63			50	39
铁西区审计局	17	35	21	94	35	35			25	3
苏家屯区审计局	14	24	8	3	3	3			6	2
东陵区审计局	14	27	21	51	52	52			16	7
新城子区审计局	14	42	22	515	26	12			12	9
于洪区审计局	16	42	14	729	149	132			46	11
新民市审计局	20	48	18	400	35	30			15	7
辽中县审计局	16	32	6	2140	237	230			6	2
康平县审计局	20	57	11	629	36	36			3	3
法库县审计局	18	36	9	6072	56	54			16	13
朝阳市										
双塔区审计局	10	18		189	21	8	42			
龙城区审计局	12	15		162	14	3	146	21	8	2
北票市审计局	21	35		656	47	47	47	170	14	8
凌源市审计局	21	66		419	30	30	418	1493		
朝阳县审计局	34	97		1487	59	41	286	89	2	2
建平县审计局	23	143	30	1077	79	29	152	25	7	
喀喇沁左翼蒙古族自治县审计局	21	57	2	1088	164	21	212		28	1
阜新市										
海州区审计局	9	29	21	17	9	6	15	1022	19	1
新邱区审计局	6	14	6	191	1		1	734	11	2
太平区审计局	10	20	8	202	4		4	4461	13	
清河门区审计局	7	24	11	15	1	1	3	123	11	1
细河区审计局	9	25	7	390	22	16	152	282	25	1
彰武县审计局	17	56	24	1078	33	21	145	1157	8	
阜新蒙古族自治县审计局	21	63	13	1460	29	3	73	3083	47	1

审计机关	干部职工人数（人）	审计单位（个）	经济责任审计项目（个）	查出违规金额（万元）	应缴财政（万元）	已缴财政（万元）	决定处理处罚（万元）	指明要求纠正（万元）	提交审计报告、信息（篇）	审计信息被采用（篇）
铁岭市										
银州区审计局	19	34	11	373	39	16	163		20	5
清河区审计局	15	21	9	277	102	102	102	956	77	14
调兵山市审计局	36	35	26	1700	170	151	170	65	64	27
开原市审计局	27	99	26	6200	623	412	623	4000	42	15
铁岭县审计局	16	37	11	722	27	24	27	3134	50	3
西丰县审计局	27	107	23	2984	57	54	57	1271	54	12
昌图县审计局	19	58	21	9532	141	81	141	199	44	21
抚顺市										
顺城区审计局	11	17	4	1047	80	14	241	369	11	9
新抚区审计局	6	27	16	1522	92	65	92		32	8
东洲区审计局	4	20	6	616	11	2	11	3505	21	
望花区审计局	7	24	15	128	13	6	44	203	18	
抚顺县审计局	14	53	8	1594	61	58	61	623	28	4
新宾满族自治县审计局	23	47	10	7990	148	131	205	9056	18	2
清原满族自治县审计局	21	51	19	1547	193	69	1307	4690	58	3
本溪市										
平山区审计局	8	20	2	76	31	17	76		5	
溪湖区审计局	8	21	6	494	3	3	3		8	
明山区审计局	6	14	5	828	8		9	762		
南芬区审计局	6	9	3	238	6	1	6	93	9	
本溪满族自治县审计局	16	48	10	3739	213	61	589	53		
桓仁满族自治县审计局	21	83	7	8950	76	76	1170	7780	30	4
辽阳市										
白塔区审计局	7	14	10	28	19	14	19	416	20	1
文圣区审计局	5	14	10	3			140		25	1
宏伟区审计局	11	125	4	2285	30	23	200	5410	15	2
弓长岭区审计局	13	39	7	29	29	18	29	1	55	1
太子河区审计局	8	20	6	396	23	6	198	46	17	2
灯塔市审计局	28	38	6	536	190	46	190	11291	21	1
辽阳县审计局	23	34	19	540	113	57	175	2018	32	4
鞍山市										
铁东区审计局	8	17	5	96	7	5				
铁西区审计局	9	23	2	8	5	2			3	

审计机关	干部职工人数（人）	审计单位（个）	经济责任审计项目（个）	查出违规金额（万元）	应缴财政（万元）	已缴财政（万元）	决定处理处罚（万元）	指明要求纠正（万元）	提交审计报告、信息（篇）	审计信息被采用（篇）
立山区审计局	6	10	4	464	20				1	
千山区审计局	11	17	4	49	3					
海城市审计局	49	69		11057	837	63				
台安市审计局	19	55	20	9781	154	48				
岫岩满族自治县审计局	24	75	29	727	161	17			29	
丹东市										
振兴区审计局	10									
元宝区审计局	5	7		242	31	4	31			
振安区审计局	16	19		1431	58	27	122	48		
凤城市审计局	24	52		4095	686	416	2733	2103	51	26
东港市审计局	24	71		5381	2657	424	5378	392	1	
宽甸满族自治县审计局	19	16		1331	760	525	791	76		
边境经济合作区审计局	10									
大连市										
西岗区审计局	14	30	18	432	237	237	237	599	20	8
中山区审计局	13	39	21	417	323	306	323	75235	9	3
沙河口区审计局	12	58	27	43	53	43	53	756	7	1
甘井子区审计局	19	63	47	726	120	120	120	1393	153	19
旅顺口区审计局	19	51	29	292	291	188	291	97900	34	37
金州区审计局	16	24	12	3207	1464	1464	1576	11342	14	9
瓦房店市审计局	24	25	7	836	115	115	115	431	41	14
普兰店市审计局	19	16	10	1356	545	483	607	3541	2	
庄河市审计局	23	65	20	7464	3871	3857	3987	2306	48	39
长海县审计局	18	68	15	4469	1001	736	5776	25134	22	17
经济技术开发区审计局	4	13	6	1681	1404	1367	1452	19712	10	2
营口市										
站前区审计局	6	4	1	732				732		
西市区审计局	6	11		170				170		
鲅鱼圈区审计局	16	40	5	5983	29	3	76	5907		
老边区审计局	16	19	12	1295	19	7	108	1187		
大古桥市审计局	32	16		1484	13	13	403	1081		
盖州市审计局	27	50	9	1665	131	26	390	1275		
盘锦市										

审计机关	干部职工人数（人）	审计单位（个）	经济责任审计项目（个）	查出违规金额（万元）	应缴财政（万元）	已缴财政（万元）	决定处理处罚（万元）	指明要求纠正（万元）	提交审计报告、信息（篇）	审计信息被采用（篇）
兴隆台区审计局	6	13	8	300	300	24	300		7	2
双台子区审计局	15	36	34	156	1	1	1	155	10	3
大洼县审计局	30	34	22	2661	126	83	2661	265	34	10
盘山县审计局	30	51	21	728	54	7	127	3925	21	6
锦州市										
太和区审计局	10	24	10	19	3	3	19	127	2	
古塔区审计局	10	11	4	412	2	2	2	274		
凌河区审计局	10	6	5					74	2	
凌海市审计局	16	51	21	1370	27	27	27	1343	27	4
北宁市审计局	20	37	21	582	74	74	182	406	5	2
黑山县审计局	21	40	13	3525	27	27	27			
义县审计局	15	40	13	137	21	21	21	20	3	3
经济技术开发区审计局	8	46	32	676	137	137	7	269	2	
葫芦岛市										
龙港区审计局	11	44	14	1169		110		254	32	7
连山区审计局	16	42	20	586	45	45	25	789	48	14
南票区审计局	9	25	7	1036	30			2026	20	1
兴城市审计局	22	60	12	1210	8	8	4	2679	27	
绥中县审计局	21	110	38	880	45	45		1660	15	2
建昌县审计局	21	67	15	2115	185	75		988	12	1

吉林省

【吉林省审计厅】 2004年，吉林省审计厅定编105人，在编102人。设有办公室、人事教育处、机关党委、纪检监察室、法制处、财政审计处、金融审计处、行政事业审计处、经贸审计处、农业资源环保审计处、固定资产投资审计处、社会保障审计处、外资运用审计处、经济责任审计处，另设有政法审计处、文体卫生审计处、科学教育审计处、商粮审计处、林业水利乡企审计处、经济执法审计处等6个派出审计机构，同时还设有机关服务中心、审计研究所、审计学会、内部审计协会、审计信息中心、审计培训中心等6个直属事业单位。

领导成员

厅　　长：袁玉岫

副 厅 长：刘庆恒　李成姬　邱大明

　　　　　徐彦夫（11月—）

纪检组长：冯万举

审计成果 2004年，全省共审计3287个单位，查出违规金额1162359万元，已上缴财政9981万元，归还原渠道资金136972万元。向司法、纪检监察机关移送各类经济案件线索9件。

预算执行审计 2004年，全省各级审计机关以审计财政收支真实性为基础，坚持突出重点与扩大审计覆盖面并重，注意揭露财政资金管理使用和经济发展软环境方面存在的突出问题。审计中根据财政、税务和预算执行部门的不同情况，有针对性地抓住审计重点，注意探索预算执行审计从账务基础审计向制度和效益审计转变的新思路。一是结合深化财政体制改革，促进完善财政制度，重点检查和揭露了预算执行中存在的预算资金分配不规范及共管资金的分配、拨付、管理不规范和不及时等方面的问题，促进深化财政支出改革和财政资金使用效益。二是以强化税收征管为目标，加大对税务部门审计力度，注意发现税收中存在的漏洞，分析流失原因，查清流失渠道，促进挖掘增收潜力，完善机制，加强征管，做到应收尽收。三是对省直 10 个部门及所属的 169 个二、三级事业单位的预算执行情况进行了审计。在真实性审计的基础上，进一步摸清家底，揭露和纠正了各部门在财务管理上存在的问题，发现未纳入财政决算资金 3120 万元，不良资产和潜在损失 9327 万元，挤占挪用专项资金 5204 万元。审计结束后，实事求是、客观真实地揭示和反映审计发现的问题，加强审计综合分析，提高建议质量，促进审计成果的利用，并通过省政府全体会议通报制度，促进审计查出问题的纠正和整改，提高了审计结果的透明度。

经济责任审计　全省各级审计机关按照“积极稳妥、量力而行、提高质量、防范风险”的原则，以促进领导干部正确履行职责、全面客观评价领导者业绩为目标，强化对权力的监督和制约。一是增加机构，加强力量。通过积极运作，并与有关部门多次沟通，经省机构编制委员会 2004 年第二次会议审议，批准成立了“吉林省经济责任审计中心”，为进一步推动全省经济责任审计工作的顺利开展提供了保障。二是加强制度建设。先后研究制定了《全省经济责任审计操作规程》、《全省领导干部任期经济责任专项审计调查实施办法》和《吉林省领导干部经济责任审计问责制度》等，进一步加强经济责任审计规范化和制度化建设。全省市县两级审计机关也根据当地实际情况分别制定和出台了经济责任审计的相关规定、意见或实施办法等规章制度，加强了经济责任审计的质量和风险控制。三是继续坚持“一次审计，两个结果”，注意将经济责任审计与财政财务收支审计统筹考虑，将经济责任落实到人。省厅集中力量，重点对 8 名厅局级领导干部进行了经济责任审计，由于审计对象层次高、审计涉及范围大、问题揭示比较深，在全省引起了较大反响。四是积极探索和改进经济责任审计报告的写法。为提高经济责任审计报告的可用性，一方面倡导多用行政性语言叙述经济责任审计结果，另一方面要求在综合报告的前面附上简要报告，使使用者能够更加快速、准确地获得所想要了解的信息。2004 年，全省各级审计机关对 889 个单位的领导人员实施了经济责任审计，共查出违规金额近 10 亿元。有关部门参考审计结果，给予免职、降职、撤职 21 人。

专项资金审计　各级审计机关以提高财政资金使用效益，推动各项事业健康发展为目标，加大了对重点项目、重点资金和政府、群众关心关注难点问题的审计监督。一是审计厅通过对通化、白山两个市级及所属 4 个县（市）财政专项资金的审计，发现了虚列、转移专项资金，专项资金滞留在财政和主管部门及违规设立账户等问题。二是开展了吉林市人民政府 2001～2003 年国有土地使用权出让金等专项资金征收、管理、使用情况的审计，以土地出让管理的相关部门为重点，突出对土地资源审批管理过程中关键环节的审计，并注重探索土地资源利用效益，揭示了违规减免土地出让金、违法占地、非法批地和以实物抵顶地租等问题。三是针对住房公积金管理机构近年来存在的违规挪用住房公积金，损害广大职工群众权益的实际问题，开展了对省内部分城市住房公积金管理中心资产、负债和损益的审计，查出挪用、侵占住房公积金，截留售房款利息收入等 11 类 22 个问题，涉及违规金额 3 亿元。四是组织全省县以上审计机关对本级社会保险部门失业保险基金的筹集、管理和使用情况进行审计，揭示了失业保险金筹集、管理和使用方面存在的违法违规以及在财务管理等方面的问题，规范了失业保险金的管理工作，促进了失业保险金的合理有效发放。五是对全省生态建设资金进行效益审计。通过借助卫星导航定位仪、运用实地勘测、延伸核查、跟踪问效等方法，从投资效益、经营效益、社会效益等方面对全省生态建设资金进行效益审计，促进了资金管理使用水平的提高。（撰稿人：杨美毅）

【长春市审计局】　2004 年，共有干部职工

131人。局长李本喜，副局长刘健芝、李万成、吴焕军、庞国忠（11月—），纪检组长刘健芝（兼）。设有办公室、人事教育处、机关党委、纪检组、法制处、财政金融审计处、行政事业单位审计处、社会保障审计处、经贸审计处、农业与资源环保审计处、固定资产投资审计处、外资运用审计处、经济责任审计处、特派审计处，另设机关服务中心和审计学会两个事业单位。

审计成果　审计154个单位项目，查出违规金额120326万元，管理不规范金额66367万元，已上缴财政2117万元，归还原渠道资金748万元，调账处理金额12001万元，自行纠正金额15175万元。

财政审计　审计了市财政局及市直28个部门和单位的预算执行和财政财务收支情况，市地税系统2003年税收征管、政策执行及财务收支情况，城建、教育、水利基金等专项资金管理使用情况，固定资产投资项目资金管理情况，开发区管委会财政财务收支及资金管理情况，共查出违规金额98786万元。对此，分别下达了审计决定和审计意见，要求有关部门和单位认真进行纠正，对被审计单位纠正、整改情况进行跟踪监督，同时向市人大常委会作出专题报告。加强了对下级政府财政决算审计，先后对南关、二道、绿园、双阳和榆树等5个市区上年度财政决算进行了审计，发现隐瞒预算收入、挪用专项资金违规支出等问题比较严重，依据有关规定作出了审计处理，提出了相应的审计意见和建议。

专项资金审计　对德惠市2001～2002年度和长春市、榆树市、九台市、农安县、双阳区2002～2003年度水利建设基金筹集和使用管理情况进行审计，针对审计发现的问题，进行了审计分析和审计处理并提出了相应的处理意见和审计建议。对市社会保险局2003年度失业保险基金收支情况进行了专项审计和调查。对市中环亚泰大街回迁工程、市传染病院、轻铁一期工程以及引松入长一、二期工程等重点建设项目进行了审计，审计情况引起了市政府领导的高度重视。对城市维护资金进行了审计，发现存在漏交营业税及附加税、印花税及建筑工程承包合同及承揽加工合同未及时交纳印花税的问题并进行审计处理。开展了教育系统专项资金审计，对县（市）区审计局开展的教育系统专项审计进行了抽审，进一步加大了审计监督力度，促进了审计决定的落实和审计质量的提高。

经济责任审计　按照市委组织部委托，围绕单位财政财务收支真实合法性和重大经济活动决策能力及个人的经济活动情况等重点内容，对48名市管领导干部实施了任期经济责任审计，查出违规金额的主要责任14293万元，直接责任217万元。对个别部门存在的截留、挪用预算外资金，挤占、挪用专项资金以及乱收费、乱罚款、乱摊派等问题进行了审计处理，并按照审计程序提出了审计报告，对责任人作出了审计评价。

企业审计　根据市政府《关于加快推进国有企业改革若干问题的意见》规定要求，对拟改制企业的资产清查工作组织审计，特别是对个别企业有意加大国有资产损失的问题予以纠正，确保企业资产负债的真实性，防止改制过程中国有资产的流失。全年审计改制企业195个，审结完成95个。（撰稿人：刘军宇）

【白城市审计局】　2004年，共有干部职工63人。局长王峥，副局长李晓峰、董学武、李彦丰（—4月）、陈桂侠（4月—），纪检组长陈一华。设有办公室、行政事业审计科、财政审计科、金融审计科、固定资产投资审计科、农业与资源环保审计科、领导干部经济责任审计科、法制科、社会保障审计科、经贸及外资运用审计科，另设机关党总支。

审计成果　审计单位327个，查出违规金额69505万元，应缴财政3842万元，已缴财政446万元。提交的审计报告和信息被上级部门批示、采用147篇。向上级审计机关和各类党报、党刊投送审计信息、论文211篇，被采用96篇。白城市、通榆县领导干部经济责任审计工作被中央五部委分别评为先进地区、先进单位。白城市审计局、镇赉县审计局、通榆县审计局失业保险金审计项目被省审计厅评为优秀审计项目。

预算执行审计　审计财税部门10个，查出隐瞒转移预算收入、虚增财政收入、虚列财政支出、延压滞留预算资金等问题，共查出违规金额12086元，应增加财政收入257万元。提交的审计工作情况报告得到了市政府主要领导和市人大的高度评价。

专项资金审计　对通榆县水利专项资金、全市失业保险基金、洮南市退耕还林还草资金等进行审计，发现水利配套资金不到位、虚假配套、挤占挪用、改变建设地点、私设“小金库”、违规支付工程款等问题，共查出违规金额 2673 万元，提出了 7 条审计建议。对全市失业保险金进行了审计，发现公款私存、拖欠失业人员失业保险金、挤占挪用用于失业人员职业技能培训和职业介绍服务补贴资金、违规一次性拨付失业保险金等 11 个问题，共查出违规金额 701 万元，提出了 5 条审计建议。对退耕还林专项资金进行了审计，发现在用于退耕还林苗木购买、生态草围栏等支出资金使用上，存在虚开发票核销赔款、补助资金兑付不及时、退耕还林专项资金未进行专户存储等问题，共查出违规金额 58 万元。针对问题提出了 4 条审计建议，并公告审计结果。

经济责任审计　开展经济责任审计项目 18 个，审计领导干部 14 名。查出违规金额 29 万元，其中应由被审计领导干部承担主管责任 29 万元。提出审计评价意见 15 条。审计后，晋升 4 人。（撰稿人：刘志新）

【松原市审计局】　2004 年，共有干部职工 28 人。局长高德忠，副局长冯志杰、张恭、常万福。设有办公室、法制科、财政金融审计科、行政事业审计科、农业与社会保障审计科、科教文卫审计科、经贸审计科、经济责任审计科。

审计成果　审计单位 36 个，查出违规金额 1435 万元，应缴财政 415 万元，已缴财政 111 万元。发表各类审计信息 20 篇。

财政审计　审计了市财政局、地税局、国库，审计了 6 个预算执行单位，完成了本级预算执行审计。完成了乾安县和宁江区 2 个下级政府财政决算审计，共查出违规金额 661 万元，应缴财政 352 万元，已缴财政 51 万元。

企业审计　按照市政府的要求，配合市财政局完成了省政府部署的粮食企业清查审计任务。市审计局组成 6 个审计组，历时两个半月时间，对市、区 30 个粮食企业亏损挂账情况进行了审计清查，并通过省政府审查验收。

行政事业审计　对市总工会、市重点项目办、市劳动与社会保障局、市住房公积金管理中心、市地震局、市人防办、市委党校、市城管办、市经贸委、市政府驻长春办事处等行政事业单位 2003 年度财务收支情况进行了审计。

经济责任审计　开展经济责任审计项目 4 个，查出违规金额 35 万元。审计后平调 4 人。

内部审计　全市共有内部审计机构 41 个，内审人员 49 人，共开展审计项目 102 个。（撰稿人：陈明辉）

【吉林市审计局】　2004 年，共有干部职工 81 人。局长常贵，副局长李福、冯启元、姜亚男，纪检组长黄文明。设有办公室、财政审计处、行政事业审计处、固定资产投资审计处、经贸审计处、金融审计处、外资运用审计处、社会保障审计处、人事处、法制处、审计局派出审计工作处、经济责任审计处、农业与资源环保审计处、机关党委。

审计成果　审计单位 82 个，查出违规金额 39993 万元，管理不规范金额 30111 万元，上缴财政 434 万元，归还原渠道资金 4555 万元。促进部门制定完善规章 5 条。提交审计信息、调研报告 179 篇，被市领导批示批转 3 篇，被市委、市政府、上级审计机关和新闻媒体采用 74 篇。2004 年度被省档案局评为全省机关档案管理标兵单位。

预算执行审计　对 38 个预算执行单位进行了审计。查出截留、挤占、挪用预算资金，虚列财政收入，违规减免少征应缴未缴预算收入等问题，提交的审计工作报告得到市人大的肯定和好评。

专项资金审计　对医疗保险基金进行审计，揭露了医疗保险运营过程中存在的基金结算制度不健全、参保单位法律责任不明确、专业管理人才匮乏等问题，审计综合报告得到了市政府领导的批转，医保中心认真整改，所提问题得到解决。此外，还对住房公积金、育林基金进行专项审计，查出挤占、挪用资金等问题，依法进行了处理处罚。

经济责任审计　对 9 人进行了经济责任审计，查出违规金额 2988 万元，管理不规范金额 405 万元，对检查中存在的问题进行了客观分析和评价。审计后，平调 1 人。

内部审计　全市共建立内部审计机构 276 个，其中专职机构 72 个；内部审计人员 799 人，其中专职人员 318 人。共审计单位 618 个，完成了财务收支、经济效益、经济责任、基本建设等多项审计任务，提出 315 条建议，为企业和部门健全内

控制度、提高经济效益起到了积极的作用。(撰稿人：肖博蓉)

【四平市审计局】　2004年，共有干部职工62人。局长梅树森，副局长李振才、郭玉文、孙景龙，纪检组长蒋凤琴。设有办公室、综合科、人事科、法制科、财政审计科、金融审计科、行政事业审计科、经贸审计科、农业与资源环保审计科、社会保障审计科、固定资产投资审计科、经济责任审计科、外资运用审计科、政法审计科、科教文卫审计科、商粮审计科和审计干部训练班，另设机关党委和纪检组。

审计成果　全年完成审计项目49个，查出违规金额19761万元，审计决定处理处罚13273万元，要求自行纠正6561万元。

财政审计　审计财税部门34个，查出挤占、挪用专项资金、先征后退税款、无预算支出、截留市级收入、应缴未缴预算、虚列支出等问题。提交的审计工作情况报告受到了市人大常委们的一致肯定和好评。

专项资金审计　先后对全市社会失业保险基金、双辽市2001～2003年度水利专项资金的管理使用情况以及全市8个项目单位（3个卫生妇幼保健项目，5个结核病防治项目）利用世界银行贷款情况进行了专项审计，从总体上摸清了资金的管理和使用情况，发现了管理不规范、不到位以及挤占挪用专项资金等问题。

经济责任审计　共完成经济责任审计项目7个，审计领导干部7名。共查出违规金额573万元，全部为被审计领导干部应承担的主管责任。提出审计意见和建议20条。审计后平调6人，离职1人。(撰稿人：金长江)

【辽源市审计局】　2004年，共有干部职工37人。局长曹莉，副局长刘成新、慈向东。设有办公室、法制科、财政审计科、金融审计科、行政事业审计科、经贸审计科、农业与资源环保审计科、社会保障审计科、固定资产投资审计科、经济责任审计科。

审计成果　全市共完成审计项目169个，完成计划的148%，共查出违规金额16257万元，应上缴财政2209万元，已上缴财政160万元。其中，市审计局完成审计项目61个，查出违规金额11164万元，应上缴财政1845万元，已上缴财政118万元。完成市委、市政府交办的审计任务10项，完成审计论文24篇，领导批示《审计要情》3篇，审计信息被有关部门和报刊采用150余篇。

预算执行审计　继续以促进加强预算管理，规范财政支出行为为重点，加强对财政重点监督的建设项目资金沉陷区项目改造资金和城市维护、水利、林业等专项资金的拨付、使用和管理实行全过程监督，加强对财政支出的审计，逐步实现从收入审计为主向收支并重审计相结合的转变。同时，加大了对二、三级预算单位的延伸审计力度，共延伸检查了16个二、三级预算单位，查出违规金额964万元，发现和揭露了一些违法违规问题，促进了政府各部门对所属单位的预算管理。

经济责任审计　积极开展对县区长、部门领导及国有企业领导人的经济责任审计，重点对机电、轻化、纺织、贸易、物资等5个国资公司及水务集团、供热处、外贸进出口公司等单位领导人进行经济责任审计，共开展了11项任中审计，15项离任审计，查出漏缴税费、挤占挪用专项资金等违规金额17225万元。

企业审计　结合经济责任审计，已审计机电、轻化、纺织、物资国资公司及供热处等8个单位，查出违规金额259万元，已上缴财政55万元，指明要求自行纠正125万元。通过审计，基本摸清了企业家底，确认财务收支和生产、经营活动及经济指标的真实性，揭露和纠正了企业在破产、出售、重组、股份制改造过程中的不规范行为，促进企业建立权责明确、归属清晰的现代企业制度。

专项审计调查　围绕群众关心、关注的热点问题，重点开展了对失业保险、供热、医保定点医院和国有资产运营公司管理、运营情况进行审计调查。除医保定点医院审计调查正在进行，其他3项调查从多个角度和层面揭露出领导、群众关心、关注的具有普遍性、规律性的问题，分析原因，提出了审计意见和建议，为领导决策和妥善解决问题提供依据。(撰稿人：赵国华)

【通化市审计局】　2004年，共有干部职工43人。局长王德义，副局长张刚、刘颖、陈卿，纪检组长常玉德。设有办公室、人事教育科、法制科、财政审计科、金融审计科、行政事业审计科、社会保障审计科、经贸审计科、农林审计科、固定资产投资审计科，另设有经济责任审计处（事业编制）。

审计成果 共完成审计项目 313 个，查出被审计单位违规金额 41872 万元，管理不规范金额 8497 万元，损失浪费金额 8304 万元。应上缴财政金额4718 万元，减少财政拨款或补贴 576 万元，归还原渠道资金 6926 万元，调账处理 5091 万元。提交审计调查报告、审计信息 315 篇，被批示和采用 176 篇。市本级完成审计项目 51 个，查出违规金额 25364 万元，管理不规范金额 1350 万元，已上缴财政 187 万元。全市审计机关共向上级机关、地方党委、政府和各种新闻媒体报送审计工作信息 516 篇，被各级机关和新闻媒体采用 278 篇。

预算执行审计 市审计局实施了对通化市财政局、通化市地方税务局、国库通化市中心支库的预算执行审计和集安市政府、东昌区政府和二道江区人民政府的决算审计工作。审计以财政收支真实性审计为基础，从财政资金使用的有效性和预算管理的规范性入手，全面核实财政财务收支，充分揭露违纪违规问题。在对地税部门的审计中，注意把税收征管作为审计的重点，加大对企事业单位纳税情况的延伸审计力度，共查出漏征税款 209 万元。对审计税务部门发现的问题，采取了即审即改的办法，对有关被审计单位及时下发了纠正和整改建议书，补征入库税款 122 万元。

经济责任审计 全市审计机关共对 98 名领导干部进行了经济责任审计，查出领导干部违规问题负有主管责任 2305 万元，直接责任 447 万元。被审计领导干部所在单位国有资产增值的 14 个、减值的 1 个、保值的 83 个。审计后，平调 32 人，晋升 3 人，免职 2 人。

信息化建设 根据计算机辅助审计工作的需要，全市审计机关不断加大对办公自动化设备的投入力度。市审计局为业务科室配备了 8 台电脑，新增了 2 台复印机和 1 台扫描仪，重新设计安装了局域网络，并将原有上网速度提高到了 4 兆，有力地推动了信息化建设。（撰稿人：马朋友）

【白山市审计局】 2004 年，共有干部职工 66 人。局长张广增（—3 月）、于开翼（3 月—），副局长姜贵生、纪秉华、李本志，纪检组长李刚。设有办公室、综合科、人事教育科（与机关党委合署办公）、法制科、固定资产投资审计科、财政审计科、经贸审计科、行政事业审计科、文化教育审计科、农业环保审计科、政法审计科、外资金融审计科，另设有经济责任审计处（直属事业单位）、审计培训中心（直属事业单位）。

审计成果 共完成审计项目 295 个，查出违规金额 35632 万元，应上缴财政金额 1450 万元，已上缴财政 1283 万元，归还原渠道资金 2744 万元。建议纠正部门不当规定 10 条。被省政府命名为“全省依法行政工作先进单位”，被市委、市政府命名为“精神文明建设先进系统”。

预算执行审计 审计财政、地税、国库和预算执行单位 44 个，查出违规金额 17826 万元，归还原渠道资金 382 万元，调账处理 577 万元。针对影响财政分配秩序和经济发展的问题，提出了依法调整预算，提高资金分配透明度，加强对税款征收和缴库环节的管理等建议，得到了有关部门的重视，进行了认真整改。

经济责任审计 对 73 名领导人员进行了经济责任审计，查出违规金额 2908 万元，其中领导人员负主要责任 2644 万元，直接责任 264 万元。审计后，平调 48 人，晋级 9 人，免职 1 人。制定了《领导干部经济责任审计信息交流办法》、《领导干部经济责任审计审前公示制度》、《领导干部经济责任审计诫勉谈话制度》、《领导干部经济责任审计结果公开承办制度》和《党政领导干部和企事业单位领导人员任期经济责任审计责任追究的暂行规定》等 5 项制度。积极探索任中审计路子和方法，取得了较好成效，得到了上级审计机关的肯定，经济责任审计的做法在全国经济责任审计工作会议上进行了经验交流。

专项审计调查 加强了审计调查工作的力度，加大了专项审计调查比例，强化了审计调查工作的实施，合理运用调查方法，科学调配人力资源，做到精心组织，提升了审计调查工作的整体水平。市、县两级审计机关共有 56 篇审计调查报告被党委、政府领导批示或转发，其中有 3 篇直接转化为市委、市政府决策，为领导决策和指导工作提供了依据。

信息化建设 制定了审计信息化建设五年发展规划，把审计信息化的制度建设、网络建设和计算机在机关办公及辅助审计等方面的应用，纳入岗位目标责任制，积极引进先进的机关辅助办公软件，推动了审计机关信息化建设快速发展。全市审计机关均建成和运行了局域网络，基本实行了审计对象、统计工作、审计信息、人事管理等机关管理的电子化，实现了网上公文流转，为逐步实现电子政务奠定了基础。

内部审计　全市共有内审机构67个，完成对89个单位财务收支和经济责任审计，纠正违规金额589万元，促进企业增收节支19万元。有2个内审机构被评为全市内审工作先进集体，5名内审人员被评为先进个人。（撰稿人：李万兴）

【延边朝鲜族自治州审计局】　2004年，共有干部职工41人。局长金振锡、李兴国，副局长李学斌、金江泉、宋树清、权贞子。设有办公室、法制处、人事教育处、财政金融审计处、经济贸易审计处、农业与环保审计处、行政事业审计处、固定资产投资审计处、社会保障审计处，另设局机关党委和经济责任审计中心（直属事业单位）。

审计成果　审计单位58个，查出违规金额1.7亿元，决定处理上缴财政231万元，归还原渠道资金9866万元。促进部门制定完善规章32条。

财政审计　审计财税部门10个，查出隐瞒转移预算收入、国有股股利核算不规范、延压滞留税款、专项资金管理使用不规范等问题。加强了整改措施，促进政府部门加强预算管理，收到了较好效果。

经济责任审计　对15名领导干部进行了经济责任审计，查出违规金额1909万元，提出审计整改建议14条。探索对县（市）委书记、县（市）长的经济责任审计新路子，建章建制，进一步规范经济责任审计工作。

专项资金审计　与发改委、财政等部门联合开展了国债资金稽查工作，查出违规金额1349万元。审计结果引起州政府的高度重视，责成相关部门认真进行整改。（撰稿人：玄龙男）

2004年吉林省区、县（市）级审计工作统计表

审计机关	干部职工人数（人）	审计单位（个）	经济责任审计项目（个）	查出违规金额（万元）	应缴财政（万元）	已缴财政（万元）	决定处理处罚（万元）	指明要求纠正（万元）	提交审计报告、信息（篇）	审计信息被采用（篇）
长春市										
朝阳区审计局	13	46	26	688	72	48	72			
南关区审计局	10	28	18	14734	2511	272	5766			
宽城区审计局	10	33	24	2179	833	833	833		3	3
二道区审计局	11	36	20	740	347	71	359		4	3
绿园区审计局	16	44	21	12306	397	394	4314		31	9
双阳区审计局	16	24	11	4989	273	23	4276			
德惠市审计局	20	57	7	2423	98	47	529		2	2
九台市审计局	22	60	16	7148	292	72	7149		10	8
榆树市审计局	42	80	30	8334	1303	115	1303		2	2
农安县审计局	20	59	7	7203	422	75	3634		6	4
白城市										
洮北区审计局	24	34	11	10735	297	18	1171	1276	37	12
大安市审计局	21	76	30	10383	127	60	2572	399	81	27

审计机关	干部职工人数（人）	审计单位（个）	经济责任审计项目（个）	查出违规金额（万元）	应缴财政（万元）	已缴财政（万元）	决定处理处罚（万元）	指明要求纠正（万元）	提交审计报告、信息（篇）	审计信息被采用（篇）
洮南市审计局	22	55	23	8739	376	28	842	4213	63	21
镇赉县审计局	30	51	5	12594	172	167	217		249	83
通榆县审计局	35	50	18	8042	205	25	905	2619	87	27
松原市										
宁江区审计局	21	24	15	428	83	12	12			
扶余县审计局	21	60	29	4300	28	23		954		
长岭县审计局	18	20		7803	205	7		235		
乾安县审计局	20	63	22	185	160	5				
前郭尔罗斯蒙古族自治县审计局	27	51	3	281	9	9	9	107		
吉林市										
船营区审计局	11	28	13	803	6	6	6	601	13	5
龙潭区审计局	9	17	4	2377	10	8	77	1950	5	2
昌邑区审计局	13	28	4	1753	12	10	12	1068	20	10
丰满区审计局	9	27	7	7133	15	13	246	1079	2	2
磐石市审计局	25	181	50	5904	69	65	322	4968	107	33
蛟河市审计局	16	61	8	4973	51	51	1443	1540	29	15
桦甸市审计局	17	84	40	704	45	45	212	58	21	6
舒兰市审计局	29	38	13	535	55	55	372	136	21	12
永吉县审计局	13	52	13	2313	11	10	1488	7	5	5
四平市										
铁西区审计局	7	14	3	195	51	3	53	2		
铁东区审计局	17	34	8	147	5	5	5	2	7	5
双辽市审计局	22	36	3	4380	110	24	716	2912	4	4
公主岭市审计局	35	64	11	6477	251	55	251	2334	12	10
梨树县审计局	40	84	24	2173	274	44	274	20	20	6
伊通满族自治县审计局	20	70	2	523	67	30	17	369	56	47
辽源市										
龙山区审计局	8	30	10	696	65	2	166	14	2	3
西安区审计局	6	6	3	101	6	3	101	80	2	2
东丰县审计局	20	25		211	50	19	182	72	13	7
东辽县审计局	14	58	20	3460	46	14	1188	23	17	8
通化市										
东昌区审计局	9	10	13	106				22		

审计机关	干部职工人数（人）	审计单位（个）	经济责任审计项目（个）	查出违规金额（万元）	应缴财政（万元）	已缴财政（万元）	决定处理处罚（万元）	指明要求纠正（万元）	提交审计报告、信息（篇）	审计信息被采用（篇）
二道江区审计局	17	10	7	385	5	5		64	34	24
梅河口市审计局	31	28	11	1740	1134	28	1719	345	16	10
集安市审计局	19	29	11	2330	164	70	133	331	30	23
通化县审计局	21	76	24	7417	1143	450	6258	994	50	28
辉南县审计局	27	18	14	3975	261	20	1066	2410	15	10
柳河县审计局	28	79	7	45	45	5	45	10	12	4
白山市										
八道江区审计局	18	23	5	1505	17	17	348	590	4	
临江市审计局	31	12	3	2065	58	24	301	230		
江源县审计局	14	17	4	2363	12	5	1144	174	1	
抚松县审计局	32	65	16	942	336	336	336		281	215
靖宇县审计局	38	32	13	479	86	25	480	1546	1	
长白朝鲜族自治县审计局	10	37	5	6452	33	33	432	5919	3	
延边朝鲜族自治州										
延吉市审计局	24	52	12	3795	1174	1160	2438	2566		
图们市审计局	11	51	29	2663	44	39	44	2502		
敦化市审计局	20	66	27	1399	43	19	387	1012		
珲春市审计局	19	61	30	4526	1199	57	1199	3327		
龙井市审计局	16	13	3	212	129		129	203		
和龙市审计局	13	45	9	185	23	21	39	2668		
汪清县审计局	15	40	21	1807	268	6	1807	5313		
安图县审计局	27	76	20	1297	88	36	72	2399		

黑龙江省

【黑龙江省审计厅】　2004年，黑龙江省审计厅定编208人，在编208人。厅机关设有办公室、法制审理处、财政审计处、金融审计处、行政事业审计处、经贸审计处、农业与资源环保审计处、外事审计处、社会保障审计处、固定资产投资审计处、外资审计处、经济责任审计处、人事处、离退休干部处、督察处、机关党委、监察室，另设有农林水审计处、经贸审计处、交通审计处、社保审计处、司法审计处、教育审计处、卫生审计处、科技审计处、发展计划审计处、公检法审计处、新闻通讯审计处、对外贸易审计处、资源环保审计处、经济执法审计处派驻机构，还设有厅机关服务中心、计算机中心、科研所、《现代审计与会计》杂志社、培训中心、招待所6个直属事业单位。

领导成员

厅　　长：李希龙

副 厅 长：伞宏晶（1月—）　王学文

原志峰　杨维玲（—4月）

纪检组长：戴英胜

助理巡视员：徐永成

审计成果　全省审计机关共审计4629个单位，查出违规金额74亿元。审计处理后，增加财政收入2.14亿元，减少财政支出2.66亿元。向纪检司法机关移送各类违法犯罪线索58件，建议有关部门处理78件。各级审计机关提交审计工作报告、信息5300余篇，其中被批示、采用1200篇；在省级以上新闻媒体、网站进行新闻宣传200余篇（次），向社会公告审计结果16篇。

财政审计　2004年，全省共审计1258个单位，查出违规金额332155万元，上缴财政1707万元。提出审计建议1279条。提交审计报告、信息416篇，起草或参与起草综合性报告405篇，被各级地方党政领导批示、新闻单位采用195篇。向社会公告审计结果1篇。

预算执行审计　省本级预算执行审计继续以省直部门预算执行情况为重点，突出了对资金分配权的监督，加大对财政部门在预算分配和重点资金管理拨付情况的监督检查力度。组织全省审计机关对省级6项重点资金进行延伸审计，揭示了财政部门项目预算编制不完善，有的项目仍然采用"砍大块"的方式，在年度执行中边立项、边审查、边拨款，造成重点资金拨付较晚，致使地市县财政和省直主管部门滞留、虚列专项资金，有的甚至出现了挤占、挪用等问题。省审计厅审计了22个省直部门，查出违规金额18918万元，应追还被挤占挪用专项资金6427万元，责令调正账目资金1453万元。针对查出的问题，依据国家法律法规分别作出了处理，并提出了加强预算管理，强化税收征管，进一步规范部门财务管理等审计建议报省政府。2004年，还按照省人大的提议，认真抓了省本级预算执行审计结论的落实情况，并向省人大报告了《省政府关于2003年度省本级预算执行和其他财政收支审计有关问题整改情况的报告》。

为了加强对税收征管的审计工作，揭示税收征管中存在的违纪问题，省审计厅把税收征管审计作为全省预算执行审计的重点内容，制定并下发了《关于加强地方税收征管情况审计监督的通知》和《2004年地方税收征管情况审计要点》。有34个市县通过审计反映了有税不征、混淆入库级次等十几个方面违纪问题，违规金额4596万元，县均100万元以上。省审计厅在上报省政府审计结果报告和省人大审计工作报告中都全面进行了反映，引起省人大的高度关注，省领导也极为重视，张左己省长亲自批示，要求地税系统积极整改，认真抓好审计结果的落实。省地税局根据审计揭示的问题，责成有关部门抓紧整改，并追究有关领导和责任人的责任。

全省65个审计机关共审计了329个市县乡政府财政部门省级转移支付资金情况，覆盖面达57.3%，其中审计了6个地市、32个县（市）、293个乡镇；对重点项目、重点资金还延伸审计了一些主管部门和资金使用单位，查出违规金额8881万元。张左己省长在省级转移支付资金审计报告上作出批示，有关部门积极落实审计结果。省审计厅编发了审计公告，公布了审计结果。全省13个地市审计了41个县市政府决算，69个县市审计了311个乡镇政府决算。哈尔滨市在决算审计中突出检查了影响市级收入问题和决算真实性问题，编发了5篇审计信息，其中《招商引资不能以牺牲国家利益为代价》被《中国审计报》头版头条采用。大庆市改进和深化了下级政府决算审计方式方法，以下级审计机关审计结果报告为基础，把下级审计机关不易解决的事项作为重点内容，既维护了基层审计权威性，又避免了重复审计。肇东市把本级财政预算执行审计与乡级决算审计结合起来，加强对财政收入和财政资金使用效益的审计，在推动地方经济发展上探索了新审计路子。

经济责任审计　全省各级审计机关共完成经济责任审计项目1533个，审计了1515名党政领导干部和国有企业法定代表人。审计共揭示出违规金额18亿元，管理不规范金额36亿元，损失浪费金额2.6亿元。有关部门参考审计结果，平调579人，晋升62人，免职58人，降职7人，撤职4人；向纪检监察机关移交21人，向司法机关移送4人。各级审计机关在当地党委、政府的重视和支持下，大力加强经济责任审计工作的组织领导、制度建设和规范化建设，积极推动《黑龙江省党政领导干部经济责任审计暂行规定》的贯彻落实，对照《市（地）县（市）党政领导班子和主要领导干部工作实绩考核试行办法》、《党政工作部门责任制考核办法》等，进一步细化了经济责任审计内容，为经济责任审计工作质量和水平的提高奠定了坚实基础。在实践中，各级审计机关严格执行各项审计程序和审计准则，努力做到查实经济活动事项、夯实账表数据、核实资产和负债、落实重大经济决策责任，力求准确地反映领导干部的管理能力和决策水平，提高审计质量和审计结果利用率，使经济责任审计成为党政机关和社会各界了解、评价领导干部的主要途径之一。大庆市审计局坚持对党政领导干部实行全程经济责任审计，至今已圆满完成两个三年规划，成功实现了经济责任审计由静态向动态的转变；实行了经济责任审计结果通报制，确保了审计结果的公正性，对被审计单位产生了较强的威慑力。黑龙江省经济责任审计的工作做法和经验得到了审计署的肯定，在全国经济责任审计工作会议上，省审计厅及大庆市、阿城市、海林市被中央五部委经济责任审计工作联席会议评为经济责任审计先进地区并受到表彰。

专项资金审计　全省审计机关加大了对重点资金、重点行业的审计力度，开展了省级财政转移支付资金、水利资金、支农资金、农业综合开发资金、医疗保险基金、救灾资金、希望工程基金和捐资助学资金等审计和审计调查，揭示了专项资金在管理、使用中存在的各种问题。如在水利专项资金审计中，揭示了财政部门、水利部门及有关单位滞留、挤占水利资金、擅自调整建设项目、改变资金投向等问题，查出违规金额 6860 万元；在救灾资金审计中，发现了部分民政部门挤占挪用、滞留、滞拨救灾资金等问题，查出违规金额 3600 万元。各专项资金审计的综合报告和相关重要信息上报省政府后，都得到了及时、明确的批示，促进了问题的整改和解决，推动了各项事业的健康发展。

行政事业审计　组织各级审计机关开展了国土资源部门各项收费及财务收支审计，揭示了非法占地、越权审批、违规减免、坐收坐支、挤占挪用土地出让金和土地租金等违规金额 50 亿元。省政府主管领导在审计报告上作出批示，省国土资源厅、财政厅联合下发了《关于加强国土资源资金收支管理的通知》，明确了落实审计建议、整改存在问题的措施。

法制建设　为建立和实施科学的审计质量控制体系，提高审计工作法制化、规范化、科学化水平，省审计厅按照从实际出发、突出重点、分步推进、讲求实效的原则，组织全省地市以上审计机关实施审计署 6 号令，全面启动审计质量控制体系。各级审计机关认真学习贯彻审计署 6 号令，结合实际，采取措施，逐步建立健全审计质量控制机制。截至 2004 年末，全省地市以上审计机关已经全面贯彻执行了 6 号令，有 68 个县区级审计机关全面贯彻执行了 6 号令，占县区审计机关总数的 56%。其余部分县区审计机关，有 21 个在审计日记等部分事项中执行了 6 号令，有 32 个开展了 6 号令的学习培训，为 6 号令的实施做出准备。各级审计机关加强立项前的调查研究，增强审计方案的实用性和可操作性，推行审计日记制度，加强了审计过程控制、程序控制。为提高依法行政能力和水平，各级审计机关结合《行政许可法》实施，加大了审计业务质量和审计执法检查的力度，发现了审计事实不清、证据不足、定性不准等审计质量方面存在的共性问题，促进了审计业务行为的规范和审计质量的提高。省审计厅对全省 2003 年完成的审计项目进行了评估，经过层层筛选，从 5000 多个审计项目中评选出 96 个优秀审计项目，在全省审计工作座谈会上进行了表彰奖励，使项目质量激励与约束机制有效运行。2004 年 8 月，省十届人大第十次常务委员会审议通过了《黑龙江省内部审计条例》。为扩大《内审条例》的影响，省审计厅、省内部审计协会组织了一系列宣传活动，增强各部门单位强化内部审计工作的意识，已举办了 3 期《黑龙江内部审计条例》培训班，培训内审人员 270 名，还聘请中国内审协会会长为黑龙江省部分中省直单位举办了专题讲座，推动内部审计工作的开展，促进了内部审计监督的加强。

计算机审计　各级审计机关把开展计算机审计作为实现审计手段现代化的必由之路，加强网络建设和软件推广应用，使计算机审计逐步成为审计的重要方式和手段。在应用系统建设方面，省审计厅与地市审计机关研究开发了《审计机关办公系统》、《计算机辅助作业系统》、《审计业务档案管理系统》、《财政总预算会计计算机审计系统》、《地方税收征管辅助审计系统》等，引进了《金剑审计软件》、《数据采集分析系统》、《神机妙算》等审计应用软件，建成了法规库、资料库、档案库三大数据库，加强审计人员的计算机应用技术培训，为计算机审计技术的推广应用创造了有利条件。在预算执行审计、专项资金审计、政策性住房金融业务审计、粮食清理审计、基本建设项目等审计中，计算机技术得到有效应用。各级审计机关利用计算机技术将审计人员的经验、技巧、方法智能化，采用分析性测试等先进审计方法对电子数据进行系统分析，极大地提高了工作的质量和效率，规避了审计风险，扩大了审计成果。（撰稿人：孙洪波）

【哈尔滨市审计局】 2004 年，共有干部职工 165 人。局长刘晓东，副局长刘爱华、徐增得（6 月—）、孙常龄、曲振玉、马有伟，纪检组长王尔祥。设有纪检监察室、机关党委、人事教育处、办公室、法制处、财政与计算机信息审计处、金融审计处、行政事业审计处、经贸审计处、固定资产投资审计处、外资运用审计处、农业与资源环保审计处、社会保障审计处、经济责任审计处、培训中心和派出开发区审计分局、派出松北新区审计分局。

审计成果 全市审计机关共完成计划审计项目 833 个，查出违规金额 14.2 亿元，管理不规范金额 34.3 亿元，损失浪费金额 3001 万元，已缴财政 2221 万元，减少财政拨款或补贴 259 万元，归还原渠道资金 1189 万元，调账处理金额 1.62 亿元。移送司法机关案件 2 起，移送纪检监察部门处理事项 8 件，建议有关部门处理事项 4 件。提交审计综合报告 349 份，被批示采用 72 份；提交审计调查报告 41 份，被批示采用 7 份。上报审计信息、简报 308 篇，被批示采用 106 篇（次）。市审计局完成计划审计项目 125 个，查出违规金额 7.37 亿元，管理不规范金额 27.96 亿元，损失浪费金额 1760 万元，已缴财政 965 万元，减少财政拨款或补贴 40 万元，归还原渠道资金 277 万元，调账处理金额 1.25 亿元。移送纪检监察部门处理事项 2 件，建议有关部门处理事项 4 件。提交审计综合报告 62 份，被批示采用 4 份；提交审计调查报告 10 份，被批示采用 5 份。上报审计信息、简报 70 篇，被批示采用 22 篇（次）。

预算执行审计 在预算执行审计中，全市审计机关确定了“三扩大、一重点”的审计思路。“三扩大”即扩大与一级预算单位关系密切的二、三级预算单位的审计数量；扩大对专项资金、重点建设项目资金的延伸审计数量；扩大对税收收入影响大的重点税源、纳税大户的延伸审计比重。“一重点”是关注财政债务变动对财政状况的影响程度。全市预算执行审计共审计单位 36 个，查出违规金额 22525 万元。

经济责任审计 2004 年，全市审计机关在经济责任审计范围上突破以往对单纯部门领导干部的审计，把审计对象扩大到对县委书记、县长，区委书记、区长，法院院长、检察院检察长的审计。市县两级审计机关共对 280 名领导干部进行了审计，查出违规金额 1.61 亿元，管理不规范金额 4.44 亿元，损失浪费金额 973 万元。审计后，给予免职、降职、撤职 24 人，移送纪检监察机关 6 人。（撰稿人：金北奇）

【齐齐哈尔市审计局】 2004 年，共有干部职工 95 人。局长宋渭田（3 月—）、任凤仪（—2 月），副局长孙伟航、杨殿友、韩淑梅，纪检组长吴明义。设有办公室、法制审理处、人事教育处、审计督察处、机关党委、财政审计处、行政事业审计处、经济责任审计处、固定资产投资审计处、金融审计处、农业与资源环保审计处、社会保障审计处、经贸审计处、外资运用审计处和计算机中心。

审计成果 全市审计机关共完成审计项目 753 个，查出违规金额 125043 万元，管理不规范金额 32170 万元，应上缴财政 1569 万元，应自行纠正金额 84041 万元。向有关部门移交事项 25 件。提交审计报告、信息 553 篇，被各级领导批示和各级党委、政府及有关部门采用 313 篇（次）。市审计局共完成审计项目 177 个，查出违规金额 89531 万元，管理不规范金额 21785 万元，应上缴财政 844 万元，应自行纠正金额 67862 万元。向有关部门移交事项 15 件。提交审计报告、信息 255 篇，被各级领导批示和各级党委、政府及有关部门采用 301 篇（次）。

经济责任审计 成立了经济责任审计委员会，建立了畅通的经济责任审计工作机制；制定了经济责任审计规划，协调落实好经济责任审计计划；进一步细化了经济责任审计操作指南，确保经济责任审计质量。全市审计机关共审计了 283 名党政领导干部和国有企业法定代表人，揭示违规金额 29881 万元，其中主管责任问题金额 25418 万元，直接责任问题金额4463万元。审计后，平调189人，晋升16人，免降职17人，移送纪检监察部门和司法机关4人。

政府交办任务　全年共完成政府交办审计任务12项，其中在对市政府投资兴建的联通大道、南出城口、党政办公中心广场、博物馆、体育馆5个大项目竣工决算审计中，共审核工程总投资3.7亿元，调减投资额3094万元，并查出私设“小金库”、挤占成本、应缴未缴各种税金及养老统筹等问题。(撰稿人：李甦艳)

【黑河市审计局】　2004年，共有干部职工33人。局长冯清祥，副局长宋伟、闫晓光、杨占华。设有财政金融审计科、经贸审计科、农业与资源环保审计科、固定资产投资审计科、社会保障审计科、行政事业审计科、法制审理科、人事教育科、办公室和经济责任审计局。

审计成果　全市共审计284个单位，查出违规金额47246万元，应纠正金额35948万元，应上缴财政181万元，已缴财政110万元。提交审计报告211份，编发审计信息136篇，被上级审计机关、党政机关和新闻机构采用37篇（份）。市审计局共审计50个单位，共查出违规金额31303万元，应纠正金额28800万元，应上缴财政48万元，已缴财政47万元。提交审计报告38份，编发审计信息46篇，被上级审计机关、党政机关和新闻机构采用12篇（份）。

预算执行审计　在真实、合法和效益性审计的基础上，开展了对预算编制、政府采购、会计集中核算、国库集中支付等9个预算执行单位的审计，揭示了挤占挪用预算资金、违反规定使用预算资金等违纪违规问题。开展了6项财政决算和财政转移支付资金审计，从财政资金结构上分析了财力状况，对滞留救灾物资、未设救灾专账等问题进行了纠正。

经济责任审计　在经济责任审计中，把经济责任审计与财务收支审计、纪检监察与干部管理相结合，重点对13名党政领导干部进行了任期经济责任审计，其中县以上党政领导干部6名，行政事业单位负责人6名，国有企业法人1名，共查出违规金额1241万元。

企业审计　为深化粮食流通体制改革，促进粮食购销企业转换机制，全市组成13个审计组，对41个国有粮食购销企业1998～2004年新发生的财务挂账进行了就地审计。审计中，坚持实施审计和填制报表同步，清理审计和揭示问题同步，记录审计日记和编写审计底稿同步，审计实施和审理复核同步，提高了审计质量和效率。审计发现多提政策性补贴3797万元，应进未进成本费用20754万元。

法制建设　加大了审计业务质量和审计执法检查力度，不断提升审核层次和复核工作质量。制定和完善了《黑河市审计局行政复议工作规程》、《黑河市审计局行政应诉工作制度》、《黑河市审计局重大疑难问题请示报告制度》，有效地促进了审计工作法制化、制度化、规范化建设。(撰稿人：徐　峰)

【大庆市审计局】　2004年，共有干部职工35人。局长杨桂琴，副局长李世宏、黄殿利、徐丽艳，纪检组长赵明日。设有办公室、财政审计科、金融审计科、行政事业审计科、农业与资源环保审计科、外资运用审计科、固定资产审计科和经济责任审计办公室。

审计成果　全市审计机关共开展计划审计项目20个（审计310个单位），开展经济责任审计项目130个，查出违规金额13592万元，应上缴财政3611万元，已缴财政2355万元。提交审计报告、信息341篇，被批示采用94篇（次）。市审计局开展审计项目20个（审计单位58个），开展经济责任审计项目25个，查出违规金额5795万元，应上缴财政3054万元，已缴财政1992万元。提交审计报告、信息122篇，被批示采用62篇（次）。在11月30日召开的全国经济责任审计工作会议上，大庆市被评为“全国经济责任审计先进地区”，市委常委、副市长韩冬炎在会上作了《加强经济责任审计，全力提高领导干部监管水平》的经验介绍，受到与会者的好评。《黑龙江日报》以《大庆经济责任审计模式全国推广》为题作了报道。

法制建设　围绕依法行政、建设法制政府的工作目标，认真落实行政执法责任制，组织开展了以《行政许可法》为主要内容的普法学习和考试，加强审计业务知识和法规知识培训，还结合年终整训，举办了审计财经法规知识讲座，进行系统地学习和培训。对县、区审计机关的审计业务质量、行政执法责任制贯彻落实情况、“四五”

普法工作开展情况进行了检查考核，促进了县、区审计机关依法审计。组织实施对社会审计组织业务质量检查监督，对发现的审计底稿内容不完整、审计程序不规范等问题督促其整改，促进社会审计组织规范执业。连续六年荣获全省审计系统行政执法责任制“先进单位”称号。

信息化建设 加大了投入力度，筹措资金40多万元，用于网络建设及计算机、办公自动化等设备购置。同时，积极运用计算机审计软件，提高了工作效率。举办了3期计算机知识和操作技能的培训班，使审计干部的计算机应用能力普遍提高，全市基本实现了计算机辅助审计。计算机软件制作从无到有，并取得了显著的成果。（撰稿人：孙继春）

【伊春市审计局】 2004年，共有干部职工47人。局长佟林（12月—)、张克举（—12月），副局长王勇、马庆、宫林，纪检组长郑国文。设有办公室、党总支（监察室）、法制科、行政事业审计科、固定资产投资审计科、农业与资源环保审计科、社会保障审计科、经贸审计科、财政金融审计科、经济责任审计科、林业审计科。

审计成果 全市共审计256个单位，查出违规金额7576万元，管理不规范金额53799万元。提交审计报告及信息144篇。市审计局共审计67个单位，查出违规金额6724万元，管理不规范金额52919万元。提交审计报告及信息76篇。

预算执行审计 共审计了2个财税部门和14个预算执行单位，查出违规金额167万元，管理不规范金额1995万元。对审计查出的问题，依据有关法律法规进行了处理处罚，并提出要强化财政管理、充分发挥财政资金使用效益的建议。对铁力市和伊春市西林区农村税费改革转移支付资金进行了审计，查出管理不规范金额446万元，揭示了转移支付资金管理中存在的问题，促进了转移支付资金管理水平的提高。

经济责任审计 对18个单位的领导人员实施了经济责任审计，共查出违规金额145万元，管理不规范金额978万元。为力求准确地反映领导干部的决策能力，管理能力、自我约束能力，正确评价其履行经济责任的水平，制定了《伊春市审计机关经济责任审计评价标准》，使伊春市经济责任审计的规范化程度明显提高，初步形成了经济责任审计质量保证体系。

行政事业审计 对绥化市国土资源资金进行了审计，共查出违规金额3156万元，管理不规范金额11797万元，揭示了绥化市政府减免及应收未收土地出让金、土地管理费、土地登记费，财政部门隐瞒基金预算收入，国土部门隐瞒、截留、挪用、坐支专项资金等违纪违规问题。针对产生的问题提出了严格执行国家和省土地管理的有关法律法规和政策，严格按照国家规定治理整顿土地、矿产市场秩序，规范财务收支行为，增强财经法纪意识等审计建议。

企业审计 在国有粮食购销企业财务挂账清理审计中，审计了26个粮库，共查出粮食企业虚报冒领费用补贴87万元，漏缴税金72万元，挤占费用补贴20万元，违规出售固定资产188万元，企业自行销售亏损7万元，应进未进成本费用11850万元，资产潜亏17825万元等违纪违规问题。（撰稿人：吴玉文）

【鹤岗市审计局】 2004年，共有干部职工45人。局长王洪军，副局长吴宝寅、张宝魁，纪检组长高崇杰。设有办公室、人事教育科、法制科、行政事业与社会保障审计科、固定资产投资审计科、经贸审计科、金融审计科、经济责任审计科、财政审计科、农业与资源环保审计科和派出区级审计科、公检法审计科、公用事业审计科、科教文审计科。

审计成果 全市全年共审计131个单位，查出违规及管理不规范金额24649万元，指明要求纠正金额2140万元，应上缴财政金额823万元，已上缴财政340万元。向党政领导和上级部门提交审计报告和信息184篇，被批示采用45篇。市审计局全年共审计58个单位，查出违规及管理不规范金额23502万元，应上缴财政793万元，已上缴财政314万元，指明要求纠正金额542万元。向党政领导和上级部门提交审计报告和信息102篇，被批示采用40篇。

信息化建设 按照全省信息化建设的总体规划要求，为充分发挥计算机技术在审计工作中的重要作用，2004年又购置了新的机器和设备，实现了与互联网的接通，并严格按照省审计厅要求，对政务网与互联网实现完全物理隔离，保证了数据信息的安全。在粮食清查审计中，又投入16万多元，为每个审计组配备了笔记本电脑和数码照相机等硬件设备。在软件建设上，积极推广使用省审计厅下发的《法规检索系统》、《计算机辅助审计作业系统》等应用软件，逐步扩大财经信息系统备案制度和财会数据定期报送制度的实施范围，加快实现审计作业和管理电算化的进程。同时，加大计算机应用培训工作力度，组织人员积极参加省审计厅举办的各期计算机培训班；组织全市审计人员报名参加审计署举办的第二轮计算机等级考试，做好考前培训工作，经过认真的准备，全市的考试通过率达85%以上。（撰稿人：马江洵）

【佳木斯市审计局】 2004年，共有干部职工64人。局长陈清山，副局长刘玉兰、崔新文、关胜超、李纲，纪检组长马金荣。设有办公室、人事教育科、党总支、经贸审计科、固定资产投资审计科、行政事业审计科、财政审计科、金融审计科、外资运用审计科、农业审计科、经济责任审计办公室、社会保障审计科、派驻审计科、法制科、市纪委派驻纪检组和监察室。

审计成果 全市两级审计机关共完成审计项目21个，审计（调查）单位371个，查出违规金额5.8亿元，归还原渠道资金3222万元，纠正违规金额34854万元，上缴财政520万元。向纪检监察和司法机关移交大要案线索7件。向党政机关、上级审计机关和新闻媒体提交审计报告、信息256篇，被批示、采用205篇。市审计局共完成审计项目12个，审计（调查）单位65个，查出管理不规范和违规金额32964万元，归还原渠道资金2440万元，纠正违规金额17019万元，上缴财政203万元。被党政机关、省审计厅和新闻媒体批示采用审计报告、信息和调研文章140篇，其中被省审计厅采用25篇，被国家级采用11篇。

财政审计 先后对市财政局、地税局，3个县政府、1个区政府和1个事业单位进行了审计，查出违规金额4200万元，归还原渠道资金200多万元。全面开展了预算执行和政府决算计算机辅助审计，探索出了财政审计中计算机辅助审计的路子，实现了计算机审计在财政审计工作中的全面应用，大大提高了工作效率，超额完成了年初确定的各项工作目标。

“人、法、技”建设 结合“两风”建设，在佳木斯广播电台开办了《审计之声》专栏，每周播出2次，每次20分钟，宣传审计法规和审计工作成果。局领导走进电台直播间，接受记者专访、现场解答听众的咨询。2004年，局机关部分干部也经常走进电台直播间，解答群众关注的热点问题，同时在电台对2个专项资金审计结果发布了公告。组织召开了全市法制工作会议，会议就贯彻实施6号令进行了专题辅导讲座，通过以会代训的形式对各县（市）、区局主管法制工作的领导和业务骨干进行了培训。12月25～26日，市、县两级审计机关大部分审计人员在佳木斯考点参加了审计署全国计算机中级考试。（撰稿人：王进兴）

【双鸭山市审计局】 2004年，共有干部职工42人。局长黄志文，副局长郑晓光、杨会东、邸栋梁，纪检组长刘恒广。设有财政审计科、金融审计科、经济责任审计科、固定资产投资审计科、农业与资源环保审计科、经贸审计科、行政事业审计科、社会保障审计科、外资审计科、办公室、人事教育科、法制科、督察室和监察室。

审计成果 全市审计机关共审计274个单位，查出违规金额34266万元，已上缴财政187万元。提交审计报告、信息262篇，被各级党政领导批示、新闻单位采用65篇。协助有关部门查处案件16起。市审计局共审计63个单位，查出违规金额14795万元，已上缴财政92万元。提交审计工作报告、信息79篇，被批示采用42篇。

预算执行及税收征管审计 共查出虚编漏编预算、少报决算、不规范列支等违规金额3065万元，揭示了各级税务部门在税源控制上有漏征、漏管户及纳税户不主动申报纳税、有意偷税等问题。

经济责任审计 共审计了11名党政领导干部，查出违规金额300万元，成立了经济责任审计领导小组，出台了《经济责任审计操作指南》、《部门协作办法》和《审计结果利用办法》，建立了2000～2004年经济责任审计台账。

固定资产投资审计 在对小型农田水利补助费及岁修费的审计中，揭示出工程档案资料不健全，无立项申请及项目批复文件，没有建立施工记录和进行竣工决算等问题；对市水务局违规发包工程问题进行了处罚。对双鸭山矿业集团东荣三矿地面土建工程、市第三中学教学楼工程、市煤气公司管网工程、饶河县西丰国储库工程建设项目进行了竣工决算审计，为国家挽回经济损失2086万元。

行政事业审计　在对双鸭山市及友谊县医疗保险基金审计中，揭示了地方财政未按规定拨款、医疗保险基金缺口较大的问题。在友谊县救灾资金审计中，针对挤占挪用救灾款和滞拨救灾资金等问题提出了审计意见和建议，促使县财政及时整改。在集贤县农业综合开发资金效益审计中，揭示了农田防护林成活率不高、农机井损坏、水田种植面积未达到开发任务要求等问题，并提出了改进措施和建议。在质量技术监督部门审计中，对查出的市质量技术监督局下属3个事业单位将行政性收费10万元以服务费名义转至其开办的公司账户形成账外“小金库”的问题进行了严肃处理。

其他审计　对全市31个粮食企业时间跨度6年的财务挂账进行了清理审计；完成了市长交办的审计事项2项，即新三星啤酒有限公司时间跨度4年的资产负债损益审计和安通煤气工程竣工决算审计。2004年，荣获“全省审计机关行政执法责任制优秀单位”称号；有4个审计项目被省审计厅评为优秀审计项目。（撰稿人：梁望秋）

【七台河市审计局】　2004年，共有干部职工26人。局长孙云启（7月—）、陈光复（—7月），副局长陶佩行、柳亚贤、张洪涛、王宝山，纪检组长王启顺。设有法制科、办公室、财政审计科、金融审计科、行政事业审计科、经贸审计科、固定资产投资审计科、农业与资源环保审计科、经济责任审计科。

审计成果　全市全年共完成计划审计项目17个，审计84个单位，其中省定项目12个，涉及49个单位；市定项目5个，涉及35个单位。查出违规金额9527万元，管理不规范金额2811万元。提交审计报告80份，发出审计信息54篇，审计报告、信息被各级党政领导批示、相关单位采用9篇（份）。市审计局共完成计划审计项目17个，审计37个单位，查出违规金额6436万元，管理不规范金额2077万元。提交审计报告30份，发出审计信息40篇，审计报告、信息被各级党政领导批示、相关单位采用5篇（份）。

预算执行审计　主要以财政税务部门审计为主导，以预算调整和部门单位预算执行审计为基础，以重点专项资金审计为主线，着重审计了市财政局具体组织市本级2003年度预算执行情况、市地税局税收计划执行及税收征管情况；审计了市教育局、市房产管理处等4个部门单位预算执行及财政财务收支情况（含“收支两条线”执行情况审计）；对水利专项资金、城镇职工基本医疗保险基金管理使用情况进行了审计；对科技三项费用的管理使用情况进行了专项审计调查，并延伸审计调查了市通达市政有限责任公司、双吉木业有限责任公司等9个纳税人的纳税情况。审计资金总额40862万元，查出违规金额43万元，管理不规范金额1840万元，纳税人偷漏各种税款17万元。

经济责任审计　为了加强对全市经济责任审计工作的领导，成立了由市委副书记任组长、常务副市长任副组长的经济责任审计领导小组，由市委、市政府办以文件形式下发了《七台河市经济责任审计领导小组工作制度》、《七台河市经济责任审计领导小组经济责任审计结果运用制度》，并对经济责任审计有关文书用纸、审计程序、审计内容等进行了进一步的明确和规范，经济责任审计工作得到了加强，取得了较好的效果。全年共完成了对桃山区人民政府原区长、市环保局原局长等10名处级党政领导干部的任期经济责任审计。

法制建设　制定了《七台河市审计机关2004年度行政执法责任制实施及检查考评方案》，并组织了《行政许可法》和《审计机关审计项目质量控制办法（试行）》的学习培训。（撰稿人：陈英波）

【鸡西市审计局】　2004年，共有干部职工56人。局长王福常（9月—），副局长高然、王椿、崔长杰，纪检组长齐明达。设有经济责任审计办公室、办公室、法制审理科、财政审计科、经贸审计科、固定资产投资审计科、行政事业与社会保障审计科、外资审计科、金融审计科、农业与资源环保审计科、驻执法机关审计科、驻公检法审计科、驻科教文卫审计科。

审计成果　全市审计机关共审计299个单位，查出违规金额14894万元，归还原渠道资金658万元，应上缴财政292万元，已缴财政117万元。提交审计报告和信息133篇。市审计局完成审计项目单位65个，查出违规金额10936万元，应上缴财政84万元，已上缴财政73万元，归还原渠道资金635万元。向纪检监察机关移送违法违纪案件线索2件。向各级党政机关和上级审计部门提交审计报告、信息52篇。荣获全省审计机关“争先创优”先进集体荣誉称号。

预算执行审计　2004年，对28个市直部门、企事业单位的预算执行、财政收支、纳税情况以及预算外资金管理情况进行了审计和延伸审计，共查出非预算单位占用财政预算资金、未实行政府采购、混淆入库级次、延压税款等违规金额1864万元。对存在的问题都作了审计处理和处罚，提出了规范预算管理、强化税收征管的审计建议。代市政府向市人大常委会所作的审计工作报告，被市人大常委会称为是“内容翔实、针对性强、反映问题一针见血的报告，切实发挥了经济监督的作用”。此报告在《鸡西日报》公布后，得到社会各界的广泛关注，产生了良好的社会影响。

经济责任审计　2004年，经济责任审计突出抓好审计质量和审计成果运用两个关键环节，整体工作不断向规范化、制度化方向发展。2004年7月，鸡西市经济责任审计工作领导小组成立，为加强经济责任审计提供了组织保障。工作中积极与有关部门协调配合，不断改进审计方法，整合审计资源，把经济责任审计与预算执行审计、财政财务收支审计、重点项目及专项资金审计结合起来，有效地提高了审计效率，降低了审计成本。全年共完成经济责任审计项目16个，其中党政领导干部15人，企业法定代表人1人，查出违规金额4518万元。为促进经济责任审计成果转化，对审计成果进行整理，形成摘要，报送市委、市政府和市委组织部、市纪检委，为选拔任用干部提供了重要的参考依据。（撰稿人：高　然）

【牡丹江市审计局】　2004年，共有干部职工80人。局长庞愚男，副局长庄长顺、顾景泉、刘永和、孙秉海、佟卫东，纪检组长吕春江。设有办公室、法制审理科、人事教育科、党委办公室、监察室、财政审计科、金融审计科、行政事业审计科、经贸审计科、农业与资源环保审计科、社会保障审计科、固定资产投资审计科、外资运用审计科和经济责任审计办公室。

审计成果　2004年，全市审计机关共完成审计项目354个，查出违规金额23423万元，管理不规范金额33162万元，损失浪费金额74万元，应上缴财政2119万元，已上缴财政316万元，归还原渠道资金270万元。向纪检、司法机关移送各类违法犯罪案件线索26件。提交审计信息196篇。市审计局共完成审计项目96个，查出违规金额10333万元，管理不规范金额1402万元，损失浪费金额55万元，应上缴财政1409万元。审计处理后，已上缴财政207万元，归还原资金渠道242万元。向纪检、司法机关移送各类违法犯罪案件线索6件。提交专题或综合性报告8份；编发审计信息102篇，被上级审计机关和政府领导采用批示83篇。

预算执行审计　共审计了市直31个预算部门单位和40个二、三级单位的预算执行情况，扫清了审计的“盲区”。在财政管理审计中，对部门预算的编制、批复、政府采购的实施、国库集中收付、资金的分配和使用、行政事业单位的资产管理等进行了全方位审计。查出财政部门用银行贷款安排城建预算6029万元；政府采购管理不善，致使3535万元自筹资金采购业务游离于政府采购管理范围之外；教育卫生系统乱收费232万元。同时还揭示了隐瞒、截留财政收入、挪用专项资金等预算管理中的深层次问题。

经济责任审计　全年共完成国有企业法定代表人和党政领导干部经济责任审计项目167个，查出违规金额9656万元，其中领导干部应负主管责任金额5540万元，应负直接责任金额3726万元。审计后，平调58人，晋升8人，免职和降职7人，移送纪检监察机关2人。（撰稿人：范国志）

【绥化市审计局】　2004年，共有干部职工67人。局长刘江，副局长袁国学、田学斌、赵德河、李永志，纪检组长李中然。设有经济责任审计室、人事教育科、办公室、法制审理科、财政审计科、金融审计科、投资审计科、经贸审计科、农业与资源环保审计科、行政事业审计科、社会保障审计科和信息化审计科。

审计成果　全市共审计638个单位，完成项目计划100%，查出违规金额29657万元，应上缴财政1576万元，已缴财政588万元；市审计局查出违规金额16935万元，应上缴财政1250万元，已缴财政156万元。提交审计报告、信息749篇，被党政领导和上级审计机关批示采用111篇。

财政审计　全市共查出应缴未缴预算收入、虚列财政支出、延解税款、坐收坐支预算外资金、违规动用预算外资金等违规金额3013万元。对审计发现的问题，依据政策法规提出了审计处理意见，提出了加强预算管理、加强税收征管、强化专项资金管理、规范财政支出审批程序、加强税源建设等建议，并向市政府和人大常委会上作了专题审计报告。

经济责任审计　全市各级审计机关采取经济责任审计与常规审计、专项审计、财政决算审计相结合的方式，对22名县处级领导干部、108名科级领导干部进行了任期经济责任审计和离任经济责任审计。其中离任经济责任审计5人（市、县政府主要领导干部2人，市直部门主要领导干部3人），市直部门主要领导干部任期经济责任审计17人。通过审计，查出和纠正了违反“收支两条线”、私设“小金库”、挪用专项资金等违规金额1157万元。

固定资产投资审计　市审计局对全市13条通乡公路进行了跟踪审计；对绥化市货运枢纽站建设工程经济效益情况进行了审计；完成了省审计厅授权的肇肇公路和明沈公路项目审计；开展了项目决算审计和基建项目事中审计。审计资金总额10亿元，查出违规金额2570万元，损失浪费金额110万元，建设项目土地浪费92436平方米，调整工程价款113万元。

专项资金审计　对城镇职工基本医疗保险基金和救灾专项资金进行了审计。审计发现，参保单位缴费比例不一，造成医疗保险基金征收不到位；医疗保险基金挤占问题较为严重；救灾专项资金在相关部门滞留、串项使用等问题较为突出。全市共审计救灾专项资金3240万元，查出违规金额1121万元。针对上述问题，审计部门提出了处理意见和整改建议，并跟踪检查各被审计单位对审计意见和建议的落实情况，一抓到底，确保专款专用。（撰稿人：蒲成全）

【大兴安岭地区行署审计局】　2004年，共有干部职工37人。局长张喜君，副局长解学民（4月—）、戴洪友、宋学阳、孙庆俊。设有办公室、法制审理科、经济责任审计科、财政经贸审计科、金融外资审计科、固定资产投资审计科、行政事业审计科、农业与资源环保审计科、网络信息审计科。

审计成果　全年地县两级审计机关共完成计划审计项目14个，审计调查项目2个，领导交办经济责任审计项目43个。审计单位138个，其中地区行署审计局审计单位30个。查出违规金额14212万元，其中地区行署审计局10311万元；管理不规范金额7992万元，其中地区行署审计局5063万元；损失浪费金额11万元；应上缴财政金额127万元，其中地区行署审计局101万元；已上缴财政82万元，其中地区行署审计局72万元；应自行纠正金额20639万元，其中地区行署审计局14109万元；已自行纠正金额13079万元，其中地区行署审计局11880万元。提交审计报告123份，其中地区行署审计局33份，被批示采用2份。编发审计信息124篇，其中地区行署审计局44篇；被有关部门采用55篇（次），其中地区行署审计局46篇（次）。向纪检监察部门移交案件1起。

经济责任审计　全年地县两级审计机关共审计43名党政领导干部和国有企业法定代表人，共查出违规金额2651万元。有关部门参照审计结果，平调26人，晋升4人，免职3人，移送纪检、司法部门1人。经济责任审计工作得到了省经济责任审计领导小组的肯定，被评为全省经济责任审计工作先进地区。

信息化建设　地县两级审计机关注重加强网络硬件建设和软件的推广应用，使计算机审计逐步成为审计的重要方式和手段。地县两级审计机关引进和使用了《审计机关办公系统》、《计算机辅助作业系统》、《审计复核系统》、《财政总预算会计辅助审计系统》、《地方税务征收辅助审计系统》等。地区行署审计局编译完成了《大兴安岭地区审计局网络办公系统》软件平台，集成了用户界面，建立了用户数据库，基本实现了办公自动化，提高了办公效率；同时，还根据“两风”建设的需要，建立了局域网络签到平台，职工通过局域网络上下班签到，进一步加强了机关作风建设。地区行署审计局信息化建设工作得到省审计厅的肯定，被授予“全省信息化建设先进单位”称号。（撰稿人：张　波）

2004年黑龙江省区、县（市）级审计工作统计表

审计机关	干部职工人数（人）	审计单位（个）	经济责任审计项目（个）	查出违规金额（万元）	应缴财政（万元）	已缴财政（万元）	决定处理处罚（万元）	指明要求纠正（万元）	提交审计报告、信息（篇）	审计信息被采用（篇）
哈尔滨市										
道里区审计局	21	46		504	27	27	27	208	2	
南岗区审计局	19	73	4	12315	84	84	84	6326	29	5
道外区审计局	20	88	32	10797	47	47	47	20	37	16
太平区审计局										
香坊区审计局	15	80	32	5735	64	64	64	16	26	1
动力区审计局	23	36	13	2586	39	39	39	525		
平房区审计局	14	35	17	9018	361	143	361	10311	59	36
呼兰区审计局	29	52	31	2541	66	45	66	19852	85	40
双城市审计局	15	18	5	802	46	46	46	21781	52	18
尚志市审计局	10	21	5	3953	18	18	18		16	
五常市审计局	16	32		1442	36	36	36	1052	21	
阿城市审计局	18	51	24	4544	117	75	117		27	
依兰县审计局	21	29	3	4577	104	73	104	1089	30	
方正县审计局	7	9	2	1	1		1	258	14	
宾县审计局	20	29	22	333	21	21	21	81	37	
巴彦县审计局	19	21	9	4469	278	275	278	254	23	6
木兰县审计局	21	36	17	803	39	39	39	5132	50	31
通河县审计局	14	19	15	1563	6	6	6	930	23	1
延寿县审计局	13	33	15	2424	225	218	225	4391	25	
齐齐哈尔市										
龙沙区审计局	5	20	3	79	8	8	8	54	5	2
建华区审计局	6	13	1	181	16	16		120	13	7
铁锋区审计局	7	19	9	3				4	24	5
昂昂溪区审计局	4	19	12	291	3	3	3	118	20	3
富拉尔基区审计局	10	21	5	356	13	13	13	566	17	3
碾子山区审计局	4	25	8	22	3	3	3	920	7	2
梅里斯达斡尔族区审计局	5	44	12	1289	15	10	550	739	52	2
讷河市审计局	25	117	45	6211	52	43	1928	4283	97	22
龙江县审计局	26	78	21	4816	107	37	1909	257	82	2

审计机关	干部职工人数（人）	审计单位（个）	经济责任审计项目（个）	查出违规金额（万元）	应缴财政（万元）	已缴财政（万元）	决定处理处罚（万元）	指明要求纠正（万元）	提交审计报告、信息（篇）	审计信息被采用（篇）
依安县审计局	18	77	21	972	40	16	344	628	38	16
泰来县审计局	15	56	29	1796	48	48	54	98	69	10
甘南县审计局	21	61	17	2857	60	53	1377	1747	55	3
富裕县审计局	13	1	23	914	14	13	14	728	25	
克山县审计局	18	86	11	2894	84	84	84	2894	62	6
克东县审计局	20	43	22	16035	45	40	16035	15990	43	20
拜泉县审计局	19	53	17	943	60	60	211	4113	41	24
黑河市										
爱辉区审计局	17	38	16	7204	46	5	1925	406	60	12
北安市审计局	21	63	18	2054	65	41	65	2548	58	4
五大连池市审计局	19	38	15	1293	17	14	17	2139	54	7
嫩江县审计局	13	40	8	653	13	7	7	154	40	4
逊克县审计局	14	33	7	1820	8	6	8	262	40	6
孙吴县审计局	13	35	14	240	5	5	240	3276	41	12
大庆市										
萨尔图区审计局	7	33	25	58	30	8	57	1	27	
龙凤区审计局	6	36	24	613	1	1	46	567	38	
让胡路区审计局	6	29	17	12860	155	143	1840	11020	11	10
大同区审计局	5	22	8	1815			311	1504	4	
红岗区审计局	5	13		235	43	4	51	184	3	
肇州县审计局	23	50	16	6384	37	37	833	5551	56	20
肇源县审计局	22	47	11	3150	138	34	1368	1782	46	15
林甸县审计局	13	58	34	4604	7	5	233	4371	59	1
杜尔伯特蒙古族自治县审计局	15	41	20	2033	11	11	475	1558	47	
伊春市										
伊春区审计局	6	12	8						12	
西林区审计局	3	12	6	35	6	6	6	29	12	
铁力市审计局	29	71	33	254	1	1		416	85	11
嘉荫县审计局	14	97	15	833	23	21	235	598	55	4
鹤岗市										
萝北县审计局	15	26	9	651	14	11	18	1450	35	2
绥滨县审计局	13	47	9	496	16	15	130	148	47	3
佳木斯市										

审计机关	干部职工人数（人）	审计单位（个）	经济责任审计项目（个）	查出违规金额（万元）	应缴财政（万元）	已缴财政（万元）	决定处理处罚（万元）	指明要求纠正（万元）	提交审计报告、信息（篇）	审计信息被采用（篇）
前进区审计局	2	4	1	1	1	1	1		9	4
向阳区审计局	3	8	2	13	1	1	5		3	1
东风区审计局	4	9	1	1	1	1	1		2	1
郊区（永红）审计局	13	19	2	121	18	4	66	59	5	3
同江市审计局	21	45	19	1759	112	82	778	522	75	12
富锦市审计局	32	67	3	28143	62	62	62	320	31	15
桦南县审计局	26	60	41	3067	84	37	1612	14992	95	23
桦川县审计局	16	30	4	366	78	20	33		44	21
汤原县审计局	14	39	6	1863	18	14	18	1845	55	6
抚远县审计局	21	56	12	1540	42	42	42	123	92	18
双鸭山市										
尖山区审计局	2	16	12	123					16	
岭东区审计局	2	25	18	47	15	15	3	32	29	
四方台区审计局	2	6	2	2	2				12	5
宝山区审计局	2	12	9	57	1	1	2	55	15	
集贤县审计局	21	40	19	3345	24	18	2603	742	54	2
友谊县审计局	9	41	14	259	13	13	186	73	31	1
宝清县审计局	20	54	17	2604	21	18	474	4	71	2
饶河县审计局	13	56	24	13671	36	25	70	863	23	4
七台河市										
桃山区审计局	3	3							3	
新兴区审计局	2	3							3	
茄子河区审计局	4	5							5	
勃利县审计局	17	31	6	2852	22	22	2852	683	37	3
鸡西市										
鸡冠区审计局	6	5	2	95			95	107	3	
恒山区审计局	3	8	4	955	14	7	22	497	3	
滴道区审计局	5	7	3					35	3	
梨树区审计局	4	11	7	105	1		5	100	3	
城子河区审计局	5	9	5	90				149	3	
麻山区审计局	2	8	4	181	6		127		3	
虎林市审计局	20	35	21	61	53	4	60	2448	20	8
密山市审计局	19	30	10	680	83	22	164	434	24	8
鸡东县审计局	20	60	11	1791	51	11	1842	1394	19	1

审计机关	干部职工人数（人）	审计单位（个）	经济责任审计项目（个）	查出违规金额（万元）	应缴财政（万元）	已缴财政（万元）	决定处理处罚（万元）	指明要求纠正（万元）	提交审计报告、信息（篇）	审计信息被采用（篇）
牡丹江市										
爱民区审计局	15	38	21	543	82	32	445	264	176	27
东安区审计局	22	47	31	145	36	27	144	1121	143	56
阳明区审计局	16	37	28	4550	341	22	983	18314	5	
西安区审计局	15	33	15	3401	124	2	1997	1647	103	18
穆棱市审计局	7	10	3	84	28	14	34	121	16	7
绥芬河市审计局	6	15	8	44	5	3	5	75	27	4
海林市审计局	15	33	15	4185	55	5	3808	1281	150	35
宁安市审计局	15	14	2	107	16	3	94	10467	75	15
东宁县审计局	7	17	13	20	15		15	643	25	
林口县审计局	6	14	3	11	8	1	10	508	29	6
绥化市										
北林区审计局	52	185	92	1852	102	102	103	6	148	30
安达市审计局	32	26	2	20	20	20	20		17	8
肇东市审计局	20	33	6	305	45	43	115	57	39	1
海伦市审计局	25	36	7	2561	47	16	1920	18	20	4
望奎县审计局	17	58	30	1135	20	16	28	2	85	15
兰西县审计局	15	25	1	490	10	10	10		48	10
青冈县审计局	25	111	56	793	28	28	431	371	96	15
庆安县审计局	19	20	2	30	13	8	13	471	45	6
明水县审计局	12	18	2	3932	25	12	120	22	18	1
绥棱县审计局	15	48	4	1604	16	12	16		58	9
大兴安岭地区										
加格达奇区审计局	10	19	10	10	1	1	10	1167	32	3
呼中区审计局	8	4							15	1
新林区审计局	9	3					2		14	1
松岭区审计局	11	4		4				35	12	
呼玛县审计局	16	35	18	14	14	7		670	44	1
塔河县审计局	15	17		38	10	2	26	883	23	2
漠河县审计局	12	26	6	3835	1		218	3775	30	1

上海市

【上海市审计局】　2004年，上海市审计局共有干部职工343人，设有办公室、人事处（老干部处）、法规处（政策研究室）、监察室、机关党委、财政审计处、金融审计处、行政事业审计处、社会保障审计处、农业与资源环保审计处、经贸审计处、经济责任审计处、国有资产鉴证审计处、固定资产投资审计处、外资运用审计处等15个处（室），另设有审计科学研究所、审计培训中心、审计信息中心、机关服务中心等4个事业单位。

领导成员

局　长：葛爱玲

副局长：徐志中（—1月）　江小民

　　　　吴茵蝶（1月—）　施　涛

正局级巡视员：徐志中（1月—）

审计成果　全年共审计单位839个，完成专项审计调查项目64个，查出违规金额70.87亿元，查出管理不规范金额129.08亿元。通过审计处理，已上缴财政1.39亿元，已减少财政拨款或补贴金额8588万元，已调账处理46.37亿元。向司法机关和纪检监察部门移送案件线索10件。市政府领导对市审计局14篇审计工作报告和审计信息作了批示。

预算执行审计　市审计局和19个区县审计局依法开展了2003年度本级预算执行和其他财政收支审计。通过审计，揭示了本级预算执行和其他财政收支中存在的与法律法规不相符和管理不规范、政策执行不到位等问题，提出了加强预算管理的意见，为政府加强财政管理提供了依据。市十二届人大常委会第14次会议听取和审议了2003年度本级预算执行和其他财政收支的审计工作报告，肯定审计工作报告揭露问题涉及面比较广，市审计局做了大量工作。市十二届人大常委会第40次主任（扩大）会议听取和审议了《关于审计整改工作情况的报告》，对市政府和市审计局为督促审计整改所作的工作予以肯定。根据市人大常委会的要求，市审计局还对4个部门2003年度决算草案进行了审签试点，揭示了收支不实、决算报表漏编少编、重复计算收支等问题，向市人大常委会主任（扩大）会议提交了书面报告。

重点专项资金审计　全市审计机关共完成专项资金审计项目36个，审计资金总额1065.37亿元。市审计局重点对城镇职工基本养老保险基金、失业保险基金和促进就业资金、住房资金、主副食品储备资金、住宅配套费等9项重点专项资金进行了审计和审计调查，审计结果引起了市政府和有关部门的重视，促进强化了资金监管。根据审计署统一组织，市审计局对本市使用世界银行、亚洲开发银行贷款项目年度执行情况进行了审计，对本市世界银行、亚洲开发银行贷款项目资金使用管理效益情况进行了审计调查，促进提高外资利用质量。各区县审计局从本地区实际出发，对社会保障资金、教育经费、科技发展基金、小城镇建设专项资金、老式住宅消防设施整治资金、绿地建设资金、政府采购资金、招商引资专项资金、财政安民帮困资金、农村社会养老保险基金等重点专项资金进行了审计和审计调查，促进提高资金管理水平和使用效益。

固定资产投资审计　全市审计机关共审计建设项目219个，审计项目投资总额512.49亿元，核减工程款13.74亿元。市审计局对6个市重大工程项目、23个市财力投资的建设项目以及8个绿化资源水利建设项目进行了竣工决算审计，促进建设单位加强投资管理、节约建设资金、提高工程质量、防止损失浪费，保证了市重点建设项目顺利建设。根据监察部、审计署等部委有关文件精神，市审计局组织15个区县审计局对本市征用农民集体所有土地的土地补偿费等情况进行了检查，维护农民利益，促进建立对征地农民补偿费管理使用的长效机制。各区县审计局结合本地实际，重点抓好财力投资项目概预算审计和竣工决算审计，探索建设项目跟踪审计，核减工程投资，节省建设资金，促进了地区建设和经济发展。

行政事业审计　全市审计机关共审计行政事业单位318个，查出违规金额11.73亿元，已上缴财政1.13亿元。市审计局对7个部门2003年预算执行情况进行了审计，针对存在的问题，提出了审计意见和建议，促进政府部门加强预算管理和廉政建设，提高资金使用效益。市审计局对原上海产权交易所、上海技术产权交易所进行了财务收支审计，对农业机械化研究推广机构资源整合情况、本市公证费征收使用管理情况开展了审计调查，审计结果引起了市政府领导和有关部门的重视。此外，根据市政府要求，市审计局对市绿化局和市农林局2个机构撤并部门进行了财务收支审计，确保机构改革顺利进行。

经济责任审计　市审计局对18个市管企业领导人员进行了经济责任审计，开展了对3个区主要领导干部任期经济责任审计，以及6个市管党政机关和事业单位领导干部任期经济责任审计。19个区县审计局根据本级党委、政府的要求，对49个区县管企业的53名领导人员进行了经济责任审计，对217个单位的262名处级党政领导干部进行了任期或离任经济责任审计，对浦东、徐汇、长宁、杨浦、闸北、嘉定、宝山等7个区审计局开展了领导干部述职评议审计，为组织部门考核评价党政领导干部和企业领导人员工作业绩提供了参考依据。市审计局认真回顾了近3年来本市开展经济责任审计工作情况，总结了具有上海特点的经济责任审计工作经验，对部分区经济责任审计情况进行了调研。市审计局会同有关部门，研究制定了《上海市党政领导干部任期经济责任审计工作规范》和《上海市国有及国有控股企业领导人员任期经济责任审计工作规范》，对党政领导干部、国有及国有控股企业领导人员任期经济责任审计的立项、程序、内容、方法和评价等方面提出了具体要求，促进了经济责任审计工作规范化建设。在全国经济责任审计工作会议上，上海市和松江区被评为经济责任审计工作先进地区。

专项审计调查　全市审计机关共完成专项审计调查项目64个，调查单位853个，审计调查金额749.28亿元，发现问题金额80.78亿元。市审计局重点抓好对科技专项资金、教育专项资金使用管理情况，公共卫生建设项目投资管理和效益情况，土地储备和开发利用情况，不实资产接收及处置情况，劳教局系统保留企业经营管理情况，燃气行业生产销售情况等审计调查，审计调查结果引起了市政府领导和有关部门的重视。19个区县审计局围绕党委、政府关注的热点、难点问题，对社会保障资金管理使用情况、科技发展资金使用管理情况、国有资产管理情况、国有企业转制改制情况、街道财政财务财力情况、教育经费管理使用情况、财力投资项目建设管理情况等58个项目开展了专项审计调查，为政府领导决策提供了重要依据。

队伍建设　市审计局组织召开了全市审计机关思想政治工作会议，组织全市审计机关开展了“三效一提高”研讨活动，促进和深化了审计工作。全市审计机关开展了第18次职业道德检查月活动，以审计组廉政建设为重点，进一步落实党风廉政建设责任制。市审计局对全市区县审计机关建设情况和全市审计机关人才队伍建设情况分别进行了专项调研，总结了区县审计工作和干部人事制度改革经验，分析了存在的问题，提出了具体意见和建议。在全国审计机关人才和廉政工作会议上，市审计局作了经验介绍。

法制建设　为了深入贯彻落实审计署6号令，市审计局邀请审计署科研所的有关同志为全市审计机关500多名审计干部作了辅导讲座，制定了《上海市审计局关于贯彻〈审计机关审计项目质量控制办法（试行）〉的实施意见》，对健全审计复核、推行审计日记、加强审计方案质量控制提出要求。组织开展《宪法修正案》学习教育活动和《行政许可法》学习培训，开展了全市审计机关第9次优质审计项目评选活动，对3个区县审计局审计业务质量进行了检查，促进依法审计，提高审计质量。

信息化建设　全市审计机关继续加大投入，强化培训，加快审计信息化建设，积极推进计算机在审计工作中的应用。市审计局认真落实“金审工程”要求，如期完成“上海市审计信息化系统”招投标工作，确保项目顺利实施。积极应用和完善“上海市审计局管理信息系统”，并在区县审计局开展了推广试点工作。举办了计算机审计中级培训班和“现场审计实施系统”应用培训班。

20周年纪念活动　2004年，上海市审计机关成立20周年。全市审计机关本着“隆重、热烈、简朴、务实”的原则，开展各项纪念活动。市审计局组织召开了上海市审计机关成立20周年纪念大会，市委常委、副市长冯国勤到会作了讲话。召开了老领导座谈会，举办了“审计之光”专场文艺演出和“上海审计20年”图片展。通过开展一系列纪念活动，回顾上海审计工作发展历程，总结审计工作成功经验，展示上海审计工作成果和审计队伍风貌，扩大了审计工作的社会影响。

（撰稿人：钱红喜　吴伟斐）

【黄浦区审计局】　2004年，共有干部职工50人。局长徐瑞平（3月—）、计秋荣（—3月），副局长王珍妮、欧阳小平、徐其彬、吕军（9月—）。设有办公室、指导科、综合科、固定资产投资审计科、经济责任审计科、企业审计科、行政事业审计科、财政金融审计科等部门。

审计成果 审计单位56个，查出问题金额6.25亿元，应上缴财政金额1367万元。对区属改制企业不实资产进行了核销，纠正社会中介机构核减的资产7618万元。

预算执行审计 审计中把揭露预算执行过程中存在的问题作为工作重点，把审查预算分配和资金管理情况作为审计重要内容，重点审计了部门预算、政府采购、国库集中支付等情况，重点检查预算编制、重大经费支出、专项资金使用情况等。

企业审计 根据区政府要求，对12个区管企业实施了年度考核审计。检查企业上年度审计查出问题的整改情况，反映2003年度企业经济指标完成情况，揭示经济运行中存在的重大问题，为区“六位一体”考核提供依据。针对审计发现的虚增利润、多计费用、隐匿利润和资产等问题，提出了审计建议。

审计调查 对6个企业进行了审计调查。在对某集团公司资产状况审计调查中，查出账外资产1.4亿元，揭示收入或收益挂账2.6亿元，分析了账外资产、收入或收益挂账的形成原因，提出了有针对性的审计意见。在对某房产开发公司资产状况审计调查中，对企业的资产数量和质量状况进行了全面审核，发现账外房产1.28万平方米。此外，还对4个下放企业资产负债状况进行了审计调查。

固定资产投资审计 完成固定资产投资项目审计21个，核减工程款1493万元。根据区政府批准实施的《关于加强政府性投资项目管理的办法》，对中介机构审计进行抽审，对委托中介机构完成的建设项目竣工决算进行确认审计，会同有关部门对中介机构服务效果进行评估。

经济责任审计 协助区委、区政府制定《黄浦区政府部门领导干部任期中经济责任审计的实施意见》和3年任中经济责任审计计划。对12个部门的处级领导干部实施了任中经济责任审计，向政府提交综合报告，为有关部门考核干部提供了依据。

内部审计 加强对内部审计机构的业务指导。完成审计项目479个，纠正违规金额1002万元，提出审计建议277条。（撰稿人：曹　群）

【卢湾区审计局】 2004年，共有干部职工34人。局长刘连弟，副局长孙德明（—10月）、周爱珍、吴斐（9月—）。设有办公室、综合业务科、财政审计科、行政事业审计科、经贸审计科、基建环保审计科、经济责任审计科等部门。

审计成果 完成审计项目28个，查出管理不规范金额7496万元，损失浪费金额122万元，核减动迁资金425万元。提交审计工作报告、审计信息95篇，被批示、采用50篇。

预算执行审计 在审计报告中对行政事业单位财务力量薄弱和部分部门预算外资金管理混乱等问题作了重点披露，引起区领导和有关部门的高度重视。区委书记作了批示，区四套班子提出要求，区委组织部、区人事局、区财政局联合印发了《关于加强行政事业单位财务干部队伍建设的若干意见》，区财政局制定了《关于进一步加强预算外资金管理的实施意见》。区人大领导在听取预算执行情况审计工作汇报时认为，审计建议针对性强，审计工作报告真实客观，透明度较高。

经济责任审计 对8名领导干部进行了经济责任审计，查出管理不规范金额4053万元，其中个人负主管责任4042万元，负直接责任11万元，向区纪检部门移送案件线索1件。区领导对6篇经济责任审计结果报告作了批示。区委书记办公会议、区长办公会议听取了审计工作情况汇报，专题研究经济责任审计工作中出现的重大问题。区党风廉政建设大会通报了经济责任审计工作情况，剖析违纪违规行为的危害性，帮助各单位领导自省自查，以规范经济行为。

行政事业审计 审计行政事业单位14个，查出管理不规范金额4805万元，损失浪费金额122万元。审计中不仅揭示问题，还提出审计建议，规范财务核算，理顺管理体系，建立规章制度。区文化局根据审计建议，成立了国有资产管理中心，实行对经营性与非经营性国有资产分类监督和管理等一系列措施。

固定资产投资审计 对6个投资建设项目进行了跟踪审计。在对某小学建设项目动迁费用审计中，核减动迁公司多计动迁居民17户，核减动迁资金425万元，确保财政建设资金的合理规范使用。

企业审计　按照区领导的要求，对部分区属企业进行资产负债损益审计，摸清家底，为区领导进行决策和深化企业改制提供了依据。

审计调查　完成审计调查项目3个，调查单位28个，审计调查金额1948万元。重点对4个街道占有、使用的房产运作和管理情况进行审计调查，审计调查结果得到街道领导和房产管理部门的好评。结合“关于开展对本区政府重大投资项目的绩效审计的建议”提案办理工作，对本区老式居民住宅楼消防安全专项治理项目效益情况开展了审计调查，评价项目所取得的社会效益及管理经验。（撰稿人：王　静）

【徐汇区审计局】　2004年，共有干部职工34人。局长刘融先，副局长宋皓军、翁国雷、杨彪。设有办公室、法规科、财政审计科、经济责任审计科、行政事业审计科、固定资产投资审计科、企业审计科等部门。

审计成果　完成审计和审计调查项目48个，审计资金总额224亿元，查出违规金额1086万元。提交审计工作报告、审计信息82篇。按照区领导要求，对区劳动局人力资源现状进行审计调查，探索绩效考核公共指标，促进建立和完善公务员绩效考核体系。

预算执行审计　以资金运行为主线，以预算执行和资金绩效为落实点，强化财政性资金监督，对区级预算执行情况、区教育经费决算情况、预算单位预算执行及预算编制情况、街道预算管理和财政性资金管理情况、区建设项目招投标执行情况等进行了审计和审计调查，审计资金总额82亿元。

固定资产投资审计　对斜土路（宜山路—瑞金南路）拓宽改造工程前期准备情况、中环线（南段）建设前期动迁情况、18条交通干道及重要地区市容环境综合整治工程、区青少年活动中心等工程项目进行了跟踪审计，审计资金总额8661万元，核减工程款708万元。

经济责任审计　对25名党政领导干部进行了经济责任审计，其中离任经济责任审计22项、人大述职评议审计3项，审计资金总额28亿元，提出审计意见和建议53条。会同有关部门起草《区党政领导干部任期经济责任审计工作规范》和《区国有及国有控股企业领导人员任期经济责任审计工作规范》。

企业审计　对上海城开、徐家汇商城等5个集团公司进行了年度经济目标考核审计和财务收支审计，对区科教文体系统国有资产管理情况、部分委办局下属经营性资产情况进行了审计调查。通过审计和审计调查，核实了资产负债损益的真实性，评价了企业年度经营目标完成情况，确保了国有资产安全完整。

内部审计　已建立内部审计机构62个，配备专、兼职内部审计人员153人。内部审计机构全年完成审计项目922个，查出损失浪费金额3969万元，促进增收节支2018万元，纠正违规金额2725万元。发现大案要案线索1件。提出审计建议和意见327条。（撰稿人：江　然）

【长宁区审计局】　2004年，共有干部职工29人。局长周宝玉，副局长赵红旗、刘纯（3月—）。设有办公室、法规科、固定资产投资审计科、经贸审计科、行政事业（经济责任）审计科、财政金融审计科等部门。

审计成果　完成审计和审计调查项目43个，审计资金总额145.62亿元，查出违规金额74万元，查出管理不规范、应自行纠正金额3.9亿元。经审计处理，已上缴财政1294万元，其中上年应缴金额1220万元。完成审计调查项目2个，调查单位130个。提交审计工作报告10篇，审计工作受到了区委、区人大和区政府的充分肯定。

预算执行审计　审计财政、税务等17个部门，促进预算单位规范预算编制，严格执行预算，提高财务管理水平。《关于长宁区2003年度区级预算执行和其他财政收支的审计工作报告》得到区人大常委会的肯定。

固定资产投资审计　对轨道交通二号线西延伸工程、新天山中学、长宁游泳馆等11项建设项目进行了审计，审计投资金额25.25亿元，查出管理不规范金额6331万元，核减工程款409万元。在审计中，以资金活动为主线，加强对项目立项，资金拨付、管理和使用等环节的重点检查，探索重大建设项目的全过程跟踪审计。

经济责任审计　对7名处级领导干部进行了经济责任审计，查出管理不规范金额203万元。进一步规范经济责任审计操作程序，探索实行与区纪（监察）委、区委组织部联合进点、审计结果通报等制度，逐步形成经济责任审计评价体系，促进建立健全国有企业经营者业绩考核制度和决策失误追究制度。

内部审计 完成审计项目606个，查出损失浪费金额973万元，促进增收节支1220万元，提出审计建议被采纳329条。（撰稿人：周中明）

【静安区审计局】 2004年，共有干部职工37人。局长徐雪林，副局长周惠珍、王忠明。设有办公室、人事科、综合业务科、经贸审计科、基本建设与资源环保审计科、财政金融审计科、行政事业审计科、经济责任审计科等部门。

审计成果 完成审计项目36个，查出损失浪费金额275万元，要求自行纠正金额2034万元，查补税收17万元。此外，组织委托审计项目56个，实施担保审核项目8个。提交的审计信息被采用42篇。

预算执行审计 一是坚持真实、合法、效益并重，关注财政资金使用情况，加大对预算单位会计信息失真情况监督力度；二是加强督促检查，组织审计回访，督促审计意见的落实；三是抓好集团公司领导人员经济责任审计，重点检查各项经济指标完成情况、国有资产保值增值情况、内控制度健全情况、企业经营管理情况、资产质量状况以及领导人员廉政情况；四是积极推进党政领导干部任期经济责任审计，关注行政成本、财政资金使用效果以及尝试评价领导干部的履职绩效；五是探索绩效审计，对区教育经费总体运作情况，从产生经济和社会效益方面综合评价资源配置合理性和教育资金使用的效益性。

经济责任审计 对育才中学等12个单位党政领导干部进行了经济责任审计，提交审计信息8篇，引起区领导的高度重视。在审计评价上，围绕责任主体职责，客观反映领导人员的经济责任。制定的《关于上海市静安区领导干部离任国有资产与财务交接制度》经区政府批转执行。

固定资产投资审计和专项资金审计 对40多个投资建设项目进行审计，核减工程款800余万元。对区老式居民住宅消防安全专项整治资金、区市政设施日常养护专项经费等进行审计，促进提高财政专项资金使用效益。制定的《关于加强财政性专项资金审计的操作办法》经区政府批转执行。（撰稿人：王志明）

【普陀区审计局】 2004年，共有干部职工30人。局长吴铭，副局长吴再兴、周勤毅。设有办公室、综合业务指导科、财政审计科、经济责任审计科、行政事业审计科、经济贸易审计科、固定资产投资审计科等部门。

审计成果 完成审计和审计调查项目30个，查出违规金额3316万元，应自行纠正金额1.94亿元。提交审计工作报告、审计信息103篇，被批示、采用86篇（次）。

预算执行审计 以重点专项资金为重点，对区税务分局税收征管情况、长征镇财政决算、区国资经营公司和城投公司资产负债损益情况、真如镇和长风街道财务收支情况等进行了审计。针对审计发现的预算执行以及政府采购等方面存在的问题，提出了审计意见和建议。同时，对上年度预算执行审计开展了后续审计和审计回访，对当年审计查出的问题整改落实情况向区领导提交了审计情况专报。区人大常委会在审议审计工作报告时，认为综合财政审计进一步拓展了预算执行审计的广度和深度，促进了公共财政框架的建立。

经济责任审计 对9名处级党政领导干部和企业领导人员进行了任期经济责任审计，对被审计干部任职期间完成各项经济指标情况、重大经济决策、重大资金运作及内部管理制度等情况作出审计评价。起草了《关于进一步加强处级党政干部任期经济责任审计工作的几点意见》，提出加强经济责任审计工作的5条措施：完善任期经济责任审计项目计划管理，做到分批分期组织实施；联席会议成员单位在审计过程中实现联合审前调查、审计进点、听取汇报、反馈结果、督促整改；对经济责任审计事项实行公示告知；建立任期经济责任追究制度；逐步实现审计结果向社会公告。

固定资产投资审计和专项审计调查 对沪宜公路道路改建工程（普陀段）竣工决算、伟龙度假村建设项目投资及经营情况、国棉一厂动拆迁成本情况进行审计。根据区委、区政府的要求，对长征工业园区建设和管理情况、全区社区学校资金使用管理及社区教育情况开展专项审计调查。（撰稿人：王瑞宝）

【闸北区审计局】 2004年，共有干部职工28人。局长陈光伟，副局长张启琴（—4月）。设有办公室、法规科、财政审计科、国有企业审计科、经济责任审计科、固定资产投资审计科等部门。

审计成果 完成审计和审计调查项目29个，审计金额50亿元，查出违规金额30万元，查出管理不规范金额6742万元。根据区领导要求，组织对征用农民集体所有土地补偿费管理使用情况、9个部门工资外收入情况、3个国有企业国资年报情况进行专项审计调查。

预算执行审计 开展了2003年度本级预算执行和其他财政收支审计。审计有以下特点：一是领导支持力度大。在审计准备阶段，区人大常委会主任扩大会议专门听取了审计实施方案汇报；在审计实施过程中，区政府领导多次组织召开协调会，帮助解决遇到的问题；在审计结束后，区人大领导对审计工作报告给予高度评价，要求充分重视审计成果的运用，切实整改，强化审计监督。二是审计涉及范围广。审计涉及预算管理、税收征管、会计基础、企业经营等方面，分析税收结构及其对财政影响，反映财政扶持政策执行情况。三是审计结果影响大。坚持实事求是的原则，审计报告揭示和反映的问题，公开点名，在区内引起一定的震动和反响。将审计工作报告摘要编入政府信息公开目录，增强了审计工作透明度，扩大了审计监督的社会影响。

经济责任审计 完成经济责任审计项目19个。出台了《闸北区处级以下党政领导干部任期经济责任审计实施办法（试行）》、《闸北区国有重点企业领导干部任期经济责任审计实施办法（试行）》，强化经济责任审计联席会议的计划约束机制、执行督办机制、成果运用机制和资源整合机制。总结经济责任审计工作，通过联席会议例会、专题调研交流、审计学会讲座等形式反复宣讲，扩大经济责任审计成果的影响。

固定资产投资审计 开展了重点建设工程项目竣工决算审计和跟踪审计，关口前移，在动迁阶段对前期工程建设资金使用管理情况进行监管，促进建设单位科学管理，规范运作。在中兴路东段工程、中环线工程前期费用审计中，以专题报告形式及时向区政府反映情况，为区领导动态掌握项目建设情况提供了依据。

专项审计调查 对财力投资建设项目的前期工程费用情况等进行审计调查。通过定性、定量分析和对合法性、效益性评价，向区领导和有关部门提交“关于中兴路拓宽改造工程前期拆迁费用分析”等专题报告11份，引起区领导重视，部分报告被批示。对企业转改制情况、国有资产管理情况和社会保障资金收支情况等进行审计调查，关注企业转改制过程中国有资产流失问题，提交的“上海北方集团有限公司及下属山西物业管理有限公司改制情况”等专题报告，受到区政府领导重视，审计意见被有关部门采纳。（撰稿人：许小玲）

【虹口区审计局】 2004年，共有干部职工25人。局长高庆迁（3月—）、倪华清（—3月），副局长吴建庆（3月—）、周辉权、高庆迁（—3月）。设有办公室、法规科、财政金融审计科、企业审计科、经济责任审计科和固定资产投资审计科等部门。

审计成果 完成审计和审计调查项目34个，审计资金133.2亿元，查出和纠正管理不规范金额7.44亿元，核减工程款3650万元，调整企事业单位净资产4.44亿元，披露企业潜亏4.81亿元。提交审计工作报告、审计信息49篇，被采用28篇。

预算执行审计 查出管理不规范金额488万元，发现部分单位契税和利息收入未及时入库、个别单位偷漏税等问题，审计结果受到区人大、区政府的肯定。

经济责任审计 完成经济责任审计项目15个，查出管理不规范金额2.32亿元。发现部分单位会计核算不实、固定资产管理不规范、对外投资收益低等问题，审计结果为组织部门考核使用干部提供了依据。

企业审计 完成企事业单位改制前资产鉴证审计项目3个，审计资产16.8亿元，查出不良资产4.81亿元，查出会计核算不实、固定资产账实不符、未付职工工资福利费以及应缴未缴营业税及附加等问题。通过审计，基本摸清了改制企业家底，为深化企事业单位改制提供了决策依据。

审计调查 完成审计调查项目4个，涉及37个单位，审计调查金额20.9亿元，发现问题金额247万元。通过审计调查，基本摸清了2003年度街道、镇财务收支及财力使用情况，科技发展资金投入、运作形式及效果情况，政府采购现状及《采购法》实施情况，审计结果受到了区委、区政府领导的重视。

内部审计　已建立内部审计机构73个，配备内部审计人员182人。完成审计项目82个，纠正违规金额47万元，促进增收节支37万元，提出建议意见131条。（撰稿人：童红春）

【杨浦区审计局】　2004年，共有干部职工34人。局长吕亮，副局长贾文良、李阳放。设有办公室、法规科、财政审计科、行政事业审计科、经济责任审计科、经贸审计科、鉴证审计科、固定资产投资审计科等部门。

审计成果　完成审计和审计调查项目43个，查出问题金额2.34亿元。向司法机关移送案件线索1件，涉及2人。提交审计工作报告、审计信息42篇，被批示、采用24篇（次）。根据区领导交办，对区市政建设公司1996年至2002年7月的承包奖提取使用情况进行审计，查清了承包奖的提取、分配和节余情况。

预算执行审计　以检查预算执行和其他财政收支情况的真实性、合法性、效益性为重点，审计了城管大队预算执行情况、政府采购制度、部分单位预算外资金“收支两条线”执行情况、重大建设项目资金管理使用情况，延伸审计了绿化专项经费、房屋平改坡专项资金和安民帮困资金情况。此外，提交了关于政府举债情况的专题报告。

经济责任审计　对11个部门的领导干部和16个区管企业领导人员进行了经济责任审计，对区体育局等3个单位领导干部进行了述职审计。区经济责任审计工作联席会议对审计结果报告中反映的问题，分析原因，提出了处理意见。研究制定了《关于进一步加强经济责任审计结果运用的若干意见（试行）》。

企业审计　对三百集团、阳普集团和伊格尔集团进行了审计，审计资金总额4.67亿元，涉及下属企业12个，提出审计意见13条。在审计中，采取国家审计和社会审计相结合的方式，由区审计局统一制定审计方案，分工负责实施。

固定资产投资审计　对万达商业广场、中环线（杨浦段）、沪东大绿地、轨道交通M8线（杨浦段）前期动拆迁工程进行跟踪审计，重点把握好动迁补偿、动迁资金、动迁评估、动迁房督等4个环节。对轨道交通M8线黄兴绿地等4个车站前期动迁工程和区老年大学改建工程进行决算审计，核减动迁成本和工程款共计136万元。

审计调查　对区文化局系统13个事业单位经营和资产情况进行审计调查。通过调查，对电影院、文化馆、图书馆的经营和资产情况作出客观评价，整体反映经营和资产状况，提出了加快文化系统事业单位体制改革、充分利用文化资源等审计建议。

审计培训　加强与同济大学管理学院的合作，建立实习基地，充分利用高校教育资源优势，对全局干部进行计算机应用能力培训。鼓励和安排审计人员参加CPA《会计》科目以及公务员职业英语、电子政务、公共管理核心课程等培训。

内部审计　全区内部审计机构共完成审计项目318个，纠正违规金额427万元，促进增收节支金额2444万元，提出审计意见和建议被采纳141条。（撰稿人：贺东明）

【闵行区审计局】　2004年，共有干部职工32人。局长刘杰，副局长奚德明、桑伟。设有办公室、财政审计科、行政事业审计科、经济责任审计科、固定资产投资审计科、经贸审计科等部门。

审计成果　完成审计项目39个，完成审计调查项目7个，审计资金总额317.35亿元，查出违规金额105万元，查出管理不规范金额2.8亿元。此外，核减工程款1436万元，移送司法机关案件1起、涉及6人。受区委组织部委托，对区住宅发展局等17个部门领导干部进行了经济责任审计。

预算执行审计　重点检查了财政部门预算执行、会计核算分中心建设、专项资金管理等情况，检查了税务部门税收征管以及私营经济城税收管理情况。

固定资产投资审计和专项资金审计　对政府采购的6家社会审价机构的审价业务质量进行监督，提高财力投资建设项目审价质量。对区教育局、公路管理局建设的部分工程项目进行了复审，核减工程造价，节约了建设资金。对颛桥镇、浦江镇和莘庄工业区实施分税制情况开展了专项审计调查，提出完善分税制财力结算办法等审计建议。

信息化建设　委托上海用友政务软件公司开

发的计算机辅助审计系统通过验收。该系统有数据采集和转换、审计作业、审计公文和行政办公3个数据库。通过数据采集和转换数据库，可以现场或网上远程实时采集被审计单位财务数据或其他相关数据；通过审计作业数据库，可实现从审计准备到审计实施阶段的各项计算机辅助审计功能程序化；通过审计公文和行政办公数据库，可实现网上办公。该系统的使用，为实现从手工审计到计算机审计的转变创造了条件。

内部审计 已建立内部审计机构19个，配备内部审计人员32人。完成审计项目233个，纠正违规金额265万元，促进增收节支93万元，提出建议意见被采纳106条。（撰稿人：许艳洁）

【宝山区审计局】 2004年，共有干部职工34人。局长曹乃真，副局长张晓宁、黄雁芳（4月—）。设有办公室、经贸审计科、固定资产投资审计科、经济责任审计科、财政审计科、行政事业审计科等部门。

审计成果 完成审计项目37个，查出违规金额8.78亿元。通过审计处理，应上缴财政3675万元，应归还原渠道资金4757万元，应调账处理资金7.93亿元。此外，核减工程款1600万元。

预算执行审计 重点审计了财政预算执行和预算外资金管理使用情况、税收征管情况、教育专项资金和社会保障资金管理使用情况等。随机抽查了38个单位的预算执行情况，发现有16个单位存在超预算支出等问题。在预算外资金审计中，发现区土地储备中心194万元的土地出让收入专户利息收入未上缴财政，被转作其他收入。

经济责任审计 对13个乡镇、街道和行政单位的党政领导干部进行了经济责任审计，延伸审计68个下属独立核算单位，查出违规金额7.38亿元。审计发现存在部分乡镇预算管理不规范、动迁资金未及时收回、存在大量账外资产等主要问题。

固定资产投资审计 对罗泾中学迁建工程、牡丹江路架空线入地道路整治工程、共和新路高架道路工程（宝山段）前期费用等12个投资建设项目进行审计，核减工程款1600万元。（撰稿人：苏琳贞）

【嘉定区审计局】 2004年，共有干部职工58人。局长杨正球，副局长余宏志、雷文龙（—7月）、谭思翔。设办公室、综合法规科、人事监察科、行政事业审计科、经贸审计科、经济责任审计科、国有资产鉴证审计科、固定资产投资审计科，另设上海嘉定审计中心。

审计成果 完成审计和审计调查项目56个，审计资金总额406亿元，查出违规金额2411万元，应纠正金额3.7亿元，应上缴财政金额1291万元。提交审计工作报告、审计信息111篇，被批示、采用25篇。

预算执行审计 审计发现部门预算编制不够完整、部分专项资金未及时下拨、部分预算收入未及时入库、部分单位预算外资金管理使用控制不严、部分企业改制款未及时结清、历年欠税金额仍较大等问题。提出了3条审计建议：进一步转变财政职能，加快构建公共财政框架，建立公共财政体制；进一步推进部门预算，建立财政部门和预算单位的预算执行诚信体制；进一步完善财力投资建设项目的跟踪问效制度，保障财政资金使用效益。

经济责任审计 对9个镇、街道和11个部门领导干部以及7个企业领导人员进行了任期经济责任审计，查出违规金额1880万元，应纠正金额2.81亿元。审计发现主要问题有：违规收费，收入挂在往来款账户或转入工会等账户；支出凭证不合规，支出超预算、超标准、超范围，存在不良资产、账外资产和账外负债，财政专项资金未及时下拨并被占用等。

内部审计 已建立内部审计机构76个，配备内部审计人员191人。完成审计项目1598个，查出损失浪费金额383万元，促进增收节支3424万元，纠正违规金额1110万元。提出意见建议被采纳320条。（撰稿人：张嘉辉）

【浦东新区审计局】 2004年，共有干部职工37人。局长黄建中（6月—）、过剑飞（—6月），副局长吕尚清、谢毓敏。设有办公室（法规处）、财政审计处、经济责任审计处、综合经济审计处、投资建设审计处等部门，另设审计事务中心（直属事业单位）。

审计成果 完成审计和审计调查项目39个，查出违规金额128万元，查出管理不规范金额7.4亿元。通过审计处理，已上缴财政128万元，已调账处理6.5亿元。此外，核减工程款0.4亿元。提交审计工作报告、审计信息101篇，被采用43篇。

预算执行审计和专项资金审计 依法开展了本级预算执行和其他财政收支审计，延伸审计12个单位，全面地掌握了预算执行情况，为政府加强财政管理和人大加强预算监督提供了依据。对社会保障资金、公检法司专项资金、招商引资专项资金和小城镇建设专项资金进行了审计调查，揭示了存在的问题，提出了整改建议，强化了对重点专项资金使用和管理情况的监督。

经济责任审计 开展经济责任审计项目8个。在经济责任审计工作中，与区纪委（监察）、区委组织部建立了集中进点会、整改督办会、工作推进会、被审计对象座谈会、审计进点公示等制度。此外，受区人大委托，对区社会发展局主要领导进行了述职审计，为人大评议干部提供了参考依据。

固定资产投资审计 实行财力投资项目全面审计，探索建立以国家审计为主导、社会审计为主体、跟踪检查为保障的审计管理新模式。对2个重大工程项目进行了跟踪审计，对15个投资项目进行了竣工决算审计，组织完成了59个投资项目的委托审计。（撰稿人：张永清）

【金山区审计局】 2004年，共有干部职工28人。局长杨征来，副局长刘晓明（—6月）、王岳龙。设有办公室、法规信息科、内部审计指导科、财政金融审计科、行政事业审计科、经济责任审计科、国有资产鉴证审计科、固定资产投资审计科，另设有审计中心（直属事业单位）。

审计成果 完成审计项目43个，查出管理不规范金额4.63亿元，核减工程款2479万元。移送司法机关案件1起，涉案金额225万元。

预算执行审计 对财政、税务部门和8个预算单位进行审计，查出专项资金批复不到位、延压滞留预算资金、调节年度税收收入以及税款违规退库等问题，审计工作报告受到了区人大的肯定。

审计调查 对土地融资贷款资金、征用农民集体所有土地补偿费管理使用情况以及4条高速公路占地回报专项资金进行审计调查，摸清了资金的运行和管理使用情况，揭示了存在的问题，提出了审计意见和建议。

经济责任审计 对7名领导干部进行了经济责任审计，审计单位86个，审计资金总额7亿元。针对审计发现的镇级财政预算管理不规范、财政资金监管不力、财务管理薄弱、固定资产管理松懈、违规发放奖金和津贴等问题，提出了审计意见和建议，得到了有关镇的高度重视。

内部审计 完成审计项目726个，查出损失浪费金额4262万元，促进增收节支3494万元，核减建设资金2945万元。查出案件2起，涉案金额14万元。（撰稿人：王连中）

【松江区审计局】 2004年，共有干部职工38人。局长胡卫国，副局长胡友泉、洪涛。设有办公室、法规科、财政金融审计科、行政事业审计科、内部审计和经贸审计科、经济责任审计科、基本建设审计科等部门。

审计成果 完成审计项目48个，查出违规金额1.59亿元。提交审计报告、审计信息66篇，被批示、采用30篇（次）。

预算执行审计 以重点开展财政专项资金延伸审计为突破口，对预算管理的科学性、合理性、有效性进行审查分析。检查园区专项发展资金、黄浦江沿岸涵养林资金等预算安排、资金拨付、管理和使用以及效益情况，跟踪资金流程，深入审查分析，揭露了部分工程质量不合格、项目决策不科学、项目管理不合理、财政资金使用效益低、职能部门跟踪问效和监管不到位等问题，提出了审计建议，引起了区人大、区政府的关注和重视。

经济责任审计 完成经济责任审计项目13个，查出违规金额7390万元，移送纪检部门案件线索2件。区经济责任审计工作领导小组听取经济责任审计工作联席会议工作报告，督促落实审计意见。松江区被评为“全国经济责任审计工作先进地区”。

固定资产投资审计 对区行政中心、花辰公路等50个投资建设项目进行跟踪审计，审计投资金额12亿多元，核减工程款近2亿元。对社会中介机构审价质量进行监督，现场监督招投标工作，促进规范工程建设规划、程序。

交办事项 对6个区属企业进行2003年度经济指标考核审计，同时配合区国资办做好对7个区属企业年度经济指标考核工作。参加了由区纪委牵头组织的花桥村群众上访反映问题的联合调查。

内部审计 组织23个内部审计机构对扶持企业发展资金管理使用情况进行了审计调查，组织30名内部审计人员参加征地农民补偿费清理审查工作，在佘山镇、洞泾镇指导内部审计机构开展同级财政审计试点工作。完成审计项目1189个，查出损失浪费金额1.03亿元，促进增收节支7120万元，纠正违规金额8471万元。（撰稿人：费晓冬）

【青浦区审计局】 2004年，共有干部职工30人。局长金伯涛，副局长瞿坚春、陈祝平。设有办公室、综合法规科、经济责任审计科、行政事业审计科、财政金融审计科、经贸审计科、固定资产审计科等部门。

审计成果 完成审计项目34个，查出违规金额5170万元，查出管理不规范金额3815万元。提交审计工作报告、审计信息93篇，被批示、采用35篇。

预算执行审计 以综合财政审计为主线，以提高财政资金使用效益为目标，对财政预算内外资金进行审计，延伸审计国债专项资金、小企业贷款资金管理使用情况。在部分单位预算执行审计中，查出违规金额127万元，查出管理不规范金额611万元，建议严格预算资金管理使用、提高资金使用效益。

经济责任审计 对6个镇、3个公司、7个行政单位的22名党政领导干部进行了经济责任审计。查出违规金额4288万元，其中指明领导干部直接责任31万元、主管责任3947万元；查出管理不规范金额3190万元，其中领导干部负直接责任76万元、主管责任3084万元。

固定资产投资审计 固定资产投资项目送审金额6962万元，审定金额6487万元，核减金额475万元。对41个投资建设项目2002~2003年度基本建设项目投资计划与决算情况进行了审计调查，针对部分项目超计划投资等问题，提出了审计建议。

专项资金审计 对区农村社会养老保险基金、区农村医疗保险基金等筹集、管理、运营情况及区农业综合开发资金投入、使用和管理情况进行审计，查出违规金额280万元。针对基金账面往来款未能及时清理、各镇历年结余基金未能全额及时上缴等问题，提出了审计建议，促进各镇加强资金管理。

审计调查 对住宅建设配套费征集、使用和管理情况，公务用车管理、使用情况，城建资金使用和管理情况，外商投资软环境情况进行了审计调查。针对外商投资软环境中存在的政策不够透明、行政执法不规范等问题，提出了审计建议，引起了区政府的重视。

审计回访 按照区人大关于加强审计监督的要求，进一步加大了审计回访力度。对2003年度应进行审计回访的33个单位进行了回访，回访率达100%。根据审计回访制度，对2004年度应进行审计回访的19个单位进行回访，发现审计决定落实率达88.24%，审计意见的采纳率达93.33%。

内部审计 完成审计项目497个，查出损失浪费金额427万元，促进增收节支62万元，纠正违规金额4609万元，提出审计意见建议被采纳140条。与区纪委（监察）、区国资委、区财政局等组成考核组，对各镇落实《青浦区对村级财务委托管理暂行办法》、《青浦区农村集体资产管理暂行办法》、《青浦区关于镇级机关公用业务费用管理的若干规定》、《青浦区关于加强本区内部审计工作的若干意见》等制度情况进行检查，针对存在的问题，提出了审计意见，促进各项制度的落实，为有关部门进行综合考核提供了依据。（撰稿人：王剑平）

【南汇区审计局】 2004年，共有干部职工36人。局长蔡国根，副局长乔德权、李益。设有办公室、综合法规科、行政事业科、财政金融审计科、经济责任审计科、固定资产投资审计科、企业审计科等部门。

审计成果 完成审计单位35个，查出违规金额1615万元，查出管理不规范金额1.94亿元。通过审计处理，应减少财政拨款或补贴943万元，应调账处理金额672万元。对43个单位开展专项审计调查，调查金额18.74亿元，发现问题金额301万元。出台了《南汇区国家建设项目审计监督暂行办法》。对远东大道（南汇段）景观工程等重大工程项目进行审计，核减工程款1545万元。

预算执行审计 推行综合性财政审计，对部分预算单位预算执行情况进行审计，揭示预算编制不够规范，部分专项资金、固定资产账户处理不够全面，执行罚缴分离和预算外资金“收支两条线”制度不够彻底等8个方面的问题，提出促进加强预算管理的4条审计建议。

经济责任审计　对12名领导干部进行了经济责任审计，查出管理不规范金额5549万元。完善区经济责任审计联席会议工作机制，制定了《南汇区经济责任审计工作联席会议组织办法》。

专项资金审计　对粮食专项资金、初级中学建设工程专项资金、水利专项资金管理情况等进行了审计和审计调查，审计资金25.46亿元，发现问题金额3158万元。通过审计和审计调查，揭示了外借资金长期挂账、催讨不力，部分镇（园区）拖欠征地农民养老金等问题，提出养老基金必须专款专用，严格执行财务制度等审计意见和建议。

交办事项　对招商引资情况进行审核，摸清了各镇、园区被引进企业土地投资、设备投资、厂房投资的实际到位情况，针对存在的问题提出了审计意见和建议。对全区14个镇（园区）的565个征地项目、8.56亿元征地补偿费分配使用情况进行了检查，查实了征地补偿费拖欠原因，为规范土地补偿费管理提供了依据。

内部审计　完成审计项目875个，查出损失浪费金额1791万元，促进增收节支733万元，核减工程款3834万元，提出建议被采纳337条。加强内部审计人员培训，全区已有201名内部审计人员获得内部审计资格证书。（撰稿人：殷　宏）

【奉贤区审计局】　2004年，共有干部职工27人。局长陶永平，副局长倪国潮、吴红梅、沈洪才。设有办公室、法规科、财政审计科、行政事业审计科、经济责任审计科、固定资产投资审计科、经贸和内部审计科等部门，另设有审计中心（事业单位）。

审计成果　完成审计项目48个，查出管理不规范金额1.89亿元，查出违规、应缴财政金额240万元。此外，核减工程款1435万元。向司法机关移送案件1起。提交审计工作报告、审计信息46篇，被采用27篇。对征用农民集体土地补偿费管理使用情况进行专项检查。

预算执行审计　依法对2003年度本级预算执行情况和地方税务局税收征管情况进行了审计，强化对财政预算外资金的审计监督，审计工作得到区人大、区政府的充分肯定。

经济责任审计　对13名领导干部进行了经济责任审计，审计发现的问题作为有关单位党委（党组）民主生活会的重要内容，列入整改，进行自查自纠。对8个区属企业2003年度资产增值和财税贡献两项经济指标进行审计，对工业综合开发区等4个单位2003年度招商引资、税收贡献两项经济指标进行了审计，真实地反映了企业和经济开发区的经营业绩和经济运行状况，为政府和有关部门决策提供了依据。

行政事业审计　对全区16个镇、3个经济开发区和3个区属企业2003年度招商引资项目到位资金进行了审计，核减到位资金14.39亿元。配合行政区划调整工作，对全区16个撤并镇财政财务收支情况进行了审计，全面反映了各镇财政财务收支状况，防止撤并过程中国有资产流失，为有关部门做好资产及财政财务清理结转工作提供了依据。

固定资产投资审计和企业审计　实施了《奉贤区财政性建设资金投资项目审计监督若干规定》，重点抓好百万元以上重大建设项目和市政基础设施建设项目审计，核减工程款1435万元。对19个改制企业进行了审计，核实并确认资产、负债、所有者权益，查出应补税款236万元。

内部审计　全区共有内部审计机构37个，审计单位573个，查出损失浪费金额230万多元，促进增收节支1298万元，纠正违规金额192万元，提出审计意见建议被采纳351条，向司法机关移送案件1起。（撰稿人：汤顺贤）

【崇明县审计局】　2004年，共有干部职工31人。局长张华，副局长郭卫平、秦雷。设有办公室、财政审计科、行政事业审计科、经贸审计科、经济责任审计科、固定资产投资审计科和内部审计管理科等部门。

审计成果　完成审计单位81个，查出违规和管理不规范金额2.1亿元。通过审计处理，应上缴财政119万元，应减少财政拨款或补贴2356万元，应归还原渠道资金180万元，应调账处理金额1.69亿元。向司法机关和纪检监察部门移送案件3起，涉案人员9人，涉案金额153万元。提交审计工作报告、审计信息19篇，被批示、采用

17 篇。

经济责任审计　开展经济责任审计项目 6 个，查出违规金额 1.62 亿元，其中指明领导干部直接责任 101 万元、主管责任 1.61 亿元，对领导干部任职期间的经济活动和廉政勤政作出了客观公正的评价。审计后，平调 1 人，免职 3 人。

固定资产投资审计　对沿海防护林工程、陈海公路前期工程、中小学校舍达标及改造工程等 52 个项目进行竣工决算审计，核减工程款 2356 万元。此外，还对港东景观生态林工程等 12 个项目概算进行了审计，核减概算 1197 万元。

专项资金审计　对农业综合开发土地治理项目资金、2002 年度多种经营项目资金、2002～2003 年度绿化生态示范园项目资金等使用管理情况进行审计。对 11 个县级投资公司运作情况进行审计调查，针对部分公司规模小、职能相近、运行成本高、融资方法单一、投资项目难以变现以及注册资金不实等问题提出了审计建议。

内部审计　已建立内部审计机构 98 个，配备内部审计人员 225 人。完成审计项目 601 个，查出损失浪费金额 1346 万元，纠正违规金额 53 万元，促进增收节支 8 万元，提出建议意见被采纳 273 条。（撰稿人：李雷鸣）

2004 年上海市区、县（市）级审计工作统计表

审计机关	干部职工人数（人）	审计单位（个）	经济责任审计项目（个）	查出违规金额（万元）	应缴财政（万元）	已缴财政（万元）	决定处理处罚（万元）	指明要求纠正（万元）	提交审计报告、信息（篇）	审计信息被采用（篇）
黄浦区审计局	50	54	14	1462	1367		1462	63172	8	6
卢湾区审计局	33	25	8					7496	95	47
徐汇区审计局	34	34	20	1086	7269	7269	10868	2034	48	38
长宁区审计局	28	37	8	74	74	1294	74	39139	105	75
静安区审计局	32	32	20					2601	47	41
普陀区审计局	29	28	9		3315	26	3315	19474	74	27
闸北区审计局	28	24	16	6	6	6	6	492	30	12
虹口区审计局	24	27	13					74449	49	25
杨浦区审计局	32	39	27					23474	42	24
闵行区审计局	32	23	16	105	105	105	105	28014	22	16
宝山区审计局	34	37	13	87815	3675	834	87815	10283	23	6
嘉定区审计局	34	52	25	2412	1292	1060	2412	38836	110	22
浦东新区审计局	33	34	8	128	128	128	128	39755	61	43
金山区审计局	28	41	7					46303	19	
松江区审计局	33	45	13	7	7		7	16644	49	9
青浦区审计局	30	29	16	5170	2598	2398	5170	3815	93	35
南汇区审计局	29	35	12	1615			1615	17472	65	21
奉贤区审计局	26	48	14	238	238		238	18917	46	27
崇明县审计局	31	81	6	19601	119	119	19601	1684	19	17

江苏省

【江苏省审计厅】 2004年，江苏省审计厅定编155人（其中，行政编制110人，比照公务员管理的全额财政拨款事业编制45人），在编150人。厅机关设有机关党委、办公室、人事教育处、法制处、财政金融审计处、行政事业与社会保障审计处（与直属一局合署办公）、经贸审计处（与直属三局合署办公）、农业与资源环保审计处、固定资产投资审计处（与直属二局合署办公）、外资运用审计处、经济责任审计处、计算机审计处，另有省纪委派驻纪检组、省监察厅派驻监察室，同时还设有厅机关服务中心（直属事业单位）。

领导成员

厅　长：朱尧平

副厅长：薛蓓儿　彭　慧（—12月）

　　　　顾树生

纪检组长：王谷明

审计成果 2004年，全省共完成审计项目5486个，查出违规金额166.45亿元，管理不规范金额310.17亿元，损失浪费金额11.38亿元。通过审计，已上缴财政21.11亿元，调账处理46.53亿元，被审计单位自行纠正225.03亿元。向地方和上级党政机关提交审计报告和信息7726篇，被各级政府和部门采用或批示4446篇。

财政审计 各级审计机关坚持以支出为重点，将财税部门组织和参与组织预算执行审计与预算执行单位审计相结合，将专项资金审计与部门审计相结合，同时注重检查和评价财政资金的使用效益，拓展了预算执行审计的深度和广度。省审计厅除对省财政、税务和地方金库进行审计外，还对省科技厅、省劳动和社会保障厅、省外经贸厅等10个部门的预算执行情况进行了审计，并对省级政府性基金使用效益情况开展了审计调查。全省共对2825个财税部门和预算单位进行了审计，查出违规金额61.26亿元，增加财政收入12.3亿元。

财政决算审计 各级审计机关普遍加强了对下级政府的财政决算审计工作。在市、县、乡三级政府财政决算审计中，全省共完成审计项目322个，查出违规金额32.27亿元，增加财政收入6.43亿元。省审计厅对苏州、镇江、连云港3个市2003年财政决算情况进行了审计。

专项资金审计 （1）根据江苏省政府的要求，省审计厅在全省组织开展了农村税费改革专项转移支付补助资金、农村改水专项资金、新型农村合作医疗基金、农村公路建设专项资金、救灾建房和草危房改造专项资金等“农村五件实事”的专项资金审计，如实地反映了审计发现的问题，提出了改进意见，促使省委、省政府兴办“农村五件实事”的重大决策落到实处并取得实效。

（2）根据审计署的计划安排，省审计厅对宿迁市及泗阳、泗洪两县洪灾救济补偿资金进行了审计，查出违规金额342.87万元。同时，狠抓了淮安、宿迁两市四县洪灾救济补偿金审计查出问题的纠正整改工作，督促有关县追究了54人的责任，对其进行了党纪政纪处分。

（3）省审计厅参加了审计署组织的“三河一湖”水污染防治资金专项审计与审计调查，具体承担了淮河流域江苏段的审计和审计调查任务，通过对扬州、徐州、淮安及江都、高邮、新沂、铜山、盱眙等市（县）的审计和连云港及灌云、涟水、沛县等市（县）的审计调查，发现并揭露了少征欠缴、挤占挪用排污费、污水处理费以及多提污水处理征收手续费、重点水污染防治项目进展缓慢等问题，对促进加强水污染防治专项资金管理和搞好水污染防治项目建设起到积极作用。

（4）各级审计机关围绕党和政府及群众关心的问题，组织对一些专项资金进行了审计和审计调查。省审计厅组织全省审计机关对失业保险基金、小型农田水利建设资金进行了审计，组织对13个市部分中、小学收费及使用情况进行了专项审计，并将审计结果在一定范围内进行了公告。无锡、徐州、苏州、泰州等地审计机关开展了土地出让（拍卖）资金管理使用情况的审计和审计调查。宿迁、南京、连云港3个市的审计机关结合当地情况加强了为农村办实事专项资金审计工作，均取得好的效果。

固定资产投资审计 全省共完成固定资产投资审计项目1056个，审计项目投资总额460.49亿元，完成投资总额248.67亿元，核减工程款11.32亿元。省审计厅在继续做好对南京奥林匹克体育中心建设项目跟踪审计的同时，对苏通大桥建设项目、沪宁高速公路扩建工程项目进行了跟踪审计，还对徐宿、京福、锡宜等3条高速公路的竣工决算进行了审计，对工程招投标、征地拆迁补偿以及工程决算等方面存在的问题进行了揭露和处理。

企业审计 省审计厅对省报业集团、舜天集团、东恒集团、国有资产经营（控股）公司和宏图高科、信息化投资公司等国有企业进行了审计。全省共审计国有企业351个，查出违规金额48.45亿元，其中虚报隐瞒转移收入6.25亿元、国有资产流失1.34亿元、账外资产0.45亿元。

根据省政府的要求，省审计厅会同省财政厅、农业发展银行、粮食局组织对全省95个县（市、区）、1821个国有粮食购销企业财务挂账进行清查审计。此次清查审计采取异地交叉的办法进行，全省市、县、区审计机关共有879名审计人员参加。查出粮食企业盈亏反映不实、虚报粮食挂账以及部分企业在改制中国有资产流失等问题，为进一步深化粮食流通体制改革作出了积极贡献。

经济责任审计 全省各级审计机关共对1505名领导干部实施经济责任审计，其中党政领导干部1439人、国有企业领导人员66人，查出违规金额40.38亿元。审计后，平调886人，晋升82人，免职、降职、撤职71人，建议给予党纪处分2人，移送纪检、司法机关处理52人。经济责任审计的覆盖面继续扩大，县级以下党政领导干部离任经济责任审计覆盖面达到100%，大部分省辖市的任中经济责任审计覆盖面达到50%。为推动经济责任审计工作更好地开展，省审计厅在全省范围内精选了39个比较成功的经济责任审计项目卷宗，在13个省辖市进行巡回展示，并对29个优秀经济责任审计结果报告进行了通报表彰。同时，帮助总结了邳州市开展经济责任审计工作的经验，并利用全国经济责任审计现场会在邳州召开的机会，在全省大力推广。

机关建设 围绕建设学习型、法治型、廉政型、正气型审计机关的目标，大力推进机关作风建设和廉政建设。省审计厅提出了《关于切实加强全省审计机关作风建设的意见》，厅党组实行廉洁自律公开承诺，要求全省审计机关监督执行；同时，将厅机关改进作风的9条措施在《新华日报》上公告，接受社会各界监督。省审计厅研究提出了加强审计质量控制的意见，对贯彻落实审计署6号令作出具体部署，举办了全省审计项目质量控制培训班，提出了审计项目质量评价指标体系，对制定审计方案、执行审计程序、审计实施、审计评价、审计定性处理、编制审计报告等方面的要求进行了细化，制定了《江苏省审计厅审计项目质量考评办法》，对考评的内容、方法、标准等作了明确规定，促进了审计质量的提高。省审计厅制定了《2005～2010年江苏省审计信息化发展规划》，召开了以审计信息化建设为主题的全省审计工作座谈会，组织了全省审计机关计算机审计典型案例及审计软件演示和评比，举行了全省计算机审计应用知识及技能竞赛，推动了信息化建设。坚持“以拿来为主，以推广为主，以应用为主”的方针，广泛开展计算机培训。全省共举办各类计算机培训班11期，约600人（次）参加培训。

国际注册内部审计师资格考试 11月20～21日，国际注册内部审计师（CIA）资格考试江苏考点第五次考试在南京举行。本次考试共有1250人报名，实际参考人数为998人。内部审计程序、内部审计技术、管理控制和信息技术、审计环境四科全部通过的人数为139人，占实际参考人数的13.9%。（撰稿人：程学龙）

【南京市审计局】 2004年，共有干部职工151人。局长储永宏，副局长宋帼芸、徐卫平、徐卫华、王建华，纪检组长胡宝生。设有办公室、法制处、财政审计处、金融审计处、行政事业与社会保障审计处、农业与资源环保审计处、工业交通审计处、商贸审计处、固定资产投资审计处、外资运用审计处、经济责任审计与内审指导处、计算机审计处、人事教育处、机关党委、监察室、直属审计一局、直属审计二局。

审计成果 全市审计机关共完成审计项目501个，查出违规金额82329万元，管理不规范金额197661万元，应上缴财政20450万元，应减少财政拨款或补贴4670万元，应归还原渠道资金17784万元。向各级政府及上级审计机关提交审计报告、信息833篇，被批示采用346篇。市审计局获得上级表彰的集体项目33个；被中纪委、中组部、人事部、监察部、审计署五部委授予全国经济责任审计先进地区；被江苏省五部委授予全省经济责任审计先进地区；审计信息化工作受到表彰，并在2004年全国审计工作座谈会上作经验介绍。

预算执行审计　全市审计机关共开展预算执行审计项目48个。市审计局重点对市财政局执行预算情况，市地税局2003年组织地方税收情况，市教育局、科技局、环保局、卫生局等22个部门预算执行情况进行了审计。同时，按照财政综合预算和实行“收支两条线”管理的要求，重点对基本养老保险基金、“绿色南京”资金等7类资金的筹集、管理和使用情况进行审计或审计调查。审计总金额73.01亿元，占市本级财政支出的67.41%。

专项资金审计　全市审计机关对重点部门的专项资金开展了审计和审计调查，审计总金额865554万元。先后对五大产业集团和市粮食局直属28个企业的改革进展情况进行了审计调查。审计中，认真调查了五大产业集团2001～2003年“三联动”改革中有关专项资金的收支情况以及资本运作情况，揭示了五大产业集团存在的共性问题。

环保资金审计　揭示了2003年度市级环保专项资金管理中存在的预算安排不细化、预算执行缺乏严肃性、环保治理项目论证不够充分和挤占挪用环保专项资金等问题。

完成土地储备中心2003年度资金运作和管理情况的审计，如实反映南京市土地储备资金运作和政府收益上缴等基本情况，揭示了土地出让金欠缴、借款未收回等问题。审计报告引起市政府的高度重视，市国土局针对审计提出的出让金欠缴等问题多次进行了专题研究。

对农村八件实事情况开展专项资金审计与审计调查。市和区（县）两级审计机关64个审计组，投入力量100多人次，审计调查了13个区（县）、100多个镇街、700多个相关单位，审计资金总额9.82亿元。审计揭示了一些区县存在的资金不到位、改变资金用途、虚报冒领、基础工作管理薄弱等问题，实事求是地反映了合作医疗商业化运作的操作机制尚不够明确等值得重视的现象。

对本级基本养老保险基金管理情况进行了审计，揭示了基金收支和专户管理中存在的不规范问题，得到财税和劳动部门重视，部分已得到及时纠正。对农村最低生活保障专项资金开展审计和审计调查。共对全市12个区县、130个农村低保管理机构开展审计，审计总金额2873.35万元。审计报告揭示了农村低保工作水平低、保障能力弱的现状，提出了进一步提高农村低保保障能力、规范社会福利工作的建议。

经济责任审计　全市审计机关全年共开展经济责任审计项目234个。审计查出违规金额50002万元，管理不规范金额128682万元，损失浪费金额554万元。审计后，平调139人，晋升18人，免职23人，撤职1人。在实践的基础上，制定了《南京市区县（长）任期经济责任审计操作规范》。

计算机辅助审计　自行开发完成了《水利工程造价及管理系统》审计软件。根据审计工作实际，整理形成的“税务稽查情况审计”、“保险市场经营行为合法性审计”、“税收入库、退库级次审计”等3个案例，入选江苏省审计厅专家经验库。《地税计算机审计案例》获全省“计算机审计典型案例及审计软件”评比第一名，《水利工程造价及管理系统》获审计软件评比第二名。初步建立了“计算机审计模拟数据库”暨“市级审计专家经验库”。（撰稿人：吴文嘉）

【徐州市审计局】　2004年，共有干部职工85人。局长葛维琴，副局长武文英、卢海良、冯志强，纪检组长于建国。设有办公室、人事处、法制处、监察室、经济责任与内部审计处、计算机审计处、财政金融审计处、行政事业与社会保障审计处、农业与资源环保审计处、固定资产投资审计处、外资运用审计处、经贸审计处、城市土地经营审计处。

审计成果　全年共审计单位493个，查出违规金额47.49亿元，应上缴财政5.14亿元，已上缴财政3.43亿元，核减工程支出5068万元。移送司法机关案件9起，移送纪检、监察部门事件8件。提交审计信息和报告1394篇，被批示和采用816篇。

财政审计　审计财税部门11个，共查出违规金额29713万元，应上缴财政13653万元，已上缴财政12248万元，全方位地反映了本级财政资金的管理、使用及效益情况。

专项资金审计　全市对“农村五件实事”资金、失业保险金、世行贷款、教育收费、国土出让金、计划生育专项资金、医疗保险基金等52个项目专项资金进行了审计，共审计专项资金总额38.64亿元，促进拨付资金到位13.62亿元。查出截留挤占挪用专项资金、应缴未缴专项资金、未按时拨付专项资金等突出问题。审计结果引起市政府高度重视，责成相关地方和单位进行了认真整改。

经济责任审计 全市对104个单位的107名领导干部开展了任期经济责任审计，查出违规及管理不规范金额4.22亿元。经审计，平调65人，晋级7人。在中央五部委主持召开的全国第二次经济责任审计工作大会上，邳州市被评为全国经济责任审计工作先进地区；在江苏省政府召开的全省经济责任审计工作会议上，鼓楼区、邳州市、丰县被评为经济责任审计工作先进地区。

计算机辅助审计 投入大量精力，积极开发“经济责任审计数据库”软件。以Access为开发工具和后台数据库，以简便实用和收集以往审计项目的电子数据为目的，从审计项目立项开始到审计结果的所有文书资料全部录入数据库。市审计局和邳州市审计局将近300个审计项目录入该软件，运行效果良好。2004年6月，在邳州市召开的全国经济责任审计现场会上展示了该软件的使用情况，受到各级领导和同行的肯定。市审计局在省审计厅举办的“全省审计机关计算机应用知识和技能比赛”中获得组织奖、团体三等奖。（撰稿人：王锐英）

【连云港市审计局】 2004年，共有干部职工73人。局长刘岱南，副局长穆方友、沈未忠，纪检组长张广志。设有办公室、法制处、人事教育处、机关党委、监察室、财政金融审计处、行政事业与社会保障审计处、经贸审计处、农业与资源环保审计处、固定资产投资审计处、外资运用审计处、任期经济责任审计与内部审计指导处、计算机审计处，另设有经济责任审计局（属事业单位）。

审计成果 审计单位321个，查出违规资金1.49亿元，应上缴财政1510万元，应归还原渠道资金537万元，被审计单位自行纠正8.08亿元。移送纪检监察部门案件3起。提交工作报告、信息939篇，被采用、批示760篇。

财政审计 审计预算执行单位10个，查出违规金额2254万元，管理不规范金额6659万元，应上缴财政679万元。市政府统一部署，由市财政、审计部门牵头，成立30个检查组，对市级机关及直属事业单位2003年度财务收支及财经纪律执行情况进行检查，32个项目单位的99项违规行为在常务会议上“曝光”。

专项资金审计 以花果山农民土地补偿金审计为龙头，全市审计部门开展农村税费改革转移支付、农村公路建设、新型农村合作医疗基金、农村改水的审计和审计调查。花果山农民土地补偿金审计引起了广泛的社会反响，江苏电视台《江苏风采》栏目专门报道了连云港市委、市政府、市审计局为花果山农民审计核实“三河两路”土地补偿费的做法。

固定资产投资审计 全市完成固定资产投资审计项目34个，审计核减工程款1014万元，查出挪用、侵占建设资金537万元，违规金额323万元。

企业和金融审计 全市共完成审计项目23个，查出违规金额9155万元，已上缴财政233万元。进一步规范了市属商业银行的经营管理，降低了金融风险，规范了金融市场秩序和财经秩序。

经济责任审计 全市共完成经济责任审计项目66个。审计查出违规金额3063万元，管理不规范金额12015万元，发现了挪用专项资金、设置“账外账”、隐瞒预算外收入等问题，及时向市委、市政府作了专题汇报。移送纪检监察机关处理1人。（撰稿人：杨 勇 刘润宁）

【宿迁市审计局】 2004年，共有干部职工33人。局长毛守旗，副局长薛启书、顾倩（—4月）、卢静（兼纪检组长）、陆涛、王冬梅。内设办公室（人事教育处）、计算机审计处、财政金融审计处、行政事业与社会保障审计处、经贸审计处（外资运用审计处）、农业与资源环保审计处、固定资产投资审计处、任期经济责任审计与内部审计指导处（法规处）8个部门和1个直属审计室。

审计成果 2004年，全市共审计312个（项目）单位，查出违规金额7626万元，管理不规范金额125546万元，损失浪费金额4173万元；已上缴财政549万元，已减少财政拨款或补贴1047万元，已归还原渠道资金63万元，已调账处理金额393万元，已自行纠正金额101849万元。移送司法机关立案6起，追究刑事责任5人；移送纪检监察部门处理15件，已给予党政纪处分29人；

建议有关部门处理 99 件，已处理 11 人。提交审计工作报告、信息 325 篇，其中被各级党政领导批示和市以上新闻单位和内部刊物采用 206 篇。

上级交办任务 2004 年，全市共完成审计署、省审计厅下达的本级预算执行、社会保障资金、淮河流域洪灾救济补偿资金、农村 10 件（包括省 5 件）实事审计和审计调查、世行贷款等审计项目（单位）86 个，查出违规金额 3691 万元，管理不规范金额 24186 万元，已上缴财政 293 万元。在配合省审计厅对涉及泗阳、泗洪县的淮河流域洪灾救济补偿资金审计调查中，抽查了 12 个乡镇、36 个行政村，走访了 900 多户群众，发现并处理了部分救灾款物使用、发放不及时，扩大资金使用范围，补助对象不合理，救灾物资采购验收控制不严，移民迁建申报工作不够仔细等问题，促进到位资金 812565 元、棉被 584 条，追回短少救灾大米 10560.5 公斤，索赔大米、棉衣款 11.6 万元，依法对供应商处罚 2.4 万元，处理有关责任人 30 人。

经济责任审计 2004 年，共对 98 人进行了经济责任审计，其中党政领导干部 96 人、企业领导 2 人，查出违规金额 1324 万元，管理不规范金额 19043 万元，损失浪费金额 3945 万元，发现领导干部个人其他经济问题 2 万元。审计后，平调 77 人，晋升 12 人，免职 6 人，降职 1 人。

内部审计 2004 年，全市共有内部审计机构 53 个，其中专职机构 19 个；有内审人员 79 人，其中专职人员 34 人。完成财务收支、经济效益、经济责任、基本建设、专项资金等审计项目 22 个，查出损失浪费 53 万元，促进增收节支 27 万元，提出审计建议或意见被采纳 31 条，已纠正违规金额 42 万元。（撰稿人：张建华）

【淮安市审计局】 2004 年，共有干部职工 64 人。局长韩海平，副局长陈凤琴、徐增道、高山，纪检组长李焕光（11 月—）、金洪根（—11 月）。设有监察室、办公室、人事教育处、法规处、综合（计算机审计）处、经济责任审计与内部审计指导处、财政金融审计处、行政事业与社会保障审计处、经贸审计处、农业与资源环保审计处、固定资产投资审计处、外资运用审计处。

审计成果 审计项目单位 126 个，查出违规金额 4.32 亿元，其中：应上缴财政 4274 万元，已上缴财政 2949 万元，应归还原渠道资金 4041 万元，应自行纠正 33024 万元。移交纪检监察部门违纪违法线索 4 件。提交审计工作报告、信息 111 篇，被各级党委、政府领导批示、采用 87 篇。

财政审计 审计预算执行单位 32 个，查出隐瞒转移预算收入、虚增财政收入、虚列财政支出、延压滞留预算资金等问题。提交的审计工作情况报告受到市人大的充分肯定。

经济责任审计 完成 23 名县处级党政领导干部和国有企业法定代表人的任期经济责任审计。采取离任审计与任期审计相结合、经济责任审计与其他审计相结合方法，对被审计单位存在的问题，提出积极的整改建议，促进了领导干部进一步增强法律意识、责任意识、廉政意识，提高了管理能力和水平。

固定资产投资审计 完成竣工决算审计项目 32 个，核减工程造价 3000 多万元；在审竣工决算审计项目 11 个，投资额 1.8 亿元；在审跟踪审计项目 4 个，投资额 5.8 亿元。市第一人民医院病房楼竣工决算审计在大部分工程已经过社会中介机构审核的基础上，核减工程造价 1427 万元，不仅被审计单位非常满意，而且结果客观公正，审计效率高，取得良好的审计效果。

专项资金审计 完成了对 2003 年度“农村五件实事”、抗洪救灾资金、失业保险基金、农业专项资金、移民迁建资金等专项资金的审计和审计调查，查出违规金额 2058 万元，已督促有关部门单位自行纠正 1769 万元。对资金管理和使用中存在的问题，及时向党委、政府作出汇报，并提出了加强管理和提高专项资金使用效益的审计意见和建议，切实维护广大人民群众的利益。

企业审计 对 20 个重点企业和资产经营公司进行了审计，提出加大重点骨干企业扶持力度，推进“工业强市”战略发展的建议，为促进企业深化改革，健全法人治理结构，保证国有资产保值增值发挥了重要作用。（撰稿人：李　毅）

【盐城市审计局】 2004 年，共有干部职工 76 人。局长曹士新，副局长刘万平、陈献东、孙红青、刘秋凤、荣乃顺，纪检组长姚少平。设有办公室、法制处、财政金融审计处、行政事业与社会保障审计处、经贸审计处、农业与资源环保审计处、固定资产投资审计处、外资运用审计处、组织人事处、任期经济责任审计办公室、计算机与审计项目管理处、机关党委，另设有纪检组（监察室）。

审计成果　审计单位69个，查出违规金额106819万元，管理不规范金额376033万元，损失浪费金额782万元；通过审计，已上缴财政9407万元，调账处理8419万元，被审计单位自行纠正378378万元。向纪检监察和司法机关移送案件8起，其中已经处理3起。全年提交审计报告、信息145篇，被各级党委政府和上级审计机关采用批示148篇（次），在各类报刊媒体上发表审计宣传稿件280篇。

财政审计及专项资金审计　在对国税、地税和国库审计的同时，开展了税源及税收征管、“三农”投入、社会保障资金筹集管理使用、市区土地出让金管理、政府采购和部分房地产企业规费征缴情况等6个专题的审计调查，认真查处了财政收入空转混库、虚调资金平衡财政、挤占挪用专项资金、盲目举债等问题。开展了“农村五件实事”专项资金、农业税灾歉、社会减免基金、小农水资金、抗洪救灾资金、世行贷赠款及社保基金的专项审计或审计调查。

固定资产投资审计　完成审计项目13个，审计投资总额51860万元，通过审计核减工程款906万元，揭露了挤占工程成本、违反招投标管理规定等问题。对投资规模大、建设周期长、工程质量要求高的项目，做到审计提前介入，监督关口前移，全程跟踪服务。市审计局提请市政府制定出台了《盐城市政府公共工程审计监督办法》，以政府文件规范公共投资和财政建设资金的使用和管理。

企业审计　全年共完成企业审计项目11个（含2个外资运用项目），查出违规金额11936万元，其中对某企业审计时调增国有资产净值8000多万元。对城东水厂尝试进行效益审计，揭示了建设中值得重视的问题，防止了财政资金的流失。

经济责任审计　全年共完成经济责任审计项目10个，查出违规金额30037万元，管理不规范金额95200万元。审计后，平调1人，免职1人。加大任中审计力度，全年任中审计占75%。全市及东台、建湖两市（县）领导干部经济责任审计工作受到省五部门的联合表彰，市审计局有1篇经济责任审计报告被省审计厅评为一等奖。（撰稿人：虞建东）

【扬州市审计局】　2004年，共有干部职工51人。局长黄道龙，副局长陈发松、周宏举、蔡先建、刘明章，纪检组长韩林。设有人教处、监察室、办公室、法制处、经济责任审计办公室、财政金融审计处、行政事业与社会保障审计处、经贸审计处、农业与资源环保审计处、固定资产投资审计处、外资运用审计处、审计学会等部门。

审计成果　审计单位410个，查出违规金额41451万元，管理不规范金额241822万元，应上缴财政15987万元，已上缴财政9610万元。提交审计工作报告、信息274篇，被批示采用119篇（次）。

财政审计　对财税等部门审计，查出预算编制随意粗放和市与区财政收入划分不规范、土地出让金管理不到位等问题，同级审工作得到了人大和政府的认同。人大召开主任会议，专题研究改进财政预算管理，聘请3名审计人员为预算审查专家咨询组成员，加强了对预算管理的经常性监督。

专项资金审计　组织全市审计机关对2003年度农村公路建设、新型合作医疗、草危房改造、改水改厕、税费改革转移支付补助等“农村五项实事”专项资金使用情况进行了审计和审计调查，其中对新型农村合作医疗基金审计时，发现个人缴费标准不统一、财政补助比例不合规等问题，引起了高邮市人大的重视，成立调研小组，深入卫生部门和乡镇督查整改。组织全市审计机关对41个乡镇小型农田水利建设资金收支管理进行了审计，抽审金额2943.25万元，占总金额的74%。审计报告得到了市领导高度重视和批示，要求有关部门根据审计意见和建议督查整改。

经济责任审计　全市对79人进行了经济责任审计，查出违规金额2566万元，其中个人负主管责任2566万元，负直接责任22万元。审计后，晋升1人，平调37人，免职3人。

政府交办事项　受政府委托，积极参与市直企业、生产经营性事业单位改制工作，对中介机构审计质量进行跟踪抽查监督。对扬州宾馆近3年经营状况、亚星奔驰有限公司截至2004年4月底的资产和各项费用开支情况进行了审计审查，为政府重组企业资产和转企改制提供了决策参考。

内部审计　为适应内部审计行业管理的要求，

成立了扬州市内部审计协会。为全市 883 名内部审计人员颁发了上岗资格证书。全市共有 159 个内审机构、500 多名内审人员，共审计项目 5007 个，查出损失浪费金额 2384 万元，促进增收节支 5416 万元，纠正违规金额 2384 万元。向司法机关移送案件 5 起，移送处理 4 人。1 个内审单位获得全国内部审计先进集体、5 个乡镇审计所获得江苏省内部审计先进集体、7 名内审人员获得江苏省内部审计先进工作者称号。

大案要案　查出江苏华泰道路桥梁工程公司虚假注册资金 3440 万元、扬州润扬路面公司国有资产流失 1831 万元、扬州市公路处养护中心私设“小金库”800 万元等问题。根据审计结果，有 5 人被移交给司法机关处理。（撰稿人：杨道龙）

【泰州市审计局】　2004 年，共有干部职工 48 人。局长居锦杰，副局长谢纪（—5 月）、陆啸峰、钱忠、徐正荣（10 月—），纪检组长徐正荣（—10 月）、刘卫国（11 月—）。设有办公室、法制处、财政金融审计处、行政事业与社会保障审计处、经贸审计处、外资运用审计处、农业与资源环保审计处、固定资产投资审计处、任期经济责任审计与内部审计指导处、人事教育处、城市土地经营审计处（全额拨款事业单位），另设有纪检监察机构。

审计成果　完成审计项目 32 个，查出违规金额 28375 万元，管理不规范金额 26034 万元，损失浪费金额 52 万元，应上缴财政 1938 万元，应归还原渠道资金 1672 万元。

预算执行和专项资金审计　紧紧围绕预算资金的收缴、分配、拨付及使用环节，扩大审计覆盖面，深化审计内容，加大了审计力度。本级预算执行审计查出了项目预算编制不细、部门预算执行不严、专项资金管理不规范等问题，引起了市政府及有关部门的高度重视。对失业保险基金、“农村五件实事”资金、小型农田水利建设专项资金进行了审计，发现部分资金未及时拨付到位、侵占挪用资金等问题。

固定资产投资审计　对负责主城区及经济开发区范围内的土地出让金征收、使用和管理的市财政、国土等 18 个单位进行了审计调查，审计土地出让金总额 6.68 亿元，揭露了土地出让金被挤占挪用、协议出让方式出让经营性用地、未付清全部出让金的宗地办理土地使用权证、部分土地出让金收入未能上缴财政和老城区拆迁改造项目的土地前期开发成本核算不规范等问题。

经济责任审计　围绕加强对权力的制约和监督，按照党委、政府的要求，完成了 8 个审计项目，对发现的私设“小金库”和侵占挪用等问题，进行了严肃处理，对发现的疑点线索及时提供给有关部门。

信息化建设　为加快审计信息化进程，于 8 月召开了全市审计系统专题座谈会，研究部署和加大推动力度。继续加强硬件投入，重视审计人员的计算机知识与技能培训，积极推进计算机辅助审计，全系统审计信息化水平有了很大提高。自主开发的“审计工作包”软件，在全省审计机关计算机审计典型案例及审计软件演示和评比活动中获三等奖，同时在全省计算机审计应用知识及技能竞赛中获团体二等奖和 2 项个人二等奖，进入全省审计系统计算机应用的前列。（撰稿人：沈金勇）

【南通市审计局】　2004 年，共有干部职工 83 人。局长纪进，副局长葛松良、陈士萍、蔡云华、张乃炎、吴永宏（—3 月），纪检组长王安华（—12 月）。设有办公室、人事教育处、法制处、监察室、机关党委、经济责任审计管理处、财政金融审计处、行政事业与社会保障审计处、工业与交通审计处、外资运用审计处、农业与资源环保审计处、商贸审计处、固定资产投资审计处（直属事业单位南通市固定资产投资审核中心与其合署办公）。

审计成果　完成审计和审计调查项目 141 个，查出违规和管理不规范金额 24.8 亿元，为财政增收节支 1.5 亿元。上报审计报告和审计信息 463 篇，被上级及媒体录用 256 篇。在全省审计项目质量评比中获 7 个奖项，机关党委被江苏省委表彰为先进基层党组织。

财政审计　对 32 个预算执行单位实施审计，对列入 2003 年人代会审查的 8 个部门年度预算执行情况进行审计调查。围绕预算执行审计，市审计局开展了 30 个企业 2003 年度税费（基金）申报缴纳情况、18 个福利企业税收政策执行情况、30 个市属改制单位剥离资产管理情况 3 项审计调查。企业税费（基金）申报缴纳情况审计调查，共查出少申报缴纳税款1536万元，占应缴纳税费的14.3%。

对全市8个县（市）、区财政决算进行全面审计，对80个企业进行延伸审计，并组织实施全市144个乡镇财政状况审计调查。审计发现政府财税工作中存在收入增长缓慢，县乡两级政府债务沉重、财政风险不断增大，预算管理不够规范、县乡财政体制不够完善、依法理财水平有待进一步提高、乡镇级财政赤字面不断扩大等问题。

固定资产投资审计 对基础性、公益性、财政技改贴息项目的审计监督力度进一步增强。市审计局全年完成工程竣工决算审计项目46个，审计金额14.57亿元，核减1.03亿元。对体育中心、污水处理厂等19个重点工程项目实行全过程跟踪审计。

经济责任审计 实施经济责任审计项目16个，查出违规金额42万元。南通市审计局被评为全省经济责任审计工作先进地区，海门市审计局被评为全国经济责任审计工作先进地区。全省优秀经济责任审计项目评比中，荣获"地方党政领导干部任期经济责任审计一等奖"、"部门党政领导干部任期经济责任审计二等奖"、"国有企业法定代表人任期经济责任审计三等奖"。

效益审计 实施2个效益审计项目：一是2002～2003年环保专项资金效益审计，二是洪港水厂效益审计。提交的效益审计报告引起市领导的高度关注，在批示中要求就审计提出的问题认真整改。

审计公告 首次推行审计结果公告制度。将南通市自来水公司洪港水厂一期项目效益审计、南通市农业发展基金审计调查、南通市本级2002～2003年环保专项资金审计调查、南通市本级2003年度失业保险基金审计4项审计结果，通过新闻媒体向社会公告。

计算机辅助审计 审计人员开发的《审计助手》软件有12个省100多个审计机关使用，并被审计署指定为援藏软件。（撰稿人：陈铭鑫、陈彦）

【镇江市审计局】 2004年，共有干部职工75人。局长黄可，副局长周本友、张炳良、陈宏贵（兼纪检组长）、蒋建军、孙洁琦。设有办公室、法制处、综合处、财政金融审计处、行政事业与社会保障审计处、固定资产投资审计处、经贸审计处、农业与资源环保审计处、外资运用审计处、人事教育处、经济责任审计处、纪检监察室、机关服务中心（直属事业单位）。

审计成果 审计单位85个，查出违规金额47619万元，应上缴财政22829万元，应归还原渠道资金1678万元，指明要求纠正41676万元。移送纪检监察部门案件线索13件，涉及金额314万元，有3人被立案查处。提交的审计工作报告和信息有68篇（次）被批示和采用。

财政审计 审计财税及市级行政部门的预算执行单位14个，审计财政资金支出量达到50%，查出应作未作收入、预算支出不当、政府债务影响财政资金运转、漏征税费、税收政策执行不力等问题。提交的财政审计工作报告受到市人大的充分肯定和高度评价。

固定资产投资审计 审计了辖区农村公路、阳光世纪花园一期工程和南门高架桥等市政府重点工程建设项目16个，审计资金87860万元，审计核减投资2900万元，减少阳光世纪花园一期烂尾工程亏损1171万元。针对查出的问题，提出整改建议，得到市政府和有关部门领导的重视。

外资运用审计 对镇江市水业总公司利用世界银行贷款污水截流项目进行效益审计。该工程于1994年11月开工，至2004年5月全部竣工。工程总概算30639万元（其中利用世界银行贷款1716万美元），决算为27521万元，比概算数节约投资3118万元。审计查出实际污水截流量与设计标准相差较大；污水处理厂一期工程污水处理量不足，规模效益未能显现；污水处理费征收不足、部分专款未专用等影响了项目的运行效益，提出5条整改建议。

专项资金审计 对"农村五件实事"专项资金、农村改水专项资金、小型农田水利建设资金、失业保险基金进行了审计，基本掌握了这些资金的来源及使用情况。对丹阳等3个市（县）、区的21个河道疏浚项目审计，发现当地财政配套资金111.03万元，仅到位17万元；扬中市水利农机局在一排涝站工程未办理竣工验收的情况下，就将15万元水利补助费全部拨给建设单位。对专项资金审计中发现的问题分别提出了处理建议，并对违规违纪问题作了审计处理，促进了资金的安全完整、专款专用。

经济责任审计 对11人进行了经济责任审

计，查出违规金额 1633 万元，管理不规范金额 2312 万元，损失浪费金额 54 万元，为组织部门任用干部提供了可靠的参考依据。

企业审计 对 39 个企业进行审计，查出虚报或隐瞒转移收入 588 万元，少计或虚列成本 1997 万元，少缴税金 1357 万元，损失浪费 3611 万元，账外资产 838 万元，促进和保证了企业改制的顺利进行。

计算机辅助审计 在工程审计和行政事业单位审计中，结合实际运用《智慧》软件和《金剑》软件，使工作效率和工程质量明显提高。在全省评比中，镇江市审计局的《项目审计通用软件介绍》获三等奖，《巧用"智慧"软件进行工程审计》的做法参加了江苏省审计厅组织的全省"进行计算机审计典型案例和软件巡回展示"。（撰稿人：白汉明）

【常州市审计局】 2004 年，共有干部职工 71 人。局长曹慧明，副局长史君维、周效华，吕全斌，纪检组长张如文。设有办公室、人事教育处、法制综合处、财政金融审计处、行政事业审计处、经贸审计处、农业与环保社保审计处、固定资产投资审计处、外资审计处、经济责任审计与内部审计指导处。

审计成果 审计单位 50 个，查出违规金额 32295 万元，管理不规范金额 23634 万元，损失浪费金额 13782 万元。通过审计处理增加财政收入 15172 万元。移交案件线索 9 件。

财政审计 审计检查了财政收支的合法性、真实性，查出了延压滞留部分预算资金等问题，审计后转账入库资金 5992 万元。还核实了财政大家底，并揭示出养老保险基金欠缴额大、备付能力不足，政府负债规模不断增大、财政潜在风险较多等值得重视的问题。

固定资产投资审计 全面推行国家建设项目跟踪审计，共对 25 个项目进行跟踪审计，审计总金额达 150 亿元。通过审计，核减工程款 5000 多万元，促进节约建设资金 1.6 亿元。出具跟踪审计意见单 65 份，提出意见和建议 594 条。相关部门和单位积极整改，出台了 10 多份文件及内部规定。移交案件线索 2 件。

经济责任审计 全市完成了对 57 个单位的 64 名领导干部的经济责任审计，有效地促进了党政领导履行经济责任和依法行政能力的提高。试行经济责任审计公示（告之）制度，促进了经济责任审计工作的公正、透明。

专项资金审计 开展专项资金审计项目 8 个，涉及审计单位 8 个，审计专项资金总金额 45 亿元。审计中以民为本，严格查处问题，提出建议，促进资金及时拨付和农村"五件实事"项目的进一步落实。

企业审计 审计国有企业 2 个，查出并督促企业调整违规金额 6948 万元，并针对企业经营管理方面的有关问题提出了改进建议，促进了企业规范运行、加强管理、提高效益。根据省政府的统一部署，组织 65 名人员实施了淮安市粮食财务挂账清查审计，查出违规金额 6418 万元，移交案件线索 7 件。

法制建设 认真贯彻审计署 6 号令，出台了《常州市审计局关于审计机关审计质量控制办法的实施意见》，市、县（区）审计机关于 2004 年 6 月 1 日同步实施。

计算机辅助审计 在财政金融审计、固定资产投资审计、经济责任审计、行政事业审计等多个项目中实施计算机辅助审计，变现场审计为送达审计，并总结了 5 个计算机辅助审计案例上报省审计厅。制定了《计算机辅助审计考核暂行办法》，促进了计算机在审计中的应用。（撰稿人：刘 鸣）

【无锡市审计局】 2004 年，共有干部职工 84 人。局长黄蓉华，副局长王凡、唐家梁、李晔，纪检组长李家虎。设有纪检组、机关党委、办公室、人事教育处、法制综合处、财政金融审计处、行政事业审计处、经贸审计处、农业与社保环保审计处、固定资产投资审计处、外资运用审计处、经济责任审计与内部审计指导处。

审计成果 全市共审计单位 461 个，查出违规金额 15.35 亿元，管理不规范金额 25.25 亿元，审计处理后增加财政收入 2.48 亿元，减少财政支出 1.15 亿元，归还原渠道资金 4339 万元。向纪检监察和司法机关移送各类违法犯罪案件线索 189 件，已有 13 人受到党纪政纪处理，19 人被追究刑事责任。

财政审计 全市共审计 21 个财政部门、270 个行政事业单位、66 项专项资金。通过审计，增加财政收入1.53亿元，减少财政拨款和补贴712万元，归还原渠道资金2216万元，并从完善管理、促进发展的角度，就强化税收征管、深化部门预算改革、改进国有资产管理、加强专项资金监管等方面提出了许多好的建议，促进各部门进一步加强预算管理。

经济责任审计 2004年，全市共对214名党政领导干部进行届中审计和离任审计，查出违规金额5.26亿元，管理不规范金额7.04亿元。全市各级审计机关会同有关部门积极探索，大胆创新，摸索了经济责任审计工作的一些成功做法，促进了经济责任审计工作进一步深化。市审计局与纪检监察、组织人事部门多方联动、协同作战，并认真抓好审计结果的运用，制定了《党政领导干部任期经济责任审计工作规程》，进一步明确了工作程序和审计成果的运用，为经济责任审计提供了制度保障。在2004年全省经济责任审计工作会议上，无锡市、江阴市和滨湖区被评为全省经济责任审计工作先进地区。

固定资产投资审计 全市共完成基建竣工决算审计项目78个，核减工程款1.64亿元。市审计局完成火车站广场、社会福利中心、芦村污水处理厂等6个项目竣工决算审计；对金城公铁立交、蠡湖地区环境改造等9个项目实施跟踪审计，审计资金总额20.97亿元，节约建设资金1.29亿元；制定了《无锡市国家建设项目固定资产投资审计操作规程》，进一步规范了基建审计行为。（撰稿人：高　布）

【苏州市审计局】 2004年，共有干部职工76人。局长陶孙贤，副局长卢国柱、陈鼎昌、周雨晨，纪检组长曾锦杰，总审计师许华柱。设有办公室、人事教育处、纪检组、监察室、法制综合处、计算机审计处、财政金融审计处、行政事业审计处、经贸审计处、外资运用审计处、固定资产投资审计处、农业与资源环保审计处、任期经济责任审计与内部审计指导处。

审计成果 审计单位478个，查出违规金额33.38亿元，已上缴财政和增加财政专户资金3.35亿元。工作报告和信息被采用588篇。全年对28个项目的审计结果进行了公告。

财政审计 对24个财税部门、237个预算执行单位和50项重点资金（基金）进行了审计，运用绩效审计理论，提出了建议和意见。同时，反馈了前一年度审计查出问题的落实情况。对3个市2个区41个乡镇实施财政决算审计，查出违规金额16.04亿元，提出整改建议157条。

公共工程审计 完成公共工程审计项目109个，审计投资总额81亿元，节减工程造价2.46亿元。认真落实政府重点公共工程竣工决算必审制度，积极探索全过程跟踪审计和绩效审计。

经济责任审计 建立了项目计划管理制度、审前联合公告制度和组织部牵头集体告知制度。对149人实施了审计，查出违规金额15.84亿元，管理不规范金额12.76亿元。审计后，平调100人，晋升13人，免职10人。昆山市、吴江市、常熟市被评为全省经济责任审计工作先进地区。

专项审计调查 开展专项审计调查项目16个，调查金额13.65亿元，涉及单位99个，促进制定完善规章制度13条。

信息化建设 计算机技术在一半以上的审计项目中得到应用。苏州市审计局自行开发了“审计助手工具包”和“税收审计助手”两个辅助审计软件，5个案例经验入选江苏省“计算机审计专家经验库”。常熟市《审计信息管理系统》通过鉴定并在江苏省推广使用。苏州审计公众网站正式开通，并首次举办全市审计系统“计算机技能竞赛”。（撰稿人：顾红辉）

2004年江苏省区、县（市）级审计工作统计表

审计机关	干部职工人数（人）	审计单位（个）	经济责任审计项目（个）	查出违规金额（万元）	应缴财政（万元）	已缴财政（万元）	决定处理处罚（万元）	指明要求纠正（万元）	提交审计报告、信息（篇）	审计信息被采用（篇）
南京市										
玄武区审计局	17	26	22	1165	293	255	607	428	16	9
白下区审计局	13	40	17	4691	73	56	10978	3497	61	28
秦淮区审计局	13	18	11	1146	280	280	477	622	23	
建邺区审计局	14	38	22	3752	237	92	237	3453	27	12
鼓楼区审计局	15	19	3	5755	394	394	399	183	23	5
下关区审计局	13	12	8	3304	21	21	176	3129	11	3
浦口区审计局	26	51	28	10131			1180	9452	87	3
六合区审计局	19	29	18	5410	15	9	15	5391	59	11
栖霞区审计局	7	11	2	32197				32197	44	22
雨花台区审计局	13	30	21	6878			1725	5153	66	26
江宁区审计局	39	37	17	19180	188	188	4426	14411	6	
溧水县审计局	14	71	31	18054	1187	1187	1487	16058	42	13
高淳县审计局	17	48	17	9100	595	595	1732	7367	37	
沿江开发区审计处	9	16	4	3350				3350	13	
徐州市										
云龙区审计局	9	11	5	864	307	55	864		13	6
鼓楼区审计局	13	9	3	316	10	10	12	304	8	1
九里区审计局	10	12	1	5453	34	34	265	5167	38	15
贾汪区审计局	17	33	6	6125	1662	1660	2874	1752	161	39
泉山区审计局	8	23	15	3645	503	503	1900	1745	43	15
邳州市审计局	36	73	18	33690	7021	7021	9741	22632	243	96
新沂市审计局	24	24	13	16018	556	28	3063	12952	70	21
铜山县审计局	26	28	2	23989	5980	5749	14708	12081	101	1
睢宁县审计局	18	44	3	3238	75	69	126	2555	6	4
沛县审计局	42	66	18	78412	5801	4260	14008	57343	378	158
丰县审计局	30	81	16	10429	360	360	3717	2758	278	109
连云港市										
新浦区审计局	7	20	5	98	19	19	50	2433	17	90
连云区审计局	9	19	6	524	8	8	420	905	3	45

审计机关	干部职工人数（人）	审计单位（个）	经济责任审计项目（个）	查出违规金额（万元）	应缴财政（万元）	已缴财政（万元）	决定处理处罚（万元）	指明要求纠正（万元）	提交审计报告、信息（篇）	审计信息被采用（篇）
海州区审计局	7	20	4	475	46	46	474	3373	12	96
开发区审计局	4	18		4	1	1	1	82	5	17
赣榆县审计局	23	53	5	541	156	156	354	10207	12	94
灌云县审计局	21	28	12	36	36	36	36	4745	5	58
东海县审计局	19	41	21	494	146	89	429	5744	65	32
灌南县审计局	16	49	30	499	50	50	50	5633	5	257
宿迁市										
宿城区审计局	13	43	18	2209	8	8	8	2186	36	20
宿豫区审计局	11	54	19	5456	30	23	30	2358	54	54
沭阳县审计局	21	36	25	18178	138	135	565	7438	69	45
泗阳县审计局	20	58	16	19939	88	85	122	18957	79	18
泗洪县审计局	22	78	7	12239	259	259	1319	8081	14	4
淮安市										
清河区审计局	8	89	22	56	8	8	8	1780	97	46
清浦区审计局	7	21	15	459				459	30	17
楚州区审计局	25	61	29	14418	117	111	9396	1367	172	94
淮阴区审计局	21	54	20	2161	57	57		504	58	28
金湖县审计局	20	51	22	507	93	77	414	2042	89	70
盱眙县审计局	23	48	17	9696	92	90		9618	85	66
洪泽县审计局	19	46	24	2626	62	62	62	2713	40	29
涟水县审计局	31	45	4	781	397	397	781	951	79	75
盐城市										
亭湖区审计局	17	29	4	5883	18	17	751	5282	137	128
盐都区审计局	26	67	1	152	124	118	152	4715	32	16
东台市审计局	46	60	2	6829	2134	2093	5092	16652	50	28
大丰市审计局	32	76	6	8574	311	311	603	4348	150	82
射阳县审计局	28	26	2	1304	8	8	1084	1627	37	14
阜宁县审计局	28	52	15	4248	1373	341	1785	59477	61	29
滨海县审计局	20	36	5	2268	1222	1213	1256	3331	81	71
响水县审计局	30	49	9	4251	697	697	3247	10052	74	25
建湖县审计局	24	25	1	960	885	885	960	17613	89	58
扬州市										
广陵区审计局	16	48	4	3353	6	6	6	3353	63	15
维扬区审计局	10	22	5	171	16	16	4	1610	37	15

审计机关	干部职工人数（人）	审计单位（个）	经济责任审计项目（个）	查出违规金额（万元）	应缴财政（万元）	已缴财政（万元）	决定处理处罚（万元）	指明要求纠正（万元）	提交审计报告、信息（篇）	审计信息被采用（篇）
邗江区审计局	24	36	8	8688	62	62	62	49894	95	41
仪征市审计局	24	52	20	3958				3958	51	19
江都市审计局	28	64	18	515	139	890	291	23087	113	84
高邮市审计局	20	62	7	7942	159	142	8869	60097	40	26
宝应县审计局	24	69	9	4304	40	40	40	9139	36	26
泰州市										
海陵区审计局	20	33	9	4445	89	89	89	4356	36	2
高港区审计局	14	20	3	4856	130	130	1449	3407	28	26
靖江市审计局	31	87	11	19074	97	97	97	19074	29	10
泰兴市审计局	22	20	13	156	15	15	15	1562	2	1
姜堰市审计局	24	47	25	3814	48	48	103	9811	32	26
兴化市审计局	30	43	12	313	258	238	258	10680	58	35
南通市										
崇川区审计局	9	45	6	4353	64	64		4299	92	107
港闸区审计局	6	32	4	816	31	22		711	21	13
海门市审计局	35	59	8	33503	984	759		28974	117	192
启东市审计局	33	89	27	20581	352	297		17942	18	10
通州市审计局	34	50	3	17962	3927	3862		11819	118	139
如皋市审计局	30	50	19	12694	105	105		12692	37	13
如东县审计局	30	69	15	28890	1670	1670		15854	104	93
海安县审计局	29	60	13	35630	362	362			218	198
镇江市										
京口区审计局	7	12	2	3	3	3	3	1071	10	4
润州区审计局	8	20	6	214	201	201	214	139	10	6
丹徒区审计局	25	59	5	2683	242	242	242	4985	50	46
扬中市审计局	29	91	7	3219	418	418	418	21225	175	170
丹阳市审计局	35	35	9	11550	1211	793	1211	24335	104	108
句容市审计局	28	49	8	23839	2938	2938	2938	12662	105	100
常州市										
钟楼区审计局	6	10	6						10	
天宁区审计局	13	18	12					3382	11	
戚墅堰区审计局	5	17	2					607	1	
新北区审计局	4	9	1	486	476	476	476	2935	2	
武进区审计局	30	14	4	146	147	147	147	1073	19	1

审计机关	干部职工人数（人）	审计单位（个）	经济责任审计项目（个）	查出违规金额（万元）	应缴财政（万元）	已缴财政（万元）	决定处理处罚（万元）	指明要求纠正（万元）	提交审计报告、信息（篇）	审计信息被采用（篇）
金坛市审计局	24	35	16	53	51	51	51	662	98	21
溧阳市审计局	30	27	11	8301	66	66	66	206	23	
无锡市										
崇安区审计局	4	22	9	25440	1060	11	25381	392	25	8
南长区审计局	5	30	16	7049			7049	3661	24	1
北塘区审计局	5	19	13	12956	24	7	12957	1597	18	3
滨湖区审计局	19	28	21	7646			7646	15332	7	4
惠山区审计局	34	84	22	4211	1053	1053	9679		21	12
锡山区审计局	30	66	25	38006	92	92	38016	37390	38	22
新区审计局		11	1	5280	3016	3016	5259	128	21	13
江阴市审计局	28	62	45	4187	3545	2424	4187	9074	67	4
宜兴市审计局	28	90	31	5537	3646	3646	5537	51411	70	25
苏州市										
金阊区审计局	5	12	5	711			346	346	26	24
沧浪区审计局	8	12	11						31	25
平江区审计局	5	19	7	311			126		19	15
高新区（虎丘区）审计局	12	51	16	48058	797	797	216	42101	17	16
吴中区审计局	16	29	15	8206	1599	1599	299	830	38	9
相城区审计局	24	44	5	14207	1103	1103	5	9891	24	5
吴江市审计局	21	37	18	5132	1195	1195	934	3006	78	58
昆山市审计局	28	82	20	116805	1968	1349	763	113994	87	98
太仓市审计局	27	39	4	16507	1561	1518	759	14187	62	81
常熟市审计局	31	40	6	61554	1554	1554	2812	57168	66	12
张家港市审计局	30	57	20	40982	81	81	100	40801	40	23

浙江省

【浙江省审计厅】 2004年，浙江省审计厅机关共有干部职工164人。厅机关设有办公室、法规处、财政审计处、金融审计处、行政事业审计处、经贸审计处、外资运用审计处、农业与资源环保审计处、社会保障审计处、投资审计处、经济责任审计处、人事教育处、机关党委和监察室，同时还设厅直属审计局、计算机审计中心、省审计科研所、省审计干部培训中心等4个直属事业单位。

领导成员

厅　长：谢力群（2月—）
　　　　陈正兴（—2月）
副厅长：孙永珍　姚世新（—6月）
　　　　岑国荣　吴桂英

王广兵（11月—）

总审计师：陈焕昌

审计成果　2004年，全省共审计单位5181个，查出违规金额123.33亿元，应上缴财政17.14亿元，应减少财政拨款或补贴2.63亿元，核减财政投资建设项目工程造价17.06亿元。向司法、纪检机关移送案件和事项81件，移送涉案人员102人。编报信息及专报4534篇，被上级领导批示、采用2397篇，向社会公告审计结果39篇。

财政审计　同级审突出推进了“四个转变”：一是由主要关注财政预算内资金向全方位关注政府性资金转变；二是由关注各单位财务收支的真实、合法性向关注专项资金的使用方向和使用效益转变；三是由收支审计并重向以支出审计为主转变；四是由主要审计省本级支出向审计省本级与补助地方支出转变。全省各级审计机关共审计单位5171个，查出违规金额143亿元，向司法和纪检机关移交经济犯罪线索45件。揭露查处了集中在财政专项资金管理、国有企业财务收支、政府投资项目绩效、市县乡财政管理等方面的重大违法违规问题，并提出了整改建议。省人大常委会高度评价审计工作，省委召开财经领导小组会议专门听取了审计汇报，并给予充分肯定。

对计划生育资金、环保资金、全省质量技术监督系统、政府采购资金、社保资金以及相关部门的财务收支进行了重点审计。计划生育资金审计针对部分县（市、区）计生事业经费投入不符合有关规定，挤占挪用计生专项经费等问题，提出了强化预算管理，加强财务监管，加大社会抚养费征收力度等审计建议。环保资金审计共查出违规金额2.41亿元，发现了排污费应征未征少征情况比较普遍、挤占挪用排污费情况严重、大量环保贷款基金逾期无法收回等问题，审计建议省政府及有关部门进一步加强排污费征收管理工作，尽快出台相应的环保资金使用管理办法。质监系统审计发现事业单位与行政机关业务重叠，职工技协等社团组织违规操作等问题，并结合其他专业审计中暴露出来的同类问题开展了专项审计调查。政府采购审计加大了对财政支出效益分析力度，针对各地政府采购中的共性问题，提出了重视和加强集中采购机构建设，加快部门预算改革步伐，加强对部门集中采购的监管的建议。社保资金同步审计采用计算机审计技术查明了各有关县市社保资金的收支情况、管理现状、支付能力和存在的主要问题，还组织了对部分县、区新型农村合作医疗保险试点的专项审计调查，摸清了试点制度建立和基金收支规模、参保人员等情况，对资金筹集、运行和管理机制进行了评估，为省政府提供了可靠依据。

着重对各级政府负债进行了审计监控。根据吕祖善省长“审计工作要在加强对政府负债的监控和管理方面发挥作用”的指示精神，审计厅成立了以厅长为组长的调研组，结合财政决算审计和市县长经济责任审计开展了政府负债情况的审计调查，对前两年审计中反映的政府负债问题进行全面总结、对比、梳理和分析，从中发现了一些普遍性和规律性问题，促进了加强政府负债管理的政策制度的早日出台。

继续探索“上审下”与“同级审”相结合的方式，组织完成杭州、嘉兴、桐庐、慈溪、乐清、桐乡、嵊州等29个市、县的财政决算审计。通过审计促进了省政府财政税收政策的贯彻落实，规范了县（市）财政分配秩序，有效地保障了省级财政收入。

企业审计　重点开展了国有企业财务收支真实性审计，全省审计机关共审计国有企业300个，查出应上缴财政金额11857万元，虚报或隐瞒转移收入4550万元，国有资产流失金额1195万元，涉嫌经济犯罪金额3706万元，损失浪费金额3870万元。在对省属授权经营集团经营情况审计中，发现省属集团公司财务管理基础薄弱，会计信息失真问题仍然比较突出，从事证券投资、委托理财存在较大风险。在省发展集团审计中，不仅基本摸清了发展集团的资产、负债和损益情况，对于发现的问题进行了认真的处理处罚，还针对发现的具有宏观性、倾向性的问题，形成了《发展集团资产质量和经营风险分析报告》等专题报告，得到了省政府领导的批示。对省物产集团审计广泛采用了“五个结合”的方法，取得了明显成效，查出了少缴税金、资金损失、擅自处理改制资金、期货投资和委托理财存在相关风险等问题。在对中国人寿保险公司2002年资产负债损益情况审计的基础上，妥善做好89个寿险公司及分支机构的审计处理工作，共处理违规金额2.67亿元，受到了审计署金融审计司的好评。

固定资产投资审计　全省共审计项目投资总

额337.05亿元，核减工程价款17.06亿元。一是深入贯彻落实省政府146号令。二是进一步理顺和规范投资审计机制，推广上虞等地的经验，由政府出面统一投资审计监督职能，设立国家建设项目审计直属局或专业分局，或者采取与其他部门分工合作，各负其责的办法，落实投资项目的审计责任，逐步实现国家建设项目决策、管理和监督环节的三分离，达到政府性投资项目竣工决算必审制的要求。三是加强了对社会中介机构参与的国家建设项目审计的质量监督和检查，按照“公开、公平、公正”的原则选择中介机构，统一规范了有关制度。

经济责任审计　全省共对1285个单位的1387名领导干部进行了经济责任审计，重点对重大违法违纪、重大决策失误、国有资产保值增值情况和个人廉洁情况进行了检查，围绕政府负债、公共财政支出效益低、损害群众利益等问题开展了审计和审计调查，查出违规金额33.71亿元，管理不规范资金170.73亿元，损失浪费金额5.26亿元。

对金华、桐庐、慈溪、乐清等12名市（县）长的经济责任审计，在抓好常规审计内容的基础上，重点对收入退库不合理、越权制定经济政策、土地出让金收支管理比较混乱等问题进行了审计和专项审计调查，还特别关注了市县长对重大财务管理制度和国家重要法规条令的执行情况、重大专项资金的使用效益、各类经济发展指标和廉洁自律情况。

对省残联、省环保局、省计生委、省科技厅等7个省级机关的党政领导进行了经济责任审计，查出违规金额1790万元，管理不规范金额2137万元，损失浪费金额65万元。同时，对省投资发展集团、省能源集团公司、省石化建材集团公司和省二轻集团公司等10个省属授权经营企业集团的领导人员进行了经济责任审计，共查出违规金额755万元，管理不规范金额358万元。

上级交办任务　审计署授权审计的北仑电厂二期、超高压公司、JPN赠款等7个世行贷、赠款项目全部顺利完成。完成了省长临时交办的省机关事务管理局的审计任务，重点审计了管理局本级、后勤经济中心和房地产公司，对8个房地产项目和49个关联单位进行审计调查。吕祖善省长和习近平书记分别听取了工作汇报，充分肯定了审计工作，并督促有关部门按照审计意见及建议进行整改。

围绕杨秀珠专案对温州市有关企业进行了重点审计，发现了大量违法违纪线索，现已移交省纪检部门另案处理，受到了中纪委督查组有关领导的充分肯定和表扬。同时，还完成了省政府交办的省人民大会堂建设项目审计，发现和查处了一系列重大腐败问题，核减工程造价款6000多万元，向纪检、公安、司法等部门移交大要案线索11件。吕祖善省长责成有关单位和部门以此为典型，深入剖析，提出措施，由此省监察厅、省发改委出台了《政府投资项目实行代建制》和《建立统一的省级招投标平台》两项制度。

绩效审计和专项审计调查　对全省94个财政投资建设项目进行了同步绩效审计，项目概算总投资52.22亿元，其中财政投资金额29.59亿元，占项目概算总投资的56.67%。审计共查出违规金额17.56亿元，决定处理处罚金额1.82亿元，核减工程造价1.54亿元。围绕政府负债、投资、土地出让金、教育资金、社会保障、三农问题以及审计中发现的苗头性、倾向性问题，广泛开展了专项审计调查，取得了一定成效。

基础建设　全省审计系统开展了“质量创优年”活动，有力地推进了审计法制化和规范化建设。各地努力构建质量控制体系，对有关质量控制制度进行了清理、完善和补充，强化了审计署5、6号令的学习。认真规范审计工作，提高审计质量，开展了全省审计项目评优活动。各地相继出台了一批规章制度。在加强系统内审计项目质量检查的同时，对全省23家社会中介机构的审计质量进行了检查。积极尝试审计结果公告制度，全省各级审计机关共向社会公告审计结果39个。

“金审工程”取得了阶段性成果，进一步理清了信息化发展的思路和重点，完善了信息化发展的规划，提出了浙江省信息化发展的指导意见，实现了全省三级审计机关电子邮件的互联互通，建成了浙江审计门户网站，组织开发并推广使用了《浙江省审计管理信息系统》等软件，研制开发了《审计对象资料数据库》软件。省审计厅成立了计算机审计中心，统一指导全省的审计信息化建设工作。（撰稿人：李天明）

【杭州市审计局】　2004年，共有干部职工

105人。局长潘再高，副局长傅立云、董伯坤、丁洪汇，总审计师吴志明（12月—）。设有办公室、人事教育处（监察室）、法制处、财政（金融）审计处、行政事业审计处、固定资产投资审计处、经贸审计处、外资运用（开发区）审计处、农业与资源环保（社会保障）审计处、经济责任审计处。

审计成果　完成审计项目100个，查出违规、管理不规范和损失浪费金额36.63亿元，其中应缴财政、应减少财政拨款或补贴、应归还原渠道资金3.89亿元。向司法机关、纪检监察部门移送或建议有关部门处理案件4起，向社会公告审计结果3篇。编发、上报各类审计信息168篇，被上级机关、新闻单位采用216篇（次），得到省、市领导批示21篇。

预算执行审计　将工作重点转到财政支出方面，实现了由收支审计并重向以支出审计为主的转变。审计重点揭露了房地产企业偷逃税严重、一些专项资金大量沉淀、部分国家建设项目水分较大、个别单位私设“小金库”等7个方面的问题。首次对社会公布审计结果，杭州市一些媒体《今日早报》、《都市快报》、《每日商报》，以及一些互联网都在显著位置，有的甚至以整版篇幅报道了审计情况。

经济责任审计　杭州市被中央纪委、中央组织部、人事部、审计署评为全国经济责任审计工作先进地区。共对市人事局等17个单位开展了经济责任审计，查出违规、管理不规范和损失浪费金额96410万元，其中主管责任金额90097万元，直接责任金额6331万元。

固定资产投资审计　全年共审计国家建设项目17个，涉及项目投资总额169848万元。通过审计，核减工程款7039万元。组织了建设项目协审单位招投标工作，并对有关中介机构单位资质及协审人员资格等基本情况进行了调查摸底；认真开展国家建设项目网上申报工作；对市民中心、北山路道路整治等建设项目实行跟踪审计，并作全过程跟踪记录。

信息化建设　实现了全市审计机关之间的网络互联互通。进一步完善审计对象资料数据库建设，进行动态管理并及时更新数据。“审计管理系统”和“内网门户网站”开始启动。开展“现场组网审计”，利用与会计结算中心联网的有利条件进行远程联网辅助审计和审前调查。

内部审计　至2004年末，全市共有内审机构244个，其中专职机构96个；内审人员838人，其中专职人员239人。2004年，全市内审机构共审计单位2202个，纠正违规金额2376万元，促进增收节支3246万元，查出损失浪费金额1668万元。市内部审计协会被评为全国大中城市社科联先进学会。（撰稿人：陈响荣）

【湖州市审计局】　2004年，共有干部职工53人。局长陆剑英，副局长田新念、钱新惠、张卫平，纪检组长徐言。设有办公室、组织宣传人事处、法规处、财政金融审计处、行政事业与社会保障审计处、农业与资源环保审计处、固定资产投资审计处、经济贸易审计处、经济责任审计处，另设有吴兴区审计分局、南浔区审计分局（属派出审计机构）。

审计成果　审计单位312个，查出违规金额9842万元，管理不规范金额64845万元，应上缴财政1749万元，指明要求纠正金额64881万元。移送司法、纪检监察部门案件5起。提交审计报告和信息377篇，信息被采用193篇（次），向社会公告审计结果2次。湖州市审计局被评为全省审计系统先进单位，安吉县审计局被评为全省审计系统优秀单位。

财政审计　通过26个乡镇财政审计，查明违规和管理不规范金额16978万元，加强了对乡镇政府负债、隐性赤字以及土地整理等涉及乡镇财政整体运转方面的审计与分析。安吉县审计局通过对8个乡镇财政的审计，指出土地整理等方面存在的问题，分析了乡镇财政整体运转困难的原因，提出4条建议，引起了省、市政府领导的高度重视。吕祖善省长、黄萌市长均作了批示，要求采取积极措施，认真整改。

经济责任审计　对78名领导干部进行了经济责任审计，查出领导干部应承担责任的违规和管理不规范金额21569万元。开展了深化和完善党政领导干部经济责任审计工作的专题调研。德清县审计局进一步完善了领导干部经济责任审计评价制度，加大了审计结果通报力度，在县政府全体会议上通报了上年度经济责任审计情况。

固定资产投资审计　共完成43个国家建设项目竣工的决算审计，查出违规和管理不规范金额

9220万元，核减工程款5023万元，其中湖州市第一人民医院门诊综合楼竣工决算审计核减2103万元。长兴县审计局打破地区界线，采取招标形式引进外地优秀中介机构参与审计，效果良好。

专项资金审计 对市、县两级23项专项资金进行了审计，涉及科技教育、社会保障、农业与资源环保等方面，审计专项资金总额176992万元，查明违规和管理不规范金额3889万元。对长兴县社会保障资金的审计，分析了社保基金财政专户管理方面问题产生的原因，提出改进意见，引起了省政府领导的重视，陈加元副省长批示要求抓紧整改，确保资金的安全和增值。（撰稿人：何斌）

【嘉兴市审计局】 2004年，共有干部职工42人。局长许洪明，副局长吴贵敏（—4月）、陈关华、张卫高（5月—），纪检组长姚丽华，总审计师张永红。设有办公室、法规处、财政金融审计处、行政事业与社会保障审计处、经贸审计处、农业与资源环保审计处、固定资产投资审计处、经济责任审计处，另设机关党支部和中共嘉兴市纪律检查委员会派驻市审计局纪检组和嘉兴市监察局派驻市审计局监察室。

审计成果 完成审计项目360个，查出违规金额9.49亿元，应上缴财政3492万元，应归还原渠道资金11379万元。移送司法机关处理案件6起，移送纪检部门处理2起。提交审计综合报告、调查报告及信息129篇，被批示、采用55篇。6个审计项目被评为全省优秀审计项目。嘉兴市审计局经复评，继续保持“省级文明单位”称号。

预算执行审计 全市审计共查出违规减免、少征、应缴未缴预算收入9989万元，虚减财政收入27505万元，预算编制批复不规范12093万元。通过审计揭露财政预算执行中存在的问题，提出改进意见和建议，审计结果报告引起了人大和政府的高度重视，有力地促进了依法行政和依法理财。

固定资产投资审计 投资审计初步建立项目竣工决算必审制度、联席会议制度、年度计划和报告制度、绩效审计制度、公开招标制度、检查抽审制度、项目数据库制度等7项制度。突出投资绩效审计，全市共安排了11个投资绩效审计项目。在组织方式上，公开招标选择社会中介机构参加竣工决算审计。

经济责任审计 全市共完成88名领导干部的经济责任审计，查出违规金额4654万元，管理不规范金额4.12亿元，移交有关部门处理2人。经济责任审计已基本形成“八大机制”，即联席会议制、分类审计制、审前公示制、审计承诺制、整改督查制、情况通报制、结果运用制、培训教育制。嘉兴市被浙江省经济责任审计联席会议办公室评为全省经济责任审计工作先进地区。

企业审计 国有企业审计建立轮审制，将嘉兴市国资委直接管理的国资运营机构作为重点审计对象，二至三年审一次，一次审二至三年，并对审计内容、审计组织方式等进行了明确。嘉兴市审计局安排对4个国资运营机构进行了第一轮审计，并对有关下属企业进行了延伸审计。通过审计，摸清家底，消除隐患，强化监管，促进企业健康发展。

专项审计调查 全市完成审计调查项目56个，审计调查单位1052个，审计调查金额165.75亿元，发现问题金额30.27亿元。提交审计调查报告61篇，领导批示21篇。嘉兴市审计局全年共安排审计调查项目16个，是前3年开展审计调查项目的总和。通过专项审计调查，从促进宏观管理、完善制度建设等方面，积极提出审计意见和建议，为政府决策提供依据。

信息化建设 经嘉兴市政府常务会议讨论通过，总投资额380万元的嘉兴市“金审工程”审计信息化建设项目批准立项。全市审计机关积极探索计算机辅助审计，引进审计署《现场审计实施系统》，尝试应用计算机辅助审计，取得较好效果。（撰稿人：赵胜利）

【舟山市审计局】 2004年，共有干部职工94人。局长励延年，副局长张世民（—1月）、邵剑平、严雅萍（7月—），纪检组长孙地稳。设有办公室、法规处、财政金融审计处、经贸企业审计处、投资审计处、干部经济责任审计处、行政事业审计处和直属审计分局，另设机关党总支部和监察室，下辖定海、普陀、岱山、嵊泗4个县（区）审计局。

审计成果 全年完成审计项目190个，共查出违规金额25023万元，应上缴财政1756万元，决定处理处罚21735万元，指明要求纠正132348

万元。查出建议有关部门处理案件 14 起，涉及金额 1028 万元。提交审计工作报告、信息 350 条(篇)。舟山市审计局机关继续保持了舟山市市级“文明单位”的称号，舟山市审计局荣获省审计厅 2004 年度的审计工作考核“优胜奖”。

财政审计　全年完成预算执行情况审计项目 23 个，其中财政同级审核心审计单位 5 个，预算执行审计单位 18 个。共查出违规金额 145 万元，管理不规范金额 19229 万元，违规减免少征应缴未缴预算收入 2416 万元，虚列财政支出 4142 万元。在财政决算审计方面，全市安排县级财政决算审计项目 1 个。

经济责任审计　全年开展领导干部经济责任审计项目 65 个，查出违规金额 16900 万元。同时，认真做好东阳市市长经济责任审计。

专项审计调查　全年共完成审计调查项目 13 个，审计调查单位 237 个，审计调查金额 434050 万元，调查发现问题金额 16955 万元，提交审计调查报告 14 篇。

企业审计　组织实施了对市级国有资产运行管理情况和国有控股企业审计项目 11 个，共查出违规金额 13011 元，管理不规范金额 1636 万元，应上缴财政 195 万元。

行政事业审计　审计单位 101 个，查出违规金额 5852 万元，管理不规范金额 75687 万元，应上缴财政 689 万元。查出应缴未缴预算收入 3689 万元，挤占挪用 555 万元，预算外收入未缴专户 796 万元，账外资产 1599 万元。

固定资产投资审计　按照《浙江省国家建设项目审计办法》和《舟山市人民政府关于贯彻浙江省国家建设项目审计办法的实施意见》及《舟山市审计局关于国家建设项目委托审计招标评标办法》，全年组织开展了一批交通、市政、电力、文化、教育等基础设施建设的工程项目和政府实事项目的审计，审计投资总额 6 亿元，核减工程款 728 万元。组织中介机构对一些工程项目进行审计，并严把审计质量关。

基础建设　组织学习了审计署审计工作五年规划和省审计厅审计工作五年发展实施意见，在此基础上，结合实际，制定了《舟山市审计局 2004～2007 年审计工作发展实施意见》。完善审计质量管理、控制制度，出台了《舟山市审计质量控制办法（试行)》和《舟山市审计局审计组长任职资格及管理办法》及《审计项目揭露重大违法犯罪线索的奖励办法》。同时，结合审计工作实际，对原制定的审计行政执法责任制和执法过错责任追究等制度进行了完善和修改。

舟山市审计局在提升局域网的基础上，建立了“舟山审计”门户网站。积极探索计算机在审计业务中的应用，在财政、投资、事业单位开展了计算机辅助审计。(撰稿人：缪志国)

【宁波市审计局】　2004 年，共有干部职工 66 人。局长郑建飞（7 月—)，副局长王霞惠（—9 月)、王安华、王勤学、董国君、周信华（12 月—)。设有办公室、法规处、财政审计处、金融外资审计处、行政事业审计处、基本建设审计处、经济责任审计处、直属审计处。

审计成果　完成审计单位 62 个，查出违规金额 28345 万元，应上缴财政 1223 万元，已上缴财政 901 万元。提交审计工作报告、信息 120 篇，被批示、采用 96 篇。《整合审计资源，提高审计效率与质量》一文，获 2003～2004 年度审计署科研优秀论文二等奖。

固定资产投资审计　完成国家建设审计项目 127 个，审计资金 54 亿元，查出违规、管理不规范金额 7 亿元，核减建设投资 1.7 亿元，上缴财政 715 万元。审计发现部分国家建设项目存在挤占挪用建设资金、工程造价中的高估冒算和招投标中的弄虚作假等问题。

经济责任审计　共对 104 名党政领导干部实施了经济责任审计，查出违规金额 939 万元，管理不规范金额 78989 万元，有效地促进了领导干部树立和落实科学的发展观、正确的政绩观，提高了领导干部的执政能力和管理水平，强化了对领导干部权力的制约和监督，规范了部门和单位的财经秩序。(撰稿人：吴旭光)

【绍兴市审计局】　2004 年，共有干部职工 48 人。局长金保仁，副局长郭春敖、何小玲、魏仁林。设有办公室、综合处、监察室、财政社保审计处、金融经贸审计处、行政事业外资审计处、固定资产投资农业环保审计处、领导干部经济责任审计处。

审计成果　2004 年，审计项目 73 个，查出违规金额 43582 万元，应上缴财政 949 万元，应自行纠正金额 37456 万元。提交工作报告 36 篇，信息被上级部门采用 32 篇，省市领导批示各 1 篇。嵊州市审计局被审计署授予全国领导干部经济责任审计先进单位，被浙江省审计厅授予先进集体。

财政审计　开展财政同级审，及时将部门预算的审计作为重中之重，围绕预算安排的公允性、全面性和执行的严肃性三个方面展开，审计收入不确定、支出难核定、公用经费难统一等问题，向市人大、政府作了汇报。

企业审计　共完成 12 个企业审计项目和 2 个会计师事务所审计质量检查项目，重点是绍兴报业房产有限公司、绍兴大剧院、震元集团、绍兴饭店。审计主要弄清了这些企业的资产、负债、损益情况，揭露了违规经营、资产不实等问题，促进了依法经营和改善资产管理。

固定资产投资审计　共完成 15 个政府投资重点工程审计项目，送审金额 13 亿元，通过审计，核减资金 1 亿元。绍兴市城市防洪河道综合整治工程项目总概算 126471.20 万元，审计结果公告备受市委市政府领导的重视和绍兴市民的关注。秀水苑和龙州花园两个安居工程审计，共为政府节约资金 1 亿元。

专项资金审计　共开展对环保、科技、教育、社保、政府采购、计生、国土、公路养路费、农发等 9 个专项审计项目。在绍兴县、上虞市人民政府国土资金审计中，对所发现的土地低价出让、出让金未及时收缴入库等问题作出了严肃的审计处理。

经济责任审计　共完成 16 个经济责任审计项目，披露了近 3 年来领导干部经济责任审计中发现的 6 大问题，通过市经济责任审计工作联席会议向市级机关各部门作了通报。同时通过大量的调查研究，草拟并由市委、市政府下发了《绍兴市领导干部经济责任交接办法》和《绍兴市市直下属单位领导人员任期经济责任审计暂行办法》。在对镜湖新区领导干部经济责任审计中，揭露了一起联手作假骗取拆迁补偿费的问题，市委、市政府领导作了重要批示，使该项目中 31 万元拆迁补偿费追回，780 万元出借资金全部回收。

行政事业审计　共完成行政事业审计项目 13 个，重点是绍兴文理学院财务收支审计，审计资金 9 亿元。

计算机辅助审计　在人寿保险行业审计项目中，充分利用《通用审计软件》（人寿版），并对该软件进行了二次开发，编制了 3 个审计模块。在市财政同级审项目、地税审计项目和桐庐县长经济责任审计项目中，提取了部分地税和财政系统的电子数据进行分析。将计算机辅助审计用到审前调查、现场审计和审计档案立卷等审计全过程。（撰稿人：陈传良）

【衢州市审计局】　2004 年，共有干部职工 114 人。局长应兆寅，副局长陈福忠、王水泉。设有办公室、财政金融外资审计处、经济责任审计处、行政事业审计处、经贸审计处、建设投资审计处、直属审计分局。

审计成果　全年完成审计单位 50 个，查出违规金额 11651 万元，应上缴财政 2631 万元，已上缴财政 2590 万元，决定处理处罚 3610 万元，指明要求纠正 6259 万元。提交审计工作报告、信息 25 篇，被批示、采用 11 篇。

财政审计　全年共完成审计单位 28 个，查出违规金额 6802 万元，应上缴财政 2537 万元，已上缴财政 2539 万元，决定处理处罚 2699 万元，指明要求纠正 21134 万元。

龙游县审计机关在对该县财政预算执行审计中，查实了该县财政局李某挪用财政专项资金 240.26 万元的事实，该移送案件当事人被法院判处有期徒刑 6 年。

固定资产投资审计　全年直接实施和组织社会中介机构开展固定资产投资审计项目 163 个，审计项目概算投资总额 160342 万元，已完成项目投资总额 155984 万元。查出违规金额 4012 万元，应上缴财政 201 万元，应归还原渠道资金 1309 万元。送审工程造价总额 96187 万元，核减额 8059 万元，核减率 8.38%。

经济责任审计　开展经济责任审计项目 88 个，查明个人应负主管责任的违规金额 4027 万元，应负主管责任的管理不规范金额 10469 万元、直接责任的管理不规范金额 2921 万元。（撰稿人：姚建福）

【金华市审计局】　2004 年，共有干部职工 40 人。局长方卫民，副局长钟金明、陈如新、苏礼明、卢照洋。设有办公室、法规监察处、财政金融审计处、行政事业与社会保障审计处、经贸审计处、农业与资源环保审计处、固定资产投资审计处、经济责任审计处。

审计成果　全年共审计单位 92 个，查出违规金额 12345 万元，应上缴财政 897 万元，已上缴财政 704 万元。提交审计工作报告信息 40 篇，被采用 23 篇。

财政审计　财政预算执行审计与一级预算执行单位审计、专项资金审计、领导干部任期经济责任审计相结合，着重突出对重点领域、重点部门、重点投资项目和重点专项资金的审计。2004 年，全市预算执行审计共查出违规金额 5321 万元，应上缴财政 1931 万元，已上缴财政 1886 万元。审计结果得到了市人大、市政府的充分肯定。

经济责任审计　全市共开展领导干部经济责任审计项目（含单位财务收支审计）358 个，占全年完成审计项目数的 50%，查出违规金额 25497 万元，管理不规范金额 99904 万元，损失浪费金额 2488 万元。

固定资产投资审计　全市共完成固定资产投资项目 136 个，项目投资总额 20.46 亿元，完成项目投资总额 12.94 亿元，核减工程价款 2.1 亿元，核减率为 16.1%，取得了显著的成效。同时，财政投资项目绩效审计作为 2004 年投资审计的重中之重，该项目量大，要求高。10 个财政投资项目共核减工程造价 5056.72 万元，为政府节约了大量的建设资金。

内部审计　共有内审机构 120 个，其中专职机构 52 个；内审人员 753 人，其中专职人员 356 人。全年共审计单位 1057 个，纠正违规金额 7005 万元，提出建议意见被采纳 1694 条。（撰稿人：金亚明）

【台州市审计局】　2004 年，共有干部职工 28 人。局长韩建飞，副局长李新民、张卫平（—1 月）、汪毅华、郑必灼。设有办公室、法规处、经济责任审计处、财政审计处、金融经贸外资审计处、行政事业社保环保审计处、固定资产投资审计处，另设有政府投资审计中心。

审计成果　全市共完成审计项目 42 个，查出违规金额 14576 万元，应上缴财政 5539 万元。提交审计工作报告、信息 202 篇，被各级采用批示 108 篇。台州市审计局已连续四年被市委市政府评为优秀单位。

经济责任审计　全市共完成经济责任审计项目 81 个，查出直接责任 5216 万元，主管责任 20512 万元，经济责任审计结果得到了市领导的高度重视。在市纪委八次全会上，市委主要领导通报了当前全市领导干部经济责任审计查出的主要问题。上报的《台州市本级 2003 年度领导干部经济责任审计情况的报告》，市委书记、副书记都作了批示，并在市级所有经济责任审计对象所在单位予以通报。

固定资产投资审计　组织全市 10 家审计机关对财政性投资建设项目进行绩效审计，发现了投资决策、投资管理、资金使用及投资效果方面存在的一些突出问题，审计核减工程造价 921 万元，查出少列漏列工程概算 5507 万元、挤占工程成本 177 万元，并从源头上提出了一些治本建议。部分县级政府根据审计结果，出台了《政府性债务管理暂行办法》、《国有投资性公司和重点建设单位财务管理若干规定》。

专项资金审计或审计调查　组织全市审计机关开展了对环保资金、公路养路费专项资金、计划生育、科技经费、救灾资金等专项审计或审计调查。共调查单位 418 个，查出违规金额 42570 万元，占调查总金额的 14.5%。连续两次开展对 0414 号救灾资金审计，共审计了 211 个部门、135 个乡镇，抽查了 315 个村（社区）及 3280 户灾民，审计后社会反响较好，吕祖善省长作了批示。

信息化建设　全市审计系统拥有服务器 11 台，交换机 13 台，笔记本电脑 175 台，台式电脑 111 台，各类打印机 98 台。计算机硬件建设已初具规模，省、市、县三级网络已经形成。建立了全市计算机辅助审计技术研究应用小组，开展正常性的技术研究与攻关，加大计算机辅助审计的力度和应用广度，节约审计资源，提高审计效率。（撰稿人：彭雪君）

【温州市审计局】　2004 年，共有干部职工 68 人。局长盖爱萍，副局长梅一华（—3 月）、沈仁生、谷献旦、赵有力。设有办公室、政治工作处、法制处、财政审计处、金融审计处、经贸审计处、行政事业审计处、固定资产投资审计处、经济责任审计处、外资运用审计处、农业与环保资源审计处、开发区审计处等部门，另设机关党总支，下辖基建审计中心、审计培训中心。

审计成果 共完成审计项目64个，查出违规金额75828万元，应上缴财政3276万元。向司法机关、纪检监察部门移送案件和事项2件，建议有关部门处理9件。编发《温州审计》48期148篇，被上级领导批示、采用123篇。

财政审计 实施财政“同级审”及预算执行单位审计项目13个，查出违规金额4504万元，应上缴财政334万元。揭露查处了集中在财政专项资金管理、政府投资项目绩效、市县乡财政管理等方面的违法违规问题，提出了整改建议，得到市人大、市政府的肯定。此外，完成2个县（市）财政决算审计。

经济责任审计 完成16名领导干部的经济责任审计，查出违规金额675万元。审计后，晋升1人，平调4人，免职1人。制定了领导干部经济责任审计操作规范，修订了经济责任审计文书撰写规范意见，开展了乡镇领导干部经济责任审计规范化试点和慈溪市市长经济责任审计。

固定资产投资审计 完成2个单位的投资审计，涉及项目投资总额324365万元，经审计共核减工程款9535万元，其中对温州市世纪广场一期工程实施了绩效审计。提交市政府通过了《温州市国家建设项目审计办法》（市政府78号令），该办法对温州市国家建设项目审计的对象、范围、内容、程序、组织方式、计划管理、经费保障等方面作出了具体规定。

专项资金审计 对全市环保部门审计发现，部分环保治理资金因行政经费超支和扩大使用范围等而被挤占挪用、个别环保部门违规将环保贷款予以豁免等问题，审计结果引起省市领导的高度重视，分别批示要求有关部门坚决纠正，切实做好环保工作。对全市公路养路费的审计，揭露了公路养护资金未及时足额下拨等问题，市领导作出批示要求交通部门进行整改。与有关部门联合发出《关于进一步加强救灾经费管理的通知》，对救灾经费筹集、管理、使用等方面的要求进行了强调，并组织实施了全市救灾款物审计调查，市领导作出批示要求对审计发现的问题一定要整改，并按审计建议办理。（撰稿人：徐文灿）

【丽水市审计局】 2004年，共有干部职工40人。局长吴利文，副局长连星坛、陈肇平、胡振文（10月—），纪检组长陈君。设有办公室、法制处、财政审计处、行政事业社会保险审计处、经贸金融审计处、农业外资审计处、直属分局。

审计成果 审计项目92个（其中专项审计调查项目11个），查出违规金额12749万元，管理不规范金额15769万元，应上缴财政2586万元，已上缴财政2166万元，应自行纠正金额17819万元，应归还原渠道资金936万元。向司法纪检监察部门移送案件1起。向各级党政部门提交审计报告或信息190篇，被采用125篇。被评为全省审计机关优胜单位，获全省审计机关信息工作第二名，对云和县扶贫专项资金审计获省优秀项目。

财政审计 审计预算执行单位2个，查出违规金额467万元，应上缴财政466万元，已上缴财政466万元；审计财政决算单位1个，查出违规金额128万元，应上缴财政86万元，已上缴财政352万元。

固定资产投资审计 完成固定资产投资审计项目17个，审计总额20.55亿元，查出违规金额2901万元，应上缴财政244万元，已上缴财政222万元，核减工程造价2184万元。

企业审计 审计单位2个，查出违规金额537万元，应上缴财政229万元，已上缴财政229万元，应归还原渠道资金100万元，应调账处理金额209万元。

行政事业审计 审计单位44个，查出违规金额2881万元，查出管理不规范金额2008万元，应上缴财政203万元，已上缴财政193万元，应归还原渠道资金118万元，应调账处理金额1176万元，应自行纠正金额2063万元。

经济责任审计 完成经济责任审计项目15个，审计经济责任人15人，查出违规金额284万元，管理不规范金额894万元。

专项资金审计 完成专项资金审计项目12个，查出违规金额5704万元，管理不规范金额7111万元，应上缴财政1309万元，已上缴财政655万元，应归还原渠道资金714万元，应调账处理金额834万元，应自行纠正金额9034万元。

专项审计调查 完成专项审计调查项目11个，审计调查单位133个，审计调查金额26.91亿元，调查发现问题金额8673万元。提交专项调查报告10篇，被批示采用14篇；提交综合报告5篇。促进地方部门制定完善规章25条（个）。

内部审计 建立内审机构95个，内审人员

718 人。全年审计单位 1083 个，提出审计建议意见被采纳 1055 条，发现大要案线索 8 起，促进增收节支 2510 万元。（撰稿人：杨　佳）

2004 年浙江省区、县（市）级审计工作统计表

审计机关	干部职工人数（人）	审计单位（个）	经济责任审计项目（个）	查出违规金额（万元）	应缴财政（万元）	已缴财政（万元）	决定处理处罚（万元）	指明要求纠正（万元）	提交审计报告、信息（篇）	审计信息被采用（篇）
杭州市										
拱墅区审计局	18	32	10	1717	943	943	2031	15794	24	20
上城区审计局	15	49	14	146	146	146	146	8267	22	5
下城区审计局	15	105	15	384	122	116	384	15356	35	28
江干区审计局	16	33	11	1275	23	23	1835	4183	63	14
西湖区审计局	17	35	11	407	376	376	392	13015	35	62
高新区(滨江)审计局	8	21	9	4609	664	664	3733	45672	12	8
余杭区审计局	28	62	19	13435	5657	5657	15215	26166	123	92
萧山区审计局	35	88	14	3258	289	289	3258	46289	80	30
临安市审计局	17	50	10	4694	488	488	4785	7794	65	25
富阳市审计局	30	56	13	9119	6913	952	8069	7113	36	14
建德市审计局	20	46	21	5714	787	787	4898	12972	18	3
桐庐县审计局	18	61	30	1267	467	467	983	5235	30	5
淳安县审计局	17	52	19	1168	607	88	443	2869	59	19
湖州市										
吴兴区审计分局	3	12	5	416	15	8	416	4367	20	16
南浔区审计分局	3	14	6	97	29	28	97	4622	13	9
长兴县审计局	20	74	13	1176	246	208	1176	9424	79	37
德清县审计局	17	63	12	4680	283	282	4680	5220	74	37
安吉县审计局	17	63	16	2224	473	494	2224	3415	47	27
嘉兴市										
秀城区审计局	6	26	6	1125				1148	2	1
秀洲区审计局	11	50	6	9523	147	147	114	13200	17	6
平湖市审计局	26	6	1	32	32		32	197	12	2
海宁市审计局	28	57	9	6012	613	613	6012	9643	66	36
桐乡市审计局	29	46	14	3143	848	848	848	6829	12	7
嘉善县审计局	21	52	21	677	388	293	39	6203	15	4
海盐县审计局	20	46	10	1578	955	800	407	13150	31	16
舟山市										

审计机关	干部职工人数（人）	审计单位（个）	经济责任审计项目（个）	查出违规金额（万元）	应缴财政（万元）	已缴财政（万元）	决定处理处罚（万元）	指明要求纠正（万元）	提交审计报告、信息（篇）	审计信息被采用（篇）
定海区审计局	12	26	4	206	36	33	196	1957	76	34
普陀区审计局	12	35	12	1395	423	418	1129	18249	79	32
岱山县审计局	13	40	20	2654	19	9	222	1107	46	23
嵊泗县审计局	17	32	13	87	34	13	46	1576	20	4
宁波市										
海曙区审计局	11	17	2	5	5	5	5	2265	9	5
江东区审计局	13	16	1	217			217	3681	14	9
江北区审计局	13	36	6	18600	2	2	2	13517	8	6
北仑区审计局	20	36	9	3961	580	532	2363	19229	20	15
镇海区审计局	18	27	8	746	257	235	746	5563	71	27
鄞州区审计局	28	43	16	4068	1150	1143	6118	76031	81	78
慈溪市审计局	25	51	13	13606	4761	4761	4804	12227	40	50
余姚市审计局	28	69	17	6441	5492	5492	5492	53846	19	15
奉化市审计局	16	26	15	97	85	85	85	20154	30	4
宁海县审计局	19	44	11	8424	89	89	89	1510	72	10
象山县审计局	23	52	7	4099	489	489	4099	20743	70	78
绍兴市										
越城区审计局	14	44	12	5890	93	93		5263	37	20
诸暨市审计局	17	72	24	17022	289	289	13	19580	82	45
上虞市审计局	26	72	24	26486	825	825	78	24979	50	21
嵊州市审计局	22	48	11	102911	217	217		101667	108	107
绍兴县审计局	30	72	15	66394	740	740	62	57495	97	89
新昌县审计局	20	52	14	14211	479	479	67	7899	35	8
衢州市										
衢江区审计局	14	45	20	1159	63	16	78	1379	9	1
江山市审计局	22	40	9	416	368	187	368	6251	1	1
常山县审计局	15	45	17	1837	193	123	317	32678		
开化县审计局	14	38	12	865	637	637	863		19	4
龙游县审计局	18	78	20	6463	151	139	3547	3766	4	1
金华市										
婺城区审计局	12	42	16	498	101	7	1609	515	3	
金东区审计局	7	64	10	10793	30		3687	8787		
兰溪市审计局	20	80	30	343	129	88	197	3458	39	26
永康市审计局	16	59	17	31783	7907	884	23344	97707	5	5

审计机关	干部职工人数（人）	审计单位（个）	经济责任审计项目（个）	查出违规金额（万元）	应缴财政（万元）	已缴财政（万元）	决定处理处罚（万元）	指明要求纠正（万元）	提交审计报告、信息（篇）	审计信息被采用（篇）
义乌市审计局	22	70	15	3798	2949	2949	2949			
东阳市审计局	26	71	35	16271	1814	1611	3695	5653	2	
武义县审计局	14	65	2	708	275	274	649	29652		
浦江县审计局	15	110	36	25346	123	21	2606	10265	3	2
磐安县审计局	15	66	14	2929	67	67	369	3031		
台州市										
椒江区审计局	23	41	5	23103	302	302	10107	42003	56	34
黄岩区审计局	18	32	4	7167	116	116	24	14263	49	28
路桥区审计局	10	53	17	4217	815	815	4083	8062	124	25
临海市审计局	21	36	4	72	12	12	10	17158	41	41
温岭市审计局	21	45	9	8316	809	809	8316	115879	95	47
三门县审计局	23	71	9	4475	118	118	246	3957	57	13
天台县审计局	23	41	5	340	264	264	16	17563	50	28
仙居县审计局	23	42	9	2413	67	65	29	10999	62	61
玉环县审计局	21	41	3	4286	142	116	1669	12553	54	9
温州市										
鹿城区审计局	12	29	11	1890	568	568	796	4301	3	3
龙湾区审计局	20	29	7	2057	850	850	893	2406		
瓯海区审计局	21	25	7	3720	2534	2534	3510	5032	2	
瑞安市审计局	29	46	17	8464	4089	4089	7600	5379	28	2
乐清市审计局	30	47	10	10677	2998	2976	10427	69402	17	33
永嘉县审计局	23	41	22	4763	878	872	1325	6433	3	
文成县审计局	19	38	16	552	417	417	534	953	3	
平阳县审计局	22	42	20	2385	295	252	482	20978	12	7
泰顺县审计局	19	38	10	1188	512	512	535	2403	5	5
洞头县审计局	14	33	13	1935	1563	1561	1768	204	2	
苍南县审计局	23	58	8	3239	1394	1394	1454	23162		
丽水市										
莲都区审计局	16	47	32	1012	56	44	1698	5753	32	21
龙泉市审计局	21	49	16	2866	361	342	411	10614	125	96
缙云县审计局	19	79	15	2404	268	194	2076	1818	67	50
青田县审计局	18	47	3	1552	193	216	308	98506	55	44
云和县审计局	18	44	9	1266	249	249	542	482	22	18
遂昌县审计局	19	40	4	2008	141	139	1769	3237	120	74

审计机关	干部职工人数（人）	审计单位（个）	经济责任审计项目（个）	查出违规金额（万元）	应缴财政（万元）	已缴财政（万元）	决定处理处罚（万元）	指明要求纠正（万元）	提交审计报告、信息（篇）	审计信息被采用（篇）
松阳县审计局	16	51	30	1868	215	215	215	3213	102	97
庆元县审计局	16	44	7	3270	156	149	2433	1051	32	23
景宁畲族自治县审计局	17	55	11	1306	68	63	770	2549	40	4

安徽省

【安徽省审计厅】 2004年，安徽省审计厅定编159人，在编158人。厅机关设有办公室、综合法规处、财政审计处、金融审计处、行政事业审计处、经贸审计处、农业与资源环保审计处、社会保障审计处、固定资产投资审计处、外资运用审计处、人事教育处、机关党委、纪检监察室、计划统计审计室、经济审计室、科技教育审计室、劳动保障审计室、农业审计室、交通建设审计室、文化卫生审计室、新闻广电审计室，还设有省经济责任审计局、审计学会、内部审计师协会、机关服务中心、审计科研所、安徽审计职业学院、审计职工培训中心等厅属单位。

领导成员

厅　　长：桂建平

副 厅 长：王兴如　黄庆禄　戴克柱
　　　　　刘大群（6月—）

纪检组长：李长柱

助理巡视员：王祝山

省经济责任审计局局长（副厅级）：姜爱民（6月—）

审计成果 2004年，安徽省各级审计机关共审计了5223个单位（项目），查出违规金额38.23亿元，管理不规范金额170.78亿元，损失浪费金额1.98亿元，审计处理金额23.02亿元，其中应上缴财政5.95亿元，应归还原渠道2.80亿元，应减少财政拨款和补贴0.19亿元，应调账处理14.08亿元，审计建议自行纠正170.96亿元。向纪检、司法部门移送案件50起。由于工作成绩显著，安徽省审计厅在省政府2004年度目标管理考核中位居第4名，受到省政府通报表彰。

预算执行审计 2004年，审计厅主要审计了省财政厅、省地税局具体组织执行2003年度省级预算情况，省检察院、省教育厅、省民政厅、省水利厅、省计生委、省人防办、省质量技术监督局、省旅游局、省地矿局、省新闻出版局和省档案局等11个部门2003年度预算执行情况。从省本级预算执行审计情况来看，主要有三个方面的特点：一是强化了支出审计。针对安徽省财政收支矛盾较突出、财政支出压力较大等情况，重点检查了有关部门超预算拨款、无预算拨款现象，以及随意追加支出等问题，对深化财政支出改革，优化支出结构，完善支出定额标准体系发挥了积极作用。二是突出了预算执行审计重点。继续紧扣预算和预算执行这个中心，有针对性地检查了各执收执罚部门执行"收支两条线"规定及收入解缴金库或财政专户情况；针对省直部门财政财务管理行为逐步规范、下属单位存在问题相对较多的情况，突出加强了对二、三级预算单位的审计监督。三是加大了专项资金审计的比重。将国有粮食购销企业清查审计等四个专项审计纳入了预算执行审计报告的范围，丰富了预算执行审计的内容。

专项资金审计 （1）全省粮食清查审计。根据省政府决定，安徽省审计厅从2003年开始组织开展了全省粮食清查审计。2004年，主要对98个审计组粮食清查审计情况进行了汇总和复核，向省政府提交了全省粮食清查审计综合报告，并进行了总结表彰。通过粮食清查审计，既摸清了粮食企业的真实情况，核实了老粮，核准了老账，核清了挂账，又反映出五大类问题，深刻地分析了四个原因，有针对性地提出了五项建议。安徽省的粮食清查审计工作，受到了省政府领导的高度重视和充分肯定，也得到了审计署领导的高度评价。

(2) 淮河流域蓄滞洪区运用补偿资金和移民迁建资金审计。2004年，安徽省审计厅组织沿淮9市审计机关对淮河流域蓄滞洪区运用补偿资金和移民迁建资金实施了审计。省审计厅直接审计了滁州市本级、定远县和颍上县淮河流域救济补偿资金，抽查了部分乡镇、行政村，审计抽查资金量占各县救济补偿资金总量的30%以上，查出违规金额970万元。6月，又组织沿淮5市审计机关，结合对审计署南京特派办审计发现问题的整改，对淮河流域蓄滞洪区运用补偿资金进行了后续审计，对涉及蓄滞洪区运用补偿的18个县实施了异地交叉审计，明察暗访近2万户农民，行政村的审计覆盖率达100%。通过两次审计，掌握了各级政府救济补偿专项资金的安排与使用情况，揭示了资金使用管理中的严重违纪违规问题和经济案件，客观地评价了资金使用效果和工作进展情况，并提出了改进、完善资金管理的意见和建议。

(3) 农村税费改革转移支付资金审计。为促进安徽省农村税费改革深入进行，切实减轻农民负担，推动农村经济发展，安徽省审计厅组织各级审计机关对2000年至2003年全省农村税费改革转移支付资金的分配、拨付和使用情况进行了专项审计，并延伸审计了347个乡镇，抽查了487个行政村，走访了部分农村五保户，共查出违规金额3865万元。

(4) 治淮项目和资金审计调查。安徽省涉审项目共58个，概算总投资42亿元，其中省审计厅直接审计调查18个项目，概算总投资27亿元。审计查出了建设资金闲置、配套资金不到位、执行招投标制度不严格、违法分包甚至非法转包等问题，引起了省政府的高度关注和被审计单位的高度重视，三位省政府领导先后在审计综合报告和审计信息上作了重要批示。

(5) 救灾资金和捐赠款物审计。安徽省审计厅组织各级审计机关对2003年度全省救灾资金和捐赠款物进行了专项审计。审计以资金为主线，从账户入手，从分配方案着手，跟踪走访，重点延伸，采取审计与调查、明查与暗访相结合的方法，共查出违规金额6380万元。

行政事业单位审计 (1) 全省检察院系统财务收支审计。安徽省审计厅组织各级审计机关对全省128个检察院2003年度财政财务收支、中央预算内专项资金使用管理以及扣押款物管理等情况进行了全面审计和审计调查，查出拖欠应缴预算收入、隐瞒截留收入、挤占挪用专项经费、设置账外账等违规金额5594万元。

(2) 全省国土资源部门土地出让金征管使用情况及财务收支审计。安徽省审计厅组织各级审计机关对市、县两级国土资源部门2003年度土地出让金的征收、管理和使用情况及财务收支进行了审计和审计调查，共查出违规金额20.27亿元。审计期间督促收缴土地出让金1.43亿元，审计决定归还原渠道1.62亿元，决定上缴财政0.51亿元。

(3) 全省质量技术监督部门财务收支审计。安徽省审计厅组织各级审计机关对质量技术监督部门2003年度执收执罚和财务收支情况进行了审计，共查出乱收费、违反“收支两条线”管理等违规金额2242.1万元，向司法机关和纪检部门移交经济案件线索3件，并就现行体制和内部管理中存在的问题提出了有针对性的意见和建议。

社会保障审计 安徽省审计厅组织各级审计机关对全省城市低保制度建立以来的管理运行情况进行了审计调查，调查对象涉及各级财政、民政部门及所属机构，并走访了30个城镇的75个社区居委会的960户低保家庭。调查发现，部分市县未能按规定比例配套资金，城市低保资金分配使用缺乏严格的预算控制，违规支出低保金，部分乡镇未能实现低保全员覆盖等。

安徽省审计厅组织各级审计机关对2003年城镇职工基本医疗保险基金的征缴、使用和管理运营情况进行了专项审计，共查出违规金额8807.96万元，揭示了医疗保险基金征缴不到位、挤占挪用基金以及部分定点医疗机构、定点药店执行医保政策不规范等问题。

外资运用审计 按照审计署的统一部署，安徽省审计厅组织对33个外资运用项目实施了审计和审计调查，开展了沿淮7市1县城市污水处理设施建设及运营情况审计调查、全省部分市中外合资企业审计调查，并对世界银行贷款二期加灌项目开展了效益审计试点。全省涉审单位300多个，依法查处了完成投资不实、虚报项目支出、挪用项目资金、配套资金不到位、财务报表不实等各类违反财经法规和项目贷款协议的问题，审计总金额134.3亿元，查出违规金额2.1亿元，已收缴违规金额 162 万元。发表对外报告 18 份，其中发表有保留意见审计报告 6 份。

经济责任审计　2004 年度，安徽省各级审计机关共对 1182 名党政领导干部和 99 名国有及国有控股企业领导人员实施了经济责任审计，查出违规金额 18.7 亿元，管理不规范金额 33.4 亿元，损失浪费金额 0.8 亿元，领导干部个人经济问题 106 万元。各级党委、政府和有关部门参考审计结果，提拔使用领导干部 81 人，免职 59 人，降职 10 人，撤职 3 人，有 21 名被审计领导干部被移送纪检、监察和司法机关处理。2004 年，安徽省本级继续搞好市厅级党政领导干部经济责任审计试点，完成了对合肥市政府、铜陵市政府、省民政厅、省计生委、省人防办、省地方志办、省民委、省政府驻广州办事处、省政府驻厦门办事处、原省委企业工委、原省经贸委、安徽警官职业学院、省高速公路总公司、皖能集团、省新华书店集团、上汽集团奇瑞汽车有限公司等 16 个单位的经济责任审计任务。

内部审计　2004 年，安徽省各级内部审计机构共审计了 11646 个单位，纠正违规金额 3.6 亿元，促进增收节支 7.9 亿元。安徽省内部审计师协会积极推动内审机构建设，认真开展行业管理和指导，努力强化理论研讨和经验交流，工作成效显著，被评为“2000～2004 年全国内审协会先进单位”。(撰稿人：熊德金)

【合肥市审计局】　2004 年，共有干部职工 96 人。局长佘小平，副局长米宏胜、赵翰博（—8 月)、李鲁青（8 月—)、孟凡农（10 月—)，纪检组长杨永华。设有办公室、人事教育处、机关党总支、监察室、综合处、法规审理处、计算机审计处、财政审计处、金融审计处、行政事业审计处、经贸审计处、社会保障审计处、外资运用审计处、固定资产投资审计处等部门，局属单位有经济责任审计局、审计学会、内审协会、审计服务中心。

审计成果　2004 年,共审计 81 个单位,查出违规金额 80215 万元,应上缴财政 17355 万元,已上缴财政 11792 万元,决定处理处罚 80215 万元,指明要求纠正 154701 万元。提交审计报告和信息 422 篇，审计信息被采用 270 篇。(撰稿人:朱卫祥)

【宿州市审计局】　2004 年，共有干部职工 35 人。局长牛洪杰（—5 月)、陈传国（5 月—)，副局长李爱尊、陈志强，纪检组长梁兆强。设有办公室、监察室、综合法规科、财政金融审计科、行政事业审计科、经济贸易审计科、农业与资源环保审计科、社会保障审计科、固定资产投资审计科、内审指导科等部门，局属单位有领导干部经济责任审计局、审计学会、内审协会。

审计成果　2004 年，共审计 7 个单位，查出违规金额 218 万元，应上缴财政 75 万元，已上缴财政 25 万元，决定处理处罚 60 万元，指明要求纠正 155 万元。提交审计报告和信息 57 篇，审计信息被采用 12 篇。

财政审计　一是预算执行审计，重点对税收征管、预算编制、政府采购、国库集中支付、专项资金使用、预算收入等重点内容进行了审计，共查出违规金额 2000 多万元。二是县级财政决算审计和县长任期经济责任审计，对涉及财政收支的税收征管、土地出让、社会保障、教师工资发放、农业投入、救灾经费、农民负担等 50 多个部门、单位进行了全面审计及调查，共查出违规金额 1500 多万元，应上缴财政 800 多万元，调账资金 500 多万元。

经济责任审计　全市共完成 158 个单位、164 人的经济责任审计，查出违规金额 7552 万元，管理不规范金额 3031 万元，损失浪费金额 75 万元。参考审计结果，晋升 8 人，平调 66 人，免职 1 人，撤职 1 人。市本级共完成对 22 个单位的经济责任审计，查出违规金额 2321 万元。(撰稿人：张挺)

【淮北市审计局】　2004 年，共有干部职工 65 人。局长赵德荣，副局长张福矿、金文、赵拥军 (2 月—)，纪检组长范寅民。设有办公室、政策法规科、财政审计科、金融审计科、行政事业审计科、经贸审计科、农业与资源环保审计科、社会保障审计科、固定资产投资审计科、外资运用审计科，还设有文教卫审计室、开发城建审计室、公检法司审计室、农林水审计室、经贸审计室等部门，局属单位有经济责任审计局、审计学会、内审协会。

审计成果　2004 年，共审计 53 个单位，查出违规金额 5132 万元，应上缴财政 2404 万元，已上缴财政 2335 万元，决定处理处罚 4519 万元，指明

要求纠正 19291 万元。提交审计报告和信息 111 篇，审计信息被采用 68 篇。（撰稿人：李建忠）

【阜阳市审计局】 2004 年，共有干部职工 42 人。局长杜醒中（—7 月）、王斌（7 月—），副局长朱贺明（—7 月）、张双华，纪检组长罗良成。设有办公室、人事教育科、机关党委、监察室、综合法规科、财政金融审计科、行政事业审计科、经贸审计科、投资与外资审计科等部门，局属单位有经济责任审计局、审计学会、内审协会。

审计成果 2004 年，共审计 19 个单位，查出违规金额 12254 万元，应上缴财政 612 万元，已上缴财政 266 万元，决定处理处罚 612 万元，指明要求纠正 14135 万元。提交审计报告和信息 4 篇，审计信息被采用 2 篇。（撰稿人：张　华）

【亳州市审计局】 2004 年，共有干部职工 35 人。局长魏超，副局长陈陵生、和俊亮。设有办公室、综合法规科、财政审计科、经贸审计科、行政事业审计科、农业与外资审计科、金融与固定资产投资审计科等部门，局属单位有经济责任审计局、审计学会、内审协会。

审计成果 2004 年，共完成审计项目 45 个，查出违纪违规金额 1 亿元，管理不规范金额 1.1 亿元，损失浪费金额 2788 万元，调账处理 1674 万元，归还原渠道资金 536 万元，上缴财政 232 万元。提交审计报告和审计信息 238 篇，被批示采用 58 篇。

经济责任审计 2004 年，共对 41 名领导干部进行了经济责任审计，共查出违规金额 3805 万元，管理不规范金额 616 万元，损失浪费金额 401 万元。建议给予党纪政纪处分 1 人。组织、人事、纪检等有关部门参考审计结果，提拔领导干部 4 人，平调 20 人，免职 3 人，撤职 1 人。（撰稿人：赵　峰）

【蚌埠市审计局】 2004 年，共有干部职工 77 人。局长高凤莲，副局长王德宏（—10 月）、杨寿桃，纪检组长宋黄煌。设有办公室、人事教育科、机关党委、监察室、综合法规科、计算机审计科、财政审计科、金融审计科、行政事业审计科、经贸审计科、社会保障审计科、外资运用审计科、固定资产投资审计科等部门，局属单位有经济责任审计局、审计学会、内审协会。

审计成果 2004 年，共审计 51 个单位，查出违规金额 44749 万元，应上缴财政 341 万元，已上缴财政 287 万元，决定处理处罚 44499 万元，指明要求纠正 202549 万元，移送纪委和有关部门立案查处案件 7 起。提交审计报告和信息 404 篇，审计信息被采用 378 篇。2004 年，蚌埠市审计局被被省委、省政府授予第六届省级文明单位称号。

经济责任审计 2004 年，共对 13 名领导干部和企业领导人员实施了任期经济责任审计，对蚌埠环球药业集团领导人员开展了任中经济责任审计试点。通过经济责任审计，发现经济犯罪线索，移送司法部门处理 1 人，移送纪检监察部门查处 1 人。

专项审计调查 2004 年，共完成专项审计调查项目 5 个，调查了 53 个单位，审计调查金额 7.23 亿元，发现问题金额 1.2 亿元。（撰稿人：金刚）

【淮南市审计局】 2004 年，共有干部职工 73 人。局长牛多云，副局长丁常宝、盛明训、李长安，纪检组长曹和平。设有办公室、综合法规科、人事教育科、机关党总支、监察室、财政审计科、金融审计科、行政事业审计科、经济贸易审计科、社会保障审计科、农业与资源环保审计科、固定资产投资审计科、外资运用审计科等部门，局属单位有经济责任审计局、培训中心、审计学会、内审协会。

审计成果 2004 年，共审计 128 个单位，查出违规金额 13432 万元，应上缴财政 2021 万元，已上缴财政 1964 万元，决定处理处罚 7649 万元，指明要求纠正 20403 万元。提交审计报告和信息 425 篇，审计信息被采用 412 篇。

经济责任审计 2004 年，共对 60 名领导干部和企业领导人进行了审计，查出领导干部负有主管责任和直接责任违规金额 1789 万元，管理不规范金额 1.6 亿元。参照审计结果，被组织人事部门提拔 3 人、免职 4 人、撤职 2 人，移交纪检监察部门查处 1 人。（撰稿人：李宗林）

【滁州市审计局】 2004 年，共有干部职工 53 人。局长张竞，副局长杨建奇、张枝根、徐军，纪检组长李庆彬。设有办公室、综合法规科、财政金融审计科、行政事业审计科、经贸审计科、农业与资源环保审计科、社会保障审计科、投资外资审计科等部门，局属单位有经济责任审计局、审计学会、内审协会。

审计成果 2004年，共审计53个单位，查出违规金额5132万元，应上缴财政2404万元，已上缴财政2335万元，决定处理处罚4519万元，指明要求纠正19291万元。提交审计报告和信息111篇，审计信息被采用68篇。

经济责任审计 全年共审计经济责任人13人，审计查出违规金额94万元，管理不规范金额1878万元。组织人事部门参考审计结果平调1人、晋升1人、免职3人。（撰稿人：高中伟）

【马鞍山市审计局】 2004年，共有干部职工43人。局长张宏展，副局长孔德政、沈永生、蒋利平，纪检组长胡月昌。设有办公室、综合法规科、财政金融审计科、经贸审计科、行政事业审计科、农业与资源环保审计科、社会保障审计科、固定资产投资审计科、外资运用审计科等部门，局属单位有经济责任审计局、审计学会、内审协会。

审计成果 2004年，马鞍山市审计局共审计87个单位，查出违规金额6025万元，应上缴财政2708万元，已上缴财政2383万元，决定处理处罚6012万元，指明要求纠正55467万元。提交审计报告和信息262篇，被采用232篇。2004年，被安徽省委、省政府授予全省第六届文明单位。

专项审计调查 2004年，对30个财政性资金投资的公益性项目建设和资金使用情况进行了专项审计调查。针对审计调查出的问题，由马鞍山市审计局牵头，监察局、财政局、发展计划委员会、建设委员会共同起草的《关于进一步加强财政性投资项目管理的实施意见》，引起了政府领导的高度重视。

经济责任审计 2004年，完成了对16个部门（单位）领导干部的任期经济责任审计，其中对马鞍山市两个区区长的离任审计，是马鞍山市审计局首次开展的区级政府行政领导任期经济责任审计。马鞍山市审计局依据《马鞍山市领导干部任期经济责任审计结果运用办法（试行）》、《马鞍山市领导干部任期经济责任审计评价标准》，开始对被审计的领导干部进行全面打分、评价，并提交马鞍山市经济责任审计领导小组，审计结果的利用价值明显提高。（撰稿人：姚国振）

【芜湖市审计局】 2004年，共有干部职工64人。局长李宗国（—12月）、周明（12月—），副局长周明（—12月）、过淑华、杨高，纪检组长左光明。设有办公室、法制科、人教科、监察室、财政审计科、金融审计科、行政事业审计科、经贸审计科、农业与资源环保审计科、社会保障审计科、固定资产投资审计科、外资运用审计科、内部审计指导监督科等部门，局属单位有经济责任审计局、审计学会、内审协会、审计信息中心。

审计成果 2004年，共审计86个单位，查出违规金额1705万元，应上缴财政322万元，已上缴财政266万元，决定处理处罚1375万元，指明要求纠正5353万元。提交审计报告和信息81篇，审计信息被采用41篇。被中央五部委经济责任审计工作联席会议办公室授予全国经济责任审计工作先进地区，被安徽省委授予安徽省第六届文明单位，被安徽省审计厅评为全省审计机关先进集体，被芜湖市委授予第六届“公仆杯”标兵单位。（撰稿人：罗守东）

【铜陵市审计局】 2004年，共有干部职工56人。局长李明正，副局长陶和平、李丛林、宋同英、陈延友。设有办公室、综合法规科、财政金融审计科、企业审计科、行政事业审计科、固定资产投资审计科、社保审计科、人事教育科、机关支部等部门，局属单位有经济责任审计局、审计学会、内审协会。

审计成果 2004年，共审计94个单位，查出违规金额11541万元，应上缴财政6439万元，已上缴财政6384万元，决定处理处罚4883万元，指明要求纠正26485万元。提交审计报告和信息24篇，审计信息被采用9篇。

企业年薪制和工业经济运行质量考核审计 2004年，对12个实行年薪制企业、5个签订责任状单位、13个工业经济运行质量考核企业2003年度实现利润等经济指标完成情况进行了审计。在审计中，查出并要求纠正的管理不规范金额4428万元。（撰稿人：徐维国）

【安庆市审计局】 2004年，共有干部职工67人。局长钱发林（—4月）、江厚春（4月—），副局长倪桂林、汪名南，纪检组长杨晓峰。设有办公室、人事教育科、监察室、综合法规科、财政审计科、金融审计科、行政事业审计科、经贸审计科、农业与资源环保审计科、固定资产投资审计科、外资运用审计科等部门，局属单位有经济责任审计局、审计学会、内审协会。

审计成果　2004年，共审计90个单位，查出违规金额6083万元，应上缴财政1243万元，已上缴财政1227万元，决定处理处罚4224万元，指明要求纠正86984万元。移送纪委和有关部门立案查处案件2起，涉案人员6人。提交信息196篇，被采用116篇。（撰稿人：陶林根）

【黄山市审计局】　2004年，共有干部职工30人。局长范清棠（—6月）、徐立秋（7月—），副局长宋生钰（—7月）、徐金武、孙凤琴（兼纪检组长）。设有办公室、综合法规科、财政金融审计科、行政事业审计科、基建审计科、经贸审计科等部门，局属单位有经济责任审计局、审计学会、内审协会。

审计成果　2004年，共审计48个单位，查出违规金额724万元，应上缴财政353万元，已上缴财政197万元，决定处理处罚207万元，指明要求纠正18796万元。提交审计报告和信息110篇，审计信息被采用67篇。（撰稿人：汪利兵）

【六安市审计局】　2004年，共有干部职工26人。局长黄文应，副局长夏云（兼纪检组长）、徐峰。设有办公室、综合法规科、财政金融审计科、行政事业审计科、经贸审计科、农业与资源环保审计科、社会保障审计科、投资外资审计科、监察室等部门，局属单位有经济责任审计局、审计学会、内审协会。

审计成果　2004年，共审计37个单位，查出违规金额6891万元，应上缴财政249万元，已上缴财政249万元，决定处理处罚249万元，指明要求纠正980万元。提交审计报告和信息89篇，审计信息被采用42篇。（撰稿人：朱维清）

【巢湖市审计局】　2004年，共有干部职工33人。局长郭宏云，副局长杨凌云、周善涛、张自道（2月—）。设有办公室、综合法规科、财政金融审计科、农业与资源环保审计科、外资运用审计科、经贸审计科、行政事业与社会保障审计科、固定资产投资审计科等部门，局属单位有经济责任审计局、审计学会、内审协会。

审计成果　2004年，巢湖市审计局共审计39个单位，查出违规金额7168万元，应上缴财政160万元，已上缴财政62万元，决定处理处罚3897万元，指明要求纠正19679万元。移送司法、纪检部门案件线索5件，涉案金额159万元。提交审计报告、信息91篇，被批示或采用97篇（次）。

财政审计　巢湖市本级预算执行审计，重点对市财政局、市地税局以及城市居民最低生活保障、市城市建设投资公司、市经济开发区等10个部门、单位的预算执行及有关专项资金、基金的使用管理情况进行了审计和审计调查。同时，结合县长任中经济责任审计，对庐江县政府2003年度财政决算实施了审计。

经济责任审计　2004年，共完成经济责任审计项目66个，审计领导干部82人，查出违规、损失浪费和管理不规范金额22504万元，其中领导干部应负主管责任的有18390万元，应负直接责任的有4114万元。参考审计结果，领导干部和领导人员晋升13人，平调或留任21人，免职2人。（撰稿人：时　超）

【池州市审计局】　2004年，共有干部职工22人。局长刘永忠，副局长程长久、莫助国、吴明楣。设有办公室、综合法规科、财政审计科、经贸审计科、固定资产投资审计科等部门，局属单位有经济责任审计局、审计学会、内审协会。

审计成果　2004年，共审计29个单位，查出违规金额9078万元，应上缴财政116万元，已上缴财政84万元，决定处理处罚545万元，指明要求纠正11867万元。提交审计报告和信息77篇，审计信息被采用25篇。（撰稿人：杨正发）

【宣城市审计局】　2004年，共有干部职工24人。局长汪志良，副局长蔡修定、黄煌，纪检组长章捷（8月—）。设有办公室、综合法规科、财政农水审计科、金融外资审计科、经贸社保审计科、固定资产投资审计科等部门，局属单位有经济责任审计局、审计学会、内审协会。

审计成果　2004年，共审计11个单位，查出违规金额 1218 万元，应上缴财政 61 万元，已上缴财政 23 万元，决定处理处罚 31 万元，指明要求纠正 1861 万元。提交审计报告和信息 10 篇，审计信息被采用 7 篇。（撰稿人：黄卫华）

2004 年安徽省区、县（市）级审计工作统计表

审计机关	干部职工人数（人）	审计单位（个）	经济责任审计项目（个）	查出违规金额（万元）	应缴财政（万元）	已缴财政（万元）	决定处理处罚（万元）	指明要求纠正（万元）	提交审计报告、信息（篇）	审计信息被采用（篇）
合肥市										
庐阳区审计局	8	15	10	769	355	249	769	11457	20	3
瑶海区审计局	6	9	5	109	109	109	109	491	23	9
蜀山区审计局	6	12	6	72	72	72	72	1631	10	
包河区审计局	9	61	4	6	6	6	6	1984	3	
长丰县审计局	15	19	1	22	17	16	22	14648	17	1
肥东县审计局	18	19	8	2107	40	39	2107	11036	7	
肥西县审计局	22	34	7	1145	59	43	1145	17845	5	
宿州市										
埇桥区审计局	58	8	8	84	45	18	24	20	11	1
砀山县审计局	38	97	29	1715	129	122	96	1250	24	10
萧县审计局	35	13	1	245	25	15	25	170	12	8
灵璧县审计局	16	18	7	117	8	8	8	25	7	2
泗县审计局	18	8	6	140	3	1	3	130	5	3
淮北市										
相山区审计局	4	31	4	149	149		149		17	
杜集区审计局	7	50	19	285	96	96	110	515	23	
烈山区审计局	6	38	8	7	6		8	448	9	8
濉溪县审计局	43	64	11	2017	250	1	427	15121	36	12
阜阳市										
颍州区审计局	12	51	3	253	25	2	32	7810	1	1
颍东区审计局	12	40	4	461	62	15	345	1561	9	1
颍泉区审计局	10	32	13	815	53	11	136	6415	15	
界首市审计局	25	53	14	486	64	64	77	10	2	
临泉县审计局	18	36	19	20	20	20	20	956	28	
太和县审计局	17	27	11	340	29	26	226	491	4	
阜南县审计局	19	23	4	834	26	11	501	332	12	1
颍上县审计局	20	40	7	1535	96	7	331	998	12	3
亳州市										

审计机关	干部职工人数（人）	审计单位（个）	经济责任审计项目（个）	查出违规金额（万元）	应缴财政（万元）	已缴财政（万元）	决定处理处罚（万元）	指明要求纠正（万元）	提交审计报告、信息（篇）	审计信息被采用（篇）
谯城区审计局	58	30	10	1235	8	8	8	1227	12	4
涡阳县审计局	15	29	6	1017	15	11	179	894	11	4
蒙城县审计局	28	41	9	837	28	20	260	1005	13	6
利辛县审计局	31	31	8	1006	36	21	64	1199	18	8
蚌埠市										
蚌山区审计局	4	14	6					1105	7	1
龙子湖区审计局	4	24	3	340	4	4	4	97	16	14
禹会区审计局	4	53	5	83	4	4	76		20	9
淮上区审计局	4	12	5	1	1	1	1	1063	7	5
怀远县审计局	19	15	1	1730	112	41	1018	12964	4	2
五河县审计局	11	57	4	199	42	31	1670	5092	49	29
固镇县审计局	14	29	11	766	40	16	403	778	22	18
淮南市										
田家庵区审计局	6	66	10	622	24	22	258	433	13	12
大通区审计局	4	51	10	257	18	18	127	4	17	8
谢家集区审计局	4	33	2	303	7	7	46	5	25	7
八公山区审计局	9	46	10	13	11		13	6	30	25
潘集区审计局	4	87	7	229	50	39	50	2285	33	20
凤台县审计局	17	193	28	3146	72	56	3145	2690	26	14
毛集试验区审计局	5	12		28	21	17	28	172	30	15
滁州市										
琅琊区审计局	8	35	10	389	37	35	82	237	7	6
南谯区审计局	9	43	7	37	25	25	25	12	22	13
明光市审计局	13	41	14	928	48	48	976	10520	36	27
天长市审计局	20	46	22	89	57	56	57	1174	66	61
来安县审计局	14	62	9	4507	9	9	4507	474	25	11
全椒县审计局	18	47	6	243	54	54	204	1322	56	33
定远县审计局	21	63	5	350	46	46	46		48	26
凤阳县审计局	16	73	6	2028	20	20	20	3118	25	15
马鞍山市										
雨山区审计局	3	21	3	551			67	1477	8	5
花山区审计局	4	24	3	782	782		819	4425	3	2
金家庄区审计局	2	13	3	14				175	9	9
当涂县审计局	16	69	20	3527	148	119	670	3362		

审计机关	干部职工人数（人）	审计单位（个）	经济责任审计项目（个）	查出违规金额（万元）	应缴财政（万元）	已缴财政（万元）	决定处理处罚（万元）	指明要求纠正（万元）	提交审计报告,信息（篇）	审计信息被采用（篇）
芜湖市										
镜湖区审计局	4	29	12	162				496	9	1
马塘区审计局	4	28	9	14	1	1	1		29	2
新芜区审计局	7	38	13					101	15	5
鸠江区审计局	5	21	13	569	39		39	1699		
芜湖县审计局	19	51	12	1091	30	24	555	3451	21	4
繁昌县审计局	21	85	10	1264	144	144	235	2991	78	52
南陵县审计局	14	41	23	1166	112	112	195	1860	11	
铜陵市										
铜官山区审计局	4	6		644	2	2	569	28		
狮子山区审计局	3	8	1	331			331	1381	2	1
郊区审计局	4	8		106	106	106	24	225	11	7
铜陵县审计局	13	40	3	1807	14	2	147	11676	5	2
安庆市										
迎江区审计局	4	28	10	95	49	3	49	6365	21	18
大观区审计局	4	10	5	1	1		1		8	3
郊区审计局	12	18		83	83	30	83	707	5	
桐城市审计局	10	56	15	65	65	54	65	1719	43	11
怀宁县审计局	19	52	2	1049	43	40	340	773	52	
枞阳县审计局	18	36		846	54	37	645	322	14	
潜山县审计局	22	56	8	48	19	21	20	268	19	
太湖县审计局	16	68	16	1729	67	67	137	1592	100	
宿松县审计局	21	89	19	1059	84	34	84	7847	52	
望江县审计局	19	63	13	1095	63	57	149	1791	63	
岳西县审计局	16	49		245	20	20	48	58	46	
黄山市										
屯溪区审计局	12	30	6	440			440	918	2	
黄山区审计局	15	50	13	231	35	41	25	1426	4	1
徽州区审计局	8	28	5	556	17	14	131	517	4	1
歙县审计局	15	31	2	97	24	24	73	152	1	1
休宁县审计局	14	29	16	141	6	6	135	2730	25	17
黟县审计局	8	34		30	6	4	20	3692	12	8
祁门县审计局	14	38	24	29	14	3	17	86	3	1
六安市										

审计机关	干部职工人数（人）	审计单位（个）	经济责任审计项目（个）	查出违规金额（万元）	应缴财政（万元）	已缴财政（万元）	决定处理处罚（万元）	指明要求纠正（万元）	提交审计报告、信息（篇）	审计信息被采用（篇）
金安区审计局	12	40	11	1044	63	63	63	175	34	19
裕安区审计局	14	50	10	3530	82	82	82	3301	78	28
叶集区审计局	5	21	3	1060	46	46	46	265	10	7
寿县审计局	16	16		80	67	67	67	2121	40	7
霍邱县审计局	9	28	5	145	55	55	55	105	32	8
金寨县审计局	14	37	11	11069	50	50	50	9786	55	21
舒城县审计局	15	39	7	5785	103	103	103	5593	73	46
霍山县审计局	21	31	6	651	40	40	40	751	43	29
巢湖市										
居巢区审计局	23	28	4	3000	1475	1388	1654	1794	95	19
庐江县审计局	22	26	5	588	419	419	544	2594	40	32
无为县审计局	40	74	20	535	123	123	594	1911	45	20
含山县审计局	19	22	11	1535	34	31	763	1533	29	27
和县审计局	25	22	4	611	210	188	212	6284	29	12
池州市										
贵池区审计局	17	23	3	702	29	9	36	1825	12	4
东至县审计局	19	31	16	1267	98	73	286	1268	31	6
石台县审计局	15	28	6	563	5	1	5	265	16	4
青阳县审计局	15	38	6	947	36	35	52	3841	13	11
宣城市										
宣州区审计局	17	10	1	49	9	9	9	183	11	1
宁国市审计局	13	7	2	6	6	6	6	666	43	42
郎溪县审计局	14	15	3	5	5	5	5	51	7	1
广德县审计局	17	9	3	32	17	17	32	7256	29	19
泾县审计局	19	33	11	3	3	3	3	716	44	38
旌德县审计局	18	4	1					54		
绩溪县审计局	16	10	2					9	5	5

福建省

【福建省审计厅】　2004年，福建省审计厅（含事业单位）定编235人，在编218人。厅机关设有办公室、法制处、经济责任审计处、财政审计处、金融审计处、行政事业审计处、经贸审计处（同时挂"中央属单位审计处"）、农业资源与环保审计处、社会保障审计处、固定资产投资审计处、外经贸审计处、人事教育处和机关党委，另设有派驻纪检组、派驻监察室，同时还设有经济执法审计处、工交商审计处、教育审计处、信息科技审计处、卫生社保审计处、政法审计处、机关事务审计处、建设审计处、农林水审计处、文体广电审计处等10个派出审计处，设有福建省审计科研所、福建省审计干部培训中心、福建省审计厅举报中心、福建省审计厅计算机应用中心等4个厅属事业单位。

领导成员

厅　长：俞传尧

副厅长：蔡松林　梁亦秋　王光远

纪检组长：张子枢（—5月）

总审计师：江永森（7月—）

助理巡视员：陈课程

审计成果　2004年，全省审计机关共审计了3560个项目（单位），查出违规金额70.05亿元，管理不规范金额141.92亿元，损失浪费金额1.79亿元；审计决定处理处罚51.69亿元，其中应上缴财政24.13亿元，已上缴财政11.75亿元；应减少财政补贴0.74亿元，已减少财政补贴0.05亿元；应归还原渠道资金6.06亿元，已归还原渠道资金1.31亿元；应调账处理金额20.76亿元，已调账处理金额8.2亿元；指明要求纠正金额145.73亿元，已纠正金额24.38亿元。向纪检监察部门和司法机关移送各类违法犯罪案件线索74件，涉及人员103人，涉及金额1.48亿元；建议有关部门处理104件，涉及人员40人，涉及金额0.73亿元；建议纠正部门不当规定6条。提交工作报告、信息4482篇，被批示采用2474篇；向社会公告审计结果36篇。福建省审计厅的政务信息被福建省人民政府办公厅评为全省先进单位。

财政审计　全省共对635个财政部门、税务部门、国库以及预算执行单位开展同级预算执行审计，对230个财政部门开展决算审计。2003年度省级预算执行情况审计继续突出对管理财政资金较多、有预算内外专项资金和基金再次分配权和年末结转结余量大的重点部门的审计，强化对二、三级单位的审计，重点延伸审计或审计调查了部分省级专项资金，开展对各设区市和部分县市国有土地出让金、省级社会保障资金以及全省地税系统经费收支情况的审计。审计发现专项资金结余结转数额大，预算资金拨付迟、时效性差，专项资金使用不合规，预算细化比例偏低、专项资金安排分散，多头开设银行账户，非正常转存预算资金，部分二、三级单位财务、资产管理比较混乱，欠缴社会保障资金等问题，引起省人大、省政府的高度重视。省人大常委会在审议审计工作报告时，委员们普遍认为预算执行审计年年得到提高和改进，在促进依法行政、提高理财水平方面发挥了积极作用。后续跟踪审计力度不断加大，审计决定执行情况历年最好。2003年度省级预算执行审计决定得到较好的整改落实，已上缴财政1.89亿元，占应上缴资金的99%。

经济责任审计　受组织、人事部门的委托，全省共对1176个单位、1253名领导人员开展任期经济责任审计，其中党政领导干部1193名、国有和国有控股企业领导人员60名。审计查出主要问题金额32.98亿元，其中应由经济责任人员负直接责任2.07亿元，移送纪检监察、司法机关查处25人。组织完成13名县（市、区）长和2名设区市检察长的任期经济责任审计，发现了县（市、区）长存在依法理财观念不强，执行国家财政、经济政策不够到位，以及政府负债、财政赤字、挪用省级专项资金等问题，对此黄小晶省长作出“各县审计结果应让各市市长知道，以便协助整改”的重要批示。审计结果报告为组织人事部门管理使用干部、财政部门加强预算管理提供了参考依据，也为不断完善县（市、区）长经济责任审计积累了经验。

专项资产审计　组织对全省各设区市本级和17个县（市）2002～2003年国有土地出让金进行审计，对整合全省审计力量进行了有益探索，审计发现在土地出让行为和出让金管理使用中违规减免缓征、欠缴出让金、违规出让划拨土地，违规协议出让，出让金流失，征收主体混乱，坐收坐支严重，以及违规使用出让金和收储资金，农民利益受到损害等问题。省政府责成有关部门采取措施，认真进行整改，有的设区市政府在审计期间采纳审计意见积极整改，仅福州、泉州两市在审计期间收回欠缴出让金5亿元，为规范土地市场，促进土地出让行为的进一步规范，起到了重要的推进作用。

质量管理　2004年，成立厅机关审计项目质量检查委员会，负责评估和追究审计项目质量责任，对预算执行审计项目开展期中质量检查。完善审计业务审理会议制度，全面推行小型审理会，改进重大审计事项审理会。对2003年度厅机关实施的审计项目全面实施质量考评。对福州市、漳州市、泉州市审计局开展审计业务质量检查。2004年评选出漳州市地震局局长经济责任审计等5个全省优秀审计项目、顺昌县县长经济责任审计等5个全省表彰审计项目。通过采取一系列加强审计质量管理的措施办法，进一步提高全员的审计质量意识，促进审计质量的提高，努力防范和化解审计风险。

信息化建设 金审工程（福建）配套项目一期工程已经全面实施，二期项目已完成前期立项准备工作。在省审计厅各处室、厅属事业单位和各派出审计处之间实现VPN远程宽带联网；莆田市审计局依托数字福建政务网在9个设区市审计局中第一个实现与省审计厅的宽带链接，标志着福建省审计广域网建设迈出可喜的一步。在全省审计系统全面推广使用《福建审计法规数据库》软件，先后举办了55期软件应用培训班，省、市、县三级审计机关共1712人次参加了培训。《审计项目管理数据库》软件已建成，并完成以前年度部分审计项目档案数据的录入；《审计办公自动化系统》软件已全面投入使用，非密文件已实现无纸化运行；《审计人才数据库》、《审计举报管理数据库》软件也已基本开发完成。结合全省审计工作座谈会，首次举办了全省审计系统计算机辅助审计软件应用情况的演示。在2004年度全省统一组织的土地出让金审计项目中，省审计厅农业资源与环保审计处、金融审计处与计算机应用中心联合开发了实用性、针对性比较强的工具包软件，大大提高了审计效率。在全省县级审计机关推荐试用永春县审计局开发的现场审计作业软件，为普及计算机知识和应用审计管理系统软件作了积极的探索。

福建审计20年 结合全省审计工作会议召开了庆祝福建审计成立20周年纪念大会。时任省长卢展工给大会发来了贺信，时任省委副书记、常务副省长黄小晶作了重要讲话，充分肯定福建审计20年所取得的成果成效。福建电视台新闻频道在3月初黄金时段分3集播出了联合拍摄的《昂首阔步一路歌——福建审计20年》电视专题片，编辑出版了《福建审计20年》一书，制作了纪念邮册、纪念封，举办审计系统老干部座谈会、审计系统诗书画摄影展览等活动。组织由林建仁、郭幼味、孙虹、程依香、魏钦权、林泗川等6位获得全国、全省审计系统先进集体代表或先进工作者组成的全省审计机关先进事迹宣讲团，到各设区市审计机关进行巡回宣讲活动，弘扬审计精神，讴歌审计事业。通过举行福建审计成立20周年系列活动，较好地宣传了审计工作，改善了审计工作环境，激发了广大审计干部的积极性。

审计法实施情况检查 2004年4～6月，福建省人大常委会组织开展审计法实施情况检查。在各市人大常委会组织自查的基础上，省人大常委会贾锡太副主任带领9位常委会委员、法制委委员和部分在当地的全国人大代表、省人大代表，重点深入到厦门、漳州、三明、南平四市以及所辖的思明区、芗城区、梅列区、延平区开展检查，除安排听取当地市、县（区）政府专题汇报外，还组织召开了8个由市、区两级政府有关部门和法院、检察院主要负责人及部分企业代表参加的座谈会，听取了省审计厅代表省政府关于审计法实施情况的汇报。福建省第十届人民代表大会常务委员会第十次会议听取了审计法实施情况汇报，常委会组成人员在审议中充分肯定福建省各级人民政府及有关部门在贯彻实施审计法中所作的工作，强调要加强审计队伍建设，注意保障审计的独立性和必要的经费，加快推进审计结果公开。（撰稿人：温炎生）

【福州市审计局】 2004年，共有干部职工71人。局长潘丽珠，副局长郑子平、陈莉娟，总审计师刘小红、纪检组长游经成。设有办公室、综合审计处、财政金融审计处、行政事业审计处、固定资产投资审计处、经贸审计处、社会保障审计处、农业与资源环保审计处、经济责任审计处，另设有派驻纪检监察室。

审计成果 全年完成审计项目72个、审计调查项目25个，查出违规金额96458万元，管理不规范金额30290万元，损失浪费金额397万元。审计决定处理处罚应上缴财政67611万元（已上缴财政59929万元），应减少财政拨款或补贴593万元，应归还原渠道资金4606万元，应调账处理金额3577万元，应自行纠正金额29563万元。移送纪检监察部门经济案件3起，涉及人员6人，涉及金额8487万元。提交审计调查报告29份，被党政领导批示批转9份；提交审计信息155篇，被采用142篇。平潭县政府对平潭县电力公司审计行政复议案作出了维持审计决定的结论，引起强烈反响，有力地维护了审计机关的权威性。

预算执行审计 对12个预算执行单位进行审计，查出违规变更预算、违规核销、隐瞒转移挖挤预算收入、虚列财政支出、截留挤占挪用预算资金、延压滞留预算资金等问题。应上缴财政63563万元，已上缴财政59497万元。所提交的“两个报告”，得到了福州市人大常委会和市政府的充分肯定和高度评价。

专项资金审计 对科技资金、救灾资金、商品粮基地建设、闽侯县和连江县土地出让金等8个专项开展审计，查出截留挤占挪用、应缴未缴专项资金、未按时拨付资金、未纳入财政专户管理等问题。审计情况向福州市政府作了专题报告，引起了市政府领导的高度重视，责令有关部门单位进行认真整改。

行政事业审计 对40个行政事业单位进行审计，查出应缴未缴预算收入、隐瞒截留、挤占挪用、虚列支出、少计少缴税金、预算外收入未缴专户管理、超标准超计划支出、账外资产等问题，查出涉嫌经济犯罪金额188万元，为加强行政事业单位核算管理提供了依据。

固定资产投资审计 对6个重点建设项目进行了审计，查出招标投标违规、决算编报不规范、超计划超标准超规模、挪用侵占建设资金、虚结工程款、账外资产等问题，为整顿和规范建筑市场秩序起到了积极作用。

经济责任审计 对39名党政领导干部和国有企业领导人员进行了任期经济责任审计，查出违规金额8710万元，管理不规范金额6180万元，损失浪费金额397万元。在对原福州市公交总公司总经理任期经济责任审计中，发现公交资源长期被侵占、公交线路经营权承包不规范运作、公交线路承包费拖欠严重等国有资产流失问题，提出关注公交资源遏止国有资产流失、减少政策性亏损补贴、将各线路营业收入纳入统一核算、对公交线路经营权实行分类分年限招投标管理办法等建议，所撰写的专题信息引起省政府主要领导的重视并予以批示。（撰稿人：程力弘）

【南平市审计局】 2004年，共有干部职工38人。局长陈民，副局长章复卿、孙师佣、肖志光，纪检组长蔡文舜。设有办公室、法制科、综合经济责任审计科、行政事业审计科、经贸审计科、财政金融审计科、固定资产投资审计科，另设有派驻监察室，还设有直属事业单位固定资产投资审计中心。

审计成果 全年完成审计项目（单位）54个，查出违规金额26428万元，管理不规范金额47127万元，损失浪费金额2434万元；审计决定应上缴财政2029万元，归还原渠道资金1875万元。提交工作报告145篇，审计信息被各级刊物采用92篇。在南平市市直机关创业竞赛评比中获第一名。

预算执行审计 突出“抓重点、扫盲点”的工作思路，着重对11个资金量大、多年未审计的单位进行审计，在预算透明度和效益审计两个方面有所突破。在财政资金管理效益审计中，通过对财政各项资金结存状况的审计调查，针对市财政贷款1000余万元用于党校购买建设用地，提出发挥可动用资金周转使用效益的建议。南平市财政积极采纳审计建议，提前还清了银行贷款，促进提高财政资金使用效益。

经济责任审计 共开展13个经济责任审计项目，查出违规金额6747万元。其中对南平市立医院原院长任期经济责任审计中，查出违规收费519万元、票外让利收入692万元未入账的违纪事实，检察机关已依据审计结果对该院长立案侦查并已批捕。

专项资金审计 组织开展全市教育收费专项审计，查出财政或教育主管部门违规统筹学校预算外资金、学校违规收费等违规金额908万元，以《审计要情专报》的形式向南平市政府反映，南平市市长作了重要批示。（撰稿人：彭明远）

【三明市审计局】 2004年，共有干部职工45名。局长李光钦，副局长官恩海、刘万年、林元琬，纪检组长陈修辉。设有办公室、人事教育科、法规科、财政金融审计科、行政事业审计科、固定资产投资审计科、经贸审计科、任期经济责任审计科、农业与资源环保审计科、社会保障审计科，另设有派驻纪检组、监察室，还设有直属事业单位计算机辅助审计中心。

审计成果 全年完成审计项目（单位）60个，其中完成经济责任审计项目21个。查出违规金额43000万元，应上缴财政362万元，已上缴财政299万元，已追回各类被挤占挪用的财政资金1406

万元，调整会计账目金额 18885 万元。提交审计工作报告、信息 61 篇，被批示采用 14 篇。

财政审计　对三明市财政局及 7 个单位的部门预算执行情况以及社会保障资金、土地出让金、水利专项资金、地税系统事业费、残疾人就业保障基金、政府授权国投公司经营的国有资产保值增值及资金运营情况进行了审计，发现未体现一般预算收入 1515.69 万元、应缴未缴各项税费 408.29 万元以及预算外收入 771.61 万元直接列收列支等问题。此外，对永安、沙县、建宁 3 个县（市）财政决算进行了审计。

专项资金审计　对住房公积金开展专项审计，向三明市政府提交了《审计要情专报》，披露了违规放贷和管理不规范等问题，引起了政府和社会的关注。对重点建设项目——三明高新技术产业开发区金沙园建设发展公司开展专项审计调查，三明市政府主要领导对专题报告进行了批示，召开专题会议研究并下发了《关于进一步规范金沙园建设发展有限公司运作的若干意见》。对城镇职工基本医疗保险基金等 4 项专项资金试行了效益审计。在社保专项资金审计中，延伸审计了清流县社保公司，查出其虚列转移基金 116 万元。

企业审计　对福建闽通长运股份有限公司、福建恒源供水股份有限公司等企业开展审计，查出未及时上缴改制前应缴财政的款项以及私设"小金库"等问题。（撰稿人：何焱根）

【莆田市审计局】　2004 年，共有干部职工 33 人。局长王国模，副局长陈立人、施春耀、张文庆，纪检组长朱明。设有办公室、法制科、经济责任审计室、财政金融审计科、行政事业审计科、经贸审计科、农业与资源环保审计科、固定资产投资审计科、特派审计室、社会保障审计科，另设有派驻监察室、经济责任审计联席会议办公室，还设有直属事业单位计算机应用中心。

审计成果　全年完成审计项目（单位）47 个，查出违规金额 2233 万元，应上缴财政 343 万元，应减少财政拨款或补贴 24 万元，应归还原渠道资金 525 万元，应调账处理金额 167 万元。对 27 个单位开展专项审计调查，发现违规金额 861 万元。莆田市被中央五部委授予"全国经济责任审计工作先进地区"。

财政审计　共审计财税等部门 10 个，查出违规减免少征应缴未缴预算收入、预算编制批复不规范、延压滞留预算资金等问题。提交的审计工作报告受到莆田市人大常委会的充分肯定和大力支持。

经济责任审计　莆田市审计局积极向莆田市委、市政府领导汇报，取得高度重视和大力支持，经莆田市编委批准，同意成立仙游县经济责任审计局，荔城区、城厢区、涵江区和秀屿区 4 个经济责任审计分局，隶属县区审计局管理，为加强县区领导干部经济责任审计提供了强有力的保障。（撰稿人：颜金狮）

【泉州市审计局】　2004 年，共有干部职工 49 人。局长詹汉民，副局长魏昭富、吴清水、黄志生，纪检组长杨水永。设有办公室、综合科、法制科、财政金融审计科、行政事业审计科、固定资产投资审计科、工交商审计科、外经贸审计科、经济责任审计科，另设有派驻监察室。

审计成果　全年完成审计项目 50 个，审计调查项目 11 个，查出违规金额 15955 万元，应上缴财政 5722 万元，归还原渠道资金 1229 万元，应调账处理金额 6792 万元。向有关主管部门提出 5 份审计建议书，建议对 12 个问题进行进一步查处；提交审计综合报告 6 份、审计调查报告 4 份，被批示 2 份；提交审计信息 206 篇，被采用 143 篇、批示 1 篇。南安市通过电视媒体对社会公告了防治"非典"专项资金审计结果，晋江市通过广播电台向社会公告了慈善资金审计结果。

预算执行审计　针对基础设施建设资金来源比较单一的问题，审计提出了拓宽投融资渠道、缓解财政收支矛盾的建议，泉州市政府非常重视并加快投资体制改革，推出了有吸引力的 15 个项目向社会公开招标或转让股权，鼓励民间资金进入公益项目。泉州市人大常委会把审计工作报告向有关媒体公开，并组织人员对有关单位违规问题的整改情况进行了检查。

经济责任审计　完成 7 名领导人员的任期经济责任审计，其中县检察长 2 人。有关部门参考审计结果平调 4 人，晋升 1 人。在对泉州市驻港企业——泉港电子有限公司原董事长任期经济责任审计中，发现该公司被欠货款长期未收回等国有资产管理存在的问题，泉州市政府召开专门会议研究解决，促进该公司采取措施清收了 150 多万元的被欠货款。

固定资产投资审计 对泉州市晋江下游防洪岸线一期工程开展竣工财务决算审计，查出部分资金未纳入项目管理、多计建设成本、费用超概算等问题，审计处理核减工程成本2760万元。泉州市领导批示要求建设单位认真改正、财政部门按审计结果核实工程决算。

专项资金审计 审计5项社保资金，查出隐瞒截留收入、资金未及时上缴等违规金额4257万元，应上缴财政1713万元，应调账处理金额2546万元，提出了完善征缴制度、扩大保障面、规范资金管理等建议。审计住房公积金，发现一些单位超过规定比例为职工缴交了高额住房公积金，变相发福利且漏税等问题，提出设置缴交住房公积金上限的建议，促使泉州市住房公积金管理中心采取措施停止受理一次性非正常补缴业务，进一步规范了住房公积金缴交管理。

企业审计 对3个投资经营公司、21个企业国有资产经营管理状况开展审计调查，发现企业经营下滑、对外投资收益低、历史包袱重、不良资产和潜在亏损较多等问题，提出了明晰产权、清理不良资产、完善监督考核制度等建议，为市政府深化国有资产改革提供了情况和对策。泉州市领导批示要求有关部门抓好整改，加强国有资产管理和监督。（撰稿人：黄双福）

【厦门市审计局】 2004年，共有干部职工83人。局长沈永贵，副局长范俊球、黄清河、国桂荣，纪检组长王文秀。设有办公室（加挂法制处）、人事教育处（加挂监察室）、财政审计处、行政事业审计处、固定资产投资审计处、经贸审计处、农业与社保审计处、金融与外资审计处、经济责任审计处，另设有经济责任审计联席会议办公室。

审计成果 全年完成审计项目109个，审计调查项目8个，其中厦门市人大常委会委托政府部门领导述职评议单位财务收支审计项目8个，厦门市人大和市政府分别交办的审计项目26个。查出违规金额67103万元，应上缴财政18786万元，已上缴财政19746万元（含2003年应缴未缴款）。移送司法机关立案1起，涉嫌人员5人；移送纪检监察部门11件，涉嫌人员24人。提交审计工作报告、审计专报、调查报告131份，其中22份被厦门市政府主要领导批转有关部门执行或整改。2004年被福建省审计厅评为“全省审计系统审计信息宣传工作第一名”，被《中国审计》编辑部和中国时代经济出版社评为“审计宣传工作先进单位”。

预算执行审计 全年共完成审计项目29个，审计调查项目5个，延伸审计200个企事业单位。审计预算资金433000万元，审计其他财政资金39700万元，审计资金量达到应审资金量50%以上，是历年来审计覆盖面、审计资金量最大的一次。查出违规金额8600万元，其中应上缴财政2862.5万元。厦门市政府积极采纳审计建议，举办全市领导干部预算管理培训班，并由市纪检委牵头成立整改工作小组，立案调查有关违法违纪人员。预算执行审计决定意见的整改工作取得历年最佳成果。

专项审计调查 组织对社会关注的部门公车使用及费用开支情况开展专项审计调查，厦门市五套班子召开联席会议研究审计调查结果，提出了在全市范围内开展公车清理整顿、修改有关车辆管理制度等4条意见。

经济责任审计 开展经济责任审计项目16个（16人），查出违规金额2030万元，管理不规范金额27178万元，损失浪费金额692万元。

计算机辅助审计 运用数据库管理软件对部门预算编制的真实和合法性进行审计，抽查厦门市财政局批复的实行工资统发的272个部门和单位的年度预算，发现共有56个部门、单位存在多报人数、超定额标准的现象，造成多列预算支出905万元。（撰稿人：谢清海）

【漳州市审计局】 2004年，共有干部职工50人。局长黄永坤，副局长陈少凡、卢宗金，纪检组长方俊福（1月—）。设有办公室、政策法规科、财政金融审计科、行政事业审计科、经贸外资审计科、农业与资源环保审计科、固定资产投资审计科、经济责任审计科、机关党委，另设有派驻纪检监察室。

审计成果 全年完成审计项目45个，审计调查项目13个，查出违规金额13257万元，应上缴财政1652万元，已上缴财政473万元。移送纪检监察机关案件1起。提交审计工作报告、信息110篇，被批示、采用65篇。

财政审计　完成预算执行审计项目10个，查出违规金额1664万元，应上缴财政1565万元。完成审计调查项目5个，涉及单位5个，审计调查发现问题金额114万元。漳州市人大常委会对审计工作报告专门作出审议决定，要求市政府落实整改工作，同时对历年审计查出问题未纠正的，也结合市人大常委会对审计法的执法检查，督促相关部门进行整改。

经济责任审计　受漳州市委组织部、市政府委托，对16个市直领导干部进行经济责任审计，查出违规金额3052万元，其中个人负主管责任3028万元，负直接责任24万元。

固定资产投资审计　突出对重点建设项目、重点资金的审计，共查出违规金额1802万元，管理不规范金额404万元，核减工程款854万元。(撰稿人：孙　虹)

【龙岩市审计局】　2004年，共有干部职工44人。局长黄华忠，副局长胡兴林、李春成、段渭景，纪检组长曾繁光。设有办公室、法制科、财政金融审计科、行政事业审计科、经贸外资审计科、固定资产投资审计科、经济责任审计科、农业与资源环保审计科，另设有派驻监察室、经济责任审计联席会议办公室，还设有计算机辅助审计中心、审计举报中心两个直属事业单位。

审计成果　全年完成审计项目(单位)30个，审计调查项目6个，查出违规金额7226万元，管理不规范金额32400万元，应上缴财政170万元(已上缴财政24万元)，应减少财政拨款815万元，应归还原渠道资金73万元，应调账处理金额4898万元，应自行纠正金额3.3亿元。向纪检监察部门移送案件线索1件，涉及金额10万元；建议有关部门处理事项2件，涉及金额371万元。提交审计工作报告、信息266篇，被批示采用235篇。

财政审计　共审计10个单位，查出部分应缴预算收入未及时清缴入库、部分基金未纳入基金预算管理、追加支出未按规定办理预算批复、支出挂账未按规定及时核销、部门预算支出与实际执行差距较大和预算约束力不强等问题。龙岩市人大常委会审议审计工作报告时，认为审计工作很有成效，并责成有关部门对审计查出的问题高度重视，逐项研究标本兼治的整改措施和办法。

专项资金审计　组织开展科技三项费用、支农专项资金、民政福利企业税收征管情况、市属国有企业改革资产置换和身份置换情况、市直部分行政事业单位公有房产占用及使用效益情况等专项审计调查，审计调查结果被龙岩市委、市政府领导批示3篇，促成出台规范性文件4个，促进完善管理制度2项。

固定资产投资审计　完成建设项目审计2个，送审投资金额5529万元，核减工程款815.1万元，核减率14.1%。龙岩市政府颁布了《龙岩市政府投资建设项目竣工决算审计暂行规定》。

外资运用审计　在世界银行贷款项目审计中，发现货物采购与工程进度不同步；供货不及时，影响项目进度；设备采购周期过长，影响项目顺利实施等问题。省、市领导高度重视，责成有关部门采取措施积极整改，保证了利用外资项目的顺利实施。

经济责任审计　对11名领导人员进行了任期经济责任审计，查出违规金额575万元，其中个人应负主管责任423万元，应负直接责任152万元，审计后晋升1人。其中对龙岩市汽车运输总公司原法人代表开展任期经济责任审计中，发现该公司改制资产评估存在少评、低评和漏评的问题，及时向国有资产管理部门提出重新确认改制评估资产的建议，改制资产重新评估后增值160万元，有效防止了国有资产流失。(撰稿人：官尔洋)

【宁德市审计局】　2004年，共有干部职工29人。局长唐招增，副局长肖芳铨(—6月)、黄颖倩，纪检组长阮松梅。设有办公室、法制科、财政金融审计科、行政事业审计科、经贸审计科、农业与资源环保审计科、固定资产投资审计科、社会保障审计科，另设有派驻纪检监察室，还设有直属事业单位计算机应用技术中心。

审计成果　全年共完成审计项目(单位)25个，审计调查项目5个，查出违规金额18997万元，管理不规范金额29231万元，应上缴财政120万元(已缴财政114万元)，应归还原渠道资金2233万元，应调账处理金额1360万元，应自行纠正金额29327万元。移送司法机关案件2起，移送纪检监察部门案件2起。提交审计工作报告信息161篇，被省领导批示5次，被宁德市委、市政府采用和市领导批示66篇(次)。

财政审计　坚持以预算执行为主线，对 9 个单位开展预算执行审计，对部分二、三级用款单位进行延伸审计或审计调查。对 1 个单位开展财政决算审计。提交的审计工作情况报告得到宁德市委、市人大、市政府的高度重视与充分肯定。

经济责任审计　完成 8 名领导干部的任期经济责任审计，查出违规金额 490 万元，管理不规范金额 671 万元，其中应负主管责任 1151 万元。针对经济责任审计结果报告反映关于私设“小金库”和挪用专项资金等问题，市委领导分别作了批示，并由市纪委牵头，市纪委、监察局、财政局和审计局联合出台了《关于对私设“小金库”和挪用专项资金进行专项清理的通知》。

专项资金审计　组织开展农业专项资金和教育事业费的专项审计，组织对宁德市重点工程“一个半小时交通圈”、闽东工业园区以及医疗保险资金和再就业资金保障资金开展专项审计调查。

企业审计　组织对全市汽车运输集团企业开展行业审计，发现经营管理中存在的截留、隐瞒收入和挤占成本费用以及其他有关部门侵占企业资产、乱摊派等问题。针对这些问题向企业提出了审计建议，并向政府呈送了要情专报。（撰稿人：徐海萍）

2004 年福建省区、县（市）级审计工作统计表

审计机关	干部职工人数（人）	审计单位（个）	经济责任审计项目（个）	查出违规金额（万元）	应缴财政（万元）	已缴财政（万元）	决定处理处罚（万元）	指明要求纠正（万元）	提交审计报告、信息（篇）	审计信息被采用（篇）
福州市										
鼓楼区审计局	7	13	10	764	79		386	1000	13	1
台江区审计局	8	23	18	594	13	11	13	483	27	14
仓山区审计局	8	18	9	14768	43	20	43	13825	18	8
马尾区审计局	8	29	20	726	151	192	211	1149	2	1
晋安区审计局	9	20	15	7040	187	6	1115	5681	19	5
琅岐区审计局	3	2	2	773	14	14	637	210	7	4
福清市审计局	29	95	26	1271	195	195	466	37381	5	
长乐市审计局	19	39	11	552	113	108	114	4740	4	
闽侯县审计局	21	30	14	449	16	12	155	9140	4	
连江县审计局	25	65	20	2698	101	56	303	492	48	20
罗源县审计局	15	37	26	1658	36	23	257	7287	22	1
闽清县审计局	12	30	10	275	131	120	146	658	62	17
永泰县审计局	25	39	17	175	80	74	80	337	63	17
平潭县审计局	18	27	12	283	61	61	283	8397	72	20
南平市										
延平区审计局	19	36	2	703	112	112	607	3020	30	11
邵武市审计局	27	46	16	2655	97	97	1371	1484	6	1
武夷山市审计局	21	30	7	2921	41	41	307	3293	30	18
建瓯市审计局	16	36	9	532	114	108	225	331	51	27

审计机关	干部职工人数（人）	审计单位（个）	经济责任审计项目（个）	查出违规金额（万元）	应缴财政（万元）	已缴财政（万元）	决定处理处罚（万元）	指明要求纠正（万元）	提交审计报告、信息（篇）	审计信息被采用（篇）
建阳市审计局	16	38	15	286	48	28	286	142	33	28
顺昌县审计局	16	63		801	250	250	725	2024	54	16
浦城县审计局	16	49		418	62	44	90	244	19	16
光泽县审计局	13	46	16	155	39	37	39	463	53	29
松溪县审计局	13	28		45	10	10	47			
政和县审计局	11	64	17	570	133	89	598	324	21	8
三明市										
梅列区审计局	8	21	13	350	20	20	20		13	8
三元区审计局	8	28	21	460	16	16	16		47	13
永安市审计局	26	36	13	1415	254	204	514	260	63	4
明溪县审计局	15	24	13	1205	26	26	41	15	13	2
清流县审计局	14	41	17	350	24	24	29	5	32	15
宁化县审计局	15	33	13	627	26	20	643	617	19	6
大田县审计局	14	37	9	2589	136	136	1175	1039	47	33
尤溪县审计局	45	87	45	2304	140	133	753	613	30	11
沙县审计局	19	30	25	1258	129	109	371	242	75	42
将乐县审计局	14	34	17	824	16	13	66	50	3	2
泰宁县审计局	9	29	10	821	14	13	450	436	23	8
建宁县审计局	15	18	7	133	7	7	8	1	8	3
莆田市										
城厢区审计局	14	50	7	1300	725	725	1042	3084	7	
涵江区审计局	14	28	3	344	44	24	51	2036	3	
荔城区审计局	24	31	8	1371	71	50	367	1893	9	
秀屿区审计局	10	22	3	3596	101	61	2577	15534	48	32
仙游县审计局	31	89	22	1281	163	128	213	8517	83	20
泉州市										
鲤城区审计局	17	14	2	833	28	10	14	4545	35	7
丰泽区审计局	10	25	2	1267	27	20	27	2826	44	25
洛江区审计局	8	99	8	184	89	2	40	1644	40	35
泉港区审计局	10	9	2	29				6197	6	6
石狮市审计局	10	40	23	4041	105	105	68	8749	90	55
晋江市审计局	22	87	41	5237	4295	4222	5	21736	89	103
南安市审计局	19	57		3671	233	114	43	9630	246	131
惠安县审计局	21	54	31	1873	1373	955	12	3670	92	56

审计机关	干部职工人数（人）	审计单位（个）	经济责任审计项目（个）	查出违规金额（万元）	应缴财政（万元）	已缴财政（万元）	决定处理处罚（万元）	指明要求纠正（万元）	提交审计报告、信息（篇）	审计信息被采用（篇）
安溪县审计局	18	47	19	1316	631	631	19	8511	91	48
永春县审计局	15	23	12	695	7	7		1994	95	39
德化县审计局	15	46	20	151	7	7	3	2640	22	6
厦门市										
思明区审计局	13	21	13	2115	338	338	338	6190	65	53
海沧区审计局	6	5	2	14	14	14	14	653	11	4
湖里区审计局	6	14	6	8509	8509	8509	8509	1030	16	8
集美区审计局	8	8	4	394	36	36	36	56	11	6
同安区审计局	11	20	11	372	239	65	239	8227	42	39
翔安区审计局	3	8	4	650	112	112	112	858	7	5
漳州市										
芗城区审计局	11	25	9	297	247	247	297	2287	31	18
龙文区审计局	9	27	7	136	95	89	95	1902	28	12
龙海市审计局	19	41	29	1836	86	99	86	13925	105	64
云霄县审计局	20	52	21	595	98	63	516	1570	53	45
漳浦县审计局	21	54	10	466	120	58	451	1065	59	22
诏安县审计局	15	48		340	325	77	328	1097	40	22
长泰县审计局	15	29	6	413	165	159	165	2744	20	
东山县审计局	13	45	12	249	106	78	1450	4266	5	
南靖县审计局	17	43	12	238	27	18	27	2990		
平和县审计局	17	52	10	1253	51	28	111	3854	67	30
华安县审计局	14	35	10	540	101	24	251	1629		
龙岩市										
新罗区审计局	24	53	19	1316	199	192	1136	2698	62	22
漳平市审计局	21	30	15	2066	161	58	1869	4846	35	19
长汀县审计局	19	51	10	489	2	1	62	2182	31	11
永定县审计局	24	43	11	1725	40	25	1579	1824	33	9
上杭县审计局	22	28	6	722	238	238	690	776	30	20
武平县审计局	15	41	3	1076	5	5	689	3884	43	24
连城县审计局	14	24	8	388	50	50	388	1462	16	5
宁德市										
蕉城区审计局	14	41	10	185	44	16	413	1094	124	73
福安市审计局	18	54	29	5495	79	53	3067	3031	9	34
福鼎市审计局	16	35		1516	365	139	1516	2161	32	27

审计机关	干部职工人数（人）	审计单位（个）	经济责任审计项目（个）	查出违规金额（万元）	应缴财政（万元）	已缴财政（万元）	决定处理处罚（万元）	指明要求纠正（万元）	提交审计报告、信息（篇）	审计信息被采用（篇）
寿宁县审计局	13	28	4	320	39	15	118	445	13	13
霞浦县审计局	21	41	17	743	37	32	497	2178	42	22
柘荣县审计局	12	38	19	1313	21	5	800	1013	30	20
屏南县审计局	18	58	27	432	77	66	432	112	36	2
古田县审计局	16	60	30	1455	106	106	670	2953	68	49
周宁县审计局	15	42	17	1179	39	25	425	656	65	45

江西省

【江西省审计厅】 2004年，江西省审计厅定编217人，在编185人。厅机关设有办公室、法规处、财政与金融审计处、行政事业审计处、经贸审计处、农业与资源环保审计处、固定资产投资审计处、社会保障审计处、外资运用审计处、经济责任审计处、人事教育处、机关党委、纪检组（监察室），另设有五办审计处、政法审计处、教育审计处、科技体育审计处、药品审计处、经济执法审计处、经济审计一处、经济审计二处共8个派出审计处，同时还设有厅机关后勤服务中心、审计科研所、审计干部培训中心和庐山培训基地4个直属事业单位。

领导成员

厅　长：伍自尧

副厅长：余先仕　何干成

　　　　桑昌武　陈长安

纪检组长：李水芳

助理巡视员：王卫亚（5月—）

审计成果　全年共审计单位7440个，查出违规金额56.1亿元，管理不规范金额84.8亿元；应上缴财政4.7亿元（已上缴财政4.2亿元），应减少财政拨款或补贴1.1亿元，应归还原渠道资金3.3亿元，应调账处理金额15.3亿元，应由被审计单位自行纠正金额105.9亿元。审计发现线索移送纪检监察部门和司法机关事项66件，涉及人员101人，涉及金额4382万元。提交综合性专题报告和要情简报1382篇，被批示采用417篇，向社会公告审计结果12篇。

财政审计　全年共完成审计及审计调查项目839个，查出违规金额233759万元，应上缴财政13119万元，已上缴财政12585万元。省审计厅审计了省财政厅具体组织省级预算执行情况，省地税局税收征管情况，37个省级部门和154个二、三级单位的预算执行和其他财政收支情况。在审计过程中，进一步强化了大财政审计意识，初步摸清了以政府为主体的财政收支全貌，积极探索部门预算审计、部门决算（草案）审计，使预算执行审计向预算编制和决算草案两个方向突破，向收入、支出、管理三方面深化，并重点对长期滞留沉淀的各种历年结余结转资金分配使用管理情况进行了审计，取得了显著成绩，受到省政府主要领导和省人大常委会的高度重视。在7月27日的省十届人大常委会第十次会议上，伍自尧厅长受省政府委托作了《关于2003年度省级预算执行和其他财政收支的审计工作报告》。此外，还组织各设区的市审计机关对40个县农业税税收减免情况进行了专项审计调查。调查发现存在违规抵扣代征手续费和垫税、贷款缴税，农业税灾欠减免资金没有足额拨付到位，将农业税灾欠减免资金直接抵顶农业税入库，按农业税征收任务平均分配农业税灾欠减免资金等问题。

专项资金审计　全年共完成审计及审计调查单位1088个，查出违规金额34900万元，应上缴财政4026万元，已上缴财政3843万元。组织全省11个设区的市审计局，采取上审下的方式，对全省2001～2003年农业综合开发专项资金的投入、管理、使用情况进行了审计。审计涉及 11 个市、72 个县（市、区）及省直 14 个部门和单位，充分揭示了挤占挪用、财政滞留有偿资金、违规收费、地方财政配套资金及自筹资金不足、有偿资金回收困难和财政还款压力大等资金使用管理以及工程管理方面存在的问题。审计结果得到黄智权省长和吴新雄常务副省长的充分肯定和高度评价。

为进一步巩固移民建镇这项民心工程、德政工程的成果，省审计厅直接组织，采取由省审计厅处级干部担任审计组长、有移民建镇任务的市县审计机关人员参与的上审下方式，分批对全省 28 个县（市、场）1～4 期移民建镇资金及平垸行洪巩固工程资金的管理使用情况进行审计。

为保证“两补”资金专款专用，确保发展粮食生产，增加农民收入目标的实现，组织全省审计机关对全省“两补”资金的投入、管理、使用情况进行了审计。审计涉及 11 个设区的市、99 个县（市、区）、1299 个乡镇场、8054 个行政村、20471 个自然村，调查农户 164922 户。揭示了“两补”资金使用管理中存在的上报水稻播种面积不实、抵扣、滞留、管理不规范等违规问题。

遵照省库区深山区移民扶贫工作领导小组的指示，省审计厅直接对修水、遂川、万安 3 个试点县 2003 年库区深山区移民扶贫资金的管理使用情况进行了审计。揭示了由于资金滞留、部分基础设施建设进度缓慢，影响移民的生产、生活和搬迁进度以及少数基层单位擅自收取移民建房押金、个别地方统建房屋出现质量缺陷等侵害移民利益的问题。审计结果得到黄智权省长和危朝安副省长的充分肯定。

对南昌、分宜等 7 县（市）自 2003 年 7 月以来新型农村合作医疗试点工作的开展情况进行了审计，并抽查了 12 个乡镇、25 个村。审计重点调查了财政补助资金是否到位、农民参保人数是否真实、专款是否专用等情况，揭示了基金结余过大、试点县市农民参保人数存在较大水分等问题。审计结束后，省委书记孟建柱、省长黄智权、副省长胡振鹏分别对审计厅呈报的审计报告和《审计要情》作了重要批示。

开展了对 11 个设区的市城市居民最低生活保障资金专项审计，推动了各市的城市低保工作，揭示了地方财政低保资金预算安排不足，低保资金被挪用，低保资金没有做到及时拨付、按时发放，低保申请、审核程序不够规范，随意性大等问题。向检察机关移送案件 1 起。审计结束后，省长黄智权、省委副书记彭宏松、省长助理熊盛文分别对审计厅提交的审计报告和《审计要情》作了重要批示。

行政事业审计　全年共完成审计及审计调查项目 4229 个，查出违规金额 72869 万元，应上缴财政 11653 万元，已上缴财政 10341 万元。提交的计划生育经费审计报告得到省长黄智权的重要批示，促使省人口和计划生育委员会和财政厅联合下发了《关于依据黄智权省长对审计报告的重要批示加强和改进全省人口计划生育财务管理的意见》，从建立健全人口与计划生育事业费投入机制，保障人口与计划生育事业健康发展等 5 个方面提出了具体而明确的要求。组织全省各级审计机关，采取上审下和同级审相结合的方式，对全省出版系统 2003 年度财务收支情况进行了审计，在企业资产、负债、损益的真实性审计的基础上，重点突出对企业投资、经济担保和出借资金、大额采购及股权变动等重大经济决策进行审计，揭露由于决策失误和管理不善造成的重大损失浪费及国有资产流失问题。初步摸索了财政财务收支审计与效益审计、审计与审计调查相结合的路子，丰富和完善了行政事业审计的方式方法。此外，还开展了对全省工会经费拨缴情况的审计调查，并且向省政府提出了对工会经费全面审计的建议。

企业审计　全年共完成审计及审计调查项目 682 个，查出违规金额 90505 万元，应上缴财政 12391 万元，已上缴财政 10304 万元。组织全省设区的市级审计机关对债转股企业的效益情况进行专项审计和调查。通过审计，进一步完善新形势下在债转股的运作中维护国有资产的权益，防止国有资产流失的政策措施，重点揭示并深入分析债转股运作中存在的问题，为政府部门决策提供了依据。

分别开展了对萍乡矿业集团公司、江西铜业集团公司、江西国际经济技术合作公司 2003 年的资产、负债、损益真实性及财务收支的审计。此外，完成了省政府交办的对 1987～2000 年电力“两金”的清查审计，审计报告已交省政府并得到省领导批复。完成了省政府交办的对江西省驻北京经济技术发展公司 1991～2004 年 2 月底财务收支情况的审计和江西联创光电科技股份有限公司

2001～2004年8月财务情况的审计。

固定资产投资审计　全年共完成审计及审计调查项目531个，查出违规金额122402万元，应上缴财政5356万元，已上缴财政4356万元。组织了对泰井高速公路、昌金高速公路在建工程项目和梨温高速公路竣工的决算审计，并延伸审计了施工、监理、勘察设计、物资采购等相关单位。审计针对高速公路建设过程中存在的不规范行为，提出了意见和建议，特别是对高速公路在招投标过程中存在的不规范行为，责成省交通厅根据有关规定对高速公路建设项目部和有关单位进行了严肃处理。组织全省7个设区的市审计局对江西省在建的6条高速公路的征地拆迁补偿资金的分配、管理及使用情况进行了审计，审计发现征地拆迁补偿资金的使用部分在县（市、区）和乡镇都不同程度地存在调剂资金比例过大、结余资金过多、挤占挪用、违规缴纳规费等违纪违规行为，责成有关单位纠正违纪违规行为。

经济责任审计　共审计单位1387个，审计经济责任人1388人，查出违规金额37776万元。经审计，有1123人作了职务变动，其中155人受到免、降、撤职处分，移送纪检监察及司法机关42人。全省大部分设区的市和部分县（市、区）新出台了任中经济责任审计规定。

信息化建设　正式成立了江西省审计信息中心，专门负责信息中心的建设和网络运行管理与维护，协调指导全省审计系统的信息化建设，组织全省审计系统审计信息化专业人员的培训工作。搭建了江西省审计厅综合信息网新平台，开拓了审计宣传新窗口。组织人员赴外地进行考察调研，按照审计署的要求，结合江西省实际制定下发了全省信息化建设发展规划及加强全省信息化工作的通知。省审计厅信息化建设一期建设项目立项申请已经省发改委函复同意，首批资金已到位。（撰稿人：吴周平）

【南昌市审计局】　2004年，共有干部职工76人。局长李广辉，副局长刘鹏、赵波，纪检组长彭中秋，总审计师郑克里。设有办公室、综合法规处、人事教育监察处、经济责任审计室、财政金融审计处、固定资产投资审计处、农业与资源环保审计处、经贸审计处、行政事业审计处、社会保障审计处。

审计成果　审计单位467个，查出违规金额10亿元，上缴财政1.8亿元，减少财政拨款或补贴金额0.8亿元。向纪检监察机关移送事项6件。南昌市被评为全国经济责任审计先进地区。

经济责任审计　以市委、市政府名义下发了《关于对领导干部任中经济责任审计的办法》，建立了任中经济责任审计制度，成立了市经济责任审计工作领导小组。查出违规金额1.2亿元，管理不规范金额4.8亿元，损失浪费金额1.1亿元，向纪检监察机关移送涉案人员2人。根据市人大对党政领导干部述职评议的要求，对4位党政部门领导干部进行了任中经济责任审计。

固定资产投资审计　加强对政府重大投资项目的审计监督，搞好跟踪审计监督，不断提高建设资金的管理水平和使用效益。共审结工程造价1亿元，核减2171万元，玉带河总渠北端工程审计项目核减工程造价1743万元，核减率26%。

专项资金审计　从促进社会经济发展、维护社会稳定和保护群众根本利益出发，注重加强农业、环境保护、教育经费、社会保障等专项资金的日常监督、重点监督，促进专项资金规范管理，充分发挥审计监督建设性功能。审计专项资金2.3亿元，查出截留、挤占、挪用资金582万元，促进资金拨付到位1.3亿元。

内部审计　市直部门内部审计机构111个，其中专职机构77个；内部审计人员307人，其中专职人员206人。共审计单位439个，查出损失浪费金额783万元，纠正违规金额5078万元，促进增收节支金额535万元，提出建议意见被采纳465条。（撰稿人：应国平）

【九江市审计局】　2004年，共有干部职工59人。局长毛文霞，副局长胡伟华、范定坤、汪建荣（12月—），纪检组长何斌。设有办公室、综合法制科、财政金融审计科、行政事业与社会保障审计科、经贸审计科、农业与资源环保审计科、固定资产投资审计科、外资运用审计科、经济责任审计办公室、人事教育科、监察室（机关党支部与其合署办公）。

审计成果　审计单位886个，查出违规金额1.61亿元，应上缴财政1741万元，应归还原渠道资金2367万元。对38个单位开展专项审计调查，发现违规金额7163万元。移送纪检监察部门案件

8起，涉案人员8人。

财政审计 审计财税部门23个，查出预算收入不真实、资金管理不规范、预算管理级次混乱等问题。提交的审计工作情况报告受到市人大常委会和各有关方面的高度评价。

专项资金审计 开展了农业综合开发资金审计、土地运营情况审计等9个项目的专项审计，其中对城镇居民最低生活保障资金管理使用情况审计，专题报告得到了市政府领导的充分肯定。

经济责任审计 对178人进行了经济责任审计，查出违规金额6140元，其中个人负主管责任1985万元，负直接责任100万元。审计后，晋升17人，平调140人，降职4人，移送司法机关2人。（撰稿人：袁金根）

【景德镇市审计局】 2004年，共有干部职工43人。局长叶观荣，副局长陈建平、陈新平，纪检组长王丽琴。设有办公室、法规科、财金与外资审计科、行政事业审计科、经贸审计科、农业与资源环保审计科、投资与专项资金审计科、园区审计科、经济责任审计科。

审计成果 审计单位121个，查出违规金额39715万元，应上缴财政321万元，应归还原渠道资金165万元。对7个单位进行了专项审计调查，发现违规金额6209万元。

财政审计 审计财税部门7个，查出隐瞒转移预算收入697万元，虚增财政收入2500万元，虚列财政支出78万元，截留、挤占、挪用预算资金28794万元。

经济责任审计 对1人进行了经济责任审计，查出违规金额184万元。（撰稿人：刘华山）

【鹰潭市审计局】 2004年，共有干部职工25人。局长卢越明，副局长徐加样、孙水春、詹正兴、汪桂昌。设有办公室、综合法制和经济责任审计科、财政金融审计科、固定资产投资审计科、行政文教审计科、企业审计科、监察室。

审计成果 审计单位178个，查出违规金额6082万元，应上缴财政368万元，应归还原渠道资金493万元。对8个单位开展专项审计调查，发现违规金额582万元。提交审计工作报告、信息86篇，被采用48篇。贵溪市农业综合开发审计项目被江西省审计厅评为优秀审计项目。

财政审计 审计财税部门10个，查出鹰潭市财政局契税征收管理所契税财政专户中2003年契税收入485万元未缴入国库，土地出让金财政专户土地出让金收入2408万元未缴入国库，税收征管方面存在个别纳税户延期交纳税款的现象，鹰潭市房改办住房维修基金账目管理混乱等问题。鹰潭市审计局提交的审计工作情况报告受到市人大的充分肯定。

专项资金审计 对鹰潭市2001～2003年农业综合开发项目资金的专项审计，经审计查出项目资金虚假配套128万元、挪用农业综合开发资金100万元用于银行揽储、违规开支农业综合开发资金53万元等问题。对余江县和月湖区2003年及2004年1～5月农业税征收、减免和农村税费改革财政转移支付资金情况进行了审计调查，经审计查出2002年农村税费改革时少核定农业税计税面积、用借款和其他资金垫交农业税153万元、虚列农业特产税收入50万元、长防林国债项目虚拟配套资金12万元等问题。对余江县人民政府和贵溪市人民政府2003年城市居民最低生活保障资金的筹集、管理、使用等情况进行了审计，通过审计查出低保资金筹集不足、预算少安排低保资金152万元、低保资金未做到专款专用、存在挤占挪用现象等问题。

经济责任审计 对62人进行了经济责任审计，查出违规金额227万元，同时查出了财政收支不实、侵占挪用专项资金、财务管理混乱、核算不规范等问题。审计后，晋升1人，平调8人，免职1人。（撰稿人：徐道福）

【新余市审计局】 2004年，共有干部职工33人。局长邹杰荣，副局长李志坚、肖劲鸿、周永平，纪检组长黄桂兰。设有人秘科、综合法规科、财政金融审计科、行政事业审计科、经贸审计科、农林水审计科、固定资产投资审计科、经济责任审计科。

审计成果 审计单位74个，查出违规金额1157万元，应上缴财政224万元，应调账处理金额3097万元，应自行纠正金额234万元。移送纪检监察部门案件1起，涉案人员2人。

财政审计 审计财税部门4个，查出部门预算配套管理程序滞后、财政列收列支、部分预算外收支未纳入预算外管理以及财政虚列支出等问题。

专项审计 对教育收费、农业综合治理、公路建设资金、最低生活保障等8个项目进行了审计，审计调查单位17个，审计调查金额4820万元，查出违规金额532万元。对教育收费的专项审计，审计了市属8所中小学校，揭露了在收费过程中存在的问题，分析了产生问题的原因，提出了纠正和改进建议。

经济责任审计 对33人进行了经济责任审计，查出应负主管责任违规金额425万元。审计后，平调30人、晋升1人。2004年，出台了《经济责任审计工作领导小组办公室办事规则》、《经济责任审计实施办法》，将街道办事处列为经济责任审计的范围。（撰稿人：陈　剑）

【萍乡市审计局】 2004年，共有干部职工34人。局长丁琪军，副局长邓克坚、晏从福、张增良，纪检组长黎红琳。设有办公室、监察室、机关党总支、经贸与财政金融审计科、固定资产投资审计科、经济责任审计科、社会保障审计科、农业审计科、行政事业文化审计科。

审计成果 审计单位61个，查出违规金额7660万元，应上缴财政502万元，已上缴财政453万元，归还原渠道资金202万元，决定处理处罚502万元，指明要求纠正7158万元，查出“小金库”17个。提交审计报告、信息49篇，审计信息被采用33篇。移送司法及纪检监察机关案件2起，涉案人员7人。

财政审计 审计财税部门9个，查出隐瞒转移预算收入、虚列财政支出、延压滞留预算资金等问题，提交的审计工作报告受到市人大的充分肯定。

经济责任审计 以任中、离任审计相结合，实现审计监督关口前移，2004年，对13人进行了经济责任审计，查出违规金额1770万元。移送纪检监察机关案件2起。

上级交办任务 共完成市委、市政府交办的各项任务17项。完成了市政府交办的招商引资任务2000万元，积极开展了包村扶贫工作，为搞好国有企业改制工作，积极参与对改制企业的审计、清查和资产处理。对政府和群众关注的扶贫资金、社保资金和昌金高速公路拆迁资金等专项资金进行了审计，审计结果受到市政府和省审计厅的高度评价。（撰稿人：汤晓伟）

【赣州市审计局】 2004年，共有干部职工55人。局长欧阳锋，副局长李加淳、刘垣林、张建华（—5月）、陈木生、郭德明，纪检组长周远勇。设有办公室、法规科、财金审计科、行政事业审计科、社会保障审计科、经贸审计科、农业与资源环保审计科、固定资产投资审计科、外资运用审计科、经济责任审计科、监察室、机关党总支办公室。

审计成果 审计单位167个，查出违规金额1.55亿元，应上缴财政1337万元，应归还原渠道资金330万元，应调账处理金额4544万元。查出“小金库”30个，涉及金额7217万元，查出“三乱”金额5345万元。提交综合审计报告、专题审计报告11篇，被批转2篇；提交审计文章、信息75篇，采用50篇。

财政审计 审计财税部门23个，审计查出违规减免缓少征未征收入729万元，隐瞒转移挖挤财政收入989万元，截留、挤占、挪用财政资金169万元，其他4437万元等问题。

专项资金审计 对社会保障资金、农业综合开发资金、果业开发专项资金、国家粮食直补资金等33个项目进行了审计，审计金额1.26亿元。查出截留挤占挪用资金243万元，应缴未缴专项资金251万元，擅自改变资金投向6620万元，配套资金不落实277万元等问题。对12个县（市、区）农业综合开发资金的审计，发现滞留项目资金、挤占挪用资金、资金使用效益低等问题，审计情况引起市委、市政府领导的高度重视，分别作出批示，并召开专门会议，研究解决问题的办法。

经济责任审计 首次对9个县（市、区）的书记、县（市、区）长进行了任期经济责任审计，对19个市直单位主要领导和国有控股企业领导人员进行了任期经济责任审计。出台了《赣州市领导干部经济责任审计操作规程》和《赣州市领导干部离岗考察实施办法》两个涉及经济责任审计的规范性文件。在《实施办法》中规定：“对拟提拔或调任重要岗位的县级党政“一把手”和机关、单位主要负责人，实行离岗考察3个月，期间进行经济责任审计”。在离任经济责任审计中，会昌县审计局查出了1起集体私分国有资产的大案要案，在社会上引起了强烈的反响。会昌县审计局被国家五部委表彰为全国经济责任审计工作先进单位。（撰稿人：廖扬彪）

【上饶市审计局】 2004年，共有干部职工36人。局长管群良，副局长徐天寿、万金星、董岚，纪检组长邵忠宽。设有人事秘书科、法规科、监察室、财政金融审计科、行政事业审计科、农业资源环保与外资运用审计科、经贸审计科、固定资产投资审计科、经济责任审计科、审计干部专业培训中心。

审计成果 审计单位1093个，查出违规金额53327万元，应上缴财政2456万元，已上缴财政2450万元，应归还原渠道资金1635万元，减少财政补贴719万元。向司法纪检监察机关移送案件9起，处理有关责任人11人。提交审计工作报告45篇，被各级党委、政府批转批示32篇；提交信息68篇，被采用36篇；建议纠正地方部门不当规定136条。

财政审计 对13个财税部门进行了审计，查出违规减免少征应缴未缴预算收入751万元；违规核销3224万元，隐瞒转移挖挤预算收入492万元，虚增财政收入1900万元，虚减财政收入1088万元；虚列财政支出2286万元，截留、挤占、挪用预算资金5094万元，预算编制批复不规范702万元；延压滞留预算资金3536万元，应上缴财政资金367万元。提交的预算执行情况审计报告受到市人大的一致好评。

专项资金审计 对国债专项资金、科技教育资金、社会保障资金、农业与资源环保资金、政府性资金和政府采购资金等进行了审计，审计专项资金总额53085万元，促进拨付到位资金11275万元，查出截留、挤占、挪用专项资金443万元，配套资金不落实18万元，未纳入财政专户资金321万元，未按时拨付资金163万元，引起市政府领导的高度重视，责成有关部门和单位要按审计局的建议认真整改。

经济责任审计 对119名党政领导和国有企业或国有控股企业领导干部的任期经济责任进行了审计，查出违规资金5365万元，其中个人负主管责任5365万元。审计后，晋升2人，平调101人，免职15人，降职1人。

内部审计 对389个单位进行了审计，共查出损失浪费金额2832万元，促进增收节支1189万元，已纠正违规金额3026万元，其中增加上缴资金635万元，增加留利735万元。（撰稿人：付国强）

【抚州市审计局】 2004年，共有干部职工38人。局长黄德宪，副局长黄德泉、郑瑞龙、黄琴轩，纪检组长黄荣泉。设有人事秘书科、综合法规科、财政金融审计科、行政事业审计科、经贸审计科、投资审计科、经济责任审计科、监察室、审计培训中心。

审计成果 审计单位851个，查出违规金额2.2亿元，应上缴财政1482万元，应归还原渠道资金2153万元。发现和移送经济违法犯罪案件线索19件，涉案人员21人。

财政审计 审计财税部门14个，查出隐瞒转移预算收入、虚增财政收入、虚列财政支出、挤占、挪用专项资金等问题。

专项审计 对农业综合开发资金、低保资金、乡村公路建设资金、京福高速公路征地拆迁补偿资金进行了审计。审计报告引起了市委、市政府的高度重视，市财政局、民政局、交通局等部门根据领导批示，对照审计报告反映的问题进行了认真整改。

固定资产投资审计 制定了《抚州市国家建设项目审计监督办法（试行）》，共完成审计审核项目26个，审计资金8亿元，核减工程造价2913万元。

经济责任审计 对36名县级领导干部进行了经济责任审计，首次开展了11名县级领导任中经济责任审计，查出违规金额2104万元。（撰稿人：龚升平）

【宜春市审计局】 2004年，共有干部职工44人。局长谢会明，副局长陈文辉、陈国新、周洪波（1月—），纪检组长彭泽荣。设有秘书科、综合科、监察室、财政金融审计科、行政文教审计科、农业与资源环保审计科、固定资产投资审计科、经贸审计科、经济责任审计科、机关后勤服务中心。

审计成果 审计单位107个，查出违规金额1.15亿元，应上缴财政1575万元，应归还原渠道资金6万元。全市审计部门移送司法机关处理案件13起，涉案人员31人；移送纪检监察机关处理案件17起，涉案人员18人。提交审计报告、信息424篇，被批示、采纳198篇。

财政审计 审计财税部门5个，查出隐瞒转移挖挤财政收入、虚增财政收入、虚列财政支出、截留挤占挪用财政资金等问题。在审计过程中，强化了“大财政”意识，并向部门预算编制和决算草案突破，向收入、支出和管理三个方面深化。

专项资金审计 对最低生活保障资金、教育经费、住房公积金、农业综合开发资金、粮食直补资金和水稻良种补贴资金、县乡公路油（水泥）路建设补助经费进行了专项审计或审计调查。

固定资产投资审计 全市共审计基建项目投资3亿元，核减工程款2500万元，查出虚列工程款、高套定额、虚增材料单价和少计税金等问题。

企业审计 全市审计机关对汽车运输系统进行全面审计，查出企业会计核算不规范、内控制度不够健全、收入不纳入单位统一核算、账外设账、偷漏税费等严重违反财经纪律问题。根据省审计厅授权，审计了丰城、英岗岭矿务局，丰城煤矿曲江煤炭公司、新洛煤电有限责任公司的财务收支情况，并对丰城矿业有限公司债转股情况进行了专项审计调查。

经济责任审计 共对228名党政和国有企业领导人进行了经济责任审计，查出违规金额2145万元，其中个人负主管责任2133万元，负直接责任12万元。审计后，平调109人，晋升22人，免职38人，降职1人。（撰稿人：陈国平）

【吉安市审计局】 2004年，共有干部职工37人。局长李祖江，副局长雷次仲、钟循育、黄廉传，纪检组长郭天仪。设有办公室、综合法规科、财政金融审计科、经贸审计科、行政事业审计科、农业资源环保审计科、固定资产投资审计科、经济责任审计科。

审计成果 全年完成审计项目87个，查出违规金额19109万元，决定处理处罚金额4983万元，应上缴财政738万元，已上缴财政577万元，审计决定执行率78.2%，审计意见落实率86%。

财政审计 审计财税部门11个，查出违规减免缓征少征未征收入、隐瞒转移挖挤财政收入、虚增虚减财政收入、截留挤占挪用财政资金、延压滞留预算资金等问题。向当地人民政府和人大提交的审计报告引起当地领导的高度重视，得到市人大的充分肯定，第一次被当地政府批转有关县（市、区）和单位执行。

专项资金审计 对最低生活保障资金、农业综合开发资金、财政扶贫资金的使用情况进行了审计，以确保资金的专款专用，同时对资金不到位、滞留资金、扩大开支范围等问题提出了审计意见和建议，责成相关单位进行整改。

固定资产投资审计 按《吉安市国家建设项目审计监督办法》以及国家有关法律、法规的规定，加大了对交通、能源、市政工程等固定资产投资的审计力度，有效地遏制了工程建设中的暗箱操作、高估冒算、虚报工程量、多结工程款等违法违纪问题，有效地提高了资金的使用效益，得到了领导的充分肯定。（撰稿人：罗襄泉）

2004年江西省区、县（市）级审计工作统计表

审计机关	干部职工人数（人）	审计单位（个）	经济责任审计项目（个）	查出违规金额（万元）	应缴财政（万元）	已缴财政（万元）	决定处理处罚（万元）	指明要求纠正（万元）	提交审计报告、信息（篇）	审计信息被采用（篇）
南昌市										
东湖区审计局	8	26	24	3154	20	18	3153	41		
西湖区审计局	5	11	1	15	2	2	2		24	16
青云谱区审计局	7	23	12	53	17	17	17	1158	18	10
湾里区审计局	7	23	18	869	10	7	55	5142	3	3
青山湖区审计局	7	16	6	57	57	52	57	279	9	

审计机关	干部职工人数（人）	审计单位（个）	经济责任审计项目（个）	查出违规金额（万元）	应缴财政（万元）	已缴财政（万元）	决定处理处罚（万元）	指明要求纠正（万元）	提交审计报告、信息（篇）	审计信息被采用（篇）
南昌县审计局	24	57	14	2651	193	189	567	2689		
新建县审计局	16	20	6	4915	11	8	3393	237	1	
安义县审计局	15	79		344	39	36	130	1	35	23
进贤县审计局	18	56	21	359	100	72	173	907	38	12
九江市										
浔阳区审计局	9	26	3	25	25		25	414		
庐山区审计局	18	52	28	108	34		34	409	17	12
庐山审计处	5	40	3	255	67		130	665		
瑞昌市审计局	11	45	1	1708	230		609	1082	16	14
九江县审计局	21	85	14	791	114		695	231	41	28
武宁县审计局	12	40		1094	55		115	782		
修水县审计局	19	58	21	1555	204		869	9	17	13
永修县审计局	26	57	13	709	179		191	6036	27	16
德安县审计局	11	42	6	136	42		94	558	7	4
星子县审计局	10	42	19	279	29		29		3	3
都昌县审计局	24	100	49	683	76		76	1252	14	7
湖口县审计局	21	71	5	609	47		437	390	7	5
彭泽县审计局	16	122	2	360	54		338	637	14	9
景德镇市										
珠山区审计局	11	15		112	1		1			
昌江区审计局	8	5		7	3	3	3		14	
乐平市审计局	42	48		1580	83	81	83			
浮梁县审计局	13	10		55	8	8	8			
鹰潭市										
月湖区审计局	5	22	1	39	4	4			10	3
贵溪市审计局	14	33	13	192	33	19			20	8
余江县审计局	13	73	11	122	59	14			16	5
新余市										
渝水区审计局	11	24		60	22	22	22		5	3
分宜县审计局	12	41	10	140	19	19	19	67	7	4
萍乡市										
安源区审计局	7	26	13	499	50	40	50	449	2	
湘东区审计局	18	79	16	1255	642	21	642	613	16	
莲花县审计局	13	12	3	343	28	22	28	342	6	

审计机关	干部职工人数（人）	审计单位（个）	经济责任审计项目（个）	查出违规金额（万元）	应缴财政（万元）	已缴财政（万元）	决定处理处罚（万元）	指明要求纠正（万元）	提交审计报告、信息（篇）	审计信息被采用（篇）
上栗县审计局	10	19	10	218	85	16	85	133	5	
芦溪县审计局	7	22	7	66	15	13	15	51	10	3
赣州市										
章贡区审计局	21	48	14	91	62	48	89	6498	8	18
瑞金市审计局	26	78	7	1429	147	139	280	2206	12	32
南康市审计局	21	68	6	3118	179	179	3118	2351	104	37
赣县审计局	19	51	13	1008	100	97	304	848	21	14
信丰县审计局	23	95	7	3309	230	230	1681	6564	74	24
大余县审计局	19	66	24	1098	163	159	456	1574	97	14
上犹县审计局	14	25	9	380	60	55	58	24	10	3
崇义县审计局	15	104	35	238	122	121	242	3	23	10
安远县审计局	19	70	3	1777	118	118	522	2259	50	34
龙南县审计局	16	59	13	1159	286	288	652	1258	30	21
定南县审计局	17	56	13	1476	103	98	569	310	104	50
全南县审计局	18	32	7	243	64	61	111	5	78	20
宁都县审计局	22	114	18	2044	229	219	345	3424	30	17
于都县审计局	48	191	3	3396	173	162	127		38	23
兴国县审计局	23	81	13	104	113	110	105		90	11
会昌县审计局	26	105	7	2703	236	236	229		69	32
寻乌县审计局	20	94	2	1590	135	132	684	781	100	62
石城县审计局	24	66	1	1752	511	511	1202	2961	125	45
上饶市										
信州区审计局	20	35	7	1274	92	92	96	138	16	10
德兴市审计局	17	41	8	5730	133	130	136	37	49	46
上饶县审计局	23	128	1	4567	146	126	148	118	6	13
广丰县审计局	18	54	1	322	122	119	124	92	18	8
玉山县审计局	16	96	1	1378	108	101	106	750	20	9
铅山县审计局	13	51	10	3389	76	76	79	244	8	8
横峰县审计局	14	104	4	1342	112	112	112	132	14	4
弋阳县审计局	15	41	3	3211	91	91	93	362	13	12
余干县审计局	14	79	12	964	92	90	92	138	21	6
鄱阳县审计局	30	33	16	210	141	141	141	84	9	9
万年县审计局	15	99	14	351	116	116	118	184	21	6
婺源县审计局	19	51	17	1738	89	89	91	75	13	5

审计机关	干部职工人数（人）	审计单位（个）	经济责任审计项目（个）	查出违规金额（万元）	应缴财政（万元）	已缴财政（万元）	决定处理处罚（万元）	指明要求纠正（万元）	提交审计报告、信息（篇）	审计信息被采用（篇）
抚州市										
临川区审计局	38	78	12	2837	175	175			75	8
南城县审计局	19	74	3	582	115	111			9	2
黎川县审计局	22	69	32	320	71	71			40	12
南丰县审计局	18	66	5	2358	46	54			16	7
崇仁县审计局	21	76	11	867	92	85			50	20
乐安县审计局	17	78	17	560	35	35			25	10
宜黄县审计局	20	59	6	645	51	46			11	3
金溪县审计局	25	47	8	129	14	11			10	2
资溪县审计局	18	84	21	696	74	72			24	6
东乡县审计局	36	49	17	760	56	55			70	13
广昌县审计局	22	83	5	368	130	127			33	13
宜春市										
袁州区审计局	26	83	23	3374	191	191	1237		5	1
丰城市审计局	19	100	36	579	401	401	862	1606	41	7
樟树市审计局	26	84	38	92	69	69	91	1	1	1
高安市审计局	34	191	150	1791	150	127	1760	2877	80	46
奉新县审计局	20	175	29	82	82	82	82		109	34
万载县审计局	25	78	17	1446	85	76	607	684	28	18
上高县审计局	25	47	6	143	78	66	144		1	1
宜丰县审计局	24	105	18	1316	93	92	92	126	70	35
靖安县审计局	18	90	2	2101	56	56	118	5	20	20
铜鼓县审计局	21	97	24	106	106	106	106	1149	70	33
吉安市										
吉州区审计局	23	108	52	802	76	47	478	5803	2	
青原区审计局	7	26		341	22	22	183	789	46	26
井冈山市审计局	19	83	5	66	69	66	132		25	
吉安县审计局	18	125	21	417	309	295	309	788	40	37
吉水县审计局	14	35	11	328	97	97	97		24	1
峡江县审计局	15	54	14	362	83	83	83		17	1
新干县审计局	16	63	20	183	82	82	82			
永丰县审计局	13	89	23	1775	122	122	518	10	22	9
泰和县审计局	19	45	15	479	171	167	171	19	41	
遂川县审计局	14	76	32	456	108	145	176		16	9

审计机关	干部职工人数（人）	审计单位（个）	经济责任审计项目（个）	查出违规金额（万元）	应缴财政（万元）	已缴财政（万元）	决定处理处罚（万元）	指明要求纠正（万元）	提交审计报告、信息（篇）	审计信息被采用（篇）
万安县审计局	16	36	2	584	31	30	31	373	29	
安福县审计局	18	94	17	3376	58	55	58	1881	101	20
永新县审计局	17	127	10	1139	171	171	171	118		

山东省

【山东省审计厅】　2004年，山东省审计厅行政事业人员编制299人（其中行政编制168人，事业编制131人），在编240人（其中行政人员162人，事业人员78人）。厅机关设有办公室、法制处、财政审计处、金融审计处、行政事业审计处、经贸审计处、农业与资源环保审计处、社会保障审计处、固定资产投资审计处、外资运用审计处、人事处、机关党委、监察专员办公室、经济责任审计办公室，另设有5个派出审计处，还设有机关服务中心、审计计算机信息中心、审计科学研究所、审计干部学校、内部审计师协会等直属事业单位。

领导成员

厅　长：左　敏

副厅长：张兆喜（—6月）　王谦华

刘均刚　于　谦　李建军

周云平（6月—）

纪检组长：宋　晋

巡视员：张兆喜（6月—）

助理巡视员：马景月（6月—）

审计成果　2004年，全省审计机关共审计单位（项目）7689个，查出违规金额277.91亿元，管理不规范金额394.07亿元，损失浪费金额12.08亿元，应上缴财政27.98亿元，已上缴财政22.34亿元，已减少财政拨款和补贴1.62亿元，已归还被挤占挪用资金9.88亿元。向司法机关和纪检监察部门移送案件93起。全省共提交审计报告、信息9413篇，被各级党政领导批示采用3758篇(次)。提出审计建议被采纳11383条，建议纠正地方部门不当规定307条，向社会公告审计结果75件。

财政审计　全省审计机关共审计部门单位1326个，查出违规金额79.83亿元，已上缴财政14.43亿元。省审计厅对有财政资金分配权、使用资金数额较大的23个重点部门单位进行了审计，查出违规金额28.69亿元。在摸清家底、核实财政财务收支情况的同时，重点对部门结余资金和部门预算支出结构进行了剖析，从完善政策、健全机制、规范管理的角度提出建议和对策，揭示的问题引起省委、省人大和省政府的高度关注。省政府以《内部情况通报》的形式向各市和省直部门转发了审计结果报告，并继续把省级预算执行审计查出问题的整改情况纳入重点督查事项。审计结果报告披露了存在问题的35个部门单位，揭示的问题引起省委、省人大和省政府的高度关注。国家和省内有关新闻媒体对审计查出的问题也极为关注，新华社、《大众日报》等媒体对审计工作报告作了全方位、多角度的报道，在社会上引起强烈反响。

专项资金审计　以促进资金筹集、分配、管理、使用的规范性和有效性为切入点，突出关注“三个亮点”及关系人民群众切身利益的实际问题。全省统一开展最低生活保障资金、扶贫资金、海河流域水污染防治资金、科技三项费用、外贸发展基金、散装水泥专项资金，以及外国政府贷款等审计或审计调查，突出对资金立项合理性的审查和管理使用效益的评价，查出主要问题金额20.36亿元，揭露了立项不科学、资金不到位以及挤占挪用、损失浪费等问题。淄博、枣庄、东营、烟台、潍坊、莱芜、德州、临沂、滨州、菏泽等地结合实际，对粮食直补、医疗卫生、救济救灾、城市公用事业、住房、计划生育、水利等资金进行审计，取得较好的效果。全省还开展了质量技术监督系统、盐业系统和地矿系统等行业审计，针对系统内存在的带有体制性的深层次问题，作了深入剖析，促进了问题的解决。

企业审计 以促进国有企业改革，建立现代企业制度为目标，重点关注了国有资产流失等问题。全省共审计国有企业573个，查出国有资产流失5.55亿元。按照省政府要求，全省审计机关对991个国有粮食购销企业财务挂账进行了清理审计，查出违规金额32.07亿元，违反国家粮油购销政策形成亏库6.69亿元，管理不善造成损失浪费金额1.3亿元，为全省国有粮食企业改革顺利进行奠定了基础。

金融审计 围绕促进金融体制改革，防范和化解金融风险，重点检查盈亏真实性，揭露隐瞒、截留保费收入和私设"小金库"等问题，注意发现和揭露重大违法违规问题和经济犯罪案件线索。全省审计中央和地方金融机构共137个，审计查出违规金额7.69亿元。

固定资产投资审计 以提高政府投资的经济效益和社会效益为立足点，突出对建设项目的跟踪审计，扩大投资审计效果。全省共审计固定资产投资项目（单位）604个，查出违规金额18.37亿元。全省农村公路改造工程审计资金总额60.2亿元，净审减工程造价1.06亿元。对省体育中心改造工程进行跟踪审计，净审减工程造价结算值5024万元，审减率达27%。济南市审计局对大明湖扩建工程4.9亿元的拆迁补偿费预算进行审计，审减近1亿元。在各级政府的重视和支持下，济南、青岛、日照、临沂等地增设固定资产投资审计专业局等政府投资审计专门机构，制发有关规章，为投资审计的深入开展提供了保障。

外资运用审计 全省外资审计突出资金使用的规范性，共审计外资运用项目103个，查出违规金额2762万元。统一组织对27个利用外资项目效益情况进行审计调查，对项目取得的效益状况和还款能力进行分析，揭露了部分项目立项投资决策不当、建设超概算、虚报工程支出、挤占挪用项目财物等问题，有针对性地提出改进建议，引起高度关注。

经济责任审计 以加强对权力的有效制约和监督为目标，进一步拓宽审计覆盖面，健全审计工作机制，为完善干部选拔任用制度和从制度层面预防、惩治腐败发挥了积极作用。全省共完成经济责任审计项目2903个，覆盖了从厅局级至乡科级各个层次，查出违规金额112.69亿元。省经济责任审计联席会议办公室制定了《山东省经济责任审计计划管理暂行办法》，使全省经济责任审计计划管理工作更加有序、有效。进一步加大任中审计比例，共开展任中审计项目1219个，占项目总数的42%。潍坊市五部门制定《领导干部任中经济责任审计分类指导管理实施办法》，规定对重点部门、行业、岗位每年审计一次，提高了审计监督的效能。

内部审计 截至2004年底，全省已建内审机构6180个，配备内审人员15566人，审计单位或项目53785个，纠正违规金额18.26亿元，促进增收节支13.49亿元。省内审协会被评为全国省级内审协会先进单位和省优秀社会团体。

社会审计监督 积极履行对社会审计组织监督职能，进一步加大对社会审计组织审计业务质量的监督检查力度，组织对9家会计师事务所审计业务质量进行了检查，揭示了存在的问题，提出了改进建议，促进了社会审计组织的依法公正执业。

领导交办事项和专项审计调查 全省审计机关把党政领导交办事项作为审计工作的重点，采取积极措施，认真抓好落实。全省共审计单位1706个，调查单位1361个。组织开展专项审计调查305个，审计调查单位2881个，调查发现问题金额35.13亿元。提交审计调查报告296篇，被各级党委政府和上级审计机关批示采用72篇（次），促进地方部门制定完善规章169条。

队伍建设 全省审计机关注重加强机关党的建设，做好干部职工的思想政治工作，保持了审计队伍良好的精神状态。把审计干部培训工作纳入重要议事日程，按照岗位需要和人员状况，把学习、普及、提高有机结合起来，实施分层次培训。结合贯彻党的十六届三中全会精神，举办了各市审计局局长和全厅干部职工参加的党组中心组读书班暨全员整训活动，收到很好的效果。坚持"内抓机关管理、外抓审计纪律"，深入扎实地开展反腐倡廉工作，有效规范和约束了审计权力的运用。普遍强化对审计人员的职业道德教育，培养广大审计人员爱岗敬业、奋发有为、无私奉献的精神风貌，树立了良好的审计形象。省审计厅被授予"省直文明机关"荣誉称号。淄博市审计局、东营市审计局经济责任审计办公室被省政府授予“模范公务员集体”荣誉称号。临沂市审计局被授予“省级文明机关”、“全省先进基层党组织”荣誉称号。滨州市审计局荣获“省级文明单位”、“全市廉洁勤政效能效率先进单位”等八项荣誉。泰安市审计局“四项措施促廉政、四个机制抓行风”的做法被市纪委、市纠风办在全市推广。

法制建设　全省审计机关从抓好审计署6号令的学习培训入手，认真开展审计项目质量控制办法试点工作，推行审计项目质量控制办法初见成效。省审计厅专门召开全省审计法制工作会议进行部署和培训。在全面调查论证的基础上，出台了审计报告及审计工作底稿和审计日记范本。各处室选择1个项目进行试点，青岛、威海2个市审计局作为试点单位先行试点，其他市局也都结合实际，积极开展工作。着重在强化审前调查、细化审计方案，编写审计日记、规范审计取证，反映审计结果、公布审计报告，界定审计责任、严格责任追究等方面，进行探索实践，进一步增强审计人员的责任意识，规范审计行为，有效地保障了审计质量，防范了审计风险。《山东省社会审计业务质量监督办法》，已列入2005年地方立法计划；《山东省审计结论落实工作暂行规定》已经省政府第38次常务会议通过并颁布实施。先后拟定了《关于送达审计的规定》、《委托社会审计组织审计试行办法》、《审计项目质量责任追究试行办法》，修订了《审计业务综合考核试行办法》、《审计业务会议审定制度》等，这些制度的制定和执行，对改善审计执法环境，促进审计业务管理起到积极作用。

信息化建设　加强对全省审计信息化建设的指导，召开了以审计信息化建设为主题的全省审计工作座谈会，制定了《2005至2007年山东省审计信息化建设规划》，对全省审计信息化工作作了全面部署。办公自动化水平进一步提高，计算机辅助审计取得了实质性进展，省审计厅开通对外门户网站，为向社会宣传审计、让社会了解审计提供了平台，10个业务处室、29个项目不同程度地开展了计算机辅助审计。在审计署组织的计算机审计专家经验库征集中，山东省有10篇入选，其中有2篇被评为优秀计算机审计专家经验，专家经验入选数和优秀数在参评的地方审计机关中均名列第一。省审计厅被评为2004年审计署计算机审计专家经验征集活动“优秀组织单位”，并被授予“全省信息化建设先进集体”称号。（撰稿人：刘源泉）

【济南市审计局】　2004年，共有干部职工151人。局长纪宝华，副局长孙永涛（—5月）、曲连璧、王金林、张凯恩、王玉志，纪检组长毕永晔。设有办公室、组织人事处、法制处、财政审计处、社会保障审计处、工业交通审计处、商贸审计处、金融审计处、行政事业审计处、固定资产投资审计处、农业与资源环保审计处、外资运用审计处、纪检监察室、机关党委，另设派出审计一处、派出审计二处、派出审计三处、派出审计四处、济南市经济责任审计办公室、济南市内部审计协会。

审计成果　全年完成审计单位92个，查出违规金额25.6亿元，应缴财政2亿元，已缴财政2.1亿元（含以前年度应缴未缴金额），归还原渠道资金2亿元，调账处理金额3亿元，应自行纠正金额35.7亿元。移交案件线索5件。地税审计、粮食挂账清理审计、农村公路改造工程审计等12个项目获山东省审计厅通报表彰。

预算执行审计　审计单位15个，查出违规金额13.7亿元，应上缴财政1.5亿元，已上缴财政1.5亿元。对上年度预算执行审计查出问题的整改情况进行了跟踪检查，审计决定落实率达到98%。

经济责任审计　对30名领导干部进行了经济责任审计，共查出违规金额12亿元，管理不规范金额2亿元。移送纪检监察机关处理1人，移送司法机关处理1人。

固定资产投资审计　对全市重点工程建设项目实施了全过程跟踪审计，审计建设资金54亿元，为政府节约投资6.36亿元。重点对大明湖扩建拆迁补偿费测算情况、燕山立交桥及东西两区征地拆迁、县西巷拓宽工程拆迁等项目进行了审计，审计征地拆迁补偿金额10亿元。特别是对大明湖扩建工程拆迁补偿测算情况的审计，共审减预测拆迁补偿额近1亿元。对全市农村公路改造工程进行了审计，审减项目投资3968万元。

专项资金审计　对全市教育资金、企业养老保险金、企业失业保险金、科技三项费用、扶贫资金、世界银行贷款项目等专项资金的管理使用情况进行了专项审计，审计专项资金总额4.8亿元，查出违规金额1289万元，应上缴财政1289万元，已上缴财政2069万元。根据山东省审计厅的部署，对全市2003～2004年6月城市居民最低生活保障资金的管理和使用情况进行了审计，查出和纠正了存在的问题。济南市领导对审计报告作出批示，要求民政部门以审计为动力，推动城市居民最低生活保障工作管理上水平。（撰稿人：李瑞君）

【聊城市审计局】 2004年，共有干部职工70人。局长刘敏，副局长马荣锁（—7月）、崔玉忠（12月—）、杨泽峰、郭明芳、张斌，纪检组长郭焕兴。设有办公室、人事科、法制科、财政金融审计科、社会保障审计科、经贸审计科、农业与资源环保审计科、行政事业审计科、固定资产投资审计科、纪检监察室、党总支，派出机构经济开发区审计分局，另设有直属事业单位经济责任审计办公室、驻教育系统审计办公室、驻卫生系统审计办公室、驻政法系统审计办公室、驻城建系统审计办公室、审计科研所、审计培训中心。

审计成果 审计单位113个，查出违规金额71300万元，管理不规范金额55357万元，应上缴财政3573万元，归还原渠道资金2288万元。

财政审计 对11个单位进行了预算执行情况审计，揭露和反映了预算执行中不真实、不合法、不合规的问题，更加重视两个报告的撰写工作，报告质量有了新的提高，普遍受到人大和政府的好评。年底将市级预算执行审计意见和决定的整改落实情况专题向市人大常委会作了汇报，得到充分肯定。

固定资产投资审计 对11个在全市有较大影响的重点投资项目进行了审计，促进加强了项目管理，减少了损失浪费，提高了投资效益。聊城市安居工程是市政府加快城市住房建设、解决低收入城市居民住房困难的德政民心工程，组织对其资金来源、投资完成、住房销售及资产、损益等情况进行了认真审计，对发现的项目管理、建设资金等方面存在的问题，逐一剖析了原因，提出了审计意见和建议。市政府主要领导分别在审计报告上作出重要批示，要求有关部门按审计意见整改，促进了这一德政民心工程建设。

专项资金审计 对外贸发展基金、市直医疗保险基金、计生专项资金、中小学危房改造资金、希望工程专项资金、扶贫资金、水利建设资金、城建资金、科技三项费用等项目的专项资金使用情况进行了审计。在对水利、城建、科技、外贸四项专项资金的审计和审计调查中，针对发现部分水利建设工程未进行招投标、配套资金未能及时足额到位，城建资金“收支两条线”制度执行不严格、城建资产家底不清，会计核算不规范、内控不力，科技专项资金缺乏有效的监督机制等问题，提出了相应审计建议和意见，促进加强了专项资金的管理，提高了资金使用水平，促进了社会事业的发展。

经济责任审计 对23人进行了经济责任审计，其中对7名市直部门领导干部进行了任中经济责任审计，对促进领导干部正确行使权力、依法行政、加强廉政建设起到了积极作用，为市委、市政府评价和使用干部提供了客观依据。

计算机辅助审计 在对医院行业的审计中，利用“审易”软件对其财务收支情况进行了计算机审计，提高了工作效率和审计质量。（撰稿人：张　鹏）

【德州市审计局】 2004年，共有干部职工54人。局长杨少华，副局长方士信、高军、郑祥盾、韩吉庆（4月—），纪检组长刘铁明。设有办公室、人事教育科、法制科、财政金融审计科、行政事业审计科、经贸审计科、农业与资源环保审计科、投资审计科、经济责任审计办公室和派出审计一科、派出审计二科。

审计成果 全年完成审计项目46个，查出违规金额32406万元，管理不规范金额30702万元，应缴财政3298万元，已缴财政2567万元。

预算执行审计 对市财政局、民经委等6个一级预算执行单位2003年度预算执行情况审计，查出违规及管理不规范金额31283万元。在对市地税局税收征收情况的审计中，选择了15个纳税企业进行延伸审计，共查出违规金额340万元。向市政府报送了专题报告，引起领导的高度重视，将有关材料批转有关部门，要求其拿出具体办法，尽快纠正。此外，在综合分析近年来查出的涉税问题的基础上，积极向市政府领导提出建立协税护税网络的建议，促成建立了由政府秘书长任组长，地税、国税、审计、公安、工商等部门参加的市税收征管协调工作领导小组，完善了税务、审计等多部门联手治税机制。

固定资产投资审计　农村公路改造工程项目审计资金总额5亿多元，审计工程项目295个，总里程2036.8公里，延伸审计了50个单位。通过审计，查出配套资金不到位7109万元，少缴税金378万元等问题，并针对项目管理、工程质量、工程款等方面存在的问题提出了意见和建议。对锦绣川风景区一期工程等城建项目的竣工决算审计，审减工程造价1522万元，综合审减率8.2%，凸显出固定资产投资审计在节约财政支出、提高投资效益等方面的作用。

行政事业审计　对市县两级11个质量技术监督部门自垂直上划至2004年6月财政财务收支情况进行了审计，对全市质监专用设备情况进行了审计调查，查出乱收费85万元，其他违规及管理不规范金额1511万元。

专项资金审计　组织市局及10个县市区审计局对国有粮食购销企业1998年6月1日至2004年5月31日的财务挂账进行了清理审计，重点审查了2004年5月末企业资产、负债和所有者权益的总额及其构成、企业盈亏的真实性，为推动粮食企业改革奠定了基础，提供了可靠依据。

经济责任审计　对市交通局、德州汽车运输有限责任公司、德州轴承有限公司离任的原主要负责人进行了经济责任审计，查出违规金额6317万元，管理不规范金额4094万元。（撰稿人：戴希祥）

【东营市审计局】　2004年底，共有干部职工67人。局长张吉利，副局长李玉平、赵致华、张树芹，纪检组长耿考青。设有办公室、人事教育科、法制科、财政审计科、金融审计科、行政事业审计科、经济贸易审计科、农业与资源环保审计科、固定资产投资审计科、经济责任审计办公室、计算机审计中心。

审计成果　全年共审计单位（项目）43个，查出违规金额12114万元，应上缴财政2558万元，应归还原渠道资金3261万元，应调账处理金额2628万元，应自行纠正金额25016万元；已上缴财政2558万元，已归还原渠道资金1144万元，已调账处理金额586万元。提交工作报告、信息220篇，工作报告和信息被批示21篇。

财政审计　共审计预算执行单位15个，审计查出主要问题金额23171万元，应上缴财政1326万元，已上缴财政1326万元。

行政事业单位及专项资金审计　共审计行政事业单位20个，审计查出主要问题金额9217万元，应上缴财政金额1148万元，归还原渠道资金1275万元，应调账处理金额1513万元，应自行纠正金额4832万元，已上缴财政金额1148万元。

经济责任审计　共对26个单位进行了经济责任审计。东营市经济责任审计办公室荣获山东省人民政府表彰的“模范公务员集体”称号。

固定资产投资审计　共审计固定资产投资项目6个，查出主要问题金额4598万元，应上缴财政84万元，应归还原渠道资金1721万元，应调账处理金额19万元，应自行纠正金额7万元。（撰稿人：蔡　玲）

【淄博市审计局】　2004年，共有干部职工95人。局长王振升，副局长王增福、成锡钶、杜贞耐、刘玉泽（9月—），纪检组长周大进。设有办公室、人事教育科、机关党委、法制科、财政审计科、金融社保审计科、行政事业审计科、经贸审计科、农业与资源环保审计科、固定资产投资审计科、外资运用审计科、政法审计科、科教文卫审计科、经济责任审计办公室（副处级）。

审计成果　审计项目112个，查出违规金额8.22亿元，上缴财政1.64亿元，归还原渠道资金3107万元。积极探索效益审计路子，对部分政府采购政府投资项目实施了审计。进一步拓宽审计领域，对5个股份制民营企业进行了审计试点，对8个乡镇财政进行了专项审计调查。提交审计报告、《审计要情》、审计信息等127篇（次），被省市领导批示和采用33篇（次）。被山东省政府授予“全省模范公务员集体”荣誉称号。

财政审计　紧跟财政改革步伐，对部门预算编制改革进行全程跟踪审计，突出重点，对8所学校、5家医院、6个企业行管办等四大系统22个部门进行了审计，查出违规金额2.7亿元，增加财政收入1.2亿元。

经济责任审计　对48人进行了经济责任审计，其中首次对16人进行了任中审计。查出违规金额21819万元，其中个人负主管责任19405万元，负直接责任2414万元。审计后，晋升2人，平调42人，免职4人。

政府交办事项 根据市委、市政府安排，重点对27个项目进行了审计。审计内容涉及财务收支、资产评估、工程决算审核等。政府投资项目审计2个，审减额2500余万元，审减率22%。积极推进政府建设项目审计立法进程，《淄博市政府投资建设项目审计办法》已列入2005年政府规章项目计划。

专项资金审计 对农业与资源环保资金等项目进行了审计，审计专项资金总额63374万元，未纳入财政专户管理的1899万元，其他5738万元。

计算机辅助审计 在地税、土地资源行业计算机辅助审计中，利用EXCEL丰富的数据处理功能，将计算机审计运用到审前调查、现场审计和审计档案立卷等审计的全过程，取得了显著效果。（撰稿人：吴华龙）

【潍坊市审计局】 2004年，共有干部职工71人。局长孟庆亮，副局长刘福忠、辛禄升（兼纪检组长）、高宝强、高敬禄。设有办公室、法制科、组织人事科、财政审计科、金融审计科、行政事业审计科、经贸审计科、农业与资源环保审计科、固定资产投资审计科、外资运用审计科、经济责任审计办公室11个职能科室和审计派出处。

审计成果 完成审计项目100个，查出违规金额3.8亿元，管理不规范金额10.1亿元，应上缴财政2023万元，已上缴财政1430万元，追回被侵占挪用资金404万元。移送违法违纪案件线索1件。50多篇信息报告被党委、政府和上级机关采用，提升了审计层次。

财政审计 审计17个部门单位，查出违规金额7737万元，管理不规范金额40067万元。加大了查处问题的跟踪检查力度，从制度上提出了改进意见和建议，促进了问题的整改。注重时效，强化延伸，预算执行审计工作受到人大、政府好评。

经济责任审计 对45人进行了经济责任审计，查出领导干部应负主管责任的违规金额2.9亿元、管理不规范金额7.7亿元、损失浪费金额1.7亿元。创新任中审计，与市纪委等五部委联合制定实施了《机关事业单位和国有企业法定代表人任中经济责任审计分类管理办法》，加强了对重点部门、重点行业、重点岗位责任人的审计，提高了审计监督效能，该做法在全国经济责任审计工作调研会上作了介绍。青州市被中央五部委联合授予“全国经济责任审计工作先进市”荣誉称号，临朐县审计局被评为“全省经济责任审计工作先进单位”。

专项资金审计 开展了农村公路、粮食清理、城市低保资金、扶贫资金等专项资金的审计，组织参审人员190多人。在全省较早组织开展了粮食直补和县乡财政状况审计调查，得到了上级审计机关的肯定。

固定资产投资审计 完成审计项目2个，审计资金额2.1亿元，审减工程造价730多万元。全市已有2/3的县市区结合实际出台了基建投资审计办法或以政府名义转发了审计机关的有关文件，规范投资项目审计。

内部审计和社会审计监督 全市已建立内审机构347个，配备内审人员938人。审计单位或项目3836个，纠正违规金额1.3亿元。对社会审计组织执业质量实施监督检查，促进了规范执业。

信息化建设 以审计署“金审工程”联系点和市政府电子政务建设试点单位为契机，进一步加大了审计信息化建设的投入，提高了审计软件的应用及开发水平。应用计算机辅助审计项目8个，积极探索联网审计，制定了《联网审计暂行办法》，受到上级审计机关的高度重视，在审计署联网审计工作座谈会上介绍了有关经验和做法。开发使用了《潍坊市数字化审计局》应用平台。建立了计算机知识人才库。（撰稿人：李中华）

【烟台市审计局】 2004年，共有干部职工82人。局长宋振国，副局长孙启东、吕永祥、王国勋、逄世毅（5月—），纪检组长刘志坚（—5月）。设有办公室、法制科、财政审计科、行政事业审计科、经贸审计科、固定资产投资审计科、社保环保审计科、外资运用审计科、金融审计科、人事教育科、信息管理科，另设有烟台市经济责任审计办公室、派出审计一处（重点建设项目）、派出审计二处（政法）、派出审计三处（科教文卫）等部门，及机关党总支和纪检监察机构。

审计成果 审计单位68个，延伸审计单位111个，查出违规金额121063万元，管理不规范金额12195万元，应上缴财政9761万元，已上缴财政 9736 万元，已追还原渠道资金 543 万元。开展专项审计调查项目 6 个，调查单位 145 个，审计调查金额 13467 万元，发现违规金额 4167 万元。提交审计工作报告、信息 50 篇，被批示、采用 12 篇。

财政审计　审计预算组织及执行部门 21 个，查出违规减免少征预算收入、虚减财政收入、截留挤占挪用预算资金、账外资产等问题。组织全系统开展住房公积金、社会保障资金、政府债务等专项审计或审计调查项目 6 个。在《政府公报》公示了上年度市级预算执行审计情况。组织全系统对市县两级人民法院、质量技术监督机关的财政财务收支以及城市居民最低生活保障资金、农村养老保险基金征管用情况进行了审计，对市县两级卫生系统收费和计划生育主管部门专项资金管理使用情况进行了审计调查。

企业审计　对 5 个市属企业进行财务收支审计，组织完成了全市粮食企业财务挂账清理审计、全市盐业公司系统财务收支审计和全市外贸发展基金审计调查。对 2 个市属企业进行了经济效益审计，对 1 个企业利用外资效益情况进行了审计调查。

经济责任审计　与市委组织部联合向 126 个市直部门单位发出了《致主要负责同志的一封信》，指出了当前财政财务收支管理中存在的主要问题，提出了自查自纠的措施建议。参与了对 15 名新任县处级主要领导干部的任前集中谈话教育，从加强部门单位的财政财务收支管理方面提出了希望和建议。对 41 人进行了经济责任审计（任中审计 11 人），查出违规金额 59039 万元，其中个人应负直接责任 1878 万元，查出管理不规范金额并应负主管责任 8157 万元。

信息化建设　增设信息管理科负责计算机审计管理等工作。制定了《2005～2007 年烟台市审计信息化建设规划》。新建成开通了局机关内部网站，初步搭建完成了外部网、内部网和局域网相互分开的 3 个网络系统平台。对财税、金融和高校等系统的 12 个项目实施了计算机辅助审计。有 2 个计算机审计专家经验入选审计署计算机审计专家经验库，其中 1 个被评为全国优秀经验。

【威海市审计局】　2004 年，共有干部职工 52 人。局长王德江，副局长陈崇亮（—6 月）、丛培军、李峰、孙思深，纪检组长董崇乐。设有办公室、法制科、财政金融审计科、行政事业审计科、经贸审计科、固定资产投资审计科、农业与资源环保审计科、外资运用审计科；另设有副县级机构经济责任审计办公室，下设经济责任审计一科、经济责任审计二科、经济责任审计三科。

审计成果　审计单位 70 个，查出违规金额 16.9 亿元，上缴财政 2057 万元，核减工程造价 5223 万元，减少财政支出 2640 万元。

预算执行审计　围绕支农资金、科技三项费用、外贸发展资金、国债转贷资金进行了专项审计调查，调查资金总量 12.9 亿元，调查单位 200 个，支农资金调查面达 100%。威海市人民政府第 35 次市长办公会专题听取了审计结果汇报，针对审计提出的财政收入结构不合理的问题，市财政和税务部门组织了 50 余个检查组，进行了为期半年的专项大检查。威海市人大常委会第 11 次会议听取和审议了审计工作报告，充分肯定了审计机关的工作。

经济责任审计　共组织实施经济责任审计项目 26 个，组织审计调查项目 2 个，查出“小金库”、账外账 5 个，金额 403 万元，上缴财政 127 万元。

专项资金审计　组织对全市 2003 年至 2004 年上半年低保资金进行了审计，肯定了有关部门对城市低保工作高度重视，健全规章制度，规范资金管理使用取得的成绩，揭露了因衔接不到位多拨低保资金、低保资金结余未抵减下年预算等问题。对全市 2000～2003 年度福利彩票公益金的管理和使用情况进行了审计。采取计算机审计与传统审计相结合、问卷调查和现场调查相结合的方式，审计和调查公益金投资项目 154 个，资金 3726 万元，查出违规问题 1259 万元。

固定资产投资审计　通过对威海体育场工程建筑、安装工程结算的审计，审减工程结算值 2458 万元，审减率达 22.5%。实施了全市农村公路改造工程审计。以市县两级交通局为主，延伸审计了财政局、计划委、公路局及乡镇财政所等单位，同时抽查项目工程施工单位 5 个。共审计单位 34 个，资金总额 33593.5 万元，查出问题金额 13048.8 万元，该项目获得省审计厅综合考核第一名。

行政事业审计　组织开展了全市科技三项费

用审计，共审计调查两级财政、科技主管部门以及 184 个项目单位，调查资金额 3248 万元，查出违规金额 1236 万元，该项目在省审计厅考核中列全省第一。完成了全市质量技术监督机关财政财务收支审计，共查出违规金额 4153 万元，该项目在省审计厅考核中取得全省第一名。

企业审计　协调财政、粮食、农发行等部门共抽调 62 人，组成 4 个清理查账组和 4 个清仓查库组，开展了粮食行业审计。分别对审计范围内的 9 个企业及所属的 53 个粮站 1998 年 6 月至 2004 年 5 月的财务挂账情况进行了清理审计，审计资金总额 14 亿元，查出违规金额 7219 万元，查出资产质量方面的问题金额 2628 万元。对全市盐业供销储运情况进行了审计。在审查 2002 年至 2004 年 4 月末资产、负债、损益真实性的基础上，重点揭露了企业损益不实、重大经济决策失误以及食盐价格政策执行、两项基金和管理费收取、上缴、使用中存在的问题，分析了产生问题的原因，为进一步调整和完善盐业经营管理体制提供了依据。共查出违规和管理方面的问题金额 7000 余万元，该项目被省审计厅评为优秀审计项目。

外资运用审计　对全市利用世界银行贷款中的健康促进项目、沿海资源可持续开发项目、山东环境保护项目进行了审计及审计调查，审计资金总额 4.3 亿元，出具无保留审计意见报告 3 份。同时，对市第二污水处理厂运用外国政府贷款项目的效益情况进行了审计调查。（撰稿人：宋宝军　吕晓滨）

【青岛市审计局】　2004 年，共有干部职工 178 人。局长马青山，副局长王依峰、田德新、侯杰、商建波（11 月—），纪检组长王大平。设有办公室、法制处、组织人事处、财政审计处、金融审计处、行政事业审计处、经贸审计处、农业与资源环保审计处、社会保障审计处、外资运用审计处、经济责任审计办公室、派出审计一处、派出审计二处、派出审计三处、派出审计四处、计算机信息中心、纪检组（挂监察室牌子）、机关党委；另设政府投资审计专业局（规格为副局级），内设综合处、审计一处、审计二处、审计三处。

审计成果　审计单位 77 个，查出违规金额 18.09 亿元，应上缴财政 8580 万元，已上缴财政 4804 万元，归还原渠道资金 4.27 亿元。移送司法机关案件 5 起，涉案人员 5 人；移送纪检监察部门事项 6 件，涉及人员 6 人。全年上报审计信息被上级采用 200 余篇（次），市领导批示 62 篇（次）。各类审计工作经验在全国、全省和华东地区审计会议上交流 11 次；被评为市级以上各类先进 28（项）次。

预算执行审计　共对财政、地税、地方金库等 27 个重点部门和单位的预算执行情况及其他财政收支情况进行了审计，查出违规金额 3.32 亿元。首次在公众媒体披露了审计结果，引起社会积极反响，市人大常委会对审计工作报告给予充分肯定。

专项资金审计　统一组织开展了城市低保资金、住房公积金、外贸发展基金以及粮食、林业、扶贫、农保、义务献血等专项资金的审计和审计调查，共审计单位 25 个，查出违规金额 3.07 亿元。在全国社保审计工作会议上，市审计局作为惟一地市级审计机关进行了经验交流。

固定资产投资审计　完成审计项目 18 个，审计项目投资总额 144.9 亿元，核减工程款 5.43 亿元。审计中，运用了 GPS 卫星定位系统、钻孔取芯机等现代化设备和检测技术，大大提高了审计效率和质量。组织开展了奥帆赛场馆、青银高速公路青岛段等重点建设项目的跟踪审计，及时发现纠正了项目建设和资金管理使用中存在的问题，促进了提高建设管理水平。审计署、省审计厅推广了青岛市政府投资审计工作的创新经验。

经济责任审计　开展经济责任审计项目 21 个，查出违规金额 2.11 亿元。在全省率先出台了《青岛市党政领导干部任期经济责任审计评价办法（试行）》。青岛市经济责任审计与效益审计相结合的典型经验，在全国效益审计专题研讨会上作了重点介绍。中央五部委在青岛市召开的经济责任审计工作研讨会，充分肯定了青岛市经济责任审计工作成绩。在全国经济责任审计会议上，青岛市被评为全国经济责任审计工作先进地区。

法制和文化建设　青岛市人大常委会通过了青岛市第一部地方性审计法规《青岛市审计监督条例》。《政府投资审计暂行办法》起草工作顺利进行。审计文化建设取得明显成效，初步形成了以“为民护财”为品牌的审计文化理念。（撰稿人：郑　力　刘守茂）

【日照市审计局】　2004年，共有干部职工60人。局长胡怀新，副局长袁令春、管雨春、滕世翠，纪检组长韩华之。设有办公室、法制科、财政金融审计科、行政事业审计科、经贸审计科、农业与环保审计科、固定资产投资审计科、社保审计科，另设经济责任审计办公室、固定资产投资审计办公室和审计干部培训中心。

审计成果　全市审计机关共完成审计单位151个，查出违规金额45355万元，管理不规范金额66039万元，应缴财政3225万元，已缴财政1900万元，审减工程造价1212万元。提交工作报告和审计信息193篇，被批示、采用96篇。移送纪检、检察部门案件3起，涉案人员4人。五莲县被评为全省经济责任审计先进单位。

预算执行审计　共审计部门单位52个，查出违规金额5330万元，管理不规范金额14002万元。市级预算执行审计除安排对财政、税务、国库等单位的审计外，还把教育、交通等5个系统和行业，社保、农业、环保、科技等6项专项资金列入审计重点，揭露了管理上的深层次问题。市领导对审计查出的住宿餐饮和出租车行业在税收征管方面存在的问题专门作出批示，并责成有关部门加强整改。市十五届人大常委会一致通过了审计工作报告，并首次对报告单独作出决议。

经济责任审计　建立了离任必审、任中5年审一遍的经济责任审计新机制。全市共审计52名领导干部，其中离任审计33人，任中审计19人；查出违规金额19882万元，管理不规范金额18450万元。为建立经济责任审计知识培训的长效机制，市委、市政府对市直部门单位“一把手”进行了经济责任审计专题培训，市委党校还将经济责任审计知识列入了县处级干部进修班和科级干部进修班的培训课程。

固定资产投资审计　成立了固定资产投资审计办公室，编制为5人。市政府发布了《日照市国家建设项目审计监督暂行办法》，对政府性投融资建设项目的预决算实行必审制。共审计工程投资额1.5亿元，审减工程造价1212万元，不仅取得了良好的经济效益，而且取得了较好的社会效益。（撰稿人：李兆勇）

【临沂市审计局】　2004年，共有干部职工61人。局长王恒旭，副局长张廷、康德忠、徐忠烈（5月—）、王兴助（—5月），纪检组长吕全明。设有办公室、法制科、人事教育科、财政金融审计科、行政事业审计科、农业与资源环保审计科、经贸审计科、外资运用审计科、固定资产投资审计科、社会保障审计科、经济责任审计办公室（副县级事业单位，内设四个科室）。

审计成果　全年完成审计单位106个，查出违规金额24811万元，管理不规范金额55764万元，损失浪费金额61万元，增加财政收入12061万元，对违纪单位和个人罚款339万元。提交审计结果报告、编发信息资料231篇，被党政机关和上级业务部门采用98篇，其中被省级以上采用30篇。组织各类新闻报道92篇，其中省级以上新闻报道48篇。市审计局先后被省委、省政府授予省级文明单位、省级文明机关、省作风建设示范窗口单位和全省先进基层党组织等荣誉称号。

预算执行审计　审计一级预算执行单位12个，延伸审计下属单位26个，开展了7个专项审计和审计调查，查出违规金额10068万元，管理不规范金额16812万元，上缴财政10074万元。市级预算执行审计工作报告连续第七年在《临沂日报》上全文刊发。

固定资产投资审计　对经济开发区9条道路、1300多个“村村通”工程和市区2条道路进行了审计，查出违规金额4.7亿元，核减工程造价2.3亿元，减少财政补贴225万元。

领导交办事项　共完成各级党政领导交办事项84件。在市公安局兰山、罗庄、河东分局的清理审计中，查出违规金额7374万元，审定净资产1.1亿元，审增6648万元。另外，还完成了兰陵集团、飞龙花卉、粮油机械公司及部分农村财务纠纷等42起信访案件查证和经济案件鉴证工作，先后向纪检、检察机关移交19人。

经济责任审计　对41个单位负责人进行审计，查出违规金额17191万元，管理不规范金额37433万元。干部管理部门依据审计结果，平调23人，晋升5人，免职6人。（撰稿人：孙浩波）

【枣庄市审计局】　2004年，共有干部职工59人。局长靳西德，副局长梁忠昌、胡卫东、李黎，纪检组长张菊（12月—）、龙广存（—12月）。设有办公室、法制科、财政审计科、金融与外资审计科、固定资产投资审计科、经济贸易审计科、行政事业审计科、农业与社会保障审计科、经济责任审计办公室（副县级事业单位，下设审计一科、审计二科、审计三科和综合科），另设机关党总支、离退休老干部科和纪检监察机构。

审计成果 全年共完成审计单位 92 个，查出违规金额 51419 万元，应缴财政 14070 万元，已缴财政 10157 万元。提交审计工作报告、信息 131 篇，被批示采用 21 篇。

财政审计 审计财税部门 5 个，查出违规金额 18528 万元，提出了加强和完善预算管理的意见和建议。提交的审计工作报告受到市人大的充分肯定，对审计查出的问题，督促被审计单位进行整改，促进了有关问题的落实。

专项资金审计 对科技三项费用、土地出让金收入、扶贫专项资金、最低生活保障资金、水利专项资金、新城区基础设施专项贷款及全市外贸发展基金管理使用情况、全市质量技术监督系统等进行了专项审计和审计调查。延伸审计市土地收购储备中心，查出其收取的土地出让金等收入 3429.8 万元，支出 4426.4 万元，未纳入财政专户实行“收支两条线”管理。对城市低保资金审计编发的《审计要情》，市政府领导专门作出批示。对全市质量技术监督系统的审计，促进了该系统财务管理的加强。

金融审计 对市企业信用担保公司和 5 个国外贷款项目进行了审计，对滕州市利用世行贷款加强灌溉农业二期项目效益情况进行了专项审计调查，促进了金融机构依法经营和科学管理，防范和化解金融风险。

企业审计 对全市国有粮食购销企业 1998 年 6 月 1 日至 2004 年 5 月 31 日的财务挂账清理审计，查出违规金额 1608.8 万元。对存在的问题分析了原因，提出了加强改进粮食购销企业经营和财务管理的意见和建议。据此审计情况编报的《审计要情》，市委领导亲自批示，引起了有关部门领导的高度重视。

固定资产投资审计 对全市农村公路改造工程项目建设情况的审计，查出建设资金不到位 1736.5 万元，拖欠工程款 1334.7 万元，建设资金未专户存储 501.1 万元，少缴、漏缴各项税费 164.7 万元，滞留、闲置建设资金 56 万元以及挤占、侵占建设资金 12.7 万元。同时审计发现在项目投资计划与建设程序、工程造价管理方面存在的问题。

经济责任审计 对 40 名市委管理的县级领导干部进行经济责任审计。其中：机关及事业单位领导干部 34 人，国有企业领导 5 人。审计查出违规金额 29173 万元，管理不规范金额 28017 万元，损失浪费金额 20 万元。审计后，平调 23 人，晋升 4 人，免职 12 人。

内部审计 依托内审协会加强对内审的指导和管理。制定了《枣庄市内部审计工作考核办法》，评比表彰了全市内审工作先进单位和先进个人。加强对内审人员的培训，组织了近百人内审人员后续教育训练班。按照规定，对 619 名符合条件人员颁发内审人员岗位资格证书。编发内审信息 6 期，组织内审人员参加省内审协会“冶金杯”审计论文评选活动，有 6 篇论文分获省级优秀论文二、三等奖，促进了内审经验交流。

“审计形象工程年”活动 在全市审计系统全面开展了“审计形象工程年”活动。通过强化“创新、政治、学习、道德、纪律、责任”六个方面意识，突出抓好审计业务工作，实现了一流工作水平的重点突破；强化内部控制，加大审计执法监督检查力度，实现了审计业务内部控制的重点突破；加强对内部审计的指导和管理工作，有力推动了全市内审工作迈上新的台阶。（撰稿人：丁祥军）

【济宁市审计局】 2004 年，共有干部职工 62 人。局长张显忠，副局长耿卫星、刘清峰、石广元、孙进，纪检组长薛英林。设有办公室、人事科、法制科、财政金融审计科、行政事业审计科、农业与资源环保审计科、固定资产投资审计科、经贸审计科、外资运用审计科，另设有直属事业单位经济责任审计办公室。

审计成果 审计单位 88 个，查出违规金额 11.31 亿元，应上缴财政 1.15 亿元，归还原渠道资金 2634 万元。对 20 个单位开展专项审计调查发现违规金额 7685 万元。移送纪检监察部门案件 8 起，涉案人员 12 人。促进部门制定完善规章制度 38 条。在全国、全省经济责任审计工作会议上，分别作了典型发言，被评为“全省经济责任审计工作先进单位”。

财政审计 对 2003 年度市本级财政预算执行和其他财政收支情况进行了审计，同时开展财政收支真实性、转移支付及困难补助资金等6项审计调查。提交的审计工作情况报告受到市人大的充分肯定。对3个县级政府2003年度财政决算情况实施了审计，查出隐瞒转移预算收入、虚增财政收入、虚列财政支出等问题。

专项资金审计　对全市农业扶贫专项资金、全市城市居民最低生活保障资金等专项资金、全市法院、质量技术监督系统财政财务收支情况进行了审计和调查，查出超范围超标准收费、私设"小金库"、挤占挪用专项资金等问题。对市广播电视中心工程审计，审减工程造价2147万元。

经济责任审计　对42人进行了经济责任审计，查出违规金额15468万元，其中个人负主管责任3876万元，负直接责任11692万元。审计建议给予党政纪处分1人，移送纪检监察机关线索2件。（撰稿人：王忠东）

【泰安市审计局】　2004年，共有干部职工53人。局长张书盈，副局长王文明（—6月）、陈惠菊（—6月）、朱家兑、王峰、董业水（5月—），纪检组长张仁安（5月—）、董业水（—5月）。设有办公室、政工科、内审协会、法制科、财政审计科、金融审计科、行政事业审计科、社会保障审计科、农业与资源环保审计科、外资运用审计科、经贸审计科、固定资产投资审计科、派出审计科，另设有经济责任审计办公室（副县级单位）。

审计成果　审计单位64个，查出违规金额6.2亿元，应上缴财政1002万元，归还原渠道资金1318万元。对48个单位开展审计调查，发现违规金额1502万元。移送司法机关涉案人员4人。促进部门制定完善规章21条。提出审计建议117条，其中被采纳111条。

财政审计　审计财税部门6个，查出违规变更预算、虚增财政收入、虚列财政支出、延压滞留预算资金等问题。提交的审计工作情况报告受到市人大的充分肯定。

专项资金审计　对加强灌溉农业（二期）项目、淮河流域污染控制等7个国外援贷款项目进行了审计，审计核实概算投资总额1.8亿元，其中利用外资6795万元。对扶贫专项资金、水利专项资金等6个专项资金项目进行了审计，审计专项资金4.7亿元，查出违规金额1.1亿元。对三峡库区移民外迁安置资金管理使用及移民安置情况进行了审计调查，提出3条整改建议，市委领导作出重要批示。

固定资产投资审计　对全市农村公路改造工程项目进行了审计，查出违规金额1155万元，提出审计建议8条，责成限期完成6条公路的修复和尾工工作。对大汶河防洪治理工程项目进行了审计，就99个工程和未完工工程进行了全面决算审计，对42个项目进行了现场实地复核。

企业审计　对泰山国家粮食储备库、东岳粮库、省庄粮所1998～2003年国有粮食财务挂账情况进行了清查审计，查出粮食企业多计提国储粮食费用补贴、虚报自补财务挂账等违规问题。

经济责任审计　对26人进行了经济责任审计，查出违规金额36870万元，其中个人负主管责任36663万元，负直接责任207万元。审计后，晋升1人，平调16人，免职4人。（撰稿人：刘培军）

【莱芜市审计局】　2004年，共有干部职工38人。局长吕京华，副局长吕振宝、许荣利、张建国，纪检组长刘吉秀。设有办公室、法制科、财政审计科、金融审计科、经贸审计科、固定资产投资审计科、经济责任审计办公室。

审计成果　全年完成审计单位45个，查出违规金额2526万元，应缴财政119万元，已缴财政14万元。提交审计报告、信息65篇，批示采用42篇。

预算执行审计　从检查预算执行部门的职责和管理制度建设人手，以专款和专项资金的预算执行为重点，共对7个预算执行单位进行了审计，延伸审计和调查了19个单位，审计预算资金33874万元，占预算总额的28%。通过审计，基本掌握了全市预算改革的动向和财政资金管理使用状况，查究了预算管理和收支中的问题，促进了预算管理规范和各项政策的落实。

经济责任审计　健全机构，配齐人员，经济责任审计办公室由科级升为副处级，人员编制由6人扩大到10人。不断探索新的审计领域，审计覆盖面进一步扩大。积极总结推广"六结合"审计法，审计方式、方法不断完善，对权力运行的制约和监督力度增强。全年完成经济责任审计项目14个，查出违规金额790万元，管理不规范金额

12561万元。查出挤占挪用专项资金、私设“小金库”等12个方面的问题。

教育培训　不断探索完善审计职业生涯全过程学习培训机制，抓好继续教育鼓励政策的落实，按照省市年度教育培训计划的要求，举办（参加）培训班16期，培训人员167人（次），为逐步培养复合性人才奠定了基础。

计算机辅助审计　按照信息化建设的要求，投资近20万元更新了部分硬件设施，建设了多媒体教室，对内、外网进行了布线和整理，实现了双网的物理隔离。配合审计署6号令的实施，在内部网上开始运行《审计项目管理系统》，将审计准备、审计实施、审计报告、审计档案立卷纳入了计算机管理的范畴。（撰稿人：徐吉杰）

【滨州市审计局】　2004年，共有干部职工63人。局长张子禹，副局长刘合三、董建平、李少民、谭拴海（9月—），纪检组长李春明。设有办公室、法规科、人事教育科、机关党委、纪检监察室、财政金融审计科、经贸审计科、农业与资源环保审计科、行政事业与社保审计科、固定资产投资审计科、经济责任审计一科、经济责任审计二科、滨州市审计局经济开发区分局等13个职能科室，另设审计干部培训中心、审计举报服务中心和审计计算机信息管理中心3个事业单位。

审计成果　全年共审计单位92个，查出违规金额109382万元，应缴财政10454万元，已缴财政9940万元，四项指标同比分别增长21%、12%、65%和73%。提出采纳审计建议189条，编发《滨州审计》84期，发布信息223条，审计署、省审计厅、市委、市政府采用54条，其中被市领导批示27篇（次）。

固定资产投资审计　全年完成固定资产投资审计项目9个，其中通过对孙子兵法城武圣府、秦台军事训练中心、“四环五海”工程项目的审计，施工单位提报预算额18340万元，经审计核实决算额为15002万元，核减金额3328万元，综合核减率为18.14%。在对中海“天桥”工程的跟踪审计中，发现多处施工点存在质量缺陷后，立即向市政府提出了“亟待采取补救措施”的建议，市政府领导迅速召开多方面人员参加的现场会，深入分析原因，责成立即整改，有效地避免了工程质量隐患。

经济责任审计　全年共对24名党政机关和国有及国有控股企业领导人员进行了审计，查出主管责任和直接责任问题金额41948万元。各级党委政府参照审计结果，平调10人，晋升3人，免降职10人。结合本级预算执行审计，对5个单位原负责人进行了离任审计，完成了省审计厅授权的滨州医学院党委书记离任审计和全市盐业系统的经济责任审计，特别是对市属12个产业公司负责人的跟踪审计，为市委、市政府正确评价使用干部提供了参考依据。

内部审计　推创了内部审计优秀项目和优秀论文评选办法，组织了内审人员上岗资格认证，开展了内部审计业务培训，内部审计呈现了良好发展的势头。市直共设内部审计机构73个，审计人员178人，审计单位（项目）1302个，查出损失浪费金额311万元，促进增收节支541万元，纠正违规金额1793万元。

“555审计服务台”　全年受理社会举报、咨询服务事项176件，接待来访80余人（次），立案审计9起，进行业务指导12人次，帮助被审计单位建立财务管理规章15个，解答财经法规事项30件，为优化经济发展环境、加强廉政建设作出了贡献。（撰稿人：于　文）

【菏泽市审计局】　2004年，共有干部职工59人。局长王永华，副局长任崇尚、李永根、康俊玲、毛宝军，纪检组长李洪涛。设有办公室（挂举报中心牌子）、法制科、财政审计科、金融审计科、行政事业审计科、经贸审计科、农业与资源环保审计科、社会保障审计科、固定资产投资审计科、外资运用审计科、人事科，另设有经济责任审计办公室（直属副县级事业单位）。

审计成果　审计单位92个，查出违规金额6.7亿元，管理不规范金额3.7亿元，应上缴财政1296万元，指明要求纠正金额3.9亿元，归还原渠道资金7081万元。对9个单位开展专项审计调查，发现违规金额3.3亿元。移送纪检监察部门案件2起，涉案人员4人。促进部门制定完善规章3条。

预算执行审计　审计财政部门和预算执行单位11个，查出违规变更预算、违规减免少征应缴未缴预算收入、隐瞒转移预算收入、虚增财政收入、截留挤占挪用预算资金、延压滞留预算资金等问题。提交的审计工作情况报告受到市人大的充分肯定。

专项资金审计　对最低生活保障金、污水处理、扶贫资金等项目进行了专项资金审计，审计资金总额8524万元，查出违规金额1003万元。对科技三项费用、外贸发展基金等项目进行了专项审计调查。

外资运用审计　对9个世界银行贷款项目进行了审计，审计核实9个项目概算投资总额5.9亿元，其中利用外资2.5亿元。

经济责任审计　对53人进行了经济责任审计，查出违规金额5.3亿元，其中个人负主管责任4.8亿元，负直接责任4547万元。移送纪检监察机关案件线索15件。审计后，晋升12人，平调36人，撤职4人。全面启动了对县区长的经济责任审计，打破了菏泽市只对市县（区）部门、企业领导干部、乡镇党委书记、乡镇长进行经济责任审计的格局，在社会上产生了强烈反响。（撰稿人：杨胜宇）

2004年山东省区、县（市）级审计工作统计表

审计机关	干部职工人数（人）	审计单位（个）	经济责任审计项目（个）	查出违规金额（万元）	应缴财政（万元）	已缴财政（万元）	决定处理处罚（万元）	指明要求纠正（万元）	提交审计报告、信息（篇）	审计信息被采用（篇）
济南市										
市中区审计局	15	33	21	2136	1177	1109	1177	13852	29	11
历下区审计局	12	38	27	1914	866	865	1386	6903	58	6
槐荫区审计局	13	25	8	1380	734	557	1144	2373	47	24
天桥区审计局	12	42	11	1226	454	454	615	2611	44	25
历城区审计局	17	54	7	6093	655	655	709	13483	76	27
长清区审计局	10	75	23	4015	553	550	553	793	68	32
章丘市审计局	18	66	35	1046	1053	1053	1100	17409	26	2
平阴县审计局	14	37	14	3269	204	204	1760	17751	104	61
济阳县审计局	14	42	25	2223	504	504	645	13737	94	17
商河县审计局	11	20	3	190	76	76	89	4692	18	18
聊城市										
东昌府区审计局	28	42	14	3258	126	54	232	110	49	24
临清市审计局	23	62	11	2952	350	249	1875	368	48	8
阳谷县审计局	24	38	11	3937	139	71	152	91	56	22
莘县审计局	36	44	11	5113	124	118	124	12909	56	22
茌平县审计局	31	55	4	5532	78	75	3923	301	57	19
东阿县审计局	27	28	6	3051	808	21	945	7272	49	11
冠县审计局	24	132		4590	131	120	1891	263	42	14
高唐县审计局	28	22		2426	119	113	2323	3907	43	14
德州市										
德城区审计局	18	61	27	25483	240	213	549	24934	81	26

审计机关	干部职工人数（人）	审计单位（个）	经济责任审计项目（个）	查出违规金额（万元）	应缴财政（万元）	已缴财政（万元）	决定处理处罚（万元）	指明要求纠正（万元）	提交审计报告、信息（篇）	审计信息被采用（篇）
乐陵市审计局	14	30		5678	192	192	298	3865	7	7
禹城市审计局	20	36		2037	677	644	797	348	74	34
陵县审计局	25	36	9	5566	536	407	1731	72	35	2
平原县审计局	19	39	26	671	65	61	65	85	46	17
夏津县审计局	12	21	3	6411	118	103	2083	1156	34	5
武城县审计局	12	17	11	9802	181	156	715	8141		
齐河县审计局	23	11	2	9326	635	635	635	8560	19	1
临邑县审计局	14	10		1285	40	10	62			
宁津县审计局	12	16		5822	42	42	534	4059		
庆云县审计局	12	6		6081	15	15	15	6066		
东营市										
东营区审计局	31	26	17	5593	1600	1600	5527	66	214	57
河口区审计局	20	21	6	1193	692	692	1138	5584	148	41
垦利县审计局	18	48	24	8769	1109	1050	2711	33648	94	46
利津县审计局	20	37	24	772	173	173	11	210	222	88
广饶县审计局	22	48	13	9034	1786	1786			200	81
淄博市										
张店区审计局	26	40	18	9007	2217	2216	13	14264	60	32
淄川区审计局	29	97	80	14749	5038	4535	7161	7901	1	1
博山区审计局	25	65	33	570	570	521	570	21920	72	2
临淄区审计局	22	38	12	9803	620	620	372	6195	61	38
周村区审计局	28	60	36	5887	500	477	28	6811	44	32
高新区审计局	18	42	3	4628	24	24		2377	74	42
桓台县审计局	24	71	8	14795	598	598	7851	4794	137	75
高青县审计局	18	30	8	15	15	15	15		1	
沂源县审计局	18	52	29	373	347	347	347	4050	21	15
潍坊市										
潍城区审计局	12	21	6	499	1	1		9	25	18
寒亭区审计局	26	21	11	875				1090	47	27
坊子区审计局	25	42	32	104	78	2	5	6391	69	36
奎文区审计局	17	22	13	4749	1614	1308	1	196	40	26
安丘市审计局	34	103	27	2714	828	686		28	59	38
昌邑市审计局	22	34	20	341	341	90		1894	37	20
高密市审计局	30	44	23	227	144	75		8889	40	24

审计机关	干部职工人数（人）	审计单位（个）	经济责任审计项目（个）	查出违规金额（万元）	应缴财政（万元）	已缴财政（万元）	决定处理处罚（万元）	指明要求纠正（万元）	提交审计报告、信息（篇）	审计信息被采用（篇）
青州市审计局	25	52	24	858	858	241	5	2059	90	55
诸城市审计局	30	35	12	544	234	234	3	603	70	40
寿光市审计局	27	76	36	2692	233	217	16	32605	82	50
临朐县审计局	26	91	36	7122	263	95	19	6367	60	32
昌乐县审计局	25	35	25	166	50	12	12	8447	35	20
烟台市										
芝罘区审计局	16	25	8	14153	523	148	14107	16104	62	21
福山区审计局	14	32	14	3525	2665	2665	3518	6393	46	28
莱山区审计局	11	18	5	1233	988	988	1175	3071	45	16
牟平区审计局	28	76	50	5566	219	219	5562	6723	87	87
烟台经济技术开发区审计局	19	31	9	1792	604	604	1792	2565	52	23
栖霞市审计局	30	69	44	4116	1382	1382	4116	291	58	26
海阳市审计局	22	34	15	3306	1729	185	48	1575	66	24
龙口市审计局	30	27	5	37943	2170	2170	37573		87	65
莱阳市审计局	28	50	24	6314	19	19	6255	2544	120	34
莱州市审计局	28	45	19	11852	344	344		1270	50	19
蓬莱市审计局	28	50	23	12570	3556	3474	12570	19008	244	31
招远市审计局	41	54	16	9953	2891	2665	9953	1250	67	39
长岛县审计局	11	26	12	747	105	103	2	1376	28	15
威海市										
环翠区审计局	23	23	16	2077	456	176	1844	7557	5	
威海火炬高技术产业开发区监察审计局	6	11	6	7034	64		7035	445	4	
威海经济技术开发区监察审计局	7	17	14	1163	915	891	1074	42806	34	18
荣成市审计局	34	49	37	35173	4864	4562	30678	9249	174	77
乳山市审计局	34	34	21	33512	4302	3677	29085	387	36	6
文登市审计局	35	47	40	29724	970	970	28662	3790	64	14
青岛市										
市南区审计局	14	39	28	33	32	32		702	195	32
市北区审计局	21	229	38	5456	3385	3385	2	33932	137	16
四方区审计局	13	29	20					22096	62	13
黄岛区审计局	25	84	18	5918	5870	5142		9294	80	26
崂山区审计局	20	17	12	4414	4031	2896		7198	65	21

审计机关	干部职工人数（人）	审计单位（个）	经济责任审计项目（个）	查出违规金额（万元）	应缴财政（万元）	已缴财政（万元）	决定处理处罚（万元）	指明要求纠正（万元）	提交审计报告、信息（篇）	审计信息被采用（篇）
城阳区审计局	35	255	39	2802	804	403	14	13936	150	46
李沧区审计局	15	35	25	260	177	177	260	2833	23	1
胶州市审计局	42	61	23	5043	544	404	5356	30728	108	62
即墨市审计局	46	52	25	2953	508	508			112	61
平度市审计局	53	66	6	2584	1876	277	1919	2414	41	23
胶南市审计局	36	63	12	3285	2881	2619	3285	20799	53	14
莱西市审计局	45	67	25	113	113	105	113	40094	109	18
日照市										
东港区审计局	23	18	7	4631	332	314	3926	7133	23	11
岚山区审计局	12	3		27	3		3	726		
日照开发区审计局	10	11	9	31	31		31	27	11	12
莒县审计局	17	29	14	2935	1258	1033	2937	4357	2	2
五莲县审计局	25	50	20	80	80	53	80	9927	25	21
临沂市										
兰山区审计局	24	53	14	2018	187	187	187	11329	51	24
罗庄区审计局	25	42	18	5500	395	395	466	13215	32	28
河东区审计局	21	41	28	3863	60	60	60	9689	58	15
郯城县审计局	29	108	36	4627	245	245	674	8962	95	50
苍山县审计局	34	50	2	5062	167	167	1030	4702	59	18
莒南县审计局	31	83	9	2160	265	265	648	5475	37	11
沂水县审计局	28	70	16	2958	263	263	779	5237	47	6
蒙阴县审计局	29	37	11	959	52	52	52	3965	57	11
平邑县审计局	39	61	20	5378	187	187	1206	2595	151	88
费县审计局	25	66	1	4610	103	103	1488	12313	57	20
沂南县审计局	23	67	36	4952	81	81	2184	1547	74	52
临沭县审计局	25	144	8	2425	115	115	119	2021	63	28
枣庄市										
市中区审计局	11	61	26	1060	195	107	226	678	22	4
薛城区审计局	17	28	14	2196	60	60	132	31	18	4
峄城区审计局	18	43	24	17208	1252	274	4733	11264	37	8
台儿庄区审计局	14	23	3	228	21	7	21	4152	16	4
山亭区审计局	20	80	26	8885	13	12	105	179	22	3
滕州市审计局	30	51	21	14442	277	277	11625	293	32	14
济宁市										

审计机关	干部职工人数（人）	审计单位（个）	经济责任审计项目（个）	查出违规金额（万元）	应缴财政（万元）	已缴财政（万元）	决定处理处罚（万元）	指明要求纠正（万元）	提交审计报告、信息（篇）	审计信息被采用（篇）
市中区审计局	14	32	18	4114	29	22	29	2	20	3
任城区审计局	24	33	19	3004	1097	1097	1097	3856	31	10
曲阜市审计局	29	56	42	10222	390	390	529	20247	59	40
兖州市审计局	25	50	13	1198	285	285	285	16506	99	65
邹城市审计局	25	67	26	33939	122	4	10276	23663	85	54
微山县审计局	26	10	3	1443			1443	20	17	17
鱼台县审计局	18	28	11	1798	51	48	1798	3720	42	20
金乡县审计局	25	35	19	2635	17	17	7	4635	24	6
嘉祥县审计局	25	51	25	1425	119	119	119	17282	88	44
汶上县审计局	28	36	12	918	372	372	554	15374	75	22
泗水县审计局	28	47	12	12612	43	40	12612	83	57	35
梁山县审计局	22	41	11	2503	79	79	2503	10747	66	14
泰安市										
泰山区审计局	13	47	33	6098	151	110	1741	12785	24	4
岱岳区审计局	20	35	10	23665	159	16	28	32341	24	10
新泰市审计局	17	44	26	441	98	20	199	12620	17	13
肥城市审计局	20	37	16	15721	268	223	6867	5146	21	9
宁阳市审计局	20	37	16	4546	144	144	882	7734	25	9
东平县审计局	16	37	16	2368	330	54	246	10907	24	19
莱芜市										
莱城区审计局	16	20	10	557	260	248	26	3022	39	3
钢城区审计局	15	28	5	1870	29	29	1458	1115	34	15
滨州市										
滨城区审计局	20	41	16	4734	426	408	1358	1857	57	13
惠民县审计局	18	19	6	8167	101	101	107	8064	27	26
阳信县审计局	16	31	16	22138	65	65	295	21846	32	7
无棣县审计局	16	31	23	10662	245	221	279	10225	54	4
沾化县审计局	23	29	10	7202	227	202	232	3747	25	8
博兴县审计局	19	17	9	1892	554	483	901	853	9	3
邹平县审计局	16	16	4	1195	200	200	227	850	40	18
菏泽市										
牡丹区审计局	74	44	3	4319	816	176	816	7797	28	6
曹县审计局	27	62	4	19245	649	213	486	9917	148	28
定陶县审计局	38	38	12	11988	87	87	87	7162	71	10

审计机关	干部职工人数（人）	审计单位（个）	经济责任审计项目（个）	查出违规金额（万元）	应缴财政（万元）	已缴财政（万元）	决定处理处罚（万元）	指明要求纠正（万元）	提交审计报告、信息（篇）	审计信息被采用（篇）
成武县审计局	26	30	1	14521	186	57	9684		12	
单县审计局	44	65	16	29292	155	164	1297	27025	97	27
巨野县审计局	37	35	6	7097	133	94		6506	36	16
郓城县审计局	62	63	9	10637	261	169	184	1567	58	30
鄄城县审计局	63	67	26	19188	115	115	115	260	75	55
东明县审计局	29	66	30	6200	290	278	141	57249	60	80

河南省

【河南省审计厅】 2004年，河南省审计厅行政定编154人，在编143人。厅机关设有办公室、法制处、财政审计处、金融审计处、行政事业审计处、经贸审计处、农业与资源环保审计处、社会保障审计处、固定资产投资审计处、外资运用审计处、人事教育处、机关党委、离退休干部工作处、经济责任审计办公室，另设有派驻纪检（监察）室，同时还设有机关服务中心、审计科研所、审计干部培训中心等直属事业单位。

领导成员

厅　长：史宁安

副厅长：王小烈　祁敦芳

陈　静（—2月）

赵国新（2月—）　张文武

纪检组长：董伯成

巡视员：张祥沛

助理巡视员：岳天武

审计成果　2004年，全省共审计6728个单位，查出违规金额153亿元，经审计处理，增加财政收入9.9亿元，减少财政支出1.54亿元。向纪检司法机关移送有关案件线索124件。全省审计机关共提交审计工作报告、信息4180篇，被各级领导、部门、新闻媒体批示或采用1912篇，批示、采用率达45.7%。省厅上报的审计情况反映被批示、采用率达到了90%。

国务院、省委、省政府和审计署领导共49人次对省厅上报的31件审计信息和审计报告作了重要批示。其中，国务院领导3次，省委、省政府和审计署领导44次，形成省政府常务会议纪要6次。

财政审计　在预算执行情况审计中，全省审计机关以财政预算资金分配、政府采购、细化预算、国库集中收付为重点，以促进各部门依法行政、完善内部控制、规范预算管理、提高资金使用效益为目的，检查和揭露了挤占挪用专项经费、违反“收支两条线”规定、“四乱”行为、严重损失浪费和舞弊腐败等问题。全省预算执行情况审计单位665个，查出违规变更预算资金，截留挤占挪用预算资金，乱收费、乱摊派、乱罚款等问题。经审计处理，可增加财政收入4.19亿元。

企业审计　根据省政府的安排，省审计厅组织全省审计机关1276人，对郑州等13个市1725个国有粮食购销企业进行了清查审计。查出粮食购销企业随意调整损益、隐瞒亏损、虚购粮食、虚销粮食、套取政策性补贴、挤占挪用收购资金、销售收入不入账、业务招待费超支，财政部门欠拨政策性补贴资金，粮食主管部门累计滞留政策性补贴资金、违规收取管理费等问题。还对安阳等5个市国有粮食购销企业2003年度亏损挂账情况进行了补充审计。粮食审计不仅澄清了企业家底，核实了盈亏，还分析了造成经营性亏损和政策性亏损的各种原因，划清了粮食企业、财政部门、粮食主管部门和农发行等各方面的责任，为省政府妥善解决粮食企业财务挂账包袱，推进粮食流通体制改革打下了基础。同时，还组织60名审计人员对30个农村信用联社进行了清产核资，为30个试点单位取得央行票据提供了依据。

专项资金审计　全省审计机关加大了对涉农专项资金的审计力度，取得了明显成效。如淮河流域洪灾救济补偿资金审计，查出移民迁建补助资金到位较晚，迁建工程进展缓慢，配套资金未落实，超范围使用救灾款，救灾款平均发放，救灾物资发放不及时等问题。海河流域水污染防治资金审计，查出挤占挪用专项经费、违反“收支两条线”规定，项目申报不实、资金到位率低、项目进展缓慢、影响“十五”目标实现等问题。农业税灾歉减免资金审计，查出县乡村滞留棚架资金301万元，乡镇村挪用资金98万元等问题。退耕还林及粮食补助资金审计，查出滞留生活和种苗造林补助费、未及时兑付退耕农户粮食等问题，经审计整改，滞留资金已全部拨付到位。中小学教职工工资发放和其他教育专项资金审计，发现财政预算少投入，截留挪用教育经费，欠发教职工工资，乱收费等问题。救灾款物专项审计查出资金棚架滞留，资金拨付不及时，挤占挪用救灾资金，以及80%的县区未匹配或未足额匹配资金等问题。

在专项资金审计中，还开展了耕地开垦费、新增建设用地有偿使用费和交通规费等专项资金审计。耕地开垦费、新增建设用地有偿使用费专项资金审计查出挤占挪用耕地开垦费和土地有偿使用费，违反“收支两条线”规定，以及乱收费、滞留项目资金、不合规票据、超限额范围使用现金结算等问题。交通规费专项资金审计查出各级交通部门、滞留规费、挤占交通规费用于行政经费开支、业务招待费超支、挪用交通规费滥发奖金补贴等问题。

经济责任审计　县以下党政领导干部和国有及国有控股企业领导人员经济责任审计全面开展；县处级党政领导干部经济责任审计稳妥推进，尤其是省管领导干部经济责任审计取得了突破性进展。受省委组织部、省监察厅的委托，省审计厅对信息产业厅等10个厅级单位“一把手”进行了经济责任审计，查出违规金额3亿多元。实事求是、客观公正地评价了领导干部履行经济责任情况，提出了整改意见和建议。河南省各级审计机关共完成领导干部和企业领导人员经济责任审计1344人，查出违规金额27.4亿元。各级干部监督管理部门参照审计结果，平调661人、晋升83人、免职36人、降职3人、撤职1人，建议给予党政纪处分2人，移送纪检监察和司法机关10人。

其他项目审计　高校财务收支审计查出违规金额1.66亿元，决定收缴财政245万元，上缴财政3302万元，退还学生乱收费资金1491.6万元。外资审计进一步突出重点，依法加大了处理处罚力度，全省外资审计共查出主要问题金额4.8亿元，其中违规金额2.58亿元。亚行贷款豫西农业综合开发项目审计调查，重点揭示了项目管理体制不够科学、有关部门服务不够到位、偏离项目目标以及影响农民利益的问题，引起中央及省领导的高度关注。省审计厅对中原高速、新郑机场、义马煤业集团、鹤壁电厂等重点企业进行了审计，查出违规金额2.34亿元，少缴税金350万元等问题。

内部审计　2004年，全省内审机构共审计10025个单位，查出损失浪费金额1.81亿元，促进增收节支1.31亿元。向司法机关移送案件27起，建议给予处分70人。省内审协会组织667人参加了国际注册内部审计师资格考试，积极开展了业务培训、理论研讨和经验交流工作。

科研成果　2004年，河南省审计科研所完成的《经济责任审计评价科学化研究》课题荣获2003至2004年度全国优秀审计论文一等奖、第十二届河南省实用社会科学优秀成果三等奖。特别是审计科研课题研究成果荣获省级实用社会科学优秀成果奖励为首次获得，是河南省审计科研“零”的突破，标志着审计科研工作跃上了一个新台阶。(撰稿人：许继生)

【郑州市审计局】　2004年，共有干部职工125人。局长李连渠，副局长孙铁成、刘安杰（6月—）、朱河顺（—6月）、徐平、金振亚、王学荣、马志峰（6月—），纪检组长刘书亮。设有办公室、法规处、人事教育处、党总支、财政审计处、金融审计处、行政事业审计处、社会保障审计处、经贸审计处、外资运用审计处、农业与资源环保审计处、经济责任审计处。

审计成果　全市共审计单位614个，查出违规金额26.6亿元，经过审计处理，可增加财政收入7029万元，减少财政拨款4302万元，归还原渠道资金1.3亿元。同时，向纪检司法机关移送案件线索4件，建议有关部门处理15件。郑州市审计系统目前共有省级文明单位 7 个，即郑州市审计局、巩义市审计局、荥阳市审计局、中牟县审计局、登封市审计局、新郑市审计局、金水区审计局（随区政府共同创建）。

财政审计　揭露和反映了财政部门预算不够细化、部门预算刚性不足，税务部门混淆入库级次、人为调节税收进度，部分预算执行单位“收支两条线”政策执行不到位、挤占挪用专项资金等问题。郑州市审计局预算执行审计直接为市本级财力增加收入 2306 万元。

专项资金审计　固定资产投资审计共查出违规金额 11389 万元，应上缴财政 1720 万元，工程项目审减投资 3726 万元，查出私设“小金库”2 个，移交有关部门处理 1 人，确保了建设项目资金效益的发挥。社会保障资金审计严肃查出了欠缴基本养老保险金、失业职工保险金、虚报多领再就业服务补贴、部分企业少报参保人数和工资基数有意压低失业金缴费基数等问题，进一步规范了社会保障资金的管理。外资审计共查出问题金额 3349 万元，并依法处理了项目单位配套资金不到位、虚报项目支出、挤占挪用项目资金等各类违反财经法规和项目贷款协议问题。

专项审计调查　根据审计署、省审计厅的工作安排，结合郑州实际情况，郑州市审计局重点开展了财政体制改革基期年收入真实性审计调查、郑州市 2003 年农村中小学危房改造项目资金审计调查、2003 年市政道路土地征用及迁移补偿资金专项审计调查、城镇居民最低生活保障金管理使用情况调查等。全市共完成审计调查项目 31 个，审计调查单位 127 个，审计调查金额 38 亿元。

政府交办任务　根据市委、市政府的要求，对郑东新区在征地拆迁过程中出现的一些矛盾和问题进行了调查，共延伸调查 5 个乡镇、办事处，21 个自然村，40 余户拆迁村民，审计征迁资金 22 亿元，在较短的时间内撰写出专题调查报告，为市领导决策提供了依据。受市委、市政府委托，郑州市审计局还对惠济区老鸦陈办事处师家河村 1995 年 12 月至 2004 年 7 月的财务收支情况进行了专项审计，并完成了对新密市西大街办事处挪用农民土地补偿费问题的调查处理等多项工作。

经济责任审计　全市共审计经济责任 173 人（其中县级干部 24 人），查出违规金额 42609 万元，比上年增长 61%。有关部门参考审计结果，晋升 8 人、平调 107 人、免职 6 人。

信息化建设　按照“金审工程”要求，在全省审计系统中第一家实现了全市审计系统联网。同时，全市审计系统计算机硬件设施全部配置到位。金融审计处编制的金融法规查询软件，在省审计厅及全省 11 个地市的单项审计中进行了推广应用。投资处运用钢筋统计软件在国际会展中心桩基工程项目审计中，审减钢筋数量 52 吨；在对桐柏路拓宽改造工程、农业路立交工程等项目的审计中，运用自编小软件查出将无证建筑作为有证建筑物上报，多列投资 10796 平方米问题，为市财政追回投资 1221 万元。（撰稿人：柴　华）

【三门峡市审计局】　2004 年，共有干部职工 54 人。局长胡民举，副局长周国谦、彭凤珍、尚秀丽，纪检组长张玉林。设有办公室、经济责任审计科、财政金融审计科、行政事业审计科、社会保障审计科、经贸审计科、农业与资源环保审计科、固定资产投资审计科、外资运用审计科、监察室。

审计成果　审计单位 170 个，查出违规金额 7 亿元，管理不规范金额 1.2 亿元，应上缴财政 5449 万元，应归还原渠道资金 2.2 亿元，应自行纠正金额 1.2 亿元。全市审计系统第三次被三门峡市委、市政府命名为“市级文明单位建设先进系统”。

预算执行审计　审计单位 11 个，查出违规变更预算资金 3606 万元，虚列财政支出 1477 万元，违规减免少征应缴未缴预算收入 974 万元，乱收费、乱摊派、乱罚款 393 万元等问题。

专项资金审计　开展了对农村税费改革转移支付专项资金、退耕还林专项资金、耕地开垦费、新增建设用地有偿使用费、农业税灾歉减免、国有企业下岗失业人员再就业资金、农村中小学危房改造资金、交通规费等专项资金审计，对部分专项资金进行了专项审计调查。

经济责任审计　对 28 人进行了经济责任审计，查出违规金额 1177 万元，管理不规范金额 2331 万元。（撰稿人：段文涛）

【洛阳市审计局】　2004 年，共有干部职工 81 人。局长孙占奎，副局长乔卫国（11 月—）、员德勋（—11 月）、王英、姜黎明（3 月—）、刘孟林

(—3月)、冯殿名（7月—)、孙遂申（—7月)、孙联防（9月—)，纪检组长张茂宗。设有办公室、法制科、人事科、财政审计科、金融审计科、固定资产投资审计科、外资运用审计科、行政事业审计科、农业与资源环保审计科、社会保障审计科、经贸审计科、经济责任审计科、监察室、机关党委、机关服务中心（事业编制)。局内设基建办公室、审计科研所。

审计成果　2004年，共审计单位652个，占全年审计项目计划103个的633%，查出违规金额149709万元，已上缴财政2410万元，已归还原渠道资金5040万元，已调账处理金额3148万元，已自行纠正金额46529万元。提交审计报告、信息262篇，被批示、采用111篇。

财政审计　在本级预算执行情况审计中，全市审计机关以财政预算资金分配、政府采购、细化预算、国库集中收付为重点，检查和揭露了挤占挪用专项经费、违反“收支两条线”规定、“四乱”行为、严重损失浪费和舞弊腐败等问题。市县两级共审计单位166个，查出违规变更预算资金8710万元，隐瞒转移挖挤预算收入1754万元，预算编制批复不规范17584万元等问题，经审计处理，可增加财政收入1224万元。

企业审计　按照上级统一安排，对洛阳市171个国有粮食购销企业2003年度亏损挂账情况进行审计。审计核实，2003年末，全市粮食购销企业亏损合计4133.1万元，审计调增亏损13800.8万元，调减亏损6294.3万元，审计调整后亏损总额为11639.6万元。发现多计和少计补贴的情况比较普遍，虚提补贴、虚增收入、人为调节利润等现象比较严重。

专项资金审计　加大了对专项资金的审计力度，通过对国有企业下岗职工再就业专项资金、农村中小学危房改造、农业税灾歉减免、交通规费、土地有偿使用费和国际组织贷援款项目等审计，揭露出专项资金管理使用中存在的挤占、挪用、损失浪费和管理混乱等问题，提高了资金使用效益。

固定资产投资审计　对49个财政资金投入较大的建设项目进行了审计，共审计资金总额24369万元，核减工程款1002万元。其中对洛阳新区党政机关综合服务大楼建设情况、工程造价及资金使用情况进行了审计，核减造价734万元，核减率为12.6%。

经济责任审计　洛阳市审计局对新安、宜阳、洛龙、涧西4个县（区）委书记和市博物馆馆长等4个事业单位负责人进行了经济责任审计，各县区审计局共审计经济责任人133人，涉及125个单位。查出违规金额13077万元，其中负主管责任12128万元，负直接责任949万元；管理不规范金额5202万元，其中负主管责任4263万元，负直接责任939万元。审计后，平调90人、晋升7人、免职5人。

其他交办任务　全市审计机关共完成各项交办任务276项。如省审计厅交办的救灾资金审计、倒房重建资金审计等；市人大交办的对行政事业单位国有资产出租转让专项审计；市委、政府交办的对洛阳一高新校址竣工决算审计、市政府驻郑州办事处审计，农业专项资金、医保资金、计生经费专项审计等。（撰稿人：胡红霞　贾小棣）

【焦作市审计局】　2004年，共有干部职工61人。局长刘政良，副局长马天岗（—8月)、卫宗荣、谢常富，纪检组长王忠义（—8月)。设有办公室、监督审理科、财政金融审计科、行政事业审计科、社会保障审计科、经贸审计科、农业与资源环保审计科、固定资产投资审计科、外资运用审计科、经济责任审计科、人事教育科、监察室、老干部科、党总支，另设有焦作市基本建设工程预决算审计中心（直属事业单位)。

审计成果　2004年，共审计单位和项目118个，查出违规金额4.2亿元，管理不规范金额24.8亿元，损失浪费金额6.3亿元；审计决定应上缴财政2097万元，已上缴财政197万元，已归还原渠道资金2716万元。移交司法机关和纪检监察部门案件与事项9件，审计建议有关部门处理案件17起。向各级党政领导和市有关部门提交审计调查报告、综合报告、审计信息42篇，其中被地方党政领导、上级审计机关批示、采用24篇。

预算执行审计　在财政同级审中，一是首次系统地对税收征管进行了审计核查，审计中实施了计算机辅助审计，发现延压税款、少计市级收入等问题。二是对财政专项资金进行延伸审计，跟踪问效，发现并查出了挤占、挪用、截留、长期滞留、长期闲置以及虚报工程项目、擅自扩大建设规模等违纪违规问题，基本达到了效益审计目标。三是焦作市人大常委会首次在全市范围全文公布审计结果，直接发至全市人大代表和“一府两院”以及县市区人大常委会。

经济责任审计 2004年，对21名县级党政干部和1名国有企业领导干部实施了经济责任审计。11月25日，焦作市被中央五部委授予全国经济责任审计先进地区。

固定资产投资审计 2004年，完成对焦作市山阳宾馆扩建楼装饰工程、汉化楼装饰工程、园林绿化等工程的审计，送审金额4926万元，审减工程造价828万元；市政大厦、人大政协、会议中心等基建项目投资送审金额26100万元，审减工程造价700多万元；对市新园西路绿化工程、创优工程等也进行了审计，审减工程造价上千万元。全年基建审计共审减6300万元。审计中发现高估冒算、合同材料价格偏高、合同签订不当、招投标等程序不健全以及施工质量等问题很普遍，同时，还发现有些项目中用假发票、过期发票套取工程款，购置大型设备渠道不正常等诸多问题。

专项资金审计 对耕地开垦费、新增建设用地有偿使用费专项资金、退耕还林专项资金、再就业专项资金、失业保险基金、中小学危房改造专项资金和农业税灾欠减免资金等进行了专项审计和调查。在救灾款物审计中，发现部分民政部门、财政部门和乡镇在下拨、发放救灾款物中存在挪用、滞留、发放不及时等问题。（撰稿人：郭子扬　谢晨光）

【新乡市审计局】 2004年，共有干部职工60人。局长邓立章，副局长冯守清、王显生、牟振斌（10月—）、李瑞霞（10月—），纪检组长何录良。设有办公室、经贸审计科、财税金融审计科、行政事业审计科、固定资产投资审计科、农业与资源环保审计科、外资运用审计科、社会保障审计科、法制科、人事科、经济责任审计办公室、监察室和机关党总支。

审计成果 共审计单位（项目）540个，查出违规金额15亿元，已上缴财政6825万元，归还原渠道资金73万元。移送纪检监察等有关部门案件5起，涉案人员24人。市审计局和延津县审计局被省委、省政府授予“省级文明单位”称号；市审计局赴驻马店市粮食财务挂账清查审计组被省政府粮食财务挂账清查审计工作领导小组评为特别优秀单位；辉县市审计局被评为全国经济责任审计先进单位，受到中央纪检委、组织部、人事部、国资委和审计署的联合表彰；市审计局法制科科长杨素军被省政府授予劳动模范光荣称号。

财政审计 共审计预算执行单位58个，查出违规金额1亿元。提交的审计工作报告引起市人大的高度重视，对审计查出的各类问题，市人大要求各有关部门按照审计整改意见逐项抓好落实，并将整改落实情况向市人大反馈。

企业审计 从市、县两级审计机关抽调了100余名业务骨干，组成联合审计组，于2月下旬赴驻马店市进行了粮食财务挂账清查审计，历时100余天，查出违规金额13亿元。向司法机关移交案件2起，涉案人员5人。

专项资金审计 对全市救灾款物管理、使用情况进行了专项审计，查出棚架滞留、拨付不到位等资金100.85万元，挪用救灾资金16.21万元，以及少数基层干部挪用、虚报冒领救灾款物，一些地方未匹配或未足额匹配资金等问题。18名责任人被移交纪检、监察部门处理，其中12人受到了党、政纪处分。对新乡市所属辉县、卫辉、长垣等6县（市）18个乡镇54个行政村2003年度农业税灾歉减免兑现情况进行了专项审计或调查，查出少数乡、村存在截留农业税灾歉减免资金、违规抵顶其他债务、代替群众签名、搞平均分配等问题。进行了交通规费专项资金审计，查处“小金库”1个，涉及金额307万元。

经济责任审计 对69人进行了经济责任审计，查出违规金额4762万元，其中主管责任2885万元，直接责任1877万元。辉县市经济责任审计“量化评价”做法，受到上级审计机关关注，《中国审计报》等有关媒体进行了专题报道。

信息化建设 市、县两级审计机关年内共增配或更新各式电脑70余台，其中市审计局为各科室增配台式电脑10台、笔记本电脑18台。全市13个审计机关均开通了远程通讯站点。组织全市审计系统207名审计人员参加了审计署实施的计算机知识和操作技能考试。

计算机辅助审计 对新乡市地税系统审计过程中，运用计算机软件，短短几天时间里便查清了该系统6个分局一万多户纳税企业的详细资料和几十万条纳税记录，准确掌握了税务部门的征税情况和企事业单位的纳税情况，为延伸审计重点纳税单位提供了可靠依据。对河南证券公司所属新乡某单位审计时，运用计算机技术，查出个别工作人员挪用200万元公款的重大问题，有关责任人被移送司法机关处理。（撰稿人：魏国胜）

【鹤壁市审计局】 2004年，共有干部职工40人。局长王志贤（5月—）、张艾青（—5月），副局长张保成、杜胜洲、刘光连，纪检组长蔺玉堂。设有办公室、财政审计科、金融审计科、行政事业审计科、经贸审计科、社会保障审计科、固定资产投资审计科、农业资源审计科、外资运用审计科、法规审理科、纪检监察室、党政领导干部经济责任审计科、企事业领导人员经济责任审计科，另设机关党总支。

审计成果 审计单位226个，查出违规金额10.6亿元，上缴财政864万元，归还原渠道资金1677万元。鹤壁驻漯河粮食挂账清查审计，查出违规金额59548万元，审计组被河南省评为先进单位。移送纪检监察部门案件4起，涉案人员4人。提交审计工作报告、信息196篇，被批示、采用156篇。被省委、纪检委评为“反腐败、抓源头”先进单位。

财政审计 审计财税部门12个，查出违规金额7702万元，提出建议7条。

专项资金审计 开展了再就业专项资金、倒房重建资金、中小学危房改造专项资金、盘石头水库第三期移民资金、退耕还林等专项资金审计，审计单位25个，查出违规金额2123万元，被侵占挪用资金1014万元。

行政事业审计 组织了全市计生系统财务收支审计、全市交通规费审计、全市教育系统财务收支审计等，查出违规金额6236万元。

经济责任审计 对76人进行了经济责任审计，查出违规金额27766万元。移交司法机关处理1人，移送纪检监察机关线索2件，建议被审计单位处理1人。（撰稿人：王继祥）

【安阳市审计局】 2004年，共有干部职工64人。局长李庆祥（3月—）、李俊安（—3月），副局长韩宣京、郭河山、张士吉、李庆祥（—3月）、魏有才，纪检组长郭虎山。设有办公室、人事教育科、法制科、财政审计科、固定资产投资审计科、行政事业审计科、农业与资源环保审计科、经贸审计科、外资运用审计科、社会保障审计科、金融审计科、老干科12个科室，另设机关党总支和纪检监察机构，另设经济责任审计办公室、开发区审计分局。

审计成果 全年共审计单位247个，审计查出违规金额15亿元，上缴财政522万元，指明要求纠正金额1.1亿元，减少财政补贴1335万元，归还原渠道资金776万元。提交工作报告、信息180篇。建议有关部门处理2人。

预算执行审计 对安阳市39个预算管理、预算执行单位的预算收入、预算支出、财政专户管理、往来款项、政府债务以及6个政府投资和国债资金投资的重点工程建设项目进行审计，查出违规金额2.14亿元。下达审计决定23个，通过处理、处罚、收缴、清理，增加当年财政收入5000多万元，纳入财政专户管理资金2700多万元。

固定资产投资审计 对驻郑州办事处建设项目、301安林公路项目、行政办公大楼建设项目、东区公园建设项目、开发区“一路一桥”建设、老城拆迁、第五人民医院建设项目等10个重点项目开展审计，审计工程总造价2.17亿元，审减资金3776万元。

经济责任审计 11月份，安阳市调整了以市委副书记张启生为组长，以常务副市长张笑东、组织部部长张庆义为副组长的新的安阳市经济责任审计领导小组。“安阳市经济责任审计办公室”正式展开工作，对殷都区原区长、滑县原县长进行了经济责任审计。

企业审计 对安阳市热电厂、安阳市燃料总公司进行了企业改制审计，揭示出国有资产严重流失、企业债务担保给政府造成潜在危机、企业会计资料失真等一系列突出问题。对城市信用社2002～2003年度的财务收支情况进行了审计。安阳市国有粮食购销企业挂账和政策性补贴等方面存在的问题进行了调整，其中调增亏损挂账资金1.25亿元；调减亏损挂账资金2919.5万元，发现国有粮食购销企业粮油政策性补贴中存在的违规金额1.38亿元，并针对出现的问题向有关部门提出了6条整改建议。

经贸审计 对安阳市交通、公路行业2003年度交通规费征收、使用和管理情况进行了审计，查出截留交通规费收入、漏征交通规费、未缴财政专户资金、欠拨交通规费资金、挪用交通规费资金、虚列交通规费资金、违规集资等违规金额1.5亿元。审计部门依法对上述问题进行了查处，并提出了5条整改意见。对安阳市倒房重建资金的管理使用情况进行了审计，共调查了40个乡镇109户村民。审计发现县（市）区少匹配资金59.4万元，个别乡镇倒房重建资金拨付不及时、挪用倒房资金55.86万元等违纪违规问题。

信息化建设 8月2日，全省审计工作及信息化建设现场展示会在安阳市审计局召开。安阳市审计局制作的“财政远程审计”、“城信社审计”、“华通案审计”演示片，获得河南省审计系统计算机应用一等奖。根据全省审计系统信息化工作需要，安阳市政府支持审计部门建设完成了内网、外网、专网三网独立运行的网络系统；支持审计部门引进了金剑审计软件、工程量审计软件、审易软件等计算机辅助审计软件；支持审计部门自行开发了在审计工作中较为适用的税收审计适用模块、地方法规查询软件、经济责任审计模块、建筑工程查询模块、国库审计模块、华通翻译公司审计模块，其中税收审计适用模块被审计署纳入专家经验库，这是全省审计系统惟一被审计署纳入专家经验库的科研成果。（撰稿人：祝德民）

【濮阳市审计局】 2004年，共有干部职工82人。局长李群法（5月—）、董丁修（—5月），副局长吴健民（6月—）、李保国、宋伯迅（—5月）、丁同海，纪检组长于朝忠。设有办公室、法制科、财政金融审计科、行政事业审计科、经贸审计科、农业资源与环保审计科、外资运用审计科、社会保障审计科、固定资产投资审计科，另设机关党总支、纪检监察室，下辖市经济责任审计中心（副处级单位）、审计科研培训所。

审计成果 审计单位（项目）363个，查出违规金额25748万元，决定处理上缴财政477万元，归还原渠道资金1747万元。提交审计工作报告、信息526篇，被批示、采用59篇。

财政审计 完成预算执行审计18个，查出财政收入未及时解缴入库、专项资金未及时拨付到位、税收收入混级入库、挪用专项资金等问题。完成财政决算审计项目29个，查出虚收空转财政收入、虚列财政支出、虚假配套、挪用专项资金、向非预算单位拨款等问题。

专项资金审计 对灌溉农业二期、农村基本卫生服务、疾病预防、结核病控制和林业持续发展等国外援贷款项目进行了审计，查出滞留项目资金、项目手续不完善、大额现金支付、白条列支、配套资金未落实等问题。对市本级和濮阳县国有企业下岗职工再就业资金进行了审计，查出挤占挪用和超范围使用再就业资金177.2万元。对耕地开垦费和新增建设用地有偿使用费审计，查出挪用耕地开垦费530万元等问题。对市住房公积金的归集、管理、使用情况进行了审计。组织开展救灾款物审计，及时督促有关部门对发现的问题进行了整改。对农村中小学危房改造资金、失业保险基金进行了审计和调查，审计资金总额3034万元。对濮阳、清丰、南乐县2003年度农业税灾歉减免兑现以及退耕还林项目开展情况进行了审计调查。对全市8所中小学校财务收支情况进行了审计，审计资金总额5708万元，查出违规金额548.2万元。

企业审计 审计开封市本级及所辖5个县（区）121个国有粮食购销企业，查出财政补贴不到位，滞留挪用财政补贴资金、粮食收购资金，亏库问题严重，虚增虚减问题突出，大额使用现金问题普遍，以及主管部门向企业乱收费、招待费超支、坐支粮食收购资金等问题，被评为省粮食清查审计工作先进单位。

固定资产投资审计 对省道S209线卞张段卞辛庄至河套湾段公路改建项目进行了审计，查出违法转包工程金额1441万元，截留挪用项目建设资金656.3万元，施工单位高估冒算、虚增建设成本124.1万元。通过审计，归还原渠道资金139.8万元，上缴财政39万元。

经济责任审计 对38人进行了经济责任审计，查出违规金额1277万元，应纠正金额10122万元。有关部门参照审计结果，平调21人，免职4人。

内部审计 共有内审机构131个，内部审计人员258人。内部审计机构共完成审计项目636个，查出损失浪费金额431万元，指明纠正违规金额683万元，促进增收节支275万元。

审计科研 完成科研课题14项，获省审计科研课题一等奖1篇、三等奖1篇、优秀奖2篇。（撰稿人：王　辉）

【开封市审计局】 2004年，共有干部职工59

人。局长魏宪忠，副局长张同安、韩金选、王留豹（—9月）、张泽宣、赵守红（10月—）。设有办公室、人事教育科、法制科、财政金融审计科、行政事业审计科、经贸审计科、农业与资源环保审计科、固定资产投资审计科、外资运用审计科、社会保障审计科、经济责任审计科、开发区审计局、审计科研所、审计学会，另设有党总支和纪检监察室。

审计成果　全市共审计单位536个，查出违规金额116216万元，管理不规范金额113416万元，损失浪费金额10126万元。经审计处理后，上缴财政713万元，归还原渠道资金805万元，调账处理金额395万元，自行纠正金额27313万元。移送纪检监察机关案件4起，移送司法部门案件2起。

预算执行审计　全市审计机关共完成预算执行审计单位50个，查出违规变更预算资金24516万元，隐瞒转移挖挤预算收入9042万元，截留挤占挪用预算资金16393万元，“三乱”资金198万元。经审计处理后，上缴财政72万元，纠正部门不当规定45条。向政府提交结果报告10份，被采用2份。

决算审计　完成财政决算审计单位81个，审计查出隐瞒应缴财政收入，截留专项、专户资金，乱集资、乱收费，挪用社保资金，违规拨款，违规使用专项资金发奖金，税务部门违规收费，私设“小金库”，财务收支不实，虚支一般预算支出及违规白条抵库等问题。

财务收支审计　2004年，共审计单位202个，查出违规金额19158万元，管理不规范金额20836万元，损失浪费金额435万元。经审计处理后，应上缴财政769万元，已上缴财政389万元；应归还原渠道资金483万元，已归还原渠道资金21万元；应调账处理金额659万元，已调账处理金额226万元；应自行纠正金额20924万元，已自行纠正金额6619万元。同时，移送纪检监察机关案件1起，移送司法机关案件1起。建议纠正部门不当规定181条。

企业审计　全年审计企业单位123个，查出违规金额66084万元，管理不规范金额21029万元，损失浪费金额1842万元。经审计处理后，应上缴财政63万元，已上缴财政48万元；应调账处理金额16447万元，已调账处理金额148万元。

其中，根据省审计厅的统一安排，对许昌市及所属5县117个粮食购销企业的资产和财务挂账情况进行了清查审计，查出问题金额87049万元，其中虚增利润3686万元、虚减利润28719万元、少计税金20万元、私设“小金库”9万元、资金体外循环28万元、挪用粮食购销资金2585万元、违规使用现金结算16637万元；虚购粮食500吨，金额68万元；违规销售粮食105147吨，金额975万元；其他问题金额1922万元。同时，还查出财政部门挪用补贴资金用于平衡预算268万元，粮食部门挪用补贴资金97万元等问题。移送纪检监察机关案件1起。

经济责任审计　2004年，全市审计机关开展经济责任审计单位135个，审计经济责任人153人，其中县（处）级领导干部38人。查出违规金额26534万元。在审计的135个单位中，增值单位52个，保值单位52个，减值单位16个。审计发现，问题集中在固定资产管理不规范、乱发奖金补贴、偷税漏税、挪用专项资金及企业改制不规范等方面。

固定资产投资审计　全市共审计项目8个，审计总投资1725万元，核减工程款429.17万元，审减率达12.8%。应上缴财政10万元，已上缴财政10万元。

专项资金审计　全市审计机关对交通规费、农业税灾歉减免、中小学危房改造、农业与资源环保、科技教育、社会保障资金进行了专项审计或审计调查。全年开展专项资金审计单位66个，审计总金额422008万元，查出违规金额5382万元，管理不规范金额7700万元，未及时拨付到位金额5632万元，其他问题金额4262万元。经审计处理后，应上缴财政125万元，已上缴财政66万元。

外资运用审计　在世界银行援贷款的林业项目和结核病防治项目审计中，审计查出：项目配套资金未及时足额到位47.2万元，项目配套资金未及时足额拨付到位24.7万元，结核病防治回补资金未能及时足额到位29.5万元，无依据列支2.2万元。同时，还查出林业项目超限额使用现金并使用不合规票据列支35.3万元，以及未设专账、未及时入账等问题。

政府交办任务　1月，完成了市政府交办的市残疾人基金会非法集资审计工作任务。审计人员连续奋战10天完成了720多户，涉及金额1120多万元的审计清查、资金兑付工作。4月，在开封SOS儿童村专项资金和工程决算审计工作中，审计人员按照国际SOS儿童村的要求出具了具有说服力的审计意见书，目前国际SOS儿童村已恢复了对开封SOS儿童村的拨款。对全市93个乡镇财政财务收支情况审计结束后，市政府针对审计机关查出的问题，及时向各县、区印发了《关于进一步加强乡镇财政管理的规定》。（撰稿人：李兆芳）

【商丘市审计局】 2004年，干部职工共59人。局长万克才，副局长李杰、李思义、冯永刚、贾玉强，纪检组长张永建。设有办公室、法制科、财政金融审计科、行政事业审计科、社会保障审计科、经贸审计科、农业审计科、固定资产投资审计科、外资运用审计科、计算机审计管理科、监察室，另设有经济责任审计办公室和审计干部培训中心2个直属事业单位。

审计成果 审计单位370个，查出违规金额6亿元，应上缴财政2581万元，应归还原渠道资金15209万元。移送纪检监察部门案件1起，涉案人员5人。商丘市、梁园区、夏邑县、柘城县、宁陵县、睢县、民权县审计局保持了“省级文明单位”，永城市和虞城县审计局“省级文明单位”5年届满后再创成功。

财政审计 审计财税部门14个，查出预算资金未足额批复、地方税收存在跑冒滴漏、挤占挪用二级机构事业费和专项资金、乱收费和应缴未缴预算外资金、固定资产管理混乱、政府采购工作不规范等问题。

经济责任审计 对39人进行了经济责任审计，查出违规金额2203万元，其中个人负主管责任1877万元，负直接责任326万元。审计后，晋升1人，平调37人，免职1人。

固定资产投资审计 对市卫校综合楼、市四水厂、虞单亳公路决算审计，共审减工程造价300多万元，查出违规金额500万元，罚没入库60万元。对商周高速、商荷高速、商亳高速和神火工业园建设项目试行事中审计，突出服务，及时发现问题。

企业审计 对商电铝业集团、神火集团进行了财务收支审计。对商电铝业集团审计时，大胆试行计算机辅助审计方法，提高了效率，查出违规金额2000多万元，收缴入库88万元。对神火集团的资金分配管理等进行了全面审计，为领导提供了真实情况。160名审计人员组成48个审计小组，用1个月时间，清查全市238个粮食购销企业，查出了应摊未摊费用、应列未列财产损失、少提费用、少转成本、虚报补贴、业务招待费超支等问题，查出违规金额4.4亿元。省审计厅等五部门核批全市国有粮食购销企业1998年6月1日至2003年12月31日粮食财务挂账151616.40万元，其中政府负担本息的财务挂账97082.2万元。

专项资金审计 完成对农业税灾歉减免、退耕还林项目、扶贫资金等专项资金审计和永城、宁陵、虞城三县的土地出让金审计。农业税灾歉减免审计查出了截留挪用、滞留棚架灾歉减免款及会计资料不全等问题，提交了题为《我市农业税灾歉减免资金兑现过程中存在问题不容忽视》的审计信息，市委书记作了重要批示，责成市纪检委成立专门调查组对此作进一步查处。退耕还林资金审计查出违规金额262万元，向公安机关和纪检部门移送处理5人。土地出让金审计收缴入库近200万元。社保资金审计查出了挤占挪用再就业资金、滞留救灾资金、改变救灾资金用途、自行调整中小学危房改造项目资金及危房改造配套资金和学校自筹资金不到位等问题。（撰稿人：李可东）

【许昌市审计局】 2004年，共有干部职工54人。局长何钦正，副局长樊建祥（—8月）、司福林（—8月）、曹颖建、孟国强（8月—）、刘怀亮（8月—），纪检组长刘怀亮（—8月）、黄河（8月—）。设有办公室、法制科、人事教育科、监察室、财政金融审计科、行政事业审计科、经贸审计科、农业与环保资源审计科、固定资产投资审计科、社保与外资运用审计科，另设经济责任审计局（直属事业单位）。

审计成果 全年完成审计单位85个，查出违规金额7.5亿元，应上缴财政460万元，应归还原渠道资金11322万元。

财政审计 查出应作未作预算收入，违规退库，预算列支转暂存，部门预算编制不够细化、编制办法不够严密，政府采购品种比较单一、规模不大、运作不规范等问题。提交的审计工作报告受到市人大常委会的充分肯定。根据市人大常委会对审计工作报告的审议意见和建议，市财政和地税部门及时采取措施，纠正了审计查出的问题。

固定资产投资审计　许昌市人民政府办公室印发了《关于认真做好重点基建工程项目竣工决算审计工作的通知》，规定凡是政府投资的基本建设项目必须全部经过审计部门的审计。许昌市审计局对13个重点建设项目开展了竣工决算审计，审计投资总额94378万元，审减工程决算造价2330万元。

企业审计　根据省审计厅统一部署，对鹤壁市市、县两级和濮阳市的清丰县、濮阳两县粮食购销企业开展了粮食清查审计，核实粮食购销企业财务挂账情况，财政、粮食部门政策性补贴资金，农发行粮食政策性贷款情况，查出违规金额6578万元。

经济责任审计　对19个单位的领导干部进行了经济责任审计，对其中4个单位的领导干部开展了任中经济责任审计。共核实资产24125万元，调增资产464万元，调减资产311万元，查出违规金额3470万元，应归还原渠道资金1500万元，应调账处理金额526万元，应上缴财政17万元。提出审计整改建议32条。

审计结果公告　2004年，许昌市审计局开始实行审计结果公告制度。10～11月，发布《审计结果公告》3期（单行本），分别为《许昌市2003年农业税灾歉减免资金审计结果公告》、《许昌市救灾款物安排拨付使用情况审计结果公告》和《许昌市东城区行政大道建设项目竣工决算审计结果公告》。（撰稿人：陶　凯）

【漯河市审计局】　2004年，共有干部职工62人。局长李运生（6月—）、张栓紧（—6月），副局长李东升、徐改全（6月—）、李卫民（—6月），纪检组长高德罡（6月—）、张宝珍（—6月）。设有办公室、法制科、财政金融审计科、行政事业审计科、经贸审计科、农业与资源环保审计科、社会保障审计科、固定资产投资审计科、外资运用审计科，另设有经济责任审计局（直属事业单位）。

审计成果　审计单位332个，查出违规金额8.6亿元，增加财政收入981万元，减少财政支出728万元。为市委、市政府、省审计厅和有关部门提交宏观情况报告、要情专报、审计建议和审计信息365篇，被领导批示和有关部门采用238篇。漯河市审计局、临颍县审计局、郾城县审计局保持“省级文明单位”，舞阳县审计局被省委、省政府授予“省级文明单位”。

财政审计　审计预算执行单位13个，检查和揭露了预算执行中的不真实、不合法、不规范，违反“收支两条线”规定，以及隐瞒坐支财政专户收入、挤占挪用专项经费、截留上级财政收入等问题，查出违规金额773万元，管理不规范金额1835万元，损失浪费金额3639万元。在市四届人大常委会第27次会议上，披露了9个部门存在的问题，通报批评了2个单位。市人大常委会提出了5条审议意见，要求各有关部门和单位认真整改，限期纠正。

专项资金审计　开展了对耕地开垦费、新增建设用地有偿使用费、国外贷援款、中小学危房改造资金、农业税灾歉减免资金等专项资金及重点项目审计或审计调查。查出挤占挪用专项资金、少上解规费收入、应缴未缴财政专户资金、偷税等30多个方面的问题，对2个单位追究了责任。

企业审计　抽调87人，组成6个审计组，对濮阳市国有粮食购销企业、各级粮食主管部门、财政局、农发行1998年6月至2003年12月的经营管理状况进行了全面审计。审计单位98个，查出违规金额4亿多元，如期完成了任务，审计结果得到了省厅的充分肯定。漯河市审计局被评为“河南省粮食清查审计工作先进单位”，20名同志被评为“河南省粮食清查审计工作先进工作者”。

社会保障资金审计　开展了再就业专项资金、失业保险基金、救灾款物、倒房重建资金等19项社会保障及救灾资金的审计。对再就业专项资金的审计，审计了23个部门，受到市政府领导的肯定，市政府主要领导召集财政、劳动部门负责人，研究纠正意见和改进措施，督促被审计单位认真研究落实。

金融审计　审计了中原证券公司漯河营业部、城市信用社2个单位。对中原证券公司漯河营业部审计，将违规流入股市资金4500万元的违法案件线索移交到省审计厅后，现已由省审计厅移交中国证监会河南监管局和河南银监局处理。

行政事业审计　完成了4个学校的财务收支

审计，查出违规金额2000多万元，引起市政府的高度重视，要求有关部门进行专项治理，并要求今后发现一起查处一起，对责任人进行处理。

经济责任审计　对13名县（处）级领导干部进行了经济责任审计，查出违规金额1232万元。有关部门根据审计结果，对领导干部诫勉谈话8人，要求写出检查或问题说明的6人。

计算机辅助审计　在对市地税局、市财政局、中原证券漯河营业部等审计中，运用“审易”软件，提高了审计效率。

领导交办事项　共完成城建投资公司、市体育馆竣工决算、经济适用房、姜店交通桥竣工决算等16项市政府临时交办项目的审计。配合省、市纪委进行了8项（个）专项资金检查和举报案件的调查。

区划调整清产核资　制定了区划调整清产核资方案，组织对市经济技术开发区、郾城县、源汇区1500多个单位和部门的资产、负债进行登记，对900多个单位和部门的资产、负债情况进行核实，制定了划分原则，提出了资产划分、财税体制调整意见，为领导决策提供了重要依据。（撰稿人：段思平）

【平顶山市审计局】　2004年，共有干部职工85人。局长吴耀成（—7月）、刘二华（7月—），副局长杜磊（7月—）、乔玉民、邵小红（4月—）、高惠珍（11月—）、李湘江（—10月）、李世良（—10月），纪检组长刘书芳（10月—）、张松岩（—10月）。设有办公室、法制科、财政审计科、金融审计科、行政事业审计科、社会保障审计科、经贸审计科、农业与资源环保审计科、固定资产投资审计科、外资运用审计科、人事科、监察室、机关党委，另设有市经济责任审计局（副县级局）、市审计科研所。

审计成果　审计单位539个，查出违规金额18.85亿元，经审计处理，纳入财政管理8195万元，上缴财政4422万元。移送司法机关案件3起，移送纪检监察部门案件1起。制定完善规章制度9条。

财政审计　2004年，审计财税部门59个，查出违规金额1.9亿元。经审计处理，可增加财政收入3869万元。

专项资金审计　2004年，全市审计机关加大对涉农专项资金的审计力度，揭露了专项资金管理使用中存在的挤占、挪用、损失浪费和管理混乱等严重问题，有效地提高了专项资金的使用效益。审计单位79个，查出被截留挤占挪用3286万元、应缴未缴专项资金2669万元、未纳入财政专户2.1亿元等问题。交通规费审计查出违规金额3.2亿元，处理后，每年可增加市级财政收入7000多万元。耕地开垦费和新增建设用地土地有偿使用费专项审计查出市级财政滞留项目资金2049万元。退耕还林资金审计查出汝州市财政部门滞留项目资金129.45万元、汝州市粮食部门未及时向退耕农户兑现补助粮食285万公斤、以原有林地充当荒山造林等问题。中小学危房改造专项资金审计主要查出未经批准变更调整7个危改工程项目等问题，资金额达100万元。救灾款物、倒房重建资金审计主要查出部分县、区、市区未匹配倒房重建资金、棚架滞留资金等问题。职工养老基金审计查出市保险事业局违规办理银行定期存款4153万元，到2003年末尚有2470万元未收回，审计后已追回1270万元。

经济责任审计　2004年，对78名领导干部进行了经济责任审计，其中：县处级领导干部10名，科级领导干部66名，国有及国有控股企业领导干部2名。查出违规金额2亿元。各级干部监督管理部门参照审计结果，平调43人，晋升8人，免职3人。

粮食、金融、外资审计　2004年，根据省政府和省审计厅工作安排，全市组织106人，对焦作市112个国有粮食购销企业进行了清查审计，查出违规金额5.8亿元。市审计局、舞钢市审计局和叶县审计局被省粮食清查审计领导小组评为优秀先进单位。对中原证券平顶山营业部进行了审计，共查出违规金额2000多万元，移交平顶山市反贪局案件1起。根据审计厅的统一部署，共完成10项外资审计任务，重点揭露了挤占、挪用外债资金等违规违纪问题，查出违规金额1761.78万元。

行政事业、固定资产投资审计　2004年，全市审计行政事业单位270个，查出应缴未缴预算收入526万元，隐瞒截留389万元，被挤占挪用973万元，虚列支出381万元，预算外收入未缴专户934万元，乱收费、乱摊派、乱罚款1468万元，超标准、超计划支出2204万元等主要问题。全市固定资产投资审计单位 10 个，项目投资总额 5.9 亿元，查出违规金额 952 万元，已上缴财政 262 万元。（撰稿人：张兰松）

【南阳市审计局】 2004 年，共有干部职工 83 人。局长程建华（4 月—）、王玉璞（—4 月），副局长王自全、方向、马晋豫，纪检组长庄平斌。设有办公室、法制科、财政金融审计科、行政事业审计科、经贸审计科、农业与资源环保审计科、社会保障审计科、固定资产投资审计科、外资运用审计科、人事科、监察室、机关党委、离退休干部工作科，另设有经济责任审计局（副处级单位）、培训中心、科研所（直属事业单位）。

审计成果 审计单位 866 个，查出违规金额 13 亿元，应上缴财政 5845 万元，归还原渠道资金 9413 万元。提交审计调查报告、综合报告、审计信息 385 篇，被批示、采用 223 篇。南阳市审计局、邓州市审计局、镇平县审计局等 12 个市、县审计局保持“省级文明单位”。

财政审计 审计财税部门 14 个，查出应作未作预算收入、虚列财政支出、挪用专项资金、滞留专项资金等问题。

专项资金审计 对退耕还林资金、扶贫资金、社保资金、农业税灾欠减免资金、中小学危房改造资金等专项资金进行审计及调查。其中，退耕还林资金、社保资金、交通行业、土地资金审计情况引起市政府的高度重视，市领导分别作了重要批示，责成有关单位采取有效措施，尽快解决存在的问题。

固定资产投资审计 完成审计单位 28 个，查出违规金额 8649 万元，核减工程造价 1087 万元，为国家挽回了经济损失。提出加强管理和改进建议 13 条，促进了项目的规范化管理。

经济责任审计 对 83 人进行了经济责任审计，查出违规金额 25989.73 万元，均属个人主管责任造成的。市委、市政府高度重视经济责任审计，印发了《关于调整南阳市经济责任审计工作领导小组成员的通知》。（撰稿人：刘彦忠）

【信阳市审计局】 2004 年，共有干部职工 71 人。局长胡相云（9 月—）、柴明奎（—9 月），副局长胡正庆、朱时锋、曾文物，纪检组长王吉明。设有办公室、监察室、机关党委、人事科、法制科、财税金融审计科、工商企业审计科、外资运用审计科、行政事业审计科、社会保障审计科、固定资产投资审计科等 11 个科室，另设经济责任审计处、派出机构审计局、审计科研培训所等事业单位。

审计成果 审计单位 620 个，查出违规金额 147893 万元，应上缴财政 5104 万元，减少财政拨款或补贴 89 万元，归还原渠道资金 10368 万元。提交审计工作报告、信息 193 篇，被批示、采用 95 篇。

财政审计 审计预算执行单位 16 个，查出隐瞒转移预算收入、个人收入所得税征收力度不够等问题。根据审计意见和建议，市地税局认真采取措施，加大对个人收入所得税的征收力度，市直代发工资个人所得税由财政支付中心统一代扣代缴，市级入库个人收入所得税 2227 万元，同比增长 51%。对新县、息县、淮滨 3 个县 2003 年度财政决算进行了审计，共查出违规金额 14066 元，审计决定处理处罚 3393 万元。

专项资金审计 对失业保险基金、耕地开垦费和新增建设用地有偿使用费、淮河流域洪灾救济补偿资金、退耕还林资金、中小学危房改造等 10 个专项资金和 22 个国外援贷款项目进行了审计，查出违规金额 20788 万元，审计决定处理处罚 5025 万元。在对失业保险基金审计中发现基金收入不实、专户存款与财政部门账账不符、票据管理不规范等问题，市政府高度重视，责成相关单位认真整改。

固定资产投资审计 根据省审计厅授权，对省重点建设项目国道 312 线叶罗公路进行了竣工决算审计，核减工程造价 220 万元，查出施工单位偷漏税费 157 万元。加大城市基础设施建设项目审计，先后审计了羊山新区“两路”、城市亮化工程、市政工程、中山北路改扩建工程、信阳职业技术学院综合楼、人防大厦等项目，审减造价 800 多万元。

行政事业审计 对省审计厅授权项目信阳师范学院和信阳监狱 2003 年度财务收支进行了审计，查出师范学院私设“小金库”、乱收费、超标准发放补助、应缴未缴税费，信阳监狱未按规定申报纳税以及财务管理不规范等问题。在中小学财务收支审计中，发现部分学校以办分校、捐资助学等名义乱收费等问题，审计结果引起市政府领导的高度重视，责令有关部门进行了认真整改。

对全市 2003 年度交通规费进行了清理审计，同时与财政、交通、物价部门联合，对 1999 至 2003 年度交通规费进行了清理审计，查出违反规定征收、截留、挪用交通规费及不合规票据列支等问题。

企业审计　会同财政、农发行、粮食等 4 部门对全市 236 个国有粮食购销企业 2003 年度财务挂账情况进行了清查审计，核实国有粮食购销企业亏损挂账 3.2 亿元，库存粮食 12.3 万吨，为进一步深化粮食流通体制改革提供了决策依据。对信阳市运输集团、供水集团等重点国有企业进行了审计，核实了企业家底，有效防止了国有资产流失。

经济责任审计　信阳市审计局对淮滨县原县长等 4 名处级干部进行了任期经济责任审计。全市共完成党政领导干部经济责任审计 62 人，查出违规金额 2782 万元，其中领导干部负主管责任 2720 万元，负直接责任 62 万元。各级干部管理部门参照审计结果，降职、免职 8 人，晋升 12 人。全市审计机关指导部门内审机构开展对所属单位领导人员的任期经济责任审计，共审计 574 人，查出违规金额 569 万元，管理不规范金额 1073 万元。审计后，晋升 19 人，免职 14 人，降职、撤职 7 人。（撰稿人：王　猛）

【周口市审计局】　2004 年，共有干部职工 63 人。局长韩洪然，副局长符尚岭、刘家和、李廷旭，纪检组长燕和平。设有办公室、法制科、人事科、财政金融审计科、行政事业审计科、经贸审计科、农林水审计科、固定资产投资审计科、外资运用审计科、监察室、审计科研所和经济责任审计局等 12 个部门。

审计成果　全年共完成审计单位（项目）65 个，查出违规金额 3.61 亿元，管理不规范金额 5.08 亿元，损失浪费金额 6559 万元，其中应上缴财政 3771 万元，已上缴财政 3600 万元，应自行纠正金额 6.78 亿元。提交工作报告、信息 57 篇，被批示采用 29 篇。

财政审计　共审计一、二级预算执行单位 67 个，占市本级一、二级预算执行单位的 66%，审计资金占当年财政预算资金总额的 58%。查出截留隐瞒预算收入、挤占挪用专项资金等问题。提交的审计工作报告受到人大高度评价，称赞报告写得扎实、无虚话、无套话，敢于揭露问题。

企业审计　周口市抽调包括审计、粮食、农发行、财政等部门 114 人组成粮食挂账清查审计组，分 9 个审计小组，对新乡市 1998 年 6 月 1 日至 2003 年底国有粮食购销企业财务挂账等情况进行了审计。周口市审计组、沈丘县、西华县、项城市审计组被评为先进单位，全市 46 名审计人员被评为先进个人。

固定资产投资审计　市审计局成立了重点建设项目审计中心。共完成商水西赵桥艾滋病建设工程等 13 个工程竣工决算审计，审减工程造价 3459 万元，审减率 11.30%。

专项资金审计　对林业持续发展、肉牛发展、疾病预防和结核病控制等 31 个世行贷款项目单位进行了审计，审计项目资金 1.27 亿元，查出管理不规范金额 1050 万元；对鹿邑、太康两县农业税灾欠减免专项资金、西华县 2003 年度退耕还林专项资金和商水、西华两县 2004 年度倒房重建资金进行了审计调查，共调查 10 个县直部门、18 个乡镇、36 个行政村和 386 家农户。

经济责任审计　授权 10 个县市区局对 40 名乡镇长、党委书记和县直领导进行了经济责任审计，查出违规金额 909 万元。审计后，晋升 21 人，免职 1 人。市审计局对 42 名处级领导干部进行了经济责任审计。项城市审计局荣获全国经济责任审计先进单位。（撰稿人：周孟教）

【驻马店市审计局】　2004 年，驻马店市审计局共有干部职工 43 人。局长张伟（11 月—）、戚存杰（—11 月），副局长李珍珠、宋德、冯铁山，纪检组长栗超。设有办公室、财政金融审计科、经贸审计科、行政事业审计科、农业与资源环保审计科、社会保障审计科、固定资产投资审计科、外资运用审计科、法制综合科，另设有监察室、经济责任审计局（直属事业单位）。

审计成果　2004 年，驻马店市共完成审计单位 943 个，查出违规金额 168983 万元，管理不规范金额 61172 万元，促进增加财政收入 3815 万元，归还原渠道资金 1067 万元，调账处理金额 47810 万元。向司法机关和有关部门移送案件 8 起，受到党纪政纪处分的 4 人。

财政审计　对 2003 年度市本级财政预算执行

情况及其他财政收支情况进行了审计，查出违规变更预算资金2199万元，隐瞒截留、挤占挪用预算资金3572万元，乱收费、乱罚款、乱摊派403万元，虚减财政收入1825万元。完成了对4个县政府、36个乡镇政府财政决算审计，对财政收支中违纪违规问题依法进行了处理，审计后促进增加财政收入166万元。

专项资金审计 全市审计机关对7个县25个乡镇853家农户2003年度农业税灾歉减免情况进行了审计调查，揭露了挤占、滞留农业税减免资金等问题，提交了《2003年度农业税灾歉减免资金审计调查要情反映》，引起了市政府领导的高度重视，责成有关部门及时进行整改。对中小学危房改造和救灾救济资金审计中，纠正和查出了违反资金拨付程序、超范围下拨水毁校舍资金等违纪违规问题。驻马店市审计机关根据省审计厅统一部署对交通行业2003年度交通规费的征收、管理、使用情况进行了审计，并会同市计委、财政、交通等部门对全市交通系统1999～2004年交通规费收入、使用情况进行了清查认定工作，审计查出违规金额9215.7万元。

企业审计 2004年，驻马店市审计机关组织200余人（次）对南阳市13个县、区和市直国有粮食购销企业1998年6月至2003年底的粮食财务挂账情况进行清查审计。查出企业虚增虚减利润、少计税金、资金体外循环、挤占挪用等违规金额111855.3万元，粮食亏库36479吨，财政部门挪用补贴资金用于平衡预算及其他672.5万元，粮食部门滞留挪用资金1366.7万元。向有关部门移交案件6起。驻马店市赴南阳市粮食清查审计工作组及所属4个审计组分别被省粮食清查审计工作领导小组评为优秀单位，57人受到通报表彰。

经济责任审计 2004年，驻马店市及各县区普遍成立了经济责任审计机构，进一步规范了经济责任审计程序和操作规范。全市共完成对87名党政领导干部的任期经济责任审计。市审计局对8名县处级领导干部开展了离任审计和任中审计，共查出违规金额14587万元，管理不规范金额7732万元，调账处理金额1255.85万元，归还原渠道资金474.84万元。干部管理部门参照审计结果，平调17人，晋升1人，免职1人。（撰稿人：叶向阳）

【济源市审计局】 2004年，共有干部职工62人。局长邱英平，副局长王陆平、李建成，纪检组长黄霞。设有办公室、法制科、纪检监察室，审计业务一部、二部、三部、四部，另设有经济责任审计局和基本建设审计中心。

审计成果 审计及审计调查单位125个，为财政增收节支2455万元，其中查出违规金额1.9亿元，经审计处理后增加财政收入1037万元。向有关部门移交案件2起，其中3人已受到党政纪处分。审计信息被市级以上媒体采用88篇，《审计要情》被市级以上领导批示8篇。济源市审计局被河南省审计厅评为粮食审计先进单位。

财政审计 查出预算编制不规范，财政资金运行不规范，契税漏征、耕地占用税欠缴、国有资产收益漏收数额较大，以及税收征管辅导缺乏力度和刚性，税务稽查工作质量存在薄弱环节等问题。提交的审计工作报告受到市人大的充分肯定。

专项资金审计 对耕地开垦费、新增建设用地有偿使用费、中小学危房改造专项资金、再就业专项资金、退耕还林专项资金等11个项目进行了审计，对豫西农业开发、疾病预防、结核病防治、林业持续发展项目等4个国外援贷款项目进行了审计。查出未按规定拨付和核算耕地占补平衡资金、项目资金不到位、配套资金未足额落实等问题，责成相关单位认真进行整改，已自行纠正金额529万元。

行政事业审计 对济源市林业系统财务收支、中小学财务收支、市职业技术学院等项目进行了审计，查出违规金额1650万元，管理不规范金额1531万元。经审计处理，已上缴财政165万元，向有关部门移交案件1起。

经济责任审计 对4人进行了经济责任审计，查出违规金额2538万元，管理不规范金额2548万元，其中负主管责任2859万元，负直接责任2227万元。已向纪检、组织部门提出审计建议。

固定资产投资审计 完成基建项目预决算审计资金2.6亿元，其中编制决算1亿元，审计决算1.6亿元，净核减工程造价1418万元，追回超付工程款44万元。向有关部门移交案件1起，其中3人已受到党政纪处分。

经贸审计 对济源市交通系统规费征收管理使用情况及1999～2003年省管交通规费使用情况

进行了审计和审计调查。查出挤占挪用、未按规定征提基金、超标准超计划支出等问题。

企业审计　完成省审计厅粮食购销企业亏损挂账异地交叉清查审计工作，审计单位28个，共查出违规金额5163万元，并按照有关规定作出了相应处理。济源市审计局被评为全省粮食审计先进单位，8人被评为粮食审计先进个人。（撰稿人：段艳飞）

2004年河南省区、县（市）级审计工作统计表

审计机关	干部职工人数（人）	审计单位（个）	经济责任审计项目（个）	查出违规金额（万元）	应缴财政（万元）	已缴财政（万元）	决定处理处罚（万元）	指明要求纠正（万元）	提交审计报告、信息（篇）	审计信息被采用（篇）
郑州市										
中原区审计局	13	74	2	8611	53	53	29	4360	80	13
二七区审计局	13	31	4	461	6	6	240	281	12	4
管城回族区审计局	7	15		17	17	17	17	6363	2	
金水区审计局	16	30	18	3829	11	11	11	2763	2	
上街区审计局	9	10		370	27	5		1285	9	9
惠济区审计局	16	29	16	4538	638	638	1036	11288	5	
新郑市审计局	42	48	22	22361	36	29	36	25867	64	22
登封市审计局	38	77	15	17255	77	74	6568	24588	27	8
新密市审计局	63	62	39	32002	136	136	136	8675	153	52
巩义市审计局	32	66	16	11252	45	45	4614	2144	124	23
荥阳市审计局	70	64	16	13290	1159	1159	7755	5535	157	87
中牟县审计局	31	57	6	4959	195	195	195	16596	8	8
三门峡市										
湖滨区审计局	10	14		155	5	5	147	2112	16	
义马市审计局	11	13	3	811	38	1	2	253		
灵宝市审计局	29	25	4	11363	903	903	83	10432	27	2
渑池县审计局	24	32		2023	19	19	19	4548	35	29
陕县审计局	16	25	5	1475	41	41	29	12	24	13
卢氏县审计局	20	30	11	4175	72	62	72	364	30	27
洛阳市										
西工区审计局	12	20		134		0．2				
老城区审计局	7	21	1	341	6	4	6	175	17	7
廛河回族区审计局	7	13	1	42	4	4	4	1158	6	5
涧西区审计局	17	36	7	3161	76	76	27	2301	77	8
吉利区审计局	10	25	1	608	307	307	451	157	11	6

审计机关	干部职工人数（人）	审计单位（个）	经济责任审计项目（个）	查出违规金额（万元）	应缴财政（万元）	已缴财政（万元）	决定处理处罚（万元）	指明要求纠正（万元）	提交审计报告、信息（篇）	审计信息被采用（篇）
洛龙区审计局	8	30	1	1402	123	123	1402	434	19	4
高新区审计局	3	8	1	17						
偃师市审计局	21	60	29	3905	40	40	3905	2209	34	2
孟津县审计局	14	49	6	2598	38	38	38	397	41	14
新安县审计局	20	54	9	5446	230	164	113	2088	54	12
栾川县审计局	29	39	10	18071	268	26	268	3098	11	11
嵩县审计局	23	68	40	5980	113	98	98	1680	73	36
汝阳县审计局	16	45	11	1825	31	31	352	4027	56	27
宜阳县审计局	20	54	28	1851	46	44	74	2804	31	4
洛宁县审计局	37	65		4158	43	43	1102	3056	32	9
伊川县审计局	25	61		1623	91	69	91	5168	37	16
焦作市										
山阳区审计局	15	14	2	468	2	2	2	1014		
解放区审计局	16	47	9	4209	186	106	2031	1483	36	12
中站区审计局	16	32	11	1710	29	16	324	49		
马村区审计局	17	28		290	17	17	17	138		
孟州市审计局	28	60	19	1603	87	87	87	17237	2	
沁阳市审计局	27	67	1	5532	113	43	3264	3732	9	
修武县审计局	77	81	24	7562	52	52	4849	6545	11	6
博爱县审计局	18	54		4313	91	81	2931	859	18	10
武陟县审计局	51	43		11359	54	54	54	3353	1	
温县审计局	14	38	3	18386	102	60	54034	70		
新乡市										
卫滨区审计局	6	20		62	38	12	38		2	2
红旗区审计局	8	16	11	157	78	61	160	57	1	1
凤泉区审计局	4	25	7	610	18	3	155	562	21	10
牧野区审计局	7	17		31	13		13			
卫辉市审计局	34	106	27	5871	30	29	30	56	20	9
辉县市审计局	46	56	4	24851	77	82	1090	31	20	14
新乡县审计局	25	51		9160	236	62	630	8797	5	3
获嘉县审计局	22	46		28877	29	12	17188	44	15	8
原阳县审计局	32	41	3	4052	224	57	772	3178	10	4
延津县审计局	35	40		14180	31	31	104	531	2	
封丘县审计局	25	33		8630	50	46	1293	248	1	

审计机关	干部职工人数（人）	审计单位（个）	经济责任审计项目（个）	查出违规金额（万元）	应缴财政（万元）	已缴财政（万元）	决定处理处罚（万元）	指明要求纠正（万元）	提交审计报告、信息（篇）	审计信息被采用（篇）
长垣县审计局	37	4		22867	12	12	12			
鹤壁市										
淇滨区审计局	10	12	5	800	4	0	4		47	28
山城区审计局	7	12	4	278	4	4	4	155	16	9
鹤山区审计局	4	17	12					1986	32	16
浚县审计局	24	27	8	4441	171	171		4686	63	38
淇县审计局	25	60	23	25302	29	29	29	133	79	52
安阳市										
北关区审计局	9	15		172	12		12	46	15	
文峰区审计局	7	32	8	571	10	6	10	525	45	8
殷都区审计局	8	25	17	14	14	14				
龙安区审计局	14	10	2	665	8	8	8	876	12	12
林州市审计局	31	37	16	7804	73	63	73	9435		
安阳县审计局	33	7	1	1182	20	20	20	182	15	7
汤阴县审计局	9	7			7	7				
滑县审计局	20	38	15	1422	306	306	306	6701	24	9
内黄县审计局	19	30		104	23	23	36	13	30	10
濮阳市										
华龙区审计局	18	26		820	34	34	34	373	55	
清丰县审计局	65	89	8	2387	50	50	50		99	5
南乐县审计局	32	61		1410	58	58	58	12301	61	4
范县审计局	27	32	4	1412	23	23	8	351	32	15
台前县审计局	25	14		406	4	1	4	7040	14	10
濮阳县审计局	108	78	10	2497	81	81	81	28581	231	17
开封市										
鼓楼区审计局	3	7	2	19	1	1	1	923	20	
龙亭区审计局	4	7	18	26	7	52	6	19	11	5
顺河回族区审计局	4	20	13	4	4	4	3	770	14	3
南关区审计局	4	14	5					198	2	1
郊区审计局	11	44	12	3074	309	100	102	1467	35	1
杞县审计局	30	36	27	19622	66	42	51	10	10	3
通许县审计局	20	85	26	21070	97	28	78	5772	20	18
尉氏县审计局	25	83	18	2361	95	89	95	12387	39	17
开封县审计局	25	62	2	20002	234	25	149	4695	26	7

审计机关	干部职工人数（人）	审计单位（个）	经济责任审计项目（个）	查出违规金额（万元）	应缴财政（万元）	已缴财政（万元）	决定处理处罚（万元）	指明要求纠正（万元）	提交审计报告、信息（篇）	审计信息被采用（篇）
兰考县审计局	20	85	16	15346	34	32	33	6296	16	8
商丘市										
梁园区审计局	40	31	5	3360	15	14	563	14951	15	2
睢阳区审计局	69	18	2	586	5	5	5			
永城市审计局	90	30		9006	83	61	732	19		
虞城县审计局	59	77	21	8586	752	752	1462	3812	68	67
民权县审计局	55	47	6	1298	52	52	52	994		
宁陵县审计局	28	20	1	1858	750	746	750	750		
睢县审计局	44	35	2	3436	95	38	269	1121		
夏邑县审计局	63	83	2	8257	469	469	7092	300	4	1
柘城县审计局	74									
许昌市										
魏都区审计局	13	13		1276	7	7	6		25	12
禹州市审计局	52	71	5	2525	98	98	91		92	35
长葛市审计局	91	62	5	21504	53	49	53		67	17
许昌县审计局	39	55	9	16564	176	173	29		75	42
鄢陵县审计局	34	77	9	73233	72	72	43		94	24
襄城县审计局	33	58	12	4568	57	27	27		68	19
漯河市										
源汇区审计局	45	23	8	1027	210	210	566	362	109	59
舞阳县审计局	37	75	14	9507	46	20	6705	1778	68	49
临颍县审计局	54	34	8	1756	23	23	852	4459	67	38
郾城县审计局	63	80	15	7208	44	44	4424	9145	40	31
平顶山市										
新华区审计局	24	45	2	428	22	22	213	1036	11	4
卫东区审计局	13	34	11	161	10	10	10	1012	23	16
湛河区审计局	28	26	6	825	6	6	6	554	28	2
石龙区审计局	10	11	2	665				665	11	8
舞钢市审计局	44	102	32	3977	4	4	4	11171	12	2
汝州市审计局	62	66	10	6033	119	119	119	4974	86	16
宝丰县审计局	41	36	2	7675	53	53	10	7622	36	12
叶县审计局	143	102	34	8021	275	275	160		128	28
鲁山县审计局	38	76	8	4246	70	60	70	2376	15	8
郏县审计局	47	62	9	2080	14	14	7	9	27	8

审计机关	干部职工人数（人）	审计单位（个）	经济责任审计项目（个）	查出违规金额（万元）	应缴财政（万元）	已缴财政（万元）	决定处理处罚（万元）	指明要求纠正（万元）	提交审计报告、信息（篇）	审计信息被采用（篇）
南阳市										
卧龙区审计局	35	28	7	3665	2355	2291	2800	7649	26	13
宛城区审计局	30	8	2	2848	325	301	740		15	6
邓州市审计局	21	103	14	6111	175	149	3195		67	31
南召县审计局	15	20	1	12276	271	266	909	6646	6	3
方城县审计局	28	65	5	7256	76	75	4968	455	2	1
西峡县审计局	25	52	3	2938	29	29	3118	8	12	4
镇平县审计局	44	32	5	5698	133	133	1475		176	92
内乡县审计局	28	29	2	2573	37	37	37		8	3
淅川县审计局	30	63	4	5297	255	213	1973		5	2
社旗县审计局	20	41	4	8063	1329	1313	8063	4278	66	37
唐河县审计局	37	169	5	12043	293	293	1876	18967	23	12
新野县审计局	25	109	19	6510	63	63	1394		6	3
桐柏县审计局	21	22	3	3610	58	48	3612	147	5	2
信阳市										
浉河区审计局	24	46	16	1520	14	14	111	1764	68	21
平桥区审计局	25	40	4	9550	60	60	5753	3798	62	28
息县审计局	17	38		6203	639	303	733	2815	29	18
淮滨县审计局	30	42	11	1750	109	84	186	1100	98	32
潢川县审计局	24	95	5	4895	164	164	189	181	29	12
光山县审计局	17	66	12	5693	127	127	2360	3281	52	21
固始县审计局	19	42	7	6096	1042	1042	2299	4827	50	22
商城县审计局	12	74	22	7609	88	72	2131	721	36	26
罗山县审计局	19	78	44	1529	91	91	91	2001	42	19
新县审计局	23	55	19	5945	28	28	93	512	71	12
周口市										
川汇区审计局	30	38	21	1316	125	125	125	139	9	4
项城市审计局	102	19	4	526	13	13	13	56	38	12
扶沟县审计局	34	97	9	7187	305	305	305	1200	58	37
西华县审计局	19	52	12	6216	80	78	80	36	86	30
商水县审计局	26	96	22	5800	176	176	159	47	45	28
太康县审计局	50	85	9	14215	404	404	1070	2175	60	13
鹿邑县审计局	26	49	5	6286	684	684	6024	262	37	28
郸城县审计局	25	53	3	6800	280	280	280	140	22	11

审计机关	干部职工人数（人）	审计单位（个）	经济责任审计项目（个）	查出违规金额（万元）	应缴财政（万元）	已缴财政（万元）	决定处理处罚（万元）	指明要求纠正（万元）	提交审计报告、信息（篇）	审计信息被采用（篇）
淮阳县审计局	22	19	2	240	36	36	36		18	9
沈丘县审计局	31	84	2	22545	253	241	253		28	14
驻马店市										
驿城区审计局	17	32	2	474	49	1	49	1596	1	
确山县审计局	14	79	4	8197	216	118	216	5956	2	
泌阳县审计局	33	76	3	7485	68	68	68	1982	18	
遂平县审计局	22	101		12827	75	73	75	285	6	
西平县审计局	21	96	28	6942	74	67	74	5905	9	
上蔡县审计局	86	203	18	33739	175	175	175	9007	48	43
汝南县审计局	21	93	4	18199	83	73	83	2182		
平舆县审计局	25	60	18	14511	62	62	62	4066	2	
新蔡县审计局	16	41		7910	67	65	67	2991		
正阳县审计局	26	35		8994	931	931	931	210	2	

湖北省

【湖北省审计厅】 2004年，湖北省审计厅定编213人，在编197人。厅机关设有办公室、综合处、法规处、经济责任审计工作领导小组办公室、财政审计处、金融审计处、行政事业审计处、经贸审计处、农业与资源环保审计处、社会保障审计处、固定资产投资审计处、外资运用审计处、人事教育处、老干部办公室（挂靠人事教育处）、机关党委（包括工会），另设有派驻纪检组、监察室，派出发展计划及投资审计处、经贸审计一处、经贸审计二处、科教卫审计处、政法审计处、农林水审计处、经济执法审计处、新闻出版及文化审计处、综合审计一处、综合审计二处，还设有厅机关后勤服务中心、计算机中心、审计科研所、企事业单位内部审计指导中心、审计干部学校等5个直属事业单位。

领导成员

厅　　长：高　林

副 厅 长：张永祥（8月—）

彭世泽（—5月）

方国建　秦守成

周德刚（8月—）

纪检组长：陈文魁

巡 视 员：彭世泽（5月—）

助理巡视员：王佑河

审计成果 2004年，各级审计机关对4654个单位进行了审计，突出了省直部门及所属二、三级单位预算执行、涉农专项资金、重大建设项目、厅级干部经济责任等审计重点，加强了审计项目计划管理和审计质量控制，查出违规金额249.4亿元，应上缴财政5.96亿元，追回被侵占挪用资金11.1亿元。向纪检、监察和司法机关移送案件72起，移送处理111人。各级审计机关提交审计和审计调查报告1794份，被批示517份；报送信息6128篇，被采用4099篇。其中，审计报告和信息被省委、省政府和审计署批示、采用224份（篇）。省委、省政府领导先后10多次听取审计情况汇报，交办审计任务22项，其中中央政治局委员、省委书记俞正声4次听取了审计情况汇报。先后召开省直机关厅级干部通报会和全省市、县、乡镇党政干部电视电话会议，通报省直部门和全省扶贫等6项专项资金审计结果情况，提出了进一步加强管理的要求和改进措施，审计成为省委、省政府监管经济运行的重要手段。湖北省被中央五部委经济责任审计工作联席会议评为“经济责任审计工作先进地区”，十堰市、武汉市硚口区、老河口市审计局被评为“经济责任审计工作先进单位”。

财政审计 全省各级审计机关在审计内容上突出财政管理、财政支出和财政改革，共审计501个单位，审计单位数比上年增长8.7%，查出违规金额91亿元，比上年增长144.1%。根据审计发现的问题，省政府制定了专项资金“捆绑使用、项目直达”的管理办法，减少中间环节，加快了资金下拨速度。针对省直机关连续接受审计的一级预算执行单位违法违规问题相对减少的情况，突出抓了长期没安排审计的一级单位和二、三级预算执行单位的审计。审计情况表明，长期未审计的部门和二、三级预算单位违纪问题突出。对42个二、三级单位的审计，查出侵占挪用专款、设置“账外账”和“小金库”、滥发钱物等违纪违规问题突出。根据审计建议，省政府转发了财政、审计、监察三部门制定的《关于进一步加强财政管理、严格财经纪律的意见》，并在全省范围内组织开展了财政改革措施落实和财经纪律执行情况专项检查。

专项资金审计 以涉农资金审计为重点，开展了对支农扶贫、农村合作医疗、农村养老保险和体育彩票、福利彩票等9项专项资金的审计。为了保证质量，对扶贫资金、农村合作基金中央借款等全省性项目的审计，整合全省审计力量，采取“交叉审计”和“上审下”的方法，对全省的国家和湖北省扶贫开发29个重点县2003年扶贫资金及扶贫贴息贷款情况进行了审计和审计调查，对襄樊、黄冈等8个市农村合作基金会2000～2004年2月中央专项借款的管理使用情况进行了审计。扶贫资金审计，查出侵占挪用、虚报套取扶贫资金行为资金额分别是往年的3.6倍和5.4倍。农村合作基金会中央专项借款审计，共查出侵占挪用、以借款还借款、滞留以及提高借款利率等违规金额3.65亿元，占审计专项借款总额的24.32%。对5项涉农专项资金的审计，发现案件16起，受到党纪政纪处分12人，移送司法处理2人。

固定资产投资审计 适应投资体制改革的要求，及时转变重点建设项目审计思路，将审计对象扩大到与项目相关的单位，审计内容由财务收支审计转变为财务收支审计和工程造价审计并重，投资审计取得了重大突破。对襄荆高速公路与荆州长江大桥连接线、鄂黄长江大桥、仙桃汉江大桥等3个重点交通项目的审计，将审计对象拓展到与项目建设相关的设计、监理、施工等单位，抓住了工程管理各重点环节，查出项目管理不严、违反基本建设程序、多列概算，以及层层转包、违法分包工程，侵占挪用、虚报冒领建设资金等违规金额3.7亿元，核减工程投资3000多万元。发现经济案件线索7件，检察机关批捕13人。针对投资领域存在的突出问题，湖北省政府办公厅转发了湖北省审计厅《关于加强和改进国家建设项目审计监督的意见》。

经济责任审计 对1592名领导干部进行了经济责任审计，其中试点审计市（县、区）长和省直厅级领导干部22人，国有及国有控股企业领导68人。查出违规和损失浪费金额43.49亿元，其中领导干部应负主管责任金额40.28亿元，应负直接责任金额3.2亿元。查出领导干部个人贪污受贿挪用等经济问题125万元。审计后，免职、撤职、降职60人。向纪检、监察和司法机关移送处理44人。对10名厅（局）长的经济责任审计，初步探索了厅级领导干部审计的重点和评价方法。湖北省经济责任审计工作情况，在全国经济责任审计工作会议上作了典型发言。

“人、法、技”建设 （1）精心组织评议行风。按照湖北省委、省政府关于在省直机关开展民主评议行风活动的要求，全省审计机关以民主评议行风为契机，大力加强精神文明和审计干部队伍建设。在评议活动中，先后5次召开全省审计机关和厅机关评议行风工作会议，开展了“六查六看”，向被审计单位和社会发放调查卷1000多份，由厅领导带队走访被审计单位100多个，整改存在的问题48个。省政府领导在集中讲评时，充分肯定湖北省审计机关是一支战斗力强、作风硬、领导满意、群众信赖的队伍。

（2）广泛开展计算机审计。全省各级审计机关在财政、金融、企业、专项资金、投资等项目中广泛开展了计算机审计。省审计厅直接审计的194个单位，其中对65%的被审计单位采用计算机进行审计。在对福利彩票资金实施计算机审计时，审计总金额、查出违纪违规资金和处理上缴财政资金，分别是2001年传统审计的1.9倍、3.8倍和387倍。全省举办计算机培训班9期，培训500多人，有1080名审计干部参加了审计署第二轮计算机知识水平考试。老河口市审计局联网审计经验，在全国审计工作座谈会上作了示范演示。

(3) 稳步探索审计公告制度。通过报刊、电视等新闻媒体公布了《湖北省2004年省本级预算执行和其他财政财务收支的审计工作报告》，公告了全省福利彩票和体育彩票公益金审计结果。武汉、荆门、十堰等地审计机关对人民群众广泛关注的重点审计事项进行公告。

(4) 加强廉政建设。湖北省审计厅机关和部分市县审计局，从2004年开始实行审计纪律“八不准”，进一步落实廉政建设措施。

内部审计　全省现有内部审计机构1946个，内审人员4747人。审计单位14005个，查出损失浪费金额46842万元，促进增收节支金额62287万元，已纠正违规金额24182万元。向司法机关移送案件10起，涉案人员11人。建议被采纳7530条。（撰稿人：麻素云）

【武汉市审计局】　2004年，共有干部职工194人。局长龙正才，副局长吴乐平、张建、胡勤华，纪检组长田晓汛。设有办公室、综合法规处、财政审计处、金融审计处、经贸审计处、固定资产投资审计处、行政事业审计处、重点建设项目审计处、经济责任审计处、外资运用审计处、农业与资源环保审计处、社会保障审计处、人事处和机关党委、纪检监察室。

审计成果　2004年，审计单位93个，查出违规金额31亿元，管理不规范金额56.36亿元，损失浪费金额1.86亿元，应上缴财政3.07亿元，归还原渠道资金3.92亿元，指明要求纠正16.2亿元，自行纠正金额65.88亿元。向纪检、监察、司法机关移送案件线索4件，涉及5人。提交审计报告、信息161篇，被批示、采用70篇。武汉市硚口区审计局被中央五部委经济责任审计工作联席会议评为“经济责任审计先进单位”；武汉市硚口区、汉阳区审计局被湖北省经济责任审计工作领导小组评为“经济责任审计工作先进单位”；武汉市武昌区审计局被湖北省人事厅、审计厅评为“全省审计机关先进集体”。

财政审计　对6个部门进行预算执行审计，对黄陂、新洲、江夏、蔡甸区财政运行状况进行了审计调查。通过审计和审计调查，揭露了政府采购预算编制不到位，超预算、无预算采购现象，没有严格执行“收支两条线”的管理规定等问题。

专项资金审计和审计调查　组织开展了对全市农村养老保险基金、体育彩票公益金、福利彩票资金、规划土地系统财务收支及专项资金的审计；对行政事业性收费等9个项目进行了专项审计调查；对公安系统、环城森林生态资金进行了跟踪审计。审计资金7.9亿元，查出被侵占挪用资金362万元。

固定资产投资审计　坚持重点建设项目派驻审计特派员制度，对重大基础性、公益性建设项目和国外贷援款项目实施全过程的跟踪审计。对武汉市江堤整险加固国债建设、世行贷款固体废弃物等19个项目和武汉体育中心体育场等建设项目竣工决算等审计，查出项目建设单位未严格执行基本建设程序和项目法人制、工程招投标制、合同管理制、项目监理制的规定，侵占挪用项目建设资金等问题。审计结果引起了市政府领导的高度重视，制定了《武汉市政府投资项目管理办法》，进一步规范了政府建设投资行为。

经济责任审计　对5名领导干部进行了经济责任审计，查出违规金额7.61亿元，其中领导干部负主管责任7.61亿元。移送案件1起，涉案人员1人，涉案金额396万元。

计算机审计　广泛运用SQLServer、Foxpro、Access、Excel等数据库软件和工具软件；引进和推广应用了《审计数据采集分析》、《金剑》、《海文工程造价》、《审易》、《外资审计实施管理软件(WAS)》、《通用审计系统》等审计软件。利用计算机处理了各类审计数据金额683.7亿多元，查出违规金额23.15亿元。在《通用审计系统》的使用中开发了近30个小模块，初步形成了利用计算机审计的基本方法和思路。（撰稿人：汪　涛）

【十堰市审计局】　2004年，共有干部职工81人。局长翁仙王，副局长马泽民、刘文明，纪检组长叶大余。设有办公室、综合科、法规科、经济贸易审计科、财政审计科、金融审计科、外资运用审计科、社会保障审计科、农业与资源环保审计科、行政事业审计科、人事教育科、监察室、老干部工作科，另设有派出综合审计办事处、白浪审计办事处、经济执法审计办事处、科技教育审计办事处、计划投资审计办事处、文化卫生审计办事处、农林水审计办事处、政法审计办事处、经贸审计办事处，还设有经济责任审计局、固定资产投资审计中心、计算机中心、审计培训中心和内部审计指导中心等5个直属事业单位。

审计成果　完成审计项目292个，查出违规金额69300万元，决定处理上缴财政1080万元，归还原渠道资金1985万元。向司法机关移送案件3起，涉案人员3人，涉案金额98万元；移送纪检、监察部门案件7起，涉案人员7人，涉案金额1069万元。提交审计报告188份，被批示、采用82份；报送审计信息474篇，被批示、采用387篇。促进政府及部门制定完善相关制度6条。十堰市审计局被中央五部委经济责任审计工作联席会议评为“经济责任审计工作先进单位”；十堰市、竹溪县审计局被湖北省经济责任审计工作领导小组评为“经济责任审计工作先进单位”；十堰市、丹江口市审计局被湖北省人事厅、审计厅评为“全省审计机关先进集体”。

财政审计　审计财税部门16个，查出应收未收、混淆预算级次、征管不力、财政资金使用效益不高、预算收入不实等问题。

经济责任审计　对151名领导干部进行了经济责任审计，查出违规金额32303万元，其中个人负主管责任29766万元，负直接责任金额2537万元。审计后，晋升15人，平调132人，免职4人，建议给予行政处分1人。向纪检、监察机关移送线索4件，涉及人员4人；向司法机关移送线索3件，涉及人员3人。

专项资金审计　对扶贫、农村养老保险、体育彩票、疾病预防、秦岭山区农业综合开发等专项资金（基金）的审计，查出项目执行中存在配套资金不落实、挤占挪用项目资金、账务处理不规范等问题，促进了项目规范运作和效益的发挥。对襄樊市3个城区及老河口市农村合作基金会中央专项借款进行了审计，查出问题金额1.2亿元，占审计资金总额的33.63%。省委书记俞正声、省长罗清泉等同志在报送的审计信息上批示：“挪用资金要如数归位，有关责任人一定要严肃处理。”

企业审计　对湖北神鹰股份有限责任公司等13个企业改制情况进行了审计调查，揭露了资产评估不当造成国有资产流失、改制后企业职工社会保障无着落等问题。《资产评估成为国有资产流失新的“黑洞”》的信息，被省政府办公厅《专报信息》107期采用。

计算机审计　在农村合作基金会中央专项借款的交叉审计中运用计算机审计，查出违规金额700万元。在对长江证券公司十堰营业部进行资产、负债、损益审计中，运用计算机对几十万笔证券经营业务进行了分类、筛选，审计总金额8003.91万元，查出违规金额562.24万元，大大缩短了工作时间，取得了事半功倍的效果。（撰稿人：杨卫东）

【襄樊市审计局】　2004年，共有干部职工114人。局长王万清，副局长董晓东（—11月）、黄青云、张振武、余汉国、刘富华，纪检组长韩静。设有办公室、综合科、法规科、财政审计科、金融审计科、外资审计科、经贸审计科、农业与资源环保审计科、固定资产投资审计科、行政事业审计科、人事科、离退休干部管理科、纪检监察室、派出综合科，另设有社会保障与重点建设项目审计中心、经济责任审计局2个直属事业单位。

审计成果　审计单位525个，项目25个，查出违规金额61746万元，管理不规范金额31451万元，决定处理上缴财政1007万元，归还原渠道资金5301万元。提交审计报告403份，被批示、采用95份；报送审计信息1144篇，被批示、采用582篇。老河口市审计局被中央五部委经济责任审计联席会议评为“经济责任审计工作先进单位”；襄樊市、老河口市、南漳县审计局被湖北省经济责任审计工作领导小组评为“经济责任审计工作先进单位”；襄樊市、老河口市审计局被湖北省人事厅、审计厅评为“全省审计机关先进集体”。

财政审计　组织了本级财政部门预算执行审计及枣阳市、宜城市、老河口市、襄城区、樊城区的财政决算审计，查出违规金额6200万元。

专项资金审计　对全市财政系统国债资金和国债项目资金收支情况进行了审计，查出地方配套资金不到位、有关部门滞留资金、高估冒算、违规收费等问题，促进有关部门下拨资金426万元，促进地方配套资金到位1280万元，追回被侵占挪用资金 378 万元；对污水和固废处理、疾病预防、长江水资源开发等项目审计，查出管理不规范金额 4000 多万元。组织开展退耕还林资金、体育彩票公益金、农村养老保险基金和福利彩票资金的审计，查出违反项目管理、侵占挪用和严重损失浪费等问题金额 3000 多万元。

经济责任审计　对 229 名领导干部进行了经济责任审计，查出违规金额 35426 万元，管理不规范金额 13921 万元，其中领导干部应负直接责任金额 11869 万元，应负主管责任金额 37478 万元；查出领导干部个人经济问题金额 186 万元。移送纪检、监察和司法机关处理 5 人。审计后，晋升 18 人，平调 124 人，免职 13 人，撤职 1 人。

信息化建设　运用通用审计软件对金融、保险、社保基金、世行贷款、经济责任等 8 个项目进行审计，查出违规金额 9557 万元。推广“审计对象数据”、“审计项目管理数据库”等 8 个数据库，积极开发“审计违纪线索数据库”、“通用审计软件模块”和“专项资金审计数据库”。以老河口市审计局为试点，在全市范围内积极推行网络远程审计。襄阳区、樊城区、保康县审计局已与会计核算中心联网，初步实现了对会计资料的远程采集、分析和动态监控。老河口市、襄阳区审计局开展联网审计的做法受到审计署表彰。（撰稿人：郑双银）

【荆门市审计局】　2004 年，共有干部职工 55 人。局长刘永庆，副局长汪顺彪、肖正兰、李正元，纪检组长云昌权。设有办公室、综合科、法规科、财政审计科、金融外资审计科、行政事业与社会保障审计科、经贸审计科、农业与资源环保审计科、人事教育科、监察室、机关党总支，另设有经济责任审计局和固定资产投资审计中心 2 个直属事业单位。

审计成果　审计单位 292 个，查出违规金额 4.1 亿元，应上缴财政 482 万元，归还原渠道资金 1219 万元。提交审计报告 31 份，被批示、采用 9 份；报送审计信息 437 篇，被批示、采用 341 篇。钟祥市审计局被湖北省经济责任审计工作领导小组评为“经济责任审计工作先进单位”；荆门市审计局被湖北省人事厅、省审计厅评为“全省审计机关先进集体”。

专项资金审计　对养老、失业、医疗、低保、扶贫、救灾、农村税费改革转移支付等 8 项重点专项资金建立了必审制度。共审计各类专项资金 95070 万元，查出问题金额 2656 万元，揭露了专项资金管理中侵占挪用现象严重、资金结构分散、使用效益不高等问题。向纪检、监察机关移送案件 1 起。

行政事业审计　共对全市 380 个单位的 191 亿元国有资产进行了清理核查。通过核查，查明家底不清、产权不明、盲目购建、配置不合理、处置不规范、“非转经”资产经营效益差等问题。针对存在的问题，提出了完善 6 项制度的建议，引起了荆门市委、市政府的高度重视。

固定资产投资审计　共对 53 个政府投融资项目 1.57 亿元的建设资金进行了审计，审定金额 1.47 亿元，审减金额 1200 万元。通过对工程合同的真实性、工程设计变更项目、隐蔽工程配套资金审计，及工程量的现场勘察，有效地防止了工程高估冒算、虚报冒领行为，有效地维护了政府在财政资金使用方面的权益，节约了大量的财政资金，受到了荆门市委、市政府的充分肯定。

经济责任审计　共完成了 14 个经济责任审计项目，查出违规金额 9255 万元，为加强领导干部的监督与管理提供了依据。（撰稿人：宋丽霞）

【孝感市审计局】　2004 年，共有干部职工 48 人。局长钟淮山，副局长田卫民、金正谋、梁和平。设有办公室、综合科、法制科、财政审计科、金融外资审计科、行政事业审计科、固定资产投资审计科、农林水审计科、经贸审计科、人事教育科、纪检监察室，另设有经济责任审计局（直属事业单位）。

审计成果　审计单位 52 个，查出违规金额 6.12 亿元，应上缴财政 328 万元，归还原渠道资金 1881 万元。对垃圾处理厂投资项目开展专项审计调查，发现违规金额 479 万元。向司法机关移送案件 2 起、被刑拘 2 人；移送纪检、监察部门案件 1 起，涉案人员 1 人；建议有关部门处理案件 1 起。促进部门制定完善规章 7 条。提交审计报告 10 份，被批示、采用 6 份；报送审计信息 100 篇，被批示、采用 58 篇。大悟县审计局被湖北省经济责任审计工作领导小组评为“经济责任审计工作先进单位”；应城市审计局被湖北省人事厅、审计厅评为“全省审计机关先进集体”。

财政审计 审计财税部门2个，查出隐瞒转移预算收入、虚列财政支出、截留挤占挪用预算资金、延压滞留预算资金等问题。对孝南区进行了财政决算审计。

专项资金审计 对扶贫资金、社会保障资金、社会公益资金、长江流域水资源开发进行了审计；对英国政府赠款与传染病控制、疾病预防等3个国外援贷款项目资金进行了审计；在对福利彩票资金的审计中，查出该站原负责人涉嫌贪污挪用资金，被移送司法机关立案查处。

固定资产投资审计 审计单位4个，审计项目投资总额3亿元，查出违规征地拆迁、侵占挪用建设资金、虚结工程款、损失浪费等问题。对孝感市东苑小区一期安居工程建设投资竣工决算进行了经济效益审计，发现涉嫌犯罪问题，向司法机关移送案件1起，涉案人员1人。

经济责任审计 对13名领导干部进行了经济责任审计，查出违规金额3532万元。通过积极探索领导干部任前、任中经济责任审计，深化了经济责任审计内容，规范了经济责任界定和审计评价。

计算机审计 在预算执行审计、基本建设投资审计中全面开展了计算机审计。（撰稿人：冯 芸）

【黄冈市审计局】 2004年，共有干部职工45人。局长龚应祥，副局长程建明、张绘、陈毅华、吴晓鹏，纪检组长何敬东。设有办公室、综合法规科、财政审计科、金融审计科、经贸审计科、固定资产投资审计科、农业与资源环保审计科、行政事业和社会保障审计科、外资审计科、政工科，另设有经济责任审计局（直属事业单位）。

审计成果 共完成审计项目73个，查出违规金额2.3亿元，应上缴财政210万元，促进归还专项资金1.4亿多元，促进增收节支近3000万元。提交审计报告65份，被批示、采用24份；报送审计信息323篇，被批示、采用214篇。黄冈市、黄梅县、罗田县审计局被湖北省经济责任审计工作领导小组评为“湖北省经济责任审计工作先进单位”；英山县审计局被湖北省人事厅、审计厅评为“全省审计机关先进集体”。

预算执行审计 以摸清预算执行情况、规范财税部门管理行为为主，重点检查部门预算执行情况和专项资金管理、效益情况，纠正预算执行相关部门、单位的违纪违规问题。同时把预算执行审计与专项审计、企业破产等专业审计结合起来，与专项审计调查结合起来，与效益审计结合起来。

经济责任审计 对27名领导干部进行了经济责任审计。在对黄冈林业学校负责人的经济责任审计中，发现并向纪检、监察机关移交了财务主管人员涉嫌贪污6.4万元的问题。制定了《黄冈市领导干部经济责任审计部门协调配合暂行办法》、《黄冈市经济责任审计质量控制及考核制度》、《黄冈市领导干部经济责任审计结果运用办法（试行）》、《黄冈市领导干部经济责任审计责任追究办法（试行）》等制度。

固定资产投资审计 与市监察局联合组织对全市交通、水利和城建47个重点建设项目开展了审计检查；在对世行贷款加固长江干堤黄冈堤段项目审计中，查出了2个“小金库”。对遗爱湖污水处理工程建设项目审计，核减工程造价832.2万元，占一期截污管道安装工程初步结算价的50.22%，审减率在黄冈市建设项目审计历史上是空前的。

计算机审计 坚持在“学、建、用、研”等方面强力推进。以审计署《常用计算机应用技术》为教材，进行了为期一个半月的全员封闭式培训。在税务、基建等审计项目中开展了计算机审计试点。

内部审计 市直有内审机构23个，内审人员81人。内部审计师协会全年走访了4个县和市直共8个内审单位，总结材料在《中国内部审计》、《审计月刊》以及《黄冈日报》等媒体刊登。组织开展学术交流，征集了10篇内审论文，其中1篇推荐到中国内部审计协会。对全市336名内审人员从业资格进行了认定。组织了11名内部审计人员参加国际内部注册审计师资格考试，合格2人。（撰稿人：王 骏）

【鄂州市审计局】 2004年，共有干部职工57人。局长夏建武，副局长吴永环、沈美树、李向平，纪检组长柯昌新。设有办公室、法规科、财政金融审计科、行政事业审计科、农业与资源环保审计科、经贸审计科、固定资产投资审计科、社会保障审计科、监察室，另设有4个派出审计科，还设有经济责任审计局（副县级）。

审计成果　共审计单位71个，查出违规金额1.9亿元，促进财政增收3220万元，归还原渠道资金和指明要求纠正违规金额1.86亿元，节减财政投资等工程资金3874.5万元。提交审计报告12份，被批示4份；报送审计信息234篇，被采用214篇。鄂州市鄂城区审计局被湖北省经济责任审计工作领导小组评为“经济责任审计工作先进单位”。

财政审计　对财税部门进行审计中，督促将应缴未缴的财税收入1590.24万元缴入国库，揭示出部门预算编制不够完善、政府采购预算不全面等问题。审计了市国土资源管理局及其9个二级单位，督促上缴土地出让金收入1600万元。

经济责任审计　对15个部门的15名领导干部进行了经济责任审计，查出违规金额504.36万元，挽回经济损失180多万元。

专项资金审计　对市直91个单位干部职工募捐和市财政安排的272万元扶贫资金进行了全程跟踪审计，促使该项目违规问题比例从2002年的24.1%下降为6.8%。开展了扶贫开发资金审计，查出违规金额2514.71万元。向纪委、检察机关移送案件2起，涉案人员2人。

固定资产投资审计　对昌大堤等8个工程和全市重点建设工程的跟踪审计，审计资金6亿元，查出违规金额5052.42万元，直接审减工程造价3874.5万元。对江碧路扩改建工程进行了跟踪审计，通过现场审计监理，节减工程投资1551万元。

内部审计　有内审机构30个，审计单位140个，查出损失浪费金额64万元，指明要求纠正金额98万元，促进增收节支1487万元。提出审计建议258条。

信息化建设　完成局域网二期工程，建立了内外2个网站。（撰稿人：王小杰）

【黄石市审计局】　2004年，共有干部职工52人。局长邓万才，副局长丁梅存（—5月）、鲍贤咏、周秋海（—5月）、郭建安、黄振福（5月—）、吴有祥（10月—），纪检组长王业琴（—5月）、汤学胜（5月—）。设有办公室、综合法制科、财政金融审计科、固定资产投资审计科、行政事业审计科、经贸审计科、农业与资源环保审计科、外资运用审计科、社会保障审计科、政工科（监察）和经济责任审计办公室。

审计成果　审计单位178个，查出违规金额25676万元，应上缴财政1666万元，已上缴财政1084万元，归还原渠道资金3950万元，指明要求纠正金额3966万元。报送审计信息188篇，被采用、批示129篇。黄石市审计局被省委、省政府评为“湖北省第三届模范公务员集体”；黄石市、大冶市审计局被湖北省经济责任审计工作领导小组评为“经济责任审计工作先单位”；黄石市审计局被湖北省人事厅、省审计厅评为“全省审计机关先进集体”。

财政审计　审计财税部门10个，查出违规减免少征、隐瞒转移侵占预算收入、虚增财政收入、擅自动用支配国库库款、预算编制批复不规范、延压滞留预算资金等问题。

专项资金审计　对农村养老保险基金、福利彩票资金、体育彩票公益金、住房公积金、扶贫资金、农业综合开发资金等专项资金进行了审计，审计专项资金总额3082万元，查出截留侵占挪用、虚报冒领、未按时拨付资金、未缴入财政专户管理等问题。对长江干堤、山南铁路等11个基建项目进行了审计，查出违规金额982万元，核减工程款142万元，归还原渠道资金573万元。

行政事业审计　审计行政事业单位120个，查出违规金额8377万元，决定处理上缴财政123万元。对冶钢集团资产负债损益进行了审计，查出截留收入、隐瞒资产等问题，防止了国有资产流失，为市政府对该企业改制提供了可靠的依据。

经济责任审计　对70名领导干部进行了经济责任审计，查出违规金额7861万元，其中领导干部个人负主管责任金额6996万元，负直接责任金额865万元。审计后，晋升5人，平调23人，免职3人。

计算机审计　对长江证券黄石营业部进行计算机审计中，编制5个模块，查出该公司自有账户2个，违规向股民透支、买卖国债业务形成呆死账、开户登记资料不齐全、不规范等问题，取得了明显效果。（撰稿人：戴光寿）

【咸宁市审计局】　2004年，共有干部职工61人。局长冯春，副局长廖三楚、陈仁汉、张旺宝，纪检组长石深强。设有办公室、综合科、法制科、财政审计科、金融外资审计科、固定资产投资审计科、行政事业审计科、社会保障审计科、经贸审计科、农业与资源环保审计科、人事教育科、纪检监察室、工会、服务中心，另设有经济责任审计局（直属事业单位）。

审计成果 审计单位 301 个，查出违规金额 60955 万元，管理不规范金额 48457 万元，损失浪费金额 233 万元，应上缴财政 706 万元。提交报告 32 份，被批示、采用 15 份；报送审计信息 385 篇，被批示、采用 276 篇。赤壁市审计局被湖北省人事厅、审计厅评为“全省审计机关先进集体”。

社会保障审计 对农村社会养老保险基金审计，查出违规金额 752 万元，已整改归位基金 652 万元。审计结束后，在《咸宁日报》上向社会公告了审计结果。

经济责任审计 对 117 名领导干部进行了经济责任审计，查出违规金额 11457 万元，其中领导负主管责任金额 8770 万元，直接责任金额 2687 万元。审计后，晋升 18 人，平调 85 人，免职 10 人，撤职 1 人。（撰稿人：方 虹）

【荆州市审计局】 2004 年，共有干部职工 79 人。局长王本波，副局长冯学义、李俊平、雷扬彪（4 月—）、杨光忠（2 月—），纪检组长袁世明。设有办公室、综合科、法规科、财政金融审计科、行政事业审计科、经贸审计科、农业与资源环保审计科、社会保障审计科、固定资产投资审计科、外资运用审计科、人事教育科（机关党委）、派驻纪检组、监察室，另设有派出综合审计科、派出科教文卫审计科、派出农林水审计科、派出经贸审计科、派出计划城建及投资审计科，还设有经济责任审计局、市政府投资审计中心、计算机培训中心 3 个直属事业单位。

审计成果 共审计单位（项目）373 个，查出违规金额 7.5 亿元，决定处理上缴财政 809 万元，归还原渠道资金 12596 万元。向纪检、监察和司法机关移送案件 5 起，涉案人员 9 人。提交审计报告 142 份，被批示、采用 4 份；报送审计信息 416 篇，被批示、采用 259 篇。公安县审计局被湖北省经济责任审计工作领导小组评为“经济责任审计工作先进单位”，被湖北省人事厅、审计厅评为“全省审计机关先进集体”。

专项资金审计 对失业保险、企业基本养老保险基金、农村养老保险基金等专项资金（基金）进行了审计。对市直 6 家医院的医保基金情况进行了专项审计调查。

经济责任审计 对 100 个单位的 95 名领导干部进行了经济责任审计，查出违规金额中领导负主管责任金额 12100 万元，负直接责任金额 3544 万元。审计建议给予党纪处分 3 人，移送纪检、监察和司法机关线索 5 件。审计后，晋升 7 人，平调 16 人，免职 6 人，撤职 1 人。

内部审计 全市共有内审机构 82 个，内审人员 308 人，审计单位（项目）351 个，查出违规金额 6275 万元，促进增收节支 2886 万元，提出建议意见被采纳 213 条。建议给予党纪政纪处分 3 人。

计算机审计 在对长江证券公司荆州营业部进行计算机审计中，审计人员运用通审软件，编制审计小模块 20 个，导出的数据分析结果 60 余张表格，经对数据工作表核实分析，查出该营业部违规账外经营、部分客户资料不真实、违反交收制度强制支票取款等违纪违规问题。（撰稿人：张节本）

【宜昌市审计局】 2004 年，共有干部职工 74 人。局长邓玉华，副局长韩永清、王华强、冉锦成，纪检组长方正国。设有办公室、法规科、财政审计科、金融审计科、行政事业与社会保障审计科、经贸审计科、农业与资源环保审计科、固定资产投资审计科、外资运用审计科、人事教育科（机关党委与其合署办公）、行政管理科，另设立宜昌市经济责任审计局（直属事业单位）。

审计成果 审计单位 362 个，查出违规金额 4.42 亿元，决定处理上缴财政 2872 万元，归还原渠道资金 5640 万元。移送纪检、监察部门处理案件 3 起，涉案人员 22 人，涉及金额 699 万元。提交审计工作报告 109 份，被批示、采用 46 份；报送审计信息 755 篇，批示采用 512 篇。秭归县、当阳市审计局被湖北省经济责任审计工作领导小组评为“经济责任审计工作先进单位”；枝江市审计局被湖北省人事厅、省审计厅评为“全省审计机关先进集体”。

财政审计 同级财政审计查出市财政部门未将水资源费按规定纳入预算管理、侵占专项资金等问题。对经济贸易委员会、人口与计划生育委员会、教育局、交通局、建设局等5个部门预算执行情况进行了审计，查出预算编制不完整、预算执行有偏差、财务活动存在违纪违规等问题。对宜昌市长阳土家族自治县财政决算和其他财政财务收支情况进行了审计，查出违规金额1778万元，决定处理上缴财政558万元。

专项资金审计 对农村养老保险基金审计，查出违规金额2615.2万元，发现农保部门存在内部管理制度不健全、侵占挪用资金、资金入不敷出、存在行业风险等问题。审计世行贷款长江水资源开发项目执行单位25个，查出配套资金不到位、侵占挪用滞留项目资金等问题，为各级政府提高外资利用效益和质量提供了决策依据。配合省审计厅对荆门市农村合作基金会中央专项资金借款情况进行了审计，查出违规金额2347万元，移送检察机关1人，涉案金额5万元。

企业审计 对夷陵区国有资产经营有限公司财务收支情况进行了审计，查出该公司存在资产反映不实、投资失误造成重大损失、财务管理不规范等问题，审计结果得到市领导的高度重视。

固定资产投资审计 对东宜水源输水工程和夷陵长江大桥建设工程进行了效益审计试点，查出两个项目均存在实际运行指标未达到概算设计水平、经济效益不明显等问题，审计结果促进了政府宏观决策，受到了市领导的充分肯定。

经济责任审计 对119名领导干部进行了经济责任审计，查出违规金额6540万元，管理不规范金额6989万元，损失浪费金额338万元。移送纪检和司法机关1人。审计后，晋升16人，平调71人，降职1人，免职19人。

计算机审计 制定了《宜昌市审计局2004年至2006年审计信息化建设规划》，与北京某公司合作开发了《宜昌审计管理信息系统》。在地税局、长江证券公司、市商业银行审计中实施计算机辅助审计，提高了工作效率，收到了显著效果。（撰稿人：曹志刚）

【随州市审计局】 2004年，共有干部职工33人。局长任文泽，副局长阎明银、方峰涛，纪检组长裴宗万。设有办公室（综合科）、法规科、财政社保审计科、金融外资审计科、行政事业审计科、经贸审计科、农业与资源环保审计科、固定资产投资审计科、监察室，另设有经济责任审计局。

审计成果 审计单位50个，查出违规金额18390万元，应上缴财政188万元，应归还原渠道资金1812万元。提交审计报告37份，被批示6份；报送审计信息120篇，被批示、采用87篇。曾都区审计局被湖北省经济责任审计工作领导小组评为“经济责任审计先进单位”。

财政审计 审计财税部门2个，查出了滞留、调整预算收入，扩大资金使用范围，预算支出管理不规范，专项资金管理薄弱等问题。随州市政府采纳审计建议，督促财政部门和有关部门加强整改，加强预算收入、“收支两条线”和专项资金的管理，完善了国库集中支付管理办法。

专项资金审计 对退耕还林专项资金进行了审计，查出违规金额367万元，责成相关部门限期整改，取得较好效果。

经济责任审计 对16名领导干部进行了经济责任审计，查出违规金额2632万元，其中个人负主管责任金额204万元，负直接责任金额128万元。查出“账外账”、“小金库”6个，违规金额350万元。对湖北专用汽车制造厂董事长、总经理和国土资源局原局长的经济责任审计后，向司法机关及纪检监察部门移送违法犯罪案件线索6件，涉案金额2000多万元，涉嫌违法违纪人员18人，其中已逮捕2人，撤职7人，给予党纪政纪处分7人，挽回经济损失1500万元。

计算机审计 运用现场审计实施软件，成功地采集和转换市中心医院、地税局的财务和业务数据并进行转换，查出违规金额100万元。（撰稿人：付业军）

【仙桃市审计局】 2004年，共有干部职工30人。局长肖俊，副局长彭国黎、黄大华、张文杰。设有办公室、综合科、财政金融外资审计科、行政事业审计科、经贸审计科、农业和资源环保审计科、固定资产投资审计科、社会保障审计科，另设经济责任审计局（直属事业单位）。

审计成果 完成审计项目55个，查出违规金额17426万元，减少损失浪费金额441万元，归还原渠道资金837万元，应上缴财政123万元。报送审计信息58篇，被批示、采用38篇。被湖北省人事厅、审计厅评为“全省审计机关先进集体”。

财政审计 审计9个财税部门，查出违规转移国库资金、公款转储、侵占预算资金、预算编制过粗等问题，督促和建议纠正违规金额1225.14万元。

固定资产投资审计　对长江干堤河堤加固工程、泽口灌区、平垸行洪等重点工程进行了审计，查出工程造价不实、侵占建设资金等问题。

社会保障审计　对人寿保险、农村养老保险、低保资金管理使用情况进行了审计，查出挤占挪用保险基金、转移基金利息收入、违规支付养老金和退保金等问题。《农村养老保险基金管理的现状与对策》被仙桃市政府采纳。

经济责任审计　对14个单位的18名领导干部进行了经济责任审计，查出违规金额3958万元，清理核实资产23366万元。

内部审计　有内部审计机构17个，其中专职机构10个，兼职机构7个；内部审计人员25人。共审计单位177个，查出损失浪费金额427万元，指明要求纠正金额306万元，促进增收节支488万元。发现案件线索6件；向司法机关移送案件4起，涉案人员7人。（撰稿人：汤海燕）

【天门市审计局】　2004年，共有干部职工26人。局长甘孝荣（2月—）、甘卯新（—2月），副局长李曰忠（—3月）、詹东娥（兼纪检组长）、张昌宏、张业华、潘承勇（5月—）。设有办公室、行政事业审计科、财政金融审计科、农业审计科、经贸审计科、固定资产投资审计科、行政管理科，另设有直属事业单位经济责任审计分局。

审计成果　完成审计项目41个，审计单位94个，查出违规金额15038万元，其中“小金库”、“账外账”5个，涉案金额64万元，侵占挪用专项资金6009万元，隐瞒截留收入1184万元，应缴未缴财政专户1032万元，指明要求纠正3734万元，应上缴财政121万元。提交审计报告13份；报送审计信息8篇，被批示、采用2篇。向纪检、监察部门移送案件8起，涉案人员5人。促进部门制定完善规章制度6条。

财政审计　审计财税部门5个，查出隐瞒转移预算收入、虚增财政收入、虚列财政支出、延压滞留预算资金等问题。提交的审计工作情况报告，受到天门市人大的充分肯定。

专项资金审计　对长江流域水资源开发、疾病预防等3个国外援贷款项目进行了审计，查出管理不规范金额56万元，损失浪费金额9万元。对部分外债资金情况进行了专项审计调查。对天门市农业综合开发项目审计，发现农业综合开发有偿资金按期回收难度大，审计情况引起市政府的高度重视，责成相关地方和单位认真进行整改，整改到位资金816万元。

经济责任审计　对16名领导干部进行了经济责任审计，查出违规金额4781万元。向纪检、监察机关移送线索7件，涉及4人。审计后，晋升2人，平调13人。

计算机审计　在人寿保险行业审计中，运用计算机进行审前调查、现场审计和审计档案立卷等全过程，编制了通用审计软件模块，取得了显著效果。（撰稿人：甘选华）

【潜江市审计局】　2004年，共有干部职工61人。局长康如学，副局长彭振松、尹业刚、李国平，纪检组长张绪新（4月—）。设有办公室、审计一科（综合、法规、信息化）、审计二科（政工人事、内审）、审计三科（财政、金融审计）、审计四科（工交商贸、农业环保、外资审计）、审计五科（固定资产投资审计）、审计六科（行政事业、社会保障审计），另设有经济责任分局、一分局、二分局、三分局等4个直属事业单位。

审计成果　审计单位110个，查出违规金额8500万元，追回被侵占挪用欠缴资金650万元，促进增收节支3500万元，挽回经济损失2500万元；决定处理处罚8557万元，指明要求纠正10402万元，应上缴财政450万元。提交审计报告5份，被批示、采用3份；报送审计信息80篇，被批示、采用51篇。被湖北省经济责任审计工作领导小组评为“经济责任审计工作先进单位”，被湖北省人事厅、审计厅评为“全省审计机关先进集体”。

财政审计　查出违规减免少征、应缴未缴、预算编制批复不规范、延压滞留预算资金等问题金额3384万元。

专项资金审计　对长江流域水资源开发、疾病预防、体彩资金、福彩资金、农村社保资金等6个国外援贷款和专项资金项目进行了审计，审计核实资金总额3351万元，其中利用外资596万元。对体彩公益资金、福彩资金、农村社保资金审计结果向社会进行了公告。

经济责任审计　对74个单位的88名领导干部进行了经济责任审计，查出违规金额12151万元，其中个人负主管责任12072万元，负直接责任金额79万元。审计后，晋升15人，平调14人。制定了《潜江市经济责任审计事项公布暂行办法》。

计算机审计　在人寿保险行业审计中运用了计算机审计，查出违规经营、少计少缴税金、损益不实等违规金额1099万元，取得了良好效果。（撰稿人：刘春霞）

【神农架林区审计局】　2004年，共有干部职工19人。局长姚成堂（—1月）、张福旺（2月—），副局长许贵国、刘忠君。设有办公室、综合法规科、财政金融审计科、经贸审计科、行政事业与外资运用审计科、农业与资源环保审计科、固定资产投资审计科，另设有经济责任审计局（直属事业单位）。

审计成果　共完成审计项目40个，查出违规金额440万元，应上缴财政25万元，管理不规范金额1418万元，已自行纠正1001万元。提交审计报告43份，被批示、采用5份；报送审计信息77篇，被批示、采用52篇。向纪检、监察机关移送案件1起。

经济责任审计　对28个单位的29名领导干部进行了经济责任审计，查出违规金额1577万元。审计后，晋升4人，平调22人，免职2人；提出审计建议60多条。在维护财经纪律，促进源头治腐和廉政建设，防止国有资产流失以及促进领导干部树立正确的政绩观等方面发挥了重要作用。（撰稿人：许　华）

【恩施土家族苗族自治州审计局】　2004年，共有干部职工42人。局长刘祥华，副局长程华（—4月）、熊瑛、蔡玲、周立春（兼经济责任审计局长），纪检组长何家祥。设有办公室、综合与法规科、财政金融审计科、行政事业与社会保障审计科、经贸审计科、农业与资源环保审计科、固定资产投资与外资审计科、国家建设项目审计科，另设有经济责任审计局（直属事业单位）。

审计成果　2004年，共审计单位352个，查出违规金额3.27亿元，应上缴财政843万元，归还原渠道资金5314万元，指明要求纠正金额287807万元。建议纠正地方部门不当规定17条。提交审计报告150份，被批示、采用25份；报送审计信息175篇，被批示、采用104篇。利川市审计局被湖北省经济责任审计工作领导小组评为“经济责任审计先进单位”；恩施市审计局被湖北省人事厅、审计厅评为“全省审计机关先进集体”。

固定资产投资审计　共审计国家建设项目93个，审计资金2.92亿元，查出违规金额5200万元，审减投资额3780万元，节约资金3700万元。

经济责任审计　对109名领导干部进行了经济责任审计，查出违规金额18863万元，其中负主管责任金额17315万元，负直接责任金额1548万元，个人经济问题金额2万元。审计后，晋升2人，平调74人，免职6人，降职1人，撤职1人。

信息化建设　全州有8个审计局建立局域网，全部开通了互联网，6个审计局建立了办公自动化系统，实现了无纸化办公。自治州审计局初步建立了被审计单位数据库，为逐步实现计算机审计奠定了基础。（撰稿人：陈　宏）

2004年湖北省区、县（市）级审计工作统计表

审计机关	干部职工人数（人）	审计单位（个）	经济责任审计项目（个）	查出违规金额（万元）	应缴财政（万元）	已缴财政（万元）	决定处理处罚（万元）	指明要求纠正（万元）	提交审计报告、信息（篇）	审计信息被采用（篇）
武汉市										
江岸区审计局	27	27	16	1041	13	13	2022	4391	49	30
江汉区审计局	16	30	9	10524	284	24	479	4862	132	110
硚口区审计局	25	24	15	832	16	12	315	16693	201	128
汉阳区审计局	16	41	17	175	7	7	102	73	40	21
武昌区审计局	20	38	23	11772	3	3	4025	7747	97	61
青山区审计局	14	24	14	131	3	3	4698	4567	26	9
洪山区审计局	19	31	7	11059	5699	2934	1	11059	51	11
东西湖区审计局	15	8	10	36556	96	96	691	35580	44	10
汉南区审计局	15	28	16	297	40	40	260	4891	65	11
蔡甸区审计局	25	43	16	23377	847	815	1402	21975	66	33
江夏区审计局	35	48	12	3127	64	64	64	3716	42	47
黄陂区审计局	33	96	9	6744	32	32	70	3120	69	57
新洲区审计局	58	110	6	8150	504	445	2189	5961	111	31
十堰市										
张湾区审计局	19	27	10	1901	8		635	1266	63	16
茅箭区审计局	9	14	6	104			104	10	25	3
丹江口市审计局	26	23	4	4270	59	59	2474	3369	72	50
郧县审计局	33	48	6	14600	39	34	7885	12539	29	20
竹山县审计局	30	23	4	3184	34	30	3047	46	44	35
房县审计局	24	31	3	5885	435	434	2607	3314	58	38
郧西县审计局	26	25	16	1980	34	34	1979	1092	27	14
竹溪县审计局	26	28	12	2480	22	17	2457	859	45	25
襄樊市										
襄城区审计局	23	29	6	2072	9	9	141	3119	56	17
樊城区审计局	28	31	11	2				3471	44	12
襄阳区审计局	140	70	48	7898	93	93	2074	96	152	72
老河口市审计局	110	113	18	9613	96	87	2804	2520	154	138
枣阳市审计局	43	42	30	25484	46	44	18947	10720	73	15
宜城市审计局	41	37	20	10145	53	44	10145	314	48	10
南漳县审计局	46	26	13	1006	46	46	424	1004	127	56

审计机关	干部职工人数（人）	审计单位（个）	经济责任审计项目（个）	查出违规金额（万元）	应缴财政（万元）	已缴财政（万元）	决定处理处罚（万元）	指明要求纠正（万元）	提交审计报告、信息（篇）	审计信息被采用（篇）
谷城县审计局	41	40	28	614	20	20	634	366	391	76
保康县审计局	29	23	9	2434	113	83	2223	1100	65	32
荆门市										
东宝区审计局	20	48	22	2800	278	210	80	2501	150	130
掇刀区审计局	13	60	18	3230	22	22	386	2844	70	60
钟祥市审计局	44	79	39	2582	92	92	92	84	258	130
沙洋县审计局	24	92	5	2540	31	31	29	860	29	15
京山县审计局	73	60	4	2053	52	52	52	4660	11	2
孝感市										
孝南区审计局	29	64	19	3602	69	69	1792	2174	106	66
应城市审计局	27	58	6	10197	78	78	3916	6267	82	53
安陆市审计局	22	80	45	9057	79	79	7397	2300	83	77
汉川市审计局	31	28	11	5574	35	29	2109	3445	78	28
孝昌县审计局	16	43	20	5824	27	27	4736	1088	76	30
大悟县审计局	28	62	34	7196	41	41	3371	3825	175	68
云梦县审计局	36	51	18	3500	42	42	2624	860	123	52
黄冈市										
黄州区审计局	36	68	16	9886	283	215	85	8600	248	143
麻城市审计局	41	85	19	2000	143	143	130	150	30	25
武穴市审计局	54	83	18	5710	70	70	5500	80	76	19
红安县审计局	78	89	31	6860	100	100	1520	1260	90	39
罗田县审计局	25	71	21	1956	95	57	85	10	63	41
英山县审计局	24	112	13	9275	102	102	102	740	210	60
浠水县审计局	45	67	15	5169	137	137	136	3236	146	48
蕲春县审计局	63	110	22	11534	210	210	170	956	73	56
黄梅县审计局	41	158	32	12909	136	136	4287	14238	39	28
团风县审计局	17	48	12	1370	54	52	54	758	32	15
鄂州市										
鄂城区审计局	57	12	4	2438	33	33	359	1400	34	13
梁子湖区审计局	6	22	3	305	4	4	4	269	23	7
华容区审计局	9	13	2	2674			238	2000	22	9
黄石市										
黄石港区审计局	4	14	11	563	6	6	6	458	8	8
西塞山区审计局	4	11	3	483	21	15	691	345	5	4

审计机关	干部职工人数（人）	审计单位（个）	经济责任审计项目（个）	查出违规金额（万元）	应缴财政（万元）	已缴财政（万元）	决定处理处罚（万元）	指明要求纠正（万元）	提交审计报告、信息（篇）	审计信息被采用（篇）
下陆区审计局	5	22	4	634	27	21	11	52	18	21
铁山区审计局	5	20	4	2653	8		280	1768	25	34
大冶市审计局	51	57	40	6995	135	135	2852	5567	185	128
阳新县审计局	40	11	17	697	10	10	545	162	44	38
咸宁市										
咸安区审计局	52	82	53	8646	116	110	2850	3796	101	77
赤壁市审计局	42	85	16	3959	189	189	1261	613	94	82
嘉鱼县审计局	31	60	18	8620	110	110	110	750	55	55
通城县审计局	51	56	26	7326	102	102	1102	7224	137	16
崇阳县审计局	52	41	18	2053	51	51	51	4500	158	72
通山县审计局	47	36	13	4281	66	47	1319	723	89	52
荆州市										
沙市区审计局	11	17	5	74	8	8	8	2162	30	21
荆州区审计局	16	20	16	3959	26	26	32	2117	26	8
石首市审计局	32	50	13	11289	214	196	1149	732	106	28
洪湖市审计局	33	78	15	8690	168	168	168	56	65	56
松滋市审计局	72	91	32	10922	146	146	146	485	416	108
江陵县审计局	13	29	8	996	60	60	18	777	32	3
公安县审计局	65	63	4	9200	80	80	80	7000	180	79
监利县审计局	21	85	23	3280	210	210	210	450	63	28
宜昌市										
西陵区审计局	6	10	7	977	10	7	10	1816	41	19
伍家岗区审计局	8	24	9	244	10	5	5	1823	80	51
点军区审计局	4	17	13	132	8	8	8	9	80	23
猇亭区审计局	8	16	4	1073	6	6	6	1050	56	18
夷陵区审计局	23	65	4	5018	358	358	1650	3075	130	65
枝江市审计局	19	28	13	4066	154	154	154	4477	189	162
宜都市审计局	18	40	10	8043	111	111	7113	8658	68	82
当阳市审计局	24	30	12	5523	409	409	5513	1554	271	220
远安县审计局	15	30	13	213	37	37	38	263	58	14
兴山县审计局	15	45	3	482	69	66	222	3701	56	37
秭归县审计局	25	34	9	2994	208	208	1775	262	97	209
长阳土家族自治县审计局	20	35	16	2586	46	29	46	1006	75	40

审计机关	干部职工人数（人）	审计单位（个）	经济责任审计项目（个）	查出违规金额（万元）	应缴财政（万元）	已缴财政（万元）	决定处理处罚（万元）	指明要求纠正（万元）	提交审计报告、信息（篇）	审计信息被采用（篇）
五峰土家族自治县审计局	18	63	7	2027	39	39	39	4091	115	80
随州市										
曾都区审计局	33	67	37	3116	83	78	498	523	67	51
广水市审计局	24	25	11	3040	47	47	47	112	20	12
恩施土家族苗族自治州										
恩施市审计局	24	49	10	4773	42	89	2335	612	85	42
利川市审计局	19	43	8	3964	119	98	62	11907	30	22
建始县审计局	18	24	7	7751	61	51	7319	432	24	21
巴东县审计局	18	52	8	1661	204	105		4663	72	30
宣恩县审计局	15	24	3	966	120	100	371	285	35	28
咸丰县审计局	21	27	15	729	34	34	290	524	49	39
来凤县审计局	18	81	29	3635	8	8	8	2005	148	40
鹤峰县审计局	13	30	11	878	42	42	42	651	92	78

湖南省

【湖南省审计厅】 2004年，湖南省审计厅定编273人，在编273人。厅机关设有办公室、法制处、财政审计处、金融与社会保障审计处、行政事业审计处、经贸审计处、农业与资源环保审计处、固定资产投资审计处、外资运用审计处、经济责任审计处、人事教育处、机关党委、纪检组、监察室，另设有13个派出审计处，同时还设厅机关后勤服务中心、离退休人员管理处、内部审计指导中心、审计科研所、审计厅张家界招待所等直属事业单位。

领导成员

厅　　长：吴宗源

副 厅 长：唐会忠　王利明

胡吉祥　刘崇斌

纪检组长：颜泽云

审计成果　全年共完成对5882个单位的审计，查出违规金额83.2亿元，管理不规范金额96.27亿元，损失浪费金额5073万元；应上缴财政2.84亿元，应减少财政拨款或补贴3178万元，应归还原渠道资金5.22亿元；已上缴2.22亿元，已归还2.26亿元，已调账处理9.64亿元。移送司法机关和纪检监察机关案件线索91件。提交审计工作报告、信息2205篇，被批示采用865篇，向社会公开审计结果24篇。

预算执行审计　全省财政预算执行审计，重点转向促进规范财政管理、提高资金使用效益方面，加强了对有资金分配权的部门以及预算分配各个环节的审计监督。2003年度省级预算执行审计，打破业务分工，统一调配使用力量，查出主要问题金额9.63亿元，指出了部分预算执行单位

"收支两条线"落实不到位、预算执行不严谨、专项资金未专款专用等普遍性和倾向性的问题。对此，省政府办公厅召集相关部门专题部署整改工作，并向省直有关单位下发了整改通知书。各单位对审计查出的问题进行了全面整改。市、县两级审计机关在各地党委政府的领导下，深化了对本级政府部门预算执行的审计，重点关注部门预算编制的科学性、合理性和有效性，加强对财政资金拨入较多和预算外收入较多的预算执行单位的审计监督。

行业审计和专项资金审计　针对社会普遍关注和涉及人民群众切身利益的问题，组织开展了全省性的行业审计和专项资金审计。其中：转移支付教育资金专项审计，查出违规和管理不规范金额1.19亿元，促进优化了教育资源配置；对第五期农业综合开发资金的审计及项目效益情况的审计调查，共查出主要问题金额9813万元，审计期间促进资金投入到位1153万元，归还原渠道资金929万元；对全省水库移民专项资金的审计和审计调查，不仅查出主要问题金额5445万元，还将移民口粮补贴款方面存在的问题向各级政府和有关部门及时反映；计划生育专项资金审计查出主要问题金额1.91亿元，指出了挤占挪用专项资金、县级计生部门负债额巨大、拖欠计生干部工资、社会抚养费征收不到位且管理使用不规范等问题；省定100所重点中学的审计查出主要问题金额3.23亿元，指出了乱收费、账外账，以及国有民校办学行为不规范、办学环境不理想等普遍性的问题；全省县际及县到乡公路改造行业审计，审计项目总投资37.7亿元，查出违规金额1.4亿元，指出了投资规模、资金管理、招标投标及工程监理方面存在的突出问题。

专项审计调查　围绕涉及改革发展中带有体制性的深层次问题，进一步加强了专项审计调查，其中：全省123个县（市、区）财政2003年末赤字情况的审计调查，发现全省赤字县65个，比报表反映数15个增加50个，发现累计赤字额20.24亿元，比报表反映额增加17.7亿元，为澄清财政底子起到了积极作用；全省彩票发行及公益金管理使用情况的专项审计调查，发现了彩票销售管理方式存在不合规、彩票资金结算不及时等主要问题；对湘江流域环境治理工程、外国政府贷款购置医疗设备项目等进行的审计调查，促进了合理、有效利用外国政府贷款。长沙市审计局在对重点中学行业审计中，侧重对学校资源、负债、收费及政府投入情况的审计和审计调查，查出违规金额7473万元，提出审计建议45条。永州市审计局在重点中学行业审计中，联合市监察局一起进点，各司其责，优势互补，查出欠拨挪用教育资金、违规收费、滥发奖金补贴等违规金额过亿元。

企业审计　全省共审计了519个企业，查出主要问题金额23.97亿元。对上市公司的审计进一步深化，发现了应列未列费用、应列未列收入、漏缴税费以及财务信息披露失真等问题，在依法处理的同时，提出了促进管理和企业发展的审计建议。为配合国有企业改革，市、县两级审计机关，把支持国有企业改革与维护职工合法权益和社会稳定结合起来，对重点企业开展了改制前的审计，摸清了家底，核实了资产。

经济责任审计　据统计，全省共审计经济责任人2055人，查出直接责任金额2.29亿元，领导干部个人经济问题金额619万元。经济责任审计的结果得到较好利用，被审计的经济责任人有42人被免职，9人降职，9人撤职，移送纪检监察机关处理22人，移送司法机关处理8人。2004年，湖南省被评为"全国经济责任审计省级先进单位"，衡阳市、平江县、双峰县被评为"全国经济责任审计先进单位"。

金融审计和外资运用审计　全省完成了对11个单位的金融审计任务，查出主要问题金额4898万元。对13个大项278个项目执行单位进行了外资运用审计，出具了中英文报告13份。

审计质量控制　为了贯彻落实审计署6号令，探索完善切合湖南实际的审计项目质量控制办法，省审计厅根据审计署6号令的要求，选择在衡阳市审计局开展试点工作。衡阳市审计局在省审计厅的具体指导下，利用原有的一些规章制度，将质量控制办法细化，制定并颁布一套包括审计复核、审计结果公告、审计业务会议、审计项目质量追究等多方面内容的审计项目质量控制文件，共有11个规章制度，8个不同类型的审计报告范文，7个方面的表格，2004年9月1日起在衡阳市审计局所有审计项目中全面推行。

审计结果公告　为了推动审计结果公告工作，逐步把审计监督与群众监督、舆论监督结合起来，更加有效地促进政府部门依法行政，省审计厅选择岳阳市审计局作为推行审计结果公告制度试点单位。岳阳市审计局在省审计厅的指导下，从本地实际出发，逐步探索形成了一套较为规范的做法，并选择了岳阳大道、洞庭大道等8个政府关注、群众关切的重点工程审计项目，作为审计结果公告试点项目，从2004年8月1日起，相继在《岳阳晚报》上公告了审计结果。在总结岳阳市审计局试点经验的基础上，省审计厅制定了《湖南省审计厅审计结果公告试行办法》，已报送省政府并得到批准，2005年开始在省审计厅试行。

信息化建设 制定了《湖南省审计信息化建设规划》和《湖南省审计厅计算机及网络系统管理暂行办法》。计算机审计在金融、财政、企业等多个领域得到推广。针对从审计署引进的“现场审计实施系统”软件，举办了2期共有90多人次参加的培训班，省审计厅金融社保审计处及长沙市审计局、湘潭市审计局、娄底市审计局等运用该软件实施了审计。省审计厅农业与资源环保审计处运用该软件查出一个“小金库”。计算机基础设施建设进一步加强，确定了县级审计机关审计信息化试点方案和首批试点单位，试点单位都已初步建成开放性多功能的基础网络平台。（撰稿人：李太保）

【长沙市审计局】 2004年，共有干部职工82人。局长张智勇（—8月）、刘景旺（7月—），副局长李志明、邓国浩、段安娜、刘金文，纪检组长赵志强，总审计师关士麟。设有办公室、法制处、财政审计处、金融与社会保障审计处、行政事业审计处、经贸审计处、农业与资源环保审计处、固定资产投资审计处、外资运用审计处、经济责任审计室、人事教育处、监察室、机关党委。

审计成果 完成审计项目121个，查出违规金额38108万元，审减工程造价金额4446万元，上缴财政金额1160万元；收缴国有资产（7个农贸市场）估价2700万元。审计报告被市委、市政府领导批示28次，审计信息、报告被市以上党政机关、上级审计机关和新闻单位采用35篇（条）。移送纪检、司法机关案件线索8件。首次获得省人事厅、省审计厅授予的“全省审计系统先进集体”光荣称号；同时，审计理论研究方面有重大突破，《坚持科学发展观，加强内部审计质量控制》、《企业改制中内部审计的作用研究》获中国内部审计协会评比一等奖，《关于国家审计如何对改制企业进行审计监督的探讨》获全省审计系统一等奖。

财政审计 以绩效审计为方向，逐步实现由收支并重向支出审计为主转变，由主要审计本级支出向本级支出与补助下级支出并重转变，进一步深化了财政审计。市局对“同级审”中查出的问题，从制度建设、管理机制等方面提出了建设性意见和建议，得到了市人大、市政府的充分肯定。

专项资金审计 对县乡公路改造工程的审计，发现挤占挪用工程款、中标人违约分包等问题后，从宏观角度提出了规范国债资金使用和管理等建议，引起了市政府领导的高度重视。

经济责任审计 共对19个单位（部门）的24名领导干部进行了经济责任审计，查出违规金额3354万元，上缴财政金额427万元。移交纪检部门案件线索3件。呈报《审计要情》2篇。同时，进一步突破了传统的财务审计模式，创新了经济责任审计方法，将对领导干部经济决策能力、经营管理水平检查评价的审计理念和审计内容，从财务管理工作扩展到整个业务管理工作，并按照工作的主线和工作职能的脉络进行审计，取得了明显成效。（撰稿人：汤建尧　胡文瑛）

【张家界市审计局】 2004年，共有干部职工24人。局长胡天爱，副局长廖祖健、李文化、宋德元，纪检组长彭瑛。设有办公室、财政金融和社会保障审计科、固定资产投资审计科、法制科、领导干部经济责任审计处。

审计成果 共完成审计项目28个，查出违规金额5101万元，应上缴财政金额157万元，应归还原渠道资金612万元，对严重违纪违规行为处以罚款157万元。

固定资产投资审计 共审计基建投资项目7个，审计投资总额1.1亿元，查出违规金额1800万元，核减工程价款、为国家节约建设资金1456万元，核减率达13%。（撰稿人：张国华）

【常德市审计局】 2004年，共有干部职工57人。局长吴让晓，副局长陈友康（9月—）、王昌元（—9月）、郭亿春、李新辉、刘光华，纪检组长邓平元。设有办公室、法制科、人事教育科、监察室、财政金融审计科、行政事业与社会保障审计科、经济贸易与外资运用审计科、农业与资源环保审计科、固定资产投资审计科、经济责任审计室、派出机构审计室。

审计成果　审计单位 164 个，查出违规金额 1.5 亿元，应上缴财政 842 万元，应归还原渠道资金 4570 万元。对 27 个单位开展专项审计调查，发现违规金额 9394 万元。移送纪检监察部门案件 4 起。

财政审计　审计财税部门 14 个，查出违规金额 1898 万元。市政府采纳了审计建议，加大了国土出让金征收力度，2004 年度共征收入库 5050 万元，为上年度的 1.91 倍。

专项资金审计　对农业综合开发、退耕还林、水利、移民、扶贫等 9 个专项资金项目进行了审计，对长江洪灾紧急恢复、地方病控制、传染病控制和第 9 个卫生发展等 10 个国外贷援款项目进行了审计。常德市农业综合开发办采纳审计建议，制定和完善了《农业综合开发项目建设管理制度》和《农业综合开发项目建设招投标管理制度》。

行政事业审计　审计单位 60 个，查出违规金额 6429 万元。在常德市 10 个省级重点中学审计中，查出违规金额 2459 万元，常德市监察局转发文件给市教育局和相关重点中学，对审计发现的问题进行了整改。

固定资产投资审计　完成 8 个重点工程项目审计，审计项目投资总额 65160 万元，在常德市财政局投资评审中心和其他社会中介机构审定的基础上进行复审，再次审减投资 735.8 万元。

经济责任审计　完成 53 个单位的 73 名领导干部经济责任审计，查出违规金额 5229 万元，其中个人负主管责任 4849 万元，负直接责任 380 万元。移送纪检监察机关线索 1 件。审计后，晋升 3 人，免职 6 人，降职 1 人，撤职 2 人。

企业审计　审计单位 62 个，其中破产改制企业 45 个。对常德百货总公司的破产审计，查出违规金额 47.9 万元。对常德市本级粮食企业新增财务挂账审计，查出新增财务挂账 7240 万元。

内部审计　共审计单位 3925 个，查出损失浪费金额 2884 万元，促进增收节支 9768 万元，提出审计建议 1192 条。发表审计信息和调研文章 80 篇。常德市累计有 600 人取得了中国内部审计协会颁发的岗位资格证书。(撰稿人：张广明)

【益阳市审计局】　2004 年，共有干部职工 48 人。局长张雪秋，副局长陈润生、谢征粮、谭超美，纪检组长王棣祺、张松斌（6 月—）。设有办公室、法制科、人事教育科、财政金融审计科、行政事业审计科、农业与环保审计科、经贸外资审计科、经济责任审计科、固定资产投资审计科。

审计成果　审计单位 492 个，查出违规金额 28452 万元，查出管理不规范金额 14469 万元，应上缴财政 1015 万元，应归还原渠道资金 3867 万元，应调账处理 8436 万元，审减工程造价 4025 万元，查出“小金库”5 个。移送纪检、司法机关案件线索 11 件。提交调查报告 89 篇，审计结果报告 205 篇，审计信息 219 条。

乡镇消赤减债审计　审计 137 个乡镇，赤字总额 26760.4 万元，比上年减少 2843 万元，消赤率 9.6%；负债总额 52642.1 万元，比上年减少 3612.4 万元，减债率 8.1%。通过审计共纠正乡镇财政虚假财务收支 1102 万元，责成有关乡镇调整账目金额 708 万元，收缴违规金额 72 万元，向有关部门提出规范管理的建议 78 条。

行政事业审计　审计单位 174 个，查出违规金额 6174 万元，管理不规范金额 5854 万元，应上缴财政 315 万元，应调账处理 1413 万元，应归还原渠道资金 388 万元，应自行纠正金额 1649 万元。

专项资金审计　对全市 7 个区县（市）和市本级农业综合开发办 2001～2003 年度的农业综合开发项目计划的制定、执行和资金的投入、管理、使用及效益情况进行了审计，共审计单位 34 个，审计资金 25160 万元，查出违规金额 1190 万元，其中：资金不到位 916 万元，挤占、挪用专项资金 34 万元，调整投资计划 5 万元。

固定资产投资审计　共对 32 个基本建设项目进行了审计，通过审计减少造价 4025 万元，减少财政拨款或补贴 312 万元，进一步规范了建设行为，促进了建设资金的安全、合理和有效使用。

经济责任审计　完成对 205 名党政领导干部的任期经济责任审计，查出被审计者应负主管责任的违规金额 3125 万元，应负直接责任的违规金额 612 万元，应负主管责任的管理不规范金额 1845 万元。审计后，建议给予党纪政纪处分 1 人，移送纪检监察机关案件线索 8 件，移送司法机关处理 2 人。

内部审计　有内部审计机构 112 个，其中专职机构 101 个；内部审计人员 305 人，其中专职人员 202 人。共审计单位 411 个，查出损失浪费金额 1325 万元，纠正违规金额 1845 万元，促进增收节支 3124 万元。（撰稿人：叶立飞）

【岳阳市审计局】　2004 年，共有干部职工 74 人。局长谢作文，副局长苏绍东、余炳锐、方崇辉（—12 月）、何卫宏、杨如松、李星吾（12 月—）。设有办公室、法制科、人事教育科、监察室、财政金融审计科、经贸审计科、固定资产投资审计科、行政事业与社会保障审计科、外资运用审计科、农业与资源环保审计科、经济责任审计科、基建办、内审协会、审计学会、开发区审计局等部门。

审计成果　审计单位 73 个，查出违规金额 4.5 亿元，管理不规范金额 6.3 亿元，应上缴财政 446 万元，调账增加财政收入 764 万元，应归还原渠道资金 150 万元，应自行纠正金额 6.5 亿元。向纪检监察部门移送经济案件 11 起。被各级采用审计信息 200 多篇。著作《跨文化解读》出版；有两篇论文被省社科联、省审计学会分别评为一、二等奖。新办公楼建设业已完成，结束了建局 20 年来办公条件落后面貌，实现了机关整体搬迁。岳阳市审计局获得了“湖南省审计工作先进集体”、“全省经济责任审计先进单位”、“省级文明卫生单位”、“省级园林绿化单位”。

财政审计　同级预算执行审计共审计单位 59 个，查出违规金额 2.4 亿元，应归还原渠道资金 1511 万元，及时向同级政府、人大提交了审计结果报告和审计工作报告。审计后，市财税部门针对存在的问题，立即召开专题会议，分类分项具体布置到相关责任科室，逐项整改到位，使财政预算管理日益透明、规范、合理。在抓好同级审的同时，先后对华容、平江、汨罗、湘阴、云溪区等 5 个县级财政决算进行了审计，揭露了财政收支中存在的违纪违规问题，并加大督促整改力度，维护了审计执法的严肃性。

经济责任审计　完成领导干部经济责任审计项目 21 个，查出违规金额 6800 万元，其中领导干部应负直接责任金额 1320 万元，应负主管责任金额 5480 万元。通过审计，向纪检监察机关移交案件 1 起。根据市人大常委会的要求，市审计局对 2004 年度向市人大常委会述职的市人民政府秘书长、发展计划委员会主任、司法局局长、卫生局局长、交通局局长、林业局局长、粮食局局长、规划局局长等 8 名市人民政府组成人员任期经济责任履行情况进行了审计。此次审计共查阅有关财务会计等资料 5000 多份（册），座谈走访 80 多人（次），延伸调查有关单位 20 多个，基本掌握了被审计对象履行经济职责的情况，为常委会组成人员全面客观地评价述职人员提供了依据。

审计结果公告　重点审计城建等项目 20 余个大项近 100 个小项的工程结算，审计工程结算金额共计 5.9 亿元，在三审的基础上核减工程造价 1521 万元，得到了社会好评。为了增强透明度，市审计局大胆试行审计公告，先后对八大重点建设工程审计项目在《岳阳晚报》逐一进行了公告，把审计监督、舆论监督、群众监督有机结合起来，产生了很大的震慑力。这一做法得到了省审计厅的高度重视，并将岳阳市定为审计公告试点市。岳阳市审计局还摸索了一套较为规范的审计公告办法和工作经验，出台了《岳阳市审计结果公告办法（试行）》，使地方审计结果公告逐步走上规范化、制度化。（撰稿人：毛朝晖）

【株洲市审计局】　2004 年，共有干部职工 66 人。局长侯建国，副局长杨长云、傅依全、戴勇、唐琪，纪检组长阎敬堂。设有办公室、政工科、法制审理科、内审管理科、财政审计科、金融社会保障资金审计科、行政事业审计科、固定资产投资审计科、外资运用审计科、经贸审计科、农林环保资源审计科、建设项目审计中心、领导干部任期经济责任审计处、后勤服务中心、内审协会、机关党委和纪检监察室。

审计成果　共完成审计项目 317 个，查出管理不规范金额 8803 万元，处理上缴财政 2763 万元，减少财政拨款和补贴 637 万元，追回被侵占挪用资金 2377 万元。移送纪检监察机关和司法机关案件 8 起，涉案人员 13 人。

预算执行审计　完成对 21 个单位的预算执行审计以及 27 个县和乡级政府财政决算的审计，查出违规金额 33802 万元、管理不规范金额 5872 万元，处理上缴财政 1505 万元，减少财政拨款和补贴 180 万元，应归还原渠道资金 1139 万元。

专项资金审计　对城市维护建设资金、国土资金、养老保险基金、医疗保险基金、城建资金、教育资金、失业保险资金、农业开发资金、水利建设资金、扶贫资金、价格调节基金等28项专项资金（基金）进行了审计，揭露了专项资金（基金）征收、管理和使用中普遍存在的问题，并进行了严肃处理，同时有针对性地提出了审计合理化建议。

经济责任审计　完成领导干部任期经济责任审计项目127个，查出违规金额14582万元，纠正管理不规范金额1903万元。通过审计，有4人因政绩突出被提升，有19人调整岗位，7人被移送纪检监察机关处理，2人被移送司法机关处理。

固定资产投资审计　把审计作为效益审计突破口，全面加大审计监督力度，严肃查出了建设项目资金管理和使用中存在的多报建安工程投资和多计工程价款、重复结算工程价款、无发票列支工程支出、向个人支付大额现金、未按规定实施招投标、违规分包工程等问题，对高估冒算工程款的平均核减率达到10%以上，为国家节约了大量投资，促进了建设项目管理的规范。（撰稿人：刘适宜）

【湘潭市审计局】　2004年，共有干部职工54人。局长贺庆华，副局长刘培根、彭延生（—5月）、蒋孟来、胡琦、卢湘文（5月—），纪检组长卢湘文（—5月）、黄德华（5月—）。设有办公室、法制科、人事教育科、监察室、财政金融审计科、经济责任审计处（科）、国家建设项目审计监督中心、固定资产投资审计科、行政事业审计科、经贸审计科、农业与资源环保审计科、外资运用审计科、高新开发区审计分局（科）、社会保障资金审计科、内审协会。

审计成果　共完成审计项目313个，查出违规金额48923万元，决定处理上缴财政1731万元，应归还原渠道资金4470万元，应调账处理金额30132万元，应自行纠正金额13261万元，已上缴入库1222万元。全年提交审计工作报告信息301篇，被批示、采用146篇。

财政金融审计　"同级审"主要审计了财政部门具体组织本级预算执行情况、税务部门税收征管情况、部门预算执行情况、专项资金管理使用情况等，提出关于加强财政预算管理的7条建议措施全部被市政府采纳，市人大常委会对此次审计给予了高度评价。完成了对湘潭县、岳塘区2002、2003年度的财政决算审计；会同市财政局开展了对市辖区2003年7月至2004年6月税收级次联合专项检查。全市财政金融审计共完成审计项目36个，查出违规金额32450万元，决定处理上缴财政633万元，已上缴财政531万元。

经济责任审计　完成经济责任审计项目108个，查出挤占、挪用专项资金、违规收费、私设账外资金、接待费用严重超支等问题，查出违规金额5497万元，决定处理上缴财政193万元，已上缴财政146万元。经济责任审计结果为全市各级组织部门在领导干部的管理上提供了有效的参考依据，全市共提拔11人、重用7人、平调（转任）22人、留任64人、调离1人、降职1人、免职1人、辞职1人。

固定资产投资审计　6月10日，市审计局设立国家建设项目审计监督中心。开展了对全市重点工程——北二环路工程、市政中心锦源广场绿化工程、芙蓉广场和芙蓉东路改造工程、人民大厦基建工程等重点工程的决算审计，送审金额1.99亿元，核减3500万元，平均核减率达17.6%；开展了对县乡公路改造工程、湘潭大学、湖南工程学院基建工程的审计。

行政事业审计　对132个行政事业单位进行了审计，查出违规金额7729万元，决定处理上缴财政959万元，已上缴财政580万元。组织开展了对2003年度全市7所省属重点中学财政财务收支和资产、负债、净资产状况审计，查出了基建承包商漏缴税金问题，提出了加强宏观管理等建议和对策。对湖南工程学院财务收支进行了审计，查出了该校超标准收费、自立项目收费、漏缴个人所得税等问题。针对市检察院截留罚没收入、坐支占用执法暂扣款问题进行了揭露和查处，并对全市公务用车情况进行了认真调研，提交了《我市公务用车的现状及改革的建议》的调查报告。

企业审计　全年完成审计项目5个，查出违规金额160万元，决定处理上缴财政61万元，已上缴财政61万元。组织开展了对市中小企业信用担保公司、全市国有粮食购销企业亏损挂账情况的审计调查，并向市政府提交了专题报告。

专项资金审计　开展了对城市居民最低生活

保障资金、社会保障资金、农业切块资金、农业综合开发资金、移民资金、计划生育专项经费、转移支付教育资金、社会抚养费、住房公积金等22个专项资金和基金的筹集、管理、使用进行了审计和审计调查，发现违规截留、挤占、挪用资金3087万元，已促进拨付到位资金6543万元，决定处理上缴财政44万元，已上缴财政30万元。针对审计查出的土地储备中心土地拍卖收入1.75亿元欠收的问题，提请市政府常务会议讨论并出台了《关于限期缴纳招标拍卖挂牌出让国有土地使用权价款的通知》文件，文件责成国土部门迅速采取有力措施清收欠款，并要求审计机关对清缴工作跟踪监督。

外资运用审计　组织开展了对世行贷款"卫九"项目、世行贷款——英国赠款结核病控制项目2003年度财务收支和项目执行情况的审计，并对对外招商引资承兑奖金的发放对象进行了审计调查，促使政府出台有关奖励的规范性文件。

内部审计　全市内审协会成员单位达72个，有62个设有内审专职机构，内审工作人员251人，其中专职内审人员241人。全年共审计单位3180个，纠正违规金额3029万元，促进增收节支13870万元，提出建议意见被采纳3380条。

改革创新　提出了8项审计工作改革思路：加强和改进审计计划管理、实行审计查证和处理相分离、试行主审资格认证制、试行重大审计项目主审招标制、改革审计工作经费管理办法、改革兼职审计人员管理办法、改革和完善内部绩效考核办法、健全完善审计责任追究办法。正式出台审计项目主审招标办法，并对潭邵高速公路管理处、国安网络有限公司两个重大审计项目首次实行主审招标。

信息化建设　局域网初步建成并投入使用。对人寿保险公司审计软件加以完善，开发出应用于商业银行审计项目的审计软件，并对重点中学行业审计项目实行计算机辅助审计。（撰稿人：欧阳晓波）

【衡阳市审计局】　2004年，共有干部职工80人。局长王永智，副局长费明生、廖义伟、尹秀文、李鹏飞，纪检组长刘运安。设有办公室、行政科、人事教育科、法制科、领导干部经济责任审计中心、财政金融审计科、固定资产投资审计科、经贸审计科、行政事业审计科、农业与国土资源环保审计科、外资运用审计科、经济责任审计处、内部审计管理科，另设机关党总支和纪检监察机构。

审计成果　完成审计单位388个，查出违规金额43541万元，应上缴财政3113万元，已上缴财政1135万元。提交审计工作报告、信息205篇，被采用88篇。同级预算执行情况审计、行政事业审计中对市一中和八中两所重点中学审计、农业与资源环保专项资金审计和审计调查被省厅评为"优秀审计项目"。经济责任审计被中央五部委、省人民政府分别评为全国、全省"经济责任审计先进单位"，衡阳县、耒阳市审计局经济责任审计被省人民政府评为"先进单位"。衡东县审计局被省人民政府评为"省级文明机关"、被省厅评为"全省审计系统先进单位"。局长王永智被省委、省政府评为全省审计系统"先进工作者"。

财政审计　审计财税部门26个，查出隐瞒转移预算收入、虚增财政收入、虚列财政支出等问题。提交的审计工作情况报告得到市人大的充分肯定。

专项资金审计　对市档案局办公楼、市湘江风光带等7个项目建设资金进行了审计，查出基建项目不按建设工程程序办理、招投标存在暗箱操作等问题，被市政府批转其他部门具体实施。在转移支付教育专项资金审计中，查出财政欠拨教育专项资金880.6万元，挤占挪用教育专项资金7.6万元以及教育专项资金管理不规范金额91万元等问题。对7个县（市）、2个区第5期农业综合开发项目和5个县（市）、4个区水库移民项目的审计中分别查出违规金额122万元和183万元，上缴财政41万元，引起了各级党政领导和有关部门（单位）的高度重视，审计决定已得到了全面执行。

授权项目审计　对衡阳钢管（集团）有限公司、南华医院、雁南监狱的审计中，查出收缴入库346.6万元，审计效果显著。

经济责任审计　开展经济责任审计项目122个，查出违规金额3441万元，其中个人负主管责任3141万元，负直接责任300万元。审计建议移送纪检监察机关3人。审计后，晋升9人，平调51人，免职9人，撤职2人。

内部审计　共有内审机构278个，其中专职机构157个；内部审计人员470人，其中专职人员244人。审计单位246个，查出损失浪费金额476万元，已纠正违规金额271万元，促进增收节支688万元。提出建议意见被采纳129条。（撰稿人：熊莉娜）

【郴州市审计局】 2004年，共有干部职工38人。局长黄子明，副局长全天生、罗细石、段小卿，纪检组长曹东亮。设有办公室、法制科、政工科、财政金融审计科、行政事业审计科、农业外资审计科、经贸审计科、固定资产投资审计科、经济责任审计处，另设有机关党总支和纪检监察机构。

审计成果 完成审计项目61个，查出违规金额4.1亿元，应缴财政967万元，已缴财政662万元，促进增收节支1.6亿元。提交审计调查报告和信息118篇，被批示、采用48篇。向纪检监察和司法机关移送案件4起。

财政预算执行审计 完成了3个单位的预算执行审计，查出管理不规范金额1.1亿元，违规金额1831万元。对4个县（区）进行了财政决算审计，涉及单位39个，查出违规金额1104万元，管理不规范金额2.2亿元。

专项资金审计 开展涉农资金审计。组织全市审计机关完成农业综合开发资金、水库移民资金、非部省属水库水淹区移民口粮补贴专项资金审计等涉农项目24个，其中市本级完成了3个项目。组织开展了农业种子商业化、第9个卫生发展、结核病控制、林业发展等18个国外援贷款项目审计，查出违规金额1660万元。提交利用外资综合报告27份，建议纠正不当规定3条。组织开展了教育转移支付资金审计，审计有关单位154个，查出违规金额1053万元。组织对10所省属重点中学开展了财务收支审计，揭露了财务管理不规范等问题，重点查处了学校乱收费加重群众负担的行为，共查出违规金额1957万元。组织对2003年度全市计划生育专项经费进行了审计和审计调查，审计和调查单位94个，查出违规金额641万元，查出个人涉嫌挪用贪污私分案件3起，涉案人员3人。

固定资产投资审计 完成3个重点建设项目竣工决算审计，核减工程造价5850万元。固定资产投资审计的内容实现了从财务收支审计为主到竣工决算审计为主的过渡。

经济责任审计 完成组织部门委托的经济责任审计项目23个，查出违规金额1.4亿元，管理不规范金额3.7亿元。

内部审计 成立内审机构46个，其中专职机构24个；配备内审人员117人，其中专职人员52人。完成审计项目240个，查出损失浪费金额381万元，促进增收节支400万元，纠正违规金额647万元。提出改进工作建议意见被采纳228条。（撰稿人：谭长红）

【永州市审计局】 2004年，共有干部职工40人。局长易远宣，副局长宋仁彬、何先旺、黄丽晃，纪检组长柏玉。设有办公室、监察室、政工科、法制科、经济责任审计室、财政金融审计科、行政事业与社会保障审计科、经贸审计科、固定资产投资审计科、农业与资源环保审计科、外资运用审计科。

审计成果 审计单位（项目）571个，查出违规金额4.32亿元，应上缴财政1484万元，应归还原渠道资金719万元，指明要求纠正金额6.5亿元。向纪检监察部门移送案件线索21件，涉案金额达2252万元；向司法机关移送案件线索2件，涉案金额16万元。祁阳县审计局被省审计厅评为“全省审计系统先进集体”。

财政审计 审计财税部门15个，查出财政结余不实，农业税减免未及时拨付到位，财政虚列收支、人为扩大收支规模，挤占挪用和违规借用专项资金等问题。受市政府的委托，提交的审计工作报告得到市人大常委会委员们的一致好评。

专项资金审计 对县乡公路改造工程、计划生育专项经费、农业综合开发专项资金、水库移民资金、省属重点中学财务收支和全市教育经费收支进行了行业审计。在省属重点中学行业审计中，永州市审计局联合市监察局一起进点，各司其责，优势互补的做法得到省审计厅的充分肯定，审计情况也引起了市领导的高度重视。对中国种子商业化项目、贫困地区林业发展项目等17个国外贷援款项目进行了审计，审计核实17个项目概算投资总额5939万元，其中外资2912万元。按市人大常委会的要求，对城建打捆贷款项目进行了审计和审计调查，审计情况引起了市人大、政府领导的高度关注。

经济责任审计　共完成领导干部经济责任审计项目135个，查出违规金额1.3亿元，其中个人负直接责任920万元，管理不规范问题金额1.02亿元，损失浪费金额510万元。发现个人经济问题案件线索3件，涉及金额11万元，向司法机关和纪检监察机关移送案件线索9件。审计后，平调23人，降职1人，免职2人。永州市和新田县、双牌县被评为湖南省领导干部经济责任审计工作先进市县。

企业审计　共完成市委、市政府交办的国企改制审计项目14个，其中对永州纺织厂进行的破产清算终结审计得到了市委市政府5名领导的高度重视，并作了批示，为规范企业改制、破产清算期间的财务管理起到了积极作用。永州市审计局被市国企改革办评为"永州市2004年度国企改革先进单位"。（撰稿人：周　波）

【邵阳市审计局】　2004年，共有干部职工54人。局长廖继芳，副局长康俭光、谭友明、胡正桥、欧阳海贵、岳荣俊，总审计师龙梅生。设有办公室、法规科、财政审计科、金融外资与社会保障审计科、行政事业审计科，经贸审计科、基建审计科、农业与资源环保审计科、经济责任审计科、人事教育科、内部审计指导科、纪检监察室。

审计成果　完成审计项目648个，查出违规金额31284万元，收缴市县两级财政1992万元，责令归还原资金渠道金额3702万元。向纪检监察、检察机关移送经济案件22起，提供案件线索5件。向党委、人大、政府及有关宏观管理、综合部门提交审计建议201条，被批示、采用132条。农业综合开发资金审计、计划生育行业审计、县级财政赤字及负债审计调查等8个项目被省厅评为优秀项目。市内审协会、隆回县审计局被评为全省先进单位。

财政审计　完成预算执行审计项目42个，查出违规金额7523万元，应上缴财政569万元，调账处理578万元，责令自行纠正4506万元，减少财政拨款或补贴60万元，归还原渠道资金20万元。在对绥宁、隆回、洞口、新邵、武冈、北塔6个县（市）、区政府的财政决算审计中，查出违规金额4388万元。对县级财政赤字及负债情况的审计调查发现，至2003年底邵阳市县级财政累计赤字17877.8万元，累计负债329894.5万元，揭露了市县级财政负债沉重、没有建立有效的负债预警和监控机制、风险意识淡薄等问题，为澄清财政底子起到了积极作用。

专项资金审计　对市劳动部门管理的机关养老保险资金、企业养老保险基金、医疗保险基金、失业保险基金、再就业资金、解困资金的筹集、管理、使用等情况进行了全面审计，弄清了邵阳市社会保障资金总体规模和管理现状，揭露了存在的问题，提出了增加收入、加强管理、完善配套制度、规范支出行为、积极处理遗留问题、加强基金管理基础工作、积极扩大参保面等审计建议，引起了劳动保障部门的高度重视。完成省定移民专项资金审计项目2个，对全市9个县（市）及市本级2002～2003年柘溪水库移民专项资金的管理、分配、使用和效益情况及省财政安排地方水库移民口粮补贴情况进行了审计和审计调查，完成了省定农业综合开发专项资金项目审计2个，对14个项目区2001～2003年度的农业综合开发专项资金进行了审计。

固定资产投资审计　以县乡公路、油路改造工程审计为重点，积极开展固定资产投资审计。全年完成项目287个，查出违规金额4248万元，归还原渠道资金527万元，应上缴财政104万元，应纠正金额297万元。

行政事业审计　完成了10所省重点中学的行业审计，查出违规金额2001.2万元，应上缴财政264.2万元。开展了全市计划生育系统2003年度财务收支行业审计，并延伸对其所有二级机构及130个乡镇和街道办事处进行了审计，审计覆盖面为62%，审计总金额28782万元，查出违规金额2179万元。查出贪污私分案件1起，涉案人员2人。

经济责任审计　对322名党政领导干部和企业厂长（经理）进行了经济责任审计，其中县（区）长2人，乡（镇）党委书记、乡（镇）长200人，行政事业单位领导108人，企业厂长（经理）12人。查出负主管责任金额4393万元，负直接责任金额663万元，领导干部个人经济问题金额97万元。应上缴财政457.02万元，责令归还原渠道资金985万元。移送纪检、监察机关案件7起。党委参考审计结果提拔13人，免职7人，降职、撤职各1人。（撰稿人：刘　华）

【怀化市审计局】 2004年，共有干部职工43人。局长杨顺泉，副局长郭长生、田斌、杨安秀、黄现昕、汤宗悟，纪检组长谌小文。设有办公室、人事科、法制科、财政金融审计科、行政事业审计科、经贸与外资运用审计科、农业与环保资源审计科、固定资产投资审计科、开发区审计科和经济责任审计室。

审计成果 共完成审计项目53个，查出违规金额18297万元，应上缴财政246万元，应自行纠正7920万元。提交审计工作报告、信息9篇，被批示、采用5篇。

经济责任审计 对7人进行经济责任审计，其中县（市、区）长2人，部委办负责人5人。积极推动经济责任审计由离任审计向任期经济责任审计转变，进一步提高经济责任审计工作的质量和效果。

行政事业审计 组织有关县审计局，对怀化市3所市重点中学2003年度财务收支情况进行了交叉审计，查出违规金额2690万元，应上缴财政15.37万元，责成自行纠正和调整账目2031万元。开展了对全市计划生育专项资金的审计，共审计单位130个，查出违规金额767万元，应上缴财政42万元。在审计中，采取了两级承诺制，规避了审计风险。

固定资产投资审计 组织了全市的县乡公路审计，配合省厅搞好邵怀高速公路怀化段的审计。对市建设系统4个单位的财务收支进行了审计。为了加强对全市建设领域的审计监督，怀化市人民政府出台了《怀化市建设项目审计监督办法》，为加强建设领域的审计监督，奠定了制度基础。

专项资金审计 组织了全市第5期国家农业综合开发资金审计，审计总金额1.88亿元，查出违规金额1041.8万元。组织开展对全市移民补贴款的审计调查，促进了水库移民资金的到位和移民资金政策的落实。组织全市审计机关开展了水稻良种推广补贴资金和粮食直补资金的审计调查，为督促专项资金的落实到位发挥了重要作用。

经贸与外资运用审计 开展对怀化路桥公司、怀化市征稽处的审计，共开展了13个单位的外资项目审计。根据市政府的安排，对怀化市麻棉公司进行了改制前的审计，摸清了家底，核实了资产，为企业的改制提供了依据。

行政事业审计 开展对怀化市湖天开发区管委会、河西房产所、怀化市实验学校的审计。审计总金额3800万元，查出违规金额10.5万元，应上缴财政10.5万元。

宣传工作 共编发《怀化审计工作通讯》14期，编发综合材料和简讯106篇（条）。向各类报刊投稿100多篇，其中《湖南审计信息》采用22篇，《怀化日报》采用10篇，《中国审计报》采用15篇，《中国审计》采用20多篇。

信息化建设 在麻阳县审计局召开了全市审计机关信息化建设现场会。通过公开招聘，录用了1名计算机专业人员。在对怀化市第一人民医院的财务审计过程中，率先运用计算机采集数据，为广泛运用计算机开展审计探索了路子。

内部审计 共审计704个单位，查出损失浪费金额828万元，促进增收节支1142万元，纠正违规金额1817万元。（撰稿人：兰 平）

【娄底市审计局】 2004年，共有干部职工51人。局长李赛斌（2月—）、彭爱华（—2月），副局长李赛斌（—2月）、聂子永、黄祥刚，纪检组长梁桓林。设有办公室、法规科、财政审计科、金融与社会保障审计科、行政事业审计科、经贸审计科、农业与资源环保审计科、投资外资审计科、计算机审计科、人事科、综合管理科、娄底市领导干部经济责任审计处、机关党总支和纪检监察室，另设有娄底市国家建设项目投资监督中心（直属事业单位）。

审计成果 完成审计项目330个，查出违规金额64879万元，上缴财政2121万元。提交审计工作报告、信息39篇，建议纠正地方、部门不当规定110条，协助有关部门查处案件6起。娄底市审计局被省人事厅、省审计厅授予“湖南省审计系统先进集体”，双峰县被评为全国任期经济责任审计先进单位。

财政审计 完成了对市本级和5个县、市、区2003年度财政预算执行及其他财政财务收支情况的审计，查出违规混库、挤挖上级税收、应缴未缴收入、寅吃卯粮、征收过头税、多列行政性收费收入、支出挂账、违规借用专项资金等问题。提交的审计工作情况报告受到市人大的充分肯定。

固定资产投资审计 2004年，制定了《建设项目工程造价审计操作规程》。完成国家建设审计项目166个，审计送审额达31993.29万元，核减工程造价4759.07万元，核减率为18.67%。新化县审计局在对新化县国土局地产交易大楼基础工程造价审计中，核减率高达40.1%，社会反响很大。8月，市委、市政府正式批准成立副处级规格的娄底市国家建设项目审计监督中心，增加事业编制3人。

专项资金审计　重点加大了对国债资金、农业综合开发资金、水库移民资金、住房公积金、低保资金的审计力度。对娄底市住房公积金管理中心违法委托国债投资、违规购买金融债券等违法违规问题依法作出了处理，有关人员被纪委、检察部门立案查处。对娄星区等5个县、市、区农业综合开发项目的审计，发现农业综合开发有偿资金按期回收难度大，审计情况引起了市委、市政府高度重视。市委、市政府要求市农开办今后的所有农业综合开发项目，必须经审计后方可办理竣工决算；未经审计的项目，其投资不得列入开发建设成本。

经济责任审计　开展经济责任审计项目152个，审计176人，查出违规金额22715万元。审计后，晋升14人，平调155人、降职3人。（撰稿人：戴　和）

【湘西土家族苗族自治州审计局】　2004年，共有干部职工39人。局长郑宗凡（—11月）、胡少先（11月—），副局长肖远湘、黄大健、金莉蓉、吴东升，纪检组长高光忠。设有办公室、法制科、人事科、纪检监察室、经贸审计科、行政事业与外资运用审计科、财政金融与社会保障审计科、固定资产投资审计科、经济责任审计科、农业与资源环保审计科。

审计成果　共完成审计项目262个，审计调查项目15个，查出违规金额25716万元，管理不规范金额8371万元，损失浪费金额18万元；应上缴财政844万元，应归还原渠道资金4895万元，应调账处理金额3578万元，应自行纠正金额14090万元。提交工作报告信息102篇，其中专题或综合性报告40篇，审计调查报告15篇，审计简报信息13篇，其他34篇。

财政预决算审计　共查出违规金额10433万元，管理不规范金额2935万元，应上缴财政272万元，应归还原渠道资金373万元，应调账处理金额114万元，应自行纠正8986万元。

专项资金审计　以资金走向为主线，对直接关系到农民增收和农村经济发展的农业综合开发资金、水库移民资金进行了审计，对凤凰、吉首、花垣、龙山4县（市）2002～2003年非部省属库区水淹区移民口粮补贴专项资金投入、分配、管理和使用情况进行了审计调查，查出违规金额5869万元，管理不规范金额929万元，损失浪费金额6万元，应上缴财政215万元，应归还原渠道资金2781万元，应调账处理金额945万元，应自行纠正1107万元。

行政事业审计和外资运用审计　行政事业和外资审计查出违规金额2063万元，管理不规范金额1726万元。外资运用项目概算审计投资总额11790万元。完成对世行贷款林业支持发展、武陵山区少数民族地区农业发展项目、结核病控制等8个外资项目的审计，发现有违规贷款，配套资金到位不及时、不足额，内控制度不够严密等问题，并根据实际情况提出了整改意见。

经济责任审计　共审计经济责任人36人，查出违规金额4051万元，管理不规范金额529万元，损失浪费金额12万元。查出龙山县检察院院长魏某违反国家财经法纪金额达653万元，已移交司法机关处理。

企业审计　查出违规金额2214万元，管理不规范金额260万元。审计处理应上缴财政金额209万元，应调账处理金额1701万元，应自行纠正金额109万元。

固定资产投资审计　审计项目投资总额60175万元，核减工程款353万元，审计查出违规金额1086万元，管理不规范金额1370万元，应上缴财政25万元，应归还原渠道资金505万元，应调账处理152万元，应自行纠正金额1726万元。（撰稿人：崔隆生）

2004年湖南省区、县（市）级审计工作统计表

审计机关	干部职工人数（人）	审计单位（个）	经济责任审计项目（个）	查出违规金额（万元）	应缴财政（万元）	已缴财政（万元）	决定处理处罚（万元）	指明要求纠正（万元）	提交审计报告、信息（篇）	审计信息被采用（篇）
长沙市										
岳麓区审计局	14	34	11	6717	81	81	299	1956	14	8
芙蓉区审计局	9	16	16	637	69	64	27	235	14	2
天心区审计局	14	22	12	433	71	71	71	1854	9	9
开福区审计局	9	20	11	300	28	19	28	108	3	1
雨花区审计局	11	17	4	32	35	35	35	4287	45	25
浏阳市审计局	35	59	39	2564	162	162	3012	4552	16	11
长沙县审计局	20	32	16	2157	60	60	60	4713	32	18
望城县审计局	20	62	34	3348	62	61	62	3286	27	24
宁乡县审计局	37	59	30	3851	177	177	260	178	16	14
张家界市										
永定区审计局	20	121	48	1961	37	37		826	75	20
武陵源区审计局	6	17	7	2653	17	4	204	2653	9	6
慈利县审计局	24	25	27	5299	73	69	480	499	30	30
桑植县审计局	17	54	21	6212	94	91	94	250	60	5
常德市										
武陵区审计局	14	32	15	550	53	31	53	20	35	23
鼎城区审计局	35	86	14	1221	105	105	1209	2552	45	32
津市市审计局	27	57	20	2861	219	209	637	1261	43	36
安乡县审计局	18	57	22	169	170	165	170	4425	53	46
汉寿县审计局	20	50	21	3403	244	244	244		69	49
澧县审计局	26	90	26	3441	263	224	430	137	55	50
临澧县审计局	27	75	19	2399	123	123	296	115	49	40
桃源县审计局	18	29	5	722	115	73	115		39	30
石门县审计局	18	68	24	3774	361	342	1885	3905	75	31
益阳市										
赫山区审计局	21	60	11	1826	54	54	54	890	21	10
资阳区审计局	20	52	15	453	52	39	52	636	23	13
沅江市审计局	38	82	28	2633	138	75	138	1903	42	40
南县审计局	22	25		2394	110	103	103	678	16	9

审计机关	干部职工人数（人）	审计单位（个）	经济责任审计项目（个）	查出违规金额（万元）	应缴财政（万元）	已缴财政（万元）	决定处理处罚（万元）	指明要求纠正（万元）	提交审计报告、信息（篇）	审计信息被采用（篇）
安化县审计局	33	109	11	838	112	110	112	1146	24	19
桃江县审计局	21	64	26	5390	105	105	105	2230	15	12
岳阳市										
岳阳楼区审计局	23	33	18	370	37	33	37	3536	7	5
君山区审计局	20	23		2181	30	30	30	1809	6	4
云溪区审计局	14	23	2	4379	35	32	35	57	8	5
汨罗市审计局	48	58	15	6245	116	104	116	17407	12	9
临湘市审计局	21	36	10	2731	66	66	66		15	14
岳阳县审计局	24	48	10	127	126	123	126	2743	9	7
华容县审计局	25	80	8	9331	170	166	170	6217	16	14
湘阴县审计局	20	44	16	4100	100	100	100	266	30	20
平江县审计局	23	74	16	6298	143	143	143	537	23	17
株洲市										
天元区审计局	8	16	5	5154	89	82	98	135	12	4
荷塘区审计局	7	19	10	85	3	3	3	8	13	5
芦淞区审计局	9	24	17	526	22	22	46	87	15	7
石峰区审计局	7	16	3	315	28	28	632	395	15	6
醴陵市审计局	20	39	19	2892	93	93	154	5943	31	18
株洲县审计局	15	23	11	2108	135	12	1137	652	18	5
攸县审计局	19	28	12	1327	216	216	238	1186	28	19
茶陵县审计局	20	35	18	2720	216	216	652	163	34	23
炎陵县审计局	14	37	15	2101	59	58	951	694	22	8
湘潭市										
雨湖区审计局	20	28	2	570	42	22	207	165	2	2
岳塘区审计局	9	27	6	4386	53	53	1021	3360	53	5
湘乡市审计局	26	74	34	6438	239	184	1554	1315	138	85
韶山市审计局	15	35	18	570	70	52	80	158	3	2
湘潭县审计局	26	60	25	2600	165	150	15	300	18	12
衡阳市										
雁峰区审计局	8	20	7	370	34	20	34	49	1	1
珠晖区审计局	5	7	1	564	41	31	151	403	1	1
石鼓区审计局	6	13	3	380	182	153	358	2	19	13
蒸湘区审计局	7	16	3	651	144	51	144	511	26	16
南岳区审计局	7	36	15	1296	77	77	123		71	11

审计机关	干部职工人数（人）	审计单位（个）	经济责任审计项目（个）	查出违规金额（万元）	应缴财政（万元）	已缴财政（万元）	决定处理处罚（万元）	指明要求纠正（万元）	提交审计报告、信息（篇）	审计信息被采用（篇）
常宁市审计局	43	64	23	3418	189	125	85	1169	56	36
耒阳市审计局	48	65	18	6732	666	624	1431	9186	32	21
衡阳县审计局	45	54	19	4541	335	243	380	648	24	15
衡南县审计局	41	53	19	2657	205	185		1324	33	29
衡山县审计局	22	45	20	1612	191	84	782	828	23	16
衡东县审计局	21	25		2736	43	43	12	6	1	1
祁东县审计局	30	35	8	2992	227	192	227	1336	36	15
郴州市										
北湖区审计局	16	62	20	2509	155	154		265	74	22
苏仙区审计局	20	99	28	4969	166	166		1842	45	15
资兴市审计局	17	54	24	2739	98	98		1713	55	23
桂阳县审计局	30	77	22	5289	152	152		1074	54	22
永兴县审计局	21	89	27	9525	179	172		2305	20	12
宜章县审计局	23	51	25	4729	111	90		774	40	28
嘉禾县审计局	22	50	25	4131	181	181		462	46	19
临武县审计局	15	35	22	778	176	176		805	18	10
汝城县审计局	16	48	20	2984	160	134		1022	51	27
桂东县审计局	21	76	41	758	57	53		839	11	6
安仁县审计局	24	65	29	2766	106	106		544	38	27
永州市										
冷水滩区审计局	24	23	5	1396	56	54	88	377	21	5
芝山区审计局	16	32	5	468	55	55	93	4064	42	7
东安县审计局	33	44	26	505	92	92	426	320	89	16
道县审计局	20	30	10	796	83	83	140	1149	35	15
宁远县审计局	17	59	6	3296	114	114	3307	1434	60	12
江永县审计局	16	39	8	2398	75	75	211	2325	4	1
蓝山县审计局	24	44		690	52	52	52	143	27	4
新田县审计局	13	31	5	2704	119	119	2704	2585	83	26
双牌县审计局	15	29	11	573	180	180	312	907	93	20
祁阳县审计局	28	124	39	3655	152	152	3607	9944	53	24
江华瑶族自治县审计局	22	63	9	749	139	139	747	2378	203	58
邵阳市										
双清区审计局	6	21	4	30	9	9	9	30	10	
大祥区审计局	14	33	6	150	22	22	22	50	5	3

审计机关	干部职工人数（人）	审计单位（个）	经济责任审计项目（个）	查出违规金额（万元）	应缴财政（万元）	已缴财政（万元）	决定处理处罚（万元）	指明要求纠正（万元）	提交审计报告、信息（篇）	审计信息被采用（篇）
北塔区审计局	8	28		2300	2	2	2	600	24	
武冈市审计局	47	86	27	3260	132	125	132	323	17	15
邵东县审计局	24	70	12	1700	360	360	360	900	20	20
邵阳县审计局	29	75	24	470	29	27	29	110	27	27
新邵县审计局	15	49	20	2031	135	112	135	746	20	6
隆回县审计局	25	123	29	11628	205	176	205	10114	48	32
洞口县审计局	25	90	22	1700	140	120	140	650	8	5
绥宁县审计局	18	48	16	3858	78	74	78	432	52	30
新宁县审计局	17	50	11	1578	120	118	120	131	18	15
城步苗族自治县审计局	19	58	13	860	62	60	62		16	5
怀化市										
鹤城区审计局	20	40	9	3170	49	49	926	2298	15	9
洪江区审计局	14	1		183	3	2	3	180	13	
洪江市审计局	28	36	8	903	33	33	33	891	29	15
沅陵县审计局	27	71	13	1235	47	47	1235	882	18	11
辰溪县审计局	20	36	8	639	39	39	39	321	47	3
溆浦县审计局	27	48	34	2674	88	87	88	407	5	2
中方县审计局	14	28	6	620	56	54	56	574	63	16
会同县审计局	18	48	4	517	39	38	118	22	28	10
麻阳苗族自治县审计局	36	58	16	1319	68	61	68	94	42	36
新晃县审计局	18	30	2	404	70	70			15	5
芷江侗族自治县审计局	16	32	10	865	45	45		605	23	11
靖州苗族侗族自治县审计局	16	38	1	2675	32	30	32	2383	55	6
通道侗族自治县审计局	19	25	4	789	59	59	59	35	25	26
娄底市										
娄星区审计局	20	47	19	7672	63	60	724	1430	13	8
冷水江市审计局	40	54	19	1880	151	143	278	3657	19	10
涟源市审计局	32	60	21	5633	238	238	543	4351	15	11
双峰县审计局	38	60	35	8671	280	280	150	1968	21	13
新化县审计局	32	53	24	2514	133	126	133	2767	14	6
湘西土家族苗族自治州										
吉首市审计局	17	86	13	4635	187	187	187	4514	87	1
泸溪县审计局	12	19	13	1605	54	54	54	1475	19	

审计机关	干部职工人数（人）	审计单位（个）	经济责任审计项目（个）	查出违规金额（万元）	应缴财政（万元）	已缴财政（万元）	决定处理处罚（万元）	指明要求纠正（万元）	提交审计报告、信息（篇）	审计信息被采用（篇）
凤凰县审计局	16	16	7	918	55	55	55		19	3
花垣县审计局	13	19	5	2158	204	204	204	3375	19	
保靖县审计局	13	19	10	1258	28	28	28	783	19	
古丈县审计局	11	13	4	214	6	6	6	1303	13	
永顺县审计局	19	37	5	3575	120	120	120	2771	43	6
龙山县审计局	14	14	1	141	28	28	28	324	14	

广东省

【广东省审计厅】 2004年，广东省审计厅定编338人。厅机关设有办公室、政策法规处、财税审计处、金融审计处、行政事业审计处、经贸审计处、农业与资源环保审计处、社会保障审计处、固定资产投资审计处、外资运用审计处、经济责任审计处、人事教育处、监察室（与纪检组、直属机关党委办公室合署办公）、直属分局、驻深圳特派员办事处，同时还设厅机关服务中心、科研所等直属事业单位。

领导成员

厅　长：曾寿喜

副厅长：吴清泉（—4月）

欧阳标　李　心　潘享清

何丽娟（12月—）

纪检组长：郭俊山

审计成果　2004年，全省共审计5153个单位，查出违规金额106亿元，已上缴财政10.85亿元，已归还原渠道资金3.72亿元，减少财政拨款或补贴5491万元。移交司法、纪检机关案件线索76件。提交审计报告、信息1695篇。

预算执行审计　全省144个县级以上审计机关全面开展预算执行情况审计，共查出违规金额13.68亿元，对违规变更预算，违规减免及隐瞒转移预算收入，虚列财政支出，滞留预算资金及挤占挪用预算资金等问题进行了纠正。对国库审计调查中发现错库影响省级收入问题进行协商处理。促进部门预算改革，加强财政收支管理，提高了财政资金使用效益。预算执行审计呈现两个新的特点：一是反映问题更加深入，省级预算执行审计工作报告披露问题更加深入和具体，得到社会舆论的关注和省人大常委会的肯定；二是更加注重预算执行的规范和促进建立公共财政体系。

行政事业审计　全省共审计2677个单位，查出违规金额45.82亿元，配合财政管理，披露和纠正管理不规范、应缴未缴预算收入、账外资产等问题，促进行政事业单位严格执行党和国家政策，依法办事。首次利用计算机对纳入2004年部门预算的102个省级单位预算执行情况和相关会计报表进行审计汇总分析，积累了新的经验。

企业审计　共审计410个单位，审计资产总额289亿元，查出违规金额36亿元，对虚报或隐瞒转移收入、账外资产、管理不善、决策失误、造成损失浪费等问题进行了审计处理。开展了粮食财务挂账审计，审计资金总额112亿元，核实政策性财务挂账11.84亿元，核减企业虚报挂账10.89亿元，揭露了存在问题。审计报告得到省政府的重视，对有关部门加强粮食专项资金监管和完善粮食企业监管制度，起到积极的作用。对全省供销合作社系统1992年底前地方政策性亏损挂账进行了审计复核，确认全省供销社系统1992年底前地方政策性亏损挂账本息总额，核减挂账7647万元，核减应由省政府负担的亏损挂账本息2.53亿元，为解决历史遗留问题提供了依据。完成了第二批50个收费站的收费还贷情况审核工作，公布了第二批43个站的收费还贷情况，核减还贷基数3.8亿元，核减超支管理费4427.7万元。

金融审计 全省组织对广东证券股份有限公司和下属各营业部进行了审计，配合政府加强对地方金融机构的管理。

固定资产投资审计 全省共审计重点工程、重点项目 814 个单位，审计项目投资总额 730 亿元，核减工程款 14.27 亿元，查出违规金额 4.3 亿元，维护了财政投入建设资金的安全有效。完成对省高速公路工程建设项目和 20 条国省道竣工决算的审计，在社会审计的基础上再核减投资 1.21 亿元，促进纠正管理不善、项目建设超概算、经济效益低，招投标不规范，管理费偏高等问题。完成对 18 条高速公路建设项目和高速公路征地拆迁补偿金使用情况的审计调查，取得较好成效，提出了深化投资体制改革、处理好总体规划与地方发展的协调、保护耕地等建议，引起有关部门的高度重视。

外资运用审计 全省组织对 6 个国外援贷款项目单位审计，审计资金总额 133.18 亿元，其中外资 39.08 亿元，促进了项目单位严格遵守项目协议，规范财务管理和会计核算，为改善投资环境，提高利用外资质量，防范外债风险发挥了积极作用。对世行贷款国家造林项目的审计结果，促进有关部门搞好整改，并已成立省林业债务核查组，专题解决审计发现的问题；对世行贷款广州中心区交通项目审计促进了项目的规范管理。

专项资金审计 对教育、农业、社会保障等专项资金筹集、管理和拨付、使用情况进行专项审计，共审计 591 个单位，审计资金总额 830 亿元，查出违规金额 1.33 亿元，应缴未缴专项资金 15.47 亿元。对全省中小学布局调整和农村义务教育负债两项资金进行了专项审计调查，摸清了教育负债、减债效果和资金管理、拨付等情况。通过对全省农业综合开发资金的审计，促进纠正项目资金不落实、使用不合规，挤占挪用专项资金及项目管理不完善、科技示范项目投资效益不理想等问题，提出改进财政配套办法，不搞一刀切，实行公开招标投标和工程监理制度等建议，促进了项目的规范管理。对省社保资金管理使用情况的审计，重点审查了各项社保基金的征集、使用、管理情况及事业经济经费预算情况，并就财政专户管理和征缴情况延伸审计调查相关单位，对社保资金进行多角度、全方位的监督，收到较好效果。

经济责任审计 全省共审计 2037 个单位，经济责任 2089 人。查出违规金额 52.35 亿元。根据审计结果移送纪检监察 48 人，移送司法机关 2 人。主要有以下特点：一是在审计内容上，以财政财务收支为主线，以重大经济事项的决策和管理、专项资金的使用、国有资产保值增值等情况为重点，着重揭露损失浪费和国有资产流失等方面的重大问题；二是在审计形式上，逐步加大任中审计比重，将监督关口前移；三是把经济责任审计与财政决算审计、预算执行审计、单位财务收支审计、行业审计相结合，整合审计资源，提高工作效率；四是加强制度建设，促进了经济责任审计工作的规范化；五是普遍开展县长经济责任审计，部署并实施对地级市市长的经济责任审计。

效益审计 全省效益审计开始起步。深圳市 2004 年首次开展部门预算效益审计，对科技三项经费、环境保护局等 8 个热点项目的效益审计，得到深圳市人大常委会的充分肯定和社会舆论的好评。汕头市、佛山市效益审计注意选准审计项目，确定评价标准，客观评价项目社会和经济效益情况，提出合理建议，收到较好的效果。

领导交办任务 共审计调查 289 个项目，涉及 3448 个单位，审计调查金额 2149 亿元。对群众反映个别地方“虚假财政”、“注水财政”的问题进行审计调查核实，部分县非税收入偏高进行专项审计调查，为促进宏观经济管理，促进县域经济发展，发挥了积极的作用。对司法系统 2003 年财务收支进行审计，并延伸部分监狱和劳教场所，促进了财政资金的有效使用。

内部审计 全省共有内审机构 3148 个，其中专职机构 1180 个；内审人员 9790 人，其中专职人员 3958 人。全年共审计 30936 个单位，查出损失浪费金额 60.41 亿元，促进增收节支 6.14 亿元，纠正违规金额 20.17 亿元。（撰稿人：温国强）

【广州市审计局】 2004 年，共有干部职工 179 人。局长郑锡雄，副局长陈燕芳（—7 月）、陈宝雄（2 月—）、黎子良（2 月—），纪检组长梁惠冰。设有办公室、政策法规处、经济责任审计管理处、财政金融审计处、行政事业审计处、经济贸易审计处、固定资产投资审计处、外资运用审计处、人事处（监察室、机关党委办公室与其合署办公)，另设机关服务中心、审计信息中心等直属事业单位。

审计成果 审计和调查单位（项目）228个，查出违规金额297583万元，管理不规范金额219480万元，应上缴财政37733万元，已上缴财政57956万元（其中36640万元为补缴上年数），已归还原渠道资金22301万元。向纪检监察机关移送事项20件。

财政审计 对2003年市本级预算执行和其他财政收支情况进行审计，共审计了6个财税部门和预算执行单位，查出违规金额80065万元，管理不规范金额21221万元，应上缴财政10904万元，应归还原渠道资金113万元。

专项资金审计 对广州市2000～2002年关闭破产企业职工安置费政府资助资金进行了审计调查，共调查8个行业的131个关闭破产企业和3个转制企业，并把调查情况专题报告市政府，市领导批示同意市审计局提出的纠正措施和改进建议，并且要求有关部门尽快纠正挪用资金等违规问题。对花都区、增城市2003年农业综合开发资金进行了审计，并抽查了2001、2002年的部分项目，审计情况引起市领导重视，责令有关部门迅速采取有效措施予以纠正和整改。对广州市粮食系统新一轮财务挂账进行了审计，基本摸清了广州市企业新一轮财务挂账情况和新增财务挂账消化情况，提出了解决粮食政策性业务历史遗留问题的建议，促进了广州市粮食流通体制改革。

经济责任审计 对11人进行经济责任审计，其中党政领导干部8人，国有及国有控股企业领导人员3人。审计查出经济责任人违规应负主管责任金额104454万元、管理不规范应负主管责任金额13213万元。被审计人员中被平调的有1人，免职的有2人。制定了《广州市领导干部（人员）任期经济责任审计前公示办法（试行）》等制度。

计算机辅助审计 运用计算机辅助手段审计了21个项目，查出违规金额174739万元。积极推进广州市国有及国有控股企业财务监督平台审计子系统建设工作，做好局综合管理系统改造、完善工作。（撰稿人：钟　斌）

【清远市审计局】 2004年，共有干部职工37人。局长陈仕发，副局长朱昭斌、杨汉、谭瑞基，纪检组长谭志钊。设有办公室、财政金融审计科、行政事业审计科、经济贸易审计科、固定资产投资审计科、经济责任审计科、政策法规科等部门。

审计成果 2004年，全市共完成审计单位338个、社会审计组织业务质量检查2个、审计调查16个，共计356个，占年度计划的192%。审计查出违规金额5907万元，管理不规范金额6.8亿元，应上缴财政2376万元，已上缴财政1718万元，归还原渠道资金270万元。移送纪检监察部门案12起，涉及人员22人，已给予党纪政纪处分4人；移送司法机关案1起。提交工作报告、信息34篇。

财政审计 全市审计单位31个，查出违规金额434万元，管理不规范金额1.1亿元。主要揭露了违规减免少征应缴未缴预算收入、隐瞒转移挖挤财政收入、虚列财政支出等问题。全市各级审计机关都向本级政府和人大常委会汇报预算执行结果报告和工作报告，提出了进一步加强和完善预算制度，完善和细化支出标准，正确把握好公共资产管理中心融资的投向，防范融资风险等建议。

行政事业和专项资金审计 组织对全市213个行政事业单位、社会团体的审计。全市共查出违规金额3142万元，管理不规范金额3亿元，损失浪费金额949万元等主要问题。对全市50个单位的专项资金进行了审计，审计资金总额6.67亿元。

企业审计 对全市37个企业资产、负债、损益情况进行了审计，查出管理不规范金额2.5亿元，不良资产额1945万元，处理违规金额241万元。其中组织了省定项目全市粮食系统政策性财务挂账审计。

固定资产投资审计 完成对清远大厦建设项目竣工决算和建筑安装工程及消防工程结算等6个重大项目的审计，查出违规金额75万元，管理不规范金额191万元。

经济责任审计 全市共审计单位141个，审计经济责任人143人，查出违规金额2795万元，管理不规范金额2.7亿元，损失浪费金额902万元。审计后，平调84人，晋升7人，免职14人，撤职1人。

信息化建设 清远市审计局计算机远程站基本坚持每天至少访问省审计厅远程站一次，全年共收发电子邮件412次，比2003年增加145次。

全市审计机关实现了纵向省、市、县审计机关信息共享平台正常运作。各县（市、区）审计局添置了一批硬件设备，共增加台式计算机18台，比原来增加28%；笔记本电脑13台，比原来增加62%；摄像机3架，填补了原来的空白。全市审计机关整合现有软、硬件资源，积极开展计算机辅助审计。（撰稿人：李　坚）

【韶关市审计局】　2004年，共有干部职工38人。局长蒋伟民（6月—）、黎国坚（—6月），副局长于莉莉、李贵堂、凌振伟，纪检组长李秋月（7月—）、李贵堂（—7月）。设有办公室、政策法规科、经济责任审计科、财政金融审计科、基建外资审计科、行政事业审计科、经贸审计科、农业与资源环保审计科。

审计成果　全年完成审计项目319个，审计调查33个，社会审计组织业务质量检查2个，查出违规金额9297万元，管理不规范金额33984万元，损失浪费金额6036万元，应缴财政资金629万元，应减少财政拨款或补贴59万元，应归还原渠道资金582万元，应调账处理金额1797万元，应自行纠正金额33764万元，已缴财政425万元。向纪检监察部门移送事项6件，建议有关部门处理事项2件，建议纠正部门不当规定2条。向党政提交工作报告、信息132篇，其中被批示、采用60篇。

预算执行审计　揭露了未及时核算预算调整、再就业资金拨付分散管理、个别预算执行单位仍存在项目经费与公用经费混合使用、有关单位不执行政府采购规定、不严格执行财经法规等问题，结合财税改革要求，提出了深化预算体制改革、规范财政分配、建立完善预算管理和预算绩效评价体系、提高财政资金使用效益的意见和建议。

效益审计　运用现场勘察、审计调查、审核账目、对比分析等审计手段和方法，对投资韶关剧院改造工程上千万元的建设项目所产生的经济效益、社会效益和环境效益进行了客观公正的评估，肯定了以城市经营方式进行投资改造公共资产的成功范例，提出是公共资产管理和文化管理体制改革的有益尝试。

金融审计　成功利用"通用审计系统"录取数据、建立电子账册、查询财务数据和业务数据，并使用了通用软件FOXPRO辅助审计，编写语句进行测试、检查，及时完成对广东证券股份有限公司韶关营业管理总部2003年度资产、负债、损益情况审计，发现该总部入账票据不合规、设账外资产、以前年度违规行为形成大量不良资产、亏损挂账、存在重大诉讼案件、应收未收回违规集资本息等问题，依法提出了审计意见和建议。

经济责任审计　开展经济责任审计项目201个，被审计人201人，查出违规金额7657万元，管理不规范金额20926万元，损失浪费金额103万元。审计后平调47人，晋升7人，降职1人，移送纪检监察7人。当年突出了市（区）长经济责任审计。在全国、全省经济责任审计工作评选中，曲江区被评为全国先进单位，韶关市、南雄市、翁源县、始兴县被评为全省先进单位。

专项审计　完成粮食系统政策性亏损挂账审计、教育布局调整专项资金审计和审计调查、农村义务教育负债审计和审计调查、农业综合开发资金审计、省国道工程项目竣工决算审计、2个社会审计组织质量检查。

审计调查　审计调查项目33个，被调查单位383个，调查金额128168万元，调查发现问题金额2940万元；提交审计调查报告29篇。

内部审计　共有内审机构80个，其中专职机构31个；内审人员202人，其中专职人员62人。共审计176个单位，查出损失浪费金额10万元，促进增收节支94万元，纠正违规金额47万元。提出建议意见被采纳39条。完成财务决算审签16个。（撰稿人：曾烈省）

【河源市审计局】　2004年，共有干部职工37人。局长黎房新（—6月）、陈钦添（6月—），副局长陈钦添（—6月）、王超良、何国平（7月—）。设有办公室、财税金融审计科、行政事业审计科、经济贸易审计科、农业与资源环保审计科、基建外资审计科、政策法规科、经济责任审计科、纪检监察科等9个部门。

审计成果　2004年，河源市审计局完成审计项目220个，查出违规金额4.93亿元，应上缴财政1289万元，已上缴财政1056万元。开展的审计项目主要有：经济责任审计、财政预决算审计、工程投资项目审计、市直部门财务收支审计、专项资金审计调查以及党委政府临时交办项目。

预算执行审计　共审计25个单位，查出违规金额 6090 万元，应缴财政 854 万元，按时向本级政府和同级人大提交了审计报告，如实披露了审计发现的问题，提出了规范预算管理的意见和建议，引起了人大和政府的高度重视，并责成有关部门进行了整改。

企业审计 围绕粮食企业改革中心工作，向政府提交了粮食改革清产核资工作方案和实施方案，并实施了清产核资工作，为政府摸清粮食企业“家底”，加快粮食企业改革工作进度，发挥了审计部门应有的作用。（撰稿人：谢统鹏）

【梅州市审计局】 2004 年，共有干部职工 33 人。局长丘利清（10 月—）、朱荣生（—10 月），副局长邱健昌、张少抗、刘少庭。设有办公室、综合科、财政金融审计科、经贸审计科、固定资产投资审计科、行政事业审计科、经济责任审计科等部门。

审计成果 共完成审计单位 302 个，查出违规金额 17444 万元，管理不规范金额 58128 万元，应调账处理金额 7484 万元，应归还原渠道资金 1081 万元，应上缴财政 1373 万元，已全部上缴。向纪检监察机关移送案件 1 起，涉及人员 1 人。向党委政府和上级审计机关提交工作报告、信息 148 篇（件）。

财政审计 审计财税部门等单位 36 个，查出违规减免少征应缴未缴预算收入 367 万元，虚增财政收入 81 万元，账外资产 87 万元，虚减财政收入 35 万元、账外资产 85 万元，其他不规范资金 15179 万元；应缴财政 22 万元。

重点资金审计 一是对全市解决农村义务教育负债专项资金审计和审计调查，审计了县级财政局、教育局，延伸抽查了 354 所中小学，查出虚报教育负债 123 万元，少计固定资产 11238 万元，违规拨付专项资金 84 万元。二是对中小学布局调整专项资金审计和调查，发现有的县级财政未直接把专项资金 64 万元拨到教育局，影响使用。三是对农业综合开发资金审计，发现支出不合规 28 万元，有的财政局未发放有偿资金 55 万元。四是对全市国土系统和部分行政事业单位的审计，共审计单位 17 个，查出违规金额 1145 万元，处理上缴财政 846 万元，补缴税费 12 万元。

企业审计 一是对市粮食系统政策性财务挂账审计，共审计粮食企业 117 个，审计调查单位 110 个，审计核实挂账总额 8728 万元，查出违规金额 365 万元。二是对 3 个公路工程项目审计，查出虚结工程款 1354 万元，资金不落实 2471 万元，超计划、超规模 1895 万元，共核减工程款 405 万元。三是对 6 个国有企业审计，查出所有者权益不实虚减 536 万元，损益不实虚减 44 万元，不良资产 223 万元，处理上缴财政 37 万元。

经济责任审计 对 246 名领导干部进行经济责任审计，其中县（处）级干部 28 人，镇局级 218 人。查出违规金额中负有主管责任的 8532 万元，负有直接责任的 103 万元；管理不规范金额中负有主管责任的 14042 万元，负有直接责任的 108 万元。移送纪检司法部门其他涉案人员 1 人。审计后晋升 17 人，平调 168 人，免职 12 人。

内部审计 全市内审机构共 153 个，其中专职机构 30 个；内审人员 438 人，其中专职人员 113 人。完成审计单位 331 个，查出损失浪费金额 203 万元，纠正违规金额 269 万元，增加上缴 44 万元，促进增收节支 127 万元。提出建议意见被采纳 238 条。（撰稿人：古登信）

【潮州市审计局】 2004 年，共有干部职工 29 人。局长张茂元，副局长周修喜、邱怀球、陈少华（—6 月）、蔡舜娜（8 月—）。设有财政金融审计科、行政事业审计科、工交商贸审计科、固定资产投资审计科、办公室、政策法规科、经济责任审计科等部门。

审计成果 2004 年，共审计单位 28 个，查出违规金额 1211 万元，查出管理不规范金额 9285 万元，处理上缴财政 361 万元，归还原渠道资金 186 万元，责令调账处理金额 620 万元。开展审计调查项目 6 个，调查单位 148 个，查出有问题金额 19333 万元。向社会公布审计结果 2 篇。

财政审计 审计财税部门 2 个，并对再就业资金和部分专项经费进行延伸调查。揭示隐瞒财政收入、虚列财政支出、税费征管不到位等问题，共查出管理不规范金额 4938 万元。开展了潮安县、枫溪区 2003 年度财政决算的审计。

专项审计调查 开展对市直 44 个执收执罚单位 2002～2003 年度行政事业性收费、罚没收入和政府性基金征缴情况专项审计调查，揭示了个别执收执罚单位征管不到位，造成财政资金流失的问题，市政府领导对审计调查报告作了批示。开展对社会保险基金征收制度改革执行情况、广济桥维修工程资金收支情况和工程建设管理的专项审计调查，调查结果分别在《潮州日报》和政府公众网上公告，取得了良好的反映。

专项资金审计　联合有关部门，开展全市粮食系统政策性财务挂账专项审计，对潮安县人民政府2003年度农业综合开发资金的筹集、管理、使用情况进行审计，开展对教育负债和调整教育布局的专项审计。共查出违规金额7530万元，管理不规范金额594万元。

固定资产投资审计　对省道S334线潮安段的竣工决算审计，发现该项目多计建设期贷款利息、交工前养护费及漏税等问题。与有关部门组成联合调查组，对国债资金建设项目丰柏线战备公路饶平段工程建设情况开展专项调查，摸清了项目的管理情况，对存在问题提出了有针对性的整改意见，专项调查报告引起了市纪委、监察局领导的重视和批示。对枫溪瓷都中学基本建设投资的审计是首次开展县区固定资产投资审计。起草《潮州市市级财政投资建设项目审计监督暂行办法》，市政府于年内颁布实施。

经济责任审计　积极稳妥地做好经济责任审计工作，制定《关于加强我市经济责任审计工作若干问题的意见》。进一步完善经济责任审计联席会议制度，充分发挥作用。正式设置“经济责任审计科”，完善了经济责任审计的专职机构。共完成经济责任审计项目16个，均为党政领导干部。查出违规金额733万元，其中个人负主管责任633万元，负直接责任100万元。审计后，平调15人，降职1人。

计算机辅助审计　在对广东证券股份有限公司潮州管理总部2003年度资产、负债、损益情况进行审计时，首次采用计算机辅助审计，取得了成果。（撰稿人：沈　健）

【汕头市审计局】　2004年，共有干部职工59人。局长陈少宏，副局长丁友科、汪胜豪、黄师杰，纪检组长陈利炎。设有办公室、综合法规科、财政金融审计科、行政事业审计科、经贸审计科、固定资产投资审计科、经济责任审计科及直属分局。

审计成果　全年共完成审计项目23个、审计调查项目8个、社会审计质量检查2个。查出违规金额4031万元，增加财政收入636万元。移送纪检监察部门案件1起，建议有关部门处理件数2起。提交规范管理、加强监控、健全财务管理的报告信息26篇，其中被采用、批示的有4篇。向社会公告审计结果2篇。

上级交办任务　共完成上级交办审计任务17个，其中审计署下达的审计单位1个，省下达的审计单位9个，地方政府交办项目7个；完成审计调查项目8个，其中省定调查项目1个。各级审计机关在完成上级下达的审计任务的同时，把各级领导交办的审计任务作为工作重点之一，认真抓紧抓好，对交办的事项均已全部审结，并提交专项审计报告。

法制建设　为更好地依法审计，利用特区立法权，汕头市审计局报请市政府、市人大将《汕头经济特区审计监督条例》纳入市2004年的立法计划。作为法规代拟稿的起草部门，成立起草小组，经过调研、论证、起草、征求意见，历经18稿，形成审计监督条例送审稿，已由市政府常务会议讨论通过，市人大常委会第一次审议。

预算执行审计　2004年，汕头市审计局开展同级审工作，审计结果报告和审计工作报告的质量都有所提高，得到了政府的肯定。突出表现在：一是力度有所加强，揭示了预算执行中存在的问题；二是深度进一步加深，清查了市财政部门开设银行账户情况；三是广度进一步拓展，延伸审计调查了财政资金使用情况。

信息化建设　汕头市审计局积极稳妥地开展审计信息化建设，加强网络建设，完善硬件配置，大力推进计算机现场审计和联网审计，进一步提高办公自动化水平。2004年被市政府评为办公业务资源网应用先进单位。

效益审计　汕头市审计局选定市第四水厂建设项目投资效益情况进行审计，从建设项目的立项到建成投产后运营管理的经济性、效率性和效果性进行综合评价，通过效益审计的实践，总结了经验体会，为今后更好地开展此项工作打好基础。

其他审计　一是加强行政事业单位审计，促进廉政建设。增强查处大案要案意识，发现疑点，查深查透，查出了一批重大违法违纪问题。二是加强国有企业审计调查，服务企业改制。组织力量对市直国有企业的财务状况进行审计调查，向市政府上报了专题报告，提出合理建议，为市领导在企业改制决策服务。三是加强专项审计和审计调查，并将审计结果向社会作了公告，规范资金的管理和使用。四是加强对财政投资项目监督，节约项目建设资金，规范投资行为的作用。五是完成政府交办审计项目，服务中心工作。对香港粤东公司的审计，市有关领导对该项目的审计给予了肯定，专门听取汇报，组织研究处理存在的问题。（撰稿人：郑文钦）

【揭阳市审计局】 2004年，共有干部职工43人。局长唐莉，副局长林少波、杨愈勇、蔡锡初、谢拱从，纪检组长蔡锡初（兼）。设有办公室、法制科、财税金融审计科（加挂外资运用审计科牌子）、行政事业审计科、经济责任审计科、固定资产投资审计科、经贸审计科和直属分局，另设直属事业单位审计信息中心。

审计成果 完成审计项目和审计调查项目57个，查出违规金额11298万元，审计决定处理处罚应上缴财政326万元，应归还原渠道资金220万元。移送纪检监察机关案件线索1件。提交审计报告、信息94篇，被采用22篇。获广东省“经济责任审计先进地区”、广东省“审计信息宣传积极单位”、揭阳市“先进基层党组织”、“市直文明单位”等称号。

预算执行审计 审计了5个单位，发现部分专项资金分配管理不规范、漏征漏管税收等问题，查出管理不规范金额2171万元，应自行纠正2171万元。市人大充分肯定了审计工作，并针对审计工作报告中反映的问题，在审议意见中指出政府部门要“继续加强审计监督”、“严肃财经纪律”、“认真落实审计意见和审计决定”，并提出“加强对公路建设项目的审计监督”、“逐步推行审计结果在媒体曝光的做法，加强舆论监督力度”的要求。

经济责任审计 共对18人进行了经济责任审计，查出个人应负主管责任的违规金额1819万元，应负主管责任的管理不规范金额30630万元。国有资产增值单位9个，保值单位9个。移送纪检监察机关案件线索1件。审计后，平调7人，晋升1人，免职1人。

专项审计调查 对粮食系统进行了专项审计，核实了1998年6月至2003年6月全市粮食财务挂账，比自查挂账总额7514.45万元核减了1983.98万元，核减率达26.40%。对工程建设专项资金进行审计调查，强化对工程建设领域的监督，为地方政府加强公路和工程建设管理提供参考。此外，还对全市中小学布局调整专项资金、解决农村义务教育负债专项资金、农业综合开发项目及资金等进行了专项审计（调查），取得了较好效果，为地方政府加强宏观管理提供第一手资料。

效益审计 将预算执行审计、全市公路建设情况和全市药品采购情况审计调查等3个项目列为效益审计试点项目。审计结果通过向政府作专题报告，纳入“同级审”、“两个报告”等形式，反映工作成果，收到良好效果。（撰稿人：房锦东）

【汕尾市审计局】 2004年，共有干部职工40人。局长张道瑜，副局长周建新、沈泽雄、陈秋焕。设有办公室、政策法规科、财税金融审计科、基建外资审计科、行政事业审计科、农业资源审计科、经济贸易审计科和经济责任审计办公室8个科室。

审计成果 2004年，全市审计机关共完成审计项目184个，查出违规金额18026万元，管理不规范金额12550万元，损失浪费金额10万元；应上缴财政767万元，已上缴财政1119万元（含上年数）；应归还原渠道资金883万元，已归还原渠道资金3983万元（含上年数）；应自行纠正金额12550万元，已自行纠正金额26385万元（含上年数）。移交纪检监察机关事项1件，涉及人员1人，已给予党政纪处分1人。提交审计信息、审计工作报告53篇，被批示和采用28篇。

预算执行审计 全市5个审计机关对2003年度本级预算执行情况进行了审计，查出违规金额731万元，管理不规范金额4049万元，纠正了财政管理上不规范的问题。披露了财政管理中存在的财政收入结构不合理，非税收入偏高，税源缺，税收低，预算编制不够规范，财政风险高等问题，对隐瞒国有资产收益收入、违规少征税款等问题进行了处理。提出了建立公开透明的“阳光预算”，强化预算约束，积极推进部门预算编制改革，加快实施国库集中支付制度，加强“收支两条线”管理及专项资金管理，全面实行政府采购制度，规范政府采购程序，加大税收征管力度，化解财政风险等建议，得到了市政府和财政部门的采纳。同时，全市各级审计机关对地税系统2003年度税收征管及财务收支情况进行了审计，主要查出了纳税户偷欠税收、税收执法不严等问题，提出了严格依法治税、严格执行法规规定和加大税收征管力度等建议，得到地税部门的采纳。

行政事业审计　根据上级的统一部署，全市各级审计机关对全市59个国有粮食企业1998年6月1日至2003年6月30日从事国家定购粮、保护价粮、各级政府储备粮油和军供粮的收购、储存、轮换、销售等政策性财务挂账进行了审计。通过审计和审计调查，基本摸清了全市国有粮食系统政策性财务挂账情况和新增财务挂账的消化情况，为推动国有粮食企业改革工作顺利进行，深化国有粮食企业改革提供了依据。

专项资金审计　按照省审计厅布置，全市审计机关对全市解决农村义务教育负债、中小学布局调整专项资金进行了审计调查。对省拨中小学布局调整专项资金未按规定及时拨付到位等问题，审计后已责成财政部门尽快拨付到位。

经济责任审计　全市审计机关共对78名党政领导干部进行了经济责任审计，查出违规金额11085万元，管理不规范金额5607万元，损失浪费金额10万元，揭露了领导干部所在单位应缴未缴预算收入、隐瞒截留、挤占挪用、少计少缴税金、预算外收入未缴专户、账外资产等问题。陆丰市审计局对甲子镇原党委书记郑某进行经济责任审计，查出该镇出纳员等人涉嫌挪用公款及贪污公款的违法问题，该镇副镇长许某涉嫌贪污公款已被检察院批捕。该案件的严肃处理，得到省审计厅肯定，省审计厅将该案例作为全省6个典型审计案例之一上报审计署。

计算机辅助审计　根据上级的统一部署，汕尾市审计局对广东证券股份有限公司汕尾管理总部和海丰、陆丰两个营业部进行了审计，审计过程严格执行审计署5、6号令的有关规定，并全程应用《通审软件》实施计算机辅助审计。审计组克服各种困难，按时完成了证券公司审计任务。对审计查出的问题，已按规定报告省审计厅，由省审计厅统一下达审计决定书。

效益审计　汕尾市审计局对市环境保护监测站进行了经济效益审计，主要审计了该单位环保资金的投入、环保设备的购置、内控制度实施情况及环保管理水平。通过分析城市空气、水资源和环境噪声等环境质量状况及环境监测情况，对环保设备实际功效和社会效益进行了评价。披露了该单位存在技术力量不足，未能针对环境监测开展科研项目，缺乏环境污染应急监测能力，未严格执行《广东省建设项目环境保护管理条例》，开展建设项目环境影响报告的报审制度等问题。对存在的问题进行了深入分析，并提出了一系列改进建议，为市政府的环保决策提供了依据。（撰稿人：陈云海）

【惠州市审计局】　2004年，共有干部职工42人。局长罗伟谊，副局长陈文清、练运粦、冯起忠，纪检组长雷远华。设有办公室、法制科、信息科、财政资金审计科、经济责任审计科、固定资产投资审计科、企业审计分局。

审计成果　审计单位127个，查出违规金额28956万元、管理不规范金额41858万元，损失浪费金额2071万元，已上缴财政4841万元，减少财政拨款或补贴8744万元。移送违纪违法案件线索4件。

审计整改　市政府组织建立了旨在推进审计结果事项落实的审计执法联席会议制度。通过审计整改，增加财政收入5535.1万元，减少财政拨款8744.4万元，制定上缴计划金额154.7万元，调增国有股持有比例金额142.7万元，追回被侵占挪用资金47.5万元，作并账、调账等账务处理金额6463.9万元。将4万多平方米房产和4.5万平方米土地重新纳入有关部门有效监管范围。设立加强资金管理的财政专户14个。建立各项旨在从机制上预防各类违法违纪问题发生的制度11项，制定改进专项工作的具体措施43条。

专项资金审计　对交通资金、残疾人资金、农业资金等进行了审计。对全市2002～2003年度交通专项资金的审计，查出了交通系统财务管理和工程项目管理中存在的大量突出问题，涉及违规金额1.96亿元，移交案件线索2件。

财政审计　共审计单位13个，查出违规金额1.19亿元。所提交的审计工作报告引起人大、政府的高度重视。市人大常委会专门作出决议，并将报告披露的主要违纪违规问题向社会公开。

企业审计　共完成企业审计（调查）项目16个，查出违规金额8.19亿元。对已完成改制或正在进行改制的15个市直国有企业开展了审计调查，揭示了企业改制中存在诸多国有资产流失的环节，已造成或可能造成国有资产流失达 2790.9 万元。对市汽车运输总公司、港务集团公司、建设集团公司等市属重点企业，以及市惠隆集团、物资集团等一些改制、退市或关闭企业开展了审计调查。

固定资产投资审计　完成对梅湖生活污水处理厂等 4 个项目结算的审计，共核减工程结算造价 1363 万元。对惠州大堤南堤安全加固工程（第三期）等项目开展事中跟踪审计监督。

经济责任审计　本着对领导干部本人负责的态度，采取自查和抽审相结合的方式，对市直 19 个经济责任审计重点单位集中开展了任期内的审计。

交办事项　对市直 18 个机关事业单位与所移交物业有关债务进行了专项审计，净核减政府债务 2460 万元。对市公共汽车公司进行了审计，重点披露了企业内部实行“一企两制”等事项，并对完善市区公交线路经营机制提出了合理意见，审计结果为市人大、政府决策提供了直接依据。（撰稿人：曾育方）

【东莞市审计局】　2004 年，共有在职干部职工 46 人。局长祝楚钦，副局长李常永、马凤彪、梁渠森。设有办公室、财政金融审计科、行政事业审计科、固定资产投资审计科、经贸审计科、经济责任审计科。

审计成果　审计单位（项目）30 个，查出违规金额 38197 万元，损失浪费金额 6988 万元，决定处理上缴财政 2723 万元，归还原渠道资金 6803 万元。向省审计厅和市委、市政府提交审计报告和信息 28 篇。

预算执行审计　审计 7 个部门单位，揭露部分行政事业性收费收入未及时足额上缴入库、违规收费等违法违规行为。查出的问题整改效果明显。预算执行审计工作得到了市人大、市政府的充分肯定。

固定资产投资审计　审计 4 个基建项目，审计投资资金 239138 万元，严肃查处各种高估冒算、挤占成本、挪用建设资金、损失浪费及资金使用效益低下等行为，共核减工程款 3404 万元，为建设单位追回多付工程款 5188 万元。

经济责任审计　对 7 名镇党委书记及 1 名部门领导干部开展了任期经济责任审计，查出违规金额 3705 万元，管理不规范金额 68892 万元。提交审计结果报告 8 篇，均被批示、采用。

专项资金审计　审计 4 个项目，发现了银行账户管理不够规范、往来款未及时清理、部分专项资金需进一步增值等问题。对征用农民土地补偿款情况进行专项检查，发现部分镇区拖欠土地补偿款、部分征地手续不规范等问题，促进规范征地补偿款的管理使用，切实保障了被征地农民的合法权益。

社会审计　质量检查 2 家会计师事务所，发现个别评估事项的评估方法不符合有关规范的要求，对一些土地的评估值与市场价相比明显偏低、部分评估项目未按规范实施相应的程序和取得相关的证据、一些重要事项和或有事项没有在报告中充分披露等问题，提出了整改意见。

内部审计　共建立内审机构 239 个，配备内审人员 1108 人。审计项目 2293 个，纠正违规金额 7757 万元。市领导对内审工作作出“要再接再厉，严查严审”的重要批示。省审计厅和省内审协会授予寮步镇人民政府审计办公室、广东省步步高电子工业有限公司审计部为内部审计先进单位荣誉称号，授予大岭山镇人民政府的吴美娇、石碣镇人民政府的姚环、广电集团东莞供电分公司陈红兵 3 位同志为内部审计工作先进工作者荣誉称号。（撰稿人：何建东）

【深圳市审计局】　2004 年，共有干部职工 164 人。局长陈志刚，副局长庞邦和、陶长春、孙更生。设有办公室、综合处、财政审计处、行政审计处、资金审计处、经贸审计处、固定资产投资审计处、金融审计处，另下辖经济责任审计专业局、政府投资项目审计专业局（副局级）。

审计成果　共完成审计单位 538 个，查出违规金额 2.51 亿元，管理不规范金额 43.89 亿元，应上缴财政金额 1292 万元，已缴财政 6012 万元（含补交去年），审计核减政府投资 11.13 亿元。

财政审计　对于市本级预算执行及其他财政收支审计、国土基金审计中发现的问题，深圳市政府非常重视，责成有关部门认真查找原因，按规定进行整改。市政府首次向市人大常委会提交了《关于深圳市 2003 年度本级预算执行和其他财政收支审计工作报告有关整改情况的报告》和

《关于深圳市2003年度土地使用权出让金及土地开发基金收支与使用情况审计意见整改情况的报告》，整改的有关情况在本地新闻媒体上公开报道，得到广泛好评。

绩效审计　对科技三项费用、市环境保护局部门预算、深圳大学城、市客货运场站、大沙河整治工程、市城管局下属13个市政公园建设及管养情况、城市生活垃圾无害化处理、市东湖医院建设等8个项目进行了绩效审计，重点审计了财政资金及公共资源运用的效益性，同时审计了有关财政财务收支的真实性和合规性，在此基础上提出审计意见和建议，向市人大常委会提交了年度绩效审计工作报告。新闻媒体突出报道了审计结果，《深圳特区报》、《深圳商报》等主要报纸还刊登了审计报告摘要和市人大计划预算委员会的初审报告。中国审计学会于3月份在深圳召开效益审计调研会，广东省审计厅于8月份在深圳召开全省效益审计现场会，总结推广深圳开展绩效审计工作的经验。

固定资产投资审计　完成政府投资项目审计493个，审计核减11.13亿元，重点审计了会展中心、深港西部通道、南坪快速路、地铁建设和园博园等重大政府投资项目，发现政府投资项目管理中仍然存在未严格执行基本建设程序、项目前期工作不充分、工程建设管理规避招标、挪用建设资金投资经营及购房等问题。完成了市民中心建设情况审计调查并向市人大常委会提交了调查报告，针对审计发现的问题提出了加强政府投资项目管理的建议。根据市政府常务会议的决定，完成了对原市城建开发处组织建设的12个投资项目80多个单项工程结算遗留事项的审计，总金额4000多万元，审减工程款212万元，为政府清理工程拖欠款提供了依据。

经济责任审计　共对27个单位进行了经济责任审计，共查出违规金额6109万元，管理不规范金额7.38亿元，损失浪费金额1.59亿元。审计发现，有的市属行政事业单位存在未严格执行收支两条线的管理规定，隐瞒、截留和坐支财政收入，挤占挪用专项资金，固定资产管理较薄弱，账实不符等问题。市经济责任审计工作领导小组于7月正式成立，由市委副书记、纪委书记任组长，市委组织部部长和主管审计工作的副市长任副组长，成员包括纪委、组织、监察、人事、审计、国资委等部门主要负责人，并相应成立了办公室。

金融和企业审计　完成了对国信证券有限责任公司和深圳市商业银行原董事长的任期经济责任审计，对主管全市国有资产的原国资办进行了任期经济责任审计，审计了国有企业改革和发展专项资金收支等情况，对市国资委今后加强监管提出了审计建议。

审计业务管理　从5月1日起执行审计署《审计机关审计项目质量控制办法（试行）》，制定了有关实施办法，制作了审计项目作业流程图，在第四季度对该办法的贯彻执行情况进行了检查，各业务处能较好地贯彻执行《办法》，遵守审计项目作业流程，积极加强审计项目管理，审计项目质量有了明显提高。开展了2003年度优秀审计项目评选，海上田园风光旅游区绩效审计等12个项目被评为优秀审计项目。制定了《深圳市审计机关经济责任审计操作指南》。

信息化建设　4月，开通了局域网，开发了审计管理信息系统。印发了《深圳市审计局当前审计信息化建设工作要点》，提出了“科学规划，全面推进，整合资源，注重实效”的指导方针，逐步实现“信息传输网络化，公文处理无纸化，审计管理微机化，审计过程电子化”的总体目标，强力推进审计信息化建设。组织开展计算机基础知识和审计管理信息系统使用培训，组织参加审计署计算机初级考试和审计市电子政务与信息化考试，部分业务处开展了计算机辅助审计。10月，市政府办公厅专门下发了《关于利用计算机系统开展审计工作的通知》，为全面深入开展计算机审计提供了有力支持。

法制建设　6月，《深圳经济特区政府投资项目审计监督条例》在市人大常委会通过，自2004年10月1日起正式实施。完善了三级复核制度，制定了《深圳市审计局聘用专业人员管理办法》等规范性文件。

审计科研和信息宣传　正式开通运行“深圳市审计信息网站”，完成《深圳市审计志》的部分编撰，制作了《深圳政府绩效审计》电视专题片，扩大了审计影响。（撰稿人：宋令芳　董勇松）

【珠海市审计局】　2004年，共有干部职工39人。局长黄锐（—6月）、周昌（6月—），副局长赵伟媛、郭圣勇（6月—）。设有办公室、政策法规科、财政金融审计科、行政事业审计科、经济责任审计科、经贸审计科、固定资产投资审计科。

审计成果　审计和审计调查单位 129 个，查出违规金额 782 万元，管理不规范金额 65794 万元，损失浪费金额 8248 万元，决定处理上缴财政 134 万元，应减少财政拨款或补贴 5194 万元，归还原渠道资金 291 万元。

财政审计　本年度财政审计初步实行全局审计一体化，审计中注意融入绩效理念，利用计算机辅助审计手段，在全面审计的基础上，突出对财政重点支出资金、部门预算管理、国库集中支付、政府债务等方面的审计，并对构建公共财政框架下 5 年来政府对大文化、大环保、大治安等资金投入情况进行调查分析，提出若干有针对性和前瞻性建议，向市人大提交了预算执行审计报告、社会保障资金报告、财政承诺贷款专题报告，引起市人大的强烈反响和市政府的高度重视。

行政事业审计　全年共审计行政事业单位 14 个，查出挤占挪用金额 225 万元，少计少缴税金 120 万元，账外资产 168 万元，超标准超计划支出 43 万元，隐瞒截留收入 13 万元，其他问题金额 4054 万元。

经济责任审计　对 14 名党政领导干部进行了经济责任审计，查出违规金额 251 万元，其中个人负主管责任金额 232 万元，负直接责任金额 19 万元。审计后，晋升 2 人，平调 12 人。

固定资产投资审计　开展公路工程竣工决算审计，审计查出违规征地拆迁金额 2164 万元，招标投标违规金额 13792 万元，概预算编报不规范金额 20172 万元，决策失误造成损失浪费金额 5025 万元，管理不善造成损失浪费金额 2621 万元。

绩效审计　本年度对 1 项专项资金开展绩效审计，审计资金总额 11164 万元，审计查出管理不规范金额 6556 万元，损失浪费金额 601 万元，截留挤占挪用金额 2334 万元。审计评价该专项资金使用管理总体上缺规划、无跟踪、管理乱、绩效差。审计情况引起市政府的高度重视，并责成相关部门成立专案组继续跟踪检查。

企业审计　本年度由市监察局牵头，围绕企业资产质量、重大经济决策得失等，开展了对 7 个国有企业效能监察审计。通过审计调查，初步摸清市属国有及国有控股企业的资产状况、收益管理情况、年薪制情况、规章制度建设执行情况和重大经营决策情况，查出了虚增资产、利润，盲目投资，损失浪费及经营和管理存在违纪违规等问题，促进了企业财务监管，完善了国有资产管理体制，增加了国有资产收益，防止了国有资产流失，实现了国有资产的保值增值，为市委、市政府进一步开展国有企业改革提供客观的决策依据。（撰稿人：苏　牧）

【中山市审计局】　2004 年，共有干部职工 48 人。局长邓杰钊（4 月—）、梁怀兴（—4 月），副局长邓杰钊（—4 月）、胡静戈、罗凯颂、陈福成（9 月—）。设有办公室、法规科、财税金融审计科、行政事业与社会保障审计科、经贸审计科、农业与资源环保审计科、固定资产投资审计科、经济责任审计科。

审计成果　共完成审计项目 43 个（包括 5 项按统计口径未纳入的项目），为年初计划项目的 122%，审计调查项目 5 个（涉及单位 38 个），社会审计组织质量检查项目 1 个。审计查出违规金额 87319 万元，应缴未缴财政 3079 万元，当年已上缴财政资金 3283 万元（含以前年度），应归还原渠道资金 14 万元，管理不规范金额 142263 万元。移送纪检监察部门案件 1 起，涉案金额 668 万元。向市委市政府、省审计厅报送报告、信息 43 篇，向被审计单位从管理体制和制度上提出意见、建议 230 条。

预算执行审计　在对市财政局、火炬区财政局开展审计的同时，按照省审计厅的统一安排，对市地税局 2003 年度税收征管和财务收支情况进行了审计。此外，延伸审计了市交通局、劳动与社会保障局（含社保基金管理局）、统计局 3 个二级预算单位的预算执行情况，并对水利资金、农业资金、教育资金、防“非典”资金、技改补贴资金、社保基金等进行了专项审计调查，向市财政部门提出建议 9 条。

经济责任审计　组织完成经济责任审计项目 10 个，查出违规金额 4.2 亿元，应纠正金额 8 亿元。2004 年，荣获中央五部委经济责任审计工作联席会议“全国经济责任审计工作先进市”的殊荣。一是在审计内容上，以财政财务收支为主线，以重大经济事项的决策和管理，专项资金的使用，国有资产保值增值等情况为重点，着重揭露损失浪费和国有资产流失等方面的重大问题；二是在审计形式上，逐步加大任中审计比重，将监督关口前移；三是把经济责任审计与财政决算审计、预算执行审计、单位财务收支审计、效益审计相结合，整合审计资源，提高工作效率。

固定资产投资审计　2004年，完成7个重点建设项目审计，审计投资总额3.33亿元，核减工程款48万元，查出管理不规范金额5118万元。针对固定资产投资项目建设中存在的问题，审计提出了加强建设项目会计核算和建设资料的管理、完善合同管理及工程结算管理等建议。

镇区审计　2004年，中山市各镇区审计办共审计1949个单位，查出损失浪费236万元，促进增收节支2929万元，纠正违规金额2110万元。提出意见及建议被采纳1123条。

效益审计　在农业三项资金及水利专项资金使用情况的审计中，通过相关指标对比，对其效益进行评估，发现资金投入中存在的问题，找出问题产生的原因，制定相关的措施，以保证财政资金的安全使用，促进用款单位提高资金的使用效益。通过实践，在效益审计方面迈出了重要的一步。尝试将任期经济责任审计与效益审计结合，收到了较好的效果，在对镇区开展任期经济责任审计时，以基本建设投资作为效益审计的切入点和突破点，在真实性、合法性审计的基础上，引入效益评价指标，结合审计结果进行评价，使审计报告评价更客观，更具说服力。

审计结果跟踪　通过落实审计意见和审计决定，已上缴财政3283万元，归还原渠道资金14万元，调整应调账处理142262万元，并督促自行纠正不规范金额38346万元。

信息化建设　审计信息化建设有了新突破，购置了25台高配置的笔记本电脑并安装审计署开发的现场实施审计软件（AO）。为了使现场实施审计软件早日投入使用，专门安排时间组织全体审计人员脱产学习应用审计署现场审计管理系统（AO），由审计署派来的软件专家讲授并进行上机操作。通过培训，一线审计人员基本能够掌握AO的操作，并尝试进行审计，获得了较满意的效果，培养了一批业务骨干，为今后全面开展计算机辅助审计，打下了坚实的基础。同时，还抓好如下工作：一是制定了《中山市审计局信息化建设方案》，并获得市政府同意立项建设；二是进一步加大了信息化建设培训力度，做到人员、资金、时间、机构“四落实、四保证”。行政事业、经贸、金融和社保等审计中加大了计算机应用的力度，各业务科利用计算机辅助审计项目15个，计算机辅助审计取得实质性进展。

内部审计　2004年，为提高镇区审计质量和风险防范意识，组织对全市24个镇区审计办公室进行审计质量检查。在检查过程中，结合镇区的实际情况，对发现的问题与审计办公室人员进行直接交流和沟通，并进行现场指导。针对存在问题，市审计局在市委党校举办了中山市内审人员审计质量学习班，镇区审计办公室有80多人参加，内容包括内审的基本程序、审计报告的撰写方法，档案管理等，提高了内审人员的业务素质，规范了内部审计工作。2004年5月27日，中山市内部审计协会成立，协会共有团体会员62个，个人会员520人。（撰稿人：许若民）

【江门市审计局】　2004年，共有干部职工42人。局长甄仁旺，副局长杨华新、陈新汉、吴子峰（1月—），纪检组长潘业勋。设有办公室、政策法规科、财政审计科、金融审计科、行政事业审计科、经贸审计科、农业与资源环保审计科、社会保障审计科和经济责任审计科。

审计成果　2004年，完成审计项目52个，其中经济责任审计项目28个。查出违规金额37098万元，应纠正金额135986万元，损失浪费金额41万元，应缴财政765万元，已缴财政673万元。提交审计综合专题报告36篇，被采纳6篇。

财政审计　对本级2003年度预算执行和其他财政收支情况进行了审计，查出违规金额581万元，管理不规范金额3691万元。延伸审计粮食储备费收支情况，查出江门市粮食局多获取储备补贴款581万元的问题，依法作出没收上缴财政的决定。

金融审计　对中国人寿保险公司江门分公司2002年度资产、负债、损益的审计，审计核实资产11.9亿元，查出管理不规范金额4259万元。

专项审计调查　对中小学布局调整和农村义务教育负债两项资金进行了审计调查。审计核实省下达中小学布局资金1440万元，发现鹤山市、恩平市均存在地方配套资金不足，缺口达3193万元。审计核实台山市、恩平两市578所中小学校截至 2000 年底负债的有 174 所，负债金额达 6683 万元，已筹集资金解决 4095.11 万元，其中省补助 1776 万元（台山 918 万元，恩平 858 万元）。抽查台山市海宴中心小学基建项目，由于资金不落实造成新的欠债 241 万元。通过审计调查，向有关部门提出 11 条建议。

企业审计　对粮食系统财务挂账审计，审计了市直粮食单位 7 个，核实已获得省、市两级补助 3526 万元，无新增粮食亏损挂账。完成了 91 个市直国有改制企业审计。

社保审计　对市住房公积金管理中心（房改办）审计时发现公积金增值收益未按规定分配和计提贷款风险准备金，违反规定在多家银行设立账户缴存公积金，对受委托银行的费用未实行有效管理等问题，得到政府重视并修改了《江门市区住房公积金管理暂行办法》，追回银行计提的公积金贷款风险金 180.7 万元。被审计单位根据审计意见重新与受委托银行签订协议，使公积金收益每年增加 400 多万元。

对前两年开展国有企业养老保险费的缴纳情况审计的跟踪调查，发现江门市电池厂和造纸厂仍存在截留和侵占职工个人养老保险费的问题，并就如何解决截留和侵占职工个人养老保险费的问题提出了 6 条建议。审计报告引起市政府的高度重视，责成财政、税务、社保部门和两厂进行研究，商定解决办法，并根据建议清查全市欠费企业截留职工社保费的情况。年底，电池厂和造纸厂已补缴养老保险费 46.2 万元。

对市社会保险基金管理局及蓬江、江海分局 2003 年度养老、失业、工伤、生育保险基金的审计，发现社保基金投资未如期收回 350 万元，存放城信社被冻结 4004 万元，蓬江区、江海区、高新区的社保基金余额 11861 万元未上划市财政等问题。

固定资产投资审计　对新会区 S270 古崖线会城至大洞大桥的路桥工程项目进行审计，发现公路实际里程与上报竣工决算里程不符，虚列无形资产，少计提工程建设期应付利息，公路工程项目成本列支不合规以及大洞大桥引道扩宽工程尚未完工，但工程竣工决算上报省交通厅且已审批等问题。

经济责任审计　对 27 人进行了经济责任审计，查出违规金额 32198 万元，管理不规范金额 87620 万元。同时，不断深化经济责任审计，积极探索，不断创新，重点抓好两项工作：一是稳步地开展县级以上领导干部经济责任审计工作；二是推行届中审计，强化审计预警、规范、服务功能。（撰稿人：卢永锡）

【佛山市审计局】　2004 年，共有干部职工 44 人。局长杨耀松（7 月—）、黄福洪（—7 月），副局长吴乃慧、何少英、林进浪（4 月—），纪检组长张六双。设有办公室、财税审计科、综合科、政策法规科、金融审计科、行政事业审计科、经贸审计科、经济责任审计科等部门。

审计成果　2004 年，佛山市审计局共完成审计署、广东省审计厅统一组织和地方党委政府交办的审计项目（单位）34 个，完成全年计划任务 113.3%。查出违规金额 145 万元，应上缴财政 78 万元，已上缴财政 78 万元，指明要求纠正 16277 万元。

财政审计　查出预算管理不规范，预算欠缺科学性、准确性、严肃性和约束力，财政资金使用效益偏低等问题。提交的审计工作情况报告受到市人大的充分肯定。

经济责任审计　共对 13 人进行了经济责任审计，审计力度进一步加大，审计查出违规金额 27 万元，指明要求纠正 5176 万元。

固定资产投资审计　指出了年次票征收、征地拆迁、招投标和合同签订、工程进度等方面存在的一些需要改正的地方，引起了佛山市政府主要领导同志的关注。有效地防止了资金被挤占、截留、挪用以及损失浪费，促进了佛山市重点工程的顺利进行，增强了佛山市经济社会持续发展的后劲。

效益审计　开展了佛山市供水总公司污水处理项目的效益审计和市本级 2001～2002 年立项的产学研项目的投入使用效益专项审计调查，注意选准效益审计项目，确定评价标准，客观评价项目的社会和经济效益情况，提出合理建议，已经收到较好的效果，得到广东省审计厅的肯定。

专项审计　对 2003 年度住房公积金归集、管理和使用情况进行了审计，并向政府作了综合报告。摸清了佛山市住房公积金的家底及其对资金的管理情况。对某单位 2003 年至 2004 年上半年部门预算执行情况和财务收支情况进行审计时，发现该单位违反佛山市政府关于统一发放工资奖金和补贴的有关规定，违规批准下属单位发放奖金补贴等问题，引起市领导的高度重视。（撰稿人：王柏添）

【肇庆市审计局】 2004年，共有干部职工31人。局长江军洲，副局长张树泉、李永坚。设有办公室（与纪检组、监察室合署办公）、综合科、审计一科、审计二科、审计三科、审计四科、审计五科等部门。

审计成果 完成审计或审计调查项目19个，查出违规金额4520万元，管理不规范金额16383万元，应上缴财政901万元，应归还原渠道资金154万元，应调账处理金额1500万元，应自行纠正金额16383万元。向有关部门提交工作报告、信息32篇，其中22篇被地方党政领导和上级审计机关批示、采用。

财政审计 共审计预算执行单位6个，县级政府决算2个。重点揭露了预算编制和预算执行不规范、非税收入比例高、虚增收入、虚列支出，截留、挤占、挪用财政资金，财政资金管理不规范及违规减免、少征、应缴未缴预算收入等问题。提出纠正和改进的审计建议12条，对严重违法违规问题依法作出了处理。

专项资金审计 着重对关系国计民生的社保、农业、水利、教育等专项资金的筹集、管理和拨付、使用情况进行专项审计，揭露了一些县级财政、水利部门和镇政府未及时划拨资金，挤占、挪用、截留资金等问题。

经济责任审计 审计经济责任人6人，查出违规金额3192万元，管理不规范金额492万元。审计后，平调4人，降职2人。通过审计，揭露出账外设账、公款私存、挪用专款、违规收费、决策失误、损失浪费等问题，并依照规定对经济责任人的经济责任作出了实事求是、客观公正的评价。

企业审计 按照广东省审计厅的统一部署，对广东证券公司属下肇庆营业部、新兴营业部、四会营业部的资产负债、损益情况进行审计，为配合广东省人民政府加强地方金融机构的监督管理提供决策依据。对肇庆市粮食系统政策性财务挂账情况进行了审计，共审计和审计调查国有粮食企业59个，审计金额7.8亿元。对供销系统1992年底地方政策性亏损挂账进行了审计复核。

内部审计 市直内部审计机构45个，内审人员155人。共审计单位365个。（撰稿人：吴广安）

【云浮市审计局】 2004年，共有干部职工28人。局长梁敏坚，副局长李洪辉、伍金明（2月—）。设有办公室、政策法规科、财税审计科、金融与社会保障审计科、行政事业审计科、经贸审计科、农业与资源环保审计科、固定资产投资审计科、经济责任审计科。

审计成果 完成审计单位41个，查出违规金额12146万元，管理不规范金额35688万元，应缴财政金额156万元，应归还原渠道资金1523万元，已上缴财政金额151万元，已归还原渠道资金74万元，已自行纠正金额3992万元。提交审计工作报告和审计信息38篇。

财政审计 2004年，审计预算执行单位19个，查出违规金额187万元，管理不规范金额3651万元，已自行纠正金额2432万元。根据审计决定和意见，市直有关部门及时采取了整改措施，强化了管理。市审计局向市人民政府和省审计厅报送了审计结果报告，并受政府委托向人大作审计工作报告，得到人大和政府的充分肯定和赞同，为人大和政府加强预算监督和管理发挥了积极作用。对云安县人民政府进行财政决算审计，发现云安县个别部门挪用专项资金问题严重。共查出违规金额11899万元，已纠正1284万元，依法作出审计处理处罚233万元。

专项资金审计 开展专项资金审计项目7个，查出管理不规范金额1478万元。其中，农业综合开发资金专项审计查出地、县财政配套资金未到位378万元，财政滞留资金539万元，银行贷款和自筹资金未到位573万元的问题。审计期间促进财政资金落实到位176万元，促进了项目工程进度和项目区财务核算的规范管理。

行政事业审计 开展行政事业审计项目7个，查出违规金额98万元，管理不规范金额570万元，已自行纠正金额548万元。通过审计，纠正了部分单位在专项资金、事业经费管理和使用中存在的问题，加强了资金的管理，严肃了财经纪律，促进了行政事业单位财经行为的进一步规范化。

固定资产投资审计 审计单位6个，查出建设单位管理不规范金额20273万元，漏缴税费365

万元，核减工程价款 726 万元。对存在问题，根据财经法规分别作出了纠正和处理，规范了管理，堵塞了漏洞，为国家挽回了大量建设资金。

经济责任审计 对 6 名领导干部进行了经济责任审计，查出违规金额 97 万元，管理不规范金额 153 万元。通过审计，对漏缴各项税金、违规收费、支付款项未取得合法票据、违规设立“小金库”、隐瞒截留财政收入，违反“收支两条线”管理，挤占、挪用专项资金等问题依法进行了处理处罚，促进被审计单位进行整改和健全内部管理制度。增设了经济责任审计科，进一步推动经济责任审计工作的开展。召开全市经济责任审计联席会议，初步实现了经济责任审计的计划性。

企业审计 在对市振兴工业园物业管理有限责任公司 2003 年度财务收支情况的审计中，查出管理不规范金额 225 万元。发现该公司在会计核算上存在多列实收资本、多付借款利息和产权不清等问题。针对存在问题，提出了做好基建财务管理和会计核算工作，对多列的实收资本进行账务调整、健全经营管理机制等建议，为全市深化国有资产管理机构改革提供了参考依据。（撰稿人：梁美红）

【阳江市审计局】 2004 年，共有干部职工 35 人。局长庞华（—5 月）、陈思瑞（5 月—），副局长黄华贤、陈红、林业玺。设有办公室、法规监察复核科、金融外资审计科、财政行政事业审计科、企业审计科、综合审计科、经济责任审计科、固定资产投资审计科等部门。

审计成果 审计单位 26 个，查出违规金额 6582 万元，应上缴财政 350 万元，已上缴财政 341 万元，应归还原渠道资金 1606 万元，应调账处理金额 5826 万元，应自行纠正金额 143023 万元。提交审计报告、信息 11 篇，被采用 7 篇。

经济责任审计 开展经济责任审计项目 4 个，对 4 人进行了经济责任审计，查出主要问题金额 104040 万元，其中违规金额 3762 万元，管理不规范金额 100278 万元。审计后，平调 4 人。

内部审计 市直部门审计机构 13 个，其中专职机构 4 个；内部审计人员 42 人，其中专职人员 15 人。共审计单位 109 个，已纠正违规金额 52 万元，促进增收节支 53 万元，提出意见建议被采纳 74 条。（撰稿人：林昌乐）

【茂名市审计局】 2004 年，共有干部职工 44 人。局长杨显成，副局长王学才、黄晓文、陈凡晓。设有办公室、综合审计科、财政金融审计科、行政事业审计科、农资环保社保审计科、经贸审计科、固定资产投资审计科、经济责任审计科。

审计成果 完成审计和审计调查项目 208 个，查出违规金额 6162 万元，归还原渠道资金 1840 万元，指明要求纠正 63463 万元。应缴财政 459 万元，已缴财政 322 万元。提交审计工作报告、信息 36 篇，被采用 27 篇。

经济责任审计 开展经济责任审计项目 76 个，审计责任人 77 人，查出违规金额 1288 万元，管理不规范金额 2548 万元，其中负主管责任 10868 万元，负直接责任 147 万元。审计后，平调 60 人，晋升 10 人，免职 7 人。

固定资产投资审计 开展固定资产投资审计项目 3 个，项目投资总额 13343 万元，完成投资总额 15871 万元，核减工程款 528 万元，应上缴财政 28 万元，已上缴财政 21 万元，少计缴税金 81 万元，资金不落实 2800 万元，招标投标违规 196 万元，决算编报不规范 1272 万元，超规模 3064 万元，资金来源不合规 129 万元。对国道 207 线化州段工程竣工决算审计，审计发现多计工程价款和费用518.98 万元，少计代扣企业所得税 20.72 万元。

内部审计 市直部门内部审计机构 61 个，其中专职机构 20 个；内部审计人员 165 人，其中专职人员 60 人。共审计单位 867 个，查出损失浪费金额 204 万元，纠正违规金额 636 万元，促进增收节支 984 万元。建议给予行政处分 16 人。提出建议意见被采纳 624 条。（撰稿人：李土太）

【湛江市审计局】 2004 年，共有干部职工 58 人。局长肖景太，副局长郑富有、梁炳彪、牟必洲。设有办公室、综合指导科、财政金融审计科、行政事业审计科、经贸审计科、外资审计科、基建审计科、经济责任审计科、直属分局。

审计成果 审计项目 72 个，查出违规金额 7217 万元，管理不规范金额 204821 万元，损失浪费金额 2813 万元，应上缴财政 147 万元，已上缴财政 60 万元，减少财政拨款和补贴 50 万元，已归还原渠道资金 8 万元，应调账处理金额 69 万元，应自行纠正金额213502万元。提交工作报告、信息48篇。

财政审计　审计财税部门5个，查出未能按照预算计划及时足额拨付资金5595万元，暂付款长期挂账未清理8344万元，以及预算管理不规范等问题。提交的审计工作情况报告，审计披露的力度大，得到市委、市政府和市人大的好评。

专项资金审计　抽调全市审计机关131人组成31个审计组，对全市11个财政局、12个教育局、103个教办和46所中小学共172个单位2002～2004年6月的教育经费收支情况进行了一次突击性审计。经过审计，发现并纠正处理了教育资金的管理和使用中存在的挤占挪用教育经费、乱摊派、乱收费、私设账外账、违规集资、违反“收支两条线”、工程没有招投标、招待费开支比例高等问题。同时，不断改进审计方式和方法，有针对性地选择社会关注和人民群众关心的林业、农业、畜牧业、民政专项等热点资金进行审计，取得了事半功倍的效果。

企业审计　认真抓好全市粮食系统政策性财务挂账审计工作，投入审计力量（含县、区）76人，组成25个审计组，审计和审计调查全市（含县、区）粮食系统财务挂账单位11个，基层粮所125个，审计核实了粮食政策性财务挂账总额20110万元。另外，在对洋青糖厂的兼并、破产、租赁情况进行审计调查中，审计查出重报、虚报蔗款137本兑现证，金额1181万元，并对5件重大问题疑点线索移交纪检部门进一步查处。除此之外，对部分社会审计组织业务质量进行监督检查，也取得了较好的成效。

经济责任审计　对24人进行了经济责任审计，涉及党政领导干部15人，国有及国有控股企业领导9人。审计查出违规金额6785万元，其中属主管责任金额6702万元，属直接责任金额83万元；管理不规范金额62787万元，损失浪费金额2781万元。国有资产保值单位16个，增值单位5个，减值单位3个。组织部门利用审计结果，对干部平调5人，晋升1人，降职1人。（撰稿人：陆　水）

2004年广东省区、县（市）级审计工作统计表

审计机关	干部职工人数（人）	审计单位（个）	经济责任审计项目（个）	查出违规金额（万元）	应缴财政（万元）	已缴财政（万元）	决定处理处罚（万元）	指明要求纠正（万元）	提交审计报告、信息（篇）	审计信息被采用（篇）
广州市										
越秀区审计局	19	16	14	1791	6351		73	87	1	
东山区审计局	22	20	9	575	813		308	303	3	
荔湾区审计局	21	25	13	22082	9309		1530	846	38	13
海珠区审计局	19	25	10	3591	17973		2111	2496	15	13
天河区审计局	14	25	20	3874	11364		1208	236	3	3
芳村区审计局	14	30	20	1929	15526	2805	167	371	23	10
白云区审计局	17	37	30	7659	17846	197	710	367	7	
黄埔区审计局	13	17	12	827	126		703	467	15	10
番禺区审计局	20	29	4	5591	7422		4535	4490	2	1
花都区审计局	16	15	3	770	1497		285	261	3	
增城市审计局	20	48	32	9657	8617	24	1097	159	2	
从化市审计局	18	39	22	1404	2938		365	365	8	8

审计机关	干部职工人数（人）	审计单位（个）	经济责任审计项目（个）	查出违规金额（万元）	应缴财政（万元）	已缴财政（万元）	决定处理处罚（万元）	指明要求纠正（万元）	提交审计报告、信息（篇）	审计信息被采用（篇）
开发区审计局	13	40	26	12455	18646	14	2264	2092	18	12
清远市										
清城区审计局	10	25	12	695	215	156		4767	3	
英德市审计局	24	37	17	127	128	118	31	6303	4	
连州市审计局	18	41	17	1264	747	213	67	163	3	
佛冈县审计局	15	68	24	163	163	158		4215	2	
阳山县审计局	18	33	10	406	78	82		3265		
清新县审计局	16	27	12	104	89	79		1517	1	
连山壮族瑶族自治县审计局	11	40	20	406	78	39		189	3	
连南瑶族自治县审计局	12	27	13					15	4	
韶关市										
北江区审计局		6	1					114	2	
武江区审计局	7	11	7	29	29	27	29	4000	7	
浈江区审计局	11	7	5	24	24		24	562	6	
曲江区审计局	18	34	18	689	63	50	63	2998	18	2
乐昌市审计局	15	29	19	758	43	26	703	3051	2	
南雄市审计局	18	20	8	1572	56	68	1347	2860	33	10
始兴县审计局	17	23	13	71	24	22	164	110	12	7
仁化县审计局	13	32	21	45	26	22	34	1973		
翁源县审计局	21	69	58	1500	152	112	233	4690	4	
新丰县审计局	15	31	16	360	60	30	64	961	10	3
乳源瑶族自治县审计局	9	16	6	350	23		23	212		
河源市										
源城区审计局	12	20	15	233	177	175	233	1490		
紫金县审计局	20	69	21	205	10	10	110	5996	2	
龙川县审计局	15	29	2	12	12	12	12	6338		
连平县审计局	12	21	7	367	6	6	6	367	3	
和平县审计局	16	17	7					3475		
东源县审计局	18	37	6	219	219		219	2195	6	
梅州市										
梅江区审计局	14	17	11	17			80	2236	2	2
兴宁市审计局	20	26	17	2283	156	156	2283	7175	5	4
梅县审计局	19	40	27	1771	142	142	686	2643	7	7

审计机关	干部职工人数（人）	审计单位（个）	经济责任审计项目（个）	查出违规金额（万元）	应缴财政（万元）	已缴财政（万元）	决定处理处罚（万元）	指明要求纠正（万元）	提交审计报告、信息（篇）	审计信息被采用（篇）
大埔县审计局	14	62	48	1562	80	80	716	2836	62	8
丰顺县审计局	15	20	12	1196	18	18	2474	29314	4	3
五华县审计局	20	44	32	116	63	63	63	1990	34	4
平远县审计局	16	24	11	218	25	9	258	484	2	1
蕉岭县审计局	17	29	15	157	67	67	157	260	3	3
潮州市										
湘桥区审计局	8	22	4	2	2		2	294	4	
潮安县审计局	13	46	20	226	46	46	262	269	1	
饶平县审计局	23	50	32					445	1	
汕头市										
金平区审计局	25	41	25	4	4	2	4	6492	2	
濠江区审计局	16	13	9	30	21	15	21	742	2	
龙湖区审计局	20	18	9	1348	1348		1348	17928	2	
潮阳区审计局	24	34	28	303	190	129	190	54233	4	4
潮南区审计局	16	20	8	2197	137	78	2198	13790	10	10
澄海区审计局	19	11	4	1310	121	158	121	58758	4	2
南澳县审计局	12	11	8					5868	5	
揭阳市										
榕城区审计局	18	28	8	18	18	6	18	2018	18	2
普宁市审计局	33	44	19	167	87	101	694	1597	16	1
揭东县审计局	22	25	15	1320	105	105	544	940	16	1
揭西县审计局	15	40	22	1748	85	44	1662	820	11	4
惠来县审计局	34	45	15	340	25	25	25	2918	9	2
汕尾市										
城区审计局	16	30	17	3172	124	24	29	2379	16	2
陆丰市审计局	27	48	16	1388	124	82	298	5100	6	6
海丰县审计局	18	44	17	984	26	31	926	3281	1	1
陆河县审计局	15	24	9	906	12	8	387	521	6	2
惠州市										
惠城区审计局	17	20	8	4953			324	4222	4	2
惠阳区审计局	21	36	12	8866	58	18	2389	6477	5	3
博罗县审计局	28	20	5	6490	123	123	491	4613	10	6
惠东县审计局	25	34	20	3478	218	54	1995	1483	5	4
龙门县审计局	16	25	16	5327	232	73	232	5086	15	12

审计机关	干部职工人数（人）	审计单位（个）	经济责任审计项目（个）	查出违规金额（万元）	应缴财政（万元）	已缴财政（万元）	决定处理处罚（万元）	指明要求纠正（万元）	提交审计报告、信息（篇）	审计信息被采用（篇）
大亚湾区审计局	10	14	7	2484	17		1189	1295	3	2
深圳市										
福田区审计局	22	78	8	5077				9335	1	
罗湖区审计局	32	79	9	743	244	179	922	21188	18	14
南山区审计局	21	84	13	1075	7	7	7	45373		
宝安区审计局	23	13	3					181906		
龙岗区审计局	33	46	25	17549	1634		16413	96599	3	1
盐田区审计局	14	35	4	72			20	6229	1	
珠海市										
香洲区审计局	9	19	6					24591	13	
斗门区审计局	17	29	13	1592	495	223	1033	46301	29	1
金湾区审计局	5	41	12	1400	121	10	1521	12512	32	2
江门市										
江海区审计局	10	22	16	270	53	3	70	4038	3	
蓬江区审计局	9	19	16	658	107	107	107	2943	6	2
新会区审计局	28	81	62	373	262	186	262	75974	3	
恩平市审计局	17	32	17	1358	1	1	1132	7134	3	
台山市审计局	21	29	12	2585	334	315	334	13890	6	1
开平市审计局	25	13	4	1150	6	4	115	12591	1	
鹤山市审计局	20	21	13	8	9	1	9	10515	5	
佛山市										
禅城区审计局	21	19	8	7173	61	61	2588	26194	1	
南海区审计局	24	20	4	1132	550	550	550	8845	9	3
顺德区审计局	27	28	2	286	286	286	286	5828	3	1
三水区审计局	19	19	14					5626		
高明区审计局	20	18	6	104	103			29588		
肇庆市										
端州区审计局	19	14	7	77	10	10	10	3476	7	
鼎湖区审计局	7	10	4	372	370	370	391	3180	13	13
高要市审计局	18	21	9	170	2	2	140	251	7	7
四会市审计局	12	15	3	1348	35	33	42	161	11	
广宁县审计局	18	27	9	1226	66	18	83	7478	9	4
怀集县审计局	14	18	5	82	37		37	2996	13	13
封开县审计局	17	19	9	191	22	19	122	1994	10	2

审计机关	干部职工人数（人）	审计单位（个）	经济责任审计项目（个）	查出违规金额（万元）	应缴财政（万元）	已缴财政（万元）	决定处理处罚（万元）	指明要求纠正（万元）	提交审计报告、信息（篇）	审计信息被采用（篇）
德庆县审计局	13	29	14	328	11	6	11	13261	20	11
云浮市										
云城区审计局	10	11	3	1436	11	11	1436	2150	8	6
罗定市审计局	15	28	7	139	30	6	139	11319	14	10
云安县审计局	9	20	3	192	152	139	192	2942	10	8
新兴县审计局	14	50	22	422	16	13	422	747	4	4
郁南县审计局	14	36	3	37	37	23	37	40	9	4
阳江市										
江城区审计局	20	44	25	2530	28	11	28	500	1	1
阳春市审计局	20	50	14	847	198	184	74	570	1	1
阳西县审计局	14	33	17	28	50		50	7056	3	3
阳东县审计局	19	34	16	2327	23	7	23	9968	2	2
茂名市										
茂南区审计局	18	25	16	244	9	3	9	6496	1	1
茂港区审计局	9	27	7	16	3	1	3	2108	1	1
化州市审计局	22	33	4	3521	47		47	16291	2	1
信宜市审计局	24	32	14	1159	302	205	302	10606	1	1
高州市审计局	20	30	19	431	34	32	34	6928	1	1
电白县审计局	24	20	9					2652	1	1
湛江市										
赤坎区审计局	11	14	13	419	252	132	266	291	1	
霞山区审计局	13	19	10	4037	13	9	1372	2609	20	7
坡头区审计局	6	18	3	532	532	121	776	495	16	13
麻章区审计局	7	12	7	36	36	6	93	34834	7	4
吴川市审计局	26	69	14	3951	230	217	454	9896	14	5
廉江市审计局	16	45	5	630	79	27	92	10174	15	9
雷州市审计局	18	57	13	1882	219	52	294	11287	3	1
遂溪县审计局	12	28	6	63	54	46	54	13	13	1
徐闻县审计局	16	26	11	202	28	20	57	1665	1	
开发区审计局	4	4	1	77	27	27	77	5681	7	3
东海岛实验区审计局	5	9	2	855	31	7	31	3662	3	

广西壮族自治区

【广西壮族自治区审计厅】 2004年，广西壮族自治区审计厅人员行政编制124人，实有126人；事业编制47人，实有46人。设有办公室、人事教育处、法规处、财政审计处、金融审计处、行政事业审计处、经贸审计处、农业与资源环保审计处、社会保障审计处、固定资产投资审计处、外资运用审计处、经济责任审计处以及机关党委、监察室和离退休干部工作处，同时还设有派驻各区直机关部门的12个审计处，还设有机关服务中心、内部审计指导中心、审计科学研究所和审计干部培训中心等事业单位。

领导成员

厅　　长：陈秋华

副 厅 长：邝满维（—12月）

　　　　　聂江武　何小聪

纪检组长：罗其强

助理巡视员：钟南生　张绍荣　黄志武

审计成果　全年共完成审计项目2656个，查出违规金额573857万元。管理不规范金额644376万元。应自行纠正金额758300万元。应上缴财政54001万元，已上缴财政29147万元；应归还原渠道资金40971万元，已归还原渠道资金11542万元。移送司法机关案件12起，涉案人员9人，涉案金额838万元；移送纪检监察部门事项19件，涉及人员26人，涉及金额1925万元；建议有关部门处理22件，涉及人员63人，涉及金额1218万元。提交工作报告、信息280篇，被批示、采用144篇。

财政审计　（1）深化预算执行审计。各级审计机关强化对有预算分配权部门的监督，有的地方还结合财政管理制度改革，逐步由收支审计转向以支出审计为重点。全区共审计单位250个，检查并揭露了预算执行审计中存在的不真实、不合法和不合理的问题。主要有：违规变更预算5566万元，违规减免少征应缴未缴预算收入6857万元，隐瞒转移预算收入6934万元，虚增财政收入7578万元，虚列财政支出9461万元，截留挤占挪用预算资金24978万元，擅自动用支配国库库款10400万元，账外资产1547万元，预算编制批复不规范12322万元，延压滞留预算资金23194万元。审计依法作出处理，其中应上缴财政8952万元，已上缴财政5004万元。

（2）财政决算审计。共审计4个地级市、68个县级财政，查出违规金额57487万元，其中应上缴财政5095万元，已上缴财政4810万元。

（3）根据自治区领导同志的指示，审计厅对自治区党委办公厅、自治区人大常委会办公厅、自治区人民政府办公厅、自治区政协办公厅、自治区纪委、自治区党委组织部、宣传部、统战部等部门的财政财务收支情况进行了审计。

专项资金审计　自治区审计厅组织了100个审计机关审计了149个城市居民最低生活保障资金管理使用部门，审计资金总额54126万元。在审计中还抽查资金发放单位159个街道办事处、410个社区居委会，对5681户低保家庭入户调查核实。审计发现的问题主要是：根据资金分级负担比例，各市、县（区）必需要安排的资金到位率较低（仅59%）；一些地方有关部门结余较多的资金，造成发放的全区城市低保对象人均补助金额较低；有6个地级市、7个县级有关部门挤占挪用共980万元。审计还发现法规不完善、基层工作机构不健全、工作经费不足、工作顺序不规范等问题。昭平县审计局审计发现经办人员报冒领低保金69000多元，涉嫌贪污，已移送司法部门查处。

农业与资源环保审计　全区共审计单位103个，审计资金总额465351万元。查出主要问题有：截留挤占挪用9697万元，应缴未缴专项资金11519万元，未纳入财政专户5042万元等，应上缴财政9170万元，已上缴财政6508万元，已促进资金到位46174万元。其中，自治区审计厅对南宁市国土资源专项资金的审计，查出项目业主违规征地、土地出让收入未及时征收、未严格执行“收支两条线”规定等问题，被审计单位进行了整改。

固定资产投资审计　各级审计机关抓住重点建设项目积极进行审计监督，如南宁市对“136”城市建设工程、桂林市对“两江四湖”建设工程、河池市对“东巴凤基础设施大会战”建设工程等专项资金开展审计。全区共审计项目221个，审计项目投资总额770996万元，已完成投资额439492万元。审计查出主要问题有：虚报工程款12383万元，资金不落实3859万元，项目预算、决算编制不规范907万元，账外资金505万元，招标投标违规835万元，挪用侵占建设资金366万元等。通过审计，核减工程款16539万元，应上缴财政834万元，已上缴财政1178万元（包括追缴以前年度应缴未缴部分）。

外资运用审计　根据审计署的授权，自治区审计厅组织有关审计机关完成国外贷款审计项目12个，共审计项目执行单位173个，项目概算投资总额1148566万元，其中外资490725万元，审计查出违规金额14729万元。其中自治区审计厅对世界银行贷款广西种子商业化项目的审计，得到自治区人民政府领导的批示，责成被审计单位按照审计报告要求进行整改。

专项审计调查　审计机关对涉及深化经济体制改革和社会普遍关注的一些热点问题进行专项审计调查，全区共开展审计调查项目77个，涉及单位6373个，审计调查总金额915859万元，调查发现问题金额103011万元。提交调查报告95篇，得到地方党政领导批示19篇。一是开展了全区科技资金管理情况审计调查，自治区人民政府吴恒副主席批示同意审计部门提出的审计建议，特别对规范国有资产管理、加强对转制及产业化项目的监督管理的建议，要求区直有关部门严办。二是对56个区直机关及所属249个二级事业单位办公用房情况进行了审计调查，揭示区直机关及事业单位办公用房“贫富不均、设施陈旧、管理松散”的矛盾和问题，分析了产生矛盾和问题的原因，提出了审计意见和建议，自治区人民政府陆兵主席、郭声琨常务副主席分别作出批示，要求区直有关部门研究解决。三是开展了自治区中心城市基础设施建设资金审计调查，查出专项资金管理使用过程中存在的挪用建设资金、资金运作缺乏安全保障、项目资金缺口较大、工程款支付不及时、项目执行公司运作不规范等，为自治区人民政府了解建设资金管理使用情况提供了及时、准确的信息。四是对“东巴凤”三县基础设施建设大会战的建设资金进行了审计调查，揭露了项目建设过程中存在的资金到位不及时、资金缺口大，未及时足额支付农民征地拆迁补偿安置和房屋拆迁，挪用项目建设资金、未按“专款专用”规定支出，未按会计制度进行核算造成资产不完整等问题，提出了审计意见和建议，自治区人民政府陆兵主席作出了“请领导小组按审计厅的建议逐条抓好落实”的批示。

企业审计　全年共审计企业210个，审计发现资产不实52460万元，负债不实20668万元，所有者权益不实8755万元，损益不实43209万元。共查出违规金额193877万元，管理不规范金额87282万元，应上缴财政8044万元，已上缴财政3020万元。向司法机关移送案件3起。此外，自治区审计厅还组织全区各市审计机关完成对中国人寿保险公司广西分公司系统的审计收尾工作，逐个下达了审计决定和审计意见书。

经济责任审计　经自治区党委同意，成立了以自治区党委常委、组织部部长陈际瓦为组长，自治区审计厅厅长陈秋华为副组长的新一届自治区领导干部任期经济责任审计工作领导小组，调整充实了自治区领导干部任期经济责任审计工作领导小组成员单位。来宾、崇左“撤地设市”后，及时成立经济责任审计工作领导小组；南宁市重新调整经济责任审计工作领导小组。目前全区14个市均成立了经济责任审计工作领导小组或联席会议。大部分市审计机关开展县（市、区）长经济责任审计处于起步阶段，缺乏经验，为此，自治区审计厅制定了《广西2004年县（市、区）长经济责任审计工作方案》，组织编写了《县（市、区）长经济责任审计审前调查方案》等5个审计文书范本，汇编了《县（市、区）长经济责任审计法规》，修改了《广西壮族自治区审计机关委托社会中介机构实施企业领导人员任期经济责任审计项目管理办法（试行）》。审计机关得到纪检、监察、组织、人事、国资委等有关部门的积极配合，认真开展了经济责任审计工作。全区共完成审计项目824个，审计经济责任人839人，其中：党政领导干部751人（自治区厅级部门领导20人，县级领导22人），国有及国有控股企业领导人员88人。审计查出违规金额211640万元，管理不规范金额181648万元，损失浪费金额774万元。移送纪检监察部门19人，移送司法机关5人。柳州市认真总结以往经济责任审计工作的经验，积极探索新方法，开展县长任职期内的届中经济责任审计和处级领导干部向人大常委会述职前的审计，工作成效好，被评为全国经济责任审计工作先进地区。

内部审计　自治区和地级市审计机关加强对内部审计的业务指导，召开了广西壮族自治区内部审计师协会四届四次（常务）理事会议；内审机构以财政、财务收支审计为基础，向效益审计、管理审计等方面拓展内审领域。全区共有内审机构 393 个，其中专职机构 246 个；有内审人员 1204 人，其中专职 779 人。全年完成审计项目 18369 个，查出损失浪费金额 5425 万元，促进增收节支金额 19083 万元，已纠正违规金额 23003 万元。向司法机关移送案件 6 起。提出建议、意见被采纳 4733 条。

“人、法、技”建设　(1) 着力加强基础性工作。全区普遍开展了广西审计机关成立 20 周年纪念活动，围绕中心，服务大局，总结经验，部署工作。审计署和自治区党委、政府、人大、政协的领导同志参加了纪念活动并分别作了重要讲话。自治区和地级市审计机关在制定年度审计工作计划时注意加大对重点部门、重点领域、重点资金的监督力度。自治区审计厅重新调整划分厅机关 9 个审计业务处和 12 个派出审计处的审计范围，改革派出审计处的业务联系制度。加强审计机关的公文、文书写作和管理。首次对厅本级和地级市的审计项目进行评比。制定了广西“金审工程”建设规划、方案、技术标准实施指南和资金管理办法，举办“金审工程”AO 系统培训班，扩大计算机在审计作业现场中的应用，加快推进全区审计机关信息化建设。

(2) 狠抓审计队伍建设。审计厅共举办各种培训班 20 期、1400 多人参加，创历年干部培训之最。在培训中突出重点，5～6 月，举办了 2 期处级干部培训班，培训全区审计机关处级干部 134 人；7 月，自治区审计厅对干部实行岗位轮换，交换干部 26 人，其中处级干部 12 人；8 月，培训县级审计局长 110 人；对新录用的公务员、工作人员进行了岗前培训。

(3) 坚持依法审计，进一步加强审计法制建设。全区各级审计机关继续学习、贯彻审计署颁布的《国家审计基本准则》和《通用审计准则》、《专业审计准则》等 21 个规章制度。着重贯彻实施审计署 6 号令。自治区审计厅举办审计法制培训班并组织全区审计人员参加有关考试。从 4 月 1 日起，自治区审计厅和各市审计局严格执行审计署 6 号令，各县级审计机关按有关业务文书的规定实施，加强了审计过程的质量管理和控制。（撰稿人：苏　明）

【南宁市审计局】　2004 年，共有干部职工 61 人。局长朱林玉，副局长杨路（4 月—）、卢绍宁、黄令玲、陈文建，纪检组长阳月生。设有办公室、人事教育科、综合调研科、法规科、财政金融审计科、行政事业审计科、经贸审计科、农业与资源环保审计科、固定资产投资审计科、外资运用审计科、经济责任审计科。

审计成果　2004 年，完成审计项目 81 个，共查出违规金额 43639 万元，管理不规范金额 92481 万元，应上缴财政 4534 万元，核减工程资金 11201 万元。移送司法机关处理事项 1 件，涉及人员 1 人，涉案金额 11 万元；建议有关部门处理事项 4 件，涉案金额 36 万元。

预算执行审计　审计了 4 个一级预算单位的预算执行及决算（草案）的编制情况；对农业综合开发资金使用情况和下岗职工再就业税收优惠政策的执行情况，以及对城市建设“136”工程项目的资金到位、管理、使用情况进行审计调查，延伸审计单位 26 个。审计及审计调查预算资金总额 407931 万元，其中延伸审计预算拨款资金额 58451 万元，占当年本级预算支出的 16.3%。审计局代表市政府向市人大作的《关于 2003 年南宁市本级预算执行和其他财政收支情况审计》的报告，受到与会代表的充分肯定。

固定资产投资审计　2004 年，继续围绕市委、市政府提出的城市建设“136”管理目标，采取多种形式对重点工程建设项目进行审计监督。全年共完成审计项目 38 个，查出违规金额 6041 万元，管理不规范金额 6060 万元，核减工程资金 5938 万元。有两个“136”工程审计项目被自治区审计厅分别评为优秀审计项目一等奖和三等奖。3 月，自治区党委副书记、南宁市委书记李纪恒在《南宁市审计局关于我市 2003 年度“136”工程建设项目审计的综合报告》上作了批示，对“136”工程的审计给予充分肯定，南宁市审计局被评为“南宁市 136 工程突出贡献单位”。

经济责任审计　全年完成经济责任审计项目 33 个，审计经济责任人 32 人，审计查出违规金额应负主管责任 11218 万元、负直接责任 4662 万元，管理不规范金额 72394 万元。移送司法机关处理事项 1 件。派出 18 名审计人员，对由社会审计机构和内部审计组织承担的 18 个经济责任审计项目跟踪质量监督和指导。

其他审计　一是完成企业审计项目8个，查出违规金额1286万元，管理不规范金额4703万元，应上缴财政920万元。二是对农业开发资金的使用、管理和农业开发事业费进行审计（审计项目7个、审计调查项目2个），审计资金总额35880万元，查出违规金额27379万元。三是完成外资运用审计项目8个，审计项目概算投资总额184215万元，其中外资92767万元，查出违规金额2638万元，提交审计报告7篇。另外，派人参加自治区审计厅统一组织的行业审计和审计调查；完成了对玉林市县乡两级财政供养人口情况的审计调查项目；还完成市委、市政府临时交办的专项审计和审计调查项目5个。

内部审计　内部审计机构完成审计项目185个，促进增收节支6227万元，纠正违规金额11355万元，提出意见和建议被采纳102条。

审计科研信息　2004年，共编发审计信息81篇，编发《审计要情》4期，向市委、市政府提供审计报告、请示19篇。领导批示转发9篇；被市委、市政府简报、信息采用11篇；被审计厅审计简报采用12篇。全年共组织审计科研课题3个，完成课题论文3篇；向各类杂志、研讨会提供报告、论文13篇，被采用9篇；向各类报刊投稿10篇，被采用7篇。（撰稿人：莫焕盛）

【桂林市审计局】　2004年，共有干部职工79人。局长贺子恒，副局长蒋基林、蒋新友、姜方龙、唐正柱，纪检组长杨邦胜。设有办公室、人事教育科、法规科、财政金融审计科、行政事业审计科、经贸审计科、农业与资源环保审计科、社会保障审计科、固定资产投资审计科、旅游外资审计科、经济责任审计科、纪检监察室、离退休人员工作科。

审计成果　全年完成审计项目41个，查出违规金额111269万元，管理不规范金额13578万元，损失浪费金额122万元，应自行纠正金额32793万元，应上缴财政7406万元。移送司法、纪检部门案件3起，涉案金额545万元。

预算执行审计　全年共审计9个预算执行单位，重点披露了预算执行中存在的不真实、不规范以及资金使用效率不高等问题，查出违规金额954万元。王跃飞市长在“审计结果报告”中批示，要求各有关部门和单位按照审计局提出的意见和建议认真整改并执行。受市政府委托提交的《市本级关于2003年预算执行和其他财政收支的审计工作报告》，得到人大常委会委员们的一致肯定。

专项审计和审计调查　对医保、低保等社会保障资金、农业资金、政府性基金等进行了审计，审计资金总额13862万元，查出截留、挤占、挪用专项资金135万元，应缴未缴专项资金3889万元，未纳入财政专户管理资金289万元。王佳中常务副市长在《城镇居民最低生活保障资金审计报告》上批示，要求有关部门领导认真阅读，研究解决问题的方法并形成统一意见报市政府研究。全年共完成建设项目投资审计6个，重点对“两江四湖”环城水系工程、中山中路改造工程进行了财务收支及竣工决算审计。完成市政府交办的任务，各中小学收费情况调查、桂林市外国语学校资金管理情况调查、桂林信托投资公司清产核资；参与了市政府国有企业改革办公室、市政府驻漓江游览开发总公司工作组、市政府安新村遗留问题调查组等工作；协助纪检监察部门和司法机关开展对涉嫌违法违纪经济案件的调查工作等。从各县抽调审计人员，圆满完成对百色市11个县财政供养人数和财力状况的专项审计调查；抽调骨干力量参加广西沿海地区基础设施建设项目“大会战”的审计调查工作；协助对部分会计师事务所的审计业务质量进行检查。

企业审计　共完成国有及国有控股企业审计项目7个，审计资产总额58339万元，不良资产额为17350万元，不良资产率为29.7%。审计查出虚报或隐瞒转移收入2663万元，少计少缴税金960万元，账外资产118万元，资产不实26491万元，负债不实12116万元，所有者权益不实1042万元，管理不善造成损失浪费金额122万元。

经济责任审计　完成经济责任审计项目5个，审计经济责任人5人，查出违规金额86245万元，管理不规范金额13434万元，损失浪费金额122万元。有关部门参考审计结果，给予免职、降职各1人，移送纪检监察部门1人。对2个县（区）长实施了任职期间经济责任审计，探索了县（区）长经济责任审计路子。（撰稿人：刘　群）

【柳州市审计局】　2004年，共有干部职工73人。局长陈国珧，副局长陈连海（1月—）、樊顺长、徐庆东（2月—），纪检组长吕建新（1月—）。设有办公室、法规科、财政金融审计科、经济责任审计科、行政事业审计科、经贸审计科、固定资产投资审计科、社会保障审计科、农业与资源环保审计科、监察室、计算机信息管理中心。

审计成果 全年完成审计项目205个，查出违规金额9.36亿元，应上缴财政6075万元，应归还原渠道资金2279万元，应调账处理金额2250万元，自行纠正金额7.36亿元。对98个单位开展专项审计调查，发现违规金额1790万元。移送司法机关案件1起，涉案金额246万元；移送纪检监察机关案件1起，涉案金额475万元。提交工作报告、信息47篇，被批示、采用18篇。促进有关部门纠正不当规定28条。柳州市被中央五部委评为全国经济责任审计工作先进地区。

财政审计 审计市级预算执行单位20个，查出截留、挤占、挪用预算资金3981万元，擅自动用支配国库资金1亿元，其他违规和管理不规范金额2.4亿元。提交的审计工作情况报告得到市人大的充分肯定。

经济责任审计 对71人进行了经济责任审计，查出违规金额9223万元，其中负直接责任822万元，负主管责任8401万元。审计后，平调29人，晋升4人，免职6人，降职1人。

其他审计 对贫困地区林业发展项目、艾滋病/性病预防与控制子项目、结核病控制项目等15个世界银行贷款项目进行了审计，审计核实15个项目总概算5790万元，实际到位资金3844万元，其中世界银行贷款2290万元。对社会保障资金、国债专项资金、国土专项资金等开展审计，审计单位24个，审计专项资金总额2.1亿元，促进拨付资金到位4203万元。对14个企业进行了审计，查出虚报或隐瞒转移收入785万元，少计虚列成本费用265万元，少计少缴税金251万元，虚增负债563万元，虚增所有者权益266万元，其他问题金额3505万元。对123个行政事业单位进行了审计，查出应缴未缴预算收入1亿多元，挤占挪用1987万元，虚列支出667万元，少计少缴税金2678万元，预算外收入未缴财政专户689万元，其他违规金额2.8亿元。（撰稿人：杨靖云）

【梧州市审计局】 2004年，共有干部职工41人。局长郭建平，副局长严伟维、陈坚强。设有办公室、法规科、财政金融审计科、行政事业审计科、经贸审计科、农业与资源环保审计科、社会保障审计科、固定资产投资审计科、外资运用审计科和经济责任审计科。

审计成果 全年共完成审计项目55个，审计调查项目6个，查出违规金额61277万元，管理不规范金额10554万元，应上缴财政1262万元，应减少财政拨款或补贴1076万元，应归还原渠道资金153万元，应调账处理金额19207万元。

经济责任审计 完成经济责任审计项目26个，审计经济责任人26人，查出单位及个人违规金额中属主管责任的2646万元，发现经济犯罪线索移送纪检监察机关处理4人。其中，对某单位私设“小金库”金额300多万元、其他账外资产400多万元和相关人员销毁会计凭证等问题依法作出处理。探索县（区）长任期经济责任审计，实施县（区）长任期经济责任审计项目2个。

其他审计 一是完成本级财政预算执行情况审计和3个县级财政决算审计项目，查出了财政部门违规变更预算、违规减免少征应缴预算收入和虚增财政收入、政府采购、政府集中核算支付以及财政投资评审中心和政府债务等方面存在的问题。二是完成企业审计项目7个，其中发现某单位违规占用财政资金637万元。参加了重大经济案件的调查和对实行经营者年薪制企业的考核工作，与财政部门一起对11个改制企业的核销资产进行审核。三是对城市居民最低生活保障基金和国土资金进行审计调查。对擅自改变土地用途，挤占、挪用、拖欠农民征地补偿款及乡镇政府违法划拨土地、违规减免和使用土地出让金等问题进行处理。四是完成固定资产投资审计项目18个，投资总额11133万元，审计核减工程造价1395万元，查出建设单位违规金额应上缴财政281万元。

专项审计调查 加大专项审计调查力度，对财政资金使用情况和效益、政府采购、政府部门财务集中核算以及财政投资评审的运行情况、政府外债以及社会和群众关心的残疾人就业基金、土地出让金以及职业学校的财政财务收支情况等进行了审计调查。（撰稿人：陆展崇）

【贵港市审计局】 2004年，共有干部职工27人。局长杨评防（7月—）、杨建军（—7月），副局长林有松、陈修伟，纪检组长李世琪（10月—）。设有办公室、行政事业审计科、财政金融审计科、经济责任审计科、经贸审计科、固定资产投资审计科。

审计成果 全年完成审计项目23个，查出违规金额15094万元，管理不规范金额3200万元，应上缴财政717万元，已上缴财政673万元。提交审计报告1篇，被批示、采用1篇。对市交警支队2002年财政财务收支审计项目，通过自治区审计厅项目评比，获得了全区优秀审计项目三等奖。

财政审计 主要审计了2003年市财政局具体组织本级预算执行情况和市地税局税收征管情况，以及平南县人民政府2003年财政决算情况。查出市财政局超预算拨款、部门预算批复不及时、应缴未缴一般预算收入等问题。平南县财政局在预算执行和办理决算过程中存在未按照规定设账和编制会计报表、违规设立收入过渡户、预算外资金管理不规范、违规出借财政周转金、占用农综有偿资金、供销社社员股金兑付专项贷款大部分无抵押物等问题。

经济责任审计 对6名领导干部进行了任期经济责任审计，查出违规金额163万元，其中个人负主管责任57万元、负直接责任106万元；管理不规范金额1183万元，其中个人负主管责任1183万元。

行政事业审计 对8个行政事业单位进行了审计，查出违规金额11712万元，管理不规范金额1996万元，应上缴财政54万元，已上缴财政54万元。查出支出挤占代收费、食堂财务损益不真实、账务处理不规范以及票据使用不合规等问题。提出的审计报告、审计决定和建议得到了相关部门的高度重视并采取措施认真加以纠正和整改。

其他审计 对城市居民最低生活保障资金和国土专项资金进行了审计，查出了城市低保资金未开设低保金专户、未建立国有土地使用权出让金征收清算制度和土地出让财政专户、未按规定及时足额征收和管理国有土地使用权出让金，以及相关罚款并作预算外收入反映等问题。对性病、艾滋病预防和控制项目和结核病控制项目等两个世界银行贷款项目进行了审计，审计发现项目进展比较缓慢，存在一些违反国家法规、信贷协定问题和内部控制缺陷。对贵港市建设局2003年度在建建设专项资金和贵港市覃塘林场马尾松种子园建设项目进行了审计，发现不少问题。

专项审计调查 抽调6名审计业务骨干组成工作组参加自治区统一组织的财政供养人口及财力状况的交叉专项审计调查，提交的2个报告分别获得了区审计厅的二、三等奖。（撰稿人：潘家秩　王育红）

【玉林市审计局】 2004年，共有干部职工29人。局长黄业诚，副局长卢德和、李放明、劳林灵（8月—），纪检组长陈春。设秘书科、法规科、财政税务审计科、行政事业审计科、固定资产投资审计科、社会保障审计科、经济责任审计科、综合经济审计科。

审计成果 审计单位23个，查出违规金额248万元，应上缴财政148万元，已上缴财政127万元，指明要求纠正32447万元。提交审计报告、信息68篇，被采用32篇。

财政审计 在预算执行审计中，查出预算收入征收和入库不及时、专款不专用、欠拨专项资金、预算会计科目使用不当等违规问题。提出进一步加大财政周转金清理追收力度的审计建议得到市政府采纳，市政府根据审计意见下发了文件，组成专门力量，明确责任和具体措施，要求务必解决好市财政周转金的历史遗留问题。

专项资金审计 在住房资金和国土资金的审计中，运用"上下联动、下审一级"的组织方法，查明在住房资金管理上存在违规出借和放贷、逾期贷款及利息清理不及时、未按规定提取贷款风险准备金、管理费用未实行"收支两条线"管理等问题。在国土专项资金管理上存在缓征土地出让金、截留土地出让金、征地补偿费未实行"收支两条线"管理、票据使用不规范、挤占挪用土地出让金、欠缴税金等问题。在低保资金审计中，通过对全市12个主管部门、24个企事业单位、6个乡镇、7个社区居委会、388户低保户的审计调查，查明了部分单位发放低保金未达到规定标准、低保金未按月发放、县级财政未按要求足额配套低保金、低保申报人数不实等问题。水利专项资金审计查出未按规定使用水利专项资金、资金支出手续不完善的问题。

经济责任审计 开展经济责任审计项目6个，查出财政收入上缴不及时、不合理开支、费用超支、资金运作不规范、乱收费等。首次将经济责任审计扩展到县一级政府主要领导，实施了对博白县现任县长的任中经济责任审计。

计算机辅助审计　作为自治区“金审工程”的首批试点单位，已完成实施方案编报、建设预算资金的安排、局域网和电子政务平台的搭建等基础性工作。金融、投资和行政事业审计已尝试采用计算机对财会数据进行采集、处理和分析汇总。（撰稿人：陈任诗）

【钦州市审计局】　2004年，共有干部职工29人。局长钟宝利，副局长陆桂发、叶莉梅，纪检组长张胜忠。设有办公室、法规综合科、财税审计科、金融审计科、行政事业审计科、社会保障和农业与资源环保审计科、经贸审计科、经济责任审计管理科、外资运用审计科、固定资产投资审计科，还设有事业单位经济责任审计中心、工程造价审计中心。

审计成果　全年完成审计单位35个、审计调查项目2个，查出违规金额68856万元，管理不规范金额12556万元，损失浪费金额155万元，应上缴财政1883万元，应归还原渠道资金3525万元，应调账处理金额8683万元，应自行纠正金额12711万元。提交审计报告、信息32篇。

财政审计　审计财税部门4个。查出的主要问题有：违规减免少征应缴未缴预算收入1864万元，虚列财政支出5585万元，截留挤占挪用预算资金195万元，虚增财政收入3772万元，其他问题金额8120万元。受市政府委托，向市二届人大常委会作的《关于2003年度钦州市本级预算执行和其他财政收支的审计工作报告》，得到市人大的肯定。

经济责任审计　完成经济责任审计项目11个，审计经济责任人11人，查出违规金额5723万元（全部为个人负主管责任），管理不规范金额9128万元，损失浪费金额155万元；国有资产增值单位7个，保值单位4个。有关部门参考审计结果，平调9人，免职2人。

其他审计　对国土资金、城市居民最低生活保障资金、住房资金等专项资金进行了审计，查出违规金额43073万元，应上缴财政115万元，应归还原渠道资金2027万元，已促进拨付资金到位114万元。移送检察机关处理1人。审计行政事业单位23个，查出主要问题有：隐瞒截留859万元，挤占挪用1482万元，虚列支出328万元，少计少缴税金528万元，预算外收入未缴专户236万元，账外资产4627万元，因管理不善导致损失浪费金额155万元，其他问题金额9185万元。审计企业3个，查出主要问题有：少计虚列成本费用168万元，其他问题金额960万元。审计基建工程项目63个，送审金额21447万元，审定金额20069万元，审减金额1377万元。（撰稿人：林　欣）

【北海市审计局】　2004年，共有干部职工43人。局长康新春（12月—），副局长包孝赞、黄廷忠、龙起兰，纪检组长康新春（—12月）。设有办公室、法规科、财政金融审计科、行政事业审计科、经贸审计科、农业环保社保审计科、固定资产投资审计科、外资运用审计科和经济责任审计中心。

审计成果　全年完成审计及调查项目54个，查出违规金额22353万元，管理不规范金额11992万元，应上缴财政302万元，已上缴财政291万元，应归还原渠道资金646万元，应调账处理金额12583万元，责令被审计单位自行纠正金额13109万元。移送纪检监察部门案件线索1件。提交审计综合报告及信息38篇，被批示、采用21篇。

经济责任审计　对22名领导干部实施了经济责任审计，查出违规金额18803万元，其中应负主管责任金额18057万元、直接责任746万元，管理不规范金额820万元。查出并纠正了一些违法违规行为，向纪检监察机关移送1人。

预算执行审计　审计及调查单位51个。通过审计发现，市本级财政预算管理比较规范，各预算执行单位能够合理使用资金，没有严重违规现象，但还存在部分预算执行单位未能单独核算专项资金、债务资金不真实、日常开支存在挤占专项资金等问题。

专项资金审计　对城市居民最低生活保障资金使用情况进行了审计，查出低保配套资金到位率低等问题；对北海市和1个县、3个区国土专项资金进行审计，发现存在减免、缓交土地出让金、欠付部分农民征地补偿费、挤占挪用土地专项资金等问题。

企业审计　结合对企业领导人的经济责任审

计，开展了对北海市饲料公司、市水产供销总公司、自来水公司的审计，查出企业私设账外账、资产账实不符、会计信息失真等问题。

交办项目审计　一是对市外经贸局、经贸委、乡镇企业局、企业工委、公共汽车公司和技工学校等6个撤并及改制单位的财务状况进行清理核查；二是完成了对北海银滩投资发展公司管理使用的银滩中区改造资金财务收支审计；三是完成了对北海大道已完工部分的工程造价审计。

专项审计调查　对市直和海城区、银海区、铁山港区100所学校和财政、教育主管部门共108个单位2003年以来教育收费和教育经费投入使用情况及学校财务状况实施了专项审计调查，基本摸清了教育收费和教育经费投入和使用状况以及存在的问题，查出违规收费、固定资产管理混乱等各类违规问题20多个，违规金额7640万元。

固定资产投资审计　对北海市交通局、市出口加工区、市工业园区等29个单位2000年至2004年6月用财政性资金投资、融资等方式建设的51个工程项目实施审计调查，涉及项目投资总额约9.9亿元。查出基建项目存在工程结算市场混乱，部分项目建设未经招投标，设计及施工变更多，超计划、超概算严重，挤占挪用其他资金用于基建项目，结转固定资产不真实等问题。（撰稿人：陈东方）

【防城港市审计局】　2004年，共有干部职工22人。局长陈建军，副局长项有传、卢建岁、陈有良（—6月）。设有秘书科、财政金融审计科、行政事业审计科、经济责任审计科、企业科、基建工程造价审计中心（事业单位）。

审计成果　全年完成审计项目44个，查出违规金额2318万元，管理不规范金额15241万元，应上缴国库606万元（其中：税金109万元、罚款34万元、应缴未缴预算收入463万元），应归还原渠道资金704万元，应调账处理金额423万元，应自行纠正金额15241万元，核减工程款2600多万元。移交纪检监察、司法机关案件4起，涉案人员4人，涉案金额257万元。修改制定《防城港市审计工作规则》，汇编了《审计机关管理制度》。

财政审计　查出占用、挪用预算资金316万元，存在未按规定纳入预算、未按规定划分入库级次、未按规定如实反映财政支出等问题。提交的审计工作情况报告受到市人大的充分肯定。

经济责任审计　对24人进行了经济责任审计，查出违规金额689万元，其中负领导主管责任646万元、负直接责任43万元；管理不规范金额2097万元。移送纪检监察部门2人，移送司法部门1人，其中涉嫌违规金额13万元、贪污金额2.2万元。

其他审计　开展国土专项资金和城市居民最低生活保障资金专项审计，发现挤占挪用专项资金181万元，应缴未缴专项资金116万元，少缴税金105万元。受市委委托，审计中心区建设、西湾跨海大桥、小峰水库、西湾广场等工程项目，为政府核减工程款2600多万元。（撰稿人：苏　莺）

【崇左市审计局】　2004年，共有干部职工23人。局长来燊烈，副局长李柏、黄财政（10月—），纪检组长雷恒霁。设有办公室、法规科、财政金融审计科、行政事业审计科、社会保障审计科、固定资产投资审计科、经济责任审计科、企业审计科。

审计成果　审计单位21个，查出违规金额26854万元，应上缴财政269万元，应归还原渠道资金1547万元，应调账处理金额540万元，应自行纠正金额14233万元。移送司法机关处理案件1起，涉案人员2人，涉案金额2万元；移送纪检检察部门处理案件1起，涉及人员1人，涉及金额2万元；建议有关部门处理事项4件，涉及人员17人，涉及金额160万元。提交审计报告、信息8篇，被批示、采用3篇。

经济责任审计　对3人进行了经济责任审计，查出管理不规范金额511万元。对3人任期内的经济责任作出客观公正的评价，为组织部门提供了用人参考依据。

其他审计　一是完成对财政部门等3个单位预算执行情况的审计，查出隐瞒财政收入、虚增和虚列财政支出款、截留财政收入等问题，按照有关财政法规作出相应处理。二是完成对农业与资源环保资金的审计，查出截留挪用专款、应缴未缴专项资金、未纳入财政专户等问题，审计情况引起市政府领导的重视。三是对世界银行贷款和国际农业基金贷款2个项目进行审计，项目概算投资总额22836万元，其中外资部分16429万元，涉及15个用款单位。提交15篇审计报告，提出了加强资金管理的意见和提高经济效益的建议。四是对8个国家机关和事业单位的审计，查出应缴未缴预算收入、截留隐瞒、预算外收入未缴专户等问题，按照有关法规作出处理，已上缴财政185万元。（撰稿人：雷恒霁　黎向劭）

【百色市审计局】 2004年，共有干部职工31人。局长覃格知，副局长庞新生、钟超诚、黄培钰（3月—），纪检组长黄彧（2月—），总审计师潘秋玲（3月—）。设有办公室、财政金融审计科、行政事业审计科、农业与社会保障审计科、经贸审计科、固定资产投资审计科、经济责任审计科、法规科。

审计成果 全年完成审计项目34个，查出违规金额5816万元，应上缴财政1119万元，应归还原渠道资金834万元，指明要求纠正8377万元。提交审计报告、信息14篇，被采用13篇。重视加强业务基础规范化建设，开展以“规范审前工作程序、规范审计人员现场审计行为、规范审计复核”、以审计质量全程控制为目标的“百色市审计业务基础规范化建设”活动，推行“审计质量全员责任风险金抵押金制度”等，强化审计责任。

固定资产投资审计 审计固定资产投资项目18个，核减金额1798万元，核减率16.6%，节约了国家资金支出。《广西东泥有限公司日产1200吨旋摇式熟料新型水泥生产线技改项目审计》荣获自治区审计厅年度优秀审计项目三等奖。向市人民政府提交《关于加强我市公益性投资工程资金管理与监督工作的建议》，分析了近年来建筑市场特别是公益性投资建筑市场，项目从建设到竣工过程存在的问题，并提出了相应的对策，市人民政府在综合各有关部门的意见之后，出台了《百色市人民政府关于市政建设项目监察审计监督制度（暂行）的通知》，成为市政投资项目监督审计的地方性政策依据，对今后的投资项目的管理具有重要的指导意义。

其他审计 财政审计查出隐瞒转移预算收入、虚增财政收入、虚列财政支出、政府采购办业务操作不规范、部分税款入库不及时等问题。开展对河池市财政供养人口的审计调查，在项目评比中荣获三等奖。组织市、县对扶贫开发办专项资金、国土专项资金、城市居民最低生活保障资金等52个审计项目进行审计，审计资金总额61911万元。审计后，已促进拨付资金到位50871万元，应上缴财政2089万元，已上缴财政1574万元；发现被审计单位将土地使用权或土地出让金抵顶工程款2671万元等情况后，及时向同级政府汇报，问题得以圆满解决。

经济责任审计 完成对8人的经济责任审计，查出违规金额823万元，其中，试点开展了德保县县长任中经济责任审计。（撰稿人：黄耿步）

【河池市审计局】 2004年，共有干部职工28人。局长陈作明（—8月）、韦克风（8月—），副局长杨进伟、周凤。设有办公室（含机关后勤服务中心）、法规科（含经济责任审计科）、财政金融审计科、行政事业与社会保障审计科、经贸审计科、农业与资源环保审计科、固定资产投资审计科。

审计成果 全年完成审计单位43个，查出违规金额20305万元，应上缴财政4959万元，已上缴财政4276万元，应归还原渠道资金8847万元，指明要求纠正3947万元。提交审计报告、信息15篇，被当地党政机关和上级审计机关采用11篇。

财政审计 通过对2003年本级财政预算执行情况和其他财政收支情况审计，查出加大预算支出3380万元，转让国有资产收入未纳入预算管理2703万元，向非预算单位拨付资金68万元，无预算拨款25万元，未及时拨付专款2918万元，行政性收费未及时上缴国库3428万元。在对金城江区、环江县人民政府财政决算审计中，查出罚没款入库不及时384万元，虚列支出2345万元，支出挂往来账996万元，违规发放财政周转金198万元，未及时拨付专款1330万元，挪用专项资金131万元，私设“小金库”18万元，违规集资修路资金62万元。

经济责任审计 开展了对环江毛南族自治县县长、市直机关12名主要领导、3名国有及国有控股企业法人代表等进行了经济责任审计，查出违规金额906万元，其中属于领导干部主管责任金额15318万元，属于直接责任造成的违规金额388万元。

专项资金审计 在组织开展对本级和11个县、市（区）2001~2003年国土专项资金审计中，共查出违规金额3807万元。针对查出的问题和产生问题的原因，提出了8条建议，得到了当地政府的采纳。在对全市 2001～2002 年扶贫资金审计中，共查出挤占、挪用、用于非计划扶贫项目等违规金额 3351 万元。

其他审计　在组织开展对 2003 年全市城市居民最低生活保障资金审计中，查出各种不符合规定安排使用和挤占挪用低保资金金额 776 万元。在开展对本级运输管理处 2003 年财务收支审计中，查出资产账不实、少计资产 311 万元，乱收费 109 万元，未缴和少缴企业所得税 56 万元等。开展了对文化铜鼓广场工程、河化集团公司年产 35 万吨水泥厂工程等 17 个基建项目审计，审计工程投资额为 3.13 亿元，核减工程投资 486 万元。东巴凤基础设施大会战项目资金审计，市审计局组织本级和"东巴凤"3 个县审计机关对投资大会战 12 类 34 大项 75312 子项共 21.04 亿元资金进行了审计调查。（撰稿人：韦明芳　韦显志）

【来宾市审计局】　2004 年，共有干部职工 22 人，局长杜爱华（7 月—），副局长韦文智、韦炳高，纪检组长罗旭彤。设有办公室、法规科、经济责任审计科、财政金融审计科、行政事业审计科、经贸审计科、固定资产投资审计科。

审计成果　全年完成审计项目 22 个，查出违规金额 4866 万元，应上缴财政 337 万元，已上缴财政 308 万元，应自行纠正金额 1655 万元。忻城县审计局被自治区纪委、组织部、宣传部授予"自治区勤政廉政先进集体"荣誉称号。

经济责任审计　完成对来宾市交通局局长、体育局局长、计生委主任、文化局局长、环保局局长 5 名领导干部的任期经济责任审计。查出截留挪用应缴财政资金、私设"小金库"等问题，并依法作出审计处理处罚决定，对责任人进行了客观公正的评价，为组织人事部门管理和任用干部提供了参考依据。

其他审计　一是完成市本级财政预算执行情况及其他财政收支审计，查出虚增虚减财政收入、截留挤占挪用财政资金、虚报冒领财政资金等问题。二是开展对城市居民最低生活保障资金、国土专项资金、外资运用和兴宾区民政资金等专项资金的管理、使用情况的专项审计，查出应缴未缴专项资金 393 万元，擅自改变计划和资金投向 45 万元，配套资金不落实 189 万元，未纳入财政专户管理 1589 万元。三是对广西八一铁合金集团有限公司资产、负债和损益情况进行了审计，查出违规金额 2193 万元，应上缴财政 268 万元，已上缴财政 98 万元。

临时交办任务　一是完成对兴宾区委党校（原来宾县委党校）截至 2004 年 9 月底的资产负债及财务收支的审计，为来宾市党校上收（合并）兴宾区党校顺利交接提供了参考依据。二是完成对柳州高等医学专科学校第一附属医院（原柳州地区人民医院）2002～2003 年资产负债的审计，核增资产 37 万元、负债 29 万元，查出未按规定代扣代缴教育附加费 38 万元、固定资产变价收入 13.8 万元长期挂账等问题。三是先后抽调市审计局干部 8 人（次）参加纪检监察、土地、物价、民政等部门组织的各种专项检查工作。（撰稿人：陈盛福）

【贺州市审计局】　2004 年，共有干部职工 18 人。局长吴春生，副局长邱超源（—9 月）、甘仕森。设有办公室、法规调研科、财政金融审计科、行政事业审计科、经贸审计科、固定资产投资审计科、经济责任审计科。

审计成果　全年完成审计项目 54 个，查出违规金额 14167 万元，管理不规范金额 30367 万元，损失浪费金额 8 万元；应上缴财政 1462 万元，已上缴财政 1092 万元；应归还原渠道资金 458 万元，已归还原渠道资金 263 万元；应调账处理金额 6948 万元，已调账处理金额 5250 万元；应自行纠正金额 35022 万元，已调账纠正金额 26860 万元。

财政审计　在预算执行审计中，查出市财政局将 2003 年尚存基建专户未拨付用款单位的基建款 3963 万元列预算支出、以拨代支财政扶贫资金项目管理费 15.8 万元以及从企业财政周转金专户违规借给市电业公司 100 万元；发现市地方税务局在追缴应补税款的执行力度不够等问题。在财政决算审计中，发现钟山县和富川县财政局财政隐性赤字严重，存在占用专款，截留、占用上缴款项和虚收虚支等问题。

经济责任审计　完成经济责任审计项目 21 个（其中任期经济责任审计 6 个，离任审计 15 个），查出违规金额 2652 万元，属负主管责任 2652 万元。移送纪检监察部门案件 1 起。市审计局第一次开展县（区）长经济责任审计，派出 12 人的审计组（市审计局 7 人，从各县、区审计局抽 5 人）

对钟山县县长进行任期经济责任审计，涉及政府办、财政局、地方税务局等22个单位，现场作业历时1个多月。这次审计，为今后县（区）长经济责任审计积累了经验。

其他审计　一是开展对市自来水公司、市种子公司、市桂东电子科技有限责任公司、贺州国际酒店和贺州市和兴物业有限责任公司等7个企业的审计，其中：市种子公司少反映产品销售收入78万元，和兴物业漏缴税费109万元。二是完成市本级世行贷款“卫九”、“卫十”等3个项目的资金到位情况和资金使用效果审计。发现市“卫九”项目办公室和市疾病防治控制中心“卫十”项目不设专户核算，地方财政配套资金到位不及时等问题，及时向项目执行单位指出，并向市政府汇报，促进了项目的规范实施。三是完成工程项目结算审计41个，审定工程结算额1067万元，核减工程造价87万元。四是对贺州市生活垃圾无害化处理厂建设工程、龟石水库供水工程、温泉旅游公路和姑婆山国家森林公园基础设施工程4个国债资金项目，以及市重点工程项目下福、巴江口2个水利枢纽工程进行审计调查。五是对贺州市本级和钟山县国有土地使用权出让、划拨、转让管理情况以及出让金征收、管理、使用情况进行审计，发现市、县两级国土局不同程度存在土地收益金存入财政预算外资金专户而不存入土地出让金财政专户、以地作价抵工程款或贷款以及超国土专项收入使用范围使用等问题。（撰稿人：吴春生、吴荣林）

2004年广西壮族自治区区、县（市）级审计工作统计表

审计机关	干部职工人数（人）	审计单位（个）	经济责任审计项目（个）	查出违规金额（万元）	应缴财政（万元）	已缴财政（万元）	决定处理处罚（万元）	指明要求纠正（万元）	提交审计报告、信息（篇）	审计信息被采用（篇）
南宁市										
新城区审计局	3	4	2	3	3					2
兴宁区审计局	3	7	4	97	2	2	42	784	7	
城北区审计局	4	12	8	126	34	26	26	245	3	3
江南区审计局	3	5	5	1002	5		758	4077		
永新区审计局	4	17	16					279		
华侨投资区审计局	4	3	1	39	16	11	16	514	4	
邕宁县审计局	13	26	15	27145	3513	1	18322	2848		
武鸣县审计局	17	25	10	323	149	118	154	1400	1	1
横县审计局	18	34	4	939	27	11	154	406		
宾阳县审计局	12	26	5	4840	642	247	649	4008	19	10
上林县审计局	11	13	4	1003	30	14	38	11		
隆安县审计局	11	11	1	522	273	248	419	921		
马山县审计局	9	12	3	141	47	15	47	1731	3	1
桂林市										
秀峰区审计局	2	4	2	514	514	196	514	8	3	
叠彩区审计局	2	3	2	749			746	42	1	

审计机关	干部职工人数（人）	审计单位（个）	经济责任审计项目（个）	查出违规金额（万元）	应缴财政（万元）	已缴财政（万元）	决定处理处罚（万元）	指明要求纠正（万元）	提交审计报告、信息（篇）	审计信息被采用（篇）
象山区审计局	2	5	1					158		
七星区审计局	2	4	1				7	7		
雁山区审计局	2	3		4	5	2	5	15	3	
阳朔县审计局	9	8		2790	2248	2451	2470	189		
临桂县审计局	14	11	2	311	213	167	286	6	1	
灵川县审计局	12	25	7	3194	1212	190	1727		7	
全州县审计局	26	30	5	5932	51	57	879	7336	3	
兴安县审计局	12	17	1	124	55		55	1		
永福县审计局	9	23	6	46	34	3	34	180		
灌阳县审计局	9	15	2	2021	137	135	1970	14	1	1
资源县审计局	12	5		3	1	1	2		2	
平乐县审计局	10	16	7	224	18	18	62			
荔浦县审计局	11	17	3	893	258	13	258		2	
龙胜各族自治县审计局	8	16	5	941	73	51	691	561		
恭城瑶族自治县审计局	11	27	9	733	481	33	596	5732	18	13
柳州市										
城中区审计局	5	9	8	1057	39		39	1018		
鱼峰区审计局	3	6	4	53	8		25	45		
柳南区审计局	3	10	6	44	6		6	38		
柳北区审计局	3	8	5	328				328		
柳江县审计局	14	24	4	2629	996	70	1041	1586	3	
柳城县审计局	11	17	6	878	54		408	470		
鹿寨县审计局	16	28	8	3075	30	28	451	2644		
融安县审计局	10	17	6	3555	151	37	1440	2231		
三江侗族自治县审计局	8	10		703	50	43	701	79		
融水苗族自治县审计局	13	22	1	3880	77		121	3759		
梧州市										
万秀区审计局	3	11	4	27	21	11		27	11	2
蝶山区审计局	2	1	1					6		
长洲区审计局	3	7	4	20				530		
岑溪市审计局	18	33	16	348	81	81	81		4	
苍梧县审计局	14	104	63	513	43	21	43	5555		
藤县审计局	15	83	15	1968	190	95	190	3415	2	1
蒙山县审计局	8	40	4	54	7	5	7	4572		

审计机关	干部职工人数（人）	审计单位（个）	经济责任审计项目（个）	查出违规金额（万元）	应缴财政（万元）	已缴财政（万元）	决定处理处罚（万元）	指明要求纠正（万元）	提交审计报告、信息（篇）	审计信息被采用（篇）
贵港市										
港北区审计办事处	4	4	3					232	1	
港南区审计办事处	5	4		352	49	10	49	531		
覃塘区审计办事处	5	1		11	11	11	11	108		
桂平市审计局	20	19	6	2538	169	169	169	2338		
平南县审计局	21	14		217	84	55	84	916	1	1
玉林市										
玉州区审计局	8	22	4	536	27		27	168	22	
福绵区审计局	3	19		74	11	11	11	13	15	
北流市审计局	13	13		1131	19	10		220	13	
兴业县审计局	9	32	5	344	100	10	216			
容县审计局	9	37	8	1298	18	9	13	443		
陆川县审计局	15	46	18	3374	1317	325	135	1309	53	12
博白县审计局	16	40	24	4390	133	119		1330	1	1
钦州市										
钦南区审计局	11	13	5	1017	59	28	292	15449	9	9
钦北区审计局	11	10		6222	294	138	378	3635	1	1
灵山县审计局	17	34	20	1820	72	66	812	623	30	30
浦北县审计局	21	38	20	644	77	43	425	3613	23	23
北海市										
海城区审计局	5	10	5	253	10	12	253	182	14	4
银海区审计局	5	11	4	1446						
铁山港区审计局	3	5	2	308	2	2	1	225	5	
合浦县审计局	16	32	15	7783	102	25		1931	15	
防城港市										
港口区审计局	6	7	3	81	5		81	1688	7	
防城区审计局	10	10	6	2969	1		2961	1486	10	
东兴市审计局	10	10	2	1686	73		676	511	10	
上思县审计局	8	15	9	403	2		403	1666	15	
崇左市										
江州区审计局	12	11	3	143	20	18	21	309	10	6
凭祥市审计局	8	12	3	1212	142	43	142	64	14	12
扶绥县审计局	10	8	1	1559	95	32	1486	2868	16	5
大新县审计局	9	7	3	1964	336	49	336	6728	5	3

审计机关	干部职工人数（人）	审计单位（个）	经济责任审计项目（个）	查出违规金额（万元）	应缴财政（万元）	已缴财政（万元）	决定处理处罚（万元）	指明要求纠正（万元）	提交审计报告、信息（篇）	审计信息被采用（篇）
天等县审计局	8	14	3	1063	108	85	555	980	3	
宁明县审计局	13	17	2	302	12	2	12	611	3	
龙州县审计局	8	13	3	1680	82	82	167	197	2	
百色市										
右江区审计局	14	8	2					202	5	3
田阳县审计局	10	20	5	180	148	134	148	7714	4	2
田东县审计局	9	19	3	353	58	55	148	1340	8	5
平果县审计局	13	18		1725	871	787	1173	2150	6	3
德保县审计局	9	19	9	73	48	21	64	571	6	2
靖西县审计局	9	24	7	975	446	347	836	1591	6	2
那坡县审计局	14	19	9	537	26	10	26	2463	8	2
凌云县审计局	13	22	3	4	2	1	2	934	40	17
乐业县审计局	8	19	8	1005	6	6	547	5054	29	12
西林县审计局	7	10	1	290	59	14	68	131	16	13
田林县审计局	7	18	4	319	38	38	319	231	7	2
隆林各族自治县审计局	10	17	2	10637	447	159	2887	444	25	16
河池市										
金城江区审计局	14	36	4	598	12	12	12	1708	4	1
宜州市审计局	13	55	3	1439	119	80	218	11029	2	
南丹县审计局	17	27	3	1129	839	623	977	1702	2	
天峨县审计局	8	9		213	29	7	245	220	1	
凤山县审计局	10	11	4	12	8	4	8	50	1	
东兰县审计局	12	35	6	1732	8	8	14	2014		
巴马瑶族自治县审计局	7	13	2	1304	47	44	279			
都安瑶族自治县审计局	23	34	9	1774	112	46	402	857	2	1
大化瑶族自治县审计局	11	24	6	8835	74	70	416	5062	1	
罗城仫佬族自治县审计局	15	29	2	2101	120	11	335	1421		
环江毛南族自治县审计局	10	8	1	1421	4	4	4	33		
来宾市										
兴宾区审计局	16	18	8	1429	67	52	114	2602		
合山市审计局	7	10	4	89	88		88	6		
象州县审计局	10	20	4	931	31	48	104	197		
武宣县审计局	9	7		1943	850	114	850	1148		

审计机关	干部职工人数（人）	审计单位（个）	经济责任审计项目（个）	查出违规金额（万元）	应缴财政（万元）	已缴财政（万元）	决定处理处罚（万元）	指明要求纠正（万元）	提交审计报告、信息（篇）	审计信息被采用（篇）
忻城县审计局	10	21	3	319		105	164	3536		
金秀瑶族自治县审计局	8	11	1	278	3	6	9			
贺州市										
八步区审计局	18	44	22	438	16	9	14	18682		
昭平县审计局	12	25	8	2698	20	19	2553	5754	9	
钟山县审计局	14	36	13	367	51		63	1008	19	1
富川瑶族自治县审计局	11	37	10	683	118	114	669	757		

海南省

【海南省审计厅】　2004 年，海南省审计厅定编 101 人（其中工勤人员 8 人），实有 88 人。厅机关设有办公室、人事教育处、法制处、经济责任审计处、财政审计处、金融审计处、经贸审计处、固定资产投资审计处、行政事业审计处、农业与资源环保审计处，还设有海南省审计培训科研所。

领导成员

厅　长：符　兴

副厅长：林　东　何洪彬

助理巡视员：张立志

审计成果　截至 2004 年 11 月 30 日，全省审计机关共安排审计项目 420 个，已完成 539 个；查出一批违规金额，其中处理应上缴财政 1.8 亿元，应归还侵占挪用资金 1.86 亿元；已上缴财政 6905 万元。向有关部门移送案件 8 起，涉案人员 9 人。提交工作报告和审计信息 386 篇，其中被有关领导批示和各种媒体采用 263 篇。

财政审计　2004 年，调整了财政审计工作思路，研究制定了《海南省审计厅关于 2003 年财政审计工作安排意见》、《海南省 2003 年省本级预算执行情况审计实施方案》和《海南省省本级部门单位预算执行情况审计实施方案》，认真组织审计了省财政厅具体组织省级预算执行，省地税局省级税收征收管理，省国库预算资金收纳拨付情况，并延伸对市县管理使用省级专项资金和全省 162 个省直行政事业单位 2003 年度财务状况开展了审计调查，发现省本级预算执行存在预算编制不合理、其他支出资金占预算资金比重过大、预算编制随意性较大等问题；土地增值税征收制度不完善、存在税收流失隐患、税收登记不规范、税收征管有漏洞、税收减免制度执行不规范等问题。

固定资产投资审计　以促进规范建设市场秩序，提升管理水平，提高资金使用效益为目标，强化了投资审计。认真贯彻落实省长提出的建立投资审计制度、实行关口前移、实施跟踪审计的指示精神，将投资审计作为提升审计工作水平的切入点，实现了投资审计突破性进展。一是推动完善法规，促进省政府出台《关于规范政府投资项目管理的规定》、《政府投资项目法人责任制管理办法》、《政府投资项目公示制度管理办法》和《政府投资项目代建制管理办法》等四个规范性文件，使投资审计有法可依。二是实行关口前移。对政府投资项目提前介入，在概预算、招投标、签合同、设账户等环节上进行监督。三是实行跟踪审计。通过对投资额较大的政府投资项目的招投标、合同、现场签证、预算控制及款项拨付等的审计，实现对项目的全过程监督。如对开工近 10 年的“半拉子”水利水电工程——保亭县毛拉洞水库，实行跟踪审计，促进了该工程的复工。据统计，全省共审计投资项目 25 个，核减工程结算 10635 万元，为国家挽回了经济损失。

专项资金审计　以规范专项资金管理，维护社会稳定，促进科学发展为目标，认真做好专项资金和公众基金的审计。强化社会保险制度执行情况和其他社会公众资金的筹集、管理、使用和效益的审计监督，对省本级社会保险基金的审计发现，社会保险费征收部门延压保险费缴库5940万元，省社会保险事业局拖欠应付医疗机构医疗费支出6759万元，省就业局未按规定收缴统筹失业保险基金876万元等问题，为进一步摸清省本级五项社会保险基金的家底奠定了基础。全省审计机关还审计了2001～2003年度农业综合开发的179个项目单位，金额达6.7亿多元，引起了省委、省政府领导的高度关注，并召开专题会议，制定了相关措施，对进一步加强农综资金的管理起到了积极作用。

企业审计　以规范市场秩序，强化政府市场监管职能，促进经济发展为目标，进一步抓好国有企业或国有控股企业审计。结合企业领导人经济责任审计，着重检查企业会计资料的真实性，分析国有资产运营状况，关注国有企业改革中出现的问题，为国有企业改制服务。2004年，对海南省汽车运输总公司2003年资产、负债、损益及其下属的18个市县（区）运输公司和西环客运分公司进行了审计，并且延伸调查了下属非独立核算单位及下属全资子公司。通过审计，摸清了汽车运输行业的家底，核实了企业经营成果，揭露了行业存在的问题，规范了经营管理行为，促进了整个行业的规范和发展。

经济责任审计　以促进科学决策，完善管理，减少浪费为目标，以加强对权力监督和制约，提高执政能力为重点，按照“积极稳妥、量力而行、提高质量、防范风险”的原则，全面推进经济责任审计。一是进一步拓宽审计范围，扩大了省直部门厅级领导干部经济责任审计覆盖面，越来越多的地厅级“一把手”接受监督。二是改进了审计方式，由离任审计为主向任中审计为主转变，前移了监督关口。全年完成经济责任审计项目14个，其中任中审计12个，比例高达85%。三是深化了审计内容，积极探索效益审计，更多地关注领导决策的科学性和有效性。四是完善工作机制，发挥了联席会议的作用，提高了成果利用水平。据统计，全省审计机关共审计了91个行政机关和企事业单位100名领导干部（厅级领导干部11名），查出违规金额1.75亿多元（负主管责任金额9882万元、负直接责任金额6876万元），其中损失浪费金额1206万元。依据审计结果，组织部门平调干部57人、晋升2人，纪检监察机关降、免、撤职13人。

基础建设　(1) 审计资源利用。注重整合审计资源，加强综合分析，提升了审计成果。如《我省公安机关经费亟待保障》审计要情，被省政府办公厅作为重要信息上报国务院办公厅；提交的市县财政问题的综合报告，得到省委省政府主要领导的高度评价；外资项目审计综合报告提出的意见和建议，推动了全省政府债务的清理；电力系统的审计专题报告，为省政府解决电力系统久拖不决的6大问题提供了依据；土地和农综资金的专题审计报告引起了省委省政府领导的重视，进入了决策视野；尤其是《关于我省交通规费征稽情况的专项审计调查报告》分析了产生问题的原因及危害，提出审计意见，得到了多位省领导的充分肯定。

(2) 审计结果公开。抓住向省人大常委会报告审计工作的契机，组织媒体宣传和点评“审计报告”，积极稳妥地推进审计公开。一是赢得领导重视。省委书记汪啸风对报告的披露作出重要批示。省长卫留成主持政府常务会议专题研究审计工作报告。常务副省长吴昌元亲自把关，进行修改。省人大领导多次专门听取审计报告准备情况的汇报，并对报告的修改提出明确意见。二是确保审计质量，防范审计风险。年初以“审计报告”为主线，安排审计计划。全面贯彻实施审计署6号令，强化审计质量控制措施。以省政府的名义组成检查组，对全省各市县的年度审计业务质量进行大检查；开展优秀审计项目评比、优秀综合报告评比、市县审计工作报告审评等活动。三是加强沟通协调，促进审计整改。在审计结果披露前，厅领导带领有关处室负责同志，走访有关单位，告之披露内容，核实事实，听取意见建议，争取理解、支持和配合；披露后，帮助其查找问题、分析问题、制定措施、认真整改。四是把握舆论导向。请省委宣传部分管新闻的副部长出面，主持召开中央驻琼和省内媒体负责人座谈会，确定了宣传基调。据统计，从7月中旬至8月中旬，《人民日报》、新华社、中新社和《中国审计报》、《中国青年报》以及《海南日报》、《海口晚报》、海南电视台以及省人大网站等20多家媒体先后发稿110多篇。其中《中国审计报》头版头条介绍了海南省审计公开的经验。

(3) 审计结论办理。一是召开审计结论办理工作座谈会，听取被审计单位对审计结论办理工作的意见和建议，经过协调沟通，达成了审计结论办理必须多方合作，共同努力，狠抓落实的共识。二是由省政府办公厅牵头、审计厅具体实施，监察、财政和国资等部门联合组成检查组，对全省审计结论办理情况进行检查。三是进一步完善《海南省审计结论办理规定》，对久拖不办的单位，及时向上报告，促其整改；对历史遗留问题，及时进行清理，提出解决方案；对个别有条件而拒不执行的，依法申请法院强制执行。四是成立审计结论督办小组，厅领导带领各处室负责人，与有关单位进行沟通，对审计结论办理进行跟踪督办，落实率由过去的30%提高到现在的80%。

(4) 工作制度改革。通过制度建设把创新的成果凝固起来：一是坚持民主决策原则，实行审理委员会制度；二是坚持责权统一原则，实行审计业务考核、督办、责任追究制度；三是坚持公开透明原则，实行审计公示、公告制度；四是坚持强化监督原则，实行审计回访制度；五是坚持高效优质原则，实行审计限时、首问负责、咨询服务制。值得一提的是，建立审理委员会制度，实行民主集中制和行政首长负责制相结合，是海南审计史上的创新之举。其目的是进一步提高审计业务质量，统一处理、处罚标准，增加审计处理、处罚的透明度，增强决策的民主性、科学性。审理委员会是审计机关审计业务审理的决策机构，一年来，审理委员会共对近50个重大复杂和疑难的审计项目及审计署授权、党政交办、群众关注的审计项目进行了审理，从制度上把好复核关，防范了审计风险。

队伍建设 一是创建学习型机关，力求以学促审。通过抓思想教育，统一了认识，较好地解决了畏难思想、厌倦情绪、应付心理和自满心态等问题；树立了学习为本、终身学习等理念。建立健全了学习日、学习考勤、学习考核等制度，用制度推动创建。据统计，全年共举办各类培训班近20期，计1200人次参加，其中选送国外和国内高等院校培训45人次，派往上级机关跟班学习和基层挂职锻炼20人次，参加继续教育和职称考试60人次；通过学习17人提高了学历，8人通过了高级审计师考评。二是抓好廉政建设，力求以廉促审，建立健全对“审计两权”的制约机制，先后制定了10多项规定和制度，采取“分权”、“制权”和“亮权”等措施，从计划的确定、项目的实施、报告的签发到结论的落实进行全程控制和监督，规范审计权力的行使，不给以权谋私者留下任何可乘之机。三是改革“选人、用人、育人”制度，力求以改促审。通过引入竞争机制，考试录用优秀工作人员；通过公开选拔、竞争上岗等措施，着力解决领导干部能上能下的问题，提升领导干部的整体素质；通过健全干部考核制度，调动全体干部的主动性和积极性，增强审计机关的创造力和战斗力，为建设一支高素质审计队伍奠定了基础。(撰稿人：李国安)

【海口市审计局】 2004年，共有干部职工42人。局长袁光平，副局长吴发禄、李同源、王立文。设有办公室、法制科、经济责任审计科、财贸金融审计科、行政事业审计科、经济贸易审计科、固定资产投资审计科。2月，成立了隶属于市局的副处级事业单位——海口市工程项目审计中心。

审计成果 全年审计单位47个，查出违规金额10906万元，应上缴财政767万元，已上缴财政591万元；查出管理不规范金额1618万元，损失浪费金额630万元。向纪检监察机关移送经济案件线索1件。提交审计工作报告、信息46篇，被批示、采用18篇。

固定资产投资审计 2004年，认真贯彻落实《海口市政府投资建设项目审计监督办法》，加大了对政府投资的基本建设项目的审计监督力度。全年完成包括“3366”工程在内的24个工程项目的竣工决算审计和审计调查工作，累计送审金额50492.48万元，核减金额6798.85万元，平均核减率为13.47%。竣工结算审计项目涉及道路、防洪工程、教育设施、文化设施以及行政设施等，覆盖面为历年之最。审计发现海口市政府投资建设项目管理仍然存在损失浪费、效益低下、运作不规范和违纪违规等问题。主要问题有：高估冒算，多计工程造价；建设资金来源渠道单一，部分项目存在缺口；部分建设项目不遵守基本建设程序，工程造价超预算普遍，部分项目完工后不及时办理竣工验收，影响了项目效益的发挥；内部管理不健全，现场存在漏洞，部分建设单位重视项目立项和资金到位，忽视资金使用效率；注重项目的进度而较少关注质量和日常管理，相关的勘察、设计、监理、造价等社会中介机构未能充分发挥应有的监督和服务作用等。通过审计，揭露了一些项目存在的问题，分析成因，提出了审计意见和建议，并督促有关单位进行整改，保证了重点建设项目的顺利进行。

经济责任审计　2004年，组织实施经济责任审计项目9个，查出违规金额5568万元，其中应负主管责任3944万元，应负直接责任1624万元。纪检监察机关根据审计结果对1人进行了党纪处分。

内部审计　2004年，全市有内部审计机构6个，比上年减少7个；内部审计人员14人，比上年减少26人。全年完成审计项目165个，查出损失浪费金额237万元，在审计中纠正违规金额343万元。提出审计建议被采纳132条。（撰稿人：李洋波）

【三亚市审计局】　2004年，共有干部职工40人。局长林由俊，副局长黄良志、吴迅。设有办公室、经济责任审计室、财政金融审计科、行政事业审计科、经贸审计科、固定资产投资审计科、农业与资源环保审计科。

审计成果　全年完成审计项目38个，其中审计调查项目5个，政府交办项目10个。查出违规金额6393万元，应上缴财政3505万元，已上缴财政6056万元（含追缴以前年度应缴财政金额），归还原渠道资金265万元，应调账处理金额243万元。提交审计工作报告和审计信息40多篇，被批示15篇，被采用82篇（次）。

固定资产投资审计　完成市政重点建设工程决算审计项目6个，审计总金额37029万元，共审减造价2380万元，审减率6.4%，其中审减百万元以上工程项目4个。在三亚市两河三岸景观改造工程项目竣工决算审计中，揭露了存在概算不足，有些单项无施工图预算，部分单项存在“三边”现象，项目实施没有落实好概算控制预算、预算控制结算的要求，个别单项没有充分考虑造成损失浪费等问题，审减造价812万元。

经济责任审计　开展经济责任审计项目10个，涉及10人，重点审查了离任人在任期内基金管理、使用、财务收支和财务管理上存在的严重违规行为，审计查出违规金额449万元。移送纪检监察部门处理2件，涉及金额179万元，涉及2人，其中被党纪处分1人。

企业审计　审计单位3个，查出违规金额2751万元，应上缴财政2751万元。重点查出了应缴未缴税费和未及时上缴财政性资金问题，揭露重大经营决策及管理失误造成的损失浪费问题，为政府有效履行市场监管职能、促进国有企业改革提供服务。

制度建设　在市委、市人大、市政府的高度重视和支持下，三亚市审计局继续推行审计通报、审计公告等制度，加强政府系统内部监督，以审务公开促进政务公开，推动市人大建立人大监督审计结论办理机制。三亚市人大常委会首次组织对审计结果办理情况进行人大执法检查，并首次在三亚党报公开披露了审计工作报告中反映的热点问题，引起了社会的强烈反响。向本级人大常委会作预算执行和其他财政收支情况的审计工作报告获全省审计机关一等奖，为全省惟一两连冠单位，向市政府作审计结论办理工作报告获全省审计机关二等奖。（撰稿人：羊建权）

2004年海南省区、县（市）级审计工作统计表

审计机关	干部职工人数（人）	审计单位（个）	经济责任审计项目（个）	查出违规金额（万元）	应缴财政（万元）	已缴财政（万元）	决定处理处罚（万元）	指明要求纠正（万元）	提交审计报告、信息（篇）	审计信息被采用（篇）
海口市										
龙华区审计局	10	8	4	925	6		174			
秀英区审计局	8	6	2	98			11	4		
琼山区审计局	18	16	5	1205	570	172	715	5		

审计机关	干部职工人数（人）	审计单位（个）	经济责任审计项目（个）	查出违规金额（万元）	应缴财政（万元）	已缴财政（万元）	决定处理处罚（万元）	指明要求纠正（万元）	提交审计报告、信息（篇）	审计信息被采用（篇）
美兰区审计局	8	4		80	6		2			
省直辖行政单位										
文昌市审计局	13	21	8	816	433	85	10	25	20	
琼海市审计局	12	20	4	3239	1262	894	2179	1		
万宁市审计局	21	24	5	445	26	3	5307	4	2	
五指山审计局	13	23	6	9134	71	12	27			
东方市审计局	12	17	3	165	46	13	1214			
儋州市审计局	20	29	10	1064	378	198	981	16	2	
临高县审计局	16	23	10	2360	202	14	5940	13	3	
澄迈县审计局	21	37	17	6909	234	120	2266		1	
定安县审计局	14	35	21	214	214		5609	11		
屯昌县审计局	13	19		732	150		105	1		
昌江黎族自治县审计局	14	21	4	577	163	163	130			
白沙黎族自治县审计局	12	19	4	801	135	83	475	31	8	
琼中黎族苗族自治县审计局	13	17	5	1077	396	168	14	9	2	
陵水黎族自治县审计局	11	8		1509	221	51	132	2		
保亭黎族苗族自治县审计局	13	15	1	3010	38		720	8	1	
乐东黎族自治县审计局	13	22		77	33					

重庆市

【重庆市审计局】 重庆市及各区县（自治县、市）共有国家审计机关41个，审计人员1012名。

领导成员

局　长：王耘农（5月—）

　　　　余　敏（—5月）

副局长：杨春林　胡可惠　杨成超

　　　　李永春　丁时勇（9月—）

纪检组长：邓　炜

审计成果 2004年，全市审计机关共审计单位1336个，查出违规金额10.3亿元，管理不规范金额40.2亿元，损失浪费金额724万元，审计决定应上缴财政金额8265万元，应归还原渠道资金1.5亿元，应调账处理金额5.1亿元，应自行纠正金额34.1亿元。向司法机关移送案件12起、涉案人员21人，涉案金额933万元，已立案9件，已追究刑事责任7人；向纪检监察部门移送事项17件，涉及人员28人，涉及金额445万元，已处理1件；建议有关部门处理事项5件，涉及人员3人，涉及金额781万元，已落实1件。全年累计提交专题和综合性审计工作报告、审计调查报告、信息简报等1985篇，被各级党政领导或有关部门批示、采用691篇。

预算执行审计 全市审计机关紧扣公共财政的建立和财政管理制度改革的方向，积极探索预算执行审计的新路子、新方法，审计重点更加突出，效果更加明显。对财政、税务部门的审计表明：2004年全市预算收支执行良好，市财政、市地税部门在加强预算管理，强化税收征管，规范收支行为方面做了大量工作，取得了显著成效，但也存在部分收入未能及时解缴入库，部分专项资金未能及时拨付，个别基层税务私设过渡户、公款私存等问题。对区县财政资金部的行业审计调查表明：区县财政资金部的成立减少了行政事业单位多头开户，缓解了财政资金调度紧张，但也发现17个区县资金部违规从事借贷活动，部分借出资金形成损失难以收回，资金及利息管理使用不规范以及个别区县违规申购股票等问题。对40个区县政府和50个市级部门、162个直属单位行政事业性收费管理使用情况的审计调查表明：各级部门贯彻执行“收支两条线”和“收缴分离”的管理办法总体较好，收缴管理工作逐年规范，乱收费现象有所遏制，但仍存在区县收费未纳入预算或财政专户管理，收费解缴不及时，收费不合规，收费票据使用混乱、收费主体混淆，随意减免、应收不收，个别区县实行收支挂钩管理或收入指标考核以及由于收费管理体制不顺、解缴划拨渠道不畅，部分区县滞留市级收入等问题。对预算执行审计反映的问题，市政府高度重视，及时进行整改专题布置，责成由市财政局牵头负责、有关区县政府和市级部门限期整改，市财政局及时下发了有关文件，组成专项检查组对区县财政资金部进行了拉网式检查，并修订完善了加强资金部管理、行政事业性收费管理以及票据管理的相关办法。

专项资金审计和审计调查　全市审计机关紧紧围绕政府经济工作中心，重点关注了农业、环保、教育、社保等热点问题，注重把查出违规问题与检查资金使用效果、揭露问题与从管理和机制上深入分析原因结合起来，取得了较好效果。对全市退耕还林（草）工程资金的审计，揭露和反映了部分退耕还林承包大户侵占农户利益，有的区县主管部门及项目实施单位挤占、挪用、非法套取资金，个别乡镇变相加重农民负担、侵占农民利益等问题。审计结果经审计署报国务院后，被中办《近期社会动态专报》第733期采用，温家宝总理高度重视并作了批示，市政府也及时下发通知提出了切实保护退耕农户利益，确保退耕还林工程成效的具体措施。

对全市三峡工程库区二期地质灾害防治资金的审计发现，部分区县挤占挪用资金，个别项目业主套取资金、私设“小金库”，项目计划管理不严，工程建设管理方面手续不完善，招投标程序不规范、设计变更大以及部分业主单位技术力量弱、管理能力差，不能对项目建设实施有效管理等问题。

对14所市属普通高校教育资金的审计调查发现，由于近年重庆市高校快速发展，造成学校基建规模迅速扩大与教育资金投入不足的矛盾，高校教育资金出现较大缺口，普遍存在超财力举债、无依据超标准收费、少数高校收入公款私存，原有会计制度及核算方法无法满足核算要求等问题，市政府分管领导对报告给予了充分肯定，责成市教委对审计查出的问题进行认真研究整改。

对全市企业结构调整资金的审计，发现部分资金使用企业未按规定上交资金占用费，少反映国家资本金，擅自改变资金投向以及因前期规划论证不充分等原因导致20个项目未实施等问题。根据审计提出的建议，市政府责成市财政局会同有关部门研究制发了4个整改文件，提出了具体的整改措施。

对2002～2003年度失业保险基金的审计调查，揭示了失业保险基金征收、扩面难度大，个别区县执行失业保险政策出现偏差，部分区县未及时足额上解失业保险统筹基金，个别区县失业保险基金被骗造成损失以及专项补贴资金核算使用不合规等问题。

市审计局还对市级再就业资金、开县“12.23井喷事故”救灾资金、无规定动物疫病区示范区建设项目资金、主城区“五管齐下”净空工程专项资金、一区一县教育资金进行了审计或审计调查。

企业审计　企业审计采取资产、负债、损益审计与经济责任审计相结合的方式，主要围绕三个方面进行：检查企业会计信息特别是损益的真实性，严肃查处各种弄虚作假行为和重大违法违规问题；评价企业领导人员经济责任履行情况，揭露重大经营决策失误给企业造成的损失；关注企业管理中存在的突出问题，检查分析国有资产的保值增值。对重庆建工集团、机电控股集团、渝丰国际有限公司、轻纺控股（集团）公司原法定代表人的经济责任审计，发现企业改制不规范、侵蚀国有利益，对外投资存在风险，潜在亏损严重，不良资产数额较大，财务核算不完善等问题。

针对国有企业工资分配中的共性问题，提出了改进建筑行业“百元产值含量工资”和部分国有企业应严格执行“计税工资”控制工资总额等政策性建议，引起市政府分管领导的高度重视，责成有关主管部门发文，完善了市属国有及国有控股企业工资总额宏观调控政策，进一步规范了原有办法。市审计局还对市轨道交通总公司、市汽车运输（集团）有限责任公司、市开发投资有限公司、市建设投资公司的资产、负债、损益情况进行了审计，为支持国企改革、促进企业规范管理、实现老工业基地的振兴发挥了积极作用。

固定资产投资审计　为深化投融资体制改革，促进提高建设项目的管理水平和资金使用效益，全市审计机关突出了对交通、供水、城市建设和环境保护等基础性和公益性项目的审计，共审计固定资产投资单位156个，其中省级3个、地级121个、县级32个，项目投资总额为58.7亿元。审计后，核减工程款2.6亿元。对四公里立交桥、重庆至合川高速公路、重庆上桥至界石高速公路、市奥林匹克体育中心一期工程的审计，发现部分工程项目超概算投资，多预留工程尾款，挤占工程成本，多结算工程价款，少计利息收入、多列费用、违规转贷以及工程发包、分包和招投标不规范等问题。审计提出的严格执行招投标制度，加大工程变更审核力度，加强管理费控制和财务核算管理工作，完善项目档案，健全内部制度等建议，得到有关单位积极采纳。

经济责任审计　根据组织部门的委托和政府交办，全市审计机关对650名党政领导干部和国有及国有控股企业领导人员进行了任期经济责任审计。其中县级以上党政领导干部7人、县级以下党政领导干部625人、国有企业领导人员18人。审计查出违规金额4.3亿元，管理不规范金额19.75亿元，损失浪费金额0.84亿元。干部管理部门参考审计结果，平调229人，晋升10人，免职3人。经审计移送纪检监察机关6人，移送司法机关2人，其他涉案人员20人。市审计局向市委市政府报送的经济责任审计综合报告，引起市委领导的高度重视并作出重要批示。

内部审计　2004年底，全市各部门、各企事业单位（包括中央在渝单位）设立内部审计机构1386个，其中专职机构473个，占机构总数的33.7%；配备内部审计人员4017人，其中专职内审人员1281人，占人员总数的32%。全市各级内审机构共完成审计项目20963万个，查出损失浪费金额7622万元，促进增收节支49452万元，已纠正各类违规金额14.1亿元。向司法机关移送案件11起，涉案人员17人，建议给予行政处分40人。提出审计建议意见被采纳8360条。（撰稿人：何小勇）

【渝中区审计局】　2004年，共有干部职工22人。局长李兴志，副局长甘旭中、孟茂。设有秘书科、财政金融审计科、综合审计科、基本建设审计科、行政事业审计科、经济责任审计科。

审计成果　审计单位45个，查出违规金额2530万元，应上缴财政16万元，调账处理金额3万元，已自行纠正金额60万元。开展3个专项审计调查，审计调查单位4个，审计调查金额5034万元。提交审计调查报告3篇。移送纪检监察部门案件2起，涉案人员2人。提交审计工作报告、信息和调研报告61篇，被批示、采用7篇。

经济责任审计　对25名处级领导干部进行了经济责任审计，查出违规金额3279万元，其中个人负主管责任3210万元、负直接责任69万元。存在个人经济问题3人，移送纪检监察机关事项2件。

固定资产投资审计　审计项目11个，审减工程款59万元。

内部审计　有内部审计机构9个，其中专职机构4个；内部审计人员35人，其中专职人员8人。共审计单位212个，对8个财务决算进行了审签，提出建议意见被采纳198条，促进增收节支50万元。（撰稿人：李　波）

【大渡口区审计局】　2004年，大渡口区审计局定编11人，在编11人。局长温良德，副局长黄敏、周娟。设有办公室、行政事业审计科、企业金融审计科、经济责任审计科。

审计成果　审计项目计划17个，当年完成审计项目27个。查出违规金额237万元，管理不规范金额116万元，损失浪费金额13万元，应补缴税款20万元。向纪检司法机关移送违法犯罪案件线索1件，涉案人员1人。提交审计信息25篇，被采用13篇。

财政审计　审计调查单位13个，审计调查资金总额 11764 万元，占本级预算支出的 58.40%。揭示了政策执行不到位、预算管理不规范等问题，有力地发挥了审计在促进完善机制、堵塞漏洞和规范管理等方面的作用。提交的审计工作情况报告受到区人大的充分肯定。

专项资金审计　对农业综合开发资金、社会保障资金等重点专项资金、重点部门开展审计和调查，充分揭示了专项资金在管理体制、使用过程等方面存在的问题，为政府加强对这些行业和专项资金的管理提供了决策依据。

经济责任审计　对 16 个单位的 19 名领导人员实施了经济责任审计，共查出违规金额 202 万元，管理不规范金额 68 万元，损失浪费金额 13 万元。根据审计结果，移送纪检监察机关案件线索 1 件，涉案人员 1 人。（撰稿人：刘厚成）

【江北区审计局】　2004 年，共有干部职工 19 人。局长杨帆（女）（—3 月）、何勇（3 月—），副局长蒋忠华、董斌。设有办公室、财政审计科、企业审计科、行政事业审计科、固定资产投资审计科、经济责任审计科等部门。

审计成果　完成审计和审计调查项目 19 个，查出违规金额 8071 万元，管理不规范金额 640 万元，决定处理处罚上缴财政 481.82 万元，归还原渠道资金 2000 万元，调账处理金额 5233.98 万元，自行纠正金额 640 万元。移送纪检监察部门事项 3 件，涉及人员 4 人，涉及金额 342 万元。提交工作报告、信息 48 篇，其中专题或综合性报告 10 篇，审计调查报告 2 篇，信息简报 36 篇，报告、信息被批示、采纳 15 篇。

财政审计　对区财政局 2003 年度具体组织财政预算执行情况的合规性、效益性和区金库预算资金收纳、划解、拨付情况进行了审计，查出违规金额 2084 万元，决定处理处罚上缴财政 254 万元，调账处理金额 1830 万元。

专项资金审计　对区退耕还林（草）工程资金、移民资金、无规定动物疫病区建设项目投资经费使用情况、三峡工程库区第二期地灾防治资金等 4 个单位（项目）进行了审计，审计资金总额 2156 万元，查出违规金额 116 万元，调账处理金额 116 万元。

固定资产投资审计　对区“六件大事”中的重庆市港城工业园区建设、江溉片区拆迁安置、观音桥商圈步行街区综合整治建设、铁山坪生态区建设和滨江路建设“五件大事”资金的筹集、使用、管理情况进行了审计，审计资金总额 500615 万元，对查出的问题提出了处理意见。移送纪检监察处理事件 1 件，涉及金额 338 万元。

经济责任审计　对 5 个单位的 5 名责任人进行了经济责任审计，查出违规金额 273.06 万元，其中个人负主管责任 269.06 万元，负直接责任 4 万元；管理不规范金额 19 万元，其中个人负主管责任 19 万元。移送纪检监察机关 2 人，移送纪检司法部门其他涉案人员 4 人。

审计调查　对区财政国库支付中心资金管理及运行情况、地税局税收征管成本进行审计调查。调查资金总额 9460 万元，提出专项审计调查报告 2 篇。（撰稿人：张玉龙）

【沙坪坝区审计局】　2004 年，共有干部职工 23 人。局长廖科秀，副局长于娟、李忠田、李春雷。设有办公室、行政事业审计科、财政审计科、经济责任审计科、金融审计科，另设有经济责任审计中心（直属事业单位）。

审计成果　审计单位 25 个，查出违规金额 1602 万元，管理不规范金额 1495 万元，损失浪费金额 20 万元，上缴财政 178.79 万元。向区纪监和司法机关移送案件 2 起，涉案人员 2 人。提交审计报告、审计信息共 40 篇，其中被批示、采用 10 篇。审计局连续第六年被评为重庆市审计系统“先进集体”。

财政审计　预算执行审计有针对性地审计了区地税分局税收征管及区支金库办理预算资金的吸纳拨付情况，并重点抽审了沙区教委、区建委、区科委、区农水局 4 个行政事业单位的预算内外资金、科学技术三项费用、农业专项资金、退耕还林资金的安排使用情况，查出了漏记收入、预算收入未及时缴纳入库、地税部门延期缴纳税款、部分行政事业单位违规占用专项资金、违规集资、白条报销工程款、工程主要材料未实行公开招投标等方面的问题，涉及违规金额 1583.40 万元，从体制上、机制上提出了切实可行的 5 条审计建议。区政府第 50 次常务会议认真听取了审计结果报告，区人大常委会高度评价：审计工作敢于揭示问题、勇于秉公处理，真正起到了“经济卫士”的作用。

专项资金审计 参加了市审计局统一组织的对巫山县地质灾害防治资金审计，用20日时间完成了6亿元的专项资金审计。对全区5个镇、9个村、13个社、19个农户的退耕还林资金进行了实地抽查，发现退耕还林资金未及时拨付到位，中梁镇承包大户损害农民切身利益、林权证未及时发放到户的问题，均进行了处理。组织开展了对区2002～2004年国家规定动物疫病区建设项目资金等4个专项资金的审计，有力地维护了专项资金专款专用的原则性和严肃性。

经济责任审计 全年对区民政局、劳社局、科委、农水局、卫生局、旅游局、渝碚路街道办事处等7个单位的8名党政领导干部及9名党政领导干部在企业兼职履行经济责任进行了审计，查出违规金额249万元，收缴入库60.9万元。并对其中某单位群众反映强烈的涉及领导干部个人经济问题作出了公正的评价。

计算机辅助审计 在对区人民医院的财务收支决算审计中，将计算机辅助审计运用到审前调查、现场审计和审计档案立卷等审计的全过程，对计算机审计进行了有益的探索和尝试。

政府交办任务 全年接受区政府临时交办审计任务4项。对其中的沙区中梁建材厂2002、2003年度财务收支审计，查出财务管理混乱、公款私存、欠缴税费、开具假发票套取现金等问题。审计报告为区委、区政府最终作出决策提供了有力的依据。（撰稿人：朱　林）

【九龙坡区审计局】 2004年，共有职工20人。局长余学川，副局长刘焱华、吴秋云。设有办公室、行政事业审计科、财政金融审计科、经济责任审计科、固定资产投资审计科和农业经贸审计科。

审计成果 2004年，完成审计项目28个，查出管理不规范金额2760万元，违规金额94万元，应上缴财政17万元，实际收缴27万元（含去年补缴金额），上缴率达100%。提出审计报告28份，撰写审计信息34篇，被采用18篇，其中被《中国审计报》采用2篇，市级采用5篇。九龙坡区审计局被评为2004年度重庆市审计工作先进单位，这是九龙坡区审计局在全市审计系统综合考核中连续第七年获得先进单位。

预算执行审计 对区2003年度本级财政预算执行情况和其他财务收支情况进行了审计。发现的问题有，区财政应在财力许可的情况下，为防止财政资金紧张，影响公共财政的正常职能，应对基础设施建设的投资逐年在预算安排中予以解决，尽快建立和完善区财政集中调度国库支付中心资金的内控制度，做到有章可循，以杜绝可能出现的管理疏漏。

对九龙坡区地税局2003年度税费征管成本进行了专项审计调查，延伸审计调查了2个税务所和一个稽查分局。对九龙坡区财政国库支付中心2001～2003年度资金管理及运行情况进行了审计调查。

政府交办项目 完成2003年度农业综合开发资金审计、无规定动物疫病区示范区建设项目资金收支情况审计、“长治”工程第五期小流域治理资金的审计和重庆市大昌华典当行2001年至2004年3月财务收支情况审计4个区政府交办项目。

经济责任审计 受区委组织部委托，完成了13名党政领导干部的任期经济责任审计。

内部审计 2004年，大力宣传审计署4号令《关于内部审计工作的规定》，组织内审工作人员参加了由市审计局开办的审易4.0软件培训班，着力提高内审人员的审计技术和方法；鼓励内审工作人员参加国际内部审计师考试。（撰稿人：张胜）

【南岸区审计局】 2004年，共有干部职工20人。局长李向华，副局长张国强、罗先觉、赵开颜，纪检组长张治国。设有办公室、经济责任审计科、财政审计科、金融经贸审计科、行政事业审计科。

审计成果 审计单位30个，共查出违规金额733万元，管理不规范金额4199万元，决定罚没收缴592万元，已上缴财政147.3万元（全部按规定时限执行）。提交审计报告30份、信息16篇，被采用8篇。南岸区审计局被评为全市审计质量先进单位，退耕还林资金审计、地税税收成本调查等9个单项工作被市审计局评为优秀项目，局机关保持了文明单位称号。

财政审计 2004年，重庆市审计局下达重点审计及审计调查项目7个，全部按要求按时完成。在财政审计中查出教育费附加11万元挂在“暂存款”中未及时解缴入库、投资公司中的利息1238万元挂账等问题，提交的审计工作报告受到区人大常委会的充分肯定。

专项资金审计　针对区移民资金沉淀量较大的问题，黄桷垭镇违规用小城镇专项资金抵偿“三金”欠款720万元及大额现金报销等问题提出了整改意见和建议。

经济责任审计　2004年，在党政领导干部任期经济责任审计中审计查出违规、管理不规范、损失浪费金额共3802万元，其中被审计人负直接责任409万元，负主管责任3393万元，对其中违规挤占专项资金、漏税、账外资金等问题决定罚款、收缴589万元，已上缴财政145万元。

内部审计　有内部审计机构24个，其中专职机构5个；内部审计人员90人，其中专职人员6人。全区内审机构全年完成审计项目37个，其中专项审计28个，经济责任审计9个。查出违规金额144.56万元。提出建议、意见被采纳的有8条。

信息化建设　机关办公自动化和信息化建设成效明显，各种计算机外设和自动化办公设备基本齐备，90%的干部均能熟练操作计算机，日常办公做到了自动化和计算机化。逐步推广计算机运用审计，2004年在对区卫生局、教委、执法局、农水局、黄桷垭镇及滨江路建设有限公司等6个单位的审计中使用了计算机辅助审计，提高了工作效率，取得了较好的效果。（撰稿人：冯　静）

【北碚区审计局】　2004年，共有干部职工19人。局长李文清，副局长李嘉荣、蒋义勇。设有办公室、财政审计科、行政事业审计科、投资企业审计科和经济责任审计科。

审计成果　审计项目19个，其中经济责任审计项目5个。查出违规金额547万元，决定处理上缴财政21万元，归还原渠道资金17万元，指明要求纠正292万元。审计调查项目2个，对13个单位进行专项审计调查，发现问题金额800万元。提交审计报告19份、专项调查报告2份，审计信息59篇，被采用24篇；提出审计建议56条，向本级政府专题反映情况9篇。获重庆市审计局“审计工作先进单位”、“审计优秀项目单位”、“审计调查先进单位”和“优秀项目”各1项。

财政审计　审计及调查财税部门4个，发现政府债务沉重，财政收入监管不力，挖潜改造资金使用不当等问题。提交的审计工作报告受到区人大常委会肯定。

专项资金审计　对无规定动物疫病区示范区建设、退耕还林工程、长江上游水土保持重点防治第五期工程、三峡移民资金、农业综合开发、世界银行贷款/英国赠款中国结核病控制等专项资金的管理使用情况进行了审计，查出虚列长江上游水土保持重点防治第五期工程款、以现金结算退耕还林工程款等进行了相应的处罚。发现无规定动物疫病区示范区建设配套资金未到位、实验室和专用仪器设备未全部投入使用及管护不严格、退耕还林工程中违规收取农户种苗加价款、粮食调运费未足额配套、超计划退耕还林等问题，责成相关单位认真进行了整改。

经济责任审计　对5人进行了经济责任审计，查出违规金额208万元。其中个人负主管责任198万元，负直接责任10万元。审计后继续留用4人，转任调研员1人。

固定资产投资审计　审计了张家沟还建房平基土石方工程、新城二期土石方工程竣工决算及区妇幼保健院业务大楼装修工程结算造价，审减投资114万元。同时，对张家沟还建房平基土石方工程因在招标时未按照道路标高控制计算平基土石方工程，导致竣工结算造价高出招标造价提出了意见。

计算机辅助审计　将计算机辅助审计运用到审计项目审前调查、现场审计和审计档案立卷等审计的全过程。运用计算机软件进行基建工程竣工决算审计，取得了显著效果。（撰稿人：胡德友）

【万盛区审计局】　2004年，共有干部职工14人。局长向晓康，副局长任永明、朱启学。设有办公室、行政财政审计科、经济责任审计科、金融基建审计科、外资企业审计科。

审计成果　2004年，审计单位43个，其中市审计局下达项目8个，区政府交办项目11个，经济责任审计项目24个。查出违规金额1210万元，其中管理不规范金额790万元，调账处理412万元，责令归还原渠道资金8万元，应上缴财政52万元。

财政审计　审计一级预算单位7个，审计查出违规金额142898元。提交的审计工作情况报告受到了区人大的充分肯定。

专项资金审计　对退耕还林、无规定动物疫病示范区建设等2个项目进行了审计，对挤占、挪用资金的行为，作出了调账、归还原资金渠道的处理。

经济责任审计　对 24 人进行了经济责任审计，对存在的问题，按有关规定作出了处理，平调 24 人。（撰稿人：杨武权）

【双桥区审计局】　2004 年，共有干部职工 7 人。局长黄茂胜。设有办公室、综合审计科、经济责任及行政事业审计科。

审计成果　2004 年，共完成审计和审计调查项目 14 个，查出违规金额 150 万元，管理不规范金额 40 万元。应上缴财政 34 万元，应归还原渠道资金 2 万元，应调账处理 44 万元，应自行纠正金额 41 万元；已上缴财政 3 万元，已调账金额 44 万元，已自行纠正 41 万元。向区委、政府提交审计综合报告 14 份及审计信息、简报 7 篇。

财政审计　审计和审计调查财税部门 2 个，审计查出的区财政面临的困难、问题和建议，引起了区政府重视和人大关注，并督促整改。

专项资金审计　对 2002～2003 年退耕还林（草）工程资金的管理使用情况进行了审计，揭示了项目执行过程中存在的问题，并提出了相应的建议，引起了政府有关领导的高度重视，并责成有关部门制定整改方案，积极落实整改。

固定资产投资审计　完成基建审计项目 10 个，审计基建投资总额 1026.16 万元，审减造价 67.68 万元，最高审减率达 15.44%。审计揭示了部分建设项目在工程规划、设计、招投标、拆迁赔偿、履行建设程序、工程监督管理、投资控制、档案资料等方面存在的问题，并提出了切实可行的建议。

经济责任审计　对 8 名领导干部进行了经济责任审计，查出违规金额 83.8 万元，其中应上缴财政 21.4 万元，应归还原渠道资金 2 万元，应自行纠正 60.4 万元。对部分单位乱收费，未实行罚缴分离等问题进行了处罚。（撰稿人：梁　涛）

【渝北区审计局】　2004 年，共有干部职工 23 人。局长吴云霞（5 月—）、周先鸣（—5 月），副局长赵文华、邓友兴，纪检组长王正福。设有办公室、行政事业审计科、经贸社保审计科、经济责任审计科、基建投资审计科、固定资产投资审计中心。

审计成果　完成审计项目 74 个，查出违规金额 330 万元，管理不规范金额 19707 万元，损失浪费金额 133 万元，审计核减工程开支与成本 9048 万元，归还原渠道资金 20 万元，应自行纠正金额 19744 万元。

预算执行审计　2004 年，开展了对区本级 2003 年度财政预算执行情况的审计，揭露了部门预算管理不够规范，年初预算资金分配率、拨付率较低；政府采购工作中存在的采购次数少、金额小、范围窄、未实现“采管分离”；财政各种周转金借款及应收款数额较大等问题。代表渝北区人民政府向渝北区人大常委会作了审计工作报告。

固定资产投资审计　2004 年，积极大胆地探索并在重庆市率先实行了基建投资概（预）算审计，完成了 210 国道跨线立交桥、两路工业园区 1 号隧道、农业园区果金大道、双龙大道路灯改造等 49 个建设项目的预（决）算审计，送审金额 3.02 亿元，审减金额 9048 万元，审减率 29.96%。

经济责任审计　开展经济责任审计项目 15 个，查出违规金额 217 万元，管理不规范金额 1688 万元，损失浪费金额 100 万元，其中个人负主管责任 2005 万元。审计后，平调 10 人。

专项资金审计　对 2002～2003 年退耕还林工程资金审计，抽查了洛碛、木耳等 8 个镇（街）、5 个粮食企业，摸清了退耕还林工程项目计划执行情况，工程资金管理、拨付和使用情况，以及工程实施中相关政策措施的落实情况，揭示了退耕还林工程中普遍存在的规划比较分散，自行变更树种，缺少成片栽植，缺乏主打产品，难以形成产业化等问题。（撰稿人：倪　萍）

【巴南区审计局】　2004 年，共有干部职工 24 人。局长邓超，副局长文平忠、彭朝友、徐仁伟，纪检组长徐仁伟（兼）。设有办公室、综合法制科、行政事业审计科、财政金融审计科、经济责任审计科、经贸审计科。

审计成果　共完成审计项目 27 个，查出违规金额 4755 万元，管理不规范金额 2998 万元，应上缴财政 318 万元。审计发现大案线索 4 件，涉及 17 人（其中处级领导 1 人），涉嫌金额 533 万元，并依法大力协助司法机关开展侦破工作，目前司法机关已判刑 3 人，刑拘在押 5 人。审计决定执行率为 100%。连续第八次获重庆市审计系统年度综合考核先进单位。

财政审计 开展了“税费征管成本”和“财政资金部资金管理”的审计调查。提出了应制定借款管理办法的建议，为控制借款规模、限制借款用途、确保资金安全和正常运行提供了保障。

经济责任审计 加大对领导干部经济责任审计的力度。对8名领导干部进行经济责任审计，查出违规金额2468万元。向区纪委提交了审计建议书，判刑3人，刑拘在押5人。

财务收支审计 加强对重点单位财务收支和破产清算财务收支的审计和审计调查，查出违规金额528万元，管理不规范金额200万元。移送司法机关大要案线索1件，涉及人员1人，涉嫌贪污人民币17万元。为政府加强对破产企业、破产清算工作管理提供了重要的决策依据。

专项资金审计 一是开展对退耕还林（草）工程资金审计，审计资金3485万元，查出违规金额102万元。二是继续开展三峡移民资金审计，发现存在公款私存移民资金17万元、移民项目未进行设计、未落实整改资金88万元（应收回未收回）的问题，提出了审计决定和建议。三是对巴南区水保资金进行了审计，发现逾期借出有偿资金50万元未及时收回，核算不规范、未专账核算96万元，违规借款18万元，挤占专项经费32万元。（撰稿人：胡剑波）

【万州区审计局】 2004年，共有干部职工82人（含龙宝、天城、五桥移民开发区及江南新区审计局，下同）。局长魏泽凌，副局长田发正、范红林、黄祖梁，纪检组长祁怀忠。设有办公室、法制科、监察室、财政审计科、金融审计科、行政事业审计科、社会保险审计科、农业与资源环保审计科、三峡移民资金审计科、经济责任审计科、外资运用和固定资产投资审计科、经贸审计科共12个科室。

审计成果 全区共完成审计项目78个，其中完成地方党政交办项目17个，完成上级审计机关下达项目30个，完成自定项目31个。审计查出问题金额12178万元，其中违规金额2246万元，管理不规范金额9932万元。应上缴财政386万元，已上缴财政311万元；应归还原资金渠道423万元，已归还原渠道资金56万元；应调账处理522万元，已调账处理333万元；应自行纠正10495万元，已自行纠正5999万元。建议有关部门处理1件，涉及金额437万元（以上统计数据不含重庆市审计局统一组织的对奉节县三峡工程库区二期地灾防治资金和对涪陵区2002～2003年度三峡移民资金的交叉审计统计数据）。提交专题或综合性报告、审计调查报告、信息、简报共193篇，被各级批示、采用107篇。万州区被中央五部委经济责任审计工作联席会议办公室评为全国经济责任审计先进地区，“二期地质灾害防治资金审计”、“2004年市地税税收征收成本审计”、“2004年度全市外资项目审计”等3个审计项目被重庆市审计局评为优秀审计项目。

财政审计 开展财政收支审计项目16个，查出隐瞒转移预算收入、虚列财政支出、截留挤占挪用预算资金、延压滞留预算资金、未执行“收支两条线”等问题。提交的审计工作情况报告受到区人大的充分肯定。

固定资产投资审计 把工作重点放在财政性资金、国债资金投入的重点建设项目和市政、公用等基础设施建设项目上，全年审计了8个政府投资项目。审计对超投资计划、虚报工程造价1000余万元等问题进行了如实披露，引起区委、区府领导高度重视，要求着力整改。

专项资金审计 对地灾防治资金、三峡移民资金、税费征管成本等7项专项资金开展了审计或审计调查。工作中既总结了经验，又发现了问题；既查找了原因，又提出了建议，充分发挥了审计监督在促进宏观管理方面的作用。其中对奉节县二期地灾防治资金的交叉审计工作，查出违规金额7000多万元，移送纪检（监察）处理2人。对奉节县移民局挪用地灾资金3060万元问题的反映引起了重庆市人大常委会的重视，并受到重庆市审计局的好评。

经济责任审计 开展经济责任审计项目32个，审计经济责任人32人，查出违规金额8110万元，管理不规范金额5094万元，损失浪费金额412万元。审计后，晋升3人，平调10人，免职2人。

内部审计 共有内部审计机构192个，其中专职机构23个；内部审计人员303人，其中专职人员51人。共审计单位1345个，查出损失浪费金额1183万元，促进增收节支2000万元，已纠正违规金额5387万元，提出建议意见被采纳161条。（撰稿人：汪鸿冰）

【涪陵区审计局】 2004年，共有干部职工46人。局长傅晓玲，副局长禹洪洲、秦叙权、周德勇、邹凯，纪检员肖义贵。设有办公室、法制科、财政审计科、金融外资审计科、行政事业审计科、经贸审计科、农业与生态环保审计科、固定资产投资审计科、经济责任审计科和离退休职工管理科。

审计成果 全年共完成审计项目36个（含专项审计调查2个，地灾防治资金审计1个，三峡工程移民资金审计1个），查出违规金额5284万元，管理不规范金额16070万元；决定处理处罚金额2285万元，自行纠正金额16070万元；应上缴财政245万元，已缴纳入库241万元；归还原渠道资金153万元；调账处理金额1912万元；核减国企改革成本2500万元。提交审计工作报告、审计调查报告、信息等78篇，分别被上级审计机关和区委、区政府及有关媒体采用51篇，被领导批示8篇。

财政审计 审计财税等部门9个，税费征管成本和国库支付中心资金管理及运行情况专项审计调查2个。提交的审计工作情况报告受到区人大的充分肯定。

专项资金审计 对万州区三峡工程库区移民资金、丰都县地质灾害防治资金、涪陵区退耕还林资金进行了审计。对审计揭示的影响专项资金管理和使用的体制性问题，以及自行调整项目计划，滞留、抵扣、挤占、挪用、出借专项资金等问题，具体分析原因，从宏观角度提出了进一步完善相关政策、健全制度和加强管理的审计建议。

外资运用审计 审计单位3个，重点揭露了提款报账工作和债务分割下达滞后及工程成本核算不及时从而影响会计信息真实性等问题。

固定资产投资审计 对6个国家基本建设竣工项目进行了审计，揭示了业主单位和相关单位违反建设管理程序和招投标规定、违规征地拆迁、虚结工程款以及工程管理等问题，核减工程造价886万元。审计结果得到区领导的高度重视，召集相关部门就审计所揭露出来的问题进行了专题研究，并要求有关单位坚决整改纠正。

企业审计 组织专人与财政、劳动等部门一道负责国企改革方案的审定工作，审结国企改革方案43个，依法审减改革成本2500万元。

经济责任审计 对28名领导干部进行了任期经济责任审计，其中任中经济责任审计12名，查出违规金额5359万元。从2004年开始，涪陵区纪委已把经济责任审计决定执行情况纳入党风廉政建设责任制考核内容，进一步强化了经济责任审计的力度。

计算机辅助审计 在国家建设项目竣工审计、部门财务收支审计中，将计算机辅助审计部分运用到审前调查、现场审计和审计档案立卷归档等过程，取得了一定效果。（撰稿人：杨剑波）

【黔江区审计局】 2004年，共有干部职工33人。局长傅自力（—3月）、吕世宝（3月—），副局长黄朝廷（—11月）、高正华，纪检组长龙受明（—3月）、杨红兵（6月—）。设有办公室、法制科、经济责任审计及内部审计管理科、财政金融审计科、行政事业审计科、农业与资源环保审计科、企业审计科、固定资产投资外资运用审计科8个科室。

审计成果 全年共完成审计和审计调查项目47个，查出违规金额1086万元，决定处理处罚应上缴财政136万元，归还原渠道资金331万元，调账处理572万元；查出管理不规范指明要求被审计单位自行纠正5944万元；核减工程投资、节省财政支出6842万元。向纪检监察机关移送案件1起。

财政审计 一是财政预算执行审计，审计财税部门2个、预算执行单位5个，揭示出虚列财政支出、部分预算执行单位未严格执行“收支两条线”规定、坐收坐支预算外收入等问题，查出违规金额263万元，决定处理处罚上缴财政31万元，调账处理230万元。揭示的问题，受到了区人大和区政府的高度重视，区人大常委会第32次会议听取《关于黔江区2003年度财政预算执行及其他财政收支审计结果的报告》后，对审计工作给予了高度评价，并提出了审议意见。区政府根据审议意见发出专题整改通知书，责成相关单位认真进行了整改。二是财政决算审计，审计6个街道、镇、乡，揭示出虚减财政收入、虚列财政支出、擅自处置国有资产和购置固定资产不严格执行政府采购制度等问题，查出违规金额192万元，决定处理处罚8.7万元，调账处理53万元。

专项资金审计 一是对退耕还林（草）、农业综合开发、黔江河流域土地整理、外资运用（世界银行贷款的基本卫生服务、基本卫生服务支持性、结核病控制）、无规定动物疫病区建设、天然草原恢复性建设等项目和资金进行了审计，揭示出项目、资金管理不规范，挤占挪用专项资金等问题，查出违规金额11万元，归还原渠道资金11万元。二是对土地出让金收、缴、存管理情况进行了审计，查出了收、缴、存管理中存在的突出问题，为区政府加强土地出让金的管理提供了决策参考。

行政事业及经济责任审计　行政事业审计共审计和调查单位7个，经济责任审计共审计党政领导干部12人，揭示出挤占挪用、预算外收入未缴专户等问题，查出违规金额662万元，决定处理处罚上缴财政62万元，归还原渠道资金320万元，调账处理242万元。向纪检监察机关移送案件1起。

固定资产投资审计　对滨江路建设工程进行了审计，对城市建设负债情况进行了审计调查，核减工程投资、节省财政支出6842万元，受到区委、区政府主要领导和分管领导的高度赞扬，并给予了重奖。

其他审计　对1个企业的资产、负债、损益情况以及区政府临时交办的二期农网改造项目、支铁办、无线电监测中心财务收支进行了审计。（撰稿人：李　伟）

【长寿区审计局】　2004年，共有干部职工17人。局长章淑明，副局长王一民。设有办公室、财政审计科、行政事业审计科、经济责任及内部审计管理科、固定资产投资审计科、企业审计科，另设有经济责任审计中心（事业单位）。

审计成果　2004年，完成审计项目39个，共查出违规金额1409万元，增加财政收入229万元，查出管理不规范金额1756万元，指明应纠正金额1856万元，核减工程投资款84余万元。审计提交专题或综合性（调查）报告46份，信息25篇，其中被市审计局采用信息3篇，被区采用9篇。

财政审计　审计了财政部门的预算收入组织情况、预算支出的安排及使用情况，抽查了区人口与计划生育委员会、交通局、公安局、建委等部门的“收支两条线”的执行情况，地税部门税收征管情况审计和税费征管成本专项审计调查。通过审计（调查），查出违规金额302万元，隐瞒转移挖挤预算收入78万元，上缴财政225万元。

专项资金审计　围绕区政府中心工作进行了7个单位的专项资金审计，审计专项资金总额8705万元，其中外资利用金额39万元。通过审计，查出违规金额81万元，管理不规范金额18万元，挤占挪用资金8万元，配套资金不落实72万元。

经济责任审计　先后对25个街镇53名党政领导干部进行了任期经济责任审计，共查出违规金额711万元，管理不规范金额1223万元，应纠正金额1222万元。为组织部门考核、评价、任用干部提供了决策参考意见。建议给予党纪处分1人，移送纪检部门线索1件。

内部审计　全区共有24个内部审计机构，共审计单位230个，查出损失浪费金额15万元，促进增收节支40万元，纠正违规金额125万元。提出建议185条。（撰稿人：胡　婧）

【合川市审计局】　2004年，共有干部职工23人。局长余有华（11月—）、曾泉（—11月）、副局长李关海、王益众、罗中正。设有办公室、法规科、财政金融审计科、行政事业审计科、经济责任审计及内部审计管理科、投资审计科等6个科室。

审计成果　2004年，共完成审计项目76个，其中重庆市审计局安排项目8个、合川市委市政府安排项目14个、市委市政府临时交办项目10个、基建工程项目44个，审计资金总额39.3亿元，查出违规金额904万元，其中决定处理处罚金额876元，应上缴财政72万元，应归还原渠道资金41万元，应调账处理金额763万元，自行纠正管理不规范金额4419万元。

财政预算执行审计　重点对市本级财政、财政资金部、市地税局地方税收征管情况及征管成本、5个行政事业单位开展了行政事业单位行政事业收费及“收支两条线”执行情况、2个镇财政收支及决算情况进行了审计和审计调查。找出了预算管理和税收征管中的差距和不足，揭示了财政收入存在非税收入比重大、工商税收占财政收入比重逐年下降等结构性缺陷，支出需求增长超过财力增长的矛盾等问题。

专项资金审计　重点对农业综合开发专项资金、退耕还林资金和1999～2003年度小流域综合治理工程资金、生猪办无规定动物疫区示范项目建设资金、国债项目、人畜饮水项目资金、电力农网二期改造投资等重大专项资金进行了审计和专项审计调查。指出了专项资金配套、管理、使用方面存在的问题，提出了促进加强和改进资金管理、健全和完善管理使用制度的意见和建议，促进了重大专项资金的规范管理和有效使用。

外资运用审计 开展了合川市2003年度世界银行贷款结核病控制项目（卫X）财务收支审计，促进了外资利用、有效性，防范和化解了政府利用外资的责任风险。

经济责任审计 对8个单位9名主要领导进行了经济责任审计，查出管理不规范金额3454万元，违规金额130万元（其中：负主管责任102万元、负直接责任28万元），收缴及罚款34万元。

固定资产投资审计 2004年，审计工程项目44个，审计金额1.17亿元，审减工程投资362万元。

政府交办项目 完成了11个政府交办项目的专题审计及审计调查，为维护社会稳定发挥了积极作用，为政府决策提供了参考依据。

内部审计 全市各部门、单位共有内部审计机构35个，其中专职机构4个，兼职机构31个；配备内部审计人员70人，其中专职人员6人，兼职人员64人。全年共完成审计项目76个，同比增长15%，审计资金总额3792万元，审计查出损失浪费金额20.9万元，促进增收节支64.9万元，纠正各类违规金额65万元。提出合理化审计建议83条，被部门、单位采纳的审计意见、建议72条。有力地促进了行业系统内部财务管理和党风廉政建设。（撰稿人：郭如宁）

【永川市审计局】 2004年，共有干部职工18人。局长许启志，副局长符宏、邓绍顺、陈勇，纪检组长康赤云。设有办公室、综合复核科、财政金融审计科、经济责任审计科、行政事业审计科、基建审计科。

审计成果 审计单位67个，查出违规金额1264万元，管理不规范金额7482万元，应上缴财政240万元。提交审计报告34份，被当地党委政府主要领导批示20份；提交审计信息31篇，被批示或采用20篇。被重庆市审计局评为审计工作先进单位。

预算执行审计 对2003年度财政预算执行情况、市地税局2003年度税收征管成本情况、市财政局预外办资金管理及运行情况、全市退耕还林资金管理使用情况进行了审计或审计调查。对审计发现的损害退耕农户利益、财政局借出款6900万元存在潜在风险等问题提出了审计建议，督促市水利局对挪用专项资金用于自办实体搞开发、挤占专项资金安排无预算项目支出等问题进行了整改。

经济责任审计 对30个单位44名党政领导干部进行了经济责任审计，查出违规金额992万元，管理不规范金额5871万元。

固定资产投资审计 审计单位21个，送审金额9860万元，审减了650万元。

内部审计 出台了《关于建立健全内部审计机构落实内审人员待遇的通知》、《永川市内部审计工作考评办法（试行）》等文件。组织了第二期全市内审人员业务技能集中培训。（撰稿人：张义骞）

【江津市审计局】 2004年，共有干部职工21人。局长王贵福，副局长何树春、张进洪、唐德玉。设有办公室、财政审计科、经济责任和经贸审计科、事业和社会保障审计科、基建审计科。

审计成果 审计单位69个，查出违规金额6200万元，管理不规范资金320万元，应上缴财政564万元，应归还原渠道资金112万元，核减工程造价506万元。向检察机关移交案件1起，涉嫌经济犯罪2人。

财政审计 对江津市2003年度财政预算执行和其他财政收支情况进行了审计，查出应缴未缴国库预算收入、应缴未缴财政专户、预算执行单位自制收据透支现金等问题。提交的审计工作情况报告得到了江津市人大的肯定。

专项资金审计 对江津市2002～2003年度退耕还林工程资金审计发现，部分农户没有完全享受国家退耕还林政策，资金管理不规范、挤占截留较为普遍等，引起了江津市委、市府的高度重视。市长、分管副市长分别召开两次专题会议，提出具体整改意见，责成相关单位限期整改落实，并由监察局、财政局、林业局、审计局组成督促组，对整改情况进行督促检查。

经济责任审计 对18个单位的48人进行了经济责任审计，查出违规金额4418万元，其中个人负主管责任 2598 万元，负直接责任 955 万元。审计后，晋升 2 人，任原职 10 人，平调 25 人，低职安排 9 人，转非领导职务 1 人，退休 1 人。

固定资产投资审计　共完成固定资产投资审计项目 30 个，送审金额 9271 万元，审减工程造价 506 万元。（撰稿人：王安超）

【南川市审计局】　2004 年，共有干部职工 18 人。局长陈纯秀，副局长韦红庆、唐继伦。设有办公室、综合法制科、行政事业审计科、财政金融审计科、经济责任审计及内审管理科、固定资产投资及外资运用审计科（挂经贸审计科牌子）。

审计成果　2004 年，完成审计及专项审计调查项目 25 个，查出违规金额 4479 万元，应上缴财政 104 万元，已上缴财政 104 万元。提出审计建议 70 条。提交专题审计报告、审计信息 42 篇，被各级采用 28 篇。（撰稿人：金　华）

【綦江县审计局】　2004 年，共有干部职工 24 人。局长全华，副局长罗沛信、文道永、冯永生。设有办公室、行政事业审计科、企业审计科、财政审计科、经济责任审计科。

审计成果　共审计和抽查 186 个单位，查出违规金额 13600 余万元，应归还原渠道资金 736 万元，应上缴财政 29.7 万元，减少财政支出 697.98 万元。向纪检监察部门移送案件线索 3 件，向纪检监察、检察机关和有关行政主管部门提供案件线索 6 件。提交审计信息 25 篇，向县领导提交《审计要情》5 篇，向被审计单位提出审计建议 56 条。被重庆市审计局授予“2004 年度全市审计工作先进单位”。

财政审计　对同级财政预算执行情况和 3 个镇财政决算进行了审计。审计发现主要存在财政补助资金监管不到位、县地税局多提“三代”手续费、会计核算不规范、会计基础工作差等问题。审计围绕财政预算资金监管要加强、管理制度要完善、资金部内控制度要健全、“三代”手续费提退基数要准确、部分部门会计核算要规范和会计基础工作要提高等问题，及时向镇、县主管部门和单位提出了审计建议。提交的审计工作情况报告受到县人大的充分肯定。

经济责任审计　对綦江县 14 名党政领导干部进行了经济责任审计，查出违规金额 7017.08 万元，负直接责任金额 4488.23 万元，负主管责任金额 1621.77 万元。提出审计建议 35 条，处以罚款 8.49 万元，应上缴财政 1.97 万元，应调账处理 269.5 万元。

固定资产投资审计　对綦江县 10 个国家投资项目进行了审计，送审总金额 8089.08 万元，审定总金额为 7391.1 万元，审减总金额达 697.98 万元，审减率近 10%。

专项资金审计　对綦江县 2003 年农业综合开发资金、农业局无规定动物疫病区示范区建设项目和退耕还林工程 3 个项目进行了审计。在退耕还林资金审计抽查中，对麻竹种植成活率低和业主承包退耕还林工程进行了专项审计调查，撰写了详实的专项审计调查报告，引起县政府的高度重视。

行政事业审计　对綦江县政府驻渝办事处、綦江县水利农机局、綦江县文化体育广播电视局、綦江师范学校、綦江县中医院共 5 个行政事业单位的财务收支实施了审计。审计查出存在白条收费、大额现金支付、违规集资、无收费许可证收费、设备购置未经政府采购、违规支付奖金、补贴等问题。

外资运用审计　对綦江县结核病防治所世界银行贷款结核病控制（卫 X）项目进行了审计，检查了结防所对国家法规、贷款协定执行情况，提出了审计建议。（撰稿人：孙荣康）

【潼南县审计局】　2004 年，共有干部职工 18 人。局长郑志，副局长唐瑞、李晓兰。设有办公室、经济责任审计科、财政金融审计科、综合审计科。

审计成果　审计单位 19 个，查出违规金额 64 万元，管理不规范金额 1548 万元。

财政审计　审计财税部门 4 个，审计查出管理不规范金额 865 万元。针对审计查出的问题，提出了“加大现金管理力度，严格遵守现金管理条例的规定，从严控制借支现金，对临时借支应在规定限期内归还结清所欠款项，规范现金管理”等 5 条审计建议，得到被审计单位的采纳。

专项资金审计　对县 2002～2003 年度退耕还林工程、县 2001 年生态环境建设综合治理工程以及县财政局、农业综合开发办公室 2003 年度农业综合开发资金使用等情况进行了审计。审计查出配套资金不落实 33 万元，同时针对审计查出的问题提出了审计建议，已促进拨付到位资金 296 万元。

经济责任审计　对 9 人进行了经济责任审计，查出管理不规范金额 639 万元，其中个人负主管责任 570 万元，负直接责任 69 万元。审计后平调 9 人。

金融审计　对中国人寿保险公司潼南分公司进行了审计，查出违规金额 64 万元，管理不规范金额 7 万元。（撰稿人：陈建明）

【铜梁县审计局】　2004 年，共有干部职工 14 人。局长黎平，副局长周贤邦、汤朝阳、陈树刚。设有综合科、财金和企业审计科、行政事业审计科、经济责任审计科。

审计成果　实际完成项目 32 个，查出违规金额 1559 万元，管理不规范金额 4662 万元，根据有关规定决定责令自行纠正 8301 万元，归还原渠道资金 100 万元，应调账处理 1349 万元，应上缴财政 23 万元，财政扣减预算拨款 4 万元。提出审计建议 36 条，被采纳 6 条，被审计单位采纳 30 条；提交审计调查报告 2 篇，提交专题报告 2 篇。

财政审计　查出违规金额 887 万元，管理不规范金额 320 万元，审计发现县财政总预算会计核算方面存在暂付款、暂存款中往来挂账较多等问题，得到了政府的高度重视。提交的审计工作情况报告得到县人大的充分肯定。

外资运用审计　对世行贷款/英国捐赠中国结核病控制项目进行了专项财务收支审计，审计资金投资总额 240 万元。

固定资产投资审计　对金龙工业园区 28 个合同的道路、街面、下水道等基础设施建设工程进行审计，报审金额共计 23410876.53 元，审减额达 48100.31 元，减少了损失浪费，节约了投资。同时，还对县重点工程项目龙都体育馆进行了跟踪审计监督，对中介机构实施的公安局办公楼、县委机关宿舍楼的审计进行质量监督。

内部审计　县直部门有专兼职内部审计人员 59 人，共审计单位 118 个，纠正违规金额 224 万元，促进增收节支 64 万元。（撰稿人：符　蓉）

【大足县审计局】　2004 年，共有干部职工 15 人。局长邓超，副局长邓施全、陈圣利、童友平。设有办公室、财政金融审计科、行政事业与经济责任审计科、综合审计科。

财政审计　2004 年，对大足县 2003 年度县级财政预算执行情况进行了审计，查出财政违规借款造成损失 180 万元，少列预算外收支等问题。

行政事业审计　对县水利农机局等 18 个行政事业单位实施了审计，查出不规范金额 3276 万元，督促有关单位进行了纠正，上缴财政资金 26 万元。

经济责任审计　对 3 个单位 4 名领导干部的经济责任进行了审计，查出违规金额 177 万元。（撰稿人：李连友）

【荣昌县审计局】　2004 年，共有干部职工 18 人。局长吴建新，副局长李可农、李洪、周廷孝。设有办公室、综合基建审计科、财政金融审计科、行政事业审计科和经济责任审计科。

审计成果　完成审计项目 41 个，查出违规金额 250 万元，管理不规范金额 915 万元，决定处理上缴财政 32 万元。

财政审计　对 2003 年县本级财政预算执行及其他财政收支进行审计，延伸审计和审计调查了县地税局、林业局、县预算外资金管理部、农业局、公安局、金库县支库、种子公司等 7 个单位，同时，还对退耕还林还草资金开展专项审计、对预算外资金管理部和地税部门税收征收成本开展专项审计调查。针对存在的问题提出了处理决定及建议。

专项资金审计　对县结核病控制办公室世行贷款结核病卫 X 项目、无规定动物疫病区示范区建设项目资金、农业综合开发资金进行了审计。

经济责任审计　完成对县粮食局、县委党校、河包镇、清江镇、盘龙镇、观胜镇、县文体局等领导干部任期经济责任的审计，查出违规金额 146 万元，管理不规范金额 475 万元，应上缴财政 3 万元，并对存在的固定资产、往来账、预算收入不真实、专项资金等方面存在的问题提出了审计意见。

固定资产投资审计　对峰高中心卫生院综合楼基建工程、县苗圃“渝西植物园”工程、县建委绿园广场工程、县建委海棠广场工程、县建委荣联路Ⅱ标段市政道路改造工程、县人武部训练综合楼工程竣工结算进行审计。送审金额 1206.69 万元，审减 78.45 万元，审减率 6.5%，为国家节

约了资金。(撰稿人：李海燕)

【璧山县审计局】 2004年，共有干部职工16人。局长蔡光芬，副局长周大勇、张显鸿。设有办公室、财政金融审计科、行政事业审计科、经济责任审计科及内部审计管理科、投资及企业审计科。

审计成果 全年共完成审计项目20个，查出应纠正金额5106万元，违规金额666万元，应上缴财政22万元，在国家投资建设项目审计中核减工程款563万元。

财政审计 开展了县级财政预算情况审计，县财政局积极采纳审计局提出的建议，于2004年9月13日出台了《璧山县财政局关于部分行政事业性收费纳入预算管理的通知》，将多年没有纳入预算管理的收入从2004年1月1日起纳入了预算管理，规范了“非税收入的预算管理”。

固定资产投资审计 完成国家建设项目6个，送审金额2976万元，审减工程造价584万元。在县文体中心体育场竣工决算审计中，送审金额2329.8万元，审减工程款523万元，审减比例达22.47%。

经济责任审计 全年对8人进行了经济责任审计，通过审计，对领导干部任期经济责任作出实事求是、客观公正的评价，充分发挥审计监督在加强干部考核和管理工作中的作用。(撰稿人：黄　伟)

【垫江县审计局】 2004年，共有干部职工25人。局长张光福，副局长朱华章、雷中山、冯文权，纪检组长罗显容。设有办公室、经济责任审计科、财政金融审计科、经贸审计科、行政事业审计科、固定资产投资审计科、垫江县事业单位经济责任审计中心。

审计成果 完成审计项目47个，查出违规金额3325万元，其中指明要求纠正金额2452万元，归还原渠道资金780万元，应上缴财政93万元，已上缴财政93万元。向司法、纪检监察机关移送案件2起。提交审计报告、信息57篇，被批示、采用25篇。经济责任审计工作受到中央五部委的表彰。

经济责任审计 完成15个单位27名党政领导干部任期经济责任审计(其中任中审计6个单位8人)，查出违规金额1026万元，追缴挽回损失360万元，提出改进意见86条。审计后，晋升5人，平调6人，免职10人，移送纪检监察机关2人。出台了《垫江县乡镇党委书记乡镇长任期经济责任审计评价及责任界定办法(试行)》。

固定资产投资审计 完成3个固定资产投资审计项目，查出少征土地出让金、少提征地管理费、基本建设废旧物资管理不规范、虚增工程造价、挤占挪用工程资金等问题，审减工程投资额78万元。提出改进意见32条，县政府采纳审计建议建立完善相关制度2项。(撰稿人：李　华)

【武隆县审计局】 2004年，共有干部职工19人。局长王孝碧，副局长周贵泽(兼纪检组长)、熊波、罗文生。设有办公室、财政金融审计科、经济责任审计和内部审计管理科、行政事业和农业审计科、固定资产投资和外资审计科。

审计成果 共完成审计项目35个，审计调查项目4个；审计单位39个，审计调查单位5个。共查出违规和管理不规范金额4453万元，应上缴财政83万元，应自行纠正3644万元，应归还原渠道资金438万元，应调账处理288万元。提交工作报告43篇，上报审计信息23篇，《审计要情》4篇，被市审计局采用7期，县领导签署意见《审计要情》4篇。

财政审计 审计单位1个，查出违规金额288万元，应调账处理288万元。

行政事业单位审计 审计单位19个，查出违规和管理不规范金额2976万元，其中违规金额599万元，管理不规范金额2377万元。归还原渠道资金438万元，应上缴财政69万元，应自行纠正2377万元。

经济责任审计 审计经济责任人9人，查出违规金额54万元，管理不规范金额221万元，应归还原渠道资金54万元，应自行纠正221万元。(撰稿人：周贵泽)

【丰都县审计局】 2004年，共有干部职工24人。局长冉新荣，副局长杜家福、王泽民、孙红英(女)，纪检组长孙红英(兼)。设有办公室、财政金融审计科、行政事业审计科、法制科、移民资金审计科、固定资产投资审计科、经济责任审计科、企业审计科，另设有经济责任审计中心

(直属事业单位)。

审计成果 全年共完成19个审计(调查)项目,查出有问题金额4711万元,其中违规金额1840万元,管理不规范金额2871万元;审计处理后,上缴财政61万元,归还原渠道资金6万元,自行纠正和调账金额3935万元,核减工程投资款709万元。有52篇(条)审计报告、信息被领导批示。3个审计项目被评为全市优秀审计项目。

经济责任审计 对4人进行了经济责任审计,查出违规金额649万元,管理不规范金额210万元,其中个人负主管责任817万元,负直接责任42万元。审计处理后,上缴财政9万元,归还原渠道资金6万元,自行纠正金额844万元。

固定资产投资审计 完成丰都县宏声贵宾楼(前身为丰都铭山饭店)拆除、改造和装饰工程竣工决(结)算审计,经审计核定工程竣工结算造价为5474多万元,审减工程竣工结算款708万元。(撰稿人:范福义)

【城口县审计局】 2004年,共有干部职工16人。局长李应国,副局长雷光泉、伍咏梅、赵刚(10月—)。设有办公室、行政事业审计科、经济责任审计科、财政农业审计科、经贸金融审计科。

审计成果 2004年,共完成审计项目30个,审计(调查)单位35个,查出违规金额329万元,管理不规范金额992万元,应自行纠正金额627万元,应归还原资金渠道208万元,应调账处理15万元,应上缴财政3万元。提交审计报告、信息76篇。

预算执行审计 在地税系统税费征管成本专项审计调查中,发现县地税局收取办公经费14.87万元未使用专用收据,且没有实行"收支两条线"管理。在部门预算执行审计中,查出县财政局未正确核算其他收入38万元,漏缴税金2.16万元。

专项资金审计 审计资金总额4496万元,查出涉及退耕还林工程资金违规金额273万元。

经济责任审计 对8个镇乡党委书记和镇乡长进行了届中经济责任审计。(撰稿人:冉 茂)

【梁平县审计局】 2004年,共有干部职工15人。局长程伟,副局长李献章、孔令、胡显平。设有办公室、财政金融审计科、行政事业审计科、经济责任审计科、建设项目审计科。

审计成果 共完成53个审计项目,查出违规金额506万元,管理不规范金额231万元,审计处理上缴财政46万元,责令自行纠正金额231万元。提交审计工作报告、信息及简报53篇。(撰稿人:廖忠文)

【开县审计局】 2004年,共有干部职工28人。

审计成果 2004年,共完成审计项目48个,共查出违规金额2622万元,已上缴财政276万元(含税180万元),要求被审计单位纠正金额2338万元。圆满完成了全年的各项工作任务,获县综合目标考核三等奖。(撰稿人:齐远亮)

【巫溪县审计局】 2004年,共有干部职工15人。局长张万钧,副局长程运泉、冉奎远、郑廉平,纪检组长程运泉。设有办公室、财政金融审计科、行政事业审计科、经济责任审计科,外资基建企业审计科。

审计成果 审计单位为32个,查出违规金额761万元,决定处理上缴财政249万元,决定处理调账金额51万元,应归还原渠道资金703万元,指明要求纠正金额3442万元。对3个单位开展审计专项调查,发现违规金额282万元。提交审计信息18篇,被上级采用11篇。

财政审计 查出收入余额244万元未入库、退耕还林财力补助资金214万元未及时安排等问题。提交的审计工作情况报告受到县人大的充分肯定。

专项资金审计 对生产生活救灾、农业综合开发、医疗保险、三峡移民、退耕还林(草)等项目资金进行了审计,发现被截留挤占挪用293万元。

经济责任审计 对11人进行了经济责任审计,查出违规金额392万元,其中个人负主管责任265万元。(撰稿人:钟国敏)

【巫山县审计局】 2004年,共有干部职工17人。局长吴昌文,副局长陈仲林。设有办公室、经济责任审计科、财政金融审计科、固定资产投资审计科、行政事业审计科、经贸审计科。

审计成果 审计单位30个,查出违规金额1393万元,管理不规范金额759万元,上缴财政

134.5万元。提交审计信息20篇，被采用10篇。

预算执行审计　审计了财政、地税、地方金库，同时延伸审计了司法局、机关事务管理局、安全监督管理局、经贸委系统，查出截留挤占预算资金、乱收费、账外资产等问题。提交的审计工作情况报告受到县人大的充分肯定。

经济责任审计　对17人进行了经济责任审计，其中对8人进行了届中经济责任审计，查出违规金额862万元。审计后，平调6人、留任10人，免职1人。

专项资金审计　对巫山县2002～2003年度退耕还林（草）工程资金、开县三峡工程库区第二期地灾资金、奉节县2003年度三峡工程库区移民资金、巫山县曲尺乡地灾资金进行了审计，查出个人存在经济问题，向纪检监察机关移送案件线索1件。（撰稿人：冯　军）

【奉节县审计局】　2004年，共有干部职工18人。局长王劲，副局长雷廷雄、刘刚、周太平。设有办公室、财政金融审计科、法规综合审计科、经济责任审计科、投资经贸审计科、行政社保审计科。

审计成果　2004年，共完成121个单位的审计任务，查出违规金额6176万元，已上缴财政357万元，促使归还被侵占挪用资金82万元，调账处理164万元。移送司法机关立案侦查8起，涉案人员8人；移送纪委监察处理4起，涉案人员9人。共编发各类审计信息34篇，被市局采用信息9篇，县领导批示2篇。外资审计、三峡移民资金审计和退耕还林资金审计项目获市局优秀审计项目。

内部审计　实现了对内部审计工作由审计机关单一行政指导模式向内审机构自律管理模式的过渡。共有内审机构41个，其中专职机构1个；内部审计人员65人，其中专职人员13人。共审计单位92个，查出违规金额21万元，促进增收节支36万元。

经济责任审计　开展经济责任审计项目19个、26人，查出违规金额352万元，管理不规范金额493万元。1月8日市委、市政府召开全市经济责任审计工作会议，要求全市进一步深入开展这项工作。市委、市政府颁布《关于进一步加强经济责任审计工作的通知》，具体提出4项要求。制定了《经济责任审计联席会议制度》，进一步明确相关部门之间的分工与职责。建立了经济责任审计整改报告制度、跟踪检查制度、谈话诫勉制度、结果通报制度等4项制度，促进了审计成果的运用。（撰稿人：王天松）

【忠县审计局】　2004年，共有干部职工20人，在编18人。局长王建琼，副局长胡显均、沈辉龙。设有办公室、行政事业审计科、财政金融审计科、经济责任审计科和外资移民投资审计科。

审计成果　完成审计项目40个，查出违规金额1496万元，管理不规范金额9126万元，损失浪费金额376万元，决定处理处罚548万元，缴纳288万元，应缴未缴260万元。

经济责任审计　开展经济责任审计项目3个，审计领导干部4人，查出违规金额236万元，其中应负主管责任236万元，应上缴财政4.7万元，责成纠正金额84.4万元。开展事业单位领导人员经济责任审计项目24个，审计总金额9163万元，查出违规金额57.3万元，罚没金额5.6万元，清退违纪款11.6万元，调账金额17.1万元。

内部审计　审计单位98个，查出违规金额614.16万元，处理违规收费24.46万元，责成整改金额589.70万元。对3人进行了党纪政纪处分。

专项资金审计　对2003年度全县使用移民资金100万元以上的单位和重点项目进行拉网式检查，检查单位或项目64个，检查移民资金33204.6万元，查出有违规现象单位或项目48个，违规使用移民资金597.7万元，督促整改资金573.8万元，整改率达96%。（撰稿人：王洪春）

【石柱土家族自治县审计局】　2004年，共有干部职工16人。局长谭地勇，副局长袁锦发、张孝奎。设有办公室、财政金融审计科、行政事业审计科、经贸基建审计科、经济责任审计和内审管理科，2004年新设经济责任审计中心（直属事业单位）。

审计成果　审计单位28个，查出违规金额853万元，管理不规范金额3545万元，审减工程投资52万元，应上缴财政111万元（其中罚款28万元）。全年提交审计信息、简报30篇，被采用17篇。开县移民资金审计、世界银行贷款卫X项目被重庆市审计局评为“优秀审计项目”。

财政审计　审计财税部门5个，查出了应缴未缴入库预算收入、应拨未拨专项资金、乱收费、未退库农业税减免款、未缴财政专户管理等问题。提交的审计工作报告受到石柱县人大的充分肯定。

经济责任审计　对11个单位的14人进行了经济责任审计，其中任中审计4个。查出违规金额381万元，管理不规范金额484万元。其中个人负主管责任859万元，负直接责任6万元。审计后，原职继任8人，平调3人，退休1人，降职2人。（撰稿人：张　程）

【彭水苗族土家族自治县审计局（以下简称彭水县审计局）】　2004年，共有干部职工20人。局长罗今臣，副局长张和奎、李勇，纪检组长陈玉强。设有综合科、行政事业审计科、经济责任审计科、财政金融审计科、经贸外资固定资产投资审计科，另设有经济责任审计中心（直属事业单位）。

审计成果　审计单位32个，查出违规金额1787万元，管理不规范金额3752万元。彭水县审计局被重庆市审计局评为审计工作先进集体、审计信息工作先进单位。

财政审计　审计了3个县级部门，并对2个县级部门财政财务收支情况进行了延伸审计，对部分乡镇农业税灾情减免和免费提供教科书情况进行了专项审计调查，共查出违规金额119万元，管理不规范金额1531万元。审计两个乡镇2003年度财政决算，共查出违纪违规问题7个，查出违规金额5万余元，管理不规范金额21万余元。

专项资金审计　对退耕还林（草）资金、彭水县2003年农业综合开发项目等4个项目进行了审计，共查出违规金额9万余元，管理不规范金额7万余元。

外资运用审计　审计2个单位世行贷款项目，查出管理不规范金额5万元，应自行纠正金额5万元。（撰稿人：李昕屿）

【酉阳土家族苗族自治县审计局】　2004年，共有干部职工16人。局长郭忠朗，副局长杨吉国，纪检组长杨佑祥。

审计成果　审计单位29个，其中预算执行部门8个、行政事业单位14个、使用专项资金单位4个、外资运用单位2个、金融机构1个。查出违规金额2842万元，其中预算部门706万元、专项资金使用单位173万元、行政事业单位1954万元、金融机构9万元；查出管理不规范金额2042万元，其中预算部门1027万元、专项资金使用单位555万元、行政事业单位333万元、金融机构80万元、外资运用部门47万元；应上缴财政141万元，其中预算部门56万元（罚款）、专项资金使用单位41万元（罚款）、行政事业单位44万元（罚款13万元、税金31万元）；应归还资金渠道1712万元，其中预算部门550万元、专项资金使用单位132万元、行政事业单位1030万元；应调账处理金额833万元，其中预算部门75万元、行政事业单位749万元、金融机构9万元；应自行纠正金额2042万元，其中预算部门1027万元、专项资金使用单位555万元、行政事业单位333万元、金融机构80万元、外资运用部门47万元。已上缴财政89万元，其中预算部门55万元、专项资金使用单位23万元、行政事业单位5万元。（撰稿人：谢文庆）

【秀山土家族苗族自治县审计局】　2004年，共有干部职工17人。局长刘大鹏，副局长刘军、王琦，纪检组长李广忠。设有办公室、行政事业审计科、财政金融审计科、经贸外资基建审计科、经济责任审计科。

审计成果　审计单位23个，查出违规金额579万元，决定处理处罚579万元，指明要求纠正2005万元，应上缴财政38万元，已上缴财政38万元，已归还原渠道资金79万元。提交审计工作报告21篇，信息22期，被批示、采用23篇。连续七年获重庆市审计系统“审计工作先进集体”称号。

内部审计　县级部门单位设有内部审计机构11个，其中专职机构7个；内部审计人员22人，其中专职人员10人。共审计单位29个，审计资金总额4238万元，查出违规金额767万元，促进增收节支102万元。

经济责任审计　全年对12人开展领导干部任期经济责任审计，查出违规金额448万元。审计后，平调12人。（撰稿人：程　石）

2004年重庆市区、县（市）级审计工作统计表

审计机关	干部职工人数（人）	审计单位（个）	经济责任审计项目（个）	查出违规金额（万元）	应缴财政（万元）	已缴财政（万元）	决定处理处罚（万元）	指明要求纠正（万元）	提交审计报告、信息（篇）	审计信息被采用（篇）
渝中区审计局	21	45	25	2530	16	16	19	117	61	7
大渡口区审计局	11	15	12	1019	124	62	583	677	29	13
江北区审计局	19	15	4	8029	465	880	7686	631	48	15
沙坪坝区审计局	23	22	8	2931	203	168	286	2074	19	7
九龙坡区审计局	19	26	16	4267	23	30	4266	4500	63	18
南岸区审计局	20	30	16	733	592	147	733	4199	33	8
北碚区审计局	19	16	5	549	23	18	397	292	92	1
万盛区审计局	13	39	24	540	52	40	472	764	18	10
双桥区审计局	9	10	3	149	34	1	89	41	12	
渝北区审计局	23	72	20	330			327	19744	39	4
巴南区审计局	24	23	12	1757	318	303	1750	3015	32	1
万州区审计局	76	78	32	2246	386	311	1331	9932	190	77
涪陵区审计局	38	34	28	6296	114	158	2325	16437	87	63
黔江区审计局	27	37	12	1269	99	99	1157	6742	40	5
长寿区审计局	17	39	53	1409	229	229	880	1857	38	1
合川市审计局	23	22	9	904	72	42	876	4419	26	6
永川市审计局	19	35	22	1038	112	23	417	5235	55	14
江津市审计局	21	59	48	3516	580	564	1994	321	70	42
南川市审计局	19	21	6	168	168	104	168	4311	59	24
綦江县审计局	23	33	14	1722	138	96	1194	4251	31	6
潼南县审计局	17	18	9	64			64	1548	21	4
铜梁县审计局	14	30	7	1559	23	23	1476	4662	16	
大足县审计局	17	24	4	31	31	17	31	1045	41	
荣昌县审计局	18	39	26	259	32	22	259	975	51	12
璧山县审计局	16	14	4	113	9	10	12	5109	10	1
垫江县审计局	24	34	19	177	94	94	167	1250	53	19
武隆县审计局	16	30	9	901	83	2	809	3551	34	6
丰都县审计局	24	19	6	1840	61	61	776	2871	56	43
城口县审计局	16	29	8	327	3		216	690	18	
梁平县审计局	14	56	59	508	113	46	114	231	68	
开县审计局	23	44	9	1008	216	216	284	2351	25	8

审计机关	干部职工人数（人）	审计单位（个）	经济责任审计项目（个）	查出违规金额（万元）	应缴财政（万元）	已缴财政（万元）	决定处理处罚（万元）	指明要求纠正（万元）	提交审计报告、信息（篇）	审计信息被采用（篇）
巫溪县审计局	16	29	11	761	5		759	3442	42	7
巫山县审计局	16	29	15	1381	132	63	863	759	41	13
奉节县审计局	17	49	26	2139	357	236	1020	7849	36	9
云阳县审计局	18	18	4	936	18	18	937	2699	15	1
忠县审计局	16	28	4	3036	435	158	626	7578	28	1
石柱土家族自治县审计局	15	26	14	853	111	111	406	3545	42	14
彭水苗族土家族自治县审计局	20	32	9	1787	126	46	369	3752	139	43
酉阳土家族苗族自治县审计局	16	29	14	2842	141	89	2686	2042	32	8
秀山土家族苗族自治县审计局	16	20	12	579	38	38	117	2005	24	13

四川省

【四川省审计厅】　2004年，四川省审计厅定编158人，在编143人。厅机关设有办公室、法制处、财政审计处、金融审计处、行政事业审计处、经贸审计处、农业与资源环保审计处、社会保障审计处、固定资产投资审计处、外资运用审计处、人事教育处、离退休人员工作处、机关党委、监察室，另设有经济责任审计分局等部门，同时还设有厅机关后勤服务中心、干部培训中心、审计科研所等直属事业单位。

领导成员

厅　长：李高伟

副厅长：黄锦生　程智钰

黄万辉（—8月）　唐　萍

陶志伟（8月—）

纪检组长：周后昆

审计成果　全省共完成审计项目6943个，查出的违法违规问题经审计处理后，可为财政增收14.6亿元，减少财政补贴9870万元，归还原渠道资金12.1亿元，均比上年大幅度增长。同时，向纪检监察和司法机关移送案件114起，涉案人员139人，涉案金额1.59亿元；建议有关部门处理157件，涉及人员40人，涉及金额4.78亿元。向社会公告审计结果83篇。

预算执行审计　提出了以核实收支、揭露问题、规范管理、促进改革和探索路子作为五项基本目标，以整合资源、扩大覆盖面和探索部门决算审计作为三项工作要求，建立“五统一”（统一选定审计对象、统一工作方案、统一审计重点、统一处理口径、统一时间进度）的预算执行审计工作制度，强调审计工作方案对项目实施方案的约束，坚持打破专业分工，先确定审计项目，再根据任务量确定项目执行单位，厅各业务部门大都参与预算执行审计，有效地形成了审计合力。同时，坚持抓重点，搞好人大、政府确定部门的审计；注重扫死角，把多年未审计的部门纳入审计范围，促进审计成果的扩大。全省共完成预算审计项目936个，所审计部门比上年增长36%，不仅扩大了覆盖面，而且大大丰富了“两个报告”的内容。

根据四川省人大常委会的意见，经省政府同意，自2004年起，《四川省省级预算执行及其他财政收支情况的审计结果报告》面向社会公开，接受人民群众和舆论的监督。

专项资金审计　通过全省审计机关对16个市（州）本级及80个县2002～2003年土地出让金、新增建设用地有偿使用费、各项行政事业性收费等国土资金征管缴用情况的审计，严肃查处了一些地方违反国家财经法规的问题，所提出的对策建议引起了省政府的高度重视。

全省审计机关结合同级预算执行审计，组织对全省检察院罚没、暂扣款物管理使用情况进行审计，在查处违法违规问题的同时，实事求是地分析了基层检察机关经费保障不足的原因，据此而提供的审计信息引起了省委领导的高度重视，省委副书记李崇禧对此作出重要批示。

为促进各级政府加强教育专项资金的管理，全省以“上审下”方式，组织对3个州本级及泸定、丹巴等6个县实施的“四川省民族地区教育十年行动计划”专项资金进行了审计，并对涉及学校的基建资金、寄宿制学生生活补助等管理情况进行了审查，审计结果促进了被审计单位资金管理的进一步规范。

全省审计机关加大对基本建设投资的审计力度，共审计投资金额187.7亿元，审减工程造价8.82亿元，为国家节省了大量建设资金。泸州市审计机关对龙马大道专项工程审计，审减造价1344万元。广安市通过专项建设资金审计，为国家节省资金5477万元。

在对一期农网建设资金审计的基础上，2004年，全省又组织开展对二期农网建设与改造投资情况进行了审计，并对农电体制改革和电价进行了调查，在查处违法违规问题的同时，揭示了违规占用农网资金和侵占农民利益等问题，促进了农网建设资金的规范管理。张中伟省长和陈文光副省长均通过批示对这项工作给予了肯定。

全省还组织对各市、州和88个县（区）优抚安置、救灾救济、社会福利经费等民政专项资金和城镇居民最低生活保障资金进行了审计，在查处违法违规问题并剖析原因的同时，提出了对策与建议，对理顺专项资金收支渠道，强化资金管理起到了积极作用。

经济责任审计　以抓重点、保质量、讲效用，切实发挥审计作用为目标，着力抓制度的健全和审计操作的规范，努力提高审计质量，防范审计风险；推行任中审计，促进监督关口前移；推行与常规审计结合，促进审计资源整合；推进县以上经济责任审计，提高监督层次，并以此影响和带动县以下工作的全面开展，促进了经济责任审计工作的整体推进。全省共审计1655人，其中党政领导干部1593人，国有及国有控股企业领导人员62人。有关部门参考审计结果，免职、降职、撤职116人，移送纪检监察和司法机关处理92人。中央五部委联席会议办公室向全国转发了四川省《经济责任专项审计调查实施办法》和《对乡镇经济责任审计的指导意见》；在全国经济责任审计工作会议上，四川省以综合考评得分名列各省（市、区）第三而获得了全国经济责任审计工作先进地区的光荣称号。

金融审计　全省审计机关把对农村信用社清产核资审计核查作为金融审计的重头戏，共抽调1135名审计核查人员，组成221个审核组，集中两个多月时间完成了对444个重点农信社的审计核查，资产核增33亿元，核减35.38亿元，移送经济案件13起，促进了农村信用社改革的顺利进行。同时，省审计厅完成了对省信、建信资产、负债、损益和省信光华办经营责任的审计。黄小祥副省长在审计厅报告上批示道：“今年审计工作成效显著，对省政府交办的关于信托公司和农村信用社专项审计时间紧、任务重、难度大，审计厅组织专门力量高质量完成任务，予以表扬。”

外资运用审计　按照审计署“加强监督、严格执法、提高质量、促进管理、内外合一、如实披露”的指示精神，加大对重点外资项目的审计力度，注重提高审计质量。全省共完成83个项目执行单位的审计任务，及时出具了审计报告。省委书记张学忠先后在省审计厅报送的中英、中德项目的审计信息上作出了重要批示。

企业审计　积极开展特大型企业审计，探索了经济责任审计与常规审计结合和计算机辅助审计的路子，取得良好的效果，得到了省委分管领导的肯定。组织开展了50条经营性和收费还贷公路的审计，除查处违法违规问题外，揭示了收费还贷公路普遍存在的投入大、收入少、经济效益差、偿债能力弱等问题，提出的审计建议为加强对收费还贷公路的有效管理，提高营运质量和效益发挥了积极作用。

信息化建设　完成审计署“金审工程”广域网试点工作，并在全国第一家通过国办专网联通审计署；完成了省审计厅网站的改造，网站总点击率达近20万次，在省级机关网站处于领先水平。同时，成功地编制了部分小型审计软件并在审计项目中运用，收到了较好效果。（撰稿人：黄海平）

【成都市审计局】 2004年，全局共有干部职工148人。局长陈效全，副局长龚世平、范光远、罗济沙，纪检组长樊均潮。设有办公室、法制处、人事教育处、综合信息处、财政审计处、金融审计处、行政事业审计处、经贸审计处、农业与资源环保审计处、固定资产投资审计处、社会保障审计处、外资运用审计处、经济责任审计分局和监察室、机关党委。

审计成果 全年共完成审计项目924个，查出违规金额160396万元，应上缴财政48093万元，已上缴财政24894万元。向市委、市政府和上级审计机关提供审计信息111篇，被省委、省政府采用23篇（次），被市委、市政府采用57篇（次），被省审计厅采用20篇，被市政府办公资源网采用26篇，审计综合报告和审计信息得到市委、市政府主要领导批示16篇（次）。向司法机关、纪检监察部门移送案件20起，涉案人员17人，建议有关部门处理案件70起。在全省审计工作综合考核中荣获第一名，成都市和邛崃市荣获“全国经济责任审计工作先进单位”，成都市武侯区和都江堰市荣获“四川省经济责任审计工作先进单位”。

财政审计 全市审计机关积极实施财政审计“一体化”，将财政资金分配和使用的监督作为审计工作重点。重点对市财政局、市计委、市民政局、市广电局、市科技局、市人防办、市建委、市地税局、市农牧局等10个部门进行审计，重点查处了部分单位隐瞒挤占财政预算收入，挪用财政预算资金，设置“小金库”等违纪违规问题。在财政决算审计中，查出了4个区（市）县存在应缴未缴预算收入、专项资金以拨作支、违规集资等问题，分别作出了审计处理。

经济责任审计 2004年，全市审计机关共完成经济责任审计项目216个，审计经济责任人224人，查出违规金额10460万元，直接责任违规金额3212万元。建议给予党纪政纪处分1人，移送纪检监察部门9人，移送司法机关8人。

固定资产投资和专项资金审计 接受审计署和省审计厅安排的检察院系统审计和涉及国土、农村电网、教育、社会保障、民政和外资运用等方面的专项资金审计，查处在资金分配管理使用中的违纪违规行为。

对全市18个区（市）县的二期农村农网改造工程审计，审计项目总投资4.39亿元，抽审工程造价1亿元，查出欠缴税费146万元，核减工程造价127万元。对成都市援建的“广安图书馆”的审计，查出该工程未按市委、市政府要求控制投资规模，超预算的问题，审计核减了工程结算112.8万元。在国土资金审计中，查出违规金额19.67亿元，审计决定归还原渠道资金，收交欠缴国土资金罚款等金额9998万元，采取其他纠正措施促进规范资金管理金额18.84亿元，向有关区（市）县政府和各级国土部门提出建议29条。对全市9个区（市）县中小学危房改造资金的审计，查处了个别县挪用资金的违纪问题，并指出了部分区（市）县的中小学危改资金配套资金不足、大部分资金未及时安排、资金使用效果差的问题。对市民政部门管理的民政资金审计中发现专项资金250万元转入救灾仓库基建账户，市社会福利基金募集委员会“欢乐彩”损失164万元等问题。对市科技局管理的“科技三项费”审计，采取资金安排到哪里就延伸审计到哪里的方式，促进了该项资金合规合理使用。对世界银行贷援款项目审计，积极关注贷款资金形成的实物资产和项目实施进度，深入现场追踪核实，有效地保障了世界银行贷款资金的使用。

党政交办审计项目 2004年，共接受地方党政交办任务44项。2月份，接受了市委、市政府交办对全市机关单位的国有资产进行审计复核。全局整合审计资源，制定审计复核实施方案，组织40个审计小组，对全市123个市级机关，436个下属单位的资产进行了审计复核工作，出具了全市市级机关国有资产现状的综合报告，为市政府摸清市级机关国有资产家底，研究制定管理方案，科学决策和顺利推进市级机关国有资产管理改革提供了第一手资料。

机关建设 2004年，全局细化了审计工作流程，建立健全了规范化服务型机关建设的规章制度，规范局业务审理会等议事规则。根据市政府交办任务程序制定了符合实际的党政交办任务的办理程序，为进一步提高审计质量，更有效地完成上级领导交办任务奠定了基础。为适应审计事业发展需要，设立了经济责任分局和综合信息处等机构，聘任了特约审计员。

依据审计署6号令制定了《成都市审计业务

会议审理制度》，修订了《成都市审计局审计项目复核办法》，根据规范化服务型机关建设要求，制定了《成都市审计工作流程》、《成都市审计局重大审计项目公示和审计听证暂行办法》、《成都市审计局行政问责制执行办法》、《成都市审计局行政效能投诉和告诫暂行办法》。通过对审计项目复核和项目质量检查，及时发现和纠正审计执法中的不规范行为，使审计工作质量有所提高。

设立了新闻发言人，向社会公布了投诉电话、投诉地点，拟定了《成都市审计局政府信息公开目录》，向社会公开了《成都市审计局工作发展规划》、《成都市审计局年度工作计划》。

审计成果运用　全市审计机关注重发现和挖掘审计素材，下大工夫提高审计报告和信息的质量，将审计与调查研究相结合，向市委、市政府提供了一批有价值的审计综合报告和审计信息。市审计局对近年来企业审计中发现的会计信息失真、私设“小金库”、国有资产流失、公私不分、侵占国家利益等带有普遍性的问题进行分析研究，提出专题报告上报市政府，并在市政府第19次常务会议上对这些问题进行了通报。市政府决定由市审计局牵头，与市纪委、市监察局、市财政局、市国资局等联合拟定《关于进一步规范市属国有企业经营行为，加强国有资产监督管理的实施意见》，经市政府第26次常务会议审定，由市政府办公厅批转执行，中央电视台《央视论坛》为此专门作了一期节目，予以充分肯定。（撰稿人：黄衍定）

【广元市审计局】　2004年，共有干部职工61人。局长唐小平，副局长郑仕红、唐玉瑶、刘素英，纪检组长闫川建。设有办公室、法制科、经济责任审计科、财政审计科、金融外资审计科、行政事业审计科、经贸审计科、农业与资源环保审计科、固定资产投资审计科、社会保障审计科、直属分局（直属事业单位）和机关党委。

审计成果　共完成审计和审计调查项目304个，查出违规金额28703万元，管理不规范金额47020万元。通过审计处理，上缴财政1602万元，减少财政拨款或补贴805万元，调账处理7373万元，归还原渠道资金5293万元，指明要求纠正49647万元，核减工程造价4158万元。

财政审计　审计财政、地税、金库和部门预算执行单位35个，查出违规金额6103万元。及时向当地人民政府提交了《财政预算执行及其他财政收支的审计结果报告》，并受政府委托，向人大常委会提交了《财政预算执行及其他财政收支的审计工作报告》，得到政府和人大的肯定。对3个县（区）和74个乡镇的财政决算进行了审计，揭示和查处了财政收支不实、挤占挪用专项资金、隐瞒截留上级财政收入和损失浪费等5758万元的问题。

专项资金审计　开展了国土资金、民政资金等专项资金审计，审计资金总额26694万元，查出问题金额7193万元。

固定资产投资审计　全市审计机关共审计固定资产投资项目32个，审计项目投资总额28678万元，核减工程造价4158万元。二期农网建设与改造项目共审计电力企业13个、竣工项目1398个，审减工程造价3537万元。

外资运用审计　完成了卫八、秦巴、贫四3个世界银行贷款项目和苍溪英援水项目的审计，以及川北高速和川北监狱授权审计。在川北监狱审计中，审计查出违规金额930万元，应上缴财政32.9万元。移送司法机关涉嫌经济犯罪案件2起。

行政事业审计　审计行政事业单位129个，查出违规金额8131万元。开展了对全市10个检察院2003年度财务收支情况的审计。

经济责任审计　完成了48个单位的党政领导干部及国有企业领导人员经济责任审计，查出违规金额3147万元，其中负主管责任2529万元、负直接责任618万元。

专项审计调查　完成了苍溪县、剑阁县县级财力调查，元坝区、朝天区退耕还林资金效益审计调查和全市农村信用合作社资产负债损益审计核查等专项审计调查及检查。

在农村信用合作社资产、负债、损益核查工作中，对市行管办和7个县区信用联社、8个农村信用社、51个信用分社、19个储蓄所、2个自办经济实体2003年1月至2004年6月的资产、负债、损益情况进行了核查，共核减资产损失5920万元，核减资不抵债8307万元。（撰稿人：陈立和）

【绵阳市审计局】　2004年，共有干部职工76人。局长王绵生，副局长杨祖隆、熊方黎、苏继林，纪检组长谌鸿云。设有办公室、人事教育科、法制科、财政审计科、行政事业审计科、金融社保审计科、农业环保审计科、固定资产投资与外资审计科、经济责任审计科、经贸审计科、直属审计分局。

审计成果　全年完成审计项目和审计调查项目48个，查出违规金额23535万元，管理不规范金额22224万元，理应上缴财政5065万元，应归还原渠道资金281万元，应调账处理金额9041万元，应自行纠正金额31025万元。移送纪检监察部门事项1件，涉及人员1人，涉及金额39万元。市审计局被省委、省政府授予省级文明单位称号。

财政审计　审计财税部门8个，规范了预算管理行为，使财政资金合理、有效、节俭地使用，审计工作也受到人大常委会的法律监督，使审计机关更好地履行宪法赋予的职责，审计的执法力度得以加强，审计处理决定和审计意见得以较好地执行和落实。

固定资产投资审计　完成审计项目12个，查出违规列支、投资冲减成本、虚结工程款等主要问题，核减工程款1123万元。通过审计监督，规范了工程的招投标行为，有效地遏制了建筑市场的腐败行为，投资审计为国家节约了建设资金，防止了国家建设资金的流失。

经济责任审计　完成经济责任审计项目6个，审计评价落实领导干部个人对发现的问题应负担的主管责任2336万元，负直接责任115万元，促进了领导干部“权为民所用、利为民所谋”。

专项资金审计　完成了4个县（市）国土专项资金审计，针对违法征用土地、违规减免土地出让金、拖欠征地费等问题进行了查处，规范了国土资金的管理，保护了广大农民群众的利益。

企业审计　对市商业银行的审计，延伸检查了9个支行和4个部门，对其以贷入股、违规分红及资产和贷款管理中存在的问题进行了揭露；按照省审计厅统一安排，市审计局牵头组织了70余人对各县（市、区）农村信用社资产清理核实交叉审计；完成了省审计厅授权的高速公路收费企业的审计；开展了粮食财务亏损挂账的审计试点。（撰稿人：蒲益平）

【德阳市审计局】　2004年，共有干部职工52人。局长吴富嘉，副局长钟敏、廖永春、单广平，纪检组长罗荣华。设有办公室、法制科、人事教育监察科、财政金融审计科、行政事业外资审计科、农业社保审计科、经贸审计科、固定资产投资审计科、经济责任审计分局等部门。

审计成果　全市共完成审计项目196个，查出违规金额56377万元，管理不规范金额34340万元，应上缴财政1668万元，已缴财政788万元。向纪检监察部门移送案件1起，涉案人员1人；建议有关部门处理1件。提交审计工作报告56份，审计信息被采用79篇。德阳市审计局被省审计厅评为四川省农村信用社清产核资审计核查工作先进单位、全省社会保障审计先进单位、全省国土审计先进单位，继续保持省级文明单位和省级卫生先进单位荣誉。德阳市经济责任审计工作被中央五部委评为全国经济责任审计工作先进地区。

财政审计　审计财税、金库部门26个，共查出违规减免少征应缴未缴预算收入9583万元，虚列财政支出531万元，应缴财政942万元，已缴财政641万元。提交的审计结果报告和审计工作情况报告受到市政府、市人大的充分肯定。对19个县、乡财政进行了财政决算审计。

投资、专项资金审计　完成对二期农网建设与改造项目、广黄路等31个基础建设项目的竣工决算审计。对民政专项资金、国土资金、社保资金等13个项目进行了审计和审计调查。对检察院系统罚没、暂扣款物管理使用情况进行了审计。对中江县2002年扶贫资金和罗江县天然林保护工程专项资金的审计决定执行情况进行了后续审计。

金融、外资、企业审计　在农村信用社清产核资审计核查工作中，完成对15个独立核算单位的审计核查。完成了对城南高速公路（中江段）和德阳市污水处理有限责任公司等2个国外援贷款项目的审计。对1个公路经营企业2003年度资产、负债、损益情况和1个收费还贷公路经营管理单位2003年度财务收支情况进行了审计。

经济责任审计　对68名领导干部进行了经济责任审计，查出违规金额8914万元，其中个人负主管责任8296万元，负直接责任618万元。审计后，平调28人，免职1人。

信息化建设　在投资审计、农村信用社清产核资审计核查等项目中积极运用计算机辅助审计。对网络进行优化配置，在原有设备基础上添置了路由器，确保了党政网信息的畅通传输。购置并安装《四川省地方性法规应用系统》，通过计算机网络实现资源共享。（撰稿人：谢海英）

【南充市审计局】 2004年，共有干部职工42人。局长庞明轩，副局长谭绍和、罗东涛、廖大春，纪检组长吴小华。设有经济责任审计分局（局直属副县级单位）、办公室、人事教育科、法制综合科、财政税务审计科、金融外资审计科、行政事业科、社会保障审计科、经贸审计科、农业与资源环保审计科、固定资产投资审计科。

审计成果 2004年，全市共完成审计单位（项目）772个，查出违规金额75112万元，查出管理不规范金额54614万元，查出损失浪费金额1725万元，审计决定处理处罚应上缴财政11779万元（其中：罚没1220万元，税金493万元），应减少财政拨款补贴2727万元，应归还原渠道资金16236万元，应调账处理金额15543万元，应自行纠正金额54937万元。移送纪检监察机关等部门处理案件16起。

财政审计 同级预算执行审计和县级财政决算审计查出隐瞒截留财政收入、虚列财政支出、违规退库、挤占挪用专项资金等问题。向政府提交的“审计结果报告”和代政府向人大作的“审计工作报告”受到了政府和人大的充分肯定。

固定资产投资审计 全市审计机关审计投资总额12.64亿元，查出虚结工程款1818万元，决算编报不规范3173万元，超计划、资金来源不合规等1268万元，核减工程造价6715.9万元，南充市审计局和顺庆区审计局核减工程造价都在2000万元以上。与此同时，各级党委、人大、政府、政协都对固定资产投资审计给予有力支持，南部、仪陇、高坪、嘉陵、顺庆等县（区）都分别出台了政策和加大对固定资产投资审计的力度，一些建设项目单位工程结束在未办理竣工决算前纷纷要求审计。对全市6个县（市、区）二期农网建设与改造投资审计，核减工程造价800余万元。

专项资金审计 对农业综合开发、国土、扶贫等专项资金的投向、管理、使用、成果的审计，促进了资金管理的规范和使用效益的提高。

对秦巴扶贫等国外贷援款项目、退耕还林工程资金效益项目、全市农村信用社清产核资等进行审计后，向市委、市政府写出了“专题报告”。市委高度重视审计结果，并责成相关地方和单位认真进行整改。南充市审计局和阆中市审计局都获得了“全省外资审计质量检查一等奖”。

经济责任审计 共完成对96个单位103人的经济责任审计。查出违规主管责任金额11082万元，直接责任金额1477万元；管理不规范主管责任金额5117万元，直接责任金额2390万元；损失浪费直接责任金额278万元；国有资产增值单位26个，保值单位15个，减值单位22个。审计后，平调55人，晋升7人，免职18人，降职2人；移送纪检监察机关处理案件1起，移送司法机关处理案件3起。

行政事业审计 全市审计机关先后对检察院系统等314个行政事业单位的财务收支进行了审计，查出应缴未缴、虚报或转移收入5696.29万元，挤占挪用3974万元，虚增资产和所有者权益4121万元，少计税金853.31万元，预算外收入未缴入专户2061万元，账外资产2675万元，乱收费、乱摊派、乱罚款1078万元，超标准超计划支出1632万元，损失浪费、虚列成本、管理不善等其他金额30037.28万元。应上缴财政949.75万元。市审计局对市某局的审计中，发现该单位开“鸳鸯”发票，巧立名目乱收费，私设“小金库”196.92万元等问题。嘉陵区审计局在审计时，发现某单位向外乱收工作经费等30余万元，全额收缴区财政。阆中市审计局在对阆中市某公司审计时，发现“小金库”844.75万元，全额收缴本级财政。（撰稿人：王天配）

【广安市审计局】 2004年，共有干部职工29人。局长胡辉（—1月）、秦小平（1月—），副局长刘代忠、张力、唐素珍，纪检组长黎毅翔。设有办公室、法制科、经济责任审计分局、财政金融审计科、行政事业审计科、经贸审计科、农业与资源环保审计科、社会保障审计科、固定资产投资与外资运用审计科、人事教育科。

审计成果 审计单位553个，查出违规金额63431万元，应上缴财政1763万元，应归还原渠道资金602万元，应调账处理3723万元。对9个单位开展专项审计调查，发现违规金额2836万元。移送司法机关案件3起，涉案人员16人，涉案金额171万元；移送纪检监察事项3件，涉及人员2人，涉及金额89万元；建议有关部门处理事项12件。广安市广安区被中央五部委经济责任审计工作联席会议办公室表彰为“经济责任审计先进地区”，邻水县被四川省纪委、组织部、人事厅、审计厅等六部委厅联合表彰为“经济责任审计先进地区”，广安市广安区审计局保持了“省级文明单位”。

财政审计 审计财税部门46个，查出隐瞒转移预算收入、虚增财政收入，挤占专项经费等问题。提交的审计工作情况报告受到市人大的充分肯定。

投资专项资金审计 对27个项目进行了审计，审计金额78147万元，审减工程造价5477万元。撰写审计调研文章和审计信息10余篇，被市以上部门采用7篇，《现代审计》采用3篇。

经济责任审计 对146人进行了经济责任审计，查出违规金额4012万元，其中个人负主管责任3881万元，负直接责任131万元。审计建议移送纪检监察机关线索2件，移送司法机关16人。审计后，晋升2人，平调82人，免职4人，降职3人。

国土资金审计 对全市国土资金进行了审计，查出违规金额32748万元，出让金未纳入财政管理形成体外循环金额27993万元，归还原渠道资金145万元，移送检察机关线索1件，查出低价出让土地使用权、违规协议出让土地等问题。（撰稿人：何中权）

【遂宁市审计局】 2004年，共有干部职工32人。局长夏道渊，副局长唐建生、马兴隆（下派大英县），纪检组长冉启秀。设有办公室、人事教育法制科、财政金融审计科、行政事业审计科、经济责任审计科、固定资产投资审计科、经贸企业审计科、社会保障审计科、农业外资审计科。

审计成果 全年完成审计和审计调查项目259个，查出违规金额876万元，管理不规范金额69999万元，损失浪费金额36万元，应上缴财政236万元。移送案件3起。提交审计工作报告166份，被批示、采用80份。

财政审计 审计财政、税务、金库单位3个，同时按照“审计一体化”要求，对市水利、卫生、畜牧等4个单位的财政财务收支实施了延伸审计，共查出违规金额11万元，管理不规范金额9565万元。审计发现财政部门及预算单位违规减免预算收入、虚列财政支出、截留挤占挪用预算资金、形成账外资产等问题。

经济责任审计 对67名党政领导和国有及国有控股企业领导人员进行了经济责任审计，查出违规金额4742.5万元，指明要求纠正金额3727万元，管理不规范金额952万元，个人经济问题金额2.1万元，损失浪费金额9万元，国有资产流失金额14.4万元，移送相关部门处理3起。

行政事业审计 对全市检察院系统、市体育局、市城市建设开发办等22个单位进行审计，查出违规金额22万元，管理不规范金额6987万元，损失浪费金额9万元。

专项资金审计 重点对国土资金、民政专项资金、农业综合开发资金及沱牌公司社保资金审计，查出违规金额133万元，管理不规范金额30187万元，应上缴财政92万元。

固定资产投资审计 围绕城市基础设施建设和重点工程的投资审计，审计投资金额43399万元，审减工程造价1921万元。查出管理不规范金额2692万元。

专项审计调查 开展了对射洪县、蓬溪县的县级财力状况调查；对大英县住房公积金管理使用情况、城市开发建设办公室主任经济责任、全市收费还贷路桥等项目进行了审计调查。调查涉及57个单位，调查金额213180万元，完成调查报告21份。（撰稿人：周明礼）

【内江市审计局】 2004年，共有干部职工39人。局长谢贻厚，副局长李水和、蔡涤、葛明，纪检组长刘玲。设有办公室、法规科、人事教育科、行政事业审计科、农业与资源环保审计科、财政审计科、金融审计科、固定资产投资审计科、经济责任审计科、经贸审计科，另设有固定资产投资审计分局（直属事业单位）。

审计成果 审计单位66个，查出违规金额14278万元，应上缴财政1139万元，应归还原渠道资金139万元。对3个单位开展专项审计调查，发现违规金额125万元。移送纪检监察部门案件5起，涉案人员5人。促进部门制定完善规章95条。

财政审计 完成预算执行审计项目10个，查出违规金额2319万元，管理不规范金额289万元，在向市人大常委会所提交的审计工作报告中，进行如实披露，引起了强烈反响，受到充分肯定。

经济责任审计　对4个部门的领导干部进行经济责任审计，查出违规金额2319万元。已移送纪检、公安、检察等机关的案件1起。审计后，平调3人。

行政事业审计　围绕社会热点问题，选准重点部门、重点领域、重点资金，查深查透，针对存在的问题提出审计建议。完成行政事业单位审计25个，查出违规金额5243万元，管理不规范金额1334万元。

专项资金审计　对国土资金、民政专项资金等重点专项资金进行了审计，充分揭示了专项资金在管理体制、使用过程等方面存在的问题；对部分专项资金进行了专项审计调查。共完成专项资金审计6个，查出违规金额4032万元，管理不规范金额74593万元。国土审计查出资中县、隆昌县、威远县违规金额38966万元，其中安置补偿不到位1006万元，国土行政性收费管理、使用不合规2834万元。

固定资产投资审计　完成固定资产投资审计项目15个，核减工程投资993万元。开展了第二期农网建设与改造工程项目的行业审计，重点审计了农村电网建设与改造项目概算管理、收费、工程管理、工程决算、财务决算中有无不真实、不合规问题。通过对二期农网送审金额27400万元的审计，审减工程决算造价303万元。

交办事项　先后接受企业改制审计、专案审计等交办项目14个，对内江市天然气公司、内江华威电仪设备公司、内锻厂等项目的资产、负债、损益状况，对沱江三桥、滨江东路改造工程的竣工决算，对内江市地方志办公室、内江市房地产管理局等部门进行了经济责任审计。（撰稿人：赖常禄）

【乐山市审计局】　2004年，共有干部职工49人。局长江一帆，副局长陈建东、赖华清、李秀木。设有办公室、法制科、财政审计科、金融审计科、行政事业审计科、经贸审计科、外资基建审计科、经济责任审计科。

审计成果　审计单位192个，查出违规金额12129万元，应上缴财政403万元，应归还原渠道资金163万元。通过审计监督，向党委、政府和上级审计机关提供了信息，为党政领导决策提供了可靠依据。失业保险基金和就业基金审计被四川省审计厅评为社会保障资金审计先进单位；退耕还林资金效益审计被四川省审计厅评为先进单位；法制工作被市政府法制办评为法制工作先进集体。

财政审计　审计财税部门48个单位，查出违规金额2767万元，应上缴财政340万元，已上缴财政228万元，归还原渠道资金125万元，罚没金额38万元。

专项资金审计　加强专项资金审计，提高了资金使用效益。组织对各区县2002～2003年土地出让金、新增建设用地有偿使用费、各项行政事业性收费等国土资金征收、管理、使用情况进行了审计。对部分区县退耕还林工程资金管理、使用及其效益情况进行了审计。组织对二期农网建设与改造投资情况进行了审计。严肃查处了一些地方违反国家土地出让金收取、管理、使用中的问题。

经济责任审计　全市共审计72人，查出违规金额6764万元，其中领导干部负有主管责任6704万元，负有直接责任60万元。有关部门参考审计结果，对有关干部进行了免职处理，涉嫌违纪、违法的进行了立案。

大案要案　全市审计工作中，注意发现大案要案线索，加大了对经济案件的查处力度，较好地发挥各职能部门在经济监督工作中的整体作用，向纪检、监察和司法机关移送案件10起，涉案人员10人。（撰稿人：张　晏）

【自贡市审计局】　2004年，共有干部职工47人。局长陈富康，副局长江鸿、张碧辉、周大元。设有财政审计科、金融外资审计科、基建投资审计科、经济贸易审计科、行政事业审计科、经济责任审计科、法制科、人事教育科、纪检室、办公室等部门。

审计成果　2004年，共审计单位169个，查出违规金额9081万元，损失浪费金额2769万元，调账处理金额5724万元，管理不规范金额96137万元，应上缴财政168万元，应归还原渠道资金86万元，指明要求应自行纠正金额98905万元。向纪检机关、司法机关移送违纪违规线索18件。向上级机关和地方党政提交审计信息138篇，采用75篇。

财政审计　2004年，审计机关完成预算执行审计项目23个，查出违规金额1999万元，管理不规范金额2427万元，应调账处理金额1069万元，指明要求自行纠正金额2427万元。完成县、乡(镇)财政决算审计项目18个。

专项资金和行政事业审计 2004年，审计机关完成了对民政系统、检察院系统、国土系统等行政事业审计项目30个和专项资金审计项目28个。其中专项资金审计查出违规金额116万元，应归还原渠道资金32万元，指明要求应自行纠正金额9002万元；行政事业审计查出违规金额177万元，决定处理处罚应上缴财政67万元，应归还原渠道资金40万元，指明要求应自行纠正金额1944万元。

金融审计 完成了对自贡渐飞消防器材有限公司哈龙淘汰项目2003年度执行情况的审计。

经济责任审计 2003年，完成了领导干部任期经济责任审计项目22个，查出违规金额769万元，管理不规范负主管责任金额3498万元，负直接责任金额619万元；损失浪费金额169万元。

固定资产投资审计 完成了第二期农村电网建设与改造项目竣工决算等24个审计项目，查出违规金额4881万元，应归还原渠道资金14万元，指明要求纠正148万元。

企业审计 完成了对四川大西洋(集团)有限责任公司等11个国有改制企业2003年度资产、负债、损益审计，审计核实资产总额达52.67亿元，查增企业改组改制资金来源2亿多元。审计查出并移送违纪违规线索12件，其中1件已结案处理，对当事人给予了开除党籍处分。

计算机辅助审计 一是全市成立了审计信息化领导小组。市审计局成立了计算机信息中心，设置了专职人员。制定了《信息化建设规划(草案)》。二是对已实行会计电算化的被审计单位，积极开展联网审计和利用《审计助手》等软件辅助审计。三是在党政网上设立了“自贡审计信息网”网站。四是积极开展了以计算机网络理论、操作知识和电子政务为主要内容的计算机应用技术的集中培训。(撰稿人：施成才)

【泸州市审计局】 2004年，共有干部职工54人。局长李冬，副局长樊小玲、章华，纪检组长王国萍。设有办公室、法制科、人教科、财政审计科、金融审计科、行政事业审计科、社会保障审计科、经贸审计科、农业外资审计科、固定资产投资审计科、经济责任审计科、机关党支部。

审计成果 全市审计机关完成审计项目(含调查)320个，审计查出违规金额17388万元，管理不规范金额48704万元，应归还原渠道资金495万元，应上缴财政1382万元，已上缴财政1145万元。提交各类专题或综合性报告45份，完成各类审计信息78篇，被市委、市政府、审计厅及其他刊物采用56篇。市审计局完成审计项目64个，查出违规金额9840万元，管理不规范金额27671万元，应归还原渠道资金180万元，应上缴财政600万元，已上缴财政413万元。

经济责任审计 完成领导干部经济责任审计项目75个，审计查出违规金额7021万元，管理不规范金额8540万元。

固定资产投资审计 审计固定资产投资项目89个，审减工程金额2315万元，查出违规金额1019万元，管理不规范金额1411万元。在对泸州市龙马大道工程财务、工程决算审计项目中，审减工程投资额1344万元，其他应收回市政府资金2740万元，应收土地出让金4250万元。

专项资金审计 对市本级和4个县3个区民政专项资金的预算执行及使用情况进行了审计，审计抽查资金5940万元，抽查乡镇68个，资金覆盖面和审计乡镇覆盖面分别为61%和45%，查出虚列挤占挪用等问题金额835万元。审计综合报告受到市委、市政府、市人大的高度重视，对审计工作给予充分的肯定。

专项审计调查 对市级行政事业单位2002～2003年国有资产的管理使用情况进行了专项审计调查，调查单位24个，调查资产总额28221万元。审计调查报告反映的国有资产管理、使用中存在的问题，引起了市政府领导的高度重视，并作了重要批示。(撰稿人：施建雄)

【宜宾市审计局】 2004年，共有干部职工55人。局长付秀英，副局长田劲松、韩显聪、尹昌文，纪检组长邓文广(—6月)、罗伟(6月—)。设有办公室、法规科、政工科、财政税务审计科、行政事业审计科、金融审计科、固定资产投资审计科、经贸审计科、农业与资源环保外资审计科和经济责任审计分局，另设有监察室。

审计成果 审计单位40个，查出违规金额

29267万元，管理不规范金额30170万元，应上缴财政3005万元，应归还原渠道资金2447万元，应调账处理金额8959万元。移送司法及纪检监察部门案件4起，涉案人员2人。提交审计工作报告、信息207份（篇），被批示、采用100份（篇）。宜宾市、江安县被表彰为四川省2000～2004年度经济责任审计工作先进地区；宜宾市审计局被四川省审计厅表彰为2003～2004年度市（州）审计工作先进单位，在全省审计系统业务考核中排名第三名。

财政审计　预算执行审计单位8个，查出违规金额2504万元，管理不规范金额5383万元，应上缴财政150万元。财政决算审计单位3个，查出违规金额6136万元，管理不规范金额1232万元，应上缴财政680万元。

经济责任审计　对16人进行了经济责任审计，查出违规金额7208万元，其中个人负主管责任5827万元，负直接责任1381万元。审计后，晋升1人，降职1人。

固定资产投资审计　审计单位6个，查出违规金额3094万元，管理不规范金额2647万元，决定减少财政拨款或补贴885万元，归还原渠道资金2193万元。

行政事业审计　审计单位15个，查出违规金额4504万元，应上缴财政733万元，应调账处理1206万元。

企业审计　审计单位2个，查出违规金额3165万元，管理不规范金额2799万元，应上缴财政275万元，应调账处理2954万元，指明要求企业自行纠正2798万元。

金融审计　对宜宾市城市信用社进行了审计，查出违规金额5788万元，管理不规范金额17987万元，应调账处理2936万元，指明要求自行纠正17987万元。审计中实施了计算机辅助审计，编写了《宜宾市城市信用社定期储蓄存款应付未付利息》审计模块。向纪检监察部门移送违纪案件1起，向公安部门移送涉嫌金融诈骗案件2起。

专项资金审计　共审计单位5个，查出违规金额4076万元，应上缴财政1065万元。审计结果促进了专项资金管理的规范。

专项审计调查　对全市财政性教育经费投入情况、县级财政收支状况等6个项目进行了专项审计调查，审计调查单位7个，发现问题金额4296万元。提交调查报告7份。

内部审计　共有内审机构39个，内审人员283名。有3410个单位开展了内部审计，纠正违规金额1364万元，促进增收节支3552万元。（撰稿人：周　威）

【攀枝花市审计局】　2004年，共有干部职工60人。局长谢安德，副局长甘昌铭、罗小兰、刘松柏，纪检组长万启树，总审计师王玖斌。设有办公室、法制处、人事教育处、监察室（与纪检组合署办公）、财政金融审计处、行政事业审计处、固定资产投资审计处、经贸审计处、社会保障与外资审计处、农业与资源环保审计处、经济责任审计分局（依照公务员管理的事业单位），另设机关党总支。

审计成果　全年完成审计项目60个，查出违规金额3425万元，管理不规范金额10851万元，应上缴财政55万元，已上缴财政55万元；完成专项审计调查8个。提交审计工作报告、信息104份（篇），被省委、省政府和市委、市政府及新闻单位批示、采用21份（篇），促进地方部门制定完善规章39条。

财政审计　预算执行审计按照一体化的工作机制，整合审计资源，实行“五统一”（统一计划、统一组织、统一实施、统一研究、统一处理），继续开展“三结合”（市级预算执行审计与财政局局长、部门领导任期经济责任审计相结合；县级决算审计与县级预算执行审计相结合；县级决算审计与县长任期经济责任审计相结合）的审计方式，审计单位11个，在检查财政资金使用合法合规性的基础上突出效益性审计。

经济责任审计　开展经济责任审计项目18个（党政领导16个，企业领导2个），查出违规金额1356万元，管理不规范金额2489万元。

专项资金审计　对民政专项资金、国土专项资金、第二期农村电网建设与改造工程等5个项目进行了审计，审计专项资金总金额44630万元，查出违规金额455万元，管理不规范金额2101万元。对县（区）级财力状况、水利国债资金、退耕还林工程等8个项目进行了专项审计调查，审计调查单位42个，审计调查金额80321万元。

信息化建设　对硬件设备加大了更新改造力度，添置计算机，铺设光纤，2004年7月，将市审计局域网接入了市电子政务内网，9月份在电子政务内网上开通“市审计局信息网站”，米易县审计局、东区审计局也相继开通了审计网站。同时，加强计算机应用能力的培训，与攀枝花学院联合举办了40多人参加的为期1个月的审计人员电算化培训班。（撰稿人：黎建革）

【巴中市审计局】 2004年，共有干部职工28人。局长熊朝山，副局长苟中珏、巩仕和，纪检组长张文兴。设有办公室、法制科、人事教育科、财政金融审计科、行政事业审计科、农业资金审计科、经贸审计科、固定资产投资审计科、外资运用审计科，下属直属审计分局、机关后勤服务中心，另设机关党支部和纪检组。

审计成果 全年完成审计单位56个，查出违规金额15385万元，应上缴财政647万元，应归还原渠道资金3703万元。向被审计单位提出审计建议意见被采纳83条。提交审计工作报告、信息简报76份（篇），被批示、采用42份（篇）。全年受省级部门表彰5次，受市委、市政府表彰7次。

财政审计 按照审计“一体化”要求，对19个预算单位的预算执行情况进行了审计，查出违规金额1678万元，应归还原渠道资金611万元，应上缴财政81万元。提交的审计工作报告受到市人大常委会的充分肯定。

专项资金审计 对巴中市部分检察院、民政、国土、社会保障、国债等专项资金进行了审计，查出违规金额11231万元，应上缴财政504万元。对平昌县、南江县退耕还林资金效益情况进行了专项审计调查。

经济责任审计 受党委组织部门委托，对9名领导干部任期经济责任进行了审计，如实向党委、政府提交了审计结果报告。共查出违规金额2450万元，应上缴财政61万元。（撰稿人：易旭东）

【达州市审计局】 2004年，共有干部职工47人。局长李本维（—8月）、王新权（8月—），副局长王新权（—8月）、王全兴、齐健贻，纪检组长王永恒。设有办公室、法制科、财政审计科、金融审计科、行政事业审计科、农业与资源环保审计科、社会保障审计科、外资运用审计科、固定资产投资审计科、经济责任审计科、经贸审计科、人事科12个职能科室，另设机关党委、纪委派驻纪检组。

审计成果 全市加强对重点部门、重点资金、重点项目的“审计监督”，共完成审计单位44个，查出违规金额24322万元，应上缴财政909万元，已上缴财政851万元，决定处理处罚金额2811万元，应自行纠正金额34373万元。建议有关部门处理事项1件，涉及人员1人，涉及金额18万元。提交审计专题或综合性报告、信息34份（篇），被采用23份（篇）。机关两个文明建设成效明显，审计工作被四川省审计厅评为先进单位，先后荣获“四好领导班子”、保持“省级最佳文明单位”等各类表彰21项荣誉称号。

财政审计 审计财税部门13个，查出违规金额10433万元，应上缴财政296万元，已上缴财政296万元，决定处理处罚金额571万元，应自行纠正金额27328万元。

专项资金审计 对全市国债资金社会保障资金、农业与资源环保专项资金8个执行单位进行了审计，查出违规金额8534万元，应上缴财政598万元，已上缴财政547万元，决定处理处罚金额1452万元，应自行纠正金额2107万元。

行政事业审计 加强对重点部门的审计监督，完成审计单位9个，查出违规金额501万元，应上缴财政5万元，已上缴财政5万元，决定处理处罚金额241万元，应自行纠正金额259万元。建议有关部门处理事项1件，涉及人员1人，涉及金额18万元。

固定资产投资审计 完成7个单位改造工程或固定资产投资竣工决算的审计，查出违规金额3495万元，应自行纠正金额3863万元。

外资审计 审计外资项目执行单位2个，查出违规金额710万元，应上缴财政7万元，已上缴财政7万元，决定处理处罚金额533万元，应自行纠正金额177万元。

企业审计 对5个企业资产负债损益进行审计，查出违规金额649万元，应上缴财政3万元，已上缴财政3万元，决定处理处罚金额14万元，应自行纠正金额639万元。

经济责任审计 完成3个单位3名党政领导干部经济责任审计，审计查出违规金额负直接责任403万元；管理不规范金额应负主要责任2万元，负直接责任1万元。

【资阳市审计局】 2004年，共有干部职工35人。局长何伯忠，副局长钟友贵、张晓燕、金世永，纪检组长樊佳。设有办公室、人事教育科、政策法规科、经济责任审计分局、财政金融审计科、行政事业审计科、经贸审计科、社会保障审计科、固定资产投资审计科、农业外资与资源环保审计科。

审计成果 共对75个单位进行了审计和审计调查，查出违规金额89437万元，管理不规范金额2999万元，应上缴财政830万元，已上缴财政425万元，应减少财政拨款或补贴97万元，应归还原渠道资金4717万元，应调账处理金额2295万元，应自行纠正金额2999万元。提交审计工作专题或综合性报告31份，提交审计信息78篇，被批示、采用102篇（次）。

财政审计 审计8个单位，共查出违规金额17155万元，分别向资阳市人民政府和市人大常委会提交了本级财政预算执行及其他财政收支情况的审计结果报告和工作报告，如实披露党政领导关心和人民群众关注的热点问题，提升了“两个报告”的质量和效果，受到市政府和市人大的充分肯定。

专项资金审计 通过对农业综合开发资金、社会保障资金、国债专项资金、农业与资源环保资金和国土专项资金的审计，共查出违规金额70308万元，其中挤占挪用专项资金12421万元、配套资金不落实1251万元，通过审计已促进拨付资金到位156万元。

固定资产投资审计 对22个投资项目进行了审计，共审计项目投资总额4.3亿元，通过审计，核减工程造价并为政府节约资金2427万元。

经济责任审计 共对13名领导干部进行了任期经济责任审计，查出应负主管责任的违规金额8396万元，应负直接责任的违规金额5237万元，管理不规范金额335万元。

计算机辅助审计 建成了千兆局域网，开发了审计法规库供全省党政网用户使用，实现了从中央到县四级审计机关的网络互通和信息自由交换。建成了电子邮件系统、审计现场实施系统、工程预决算软件、外资平台，得到较好运用，“金审”工程取得了显著效果。（撰稿人：周卫国）

【眉山市审计局】 2004年，共有干部职工24人。局长罗德敏，副局长邓晓松、陈国通。设有办公室、法制科、财政金融审计科、固定资产投资审计科、行政事业审计科、经贸审计科、经济责任审计科。

审计成果 审计单位28个，其中审计项目26个、审计专项调查项目2个。查出主要问题金额37658万元，其中违规金额7095万元、管理不规范金额30215万元、损失浪费金额348万元，应上缴财政90万元，应归还原渠道资金582万元。开展专项审计调查项目2个，共审计调查单位14个，调查发现问题金额16853万元。眉山市审计局档案管理被省档案局评定为“一级档案管理单位”。

财政审计 审计财税部门6个，其中财政税务2个、部门预算执行情况审计3个、财政决算审计1个。查出违规减免少征应缴未缴预算收入274万元、隐瞒转移预算收入723万元、虚增财政收入20万元、虚列财政支出4339万元、截留挤占挪用资金107万元、乱收费乱摊牌乱罚款44万元等问题。提交的审计工作情况报告受到市人大的充分肯定。

专项资金审计 对2003年度民政专项资金进行了审计，查出截留挤占挪用专项资金65万元，应上缴财政3万元，并对民政专项资金在管理中存在的问题提出了审计建议，促进有关部门完善了相关制度，有效地保证了民政专项资金的合理使用。

经济责任审计 对6人进行了经济责任审计，查出违规金额2682万元，其中个人负主管责任2263万元、负直接责任419万元；损失浪费金额348万元，其中个人负主管责任338万元、负直接责任10万元。审计后，晋升1人，平调2人。

固定资产投资审计 对东坡区东坡大堤白虎滩段、金龙段整治加固工程、眉山科技工业园南北干道绿化工程、眉山市交通指挥中心及车管所综合楼工程等7个固定资产投资项目进行了竣工决算审计，核减工程投资576万元。查出虚增工程款581万元，少计少缴税金107万元。审计处理应上缴财政27万元。（撰稿人：黄保安）

【雅安市审计局】 2004年，共有干部职工42人。局长赵康，副局长支云淳、陈伟，纪检组长王露凤。设有办公室、人事教育科、法制科、财政审计科、金融审计科、行政事业社会保障审计科、经贸审计科、农业外资审计科、固定资产投资审计科，另设有经济责任审计分局。

审计成果 审计单位 271 个，查出违规金额 1.45 亿元，应上缴财政 1781 万元，应归还原渠道资金 187 万元。对 5 个区（县）县级财力状况进行了专项审计调查，发现问题金额 2790 万元。移送纪检监察、司法机关案件 11 起，涉案人员 19 人。提交的审计报告、信息被省委办公厅采用 2 篇，省政府办公厅网站采用 8 篇。《雅安市建设项目审计办法（试行)》被市政府常务会议审议通过并印发全市贯彻执行。雅安市审计局被评为 2003～2004年度全省审计工作先进单位；国土资金审计、农村信用社清产核资审计被评为全省先进，受到省审计厅表彰；名山县审计局被省经济责任审计联席会议成员单位评为四川省经济责任审计工作先进地区。雅安市审计局保持了“省级文明单位”称号，全市审计系统保持了“市级文明行业”称号，荥经县审计局、名山县审计局档案管理达到省一级标准。

财政审计 审计财税部门、金库 27 个，预算执行单位 4 个，查出违规金额 408 万元。存在的主要问题有隐瞒转移预算收入、延压滞留预算资金、截留挤占挪用预算资金，违规减免、少征应缴未缴预算收入，账外资产等。提交的审计工作报告受到市人大的充分肯定，并根据市人大常委会的审议意见，对审计查出问题的整改情况进行了督促和检查。

专项资金审计 对国土资金、民政资金、检察院系统和四川省玉溪河灌区管理处等 39 个单位进行了审计，查出违规金额 9215 万元，促进拨付资金到位 4107 万元。对审计中发现的账外资产、应缴未缴专项资金、未纳入财政专户、截留挤占挪用和擅自改变计划和资金投向等违纪违规问题进行了纠正、处理。

经济责任审计 审计单位 109 个，审计党政领导干部 108 人，国有及国有控股企业领导 1 人。查出违规金额 2029 万元，其中个人负主管责任 2004 万元，负直接责任 25 万元。移送纪检监察机关线索 7 件，移送司法机关 1 人。审计后，晋升 1 人，平调 44 人，降职 3 人，免职 6 人。雅安市审计局正式启动了对区县党政主要领导干部的经济责任审计，对市级部门领导开展了述职评议前的审计。在天全县、宝兴县开展了县级以下党政领导干部任期经济责任审计结果运用的试点，出台了审计结果运用暂行办法。

固定资产投资审计 完成审计项目 58 个，审计资金总额 33245 万元，核减工程投资 2605 万元。

企业、金融审计 完成企业审计项目 15 个，对成雅高速公路股份有限公司、雅安市公路收费中心及区县收费站进行了审计，查出违规金额 1921 万元。完成了对全市农村信用社的清产核资审计。（撰稿人：曾乐伟）

【阿坝藏族羌族自治州审计局】 2004 年，共有干部职工 28 人。局长罗启贵，副局长蔡永斌、杨国彬、何志军。设有办公室、复核法制科、财政金融审计科、行政事业审计科、经贸审计科、固定资产投资审计科、经济责任审计科。

审计成果 审计单位 260 个，查出违规金额 12785 万元，减少财政拨款或补贴 147 万元，应归还原渠道资金 1325 万元，应调账处理金额 5004 万元，指明要求应自行纠正金额 26181 万元，应上缴财政 2414 万元，已上缴财政 741 万元。提交审计报告 100 份。荣获全省农村信用社清产核资审计核查工作三等奖、退耕还林优秀单位、全省审计统计工作优良单位。

财政审计 共审计同级预算执行审计 58 个单位（财政、地税、国库)。在预算执行审计的同时，延伸审计了州计委、国土、牧业局、民政局、广电局、经委、检察院等部门 20 个单位。完成 2 个县级财政决算和 15 个乡财政决算审计。

专项资金审计 完成 14 个单位的国债资金审计，对 9 个单位的民政专项资金、国土资金进行了审计，完成 6 个单位的科技教育资金审计，对 14 个检察院系统单位进行了审计，完成了 11 个单位教育十年行动计划项目的审计。

固定资产投资审计 完成 44 个单位的固定资产投资审计，共核减建设项目工程造价 1.29 亿元，为国家节约了建设资金，规范了建设领域的管理。

经济责任审计 完成经济责任审计项目 38 个，审计经济责任人 46 人。审计查出违规金额 2628 万元，管理不规范金额 6660 万元。审计后，平调 30 人，晋升 1 人，免职 1 人。

其他审计 对 101 个行政事业单位财务收支

和 11 个企业的资产、负债、损益，1 个外资项目，1 个地方金融机构进行了审计。

内部审计　共有内部审计机构 101 个，其中专职机构 29 个；内审人员 267 人。全年共审计单位 200 个，提出意见、建议被批示采纳 36 条。

信息化建设　按四川省审计厅《2003、2004 年审计信息化建设工作目标的通知》及“五年规划”要求，建成了局域网，与党政网联通，审计远程网平稳运行，在党政网上开通了阿坝审计门户网。通过加强审计网站建设，推进了审计信息化建设和电子政务的发展。2004 年的信用社清产核资审计核查中运用计算机进行辅助审计，并收到了很好的效果。自行开发了“审计流程”审计软件，此软件已被各审计组广泛运用，效果明显。（撰稿人：欧亚洲）

【甘孜藏族自治州审计局】　2004 年，共有干部职工 33 人。局长潘银全，副局长肖志明、欧康清、欧宁（—6 月），纪检组长丁晓华。设有办公室、法制科、财政金融审计科、行政事业审计科、企业审计科、固定资产投资审计科、经济责任审计科。

审计成果　共审计单位 299 个，查出违规金额 9160 万元，应上缴财政 338 万元，已上缴财政 98 万元，决定处理处罚金额 7607 万元，指明要求纠正金额 21512 万元；核减由国家投资的建设项目工程结算金额 6306 万元。移送纪检监察机关处理案件 4 起，涉案人员 2 人，涉案金额 71 万元。建议有关部门处理案件 2 起，涉案金额 118 万元。提交审计工作报告、信息 84 份（篇），被批示、采用 12 份（篇）。

财政审计　审计财政部门 57 个，查出隐瞒转移预算收入、虚列支出、挤占截留挪用预算资金等问题，提交的审计工作情况报告受到了州人大的充分肯定。对全州 36 个资产规模大、资产损失多的信用社及州行管办 2003 年至 2004 年 6 月 30 日前的资产、负债、损益及所有权者的真实性进行了审计核查。审计核查总额为 86089.31 万元，较自查数减少了 23 万元；负债总额核查数为 89829.61 万元，较自查数增加 498.16 万元；所有者权益审计核查数为 -3740.29 万元，较自查数增加了 520.71 万元。全州农村信用社审计核查在全省考核验收中获得一等奖。

专项资金审计　对 19 个县检察院系统财政财务收支审计，查出违规金额 30.48 万元，涉及被挤占挪用基建款、应缴未缴财政预算外专户等问题。对 16 个县民族地区教育发展十年行动计划专项经费进行审计，查出违规金额 463.86 万元。开展了民政专项资金审计项目 4 个，涉及被挤占挪用民政专项资金、隐瞒收入等问题，共查出违规金额 463.86 万元。

固定资产投资审计　共完成固定资产投资审计项目 88 个，查出违规金额 5648 万元，审计核减工程款 6306 万元，投资审计力度有了显著增强，投资审计的作用日益明显。

经济责任审计　完成经济责任审计项目 72 个，查出违规金额 2510 万元，其中个人负主管责任 2428 万元，负直接责任 482 万元，管理不规范金额 7340 万元。移送纪检监察部门进一步查处案件 4 起，涉案人员 2 人。有关部门参照审计结果，平调 32 人，晋升 11 人，免职 6 人，降职 1 人。（撰稿人：马定轶）

【凉山彝族自治州审计局】　2004 年，共有干部职工 61 人。局长米治安，副局长付建祥、杨祖武、邢琦，纪检组长龙建平。设有办公室、法制科、经济责任审计分局、财政审计科、行政事业审计科、经贸审计科、农业审计科、固定资产投资审计科、金融外资审计科、人事教育科，另设机关党支部和纪检机构。

审计成果　全年完成审计单位 306 个，查出违规金额 22738 万元，管理不规范金额 22648 万元，损失浪费金额 22 万元，应上缴财政 3206 万元，已上缴财政 849 万元。提交审计工作报告、信息 143 份（篇），被批示、采用 20 份（篇）。

经济责任审计　开展实施 54 个单位 59 人的经济责任审计，审计查出违规金额属主管责任 5650 万元，属直接责任 54 万元；管理不规范属主管责任 2244 万元，属直接责任 517 万元；领导干部个人经济问题金额 45 万元。向纪检监察部门移送 1 人，向司法机关移送 3 人。增值单位 10 个，保值单位 28 个，减值单位 3 个。审计结果报告被党委、组织部门采纳，平调 19 人，晋升 8 人，免职 6 人。

固定资产投资审计　共完成审计单位 44 个，审计项目投资总额 68610 万元，完成投资总额

31819万元。审计决定核减工程款967万元，已归还原渠道资金15万元，已调账处理金额259万元，已自行纠正金额40万元。

预算执行审计　省审计厅、州政府安排同级预算执行审计项目69个，部门预算执行审计4个，查出违规金额4344万元，管理不规范金额4547万元，应上缴财政494万元，已上缴财政285万元。

财政审计　年初计划安排财政决算审计单位4个，全年完成8个。审计查出应上缴财政11万元，已上缴财政1万元，虚列财政支出18万元，截留挤占挪用财政资金278万元，其他33万元。

专项资金审计　完成审计署、省审计厅下达的检察院系统、民族地区教育十年行动计划、国土、民政、社会保障缴费、第二期农村电网建设与改造项目、地方人武部营房建设工程等专项资金审计项目84个。查出违规金额6928万元，应上缴财政1892万元，已上缴财政180万元，应归还原渠道资金1659万元，应调账处理1249万元，应自行纠正金额3528万元。移送司法机关1人，移送纪检监察部门1人。

金融和外资审计　按照审计署的统一安排，开展了对全州农村信用社清产核资审计核查，地方金融机构州民族投资公司、国有资产投资公司2003年度资产、负债、损益情况，世行贷款安宁河流域农业开发项目和中德合作四川扶贫项目审计。查出违规金额2338万元，管理不规范金额6067万元，应自行纠正金额6067万元，应上缴财政34万元，已上缴财政34万元。

企业审计　年初根据省审计厅和州政府要求，计划对4个国有企业进行审计，全年共审计企业22个，查出违规金额1191万元，管理不规范金额4248万元，损失浪费金额14万元，应上缴财政414万元，已上缴财政102万元，应归还原渠道资金20万元，应调账处理金额96万元，应自行纠正金额4547万元。移送司法机关2人。

专项审计调查　开展专项审计调查项目17个，审计调查单位107个，审计调查金额35320万元，调查发现问题金额3290万元。提交审计调查报告15份，促进地方部门制定完善规章14条。

（撰稿人：杨琳秀）

2004年四川省区、县（市）级审计工作统计表

审计机关	干部职工人数（人）	审计单位（个）	经济责任审计项目（个）	查出违规金额（万元）	应缴财政（万元）	已缴财政（万元）	决定处理处罚（万元）	指明要求纠正（万元）	提交审计报告、信息（篇）	审计信息被采用（篇）
成都市										
青羊区审计局	13	22	4	2884/732	3	2	2	732		
锦江区审计局	20	15	4	579/2035	1			2035		
金牛区审计局	22	51	7	3976/1502	956	956		1502		
武侯区审计局	18	44	10	3944/3309	2094	2130		3309	8	
成华区审计局	16	69	6	6051/61554	21	21		61554	5	
龙泉驿区审计局	17	31	2	4111/405	1955			405		
青白江区审计局	16	12		664/567	31	8		567	2	
新都区审计局	23	35	7	7746/1403	6687	6687	3	1403	4	
温江区审计局	18	29	11	2696/29436	80	80	11	29438	82	17
高新区审计局	4	6		85/753				753		
崇州市审计局	30	62	24	2217/5385	27	27	6	5386	29	2

审计机关	干部职工人数（人）	审计单位（个）	经济责任审计项目（个）	查出违规金额（万元）	应缴财政（万元）	已缴财政（万元）	决定处理处罚（万元）	指明要求纠正（万元）	提交审计报告、信息（篇）	审计信息被采用（篇）
邛崃市审计局	20	108	30	2301/1802	538	538	19	1802	10	4
都江堰市审计局	35	57	8	27263/24891	2630			24894	21	
彭州市审计局	22	80	11	1152/8270	42	42		8271	12	1
金堂县审计局	27	22	5	48/3349	19	19	1	3349		
双流县审计局	22	74	22	370/9739	34	33	6	9738		
郫县审计局	20	39	17	2954/24924	1915	1912	1	24923	2	1
大邑县审计局	33	23		218/197	210		17	196		
蒲江县审计局	9	47	23	537/1425	89	89	8	1423	28	1
新津县审计局	25	37	18	2135/5706	1147	649	54	5706		10
广元市										
市中区审计局	17	16	4	350	572	532	1314	4912	2	
元坝区审计局	20	27		821	53	53	403	296	2	2
朝天区审计局	13	28	6	1465	40	32	975	929	1	1
旺苍县审计局	17	42	5	1356	55	50	165	4871	13	
青川县审计局	14	24		2170	16	15	2171	1461	1	
剑阁县审计局	19	38	6	3211	70	56	251	3425		
苍溪县审计局	23	86	24	7122	242	35	3152	4829	4	
绵阳市										
涪城区审计局	19	43	5	8034	181	158	23	3203	3	1
游仙区审计局	18	17	1	882	12		12		4	
江油市审计局	24	29	6	1218	516	1			8	
三台县审计局	20	62	9	22584	1474	60	6	12513	7	
盐亭县审计局	17	22	1	1363	22	22	5	84		
安县审计局	18	28	5	2707	744	1	701	1805		
梓潼县审计局	17	37	2	1461	369	240	17	230	2	1
北川羌族自治县审计局	9	21	3	818	2	2		806		
平武县审计局	15	20	10	16	6	6				
德阳市										
旌阳区审计局	17	31	5	1587	564	564	1070	6298	31	16
什邡市审计局	22	32	6	140	1	1			110	65
广汉市审计局	28	31	9	7239	174	61	6040	2371	76	37
绵竹市审计局	21	14	5	586	75	75		189		29
罗江县审计局	5	16	9	1306	319	33	1087	1551	13	10

审计机关	干部职工人数（人）	审计单位（个）	经济责任审计项目（个）	查出违规金额（万元）	应缴财政（万元）	已缴财政（万元）	决定处理处罚（万元）	指明要求纠正（万元）	提交审计报告、信息（篇）	审计信息被采用（篇）
中江县审计局	27	38	17	1400	45	43	45	2777	63	14
南充市										
顺庆区审计局	15	73	19	1362	159	24		8678	23	11
高坪区审计局	20	73	1	6819	77	77	25	609	21	10
嘉陵区审计局	14	40	7	366	118	118	166	3003	22	3
阆中市审计局	17	51	3	1969	116	116	116	1302	28	17
南部县审计局	27	126	6	2248	391	390	387	7592	56	48
营山县审计局	14	91	8	2075	70	70	70	2473	46	19
蓬安县审计局	14	69	9	1803	71	59	1371	432	43	10
仪陇县审计局	17	120	26	1711	132	132	5947	5040	59	49
西充县审计局	15	91	14	3137	192	192	192	34	15	11
广安市										
广安区审计局	18	112	22	1891	78	78	1392	6132	79	88
华蓥市审计局	13	128	45	3453	121	121	121	540	76	28
岳池县审计局	20	95	23	3230	496	461	1572	29	80	55
武胜县审计局	17	65	13	1654	32	32	1509	3457	70	36
邻水县审计局	19	92	20	3426	159	143	159	2593	76	34
遂宁市										
船山区审计局	12	16	4	114	5	5	5	969	8	2
安居区审计局	10	21	3	58	6	6	4	878	12	2
蓬溪县审计局	13	57	13	22	22	22	1	1213	9	7
射洪县审计局	20	58	22	500	93	93	5	10766	16	9
大英县审计局	15	43	12					6342	5	1
内江市										
市中区审计局	14	15	1	2639	54	54	54	315	21	11
东兴区审计局	15	44	5	1886	119	119	42	2045	26	17
威远县审计局	24	72	9	5068	121	108	121	4947	41	24
资中县审计局	27	50	7	2208	136	136	608	1149	28	22
隆昌县审计局	17	52	9	632	90	89	38	381	26	20
乐山市										
市中区审计局	12	16	1	77	6	5		381	9	6
沙湾区审计局	11	29		376	100	98		85	16	12
五通桥区审计局	10	10	2	93	48	48		1963	21	2
金口河区审计局	5	7		224	2	2				

审计机关	干部职工人数（人）	审计单位（个）	经济责任审计项目（个）	查出违规金额（万元）	应缴财政（万元）	已缴财政（万元）	决定处理处罚（万元）	指明要求纠正（万元）	提交审计报告、信息（篇）	审计信息被采用（篇）
峨眉山市审计局	15	12	1	122	12	10		173		
犍为县审计局	10	16	2	29	6	6		41		
井研县审计局	11	5		12104	12	11			18	5
夹江县审计局	10	18	3	75	27	27		625		
沐川县审计局	9	11	4	428	6	6		100	5	
峨边彝族自治县审计局	8	6		48	17	17			7	5
马边彝族自治县审计局	9	17		30	4	3		25	4	1
自贡市										
大安区审计局	8	12	2	88	24	24	2	320	1	
贡井区审计局	7	13	2	33	14	14	9	17	5	
自流井区审计局	8	11	1	20	4	4	1	256	22	
沿滩区审计局	6	27	2	1106				196	3	
荣县审计局	17	29	6	1154				365	22	
富顺县审计局	18	33	2	242	68	68	1	4977	20	
泸州市										
江阳区审计局	16	38	10	2210	63	60	277	716	30	20
纳溪区审计局	13	25	6	983	69	61	125	2073	60	53
龙马潭区审计局	9	32	11	149	9		145	2752	10	5
泸县审计局	17	74	5	1689	56	60	1645	10913	27	18
合江县审计局	15	28	7	304	52	37	299	2065	16	12
叙永县审计局	13	25	6	662	5	3	470	1199	5	2
古蔺县审计局	15	34	5	1549	528	509	974	1314	12	3
宜宾市										
翠屏区审计局	19	40	14	2933	446	150	2088	2399	53	22
宜宾县审计局	17	26	10	4143	2100	2419	2522	2259	70	38
南溪县审计局	11	34	23	441	4	4	174	308	23	11
江安县审计局	14	28	10	2668	398	213	1273	1918	39	10
长宁县审计局	14	39	15	825	51	45	743	3346	2	
高县审计局	14	15	6	960	199	140	584	1423	11	
筠连县审计局	11	17	1	2819	220	220	565	9626	20	11
珙县审计局	13	45	14	1543	28	24	540	256	24	17
兴文县审计局	8	35	9	1222	281	35	1180	1738	18	16
屏山县审计局	8	18	3	702	34	34	488	2179	43	29

审计机关	干部职工人数（人）	审计单位（个）	经济责任审计项目（个）	查出违规金额（万元）	应缴财政（万元）	已缴财政（万元）	决定处理处罚（万元）	指明要求纠正（万元）	提交审计报告、信息（篇）	审计信息被采用（篇）
攀枝花市										
东区审计局	9	17	5	512	22	10	128	384	16	6
西区审计局	9	14	7	16			15	1	18	4
仁和区审计局	12	16	2	1430	88	20	535	895	11	4
米易县审计局	13	19	6	1409	89	89	769	640	34	10
盐边县审计局	20	59	44	1867	488	443	1292	575	64	5
巴中市										
巴州区审计局	31	37	9	7604	64	64	2116	4545	41	28
通江县审计局	19	42	16	4514	46	46	611	2876	25	7
南江县审计局	20	26	2	3809	117	117	448	1661	45	15
平昌县审计局	21	81	45	19270	39	39	2657	19211	48	22
达州市										
通川区审计局		30	6	10076	219	210	609	9185	24	13
万源市审计局		39	4	2525	58	58	324	881	16	8
达县审计局		28	6	9102	267	247	1811	5611	28	28
宣汉县审计局		30		61024	76	76	1900	57995	13	2
开江县审计局		29	9	5986	53	34	194	176	4	
大竹县审计局		26	3	10059	41	41	319	872	98	67
渠县审计局		24	1	9194	19	18	1945	5397	18	3
资阳市										
雁江区审计局	20	37	6	1272	191	49	11	244	42	18
简阳市审计局	20	125	29	4285	128	128	841	1312	9	16
乐至县审计局	17	51	12	3278	112	112	2015	428	20	12
安岳县审计局	30	98	14	10731	1851	1851	323	746	21	16
眉山市										
东坡区审计局	15	50	14	4116	12	12	1	3975	17	17
仁寿县审计局	18	39	10	14929	36	36	17	12845		
彭山县审计局	13	32	16	6192	21	21	20	5876	1	
洪雅县审计局	8	12	2	811	15	15		707	1	
丹棱县审计局	9	15	5	149	1	1	1	49		
青神县审计局	11	22	8	6428	25	25	3	3816	2	2
雅安市										
雨城区审计局	13	32	20	356	68	68	68	8572	19	8
名山县审计局	13	27	13	1630	22	18	33	1741	2	

审计机关	干部职工人数（人）	审计单位（个）	经济责任审计项目（个）	查出违规金额（万元）	应缴财政（万元）	已缴财政（万元）	决定处理处罚（万元）	指明要求纠正（万元）	提交审计报告.信息（篇）	审计信息被采用（篇）
荥经县审计局	9	19	8	55	11	3	11	186	8	2
汉源县审计局	12	20	6	52	5	5	5	298	11	1
石棉县审计局	10	29	15	102	7	7	7	1579	30	
天全县审计局	12	52	4	323	157	103	268	3075	16	4
芦山县审计局	11	30	15	559	8	8	71	453	60	15
宝兴县审计局	8	24	6	171	91	79	118	976	34	25
阿坝藏族羌族自治州										
马尔康县审计局	10	19	8	210	93	93	209			
汶川县审计局	20	11		376	1		127	1978	11	1
理县审计局	14	12		41	2		41	3188	2	
茂县审计局	10	13	2	130	13	8	128	305	3	
松潘县审计局	9	32	14	2543	70	1	2542	1118	14	
九寨沟县审计局	13	12	2	626	615	615	623	308	5	
金川县审计局	13	28	9	333			174	31	1	
小金县审计局	10	18	9	210	6		132	136	10	
黑水县审计局	11	17	5	109			109	291	3	
壤塘县审计局	8	23	10	86	3		40	2732	19	1
阿坝县审计局	12	8		19	2	2	19	21	5	
若尔盖县审计局	8	17	4	370	7	3	123	123	6	
红原县审计局	8	13	2	27	3		6	1650		
甘孜藏族自治州										
康定县审计局	8	14	4	16	5	2	5	107		
泸定县审计局	12	12	6	55	26	26	26	180		
丹巴县审计局	6	18	1	334	42	41	334			
九龙县审计局	13	13		11			11			
雅江县审计局	6	11	2	28	5	5	35	82		
道孚县审计局	7	32	5	219			219	1470		
炉霍县审计局	7	16	9	3				41	16	
甘孜县审计局	4	6						179		
新龙县审计局	6	11	5					332		
德格县审计局	7	12	5	81	3		3	140	10	
白玉县审计局	4	9	1					200		
石渠县审计局	6	12	6	7			7	3097		

审计机关	干部职工人数（人）	审计单位（个）	经济责任审计项目（个）	查出违规金额（万元）	应缴财政（万元）	已缴财政（万元）	决定处理处罚（万元）	指明要求纠正（万元）	提交审计报告、信息（篇）	审计信息被采用（篇）
色达县审计局	8	13		28			28	26		
理塘县审计局	8	13	2	10	4	1	4			
巴塘县审计局	7	19	9	42	6	6	41	118		
乡城县审计局	7	7		6	5	5	5	90		
稻城县审计局	6	27	5	63	2		63	511		
得荣县审计局	7	8						123		
凉山彝族自治州										
西昌市审计局	19	37	4	1748	813	27	1748	1066	24	18
盐源县审计局	17	26	3	836	512		610	1192	4	2
德昌县审计局	8	13	2	2314	116	116	116	1858	1	1
会理县审计局	13	19		126	126	126	126	927	17	6
会东县审计局	6	21	7	113	45	45	11	54	7	1
宁南县审计局	5	13	2	19	19	19	19	9	1	1
普格县审计局	12	20	6	1212	60	3	888	1911	11	4
布拖县审计局	10	10	2	46	2	2	2	603	10	2
金阳县审计局	9	27	11	114	46	38	288	978	13	5
昭觉县审计局	12	9		803	327	7	810	14	3	1
喜德县审计局	8	8		100	8		106	27	14	4
冕宁县审计局	14	18	5	4019	175	38	1725	2018	8	4
越西县审计局	10	15		108	58		110	1865	8	2
甘洛县审计局	9	15	3	124	37	1	37	32	1	
美姑县审计局	9	8		1106	27		1086	138	4	1
雷波县审计局	12	20	9	374	32	32	376	232	16	7
木里藏族自治县审计局	7	15	1	837	407	122	838	2817	1	1

贵州省

【贵州省审计厅】 2004年，贵州省审计厅共有干部职工163人。厅机关设有办公室、法制处、经济责任审计处、固定资产投资审计处、外资运用审计处、金融审计处、行政事业审计处、财政审计处、经贸审计处、农业与资源环保审计处、社会保障审计处、人事教育处、机关党委办公室、离退休干部处、机关服务中心、培训中心，还设有农林水利派出审计处、发展计划派出审计处、国土信息派出审计处、教育派出审计处、科技派出审计处、经济执法派出审计处、文体新闻派出审计处、政法派出审计处、经贸派出审计处、交通派出审计处、综合派出审计一处、综合派出审计二处。

领导成员

厅　长：李月成（苗族）
副厅长：徐德扬（—4月）
　　　　丁诗建（彝族、4月—）
　　　　黄启明　寇　平
总审计师：吕建军

审计成果　2004年，全省审计机关共审计单位2284个，查出违规金额252837万元，管理不规范金额307534万元，损失浪费金额4165万元，应上缴财政32993万元，应减少财政拨款或补贴3198万元，应归还原渠道资金70039万元。向司法机关移送案件9起，涉案人员17人；向纪检监察部门移送事项23件，涉及人员27人。

预算执行审计　2004年，全省预算执行审计在总结以往经验的基础上进一步深化和发展，审计重点更加突出，在规范预算收支管理和财政分配秩序、促进部门依法行政、制止铺张浪费、提高财政资金使用效益等方面的效果更加明显，社会影响进一步扩大。各级审计机关，普遍加强了对本级政府部门的预算执行审计，促进各部门提高认识、建章立制、加强管理，取得了较好效果，得到各级政府和人大的充分肯定。全年共对6个省级预算执行单位、44个地级预算执行单位、273个县级预算执行单位实施审计，揭示了隐瞒转移财政收入、截留挤占财政资金、虚报冒领、违规办理或批复决算、决算编制不规范等问题，查出违规变更预算金额4479万元，截留挪用预算资金6135万元。各级审计机关针对发现的问题都按相关的法律法规进行了严肃处理，提出了改进建议，跟踪处理处罚的执行情况。

专项资金审计　（1）为贯彻省委、省政府关于加强扶贫资金审计监督的工作部署，对荔波、紫云、大方、道真、松桃、水城、安龙、雷山、沿河、天柱等10个扶贫开发重点县2001～2003年扶贫资金（含财政扶贫资金、易地扶贫搬迁资金、社会帮扶资金和扶贫贴息贷款等）的管理和使用情况进行了审计。在审计中，采取审计与审计调查相结合的形式，审计总金额11.91亿元，查出违规金额7851.85万元，占审计总金额的6.6%。对挪用财政扶贫资金建房购车、弥补行政经费、发放奖金、补贴违规出借等问题进行了处理。目前，已归还原渠道资金1498.38万元，查出涉嫌个人侵占扶贫资金案件2起，已移送司法机关处理。此次审计深度进一步提高，避免了“就账查账，就问题论问题”的倾向，开展了项目效益调查，各审计组都对审计时段50%以上的资金进行了实地调查，查出了损失浪费金额3956.15万元，并找出了一些项目实施中存在的问题和原因。同时加大了整改力度，本着边审边改的原则，促使资金归位1498.38万元，一些县还制定了具体的整改措施。

（2）组织全省审计机关对全省2003年度救灾资金进行了专项审计。省审计厅直接审计安顺市、铜仁地区、黔东南州、黔西南州、六盘水市。全省共审计了94个民政部门，抽查了241个乡镇、391个村组，审计资金总额32124.88万元，共查出违规金额4036.06万元，应归还原渠道资金2209.27万元。发现的违纪违规问题有：一是救灾资金2384.8万元被挤占挪用，有的将救灾资金用于注册公司，有的用于建房购车，有的用于行政事业性开支，有的用于归还以前年度的违纪违规资金。二是部分民政部门虚列支出、虚报冒领、截留救灾资金。三是部分民政部门财务管理混乱，救灾资金公款私存，库存现金、银行存款账户长期不符，甚至存在挖补、涂改、撕毁、粘贴和刮、擦现象，其真实性已无法确认。四是有的村镇存在按人平均分配救灾款物的情况。各级审计机关针对救灾资金审计发现的问题，都按法律法规进行了严肃处理，促进了挪用资金的归位，使较大违纪违规问题得到了有效扼制，保证了救灾资金的有效使用。

社会保障审计　2004年，省审计厅组织对下岗职工基本生活保障和再就业资金、失业保险基金征缴、管理情况进行了审计。

在对省劳动和社会保障厅管理的2003年省级国有企业下岗职工基本生活保障和再就业资金的筹集、使用、管理情况和省社保局管理的失业保险基金审计中，查出省级国有企业下岗职工基本生活保障和再就业资金在筹集方面存在企业自筹资金严重不足，调查的省属6个国有企业应到位资金为1431万元，实际到位725万元，到位率仅为50.7%；在使用方面存在虚报职工人数，多领下岗职工基本生活费，挤占挪用979.26万元；在资金的管理方面存在部分再就业中心瞒报职工人数，会计核算、发放手续不规范。

对失业保险基金征缴、管理情况的审计发现的问题有：一是部分单位少缴失业保险金94.5万元；二是企业拖欠失业保险费严重，截至2003年底，省级统筹企业累计欠缴失业保险费2387.6万元；三是少提再就业资金2215万元；四是失业保险金发放不规范，委托代发部分未全部发放。审计针对社会保障资金审计中存在的问题均作出了严肃处理，并提出合理建议，规范了资金的运作，使管理部门完善了管理，促进了社会保障体制的完善。

固定资产投资审计 2004年，按省政府安排，组织对天柱、黎平等12个省级储备粮库项目竣工决算实施审计。经审计核减工程投资997.28万元，核减率为12.93%。审计查出的问题有：一是超概算555.36万元；二是未公开招投标、标底编制错误违规金额近900万元；三是未严格按《建设工程监理规范》及合同规定进行质量、进度、投资监理；四是部分建设单位管理混乱，内部控制制度不健全，对有关基建活动未及时做好原始记录，财务费用控制不严，造成管理费用增大。审计对此提出了规范工程管理、促进建设资金效益使用的建议。

专项审计调查 （1）按照国务院和省人民政府抓紧解决拖欠工程款和民工工资问题的要求，2004年，组织全省各级审计机关对近两年来在建设领域拖欠工程款及民工工资情况进行审计调查，全省共调查建设项目246个。调查情况表明，在实际完成投资1146569.76万元的工程中，拖欠工程款113576.96万元，拖欠款占实际完成投资的10%；拖欠民工工资约为12789万元。

（2）省审计厅对省林业厅和6个地区、19个县（市、区）林业部门2002～2003年的天然林资源保护工程建设资金（简称天保资金）的管理使用情况进行了审计调查，涉及“天保资金”19219万元，查出违规金额2761万元，占调查资金的14.36%。主要问题有：一是挤占挪用“天保资金”，致使专项资金不能专款专用；二是财政部门滞留“天保资金”未下拨；三是以拨作支；四是“天保资金”会计核算管理不规范。审计针对以上问题提出了建议，促进该资金的管理使用走向规范化。

行政事业审计 （1）组织对江界河大桥收费站、天柱县远口大桥收费站、六盘水市收费站、开阳县茶场收费站、黔西南州峡谷收费站自建站批准收费起至2003年末的财务收支情况实施审计。经审计查实，以上收费站贷款总额6249万元，从设站到2003年末，5个收费站共计收取通行费9919万元，已还贷款1495万元，还款比例为23.92%，未还贷款余额4754万元。审计揭示在建设过程中存在挤占挪用道路建设资金、多列工程成本、投资超概算等问题，涉及违规金额2094万元；在经营过程中存在无依据收取车辆通行费和发放各种补贴奖金、使用不合法票据收取车辆通行费、挪用车辆通行费弥补行政经费及其他支出等问题，涉及违规金额1708万元；在财务核算管理方面存在应缴未缴财政预算外资金专户管理、购建资产未纳入固定资产管理、白条付款、多付工程建设款等问题，涉及违规金额223万元。审计机关针对以上问题提出开源节流、加大还贷力度、完善单位内部制度加强财务管理的建议。

（2）组织对全省23个单采血浆站、19个血站2003年度财务收支情况进行审计，审计共计查出违规金额4303.88万元。问题主要有：一是2003年度未按国家税收征收管理规定缴纳税金785.62万元；二是违反规定少支付供浆员营养补助费、就餐费342.1万元；三是转移隐匿血浆销售收入549.33万元、以发放“福利费”名义集体私分232.96万元；四是违规发放职工津贴、补贴317.3万元；五是少数中心血站、县中心血库2003年度代收的献血互助金未全额上缴，挤占、挪用献血互助金用于单位经费支出63.51万元。审计查出的上述问题，各级审计机关已按国家规定进行了处理，要求被审计单位进行了纠正和整改，促进了采供血机构加强了内部控制、健全了有关管理制度。

（3）组织全省审计机关对省级及各市、州、地、县71个质量技术监督局2003年度财政财务收支情况进行审计，查出违规金额2871.5万元，其中无依据收费1075.38万元、胡乱收费363.49万元、截留罚没收入118.08万元。同时，还查出将行政事业性收费转为所办实体收取、未按预算级次上缴行政事业性收费收入和罚没收入、会计基础差、财务管理乱等问题。全省各级审计机关在对以上问题进行处理处罚的同时，针对质监部门存在的问题提出了建议，对全省质监部门规范收费、落实收支两条线的规定起到了积极的促进作用。

（4）组织对省房改资金管理中心委托建行办理的房改资金收支及收益分配情况进行了审计，从结果来看，房改资金在会计核算和管理上存在以下问题：一是违反规定放贷14250万元，造成9869.84万元的本息不能按时收回；二是未按规定进行账务处理，违规提取呆坏账准备金102万元；三是挤占挪用房改资金90万元；四是管理混乱致使房改资金增值收益不大。

外资运用审计 2004年，组织全省审计机关审计外资运用总项目4个、分项目171个，揭示了外资在使用和管理中存在的账实不符、内控制度不全、项目管理不规范等问题。并针对这些问题进行解剖分析，提出了限期归还原渠道资金、及时拨付滞留资金、从严控制费用开支、加强财务管理和内部控制管理等审计意见，力促政府提高外资的使用效益。

金融审计 组织对省属华创证券公司财务收支情况和贵财投资公司受托管理的“深圳—贵州助学基金”管理及收益情况进行了审计。对华创证券公司财务收支审计重点检查了资产质量状况、营运风险情况、有无挪用客户保证金、有无违规投融资、有无客户恶意透支造成严重损失、有无借用客户账户进行违规自营等行为。对贵州省贵财投资有限责任公司受托管理的1亿元“深圳—贵州助学基金”2003年11月至2004年6月管理、投资运作、收益拨付等情况进行了审计，经审计核实由于南方证券违法违规经营、管理混乱被行政接管后，致使贵财公司用“助学基金”在南方证券所购国债资金及国债收益的兑付存在风险。

经济责任审计 全省经济责任审计工作不断规范，审计质量进一步提高。在黔南州召开全省经济责任审计专题工作会，进一步研讨总结贵州省经济责任审计工作开展以来的经验和成就，强调经济责任审计在干部的管理、考核、使用方面将发挥积极的作用。通过对领导干部任期内的财务收支情况进行检查，如实评价领导干部是否遵守财务制度，既为领导干部是否依法行政提供客观的材料，也为领导干部的管理提供了“量化”标准。2004年，全省共对452名领导干部进行了任期经济责任审计，在查出的违规金额中，领导干部负有主管责任29216万元，负有直接责任5889万元。参照审计结果，平调57人，晋升12人，免职4人，移送纪检监察机关处理12人，移送司法机关处理2人。贵州省审计厅根据省委组织部的委托，分别对省基建投资公司法人代表、六盘水市市长、省国土资源厅厅长、省林业厅厅长、省旅游投资公司法人代表等任期经济责任进行了审计。

审计立法 《贵州省扶贫资金审计条例》（以下简称《条例》），从2001年申报立项以来，于2004年11月27日经贵州省十届人大常务委员会通过，并于2005年1月1日正式实施。《条例》的通过，既体现了贵州省最高地方立法部门对审计的重视，又标志着贵州省扶贫资金审计步入法制化的轨道。《条例》共19条，对扶贫资金的概念及所包括的范围、审计的主体、审计的具体内容、审计法定职权、法律责任以及审计纪律等都作出了规定，使扶贫资金审计有法可依，更为规范、更为制度化，真正体现依法审计、依法行政。（撰稿人：张绍剑）

【贵阳市审计局】 2004年，共有干部职工97人。局长方鉴常，副局长刘明亮、刘灵芝（—7月），纪检组长彭中利，总审计师汪耘。内设办公室、法制处、财政审计处、计算机审计处、金融审计处、行政事业审计处、经贸审计处、农业与资源环保审计处、社会保障审计处、固定资产投资审计处、外资运用审计处、经济责任审计处、人事处、监察室等14个处室。

审计成果 完成审计项目302个，查出违规金额49350万元，管理不规范金额107281万元，损失浪费金额2946万元，减少财政拨款或补贴2290万元，应归还原渠道资金24599万元，应调账处理金额20028万元，应自行纠正金额109837万元，应上缴财政2426万元，已上缴财政2463万元（含上年209万元），收缴入库率达92.9%。移送纪检监察部门处理事项1件，涉及金额237万元；建议有关部门处理事项3件，涉及金额47万元。提交审计信息、简报435期，被市委、市政府采用12篇，被省审计厅采用43篇，被《中国审计报》、《中国审计》采用7篇。获全省审计系统2004年度综合考核一等奖；被市委、市政府评为2004年度目标考核先进单位；获市政府2004年度全市办理市人大代表建议、市政协提案先进承办单位。

财政审计 2004年，完成3个系统本级及其二、三级核算单位的全面审计，共审计和延伸审计81个单位，查出违规金额12005万元，管理不规范金额13363万元，应归还原渠道资金196万元，应调账处理金额8552万元，应上缴财政146万元。同时，完成区（县）财政决算审计项目4个。另外，还先后对4个区（县）和18个乡（镇）2003年度财政收支状况进行了专项审计调查。

专项资金审计　完成了金阳建设资金筹集管理及使用情况、贵阳造纸厂“退二进三”有关联建情况、华日电器公司资产负债损益专项审计调查；对“同一首歌”专项经费、景云山殡仪馆财务收支进行了审计；对市价格调节基金2003年度预算收支执行情况进行了专项审计调查，并延伸审计了价格调节办公室及34个单位基金使用情况。提交的审计调查报告受到市领导和有关部门的重视，市领导作了重要批示。

固定资产投资审计　共审计项目26个，完成交办事项5个，审计工程决算总金额121525.78万元，核减工程投资10548.34万元。

经济责任审计　共对35名领导干部进行任期经济责任审计，在查出的违规金额中，领导干部负有主管责任9170万元，负有直接责任287万元。

内部审计　贵阳市有内审机构170个，内审人员792人。全年共完成各类审计项目137个，查出违规金额583.32万元。审计提出的建议被采纳34条，发现大案要案线索2件。根据贵州省内部审计协会要求，各内审机构的内审人员办理了上岗资格证。（撰稿人：王秋明）

【六盘水市审计局】　2004年，共有干部职工42人。局长邓华（—10月），副局长李丽（10月—）、袁潮涌、张勤荣、李文旭（9月—），专职纪检员张传义。设有办公室、经济责任审计科、法制科、财政金融审计科、行政事业审计科、经贸审计科、农业与资源环保审计科、固定资产投资审计科、社会保障与外资审计科和计划建设经贸派出审计组、农业资源环保派出审计组、社会保障救济派出审计组、文教体卫科技派出审计组等部门。

审计成果　完成审计及审计调查项目92个，查出违规金额23519万元，管理不规范金额3556万元，应上缴财政2555万元，应归还原渠道资金1490万元，应调账处理金额12168万元，指明要求纠正金额4287万元；完成审计调查项目13个，涉及审计调查单位66个，审计调查金额83732万元，查出违规金额16903万元。向纪检监察部门移送事项2件，涉及4人，涉及金额12万元。

财政审计　查出违规金额5612万元，主要问题有应缴未缴预算收入914万元，隐瞒转移预算收入553万元，挤占挪用预算资金252万元，擅自动用国库库款400万元，延压滞留预算资金3960万元等。

专项审计调查　对全市建筑领域部分建设项目拖欠工程款及民工工资情况进行专项审计调查，调查金额39050万元，发现拖欠工程款7949.25万元、拖欠民工工资34.70万元。

固定资产投资审计　审计项目投资总额3285万元，核减工程款233万元，查出违规金额560万元，应上缴财政3万元。

经济责任审计　完成领导干部任期经济责任审计项目21个，其中党政领导20个，国有及国有控股企业1个，审计经济责任人22人。查出违规金额10874万元，其中负主管责任9020万元，负直接责任1854万元；管理不规范金额614万元（负主管责任）。

内部审计　由于机构改革，六盘水市行政事业单位内审机构大部分撤销，现有内审机构4个，其中专职内审机构2个；内审人员13人，其中专职内审人员8人。审计单位29个，促进增收节支80万元。（撰稿人：张立敏）

【遵义市审计局】　2004年，共有干部职工27人。局长刘跃明，副局长何其毓、雷以怀，纪检组长王卫（3月—）。设有办公室、监察室、法制科、财政金融审计科、行政事业审计科、农业资源与环保审计科、经贸审计科、固定资产投资审计科、经济责任审计科等部门。

审计成果　审计单位411个，查出违规金额65123万元，应缴财政1558万元，已缴财政1494万元，核减财政拨款或补贴728万元，归还原渠道资金4952万元，调账处理金额5493万元。提交审计工作报告、信息和调研报告289篇，被采用103篇。遵义市审计局获中共遵义市委、遵义市人民政府“全市党风廉政建设先进集体”称号，获贵州省审计厅综合目标考核一等奖、遵义市市直机关综合目标考核优等奖。

经济责任审计　共完成县级、科级领导干部经济责任审计项目53个，查出违规金额15831万元，分别按照有关法律法规进行了处理。移送纪检监察机关调查处理2人。有关部门参考审计结果，平调12人，晋升1人。

外资运用审计　完成外资运用审计项目21个，查出截留、挪用资金，配套资金不落实，偿债机制不健全等问题。遵义市人民政府要求县、区（市）政府和有关部门认真整改。

内部审计　全市设有内部审计机构134个，其中专职机构89个；有内部审计人员210人，其中专职人员81人。全年共审计单位178个，查出损失浪费金额510万元。提出审计建议9条，促进增收节支49万元。（撰稿人：唐恩友）

【安顺市审计局】　2004年，共有干部职工39人。局长张惠芳，副局长龚启润、魏甦（—4月）、胡绪波，纪检组长李艳麟。设有办公室、财政金融审计科、社保外资审计科、固定资产投资审计科、经贸审计科、农业与资源环保审计科、经济责任审计科、科教文卫派出审计科、农林水派出审计科、综合派出审计科以及安顺市纪委、市监察局派驻的监察室等部门。

审计成果　共完成审计（调查）项目47个，查出违规金额4161万元，管理不规范金额26577万元，应归还原渠道资金133万元，应调账处理金额1406万元，应上缴财政200万元，已上缴财政107万元，入库率54%。向司法机关移送案件1起，涉案人员2人，涉案金额18万元。提交专题或综合报告7篇，审计调查报告7篇，审计信息73篇，被采用的审计信息有35篇，采用率为48%。

财政审计　查出应缴未缴财政收入127万元，税收过渡户期末余额未及时解库56万元。在县乡财政决算审计及审计调查中，查出平坝县财政局应缴未缴市级收入9万元，应缴未缴财政预算收入288万元，虚增预算收入788万元，虚增预算支出407万元。查出镇宁县财政局应缴未缴基金预算收入12万元，专款和专项收入未拨付到位232万元。

其他审计　在救灾资金审计中，查出财政安排决算不实93万元，虚列支出9万元，挤占救灾资金73万元，超范围拨支救灾款9万元。在技术监督局财务收支审计中，查出用财政办案经费弥补正常经费开支30万元，混淆缴库级次，多获返款4万元。在外资运用项目审计中，如实揭露了项目资金不到位165万元，项目资金不落实80万元，虚列工程支出33万元等问题。在贵州省级储备粮库项目竣工决算审计中，查出平坝县储备粮库128万元附属工程未进行招投标，同时审计核减项目工程款37万元。在拖欠民工工资审计调查中，发现项目资金不到位2466万元，超概算投资3244万元，建设单位拖欠施工单位工程款3883万元，施工单位拖欠民工工资697万元，占拖欠工程款的17%，拖欠人数约为1273人。

经济责任审计　对4人进行了经济责任审计，查出违规金额51万元，管理不规范金额1030万元，领导干部应负直接责任金额456万元，应负领导责任金额614万元。

大案要案　受安顺市委组织部委托，在安顺市人口和计划生育局原局长的任期经济责任审计中，查出采取低价销售免费发放药具、采购计生器械返款、科室“创收”等形式违规开设“账外账”51万元，用于发放福利、奖金等支出，并向司法机关移送案件1起，涉案人员2人，涉案金额18万元。

内部审计　2004年，有内审机构44个，内审人员129人，全年共组织开展审计项目64个。根据贵州省内部审计协会要求，各内审机构的内审人员办理了上岗资格证。（撰稿人：张俊晖）

【毕节地区审计局】　2004年，共有干部职工30人。局长刘晓益，副局长余洪信、陈兴华、肖应刚。设有办公室、法制科、经济责任审计科、财政农业审计科、行政事业审计科、固定资产投资审计科和企业审计科。

审计成果　共完成审计（调查）项目191个，查出违规金额28242万元，管理不规范金额33709万元，应上缴财政1903万元，应减少财政拨款或补贴110万元，应归还原渠道资金6678万元，应调账处理金额8521万元，指明要求纠正金额33718万元；已上缴财政1894万元。提交审计工作报告、信息179篇，被上级审计机关采用12篇。

财政审计　完成同级预算执行审计项目32个，查出的问题主要是违规减免少征应缴未缴预算收入2320万元，隐瞒转移挖挤预算收入4182万元，违规变更预算1000万元，截留挤占挪用预算资金1067万元，虚列财政支出5542万元，延压滞留预算资金5439万元等。

外资运用审计 完成审计项目24个，查出违规金额42万元，管理不规范金额4946万元，查出的主要问题是项目资金不到位或不落实。

行政事业审计 对3个血站和8个县（市）技术监督局财务收支情况进行了审计。在对毕节地区中心血站的审计中，查出了该站违反规定账外经营血浆，未纳入单位财务核算370.22万元，违规滥发各种补贴53.31万元，隐瞒、转移其他收入33.5万元等违规问题。在对大方、黔西两县技术监督局财务收支审计中，查出行政事业收费未及时上缴、未纳入预算管理和作为县级预算外资金管理，罚没收入未及时入库、未实行罚缴分离制度等问题。

经济责任审计 完成经济责任审计项目56个，审计经济责任人74人，其中县级党政领导干部6人，县级以下党政领导干部67人，国有及国有控股企业领导1人。查出违规金额4611万元，其中负主管责任4477万元，负直接责任134万元；管理不规范金额4183万元，其中负主管责任3384万元，负直接责任799万元。移送纪检监察部门事项2件，涉及人员5人，涉及金额17万元。

内部审计 为加强对部门、单位内部审计工作的管理和指导，毕节地区审计局积极为全区符合条件的专（兼）职内审人员办理内审岗位资格证和进行后续教育，同时，积极创造条件，筹建毕节地区内部审计协会。（撰稿人：徐永志）

【铜仁地区审计局】 2004年，共有干部职工30人。局长刘华生，副局长孙凡权、刘榕生，专职纪检员邱明福。设有办公室、财政金融审计科、行政事业审计科、经贸审计科、农业外资审计科、固定资产投资审计科、经济责任审计室、综合派出审计室等部门。

审计成果 2004年，铜仁地区审计机关完成审计和审计调查项目234个，查出违规金额7695万元，管理不规范金额14786万元，损失浪费金额367万元。审计处理后，已上缴财政433万元，已调账处理1132万元，已自行纠正5120万元。提交专题或综合报告、审计调查报告40份，审计信息222篇，104篇审计信息被上级党政机关和宣传单位采用。

专项资金审计 完成了全区10个县（市、特区）救灾资金的审计，揭露了救灾资金管理使用中存在挤占挪用行政经费等违规问题，引起行署重视，并责成审计、民政、财政等部门组织对挪用救灾资金较多的县进行了重点督查，民政系统认真进行了自查自纠，落实整改。

经济责任审计 实施党政委托、交办经济责任审计项目41个，其中县处级干部5人（含2名县市长），科局级干部32人，国企负责人4人。在已完成的35个项目中，查出违规金额3741万元，管理不规范金额3659万元，损失浪费金额367万元。向纪检监察机关移送处理事项1件，涉及1人。在铜仁市市长经济责任审计中，查出该市预算执行、专项资金管理和使用、国有土地出让、重点建设项目投资管理等方面违规金额2701万元，已上缴财政71.46万元，引起了铜仁市政府的重视，及时研究处理意见和落实整改。

固定资产投资审计 完成投资项目审计10个，审计项目完成投资总额6453万元，核减353万元。

企业审计 对全区粮食购销企业1998年6月1日至2004年6月30日新增财务挂账进行了交叉审计。审计核定全区粮食企业新增亏损总额为45995万元，净核减亏损5643.66万元。

行政事业审计 审计2个中心血站和3个单采血浆站财政财务收支，查出应缴未缴增值税、企业所得税等税款139.2万元，少支付供浆员营养补助费10.66万元，已依法作出审计处理。（撰稿人：刘嘉赋）

【黔东南苗族侗族自治州审计局】 2004年，黔东南苗族侗族自治州（以下简称黔东南州审计局）共有干部职工28人。局长李正相，副局长钱洁民。设有办公室、经济责任审计科、固定资产投资审计科、经贸审计科、农业环保审计科、财政金融审计科、行政事业审计科、建筑工程审计中心等部门。

审计成果 审计588个单位，审计项目547个，查出违规金额1.18亿元，管理不规范金额4879万元，损失浪费金额77万元；应归还原渠道和指明要求纠正资金1.43亿元，已归还原渠道和自行纠正资金6243万元；应上缴财政1005万元，已上缴财政875万元。完成国家建设工程审计审查项目225个，核减工程投资1578万元。向纪检监察机关移送案件1起。编发《审计信息》174篇，提交审计专题综合报告9篇，审计调查报告41篇，被贵州省审计厅及地方党政、新闻单位采用专题综合报告1篇，审计调查报告2篇，审计信息140篇，黔东南州人民政府采用15篇，《黔东南日报》采用2篇。

财政审计 完成同级预算执行情况审计项目17个，审计面达100%，同时完成审计延伸预算执行部门共84个，审计查出违规金额3971万元，应上缴财政270万元，已上缴财政200万元，归还原渠道资金395万元，调账处理金额844万元，指明要求纠正金额3147万元。

经济责任审计 完成了黔东南州人事局、计划生育委员会、建设局、林业局、水电局、广电局等6个部门局长（主任）经济责任审计工作，查出违规金额153万元，管理不规范金额3000万元。全州共完成经济责任审计项目126个，其中县级党政领导干部和企业领导干部8人，科级干部118人。通过审计，国有资产增值单位7个，保值单位5个，减值单位1个；平调14人，晋升3人，降职1人，撤职1人，建议给予党政纪处分2人，移送纪检监察1人。黔东南州人大常委会议还听取黔东南州审计局的《经济责任审计情况工作报告》，并把审计结果作为评议部门领导干部的重要参考依据。

固定资产投资审计 完成政府投资建设工程审计项目255个，送审造价3.31亿元，审计核减工程投资1578万元。

企业审计 完成全州国有粮食购销企业新增亏损挂账审计项目17个，截至2004年6月末，黔东南州国有粮食购销企业新增亏损挂账企业报表金额4.14亿元，审计核定黔东南州国有粮食购销企业新增亏损挂账金额3.8亿元，审计核减亏损金额3382万元。

内部审计 有内部审计机构46个，配备内部审计人员134人，其中专职内审人员70人。（撰稿人：时 建）

【黔南布依族苗族自治州审计局】 2004年，共有干部职工31人。局长孙绍明，副局长汪楠、李先文。设有办公室、法制科、财政金融审计科、经贸外资审计科、农业与资源环保审计科、社保与行政事业审计科、固定资产投资审计科、经济责任审计科、投资项目审计技术服务中心等部门。

审计成果 审计单位380个，查出违规金额25372万元，应缴财政1234万元，已缴财政1052万元。决定处理处罚16697万元，指明要求纠正18341万元，归还原渠道资金3397万元。向纪检监察机关移送事项6件，涉及6人；向司法机关移送案件4起，涉及6人；建议有关部门处理1件。提交审计综合报告和调查报告62篇、审计信息304篇，被采用116篇。

专项资金审计 对全州2001～2003年扶贫资金审计和2003年度民政救灾资金进行审计，共审计资金4亿元。审计后向州委、州政府提出了改善扶贫资金管理的意见和建议，州委、州政府领导两次对建议作出批示，要求对专项资金的管理和监督要实行“六个结合”。草拟的《关于进一步改进和加强专项资金管理的通知》和《关于加强民政救灾资金管理的通知》以州人民政府文件印发全州执行。

经济责任审计 完成经济责任审计项目78个，查出领导干部负有主管责任金额11188万元，负有直接责任金额869万元。有关部门利用审计结果晋升6人，平调17人，免职3人。移送纪检监察机关处理3人，移送司法机关处理2人。2004年11月，获“全国经济责任审计工作先进地区”称号，受到中央五部委表彰。

固定资产投资审计 对重点建设项目进行竣工决算审计和国债投资建设项目进行审计，审计单位52个，审减资金1336.1万元，平均审减率达11%。

审计结果落实 代为起草的《关于进一步加强审计结果落实工作的意见》由州委、州政府印发全州执行。落实审计结果被纳入党委、政府督察、人大监督和领导干部述廉的内容。州委、州政府主要领导对审计有关报告、要情、建议等作出重要批示15件（次）。审计、监察两部门联合发出督促落实审计结果通知8份，并组成联合检查组分两次对全州审计结果落实情况进行了督促检查，审计整改效果明显。

队伍建设 投入培训经费30余万元，组织全州180名审计人员进行审计署5、6号令集中培训，组织100名审计人员分两期到南京审计学院进行专业培训。全州审计人员人均参加州以上集中培训1.5次。（撰稿人：林雪洪）

【黔西南布依族苗族自治州审计局】 2004年，共有干部职工23人。局长梁天庆，副局长黄曼，纪检组长文建荣（9月—）、邓一平（—9月）。设有办公室、财政金融审计科、经济责任审计科、固定资产投资审计科、经贸审计科、法制科、业务股等7个科室。

审计成果 共完成审计和审计调查项目253个，查出违规金额7229.87万元，管理不规范金额5574万元，审计决定作出处理处罚应上缴财政826.41万元，应归还原渠道资金1409万元，作调整账务处理216万元，指明要求纠正金额14471.9万元。移送司法机关处理案件3件，涉案人员3人，涉案金额114万元；移送纪检监察部门处理案件2起，涉案人员4人，涉案金额1540多万元。

财政审计 对州本级2003年度预算执行及其他财务收支情况进行审计，发现的问题主要有预算内往来款余额过大、预算编制不够细化、专项资金支出不规范、税收计划不科学等。在县市财政预算执行审计中，发现财政部门暂存、暂付余额较大且时间长，查出有隐瞒转移预算收入和不按规定应纳入未纳入预算管理的收入放在预算外暂存等问题。

专项资金审计 对救灾资金、建筑领域拖欠工程款及民工工资以及全州粮食购销企业1998年6月1日至2004年6月30日的新增亏损挂账进行了专项审计和审计调查。

行政事业审计 对州中心血站，普安、晴隆和望谟县血站等采供血机构2003年度财务收支情况进行了审计。对州交通建设发展有限公司公路收费站兴顶路段峡谷收费站经营期起至2003年度12月的财务收支情况进行了就地审计。

外资运用审计 完成了世界银行贷款“第九个卫生发展项目妇幼子项目”和“第十个卫生发展项目结核病控制项目”的审计，查出的问题主要是配套资金到位不足，项目报账次数少，报账资金回补缓慢，致使部分项目县执行进度比较缓慢。

经济责任审计 共完成经济责任审计项目29个，其中任期项目23个，离任项目6个。各级审计机关针对经济责任审计查出的各种违纪违规问题，一方面责令被审计单位对存在的问题进行整改和规范，另一方面不断加强对被审计领导的纪律教育，以增强其遵纪守法和依法行政意识，较好地发挥了惩治和防范的作用。（撰稿人：沈浩廷）

2004年贵州省区、县（市）级审计工作统计表

审计机关	干部职工人数（人）	审计单位（个）	经济责任审计项目（个）	查出违规金额（万元）	应缴财政（万元）	已缴财政（万元）	决定处理处罚（万元）	指明要求纠正（万元）	提交审计报告、信息（篇）	审计信息被采用（篇）
贵阳市										
南明区审计局	12	11	4					6800	46	15
云岩区审计局	15	26	6	2501	51	51	2392	1375	30	12
花溪区审计局	17	21	5	88	52	125	88	352	52	23
乌当区审计局	14	24	2	264	30	30	43	188	57	22
白云区审计局	13	30	7	123	3	3	3	120	35	6
小河区审计局	5	8	4						18	7
清镇市审计局	15	33		1536	108	108	1536	26	65	5
开阳县审计局	19	27	3	4119	1	1	4118	17419	27	11
修文县审计局	13	34	2	1043				1019	19	5

审计机关	干部职工人数（人）	审计单位（个）	经济责任审计项目（个）	查出违规金额（万元）	应缴财政（万元）	已缴财政（万元）	决定处理处罚（万元）	指明要求纠正（万元）	提交审计报告、信息（篇）	审计信息被采用（篇）
息烽县审计局	13	20	3	693	8	8		685	60	29
六盘水市										
钟山区审计局	18	14	3	2471	476	438	912	80	20	3
盘县审计局	20	16	4	1328	159	159	777	342	15	
六枝特区审计局	17	32	4	1240	306	241	505	1	13	
水城县审计局	15	18	4	8040	135	80	7186	806	21	1
遵义市										
红花岗区审计局	25	25	1	188	54	52	124	11893	31	17
汇川区审计局	6									
赤水市审计局	15	43	6	710	158	155	642	4975	17	8
仁怀市审计局	27	24	5	2142	52	52	94	4065	21	6
遵义县审计局	29	69	6	4108	312	289	4108	1975	20	11
桐梓县审计局	10	18	2	1696	57	57	715	601	13	3
绥阳县审计局	11	30	7	708	19	15	150	2623	15	4
正安县审计局	12	20	1	404	14	10	385	4311	21	6
凤冈县审计局	15	18	2	875	10	8	121	360	15	5
湄潭县审计局	17	21	3	1477	254	254	1418	361	21	7
余庆县审计局	16	32	1	422	11	7	303	834	14	3
习水县审计局	17	30	6	454	14	9	445	1598	15	3
道真仡佬族苗族自治县审计局	13	28	1	208	71	71	122	201	16	14
务川仡佬族苗族自治县审计局	9	22	8	1501	86	77	1500	297	16	3
安顺市										
西秀区审计局	21	42	4	556	29	27	48	4948	20	3
开发区审计局	4									
平坝县审计局	14	17	3	32	2	2	2	746	16	4
普定县审计局	16	23	1	518	246	246	373	2411	15	7
黄果树审计局	1									
关岭布依族苗族自治县审计局	9	16	1	10	6	6	7	1357	16	
镇宁布依族苗族自治县审计局	13	17	4	1155	12	12	1126	1063	17	3
紫云苗族布依族自治县审计局	6	17		27	10	4	10	108	17	5
毕节地区										

审计机关	干部职工人数（人）	审计单位（个）	经济责任审计项目（个）	查出违规金额（万元）	应缴财政（万元）	已缴财政（万元）	决定处理处罚（万元）	指明要求纠正（万元）	提交审计报告、信息（篇）	审计信息被采用（篇）
毕节市审计局	16	21	9	3546	100	96	2255	14540	30	2
大方县审计局	14	19	6	1396	189	189	1303	549	16	
黔西县审计局	14	22	9	237	45	43	237	150	12	
金沙县审计局	16	27	6	3666	1000	1000	3421	1220	29	1
织金县审计局	13	19	6	5787	13	10	80	1979	18	
纳雍县审计局	18	23	6	67	15	15	27	2075	20	
赫章县审计局	18	20	6	5300	15	15	5257	90	17	
威宁彝族回族苗族自治县审计局	14	13	3	592	119	119	121	439	4	
铜仁地区										
铜仁市审计局	19	28	1	588	18	14	341	6224	12	5
江口县审计局	10	19	1	232	9	4	104	552	19	11
石阡县审计局	13	19	8	238	11	3	238	3	9	
思南县审计局	14	10		21	10	10	21	8	10	2
德江县审计局	18	26	5	27	27	21	27	629	15	7
玉屏侗族自治县审计局	14	22	5	309	14	14	61	1676	21	15
印江土家族苗族自治县审计局	11	21	3	231	12	12	153		46	10
沿河土家族自治县审计局	12	13		163	119	113	161	705	19	5
松桃苗族自治县审计局	15	32	3	1504	218	94	258	708	41	20
万山特区审计局	9	20	5	157	10	9	36	9	30	10
黔东南苗族侗族自治州										
凯里市审计局	20	33	10	385	60	57	60	616	48	9
黄平县审计局	12	42	13	107	14	12	14		12	7
施秉县审计局	12	48	13	357	3	3	3	357	20	8
三穗县审计局	9	33	9	404	6	6	6	456	17	11
镇远县审计局	10	37	2	720	142	116	142	67	8	2
岑巩县审计局	11	28	9	366	15	6	15	14	21	9
天柱县审计局	12	24	7	320	68	68	68	491	17	9
锦屏县审计局	8	27	6	469	18	18	18	451	14	4
剑河县审计局	6	34	5	43	6	6	43	37	15	1
台江县审计局	9	52	12	862	21	21	21	387	23	9
黎平县审计局	13	54	1	1100	5	5	5	904	3	1
榕江县审计局	9	23	3	1703	70	59	70	440	14	4

审计机关	干部职工人数（人）	审计单位（个）	经济责任审计项目（个）	查出违规金额（万元）	应缴财政（万元）	已缴财政（万元）	决定处理处罚（万元）	指明要求纠正（万元）	提交审计报告、信息（篇）	审计信息被采用（篇）
从江县审计局	12	25	6	1544	50	45	50	394	12	12
雷山县审计局	7	41	5	2430	10	9	10	2430	13	8
麻江县审计局	10	21	3	92	12	10	12	80	12	9
丹寨县审计局	12	40	15	282	37	37	37		16	6
黔南布依族苗族自治州										
都匀市审计局	24	36	10	374	219	219	239	1343	31	12
福泉市审计局	18	30	2	3222	74	41	2439	79	26	6
荔波县审计局	14	13	5	2095	10		2043	671	24	10
贵定县审计局	12	35	7	483	67	67	318	233	32	10
瓮安县审计局	14	27	2	2442	63	62	2015	2593	12	2
独山县审计局	13	52	2	633	56	54	407	1034	26	4
平塘县审计局	12	21	5	75	4		78	1091	32	4
罗甸县审计局	12	21	1	4348	252	252	2910	619	27	13
长顺县审计局	12	21	10	1927	139	94	1797	111	4	2
龙里县审计局	14	35	5	226	86	86	150	1997	24	8
惠水县审计局	15	36	17	3350	138	62	2519	1482	24	2
三都水族自治县审计局	12	17	6	287	9	3	182	1044	23	7
黔西南布依族苗族自治州										
兴义市审计局	14	20	3	969	113	94	969	340	22	
兴仁县审计局	12	21	2	732	45	35	732	6431	23	
普安县审计局	13	25	3	1021	529	528	42	450	17	
晴隆县审计局	12	32	6	434	2	2	2	365	29	
贞丰县审计局	10	31	4	2428	56	5	56	2372	52	
望谟县审计局	9	14	4	503	2	2	144	445	20	
册亨县审计局	8	12	3	445	1	1	445	323	12	
安龙县审计局	12	80	1	316	39	39	57	259	82	

云南省

【云南省审计厅】　2004年，云南省审计厅定编211人，在编182人。设有办公室、人事教育处、法制处、机关党委、老干部工作办公室、财政审计处、金融审计处、行政事业审计处、经贸审计处、农业与资源环保审计处、社会保障审计处、固定资产投资审计处、外资运用审计处、经济审计处、社会管理审计处、行政执法审计处、建设交通审计处、农林水审计处、劳动人事民政审计处、外事民族宗教审计处、经济责任审计办公室，驻有省纪委派驻的纪检组和省监察厅派驻的监察室，同时还设有厅机关后勤服务中心、审计科研培训中心、内部审计指导中心和计算机技术中心4个直属事业单位。

领导成员

厅　　长：马 坚

副 厅 长：杨宁生　胡芩菩

　　　　　吴绍吉　苏　黎（—3月）

纪检组长：罗廷才

审计成果　全省共审计单位4537个，查出违规金额708751万元，可增加财政收入100043万元，减少财政支出8244万元，归还原渠道资金51816万元。向纪检司法机关移送案件44起，涉及55人。各级党委、政府和有关部门十分重视审计成果，在各级审计机关提供的1595篇报告和信息中，有486篇被批示或采用；有3项审计结果进行了对外公告。7月份，协助审计署成功举办了全国审计信息工作座谈会。

财政审计　全省共查出违规、管理不规范金额36.17亿元，应上缴财政7.43亿元，主要揭示了预算执行中存在的一般预算支出年终调整幅度较大和仍较集中在年末等问题，以及部门预算执行中存在的资金拨付不均衡，部分收入、支出、结余未纳入预算管理、未在财务决算报表中反映，截留、挤占、挪用专项资金，虚列支出、无预算列支和乱收费等问题。各级审计机关提交的“两个报告”以揭示问题为主线，以提出针对性建议为重点，为各级人大加强预算执行监督，促进政府强化预算管理，推动各部门规范预算收支行为服务的目的更加明确。

经济责任审计　全省共完成1038名领导干部的经济责任审计，查出违规金额164436万元，管理不规范金额313340万元，损失浪费金额12326万元，其中被审计领导干部应负主管责任160051万元，应负直接责任4385万元。查出领导干部有个人经济问题金额266万元。审计后，免职76人，降职10人，撤职5人，建议给予党政纪处分3人，移送纪检司法机关调查处理16人。省审计厅和楚雄州、永平县、易门县、瑞丽市审计局受到了中央五部委联席会议办公室的表彰，昆明市的经验在全国经济责任审计工作会议上作了交流发言。

专项资金审计　全省审计机关先后对县级财政收支状况以及财政转移支付资金、支农资金、公路建设资金、城镇职工医疗保险基金、省级政府信用合作项目资金、省级农村养老保险资金管理情况、10个县（市）粮食直补资金拨付及发放情况、昆石等8条高速公路建设资金管理使用情况、部分县（市）交警经费及资产管理情况、20个县（市）新型农村合作医疗试点情况、2个州（市）10个县（市）教育“三免费”资金管理使用情况、滇池污染治理资金到位及管理使用情况、10个州（市）62个县（市、区）政法补助专款项目资金管理使用情况、省级及6州（市）民族机动资金管理使用情况等重大项目开展了专项审计调查。

党风廉政建设　各地积极落实“云岭先锋工程”的各项要求，认真贯彻省政府公务员“八条禁令”和“八不准”审计纪律，进一步加强了审计机关的党风廉政建设。省审计厅通过《云南日报》向全省郑重作出了严格执行“八不准”审计纪律的承诺，并制定和印发了《云南省审计厅关于执行“八不准”审计纪律的办法（试行）》。目前，除省审计厅机关外，全省还有10个州（市）、42个县（市、区）的审计机关按照“八不准”审计纪律规定，根据各自的具体情况实行了审计外勤经费自理，分别占到州（市）审计机关和县（市、区）审计机关总数的62.5%和33.6%。

五年规划落实情况　2004年，全省各级审计机关将财政审计工作的重点逐步转向财政支出方面，围绕实现“由收支审计并重向以支出审计为主转变，由主要审计本级支出向审计本级支出与补助下级支出并重的转变”的目标做了大量工作。按照“逐步实现专项审计与审计调查、真实合法审计与效益审计并重”的目标，各级审计机关2004年的项目计划中审计调查的比重明显加大。省审计厅的专项审计调查项目数量占到了计划项目总数的12%，达到了厅机关五年规划确定的年度目标。

内部审计　内部审计行业管理工作取得了新的进展和成效。内审法制建设明显增强，《云南省内部审计条例》立项申请已列入2005年度立法计划。

基础建设　队伍建设方面，按照建设学习型机关、培养复合型人才的规划，省审计厅先后举办或参与上级培训30期，共培训审计干部573人

(次)。另据不完全统计，全省各级审计机关还抽调了35名中青年干部到基层挂职锻炼，为培养复合型人才创造了条件。

审计法规建设方面，省政府颁布的《云南省预算执行情况审计监督规定》（省政府第124号令）于7月1日正式施行，支农、扶贫资金等涉农专项审计项目确立“年审制”。按照审计署的要求，省审计厅逐步推行《审计机关审计质量控制办法（试行)》，对事关审计项目质量的审前调查、审计日记、审计报告等关键环节提出了新的要求。《云南省审计厅审计结果公告试行办法》颁布实行，省审计厅对20个县（市）新型农村合作医疗试点情况的审计调查结果在《云南日报》上进行了公告。审计回访制度实现了常规化，向省人大、省政府专题报告当年预算执行审计各项决定的执行情况被作为一项制度确定下来。

信息化建设方面，经过近年来的集中学习和现场培训，一线审计人员基本上掌握了审计项目的数据采集与转换技术。省审计厅摸索总结出的2条计算机辅助审计方法经验被收入审计署计算机审计专家经验库，11名骨干通过了审计署组织的计算机审计中级水平考试。（撰稿人：谢　健　陈　俊　刘为国）

【昆明市审计局】　2004年，共有干部职工96人。局长王文兴（5月—)、储强明（—3月），副局长谢彩荣、林爱芳（—10月），纪检组长蒋吉富。设有办公室、人事教育处、法制处、信息处、财政审计处、金融审计处、行政事业审计处、经济责任审计办公室、固定资产投资审计处、经贸审计处、农业与资源环保审计处、外资运用审计处、社会保障审计处、审计执行检查处。

审计成果　审计单位428个，查出违规金额1.49亿元，应上缴财政4346万元，归还原渠道资金2893万元，指明自行纠正金额17.57亿元。向纪检监察和司法部门移送案件8起，涉案人员10人，涉案金额819万元。

财税审计　审计财税部门和单位88个，查出国有资产处置收益未按规定缴入财政、虚增预算收入、固定资产未入账等问题。同时，市审计局还开展了9个县级财政决算审计，促进了县级财政管理的规范化。

经济责任审计　对152名领导干部进行了经济责任审计，其中党政领导干部134人，国有及国有控股企业经济责任人18人。查出违规金额2887万元，其中领导干部应负主管责任2804万元，应负直接责任83万元。

专项资金审计、行业审计和审计调查　组织实施了全市12个县（市、区）的财政支农专项资金审计，查出违规金额4275万元。审计了13个世界银行贷款项目和1个外国政府援助项目，核实项目概算投资总额77131万元。对省市重点工程昆洛公路改扩建工程呈贡段征地拆迁资金进行了专项审计，审计查出违规提取征地管理费、不可预见费及征地奖共计362.5万元。对市滇池管理局负责的市本级重点项目国内贷款专项资金使用情况、市公共汽车总公司所涉及的市本级重点项目国内贷款专项资金使用情况、市城市排水公司市本级重点项目国内贷款专项资金使用情况等36个项目进行了专项审计调查，发现问题金额10174万元。

“人、法、技”建设　从严治理审计队伍，加强党风廉政建设和精神文明建设，认真落实“八不准”审计纪律规定，有效防止了违规违纪问题的发生。修定了《昆明市审计局岗位责任制目标管理考核办法》，实行了审计岗位责任制目标管理。高度重视计算机技术在审计实践中的运用，提高了工作效率。(撰稿人：陈　林）

【曲靖市审计局】　2004年，共有干部职工49人。局长宁伯浩、副局长王轶、郭建春，纪检组长王晓洪。设有办公室、法制科、监察室、财政审计科、金融外资审计科、经贸审计科、行政事业审计科、社会保障审计科、经济责任审计科、农业与资源环保审计科、固定资产投资审计科。

审计成果　审计项目355个，查出违规金额12756万元，管理不规范金额28412万元，应上缴财政4362万元，减少财政拨款或补贴1241万元，应归还原渠道资金2279万元，应调账处理金额2703万元，应自行纠正金额28324万元，审减工程款2810万元。移送纪检监察机关处理3人，移送司法机关处理2人。

财政审计　完成财税部门预算执行审计项目36个，查出违规金额439万元，管理不规范金额1914万元，应上缴财政384万元。审计县乡两级17个单位的财政决算，查出违规金额4218万元。

行政事业审计 审计项目114个，查出违规金额7734万元，管理不规范金额12323万元，应上缴财政2632万元。重点突出了对全市交通系统、林业系统、水利系统3个行业审计。

专项资金审计 完成专项资金审计项目66个，查出违规金额516万元，管理不规范金额1203万元。对财政支农专项资金、新型农村合作医疗试点资金、农业综合开发资金等进行了审计，确保了各项资金的及时到位和合理有效使用。

固定资产投资审计 完成固定资产投资审计项目77个，查出违规金额3888万元，应上缴财政712万元，审减工程款2810万元。市重点建设项目审计监督领导小组下设办公室在市审计局，对重点建设项目招标文件、施工合同、重大设计变更事项计量计价办法实行审计监督，审查发出意见、批复70份，提出审查意见114条。

经济责任审计 完成经济责任审计项目38个，审计经济责任人44人，查出违规金额520万元，管理不规范金额6618万元，领导干部个人经济问题8万元。审计后，免职1人，移送纪检监察机关处理3人，移送司法机关处理2人。

基础建设 采取到外地考察、举办或参加上级培训班等方式，对288人（次）进行了计算机、审计业务、审计执法方面的培训。选派了5名年轻干部到基层挂职锻炼。按照审计署6号令的要求组织11个审计项目进行了试点。开展了优秀审计项目评选和审计理论研讨活动，召开了曲靖市审计理论研讨会。（撰稿人：陈守忠）

【玉溪市审计局】 2004年，共有干部职工49人。局长申列京，副局长禹联信、杨海明、黄太武，纪检组长杨锦春。设有办公室、监察室、法规处、经济责任审计处、财政金融审计处、行政事业审计处、固定资产投资审计处、工业交通审计处、商粮外贸审计处。

审计成果 审计单位73个，查出违规金额30473万元，管理不规范金额42626万元，应上缴财政3115万元，已上缴财政1248万元，应归还原渠道资金4338万元，应调账处理金额10241万元，应自行纠正金额42626万元。移送纪检监察机关处理4人，建议有关部门处理1人。提交工作报告、信息59篇，被批示或采用18篇。

预算执行审计 开展预算执行审计项目5个，查出违规金额7274万元，管理不规范金额8083万元，应上缴财政157万元，应调账处理金额7117万元，应自行纠正金额8083万元。审计发现的主要问题是应缴未缴预算收入、虚列财政收入等。

固定资产投资审计 开展固定资产投资审计项目25个，查出违规金额3551万元，管理不规范金额2283万元，核减工程款3221万元。

经济责任审计 开展领导干部任期经济责任审计项目7个，查出违规金额6839万元，管理不规范金额15603万元。（撰稿人：唐文有）

【保山市审计局】 2004年，共有干部职工27人。副局长罗建国（主持工作）、王秀梅、孙家灿（—6月）、于剑武。设有办公室、法制科、财政金融审计科、行政事业审计科、经济责任审计科、企业审计科和固定资产投资审计科。

审计成果 审计单位210个，查出违规金额10624万元，管理不规范金额28811万元，应上缴财政592万元，归还原渠道资金2559万元，调账处理金额3859万元，指明要求纠正28811万元。移送纪检监察部门处理案件1起，涉案人员1人，涉案金额26万元。提交工作报告、信息54篇。隆阳区审计局保持"市级文明单位"，市审计局、施甸县审计局、腾冲县审计局、昌宁县审计局被授予"区、县级文明单位"。

预算执行审计 审计单位22个，上缴财政387万元，查出截留挤占挪用、延压滞留、违规减免核销、虚列支出、账外资产等问题。完成财政决算审计项目12个，上缴财政30万元，查出虚列支出、截留挤占挪用财政资金等问题。

专项资金审计 对财政支农资金和城镇职工基本医疗保险基金等53个专项资金审计项目进行了审计，审计金额30803万元，促进资金拨付到位2562万元，查出截留挤占挪用、改变资金投向、未及时拨付等问题。

经济责任审计 完成对46人的责任经济责任审计，查出违规金额411万元，管理不规范5171万元。审计后，平调20人，晋升6人，免职10人，撤职1人。（撰稿人：杨国寿）

【昭通市审计局】 2004年，共有干部职工27人。局长廖兴忠，副局长唐琼颐、杨永剑。设有办公室、法制科、财政审计科、外资金融审计科、农业与资源环保审计科、经济贸易审计科、经济责任审计科、行政事业审计科、固定资产投资审计科。

审计成果 审计项目48个，查出违规金额460万元，应上缴财政190万元，应归还原渠道资金235万元，应调账处理金额5万元，应自行纠正金额2387万元。向公安机关移送案件线索1件。

财政审计 完成预算执行审计项目10个，查出违规金额141万元，管理不规范金额2387万元，应上缴财政139万元；完成决算审计项目4个，查出管理不规范金额525万元。

专项资金审计 对昭阳区和鲁甸县“11.15”、“11.26”地震救灾资金、物资的管理和使用情况进行了审计，审计金额2212万元，查出管理不规范金额253万元。统一组织对市本级和11个县（区）财政支农资金的管理使用情况进行了审计，审计金额29597万元，查出违规金额326万元，应上缴财政51万元，促进资金到位1602万元。（撰稿人：朱 彦）

【丽江市审计局】 2004年，共有干部职工15人。局长杨植基，副局长李凤昌、刘跃初，纪检组长刘跃初（兼）。设有办公室、法制科、经济责任审计办公室、财金审计科、经贸投资审计科。

审计成果 审计单位171个，完成专项审计调查项目18个，查出违规金额6696万元，管理不规范金额7353万元，应归还原渠道资金3万元，应调账处理金额2966万元，应减少财政拨款或补贴21万元，应上缴财政162万元。

财政审计 审计项目28个，延伸审计单位20个，其中对5个乡级财政预算执行情况和4个乡级财政决算进行了审计，查出违规金额541万元，管理不规范金额1757万元，应归还原渠道资金401万元，应调账处理金额7万元，应上缴财政133万元。

专项资金审计 对全市财政支农专项资金的审计，审计单位39个，抽查了29个乡镇和4个项目实施单位，查出违规金额406万元。对国债资金、社会保障资金、农业与资源环保专项资金进行了审计和审计调查，审计单位14个，审计金额22262万元，促进拨付资金到位290万元。

企业审计 共完成对17个国有企业的审计，查出违规金额570万元，管理不规范金额814万元，应调账处理金额529万元。

固定资产投资审计 对古城区管委会和管理公司2003年度财务收支的审计和古城区管理公司8000余万元排污工程财政性资金的投资效益审计，审减金额538万余元。

经济责任审计 完成经济责任审计项目33个，其中县处级领导经济责任审计项目8个，查出个人应负主管责任667万元，负直接责任290万元，个人经济问题11万元。（撰稿人：丁跃虹）

【思茅市审计局】 2004年，共有干部职工36人。局长张保国，副局长秦永勋、段萍、马春华（—8月）。设有办公室、法制综合科、财政金融审计科、行政事业审计科、经贸审计科、农业与资源环保审计科、固定资产投资审计科、社会保障和外资审计科、经济责任审计科。

审计成果 审计项目256个，查出违规金额10954万元，管理不规范金额17056万元，损失浪费金额51万元，应上缴财政1060万元，应减少财政拨款或补贴130万元，应归还原渠道资金2289万元，应调账处理金额7055万元，应自行纠正金额17050万元。提出综合报告8篇，审计调查报告8篇，信息15篇。向纪检、司法机关移送案件3起，涉案人员3人。

财政审计 按照建立健全公共财政体制的要求，加强对预算编制、执行的监督。紧跟财税体制改革的步伐，加大财政“上审下”与“同级审”的结合力度。以预算执行审计为重点，逐步实现由收支审计并重向以支出审计为主转变，由主要审计本级支出向审计本级与补助下级支出并重转变。在项目安排上，注重整合审计资源，突出重点部门、重点领域、重点资金的审计。共完成预算执行审计项目55个，查出主要问题金额3992万元。

专项资金审计 对农业专项资金、新型农村合作医疗专项资金、城镇职工基本医疗保险基金、中央政法补助专款、国外贷援款项目资金和国内配套资金等专项资金的专项审计和审计调查，揭示了专项资金使用和管理过程中存在的被挤占挪用、严重损失浪费、效益低下、偿债风险等问题。

经济责任审计 完成经济责任审计项目71个，其中审计党政领导66人，审计国有企业及控股企业领导5人，查出违规金额7833万元。审计后，平调51人，晋升13人，免职5人，移送司法

机关2人。（撰稿人：解　默）

【临沧市审计局】　2004年，共有干部职工37人。局长罗锦华，副局长杨红军、张德城，纪检组长李本秀。设有办公室、纪检监察室、法制科、领导干部任期经济责任审计科、财政金融审计科、固定资产投资审计科、农业审计科、企业审计科、行政事业审计科、派驻审计科。

审计成果　完成审计项目188个，查出违规金额12985万元，管理不规范金额11504万元，应上缴财政680万元，应归还原渠道资金1853万元，应调账处理金额3468万元，应自行纠正金额12927万元，核减工程投资784万元；已上缴财政486万元，已归还原渠道资金1843万元，已调账处理金额3433万元，已自行纠正金额10878万元。提交工作报告10篇，被党政领导批示或采用3篇。向纪检监察机关移送事项1件，涉及1人。

财政审计　审计预算执行单位39个，查出违规金额3455万元，管理不规范金额3789万元，揭示了违规减免少征应缴未缴预算收入、隐瞒转移挖挤预算收入、虚列财政支出、截留挤占挪用预算资金、乱收费、乱摊派、乱罚款、账外资产等问题。完成财政决算审计项目10个，查出违规金额679万元，管理不规范金额333万元，揭示了隐瞒转移挖挤财政收入、截留挤占挪用财政资金等问题。

专项资金审计　审计项目20个，查出违规金额947万元，管理不规范金额931万元，揭示了截留挤占挪用资金、未按时拨付资金、未纳入财政专户管理、虚列支出、配套资金不落实等问题。

行政事业审计　审计项目65个，查出违规金额3933万元，管理不规范金额4148万元，主要揭示了应缴未缴预算收入、隐瞒截留、挤占挪用、虚列支出、少计少缴税金、预算外收入未缴专户管理、账外资产、乱收费、乱摊派、乱罚款等问题。

固定资产投资审计　审计项目34个，查出违规金额2936万元，管理不规范金额59万元，核减工程投资784万元，主要揭示了挪用侵占建设资金、虚结工程款、漏缴各种税费、招投标违规、决算编报不规范、超计划超规模投资、资金不落实、概预算编报不规范等问题。

金融审计　审计项目1个，查出违规金额3万元，管理不规范金额27万元，主要揭示了少计少缴税金、损益不实等问题。

外资运用审计　审计项目4个，查出管理不规范金额5万元，应自行纠正金额5万元，已自行纠正金额5万元。

企业审计　审计项目8个，查出违规金额1032万元，管理不规范金额1405万元，主要揭示了虚报隐瞒转移收入、少计少缴税金、虚增资产、虚增所有者权益、虚增损益、虚减损益等问题。

经济责任审计　审计项目40个，查出个人应负主管责任的违规金额3801万元，应负直接责任的违规金额489万元。审计后，平调12人，晋升5人，免职4人。向纪检监察机关移送事项1件，涉及1人。（撰稿人：周泽凯）

【德宏傣族景颇族自治州审计局】　2004年，共有干部职工27人。局长郝豫昆（12月—），副局长曾学亮（—12月）。设有办公室、综合法制科、财政金融审计科、领导干部任期经济责任审计科、行政事业审计科、经贸社会保障审计科、农业与资源环保审计科、固定资产投资外资运用审计科。

审计成果　审计单位86个，查出违规金额4707万元，管理不规范金额14085万元，应上缴财政398万元，应减少财政拨款13万元，应归还原渠道资金490万元，应调账处理金额333万元，指明纠正金额14085万元。移送纪检监察部门案件1起，涉及人员1人，涉及金额16万元。提交专题综合报告、审计调查报告、信息简报26篇，被采用4篇。

财政审计　审计预算执行项目4个，查出改变预算用途、截留挤占隐瞒转移预算收入、滞留税款等问题。不断丰富和充实了预算执行审计工作报告和审计结果报告的内容及质量，向州人大、州政府提交的“两个报告”在《德宏团结报》和网上首次向社会公告。

专项资金审计　开展了扶贫、救灾、农业综合开发、财政支农等农业专项资金的审计和审计调查，审计金额1.7亿元，促进扶贫资金下拨到位800万元。开展医疗保险资金审计7项，进一步保证了职工医疗保险资金的安全运行。

经济责任审计　对38人进行了任期经济责任审计，查出违规金额4666万元，其中个人应负主管责任4009万元，负直接责任657万元。审计建议给予党政纪处分1人，移送纪检司法部门1人。审计后，平调和留任32人，晋升2人，退居二线2人，免职1人，降职1人。

队伍建设　46人次参加了行业审计培训，7人参加了基本建设预、决算审计培训班，16人参加学历教育，3人参加在读研究生班学习。（撰稿人：刘宗燕）

【怒江傈僳族自治州审计局】　2004年，共有干部职工25人。局长和玉花（女），副局长毛宝荣、张学斌。设有办公室、法制综合科、领导干部任期经济责任审计办公室、企业审计科、农业审计科、行政事业审计科、财政金融审计科。

审计成果　完成审计项目75个，在审项目6个，完成专项审计调查项目4个，查出违规金额5740万元，管理不规范金额2313万元，应上缴财政848万元。提交综合报告、专项审计调查报告11篇。移送司法机关案件1起，涉案人员1人，涉案金额20万元；移送纪检监察机关案件5起，涉案人员5人。

财政审计　审计财税部门10个，查出隐瞒转移金额249万元及虚列支出、隐瞒收入等问题。

经济责任审计　对25人进行了经济责任审计，查出违规金额4642万元，其中个人应负主管责任3339万元，负直接责任1303万元。移送纪检监察机关案件5起，涉案人员5人；移送司法机关案件1起，涉案人员1人。审计后，平调14人，晋升2人。（撰稿人：陈银红）

【迪庆藏族自治州审计局】　2004年，共有干部职工22人。局长竹马此里，副局长浦永兴。设有办公室、综合法规科、经济责任审计科、财政金融审计科、投资经贸审计科、行政事业审计科。

审计成果　审计单位30个，查出违规金额2178万元，管理不规范金额6360万元，应上缴财政360万元，已上缴财政360万元，应归还原渠道资金21万元，应调账处理金额1639万元，已调账处理金额1531万元，应自行纠正金额6360万元，已自行纠正金额6260万元。提交工作报告、信息25篇。

经济责任审计　审计经济责任人4人，查出违规金额834万元，管理不规范金额49万元，其中个人应负主管责任883万元。审计后，平调2人，降职1人。

专项资金审计　对4个单位进行了审计，查出违规金额182万元，应上缴财政9万元，已上缴财政9万元，应归还原渠道资金15万元。

固定资产投资审计　对7个单位进行了审计，审计金额4793万元，核减工程款272万元，查出虚结工程款179万元，不落实资金480万元，其他101万元。

预算执行审计　审计项目2个，查出虚列财政支出5706万元，延压滞留预算资金250万元，应上缴财政250万元，已上缴财政250万元。

企业审计　开展企业审计项目3个，查出隐瞒转移收入194万元，少计虚列成本费用88万元，少计少缴税金7万元，虚增资产2万元，虚减资产543万元，虚减负债16万元，虚增损益64万元，其他14万元，应上缴财政4万元，已上缴财政4万元。（撰稿人：和集义）

【大理白族自治州审计局】　2004年，共有干部职工53人。局长张学义，副局长杜永进、施黄、梁育鸿，纪检组长何宜民。设有办公室、法制科、领导干部任期经济责任审计科、财政金融审计科、行政事业审计科、农业资金审计科、经贸审计科、固定资产投资审计科、政府性投资建设项目前置审计科。

审计成果　共完成审计项目602个，查出违规金额37166万元，管理不规范金额25546万元。

固定资产投资审计　为全面推行政府性投资建设项目前置审计，《大理州政府性投资建设项目前置审计实施办法（试行）》颁布实行。2004年，完成前置审计项目147个，审计预算投资总额35644万元，确认政府投资控制价为31780万元，审计核减造价3666万元，为节约建设资金，避免盲目决策，减少损失浪费发挥了积极作用。

行政事业审计　由州审计局牵头，从州级19个单位抽调20名财务人员组成的9个检查组，对40个州级行政事业性收费单位进行了重点检查，共检查行政事业性收费收入10240.95万元，罚没收入892.28万元，查出违规金额1249万元。全州12个县、市对365个单位也进行了审计检查，检查行政事业性收费21040万元，罚没收入5160万元，查出违规金额1618万元。

财政审计　审计单位 74 个，查出违规金额 4843 万元，上缴财政 257 万元，追还被侵占挪用资金 114 万元，指明纠正和调账处理金额 1442 万元。审计中揭示出的乱收费、乱罚款，私设“账外账”和“小金库”等问题，引起了各级党委、人大和政府的高度重视。全州审计机关共完成县市、乡镇财政决算审计项目 29 个，查出违规金额 2423 万元。

经济责任审计　完成经济责任审计项目 78 个，其中审计乡科级领导 72 人，国有企业领导 4 人，县处级领导 6 人。查出了永平县扶贫办原任领导违法违纪等问题。

专项资金审计　完成对 12 个县、市财政支农专项资金的审计，共审计金额 37714 万元，审计涉及 115 个部门（单位）86 个项目，查出违规金额 1346 万元。开展了对大理市等 7 个县、市及州本级 2001～2003 年度政法补助专款管理使用情况的审计调查，共审计调查政法补助专款 28193 万元，发现问题金额 19403 万元。组织开展了全州城镇职工基本医疗保险基金的审计和审计调查，查出违规金额 1384 万元。（撰稿人：郑　玲）

【楚雄彝族自治州审计局】　2004 年，共有干部职工 46 人。局长张万礼，副局长黄中凌、李晓梅，纪检组长李晓梅（兼）。设有办公室、法制科、财政审计科、金融与外资运用审计科、行政事业审计科、社会保障审计科、经贸审计科、农业与资源环保审计科、固定资产投资审计科、审计信息科、经济责任审计科、党总支办公室。

审计成果　审计单位 385 个，查出违规金额 7348 万元，决定处理上缴财政 1831 万元，归还原渠道资金 950 万元。对 57 个单位开展了专项审计调查，查出违规金额 774 万元。移送纪检监察部门案件 1 起，促进部门制定完善规章 28 条。

财政审计　审计财税部门 28 个，从宏观管理的角度揭示了县级财税管理中普遍存在的预算批复不及时、不足额，预算执行过程中追加频繁造成预算分配透明度不高、预算的约束力不强，基金预算管理不规范，预算支出管理不规范，非税收入管理不严格，财政挂账及欠拨专款数额大，财政包袱沉重，税款征收缴库不及时，欠缴税金和减免税金反映不真实，代征代扣手续费管理不严格，超范围代开发票等问题。

金融与外资审计　对中国人寿保险公司楚雄州分公司，新启动的世行贷款、英国赠款结核病控制项目、疾病预防（卫Ⅶ）等 21 个项目进行了审计，查出违规金额 231 万元，管理不规范金额 1531 万元。为促进和加强外资运用管理提出了审计建议，进一步规范了金融与外资运用的财务管理和会计核算工作，促进完善了政府外债管理体制。

专项资金审计　对支农专项资金和安楚高速公路征地拆迁资金等项目进行了审计，审计金额 25208 万元。审计情况引起州委、州政府的高度重视，并责成相关单位认真及时进行整改和落实，整改到位资金 257 万元。

经济责任审计　完成了 135 名领导干部的任期经济责任审计，查出违规金额 3590 万元，其中应负主管责任 3393 万元，负直接责任 197 万元；管理不规范金额 13824 万元，其中应负主管责任 13077 万元，负直接责任 747 万元。审计建议给予党纪处分 2 人。审计后，晋升 5 人，平调 42 人，免职 12 人，降职 1 人。

固定资产投资审计　完成固定资产投资审计项目 81 个，审计金额 29462 万元，审减金额 924 万元。查出挪用侵占建设资金 48 万元，虚结工程款 823 万元，招投标违规 88 万元等问题。

行政事业和社会保障资金审计　对政法补助专款、城镇职工基本医疗保险基金、交通规费、工商部门财务收支进行了审计，促进了政法补助项目专款资金的规范化、制度化、科学化管理和全州基本医疗保险基金管理、使用的进一步规范。（撰稿人：杨银恩）

【红河哈尼族彝族自治州审计局】　2004 年，共有干部职工 35 人。局长王志辉，副局长程桂芝、解友发、谭亚东。设有办公室、审计信息中心、综合法制科、财政金融审计科、经贸审计科、社会保障农业审计科、固定资产投资审计科、经济责任审计办公室、行政事业审计科。

审计成果　审计项目 91 个，查出违规金额 96503 万元，应上缴财政 1283 万元，应归还原渠道资金 8710 万元，应调账处理 3118 万元，应自行纠正金额 20125 万元。提交工作报告、信息 39 篇，被采用 10 篇。州审计局首次对 3 个固定资产投资项目进行了效益审计。

财政审计　工作重点逐步转向财政支出方面，围绕实现“由收支审计并重向以支出审计为主转变，由主要审计本级支出向审计本级支出与补助下级支出并重的转变”的目标做了大量工作。为规范审计执法行为，修订颁布了《红河州贯彻落实〈云南省预算执行情况审计监督规定〉的实施意见》。

经济责任审计　共对132名领导干部进行了任期经济责任审计，查出违规、管理不规范、损失浪费金额32818万元。审计后，晋升14人，平调72人，免职7人，降职1人，撤职1人，移交司法机关处理1人。（撰稿人：马洁明）

【文山壮族苗族自治州审计局】　2004年，共有干部职工32人。局长余游，副局长李建祥、何淑清（6月—）、庞建华（—1月），纪检组长陶金莲。设有办公室、纪检室、综合法规科、财政金融审计科、农业资金审计科、行政事业审计科、固定资产投资审计科、企业审计科、经济责任审计科。

审计成果　完成审计及调查项目313个，查出违规金额19957万元，管理不规范金额17750万元，决定处理处罚金额9300万元，指明要求纠正金额17750万元，核减工程款542万元。提交专题性工作报告和信息217篇，被批示或采用86篇。

财政审计　审计项目30个，查出违规金额8144万元，管理不规范金额2630万元，应上缴财政1244万元。查出的主要问题是虚增财政收入、虚列财政支出、转移预算收入、违规减免少征应缴未缴预算收入等。完成乡级财政决算审计项目14个，查出违规金额2482万元，管理不规范金额3246万元。

经济责任审计　完成领导干部任期经济责任审计项目58个，查出违规金额5806万元。审计后，留用5人，平调37人，提拔5人，免职10人，降职1人。

企业审计　对9个国有企业进行了审计，查出违规金额73万元，管理不规范金额4472万元，应上缴财政30万元。

专项资金审计　完成农业等方面专项资金审计项目51个，查出违规金额1160万元，管理不规范金额3071万元，应上缴财政77万元。采取从资金立项、报批、拨付、使用到效益一条龙跟踪问效的审计方法，对世界银行贷款项目资金和国内配套资金的到位情况进行了审计。

固定资产投资审计　完成固定资产投资审计项目68个，审计投资总额22783万元，查出违规金额1580万元。查出的主要问题是超规模投资、虚结工程款。

行政事业审计　完成审计项目105个，查出违规金额7100万元，管理不规范金额3713万元，应上缴财政409万元。（撰稿人：李　蕊）

【西双版纳傣族自治州审计局】　2004年，共有干部职工19人。局长赵庆东（12月—）、张正华（—12月），副局长彭延湘、唐兴朝。设有办公室、法制科、经贸审计科、经济责任审计科、财政审计科和固定资产投资审计科。

审计成果　审计项目23个，查出违规金额1223万元，管理不规范金额4728万元，损失浪费金额178万元，应上缴财政204万元，减少财政拨款560万元，自行纠正金额3014万元。提交综合报告4篇，信息8篇。

财政审计　审计财税部门4个，查出违规金额68万元，管理不规范金额1244万元，已上缴财政68万元，已自行纠正金额1244万元。

专项资金审计　对农业综合开发资金、支农资金、社会保障资金等5个项目进行了审计，审计金额17111万元，查出截留、挤占、挪用资金246万元，审计处理促进拨付资金到位644万元。

经济责任审计　对3名领导干部进行了经济责任审计，查出违规金额27万元，管理不规范金额2009万元，其中个人应负主管责任27万元。审计后，平调1人，离任1人，免职1人。（撰稿人：刀美珍）

2004年云南省区、县（市）级审计工作统计表

审计机关	干部职工人数（人）	审计单位（个）	经济责任审计项目（个）	查出违规金额（万元）	应缴财政（万元）	已缴财政（万元）	决定处理处罚（万元）	指明要求纠正（万元）	提交审计报告、信息（篇）	审计信息被采用（篇）
昆明市										
盘龙区审计局	18	17	5	489	275	9		5101	8	2
五华区审计局	13	25	16	1515	156	91	1			
官渡区审计局	18	19		993	150	150		570	66	19
西山区审计局	10	58	31	1437	46	45	1	3199	16	4
东川区审计局	19	20	7	79	47	47		3019	5	
安宁市审计局	11	27	9	156	17	17	17	82	3	
呈贡县审计局	9	19	10	248	112	96	17	634	2	
晋宁县审计局	13	28	8	139	55	55	35	1068	9	
富民县审计局	11	15	7	536	22	7	3		5	
宜良县审计局	12	20	6	805	804	804	1	312	5	
嵩明县审计局	11	12	4	127	22	22		2		
石林彝族自治县审计局	14	34	7	76	76	76		1382	2	
禄劝彝族苗族自治县审计局	18	16	4	127	99	23	28		8	3
寻甸回族彝族自治县审计局	15	34	19	300	206	131		219	4	
曲靖市										
麒麟区审计局	17	37	13	421	186	186	424	527	16	
宣威市审计局	34	27		214	193	156	193	7157	1	
马龙县审计局	16	14	1	242	62	62	234	465	1	
沾益县审计局	13	46	7	884	236	182	884	460	68	35
富源县审计局	23	47	2	1560	704	213	1519	1127	4	
罗平县审计局	22	27	1	1020	198	153	562	614	28	14
师宗县审计局	17	25	1	1890	45	16	1779	1936	1	
陆良县审计局	21	45	11	104	45	45	99	2208	13	2
会泽县审计局	21	63	7	1057	82	64	665	1193	4	1
玉溪市										
红塔区审计局	18	42	4	4375	338	209	1075		15	
江川县审计局	15	50	6	524	366	152	524	105	13	9
澄江县审计局	14	23	7	933	60	73			2	10
通海县审计局	15	25	6	453	109	123	289	201	8	3

审计机关	干部职工人数（人）	审计单位（个）	经济责任审计项目（个）	查出违规金额（万元）	应缴财政（万元）	已缴财政（万元）	决定处理处罚（万元）	指明要求纠正（万元）	提交审计报告、信息（篇）	审计信息被采用（篇）
华宁县审计局	11	27	4	2107	100	28	1930	88	18	8
易门县审计局	12	24	2	537	58	58	58	226	16	11
峨山彝族自治县审计局	13	20	3	6298	24	24	5069	4862	2	2
新平彝族傣族自治县审计局	15	30	3	500	226	226	500	1434	12	8
元江哈尼族彝族傣族自治县审计局	15	21	4	315	128	85	261	2689	8	8
保山市										
隆阳区审计局	28	41	8	2850	46	28		5359	26	4
施甸县审计局	9	15	6	101	10	6		101	10	2
腾冲县审计局	18	35	6	2282	52	30		3622	4	
龙陵县审计局	15	32	3	67	2			193	10	
昌宁县审计局	13	45	7	4390	336	283		932	22	7
昭通市										
昭阳区审计局	21	35	12	143			128	193	6	
鲁甸县审计局	7	16	5	21	1		21		3	1
巧家县审计局	13	30	9	5	5	3	5	985	17	3
盐津县审计局	11	15	3	3				2048	1	
大关县审计局	12	23	11	38	14	13	36	23	1	1
永善县审计局	14	28	13	209	37	8	49	163	11	2
绥江县审计局	15	17		2	2		2	200	14	5
镇雄县审计局	18	23		805	34	33	783	2451	2	
彝良县审计局	14	31	5	145	8	8	71	2202	16	
威信县审计局	11	21	12	163	20	6	163	302	15	1
水富县审计局	11	13	2	62	28	28	28	396	8	1
丽江市										
古城区审计局	9	36	2	2460	133	133	1958		13	1
永胜县审计局	16	23	1	50			50	1835	4	1
华坪县审计局	12	27	8	698			13	195	1	
玉龙纳西族自治县审计局	11	22	2	11	11	9		334	1	
宁蒗彝族自治县审计局	17	29	5	1588			228	1421		
思茅市										
翠云区审计局	24	23	7	1151	51	13	895	2274	2	
普洱哈尼族彝族自治县审计局	14	18	3	503	22	7	406		2	

审计机关	干部职工人数（人）	审计单位（个）	经济责任审计项目（个）	查出违规金额（万元）	应缴财政（万元）	已缴财政（万元）	决定处理处罚（万元）	指明要求纠正（万元）	提交审计报告、信息（篇）	审计信息被采用（篇）
墨江哈尼族自治县审计局	16	33	17	584	92	89	584	1020	2	
景东彝族自治县审计局	14	21	10	631	40	23	611	171	2	
景谷傣族彝族自治县审计局	12	15	5	291	35	15	292	1332	2	
镇沅彝族哈尼族拉祜族自治县审计局	13	26	6	360	22	10	360	809	2	
江城哈尼族彝族自治县审计局	9	8		232	79	68	232	138	2	
孟连傣族拉祜族佤族自治县审计局	10	24	14	124	70		124	490	2	
澜沧拉祜族自治县审计局	20	31		12	3		13	128	2	
西盟佤族自治县审计局	13	18	5	25	25	13	25	223	2	
临沧市										
临翔区审计局	10	21	5	121	25	20	25	1784	10	7
凤庆县审计局	15	22	3	355	98	98	152	203	2	6
云县审计局	14	18	4	404	88	59	111	8	14	21
永德县审计局	14	20	7	519	49	49	170	343	5	
镇康县审计局	13	20	8	2577	34	12		2264	17	9
双江拉祜族佤族布朗族傣族自治县审计局	16	22	8	751	30	26	30	651	3	3
耿马傣族佤族自治县审计局	16	14	2	607	18	15	59	548		
沧源佤族自治县审计局	15	20	5	2453	34	34	1167	948	6	2
德宏傣族景颇族自治州										
潞西市审计局	14	19	4	57	21	20	32	12	5	3
瑞丽市审计局	16	50	3	3583	134	126	197	1901	19	7
畹町经济开发区审计局	11	12	4	466	7	7	145		11	3
梁河县审计局	9	24	4	1206	4	4	7	1187	16	1
盈江县审计局	19	46	8	3482	13	13	242	1874	10	6
陇川县审计局	14	12	2	529	27	20	143		4	1
怒江傈僳族自治州										
泸水县审计局	20	19	6	75			75	670		
福贡县审计局	14	13	2	123			123	117		
贡山独龙族怒族自治县审计局	7	8	6	1267	281		673	477		

审计机关	干部职工人数（人）	审计单位（个）	经济责任审计项目（个）	查出违规金额（万元）	应缴财政（万元）	已缴财政（万元）	决定处理处罚（万元）	指明要求纠正（万元）	提交审计报告、信息（篇）	审计信息被采用（篇）
兰坪白族普米族自治县审计局	26	20	4	696	320	35	750	968		
迪庆藏族自治州										
香格里拉县审计局	9	23	6	3229	88	57	3230	1226		
德钦县审计局	9	21	10	851	4			1271	1	
维西傈僳族自治县审计局	11	24	14	442	86	16	364	695	3	
大理白族自治州										
大理市审计局	29	146	18	4533	369	314	7	1772	1	
祥云县审计局	15	26		853	389	389	11	143	5	
宾川县审计局	20	42	2	2840	59	76	538	2055	18	
弥渡县审计局	22	41	3	1643	139	139	6	1010	36	10
永平县审计局	16	32	2	574	146	93	24	140	1	1
云龙县审计局	13	23	1	9	7	7	1	2	17	5
洱源县审计局	17	33	5	175	44	38	22	20	17	2
剑川县审计局	16	26	1	306	21	16	2	115	4	
鹤庆县审计局	19	51	10	370	35	32		37	2	
漾濞彝族自治县审计局	15	58	19	444	16	2		329	5	
南涧彝族自治县审计局	19	38	6	1436	30				1	
巍山彝族回族自治县审计局	15	27	3	1899	66	34		435	8	4
楚雄彝族自治州										
楚雄市审计局	21	40	16	642	187	127	637	6299	3	2
双柏县审计局	13	22	12	99	21	2	88	8	1	
牟定县审计局	18	32	11	607	152	84	385	206	2	
南华县审计局	14	26	10	627	34	15	330	1956	5	
姚安县审计局	13	30	8	24	5	1	24	3099	2	
大姚县审计局	20	38	10	367	40	40	261	3194	1	
永仁县审计局	11	23	6	749	33	22	268	2746		
元谋县审计局	17	33	9	134	55	5	141	907	1	
武定县审计局	14	28	10	583	9	9	186	744		
禄丰县审计局	21	32	12	129	129	1	157	8758	2	
红河哈尼族彝族自治州										
蒙自县审计局	16	9	1	2798	377	4	377	1866	5	5

审计机关	干部职工人数（人）	审计单位（个）	经济责任审计项目（个）	查出违规金额（万元）	应缴财政（万元）	已缴财政（万元）	决定处理处罚（万元）	指明要求纠正（万元）	提交审计报告、信息（篇）	审计信息被采用（篇）
个旧市审计局	21	21	10	1170	93	21	1163	1196	11	3
开远市审计局	18	35	22	835	270	99	733	561	1	
绿春县审计局	12	22	9	61	7		56	802		
建水县审计局	18	45	5	151	131	131	133	647	1	
石屏县审计局	15	31	2	489	110	110	489	583	13	
弥勒县审计局	17	29	11	1782	1199	1116	1199	542	2	
泸西县审计局	12	36	23	1241	94	13	770	1200	1	
元阳县审计局	10	31	8	4	4	4	4	316		
红河县审计局	13	26	13	916	18	6	283		2	
金平苗族瑶族傣族自治县审计局	18	15	2	921	62	49	925		2	2
河口瑶族自治县审计局	10	8		2387	675	470	675		5	
屏边苗族自治县审计局	11	18	1	200	20	2	187	747	21	14
文山壮族苗族自治州										
文山县审计局	16	42	17	227	165	63	226	1773	27	11
砚山县审计局	19	27	5	106	97	23	97	506	13	2
西畴县审计局	10	24	5	232	35	15	229	1069	15	1
麻栗坡县审计局	13	36	9	1859	24	18	122	236	20	3
马关县审计局	16	36	2	623	22	17	406	180	32	19
丘北县审计局	17	23	6	1335	49	31	1333	1083	10	6
广南县审计局	18	32	5	785	15	15	665	198	28	10
富宁县审计局	14	23	4	764	183	51	643	5082	31	4
西双版纳傣族自治州										
景洪市审计局	12	13	6	487	36	61	36			
勐海县审计局	10	14	4	268	103	161	103	1131		
勐腊县审计局	12	19	2	209	97	43	47	26		

西藏自治区

【西藏自治区审计厅】 2004年，西藏自治区审计厅定编69人，在编59人。厅机关设有办公室、行政事业审计处、企业基建投资审计处、财政金融审计处、经济责任审计处、法规处，还设有厅机关审计事务所、后勤服务中心直属事业单位。

领导成员

厅　　长：郭　丹

副 厅 长：贵　桑　李瑞富

　　　　　罗　键（7月—）

助理巡视员：丹珍多吉

审计成果 全区共审计单位207个，查出违规等问题金额60733万元，其中违规金额31291万元、管理不规范金额28965万元、损失浪费金额477万元。审计决定处理处罚13721万元，其中应上缴财政2660万元，应归还原渠道资金6067万元，应调账处理金额4994万元，指明要求纠正金额44161万元；已上缴财政2255万元，已归还原渠道资金335万元，已调账处理金额1797万元，已自行纠正金额5292万元。移送司法机关案件1起，涉案人员1人；建议有关部门处理2起，涉案人员2人。提交审计报告、信息81篇，被有关部门、单位采用7篇。

预算执行情况和财政决算审计 审计财税部门和预算单位39个，查出违规等问题金额11449万元，其中违规金额9993万元、管理不规范金额1456万元。审计决定处理处罚3994万元，其中应上缴财政1340万元，应归还原渠道资金809万元，应调账处理金额1845万元，指明要求纠正金额3338万元；已上缴财政1232万元，已归还原渠道资金195万元，已调账处理金额1168万元，已自行纠正金额1045万元。审计厅组织对自治区2003年度本级预算执行情况和昌都地区、那曲地区2003年度财政决算进行了审计，对自治区国税局2003年度税收征管情况和山南、林芝地区国税局进行审计和延伸审计调查。2004年7月向自治区人大常委会提交了预算执行情况的审计工作报告，得到了自治区人大常委会的充分肯定和认可。

行政事业审计 审计行政事业单位104个，查出违规等问题金额31732万元，其中违规金额11446万元、管理不规范金额20188万元、损失浪费金额98万元。审计决定处理处罚4202万元，其中应上缴财政768万元，应归还原渠道资金2244万元，应调账处理金额1190万元，指明要求纠正金额29555万元；已上缴财政213万元，已归还原渠道资金140万元，已调账处理金额92万元，已自行纠正金额2655万元。通过审计，对发现的财务收支不合法、私设“小金库”、设置账外账、虚报冒领财政拨款等违纪违规行为，根据现行法律法规作出审计处理处罚决定。

固定资产投资和专项资金审计 对15个固定资产投资建设项目进行审计，同时对26个专项资金项目进行审计，共查出违规等问题金额11294万元，其中违规金额6145万元、管理不规范金额4949万元、损失浪费金额200万元。审计决定处理处罚7792万元，其中应上缴财政350万元、应归还原渠道资金2930万元、应调账处理金额1150万元，指明要求纠正金额7126万元；已上缴财政781万元。通过审计发现，工程项目建设管理和资金使用中，擅自改变项目投资、滞拨资金、多列建设成本、扩大建设规模、挤占投资等问题。针对存在的问题，作出了审计处理处罚决定。

企业审计 审计单位21个，查出违规等问题金额6258万元，其中违规金额3707万元、管理不规范金额2372万元、损失浪费金额179万元。审计决定处理处罚1095万元，其中应上缴财政202万元、应归还原渠道资金84万元，应调账处理金额809万元，指明要求纠正金额4142万元；已上缴财政29万元，已调账处理金额537万元，已自行纠正金额1592万元。

经济责任审计 全区审计机关受组织部门委托，对52名地县级党政领导干部及4名国有及国有控股企业的法定代表人进行了任期经济责任审计。查出负主管责任的违规金额5624万元，管理不规范金额2574万元，负有直接责任的违规金额100万元，领导干部个人挪用等问题金额344万元。审计后，平调29人，晋升7人。（撰稿人：邓东风）

【拉萨市审计局】 2004年，共有干部职工21人。局长唐应周，副局长阳荣义、吴国平（江苏援藏干部）、彭多。设有办公室、财政金融审计科、基本建设投资审计科、行政事业与社会保障资金审计科、经贸企业环保与资源审计科（经济责任审计科）。

审计成果 审计单位（项目）30个，查出违规等问题金额6773万元，其中违规金额6599万元、管理不规范金额174万元。审计决定处理处罚2242万元，其中应上缴财政833万元、应归还原渠道资金159万元、应调账处理金额1250万元，指明要求纠正金额1404万元；已上缴财政168万元，已调账处理金额180万元，已自行纠正金额14万元。

预算执行情况和财政决算审计 审计财税部门和县级财政决算单位4个，查出违规金额4748万元，审计决定处理处罚应上缴财政761万元，指明要求纠正金额 6 万元。通过审计，查出列支挂暂存、应纳入预算内的资金挂预算外暂存等问题。提交的审计工作情况报告受到拉萨市人大常委会的充分肯定。

行政事业审计　对拉萨市直 15 个行政事业单位的财务收支进行了审计，查出违规等问题金额 262 万元。审计决定处理处罚 1141 万元，其中应上缴财政 9 万元、应归还原渠道资金 102 万元、应调账处理金额 1030 万元，指明要求纠正金额 1132 万元，已上缴财政 9 万元。

企业审计　审计单位 6 个，查出违规等问题金额 418 万元，其中违规金额 251 万元、管理不规范金额 167 万元。审计决定处理处罚 197 万元，其中应上缴财政 7 万元、应调账处理金额 190 万元；已上缴财政 7 万元，已调账处理金额 166 万元。

专项资金审计　审计项目 5 个，查出违规金额 1339 万元。审计决定处理处罚 70 万元，其中应上缴财政 56 万元、应调账处理金额 14 万元，指明要求纠正金额 14 万元，已上缴财政 56 万元。（撰稿人：苏士勇）

【那曲地区审计局】　2004 年，共有干部职工 35 人。局长胡林，副局长谢天明，纪检组长谢天明（兼）。设有办公室、法规科、财政金融审计科、行政事业审计科、企业基建审计科、经济责任审计科。

审计成果　审计单位 28 个，查出违规等问题金额 9046 万元，其中违规金额 1697 万元、管理不规范金额 7349 万元。审计决定处理处罚 808 万元，其中应上缴财政 124 万元、应归还原渠道资金 685 万元，指明要求纠正金额 7303 万元；已上缴财政 2 万元。提交审计报告、信息 16 篇。

行政事业审计　审计行政事业单位 17 个，查出违规等问题金额 7286 万元，其中违规金额 1257 万元、管理不规范金额 5759 万元。审计决定处理处罚 772 万元，其中应上缴财政 102 万元、应归还原渠道资金 670 万元，指明要求纠正金额 5714 万元；已上缴财政 2 万元。

企业审计　审计单位 4 个，查出违规等问题金额 1472 万元，其中违规金额 170 万元、管理不规范金额 1302 万元。审计决定处理处罚 36 万元，其中应上缴财政 21 万元、应归还原渠道资金 15 万元，指明要求纠正金额 1301 万元。

专项资金审计　对 5 个县的农发项目资金进行审计，查出管理不规范金额 288 万元，指明要求纠正金额 288 万元。

经济责任审计　对 11 名党政领导干部进行经济责任审计，查出负有主管责任的违规金额 621 万元，负有直接责任的违规金额 35 万元；负有主管责任的管理不规范金额 1062 万元。（撰稿人：惠西宁）

【昌都地区审计局】　2004 年，共有干部职工 24 人。局长倪金彦，副局长歌松、欧珠达瓦、张丽红。设有办公室、财政金融审计科、行政事业审计科和企业审计科。

审计成果　审计单位（项目）33 个，查出违规等问题金额 4760 万元，其中违规金额 2740 万元、管理不规范金额 1740 万元、损失浪费金额 280 万元。审计决定处理处罚 912 万元，其中应上缴财政 69 万元、应归还原渠道资金 843 万元，指明要求纠正金额 3538 万元；已上缴财政 51 万元，已自行纠正金额 143 万元。提交审计报告、信息 5 篇，被采纳 4 篇。

预算执行情况和财政决算审计　审计财税部门及预算单位 12 个，查出违规等问题金额 1295 万元，其中违规金额 755 万元、管理不规范金额 540 万元。审计决定处理处罚应上缴财政 9 万元，指明要求纠正金额 1295 万元；已上缴财政 9 万元，已自行纠正 143 万元。查出财政部门虚列财政支出、挪用挤占专项资金和核算不规范等问题。提交的审计报告受到了地区行署的充分肯定。

行政事业审计　审计地区直属行政事业单位 12 个，查出违规等问题金额 1803 万元，其中违规金额 1044 万元、管理不规范金额 679 万元、损失浪费金额 80 万元。审计决定处理处罚 376 万元，其中应上缴财政 60 万元、应归还原渠道资金 316 万元，指明要求纠正金额 781 万元；已上缴财政 42 万元。

企业和固定资产投资审计　审计企业和固定资产投资项目 3 个，查出违规等问题金额 790 万元，其中违规金额 590 万元、损失浪费金额 200 万元。审计决定处理归还原渠道资金 266 万元，自行纠正金额 590 万元。

专项资金审计和审计调查　对长江上游天然林保护工程资金、低保资金、4 个县扶贫专项资金等6个项目进行审计，查出违规等问题金额872万元，其中违规金额351万元、管理不规范金额521万元。审计决定处理归还原渠道资金261万元，指明要求纠正金额872万元。审计调查了3个县“117”游牧民定居工程资金，2个县免费医疗资金和1个企业财务状况等5个项目。

经济责任审计 对4名县级以下党政领导干部和1名国有及国有控股企业领导人员进行任期经济责任审计，查出负有主管责任的违规金额761万元，负有直接责任的违规金额19万元；负有主管责任的管理不规范金额76万元。有关部门利用审计结果，平调4人，待安排1人。（撰稿人：吴江波）

【林芝地区审计局】 2004年，共有干部职工13人。局长李焕章，副局长吴美光、玉珍。设有办公室（纪检监察组、法规科）、经济责任审计科、行政事业社会保障审计科、财政金融固定资产投资审计科和审计事务所。在2004年的机构改革中，林芝地区各县都成立了审计机关。

审计成果 共审计9个单位，查出违规等问题金额2279万元，其中违规金额1282万元、管理不规范金额997万元。审计决定处理处罚应上缴财政315万元，指明要求纠正1725万元。

预算执行审计 对2个部门预算执行情况审计，查出违规等问题金额258万元，其中违规金额124万元，管理不规范金额134万元，指明要求纠正金额134万元。

财政决算审计 对1个县级财政决算进行了审计，查出违规金额29万元，审计决定处理处罚应上缴财政8万元。同时对审计中查出的问题提出了审计意见，引起了县政府的高度重视。针对查出的问题，县政府进行深刻的剖析和反思，进一步深化了该县财政体制改革，完善了相关制度，增强了该县执行财政法规和财务纪律的自觉性。

行政事业审计 对3个行政事业单位进行审计，查出违规金额833万元，审计决定处理处罚应上缴财政162万元，指明要求纠正金额671万元。

企业审计 对3个企业单位进行审计，查出违规等问题金额1159万元，其中违规金额296万元、管理不规范金额863万元。审计决定处理处罚应上缴财政145万元，指明要求纠正金额920万元。

审计援藏情况 2004年，林芝地区审计局加强同对口援藏单位的联系，积极抓住援藏机遇，围绕基础设施建设，目前共争取援藏资金20万元。（撰稿人：参木决）

【山南地区审计局】 2004年，共有干部职工23人。局长索朗益西（—9月，改任党组书记）、贾德文（10月—），副局长贾德文（—10月）、卫东（10月—）、谢顺德。设有办公室，行政事业社会保障审计科、企业农业与资源保护审计科、财金与固定资产审计科。

审计成果 共审计单位42个，查出违规等问题金额1739万元，其中违规金额1462万元、管理不规范金额277万元。审计决定处理处罚1462万元，其中应上缴财政186万元、应归还原渠道资金172万元、应调账处理金额1104万元，指明要求纠正金额277万元。提交审计报告、信息52篇，被采纳1篇。

财政决算审计 对1个县的财政决算及预算外资金管理使用情况进行审计，查出违规金额323万元。审计决定处理处罚323万元，其中应上缴财政25万元，应调账处理金额298万元。

专项资金审计 对3项援藏资金和3个农业综合开发资金进行了审计，查出违规金额23万元。审计决定处理处罚23万元，其中应上缴财政3万元、应调账处理20万元。

行政事业审计 对30个行政事业单位的专项性、行政性收费和事业费收支的真实、合法、绩效进行审计，查出违规等问题金额1021万元，其中违规金额853万元、管理不规范金额168万元。审计决定处理处罚853万元，其中应上缴财政150万元、应归还原渠道资金167万元、应调账处理536万元，指明要求纠正金额168万元。

固定资产投资审计 对2个单位进行了审计，查出违规等问题金额178万元，其中违规金额109万元、管理不规范金额69万元。审计决定处理处罚109万元，其中应上缴财政4万元、应归还原渠道资金5万元、应调账处理金额100万元，指明要求纠正金额69万元。

企业财务收支审计 对3个企业进行审计，查出违规等问题金额194万元，其中违规金额154万元、管理不规范金额40万元。审计决定处理处罚 154 万元，其中应上缴财政 4 万元、应调账处理金额 150 万元，指明要求纠正金额 40 万元。

经济责任审计　对 29 名党政领导干部任期经济责任情况进行审计，查出负有主管责任的违规金额 947 万元，负有主管责任的管理不规范金额 296 万元。（撰稿人：蒋艳华）

【日喀则地区审计局】　2004 年，共有干部职工 28 人。局长参决卓嘎，副局长普琼、崔玉忠、多吉、阿旺赤列、刘志远（7 月—）。设有办公室、经济责任审计科、财政金融审计科、经贸企业固定资产投资审计科、行政事业社会保障农业与资源保护审计科。

审计成果　审计单位 25 个，查出违规等问题金额 3673 万元，其中违规金额 2482 万元、管理不规范金额 1191 万元。审计决定处理处罚 1655 万元，其中应上缴财政 311 万元、应归还原渠道资金 1034 万元、应调账处理金额 310 万元，指明要求纠正金额 1210 万元；已上缴财政 229 万元。移送司法机关案件 1 起，涉案人员 1 人；建议有关部门处理 2 起，涉案人员 2 人。

预算执行情况和财政决算审计　审计预算执行和县级财政决算单位 12 个，查出违规等问题金额 1334 万元，其中违规金额 1141 万元、管理不规范金额 193 万元。审计决定处理处罚 1094 万元，其中应上缴财政 233 万元、应归还原渠道资金 614 万元、应调账处理金额 247 万元，指明要求纠正金额 193 万元；已上缴财政 214 万元。

专项资金审计　对日喀则、江孜、白朗 3 个县（市）农业综合开发项目进行审计，为确保专款专用和项目区长期发挥效益起到了促进作用。

行政事业审计　对 9 个行政事业单位进行审计，查出违规等问题金额 2289 万元，其中违规金额 1291 万元、管理不规范金额 998 万元。审计决定处理处罚 511 万元，其中应上缴财政 65 万元、应归还原渠道资金 420 万元、应调账处理金额 26 万元，指明要求纠正金额 1017 万元；已上缴财政 2 万元。

企业审计　审计单位 1 个，查出违规金额 50 万元。审计决定处理处罚 50 万元，其中应上缴财政 13 万元、应调账处理 37 万元；已上缴财政 13 万元。通过审计，就企业如何加强管理、改善经营提出了建设性意见和建议，被审计单位积极采纳建议和意见，及时付诸实施。

经济责任审计　对 8 名县以下领导干部进行经济责任审计，查出负有主管责任的违规金额 912 万元，负有直接责任的违规金额 46 万元，负有主管责任的管理不规范金额 608 万元。审计建议有关部门处理 2 人。（撰稿人：加　措）

【阿里地区审计局】　2004 年，共有干部职工 8 人。副局长曲尼贡布、程顺平、宗吉，纪检组长程顺平（兼）。设有办公室、综合业务科。

审计成果　审计单位 8 个，查出违规等问题金额 3877 万元，其中违规金额 3097 万元、管理不规范金额 583 万元、损失浪费金额 197 万元。审计决定处理处罚 912 万元，其中应上缴财政 39 万元、应归还原渠道资金 138 万元、应调账处理金额 735 万元，指明要求纠正金额 2226 万元；已上缴财政 34 万元，已归还原渠道资金 131 万元，已调账处理金额 735 万元，已自行纠正金额 2226 万元。提交审计工作报告、信息 8 篇，被有关部门采纳8 篇。

预算执行审计　对 2 个县 2003 年度财政预算执行情况进行审计，查出违规等问题金额 1019 万元，其中违规金额 436 万元、管理不规范金额 583 万元。审计决定处理处罚 435 万元，其中应上缴财政 33 万元、应归还原渠道资金 130 万元、应调账处理金额 272 万元，指明要求纠正金额 583 万元；已上缴财政 33 万元，已归还原渠道资金 130 万元，已调账处理金额 272 万元，已自行纠正金额 583 万元。

专项资金审计　对 1 个专项资金项目进行审计，查出违规金额 200 万元。配合地区扶贫办、发展与改革委员会等部门，对 2003 年度扶贫资金进行了审计调查。

行政事业审计　对 2 个行政事业单位进行审计，查出违规等问题金额 115 万元，其中违规金额 97 万元、损失浪费金额 18 万元。审计决定处理处罚 96 万元，其中应上缴财政 3 万元、应归还原渠道资金 1 万元、应调账处理金额 92 万元，指明要求纠正金额 51 万元；已上缴财政 1 万元，已归还原渠道资金 1 万元，已调账处理金额 92 万元，已自行纠正金额 51 万元。

企业审计　对 3 个企业进行审计，查出违规等问题金额 2543 万元，其中违规金额 2364 万元、损失浪费金额179万元。审计决定处理处罚381万元，其中应上缴财政3万元、应归还原渠道资金7万元、应调账处理371万元，指明要求纠正金额1592万元；已调账处理金额371万元，已自行纠正金额1592万元。

经济责任审计　对2名领导干部进行任期经济责任审计，查出负主管责任的违规金额627万元，负主管责任的管理不规范金额7万元；负有主管责任的损失浪费金额36万元，负有直接责任的损失浪费金额117万元。有关部门利用审计结果，平调1人、晋升1人。(撰稿人：刘　军)

陕西省

【陕西省审计厅】　2004年，陕西省审计厅定编241人（其中行政编制168人，事业编制73人），实有人员227人（其中行政编制157人，事业编制70人）。厅机关设有办公室、法制处、财政审计处、金融与中央企事业审计处、行政事业审计处、经贸审计处、农业与资源环保审计处、社会保障审计处、固定资产投资审计处、外资运用审计处、经济责任审计处、人事处等12个行政职能处室和机关党委、监察室，另外设有10个派出审计处（经济贸易审计处、外事外贸审计处、农林审计处、卫生药品审计处、教育科技审计处、文化体育审计处、政法审计处、交通建设审计处、资源环保审计处、杨凌示范区审计处），同时还设有审计研究所、老干所、审计干部培训中心、后勤服务中心、内部审计管理中心、计算机技术信息中心等6个直属事业单位。

领导成员

厅　　长：李淑琴（女）

副 厅 长：徐宗一　周新生　张海成

　　　　　李　健（3月—）

纪检组长：王兴盛

总审计师：宋宏印

审计成果　2004年，省、市、县（区）三级审计机关共审计单位和项目6690个，查出违规金额44.5亿元，管理不规范金额129.7亿元，损失浪费金额6.5亿元，应上缴财政8.5亿元，应归还原渠道资金3.9亿元，应减少财政拨款和补贴2555万元。向各级党委、政府、上级审计机关和有关部门提交审计工作报告684份，被批示、采用197份；提交审计信息683篇，被批示、采用441篇。完成各级人大议案14件、政协提案12件。向纪检监察部门和司法机关移送案件线索30起，移送涉案人员86人，建议有关部门处理严重违规问题14件。2004年，全省有84个审计机关被各级党委和政府评为精神文明建设先进单位和廉政建设先进单位，有242人被各级党委和政府评为先进个人。

财政预算执行审计　全年共审计财税部门和预算执行单位598个，查出违规金额17.2亿元，管理不规范金额39.9亿元，损失浪费金额1113万元，应归还原渠道资金3.9亿元。在审计内容上，突出了对财政资金使用效益和预算管理制度执行情况的检查。在审计方法上，坚持“两个强化”，即强化对财政支出管理的审计，强化对重点部门、重点领域、重点资金的审计。突出了“四个结合”：一是把全面审计与重点检查相结合；二是把对财税部门的审计与预算执行单位的审计相结合；三是把本级财政预算执行情况审计与下级政府财政决算审计相结合；四是把财政收支情况审计与行业审计、专项资金审计和审计调查相结合。在审计范围上，进一步扩大了预算执行单位审计的覆盖面，加大了对二、三级预算单位的延伸审计。财政预算执行情况审计，受到了各级人大和政府的好评，引起了社会各界的关注。2004年底，省审计厅对当年预算执行和其他财政收支审计工作报告中反映问题的整改情况进行了跟踪检查，从检查情况看，报告中反映的问题大部分已得到了纠正。

行业和专项资金审计　2004年，全省审计机关围绕领导关心、群众关注、社会反映强烈的热点、难点问题，进一步突出了对行业和专项资金的审计和审计调查。开展了对全省检察院系统、盐务行业、救灾资金、天然林保护工程资金、城市建设资金、疾病预防控制资金、省属有关单位药品购销情况的审计和审计调查。各地还围绕贯彻落实胡锦涛总书记来陕西视察工作时的重要讲话精神，围绕解决“三农”问题，加强了扶贫、农业综合开发、退耕还林等涉农专项资金的审计。宝鸡、铜川、安康、渭南等市，结合实际开展了对城市低保资金、住房公积金、环保资金、地税房建资金、科技经费、中小学校教育收费和部门单位工资外奖金补贴发放情况的审计和审计调查。

对全省救灾资金审计，采取同级审与上审下相结合的方法，共审计各级民政部门 118 个，延伸审计了 678 个乡镇。审计人员还深入到 1044 个自然村，对 5 万多户灾民接受救灾粮款情况进行了核查。审计资金占救灾资金总额的 76%。查出和揭露了一些单位救灾资金未实行专户管理、截留抵扣以及救灾粮款未及时发放等问题。及时督促一些地方向灾民足额发放了救灾粮款，保证了灾区的社会安定和群众的正常生活，受到了灾区群众的好评。

对全省疾病预防控制资金审计调查，揭示和反映了一些市、县疾控体系不健全，疾控项目配套资金不到位，检测检验设备难以应对突发公共事件，有的市县疾控机构为弥补经费不足，开展有偿服务等问题。还针对问题进行了分析，提出了加强管理的建议，为政府和有关部门妥善解决问题提供了依据。

对省属有关单位药品购销及管理情况的审计调查，揭示了部分药品生产销售企业通过虚报药品最高零售价、违规发放药品促销费、虚增药品生产成本等手段，转嫁药品费用；部分医疗单位违规收取药品销售回扣，开“大处方”，用药缺乏透明度，增加患者医药负担等问题。分析了药品价格虚高的原因，及时向省政府报告了审计调查结果。

对全省检察院系统审计，查出了截留挪用应缴财政国库资金，挤占挪用滞留专项资金和案件暂扣款等问题。揭露了一些基层检察机关擅自设立收费项目乱收费，以各种名义向涉案单位乱摊派，个别市县向检察机关下达罚没任务，将收缴罚没款与单位经费挂钩，以及资产和案件暂扣款管理中存在的问题。通过审计，查出和纠正违规乱收费金额 369 万元。

固定资产投资审计　全省各级审计机关围绕陕西省实施项目带动战略和“三大区域、四大基地建设”，加强了固定资产投资建设项目和利用外资项目审计。对西安至阎良、黄陵至延安高速公路等 732 个建设项目和项目施工单位进行了审计，查出违规金额 6 亿元，管理不规范金额 16 亿元。揭露了违规征地拆迁，侵占挪用建设资金、超计划、超标准、超规模建设等违纪违规问题，全省共查出招标投标违规金额 3.6 亿元，虚结工程款 2.5 亿元，管理不善和决策失误造成损失浪费金额 4689 万元，核减工程款 1.1 亿元。省审计厅对黄陵至延安高速公路等 3 个建设项目审计，核减工程款 1716 万元。

外资运用审计　按照审计署的统一部署，开展了对陕西省秦巴山区扶贫、黄土高原水土保持等 13 个利用外资项目、315 个项目执行单位的审计，及时向世亚行出具中英文报告 17 份。还针对外资项目管理体制、管理制度、偿债机制等方面存在的问题，向省政府提交了专题审计报告，省政府领导高度重视，专门召开会议，研究整改措施。

企业、金融审计　全省审计机关围绕推进国有企业改革，加强国有资产监管，提高企业经营管理水平，积极探索企业审计的新路子。把企业审计的重点放在为企业改善内、外部环境，促进深化企业改革服务方面。从检查财务收支的真实性入手，突出了对违规经营、管理不善、决策失误造成国有资产严重损失浪费问题的查处和揭露力度。完成了对长岭集团、渭河化肥厂等 741 个企业的审计。查出违规金额 4.4 亿元，管理不规范金额 30.8 亿元，损失浪费金额 4642 万元。省审计厅还加强了对地方金融机构的审计，揭露了一些单位会计信息失真、虚报隐瞒转移收入、违规经营、盲目投资、乱借款、乱担保造成国有资产流失等违纪违规问题，督促企业纠正违规和管理不规范金额 2.7 亿元。积极配合地方政府中心工作，开展了对改组改制企业的审计。

行政事业审计　围绕加强廉政建设，推进依法行政，促进增收节支，全省各级审计机关有重点地开展了对行政事业单位的审计。共审计单位 2965 个，查出挤占挪用预算收入、虚列支出、国有资产流失等违规金额 7.7 亿元，应归还原渠道资金 3616 万元，应上缴财政 4797 万元。

经济责任审计　2004 年，全省共完成了对 1191 名领导人员的经济责任审计，其中 7 个设区市对 9 名县（市）长进行了经济责任审计。全省共查出违规金额 3.16 亿元，管理不规范金额 22.4 亿元，其中领导干部负主管责任违规金额 2.9 亿元，负直接责任金额 2602 万元。移送纪检监察和司法机关 5 人，建议给予党政纪处分 5 人。有关部门参考审计结果免职、降职、撤职 111 人。

党政领导交办事项　2004年，全省审计机关共完成各级党委、政府交办的审计事项1941件，占全年审计单位数的29%，办理各级人大建议、政协提案26件。按照省政府的要求，开展了对全省粮食企业财务挂账清查审计。采取异地交叉审计的方式，开展了对农村电网建设资金的审计。完成了第三届全国特奥会财务收支审计，配合有关部门开展了全省教育乱收费、土地市场治理整顿、固定资产投资项目清理检查，参与了低保资金、征用农民土地补偿费情况的执法监察。

内部审计　全省3149个内审机构共完成财务收支、经济效益、内控制度评审等审计项目7388个，纠正违规金额2.7亿元，促进增收节支1.9亿元。(撰稿人：闫万章)

【西安市审计局】　2004年，共有干部职工84人。局长石桂英，副局长李永奇、潘小峪，纪检组长姚志愿。设有办公室、组织人事处、机关党委、法制处、经济责任审计处、经贸审计处、财政金融审计处、行政事业审计处、固定资产投资审计处、农业与资源环保审计处、社会保障及外资运用审计处、监察室。

审计成果　审计单位147个，查出违规、管理不规范和损失浪费金额105326万元，应上缴财政21281万元，应归还原渠道资金7192万元，应调账处理和自行纠正金额73612万元。对违纪违规问题处理后已上缴财政21221万元，归还原渠道资金4296万元。向纪检监察部门移送案件2起。提出审计报告和信息197篇，被批示、采用112篇。

财政审计　审计预算执行单位98个，查出违规金额71546万元，对违纪违规问题处理后应上缴财政、减少财政拨款或补贴、归还原渠道资金24122万元。对4个区县政府和45个乡镇、街道办事处的财政决算审计，查出违规金额13589万元，依法处理了挖挤上级财政收入、越权或违规减免税收、乱设基金、乱征税费等问题。

经济责任审计　制定了《西安市经济责任审计工作领导小组职责》、《西安市经济责任审计工作领导小组办公室职责》等3项规章制度。全市完成经济责任审计项目170个，审计党政领导干部135人，审计国有企业领导人员36人，查出违规金额2501万元，管理不规范金额2485万元。审计后，平调104人，晋升7人，免职37人，降职1人。

固定资产投资审计　制定了《西安市国家建设项目竣工决算审计实施暂行规定》等制度，全市完成69项建设项目审计，查出挪用侵占建设资金、虚结工程款、决算编报不规范等违规金额20169万元，在社会中介机构已出具查证报告的基础上，核减工程造价2028万元。

领导交办事项　完成了地方党政交办的对市城运村竣工决算、政府集中采购情况、行政事业单位工资外发放奖金津（补）贴情况、市政府驻乌鲁木齐办事处建设项目、市经济适用房领导小组办公室资产负债净资产等项目审计或审计调查，配合有关部门开展了全市教育资源整合、全市秋季教育收费检查等工作。

内部审计　截至2004年底，有内审机构65个，其中专职机构4个；内审人员184名，其中专职人员15名。(撰稿人：王恭让)

【延安市审计局】　设陕西省审计厅延安审计处。2004年，共有干部职工60人。局长李来存(8月—)、薛光明（—8月），副局长贾树宝、樊鹏英，纪检组长屈宏。设有政秘科、纪检监察室、内部审计管理中心、财政金融审计科、固定资产投资审计科、行政事业审计科、农林水审计科、市直企业审计科、机关后勤服务所，另设有经济责任审计局。

审计成果　审计单位149个，查出违规金额1.7亿元，应上缴财政410万元，应归还原渠道资金1775万元，指明要求纠正3.2亿元。延安市审计局被市委、市政府授予"市级文明单位"。

专项资金审计　对退耕还林还草和天然林保护等农林与资源环保资金进行了审计。审计单位31个，审计专项资金总额6.2亿元，查出违规金额1092万元，擅自改变计划和资金投向401万元，未按时拨付资金501万元，配套资金不落实72万元，指明要求纠正951万元。

行政事业审计　审计行政事业单位78个，查出违规金额6559万元，应归还原渠道资金1636万元，应调账处理金额1790万元，指明要求纠正2.2亿元，应上缴财政268万元。

固定资产投资审计　审计单位3个，项目投资总额1.1亿元，完成投资总额1.7亿元，核减工程款 288 万元。

经济责任审计　对 14 人进行了经济责任审计，查出违规金额 2665 万元，全为个人负主管责任金额。审计后，平调 5 人。（撰稿人：李卓庆）

【铜川市审计局】　设陕西省审计厅铜川审计处。2004 年，共有干部职工 54 人。局长彭群才（兼审计处处长），副局长韩务善、侯东强，审计处副处长杜国庆，纪检组长郑世安。设有办公室、法制科、财政金融审计科、行政事业审计科、经贸审计科、农业与资源环保审计科、社会保障审计科、固定资产投资审计科、内部审计管理中心、审计处一科、审计处二科。市经济责任审计局设有党政干部审计科、企事业干部审计科。

审计成果　全年共审计单位 80 个，查出违规金额 6267 万元，应上缴财政 180.3 万元，已上缴财政 152.3 万元。提交审计工作报告 78 份，信息和调研报告 136 篇，被采用 12 篇。

财政审计　强化了对部门预算执行情况的审计，全年共审计单位 7 个，查出违规金额 1594 万元，应上缴财政 61 万元，已上缴财政 61 万元，入库率 100%。

固定资产投资审计　完成固定资产投资审计项目 15 个，审计资金总额 16530 万元，查出违规金额 703.5 万元，核减工程造价 203 万元，应上缴财政 46.2 万元，已上缴财政 44.47 万元。

企业审计　共审计单位 13 个，查出违规金额 2182 万元，应上缴财政 58.55 万元。对铜川矿务局徐家沟煤矿等 6 个重点企业审计中，查出企业资产不实 133 万元，负债不实 516 万元，所有者权益不实 497 万元，不良资产造成潜亏 1495 万元等问题。

行政事业审计　共审计单位和项目 34 个，查出违规金额 481 万元，归还原渠道资金 243 万元，应上缴财政 10 万元，指明要求纠正金额 1610 万元。

经济责任审计　共完成经济责任审计项目 13 个，涉及经济责任人 11 人。查出违规金额 86 万元。

内部审计　筹备成立了铜川市内部审计协会，完成了 CIA 考试报名及考试工作，加强了对内审工作的指导，举办了内审人员法规培训班，完成了内部审计人员上岗证登记工作。（撰稿人：张子耀）

【渭南市审计局】　设陕西省审计厅渭南审计处。2004 年，共有干部职工 73 人。局长陈春明（兼审计处处长），副局长袁剑华、张泉，审计处副处长朱解放，纪检组长金引成。设有办公室、监察室、法制科、农林水审计科、行政事业审计科、财政金融审计科、固定资产投资审计科、经贸和社保审计科、经济责任审计科、驻渭单位审计科、内审指导中心、计算机中心。

审计成果　完成审计项目 46 个，查出违规金额 20667 万元，管理不规范金额 7042 万元，损失浪费金额 246 万元，应上缴财政 405 万元，应归还原渠道资金 571 万元。移送纪检机关案件线索 1 件。共提交审计工作报告、信息 70 篇，被批转采用 20 多篇。荣获省优秀项目二等奖 1 个。

财政审计　共审计预决算单位 7 个，查出违规金额 8949 万元，管理不规范金额 4239 万元，应上缴财政 175 万元。针对存在问题，提出了建立政府集中采购制度、严格专项资金管理、建立项目跟踪检查制度、规范财政预算外资金管理、严格执行“收支两条线”政策等建议，为政府和人大对财政预算执行的管理和监督发挥了重要作用。

农业与资源环保审计　审计单位 9 个，查出违规金额 2371 万元，决定归还原渠道资金 738 万元，为财政挽回损失 758 万元。《关于加强天然林资源保护工程专项资金管理的意见》被市政府转发，为党委政府加强农业专项资金的管理提供了有力的决策依据。

行政事业审计　2004 年，共对 14 个行政事业单位的财务收支进行了审计，查出违规金额 267 万元，应上缴财政 22 万元。提出加强内控管理建议 49 条，向政府提交审计综合报告 4 份，有力地推进了被审计单位强化管理、依法行政的步伐。

经济责任审计　共完成党政领导干部经济责任审计项目 5 个，查出违规金额 4864 万元，其中认定负直接责任 111 万元，负主管责任 4753 万元。取消不合理收费项目 3 个，纠正不合理收费项目 5 个。

党政交办事项　全市共完成市、县（区）党政领导交办的渭南彩票案、教育收费综合检查、土地执法综合检查、扶贫资金使用情况调查等事项 8 个。通过审计，查清了事实真相，掌握了基本情况，提出了合理化建议，有力地配合了当地中心工作的顺利开展。

固定资产投资审计　2004年，共完成固定资产投资审计项目8个，查出违规金额3592万元，应上缴财政25万元。（撰稿人：王少宏）

【咸阳市审计局】　设陕西省审计厅咸阳审计处。2004年，共有干部职工73人。局长张国（兼审计处处长），副局长郑天瑞、赵乃斌（4月—），审计处副处长马俊忠、何处国（4月—），纪检组长姚广迎。设有秘书科、法规科、纪检监察室、财政税务审计科、金融外资审计科、经济责任审计科、农业与环保资源审计科、固定资产投资审计科、行政事业审计科、工交企业审计科、商贸企业审计科，审计处一科、二科，咸阳市内部审计管理中心（直属事业单位）。

审计成果　完成审计单位96个，查出违规金额1.45亿元，归还原渠道资金672万元，管理不规范金额3114万元，应调账处理3161万元，应上缴财政370万元，已上缴财政241万元。被各级领导批转的报告11份。礼泉县审计局被评为全国经济责任审计工作先进单位；咸阳市审计局、礼泉县审计局被咸阳市授予2004年"创佳选优评差"竞赛活动最佳单位，淳化县、永寿县审计局被授予优秀单位。

财税审计　开展了对市本级财政预算执行情况和对武功、兴平、乾县、渭城和淳化5个县、市、区2003年财政决算审计，受市政府委托向市五届人大常委会第四次会议所作的审计工作报告，受到与会代表的好评。

行业和专项资金审计　对市县两级检察院系统、盐务行业、天然林保护工程、救灾资金、国外援贷款和粮食企业财务挂账等6个行业和专项资金进行了审计。对农业综合开发项目审计，发现地方财政配套资金不到位，经济效益不高等问题，起草的《关于加强天然林资源保护工程专项资金管理的意见》和《关于加强水利专项资金管理意见》被市政府办公室转发。对粮食购销企业财务挂账审计，基本摸清了咸阳市粮食购销企业的家底，为政府粮食企业改制奠定了基础。根据省纪检委、省审计厅的统一部署和安排，共抽调全市审计系统28名审计人员赴安康市对农电网改造项目进行了审计。

经济责任审计　2004年，对7名市管领导干部进行了经济责任审计，撰写的《咸阳市经济责任审计的新情况》受到省、市领导的好评。在加强干部监督管理、促进经济健康发展和推动党风廉政建设等方面发挥了积极的作用。

内部审计　全市共有内部审计机构359个，内审人员988人。查出损失浪费金额386万元，促进增收节支5338.14万元，提出合理化建议135条，促进了单位管理，提高了经济效益。另外，关于成立咸阳市内部审计管理中心请示报告得到市编委的正式批复。（撰稿人：任生堂）

【宝鸡市审计局】　设陕西省审计厅宝鸡审计处。2004年，共有干部职工66人。局长赵录全，副局长孙开汉、陈金仓、王兴英、刘凤侠（兼审计处副处长），纪检组长杨玉祥，总审计师谭鸿彬。设有办公室、监察室、法规复审科、行政事业审计科、财政金融审计科、基本建设审计科、经贸审计科、农业与环保审计科、经济责任审计科、审计处一科、审计处二科和机关后勤服务所。

审计成果　全年共审计单位113个，查出违规金额10056万元，指明要求自行纠正金额15440万元，应上缴财政436万元，已上缴财政402万元，纠正被侵占挪用资金485万元。提交审计工作报告和信息62篇，被批示采用26篇。移送纪检部门线索1件，涉及人员1人。

上级交办任务　根据市党政领导的指示，完成了对西府宾馆和颐和酒店资产置换中的资产清理、新建宝鸡中学建设投资项目、市级住房公积金年度审计等9个审计项目，完成人大建议、政协提案4个。还完成了省交办的对全市国有粮食企业财务挂账清理审计项目和全省农村电网改造资金审计中对汉中市农网改造资金的审计项目。

经济责任审计　2004年4月17日，宝鸡市委办、市政府办印发了《宝鸡市党政领导干部任期经济责任审计实施办法（修订）》。按照宝鸡市委组织部门的安排，全年共实施经济责任审计项目13个，涉及经济责任人13人，其中对扶风县县长的任期经济责任审计是宝鸡市首次开展的县区长经济责任审计。（撰稿人：肖清生）

【汉中市审计局】　设陕西省审计厅汉中审计处。2004年，共有干部职工51人。局长黄生怀，副局长皇甫菊香（女）、徐有业（—7月）、李振武，纪检组长郭久箐，经济责任审计处处长刘义成，总审计师赵明华。设有经济责任审计处、办公室、综合法制科、经贸审计科、中央省属企事业审计科、财政审计科、行政事业审计科、农业与资源环保审计科、固定资产投资审计科、社会保障审计科、外资运用审计科、机关事务所。

审计成果 共审计单位154个，查出违规金额7048万元，应上缴财政160万元，应归还原渠道资金2414万元。提交各种工作报告、信息10篇。

财政金融审计 完成了市级财政预算执行情况审计，对勉县、洋县、略阳、佛坪等4个县财政决算进行了审计。对市人民银行国库业务进行了审计，对11个乡镇财政财务收支进行了审计。

行政事业审计 开展了检察院系统行业审计，对民政救灾资金和失业保险基金进行了审计，对市疾病控制中心经费投入及基础设施情况进行了审计调查，对10个市直部门单位经费支出进行了审计调查，对14个市级行政事业单位和11个县区直属部门单位财政财务收支进行了审计。

专项资金审计 开展了林业专项资金、农业综合开发资金、农林水专项资金和抗旱应急工程资金审计，国土资源税费征收使用情况审计，市直和县区农业系统8个行政事业单位财务收支审计。查出违规金额1344万元，已上缴财政11.5万元。

企业审计 开展了市盐务局和3个市属企业财务收支审计。对市粮食购销企业财政挂账进行了清理审计，完成了对陕西理工学院、陕西省汉中劳教所、勉县新华书店、略阳县新华书店等4个陕西省驻汉中市单位的审计。

固定资产投资和外资运用审计 通过对12个固定资产投资项目审计，已归还原渠道资金1012万元。根据审计署授权，对25个国外援贷款项目进行了审计，审计总资金2.5亿元。

经济责任审计 受组织人事部门委托，对14名市直行政事业单位领导和市直国有及国有控股企业领导人员进行了经济责任审计，查出违规金额135万元，损失浪费金额450万元。（撰稿人：袁怀兰）

【榆林市审计局】 设陕西省审计厅榆林审计处。2004年，共有干部职工64人。局长乔乃章，副局长吕登榜（兼审计处处长）、高林（兼经济责任审计办公室主任）、杨政国（挂职）、强少炜、张随平（8月—），审计处副处长罗建国、任耀东（8月—），纪检组长贺占彪。设有政秘科、法制科、行政事业审计科、经贸审计科、财政金融审计科、固定资产投资审计科、审计处企业审计科、审计处事业审计科、经济责任审计办公室（正处级）。

审计成果 共审计单位（项目）181个，查出违规金额10370万元，比上年增加6712万元；应上缴财政474万元，已上缴财政464万元，比上年增加130万元。向上级政府部门提交专项报告26份。

预算执行审计 延安市审计局在本级预算执行审计中，共查出违规金额和管理不规范金额13764万元，提出了加强财政预算管理的建议6条。

专项资金审计 对救灾资金、水利建设基金、城建资金、农业开发资金、天然林保护专项资金、外资6项专项资金进行了审计。救灾专项资金审计中，共审计民政、财政等部门26个，抽审乡镇68个，并对136个行政村、1367户受灾户进行了审计调查，审计资金总额2688万元，查出违规金额360万元。审计报告提出了四个方面的建议。天然林保护工程专项资金审计中共审计单位（部门）66个，审计总金额4964万元，查出违规金额1059万元。审计发现存在配套资金不落实，县级资金管理部门滞留、欠拨、挤占、挪用专项资金、虚列支出、会计核算不规范、财务管理不严格等问题。

经济责任审计 共审计党政领导干部和国有企业领导人员31人，查出违规金额1687万元。（撰稿人：方自清）

【安康市审计局】 设陕西省审计厅安康审计处。2004年，共有干部职工47人。局长杜保华（兼审计处处长），副局长肖锋、陈国进，审计处副处长刘永康，纪检组长张诚。设有政办科、法制科、财政金融审计科、行政事业审计科、农业与资源环保审计科、经贸审计科、基建投资审计科、经济责任审计科、省属企业审计科、省属事业审计科等部门。

审计成果 共审计单位331个，查出违规金额6609万元，管理不规范金额16888万元，损失浪费金额71万元，应上缴财政443万元，归还原渠道资金556万元，应调账处理金额2770万元，自行纠正金额17288万元。向纪检监察部门移送案件1起，涉案人员3人，涉及金额12万元；建议有关部门处理1件，涉及金额234万元。建议纠正部门不当规定9条。提交审计综合报告、信息121篇，被各级采用72篇。

经济责任审计　开展经济责任审计项目57个，审计查出违规金额633万元，其中属领导干部负主管责任金额486万元，负直接责任金额147万元；管理不规范金额2709万元，损失浪费金额17万元。审计后，平调12人，晋升1人，免职1人，降职1人。

行政事业和专项资金审计　实施了对检察院系统、国土资源系统、盐务行业、林业专项资金、救灾专项资金等5个行业和专项资金的审计，开展了对地税房建资金提退情况、卫生防疫系统经费投入及其基础设施建设情况等2项审计调查，按要求完成了4个利用外资项目的审计实施工作。

领导交办事项　共完成各级领导交办事项36个。加强了对行业审计、专项资金审计中带有普遍性、倾向性问题的综合分析和研究，提出加强和改进管理的建议，努力发挥审计监督为宏观决策服务的作用。（撰稿人：刘志辉）

【商洛市审计局】　设陕西省审计厅商洛审计处。2004年，共有干部职工43人。局长卫星（兼审计处处长），副局长李敏霞、赵晓伟（兼审计处副处长）、刘九龙（4月—）、李九敏。设有办公室、法制科、财政金融审计科、行政事业审计科、经贸审计科、农业与资源环保审计科、固定资产投资审计科、经济责任审计办公室、审计处办公室、审计处一科、审计处二科。

审计成果　完成审计项目94个，查出违规金额21950.8万元，已上缴财政259万元。向各级政府及有关部门提交工作报告及信息60篇，其中天然林保护工程专项资金、城市建设专项资金审计综合报告被市政府转发。同时，配合政府有关部门进行了农电网改造、农业综合开发资金和全市救灾及低保资金使用情况检查，积极开展了扶贫包村等政府中心工作。

财政审计　审计财税部门18个，查出隐瞒转移预算外收入、虚增财政收入、虚列财政支出、延压滞留预算资金等问题。提交的审计工作情况报告受到市、县两级人大的充分肯定。

专项资金审计　对全市2002～2003年度天然林保护工程专项资金和2003年城市建设资金的征收、管理和使用情况进行了审计，共查出违规金额109600元。

经济责任审计　受市委组织部门委托，审计党政领导干部经济责任9人，审计查出主要问题金额4868万元，其中违规金额2893万元，管理不规范金额1975万元。审计后，平调3人，晋升2人，免职3人。抽调18名业务骨干组成审计组，对洛南县县长进行了2003年度任期经济责任审计。（撰稿人：谢苗苗）

2004年陕西省区、县（市）级审计工作统计表

审计机关	干部职工人数（人）	审计单位（个）	经济责任审计项目（个）	查出违规金额（万元）	应缴财政（万元）	已缴财政（万元）	决定处理处罚（万元）	指明要求纠正（万元）	提交审计报告、信息（篇）	审计信息被采用（篇）
西安市										
莲湖区审计局	16	42	6	3560	102	56	102	414	25	5
新城区审计局	13	29	15	475	56	49	56	650	12	3
碑林区审计局	15	77	52	2132	199	56	199	3950	21	12
灞桥区审计局	15	68	27	1416	44	13	44	964	23	3
未央区审计局	13	35	7	1386	67	67	1083	502	8	8

审计机关	干部职工人数（人）	审计单位（个）	经济责任审计项目（个）	查出违规金额（万元）	应缴财政（万元）	已缴财政（万元）	决定处理处罚（万元）	指明要求纠正（万元）	提交审计报告、信息（篇）	审计信息被采用（篇）
雁塔区审计局	18	71	11	40620	77	68	1985	890	28	19
阎良区审计局	13	44	9	470	46	27	46	280	69	20
临潼区审计局	17	62	21	3522	171	137	3522	1625	15	9
长安区审计局	20	51	3	5213	88	88	96	332	27	10
蓝田县审计局	19	28	5	315	14	12	315	331	18	3
周至县审计局	30	68	4	1778	22	22	22	408	11	11
户县审计局	18	80	6	5665	90	75	5665	1947	26	26
高陵县审计局	18	38	4	872	97	38	97	57	45	14
延安市										
宝塔区审计局	31	64	26	336	33	33	336	8567	32	8
延长县审计局	14	36	11	68	3	3	3	50	2	2
延川县审计局	28	32	9	60	38		38	346	4	
子长县审计局	18	138	2	892		8	8	189		
安塞县审计局	30	72	28	46	42	42	18	2425	24	
志丹县审计局	29	100	21	6638	13	13	13	6625	4	
吴旗县审计局	21	60	13	306	107	107	126	7973	10	6
甘泉县审计局	22	59	17	340	5	5	80	260	24	8
富县审计局	22	62	11	179	20	20	20	74	18	6
洛川县审计局	24	91	21	1381	11	11		510	36	
宜川县审计局	22	98	19	625	13	13	13	118	28	4
黄龙县审计局	11	36	15	78	1	1	1	298	10	1
黄陵县审计局	19	69	24	39	33	25	8	1046	31	
铜川市										
耀州区审计局	15	53	8	790	40	40		2445	30	6
王益区审计局	13	33	5	76	5	2			32	
印台区审计局	15	23	6	117	8	6		4791	5	2
宜君县审计局	15	25	10	512	10	7		385	25	8
渭南市										
临渭区审计局	43	123	3	2556	221	51	2864	3601	14	8
华阴市审计局	23	55	7	639	51	39	51	443	17	14
韩城市审计局	27	78	8	2720	510	93	770	1226	13	4
华县审计局	21	28		190	45	12	134	2	16	13
潼关县审计局	34	40	7	1037	33	18	63	342	13	7
大荔县审计局	39	35	20	1409	63	53	96	13	18	10

审计机关	干部职工人数（人）	审计单位（个）	经济责任审计项目（个）	查出违规金额（万元）	应缴财政（万元）	已缴财政（万元）	决定处理处罚（万元）	指明要求纠正（万元）	提交审计报告、信息（篇）	审计信息被采用（篇）
蒲城县审计局	34	90	27	99	99	30	99	5669	26	19
澄城县审计局	23	68	22	783	201	78	375	2017	25	17
白水县审计局	33	83	12	1988	302	84	2007	319	22	16
合阳县审计局	34	92		3633	617	60	861	1146	36	28
富平县审计局	43	64	13	3021	392	33	442	7214	28	19
咸阳市										
秦都区审计局	16	25	1	1392	7	7		598		
杨陵区审计局	7	37	7	36				30	1	2
渭城区审计局	24	45	1	2128	60	60			6	3
兴平市审计局	40	72	9	962	110	110	4	272	15	10
三原县审计局	23	57	11	2646	41	32		257		
泾阳县审计局	30	53	5	1753	83	83		1037	21	10
乾县审计局	25	91	5	4118	79	79				
礼泉县审计局	38	77	21	2589	74	74		4245	29	22
永寿县审计局	19	59		591	31	31		423	15	2
彬县审计局	25	86	15	874	70	69	437	323	10	5
长武县审计局	19	42	6	223	18	18		1341	20	3
旬邑县审计局	18	32	7	783	19	19				
淳化县审计局	22	47	9	451	14	14		314		
武功县审计局	21	70	12	385	18	18		187	6	4
宝鸡市										
渭滨区审计局	11	34	8	116	8	8	116	730	3	
金台区审计局	10	18	4	2934	24	21	556	267	9	1
陈仓区审计局	24	90	13	3011	18	18	278	2731	32	5
凤翔县审计局	18	46	7	2425	273	273	10	2284	25	19
岐山县审计局	16	46	8	622	16	14	421	2099	16	8
扶风县审计局	15	41	6	4166	241	203	1154	3012	4	4
眉县审计局	15	49	8	1633	28	28	470	348	18	5
陇县审计局	18	38	9	839	25	25	936	541	19	7
千阳县审计局	14	35	9	99	4	4	33	1768	14	
麟游县审计局	10	29	7	256	33	32	45	812	18	12
凤县审计局	12	62	5	1147	752	752	1147	1516	15	6
太白县审计局	13	33	15	43	5	5	43	465	3	6
汉中市										

审计机关	干部职工人数（人）	审计单位（个）	经济责任审计项目（个）	查出违规金额（万元）	应缴财政（万元）	已缴财政（万元）	决定处理处罚（万元）	指明要求纠正（万元）	提交审计报告、信息（篇）	审计信息被采用（篇）
汉台区审计局	17	142	15	1223	20	20	20	601	34	20
南郑县审计局	21	77	20	3493	32	32	32	1394	10	10
城固县审计局	16	149	13	358	21	21	27	331	3	
洋县审计局	22	103	18	1226	121	82	121	1891	38	7
西乡县审计局	17	36	4	814	3	3	3		8	4
勉县审计局	15	65	7	1054	1	1	127	926	6	5
宁强县审计局	12	71	2	1353	48	14	787	254	3	
略阳县审计局	13	106	22	2051	53	53	53	102	20	13
镇巴县审计局	21	124	26	906	59	44	263	242	37	3
留坝县审计局	11	44	4	2054	2	1	3	1041	12	8
佛坪县审计局	9	89	4	128	7	7	7	64	3	2
榆林市										
榆阳区审计局	23	82	12	43453	800	35	35	55	26	2
神木县审计局	21	59		788	82	85	85	1505	19	19
府谷县审计局	14	55	8	649	31	31	31	6170	11	1
横山县审计局	18	38		6833	165	136	165	545	12	3
靖边县审计局	35	70	13	3447	107	100	100	2444	3	
定边县审计局	43	63	15	19941	246	246	246	1272	45	6
绥德县审计局	11	63	30	2785	10	10	10	24	10	6
米脂县审计局	20	72	19	4540	16	16	16		17	1
佳县审计局	21	58	9	332	11	11	11	39	7	3
吴堡县审计局	11	30		374	11	11	11	15	14	4
清涧县审计局	15	89	25	1480	30	30	15	220	20	18
子洲县审计局	14	40		1862	24	24	522	15	17	5
安康市										
汉滨区审计局	29	35	9	1133	145	42	989	1792	24	8
汉阴县审计局	16	34	4	820	35	29	89	1138	24	8
石泉县审计局	17	33	9	10	10	10	10	393	3	3
宁陕县审计局	12	20	6	478	55		142	921	7	7
紫阳县审计局	14	27	2	393	14	18	143	1111	6	1
岚皋县审计局	15	23		24	10	8	31	184	3	
平利县审计局	13	22	8	1113	10	6	1108	914	9	6
镇坪县审计局	14	19	6	5	5	2	5	507	9	3
旬阳县审计局	21	40	6	617	22	12	92	2717	16	16

审计机关	干部职工人数（人）	审计单位（个）	经济责任审计项目（个）	查出违规金额（万元）	应缴财政（万元）	已缴财政（万元）	决定处理处罚（万元）	指明要求纠正（万元）	提交审计报告、信息（篇）	审计信息被采用（篇）
白河县审计局	12	33	6	97	12	11	98	340	4	
商洛市										
商州区审计局	22	45	13	5627	33	33	33	2654	10	
洛南县审计局	34	287	19	2281	140	132	140	2006	5	2
丹凤县审计局	17	45	12	1292	31	28	31		2	2
商南县审计局	17	79	1	2142	37	27	209	1509	3	3
山阳县审计局	20	51	16	418	44	34	44	44	5	
镇安县审计局	19	60	24	3907	52	40	317	31	50	29
柞水县审计局	18	76	27	2132	23	20	326	1807	32	25

甘肃省

【甘肃省审计厅】 2004年，甘肃省审计厅定编164人，在编164人。厅机关设有办公室、人事教育处、法制处、经济责任审计一处、经济责任审计二处、经济责任审计三处、财政审计处、金融审计处、行政事业审计处、经贸审计处、农业与资源环保审计处、社会保障审计处、固定资产投资审计处、外资运用审计处、机关党委、监察室等部门，同时还设有机关后勤服务中心、计算机信息中心、审计科研培训中心等直属事业单位。

领导成员

厅　　长：高存弟

副 厅 长：任素英（—2月）　樊静安

王永红（—11月）

胡秀龙（9月—）

丁建华（9月—）

郭晓霭（8月—）

纪检组长：胡秀龙（—9月）

成荣生（9月—）

助理巡视员：张鹏飞　丁建华（—9月）

审计成果　2004年，全省共完成审计项目5082个，开展审计调查项目210个，完成全年计划的136.9%，查出违规金额77.25亿元，其中应上缴财政9971万元，已上缴财政9266万元，减少财政拨款或补贴505万元，归还原渠道资金2.78亿元，调账处理金额22.97亿元。向司法机关移送案件5起，向纪检监察部门移送事项14件。

预算执行审计　甘肃省审计厅在省级预算执行情况审计中，除重点对省财政厅组织预算执行情况、省地税系统税收征管及经费收支情况、省委省政府25个部门的预算执行情况进行审计外，还对多年没有安排审计过的省委、省人大、省政府、省政协办公厅和省委有关部门进行了审计，对公路建设、救灾、水利、扶贫等专项资金进行了审计。共审计和延伸审计了161个一、二级预算单位和企业，审计资金总额220.21亿元，占一般预算支出、基金预算支出、预算外支出的54.82%。查出违规金额1.58亿元（不包括专项资金审计和经济责任审计中查出问题涉及的金额）。审计查出的主要问题是：挤占挪用专项资金、虚列支出、截留省级收入、账外设账、应缴未缴预算内外资金等。对这些问题，依法作出了处理，并就进一步加强省级预算管理提出了5条审计建议。省审计厅还对兰州市政府2003年度财政决算进行了审计，对4个市（州）及8个县（区）省财政转移支付资金的管理使用情况进行了审计调查。在依法处理的同时，还分析了问题产生的原因，有针对性地提出了加强预算管理的意见和建议。

甘肃省审计厅在对省级财政预算执行情况审计的同时，兰州、天水、白银、金昌、嘉峪关、张掖、酒泉、武威、平凉、庆阳、陇南11市和临夏、甘南2州及84个县市区也开展了同级财政审计。金昌、武威、张掖、平凉、甘南市州审计局强化了财政支出审计，嘉峪关市审计局将预算执行审计与专项资金审计相结合，加大了审计的深度和力度。截至2004年年底，省级预算执行审计中查出的违规违纪资金已纠正1.51亿元，占应落实资金的95.57%。

固定资产投资审计　甘肃省审计厅对全省2003年公路建设资金的计划安排及管理情况，2003年度省扶贫办及使用资金较大的兰州、平凉、天水、武威、庆阳5市及所属10个县扶贫资金管理情况，省水利厅和酒泉、张掖2个市级水利建设资金管理情况进行了审计，查出滞留未拨、挤占、挪用专项资金、虚列、多计工程支出，未冲减工程成本以及挥霍浪费、私分等问题。在对违规违纪问题依法处理的同时，要求依法追究有关领导和当事人的责任，对违法犯罪问题移交司法机关查处。同时，甘肃省审计厅还对农村土地征用中侵害农民利益情况进行了审计调查，组织开展了九甸峡水利建设项目开工前审计和省公安厅快速反应中心、省博物馆改造、“四库全书”工程决算审计。兰州、酒泉、甘南、临夏等市州审计机关对城市新建基础设施工程和重大建设项目进行了审计，兰州市审计局仅在小西湖和新城黄河大桥建设项目上，就核减工程造价款2377万元。

专项资金审计　甘肃省审计厅对张掖市、陇南市、甘南藏族自治州及所属山丹县、临泽县、武都县、宕昌县、临潭县、卓尼县等16个县2003年度救灾资金管理和使用情况进行了审计；对张掖市山丹县、民乐县，定西市岷县，甘南藏族自治州临潭县、卓尼县2004年地震救灾专项资金的管理使用情况进行了审计。审计查出有的县财政拖欠救灾资金，挤占、挪用救灾资金用于发放工资、修建综合楼、购买汽车，擅自改变资金用途等。对查出的问题，依据有关法律法规进行了处理、处罚，有针对性地提出了加强救灾资金管理的审计建议。甘肃省审计厅按照省委、省政府的要求，统一组织14个市（州）审计机关对全省农村部分计划生育家庭扶助专项资金进行了审计，对兰州、天水等7个市教育乱收费情况进行了审计，对甘肃省福利彩票发行管理中心2002～2003年度福利彩票销售管理使用情况进行了审计。

企业审计　对华亭煤业集团有限责任公司、甘肃酒泉钢铁集团有限责任公司、白银有色金属公司2003年度财务收支情况进行了审计。审计查出华亭煤业集团有限责任公司少计收入、少计利润以及存在不良资产、应收账款清理不及时、财务管理比较混乱等违规金额1.64亿元；查出酒泉钢铁集团有限责任公司隐瞒利润1.33亿元、账外资产7129万元、国有资产流失920万元以及民营企业无偿占用国有资产9000多万元等问题。对上述问题，依法进行了处理，并提出了加强财务管理、规范投资行为、提高资金使用效益的意见和建议。根据省委、省政府办公厅的要求，甘肃省审计厅还对省属机械、建材、有色、石化、轻纺、煤炭、医药、电子8个行业办公室2003年度财政拨款使用情况，以及省机械电子集团公司、省建材国资公司、省医药集团公司、天水长城电器集团公司5个集团公司本部2003年资产、负债、所有者权益情况和经营收益、管理费的收取使用情况进行了审计。

金融和外资运用审计　对兰州市商业银行2000～2003年度不良资产成因及呆坏账核销情况进行了专项审计调查。审计调查发现，截至2003年底，兰州市商业银行不良资产30多亿元，查出未代扣代缴个人所得税41万元。对此，依法进行了处理，提出了进一步加强管理、防范金融风险的建议。根据审计署授权，甘肃省审计厅组织全省14个市（州）审计机关对8个世界银行贷赠款项目、3个英国政府援款项目及亚洲开发银行贷款项目、日本协力银行贷款项目2003年度的项目执行及财务收支情况进行了审计，出具对外审计公证报告13份。针对查出的问题，认真进行解剖分析，从管理机制上分析产生问题的原因，提出了加强和改进管理的建议，引起了被审计单位的重视。

经济责任审计　2004年，全省共完成了1268名领导干部的经济责任审计，其中党政领导干部1210人，国有及国有控股企业领导人员58人。审计查出领导干部所在单位违规金额3.65亿元，损失浪费金额2148万元。有关部门参考审计结果，给予免职、降职、撤职44人，给予党纪处分1人，移送纪检监察机关进一步查处3人。受省委组织部委托，甘肃省审计厅对省工商局、省科协、兰医二院、酒泉钢铁（集团）有限责任公司、白银有色金属公司等11个单位的主要领导进行了离任审计。

专项审计调查　甘肃省审计厅利用审计调查这种方法灵活、系统性强、涉及面广、反映问题深刻的形式，围绕党委、政府的中心工作，对与群众利益密切相关的问题，开展了城镇拆迁中侵害居民利益、农村土地征用中侵害农民利益、企业重组改制和破产中侵犯职工合法权益的问题及农村税费改革与减轻农民负担专项审计调查。通过审计调查，既充分肯定了各级政府及有关部门的工作成绩，又如实披露了截留财政预算收入，挤占挪用专项资金等问题，有针对性的提出了维护群众利益的建议，引起了有关方面的重视。兰州、天水、金昌等地组织开展了教育经费和中小学收费的专项审计调查，张掖、嘉峪关等地开展了黑河流域综合治理情况国债资金管理使用情况和“收支两条线”制度落实情况的审计调查，为治理整顿市场经济秩序，加强资金管理，提高使用效益，作出了贡献。

审计调研　全年共上报审计调研、审计信息128篇，被省委办公厅、省政府办公厅、审计署办公厅和国务院办公厅采用98篇（次），其中被省委、省政府领导直接批示12篇。同时，全厅干部职工还积极撰写稿件，在省级以上报纸杂志发表文章100多篇，有力地宣传了审计工作，扩大了审计影响。

审计结果公告　2004年8月24日，《甘肃日报》公布了《甘肃省审计厅关于2003年省级预算执行及其他财政收支情况的审计结果公告》，披露了省级预算执行情况审计中查出的主要问题及处理意见。《西部商报》、《兰州晚报》、《人民之声》报等报记者还连续5次对省审计厅主要负责同志进行了采访和跟踪调查报道。公开在新闻媒体上公告审计结果，这在甘肃省还是第一次，在社会上引起了强烈反响。（撰稿人：崔思明）

【兰州市审计局】　2004年，共有干部职工95人。局长潘恩，副局长宋应中、郑登江、石爱国，纪检组长程国珍。设有办公室、人事教育处、法制处、财政金融审计处、行政事业审计处、经贸审计处、农业与资源环保审计处、社会保障审计处、外资投资审计处及计算机信息中心、经济责任审计分局。

审计成果　审计单位51个，查出违规金额22973万元，应上缴财政662万元。查出违纪违法案件3起。起草了《兰州市国家建设项目审计监督办法》（兰州市人民政府令［2004］第1号）、《兰州市绩效审计暂行办法》（兰州市人民政府令［2004］第3号）和《兰州市绩效审计实务操作指南》。

财政审计　审计一级预算执行单位16个，延伸审计二、三级预算单位及企业130个。同时，对2002年度市级预算执行及其他财政收支情况审计中查出问题的整改情况进行了检查，对永登县、七里河区2003年财政决算执行情况进行了审计。

专项资金审计　对退耕还林专项资金实施情况、连城天然林保护工程项目资金使用情况及社会保障、医疗保险资金管理使用情况等9个项目进行了审计。依法查出账外存储、滞留、挪用等有问题金额207万元。边查边纠、狠抓落实，督促有关乡镇将未能及时拨付的17.9万元生活补助资金兑付到农民手中，保证资金安全使用。

经济责任审计　对14个经济责任审计项目进行了审计，查出违规金额11308万元，管理不规范金额91579万元，损失浪费金额1774万元。

固定资产投资审计　全面贯彻市政府1号令，对使用国债资金及财政资金量大的部门和社会关注的8个重点建设项目进行了审计。对查出的施工单位多计工程造价、分包转包、虚报冒领、弄虚作假等问题进行了处理。对个人存在的违法违纪问题移交有关部门进一步查处。审计核减资金总额6625万元。

专项审计调查　对全市教育乱收费情况、减轻农民负担情况、省下划27个国有企业资产负债及所有者权益情况、全市征用农民土地补偿费使用情况等项目进行了审计调查。对调查中发现的问题从宏观角度进行了深入分析，提出了具有操作性的审计意见和建议。特别是针对省下划企业不良资产比重大，损益不实，资产质量差，负担重的情况，建议市政府结合国企改制对扭亏无望、资源枯竭的企业实施破产。（撰稿人：王道雄）

【嘉峪关市审计局】　2004年，共有干部职工22人。局长王万平，副局长梁建勋、焦海洋。设有办公室、法制科、经贸审计科、行政事业审计科、固定资产投资审计科、经济责任审计科、社保金融审计科。

审计成果 审计单位46个，查出违规金额5168万元，归还原渠道资金69万元，管理不规范金额316万元，决定处理处罚894万元，指明要求纠正4013万元，核减固定资产投资220万元。移送司法部门案件1起，涉案人员1人。提交审计工作报告12篇，审计建议26条。

财政审计 审计财税部门2个，查出违规开设税收过渡户、固定资产管理不规范等问题。提交的审计工作报告受到市人大的充分肯定。

专项资金审计 对城市维护建设费、教育费附加、"两金"发放和使用情况、水利资金、退耕还林专项资金进行了审计。

经济责任审计 对19人进行了经济责任审计，查出违规金额5704万元。审计后，晋升6人，平调13人。（撰稿人：茹作臻）

【金昌市审计局】 2004年，共有干部职工26人。局长高善鹏，副局长张成林、侯永林，总审计师张作龙。设有办公室、经济责任审计办公室、财政金融审计科、行政事业审计科、企业审计科、基本建设审计科。

审计成果 共完成审计和审计调查项目32个。查出违规金额13499.66万元，追还挤占、挪用专项资金692.6万元，应上缴财政84.55万元，为财政增收节支867.8万元。

财政审计 对2003年度市级财政预算执行情况及其他财政收支的真实、合法和效益情况进行了审计，重点对市财政局、地税局、国库、建设局、教育局、公安等单位的预算执行情况进行了审计。共审计一级预算单位31个，同时延伸审计了51个二、三级预算单位，查出违规金额1719万元，追还被挤占、挪用资金232.6万元。受市政府委托，向市人大提交了审计工作报告，并受到市人大的充分肯定。

专项资金审计 对农业资金、水利资金、国债资金、教育经费、城市维护建设资金和基本建设资金等5个项目进行了审计。查出挤占、挪用等违规金额1322.19万元，追还挤占、挪用资金442.38万元，应上缴财政39.17万元。

经济责任审计 共对10人进行了经济责任审计，查出违规金额9586.05万元，并依法作了处理处罚，已上缴财政45.38万元。

行政事业审计 2004年对市卫生局等卫生系统7个单位的财务收支情况进行了审计，共查出违规金额106.92万元，并依法作了处理处罚。

固定资产投资审计 完成固定资产投资审计项目2个，查出违规金额122.12万元，审计核减工程值44.92万元。（撰稿人：辛光伟）

【白银市审计局】 2004年，共有干部职工36人。局长盛维忠，副局长王世勇、宋建强、何清君，纪检组长程德选。设有办公室、财政金融审计科、行政事业审计科、经济责任审计科、企业审计科、固定资产投资审计科、白银市基本建设审计中心（直属事业单位）。

审计成果 审计单位153个，查出违规金额5852万元，应上缴财政177万元，应归还原渠道资金1282万元。移送纪检部门案件3起，涉案人员3人，已查处2人（免职1人、判刑1人）。促进部门制定完善规章6条。提交审计工作报告9份、信息和调研报告61篇，被党委、政府部门采用30篇。白银市审计局被市政府授予"行政执法先进单位"，被市直机关工委授予"文明单位"；白银市审计局、景泰县审计局被甘肃省经济责任审计联席会议办公室授予"经济责任审计工作先进单位"。

财政审计 审计财税部门和预算单位65个，查出隐瞒转移预算收入、虚列财政支出、挤占挪用预算资金、预算编制不规范等问题。提交的审计结果报告和审计工作报告受到市人大和市政府的充分肯定。审计下级政府决算1个，查出挤占挪用专项资金、预算外收入没有完全实行"收支两条线"管理等问题，引起了当地政府的高度重视，责成有关单位纠正了违规行为，促进了财政管理工作。

专项资金审计 对城镇居民最低生活保障资金、行政事业性收费和罚没收入、领导干部移动通讯费、减轻农民负担开展了审计和审计调查，对农村部分计划生育家庭奖励扶助资金管理发放情况进行了专项审计，查出违规金额589万元。最低生活保障资金、移动通讯费等调查报告引起市政府高度重视，责成有关部门研究出台相关政策，加强规范管理。

企业审计 审计国有改制企业5个，摸清了家底，核实了资产，查出虚报或隐瞒转移收入、少计虚列成本费用、少计少缴税金、资产负债损益不实等问题。防止了国有资产流失，为企业改制提供了决策依据，受到市政府的充分肯定。

固定资产投资审计 审计竣工决算项目6个，跟踪审计重点在建项目2个，查出高套定额、虚列工程结算等违规金额464万元，为国家节约建设资金290万元。

经济责任审计 开展经济责任审计项目31个，审计经济责任人31人，查出违规金额1217万元，其中领导干部负主管责任1103万元、负直接责任114万元。

计算机辅助审计 在城市信用社计算机审计和预算执行计算机辅助审计中，编制出14个审计模块，将计算机辅助审计运用到审前调查、现场审计查证等过程，取得了明显效果。（撰稿人：高霞）

【天水市审计局】 2004年，共有干部职工64人。局长刘超，副局长赵宁、晏平、顾应存、王鸿飞（7月—），纪检组长田建民。设有办公室、综合科、财政审计科、金融外资审计科、行政事业审计科、经贸审计科、农业与资源环保审计科、固定资产投资审计科，另设有副县级建制的经济责任审计办公室和审计培训中心（直属事业单位）。

审计成果 审计单位358个，查出违规金额8106万元，应上缴财政169万元，应归还原渠道资金382万元。对12个单位开展专项审计调查，发现违规金额532万元，促进部门制定完善规章16条。

财政审计 审计财税部门83个，查出隐瞒转移预算收入、虚增财政收入、虚列财政支出、延压滞留预算资金等问题。提交的审计工作情况报告受到市人大的充分肯定。

专项资金审计 对交警支队财务收支、水利基建投资、教育乱收费、疾病预防等国外援贷款项目进行了审计和审计调查。促进规范了专项资金管理，深化了投资体制改革，提高了财政性建设资金使用效益。

经济责任审计 对106人进行了经济责任审计，查出违规金额3767万元，应上缴财政1936万元。审计后，晋升8人，平调94人，离岗退休3人。（撰稿人：李卫周　祁建荣）

【武威市审计局】 2004年，共有干部职工27人。局长邹志坚（11月—）、郑治亮（—10月），副局长刘志爱、李天忠，纪检组长张文学。设有办公室、经济责任审计办公室、财政金融审计科、社会保障审计科、经贸审计科、固定资产投资审计科、行政事业审计科、法制科。

审计成果 审计单位355个，查出违规金额31550万元，应上缴财政756万元，已上缴财政696万元。对174个单位开展专项审计调查，发现违规金额3478万元。移送纪检监察部门案件2起，涉案人员7人。提交审计工作报告5份、信息和调研报告14篇，被采用6篇。

财政审计 审计财税部门10个，查出应缴未缴预算收入、虚增财政收入、虚列财政支出等问题。提交的审计结果报告受到各级政府的充分肯定。审计下级政府决算10个，查出虚增财政收入、决算编制不规范等问题，引起各级政府的高度重视，责成相关部门采取措施，促进了财经制度的规范。

专项资金审计 对国债、社会保障、农业与资源环保等30个单位进行了审计。对古浪县水务局专项资金审计中，发现套取国家扶贫专项资金、国债资金820万元等问题，引起市委、市政府的高度重视，责成市纪检监察机关对有关责任人员进行了查处，督促古浪县水务局限期纠错、改进管理。

经济责任审计 对104人进行了经济责任审计，查出违规金额570万元，其中个人负主管责任548万元，负直接责任22万元。通过审计晋升8人，平调63人，免职2人。

内部审计 市直部门内部审计机构52个，其中专职机构34个；内部审计人员76人，其中专职人员50人。共审计单位5个，促进增收节支70万元。（撰稿人：卫生轩）

【酒泉市审计局】 2004年，共有干部职工34人。局长韩万荣，副局长张贵虎、刘红艺。设有办公室、综合法制科、经济责任审计科、财政金融审计科、行政事业审计科、经贸审计科、农业与资源环保审计科、社会保障审计科、固定资产投资与外资运用审计科9个科室。

审计成果 2004年，共完成审计项目48个。查出违规金额2641万元，应上缴财政78万元，应归还原渠道资金 28 万元，应减少财政拨款或补贴 117 万元，应调账处理金额 303 万元。移送司法机关、纪检监察部门案件 4 起，涉案人员 10 人，涉案金额 86 万元；建议有关部门处理案件 1 起，涉案金额 5 万元。全年提交专题或综合性工作报告、审计调查 11 篇，提交信息 38 篇。被《中国审计》、《中国审计报》、《甘肃法制报》以及酒泉市委《要情反映》、市政府《情况反映》等采用 19 篇，被领导批示、采用的专题或综合性工作报告 2 篇。酒泉市被评为全国经济责任审计工作先进地区。

财政审计 对 2003 年度市级预算执行情况及其他财政财务收支情况进行了审计，审计了市财政局、地税局、金库酒泉中心支库和市级 11 个部门、单位。向市政府提交的审计结果报告得到了市政府领导的高度赞誉，向市人大提交了工作报告并在市人大十三次会议上作了预算执行审计报告，受到常委会的好评，在社会上引起了反响。完成对玉门市、安西县财政决算审计项目 2 个。在安西县审计中，查出该县某单位转移专项资金 20 万元、私设“小金库”17.58 万元、用虚假发票报销及其他问题，引起了县委、县政府的高度重视，在全县各部门中引起了极大反响。

经济责任审计 起草了《酒泉市党政领导干部任中经济责任审计暂行办法》，已经市委批准，下发全市执行。召开了第四次联席会议，完成了市改革办等 7 项经济责任审计，查出违规金额 18 万元。干部管理部门参考审计结果，平调 6 人，免职或改任其他非领导职务或退休的 1 人。

专项审计调查 开展了农村税费改革与减轻农民负担、城市居民最低保障金、退耕还林资金、政府采购、国债资金使用情况等 5 个维护人民群众利益的审计调查项目，调查单位 158 个，调查金额 6411 万元，调查发现问题金额 45 万元。提交专项审计调查报告 12 篇，提出促进部门制定完善规章 13 条。

党委政府交办工作 实施了酒泉制药厂等 6 个企事业单位改制、移交、撤并前的审计。实施了市政府下达的乡洽会经费等 4 项审计。受市政府委托，配合企事业单位改制，对酒泉制药厂等 7 个企事业单位进行了审计。完成了市政府交办的全市水产养殖专项资金审计任务。根据市政府主要领导安排，对甘肃大禹节水公司、敦煌种业公司进行了审计调查。参与了全市招商引资项目落实情况的年度考核、中小学危房改造资金的专项检查、全市专项资金检查等 8 个领导、群众关注的热点难点问题的经济查处与审计。

固定资产投资审计 起草了《酒泉市国家建设项目审计监督办法》和《关于对 2004 年酒泉城区国家建设项目进行跟踪审计的实施意见》并经市政府批准。全年实施了新城区 2004 年建设资金及以前年度基础工程资金、老城区改造资金、酒泉市政大厦工程竣工决算等 8 个审计项目，跟踪检查审计金额 3.7 亿元，核减工程金额 1434.69 万元。

计算机辅助审计 在酒泉市中级法院、检察院办公综合大楼、酒泉驾驶员培训学校等审计中，运用审计底稿生成软件、审计数据处理软件、广联达基建工程审计软件等计算机辅助审计软件，并广泛运用局域网，运用局内审计平台，与多个被审计单位的财务数据库、信息库连接，取得了显著效果。（撰稿人：魏　玮）

【张掖市审计局】 2004 年，共有干部职工 29 人。局长樊明礼，副局长姬忠、王多兴，纪检组长李鸿寿。设有办公室、综合法制科、行政事业审计科、基建投资审计科、财政金融审计科、经贸审计科、经济责任审计科。

审计成果 2004 年，共完成审计项目 395 个，查出违纪金额 22302 万元，应上缴财政 613 万元，已上缴财政 556 万元。追回被侵占挪用资金 1555 万元，共为国家增收节支 2168 万元。向纪检监察机关移交经济案件 2 起。向政府及有关部门提交综合及专题审计工作报告和综合信息 145 篇，被党政主要领导批转 11 篇。张掖市审计局完成审计项目 109 个，查出违规金额 9327 万元，应上缴财政 493 万元，已上缴财政 476 万元。

财政审计 审计了市财政局、地税局及市政府的 18 个重点部门的预算执行情况，同时延伸审计了 13 个纳税企业。查出少计财政收入、隐形财政赤字、地税局社保基金未及时缴存财政专户管理、部分纳税企业和预算执行单位漏缴各种税金、违规调整预算科目资金、部分预算执行单位的预算外资金未缴财政专户、少数单位虚列支出等问题。提交的审计工作报告受到了市人大的充分肯定。

专项资金审计　围绕社会各界关注的热点问题，主要开展了5个方面的专项审计。一是完成了甘州、临泽、高台3个县（区）黑河流域专项治理项目资金和水利资金的审计，促进增收节支604万元，归还原渠道资金342万元。二是完成了对6个县（区）第二期人饮工程项目竣工决算的审计，对存在的问题，提出了审计建议。三是完成了社会保障资金和农业综合开发资金的审计。重点揭露和查出挤占挪用、截留国家专项资金、损失浪费、改变资金用途等问题，促进拨付到位资金12236万元。在审计中针对配套资金到位率差，账务处理不规范等问题提出了纠正意见。四是完成了环境保护资金的审计，对环保局隐瞒截留排污费收入的问题，进行了严肃处理，并向县监察局提出了追究环保局局长行政责任的审计建议书。五是完成了山丹、民乐、肃南3个县抗震救灾资金和捐赠物资的审计，针对灾后重建资金专户存款余额过大，下拨资金不够及时等问题向市政府提交了专题报告。对违纪违规问题进行了处理，保证了国家投入的专项资金发挥最大的经济效益和社会效益。

行政事业审计　对有执收执罚权和预算外收入较多的52个部门和单位进行了审计。重点审计执收执罚和执行“收支两条线”情况，揭露乱收费、乱罚款、应缴未缴、坐支收费及隐瞒截留收入等问题，促进规范了预算外资金管理。

经济责任审计　完成了88名党政领导干部的经济责任审计，其中张掖市审计局完成了16名县处级领导干部的经济责任审计，6个县（区）完成了72名党政领导干部的经济责任审计。共查出违规金额635万元（领导干部负主管责任486万元，负直接责任149万元），管理不规范金额1142万元。市委组织部还委托县区审计机关对6个县区12个法院、检察院领导干部的任期经济责任进行了审计。审计后，平调61人，晋升10人。其他17人。

外资运用审计　审计国外援贷款项目12个，审计资金总额809万元，查清了利用外债的总体规模及资金管理使用情况，向政府和有关部门提出了有针对性的审计意见和建议，督促项目管理建设单位严格遵守工作协议，加强管理，提高了外资项目的经济效益和社会效益。

授权审计项目　对张掖公路分局和张掖市及5个县新华书店2000～2003年度的资产、负债、损益情况进行了审计。共查出违规金额85万元，漏缴税金11万元等问题，依据相关的财经政策法规进行了处理，提交了综合审计汇总报告。

重要事项审计　根据市检察院的委托和要求，抽调业务骨干，对张掖市玉米原种场2000～2003年的财务收支进行了审计。查清了玉米原种场账外资金和与此项资金有关联的16个单位的业务往来情况及资金的结算情况以及漏缴企业所得税的重大问题。

专项审计调查　对全市高等学校、中等职业学校和重点中小学校2003年度以来发生的收费情况进行了审计调查，对部分中小学校违反规定擅自设定收费项目、提高收费标准，扩大收费范围和巧立名目搭车收费等违规问题进行了严肃处理。对甘州、山丹、民乐、肃南4个县（区）2002～2003年度减轻农民负担的情况进行了审计调查，查出用农业税附加抵顶正税、挪用农业税附加发放工资、县财政滞留转移支付资金、退耕还林补助资金拨付不到位和兑付不及时，农村农网改造搭车收费等问题，涉及违规金额207万元。向省审计厅和市政府提交了专题审计调查报告，提出了切实可行的意见和建议。（撰稿人：安颖超）

【庆阳市审计局】　2004年，共有干部职工33人。局长王积聪，副局长邱鸿元、李文虎、李广义，纪检组长张振银。设有人事秘书科、综合法制科、财政金融审计科、行政事业审计科、基建外资审计科、经贸社保审计科、农业环保审计科、经济责任审计办公室、经济责任审计联席会议办公室。

审计成果　审计单位34个，查出违规金额169万元，管理不规范金额69万元，归还原渠道资金59万元，自行纠正金额172万元，应上缴财政5万元，已上缴财政5万元。对40个单位开展专项审计调查。提交审计工作报告1份。庆城县审计局被甘肃省经济责任审计工作联席会议领导小组授予全省经济责任审计工作先进单位。

财政审计　审计财税部门2个，查出财政包袱沉重、周围困难；工业效益尚未凸显，没有形成稳定的财源增长点；采购与监督职能不清，有待实行监管分离等问题。提交的审计结果报告受到市人大的充分肯定。审计下级政府决算1个，

天津市城市规划设计研究院

TIANJIN URBAN PLANNING &DESIGN INSTITUTE

规划院合唱团演出

职工迎春联谊会

佳青年表彰

院先进表彰

乒乓球比赛

党员先进性教育活动

迎春联欢会

多功能厅

职工食堂

天津市城市规划设计研究院是一个具有规划研究、规划设计、建筑设计、工程咨询甲级资质的综合性研究院。秉承以人为本的宗旨，努力营造一个具有广泛包容性的学术氛围，尽可能为每一个人的全面发展提供空间。在全部200多名专业技术人员中，具有高级技术职称的87名，其中享受国务院特殊津贴的专家8名，天津市政府授衔专家3名。在服务于天津市城市建设和经济发展的同时，我们逐步参与到区域和全国规划设计市场的竞争中，业务遍及全国二十多个省、市、自治区。

十几年来，我们一直致力于进行广泛的对外技术合作与交流，以求进一步提高我们的技术水准。先后与美国规划师协会、泛亚易道、英国伟信、美国WRT、加拿大宝佳、西班牙里卡多博菲、日本川口卫等学术团体和设计公司在各个领域进行合作，并先后派出十几批、数十位专业人员到国外进行参观、培训、考察和学术交流。值得欣慰的是，我们的工作日益得到社会的认可，近60个项目获得了市、部级以上的奖励。

我们将始终保持规划人所特有的社会责任感，恪守崇高的职业道德，通过不断的创新，共同推动我国规划事业的发展，并以我们持续提高的项目品质，更好地回报和服务社会。

我院所做的部分 重大项目

- 天津市空间战略发展研究
- 天津市城市总体规划
- 天津市国土规划
- 天津市土地利用总体规划
- 天津市滨海新区总体规划
- 天津市海岸带地区战略规划
- 天津市中心城区控制性详细规划
- 天津市海河两岸综合开发改造规划
- 天津市中心城区综合交通规划
- 天津市中心城区情系百姓规划
- 天津市绿色家园规划
- 天津市环外新家园规划
- 天津市城际铁路车站改造规划

天津市城市规划设计研究院
地　址：天津市河西区黄埔南路81号/万顺大厦B座　邮　编：300201
电　话：86-22-28012327　网　址：http://www.tjup.com.cn
传　真：86-22-28012326　电子邮件：tjghy@tjcityplan.com

湖北省清江水电投资公司
地址：武汉市武昌区武珞路586号
邮编：430074
电话：027-87655866

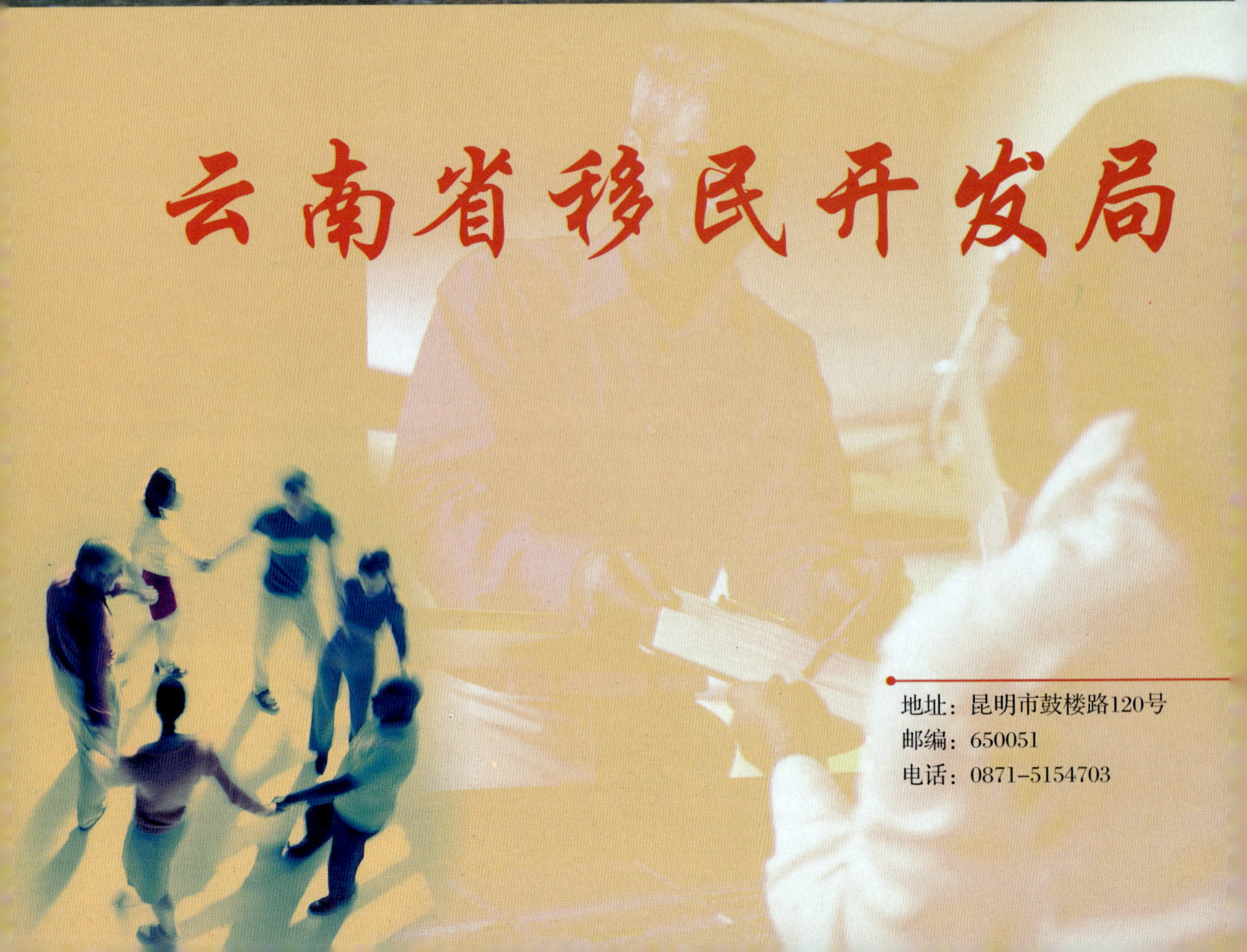
云南省移民开发局
地址：昆明市鼓楼路120号
邮编：650051
电话：0871-5154703

地址：天津市河西区围堤道123号
邮编：300074
电话：022-28400095

中国工商银行天津市分行

简 介

着眼于整体构建现代金融企业制度，本着“关口前移、未雨绸缪、防患未然”的原则，中国工商银行天津市分行建立了纵到底、横到边的全面管理和内部控制体系，全面提升了内部管理水平。为适应公司治理结构改革和流程再造进程，完善了内控总体制度架构及各项具体业务控制制度，构建了贯穿各项经营管理活动全程的法律风险控制机制，提高了内控管理的规范化、标准化和程序化水平。通过实施一系列制度、程序和方法，对风险进行事前防范、事中控制和事后评价，使各类决策权力、各项业务过程、各个操作环节都处于缜密的内部制约和监督之下，实现了对经营管理活动全方位覆盖和全过程动态监控，从而形成了上下联动、整体预防、综合监控的内控管理新格局。

2005年，随着整体处置不良贷款和不良贷款剥离工作的完成，中国工商银行天津市分行的信贷资产有了根本性好转。为进一步提高贷款管理水平，分行制定了不良贷款、法人客户及个人客户贷款精细化管理办法，并初步建立了大客户风险监控负责人制度，全面实行责任档案管理。继续深入开展“扫雷工程”，并将其与依法合规大检查结合起来，本着标本兼治、注重实效的原则，着力构建思想、制度、科技、法纪四道防线，提升了案件防范水平，为全行各项业务的稳定发展提供了良好保障。

中国人保控股公司是1949年成立的、中国内地经营历史最悠久的保险企业——中国人民保险公司变更而来，注册资本155亿元人民币。2003年7月，中国人民保险公司重组改制为中国人保控股公司，并独家发起设立了中国内地最大的非寿险公司——中国人民财产保险股份有限公司和首家保险资产管理公司——中国人保资产管理有限公司，在香港设立了中国人民保险（香港）有限公司。中国人保控股公司采用国际通行的金融控股公司模式，充分享有金融控股公司优势。经国务院同意，中国保监会批准，中国人保控股公司负有四项主要职责：代表国家投资并持有上市公司和其他金融保险机构的股份；经营管理存续资产；经营国家授权或委托的政策性保险业务；经营管理国家法律法规允许的其他业务。

PICC Holding Company, with a registered capital of RMB 15.5 billion, derives from The People's Insurance Company of China, which enjoyed the longest history of doing insurance business in mainland China since itsestablishment in 1949. IN July 2003, The People's Insurance Company of China was renamed as PICC Holding Company through successful restructuring. It subsequently promoted a number of subsidiaries as solesponsor, i.e. PICC Property and Casualty Company Limited, the largest non–life insurance company in mainland China, PICC Asset Management Company limited, the first company of its kind in mainiand China specialized in in surance asset management, as well as The People's Insurance Company of China (Hong Kong) Limited which is headquartered in Hong Kong. PICC Holding Company adopts the internationally prevailing model of financial holding company and boasts of all the advantages coming along with it. Approved by the State Council and ratified by China Insurance Regulatory Commission, PICC Holding Company function in four aspects as follows; on behalf of the state, investing and holding shares in public companies angd other kind of financial insurance institutions ; managing and operating the retained assets; operating statutory insurance business autheorized or trusted by the state; managing and operating othe business permitted by relevant Chinese laws and statutes.

中国建设银行山东省分行

2004年，中国建设银行山东省分行认真贯彻党的十六届四中全会精神和总行各项工作部署，遵循现代商业银行运作规律，以股份制改造为主线，以价值创造为核心，坚持可持续发展，实施精细化管理，推进集约化经营，各项工作取得了全面进步。截至年末，全口径存款余额1583亿元，新增195亿元，居系统内第3位；各项贷款余额1162亿元，新增176亿元，居系统内第5位；贷款利息实收率94.83%，同比提高6.9个百分点；实现中间业务收入3.78亿元，同比增长53%，居系统内第4位；实现经营利润27.32亿元，同比增长26.92%；实现经济增加值5.31亿元，同比增长100.01%。

2004年，中国建设银行山东省分行认真开展审计活动，着力强化审计工作质量控制和提高审计工作有效性，积极探索应用先进审计技术方法，切实加强基础管理工作，突出“质量”和“有效性”两个工作重心，认真组织实施审计监督活动。2004年组织实施了可疑类贷款剥离同步审计、新发放贷款业务审计等审计核查项目8个，分支行负责人任期经济责任审计项目132个，配合内、外部审计（检查）及省分行专项检查活动等项目8个，有效地发挥了内审部门的职能作用。

潮阳电力工业总公司

地址：广东省汕头市潮阳区棉城东山大道172号
邮编：515100

潮阳电力工业总公司是广东省广电集团有限公司代管的国有企业（目前正在进行改为直管的体制改革工作），经济上独立核算，具有法人地位。内部职能机构设置：工会、办公室、纪检监察、人事劳动、计划财务、企业管理、用电营业、电力调度、生产技术、工程、变电运行等11个科（室），下辖27个供电所、16个变电站及线路工区、电力设计、电力物资、电力安装、电力承装、电力发展服务等6个配套单位。该总公司负责汕头市潮阳、潮南两区22个镇、4个街道办事处、250多万人的生产生活用电的供应、管理和电力基础设施的规划、建设任务。

大庆石油管理局

大庆石油管理局是中国石油天然气集团公司所属的以油气勘探、石油化工、油田建设等石油技术服务为主的特大型国有企业。经过40多年的发展建设，以其独到的技术、精湛的工艺和“三老四严”的队伍作风建成了著名的大庆油田，形成了特有的大庆精神和“铁人”精神，造就了以“铁人”王进喜为代表的高素质员工队伍。多年来，大庆石油管理局为中国石油工业的发展作出了巨大贡献。进入21世纪，按照“三个代表”重要思想要求，坚持以市场为导向，加快观念转变、机制转换、体制转型、结构调整的“三转一调整”步伐，确立了“发扬大庆精神，搞好二次创业，实现持续发展，再铸企业辉煌”的二次创业发展战略方针，正在以新的姿态、新的形象阔步前进在再铸企业辉煌的征程上。

大庆石油管理局内部审计起步较早，1984年建立内部审计机构，是国内较早一批推行企业内审试点的单位，现为黑龙江省内部审计协会和中国内部审计协会理事会员单位。伴随着20余年创业、成长、发展、壮大的风雨历程，该局内部审计走出了一条成功的发展之路。在管理局历任领导的高度重视和大力支持下，审计工作已步入制度化、规范化、标准化、信息化管理的轨道，逐步确立了一套体制完善、管理科学、服务到位、监督得力，适合企业发展、行之有效的内部审计监督管理体系。在规范企业经济行为，维护企业良好经营环境，提升企业经济运行质量和促进经济效益提高等方面发挥了良好的职能作用。该局审计工作多年来始终追求高标准、高质量，赢得了社会各界的认可，曾多次被评为黑龙江省和中国石油天然气集团公司的先进审计单位，自1999年起连续多年被审计署评为全国审计工作先进集体。

目前，大庆石油管理局内部审计确立了日臻完善的审计管理体制，健全的审计机构和管理局推行的审计委员会工作制度已成为企业法人治理结构的重要组成部分和内部依法行政的重要手段。全局按照 “两级机构独立设置、审计业务垂直管理”的原则，设立了一、二两级审计，构建了覆盖全局的审计监督网络。多年来，该局审计部门致力于构建完善的内审制度管理体系，确立了较为科学的审计操作行为规范，审计质量控制得到有效保障。审计部门始终围绕企业中心工作，聚焦企业发展，严格审计监督，着力改革审计内容。审计发展思路不断拓展，审计业务已经覆盖财务收支、预算执行、经济责任、基本建设和管理效益等诸多管理领域。审计监督职能已由事后审计向事前和事中审计延伸，从微观审计向服务宏观管理迈进，经济效益和管理控制审计已逐步发展成为常规审计项目。该局内部审计注重政策理论研究和推进审计成果应用，通过审计理论和方法研讨，总结提炼了较为科学的先进审计工作经验，“建设项目现场跟踪审计”等多项课题研究成果获得省部级以上优秀论文和审计项目奖，审计工作效率和质量有了显著提高。

大庆石油管理局内部审计坚持弘扬正气促廉政，按照思想道德好、文化水平高、业务技术精、工作作风硬的标准建设了一支“铁人”式的“四有”审计集体。审计队伍客观公正的职业形象得到企业内部和社会的普遍赞誉。现已建成了由165名不同业务学科审计从业人员组成的复合型人才队伍。大学以上学历审计人员在72%以上，中级以上职称人员比例为74%，专业审计人员中具备国际内部审计师、注册会计师、注册工程造价师、注册工程监理师、注册资产评估师等执业资质的高技能人才在18%以上。而今，大庆石油管理局内部审计围绕管理局建设跨国经营大型企业集团的宏伟目标，为建设质量控制体系完善、审计文化先进、管理科学现代的学习型强势内审队伍而努力奋斗。

中国人民银行阿勒泰地区中心支行

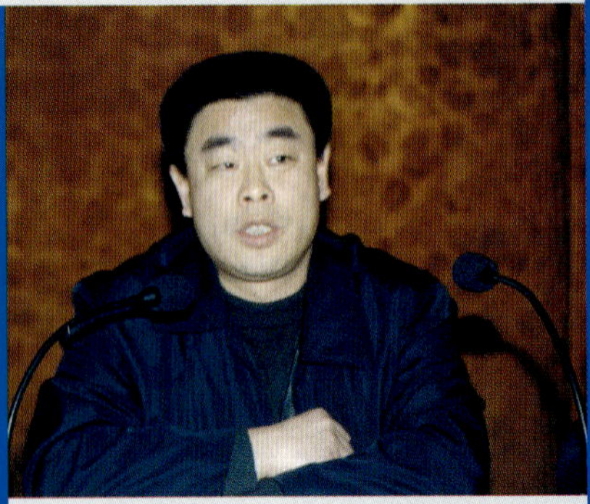

阿勒泰地区中心支行行长谭建新就学习贯彻《审计法》召开会议

在中国人民银行阿勒泰地区北屯支行进行现场审计

阿勒泰地区中心支行内审科向单位负责人汇报全年审计工作情况

中国人民银行阿勒泰地区中心支行于1950年成立。目前，中心支行机关内设14个科室，下辖5个县支行，共有职工233人，由汉、维、哈萨克、回、俄罗斯、壮等7个少数民族构成。在恶劣的自然条件下和艰苦的工作环境中，全体职工发扬“扎根在边疆，奉献在岗位”的精神，为贯彻实施货币政策，确保一方金融平安，作出了积极贡献。通过不懈努力，阿勒泰地区中心支行已创建成为自治区级精神文明单位、阿勒泰地区级花园式单位和综合治理先进单位。

阿勒泰地区中心支行内审科自1998年成立后，作为阿勒泰地区中心支行实施内部监督的重要职能部门，严格遵守《审计法》和人民银行有关内审工作制度，牢固树立“实事求是，开拓创新”的观念，坚持依法依规审计的原则，在内审领域有作为、有创新，多次荣获中国人民银行西安分行内审工作“先进集体”称号.

中国时代经济出版社

服务审计事业　奉献期刊精品

《中国审计》（半月刊）由中华人民共和国审计署主管、中国时代经济出版社主办，是我国最权威的审计专业期刊。伴随着中国审计事业的诞生和发展，《中国审计》将紧跟时代步伐，为读者提供更多、更好的服务。

《中国审计》立足审计，面向社会，突出重点，兼顾一般，力求从多层面、多角度宣传和服务审计工作，充分体现“可信性、可用性、可读性、可思性、前瞻性、指导性”，不断满足读者需求。

《中国审计》通过聚焦、广角、理论、实务、管理、法苑、动态、文萃八大版块披露重大经济案例的内幕，剖析社会变革中的各种现象，帮助读者深化对审计工作特点、规律及社会宏观形势的认识，准确把握有关经济、法律政策的内涵，全面提高理论素养，不断掌握应用技术和方法，及时了解审计事业的发展趋势和工作动态，搭建新的知识结构，拓展审计文化空间。

《中国审计》为大 16 开，全年 24 期，每期定价 6.00 元，全年定价 144.00 元(含邮资)。

《中国财经审计法规选编》由中国时代经济出版社编辑、出版、
行，全年 24 本。主要收集选编国家各主管部门和地方颁发的法律、
例、规定、规则、办法、通知、意见、方案、程序等，其范围包括
合性法律、审计、财政、税务、国有资产、银行、证券、保险、计
、统计、工交、固定资产投资、商粮贸、海关、电力、石油、煤炭、
地产、行政事业、农林水利、教育科技卫生及其他有关内容。

《中国财经审计法规选编》具有适应性广、时效性强、准确性高、
带方便等特点。它既是审计机关依法进行审计监督的依据，也是广
财会人员、企业经营管理者贯彻、执行国家有关财经法规的指南，
是经济工作者、法律工作者及相关人员了解、掌握、运用财经法规
工具。

《中国财经审计法规选编》全年 24 本，每本定价 5.00 元，全年
定价 120.00 元(含邮资)。

经典插图版 中国社区发展模式丛书

ZHONGGUOSHEQUFAZHANMOSHICONGSHU

社区是社会的缩影，社区是城市的细胞，社区是执政的基石。我们推出的是一套反映中国社区发展模式的丛书，本丛书以北京市朝阳区社区发展为主线的实证分析和典型范例。

社区是城市文明的另一种表述。社区可以看作一个故事、一个反映人群关系的图示、一个整体分散异存的空间、一个物质化的领域、一个精神的家园，或者是一个充满矛盾的领域。这些暗喻都包含着许许多多的内涵：历史的延续，文化的传承，文明的变迁以及人的价值取向。而这些文化符号和象征意义的“内涵”都将通过社区模式来表述。

人均GDP突破1000美元以后，我国的经济结构发生重大变化，消费结构急剧升级，社会结构复杂多变，社区建设的战略地位日益凸现，中国正进入一个全面城市建设和社区发展的新时代。学习型社区、服务型社区、文化型社区、生态型社区、数字型社区、安全型社区将成为这个时代社区发展模式的必然选择。

这套丛书共分六册。每一册包括基本概念、创建模式及北京市朝阳区的创建实践。它不仅是理论与实践的结合，也是规范与实证的统一。在每一个模式中，我们力求以简洁的语言、鲜明的观点、生动的事例和可操作的工作方案来表述，同时我们还使用了朝阳区发展历程中的许多照片、图表和专栏，从另一个角度解读书中所表述的观点。我们的目的只有一个，那就是呈现给您一套既有用又好看的书。

21世纪是城市的世纪，关注城市就是关注我们的未来，让我们从关注社区开始吧。

大型《中国学习型书系》丛书

构筑终身教育体系，创建学习型社会

《学习型社会》 学习改变生活，知识创造财富。该书倡导全民学习、终身学习的学习理念，提出学习型社会的总体目标和战略选择，揭示出“知识人”时代社会生活新形态。该书从理论和实践两个层面论述了学习型政党、学习型政府、学习型社区、学习型企业、学习型家庭、学习型军队的基本框架，并总结和分析了创建学习型社会实践中的大连模式、常州模式和北京朝阳模式，是我国第一部研究学习型社会的理论专著。

《学习型军队》 该书内容涵盖学习型军队与“三个代表”、学习型军队与党的领导、学习型军队与科技强军、学习型军队与新型军事人才、学习型军队与军队现代化等内容，从理论和实践两个层面对创建学习型军队做了深入浅出的论述，是国内军事研究领域的一次有益尝试，是我国第一部大型权威性和具有实践操作意义的研究创建学习型军队的专著。

《学习型领导》 我们处在一个急剧变革的时代，而变革的时代则更需要学习型领导。该书着眼于学习型领导集体的构筑和打造，对“领导”的内涵和面向21世纪的有效的“领导”之构成要素进行了全新定义，对领导力与学习力的培养和获得做出了总结和新的探索。该书是现代领导者开始学习、付诸学习的案头必备。

《学习型政党》提高党的执政能力，必须以提高党的学习力为重点。该书从新的历史条件下建设一个什么样的党和怎样建设党这个基本问题出发，提出了创建学习型政党，进一步提高党的领导水平和执政水平的全新课题。该书就学习型政党与政治文明、目标战略、执政能力、领导班子和干部队伍建设、基层组织等方面进行了论述，是对学习型政党最新理念、组织以及行为变革的全景式展示。

查出“暂付款”清理不及时、历年赤字挤占专项资金、部门经费超支严重、违规担保贷款等问题，引起合水县政府的高度重视。

专项资金审计　对国债、灾民建房、人饮工程建设、环保、社保、防疫、农村计划生育奖励扶助专项资金等7个项目进行了审计。对教育收费、农民负担、世行一期贷款、清理“银行账户”和“小金库”等进行了专项审计调查。

经济责任审计　对4人进行了经济责任审计。查出违规金额18万元，其中个人负主管责任8万元。审计后，平调3人，免职1人。

内部审计　市直部门内部审计机构13个，其中专职机构6个；内部审计人员26人，均为专职人员。共审计单位35个，纠正违规金额120万元，促进增收节支320万元。（撰稿人：孟　宏）

【平凉市审计局】　2004年，共有干部职工45人。局长党模华，副局长李生祥、禹文长、刘继荣，纪检组长柳明德。设有办公室、综合科、行政事业审计科、财政金融审计科、经济责任审计科、农业审计科、经济贸易审计科、固定资产投资审计科。

审计成果　审计单位132个，查出违规金额1799万元，管理不规范金额776万元，应上缴财政38万元，已上缴财政38万元，归还原渠道资金49万元，调账处理金额823万元。对48个单位开展专项审计调查，发现违规金额11万元。市审计局被省审计厅授予“经济责任审计工作先进单位”、“审计统计工作先进单位”。

财政审计　审计财税部门6个，国库3个，查出违规减免少征应缴未缴预算收入、违规核销、隐瞒转移挖挤预算收入、虚减财政收入、虚列财政支出、被侵占挪用预算资金等违规金额107万元。提交的审计工作报告受到了市人大的充分肯定。

外资运用审计　对退耕还林还草、环境保护与资源、计划生育家庭奖励扶助资金、中小学教育收费、减轻农民负担、水利、城市建设和疾病预防、西部扶贫等11个国外援贷款项目进行了审计和审计调查。审计核实概算投资总额1.26亿元，其中利用外资2289万元，发现不到位资金139万元，项目资金不落实288万元，被侵占挪用资金57万元。

经济责任审计　对11人进行了经济责任审计，查出违规金额和管理不规范金额116万元，其中个人负主管责任102万元。审计后平调8人，免职2人。

内部审计　市直部门内部审计机构5个，内部审计人员14人。审计单位10个，查出损失浪费金额206万元，纠正违规金额301万元，促进增收节支150万元。（撰稿人：张存来）

【定西市审计局】　2004年，共有干部职工36人。局长董惠兰（1月—），副局长漆锐、罗瑜、张晓伟、田向荣（—12月），纪检组长米得学。设有办公室、法制科、财政金融审计科、行政事业审计科、经贸审计科、农业与资源环保审计科、固定资产投资审计科、经济责任审计办公室。

审计成果　审计单位51个，查出违规金额5431万元，应上缴财政106万元，应归还原渠道资金489万元，应调账处理金额471万元，应自行纠正金额2855万元。移送纪检监察部门处理事项1件，涉及金额497.04万元。提交审计工作报告23份、信息和调研报告34篇，被市政府领导批示5篇，各级各类刊物、信息部门采用23篇。定西市审计局被甘肃省经济责任审计工作联席会议评为全省经济责任审计工作先进单位，受到定西市政府表彰奖励。

经济责任审计　对15人进行了经济责任审计，查出违规金额1125万元，其中个人负主管责任1020万元，负直接责任105万元。移送纪检监察机关事项1件。审计后，晋升2人，平调13人。市委、市政府印发《定西市领导干部任期经济责任审计实施办法》，推动了经济责任审计的规范化和科学化进程。

专项资金审计　对退耕还林（草）、环保、社保、水利、扶贫、民政及救灾等专项资金开展了审计，查出违规金额1859万元。

固定资产投资审计　定西市政府颁布了《定西市国家建设项目审计监督实施办法》，对市体育健身训练中心、定西中学综合教学楼及安定、临洮污水处理等3个建设项目进行了全过程审计，核减工程造价848.56万元。

专项审计调查　开展了行政事业单位“四费”开支情况、兰临高速公路征地补偿费、教育乱收费、运管系统收费、城镇取暖费等5个专项审计调查项目。对违纪违规问题产生的原因进行深刻剖析，并相应提出审计建议，得到了市委、市政府领导的高度重视，效果显著。

外资运用审计 对世行贷款基本卫生服务项目（卫Ⅷ）、世行贷款西部扶贫项目、世行贷款疾病预防项目（卫Ⅶ）、英国援助基本卫生服务项目、世行贷款结核病控制项目（卫Ⅹ）等5个大项的24个项目执行单位进行了例行审计。（撰稿人：胡世祯）

【陇南地区审计局】 2004年，共有干部职工32人。局长李刘成，副局长尚志文、寇建新，纪检组长段秀福。设有人秘科、法制科、财政审计科、金融外资审计科、农业与资源环保审计科、固定资产投资与经贸审计科、行政事业审计科、监察室和陇南市经济责任审计局（副县级建制事业单位）。

审计成果 审计单位389个，查出违规金额9699万元，应上缴财政2206万元，已上缴财政1319万元。对8个单位开展专项审计调查，发现违规金额764万元。移送纪检监察部门和检察机关案件3起，涉案人员6人。促进部门制定完善规章12条。提交审计工作报告64份、信息和调研报告153篇，被各级政府采用78篇。徽县审计局被省经济责任审计联席会议评为全省经济责任审计工作先进单位。

财政审计 审计财税部门16个，查出违规发放周转金、占用专项资金平衡预算等问题。提交的审计结果报告受到市政府的充分肯定。审计下级政府决算4个，查出隐瞒财政收入、截留、挤占挪用专项资金等问题，引起市政府领导的高度重视，责成被审计单位全面落实审计决定，认真整改，促进了管理。

专项资金审计 对全市农、林、水系统2002~2003年度专项资金进行了审计，延伸审计独立核算的二级单位10个，审计资金总额10893万元，查出违规金额321万元。对全市2003年度教育、计划生育专项资金进行了审计，审计资金总额9500万元，查出滞留、挤占挪用等违规金额3168万元。对2004年度农村部分计划生育家庭奖励扶助资金的管理和发放情况进行审计。对西部扶贫、基本卫生服务、疾病预防、结核病控制等4项外资运用项目进行了审计。对全市农村税费改革与减轻农民负担情况和全市退耕还林还草资金、粮食补助拨付使用情况进行了专项审计调查。

经济责任审计 开展经济责任审计项目79个，审计经济责任人87人，查出违规金额666万元，其中个人负主管责任526万元，负直接责任140万元。审计后，晋升10人，平调33人，免职6人。（撰稿人：张 俭）

【临夏回族自治州审计局】 2004年，共有干部职工88人。局长何莲香，副局长马崇清、马光才、马理荣，纪检组长何莲香（兼）。设有纪检组、人事秘书科、财政金融审计科、行政事业审计科、农业与资源环保审计科、经贸审计科、固定资产投资审计科、审计执法监督检查室、经济责任审计办公室。

审计成果 审计单位60个，查出违规金额3379万元，应上缴财政176万元，已上缴财政80万元，应归还原渠道资金451万元，管理不规范金额5841万元。对2个县开展了农村税费改革与减轻农民负担专项审计调查。临夏县审计局被甘肃省经济责任审计联席会议授予全省经济责任审计先进单位。

财政审计 审计财税部门30个，查出调整项目、滞留欠拨专项资金、漏缴税金、固定资产不入账等违规金额1288.99万元。提交的审计工作情况报告受到州人大的充分肯定。审计下级政府决算2个，查出违规金额89.58万元。

专项资金审计 对水利资金、救灾、最低生活保障专项资金、医疗保险资金、农村部分计划生育家庭奖励扶助资金等4个项目进行了审计，发现欠拨专项资金，漏报、错报计划生育家庭奖励扶助资金对象等问题。对2个县开展了农村税费改革与减轻农民负担专项审计调查。对世行贷款疾病预防计划免疫子项目、基本卫生服务、结核病控制等4个外资项目进行了审计，发现部分县地方配套资金不到位、财政部门滞留世行回补资金等问题。

经济责任审计 对15人进行了经济责任审计，其中党政领导14人，企业领导1人。查出违规金额683.78万元，其中督促被审计单位自行纠正520.78万元，补征漏缴税金8万元，决定处理处罚118万元。

固定资产投资审计 开展固定资产投资审计

项目 9 个，其中竣工项目 6 个，在建项目 3 个。查出违规金额 890.5 万元。

计算机辅助审计　在世行贷款项目的审计中，将计算机辅助审计运用到现场审计，对审计程序表、审定表、盘点表、检查情况表、测试表等电子板的专用工作底稿按既定的程序和要求进行计算机辅助审计，取得了显著效果。建成了局域网，提高了工作效率，加快了办公自动化的步伐。

内部审计　共有内部审计机构 54 个，其中专职机构 20 个；内部审计人员 111 人，其中专职人员 14 人。

其他方面　配合州纪委开展了经济案件的查证，配合州财政局、监察局对领导干部拖欠公款或利用纸浆公款借给亲友问题进行了专项治理；配合州贸发局开展了对州政府驻外办事处的清产核资；配合州计委对国债项目进行了检查；配合州水电局对全州人畜饮水二期二、三批竣工项目进行了初验。（撰稿人：张国福）

【甘南藏族自治州审计局】　编制 8 人，现有 27 人。局长安旭林，副局长彭凤鸣、范元龙。设有办公室、财政金融审计科、经济责任审计科、行政事业审计科、农业与环保资源审计科、固定资产投资审计科、企业审计科。

审计成果　甘南藏族自治州审计局认真贯彻落实科学发展观，紧紧围绕州委、州政府的中心工作，以全面建设小康社会的奋斗目标为重点，全面落实审计法和遵循审计工作“二十字”方针，进一步加大对违法违规问题和经济案件的查处力度，积极探索效益审计的路子，加强专项审计调查，逐步推行审计结果公告制度，努力提高审计工作质量和依法审计的能力，充分发挥审计监督在整顿和规范市场经济秩序、加强廉政建设、推进依法治州、促进经济发展和维护社会稳定方面的作用，为甘南藏族自治州经济建设健康有序发展提供了有力的保障。

【甘肃矿区审计局】　2004 年，共有干部职工 4 人。局长薛继峰。设有综合科、企业审计科、基建行政事业审计科。机构属政企合一，同四〇四厂审计室同属一个办公机构，行使国家审计和企业内部审计双重职能。

审计成果　2004 年，审计单位 12 个，查出违规金额 495.81 万元，已全部进行了调账处理。完成的 6 个审计项目中，基本建设审计项目 4 个，查出违规金额 189.05 万元，纠正违规金额 189.05 万元，提出的审计建议被采纳 5 条；财务收支审计项目 2 个，查出违规金额 86.25 万元，纠正违规金额 86.25 万元，提出的审计建议 5 条被采纳。企业内部审计工作被中国核工业集团公司评为“内部审计先进单位”。

经济责任审计　对 3 人进行了经济责任审计，查出违规金额 220.51 万元，其中个人负主管责任 145.47 万元。提出的审计建议被采纳 10 条。审计后，平调 1 人，离任 2 人。

内部审计　甘肃矿区内部审计机构 1 个，其中专职机构 1 个，有内审人员 4 人。（撰稿人：张景良）

2004 年甘肃省区、县（市）级审计工作统计表

审计机关	干部职工人数（人）	审计单位（个）	经济责任审计项目（个）	查出违规金额（万元）	应缴财政（万元）	已缴财政（万元）	决定处理处罚（万元）	指明要求纠正（万元）	提交审计报告、信息（篇）	审计信息被采用（篇）
兰州市										
城关区审计局	19	60	23	589	64	61	64	686	1	
七里河区审计局	18	52	3	2662	128	124	128	2555	10	
西固区审计局	15	76	5	954	47	47	47	1305	1	
安宁区审计局	12	39	5	3675	7	3	7	2321		

审计机关	干部职工人数（人）	审计单位（个）	经济责任审计项目（个）	查出违规金额（万元）	应缴财政（万元）	已缴财政（万元）	决定处理处罚（万元）	指明要求纠正（万元）	提交审计报告、信息（篇）	审计信息被采用（篇）
红古区审计局	14	30	13	171	16		16	752	2	
永登县审计局	13	51	4	3103	765	752	765	1686	5	
皋兰县审计局	11	35	14	459	58	58	58	2859	25	
榆中县审计局	18	64	4	102	85	85	94	241		
金昌市										
金川区审计局	11	19	17	153	1	4	4	60		
永昌县审计局	13	38	24	30		5	122	241		
白银市										
白银区审计局	13	31	5	724	54	2	590		42	
平川区审计局	16	2	5	1394	2	2	60	414	69	19
靖远县审计局	20	28		458	25	3	84	36	17	
会宁县审计局	14	68	47	174	2		176	132	12	7
景泰县审计局	20	39	5	3640	25	7				
天水市										
秦城区审计局	55	24	3763	15	8	26	3650			
北道区审计局	75	5	222	10	9	140	26			
清水县审计局	52	9	531	21	21	518				
秦安县审计局	71	23	391	20	20	265	5			
甘谷县审计局	35	10	41	11	11					
武山县审计局	41	6		1115	5	2	5	220		
张家川回族自治县审计局	27	5	228	2	2	40	79			
武威市										
凉州区审计局	20	74	36	6013	8	8	110	5952	1	1
民勤县审计局	23	57	13	878	15	13	351	342	4	
古浪县审计局	13	71	19							
天祝藏族自治县审计局	18	70	12	2623	84	34	99	538	2	
酒泉市										
肃州区审计局	14	48	7	2641	78	34	2641	303	49	21
玉门市审计局	15	32	10	27	2	2				
敦煌市审计局	14	18	3	942						
金塔县审计局	15	26	10	1936	18	15				
安西县审计局	11	38	11	1626	4	4			44	
肃北蒙古族自治县审计局	9	32	18	1485	494	330				

审计机关	干部职工人数（人）	审计单位（个）	经济责任审计项目（个）	查出违规金额（万元）	应缴财政（万元）	已缴财政（万元）	决定处理处罚（万元）	指明要求纠正（万元）	提交审计报告、信息（篇）	审计信息被采用（篇）
阿克塞哈萨克族自治县审计局	10	16	6	315	13	11			25	12
张掖市										
甘州区审计局	14	47	7	1591	4	4	4	1587	4	4
民乐县审计局	12	47	16	1847	12	6	55	1827	45	18
临泽县审计局	10	47	23	1436	58	50	452	569	45	22
高台县审计局	9	60	17	708	5	5	122	526	10	8
山丹县审计局	9	36	5	2870	16	9	1366	1534	13	
肃南裕固族自治县审计局	10	49	5	4523	25	6	388	4066	23	20
庆阳市										
西峰区审计局	17	91	15	575	71	49			7	
庆城县审计局	13	22	5	735	36	36			4	
环县审计局	14	24	9	456	40	40				
华池县审计局	9	22	5	735	36	36			4	
合水县审计局	11	40	9	1696	10	10				
正宁县审计局	14	61	16	814	11	11			4	
宁县审计局	14	38	6	165	11	11			1	
镇原县审计局	15	187	43	922	27	21			5	
平凉市										
崆峒区审计局	13	90	39	1114	61	58	11	169	39	8
泾川县审计局	15	64	22	1769	26	16	143		53	
灵台县审计局	9	60	27	214	7	7	5	10	40	2
崇信县审计局	8	43	8	486	12	12	12	356	26	4
华亭县审计局	11	87	46	298	74	74	74		71	3
庄浪县审计局	12	98	37	1804	15	8	15	2	1	1
静宁县审计局	12	57	15	108	21	20	9	1163	36	1
定西市										
安宁区审计局	16	75	23	626	198	39	578	54	55	4
通渭县审计局	12	109	18	2756	9	3	9	2747	5	
临洮县审计局	13	124	39	1912	45	23	239	1418	5	2
漳县审计局	10	68	5	449	53	51	7	4	5	
岷县审计局	15	63	4	1044	13	6	159	692	35	26
渭源县审计局	11	88	24	2271	155	80	338	1933	1	
陇西县审计局	13	82	5	786	19	19	467		37	

审计机关	干部职工人数（人）	审计单位（个）	经济责任审计项目（个）	查出违规金额（万元）	应缴财政（万元）	已缴财政（万元）	决定处理处罚（万元）	指明要求纠正（万元）	提交审计报告、信息（篇）	审计信息被采用（篇）
陇南地区										
武都县审计局	20	45	3	530	33		89	998	57	2
成县审计局	19	50	3	421				168	64	5
宕昌县审计局	14	34	14	1015	12	5	12	721	33	
康县审计局	16	40	4	921	2	2	690	68	4	3
文县审计局	12	49	12	208	10	10	10	862	8	
西和县审计局	20	70	12	280	23	23	262	18	18	
礼县审计局	16	48	15	320	93	76	320	415	19	
两当县审计局	11	27	3	759				759		
徽县审计局	14	29	20					4242	51	
临夏回族自治州										
临夏市审计局	28	110	13	656			33	623	32	
临夏县审计局	23	77	40	432	3	3	3	429	66	
康乐县审计局	29	35	1	175	24	4	168	197	16	10
永靖县审计局	29	64	10	219	142	85	79	327	5	2
广河县审计局	34	58	12	46	19		2	483	27	
和政县审计局	14	53	15	47	1				12	
东乡族自治县审计局	32	35	26	156			156	192	27	
积石山保安族东乡族撒拉族自治县审计局	20	55	8	84	2	2		28	34	
甘南藏族自治州										
合作市审计局	11	41	10	672	21	18	21			
临潭县审计局	10	25	8	26	1		26			
卓尼县审计局	11	20	1	4		1				
舟曲县审计局	15	27	3	721	5	2	21	28		
迭部县审计局	10	39	8	418	42	11	127	208		
玛曲县审计局	11	27		11	2	2	2			
碌曲县审计局	9	37	1	140	2	2	2	77		
夏河县审计局	10	18		10						

青海省

【青海省审计厅】 2004年，青海省审计厅定编112人（不含省纪委驻厅纪检组3人），其中行政编制72人、依照公务员管理的事业编制12人，全额事业编制20人、工勤人员编制8人。厅机关设办公室、法规处、财政审计处、行政事业与社会保障审计处、农业与资源环保审计处、固定资产投资审计处、经贸与外资运用审计处、经济责任审计局、计算机审计处、人事教育处、机关党委、审计信息中心（事业单位）、机关后勤服务中心（事业单位）等职能部门，另设有派驻纪检组。

领导成员

厅　　长：张　旭

副 厅 长：刘小丽　周文成　王新平

纪检组长：沈继伟

审计成果 2004年，全省审计机关共审计1212个单位，查出违规金额200865万元，应上缴财政23263万元，应归还原渠道资金11280万元；审计处理后，已缴财政22309万元，已归还原渠道资金6260万元，减少财政拨款或补贴231万元，罚款312万元。向司法、纪检机关移送案件1起，建议给予党纪政纪处分1人。2004年，全省审计机关共提交审计工作报告、审计信息687篇，被领导批示和有关部门采用138篇。全省目标责任考核省厅连续第三年被评为优秀领导班子，全省党风廉政建设责任制专项考核连续第三年被评为优秀单位，厅机关连续第三年被评为先进机关党委，省审计厅连续第八年获"省级文明单位"，2004年又荣获"省级文明标兵单位"称号。

财政审计 （1）预算执行审计。审计了省财政厅、省地税局、中国人民银行西宁市中心支行（国库处）、省教育厅、省建设厅、省林业局、省水利厅、省人事厅、省科技厅等9个单位。审计中，查出省本级决算报表结转不实25151万元；中央专项资金分配不及时，滞留资金85674万元；省本级当年未执行支出预算30258万元；财政总预算会计未将社会保险基金纳入基金预算核算和管理等问题。省科技厅2003年度预算执行中，查出违规金额912万元。省人事厅违规金额460万元。省建设厅2003年预算执行中，将下属单位1998年度至2003年度上缴的各种款项共计145万元，主要用于弥补厅行政和事业经费不足等。省教育厅2003年预算执行中，所属《青海教育》编辑部将收取的广告费25万元单独立账，另设账户，未纳入单位大账核算；省考试管理中心违反规定，扩大开支范围，列支厅里的各项费用55万元等问题。省林业局、省水利厅2003年度财政预算执行中，挪用林业、水利专项资金用于修建办公楼、购车、招待、弥补办公经费，私设"小金库"用于发放职工福利、招待费支出等。

（2）财务收支审计。审计了省监狱局、省人民医院、省科技咨询服务中心、省劳动和社会保障厅等单位。在青海省监狱管理局财务收支审计中，查出省监狱局截留及改变财政预算997.53万元、滞留预算资金和国债转贷资金892万元、违规收取罪犯劳动力有偿使用费196.7万元、挪用监狱系统布局调整资金198万元、新购置固定资产156万元未入固定资产账户等问题。省劳动和社会保障厅2003年度财务收支审计中，查出违规金额255.93万元，其中收取的教学资料费等63.34万元未记收入，白条收据报账24.78万元，扩大开支范围及提高开支标准92.09万元，违规收取上缴款55万元等。在省人民医院2003年度财务收支审计中，发现将参加医疗保险患者住院药品收入挤入医疗收入，隐瞒少计药品收入957.5万元，少提修购基金、少计医疗支出602万元，未入账的账外资产650万元，账外资金形成"小金库"26.4万元。

（3）财政决算审计。对西宁市人民政府进行了财政决算审计。审计发现，市财政未及时下达拨付专项资金1762万元，市财政2003年在财政上下级结算中形成欠拨补助款5029万元，市本级财政专户资金账户设置过多，滞留各类资金28404万元等问题。

专项资金审计 根据省政府的要求，2004年加大了对各类专项资金的审计和审计调查力度。

（1）养老、失业、医疗保险基金审计。组织全省审计机关对养老、失业、医疗保险基金的收缴、管理、使用情况进行审计。发现养老保险基金存在坐收坐支，设置账外账、私设"小金库"等问题；医疗保险基金存在未纳入财政专户管理、挤占挪用、少报少算医疗保险缴费、财政欠拨医保基金、违反规定多头开户等问题；失业保险基金存在截留、挪用、私设“小金库”等问题。

(2) 再就业资金审计。通过审计，全面掌握了全省国企下岗职工基本生活保障金、企业结构调整职工经济补偿金和再就业补助资金的筹集、拨付、管理和使用情况，发现了资金筹集、拨付、管理和使用中存在的一些问题，及时纠正和查处了严重违反有关财经法规和侵犯职工利益的行为。通过对问题产生原因的分析，提出了解决问题的意见和建议。

(3) 退牧还草资金审计。为促进全省退牧还草项目按计划执行，保证工程项目顺利实施，省厅组织玉树、果洛等地审计机关对退牧还草资金进行了审计。重点检查了资金的到位、拨付、管理和使用情况以及牧民生活补助、粮食的发放情况，揭露了项目管理中挤占退牧还草资金用于会议费、招待费、出国费用等问题，促进了资金的合理有效使用。

(4) 全省农村牧区税费改革财政转移支付资金审计。为巩固农村牧区税费改革成果，组织各级审计机关对全省税费改革中央财政转移支付资金进行了审计。重点检查了财政转移支付资金的拨付、到位、管理情况，揭露了挤占、挪用、截留、出借转移支付补助资金以及违反财务规定白条列支、资金拨付不到位等问题。

(5) 住房公积金专项审计调查。为加强住房公积金管理，组织全省审计机关对全省住房公积金管理、归集和使用情况的真实性、合法性及效益性进行调查。通过审计，及时反映和揭露住房公积金在管理、使用中存在的问题，分析产生问题的原因，为政府宏观决策提供了依据。

(6) 省审计厅还对省环保局、西宁市、格尔木市排污费收缴管理情况进行了审计。查出欠缴和应征未征省级排污费、坐支挪用环保专项资金、乱摊派等问题并要求进行了整改。

经济责任审计　2004年，由审计厅牵头召开了青海省经济责任审计领导小组会议，确定了2004年实施经济责任审计计划。省审计厅对原省旅游局局长等7名领导干部进行了经济责任审计，并提交了审计结果报告。审计发现，部分单位财政预算资金管理存在不规范、违规收费、截留下属单位经费、专项资金拨付不及时等问题。同时，省审计厅加强了对州县级审计机关经济责任审计工作的指导，全省审计机关共对224名领导干部进行了经济责任审计，查出违规金额2950万元，管理不规范金额4089万元，损失浪费金额194万元。有关部门参考审计结果，平调137人，晋升29人，免职19人，降职1人，移送司法机关1人。

企业审计　2004年，根据审计署的安排，省审计厅完成了青海移动通信分公司、青海电力公司和黄河上游水电开发有限责任公司3个企业的财务收支审计。审计发现部分企业资产质量不高、潜亏挂账严重、不良资产数额大，资产管理粗放、随意性大、资产流失严重，企业会计核算不规范、资产损益不实、会计信息失真等问题。通过审计，基本摸清了家底，核实了盈亏，促进了企业改善管理、提高效益。

外资运用审计　根据审计署统一安排，2004年对“基本卫生服务项目（卫八）”、“英国政府捐赠支持项目”、“海东农业综合开发项目”等3个外资项目进行了审计。主要对国外贷援款和国内配套资金的到位和使用、项目设备的采购和使用、提款报账等情况，重点揭露项目执行中存在的违反国家法规和国外贷援款项目协定，以及内部控制中存在的重大缺陷等问题。审计查出，2002年度循化县项目办挪用农发基金会贷款107万元，2003年度循化县财政局继续滞留项目资金128万元，2002年循化县项目办用农发基金会贷款垫付利息支出74.2万元等。

“人、法、技”建设　(1) 思想政治工作。2004年，省审计厅深入开展了马克思主义世界观、人生观、价值观、政绩观教育，进行了“两个务必”教育，同时，加强思想道德教育，号召广大干部职工以良好的党风、政风，促进机关精神文明建设。运用正反两方面典型开展具体深入、形象生动的正面示范教育和腐败案件警示教育。在坚定干部职工理想信念和提高思想道德素质上下功夫。

(2) 加强精神文明建设工作。年初，审计厅对精神文明建设工作作出安排部署，明确目标任务，而且把创建工作列入机关年度目标管理内容，实行量化考核，并层层签订责任书，把机关精神文明建设情况，与干部职工的工作业绩与奖惩挂起钩来，使全厅上下创建意识明显增强，创建工作力度明显加大，干部职工参与创建活动的自觉性普遍提高，机关精神文明建设始终处于良好状态。

(3) 狠抓法制教育。组织全体人员学习了宪法、审计法及其实施条例以及审计署印发的《国家审计准则》、《审计组廉政责任规定》、《关于加强审计纪律的规定》等法律法规和党政纪条规。通过普法教育和审计相关法律法规的学习，全厅共撰写了近500篇15万多字的学习法律读书笔记。2004年，在青海省“国税杯”宪法、行政许可法法律知识电视竞赛中荣获三等奖；普法教育活动经省普法办考核，取得优异成绩。

(4) 作风建设。通过开展民主评议行风和行政效能监察、建设“三型机关”、开展创建民族团结进步等活动，使机关的思想作风、学风、工作作风、生活作风等方面有了比较大的提高。厅领导身体力行，深入审计第一线，到海东、海西、黄南、玉树、果洛等州的每个县级审计部门，开展认真地调查研究，并撰写了调查报告。领导的率先垂范，使整个机关工作作风明显转变，“政令畅通、纪律严明、优质服务、廉洁高效”在审计机关逐步得到了比较充分的体现。

(5) 后勤服务工作。2004年，审计厅改进职工食堂管理办法，增加饭菜品种，同时，增设了职工子女学生用餐。积极协调解决职工冬季取暖问题，整修改造家属院排水管网等，同时还解决了一些历史遗留问题。另外，北山绿化点一期、二期绿化工作得到了省政府南北山绿化指挥部的好评和充分肯定，被团中央授予保护母亲河行动先进集体。

(6) 2004年，省审计厅在经费困难的情况下，帮助基层审计机关解决车辆2台、经费11万元；两次向帮扶点困难群众捐助现金6575元、面粉4000公斤和一些办公桌椅、打字机、衣被等物品，切实为部分困难群众办实事。

廉政建设 2004年，举办了《强化对权力的制约，树立正确的权力观》的廉政建设教育专题讲座；组织干部党员观看了电影《人民公仆郑培民》和任长霞、梁雨润、牛玉儒等先进事迹报告会，激励大家要勤奋工作、廉洁奉公；通过阅读、观看近年来审计机关干部违法乱纪案件等反面教材，警示大家要以案为鉴、警钟长鸣、防微杜渐、严于律己、构筑牢固的党纪国法防线，无论是在工作中还是在“八小时”以外，都能做到“勿以善小而不为，勿以恶小而为之”，自重、自省、自警、自励，力戒人情和名利的困扰，阻挡权力、金钱和美色的诱惑。为了使“八不准”真正落到实处，实行“一把手”负责制工程，明确厅领导、各处室领导为主要责任人，要求必须对执行“八不准”规定切实负起责任。对落实“八不准”纪律制定了一系列配套措施，而且把贯彻执行“八不准”规定纳入机关党建工作范围，利用支部党员大会、组织生活会，对落实情况进行对照检查，做到逢会必讲。

内部管理 (1) 加强领导班子建设。党组一班人在重大问题决策时，广泛征求干部群众的意见，坚持民主集中制原则。机关党委、机关纪委固定列席党组会议。党组成员在具体工作中认真贯彻落实会议决议，发扬团队精神，发挥集体的力量和智慧，并不断改进工作作风，深入实际，深入基层，深入审计第一线，认真开展调查研究。为进一步拓宽民主渠道，规范从政行为，研究制定了《关于加强领导班子及人事财务工作监督的实施意见》，把权力的运行置于有效的制约、监督之下。

(2) 不断深化干部人事制度改革。厅党组认真落实《党政领导干部选拔任用工作条例》，在干部选拔任用工作中，始终坚持按规定选人用人，坚持任人唯贤和德才兼备的原则，正确处理群众公认程度与防止以票取人的关系，坚持用人看主流、看本质、看发展。为进一步完善干部考核制度，加强目标责任制的管理，年初还对厅机关《工作目标责任制度管理办法》作了重大修改，加大了对干部的考核力度。

(3) 增强干部教育培训工作力度。2004年，选派20多名有关人员参加审计署、南京审计学院和省委党校、省行政学院举办的各类培训班进修学习，举办了全省县级审计局长培训班和全省审计系统公文处理培训班。同时，还举办了《行政许可法》、审计法讲座，组织了审计专业技术资格考试、审计组长资格考试、法律考试和学习贯彻十六届四中全会精神测试等。

(4) 基础工作。以规范工作程序、建立健全内部制约机制、促进机关工作规范化、制度化、科学化为目标，健全修订了《审计业务会议制度》、《审计项目质量考核办法》、《目标责任制考核计分标准》、《机关内设机构职责范围》、《青海省审计厅党风廉政建设责任制细则》、《审计人员文明用语规范》、《审计人员礼仪规范》、厅党组和厅机关两个《工作规则》以及干部职工考勤、休假等制度规定，为促进机关工作规范化、制度化、科学化提供了制度保障。（撰稿人：王志哲）

【西宁市审计局】　2004年，共有干部职工61人。局长于勇（3月—）、董秀敏（—3月），副局长范建才、侯孔明、贾富华（—12月）。设有办公室、政策法规处、财政审计处、行政事业审计处、经贸审计处、农业资源与环保审计处、固定资产投资审计处、金融外资运用审计处、社会保障审计处，另设经济责任审计局。

审计成果　全市重点开展了对预算执行和财政决算、固定资产投资项目竣工决算、退耕还林（草）工程资金、农业综合开发资金、再就业资金、养老保险金、失业保险金、医疗保险金、世行贷款项目资金以及对市排水公司、市公交有限公司等的审计，完成对全市粮食风险基金的管理及使用情况、失业人员小额担保贷款的使用情况、农村税费改革等的专项审计调查。同时，还积极完成审计署、省审计厅和政府交办的各种审计事项。共完成审计项目199个，查出违规金额11635万元，应上缴财政2480万元，已上缴财政2387万元。提交工作报告、信息174篇，被批示、采用22篇。市审计局荣获全省审计系统先进集体的光荣称号。

审计成果利用　2004年，西宁市审计局在依法审计的同时，加大对审计情况综合分析力度，从微观入手，宏观着眼，注重审计成果的转化和利用，使审计工作向高层次迈进。针对污水处理费收支管理的问题，市政府领导分别在市审计局上报的《审计要情专报》上作出重要批示，责成有关部门尽快制定相应的排污费收支管理办法，完善收支管理政策，确保资金专款专用。在"擅自变更支农项目，改变资金使用用途"的《审计要情专报》上，副市长作出批示要求有关部门加以规范支农资金。11月24日，市审计局首次将再就业资金的审计结果在《西宁晚报》上进行了公告，进一步增强了再就业资金管理使用的透明度。审计成果利用方面取得明显的成效，成为市委、市政府出台相关政策规定、加强宏观管理的可靠依据。

经济责任审计　开展经济责任审计项目30个，查出违规金额1146万元。审计后，平调24人，晋升2人，免职1人。为组织、人事部门考核和任用干部提供参考依据。（撰稿人：程建荣）

【海东地区审计局】　2004年，共有干部职工15人。局长赵晓静，副局长张建华、谭玲，纪检组长韩芳忠。设有办公室、行政事业审计科、财政金融审计科、农业资金审计科、经济责任审计科。

审计成果　审计单位30个，查出违规金额2995万元，决定处理上缴财政20万元，归还原渠道资金1401万元，应调账处理金额83万元，应自行纠正金额379万元。海东地区审计局被海东地委、行署评为目标责任考核优秀领导班子、先进联姻机关党组织；党风廉政建设考核为满分，受到地区纪委通报表扬；被省审计厅评为先进集体、审计业务质量考核先进单位。参加青海省审计机关成立20周年知识竞赛取得第三名。

财政审计　本级预算执行共审计单位7个，查出违规金额120万元，重点查出了虚列预算收入、滞留应缴未缴预算收入、结转无资金保障款项、预算外收入未缴专户、设立税收过渡户延压税款等问题，对审计查出的问题视情节不同作出了相应的处理处罚，提出了加强改进的意见和建议，并向地区人大提交了审计工作报告。下级政府财政决算和税收年报审计项目2个，查出违规金额2786万元，重点查出了县财政虚列收入、延压税款、坐收坐支预算收入和虚列财政支出、挪用专项资金等问题，对审计查出的问题，按宽严适度的原则分别进行了处理。

专项资金审计　对农村税费改革转移支付资金的管理和使用情况进行了审计，针对乡、村财务管理不规范的问题，提出了改进意见和建议。对国际金融组织贷款和外国援助项目资金进行了审计，审计核实项目概算投资总额为2151万元，从规范财务管理和会计核算，改善投资环境，提高利用外资质量等方面提出了加强和改进管理的建议。对海东地区和循化县社保三项基金和再就业资金的征收、管理、使用情况进行了审计，审计专项资金总额4741万元。开展了住房公积金审计调查，住房公积金的管理和使用基本规范，但对以前年度发生的问题纠正不够，没有按协议归还借款和财政欠拨的配套资金。

经济责任审计　对 11 个单位（人）进行了经济责任审计，查出违规金额 20 万元，管理不规范金额 33 万元。有关部门参考审计结果和其他方面的考核结果，平调 3 人，晋升 6 人，免职 1 人。（撰稿人：李伶业）

【海北藏族自治州审计局】　2004 年，共有干部职工 13 人，局长蔡建国，副局长丁光寿、田秀英（—10 月）。设有行政法制办公室、财政金融行政审计科、经贸投资审计科、农林水环保审计科、经济责任审计局。

审计成果　完成审计项目 38 个，查出违规金额 623.3 万元，管理不规范金额 3908 万元，应归还原资金渠道 111 万元。提交审计报告 11 篇、信息 45 篇，被有关部门批转、采用 19 篇；撰写专业论文和调研文章 27 篇，被有关部门采用 4 篇。被评为“州级文明标兵单位”称号。

财政审计　审计财税部门 11 个，查出挪用专项资金 111 万元。提交的审计工作情况报告得到州人大的充分肯定。

专项资金审计　对农业综合开发项目资金、住房公积金、养老保险、失业保险、医疗保险等专项资金进行审计，对专项资金管理办法提出合理化建议。

经济责任审计　对 4 人进行了经济责任审计，查出违规金额 160 万元，充分发挥了审计在加强党风廉政建设和监督中的作用。（撰稿人：李红）

【海南藏族自治州审计局】　2004 年，共有干部职工 22 人。局长夸兴加，副局长赵凯、杨立业。设有办公室、法规科、财税金融审计科、外资运用审计科、行政事业财务审计科、经济责任审计科。

审计成果　州审计局共完成审计（调查）项目 22 个，查出违规金额 1184 万元，管理不规范金额 3547 万元，应归还原渠道资金 757 万元，应调账金额 115 万元，应上缴财政 252 万元；已上缴财政 145 万元，已归还原渠道资金 510 万元。提交工作报告、信息 34 篇。在 2004 年全省审计质量考核中，州审计局被省审计厅评为先进单位。

财政审计　本级预算执行中，审计 6 个单位，其中延审 5 个预算执行单位，查出截留、挤占挪用预算资金 10 万元，违规减免少征应缴未缴预算收入 12 万元，应上缴财政 48 万元，已上缴财政 42 万元。

进行了 3 个县级财政决算审计，查出违规减免少征应缴未缴预算收入 5 万元，虚列财政支出 68 万元，截留挤占挪用财政资金 791 万元，应缴财政 182 万元，已上缴财政 103 万元。

专项资金审计　全年开展了养老、失业、医疗保险三项基金及住房公积金、农村牧区税费改革专项资金审计项目 5 个，审计资金总额 3965 万元，查出截留、挤占挪用专项资金 26 万元。

行政事业审计　全年审计行政事业单位 5 个，查出少计少缴税金 22 万元，应上缴财政 22 万元。

经济责任审计　全年共审计经济责任人 5 人，其中党政领导 5 人，审计单位 5 个，查出经济责任人应负主管责任金额 97 万元，应负直接责任金额 2 万元。审计后，平调 2 人，晋升 1 人。（撰稿人：张　延）

【黄南藏族自治州审计局】　2004 年，共有干部职工 15 人。局长更藏加，副局长杜勇、张楚甘（—7 月）。设有综合科、行政事业审计科、财经商贸审计科、工交基建审计科、经济责任审计科。

审计成果　审计单位 145 个，查出违规金额 3143 万元，管理不规范金额 4121 万元，应上缴财政 84 万元，应归还原渠道资金 1447 万元，应调账处理金额 1174 万元，应自行纠正金额 2101 万元。移交司法机关处理 1 人。提交审计工作报告、信息 79 篇，其中专题或综合性报告 46 篇，审计信息、简报 33 篇。在 2004 年度目标考核中，被州委授予优秀领导班子。

财政审计　审计财税部门 14 个，查出违规减免少征应缴预算收入、虚列财政支出、截留挤占挪用预算资金、账外资产、延压滞留预算资金等问题。对同仁、尖扎两县进行“上审下”财政决算审计，查出两县政府财政在预算管理中存在着不规范、不真实、不合法和铺张浪费、搞“形象工程”等问题，查出管理不规范金额 259 万元。

专项资金审计　对农业税费改革及财政转移支付资金、“卫八”项目、养老保险金、失业保险金、医疗保险、整村推进建设、水利草原建设、扶贫等专项资金进行了审计。审计单位 60 个，查出违规金额 279 万元，管理不规范金额 1356 万元，应归还原渠道资金 43 万元，应调账处理金额 33

万元，应自行纠正金额1234万元。

企业审计　受州人民政府和州国有企业改制领导小组的委托，州审计局与各县审计局对13个企业进行了审计，经审计发现存在资产、损益不实、虚列成本、报支不合规票据、漏缴税金、账外资产等问题。共查出违规金额1468万元，管理不规范金额26万元，应调账处理金额214万元。

经济责任审计　对32名领导干部进行经济责任审计，查出违规金额753万元，管理不规范金额117万元。移交司法机关处理1人。提交审计结果报告132篇。更藏加局长出席了2004年11月29～30日中央六部委在北京召开的全国经济责任审计工作会议，会上州审计局荣获经济责任审计工作先进地区，受到表彰。（撰稿人：刘丽青）

【果洛藏族自治州审计局】　2004年，共有干部职工10人。局长杨国瑜（—8月），副局长李海林（主持工作）、吕学顺。设有综合科、经济责任审计科、财政与社会保障审计科、经贸与外资运用审计科。

审计成果　全年完成审计单位22个，共查出违规金额908万元，管理不规范金额1453万元，损失浪费金额86万元，应自行纠正1548万元，应缴财政8万元，已缴财政2万元。提交各类审计报告、信息15篇，被有关部门采用6篇。全州年度目标责任考核中，获“优秀领导班子”称号，受到州委、州政府表彰奖励。

预算执行审计　州本级预算执行审计中，查出超财力安排支出562万元用于平衡当年预算（均系挪用专项资金）导致当年财政出现赤字，未按预算法规定及时向州人大常委会报告因上级政府返还或者给予补助而引起的预算收支变化情况等问题。同时，加大对部门预算执行情况和下级政府财政决算的审计力度，对查出的预算执行部门滥发钱物、私设“小金库”以及县政府财政、农牧等部门挪用专项资金等违纪违规行为进行了依法处理和处罚，并对州医院财务核算不实、固定资产管理混乱等问题向州政府提交了专题报告。

专项资金审计　根据省审计厅的统一安排和部署，对社会保障资金进行了审计，查出州劳动与社会保障部门挪用下岗失业人员培训费和医疗保险基金27万余元以及固定资产账实不符、暂付款管理混乱等问题。

经济责任审计　对6人进行了任期经济责任审计，查出违规金额9万元，其中个人应负主管责任金额9万元。审计后，晋升1人，平调3人，免职2人。（撰稿人：管全军）

【玉树藏族自治州审计局】　2004年，共有干部职工16人。局长东嘎，副局长扎江、李超英（12月—）。设有综合业务审计科、行政事业与社会保障审计科、财税金融审计科、农牧环保审计科、经济责任审计科。

审计成果　2004年，全州审计机关审计单位89个，查出违规金额2094万元，管理不规范金额1237万元，应调账处理金额1624万元，应自行纠正金额1852万元，应上缴财政42万元，已上缴财政42万元，应归还原渠道资金423万元。完成审计调查项目4个，调查金额1593万元。提交审计信息8篇，被采用5篇。

预算执行审计　2004年，按照全州审计一盘棋的工作安排，抽调26名审计业务骨干，积极开展了预算执行审计。审计28个单位，查出违规金额1441万元。受州政府委托，向人大常委会提交了审计工作报告，得到了州人大的充分肯定。

专项资金审计　2004年，加大了对各种专项资金的审计力度。对养老、失业、医疗保险、退牧还草、税费改革等专项资金的管理、使用情况进行了专项审计，对住房公积金进行了专项审计调查，查出违规及管理不规范金额726万元，应调账处理金额5万元，应自行纠正金额652万元，应归还原渠道资金68万元。提出了审计意见及建议，促进了专项资金的规范化管理。

经济责任审计　2004年，全州县级以下党政领导干部任期经济责任审计全面展开。按照州委、州政府的要求，州委组织部的安排，县级领导干部任中经济责任审计正式实施。共对28名领导干部进行了任期经济责任审计，查出违规及管理不规范金额502万元，其中应负主管责任434万元，应负直接责任68万元。（撰稿人：永措毛）

【海西蒙古族藏族自治州审计局】　2004年，共有干部职工19人。局长李东亮，副局长邓燕太，纪检组长董勇。设有综合办公室、财金行政事业审计科、固定资产投资企业审计科、农林牧水审计科、经济责任审计科。

审计成果 审计单位30个，其中预算执行审计8个，财政决算审计2个，企业审计单位1个，经济责任审计3个，专项资金审计单位16个。共查出违规金额3596万元，应缴财政金额353万元，已缴财政金额164万元，决定处理处罚金额41万元，指明要求纠正金额4266万元。移送司法机关贪污案件1起。提交审计报告、信息40篇，审计信息被采用9篇。

财政审计 审计单位10个，审计查出违规金额2267万元。提交的审计结果报告及审计工作报告，得到了政府领导的重视，为当地党委、政府摸清家底、掌握预算支出结构、合理安排资金提供了资料，为人大监督财政预算执行情况和批准年度财政预算提供了依据，州政府多次召开专门会议听取本级预算执行审计情况汇报。

企业审计 共审计1个企业，查出管理不规范金额265万元，发现和揭示了企业内部管理和外部环境方面存在的主要问题，为改善企业管理和提高经济效益提出了加强内控制度建设、促进规范管理的意见和建议。

专项资金审计 共审计单位16个，主要是税费改革财政转移支付资金审计。以规范住房公积金管理、加快城镇住房制度改革为目标，根据《青海省人民政府贯彻落实国务院关于进一步加强住房公积金管理通知的实施意见》的要求，对住房公积金的归集、管理和使用情况进行了审计。完成社会保障基金审计和香巴农业综合开发项目资金审计等。在专项资金审计中查出违规金额1064万元，促进拨付资金到位121万元，为保证资金专款专用，提高资金使用效益，服务经济工作发挥了作用。

经济责任审计 2004年度，受州委组织部委托，对州民政局、州老干局等单位负责人进行了任期经济责任审计，共开展任期经济责任审计项目3个，及时向州政府提交了审计结果报告，为加强干部管理和监督及组织人事部门任用提拔干部提供了相关依据。（撰稿人：尹连周）

2004年青海省区、县（市）级审计工作统计表

审计机关	干部职工人数（人）	审计单位（个）	经济责任审计项目（个）	查出违规金额（万元）	应缴财政（万元）	已缴财政（万元）	决定处理处罚（万元）	指明要求纠正（万元）	提交审计报告、信息（篇）	审计信息被采用（篇）
西宁市										
城中区审计局	6	14	5	2	2	2	2	125	4	
城东区审计局	7	17	5	267	3	4	267	1268	7	2
城西区审计局	6	12	2	7	6		7	127	6	
城北区审计局	8	16	2	96	1		96	125	4	
大通回族土族回治县审计局	13	37	7	20	1		20		4	
湟源县审计局	11	35	4	65	1		65	80	7	
湟中县审计局	13	32	1	138	53	8	138	74	4	
海东地区										
平安县审计局	12	15	1	397	11		81	391	31	10
乐都县审计局	15	35	10	65	6	6	10	9	19	4
民和回族土族自治县审计局	19	51	7	2044	18	16	1686	304	2	
互助土族自治县审计局	11	16	7	260	59		210	34	15	2

审计机关	干部职工人数（人）	审计单位（个）	经济责任审计项目（个）	查出违规金额（万元）	应缴财政（万元）	已缴财政（万元）	决定处理处罚（万元）	指明要求纠正（万元）	提交审计报告、信息（篇）	审计信息被采用（篇）
化隆回族自治县审计局	12	20		756	5		5	486	3	1
循化撒拉族自治县审计局	8	15		709	11	1	664	49	1	
海北藏族自治州										
海晏县审计局	5	23	2	4				94	12	
祁连县审计局	8	21	5	393	55	30	167	216	5	1
刚察县审计局	7	32	5	8	8	8	8	173	9	3
门源回族自治县审计局	5	30	4	18	1	1	1	56	28	8
海南藏族自治州										
共和县审计局	13	45	3	469			469	2096	45	8
同德县审计局	7	11						148	16	
贵德县审计局	8	26	5	1191	217	11	1170	248	31	3
兴海县审计局	8	13	5	147	32		151	120	7	
贵南县审计局	7	13	2					14	16	
黄南藏族自治州										
同仁县审计局	17	47	6	804	42	15	619	275	8	2
尖扎县审计局	10	26	7	351	23	14	54	31	11	
泽库县审计局	7	17	3	203	15	15	1269	3214	6	
河南蒙古族自治县审计局	6	25	11	55	1	1	7	4	31	10
果洛藏族自治州										
玛沁县审计局	5	15	3	24			11	12	2	
班玛县审计局	6	13	2	268				268	5	
甘德县审计局	5	13	3	13	1			10	2	
达日县审计局	4	23	8	38				38	13	1
久治县审计局	7	8	2	18				18	2	
玛多县审计局	6	12	2	454	1		85	368	2	
玉树藏族自治州										
玉树县审计局	10	24	11	51	28	28	49			
杂多县审计局	5	9	2	514	1	1	496	508		
称多县审计局	6	12	2	447			447			
治多县审计局	5	9	2	267			267			
囊谦县审计局	7	6		4	4		4		3	
曲麻莱县审计局	7	8	2	1						

审计机关	干部职工人数（人）	审计单位（个）	经济责任审计项目（个）	查出违规金额（万元）	应缴财政（万元）	已缴财政（万元）	决定处理处罚（万元）	指明要求纠正（万元）	提交审计报告、信息（篇）	审计信息被采用（篇）
海西蒙古族藏族自治州										
德令哈市审计局	5	29	3	97	14	7	7	118	3	
格尔木市审计局	12	20	4	3627	975		975	731	23	3
乌兰县审计局	6	27	8	4	4		1	619		
都兰县审计局	6	31		17	17	17	16		8	
天峻县审计局	6	31	1					31	12	2
大柴旦行委审计局	3	11	1					148	8	
茫崖行委审计局	2	11	2							
冷湖行委审计局	2	11		12	5	5		5		

宁夏回族自治区

【宁夏回族自治区审计厅】 2004年，宁夏回族自治区审计厅行政编制95人，在编89人，事业单位定编46人，在编26人。厅机关设有办公室、政策法规处、财政金融审计处、行政事业审计处、外资审计处、社会保障审计处、经贸审计处、投资审计处、农业与环保审计处、经济责任审计局等10个业务处（室）；另设有纪检监察室、机关党委和老干部处。厅机关还下设有科研培训中心、计算机中心、机关服务中心3个直属事业单位。

领导成员

厅　　长：章建忠

副 厅 长：卢苏萍（—11月）

　　　　　李笃琍（—4月）

　　　　　汤效禹　罗成虎（5月—）

纪检组长：李俊贤

审计专员：刘学礼

经济责任审计局局长（副厅级）：梁雪铖（5月—）

审计成果 2004年，全区各级审计机关共审计944个单位，查出违规金额14.3亿元，管理不规范金额15.2亿元。经审计处理，追收各类应缴未缴、缓缴的财政资金以及税款、罚款等1.3亿元，比上年增长8.3%；核减工程投资8419万元，是上年的2.4倍；减少财政拨款或补贴530万元，归还原渠道资金6369万元，调账处理金额2.5亿元，自行纠正金额3.8亿元。向司法、纪检监察机关移送案件10起，涉案人员15人；建议有关部门处理事项8件，涉及11人。

预算执行审计 2004年，全区各级审计机关进一步加大对重点预算部门的监督检查力度，共对264个部门、单位预算执行情况进行了审计，查出应缴未缴预算收入、截留挤占预算资金和私设“小金库”等违规金额3.4亿元。自治区审计厅选择11个有预算分配权的部门进行审计，查出违规向下属单位收费、超标准发放工资补贴、随意调整预算以及会计信息失真等违纪违规问题。隆德县审计局集中力量对农、林、水、教育、城建等重点一级预算单位进行了审计，查出挤占挪用专项资金等违规金额2600万元。经审计处理，应上缴财政资金240万元。

专项资金审计和审计调查 审计厅组织力量对全区15个市、县农村税费改革转移支付资金和城市居民最低生活保障资金的管理使用情况及政策执行情况进行专项审计调查，揭示出层层滞留、挤占挪用、虚列支出、违规套取、私设“小金库”等违纪违规问题。对吴忠市2003年度国有土地出让政策执行及土地出让金的征管、使用情况进行了审计，查出违规下放土地审批权限、经营性用地转让制度不落实、土地出让金流失以及征地补偿安置资金不到位等问题。

各地审计机关也结合本地实际，围绕社会关注的热点、难点问题，积极开展专项资金审计和审计调查。银川、石嘴山、中卫、固原、青铜峡、同心、利通区审计局开展了扶贫救灾专项、职工住房公积金、就业解困、农业综合开发、小城镇建设、天然保护林、养老、医疗保险、劳务输出、土地出让金、粮食流通企业遗留问题等多项审计和审计调查。中宁县审计局尝试对打井抗旱专项资金实行效益审计，揭示财政资金闲置和损失浪费问题。

固定资产投资审计　全区共对99个重点建设项目单位进行了审计，涉及项目投资总额近11亿元，核减工程款8419万元。自治区审计厅重点对用国债资金建成的7条通县油路工程项目进行了审计，查出高报概算、招投标不规范、分包转包等违规问题。吴忠市审计局对市供热公司、自来水厂等单位进行了基建工程审计，核减工程造价800多万元。彭阳县审计局采取聘请工程专家与审计人员配合的方式，对3个工程项目进行了审计，核减工程预算300多万元。

企业审计　各级审计机关积极配合企业改革，对重点国有企业进行了审计。审计厅对宁夏煤业集团2003年度财务收支情况进行了审计，共延伸检查17个单位，查出偷逃税费2000余万元、私设“小金库”1200多万元、不良资产2.5亿元、投资潜亏5000万元等严重违纪违规问题。在对吴忠仪表公司原领导人的经济责任审计中，查出重大违法犯罪线索，已移送司法机关查处。中卫市审计局对2个市属企业资产负债损益情况进行了审计，重点检查了会计信息特别是损益的真实性，严肃查处了弄虚作假、偷逃税款等问题，维护了国有资产的安全完整。利通区审计局配合有关部门对20个改制企业进行了审计，揭示了企业发展过程中存在的突出问题，及时提出了加强企业管理的意见和建议。

外资项目和药监行业审计　审计厅组织对4个世行贷款项目16个单位进行了审计，查出项目配套资金不到位、应缴未缴税金等违规及管理不规范问题。另外，组织对自治区药监局2003年度预算执行及全区药监行业财务收支情况进行了审计，查出擅自扩大开支范围发放补贴、部分单位对罚没药品的管理和核算不规范等问题。

经济责任审计　2004年，共审计243人，其中厅级干部13人、县处级干部45人、科级干部181人、国有及国有控股企业领导人员4人，共查出违规金额3.7亿元。审计后，7人被免职，6人被降职，3人被移送司法机关和纪检监察部门调查处理。

质量控制　2004年，各级审计机关围绕贯彻落实审计署质量控制100条，采取有效措施，严格审计质量控制。审计厅进一步加强审计法制建设，提请自治区政府出台了《宁夏回族自治区国家建设项目审计办法》，为强化固定资产投资审计提供了法律保障；起草了《宁夏回族自治区审计监督条例》，已被自治区人民政府和人大常委会列入2005年立法计划；印发了《关于进一步加强和改进审计执法工作的意见》和《审计查出问题定性及处理处罚适用法律法规的意见》，全面实行了审计日记制度，初步规范了审计业务文书繁琐、内容交叉、处罚尺度不一等问题；修订完善了《审计复核制度》等5项内控措施，进一步规范了审计行为。利通区审计局开展了“审前评方案，审中评查审计成果，审后评选优秀审计项目”的“三评”活动；西吉县审计局坚持对审计项目质量进行检查考评；惠农区审计局出台了37项规章制度。

审计结果公告　2004年，审计厅首次向社会公告了财政预算执行审计情况和结果落实情况，区内外10多家新闻媒体进行了连续集中报道，在全区上下产生了不小的震动，“审计”一时成为热门话题。中宁县审计局将财政预算执行及21项投资项目审计情况向社会进行了公告，产生了良好的社会影响。2004年，审计厅共上报10期《审计专报》，都得到了自治区党政主要领导的批示；向自治区党委、政府报送了45篇审计信息，有12篇（次）被批示或采用。

优秀审计项目　2004年，自治区审计厅评选出的10个优秀审计项目是：银川市审计局实施的银川市2002～2003年度养老保险基金审计项目；青铜峡市审计局实施的青铜峡市新井煤业有限公司2003年至2004年2月财务收支审计项目；自治区审计厅农业环保处实施的平罗县原县长任期经济责任暨2003年度财政决算审计项目；贺兰县审计局实施的贺兰县2003年度本级财政预算执行和其他财政收支审计项目；石嘴山市审计局实施的大武口电影院娱乐中心1991年至2002年7月资产负债审计项目；西吉县审计局实施的西吉县2003年度本级财政预算执行和其他财政收支审计项目；自治区审计厅财政金融审计处实施的石嘴山区原区长任期经济责任暨2003年度财政决算审计项目；固原市审计局实施的固原市2003年度本级财政预算执行和其他财政收支审计项目；自治区审计厅经济责任审计局实施的固原市中级人民法院原院长任期经济责任审计项目；自治区审计厅行政事业审计处实施的自治区卫生厅厅长任期经济责任暨2003年度预算执行审计项目。

审计标兵　2004年，自治区审计厅评选出的10名审计标兵是：杨珍（石嘴山市审计局）、王丽萍（自治区审计厅经济责任审计局）、郭宁兰（自治区审计厅财政金融审计处）、李发新（青铜峡市审计局）、马青松（吴忠市审计局）、夏桂英（石嘴山市审计局）、虎佑峰（彭阳县审计局）、李晓燕（自治区审计厅农业与环保审计处）、赵燕芳（中卫市审计局）、王红蕾（银川市审计局）。

开展“提升审计队伍素质年”活动　2004年，自治区审计厅结合全区“公务员素质提高年”，在全区审计机关中开展了“提升审计队伍素质年活动”。各级审计机关结合自身实际，围绕提高队伍素质和审计工作质量，加大了审计干部培训力度。审计厅将培训工作列入年度目标责任，制定培训计划，加大资金投入，深化培训内容，注重培训效果。全年举办了3次综合知识培训班，从区内外聘请了10位知名专家、学者讲课，内容涉及宏观经济知识、审计专业知识及操作技能等各个层面，全区审计机关500余人（次）接受了培训。7月初，在黑龙江审计干部培训基地举办了经济责任审计培训班，组织全系统近40人参加学习。先后组织6批、40余名干部到外省市审计机关学习考察，选送7人出国培训，接受新知识、增长新才干。另外，有16人参加在职研究生学习，9人参加专升本学习。

精神文明建设　2004年，厅机关被自治区党委授予“全区宣传思想工作先进集体”，被区直机关评为“落实党建工作目标责任制先进单位”、“创新党组织生活先进单位”等多项荣誉，在文明机关荣誉保持情况验收中获得优秀等次。年轻共产党员唐波同志还被评为区直机关“践行‘三个代表’重要思想”先进个人。党组书记、厅长章建忠同志以及党组成员、机关党委书记李俊贤同志先后多次在区直机关组织的相关党建工作会议上作工作经验交流发言。（撰稿人：金　荣）

【银川市审计局】　2004年，共有干部、职工63人。局长周必庚，副局长李自辉、吴起、苏广清、达英，纪检组长张乾洲。设有办公室、法规科、财政金融审计科、经济贸易审计科、行政事业审计科、社会保障审计科、经济责任审计室、固定资产投资审计科、农业与环保资源审计科等9个科（室）。

审计成果　2004年，各级审计机关完成审计项目（单位）210个，查出违规金额21015万元，其中损失浪费金额658万元。经审计处理，应上缴财政8244万元，已上缴财政3105万元；应减少财政拨款或补贴112万元，应归还原渠道资金3501万元。查出管理不规范资金70453万元。市本级完成审计项目（单位）59个，查出违规金额8348万元，其中损失浪费金额658万元。经审计处理，应上缴财政7298万元，已上缴财政3015万元；应减少财政拨款或补贴112万元；应归还原渠道资金507万元，已归还原渠道资金213万元；查出管理不规范金额41329万元。

预算执行和县（区）财政决算审计　2004年，审计了包括财政、税务部门在内的18个预算执行和县（区）财政决算单位。对一些违反预算法和税收征管法规的行为以及有关预算执行单位在预算执行过程中存在的隐瞒截留财政收入以及截留、挪用专项资金等问题进行了纠正和处理处罚。经审计，共查出违规金额3100万元，应上缴财政2734万元，已上缴财政1637万元，应归还原渠道资金65万元，并揭露了预算执行过程中存在的违规行为的深层次原因。

固定资产投资审计和专项资金审计　2004年，加强对固定资产投资、专项资金的审计，共安排七大广场、黄河东路、北京路、中央大道和环路、南三环及民族街打通、中医院等固定资产投资审计项目12个。查出的主要问题是建设程序不规范、不按规定进行工程招投标等。

完成了对农业、园林等专项资金的审计。查出农业专项资金管理不规范金额34万元，园林绿化违规金额47.08万元，管理不规范金额53.76万元。在养老保险基金专项审计中，通过延伸审计新华百货商店、购物中心等12个单位，查出缴费单位缴费基数不实，少缴职工养老金227.6万元，挪用代扣职工养老金375万元，挪用缴纳养老基金专款——劳保基金1113.7万元的问题。经审计处理，要求相关单位进行追缴和归还挪用资金，并对存在的问题进行了深层次的揭示，提出了改进的建议。

经济责任审计　受组织部委托，全年安排11个经济责任审计项目。在总结以往开展经济责任审计工作经验的基础上，在审计方法上进行了一些新的探索，做到四个结合，即审计与审计调查相结合；依法审计和实事求是相结合；全面审计和突出重点相结合；合规性审计和效益性审计相结合。共完成了11项审计，查出违规金额46.83万元，应上缴财政46.83万元，管理不规范金额2575万元。对2名严重违纪人员分别移送司法机关和有关部门进一步查处。

企业审计　根据计划安排，对国有资产控股有限公司财务收支进行了审计，查出违规金额2763.45万元，管理不规范金额8143.4万元，应上缴财政2577万元，目前已经落实审计决定入库570万元，应归还原渠道资金186.4万元。审计提出改进宏观管理建议3条、纠正或改进财务管理意见12条。对这些意见建议，公司高度重视，先后召开整改会议6次，一致表示采纳审计意见。该项目也引起了市委、市政府领导的关注，市委领导都进行了传阅，市政府主管审计工作的领导也作了重要批示。

交办审计项目　全年完成了自治区审计厅授权的4项审计任务和市政府临时下达的7项审计任务。全年向上级部门提交审计工作报告、信息81篇，被上级部门、领导批示以及《中国审计报》、《宁夏审计》、《宁夏审计动态》、《银川晚报》等采用63篇。（撰稿人：耿江宁）

【石嘴山市审计局】　2004年，共有干部职工50人。局长赵廷华（—3月）、李巨才（3月—），副局长瞿祖贵、黄德志、朱桂华（3月—）。设有办公室、政策法规科、财政金融审计科、行政事业审计科、固定资产投资审计科、经济责任审计科、经贸审计科7个职能科（室）。

审计成果　全年完成审计项目107个，为全年计划的142.67%，查出违规金额2454万元，应上缴财政182万元，应归还原渠道资金150万元，应调账处理金额895万元，审计决定落实率达95.78%；纠正管理不规范金额20963万元，审计意见落实率达98%。

预算执行审计　首次对部门预算编制的科学合理性、预算批复的及时完整性进行了检查，并扩大审计范围，延伸审计了二三级预算部门。共对20个部门预算和6个试行国库集中支付的单位进行审计，针对存在乱收费、应缴未缴、坐支收入等管理不规范问题，提出了整改要求和合理化建议。

专项资金审计　对全市扶贫救灾资金、城市居民最低生活保障资金、养老保险基金、职工住房公积金、就业解困资金、贷款担保资金、市建筑工程劳保基金、学校收费等重点资金进行审计。审计结果表明，各重点资金的管理使用基本能做到专款专用、及时拨付、合理使用，但也存在发放手续不规范，未按规定储存，管理，挤占、挪用等情况。对此，提出了改正意见或下达处理处罚决定。

经济责任审计　对26名领导干部进行了经济责任审计，查出违规金额454万元，管理不规范金额1098万元，损失浪费金额12万元。审计结果为市委及组织部门选拔任用干部提供了参考依据。石嘴山市经济责任审计被中央五部委经济责任审计工作联席会议办公室评为"全国经济责任审计工作先进地区"。

固定资产投资审计　完成石嘴山市黄河水厂管网配套工程、大武口西山综合治理工程、山水大道路灯照明工程、市检察院技术侦察楼、河滨工业园区恒昌街道路工程建设项目竣工决算的审计，共核减工程造价311万元。

完成交办任务　根据市委、市政府的委托，对原石嘴山区、惠农县合并所涉及的80个一级预算单位和惠农区12个上划部门单位、政府机构改革撤并的10个单位、隆湖开发区整体移交及自治区属企业学校整体移交进行了终结审计；对原惠农县煤炭公司、大武口区电影院娱乐中心以及组建市政产业集团、市矿业集团的相关企业的资产、债权债务情况进行了审计。通过审计摸清了各单位的"家底"，保证了石嘴山市行政区划调整、行

业调整重组和体制改革工作的顺利进行。（撰稿人：周慧荣）

【吴忠市审计局】 2004年，共有干部职工16人。局长吴汉宝（—3月）、白永桢（3月—），副局长马建廷、杨素霞（—5月）、王学仲（10月—）。设有办公室、经济责任审计室、财政金融审计科、行政事业审计科、经贸农水环保审计科、基本建设投资审计科。

审计成果 全年共对26个单位（项目）进行审计，完成审计计划的120%。共查出违规金额3815万元，应增加财政收入720万元，减少本级财政支出572.5万元，归还原渠道资金2720万元。提出审计建议49条，为国家增收节支4085.4万元。

固定资产投资审计 根据市委、政府的安排，以摸家底、揭隐患、促发展为目的，对3个城市建设投资项目单位的资产、负债、损益进行了审计。发现存在挤占国债专项资金，应缴未缴财政专户资金等问题。经审计，核减工程造价近千万元，并揭示了设备、材料采购中的一些违规问题。并就此问题以审计专报形式上报市政府领导批示，审计成果及时得到转化，社会影响非常好。

经济责任审计 为推动经济责任审计工作向纵深发展，修订并完善了由市纪委、市委组织部、市审计局、财政局、检察院、监察局、人事局七部门参加的经济责任审计工作联席会议制度，明确了联席会议的主要职责和各成员单位的职责分工及联席会议的议事内容、程序、规则。中共吴忠市委办公室、吴忠市人民政府办公室下发了《关于进一步加强党政领导干部任期经济责任审计工作的意见》和《吴忠市经济责任审计工作联席会议制度》，并对吴忠市直属机关领导干部经济责任审计作出了具体安排。全年共对5名处级领导干部和1名正科领导干部进行经济责任审计和离任审计。

专项资金审计 针对社会关心、群众关注的热点、难点问题，以及领导决策的疑点问题，结合本级预算执行审计，对市劳动和社会保障局及其下属两局四个中心2003年度财政财务收支情况进行了审计。审计发现普遍存在挤占挪用专项资金问题，经过分析成因，提出了13条建议。市劳动和社会保障局就此专门召开局务会议，抽调专门人员进行整改或查漏补错，健全了内部控制制度。

制度建设 根据业务工作实际，修订完善了10大类46项规章制度，重点修订完善了《审计业务汇报会议》和《审计事项审定会议》制度。

信息化建设 积极创造条件，整合审计资源，压缩开支，减少福利发放，挤出资金，给每个业务科室配备台式电脑和手提电脑，给每个业务人员配备了先进的大容量优盘，购置了审计软件，尝试开展计算机辅助审计。

队伍建设 通过完善内部管理制度、加强队伍作风建设、实施多种培训、开展多种形式主题活动等方式，努力提高全体审计干部的素质和履行职责的能力，为提高依法审计水平提供组织保证：一是举办机关“春训”班；二是建立周一早会制度；三是开展专题研讨活动；四是开展了“我为审计添光彩”演讲比赛，并在全区审计系统获得多项奖励；五是制定下发了《吴忠市审计局关于审计执法的实施意见》；六是在全市审计系统开展审计工作“五评选”活动，即在年度审计项目质量全面检查的基础上，对县（市、区）及市机关进行优秀审计项目、优秀审计报告、审计标兵和先进集体、先进个人评选表彰活动。（撰稿人：张晓萍）

【固原市审计局】 2004年，共有干部职工19人。局长杨大素，副局长刘科、常继宾。设有办公室、行政科、法规科、财政审计科、企业基建审计科、经济责任审计科等6个科室。

审计成果 2004年，共完成4个项目26个单位的审计任务，查出违规金额14407万元，应上缴财政1679万元，应追还侵占挪用资金6638万元。开展专项审计调查项目4个，提交审计工作报告、信息18篇，其中被上级审计机关和新闻单位采用2篇。

财政审计 2004年，对固原市财政预算及14个预算执行单位进行了审计，查出违规金额5695万元，经审计处理，应上缴财政1199万元。同时对泾源县、西吉县财政决算进行了审计，查出违规金额8679万元，应上缴财政469万元，应归还原渠道资金2885万元。

经济责任审计 2004年，受市委组织部门委托，先后对3个单位的领导干部和领导人员开展了任期经济责任审计。为探索经济责任审计新方法，采取日常审计与经济责任审计相结合、预算执行审计与经济责任审计相结合的办法，查出违规金额 541 万元。

行政事业审计 2004 年，根据自治区审计厅的授权，对市药品监督管理局和市药品检验所 2003 年度财务收支进行了审计。

精神文明建设 一是坚持从提高审计干部队伍的业务素质出发，强化了审计干部培训。二是结合全区审计机关开展的“审计队伍素质提升年”活动，在抓好经常性思想政治工作的同时，以认真贯彻执行审计准则为重点，进一步加强法制建设，增强审计人员质量意识和风险意识。三是注重审计信息化建设。2004 年，按照上级业务部门和市政府加强计算机培训的部署和要求，采取集中辅导与个人自学、理论学习与实际操作、骨干指导与岗位练兵相结合的办法，不断加强计算机知识的普及和操作技术的培训。四是加强作风建设，注重审计人员执业道德教育，倡导文明执法理念。五是狠抓廉政建设，坚持廉政建设常抓不懈，利用经常性的廉政教育和约束制度，增强广大审计干部的拒腐防变能力。（撰稿人：孟光军）

【中卫市审计局】 2004 年 3 月，中卫撤县设市，审计局由县级局升格为地级市局。共有干部职工 19 人。局长马忠林。设有办公室（政策法规科）、经济责任审计科、行政事业审计科、农水环保审计科、固定资产投资审计科、财贸审计科，下辖中宁县审计局、海原县审计局。

审计成果 2004 年，市、县两级审计机关共完成审计项目 93 个，查出违规和管理不规范金额 9622.6 万元，经审计处理，应上缴财政 3509 万元，应核减工程造价 457 万元，应归还原渠道资金 709 万元。市审计局完成审计项目 21 个，涉及 44 个单位，共查出违规和管理不规范金额 7199 万元，经审计处理应上缴财政 3083.55 万元，核减工程造价 207 万元，应归还原渠道资金 3081 万元。

经济责任审计 全市共对 33 名领导干部实施了离任和任期经济责任审计。为了使经济责任审计规范化、程序化，海原县审计局制定了《海原县领导干部任期经济责任审计立项程序》，使经济责任审计步骤更加科学、合理。

专项资金审计 2004 年，有重点地对事关群众切身利益和对地方经济发展影响较大的 27 个国债资金、社会保障资金、农业与资源环保资金等专项资金进行审计，共查出违规或管理不规范金额 2091 万元，应归还原渠道资金 471 万元，处以罚款 29 万元，有力地促进了有关部门加强对资金的管理，提高了资金的使用效益。

行政事业审计 有针对性地对 49 个有执收执罚权或掌管分配财政资金的行政事业单位进行审计。重点审核了“收支两条线”的贯彻落实情况，严肃查处了截留财政收入、乱收费或借机乱发钱物等问题，共查出违规金额 4564.5 万元，经审计处理，应上缴财政 3462 万元。“对国土资源局财政财务收支审计”项目被评为全区“表彰审计项目”。

固定资产投资审计 全市审计部门共对 29 项重点工程建设项目进行了审计。审计以真实性为目标，严肃查处了高估冒算、损失浪费和超标准建设等问题，共查出虚增工程造价 457 万元，其中，8 个审计项目核减工程造价 207 万元。

企业审计 全市共对 3 个国有企业和拟改制的企业进行了审计。审计以“摸家底、揭隐患、促发展”为目标，重点检查了会计信息特别是损益的真实性，严肃查处弄虚作假、偷逃国家税金等问题。共查出违规金额 943 万元，经审计处理，应上缴财政 13 万元，维护了国有资产的安全完整。

上级交办任务 2004 年，完成自治区审计厅交办的任务 3 项，查出违规金额 438 万元，归还原渠道资金 438 万元。

队伍建设 2004 年，按照“建设一流队伍、培育一流作风、创造一流业绩”的要求，通过创建“学习型机关”，积极开展了“五学一推”（即学理论、学业务、学计算机知识、学法律、学 WTO 知识，推广普通话）活动，严格坚持党的“三会一课”和机关学习日制度，鼓励支持审计人员自学，其中 2 名干部取得了审计专业技术职称，1 人通过了高级会计师资格考试，14 名干部在不同学校攻读法律、财会等专业的大专、本科学历。

举办了中卫市审计系统首届职工运动会，并以“我为审计添光彩”为主题，举行了全市审计系统演讲比赛，开展了书法、摄影、绘画比赛。（撰稿人：张学云）

2004年宁夏回族自治区区、县（市）级审计工作统计表

审计机关	干部职工人数（人）	审计单位（个）	经济责任审计项目（个）	查出违规金额（万元）	应缴财政（万元）	已缴财政（万元）	决定处理处罚（万元）	指明要求纠正（万元）	提交审计报告、信息（篇）	审计信息被采用（篇）
银川市										
兴庆区审计局	10	17	9	1188	398		398	2802		
金凤区审计局	7	14	1	413	214	51	214	280		
西夏区审计局	9	17	8	17	3	3	3	2312		
灵武市审计局	18	36	5	3624	243	1	243	385	3	
永宁县审计局	18	35	23	960	30	25	30	228		
贺兰县审计局	18	35	14	6465	58	10	58	2317		
石嘴山市										
大武口区审计局	7	33	17	70	13	7	70	234	19	12
惠农区审计局	15	26	4	25			52	517	27	11
平罗县审计局	22	77	30	4352	26	26	4352		72	51
吴忠市										
利通区审计局	38	56	11	2862	554	554	554	1751	85	37
青铜峡市审计局	27	34	11	12636	672	672	8065	4571	60	30
盐池县审计局	21	42	5	1332	33	33	1332	879	32	22
同心县审计局	48	15	1	2093	14	14	188	235	20	10
固原市										
原州区审计局	22	27	1	4261	27	26	407	2716	27	
西吉县审计局	16	45	18	2896	44	44	819	1887	19	
隆德县审计局	10	37		4401	240	40	850	8	6	2
泾源县审计局	15	31	11	1237	10	10	320	366	33	6
彭阳县审计局	14	30	10	2448	88	88	321		14	
中卫市										
中宁县审计局	20	55	25	1959	407	407	407		63	47
海原县审计局	15	20		1932	21	16	21		35	10

新疆维吾尔自治区

【新疆维吾尔自治区审计厅】 2004年，新疆维吾尔自治区审计厅定编287人，在编202人。设有办公室、法制处、财政审计处、金融审计处、行政事业审计处、经贸审计处、农业与资源环保审计处、社会保障审计处、固定资产投资审计局、外资运用审计处、经济责任审计处、人事教育处、机关党委、老干部工作处和6个派出审计处，另有自治区纪委、监察厅派驻机构纪检监察室，还设有计算机信息中心、机关服务中心、审计培训中心、审计科研所4个直属事业单位。

领导成员

厅　　长：朱登云

副 厅 长：周贤荣

亚合甫·白克力（维吾尔族）

李国华　王华（审计署挂职）

纪检组长：褚东井

总审计师：宣国苗

助理巡视员：边国胜　郭生钰

审计成果 2004年，共审计2752个单位，查出违规金额61.7亿元，审计后已上缴财政1亿元，已归还原渠道资金3.1亿元。查出并移交司法纪检机关和有关部门案件线索90件，涉案人员107人，其中已立案查处20件，依法追究责任16人。全区共提交各类审计和调查专题报告340篇。审计厅针对财政经济运行和管理中存在的问题，提交自治区人民政府的关于财政资金投入高风险领域、部分院校社会力量办学、公路建设资金、收费票据管理、非税收入、外债管理使用情况等18篇专题报告，有14篇被自治区领导批示、采用。

财政审计 自治区本级预算执行审计中主要审计了财政、税务、国库及23个部门单位，重点突出了对部门预算、国库集中支付、政府采购、非税收入管理等财政改革措施实施情况和财政专项资金管理使用情况的监督检查；揭示反映了自治区本级财政管理中存在的部门预算管理不到位、改革措施和制度不完善等问题，查处了一些部门单位应缴未缴税收和非税性收入、挤占挪用专项资金、私设“小金库”以及未按规定进行政府采购和建设项目招投标等财经违纪和违法犯罪问题；提出了“进一步总结完善和全面推进财政各项改革”、“坚持依法理财、推进依法行政”、“强化监督检查、改进和完善监督机制”的审计建议。自治区政府首次批准将审计工作报告在新闻媒体上全面公布。

专项资金审计 （1）审计厅和15个地、州、市审计机关普遍开展了下岗再就业资金使用和政策执行及社会保险费征缴情况的审计。审计厅审计了自治区和乌鲁木齐市劳动保障部门，发现存在资金管理使用和发放不规范的问题，主管部门疏于监管，甚至个别工作人员与一些培训机构合伙造假，骗取国家下岗失业人员培训补助资金。审计查出此类违法违纪案件线索3件，移送司法和纪检监察部门后，有关责任人已被批捕、“双规”。

（2）审计厅组织部分地州市审计机关开展了自治区30个贫困县（市）扶贫资金管理使用情况的审计。审计揭示了扶贫资金管理监督机制尚不健全，仍然存在滞拨扶贫资金、擅自改变扶贫项目计划、挤占挪用和违规大额储蓄，国家规定的扶贫资金县级报账管理制度未得到全面有效执行，扶贫贴息贷款发放率低，并存在一定超范围发放，扶贫项目“进村入户”政策尚未完全落实，一些扶贫项目资料不完整、未能如期完成等方面的问题。

（3）审计厅首次开展了国债建设项目和资金管理使用情况的专项审计调查，重点调查了伊犁州、阿克苏地区及交通厅、水利厅等6个厅局2003年度国债项目实施和资金管理使用情况。重点揭示了国债项目审批管理中存在的重复立项、擅自合并改变项目，资金分配管理使用中存在的配套资金不落实、滞拨延压和挤占挪用国债资金，以及部分项目进展缓慢、资金使用效益不高等问题。审计调查结果引起被审计地州和自治区有关厅局的高度重视，并已着手研究制定纠正措施和整改方案。

固定资产投资审计 全区共审计238个建设项目，审计建设项目完成投资额18.48亿元，核减投资6674万元。审计厅主要审计了国道312乌－奎高速公路、乌恰－库曲湾公路和额敏－铁厂沟公路3个公路建设项目，并对6个公路建设项目招投标情况进行了审计调查，揭露反映了公路项目建设中存在的不按规定进行政府采购和建设项目招投标，项目建设超概算，侵占挪用建设项目资金，高估冒算虚报工程造价等问题。公路建设项目招投标情况的审计调查报告，引起了政府主要领导高度重视，并明确指示计划、财政、交通部门和金融单位认真研究，协调解决。贯彻落实《新疆维吾尔自治区建设项目审计监督条例》，审计厅于2004年底正式开始组织委托中介机构开展建设项目审计工作，制定了《自治区审计厅委托审计国家建设项目招投标试行办法》。

金融审计 根据国务院关于农村信用合作社改革的要求，为确保自治区农村信用合作社改革工作顺利进行，审计厅统一组织地州审计机关，对全区21个农村信用合作社2003年度资产质量和经营状况开展了专项审计调查，揭示了管理中存在的财务管理基础薄弱、会计信息失真、资本金严重不足、抗风险能力弱、信贷资产质量低以及以前年度违规经营造成的经营风险等问题，为地方政府接管信用社摸清了家底，并且提出了防范和化解金融风险的8项改进措施。自治区人民政府办公厅根据政府领导的指示，已批转相关部门认真研究整改，制定管理办法。

外资运用审计 审计厅统一组织地州审计机关全面完成了审计署授权的塔里木二期、乌鲁木齐城市交通改善等8个世行贷（赠）款项目的审计任务，同时对自治区人民政府交办的世行贷款"塔一"项目和新疆基地公司"黑字还流"贷款项目进行了审计调查。整合审计机关外资、投资审计力量，开展工程结算审计。审计调查揭示了奎屯建番茄酱厂项目决策失误、引进设备达不到规定的设计能力等原因造成"黑字还流"贷款不能及时偿还问题，划清了责任，提出了审计建议，自治区政府已批转相关部门落实。

经济责任审计 全区共审计599个单位的666名党政机关和国有企业领导干部，查出违规金额6.2亿元，管理不规范金额7.3亿元。审计后移交司法纪检机关查处48人。审计厅开展了对新疆医药集团、自治区工商行政管理局、自治区文化厅、乌鲁木齐市经济开发区管委会等6个单位党政领导的经济责任审计。审计揭示了一些单位建设项目决策和管理不当，造成工程项目投资超计划，未编制竣工决算无法交付使用，个别项目引起经济纠纷造成了一定损失，资本管理不规范、不严格，基础设施建设工程管理和执行国家税收、土地管理政策不严格，未经批准实施建设项目，部分工程建设项目未进行公开招投标等方面的问题。

审计结果公告 2004年，新疆维吾尔自治区审计厅报经政府批准，对外公布了《新疆维吾尔自治区抗震救灾资金审计结果公告》、《新疆青少年发展基金会审计结果公告》，经自治区人民政府批准，首次通过《新疆日报》、《新疆经济报》、政府网站公布了自治区本级预算执行情况审计结果。

（撰稿人：雒亚祖、尚亚东）

【乌鲁木齐市审计局】 2004年，共有干部职工113人。局长张新平，副局长窦建新、李钢建、杨少英，纪检组长杨明（11月—）、武毅（—9月）。设有办公室、组织人事教育处、纪检监察室、法制处、财政审计处、固定资产投资审计处、行政事业审计处、经贸审计处、经济责任审计处、农牧与资源环保审计处、外资运用与金融审计处、社会保障审计处和3个负责对有关部门、资金进行审计监督管理的派出审计处。

审计成果 审计单位166个，查出违规金额24140万元，管理不规范金额401152万元，损失浪费金额1372万元，决定处理处罚金额15510万元，指明要求纠正金额401152万元。查出违规金额中，应上缴财政2577万元，应归还原渠道资金2050万元，应调账处理金额10800万元，已自行纠正金额9102万元。向司法机关移送案件2起，移送纪检监察部门1起。提交审计工作报告、信息225篇，被采用154篇。

财政审计 审计财税部门和预算执行单位41个，共查出违规金额4712万元，管理不规范金额338267万元，审计决定处理处罚金额4829万元，要求被审计单位自行纠正金额4183万元。查出预算外收入未及时足额缴入财政专户、截留挤占挪用预算资金、预算编制批复不规范等问题，为进一步规范预算管理起到了积极的促进作用。

固定资产投资审计 开展固定资产投资项目审计9个，其中完成竣工决算审计项目8个，审计项目投资总额71271万元，已完成投资总额71868万元，共查出违规金额1392万元，管理不规范金额50万元，损失浪费金额13万元。经审计核减工程投资424万元，要求被审计单位自行纠正金额50万元。审计新开工项目2个，审计资金总额2702万元。

经济责任审计 开展经济责任审计项目54

个，共查出违规金额4138万元，管理不规范金额22561万元，损失浪费金额28万元。被审计领导干部中晋升3人，免职6人，撤职1人，移送司法机关1人，移送纪检监察部门1人。（撰稿人：韩雨桐）

【克拉玛依市审计局】　2004年，共有干部职工22人。局长王军，副局长况萍、苏富庆，纪检组长苏富庆（兼）。设有办公室、法制监察科、财政审计科、经贸与金融审计科、行政事业审计科、经济责任审计科和固定资产投资审计科。

审计成果　完成审计项目19个，查出违规金额2349万元，管理不规范金额642万元。审计处理后，已上缴财政967万元，已归还原渠道资金188万元，已调账处理金额326万元，已自行纠正金额660万元。移交纪检监察部门事项2件，涉及人员3人，建议有关部门处理3人。

财政审计　对市财政局、地税局和市中心支库进行审计，并对农业综合开发资金、科技三项费等8项专项资金进行了延伸审计，反映和解决了在预算管理、专项资金管理使用、固定资产管理和政府采购等方面存在的问题。提交的审计工作报告得到了市人大常委会的好评。

固定资产投资审计　组织实施了市区路网工程项目、医院隔离救治中心污水处理工程、市区道路改造工程竣工决算审计，审计资金4067.99万元，净核减工程造价434.36万元，核减率10.68%。借助社会审计组织力量组织实施了20万亩农田基础设施建设竣工决算审计。

专项资金审计　对市再就业政策执行和资金管理使用情况、世行贷款疾病预防项目和世行贷款结核病预防项目进行了审计。审计专项资金（项目概算投资）总额1266.6万元，其中利用外资47万元，审计查出管理不规范金额66万元。

经济责任审计　完成经济责任审计项目9个（其中2个为上年末实施项目），审计经济责任人10人，查出管理不规范金额444万元，违规金额876万元，涉及领导干部个人经济问题金额2万元，涉及被审计单位财务人员经济问题金额4万元。审计后撤职1人，移送纪检监察机关3人。（撰稿人：徐　瑛）

【喀什地区审计局】　2004年，有干部职工42人。局长李少枫，副局长克其克·阿吉（维吾尔族）、刘武国、吐鲁洪·买买提（维吾尔族）。设有办公室、法制科、财政审计科、社保和经贸审计科、行政事业审计科、农林水牧审计科、固定资产投资审计科、金融外资审计科、经济责任审计科。

审计成果　2004年，共审计单位380个，其中财政预（决）算审计163个单位，专项资金审计55个单位，行政事业审计89个单位，固定资产投资审计12个单位，外资运用项目审计39个单位，企业审计11个单位；完成专项审计调查项目15个。共查出违规金额19999万元，管理不规范金额44811万元，损失浪费金额866万元，应归还原渠道资金489万元，已归还原渠道资金145万元，应上缴财政1371万元，已上缴财政1048万元。移送司法机关案件2起，涉案人员3人，涉案金额39万元；移送纪检监察部门事项11件，涉及人员13人，涉及金额977万元；建议有关部门处理件数5件，涉及金额461万元。司法机关已立案1件，纪检监察部门已处理3件，已给予党政纪处分4人。提交工作报告、信息185篇，被批示、采用67篇。

喀什地区审计局共完成审计项目58个，完成专项审计调查项目5个，共查出违规金额1682万元，管理不规范金额18228万元，应上缴财政268万元，已上缴财政206万元。提交工作报告、信息30篇，被批示、采用21篇。向社会发布审计结果公告1个。

经济责任审计　完成经济责任审计项目14个，审计经济责任人14人，共查出违规金额（负主管责任）309万元，管理不规范金额（负主管责任）538万元。（撰稿人：冯庆华）

【阿克苏地区审计局】　2004年，共有干部职工38人。局长苏耀民，副局长依力哈木·阿不力孜、樊建国、史军团、刘艳，纪检组长樊建国（兼）。设有办公室、法制科、人事教育科、财政金融审计科、行政事业审计科、农林水牧审计科、商贸审计科、固定资产投资审计科、经济责任审计科。

审计成果　全地区审计单位219个，查出违规金额63718万元，管理不规范金额54332万元，应自行纠正金额79418万元，应上缴财政2649万元，已上缴财政2275万元。移送司法机关案件4起，涉案人员4人；建议有关部门处理案件10起，涉案人员10人。提交审计报告、信息256篇，被采用124篇。地区审计局审计单位46个，查出违规金额16767万元，管理不规范金额8119万元，应自行纠正金额24427万元，应上缴财政170万元，已上缴财政170万元。提交审计报告、信息57篇，被采用50篇。

经济责任审计 全地区开展经济责任审计项目69个，查出违规金额14301万元，管理不规范金额7667万元，损失浪费金额601万元。审计后，晋升4人，平调27人，免职9人；移送司法机关案件2起，涉案人员2人；建议有关部门处理案件8起，涉案人员8人。地区审计局开展经济责任审计项目10个，查出违规金额3456万元，管理不规范金额2060万元。审计后，晋升1人，平调1人，免职4人。(撰稿人：任 鹏)

【和田地区审计局】 2004年，共有干部职工30人。局长帕尔哈提·内孜（—11月），副局长刘新英（—11月）、艾热提·日介甫（11月—）、孙明山（11月—，兼纪检组长）、罗维新（—11月）。设有办公室、综合法制科、行政事业审计科、经济责任审计科、农牧审计科、财政基建审计科。

审计成果 2004年，共审计37个单位，查出违规金额1482万元，管理不规范金额3216万元，应上缴财政288万元，已上缴财政262万元，已归还原渠道资金333万元，已自行纠正金额1704万元。提交的审计信息被采用20篇，被自治区审计厅采用6篇。

财政审计 审计了地区财政预算执行情况，涉及到地区财政、税务、国库以及15个行政事业单位，同时调查了34个行政事业单位，揭示反映了一些行政单位挤占、挪用专项资金、少上缴财政预算收入、行政单位超发补贴、行政单位无依据收费等问题，同时对1个县的财政决算进行了审计。

专项资金审计 审计了7个县、1个市的扶贫资金，查出擅自改变扶贫资金计划和资金投向、虚列支出等问题。在对企业和单位再就业资金审计中，揭示反映了个别企业和单位未按规定申报，存在虚报冒领、挤占挪用再就业资金等问题。

外资运用审计 主要审计了妇幼保健子项目、疾病预防项目、结核病防治项目、“塔二”项目，发现个别项目办公室挪用项目资金的问题。

经济责任审计 对1个县的党政领导和1个地直行政单位进行了审计，对加强单位的财务管理起到了促进作用，为组织部门任用干部提供了参考依据，增强了领导干部任职期间的责任心和财经法规观念。(撰稿人：周 民)

【吐鲁番地区审计局】 2004年，共有干部职工24人。局长聂自成，副局长韩华、迪里夏提·乃依不拉、郭红兵。设有办公室、法规科、财政金融审计科、行政事业审计科、固定资产投资审计科、经贸审计科、经济责任审计科。

审计成果 审计单位25个，查出违规金额1279万元，管理不规范金额3388万元，应上缴财政35万元，已上缴财政35万元。提交审计工作信息12篇，被采用5篇。

财政审计 审计单位5个，查出违规金额3049万元。同时，开展了对托克逊县政府财政决算审计，查出违规金额500万元，应上缴财政13万元，已上缴财政13万元。

固定资产投资审计 2004年，建立了固定资产投资审计人才、项目库，重点组织开展了地区某医院竣工决算审计，审计项目投资总额741万元，核减工程结算294万元。

经济责任审计 全年开展经济责任审计项目7个，审计经济责任人7人，查出违规金额1486万元，其中被审计领导干部应负主管责任1486万元。(撰稿人：阿地力·乃吉木)

【哈密地区审计局】 2004年，共有干部职工32人。局长王凯，副局长王登岗、阿不列孜·阿不都热衣木。设有财政金融审计科、经贸审计科、固定资产投资审计科、经济责任审计科、行政事业审计科、农牧业资金审计科、法制科、办公室。

审计成果 审计单位28个，查出违规金额2291万元，管理不规范金额8713万元，损失浪费金额4万元，应上缴财政102万元，已上缴财政79万元；应自行纠正金额8715万元，已自行纠正金额3934万元。提交审计工作报告25份、信息和调研报告19篇，被采用6篇。

经济责任审计 开展经济责任审计项目7个，

审计经济责任人7人，查出违规金额163万元。审计后，平调2人，免职1人。

审计专项调查　开展专项审计调查项目3个，审计单位9个，审计调查金额63981万元，发现问题金额36852万元。提交审计专项调查报告4篇，被批示、采用1篇。（撰稿人：雷轩波）

【克孜勒苏柯尔克孜自治州审计局】　2004年，共有干部职工30人。局长许毅，副局长阿不力米提·铁力瓦尔地、吐尔洪·艾依提（—6月）、黄林勇，纪检组长黄林勇（兼）。设有办公室、法制科、财政金融审计科、固定资产投资审计科、行政事业审计科、农业与资源环保审计科、经济责任审计科、经贸审计科。

审计成果　全州完成审计项目99个，查出违规金额20597万元，应上缴财政116元，已上缴财政38万元，应归还原渠道资金298万元。州审计局完成审计项目28个，查出违规金额7657万元，应上缴财政38万元，已上缴财政33万元，应归还原渠道资金160万元。提交审计信息41篇，被上级部门采用21篇。州审计局、乌恰县审计局被命名为自治区级文明单位。

经济责任审计　全州完成对15个部门22名领导干部的任期经济责任审计，查出违规金额6689万元。（撰稿人：张湘兰）

【博尔塔拉蒙古自治州审计局】　2004年，共有干部职工29人。局长林方，副局长宝音代力格、马克、张自贤，纪检组长张自贤（兼）。设有办公室、财政审计科、法制科、行政事业审计科、固定资产投资审计科、经济责任审计科和经贸金融审计科共7个科（室）。

审计成果　2004年，共审计71个单位（项目），查出违规金额11840万元，应上缴财政99万元，已上缴财政127万元（含以往年度应缴款110万元）。发现并及时移送司法机关案件1起，涉案人员1人。全年共编写审计信息及调研论文37篇，被州党委、政府采用3篇，州报社及电视台采用6篇，《新疆审计》杂志刊登3篇，自治区政府刊物刊登1篇。

财政审计　2004年，以促进财政改革、严格预算管理、规范预算行为、制止铺张浪费、提高预算资金使用效益为目标开展了同级预算执行审计工作。州审计局通过对州文体局、公安局、经贸委（含经协办）2003年预算执行和财务收支情况审计，发现部分单位预算执行中存在乱收费、私设“小金库”、部门单位应缴未缴预算外资金、票据管理不规范等问题。针对财政审计中发现的问题，提出了加强财务核算管理，规范财务核算行为，建立健全内控制度等审计建议。揭露反映了本级财政管理中存在的财政预算分配不够规范、未将预算外资金纳入财政专户管理、社保基金投资风险和税收征管不严等问题。提出了加强所得税征收管理、进一步规范预算资金分配、加快推行各项财政改革、加强对预算执行单位会计工作的日常监督及指导等意见和建议。

州审计局对博乐市2003年度财政决算和其他财政收支情况的真实性、合法性和效益性进行了就地审计，并就自治州收入上缴和专项资金管理使用、预算外资金“收支两条线”的执行情况延伸审计了乡镇和32个相关预算执行单位，揭露了财政管理不规范、违规发放贷款、挪用农发资金、应缴未缴财政专户资金等违反财经纪律的问题。

固定资产投资审计　州审计局完成了对西部文化广场、老年活动中心、青少年活动中心等建设项目审计。建设单位送审造价3531万元，审减资金327.5万元。阿拉山口中心广场审计正处于认证阶段，审计资金额1970万元。注重加强对建设项目管理的审计，并将决算审计与项目管理审计相结合，对查出的施工单位未能严格按设计图纸要求施工，工程量签证严重不实等管理不规范问题，依法作出了相应处理。

专项资金审计　州审计局对2003年农业综合开发项目计划批复及资金配套情况、资金拨（借）情况、有偿资金归还情况进行了审计。对2003年度全州养老、失业、医疗资金的筹集、使用、管理情况进行专项审计调查，揭露了全州社保资金管理中存在的漏洞和问题，并提出了相应的意见和改进措施。

金融和企业审计　州审计局完成了审计厅授权的博乐市农村信用社审计调查项目，主要审计调查2003年度信用社资产、负债、损益和资产质量状况、经营效益情况等，提出促进农村信用合作社制定完善规章的建议。完成了对州机动车交易中心专项审计调查，并及时提出了专项审计调查报告。按照自治区审计厅的统一安排，全州审计机关抽调业务骨干于2004年11月30日开展了全州国有粮购销企业财务挂账清理审计工作。

经济责任审计 2004年，完成对21名领导干部的经济责任审计，查出主要问题金额4742万元，其中违规金额2892万元，管理不规范金额1820万元，损失浪费金额30万元。移送司法机关案件1起，涉案人员1人。（撰稿人：秦江峰）

【昌吉回族自治州审计局】 2004年，共有干部职工36人。局长程军，副局长葛生琦、周丛笑，纪检组长马琳。设有办公室、法制科、财政审计科、行政事业审计科、经济责任审计科、农业与社会保障审计科、经贸与金融审计科、固定资产投资与外资审计科。

审计成果 审计单位226个，查出违规金额8951万元，管理不规范金额7448万元，应上缴财政925万元，应归还原渠道资金883万元。查出并移送纪检监察部门案件5起，涉案人员8人，涉案金额263万元，其中4人已给党政纪处分。玛纳斯县审计局被评为全国经济责任审计先进单位，并被评为自治区级文明单位；阜康市审计局被评为全区经济责任审计先进单位。

经济责任审计 对39人进行了经济责任审计，查出违规金额1622万元，管理不规范金额927万元。（撰稿人：王若斌）

【巴音郭楞蒙古自治州审计局】 2004年，共有干部职工38人。局长王璐，副局长那木都克、阿里木·吐尔逊，纪检组长宋宏林。设有办公室、纪检监察室、法制科、财政与金融审计科、行政事业与社会保障审计科、农业资源与环保审计科、经贸审计科、固定资产投资与外资审计科，另设有经济责任审计处（属事业单位）。

审计成果 审计单位33个，查出违规金额45279万元，应上缴财政496万元，已上缴财政460万元，归还原渠道资金6862万元。对5个单位开展专项审计调查，发现违规金额1377万元。促进部门制定完善规章3条。巴音郭楞蒙古自治州审计局被自治区文明委授予“自治区级文明单位”。

财政审计 审计财税部门11个，查出隐瞒转移收入、虚增财政收入、虚列财政支出、截留挤占挪用预算资金等问题。提交的审计工作情况报告受到州人大的充分肯定。结合财政、税收、政府采购制度改革，将部门预算、国库集中支付、政府采购运行等情况作为审计重点，深化本级预算执行审计工作，在综合分析的基础上提出了建议。

经济责任审计 开展经济责任审计项目7个，审计责任人11人（县处级党政领导10人，国有企业责任人1人），查出违规金额283万元。（撰稿人：邢燕燕）

【伊犁哈萨克自治州审计局】 2004年，伊犁哈萨克自治州（以下简称伊犁州）审计局包括直属8县2市审计局共有干部职工250人。局长阿曼，副局长陈洁、张鸿仁、牛忠洁、任志国。设有财政金融审计处、农业与资源环保审计处、经贸审计处、文教行政事业审计处、固定资产投资审计处、社会保障审计处、经济责任审计处、法制处、办公室9个处（室）。

审计成果 2004年，伊犁州审计机关共审计376个单位，查出违规及管理不规范金额126680万元，应上缴财政345万元，已上缴财政259万元，已归还原渠道资金270万元，已自行纠正违规金额20668万元。共提交审计工作报告、信息193篇，被本级政府和上级审计机关批示、采用27篇。察布查尔县审计局通过了自治区级精神文明单位验收。伊犁州被评为“全国经济责任审计先进地区”，受到表彰。

财政审计 审计32个财政、税务、国库及111个预算执行单位，如实披露了预算法执行中出现的编制预算批复不规范、下达部门预算不及时、预算调整时限滞后等问题，分别向各级政府和人大常委会提交了审计结果报告和审计工作报告。

经济责任审计 审计了72个单位的78名经济责任人，查出违规金额4077万元，管理不规范金额4962万元，并依法进行了审计处理。

专项资金审计 对尼勒克县、察布查尔县2003年扶贫资金情况进行了审计，对违规滞留、挤占挪用财政扶贫资金等问题进行了处理。对伊犁州本级和伊宁市下岗再就业资金使用管理情况和再就业政策执行进行了审计和审计调查，审计情况引起了各级政府的高度重视。

内部审计 共有内审机构26个，内审人员66人。（撰稿人：郭　敏）

【塔城地区审计局】　2004年，共有干部职工28人。副局长孙文斌（主持工作）、哈依拉提、程和新，纪检组长闫晓红。设有办公室、财政金融审计科、经济贸易审计科、文教行政事业审计科、固定资产投资审计科、经济责任审计科。

审计成果　塔城地区审计局审计单位31个，审计查出违规金额1341万元，应缴财政63万元，已缴财政62万元，决定处理处罚63万元，指明要求纠正2622万元。提交工作报告13篇，审计调查报告5篇，信息简报18篇，被采用8篇。向社会公告审计结果1个。

经济责任审计　全地区共完成经济责任审计项目43个，审计经济责任人62人，审计查出违规金额4346万元，管理不规范金额6299万元，损失浪费金额2万元。审计建议移送处理8人。其中塔城地区审计局完成审计项目5个，审计经济责任人6人，查出违规金额137万元，管理不规范金额1148万元。（撰稿人：陈　芸）

【阿勒泰地区审计局】　2004年，共有干部职工29人。局长张玉兰，副局长卢利奎（—11月）、李宏文、玛格丽帕（—4月）、庞维江（12月—），纪检组长米拉提汗（—4月）、玛格丽帕（4月—）。设有办公室、监察室、法规科、财政金融审计科、行政文教社保审计科、农牧企业审计科、固定资产投资及外资审计科、经济责任审计科。

审计成果　2004年，全区共审计单位149个，审计查出违规金额7338万元，管理不规范金额8629万元，损失浪费金额7万元，审计决定处理处罚应上缴财政436万元，已上缴财政334万元；应归还原渠道资金1302万元，已归还原渠道资金551万元；应调账处理金额867万元，已调账处理金额449万元；应自行纠正金额8941万元，已自行纠正金额380万元。完成12个审计调查项目，调查发现问题金额664万元。提交审计工作报告24篇、信息简报和审计调查报告212篇，被采用138篇。

财政审计　审计财税部门8个，查出违规变更预算、违规减免少征应缴未缴预算收入、虚减财政收入、虚列财政支出、截留挤占挪用预算资金、延压滞留预算资金等问题。审计42个单位，审计揭示部分行政事业单位财务管理方面存在制度执行不到位、未建立健全内控制度，财政部门对预算单位资金使用方面缺乏必要的监督制约，财政财力紧张，预算公用经费少，用款单位挪用资金现象比较普遍；会计核算中心、金融机构未严格按照有关规定审核预算单位、开户单位现金支出数额，对大额提取现金情况未采取制约措施，未能有效发挥监督作用。

专项资金审计　根据自治区审计厅的统一安排，全地区完成了13个审计署统一项目。通过连续六年对扶贫资金的审计，地区及所辖两个国家级贫困县的领导和有关部门法律意识增强，积极采取措施落实审计决定，并且在扶贫资金的管理、拨付、使用等方面进一步规范，违纪违规现象明显减少，违纪金额明显下降。

经济责任审计　开展经济责任审计项目33个，审计经济责任人39人，查出违规金额2619万元，其中个人负主管责任2224万元，负直接责任395万元。

外资运用审计　对疾病预防等20个国外援贷款项目进行了审计。概算投资总额923万元，其中利用外资584万元。针对审计查出的管理不规范问题，提出了合理化建议。

固定资产投资审计　完成审计项目13个，查出违规金额162万元，管理不规范金额804万元，损失浪费金额3万元，应上缴财政2万元，应归还原渠道资金158万元，应自行纠正金额939万元。（撰稿人：周丽萍）

【农八师石河子市审计局】　2004年，农八师石河子市审计局共有干部职工23人。局长周甲银，副局长王永兴、杨全义、张新江。设有办公室、法制科、财金审计科、行政事业审计科、工交审计科、固定资产投资审计科、农牧审计科共7个科（室）。

审计成果　2004年，共完成审计项目14个，审计单位104个。查出违规金额1271万元，管理不规范金额7488万元，应上缴财政1175万元，应调账处理金额73万元，应自行纠正金额7488万元；已上缴财政1174万元，已调账处理金额73万元，已自行纠正金额7488万元。提交审计工作报告及审计结果报告32份，下达审计意见书60份，审计决定书8份，提交审计考核结果资料40份。

完成上级下达任务　2004年，共完成上级审计机关下达的审计项目 7 个，其中完成自治区审计厅下达的项目 5 个，完成新疆生产建设兵团审计局下达的审计项目 2 个，共审计单位 8 个。对石河子市财政局、国库、地税局及部分预算执行单位进行审计，查出地税局延期缓征税款 1145.59 万元，财政局管理不规范金额 3921.56 万元。预算执行情况审计工作报告，受到人大常委会高度重视，人大常委会对审计工作给予了充分肯定。此外，根据新疆生产建设兵团审计局工作安排，连续第九年对农八师本级预算执行和其他财务收支情况进行了审计。

完成法定项目及政府交办任务　2004 年，共完成法定必审项目及政府领导交办的审计项目 7 个，审计单位 96 个。连续第十年对师属 40 个工、交、商、建、农、牧、水企业经营责任目标完成情况进行了审计考核，摸清了企业家底，为考核兑现和领导制定政策提供了可靠依据。

经济责任审计　对 28 个单位的主要领导干部进行离任审计，查出违规金额 5 万元，管理不规范金额 1120.64 万元。客观公正地评价了领导干部任职期间的经营业绩和存在的问题，为领导和组织部门考核干部提供了依据，及时处理了违纪违规方面的问题。提出整改意见 84 条。（撰稿人：魏建新）

2004 年新疆维吾尔自治区区、县（市）级审计工作统计表

审计机关	干部职工人数（人）	审计单位（个）	经济责任审计项目（个）	查出违规金额（万元）	应缴财政（万元）	已缴财政（万元）	决定处理处罚（万元）	指明要求纠正（万元）	提交审计报告、信息（篇）	审计信息被采用（篇）
乌鲁木齐市										
天山区审计局	8	17	8	801	11	11	405	6620	10	20
沙依巴克区审计局	11	23	11	85	1		85	34	7	5
新市区审计局	7	10	4	17			2	1556	27	9
水磨沟区审计局	7	13	3	165	10	9	10	482	3	
头屯河区审计局	8	9	2					3	58	26
达坂城区审计局	3	1								
东山区审计局	7	14	10	10			10	2711	21	18
乌鲁木齐县审计局	11	17	4	667	20	10	686	900	37	9
克拉玛依市										
克拉玛依区审计局	6	5	1	10	30	30	3	464	7	7
独山子区审计局	5	10	2	399			65	910	1	1
白碱滩区审计局	3	2	1					675	1	1
乌尔禾区审计局	2									
喀什地区										
喀什市审计局	18	28	7	590	250	250	250	920	51	13
疏附县审计局	31	35	1	115	56	14	56	1569		
疏勒县审计局	8	16	1	78	46	44	78	1922	6	2
英吉沙县审计局	9	38	8	470	14	14	64	1509	18	5

审计机关	干部职工人数（人）	审计单位（个）	经济责任审计项目（个）	查出违规金额（万元）	应缴财政（万元）	已缴财政（万元）	决定处理处罚（万元）	指明要求纠正（万元）	提交审计报告、信息（篇）	审计信息被采用（篇）
泽普县审计局	11	46	10	584	86	86	342	632	19	6
莎车县审计局	15	31	9	5919	336	155	1256	3936	16	2
叶城县审计局	11	23	7	64	46	31	49	8215	14	3
麦盖提县审计局	12	30	5	54	9	9	9	980	14	10
岳普湖县审计局	17	29	3	33	33	17	33	2062	1	
伽师县审计局	10	20	4	10240	105	103	202	4602	16	8
巴楚县审计局	15	13	1	85	61	60	61	118	1	1
塔什库尔干塔吉克自治县审计局	7	13	3	85	61	59	64	118		
阿克苏地区										
阿克苏市审计局	16	28	12	9019	262	193	266	2087	35	22
温宿县审计局	16	31	9	4992	88	31	2006	11045	41	11
库车县审计局	19	16	3	4274	248	50	1206	5722	14	4
沙雅县审计局	12	19	13	8716	1483	1465	2656	5226	24	8
新和县审计局	9	9	1	1013			5742	5949	4	
拜城县审计局	12	17	5	4350	18	9	178	11728	35	9
乌什县审计局	12	17	10	877	21	18	266	523	7	2
阿瓦提县审计局	14	24	1	13699	338	330	338	12584	36	18
柯坪县审计局	9	12	5	10	1	1	95	126	3	
和田地区										
和田市审计局	16	34	2	2685	194	192	201	2542	34	
和田县审计局	14	18	2	2850	97	63	96	31	44	22
墨玉县审计局	15	35	1	1059	65	129	96	3281	24	9
皮山县审计局	14	17	2	26	26	22	9	2776	26	13
洛浦县审计局	11	12	2	2339	5	5				
策勒县审计局	11	13	2	1383	18	16			5	4
于田县审计局	15	51	5	3749	79	70	1572	1176	20	9
民丰县审计局	7	20	1	33	2	2			3	1
吐鲁番地区										
吐鲁番市审计局	10	33	8	426	8	4	426	4215	7	
鄯善县审计局	24	55	12	1051	18	10	1051	1720	3	
托克逊县审计局	15	24	5	639	10	4	639	3775	11	
哈密地区										
哈密市审计局	26	78	18	579	22	22	523	8326	21	7

审计机关	干部职工人数（人）	审计单位（个）	经济责任审计项目（个）	查出违规金额（万元）	应缴财政（万元）	已缴财政（万元）	决定处理处罚（万元）	指明要求纠正（万元）	提交审计报告、信息（篇）	审计信息被采用（篇）
伊吾县审计局	13	38	1	944	14		128	4207	34	
巴里坤哈萨克自治县审计局	15	18	5	1480	16	13	638	1046	1	
克孜勒苏柯尔克孜自治州										
阿图什市审计局	15	26	4	7111	70	2			9	3
阿克陶县审计局	14	20	2	2770	5	1				
阿合奇县审计局	11	8		888					2	1
乌恰县审计局	17	17	5	2171	3	2			3	
博尔塔拉蒙古自治州										
博乐市审计局	15	15	3	938	43	9	275	2112	15	
精河县审计局	16	17	5	439	11	10	11	3784	5	
温泉县审计局	9	19	9	124			118	1008	10	4
昌吉回族自治州										
昌吉市审计局	21	42	5	4086	300	135	1681	674	8	3
阜康市审计局	15	14	4	368	23	81	200	954	10	2
米泉市审计局	13	19	1	692	178	67	291	594	15	3
呼图壁县审计局	13	23	2	385	74	74	125	314	4	
玛纳斯县审计局	15	15	4	803	137	137	153	255	7	
奇台县审计局	15	15		79	3		9	122	7	3
吉木萨尔县审计局	12	40	6	1217	23	6	342	2595	14	15
木垒哈萨克自治县审计局	15	30	2	532	32		259	1656	24	
巴音郭楞蒙古自治州										
库尔勒市审计局	13	16	1	15035	32	32	32	8590	18	
轮台县审计局	14	18	2	904	8	3	904	2759	35	8
尉犁县审计局	14	39	4	1513	595	579	595	680	26	6
若羌县审计局	12	15	6	2768	4	2	94	2674	20	10
且末县审计局	13	39	4	293	25	25	25	133	9	
和静县审计局	17	25	9	6284	135	38	2740	3270	18	2
和硕县审计局	11	36	19	1953	110	5	110	50	50	
博湖县审计局	14	24	11	6	6	3	6	9598	28	3
焉耆回族自治县审计局	13	14	5	167	1	1	1	4289	12	3
伊犁哈萨克自治州										

审计机关	干部职工人数（人）	审计单位（个）	经济责任审计项目（个）	查出违规金额（万元）	应缴财政（万元）	已缴财政（万元）	决定处理处罚（万元）	指明要求纠正（万元）	提交审计报告、信息（篇）	审计信息被采用（篇）
伊宁市审计局	31	39	14	10022	49	45	49	15047	27	2
奎屯市审计局	19	48	21	2731	47	47	718	5073	4	
伊宁县审计局	20	36	5	3811	7	10	804	2383	17	
霍城县审计局	16	29	16	238	40	41	177	1647	10	
巩留县审计局	12	61	10	1030	26	26	391	418	19	2
新源县审计局	19	28	6	3047	13	13	1139	623		
昭苏县审计局	17	23		2466	22	12	82	469	34	1
特克斯县审计局	11	23	8	436	16	2	33	1199	17	
尼勒克县审计局	15	33	2	395	21	7	361	1540	8	1
察布查尔锡伯自治县审计局	13	19	7	8179	3	2	4	6461	29	14
塔城地区										
塔城市审计局	17	15	6	1712	72	64	12	706		
乌苏市审计局	21	48	5	246	38	12	2	140		
额敏县审计局	13	17	4	398	13		2	3366	11	11
沙湾县审计局	17	27	11	3407	250	250	149	2616	6	
托里县审计局	13	26	8	12	9	7		353	1	
裕民县审计局	13	31	11	299	4	2	4	151	12	
和布克赛尔蒙古自治县	16	12	7	9	3		1	828		
阿勒泰地区										
阿勒泰市审计局	15	20	5	1125	12	2	540	2287	23	12
布尔津县审计局	11	14	1	731	272	201	337	2292	23	16
富蕴县审计局	12	19	6	863	43	33	452	2027	27	20
福海县审计局	11	21	9	1077	30	30	244	314	40	13
哈巴河县审计局	11	18	2	1408	17	21	73	447	34	18
青河县审计局	12	18	3	676	29	29	673	123	23	7
吉木乃县审计局	10	14	2	105	6	6	7	111	11	2

新疆生产建设兵团

【新疆生产建设兵团审计局】 2004年，新疆生产建设兵团（以下简称兵团）审计局定编28人，在编27人。设有办公室、法制处、财金审计处、社会保障暨专项资金审计处、固定资产投资审计处、企业审计处、经济责任审计处。

领导成员

局　长：李国平

副局长：李金荣

审计成果　完成审计单位501个，查出违规金额2.34亿元，决定处理上缴财政700万元，应归还原渠道资金2938万元。移送司法机关案件1起，涉案人员1人；移送纪检监察部门案件10起，涉案人员14人。

预算执行审计　对兵团上年度本级预算执行及其他财务收支情况实施了审计，抽审了兵团社会保险基金管理中心等8个单位（项目）的预算执行情况，同时延伸专项审计调查了兵团及13个师的54个单位上年度城镇居民最低生活保障资金使用管理情况。审计揭示了兵团在预算管理和预算执行中存在的主要问题，提出了规范兵团预算编制、审批、执行、管理工作，加强兵团预算管理和监督工作，建立兵团内部财力分配机制，理顺兵、师、团及其内部所属单位利益关系，建立兵团投资决策及责任追究制度和运行机制等审计建议。

专项资金审计　组织一师、三师、八师审计机关对国家农网二期国债建设项目开展了竣工决算审计；对一师四团、六团总干渠防渗改造项目、石河子大学国债建设项目实施了竣工决算审计；对七师奎屯河水库除险加固工程项目进行了预算执行情况审计；对兵团社会保险基金管理中心管理的基本养老保险基金、失业保险基金、工伤保险基金、生育保险基金和基本医疗保险基金实施了审计。

企业审计　以摸清国有资产保值增值情况为目标，兵师两级审计机关共审计单位325个，查出违规金额1.66亿元，管理不规范金额6.7亿元，损失浪费金额3037万元，国有资产流失574万元。组织兵师两级审计机关对5个先进师、9个红旗农场、10个工交建先进单位和5个商贸流通先进企业2003年度企业综合财务利润的真实性进行了审计，经审计，5个师净调增利润额总计7784.77万元。对新天集团、徕远集团、农垦股份公司等3个商贸流通先进企业2003年度的资产负债损益的真实性、合法性与完整性实施了审计，揭示了3个企业不良资产及潜亏挂账问题比较严重，企业内部员工出资不到位，企业领导人动用大数额公款购置礼品等问题。

经济责任审计　兵师两级审计机关共对126名领导干部进行了经济责任审计，其中党政领导干部46人，国有及国有控股企业领导人员80人。审计查出违规金额6878万元，损失浪费金额1460万元。有关部门参考审计结果对61人予以平调，18人予以晋升，5人予以免职。年底，在中央五部委召开的全国经济责任审计总结表彰会议上，农六师审计局被授予“全国经济责任审计先进集体”称号。

上级交办和有关部门委托事项　受审计署委托，对举报兵团某局主要领导假报项目，骗取国家拨款并随意挪用事项进行了审计调查，查出违规金额1700万元。参与了兵团纪检委等部门对农六师八一水库溃坝事故的调查处理工作。参与完成了对兵团国债项目、兵团水利项目、兵团“六小”工程和兵团国债工程的检查验收工作。参与完成了兵团38个小城镇建设的论证、调查及验收工作。

“人、法、技”建设　以创建兵团机关先进基层党组织和文明部局为主线，重点学习了《中共中央关于加强党的执政能力建设的决定》、《中国共产党党内监督条例》、《中国共产党纪律处分条例》等文件，组织开展了重温兵团光辉历程，缅怀邓小平同志不朽功勋等活动。整合了师、团两级审计资源，11个师派驻27个审计机构的组建工作进入实施阶段，为兵团审计事业的长远发展奠定了坚实的基础。（撰稿：焦　平）

【农一师审计局】　2004年，共有干部职工8人。局长蒋根福（—3月）、兰新华（3月—），副局长蒋晓进（3月—）、邹桂霞（3月—）。设有财经及固定资产投资审计科和综合科等部门。11月，组建成立了局下属的两个审计中心，编制20人，已到位20人。

审计成果　完成审计项目74个，查出违规金额9604万元。

预算执行审计　对13个单位预算管理、预算执行和财务收支情况实施了审计，并对16个农牧企业、2个工业和建筑企业社会保险资金实施了延伸审计。审计总金额135865万元，查出违规金额1449万元。移送司法部门案件1起。

固定资产投资审计　对4个固定资产投资项目实施了竣工决算审计，审减金额280万元。

企业审计　对24个企业实施了审计，查出违规金额4496万元，审计决定处罚金额21万元。提出建议92条。

经济责任审计　对28个单位的领导干部进行了离任经济责任审计。查出违规金额3659万元，其中应负主管责任3658万元，应负直接责任1万元，责令个人清退、罚款金额35万元，责令对单位罚款3.5万元，责令纠正调账金额573万元。提出了建设性的意见和建议72条。

内部审计　内审机构25个，内审人员52名。完成审计项目1502个，查出违规金额2102万元，查出损失浪费金额216万元，促进增收节支293万元。（撰稿人：蒋晓进）

【农二师审计局】　2004年，共有干部职工4人。局长崔建文（—1月）、芦河水（5月—），副局长金银花。

审计成果　完成审计单位11个，专项审计调查1个。查出违规金额84万元，管理不规范金额197万元，审计调查发现有问题金额820万元。提交审计工作报告、信息9篇，被批示、采用9篇。

经济责任审计　开展经济责任审计项目7个，查出违规金额245万元；揭示企业潜盈2272万元，潜亏1451万元，不良资产1388万元。

内部审计　内审机构24个，人员38名。审计单位97个，查出违规金额472万元，已纠正违规金额186万元。向纪检监察部门移送案件1起，涉案人员5人，建议给予行政处分4人。（撰稿人：段国华）

【农三师审计局】　2004年，共有干部职工6人。局长闻庆新（3月—），副局长刘航、周树梅（3月—）。

审计成果　审计项目68个，查出违规金额436万元，管理不规范金额13684万元。审计决定处理处罚436万元，其中应上缴财政资金82万元，应归还原渠道资金85万元，应调账处理金额269万元。

预算执行审计　对师财务局等5个部门和43团等5个单位实施了审计。查出违规金额83万元，管理不规范金额1812万元。审计发现预算收入收缴不及时，专用资金预算调整和使用不规范，部分收支未纳入预算管理，总预算资金、国债资金未通过专户进行管理等问题得到了师、团两级的重视。

专项资金审计　对师属农牧团场中小学2001～2003年教育经费进行了审计。

经济责任审计　对原师工会主席等12名团级领导干部进行了离任经济责任审计，查出违规金额215万元，其中负主管责任金额215万元。

企业审计　对师商业总公司等4个单位2003年度财务收支情况进行了审计，查出违规金额46万元，管理不规范金额218万元。对50团等12个获得兵团及师上年度争先创优表彰单位综合财务利润进行了审计。

固定资产投资审计　审计项目29个，核减工程投资160万元。（撰稿人：王　峰）

【农四师审计局】　2004年，共有干部职工5人。局长史新斌，副局长尤丽梅（—6月）。

审计成果　审计单位48个，其中财务决算审计36个、经济责任审计9个、固定资产投资竣工决算审计2个、国外援款贷款项目审计1个。审计总金额77.9亿元，查出违规金额1279万元。

内部审计　全师有内部审计机构23个，内部审计人员37名。审计了417个单位，其中财务决算审计162个、基建决算审计67个、经济责任审计35个、经济效益审计27个、审计机关授权审计15个、其他审计111个。审计总金额9.04亿元，累计查出违规金额280万元。（撰稿人：马瑞华）

【农五师审计局】　2004年，共有干部职工5人。局长李泉（—4月）、李发州（4月—），副局长李发州（—4月）。

审计成果　审计单位76个，审计总金额54.47亿元，查出违规金额1180.4万元，应上缴财政31.18万元，应自行纠正金额1619.73万元。开展专项审计调查项目3个，调查单位30个，调查总金额38900万元，发现问题金额102万元。

专项资金审计　对农五师2001～2003年教育经费专项资金进行了审计，查出违规金额61.43万元；对师开发办2003年农业专项资金进行了审计，查出违规金额189.2万元。

固定资产投资审计　审计单位5个，审计总金额9223.65万元，审计减少投资258.71万元，查出违规金额38万元。

企业审计　对师供销社总公司及下属子公司的资产负债损益情况进行了审计，查出违规金额

95.26万元，损失浪费金额82.38万元；对11个农牧团场、22个师直企业上年度经营成果进行了审计；对2个兵团级争先创优单位2003年利润真实性进行了审计。

经济责任审计　对89团团长等10名领导干部及国有企业领导人进行了离任审计。审计总金额62638.93万元，查出违规金额663万元，损失浪费金额276万元。

内部审计　设立内审机构15个，内审人员28人。完成审计项目5个，审计单位164个，审计总金额69295万元，查出违规金额227万元。（撰稿人：叶海英）

【农六师审计局】　2004年，共有干部职工8人。局长赵俊霞（6月—），副局长秦万德（6月—）。11月，组建成立了局下属的3个审计中心，编制25人，已到位21人。

审计成果　审计单位69个，查出违规金额9981万元，决定处理上缴财政355万元，应归还原渠道资金965万元，应自行纠正2.65亿元。移送司法机关案件1起，涉案人员1人；移送纪检监察部门案件7起，涉案人员10人，涉案金额128万元；建议有关部门处理案件1起。

固定资产投资审计　审计项目4个，涉及建设单位4个，施工单位15个。核减工程款204.39万元，查出违规金额2868万元。

经济责任审计　对13名领导干部进行了经济责任审计，查出违规金额2920万元，主管责任金额1亿元，直接责任10万元，损失浪费金额963万元。2004年11月，被中央五部委授予"全国经济责任审计先进单位"称号。

企业审计　对37个农牧团场及国有控股企业进行了全面审计，查出违规金额6976万元，管理不规范金额21150万元，损失浪费金额2561万元。审计决定处罚138万元，应归还原渠道资金857万元，应自行纠正金额2.51亿元。移送司法机关及纪检监察部门案件8起。（撰稿人：赵俊霞）

【农七师审计局】　2004年，共有干部职工5人。局长张益民（—4月），副局长张明炜（3月—）。

审计成果　审计单位23个，审计总金额39亿元，查出违规金额210万元，管理不规范金额154万元。建议纪检监察部门进一步查处案件1起。

企业审计　对10个农牧团场资产、负债、损益的真实性和财经法规的执行情况实施了审计。

经济责任审计　对7名领导干部开展了经济责任审计，查出违规金额30万元，管理不规范金额154万元。经审计认定国有资产增值单位3个，保值单位2个。

内部审计　内审机构17个，内审人员38名。共审计303个单位，查出违规金额1295万元。（撰稿人：张明炜）

【农八师审计局】　2004年，共有干部23人。局长周甲银，副局长王永兴、杨全义、张新江。设有办公室、法制科、财金审计科、行政事业审计科、工交审计科、固定资产投资审计科、农牧审计科。

审计成果　审计单位104个，查出违规金额1271万元，管理不规范金额7488万元。应缴财政金额1175万元，应调账处理金额73万元，应自行纠正金额7488万元；已缴财政金额1174万元，已调账处理金额73万元，已自行纠正金额7488万元。

财政审计　对石河子市财政局、国库、地税局及部分预算执行单位进行了审计，查出地税局延期缓征税款1145.59万元，财政局管理不规范金额3921.56万元。根据兵团审计局工作安排，连续第九年对农八师本级预算执行和其他财务收支情况进行了审计。

企业审计　对师属40个工、交、商、建、农、牧、水企业经营责任目标完成情况进行了审计考核，为考核兑现和师市领导制定政策提供了可靠依据。

上级下达审计任务　完成自治区审计厅下达的审计项目5个，完成兵团审计局下达的审计项目2个。

经济责任审计　对28个单位的主要领导干部进行离任审计，查出违规金额5万元，管理不规范金额1120.64万元。提出整改意见84条。（撰稿人：魏建新）

【农九师审计局】　2004年，共有干部职工6人。局长吴新国，副局长李清斌、张艳丽（4月—）。11月，组建成立了局下属的2个审计中心，编制16人，已到位16人。

审计成果 审计单位11个，查出违规金额1232万元，管理不规范金额3336万元。

专项资金审计 完成国债专项资金审计项目1个，审计资金总额2000万元。

企业审计 完成企业审计项目8个，查出资产不实虚增1639万元、虚减160万元，负债不实147万元，损益不实137万元，虚报隐瞒转移收入212万元，少计虚列成本费用689万元，国有资产流失120万元，账外资产32万元。

经济责任审计 对2个国有企业领导干部进行了经济责任审计，查出违规金额247万元，管理不规范金额119万元。（撰稿人：王　红）

【农十师审计局】 2004年，共有干部职工5人。局长张瑶（10月—），副局长张瑶（—10月）、蔡建新。

审计成果 完成审计项目19个，查出违规金额1768万元，管理不规范金额896万元，调账处理金额1766万元，责令自行纠正金额896万元。移送纪检监察部门事件1件，涉及人员2人。

专项资金审计 对师实施的国家农网二期国债建设项目进行了摸底调查；对师顶夏一期、二期公路专项资金收支情况进行了审计；对北屯中学2003年度教育经费收支及经费累计超支情况实施了审计。

企业审计 对师表彰的182团、184团、186团、师油化公司等9个单位实施了审计。

经济责任审计 对3名领导干部实施了任期经济责任审计。（撰稿人：盛振福）

【农十二师审计局】 2004年，共有干部职工2人。副局长高军。

审计成果 审计单位2个。对师2003年度卫七世行贷款专项资金进行了审计，并对师2003年度农业综合开发专项资金进行了审计。查出违规金额1232万元，管理不规范金额3336万元。（撰稿人：高　军）

【农十三师审计局】 2004年，共有干部职工7人。局长黄玉华（6月—），副局长廖红川（6月—）。

审计成果 审计单位35个，查出违规金额641万元，管理不规范金额1890万元，损失浪费金额49万元。

企业审计 对师属11个农牧团场、2个工交单位上年度承包经营情况进行了审计，查出问题金额2580万元，决定处理处罚金额740.36万元；对师属3个企业开展了效益审计，查出管理不规范金额531.08万元。

行政事业审计 对师房产管理局、勘测设计院、监理公司等6个单位上年度财务收支情况进行了审计，查出管理不规范金额134.43万元。

经济责任审计 对红星一场等9个单位的原主要行政领导进行了领导干部任期经济责任审计，查出管理不规范金额697万元，损失浪费金额49万元。

内部审计 内审机构11个，内审人员19名。共审计单位94个，查出违规金额345万元。（撰稿人：廖红川）

【农十四师审计局】 2004年，共有干部职工6人。局长何志强，副局长王小兖（挂职干部）。

审计成果 完成审计项目19个，其中预算执行审计项目1个，专项资金审计项目2个，企业审计项目10个，经济责任审计2个，专项审计调查1个。共计查出违规金额796万元。提交审计信息9篇。（撰稿人：何志强）

【建工师审计局】 2004年，共有干部职工7人。局长张立军，副局长任宏伟（8月—）。

审计成果 完成审计单位24个，查出违规金额2514万元，应归还原渠道资金637万元，决定处理处罚金额1868万元。

内部审计 内审机构10个，内审人员27人。完成审计项目11项，查出违规金额1123万元，审计纠正违规金额1123万元。（撰稿人：张立军）

解放军审计署工作概况

军委首长对审计工作的重要批示

中央军委副主席郭伯雄

11月1日，中央军委常务会议一致审议通过了《军队领导干部经济责任审计规定》。会上，郭伯雄副主席指示："这个《规定》很好，既可以提高军事经济效益，又可以促进党风廉政建设。要审计就要严格，不严格不如不审计，等于开了路条。《规定》通过了，就要认真贯彻落实。"

12月7日，《军内情况通报》刊发中央军委郭伯雄副主席在广州军区暨海口驻军领导干部会议上的讲话要点，郭伯雄副主席指示："要建立和坚持严格有效的监督制约机制，落实党内监督、群众监督、责任审计等制度，加强对管钱管物特别是管人的干部的监督，确保权力规范有序地运行。"

中央军委副主席徐才厚

11月1日，中央军委常务会议一致审议通过了《军队领导干部经济责任审计规定》。会上，徐才厚副主席指示："审计部门人少任务重，很辛苦，工作完成得很有成效。这几年审计工作越来越重要，涉及经费、工程、装备许多方面的经济效益，也是爱护我们的干部，同意成立领导干部经济责任审计工作领导小组，加强对这项工作的领导。《规定》通过后，要加强宣传，狠抓落实。"

中央军委委员、总参谋长梁光烈

2月20日，中央军委委员、梁光烈总参谋长在总参谋部审计局《关于2003年度总参本级领导干部经济责任审计工作的报告》上批示："搞好审计工作很重要，好的做法要坚持，存在问题要纠正，采取会议或通报形式，把审计情况和措施给部（局）领导说一说，以便抓好这项工作。"

中央军委委员、总政治部主任李继耐

1月5日，中央军委委员、原总装备部李继耐部长在解放军审计署《关于对全军装备财务结算中心资金管理审计的情况报告》上批示："阮部长：感谢审计署对装备经费管理工作的关心和支持。同意李副部长的批示，将审计情况通报各大单位，在通知中对装备家底经费审计的有些情况也可点一点（审计署2003年11月27日给军委的报告）。"

3月19日，中央军委委员、原总装备部李继耐部长在总装备部审计局《审计简报》（10）上批示："要继续加大审计力度。对存在的问题要研究处理解决办法，对军代表违反规定的行为，要通报有关单位。"

5月19日，中央军委委员、原总装备部李继耐部长在总装后勤部《关于解放军审计署对装甲兵工程学院审计情况的报告》上批示："在经费的使用管理上，务必严格、严格、再严格，细算、细算、再细算。对存在的薄弱环节，一定要认真对待，着力改进。"

11月1日，中央军委常务会议一致审议通过

了《军队领导干部经济责任审计规定》。会上，中央军委委员、总政治部李继耐主任指示：“这个《规定》文字简练，内容很充实，方方面面的事情都兼顾到了，很全面。”

中央军委委员、总后勤部部长廖锡龙

5月31日，中央军委委员、总后勤部廖锡龙部长在解放军审计署《第二军医大学李家顺校长及第二附属医院蒯守良院长履行经济责任情况审计报告》上批示：“领导干部经济责任审计工作事关军队发展的保障方向，事关领导干部保障能力的提高，事关军事经济的安全和领导干部的形象。审计署和后政近年抓得紧、抓得实、成效好。要继续发挥职能作用，为军队审计工作不断奋斗。”

11月1日，中央军委常务会议一致审议通过了《军队领导干部经济责任审计规定》。会上，中央军委委员、总后勤部廖锡龙部长指示：“军委首长的指示很重要，审计署要认真学习，深刻领会，贯彻落实好，把审计工作做好。”

11月13日，《后勤通报》刊发中央军委委员、总后勤部廖锡龙部长在全军战备工程建设工作会议上的讲话，廖锡龙部长在讲话中指示：“审计部门要把战备工程审计作为今后几年的重点任务来抓，加强对建设计划、经费使用和工程结算、决算的审计，加强对重大项目负责人的经济责任审计，坚决防止在战备工程建设中出现贪污腐败等经济案件。”

中央军委委员、总装备部部长陈炳德

12月16日，中央军委委员、总装备部陈炳德部长在总装备部审计局《关于申请批准张又栋同志经济责任审计报告事》上批示：“按朱副部长批示，认真办理，抓好落实，即时上报。”

军队审计工作概况

【解放军审计署】

领导成员

审 计 长：李景春少将
副审计长：李春华少将
　　　　　王吉林少将
副军职专职审计干部：孙黄田大校

综合局

局　长：赵天民
副局长：赵宏坤（3月—）
　　　　刘允喜（3月—）

事业审计局

局　长：李　全（—8月）
　　　　董亚超（8月—）
副局长：董亚超（—8月）
　　　　邵广鑫（8月—）

装备审计局

局　长：王福祥（4月—）
副局长：王福祥（—4月）
　　　　张　兵　李朝晖（4月—）

基本建设审计局

局　长：赵瑞明
副局长：张卫国　霍长北　王智广
政治协理员：郭元章

解放军审计事务所

所　长：刘华林
副所长：王水云（3月—）
　　　　车　荣（3月—）　苏布林

审计成果　全军和武警部队共审计单位、项目×××××个和负有经济责任的团以上领导干部1382名，审计取得经济效益19.58亿元、经济成果××亿元。其中：对××××个单位开展预算审计，压减预算×亿元，调增预算×亿元，优化了经费投向投量。组织全军开展2003年度预算执行审计，查出违规金额×亿元，维护了经费预算制度的严肃性。对×××项战备工程项目实施审计，审减竣工结算×亿元，促进了战备工程建设效率、效益的提高。对全军2000~2002年工程建设计划执行情况实施审计调查，查出违规金额×亿元，促进了经费投向正确、投量适度、管理规范。对12890项军队出包工程实施审计，审计工程总投资153.61亿元，审减地方施工单位不合理收费14.37亿元，在维护部队合法利益、提高基建投资效益等方面发挥了重要作用。对××亿元的战备储备物资采购和管理情况实施审计，查出违规金额×亿元，推动了战备物资储备规范化管理。装备审计对××亿元装备经费预算实施审计，压减预算×××万元。对×××个单位装备经费管理开展审计，查出违规金额××××万元，有效促进了装备经费管理。对武器装备型号研制专项经费实施审计，保证了国防科研费专款专用，促进了武器装备建设。对1382名领导干部进行了经济责任审计，查出违规金额×亿元，撤销账户23个，追究3名领导干部经济责任，进一步增强了领导干部当家理财意识、规范了部队财经管理，达到了审计一个人、教育“一班人”、警示“一片人”的目的。对×××个撤并降改单位进行审计，撤销银行账户19个，查出违规金额××××万元，保证了军队体制编制调整改革的顺利进行。对各级×××个直附属单位经费收支情况开展审计，查出违规金额××××万元，“灯下黑”的问题在一定程度上得到解决。对省军区系统×××单位经费管理情况实施审计调查，查出超预算、无预算支出××××万元、截留训练费以及其他违规金额×××万元，促进了代管经费、预算外经费的管理。共对××××项军事采购项目实施审计，审减经费支出××××万元，提高了经费使用效益，促进了采购工作健康发展。对×××个副食品生产基地、招待所和接待处有偿服务收支情况实施审计，查出不良资产××××万元、违规金额××××万元、“账外账”6套，促进了部队财经管理，规范了有偿服务活动。各级共派出164人出色完成各项临时任务，配合司法部门取证19项，移交有关部门查处15人，有力地促进了财经管理、规范了财经秩序。

基础建设 各级审计部门认真落实党的十六届四中全会精神，不断加强以“理论创新为先导、人才队伍为基础、法规建设为保障”的审计能力建设。一是抓法规，提高依法审计水平。报经军委批准，以四总部的名义颁发了《军队领导干部经济责任审计规定》，以总后勤部名义颁发了《济南军区（战区）审计工作暂行规定》等，各大单位也相应制定了一批配套制度。根据总后勤部统一部署，认真抓好审计法规的清理工作，为依法审计提供了坚实的制度保障。二是抓队伍，提高干部综合素质。认真贯彻军队人才战略工程，加快审计人才队伍建设步伐，采取多项措施，利用各种途径，抓好岗位练兵和院校培训，全军各级审计部门共组织审计业务培训班10期，400余名干部接受培训，审计人员综合素质明显提高。三是抓研究，提高审计理论水平。审计署组织各大单位审计局开展《军队审计改革与发展》重点课题研究，积极探索新形势下军队审计工作特点规律，为军队审计创新发展提供了理论指导，同时，还开展了群众性理论研究活动。

【海军审计局】

领导成员

局　长：苏景祥

副局长：毕　正　朱又生　高迎利

审计成果 共审计单位、项目×××个和负有经济责任的团以上领导干部73名，取得经济效益1.14亿元、经济成果××××万元，查出并移交司法部门处理经济案件2起，移送纪检部门查处违纪事项2件，移送被审计单位查处违规事项2件。其中：对××项战备工程建设管理情况进行审计巡查，促进工程建设与管理。对××××项出包工程预结算或标底进行审计，审减不合理收费1.28亿元，对严重高估冒算的施工单位执行罚款146万元。对163份工程施工、物资采购合同和现场签证审计，审减经费1287万元，对于控制投资规模、严格招投标与合同管理、规范工程造价和现场签证及物资采购管理等方面发挥了积极作用。对××个单位装备经费管理使用情况进行审计，查出违规金额××××万元，督促收回账外资金等×××万元，取得直接经济效益1309万元，查出并移送纪检部门查处违纪事项1件，移交被审计单位查处违规事项2件，促进了装备经费管理和内控制度建设。对3名军职、14名师职和56名团职领导干部进行经济责任审计，评价履行经济责任好的19名、较好的51名、一般的3名；压减不合理预算安排305万元、基建项目经费88万元，查出超预算开支1111万元、改变经费使用范围252万元、超计划搞工程建设3575万元、违规存款及其他违规金额308万元，督促收缴各类应收款项226万元，促进了部队财务管理。对×××个体制编制调整改革单位进行审计，核实了资金、资产、债权债务及经费收支结存情况，查出违规金额×××万元，督促收回各类应收款项×××万元、平衡超支和清理遗留问题×××万元，查出经济案件1起、移交司法部门处理2人，维护了体制编制调整改革期间的财经管理秩序，保障了军队资金安全和资产不流失，促进了体制编制调整改革工作的顺利进行。对×××个单位预算安排或预算执行情况进行审计，核减不合理预算安排××××万元，督促平衡超支或清理遗留问题×××万元，促进了部队依法理财和科学管理水平的提高。对××个单位和部门资金管理、房地产及有偿服务管理、财务收支情况进行了专项审计或审计调查，查出违规金额×××万元，督促收回各类应收款××万元、平衡超支或清理遗留问题×××万元，查出经济案件1起、移交司法部门处理1人，促进了资金管理制度和预算外经费"收支两条线"管理制度的落实。对××个被审计单位落实审计意见和建议情况进行跟踪检查，进一步巩固了审计成果。

基础建设　为适应军队体制编制调整改革的新形势，重新明确了海军审计工作组织领导关系，细化了各级审计部门的职责分工，确保了审计工作规范、有序、高效运行。

【空军审计局】

领导成员

局　长：卢长水

副局长：高　洋　陈如照

审计成果　共审计单位、项目××××个和负有经济责任的领导干部118名，审计取得经济效益1.77亿元、经济成果×亿元。其中：对×××个战备工程项目进行审计，查出违规金额×××万元，查实管理费超支×××万元，审减工程经费决算××××万元，促进了战备工程建设与管理。对×个机关职能部门和××个师、团单位的装备经费预算执行审计，查出违规金额×××万元，进一步加强了装备经费管理。对主要作战方向×个应急机动航空兵师、×个应急机动地空导弹师进行全面审计，纠正了预算和资金管理方面存在的问题。对××个撤、并、降、改、交的单位进行审计，清理撤销账户×个，督促补拨经费××万元，有效防止了突出花钱、乱发钱物等违纪违规问题的发生。对118名领导干部实施经济责任审计，为强化经济责任意识，加强干部队伍建设，促进机关、部队的党风廉政建设，提高科学理财水平，发挥了积极作用。对×××个单位进行经费预算审计，审计调整经费××××万元，促进增收节支×××万元，优化了经费投向投量。对2所空军直属院校进行全面审计，发现并纠正了存在问题，促进了院校财经管理水平的全面提升。对857个出包工程竣工结算项目进行审计，审减不合理收费1.77亿元，取得显著经济效益。对×个房管处和××个单位的房地产租赁管理情况进行专项审计，协助有关单位处理遗留问题，进一步健全了制度，理顺了关系。对××个机关附属"中心、站、所"进行审计，查实机关违规报销和划拨资金××××万元，进一步促进了"中心、站、所"财务管理制度化、规范化建设。

基础建设　加强制度创新，组织编写了《审计业务规章制度》，以制度强化管理。健全并严格落实了审计过错责任追究制，将责任细化分解，落实到人。建立了审计规范体系，进一步规范了审计方案和审计工作底稿编制、取证、审计报告的编制及审核工作。落实了审计通报制度，通报披露问题，在机关部队引起强烈反响，促进了审计意见的落实。全面应用军队事业审计和装备审价辅助审计软件，建成了局本级计算机局域网，基本实现了审计工作和业务管理的自动化。不断加强前沿问题探索，深入开展审计理论研究，发表文章31篇。举办了1期基本建设审计培训班，选送8名处长参加后勤指挥学院中级班学习，组织19名干部参加审计署组织的事业审计软件和北京注册会计师协会举办的金融会计知识培训，干部业务素质有新的提高，知识结构进一步优化。

【第二炮兵审计局】

领导成员

局　长：李文兴

副局长：汪　毅

审计成果　共审计单位、项目×××个和负有经济责任的领导干部21名，审计取得经济效益

7200万元、经济成果××××万元，发挥了审计工作“一审、二帮、三促进”作用，为部队现代化建设提供了有力的监督保障。其中：对×个重点战备工程建设项目实施审计巡查，促进了战备工程建设和管理。对205个出包工程竣工结算项目实施审计，审减施工单位不合理收费6000万元，取得显著经济效益，维护了军队合法经济权益。对×个单位装备经费管理使用情况进行审计，查纠了违纪违规问题，促进了装备经费管理。对21名领导干部实施经济责任审计，其中履行经济责任好的11名，较好的8名，一般的2名，促进了部队财经管理和党风廉政建设。对××个团以上单位和部门2003年度预算执行情况实施审计，促进了年度预算的规范执行，维护了经费预算制度的落实。对二炮机关××个直附属单位2003年度经费收支及财经管理情况实施审计，规范了会计核算，促进了财经管理。参与对2个基地军政主官廉政情况的监督检查，提出了进一步完备党委集体理财制度和加强大项经费监督管理等建议，初步摸索了对军政主官开展廉政监督检查的路子。对2个旅团单位反映领导在经费管理使用上存在问题等有关情况实施审计调查，摸清了情况，澄清了事实，针对存在的问题提出了改进建议。

基础建设　举办了1期审计专业培训班，提高了审计人员专业素质。积极运用事业审计软件开展审计，提高了审计自动化水平。加强了审计理论研究，两级审计部门共发表专业论文20余篇。

【沈阳军区审计局】

领导成员

局　长：周兆康

副局长：王顺宝　郭贤华

审计成果　共审计单位、项目××××个和负有经济责任的领导干部305名，审计取得经济效益1.42亿元、经济成果×亿元。其中：对×××个团以上单位2004年度预算和部门分项预算实施审计，建制团以上部队和军区机关事业部门审计覆盖面达到100%，审计调整不合理开支×××万元。对×××个单位2003年度经费决算实施审计，查出并纠正部分单位行政消耗性开支偏高、执行标准规定不严格、超限额使用现金等问题。对305名负有经济责任的领导干部实施审计，其中军职干部5名，审计评价履行经济责任好的170名、较好的115名、一般的16名、差的4名。审计结果在军区党委全会上印发了参阅件，有力地促进了部队财经管理和党风廉政建设，加强了对领导干部的教育、管理和监督。对××个单位2003年度装备经费使用管理情况进行全面审计，促进了装备主管部门加强经费管理。积极开展取暖煤、药品等大宗物资采购审计，节省开支783万元，审减率为11.6%，取得显著经济效益。对669个出包工程预、结算项目实施审计，审减施工单位高估冒算经费1.42亿元，为部队避免和挽回了经济损失。对××所驻军以上医院对外医疗有偿服务情况进行审计，促进了有偿服务管理。对××个撤销或拟撤销的福利性企业进行跟踪审计调查，摸清了资产底数，防止了国有资产流失。对×××个单位2003年度机动费和家底经费进行审计，发现家底经费被占用××××万元，占20.3%，超财力搞建设造成家底亏空××××万元，提出了整改意见。对××个单位2003年度经费收支管理情况进行审计调查，清缴偿还逾期借款×××万元，收回个人购房垫款××万元，有3人因违纪受到行政处理。

基础建设　审计局机关在全员获得研究生学历的基础上，选送2人攻读博士学位、4人攻读硕士学位，有11人次参加总部、地方的培训，举办了事业审计软件和工程审计软件2个培训班。所有审计处能够与解放军审计署联网，达到资料共享，局机关实现了无纸化办公。制发了审计项目质量考评办法，分别在军区审计系统和联勤部直属单位开展了评选审计工作先进单位、优秀审计人员、优秀审计项目和优秀审计文章活动，表彰了审计先进。在各类报刊上共发表审计研究文章34篇，审计局连续四年被解放军审计署评为信息工作先进单位。

【北京军区审计局】

领导成员

局　长：王孝贵

副局长：丁连茂（—3月）

　　　　徐　华（3月—）

审计成果　共审计单位、项目××××个和负有经济责任的领导干部159名，审计取得经济效益1.03亿元、经济成果××亿元。其中：对×

×个战储物资和战备工程等军事斗争准备项目进行审计，核实了战储物资经费挂账和处理老旧战储物资情况，提出了改进意见和建议，引起了各级领导和职能部门的高度重视，审计意见得到较好落实。对511个出包工程竣工结算项目实施审计，审减施工单位不合理取费1亿元，提高了军费投资效益。对负有经济责任的13名师职和146名团职领导干部进行经济责任审计，审计评价好的和比较好的138名，其中11名受到表彰，17名得到提拔使用，评价一般和差的有13名，移交司法机关处理的1名，加强了财经管理，促进了部队党风廉政建设。对某集团军演示活动经费收支情况进行审计，核实了经费超支的主要项目及原因，为军区和联勤部首长决策提供了依据。对××个不同类型的团以上单位预算经费执行情况进行审计，促使超预算、超范围、无预算开支的情况基本得到遏制，增强了各级各部门预算法规意识，促进了经费投向投量的合理性。对省军区系统开展代管经费和预算外经费审计，针对代管经费未完全纳入预算管理、核算不够规范、开支范围偏大等问题提出了改进意见。对军区本级装备经费预算和部分单位2003年度通信装备维修费决算进行审计，压减不合理预算×××万元，查出违规金额××万元，促进了装备经费管理。对有关撤、并单位的经费、物资进行审计，查清了单位的经费收支及债权债务等情况，防止了军队资产流失，确保了军队体制编制调整改革任务的顺利进行。对军区机关的直属队进行全面审计，摸清了各单位的经费、物资管理现状，发现了问题，提出了改进意见，规范了财务管理，对促进军区四大部机关直属队的全面建设起到了积极的推动作用。配合纪检部门对群众反映的15个涉及经济方面的问题进行了审计查证，配合司法部门对5起经济案件进行查证，追究刑事责任5人。

基础建设　各级审计部门积极探索新形势下审计工作的特点和规律，发挥理论对实践的指导作用，理论研究取得显著成果。全区共撰写发表理论性、经验性文章60余篇，其中有10篇获得全军优秀审计论文奖，军区编发的《审计要讯》有6篇被总部转发，对推动审计工作起到了积极的作用。

【兰州军区审计局】

领导成员

局　长：周世贵

副局长：张守普　韩明志

审计成果　共审计单位、项目××××个和负有经济责任的领导干部66名，审计取得经济效益9069.48万元、经济成果×亿元。其中：对××个单位、部门预算执行情况进行审计，审计金额××亿元，查出超预算、无预算经费开支×××万元，审计发现问题107个，提出处理意见和改进建议124条，提高了预算管理整体水平。对2151个出包工程竣工结算项目进行审计，审减施工单位不合理收费9069.48万元，维护了军队合法经济权益，提高了军费投资效益。对××项战备工程建设管理情况进行审计调查，促进了战备工程建设和管理。对66名团以上领导干部实施经济责任审计，履行经济责任好的和较好的65名，一般的1名，促进了部队财经管理和党风廉政建设。对××个单位、部门2003年度装备经费进行审计，审计总金额×亿元，摸清了各单位装备维修费收支管理情况，促进了装备经费管理。对×个单位、部门代管经费进行审计，查出虚开收费票据×万元，收回账外资金×万元。对××个军分区代管经费和资金管理情况进行审计，完善了资金管理制度，提高了代管经费的使用效益。对新疆军区××个师以上单位、××个团级单位、军区机关××个处、驻乌鲁木齐××个招待所2003年度财务管理情况实施全面审计，共提出审计建议400多条，提高了部队整体财经管理水平。对×个撤、并、降、改、交的单位、部门进行审计，清理债权、债务××万元，撤销银行账户×个，促进了体制编制调整改革工作的顺利进行。对2003年审结的10个重点审计项目进行跟踪审计，确保了审计意见落实，进一步提高了审计实效。

基础建设　对全区×个军以上单位、×个联勤分部审计工作质量进行了集中考评，开展了审计“经典案例”评选活动，规范了审计工作，提高了审计质量。举办了全区基本建设审计培训班和事业审计软件培训班，提升了审计人员的素质。加强了审计理论研究与信息反馈，各级审计部门发表理论研究文章、审计信息56篇，审计局编发《审计简报》12期。

【济南军区审计局】

领导成员

局　长：赵敬荣

副局长：任友祥

审计成果　共审计单位、项目××××个和负有经济责任的领导干部130名，审计取得经济效益1.38亿元、经济成果××××万元。其中：对××个团以上单位2004年度预算安排进行审计，压减不合理安排16项计×××万元，全部调增到军事训练和基层建设上，优化了经费的投向投量。对××个团以上单位2003年度预算执行情况进行审计，督促7个单位归还借垫款××××万元，纠正了个别单位无预算、超预算和超结算起点使用现金等问题，向被审计单位提出审计意见和建议148条，较好地促进了部队的财务管理。对军区机关×个二级部局2004年度装备经费分配计划进行审计，调整经费分配计划×××亿元，提出压减本级留用经费数额、加大对部队经费投入比例等意见和建议14条。对全区××个团以上单位和部门2003年度装备经费管理情况进行审计，重点审查了预算管理、资金管理和经费使用情况，并对物资器材管理情况进行了抽查，查出违规金额××××万元，督促4个单位清理借垫款×××万元、3个单位下拨拖欠部队专项经费×××万元，纠正问题116个。对部分预备役部队2003年度经费收支及管理情况进行审计，发现了经费使用随意性大、报销单据真实性差、基建经费缺口大、行政消耗性支出逐年递增、资金管理不规范、实物资产计价核算制度落实不到位等问题，摸清了财经管理现状，促进了管理。对军区机关××个业务部门2003年度经费收支及管理情况进行审计，认真查找了变更项目经费计划、超预算开支经费、借款清理不及时、行政消耗性支出数额大等问题，提出了相应的整改意见和建议。对921个出包工程竣工结算项目进行审计，审减地方施工单位不合理收费1.38亿元，平均审减率为17%，创历史最高水平。对130名负有经济责任的团以上领导干部进行审计，履行经济责任好的80人、较好的47人、一般的3人，督促有关单位撤销违规开设的银行账户23个，追回资金××××万元，帮助处理坏账20笔×××万元，压减支出××万元，较好地防止和纠正了经济工作中不按规定和程序办事、个人说了算、超财力搞建设及决策失误、办事不公等问题，进一步增强了领导干部当家理财的责任心和廉洁自律意识，促进了部队财经管理，同时也为各级党委考察和使用领导干部提供了重要依据。对全区××个撤、并、降、改单位进行审计，共审查账簿278本，抽审开支凭证8000多份，审查资金××亿元，核实债权债务×亿元，责令被审计单位清还个人集资×××万元，清理各种设备和贵重物品××××台（件），收回借垫款××××万元，较好地维护了国有资产安全和财经纪律的严肃性，保障了军区部队体制编制调整改革和大联勤改革试点的顺利进行。

基础建设　采取集体授课、个人自学和办集训班等多种方式学习审计业务，全区审计人员的政治素质和业务素质有了进一步提高。结合《军队事业审计系统》的推广使用，审计局为全区审计部门配发了8台笔记本电脑，为本局各处室新购了数码相机、录音笔等配套设备，各单位也都加快了审计自动化建设的步伐。重视抓好审计理论研究，共在各类报刊发表审计理论研究文章27篇，被总部和军区各类要报、要讯、简报选用审计信息34篇，及时反映和研究了审计工作中遇到的新情况、新问题，推动了审计工作的创新发展。

【南京军区审计局】

领导成员

局　长：蒋光宇

副局长：尹利民　郑国富（—6月）

审计成果　共审计单位、项目××××个和负有经济责任的领导干部75名，审计取得经济效益2.66亿元、经济成果×亿元。其中：对××个单位的××个战备工程项目建设管理情况进行审计，审计总金额×亿元，审减项目经费预、结算××××万元，有效地促进了战备工程管理，提高了投资效益。对2420项出包工程竣工结算项目进行审计，审减施工单位不合理收费2.04亿元，维护了军队合法经济权益。对××个团以上单位和部门2003年度预算执行情况实施审计，严格了预算管理，促进了以战备训练为中心的各项保障任务完成。对××个团以上单位2003年度装备经费收支及物资器材管理情况进行全面审计，审计金额×亿元，提高了装备经费保障效能。对75名团以上领导干部实施经济责任审计，履行经济责任好的38名、较好的35名、一般的1名、差的1名，在加强干部队伍管理、促进党风廉政建设等方面，发挥了综合监督作用。对省军区系统××个单位2003年度经费收支情况进行审计调查，重点查纠代管经费和预算外经费管理使用中的倾向性问题，规范了经费管理。对×个军区机关直属单位2003年度财经管理情况进行审计，促进被审计单位的财经管理，规范了财经秩序。对×个单位、项目进行专项审计调查，较好完成了党委、首长交办的审计任务。此外，继续加大审计发现问题查纠整改力度，连续7年坚持审计通报制度，对部分单位的审计意见落实情况进行跟踪回访，对整改不力的单位要求限期整改，促进了审计意见落实。注重审计质量建设，加强审计执法检查，对全区××个单位年度审计工作和出包工程审计质量进行考评和检查，通报了存在的问题，严格和规范了审计执法。派出10多人次，配合纪检、司法部门对3起经济案件进行查处。配合财务部门对全区银行账户进行清查，为维护财经纪律，促进党风廉政建设发挥了应有作用。

基础建设 注重开展经常性的思想政治工作，认真学习政治理论，不断强化管理教育，保持审计部门良好形象。坚持多渠道组织开展审计业务培训，军区举办了1期事业审计软件培训班和1期全区审计集训班，参训170多人（次），进行业务学习和评比交流。全区有5名审计干部参加研究生进修班学习，20名审计干部参加军队和地方组织的专业技能培训和考试，进一步提高了审计干部综合素质。加强审计理论研究，组织全区审计部门专题研究领导干部经济责任审计基本准则、评价标准等一系列标准、规范文件，对领导干部经济责任考核、评价体系进行了实质性的探索，取得了初步成果。全区各级审计部门共有30多篇论文在军内外专业刊物上发表。

【广州军区审计局】

领导成员

局　长：赵雪勤

副局长：吴声钦

审计成果 共审计单位、项目××××个和负有经济责任的领导干部152名，审计取得经济效益2.32亿元、经济成果×亿元。其中：对××项重点战备工程建设项目实施审计，促进了战备工程建设和管理，提高了投资效益。对1015项出包工程预算、结算项目实施审计，审减施工单位不合理收费和报价2.32亿元，提高了军费投资效益。对军区××个单位、部门的装备经费预算、××个重点部队装备经费收支和军区本级装备维修器材分配计划实施审计，针对审计发现的问题提出了审计建议，促进了装备经费管理。对152名团以上领导干部实施经济责任审计，履行经济责任好和较好的151名、差的1名，促进了部队财经管理和党风廉政建设。对××个招待所有偿服务管理情况进行审计，查出违规金额××××万元，促进了有偿服务管理规范化。对1.49亿元物资采购和社会化保障项目实施审计，审减不合理报价1465万元，提高了采购经费效益。对×××个单位预算和×××个单位预算执行情况实施审计，压减不合理预算×亿元，查出违规金额××××万元，促进了经费管理。对×个省军区本级财务管理情况实施审计，查出违规金额××××万元，促进了财务管理制度的落实。对×××个单位×××个基本建设项目经费管理和结算情况实施审计，促进了结算审计制度的落实。对×个省军区本级、×个机关业务部门、××个警备区或担负警备任务的军分区，以及××个人武部实施审计，促进了专项经费管理。全区审计部门共完成党委、首长交办的专项任务173项，配合纪检、检察部门查处经济案件4起，查出违规金额×××万元。

基础建设 举办了1期师（旅）以上单位161名专（兼）职审计干部参加的培训班，进一步提高了业务素质。修改了《中国人民解放军驻港澳部队审计规定》和《军区基本建设项目结算复审规定》，逐步完善了法规制度。《战时审计研究》成果获得“全军科技进步三等奖”，完成了《战时审计》教材编撰工作，填补了军队战时审计理论领域的空白。

【成都军区审计局】

领导成员

局　长：程卫国

副局长：幸正国

审计成果 共审计单位、项目××××个和负有经济责任的领导干部126名，审计取得经济效益8903万元、经济成果×亿元。其中：对××

×个单位预算安排、××个单位预算执行、××个单位经费决算情况进行审计，压减不合理预算安排××××万元，优化了经费投向投量，规范了经费分配使用，严肃了财经纪律，促进了预算管理制度的落实。对693项出包工程预、结算项目进行了审计，审减不合理收费6794万元，平均审减率10.5%，审计数量和审计效益较去年分别增长了35%和13%。对126名团以上领导干部实施经济责任审计，其中师职9名、团职117名。通过审计，提高了领导干部及党委班子依法理财能力，推进了党风廉政建设，为考核、选拔和任用干部提供了参考依据。对××个中心、站、所、生产基地等有偿服务单位、机构的财务收支及经营管理情况进行审计，摸清了情况，揭示了问题，促进了管理。对××个撤、并、降、改单位的经费收支、财务管理、债权债务和家底经费等情况进行审计，严肃了财经纪律，保证了军区部队体制编制调整改革的顺利进行。对军区房管系统××个单位有偿服务管理及财务收支管理等情况进行专项审计调查，就房管系统的机构调整、职工处理、租赁管理、挖潜创收和收益分配等问题提出了审计建议，为党委、首长决策提供了依据。对军区联勤部机关部（局）及部分直附属单位2003年经费收支及财务管理情况进行了全面审计，发现并纠正了问题，引起了党委、首长的高度重视。此外，各级审计部门还对物资和工程集中采购活动进行了审计监督，配合纪检和司法部门对多起经济案件进行了调查取证，指导军事经济学院审计专业学员完成了毕业实习等项任务。

基础建设　举办了1期全区审计人员业务培训班，进一步提高了审计人员的业务素质。建成了军区审计机关局域网，部分单位建立了审计工作信息网站，审计信息数据库建设框架初步形成。

【总参谋部审计局】

领导成员

局　长：薛光朝

副局长：郭河富

审计成果　共审计单位、项目×××个和负有经济责任的领导干部66名，审计取得经济效益5144万元、经济成果××××万元，提出审计意见709条。其中：对总参所属×个战备工程竣工结算项目进行审计，审减不合理经费67.4万元，促进了对战备工程建设项目管理。对131个出包工程预、结算项目进行审计，审计经费6.2亿元，审计覆盖面比上年提高了10.2%，共审减施工单位不合理收费5144万元，维护了军队的合法利益。对66名负有经济责任的团以上领导干部实施审计，其中军职1名，师职26名，团职39名，审计评价履行经济责任好的37名、较好的26名、一般的3名，对于增强领导干部经济权责意识和理财能力，维护财经法纪的严肃性，促进党风廉政建设，进一步加强对高中级领导干部管理、教育和监督发挥了积极作用。对××个撤、并、降、改单位进行审计，核实资产9亿元，清理债权债务6000多万元，防止了军队资产流失。对××个单位的预算执行和××个单位家底经费进行审计，调整预算××××万元，清理债权债务××××万元，促进了财经管理。对××个单位食堂财务管理和××个单位粮差、粮票管理情况进行审计，查明损失×××万元，追回欠款××万元，移交纪检部门查处1人，维护了官兵利益，规范了伙食费管理。配合纪检、司法部门进行审计查证工作33次，查出违规金额×××万元，提出审计建议58条，有效发挥了“经济卫士”的作用。

基础建设　派员参加了全军审计处长轮训班，举办了60多人参加的总参事业审计软件培训班，召开了4次审计工作座谈及业务研讨会。总参三部、通信部、军训和兵种部等单位审计部门结合实际，举办了9期工程结算审计、审计软件、审计法规等培训班，收效明显。一些单位抽调、互换相关审计人员共同实施审计，既完成了工作，也在实践中锻炼提高了队伍。总参审计系统全年共修订完善各项法规19篇，编发审计简报、信息20期。

【总装备部审计局】

领导成员

局　长：于宗明

副局长：保德林　房朝山　李保成

审计成果　共审计单位、项目××××个和负有经济责任的领导干部59名，审计取得经济效益2379.61万元、经济成果×亿元。其中：对×个重点武器装备型号研制费进行审计，核减经费×××万元，纠正了个别单位扩大开支范围、多提利润、自行调整项目等问题，保证了国防科研试制费专款专用，提高了经费使用效益。对1619个出包工程竣工结算项目进行审计，审减施工单位不合理收费1775.12万元，维护了军队合法权益，提高了军费投资效益。对59名团以上领导干部履行经济责任情况进行审计，履行经济责任好和较好的55名、一般的4名，严肃了财经纪律，增强了领导干部的廉洁勤政意识。对××个单位经费预算执行情况进行审计，发现并纠正了部分单位预算编制不合理、间接性支出控制不严、物资管理制度落实不够、有的项目经费指标下达较晚等问题，提出审计意见或建议183条，增强了各级对经费预算的管理意识，推动了预算管理水平的提高。对×个移交单位、×个撤编单位进行审计，核实了经费家底，清理了债权债务，促进了体制编制调整改革工作的顺利进行。对部分基地、研究所、军代局及院校的科技有偿服务项目进行审计调查，掌握了科技开发现状，查清了存在的主要问题，提出了改进意见，有力地促进了总装备部科技开发有偿服务的规范化管理。积极参与设备、物资、工程、服务采购招标活动，对采购实施全程监督，规范了采购管理，维护了部队利益，提高了经费使用效益。

基础建设　举办了2期审计培训班，提高了审计干部业务能力。积极开展审计理论研究，全年发表论文60多篇。

【总政治部审计局】

领导成员

局　长：张仁锋（3月—）

副局长：刘福章（3月—）

审计成果　共审计单位、项目×××个和负有经济责任的领导干部25名，审计取得经济效益2639万元、经济成果×××万元。其中：对145个出包工程竣工结算项目进行审计，审减施工单位不合理收费2639万元，取得显著经济效益。对25名团以上领导干部实施任期和离任经济责任审计，为有关部门考核和使用干部提供了重要依据，促进了财经管理和党风廉政建设。对××个单位进行财务收支管理全面审计，查纠了违纪违规问题。对×个有偿服务单位和×个福利性企业的管理情况进行审计，促进了预算外经费“收支两条线”管理制度的落实。对××个被审计单位落实审计意见和建议情况进行跟踪检查，进一步巩固了审计成果。

基础建设　各级审计办公室共制定了10项规章制度。加强了审计理论学习和研究，在军队《后勤学术》杂志上发表文章1篇。

【国防大学审计处】

领导成员

处　长：曹仕旭

审计成果　共审计单位、项目××个和负有经济责任的领导干部4名，审计取得经济效益114.89万元、经济成果×××万元。其中：对××个体制编制调整的教研单位财务收支管理情况审计调查，发现并纠正了个别单位行政消耗性支出偏多、设备物品账物不符等问题。对24个出包工程竣工结算项目审计，报审金额1.65亿元，在建设单位自审核减1524.02万元基础上，又审减施工单位不合理收费114.89万元，挽回了经济损失，提高了投资效益。对4个单位主官履行经济责任情况进行审计，坚持实事求是、客观公正原则，严格按规定程序和要求进行审计，既肯定成绩，又揭露问题，帮助分析问题成因，提出改进意见和建议，达到了预期效果。校首长和政治部、校务部领导对审计结果给予肯定。对拟撤销的校办工厂进行清产核资，采取审查账表、盘点库存、个别谈话等方法，对账内、账外的资产、设备及债权债务进行彻底清理，为资产移交处理提供了详实的依据。

【国防科学技术大学审计处】

领导成员

处　长：李新明（12月—）

副处长：李新明（—12月）

审计成果　共审计单位、项目××个和负有经济责任的领导干部3名，审计取得经济效益330.57万元、经济成果×××万元。其中：对×个所属学院2003年度预算执行情况进行审计，查实了执行预算不严、随意追加预算、变更经费开支项目、超预算开支等问题，提出了整改意见。对××个重点国防科研项目经费管理和使用情况实施审计，提出了改进科研资源分配办法，加强成本核算等审计意见和建议，为进一步规范科研经费管理，促进科研事业发展提供了依据。对1名正师职、2名副师职领导干部实施经济责任审计，审计评价履行经济责任好的1名、较好的2名，提高了被审计单位领导干部的当家理财能力，促进了党风廉政建设。对57个出包工程竣工结算项目进行审计，报审金额3059.57万元，审减施工单位不合理收费330.57万元，提高了军费投资效益。对学校×个撤、并、降、改、交的单位进行审计，清理了债权债务，核实了单位经费家底，为体制编制调整改革工作的顺利进行提供了保证。加强了审计理论研究，在《军队审计》杂志上发表理论研究文章3篇。

【武警部队审计局】

领导成员

局　长：郭金华

副局长：王爱国　王玉山

审计成果　共审计单位、项目××××个和负有经济责任的领导干部476名，审计取得经济效益4.41亿元、经济成果×亿元。其中：对×××个支队（团）以上单位和部门实施预算执行、财务收支、预算安排和经费决算审计，审计覆盖面达到87%。通过审计，压减行政消耗性支出等经费××××万元，查出违规金额××××万元，促进了财经管理。对476名负有经济责任的团以上领导干部实施审计，查出违规金额×××万元，审计评价履行经济责任好的274名、较好的196名、差的6名，为加强干部管理，促进党风廉政建设发挥了重要作用。对2425个出包工程竣工结算项目实施审计，审计总金额38.41亿元，审减施工单位不合理收费4.41亿元，查出违规金额×××万元，规范了基本建设项目管理，取得显著经济效益。同时，各级审计部门认真完成了党委、首长交办的各项临时性任务，并配合纪检、司法部门完成了有关经济案件的查证工作。武警总部审计局对9个总队审计事务所的财务收支情况进行了专项审计。

基础建设　共举办各类审计业务培训班42期，培训专、兼职审计干部420人（次）。武警部队审计局举办了100名审计干部参加的审计软件培训班，组织10个审计事务所所长或有关负责人参加了北京市注册会计师协会举办的专题业务培训。有13个单位选派55人（次）参加了地方举办的有关业务培训和专业技术考试。编印了《武警部队审计论文选编》，有5篇论文分别获得全军优秀审计论文二、三等奖。

【军事经济学院军队审计系】

领导成员

主　任：黄毓义（—11月）
　　　　吕天宇（11月—）

政　委：王其昌（—11月）
　　　　王宪成（11月—）

副主任：吕天宇（—11月）
　　　　欧阳程（11月—）

工作简介　11月26日，在原军事经济学院财务二系的基础上，成立了军队审计系，下设军队审计理论、军队事业审计、军队基本建设审计、装备财务审计4个教研室、2个学员队和1个干部轮训队，保留军队审计理论研究中心、军队审计科研所、审计事务所、《军队审计》杂志编辑部等机构，承担军队审计、装备财务两个专业的教学科研任务、全军审计理论研究的组织指导任务、军队单位委托的审计任务和《军队审计》杂志的编辑出版任务，基本实现了教、学、研、产一体化。2004年，共毕业本科生28名，硕士研究生8名，另授予13名部队在职干部硕士学位；招收本科生55名，硕士研究生14名，并首次招收了博士研究生2名。军队审计学科列入全军“2110工程”建设项目和总后“530工程”建设项目。《军队审计学》课程被总参列为全军优质课程建设项目和全军网络课程建设项目。建成了《审计学原理》等4门网络课程。全年完成授课9134学时。承担各级科研课题共21项，其中总部、省部级以上课程以及与总部及大单位的合作课题共14项，结题9项，发表学术论文66篇，出版专著9部，获总部和省部级以上奖励的有4项。新增1名博士研究生导师。3名同志获军队院校育才奖银奖，1名同志享受军队优秀人才岗位津贴。军队审计理论研究中心和军队审计科研所组织了全军优秀审计论文评比，并推荐获奖论文参加了全国优秀审计论文评比，出版了优秀论文集。

（“解放军审计署工作概况”栏目撰稿人：赵子君）

内部审计

【中国内部审计协会】 2004年，中国内部审计协会（以下简称协会）在编12人，加上返聘和招聘人员实有29人，设秘书处、培训部、信息部、编辑部。

领导成员

会　长：郑　力

副会长：刘鹤章　王国盛　方振慰
　　　　池耀宗　张连华　蔡传炳
　　　　王光远

秘书长：马怀平

副秘书长：樊廉忠　王显文　孟伟良
　　　　　王向东　张　和　程显华
　　　　　崔洪涛　张　玉　曹志勇

准则委员会主任：池耀宗
　　　　副主任：王光远

学术委员会主任：王国盛
　　　　副主任：李凤鸣

考试委员会主任：方振慰
　　　　副主任：张玉忠

培训委员会主任：张连华
　　　　副主任：张　和

四届四次常务理事会扩大会议 2004年是协会四届理事会任期的最后一年，要完成四届理事会提出的五年发展目标只有一年的时间，为此，协会办事机构围绕全面实现五年发展目标草拟了2004年协会工作计划和落实措施，提交到2月23～25日召开的协会四届四次常务理事会扩大会议讨论，听取意见和建议。署党组对这次会议非常重视，李金华审计长到会并作重要讲话，对2004年的协会工作提出最具体的要求。会上，传达了温家宝总理对审计工作的重要指示；听取马怀平秘书长所作的2003年协会工作情况和2004年工作计划（草案）的报告；通过调整理事、常务理事和接收单位会员的议案等。

为充分利用参加会议人员整齐这一资源，会议期间，还分别召开了地方协会秘书长、协会各专业委员会、《中国内部审计》编委会会议，就如何落实2004年协会的各项具体工作进行研究和讨论。

协会根据会议提出的意见和建议，对2004年工作计划和落实措施进行了修改，并正式向各会员单位下发了协会2004年工作计划和落实措施，要求各会员单位按照下发的协会工作计划和措施开展各项工作，以确保全面实现五年发展目标。

内部审计"双先"评选工作 为了总结内部审计发展经验，推动内部审计发展，经署领导批准，将对2002～2004年间全国内部审计工作中的先进单位和先进工作者进行表彰。为确保全国内部审计"双先"评选工作扎实有序地开展，使评选出的全国内部审计"双先"既具有先进性，又代表着我国内部审计工作水平，为此，协会确定了"早安排，早准备"的方针。2004年2月18日以审计署的名义下发了《审计署关于做好评选全国内部审计先进单位和先进工作者准备工作的通知》（审内发［2004］23号），规定了评选范围、评选条件，要求各单位成立"双先"评选领导小组，在深入开展调查研究的基础上，自下而上的开展评选活动，不搞照顾，不搞平衡，真正评选出最佳内部审计先进典型，并提出了评选工作的时间安排。《通知》下发后，协会对各地区、各系统和各单位的内部审计基本情况进行了收集、整理和统计工作，以此作为"双先"表彰名额分配的依据。

2004年11月15日，以审计署的名义下发了《审计署关于评选全国内部审计先进单位和先进工作者有关工作的通知》（审内发［2004］63号），规定了各地区、各系统、各单位推荐"双先"表彰名额和评选、推荐程序，以及所要报送材料和时间的要求。协会对各地区、各系统和各单位报来的"双先"材料进行登记和汇总。

理论研讨和经验交流 四届四次常务理事扩大会议，通过了学术委员会提出的2004年理论研讨和经验交流的两个课题，即：内部审计质量控制和企业改制中的内部审计作用。为让广大会员单位积极参与协会组织的理论研讨和经验交流活动，使理论研讨和经验交流活动能在基层展开，达到通过理论研讨和经验交流活动，促进内部审计工作水平提高的目的，协会办事机构根据学术委员会确定的 2004 年工作计划，于 4 月 6 日制定和下发了《2004 年内部审计理论研讨暨经验交流实施方案》，确定了研讨课题组长单位、课题研讨内容、时间安排、推荐全国交流的论文和经验材料的要求等，号召广大内部审计人员积极开展广泛的研讨和交流活动。

在 9 月 7～9 日和 10 月 12～15 日，召开了全国内部审计质量控制和企业改制中的内部审计作用理论研讨暨经验交流会，全国有 20 多个省区市和 20 多个系统的内部审计机构、内部审计人员积极参与了活动。内部审计质量控制课题收到 156 篇论文和 14 篇经验交流材料，企业改制中的内部审计作用课题收到 121 篇论文和 8 篇经验交流材料，这是协会历年组织的理论研讨和经验交流活动论文和经验材料收集最多的一年。经课题组初评和学术委员会最终审定，内部审计质量控制课题共评选出优秀论文一等奖 5 篇、二等奖 20 篇、三等奖 59 篇、优秀奖 47 篇，企业改制中的内部审计作用课题共评选出优秀论文一等奖 3 篇、二等奖 10 篇、三等奖 31 篇、优秀奖 38 篇。11 月 24 日，协会印发了《中国内部审计协会关于 2004 年度全国内部审计理论研讨获奖论文情况的通报》，对全年理论研讨和经验交流活动进行了总结。

内部审计准则体系建设　为了实现用 5 年时间建立中国内部审计准则体系的发展目标，协会准则委员会在 2 月份召开的会议上确定，加快内部审计具体准则制定的步伐，修订了 2004 年内部审计具体准则和操作指南草拟和发布计划。为此，协会及时对《遵循性审计》、《结果沟通》、《利用外部专家服务》、《分析性复核》和《评价外部审计工作质量》5 个具体准则的反馈情况进行汇总和整理，并提交协会准则委员会审定。3 月 15 日，协会将这 5 个内部审计具体准则发布施行。

为使 2004 年内部审计准则起草计划如期完成，根据协会准则委员会的要求，协会在年初即向承办内部审计具体准则起草单位和执笔人寄发准则起草参考资料和用书，并定期询问具体准则和操作指南的起草、修改情况，了解和掌握各承办单位的进度。5 月、7 月、9 月、11 月，分别在北京市、武汉市、威海市、长沙市召开内部审计准则和操作指南研讨会，对《内部审计中的风险评估》、《内部审计质量控制》、《重要性和审计风险》、《内部控制自我评估》等 12 个具体准则和《建设项目内部审计》、《物资采购内部审计》2 个操作指南进行研讨、修改和定稿。会后，各承办单位按照会议形成的纪要对 12 个具体准则和 2 个操作指南进行了修改。通过对《建设项目内部审计》、《物资采购内部审计》2 个操作指南的研讨和修改，统一了两个指南的框架和体例，确定以专项审计的流程为主线，主要解决审什么和如何审的问题，突出实用性和可操作性。目前，《建设项目内部审计操作指南》和《物资采购内部审计操作指南》修订稿已提交协会准则委员会审定。

经协会领导和准则委员会研究，决定从 2004 年研讨的 12 个具体准则中遴选出比较成熟的 5 个具体准则做最后修订和统稿。为此，11 月 26 日，协会将《内部控制中的风险管理》、《重要性与审计风险》、《抽样审计》、《内部审计质量控制》和《人际关系》5 个具体准则征求意见稿广泛征求意见，现正在对反馈意见进行收集整理，待整理完成后报协会准则委员会审定。

内部审计宣传　2004 年，《中国内部审计》杂志通过对交通部、铁道部、公安部、岳阳市教育局和中国铁道建筑总公司、武汉钢铁（集团）公司等部门和单位领导的专访，着力打造“领导谈”和“老总说”这两个栏目，将其做成侧重于工作的指导性栏目，将“学者讲”做成介绍内部审计理论最新发展的栏目，将“财务与会计”和“纵横”做成侧重于知识性的栏目。在对协会、地方协会和部门、单位召开的审计工作、经验交流和理论研讨会议的宣传报导上，以先进经验和优秀论文为重点；在出国参加会议、考察和培训的宣传报导上，以国际内部审计的最新发展为重点。2004 年，发表文章近 500 篇，信息 240 条，共计约 135.4 万字；平均每期发表文章约 42 篇，信息 20 条，约 11.3 万字；发行 3.6 万册。

2004 年，协会网站新增加了“法规库”、“国际审计法规”和“国际内部审计”3 个板块。“法规库”分为会计审计、财政税收、金融证券和综合与制度建设栏目，共收录 245 项法规和制度；

“国际审计法规”按区域分为亚洲、欧洲、北美洲、南美洲、非洲和大洋洲栏目，共收录国际审计法规63项；“国际内部审计”刊登翻译国外内部审计文章89篇。为增加横向交流，达到共享信息，协会网站与30个省区市内部审计协会网站或有内部审计独立网页的审计机关网站建立了链接，与150个中央大型企业、国务院79个部委和直属机构以及15个内部审计相关网站建立了链接，扩展了信息交流渠道和信息量。2004年，协会网站上网稿件10218篇，访问量1437733人次，是2003年访问量的6.4倍。

提高内部审计人员素质　2004年，协会以提高培训档次、鼓励参加CIA考试和健全岗位资格证制度为手段，促进内部审计人员素质的提高。

目前，我国内部审计正处在由财务收支审计逐步向效益和管理审计过渡的阶段。协会根据这一形势，结合内部审计人员岗位资格证和后续教育制度的要求，设置培训课程，重点突出了经济责任审计、内部控制制度评审、内部审计理论与实务、经济效益审计和管理审计的培训内容，以适应内部审计的发展。全年共举办各类培训班62期，培训4402人次。

针对2004年国际内部审计师协会重新修订的CIA考试大纲，协会及时组织力量，按照新的考试大纲编写出版了新的考试辅导用书，为考生提供学习用书。与此同时，为提高考生的应考能力，在北京举办了两期考前辅导班，并在协会网站为考生开通了CIA模拟考场。经协会考试委员会批准，2004年新增内蒙古、山西、河北、云南4个考点，至此，我国CIA考点从16个扩大到20个。2004年CIA考试期间，国际内部审计师协会派负责考试工作的苏姗·莱昂女士，前往上海和南京两个考点视察考场情况。2004年，全国20个考点共有13166人报名。

对外交流　协会坚持“走出去、请进来”的方针，组织内部审计人员参加国际性会议、赴国外进行考察和培训，及时了解国外内部审计的最新发展动态，学习借鉴国外先进的内部审计理念和技术方法，与国外同行交流讨论内部控制、公司治理和风险管理等内部审计面临的具有挑战性的热点问题。2004年，协会组织赴境外参加国际会议、考察和培训的团组8个，参加人员133人。

为加强同国际内部审计师协会的合作与交流，应协会邀请，国际内部审计师协会主席罗伯特·N·麦克唐那德先生于5月23日至6月4日来华进行访问，国际内部审计师协会全球实务中心副秘书长文盛特·多米尼克女士于7月2～3日来华进行了访问。访问期间，双方除就共同关心的问题进行讨论和磋商，还举办不同形式的学术报告会，请他们到北京、西安、杭州和上海等地进行演讲，介绍“国际内部审计现状及发展趋势”和“当前内部审计面临的挑战”。

应台湾内部稽核协会的邀请，协会派出了以方振慰副会长为团长的23人代表团，赴台参加了“第四届海峡两岸内部审计研讨会”，并对台湾光宝集团的内部审计情况进行了考察。

内部管理　2004年，协会确定以进一步完善岗位职责和各项规章制度入手，规范办事程序，提高办事效率和水平，作为强化内部管理的目标。为此，协会领导要求各职能部门，根据协会近年来的工作开展情况和本部门的实际工作需要，修订本部门职责、人员编制和岗位职责。协会召开专门会议，郑力会长、刘鹤章副会长和马怀平秘书长亲自主持会议，逐一研究修改各部门新修订的部门职责和岗位职责，要求部门职责、岗位职责、人员编制一经确定，各部门要严格执行，按照职责要求规范办事程序，严格管理。

在财务管理工作上，实行预算管理，协会购买较大型设备和较大量的耗材、召开各种会议、上新项目等都要先拟定预算，用预算进行管理；在培训工作上，研究制定了《培训基地教学、后勤保障措施》，并召开了各基地主任会议，着重讨论措施的落实情况；在组织出国团组工作上，草拟了与国外接待单位签订的《接待协议》样本，要求每个出国团组在出国前都要与接待单位签订协议，明确双方责任、权利和义务。

此外，协会还办理了25个单位的入会手续和设立煤炭分会、电子分会的审批登记手续；继续开展国际内部审计师协会会员的清理、核对和收费工作，截止到年底协会在IIA注册的个人会员为2365名；发行各种书籍101371册。（撰稿人：王蕙娜）

【中国电力投资集团公司】　中国电力投资集团公司（以下简称集团公司）是国务院直接管理的五家发电集团之一。集团公司下设总经理工作部、计划与发展部、人事劳动部、财务与产权管理部、资本市场及股权管理部、市场营销部、安全监督与生产部、工程部、国际合作部、核电部、监察与审计部、党群工作部等12个部门。拥有水电、煤电和核电资产1000多亿元，包括97个成员单位，其中36个全资企业、46个控股企业（其中海内外上市公司5个）、15个参股企业，职工总人数76519人。集团公司目前已在资产相对集中的地区成立了东北、江西、河南、湖南、华东和华北分公司，还将在西北、南方等地区设立分公司。

领导成员

总经理：王炳华

副总经理：丁中智　孟振平　石成梁
　　　　　张晓鲁　李小琳

审计职责　中国电力集团公司下设监察与审计部，职责是：根据国家有关规定及有关法规，拟定集团公司审计业务方面规章制度；拟定集团公司审计工作计划；在总经理的领导下，对集团公司所属单位的财务收支、领导干部任期、离任经济责任、建设工程、经济效益等进行内部审计监督，并定期提交内部审计报告；对集团公司经营管理中的特定事项进行专项审计调查；组织集团公司内部审计机构进行全系统审计；负责集团公司内部审计工作的管理、业务指导和监督检查。截止2004年底，集团公司系统共设有审计机构38个，审计人员137人，其中专职人员96人。

审计成果　2004年，集团公司系统共完成审计项目278个，其中：任期经济责任审计40个、资产经营责任审计26个、财务预算审计14个、会计决算审计13个、经济效益审计20个、内控制度审计5个、工程审计31个、专项审计25个、其他审计85个、审计调查19个和签证审计5008个。经审计，查出违规金额60592.37万元，促进增收节支24293.68万元。

审计工作　在2004年全国经济责任审计工作会议上，集团公司被中央五部委评为“全国经济责任审计工作先进单位”。在集团公司党组的高度重视和审计委员会的正确领导下，审计工作紧紧围绕集团公司开展的“增收节支年”活动，切实落实审计工作要点，完善机制、提高素质、健全制度、规范管理、手段现代化、开展重点项目，促进了企业管理水平和经济效益的提高。

1．完善机制。内部审计配合和促进行政监督、党内监督和职

工民主监督等其他监督，逐步建立起以内部审计为基础，审计监督与其他内部监督相互协调，审计部门与其他部门相互配合的审计监督工作体系，初步形成了预防和惩治相结合，标本兼治的审计监督运行机制。

2．提高素质。集团公司着力优化审计资源结构和配置，逐步建立起一支由专职、特聘和社会中介机构审计人员组成的审计队伍及相应的管理制度，建立集团公司审计人员上岗制度，精心组织岗位资格培训，对现有审计人员进行清理、补充和提高，经严格的考试，有96人获得上岗资格。

3．健全制度。建立和完善审计处理处罚制度，推动审计成果的运用，集团公司制定下发了《中国电力投资集团公司审计通报制度》，这个制度在全国电力系统中是首创，制定了《中国电力投资集团公司工程项目委托社会审计管理办法》《中国电力投资集团公司内部审计人员管理办法》。

4．规范管理。集团公司正逐步将审计工作内部管理程序化、标准化，制定了审计项目工作流程：从审计项目立项开始，对每一个环节的主要工作内容和要求进行明确规范，到最后审计意见整改落实完成，工作质量得到了保证。同时，集团公司制定了《优秀联审项目评分标准》，对委托社会审计机构开展工程审计整个过程进行了规范，规范优秀联合审计项目评选工作。

5．手段现代化。为建立集团公司计算机审计中心，在基础较好的4个单位开展了计算机审计试点工作，做到审计与财务系统计算机联网，逐步过渡到与物资采购、燃料管理系统联网，实现审计在线实时监控，以提高审计效率和审计质量。在已经建立审计人员电子档案、企业审计电子档案、审计项目电子档案和审计统计电子报表等四类审计电子档案的基础上，通过招标方式建立了社会审计机构库，并在考试考核的基础上建立了专职审计人员库和特聘审计人员库，充分利用好社会审计和内部审计两种审计资源。

6．认真开展重点审计项目。集团公司总部根据审计工作要求，2004年完成了对9个任期经济责任审计项目，11个工程结（决）算审计项目。经审计，查出违规金额58492万元，促进增收节支24294万元。（撰稿人：叶小霞）

【中国航空工业第二集团公司】 中国航空工业第二集团公司作为中国航空工业的主力军之一，是在原中国航空工业总公司所属部分企事业单位基础上组建的特大型国有企业，于1999年7月1日成立，是国家授权投资的机构，由中央直接管理。中国航空工业第二集团公司拥有工业企业、研究院所和其他企事业成员单位共78个，拥有在香港上市的中国航空科技工业股份有限公司和在国内上市的6家A股公司的控股权。中国航空工业第二集团公司下设办公厅、规划发展部、财务审计部、人力资源部、监察局、飞机部、航空发动机部、直升机部等18个职能部门。

领导成员

总经理：张洪飚

副总经理：梁振河　宋金刚　史坚忠

徐占斌　吴献东　谭瑞松

审计职责 中国航空工业第二集团公司下设财务审计部，审计职责是：根据国家有关法律法规，制定集团公司内审工作规章制度并组织实施；指导集团公司所属单位开展内审工作，建立和完善集团公司内审监督机制；加强集团公司所属单位审计机构和审计队伍建设，完善审计组织体系；组织集团公司所属单位审计从业人员培训，提高审计人员职业素质；负责完成集团公司审计统计、信息化建设及档案管理工作；对集团公司所属单位财务状况和经营成果、领导干部经济责任、固定资产投资项目、经营目标责任等进行内部审计监督；制定集团公司内部审计工作计划。截至2004底，共有内部审计机构76个，专职审计机构47个，专职审计人员166人，兼职审计人员119人。

审计成果 2004年，集团公司及所属二级企事业单位共完成各类审计项目2005个，其中：经济责任审计351个、财务收支审计130个、基建审计615个、经济效益审计94个、采购比审计448个、专项审计163个、内部控制审计34个、全面预算审计12个、承包审计82个、其他审计76项。促进增收节支5300多万元；经审计发现并受到党纪处分的3人；提出审计建议1821条，被采纳1794条，采用率98%。2004年，审计工程投资总金额36200万元，核减工程造价1175万元。

审计工作 1. 建立了适应集团公司经营管理需要的内部审计体系。

(1) 建立了以资产为纽带、以条块相结合的审计组织体系。按照“保障落实，精简高效，快速反应”的原则，构建了以集团公司——航空局、基地、特派办——企事业单位三级审计机构为架构、以资产为纽带、以条块审计相结合的审计组织体系。为加强对审计工作的领导、提高审计工作地位，成立了由集团公司领导和有关职能管理部门领导参加的审计委员会，建立了经济责任审计联席会议制度，增强了审计监督力度和有关审计决定执行的权威性。

(2) 构建了以审计管理为基础、审计项目为载体、审计技术为核心的审计制度体系。根据审计署和中国内部审计协会相继颁布的法规准则为依据，按照“依法、有序、规范、高效”的原则，以《集团公司内部审计工作规定》为统揽，初步建立了适应集团公司发展战略和管理模式需要的，以审计管理、审计项目、审计技术为基本分类的制度体系。

(3) 建立了以资产保障审计为主体，以管理保障审计为补充的审计业务体系。在内部审计业务体系建设方面，按照“全面审计，突出重点”的原则，紧紧围绕集团公司发展战略和阶段工作重点，坚持确保国有资产保值增值和促进集团公司经济效益提高的目标，初步在经营决策监控、经营目标监控、投资融资监控、资金运营监控和内控制度监控等五个方面建立起具有信息采集、比较分析、预警反馈和修正建议功能的内部审计业务体系，形成了以资产保障审计为主体，以管理保障审计为补充的审计业务体系。

2. 不断提高对内部审计的认知，树立现代审计理念。

(1) 树立内部审计监督寓于审计服务的理念。为使审计监督职能作用更好发挥，增强审计的亲和力，集团公司有意识地倡导树立审计服务理念，使每一个审计工作者都意识到内部审计就是为经营管理服务的，其目标就是要促进企业效益最大化，保障国有资产保值增值。由于正确处理内审监督与服务的关系，找准内部审计在企业管理中的合理定位，不仅顺应了当今国际内部审计潮流，更为可喜的是全体内部审计人员树立了审计服务理念，使审计监督与服务在工作中融为一体，得到行业内其他部门赞许和支持，为集团公司审计工作的发展打下了较好的基础。

(2) 树立审计质量源于审计文化建设的理念。在建立审计体系和找准定位的基础上，将加强审计队伍建设、营造审计文化氛围，加强审计理论与实务研究，不断提高审计质量为主要措施，全方位地完善和提升审计自身的素质，使内部审计工作的开展及作用真正融入企业经济和经营管理的循环之中。集团公司坚持“以人为本”，突出审计人员主体作用，采取激励审计人员自我提高与专业培训相结合的做法，对现有审计人员加强继续教育培训，或由集团公司办班培训；或参加审计署和当地省、市举办的培训；或鼓励和支持审计人员自学成才；或开展岗位培训，以老带新，以审代培。重视和坚持审计理论和审计实务研究，充分发挥航空工业审计协会的作用，促进了审计文化建设。

3. 内部审计在时间、空间和技术上有一定拓展。

(1) 在审计领域上从资产保障审计向管理保障审计逐步延伸。集团公司在财务收支审计、基本建设审计、经济责任审计、资产经营审计、比价采购审计等资产保障审计工作基础上，尝试实施管理保障审计，如：资产质量审计、内部控制审计、对经济资源利用效益的审计、对管理部门工作的审计等。针对企业改制、资产重组的需要，开展了资产质量审计。

(2) 在审计时效方面逐步从事后审计向事中、事前审计延伸。为适应集团公司改革与发展需要，内部审计逐步向经营管理全过程拓展，积极开展事前、事中审计，变秋后算账为预先防范，变被动为主动；注重引导广大审计人员重视审计防范胜于审计检查的作用，从单纯事后检查向加强对会计错误与会计舞弊的事先预防，经营决策程序和管理规范运作的检查，企业内部控制机制的建立，运营风险预警等方面渗透，大力推进事前和事中审计。

(3) 在审计技术方面从检查财务会计资料开始向制度基础审计和风险基础审计延伸。检查财务会计资料是传统的基本审计技术，面对科学技术和知识经济日新月异的发展，集团公司内部审计积极探索满足审计项目开展需要的技术和方法，并鼓励审计人员在传统审计查账基础上引入制度基础审计和风险基础审计技术，收到一定效果。在传统账务核查的同时，采用内控制度评审和风险评估技术；积极探索采用先进的审计手段，大力开展计算机辅助审计，应用于经济责任审计、基建工程审计和财务分析等方面，提高了工作效率，改善审计质量，减轻了审计人员繁重的手工作业。(撰稿人：孙洪伟)

【中国南方机车车辆工业集团公司】 中国南方机车车辆工业集团公司是经国务院批准从原中国铁路机车车辆工业总公司分立重组，于2000年9月成立的中央直属国有独资大型集团，下属15个全资子企业、6个控股子公司、2个研究所和3个参股子公司，分布在全国10个省、市。2004年末资产总额为247亿元，实现销售收入175亿元，员工10.3万人。公司主要从事铁路机车车辆、城市轨道交通车辆，各类机电设备及部件，电子电器与环保设备等产品设计、制造、修理、进出口、销售和租赁，从事商贸、技术服务、信息咨询、劳务输出、酒店等业务。

领导成员

总经理：赵小刚

副总经理：唐克林　傅建国　刘化龙

纪委书记：张　军

审计职责　集团公司总部设审计部，对公司总经理负责，由公司副总经理协助管理，定员3人，开展经济责任、管理、绩效和专项等审计；集团公司所属企业分别设置独立或独立行使审计职能的内部审计机构，在本单位主要负责人领导下，由本单位指定一名副职领导协助主要负责人领导日常工作，独立开展审计工作。截止2004年底，共有专职审计人员135人，开展经济责任、管理、绩效、专项审计、工程预决算审计、经济合同审计以及企业工商法律事务等工作。

审计成果　2004年，集团公司及所属企业审计部门共完成审计项目4754个，查出问题金额7422.1万元，审计确定调账金额4268万元，基建工程审减金额4445万元；审计合同22146份，送审标的金额146亿元，审减金额2288万元。

审计工作　2004年，在集团公司、各厂所(公司)党政领导的重视和支持下，认真履行审计职责，积极拓宽审计领域，为保证企业资产的安全完整，防范和规避经营风险，提高企业经营效率和效益发挥了作用。

1. 突出重点，逐步完善经济责任审计制度。在审计中，分别从被审计单位和责任人的任职期间经济活动的合法性、真实性和效益性入手，抓住四个重点，认真关注被审计单位负责人在资产保值增值和债权债务等责任的确认和交接，坚持“新官要理旧账”的理念，以及保证企业可持续办法发展的基础与条件，评价其经营业绩的效益性。

2. 找准定位，实现审计为效益性服务功能。在审计调查中，注重审计方法，提高工作效率，坚持以监督评价促效益，积极为企业决策层服务，为基层单位服务，为投资控股企业服务，已基本实现了多角度、多层次和全方位的服务体系。认真贯彻落实中央八部委“主辅分离，辅业改制”文件精神，摸清本企业辅业单位家底，做好这些单位改制整合准备工作，为企业深化改革、把好国有资产不流失关口，为国有资产保值增值献计献策和保驾护航。

3. 关注风险，协助企业提升内部控制能力。认真研究本单位存在的各种风险，逐步建立以风险为导向的现代内部审计工作模式。各级审计部门在扩大审计层面，在管理审计和专项审计方面加强了力度。

4. 严格审核，努力提升工程项目审计水平。各级审计部门普遍开展了工程预、决算的审计监督，杜绝施工单位高估冒算，高套定额，擅自提高取费标准等问题，为企业节约建设投资，降低工程造价和保证投资效果，起到了审计监督和把关作用。审计人员在实际工作中不断调整审计策略和方法，进一步提高审计效果。各级审计部门还由事后监督向事中和事前扩展，前期就介入到施工方案设计、预算阶段，由被动审计变主动审计，不但效益更加突出，而且是在工作上的是一种创新。

5. 监督到位，努力保障经营活动安全顺畅。各级审计部门以实现质量和价格的统一为目标，加强价格审计力量，做好审前调研、过程控制和规范程序等方面的审计监督能力。在审计过程中，各级审计部门还依据审计制度，注重与专业部门在信息上的交流和沟通，对重大合同的审计结果及时与被审单位交换意见，协助被审单位共同把好采购关。各级审计部门还运用多种招标形式，开展物资采购招标，最大限度的维护企业经济利益。有的审计部门还承担着企业法律工作的任务，他们积极探索市场经济中企业法律工作的新思路，把握好企业与社会、企业与职工等方面的法律关系，保障工厂合法权益。

6. 拓展思路，进行内部审计质量体系建设。各级审计部门按照国家审计署对“人、法、技”所提出的新要求，切实作好审计队伍建设工作。集团公司审计部组织人员积极构建审计平台，开通了集团公司审计网站，开通了与财务部的会计数据处理的接口，尝试网上审计，通过对风险预警指标的定期分析，完成了从单纯的财务收支审计转向以财务收支审计为基础推动管理审计的转变。各级审计部门还按照内部审计准则要求，逐步建立内部审计质量控制体系。通过实施审计双向承诺制、试行审计日记、开展审计项目阶段工作讨论、邀请被审计单位进行参与式审计等方式方法，强化了审计项目管理，减少了审计工作的随意性。（撰稿人：陈震晗）

【中国人民财产保险股份有限公司】 中国人民财产保险股份有限公司（以下简称人保财险），是由中国人保控股公司发起设立的目前中国内地最大的非寿险公司，它继承了原中国人民保险公司商业业务的全部资产、负债以及分支机构，经营除人寿保险以外的各种保险业务。人保财险总公司下设办公室、人力资源部、财务会计部、产品开发部、承保管理部、理赔管理部、车辆保险部、团险营销管理部（大型商业风险保险部）、个险营销管理部、再保险部、战略发展部、计划精算部、信息技术部、电子商务部、资金运营部、法律部、客户服务管理部、监察部、审计部、员工关系部、特殊风险部（营业部）等21个职能部门。

领导成员

董事长：唐运祥

监事会主席：邓昭雨

总　裁：王　毅

副总裁：王银成　刘政焕　郭生臣
　　　　赵淑贤　贾海茂　李玉泉
　　　　王　和

纪委书记：栗建国

审计职责　人保财险下设审计部，在36个省级分公司设立审计部门，现有审计人员267人。设经济责任审计处、经济效益审计处、内控制度审计处和信息风险审计处职责是：根据国家的审计法规和内审准则，制定公司内部审计章程、审计制度和执行方案，保证公司的审计工作有章可循，有序运转；对分、支公司领导进行经济责任审计，明确其任期经济责任；对公司的内部控制机制进行分析评估；对公司领导关注的热点、难点问题开展经济效益审计以及各类审计调查；开展审计人员的培训工作，保证审计人员掌握完成任务所需的政治素质和业务技能；建立并保持与外部监管部门、本行业机构、组织的联系，协调与外部独立审计的沟通。审计部采用总、分两级的审计组织架构。

审计成果 2004年，公司各级审计部门共完成各类审计项目857个，其中经理经济责任审计项目501个、经济效益类审计项目42个、内控评价审计项目30个。累计投入5344人次，提出合理化建议5274条，被采纳4749条。

审计工作 1. 以制度建设为基础，规范审计工作流程。人保财险公司股改上市后，公司的经营理念、管理体制和机制发生了重大的变化，公司各级审计部根据新的形势，按照公众公司对审计工作的要求，制定和修订下发了各类规章制度，为开展审计工作提供了明确具体的、可操作的审计工作规范，同时也对审计工作、审计人员提出了严格要求。

2. 以服务为着眼点，开展各类审计项目。2004年，审计工作紧扣内部审计的服务职能。开展经理经济责任审计，重视任前审计，为公司选拔任用德才兼备的领导干部提供了有价值的依据；开展经济效益审计，针对热点、难点问题，为公司领导层提供了决策建议；开展内控制度评价审计，有力地促进了各级公司制度完善；汇总审计结果，开展综合分析，针对有重要性、普遍性的问题，深入分析原因，向公司领导层提出管理建议。

3. 以审计信息化建设为手段，提高工作效率。一是对原有非现场数据分析方法不断进行完善和总结，有力地配合了现场审计工作的开展，缩短了现场审计时间，提高了审计效率。二是在做好充分可行性论证的基础上，以公司的信息系统为依托，及时开发计算机辅助审计软件，推进了审计信息化的建设。

4. 以教育培训为保障，提高审计队伍素质。一是开展政治教育工作，要求广大审计员工积极拥护党和国家的方针政策，坚决贯彻执行公司的规章制度，以高度的主人翁精神，踏踏实实做好本职工作。二是开展审计业务培训。2004年9月，组织了全系统审计人员的集中培训，各省级分公司审计部根据实际情况都开展了形式多样的再教育和再培训工作，巩固了培训成果。三是组织员工开展相互交流学习，形成了良好的学习氛围，提高了理论水平和业务能力。（撰稿人：邓　黎）

【中国对外贸易运输（集团）总公司】 中国对外贸易运输（集团）总公司（以下简称中国外运集团）是我国最大的综合物流和外贸运输企业之一。截至2004年底，集团所属企业包括6个专业子公司、35个省市子公司、1个H股上市公司、1个A股上市公司，263个国内合资、合营企业；8个海外代表处、23个海外企业，员工总数34000余人，资产总额350亿元。集团总公司下设总裁办公室、人力资源部、财务部、审计部、法律部、企业管理部、运输管理部、党群工作部、行政部。

领导成员

董事长：罗开富（—7月）
　　　　孟宪刚（7月—）
总　裁：张　斌
副总裁：陶素云　张建卫　李晓英
　　　　董建军　黄必列
纪检书记：李建章

审计职责 集团总公司设立审计部，职责是：依据审计法及国家有关法律、法规，制定集团内部审计规章制度和办法；编制集团年度内部审计工作计划；对集团所属企业的财务收支、预算、决算、领导干部任期、离任经济责任等事项开展内部审计；指导和监督集团所属企业的内部审计工作。截至2004年底，集团内审机构22个，其中专职审计机构15个；专兼职审计人员122人，其中专职审计人员36人。

审计成果 2004年，集团各级审计部门共完成审计项目205个，其中经济责任审计43个、财务收支审计84个、经济效益审计17个、专项资金审计39个、内控评审18个、基本建设审计4个。审计提出意见和建议并被采纳257条。促进增收节支40万元，纠正违规金额95万元。向司法机关移送案件1起，移送司法机关处理2人。

2004年，集团审计部对集团总公司48个境外单户企业以及广东外运公司和山东外运公司所属的9个境外单户企业2003年12月31日的清产核资结果进行了专项审计。

审计工作　1. 认真落实"一个提升"。全面提升审计质量和水平是我们不断追求的目标。几年来，通过在实践中不断摸索、完善，逐步达到对审计工作的组织领导、审计内容、审计方式、审计结果处理等过程均按照集团质量管理体系实行制度化、规范化、标准化管理。审计前，广泛收集所审项目的有关资料，在充分调查了解的基础上，制定切实可行的审计方案。审计过程中，注意规范审计程序、把握审计质量，尽可能降低审计风险，提高工作效率。

2. 加速推进"两个延伸"。在对被审计企业的资产负债损益进行真实性审计的同时，审计工作着重向业务经营和企业管理的深度和广度延伸，从了解企业的各项管理制度和业务流程入手，通过运用符合性测试和实质性测试相结合的手段，找出内部控制的薄弱环节，提出企业在经营管理过程中存在的主要问题，促进被审企业采取措施，控制相关风险，提高管理水平。

3. 逐步实现"动态审计"。集团领导要求审计工作在"离任必审"的前提下，逐步实现"动态审计"，充分发挥审计的预警作用，将审计的重点由离任审计向届中审计转化，由事后审计向事前、事中发展，根据需要进行后续审计。审计部按照领导的指示，加强了对集团中规模较大、问题较多或连续亏损的企业的届中审计，达到加强事前防范、事中控制及事后检查的目的。同时对部分企业重组改制工作中富余人员安置的资金使用情况进行审计，充分发挥了内部审计的监督和服务作用。

4. 审计成果的利用是审计工作的最终目的，也是审计工作效果的最终体现。审计部按照集团总公司《关于落实审计意见和建议的实施细则》的要求，对每个被审计单位落实审计意见和建议的范围、时间作出具体规定，由主审人员负责跟踪。另一方面，及时向人力资源部、财务部、企管部、法律部等相关部门通报被审计单位存在的风险和问题，各相关部门根据职责分工的影响再督促，形成齐抓共管的局面。特别是集团领导也给予了高度重视，将各单位落实审计意见和建议的情况作为对企业总经理绩效考核的影响指标。通过上述各项措施，各公司基本能作到认真落实，及时反馈，取得了较好的效果。（撰稿人：甄江苏）

【中国电子科技集团公司】　中国电子科技集团公司（以下简称集团公司）成立于2002年3月1日，是经国家批准由信息产业部原直属的46家电子科研院所组建的大型国有企业集团，也是国家授权的投资机构之一。集团公司下设办公厅、产业发展部、科技与质量部、财务部、人事部、国际合作部、企业策划部、信息化推进部、预研部、基础部、系统部、纪检监察与审计部、行政部、党群工作部。

领导成员

总经理：王志刚

副总经理：熊群力　邹乃睿

　　　　　左群声　刘烈宏

纪检组长：邹乃睿

总经理助理：赵正平　阮　方

审计职责　集团公司纪检监察与审计部下设审计处，职责是，落实国家审计、财经方面的法律、法规、政策、规定；负责集团公司审计规章制度的草拟、修改、报批和贯彻执行；对集团公司总部和集团公司成员单位的财务收支及有关经济活动、预算执行情况、年度财务决算报表、内部控制、成员单位法定代表人任期经济责任、经济管理和经济效益、科研经费和事业经费以及军工专款的管理与使用情况、固定资产投资、重要经济合同的签订和执行情况以及重大经营和投资决策进行审计；对经营管理的特定事项组织专项审计调查；负责集团公司内部审计工作的管理、业务指导和监督检查。集团公司和47家成员单位共有专职内部审计人员117人，其中会计师51人、审计师34人、计算机及其他工程师9人、经济师5人、政工师8人、其他10人。

审计成果　2004年，集团公司纪检监察与审计部共对11家成员单位的法定代表人进行了任期经济责任审计，审计资产总额101.6亿元，负债总额67.9亿元，净资产33.7亿元，审计确认收入108.9亿元，支出100.9亿元，结余8.0亿元，审计揭示违规6.7亿元。提出加强管理、提高效益的建议50余条。2004年，集团公司纪检监察与审计部按照国资委的要求，创造性地组织开展了对

47家成员单位2003年度财务决算报表的内部审计；开展了清产核资的内部审计工作，对参加清查核资的40家成员单位清产核资专项财务审计的内部审计报告和相应的审计工作底稿进行了复核；组织指导47家成员单位完成各类审计项目1723个，其中财务收支审计148个、经济责任审计77个、基本建设项目审计1104个、采购比价审计300个、经济效益审计68个、内部控制审计14个、预算执行情况审计12个。通过审计，节约资金7840.45万元，其中，基本建设项目审减3607.47万元，平均审减率为6.45%，采购比价审减4233.28万元，平均审减率6.44%，提出审计建议504条。此外，协助纪检监察部门开展效能监察共158项，节约资金5400.93万元，挽回经济损失312.14万元；完善制度61项，发现案件线索10件，立案4起，处理人员10人，其中2人被移送司法机关。

审计工作 1．把握“三个规律性”，明确内部审计的职能定位。“三个规律性”，即“把握经济运行的规律性，努力促进经济效益增长，提出解决共性问题的建议”；“把握财务管理出现问题的规律性，提出解决的办法”；“把握违法违纪问题发生的规律性，在反腐倡廉中发挥作用”，是集团公司的审计工作目标，集团公司纪检监察与审计部和47家成员单位的内部审计部门把握“三个规律性”，准确落实内部审计的职能定位，针对集团公司的特点，充分发挥内部审计在权责统一、运转协调、有效制衡的法人治理结构中的独到作用。

2．把握审计工作的生命线，追求内部审计的高质量。集团公司纪检监察与审计部牢牢抓住审计质量这一审计工作的生命线，严把审计质量关。纪检监察与审计部始终坚持内部审计督导工作，将审计督导贯穿于集团公司组织实施的所有审计项目的全过程，确保审计工作底稿、审计证据、审计报告、审计建议的高质量。集团公司纪检监察与审计部还通过实施对内部审计人员的岗位培训、继续教育和财务决算内部审计业务培训等，提高审计人员的业务素质，保证审计质量。

3．把握审计工作的灵魂，坚持内部审计的开拓创新。面对国有资产管理体制改革和国有企业改革中内部审计的新课题，集团公司纪检监察与审计部勇于应战，善于创新。在对47家成员单位2004年财务决算的内部审计中，纪检监察与审计部实行审计公示制，于决算审计开始日在各被审计单位张贴审计公告，赋予广大职工群众审计知情权、参与权和监督权，发挥职工群众对本单位执行会计法、企业财务会计报告条例和国家会计制度的监督作用，扩大审计影响，力图审计工作查深、查透。集团公司纪检监察与审计部还建立了决算审计质量检查监督机制，达到了规范审计行为、提高审计质量、明确审计责任的目的。

4．把握行业自律的原则，实现内部审计的规范操作。集团公司纪检监察与审计部紧紧把握行业自律的原则，通过转发执行中国内部审计协会颁布的内部审计准则规范、举办“内部审计规定、准则百题有奖知识竞赛”活动和专题培训等，加强内部审计的基础建设，推动内部审计在集团公司的科学运作和长远发展。围绕2004年中国内部审计协会提出的“内部审计质量控制”和“企业改制中内部审计的作用”两个课题，纪检监察与审计部广泛开展了群众性的理论研讨暨经验交流活动，促进了集团公司内部审计工作理论与实践的结合。根据中国内部审计协会的部署，纪检监察与审计部通过在全集团公司范围内开展内部审计“双先”评选活动，总结了经验，交流了工作，弘扬了内审正气。（撰稿人：马春芳）

【中国水利水电建设集团公司】 中国水利水电建设集团公司（以下简称中水电集团）是中央管理的、跨国经营的综合性大型企业，是中国规模最大、最具实力的水利水电建设企业。公司在中国各大区域分别设有20个全资企业和4个控股企业，目前在世界上一些国家和地区分别设有16个经理部、代表处和分公司。中水电集团本部设总经理工作部、人力资源部、财务产权部、工程科技部、投资部、市场部、企业发展部、审计部、监察部、党群工作部、资金结算中心、信息中心、史志办公室14个职能部门；下辖海外事业部（国际工程公司）、租赁公司、投资公司3个经营性分支机构，中国水利水电第一至十四工程局，中国水利水电闽江工程局、中国水利水电基础局有限公司、夹江水工机械厂、富春江水电设备总厂、北京流芳宾馆、北京华夏水电新技术开发公司、浙江华源水利电力技术装备设计研究所、深圳市百业达投资发展有限公司22个全资子公司，深圳能科达机械工程有限公司、北京华科软科技有限公司两个控股公司。

领导成员

总经理：郭建堂

副总经理：范集湘　刘起涛

　　　　　袁柏松　孙洪水

纪检组组长：唐苏军

集团公司顾问：刘经迪　付元初

审计职责　负责在集团公司本部及所属企业建立、健全内部审计制度，并正常开展工作；负责对所属企业法人代表及领导班子进行届中和离任经济责任审计；负责对直属子公司及所属企业的经营状况和成果进行审计；负责集团公司审计信息化工作；负责指导集团公司审计学会工作；负责集团公司系统审计干部教育培训工作；与集团公司本部有关职能部门配合，研究制定加强内部控制的管理制度，并监督实施。

审计成果　2004年，集团公司本部及各工程局（厂）已经设立独立审计机构17个，配备审计人员98人。共完成审计项目249个，其中：计划内项目171个，计划外项目78个；完成审计签证143个，另有在审项目8个。全年共开展财务收支审计项目108个、经济效益审计项目51个、经济责任审计项目59个、基本建设审计项目16个、内部控制审计项目12个、专项资金审计项目3个。提出审计建议964条，采纳审计建议837条。

集团公司审计部　完成审计项目12个，提出审计建议32条，全部被采纳。开展了对水电三局、水电四局、水电八局、闽江工程局、水电基础局主要领导干部任期经济责任审计；对水电十二局的资产负债损益情况进行了专项审计；对海外事业部、华夏新技术开发公司、机电物资公司2003年度资产经营责任审计和对流芳宾馆2003年度承包经营情况审计。

审计工作　1．开展年度经营业绩审计确认工作。集团公司审计部切实履行好集团公司对各工程局（厂）、公司的经营业绩的审计确认工作，与财务部门一道对各工程局（厂）、公司年度经营成果进行确认，形成审计确认书，为最终兑现绩效奖励提供依据。

2．中水电集团加强内部控制制度审计，逐步推行“同级审”制度。内部控制制度审计是以改善部门和单位的管理素质和提高管理水平为目的，审查被审单位在计划、组织、流程控制、决策程序等管理职能上的表现及效果，促进其提高管理水平，促使生产力要素的优化配置，以提高经济效益以及资金使用效益的审计。内部控制制度审计的目标是向管理领域深入和发展，它要求内部审计人员从检查、诊断和评价的角度来熟悉和掌握一般管理职能和管理原则，一旦确定有问题，应该从管理的高度而不仅仅是从具体业务处理的层次来提出改进管理过程的建议和措施，从根本上清除因管理制度缺陷而导致一系列类似问题的出现，达到既治标又治本的目的。同时，逐步推行“同级审”制度。根据领导安排，开展对有关职能部门内部管理规章制度执行情况的再监督和专项业务的核查工作。（撰稿人：陈　美）

【中国人寿保险股份有限公司】　中国人寿保险股份有限公司是根据《中华人民共和国公司法》，于2003年6月30日在北京注册成立，并于2003年12月17日及18日分别在美国纽约和香港两地上市的人寿保险公司，在中国保险市场居领先地位。中国人寿保险股份有限公司，设董事会、监事会和总经理室。董事会下设审计委员会、薪酬委员会、战略委员会和提名委员会。中国人寿保险股份有限公司总部设办公室、战略规划部、人力资源部、法律事务部、工会工作部、监察部、财务部、业绩信息管理部、再保险部、风险管理部、精算部、审计部、企划部、健康保险部、产品开发部、业务管理部、个险销售部、团险销售部、中介部、投资者关系部、投资管理部、县域保险部等22个职能部室，另设内部控制委员会等机构。中国人寿保险股份有限公司在全国35个省、自治区、直辖市、计划单列市设立分公司。全系统共4000家分支机构、8200多个营销网点和70多万员工。

领导成员

董事长、总经理：王宪章

副总经理：苗复春　万　峰　林岱仁

　　　　　李良温　刘家德

监事长：刘英齐

审计职责　中国人寿保险股份有限公司设审计部，职责是：根据国家有关审计法律法规，制定并执行公司的审计政策、制度；制定部门的年度目标、工作流程、财务预算等，确保部门的工作符合公司整体规划；制定公司审计计划，并监控下属机构对审计计划的执行；建立一个高效便捷、统一管理的审计信息系统，指挥调度系统审计人员开展审计工作；参与建立内部控制体系，动态监控和评价公司内部控制的执行情况，并在此基础上对分支机构进行内控评级；对公司总部及所属机构（含占控股地位或者主导地位的单位）进行专项审计、年度审计、经济责任审计、绩效审计和战略审计；配合有关部门对法律案件及重大信访和投诉案件展开具体调查；负责对系统审计人员进行选拔、聘用、考核、管理和培训，努力提高系统审计人员的整体素质；为公司监事会和审计委员会提供行政支持，完成指派的审计工作；配合外部监管机构及社会中介机构开展工作；根据国际内部审计发展，结合公司经营管理的需要，不断实施审计改革。

审计成果　2004 年，中国人寿保险股份有限公司内部审计系统投入力量 6563 人次，14823 个工作日，审计 2701 个单位，完成 331 个审计项目，包括经济责任审计 141 个、财务审计 29 个、经济效益审计 21 个、业务管理审计 12 个、制度及内控评审 18 个、基建及其他项目 26 个。提出 3502 条管理建议，被采纳 2678 条。

中国人寿保险股份有限公司审计部积极开展内部控制审计，形成了近 50 万字的工作底稿，绘制 45 份流程图，确定 560 个一般风险控制点、198 个关键风险控制点，完成《内部控制审计报告》以及《制度审计报告》。中国人寿保险股份有限公司在审计部工作的基础上，搭建了以《内部控制手册》基础与纲领，以《内部控制指南》为细化与指导，以控制自我评估为手段，以《内部控制审计指引》为监督与评价，以内部控制评级为结果与利用的有中国人寿特色的内部控制体系。

审计工作　1. 审计体制改革。经过改革，公司建立了一个业务“垂直领导、统一管理”的审计体制，使审计地位相对独立、审计工作相对开放，审计管理相对封闭。

2. 内部控制审计。结合公司加强经营管理的要求和上市后外部监管的需要，开展内部控制审计。

3. 审计职能转变。打造“监督、评价、建议”一体化的审计职能体系。充分利用信息和网络技术，搭建了便捷、高效的审计信息平台，并依托审计信息平台建立审计信息预报警系统，实现事前监督，以辅助管理层及时应对，改进相关控制措施。设专门的管理建议岗，定期向管理层提交审计分析报告和管理建议。

4. 审计方法创新。建立审计质量保障体系，将审计报告与跟踪审计相结合，实现内部审计持续监督，了解审计人员执行审计的工作情况，追踪审计发现和建议是否得到改正并取得预期的效果。突破了传统的正式审计方式，通过“审计关注”、审计调查、“机动部队”等方式开展审计工作。

5. 审计文化建设。重视内部审计文化建设，开展以风采人物评选为代表的各项文化建设活动，营造内部审计的核心凝聚力。

6. 审计制度建设。审计部依据海外上市新的形势，根据国家有关法规，参考国际内部审计标准，并结合公司实际，拟定了一批内部审计制度，全方位对内部审计工作加以规范和指导，包括审计体制类、审计人员管理类、审计项目类、审计创新类和审计质量类，共计 22 项制度。

7. 开展经济责任审计。实现现场审计向经济责任档案的逐步转变，一是根据公司各级干部管理权限的划分，审计部门分两个层次组织、实施系统的经济责任审计工作；二是通过日常性的搜集、整理被审计对象的内外部审计相关信息，随时掌握被审计对象的状况和发展的全过程，建立经济责任档案，最终实现全面、科学的评价。

8. 开展专项审计。针对公司当前经营管理中的重要风险，开展印章管理审计、核保核赔制度执行情况审计、费用控制审计、短期险经营审计、重要业务单证后续审计 5 个专项审计项目。（撰稿人：*杨君顺*）

【中国海洋石油总公司】　中国海洋石油总公司（以下简称中国海油）成立于 1982 年，是中国三大石油公司之一。依据《中华人民共和国对外合作开采海洋石油资源条例》，经国务院授权，中国海油负责在中国海域与外国石油公司合作开采石油和天然气资源。中国海油注册资本 500 亿元人民币，总部设在北京。在中国海域公司注册资本 500 亿元人民币，职工 2.4 万人，总部位于北京。

中国海油控股经营 3 家上市公司、1 家信托投资公司，下属9家全资子公司，与壳牌、荷兰人寿分别合资经营1家石油化工公司和寿险公司。

领导成员

总经理：傅成玉

副总经理：罗　汉　蒋龙生

　　　　　周守为　吴振芳

纪检组长：吴广齐

总经理助理：郑长波

审计职责　总公司设立审计监察部，职责是：组织和指导总公司内部审计工作，负责总公司范围内的内部审计事项；总公司的全资子公司、控股公司设立内部审计机构或配备专职内部审计人员，在其总经理（总裁）的领导下，负责本单位的内部审计工作和本单位范围内的内部审计事项；总公司审计监察部行使中国海洋石油有限公司内部审计职能。截止2004年底，审计机构9个，专职审计人员56人。

工作成果　2004年，共完成各类审计项目114个，其中：财务收支综合审计12个，经济责任审计15个，项目建设和决算审计22个，专项审计调查30个，管理审计22个，股东审计3个。提出并被采纳审计建议共352条。对10个合作伙伴21个石油合同进行了联合账簿审计，剔除费用79万美元。完成海南化肥二期、东方－洋浦－海口管道及泸州沥青3个决算项目审计工作，共审减投资额5199.31万元。与此同时，两级审计部门和工作人员在完成各自的工作任务的同时，配合国家审计署赴中国海油审计组，完成了长达8个月之久的现场审计工作。

审计工作　1．转变观念，重新定位内部审计职责。“寓监督于服务之中，注重为被审计单位加强内部控制、改进管理方法、提高管理效率提供服务”的工作理念已渗透于海洋石油总公司内审工作的方方面面，为企业增加价值已经成为内部审计工作的目标和检验工作成效的标准。工作理念的深刻变化给审计队伍的工作作风带来了转变，给审计重点、审计方式和方法带来了变革。具体有以下几个转变：

（1）企业内部审计的定位：从过去以防错纠弊，经济监督转变为以风险管理、内部控制、治理程序为主要内容的保证和咨询。

（2）工作目标选择：从过去有效控制成本和费用转变为识别与防范风险，提高企业运营效率，增值审计。

（3）审计工作方式：从过去独立地按专业规范履行审计程序，转变为“合作参与式”工作，与专业部门密切协调，实现协同效应。

（4）审计范围：从过去以资金流为主线，时空相对固定，一般只作上对下的审计，转变为涉及企业运行的一切领域，包括管理控制、经营控制、资产要素控制和会计控制。

（5）与被审计单位关系：从过去监督与被监督关系，转变为强调良好人际关系，视被审单位为客户，增强服务意识。

（6）被审对象对审计接受程度：从过去比较被动地接受审计，认为审计就是找错，转变为视审计为一种资源，将内审看作是管理“顾问”。

（7）审计环境：从过去被动、依赖、依附，转变为与高层互动，高管层以战略眼光关注内部审计工作，内审部门以审计业绩影响高管层对控制环境的改善。

2．建章立制，科学规范内部审计工作。在科学总结前期审计工作的基础上，结合原有工作制度和规范建设的成果，对照现代公司治理理念，构建一个由4个层次组成的中国海油内部审计工作制度和规范体系，其主要内容包括内审部门总体规定，各个岗位实施细则，若干业务规范和审计业务工具、模板和指引。2004年，出台了第一层次的《中国海洋石油总公司内部审计工作规定》和第二层次的《中国海洋石油总公司投资项目审计实施办法》和《中国海洋石油总公司企业领导人员任期经济责任审计实施办法》。内部审计的各项管理制度和工作流程已经纳入公司的管理文件之中，在实际审计工作中使审计人员和被审单位有章可依、有矩可循。

3．提供增值审计服务。

（1）加强审计管理，积极实施内部审计质量控制。

（2）根据风险评价结果确定审计重点。

（3）选择合适的审计切入点，注重事前风险防范及事中风险控制。

（4）采用先进实务技术和工作方法，提高审计效率。

（5）加强与公司职能部门的合作，做到优势互补、资源共享。

4．重视人才培养，抓好内审队伍建设。

职业道德建设和专业素质建设是加强内部审计团队力量的核心工作。为此，海油内审部门采取了以下措施：

(1) 广招人才，提高审计人员学历、能力，使审计人员专业能力呈现多元化结构。

(2) 有针对性、有计划的对人员进行培训，积极的提供与国内外行业先进单位的交流的机会，从各方面提高人员的专业及职业道德素质。

(3) 注重鼓励审计人员积极参加学术研究，2004年公司审计系统开展优秀审计论文评选，共收到审计机构选拔的54篇参选审计论文，经认真评选，共有15篇论文获奖。一批有价值的学术论文，提高了内审人员的理论水平，营造了一个良好的学术研究氛围。

(4) 鼓励审计人员取得与内审工作专业相关的职称、资格认证，提高任职能力。目前总公司审计部50%的人员已经获取了财务、审计、工程等方面较高的执业资格能力证书。2004年11月份部门90%的审计人员参加了国际注册内部审计师（CIA）的资格考试，近一半人员取得国际注册内部审计师（CIA）的资格。（撰稿人：庞　建）

【国家开发银行】　国家开发银行是由国务院直属领导的正部级政策性银行，是中国政府有主权信用的开发性金融机构，总部设在北京，目前在全国30个省（市、自治区）设有32家分行，在香港设有代表处。

领导成员

行　　长：陈　元

副 行 长：姚中民　王　益

　　　　　刘克崮　高　坚

纪检书记：李昌富

行长助理：赵建平　徐宜仁

总稽核师：倪光祖

内审体系　国家开发银行实行全面风险管理，全行稽核队伍由总稽核师专门掌管，稽核评价在全面风险管理体系中居于重要地位，负责对所有的风险全面监督，直接对法人负责。稽核评价局是开发银行的具体内审部门和银行内控的归口管理单位，内设7个处，包括专门的稽核质量管理处和项目贷款后评价处；下辖12个驻外的稽核专员组，实行派出制、垂直管理，覆盖全国所有分支机构。截至2004年底，开发银行专职稽核评价人员约占全行人员总数的3.1%，基本符合银监会提倡的3%～5%的标准。开发银行在每个内设厅局、直属单位和分行，都建立了稽核联系人制度，由局领导和相关处长担任稽核联系人。

稽核业务　国家开发银行党委和行长要求稽核评价工作覆盖全行所有业务，实行全面、全过程稽核监督。全行稽核评价工作正在实现由合规性稽核为主向风险性稽核为主的转变，由事后稽核向事前、事中、事后稽核相结合的转变。具体稽核评价业务包括有稽核日常监督、专项稽核、逐笔稽核、同步稽核、稽核调查和项目贷款评价以及任期经济责任审计等工作，综合运用现场稽核和非现场稽核手段，包括IT稽核技术。本部稽核业务处负责总行相关业务系统的稽核评价工作，12个派出稽核专员组分片负责全行32个分支机构的整体经营风险和所有业务的稽核评价工作。稽核评价局把自身定位于被监督部门的合作伙伴，致力于增加整个组织的价值和内审队伍的附加值。具体工作成果形式，包括有稽核风险提示、稽核调查报告、专项稽核报告、日常监督报告、整改意见书等多种形式。

稽核研究　1．理论研究作支撑。成立“稽核工作战略性转移”课题组，就如何确立科学稽核观，现代稽核理念的树立和应用，稽核方法、手段创新，配合业务开展事前、事中稽核增值服务等问题进行了专门研究。召开“开发性金融和科学稽核观理论研讨会”，评选优秀论文集结成册，供有关部门学习。

2．创新稽核工作手段。推进稽核电子化，实现“动态、实时、在线”稽核，是2004年开发银行稽核工作的一个重点。财务经费网上稽核系统、资金交易在线监控系统、资产质量分类稽核、评价路演等系统，先后取得进展，为稽核战略性转移做了基础准备。

3．提供稽核咨询服务。紧密关注金融创新发展动态，在新业务开展的事前和事中提供有价值的调查资料和稽核建议，为行领导决策和有效控制风险服务。在借鉴国内外经验基础上，建立评价框架体系，利用稽核优势，对开行资金运作管理现状进行评价咨询，向最高决策层提供了咨询报告，推动了前中后台体制完善。同时，发挥稽核审计优势，提供内审咨询服务，不仅成本大大节约，还能提高和锻炼队伍。

内审工作　1. 全行信贷大检查。针对系统性、长期性信贷风险，强调“质量就是生命线”，促进信贷管理部门建立和完善动态预警机制，促使加强贷后管理考核，从制度机制上推动加强贷后管理，变被动化解风险为主动防范风险。

2. 借用外部监管部门最严厉、最挑剔的标准，对全行2003年和2004年上半年的费用管理情况重新审视。既揭示问题，更推动规章制度完善和执行、管理优化，加速了开行财会系统规范化、科学化建设。

3. 开展全行资产质量分类稽核3次，检查贷款分类准确性项目815个，风险提示项目66个。以资产质量稽核，揭示管理方面的深层次问题，促成分类方法更新和标准细化，推动资产质量管理纳入信贷管理体系，理顺了资产质量管理职能。

4. 对公路贷款情况进行专项抽样稽核，涉及贷款余额510亿元。着重从信用建设和信贷管理角度剖析问题产生的内、外部原因，反映了公路行业信用状况，通过稽核调研，贯彻开发性金融理念，进一步防范风险隐患。

5. 坚持财务费用逐笔稽核。2004年，侧重对费用支出的合理性及风险性加大检查深度，分析问题产生的原因、对经济活动的影响，向被检查部门和决策部门提供“风险提示”、“情况反映”，加大跟踪整改监督力度，促进内控和制度进一步完善，继续保持“零差错”。

6. 继续监控全行经营风险，对资金运作专门制定《国家开发银行资金运作稽核暂行办法》，定期提交资金运作非现场稽核报告和经营风险非现场监控报告，对全行经营风险和资金运作风险进行评价和提示。

7. 会同财会部门和会计师事务所，进行年度决算报告的现场同步集中联审。在稽核独立性和客观公正性前提下，确定三方同步并行审查工作流程，对决算各环节独立审核，得到财政部表彰。

8. 通过项目贷款评价，总结贷款评审、管理中的成败得失。全年组织完成412个项目贷款评价报告编制和网上路演，重点调查评价项目8个。

9. 继续做好干部任期经济责任审计，受组织人事部门委托，全年度完成24名干部任期经济责任审计。(撰稿人：张利中)

【天津港（集团）有限公司】　天津港（集团）有限公司是我国特大型港口企业，主要从事经由天津口岸进出口货物的装卸、仓储和与之配套的汽车运输、驳船运输、电力、通讯及其他服务业务总资产110亿元，2004年中国500强企业排名中居354位。集团公司下属分公司、子公司52个，其中全资企业28个、境内上市公司5个、境外上市公司2个、联营企业10个、中外合资企业7个。

领导成员

董　事　长：王恩德
总　　　裁：于汝民
副　总　裁：田长松　黄力军
　　　　　　赵彦虎　赵明奎
监事会主席：黑锦国

审计职责　天津港（集团）有限公司下设审计部，职责是：根据审计法及有关法律、法规，拟定集团公司内部审计业务方面规章制度和办法；拟定集团公司审计工作计划；开展对下属企业的财务收支、经济责任、领导干部任期和离任、建设工程、内控制度及经济效益等进行内部审计监督；对集团公司经营过程中的特定事项进行专项审计调查；组织集团公司内部审计机构开展全行业审计；负责集团公司内部审计工作的管理、内部指导和监督检查。集团公司审计部设有财务收支审计科、经济责任审计科、基本建设审计科，下属企业设有审计机构20个。集团公司有审计人员37人。

审计成果　2004年，天津港（集团）公司审计部门完成财务收支审计项目101个、经济责任审计项目19个、领导人离任审计项目13个、基本建设项目审计项目124个、专项审计调查项目4个，查出违规金额63万元，审定工程造价100444万元。提出审计建议被采纳118条。被审计署授予“全国内部审计工作先进单位”，被交通部授予“全国交通审计工作先进集体”。

审计工作　1. 巩固审计队伍，提高人员素质，建立健全内部审计制度体系。积极宣传审计法、《审计准则》和内审工作的重要性，提高各级管理者对内部审计工作的认识，取得各级领导的理解和支持，有效地保证了审计机构的健全和队伍的稳定。同时，紧跟社会经济发展和企业经营的需要，不断总结实践经验，借鉴各单位好的做法，建立和完善各项制度，形成了比较健全的内部审计制度体系。

2. 立足经济责任审计，充分发挥审计监督职能。坚持“先审计后兑现，不审计不兑现”、“不经审计，不得解除离任者的经济责任”。实施经济责任审计，加强对权力的制约和监督，正确评价领导人员任期经济责任，在促进领导干部廉政，全面履行职责，加强对干部管理和监督中发挥了积极作用。

3. 深化财务收支审计，为集团公司发展“保驾护航”。财务收支审计是内审工作永恒主题，是集团公司内审部门实现监督职能重要手段。开展财务收支审计主要采取全集团联合审计方式，审计覆盖面 100%。以收入、成本管理、资金管理为重点，着力审查企业收入实现能力、资金调控能力、决策水平资金使用情况及其效果。针对审计中发现具有普遍性的重大问题和部分历史遗留重要会计事项，提出审计建议，促进加强和改善财务管理，提高会计信息质量。

4. 强化基本建设工程审计。建设项目开工前审计 30 个，竣工决算审计 124 个以及对重点工程项目进行全过程跟踪审计，审定工程造价 100444 万元。

5. 针对热点事项，开展专项审计调查。根据集团公司生产经营中应收账款居高不下的实际情况，对所属各公司应收账款的构成情况、增长原因及对生产经营的影响进行专题审计调查。为全面掌控多种经营企业经营情况，开展对多种经营企业经营情况审计调查。

6. 实施计算机辅助审计。为提高审计效率，降低审计风险，尝试开展计算机辅助审计。（撰稿人：董靖臣）

【中国农业银行河北省分行】　中国农业银行河北省分行 2004 年末共有在职员工 24751 人。设有办公室、人事处、资产负债管理处、财务会计处、信贷管理处、资产风险管理处、公司业务处、机构业务处、个人业务处、农业信贷处、房地产信贷处、银行卡部、国际业务部、科技处、法律事务处、监察室、审计处、保卫处、总务处、机关党委、工会等 21 个职能部门；下辖分行营业部、承德分行、张家口分行、秦皇岛分行、唐山分行、廊坊分行、保定分行、沧州分行、衡水分行、邢台分行、邯郸分行 11 个二级分行和 229 个县级支行。

领导成员

行　长：王　恒

副行长：李培峰　赵增喜

　　　　邓振国　于培军

审计职责　中国农业银行河北省分行下设审计处，职责是：根据审计法、《内部审计准则》及有关法律、法规和农总行有关审计制度、规定，拟定适合本行实际的审计制度、办法和操作规则；指导下级行审计部门开展审计工作；每年拟定审计工作计划，对下下达审计工作安排意见；对本行业务经营的合规合法性、真实性和风险性进行定期审计；定期开展各级行的行长（副行长）、经理（副经理）的任期责任和离任前审计；定期对各业务职能部门自律监管职责履行情况进行审计再监督；每年开展对全部二级分行和县级行的内部控制综合评价；完成上级行部署的专项审计；组织进行本行行长交办的审计事项。

全省农行各二级分行均设有审计部，并配有专职审计人员；部分二级分行对一些县级支行派驻审计办公室，配有专职审计人员。截至 2004 年底，全省共设有专职审计机构 27 个，其中一级分行审计处 1 个、二级分行审计部 11 个、审计派驻办公室 15 个；配有专职审计人员 178 人，其中省分行审计处 14 人、二级分行审计部 124 人、审计派驻办公室 40 人。

审计成果　2004 年，全省农行各级审计部门累计组织 4489 人次对 1246 个营业单位实施了 1862 次现场审计，组织对 177 名行长、副行长进行了责任（离任）审计。查出各类违规违纪问题资金 57512 笔，纠正问题资金 50790 笔；提出整改建议 8005 条。对总行监事会等内外部门查出的 1498 个问题逐笔进行了整改核实监督，督促健全规章制度 51 个、建立完善审计制度 20 个。依据审计处罚规定对 3 个单位和 1925 名责任人给予了 18.69 万元的经济处罚，向监察部门移交和建议对 2 个单位和 11 名责任人追究行政责任。

审计工作　1. 坚持开展内部控制综合评价，防范化解经营风险。2004 年，完成了对全省 11 个二级分行和 229 个县级支行的内部控制综合评价工作，并将县、市行的评价结果纳入对市、县行的绩效考核中，与被评价单位的效益工资考核奖励直接挂钩；同时将评价结果向全省通报，以鼓励先进、鞭策后进。

2. 研究改进行长责任审计方法，提高审计工作质量。为进一步提高行长任期责任审计的质量，继续研究改进行长责任审计的方法：一是进一步突出行长责任审计的特点，重点做好行长在重要决策、经营与管理的效果以及历史遗留问题处理等方面责任履行情况的认定与评价。二是建立日常监测台账，充分利用已有的内外部各项检查结果，既减少了现场审计工作量，也避免了对行长评价仅局限于现场检查结果的片面性。三是推行现场审计公示制度，加强群众监督，提高审计效果。四是执行县级行责任（离任）行长审计报告向省分行备案制，及时掌握县级行行长任免情况，全面检查和考核二级分行责任审计制度执行情况。对177名行长、副行长进行责任（离任前）审计后，提拔11人，平调44人，免职11人，降职3人。

3. 围绕工作中心，开展重点专项审计，突出审计工作力度。开展对2003年业务经营指标真实性审计，确保各级行经营指标的真实性和合规性；组织进行账外固定资产及车辆管理情况的调查审计，摸清账外固定资产底数，规范固定资产的核算和管理；完成贷款风险分类和2000年以来新放贷款审计，真实反映贷款风险质量，全面掌握信贷资产运营和管理情况；组织开展个人贷款与表外业务审计；组织对2003年度省分行级“清贷收息能手”、“创效能手”和“清贷收息先进单位”的审计认定。此外，各二级分行也根据省分行工作安排结合本行实际安排了一些重点专项审计项目。

4. 积极推进计算机审计，创新审计方法。2004年，总行对计算机审计系统进行了升级，组织培训班，全面讲解新系统，保证计算机审计人员能够熟练掌握新的审计软件，并向总行推选注册计算机审计人员27人。上半年，利用审计程序和模块，对会计、信贷等数据进行了非现场审计，为现场审计提供重要线索。

5. 全面加强整改监督，逐笔进行后续审计。为了解决重查轻改和整改不到位问题，在审计处建立了审计监督整改平台，对当年内外监管部门查出的2700多个问题逐笔录入平台，监督问题的整改落实和组织后续审计。2004年底对全部问题逐笔进行了后续审计，审计人员根据核实情况，逐笔填写《查出问题整改核实责任单》，对整改的问题从平台上撤销，对能改未改的或是还在进行整改的继续监督整改，确保问题能够全面整改落实到位。

6. 健全审计制度，加强审计基础建设。为解决审计程序不完善、操作不规范的问题，保证审计工作质量，根据总行有关制度规定，结合实际，制定并下发了《审计工作规范化操作实施意见（试行）》，对审计工作的基本程序及其重要环节进行细化、明确规范，特别是加强对现场评价、取证质量的控制，进一步规范了全行审计人员审计过程和行为的控制约束。其中，为约束审计人员行为，防止道德风险，设计实行了《审计责任履行表》制度，在每次现场审计结束时，要求每个审计人员必须填写《审计责任履行表》，逐笔登记本人审计过的内容、事项，以示负责并存档备查。

（撰稿人：贾树田　陈振武　石配峨）

【石家庄钢铁有限责任公司】　石家庄钢铁有限责任公司（以下简称石钢公司），2004年，共有在职员工9300余人。设有29个二级单位，其中：设公司办公室等职能部、室13个；设炼铁厂、炼钢厂、第一、二、三轧钢厂、动力厂、自动化部、铁路运输部等主要生产厂和辅助单位；石钢公司下辖河北钢鑫冶金有限公司、河北力源气体有限公司、河北钢神设备制造安装工程有限公司、河北久源工程材料有限公司、劳动实业公司和河北友爱职工医院。

领导成员

董 事 长：阎胜科

副董事长：王立平　范宝恕

总 经 理：王立平

副总经理：严国安　杨自华

总工程师：刘石虹

工会主席：候　敏

审计职责　石钢公司下设法律审计部，职责是：根据审计法、《审计署关于内部审计工作的规定》及有关法律、法规，制定石钢公司审计工作方面的规章制度和办法；拟订公司年度审计工作计划；对公司及公司所属单位的财务收支、经营效益完成情况进行内部审计监督；对公司二级单位行政领导任期、离任经济责任进行审计；对公司所有工程项目建设的全过程进行审计；对公司所有驻外销售机构进行财务效益审计；对公司内部经营管理中的特定事项进行专项审计调查。

审计成果　2004年，公司内部审计共完成审计项目366个，其中：完成各类工程项目审计301个，审计工程结算金额9559.57万元，审定工程结算金额8433.84万元，审减工程结算金额1125.73万元，平均审减率11.78%；审计签证外委工程施工合同311份，审计签证合同标底金额13496.44万元，提出合同修改意见及建议219条，均被工程主管部门采纳；参加公司各类工程项目招投标77个，招标工程金额10380.75万元；完成二级单位经营目标及财务效益审计项目16个，公司驻外销售网点财务效益审计项目18个，二级单位负责人离任及任期经济责任审计项目6个，内部管理审计项目4个，专项审计项目6个。审计发现违规及差错金额3894.51万元，根据审计发现问题提出审计意见47条，提出审计整改建议62条，经公司董事长批示，已交有关部门办理。

审计工作　1. 对公司经济责任制规定的二级单位全部进行了财务收支、经营效益完成情况审计。审计重点是这些单位财务收支是否真实，实现效益是否真实，会计核算是否规范。在对这些单位进行财务审计的基础上，同时对其内控制度是否健全有效、关联交易是否正常作为审计重点进行了审计评价。

2. 对分布在全国各地的18个销售网点进行了审计。经过历年审计。公司驻外销售机构会计核算、业务管理基本能够规范运作，审计监督有效的遏制了违规营销行为，规避了营销风险。

3. 围绕公司生产经营工作热点，开展了公司对外长期投资审计调查，子、分公司关联交易审计等4个管理审计项目。根据调查中发现的问题，提出对长期投资加强管理，建立定期审计制度，防范投资风险的建议。在对公司关联交易专项审计中发现的以文件代合同、合同订立不规范、代理权限、租赁合同续签问题，提出了审计整改意见和建议，有力的促进了公司关联交易规范进行。

4. 工程项目实现了全过程审计。从工程项目的设计招标、工程招标、定立设计合同和施工合同、工程项目结算到工程材料结算，做到了全过程的参与与审计，堵塞工程资金支出中的漏洞。

5. 建立健全审计工作各项规章制度，强化审计基础工作建设，加快审计信息化建设的步伐。审计工作基本实现了规范化、标准化和程序化。对现行内部审计工作制度进行了修订，审计工作做到了按计划组织、按审计方案实施、按审计工作效果对人员进行考核，使每一个审计项目从立项到出具审计报告都有章可循、有法可依，有效规避了审计风险。

6. 根据河北省内部审计五年信息化建设规划要求，适应公司信息化建设的要求，加快了实施计算机辅助审计的步伐，工程审计已实现计算机辅助审计，财务审计人员已基本掌握计算机辅助审计的技能，以尽快满足公司信息化工程上线后的在线审计需要。（撰稿人：刘正利）

【山西焦煤集团有限责任公司】　山西焦煤集团有限责任公司是中国目前规模最大、煤种最全、煤质优良的炼焦煤生产企业。目前，子分公司主要有西山煤矿总公司、西山煤电股份公司（上市公司）、汾西矿业（集团）公司、霍州煤电集团公司、华晋焦煤有限责任公司、山西焦化集团公司（上市公司）、太原矿山机器集团有限公司、山西煤矿机械制造有限公司、山西焦煤集团国际发展有限公司、煤炭销售总公司。2004年，以山西焦煤集团公司为核心，吸纳山西省8家地方骨干煤焦企业组建了山西焦煤集团。

山西焦煤内部审计实行统一领导、分级负责的管理体制，共设立集团公司、子分公司、子分公司下属单位三级审计机构。截止2004年末，山西焦煤共有各级审计机构45个，审计从业人员125人，专业知识结构涉及审计、会计、经济、法律、工程、工商管理、原选煤等。目前，除集团公司设立审计部外，集团所属的10个子、分公司中，西山煤矿总公司、西山煤电股份公司、汾西矿业集团公司、霍州煤电集团公司、山西焦化集团公司、太原矿机集团公司、山西煤机制造公司7个单位设有审计机构。

领导成员

董 事 长：杜复新
副董事长：李　仪
董　　事：白培中　车树春
　　　　　潘得国　杨茂林
总 经 理：柴久茂
副总经理：刘建中　孙炳章
　　　　　申晋鸣　李东刚

总工程师：李建胜

总会计师：张树茂

审计职责　宣传、贯彻、执行党和国家的财政方针、政策和各项审计法律、法规，研究、制定集团公司的内部审计制度；研究、规划集团公司内部审计的发展方向，组织内部审计人员的教育培训；制定集团公司审计工作计划并组织实施；参与集团公司的重要经营决策和经营管理分析；总结、交流、宣传内部审计工作经验。

审计成果　2004年共查出问题金额18724.58万元，其中：截留利润收入2660.72万元，乱挤乱摊成本费用1448.77万元，少计成本费用11932.6万元，其他2682.49万元。

审计工作　1. 从建章立制入手，加强内部审计制度建设。起草和制定了《山西焦煤集团公司内部审计规范》，该规范划分为基本规范、责任规范、竞赛规范、基础规范、专业规范五大类型共28个具体规范，内容全面，可操作性强，基本涵盖了集团公司内部审计的各个层面和各项工作内容。规范的执行，标志着集团公司内部审计制度建设进入了一个新的阶段。

2. 从长远发展入手，对集团公司内部审计发展战略作出了长期规划。充分分析研究国际、国内和公司内部审计现状及发展趋势的基础上借鉴国际、国内大集团、大公司的内部审计先进工作经验，制定了山西焦煤集团公司内部审计工作2010年远景发展规划，这项规划在全面总结集团公司十余年来内审工作经验的基础上，按照"发展要有新思路、改革要有新突破、工作要有新举措"的要求，从集团公司审计发展战略的高度出发，明确了集团公司未来几年的审计发展目标，提出了集团公司未来审计队伍建设、人员配备、职能定位、审计信息网络建设等的总体规划和相应的发展措施，

3. 以财务收支审计为出发点，以资产、负债、损益审计为基础，积极开展经济效益审计。集团公司各级审计机构坚持"摸家底、揭隐患、促发展"的工作思路，以分析企业财务收支活动的真实性、合法性为出发点，以摸清家底、界定产权、核实资产、确定盈亏为主线，在摸清家底的基础上，对影响企业经济效益的各种因素进行充分分析，从增收节支，促进企业提高经济效益的角度出发，加大了对企业经济活动效益性和效率性的评价，为企业有效加强管理，堵塞漏洞，促进增收节支，提高经济效益，确保国有资产保值增值发挥了积极的促进作用。

4. 以评价领导干部经营业绩和推进党风廉政建设为出发点，稳步开展领导干部的任期经济责任审计。在审计工程中，坚持按照"积极稳妥、客观公正、提高质量、防范风险"的原则，采用定量考核与定性评价相结合，座谈与查账相结合的方式，从查阅账目、盘点资产、核实经营者任期内的各项经营指标完成情况，对经营者任期内在生产、经营、多经、后勤、安全和企业可持续发展等方面所做的工作、取得的成效、存在的问题以及应承担的责任等进行全面审计，收到了很好的效果，确保了对经营者的评价实事求是、客观公正。

5. 围绕集团公司热点、难点及体制等深层次问题，积极开展审计调查。充分利用审计调查方式的灵活性、内容的广泛性等特点，紧密结合集团发展的中心任务，对集团资本运营、收购兼并、租赁经营、主辅分离、改革改制等重大经济事项实行审计调查，通过广泛深入的调查，为领导决策提供了真实、准确、可靠的财务信息，确保了企业经营决策的正确性，为推进集团各项事业改革创造了良好的条件。

6. 围绕提高投资效益，加大了对重点工程建设项目的审计力度。为了保证重点工程建设资金的合理利用，充分发挥资金的投资效益，坚持年终工程结算审计与日常审计相结合，加大了对重点工程的工程预结算审计力度，通过开展工程审计，有效地节约了基建投资，促进了集团公司规范工程管理，维护单位权益，提高资金效益。

7. 以完善内控制度，加强风险控制为切入点，大胆尝试管理审计。审计通过对企业采购、生产、销售等各环节的动态监控管理，对企业的内部控制和风险管理作出恰当评价，对企业经营活动的合理性及有效性、经营决策的可行性作出认真分析，对及时发现企业在管理中存在的漏洞和薄弱环节，促进企业进一步完善制度、提高企业控制风险的能力创造了良好的条件。

8. 积极推进审计创新，提高审计信息化建设水平。集团公司各级审计机构在工作过程中积极推进审计技术创新，大力推广使用内控测评、风险评估等先进技术和方法，极大地提高了审计工

作效率，保证了审计工作质量；在审计信息化建设方面，积极推进计算机辅助审计进程，有利地促进了审计计划组织、实施、汇总和处理各项工作的程序化、规范化，极大地提高了审计工作效率，推动了审计手段创新。（撰稿人：郝轩毅）

【东北电网有限公司】 东北电网有限公司是国家电网公司依据《中华人民共和国公司法》投资设立的国有独资有限责任公司，主要从事东北电网电力输配和购销业务，参与投资、建设和经营东北电网内输变电工程和调峰调频电源工程，管理东北电力调度交易中心，负责东北电力市场运营，参与东北电网和其他电网间的电力电量交易。公司包括辽宁、吉林、黑龙江省电力有限公司3个全资企业和丰满发电厂等15个直属单位，设有17个职能部门，即总经理工作部、发展策划部、人事董事部、人力资源部、财务部、电网生产部、电源生产部、营销与农电管理部、科技信息部、安全监察部、工程建设部、思想政治工作部、监察部、审计部、东电工委、综合产业管理办公室、东北电力调度交易中心。

领导成员

总经理：刘　忱

副总经理：黄传兴　李效勇

韩　水　杨俊文

总会计师：黄佳武

纪检组长：陈　武

东电工委主任：赵文斌

总经济师：田　宇

总工程师：薛建伟

总审计师：周玉秀

审计职责 东北电网有限公司设审计部，职责是：根据审计法及有关法律法规，拟定公司内部审计的制度；拟定审计工作计划；对东北电网公司所属单位的资产经营、领导干部任期或离任经济责任、建设工程、电力销售、经济效益等进行内部审计监督；对公司经营管理中的特定事项进行专项审计或审计调查；负责对公司内部各级审计机构进行管理、业务指导和监督检查。截止2004年底，公司共有审计机构69个，内部审计人员342人。

审计成果 2004年，全公司各级审计部门共完成审计项目1455个，查出违规金额39341.39万元，促进增收节支15637.21万元；提出审计建议2686条，其中2454条已经得到采纳。公司本部和直属单位共完成审计项目187个，查出违规金额18632.21万元，促进增收节支851.2万元；提出审计建议579条，其中541条已经得到采纳。公司被评为辽宁省内部审计工作先进单位和国家电网公司审计工作先进单位。

审计工作 1. 认真贯彻落实国网公司审计工作会议和东北电网公司年度工作会议精神。7月29～30日，国家电网公司在北京召开了2004年年中工作会议暨审计工作会议。为贯彻好这次会议的精神，8月16日，公司召开了副总经理以上领导、机关副主任以上干部、基层单位领导班子成员、主要部门负责同志以及全系统审计工作人员参加的电视电话会议，会议重点讲了审计工作，实际上也是一次审计工作会议。会议结束后，审计部和各直属单位迅速行动，通过各种形式传达和宣传会议精神，将会议提出的各项要求贯彻落实在工作中，形成了必须强化内部审计工作、正确把握内审工作定位、加大审计创新力度、注重审计成果运用等一系列共识，提出了具体工作措施。

2. 认真做好审计署审计决定的整改工作。公司以文件形式下发了《关于认真落实审计署审计决定的意见》，要求各单位以务实的态度抓好决定的落实工作，进一步加强和完善内部制约机制，积极开展警示教育和检查督促。在公司党组的领导下，公司有关业务部门对审计决定中涉及原国电东北公司的四个问题进行了认真核实，并按照要求做了业务处理。具体整改项目于10月底前全部完成。

3. 积极开展干部任期经济责任审计。审计部门年内全部完成了对7个单位的干部任期经济责任审计。3个全资企业也完成了年度经济责任审计计划，这些审计对被审单位领导人的任期经济责任给予了实事求是的审计评价，全面考察了领导干部的经济工作能力，规范了企业经营行为。

4. 坚持对重大投资项目进行审计。为使城农网改造工程在规范化的轨道上运行，审计部与生相关部门共同合作，通过专题审计、造价审查，分片抽查、样板验收等形式，加大对农网改造的监督力度。为保证投资效益，审计部门还坚持对重大投资项目进行审计或审计调查，与工程管理单位充分交换了意见，针对已出现或可能出现的问题提出了整改意见。

5. 努力提高审计人员的素质。审计部门组织进行了《中央企业经济责任审计管理暂行办法》和《中央企业内部审计管理暂行办法》的学习。为提高审计人员的业务素质，除2月份全部成员参加公司举办的招投标轮训班外，还在3月底举办了为期1周的新《企业会计制度》培训班。11月公司审计部又在南京审计学院举办了工程审计培训班，这是东北电网公司成立以来首次组织的全网审计干部培训，近90名工程审计人员在培训中学习了现代审计及工程审计知识，反响良好。

6. 抓好基础管理工作。与科技信息部配合，成立了审计软件应用开发小组，赴河南、湖北两省电力公司进行了考察，提出了调研报告和建议报告，确定了审计应用软件，选择软件公司开始进行联合开发，拟于2005年推广到各单位。（撰稿人：王朝晖）

【沈阳重型机械集团有限责任公司】 沈阳重型机械集团有限责任公司现有在职员工5917人，设有总经理办公室、战略发展部、人力资源部、财务会计部、审计部、资产管理部、安技环保部、技术中心、质量检验部、用户服务部、销售部、外贸管理部、设计研究院、工艺部、采购部、合资合作部等17个职能部（室）。另设党委办公室、党委组织部、党委宣传部、纪委办公室、监察部、退休人员管理办公室、离岗人员管理办公室等7个机构。有重型机械制造厂、铸钢产业公司、锻造厂、金属结构厂、减速机厂、热处理厂、动能供应公司、铁路储运公司、通用机械有限公司、技术服务分公司等10个生产经营型单位。下辖沈阳重型机器有限责任公司、沈阳第一标准件制造有限公司、沈阳机电研究设计院、沈阳水泥机械有限公司、沈阳重型冶矿机械有限责任公司、沈阳重型低压电器有限责任公司等6个单位，拥有境内外控股和参股合资合作公司14个单位。

领导成员

董 事 长：王铁锋

副董事长：胡英宗

总 经 理：王铁锋

常务副总经理：李荣凡

副总经理：赵凯军　冯景昌　王　东　穆长有　孙元和

审计职责　沈阳重型机械集团有限责任公司下设审计部，职责是：

（1）负责全方位推行目标成本管理。根据月份季度生产计划负责机器产品、工矿备件目标成本的编制；配合财会部对亏损的机器产品及工矿备件定期进行成本分析；负责采购、外协及运费发票审核报销；负责机器产品及工矿备件盈亏测算及分析工作。

（2）负责购销合同及工程劳务价格评审。负责销售部订货合同的产品报价，销售合同事前、事后评审；负责采购部及各单位采购经济合同的价格评审，及价格的合理性分析；参与招标采购并负责招标价格认证；负责公司各单位处理积压物资的价格认证。

（3）负责贯彻国家物价方针，掌握市场价格动态，收集市价格信息，建立各类物资的价格档案；负责公司内结算价格及外销指导价格的制定；制定机器产品、工矿备件、厂内劳务相关成本结算的价格；负责机器产品及配件、外扩价格的测算及能力外协价格测算。负责集团内降低成本的审核和集团公司所属经营单位内部控制制度进行评审。

（4）负责集团公司所属各生产经营单位财务会计决算审计；经济责任制承包兑现审计；生产经营单位行政主要负责人的离任审计和经营者在任经济责任审计。

（5）负责各归口管理部门及所属企业的派驻审计、期间审计，财务收支审计，经济效益审计等。

（6）负责技改技措固定资产修理工程项目预算的审计；公司各单位零星采购合同标的额5000元以上的合同审计以及各类专项审计和专项审计调查及定期对各单位合同进行抽查。

（7）接受合资企业董事会或监事会委托，对合资企业利润分配等进行审计。

（8）负责编报审计报表，及上级审计机关和集团公司领导交办的临时审计任务。

审计成果　2004年先后完成了555个主要审计项目，其中：财务收支审计6个，经济效益审计41个，工程项目预算审计419个，经济责任审计31个，任期经济责任审计2个，以经济责任承包兑现为主要内容的定期经济责任审计15个，专项审计项目6个，审计调查5个，财务决算审计38个。经审计，已纠正违规金额1350.1万元，冲减制造费用、生产成本122万元，降低采购成本680.6万元，查实调减应付账款942.5万元，查实调减暂估入库沫煤材料942.5万元，其他调整金额265.5万元；降低工程预算造价1410.6万元；促进增收节支金额2213.2万元。提出建议意见被采用105条。先后被沈阳市政府授予沈阳市内部审计先进单位和沈阳市经济责任审计先进单位，被中国机械工业审计学会评为内部审计先进单位，被评为辽宁省经济责任审计先进单位，并在内部审计工作会议上介绍了内审工作经验。

审计工作 1．积极参与资产重组工作，为做大做强国有企业服务。2004年，集团公司先后与沈阳水泥机械厂、沈阳锻压机床厂、沈阳电工机械厂、沈阳低压开关厂、沈阳变速机械厂、沈阳机电研究设计院等进行了产业重组。按照集团公司党组要求，审计部门积极参与，先后对上述单位进行了资产负债损益审计，摸清了家底，使公司领导对企业产业重组工作心中有数，发挥了内审的作用。

2．适应现代企业管理工作的要求，积极提供审计信息，为企业改革服务。2004年，公司在对合资企业沈重世明焊接公司执行总经理离任审计中，主要调整了11笔。会计师事务所根据公司的审计结论对沈重世明资产评估调减了1399732.92元，为集团公司回购股份提供了较准确的资产数据。

3．加大工程项目预算审计力度，为维护企业利益把关。为了确保工程项目预算审计取得如期效果，审计过程中，审计人员除了核对材料价格、定额的套用、取费标准、计算工程量等，还采用市场调查法、现场动态跟踪法，认真进行审计调查，最大限度地降低工程项目费用，坚持不经审计不结算的原则。共完成工程预算审计项目419个，降低工程预算金额1410.6万元。

4．加强采购成本审计，促进企业发展。通过采购成本审计，降低了产品成本，提高了经济效益，促进了企业发展。完成采购成本审计项目35个，降低采购成本680.63万元。

5．加强合资企业的审计，促进企业新的效益增长点。近年来，受合资企业董事会的委托，公司内审部门开展了对合资企业的利润审计，加强对合资企业财务状况的监控，维护投资人利益，促进企业新的效益增长点。2004年，审计了公司下属4个合资企业，对180余万元的国有资产投入未及时评估入账提出异议，促进企业及时评估入账，维护了公司利益。（撰稿人：李鹏举）

【吉林省通信公司】 吉林省通信公司是中国网络通信集团公司（以下简称中国网通）出资设立的全资子公司，注册资本为22亿元，总资产为120亿元，是吉林省通信行业中的主体运营企业。公司共有在职员工13894人，内设15个部室、10个直属中心，下辖1个实业公司、9个市（州）分公司。

领导成员

总 经 理：苏 强

副总经理：李晓文 朱亚夫

车锦英 白哲洙

纪检组长：白哲洙（兼）

审计职责 公司下设审计部，并于2004年7月率先在全省实行了审计派驻制体制。截至2004年底，全省共有专职审计人员36人。职责是：根据《中华人民共和国审计法》、《审计署关于内部审计工作的规定》、《内部审计基本准则》及《中国网络通信集团公司内部审计工作规定》，对省公司及所属单位的预算、经营、财务信息及其有关的经济活动进行审计；对省公司所属单位领导人员的任期经济责任进行审计；对省公司所属单位重大经营决策行为的合规性、科学性进行审计；对省公司及所属单位的工程建设项目进行审计；对省公司及所属单位内部控制制度的健全性、有效性及风险管理进行评审；对省公司及所属单位的经济管理和效益情况进行审计；对省公司及所属单位领导提出的审计事项开展专项审计调查。

审计成果 2004年，共完成审计项目4486个，其中，经济责任审计项目12个，管理审计项目8个，工程审计项目4466个。工程审计金额8.7亿元，审减不合理工程费用8041万元。全年参加集团公司审计项目13个，派出审计人员29人次。

审计工作 1．改革审计管理体制，建立省公司垂直领导的内部审计体系。为改变原来内部审计“属地管理”体制存在的许多弊端，按照集团公司审计体制改革的总体要求，全省共划分三个审计管理区域，由审计分部向三个审计管理区域派出审计机构，承担审计管理区域内的审计工作，派出审计机构负责人比照分公司的副职管理，提高了审计的地位。建立了人员统一管理、工作统一组织、业绩统一考核的以省公司审计机构为核心的内部审计体系。在改革机构的同时，对人员进行了优化，通过考试择优录用，审计人员由原50人，精简到现在36人。

2. 以管理审计为突破，努力在审计目标、审计职能和审计着眼点上实现“三个转变”。一是积极开展管理审计，使审计目标由发现型审计向预防型审计、由符合型审计向增值型审计转变；二是审计的职能从以监督为主向监督与评价相结合转变，逐步由财务审计转向效益审计和管理审计，重视审计的评价职能，充分考虑企业所处的内外部环境，用发展的眼光、效益的眼光分析企业存在的问题，对企业经济效益及内部控制的健全性和有效性做出正确评价；三是通过探索和实践，实现审计的着眼点从以事后审计为主向事前及事中全过程审计为主转变，实现审计关口前移。

3. 创新审计工作思路，实现审计改革目标。一是改革审计计划的制定流程，统一制定审计方案，统一组织实施，增强审计计划的统一性。二是改进、优化审计工作程序，派出的审计组在现场审计结束后，要向公司汇报全部审计情况，统一研究处理，审计组不能“自行消化”查出的问题。三是改进审计结果的处理方式，按照“是什么”、“为什么”、“怎么样”、“怎么办”的思路，增强审计建议的建设性。针对不同层次管理人员的不同需要，提出不同的审计报告。对于重大问题以《审计要情》的方式向公司领导汇报，呈请公司领导批示处理意见。

4. 加强制度建设，做好制度保障。认真贯彻执行国家和集团公司的规定和办法，先后制定下发了《吉林省通信公司内部审计暂行规定》等五项制度及相关工作流程，以及《吉林省通信公司内部审计质量检查暂行办法》等6个配套制度的实施办法。

【吉林省能源交通总公司】　吉林省能源交通总公司是经吉林省人民政府批准于1988年成立的大型国有企业，主要从事电力投资经营管理及国有资本运营。公司拥有控股上市公司1家（吉林电力股份有限公司），参股公司3家，非电力全资企业4家等。公司总部在职员工132人，下设综合办公室、计划发展部、电力资产管理部、实业资产管理部、财务管理部、审计监察部、组织人事部、法律事务部等8个职能部室，另设机关党委、工会等机构。

领导成员

总 经 理：徐元祥

副总经理：李胜富　程志光

　　　　　邢世明　潘宪文

副 书 记：周湘林

审计职责　公司审计监察部现有专职审计人员4人。其工作职责为：参与公司财务会计制度、内部管理或控制制度的制定和考核，参与公司重大经营决策，对公司财务收支和有关经济活动及经济责任进行审计监察；对公司财务收支计划、经费使用情况及经济合同执行情况、会计报表和财务决算的真实、正确、合规、合法性进行审计监察；对公司与经济活动相关的内控制度健全、有效及执行情况进行审计监察；参与公司重大经济合同、协议的拟订、签约、履约、兑现考核事项，对公司重大投资决策、国有资产的管理、使用及处置情况进行审计监察；对公司基本建设的预、决算事项进行审计监察；对公司直属、控股企业进行以上内容的审计监察；协助注册会计师对直属、控股企业进行年度经济效益及财务报表审计；对公司直属、控股企业的合并、分立、撤销、清算进行审计监察；对公司有关部门负责人和直属企业领导人员进行任期、离任经济责任审计；对公司重要岗位（包括财务人员、涉及财产、物资管理人员）的人员变动工作交接进行监交；受理公司各部门、直属单位全体职工的检举、控告，配合纪检、人事、财务等部门进行专项、专案调查和审计；完成公司临时交办的工作。

审计成果　2004年，在公司内部开展了经济效益审计、基础工作规范审计、企业法人和负责人的离任及任期经济责任审计、关键岗位的交接审计、直属公司撤并审计、各种专项审计等。共向公司提交了《内部审计报告》和《专项审计报告》80余份，提出整改意见和建议上百条，有80%被公司采纳。有效地保证了国有资产的安全、完整，为公司挽回了经济损失360余万元。没有发生一起复审事项。同时，还收集整理了《国有资产监督管理文件汇编（2003～2004）》、《直属企业基础资料汇编》等相关的文件资料，达70余万字，为使用者提供了便利，提高了工作效率。

审计工作　1．在实际工作中，要求每个内审人员必须做到“五个必须”，即：对每一组到手的数字必须进行复核；对每一个审计事项必须深入被审单位进行调查；对每一个审计结论必须找到政策依据；对每一个审计结果必须跟踪整改；对每份审计报告必须按时归档。

2．坚持每周召开业务交流研讨会，针对有代表性的问题，强化学习政策法规，研讨工作方法和手段，剖析相关的审计案例，不断更新业务知识和政策水平。积极参加内审协会组织的各种业务培训，接受行业的指导，提高了对政策的掌握程度及对业务的处理水平。

3．提高内审人员的服务、协调能力。坚持做到“两个优先”，即：被审单位来访优先；其他部门需协调的工作优先。为了使个别服务和综合服务结合起来，在公司内部建立了由公司及直属公司的财务人员参加的“内审监察会议”制度，改变了过去各级财务人员相互之间缺乏交流，各自为战、我行我素的盲目做法。

4．围绕公司的中心工作选择切入点。围绕领导关注的，影响本单位经济效益和发展的重点环节、重点单位、重点项目和重要经济活动积极开展内部审计。2004年，围绕国企改革和公司的改制，有意识、有准备地对被审单位的资产情况进行了梳理，模拟进行了内部清产核资，为公司领导制定改制方案提供了决策依据。（撰稿人：姜　萍）

【吉林石油集团有限责任公司】　吉林石油集团有限责任公司现有员工37805人，主要专业技术设备6024台（套），总资产84亿元。公司下设45个分公司、8个全资（控股）子公司，机关设19个部室，14个机关附属中心（室）。

领导成员

董事长、总经理：何树山

副董事长、副总经理：单纪宽

董事、副总经理：周荣阁　马卫东　张凤民

监事会主席：马平超

审计职责　为吉林石油集团公司管理决策层服务，为企业提高经济效益、加强管理服务；监督国家经济法律、法令、财经纪律及吉油集团公司制定的经营方针、决策和有关规章制度的贯彻落实；编制审计工作发展规划、年度工作计划和项目计划；按年度工作计划安排审计任务及组织实施开展审计调查，并将计划情况及时向吉油集团公司董事长和上级主管部门报告；撰写审计报告和业务报告，下达审计意见书和审计处理决定，提出审计建议，复议下级申诉的审计事项；研究制定有关审计工作的具体规定；组织审计人员加强业务培训，开展学术交流，组织审计新技术，新方法的引进和推广；定期编制审计工作统计报表，按时提供审计信息和统计分析。

审计成果　2004年，共开展审计项目110个，其中，2003年度资产经营责任审计54个，任期经济责任审计26个，基建工程项目审计4个，预算执行审计12个，专项审计调查5个，外付款项审计4个，经济效益和管理审计5个。共查出违规金额12362万元，取得直接经济成果2668.24万元。提出管理性审计建议30条。（撰稿人：贺　静　郑晓微）

【百联集团有限公司】　百联集团有限公司（以下简称百联集团）由原上海一百（集团）有限公司、华联（集团）有限公司、上海友谊（集团）有限公司、上海物资（集团）总公司合并而成，2003年4月24日正式挂牌，员工27万余人。设有战略管理委员会、预算委员会、投资委员会、薪酬委员会、战略研究室、董秘办、总裁办、法律事务部、人力资源部、业绩考核部、运行管理部、投资发展部、财务部、证券事务部等14个职能部室，另设超商、百货、生产资料、购物中心、专业专卖、房产置业、物流、综合等8个事业部以及企业清理、人力资源管理、教育培训、审计等4个中心。

领导成员

董事长：张新生

监事会主席：钟华君

副董事长：吕勇明

总裁：王宗南

副总裁：周纪东　王志刚　周丛根

财务总监：吕勇

审计职责　百联集团审计中心是在集团董事会、总裁室领导下独立、依法开展内部审计的专职机构。主要负责集团系统下属企业的预算审计、领导干部任期经济责任审计、工程审计管理以及各类专项审计，制定内部审计制度、实施细则、操作流程。按照董事会要求，统一委托会计师事务所进行年报审计和工程造价审计。集团下属公司设专职审计机构12个，配备专职审计人员96人、兼职审计人员118人。

审计成果　2004年，集团系统各级内部审计机构完成审计项目885个，其中：财务收支审计370个、经济效益审计81个、经济责任审计214个、基本建设审计114个、专项审计61个、内控评审审计45个。提出审计建议被采纳537条。审计中心全面开展预算执行审计，涉及全资、控股企业共计314个。接受集团人力资源部、集团纪委等部门的委托，实施审计项目21个，对经济责任审计情况、基建（装修）工程项目和内控制度执行情况进行了审计调查。

审计工作　1. 与时俱进，求真务实，适应集团发展，是审计工作的重要前提。按照国家规定和内部审计准则，制定了《百联集团内部审计工作制度》、《预算执行情况审计规定》、《任期经济责任审计管理办法》、《百联集团委托社会审计实施办法》、《百联集团有限公司工程项目审计管理的暂行办法》。根据集团集约化管理控制模式的要求，在集团领导的指导和各事业部财务总监的支持下，进行了会计年报委托会计师事务所的选聘工作，从19家投标事务所中择优选聘了立信长江、万隆众天等9家会计师事务所；从24家审价机构中选聘了7家审价机构，进行工程项目的审计委托。

2. 以人为本，提高素质，建立审计信誉，是审计工作的关键所在。开展好审计工作，基本经验有三条：一是领导重视；二是各方支持；三是自身努力。为了加强内部审计人员的事业心和责任感，提高审计技术，审计中心注重开展有针对性的专业培训，加强集团系统内部审计网络建设。邀请有关专家举办《内部审计准则》、《经济责任审计》、《基建项目的工作程序及基建审计的要领》等法规和审计实务讲座。组织内部审计人员参加内部审计协会和市审计局培训中心举办的审计专业岗位培训和内部审计后续教育，共对235人次进行了培训。开展“人人是教员、人人是学员”的互动培训。在一个审计项目完成以后，召开专题研讨会，讨论交流体会、经验和思考，互相借鉴，拓展知识面，促进提高了审计工作质量。加强集团系统内部审计网络建设。建立内部审计联络员网络。开展内部审计统计工作，建立内部审计工作例会制度，对审计档案等基础管理工作进行检查、讲评，通报工作动态和沟通工作要点。按照审计署和市内部审计协会的要求，审计中心承担内部审计人员每年20课时的审计后续教育培训任务，先后举办了内部审计准则、审计档案管理、装饰工程造价控制等培训，94%的内部审计人员参加了审计后续教育。（撰稿人：宓秀瑜）

【上海文化广播影视集团】　上海文化广播影视集团（以下简称文广集团）是以新闻宣传和文化广播影视为主业，兼营旅游、宾馆、演出、会展等产业的新闻文化集团。集团下属单位有上海文广新闻传媒集团、上海电影（集团）公司、上海文广演艺中心、上海东方明珠（集团）股份有限公司、上海文广科技发展有限公司、上海文广实业有限公司、上海文广国际大型活动办公室、STR国际（集团）公司、上海电影资料馆等。

领导成员

党委书记、总裁：叶志康

党委副书记：李保顺　蒋琪芳

副总裁：朱咏雷　任仲伦　王　玮

审计职责　文广集团设独立的内部审计机构——审计稽查部。其职责是：根据有关法律法规，对集团及所属单位的财务收支情况进行年度审计；对集团及所属单位领导人员进行任期经济责任审计；对集团及所属单位固定资产投资项目进行审计；对集团及所属单位内部控制制度的健全性、有效性和风险管理进行评审；对集团及所属单位的经营管理和效益情况进行专项审计；开展各类审计调查研究；开展计算机辅助审计；指导、协调所属单位内部审计工作。文广集团下属单位建立了较完整的内部审计机构，配备专职内部审计人员27人、兼职内部审计人员3人。

审计成果　整个集团审计部门全年共完成审计项目585个，其中：财务收支审计176个，经济责任审计20个，基本建设审计260个，经济效益审计71个，专项资金审计2个，其他专项审计51个，审计调查5个。通过审计，促进增收节支5201万元，提出建议被采纳788条。

审计工作　1. 立足防范风险，抓好年度财务审计工作。年度财务审计立足防范风险，查防结合，关注管理，覆盖面达到100%。审计内容除当年财务收支的真实性、合法性外，还涉及经济效益、内控制度和经济责任3个方面。年度财务审计由文广集团统一管理：统一计划、统一组织、统一要求、统一委托价格、统一报告审核、统一出具报告、统一组织审计结果整理等，对部分委托中介机构审计的单位派出联络员，派出内部审计人员跟组审计，联络员和跟组审计的内部审计人员除了协调审计进度、关注审计质量外，还重点协助对内部控制制度的审核，确保审计业务质量。

2．加强服务与监督，抓好专项审计和审计调查。专项审计主要包括企事业单位领导人员经济责任审计、专项资金和经费审计、改制或关停并转单位资产负债和净资产审计、广播电视节目栏目经费审计、影视成本审计以及配合纪检部门开展的专项审计等。根据文广集团领导的要求，对集团经营过程中遇到的热点、难点、重点问题开展审计调查，形成审计调查报告，为集团领导了解情况进行决策提供参考依据。

3．关口前移，抓好工程建设项目跟踪审计。文广集团工程建设项目多，投资大，加强对工程建设项目的审计监督，规范工程项目管理，努力节约投资，一直是文广集团十分重视的一项工作。具体做法是：确立内部审计在工程项目审计中的地位和作用，重视和加强制度建设，将事后审计向事中、事前审计延伸，坚持全过程跟踪审计，开展概算审计、招标书审计、签证审计、材料及设备价格确认审计、工程造价审计、竣工决算审计等。为加强工程项目审计的内控，投资监理与造价审计分别委托不同的中介机构，中介机构形成的审价初稿，由文广集团内部审计机构复核，形成制约与监督机制。探索“限额设计”，防止“钓鱼工程”，严格控制边设计边施工带来的浪费，对工程竣工决算后的资产移交进行审计监督。（撰稿人：陈　萍）

【江苏省邮政局】　江苏省邮政局既是行使全省邮政行业管理职能、维护国家利益和用户权益的政府行政主管机构，也是负责江苏邮政网络建设和邮政经营、承担普遍服务义务的企业管理机构。江苏省邮政局下设办公室、行业管理和法律事务处、公众服务处、网络运行处、计划财务处、工程建设处、人事教育处、监察室、审计处、党群处、基建办公室、省邮政工会等部门。

领导成员

局　长：赵家骅

副局长：董耀仁　曹　明　陈洪涛

纪检组长：邓重林

审计职责　江苏省邮政局下设审计处，职责是：贯彻执行国家审计法规和上级对企业内部审计工作的要求，负责对邮政企业及多经企业的资金、财产的完整、安全进行审计监督；负责对邮政企业内部财务收支、工程建设、物资采购、经济效益（含劳动力使用）、局长任期经济责任等进行审计监督、评价和鉴证；负责全省邮政内部审计工作的管理、业务指导和监督检查。全省各市邮政局均设有审计机构及专兼职邮政审计人员。截止2004年末，邮政审计机构14个，其中专职审计人员41人，兼职审计人员64人。

审计成果　2004年，全省各级审计部门共对89个单位开展了1640个审计项目和25个审计调查项目，其中企业审计完成财务收支审计24个、经济效益审计22个、经济责任审计67个、内控制度审计8个、业务资金审计24个、购销比价审计1个、专项审计12个、审计调查25个，促进增收节支467万元；工程审计完成土建项目审计115个、通信工程审计13个、零星项目审计1354个，完成送审项目的审计金额为37739万元，节约建设资金4248万元，平均审减率达11%，其中省邮政局审计处审减792万元，三个市邮政局审计超300万元。

审计工作　1．圆满完成“三个百分之百”的审计任务：100%的完成了企业主要领导人员的离任、任期经济责任审计；对固定资产投资项目结（决）算审计实现100%；对企业领导交办经济事项审计或审计调查实现100%。

2．在做好财务审计的基础上，积极开展经济效益审计。重点配合计财部门开展了全省邮政企业开展禁止类财务行为和财务收支真实性专项检查活动，以此规范了邮政企业经营行为和财务行为，提高了邮政企业的经济运行质量，促进了邮政各项经济业务的发展，为今后邮政企业可持续良性循环发展打下基础。

3．完成了全省报刊发行专项审计调查工作及传统汇兑资金封账审计。通过审计，防范邮政经营风险，确保业务资金安全，提高专业经济效益。

4. 加强了审计业务的培训，提高了审计人员业务素质。成功举办了审计实务的综合培训班，培训了财务内部审计准则、工程量清单计价审计，培训审计人员 40 人。（撰稿人：陆献陶、杨　旻）

【雅戈尔集团股份有限公司】　雅戈尔集团创建于 1979 年，经过 20 多年的发展，逐步确立了以纺织服装为主业，房地产、国际贸易为两翼的经营格局。2004 年，集团完成销售 139.45 亿元，利润 8.99 亿元，出口创汇 6.5 亿美元。集团现拥有净资产 50 多亿元，员工 20000 余人，是中国服装行业的龙头企业，综合实力列全国大企业集团 500 强第 144 位，连续四年稳居中国服装行业销售和利润总额双百强排行榜首位。集设计、生产、销售、展示、商务等于一体的雅戈尔服装城被中国服装协会认定为国内最大的服装先进制造业基地。旗下的雅戈尔集团股份有限公司为上市公司。

领导成员

董 事 长：李如成

副董事长：李如刚　蒋　群

总 经 理：蒋　群

副总经理：张飞猛　吴幼光

审计职责　雅戈尔集团股份有限公司设有独立的内审机构——内部审计部，隶属于董事会领导，配备专职内审人员 21 人，80%以上具有中国内审协会颁发的内审人员岗位资格证。主要职责：（1）监督职责。对雅戈尔集团股份有限公司下属的全资、参股等控股企业及遍布全国各省市 116 家驻外营销机构、300 多家营业网点进行财务核算的监督、核实，确保财务数据、信息反馈的真实、有效性。同时，对各内控环节的关键点进行实时监控，促进资产经营持续、健康、稳步发展。（2）鉴证职责。鉴于公司发展步伐不断加快，经营范围面广、点多，内部审计机构发挥对本企业行业的熟悉优势，准确、及时将经营信息反馈到公司，有利于经营者作出正确的经营决策。尤其在经济责任审计中凸显绩效，为公司领导选拔人才，储备企业中坚力量提供了积极有力的依据。（3）服务职责。针对底子薄、管理乱的分公司进行业务指导，以公司“营销政策”为依据，以财务操作“真实性、合规性”为目的，定期做好业务指导、培训工作。

审计成果　2004 年，共开展审计项目 114 个，其中经济责任审计 35 个，受公司指派或由群众举报的审计项目 3 个。查出利用工作服团购合同、特价销售等套取差价 5.78 万元；查出利用专卖店作“防空洞”截留差价 3.20 万元；查出私设“小金库”4 个；追回公司资产流失近百万元。年均提出切实可操作的审计意见 521 条，且均被采纳。

内审工作　1. 全面审计突出重点。对集团公司下属 40 多个企业注重对资产、负债的真实性和成本效益的最优化等事关公司利益的实质性方面进行审计，着重财务、经营状况和经济效益审计，同时对集团投资回报的真实性、准确性进行分析；在对 116 家驻外营销机构审计中，关注广告合同、工作服团购合同的调查、取证及 1000 多家自营网点的内控制度执行情况进行测试。

2. 运用审计新方法促成效。内审部通过制度遵循性（穿行性）测试对经营业务流程进行全过程监控，以区域为审计单位，派驻 3 个审计小组完成了 3 个区域的整改工作，部分不规范打折销售均已办理补批手续，不相容职务得到有效分离，明确岗位职责，并出台相应的奖惩条款，促进了内控制度的有效执行，为公司经济发展保驾护航。

3. 提升服务新理念促管理。通过蹲点式辅导，对 4 个省级分公司进行针对性的财务基础辅导，完善 10 多家自营专卖店财务操作规程，确保了销售日报表系统信息的真实性与准确性。

4. 建章立制保质量。在《审计操作规程》、《审计通报和审计处罚制度》、《陈述承诺制度》等一系列规章制度基础上，制定了《审计联络员制度》，同时从自我完善角度出发建立了《审计人员自律书》、《内审人员考评办法》等系列约束机制。

5. 理论指导内审工作喜获殊荣。先后在《中国内部审计》等杂志发表了《审计无禁区，外派织网络》、《内部审计为雅戈尔“保驾护航”》等体现内审文化的报道，在浙江省民营企业内审作用研讨会上，《鄞州区民营企业改制中的内部审计作用》获得理论研讨二等奖；为浙江省内部审计成立 20 周年撰写的《提炼内审精华，提升服务成效》获“前进中的浙江内部审计”理论研讨会论文评选鼓励奖。雅戈尔内部审计先后被审计署、浙江省审计厅评为“全国内部审计先进单位”、“浙江省内审先进集体”。（撰稿人：俞敏霞）

【中铁四局集团有限公司】　中铁四局集团有限公司（以下简称中铁四局）是一家拥有综合施工能力的跨行业、跨国经营的国有控股大型企业，全集团拥有固定资产15.87亿元，各类专业机械设备9800余台（套），2004年企业营业额达到112亿元。全集团共有在职员工2.4万人，设有企业管理部、投资发展部、计划财务部、人力资源部、审计部、市场营销部、工程管理中心等18个职能部门，下辖13个控股子公司、9个分公司、17个项目工程指挥部和18个经营性办事处。

领导成员

董 事 长：程聚生
副董事长：李小京　戴和根
　　　　　张河川
总 经 理：戴和根
副总经理：许宝成　吴成福　傅漳湖
　　　　　甘百先　王砚才
　　　　　李辉（兼总经济师）
　　　　　袁广龙（兼总工程师）
　　　　　陈月东（兼总会计师）

审计职责　中铁四局早在1985年8月就成立了独立的审计部门，规模较大的13子（分）公司也相继成立独立的审计部门。现有专职审计人员43人。

集团公司审计部设经济责任审计科和工程项目审计科两个职能科室，定员7人。其主要职责是：贯彻执行国家及上级审计机构颁布的有关内部审计的法律、法规与政策，并结合集团实际，制定本单位的内部审计规章制度和实施细则；围绕集团中心工作和奋斗目标，研究并确定内部审计工作的指导思想和基本任务，制定年度审计项目计划并组织实施；对集团公司本部、子（分）公司及直属单位进行财务收支审计、财务预算审计、内控制度审计，开展对领导干部的任期经济责任审计、对重点工程项目的管理与效益审计、对基建工程项目的竣工决算审计；根据监督与管理的需要，对集团内带有普遍性、倾向性的问题或关系到集团经济效益或社会效益的重大项目（单位）进行专项审计；配合国家审计机关、上级审计机构和社会中介机构对本单位进行审计；对集团各子（分）公司的审计机构进行业务指导；办理被审计单位提出的审计复议，处理集团各子（分）公司审计机构与被审计单位有异议的事项。

审计成果　2004年，全集团共安排审计项目120个，实际完成审计项目158个，审计中查出违规金额2381万元，损失浪费金额131万元，促进增收节支857万元，提出审计建议被采纳481条，有效地促进了企业管理水平的提高和经济效益的增长。

审计工作　（1）重点突出了对工程项目的管理与效益审计。2004年全集团把对工程项目的审计作为重中之重，不断扩大对项目审计的覆盖面，特别是加大了对低价标、外资标及BT、BOT项目的审计力度。在审计实施过程中审计人员把项目的管理和效益情况紧密结合起来，通过分析各项管理因素对经济效益的影响程度，总结出好的管理经验，找出管理中存在的不足，有针对性地提出加强管理、提高效益的审计建议，并注重后续跟踪检查，使提出的管理建议真正得到落实。

（2）认真做好企业领导人员任期经济责任审计。2004年集团公司审计部完成了对二公司等4个单位的原任总经理的任期经济责任审计，各子（分）公司审计部门则结合项目经济效益和考核兑现等审计对下属的项目经理实行了经济责任审计。在审计过程中审计人员重点把握被审计人员任职期间应负的经济责任和离任时该单位的资产状况及资产质量，通过实施必要的审计程序界定了离任领导的履职情况，为人事部门对领导干部的任用提供了依据，更重要的是立足于把离任时点上该单位的资产状况及资产质量搞清楚，向新任领导交清家底，也为上级领导的决策提供重要信息和依据。

（3）积极开展内控制度评审和财务预算审计。2004年全集团全面开展了内控制度审计，特别是加大了对工程项目的内控制度审计，通过审查项目部在安全质量、施工技术、物资机械、协作队伍以及责任成本管理等方面内控制度的建立和执行情况，总结出项目在内控制度建设上可供借鉴的经验，并对管理中的薄弱环节提出了切实可行的改进建议。为加强集团内各单位的财务预算管理，二公司等4个子（分）公司开展了财务预算执行情况的审计，及时、准确地向领导层反映了本单位财务预算的编制和控制信息。

（4）重视理论研究，规范审计工作程序。2004年集团公司召开了审计工作研讨会，对低价中标项目的管理审计和内控制度审计进行了交流和研讨，为促进全集团的审计工作的规范化、制度化以及审计工作质量的进一步提高起到了重要的推动作用。2004年，中铁四局先后制定了《中铁四局集团财务预算审计实施办法》、《中铁四局集团基建工程项目竣工决算审计实施办法》等审计实施细则，组织编写了《中铁四局审计实务操作指南》一书，进一步规范了全集团的审计工作。（撰稿人：柳百明）

【安徽工业大学】 安徽工业大学是一所以工科为主，工、经、管、文、理、法等六大学科协调发展的多科性大学，是安徽省重点建设的六所大学之一。学校占地面积近200万平方米，在校生16000多人，在职教职工1500多人。学校实行党委领导下的校长负责制。设有党委办公室、纪委（监察处）、组织部（党校）、宣传（统战）部、学生工作部（处）、离退休工作处（关工委）、工会、团委、机关党总支、校长办公室、外事办公室、教务处、科研处、研究生部、人事处、财务处、资产管理处、审计处、基建处、保卫处（部）、后勤管理处（后勤总支）、后勤集团、东校区管委会（总支）、高教研究所（政策研究室）等24个党政职能部门及冶金学院、材料学院、宝钢职业技术学院等20个教学单位。

领导成员

党委书记：邢善所

党委副书记、校长：董元篪

党委副书记、副校长：岑豫皖

党委副书记：邢　琅

常委、副校长：陈大宏

常委、副校长：李辉生

常委、纪委书记：李　明

常　　委：李永金

常委、校长助理：李家新

校长助理：林钟高

审计职责 校审计处是学校设置的独立的正处级行政职能部门，对学校各部门、各经济实体所进行的各项经济活动履行审计监督职能。审计工作由校长主管，校长助理协管，审计处在编4人，聘请校内外兼职人员30人。

审计成果 2004年，共完成审计项目65个，审计金额13883.23万元。其中：财务收支审计项目2个，审计金额4332.67万元；基建维修工程预决算审计项目60个，送审金额9265.75万元，审减421.67万元；经济责任审计项目1个，审计金额120.96万元；清产核资项目1个，审计金额163.85万元；对2003年审计报告提出的21条审计意见和建议落实情况进行了检查。共提交审计报告65篇，提出审计建议81条，均被采纳，共为学校节约资金426.16万元。学校先后被评为马鞍山市内部审计先进单位、安徽省内部审计先进单位、全国内部审计先进单位。（撰稿人：钱年根）

【厦门象屿集团有限公司】 厦门象屿集团有限公司是厦门市市管一类企业，实行董事会领导下的总裁负责制，是厦门市第一家获批的“资产经营一体化”试点企业，是厦门象屿保税区的开发商、运营商、服务商。同时，公司在工业与民用房地产、国内外贸易、物流服务、集装箱码头等领域具有稳定的产业基础。

领导成员

总　裁：王龙雏

副总裁：陈培坤　蔡明煌　许夕萌

风险管理委员会主任：陈培坤（兼）

审计职责 公司设有风险管理委员会和风险管理中心，风险管理中心下设审计部。其主要职责是：根据审计法及有关法律、法规，拟定公司审计方面规章制度和办法；拟定公司年度审计工作计划；联合集团范围内各审计稽核部门，通过具体执行各项审计工作，监控集团风险管理体系的有效运行，反馈风险管理所需要的信息，并督促风险管理职能使用信息的完整和准确性。截至2004年底，象屿集团设有内部审计稽核机构4个、专职审计机构2个，兼职审计人员21人，专职审计人员6人。

审计成果 2004年，象屿集团审计部累计完成25个审计项目，涉及81个单位。其中：基础管理、风险控制及流程检查项目等12个，涉及47个单位；绩效审计项目5个，涉及22个单位；经济责任审计项目1个，涉及1个单位；专题调查项目5个，涉及5个单位；受托审计项目2个，涉及6个单位。提交审计报告25份、调查报告6份，提出审计建议87条，审计案例通报1份，完成内部相关知识培训10次。审计部被评为2002～2004年度福建省“内部审计先进单位”。

审计工作 1．改进审计工作方式。完善各类审计项目工作表格、标准，使被审计单位报送材料、内审人员工作底稿和审计结论尽量表格化、数据化，避免理解的歧异，保证审计质量。

2．继续开展集团范围的基础管理审计。2004年度开展了全集团范围的基础管理审计，涵盖档案管理、经营证书管理、权属证书管理、建设资料及档案管理、实物资产管理、合同管理、会计工作管理规范化等方面。

3．对经营业务风险点监控紧抓不懈。通过建立集团成员企业财务指标数据库，对企业经营业务流程中的风险点即时监控，每月15日准时出具监控报告，并提出审计及防范风险的建议。

4．深化管理审计，注重审计意见的落实。2004年度开展了建设行业合作合同履行情况等多项管理审计，并对审计意见整改落实情况进行跟踪审计，保障存在的问题得以改进，提升管理水平。

5．参与项目投资财务风险预评估。参与集团投资方案的评估及可行性方案的论证，为集团高层决策提供准确、及时的财务及其他经济信息。

6．审计工作服务范围逐渐扩大。及时与企业沟通反馈监控信息，为对口行业服务；同时积极接受各行业经营者委托审计项目及内容逐渐增加并举办相关业务培训。

7．加大审计宣传力度，拓展成果。2004年度在省部级以上刊物发表论文7篇，在集团《晨帆》刊发各类专稿、信息6条。同时针对审计中发现的突出问题和重点事项，以专题呈阅件或汇报会形式，向领导报告情况、分析原因、提出建议；加强审计案例分析，完成年度审计案例通报工作。（撰稿人：庄宜彬）

【福州市总工会】 福州市总工会共有在职工作人员81人，下设办公室、人事处、组织建设部、经济技术部、直属工作部、女职工部、财务部、经审办（审计办公室）、机关党委等11个职能部（室），下辖福清市、长乐市、闽侯县、闽清县、罗源县、永泰县、连江县、平潭县、鼓楼区、台江区、仓山区、晋安区、马尾经济技术开发区、琅岐经济开发区等14个总工会，另设直属工委、基建工会、财贸工会、工业工会、农企工会、私营企业工会、教育工会、交通工会、外经贸工会、医务工会、文艺工会、市直机关工会、公安局工会、城镇联合社工会等14个产业工会。

领导成员

主　席：王　玲

副主席：徐诗文　傅春英

　　　　王元榕　方炎炎

审计职责 福州市总工会经费审查委员会主要履行以下职责：根据《工会法》以及有关法律、法规，拟定工会经费监督的规章制度和办法；监督本级工会贯彻执行党和政府的财经法规、政策、纪律以及上级工会的各项财务制度，审查同级工会经费预算及预算执行情况并作出评价，提出意见和建议，向会员大会或会员代表大会报告审查情况；对市总工会所属的县（市）、区、产业工会以及经济实体的财务收支、领导干部任期、离任经济责任、基本建设和维修改造工程以及经济效益等进行内部审计监督；对县（市）、区、产业工会经审工作进行业务指导和监督检查。福州市各县（市）、区、产业工会设有独立的工会经费审查委员会并配备专兼职内部审计人员，各县（市）、区、产业工会设有工会经费审查委员会。福州市总工会还聘请28名审计、会计专业人员作为特邀审计员。截止2004年底，福州市各级工会应建经费审查委员会11184个，已建经费审查委员会11072个，组建率99%。

审计成果 2004年，完成审计项目52个。其中：对市总直属事业单位和下一级工会的审计完成财务收支审计7个，提出审计意见22条，纠错6笔；对县总工会、产业工会主席任期经济责任实施审计4项；组织特邀审计员，以查漏补欠为重点，对30家基层工会进行计拨工会经费的审计，审计28家，查出应补解市总经费52.43万元；委托会计师事务所对吉水苑13个项目进行审计，送审金额1981.09万元，审计金额1772.67万元，核减208.42万元，核减率10.50%。县（市）、区、产业工会完成本级和下一级财务收支审计88个；提出审计意见和建议436条；完成工会经费拨交审计369个；对19个工会领导干部和工会企事业领导人实施经济责任审计，为考察和任用干部提供了依据。

审计工作 以求真务实的精神，依法履行经审监督职责，坚持一个维护（维护国家财经法纪）、一个保证（保证工会经费正确使用方向）、四个促进（促进收好、管好、用好工会经费；促进工会财产管理；促进工会经济活动规范运作；促进工会系统廉政建设）、三个服务（为职工群众服务；为基层服务；为工运事业服务）的方向，规范建设，创新思路，突出重点，增强素质，使工会经审工作在工会全局工作中发挥更加积极的作用。

1．加强队伍建设。在2004年市总工会换届时，坚持按政治素质、办事能力、专业知识等条件和比例要求，配齐配强新一届工会经费审查委员会，同时按编制职数配齐经审（审计）办公室主任和专业人员。对县（市）、区、产业工会换届上报的候选人严格把关，从有利于加强经审工作的角度出发进行审批，对不符合要求的坚决退回重新选配。

2．完善制度办法。2004年先后制定《福州市县（市）、区、产业工会经费审查委员会对本级年度预算执行情况审计监督实施办法》等4项制度，重新修订了县（市）、区、产业工会经审工作考核办法。同时，加大对规章制度执行情况的检查力度，为做好福州市工会经审（审计）工作，提供了强有力的保障。

3．强化本级监督。加强本级监督，把对工会经费收管用和财产管理的民主监督与专业监督结合起来，普遍实施了对本级经费预算、决算的审查审计监督。

4．深入基层搞好调研。针对基层开展同级审计、工会领导干部离任经济责任审计、计拨工会经费审计、非公有制企业审计、乡镇工会审计等热点难点问题开展调查研究，并组织县（市）、区、产业工会经审会和基层工会经审会撰写调研论文39篇，其中《努力做好新形势下工会经费审查工作》等4篇论文先后在《中国内部审计》、《中国工会财会》、《福建工运》等杂志上刊发，有15篇论文被福州市评为一、二、三等奖。

5．加强对下指导服务。努力指导县（市）、区、产业工会经审会开展本级审计工作，加大了对工会经费收管用的监督力度。同时，举办培训班或是以会代训、以审代训、研讨交流等形式和加强经审工作横向联系和交流，逐步形成工会经审干部持证上岗和后续教育机制。（撰稿人：陈培霖）

【江西省电信有限公司】 江西省电信有限公司主要经营江西省内的固定电信网络与设施业务，基于固定电信网络的话音、数据、图像及多媒体通信与信息服务；按国家规定进行国际电信业务对外结算，开拓国际通信市场；经营与通信信息业务相关的系统集成、技术开发、技术服务、信息咨询。江西省电信有限公司内设办公室、市场经营部、大客户部、互联网业务部、服务督察部、计划建设部、企业信息化部、运行维护部、企业策划部、人力资源部、财务部、审计室、安全保卫部、行政事务部、离退休人员管理部、新闻部、党群工作部、纪检监察室、直属机关工委、工会、实业办公室等21个职能部门，下设省电信实业公司、省电信业务处理中心、省电信技术支撑中心、省电信网络管理中心等5个直属机构和南昌、九江、赣州、上饶等11个地市分公司。

领导成员

董 事 长：柯瑞文

总 经 理：柯瑞文

副总经理：王凤翔　韩友平

黄晓庆　吴泉顺

审计职责　公司设有审计室，其职责是：围绕企业经济效益为中心，依照法律法规及企业管理制度，行使内部审计职能，负责组织实施内部审计制度和制定具体办法；负责对本企业和所属单位的预算执行情况、财务收支情况、工程建设项目进行审计监督；负责所属企业领导人员任期经济责任审计；负责对企业管理中重大问题和经济效益进行审计调查，对企业内部控制制度进行审计评价，参与企业制度建设、预算管理、招（投）标活动、合同审查、设计会审等各项经营管理工作；为企业领导提供咨询服务，促进企业改善经营管理，有效利用资源，提高经营效益。全省电信已设立审计机构12个（含省公司），其中：独立机构3个，与监察合署9个；有专职审计人员40人，兼职审计人员12人（不含县局）。

审计成果　2004年，全省电信审计部门共完成审计项目8299个，其中：财务审计36个，经济责任审计33个，专项审计调查44个，工程审计项目8186个。通过审计，节约了建设资金6791万元，促进了企业增收节支，提高了经济效益。

审计工作　2004年，审计部门以企业经济目标为中心，突出了审计管理和审计效益两个重点。在审计领域上，实现了财务收支审计和工程造价审计为主向内控制度审计和管理效益审计为主的转变；在审计目标上，实现了以发现问题为主向查弊与整改并重为主的转变；在审计方法上，实现了由事后审计为主向事前、事中、事后全过程审计为主的转变；在审计手段上，实现了由传统手工审计为主向计算机和网络技术为主的转变。全面完成财务审计、工程审计、经济责任审计、专项审计调查、内控制度审计五大任务。

2004年，由于审计工作成绩突出，江西省电信有限公司审计室被省审计厅推荐参加全国内部审计先进单位的评选。上饶电信分公司审计室和省公司审计室的徐秀红同志分别被中国电信集团公司评选为中国电信内部审计先进单位和先进工作者。（撰稿人：李照清　阮　芳）

【江西省邮政局】　江西省邮政局是主管全省邮政行业的公用性企业，负责全省邮政网络规划、建设、运行管理和经营服务工作，承担全省的邮政通信普遍服务工作。实行国家邮政局和江西省政府双重领导，以国家邮政局为主的管理体制，行使江西省邮政通信行业的管理职能。江西省邮政局下设办公室、人事教育处、经营服务处、网络运行处、计划财务处、审计处、邮资票品处、安全保卫处、行业管理处、科技工程处、工会、党群处、新闻中心、纪检监察室、基建办、离退处和机关服务中心等17个机构。

领导成员

局　长：李国华

副局长：郭华　欧阳天高

纪检组长、工会主席：张路敏

审计职责　江西省邮政局审计处负责其所属单位内部审计的管理和指导工作；根据《中华人民共和国审计法》和国家邮政局《关于邮政内部审计工作的规定》等有关法律法规，制定相关的规章制度和办法；拟定全省邮政审计工作计划；对其所属单位的财务收支、任期经济责任、固定资产投资项目、内控制度、经济管理及效益和其他特定事项进行内部审计监督；组织开展全省性审计和审计调查。全省各市邮政局均设有独立的审计机构，截止2004年底，全省邮政有内部审计机构12个，专职审计人员31人，兼职审计人员3人。

审计成果　2004年，江西省邮政各级审计部门把促进企业发展作为第一要务，共完成对123个单位642个项目的审计，其中财务收支审计110个、经济责任审计31个、内控制度审计10个、业务资金审计5个、专项审计37个、土建工程审计55个、零星工程审计394个。工程建设项目送审金额13777.8万元，审减率达21.58%，列全国第三，共节约建设资金2973.48万元。

审计工作　江西省邮政局认真完成了“建设一支队伍”、“突出两个重点”、“强化三项审计”、“夯实四个基础”等各项工作。

1．建设一支队伍。全省邮政审计部门加强了审计队伍建设，做到在改革中稳定队伍、在学习中积累经验、在竞争中提升能力、在工作中改进作风。积极探索审计体制创新，不断完善审计组织体系。

2．突出两个重点。进一步强化了审计监督职能，增加了财务监督检查职能，将财务检查与财务审计、审计调查有机结合起来。重点开展了全省、市、县财务收支真实性的检查和企业禁止类财务行为落实情况的检查，确保了企业财务收支的真实性和经济行为的合规性。

3．强化三项审计。强化了经济责任审计、固定资产投资审计和领导交办审计事项，实现了“三个100%”的目标。（1）强化离任经济责任审计，推进任期经济责任审计。将经济责任审计与财务收支审计及其他专项审计相结合，离任审计与任中审计相结合。（2）强化工程建设项目结算和决算审计，推进投资全过程审计。在确保工程项目审计覆盖面达到100%的基础上，进一步拓宽审计面，对建设项目投资的事前、事中、事后的“全过程、全方位”审计，逐步推行跟踪审计，促进加强工程建设项目的管理。（3）强化领导交办的专项审计及调查任务，推进管理审计。完成各级领导临时交办的审计工作事项，对审计或检查中存在的问题和薄弱环节认真分析，提出解决问题的意见和建议，为领导经营决策服务。

4．狠抓四个基础。（1）规范审计档案管理。充分利用前期的审计结论，减少重复审计，整合资源。（2）加快审计规范化建设。做到审计工作规范化、制度化，提高了审计工作质量。（3）抓紧审计信息化建设。加大了利用计算机开展审计工作的力度，提高审计工作效率。（4）加强纵向业务指导，加大了对授权或委托交办审计事项的督促和检查力度。（撰稿人：徐　程）

【肥城矿业集团有限责任公司】 肥城矿业集团有限责任公司是山东省国有重点企业、省内100强企业，在全国煤炭工业中排名第25位，是原国家经贸委确定的全国512家国有重点企业之一。现有在册职工3.6万人，离退休职工1.2万人，下属18个矿处级单位，除煤炭产品外，涉及发电、电解铝、建筑、机械制造、造纸、橡塑化工、水泥、焊丝、焊条、电线等产业和产品，2004年，全公司销售收入38亿元，年末企业总资产达到63亿元。

领导成员

组　长：孔　青

副组长：宿洪涛　张玉海
　　　　闫树良

审计机构 肥城矿业集团有限责任公司董事会审计监察部和集团公司审计处合署办公，两个机构，履行两种职能，内部设立三科一室，有专职审计人员22人，下属单位另配审计人员14人。审计工作由董事长直接分管，集团公司副总审计师兼任审计部（处）长。

审计职责 肥城矿业集团有限责任公司审计工作实行集中统管，所属二级单位（包括全资子公司和控股子公司）、各单位所属二级核算单位及其兴办的多种经营公司，公司机关具有经济业务收支的业务部门（单位），均属于集团公司内部审计监督范围。审计部（处）负责制定全公司审计业务方面的规章、制度和办法，拟定审计工作年度计划，审核批转基层单位年度审计工作计划；组织实施财务收支审计、领导干部任期经济责任审计、年度财务决算审计、承包及年薪兑现审计、内控制度审计、建设工程项目审计、物资采购比价审计、合同及招（投）标审计；对特定事项进行专项审计。负责全公司的审计业务管理、业务指导和审计人员培训工作。负责与上级审计机关、内审协会的工作联系和协调。

审计成果 2004年，集团公司审计部（处）共完成各类审计项目168个。出具审计报告85份，发现问题276个，涉及有问题金额5560.20万元，直接增加经济效益320.29万元。针对存在的问题提出审计建议620条，下达审计处罚决定书16份，罚款金额150.79万元。建议解聘干部职务或降职使用干部2人，移送纪检监察部门查处案件1起，督促被审计单位建立健全管理制度30多个。2004年7月，集团公司“开展物资采购内控制度审计”的经验材料在全国煤炭内审学会哈尔滨会议上作会议发言；8月份山东省内审协会召开的“全省企业管理效益审计经验交流现场会”上，《强化内审促管理，提高效益促发展》的经验做了大会发言；12月份，在山东省政府召开的经济责任审计工作会议上，作了题为《开展经济责任审计，加强干部管理，为企业全面协调和可持续发展保驾护航》大会发言，受到与会人员的好评。2004年，肥城矿业集团有限责任公司被评为“泰安市内部审计工作先进单位”、“山东省内部审计工作先进单位”、“全国煤炭行业内部审计工作先进单位”，被山东省审计厅和省内审协会推荐为“全国内部审计工作先进单位”。

审计工作 1．制定下发了肥矿集团《审计工作责任制》，内容包括审计责任的确认、审计工作回避与交流、审计责任追究等。

2．组织实施了2003年度财务决算审计，出具审计报告21份，完成半年财务收支和经营情况审计项目20个，共计查出问题122个，问题金额1997.75万元，提出审计建议124条。对审计查出问题的整改情况进行督促检查；针对审计查出的问题，下达了审计处罚决定书15份，共计罚款72.60万元。

3．共对12名矿处级领导干部进行了任期经济责任审计，审计查出问题71个，问题金额1959.65万元，已纠正违规金额1196.10万元，提出审计建议共36条，已被采纳29条。另外，接受技校和陶阳矿委托对技校服务公司原经理和陶阳矿阳光实业公司原经理进行了任期经济责任审计。

4．审计部（处）先后对所属陶阳矿12栋家属楼等141项工程竣工决算进行了审计，全年共审计零星工程造价金额3753万元，审定金额3728.70万元，审减金额24.30万元，核减率0.65%。驻矿审计员开展了比价采购审计、零星工程审计、合同会签等审计，材料采购审减223.05万元，合同会签审减25.14元，工程审减17.80万元，提出合理化审计建议460条，已被采纳375条。

5．完成了集团公司安排的对下属肥城弘德建材公司、肥城高余焊接材料公司、汶阳石膏矿、胶南学校及所设立的4个子公司、梁宝寺煤矿、交口铝电煤公司等单位的专项审计，查出问题 63 个，涉及金额 1602.08 万元。针对存在问题，下达处罚决定书 1 份，罚款 57.11 万元，提出审计意见 15 条，均已被采纳。

6. 2004 年,肥矿集团公司在审计工作环境、审计权威、审计办公装备、审计队伍建设等方面,达到了最高水平,审计效果明显。(撰稿人:李成海)

【青岛港（集团）有限公司】 青岛港（集团）有限公司主要从事集装箱、煤炭、原油、铁矿、粮食等各类进出口货物的装卸服务和国际国内客运服务。共有在职职工 16000 人，设有 8 个职能部门：发展部、业务部、财务部、安技部、人事部、审计部、政工部、办公室，下辖 25 个分支机构：大港公司、油港公司、前港公司、西港公司、物流公司、轮驳公司、外轮理货公司、引航站、港机厂、通信公司、供电公司、建港指挥部、港口材料加工厂、港和货运代理有限公司、通达实业公司、房地产开发公司、达木木业有限公司、港口医院、港湾职业技术学院、青岛港公安局、仓储中心、机械维修中心、生活服务中心、信息中心、新闻中心。

领导成员

董事局主席：常德传

董事局副主席：王论诚

总　裁：常德传

副总裁：田广文　金志华

　　　　包宗顺　王绍云

审计职责　青岛港（集团）有限公司下设审计部，职责是：根据审计法律法规和上级的方针政策，拟定审计业务方面的规章制度和办法；拟定审计工作计划；建立健全集团内部审计制度和内控监督机制；对集团直属单位内部控制制度落实情况和重点专项资金使用情况进行监督；负责对集团直属单位进行经济责任审计、目标责任审计；对集团基本建设工程项目资金流向进行审计监督；对技改、维修工程进行结算审计并对项目负责人进行考核；负责集团内部审计网络的建设管理使用；负责开展专项审计和审计调查；负责青岛港内部审计工作的管理、业务指导和监督检查。截止 2004 年底，集团共有专职审计人员 7 人，兼职审计人员 12 人。

审计成果　2004 年，集团审计部累计完成财务审计项目 45 个，其中：完成财务收支审计 24 个，经济效益审计 12 个，离任经济责任审计 4 个，内控制度审计 5 个，促进增收节支 7000 万元；工程审计完成技改维修工程结算审计项目 150 个，审计工程总造价 3 亿元，审减资金 1733 万元。提出审计建议 37 条，被采纳 28 条。荣获青岛市内部审计工作先进单位、2004 年度山东省内部审计先进单位、全国交通内部审计工作先进单位、2004 年度全国内部审计先进单位等荣誉称号。

审计工作　1. 追求“一个目标”。把追求卓越、实现集团经营绩效最大化作为审计工作的目标，以人为本，着力打造高素质的审计队伍，全面提升审计工作质量，定期开展经营绩效分析，提出有价值的审计建议。

2. 打造“一个平台”。建立健全具有青岛港特色的网络审计平台，初步实现了由人工审计向网络审计的转变，创新了审计业务流程，提高了审计科技含量，内部审计实现了全方位的网络监控。

3. 突出“三个环节”。针对基建、技改工程项目多、投资大的特点，集中力量抓好基建技改项目预算审计、进度款拨付审计、工程结算审计三大重点环节，努力降低工程造价，为集团节约建设改造资金。

4. 把握“四个重点”。在深化财务收支审计、资产经营目标完成情况审计、经济责任审计项目的同时，积极探索开展管理效益审计的新途径，有重点的选择新投产、新投入项目开展效益审计，提出有效的建议和意见，为领导决策提供有价值的依据。

【安阳钢铁集团有限责任公司】　安阳钢铁集团有限责任公司（集团公司）下设 17 个机关部室、1 个股份公司、3 个分公司、17 个子公司、13 个事业单位。主要产品有高速线材、圆钢、螺丝钢筋、角钢、槽钢、线材、中厚板、薄板、硅钢片、无缝钢管、离心球墨铸铁管等系列产品及煤化工产品。2004 年，集团公司产钢 522 万吨；铁、材实现销售收入 163 亿元，实现利税 17 亿元，其中利润 6.4 亿元。

领导成员

董 事 长：李文山

副董事长：王子亮（总经理）　吴长顺

董　　事：郝秀仲　史美伦（副总经理）
　　　　　张清学（副总经理）
　　　　　李存牢（副总经理）
副总经理：李利剑　王建祥

审计职责　集团公司审计部设有经营审计科、合同审计科、工程审计科3个职能科室，在职管理人员19人。审计部是以管理审计为重点，以服务被审计单位为宗旨，以提高集团公司整体管理水平为目标，行使管理、监督、评价和服务职能的机构。工作职责：对集团公司各分子公司进行管理审计；受集团公司劳动人事部委托，完成二级单位主要行政领导任期经济责任审计；对集团公司范围内对外签订的物资采购合同、工程承包合同、运输合同、外委加工合同的合法性、合理性、规范性、完整性、效益性进行审计；对集团公司范围内外委施工工程项目竣工结算的合法性、真实性和效益性进行审计，强化工程管理；作为监督组成员单位对物资采购招标竞价、工程施工等招标程序的合法性、规范性进行监督。

审计成果　2004年，共完成经营审计项目18个，完成公司领导安排临时专项调查项目2个。提出强化管理、完善制度、提高效益等方面的审计意见及建议90余条。作为监督组成员参加招标工作170余项，审计四大类合同14334份，金额134.7亿元，审减287.15万元；工程审计完成工程结算审计1467份，金额2.5亿元，审减146.41万元。

审计工作　1. 加强审计管理，坚持把基础建设作为头等大事来抓。为高质量完成审计工作，首先，出台了安钢股份公司《财务审计实施办法》、《管理审计实施办法》、《工程建设项目审计实施办法》、《合同审计实施办法》等内审规章制度，使审计工作有章可循；其次，强化了审计操作规程的执行力度，使审计人员严格按照制度办事，减少审计风险；第三，加强政治、业务学习，拓宽了审计人员的视野，增强其对事物的判断力，使每一位人员能客观公正的对待工作；最后，积极利用计算机进行辅助审计，建立并完善审计信息库，实现审计手段现代化，提高工作质量。

2. 突出管理职能，始终围绕集团公司的中心工作开展审计。审计部2004年利用内审熟悉企业情况的优势，突出审计管理的职能，收到良好效果。（1）经营审计继续贯彻“抓重点、重规范、促管理”的审计原则，进一步强化管理审计。审计中以企业生产经营中的“采购与付款循环”、“生产与费用循环”、“销售与收款循环”、“投资与融资循环”、“存量资产循环”五大循环为切入占，关注企业整体效益和管理水平，充分发挥了内审的“审、帮、促”作用。同时，根据被审计单位的经营性质进行科学分类，合理界定审计重点，保证了审计目标的落实，加大了审计力度，使经营审计、管理审计工作深入、效果更加突出。（2）合同审计重点逐步由条款规范性向强化合同管理转变。审计中注重对合同订立依据的合理性、合同订立主体的合法性、合同订立前招标竞价的规范性、合同条款的完整性、合同执行的效益性以及合同管理内控制度的健全有效性六方面的审计监督，收到较好效果。在此基础上，审计部加大对招标的监督力度，确保招标工作的公正严肃性；推行格式合同，规范合同文本，减少了合同纠纷；注重采物资计划性，跟踪合同履行情况，监督合同执行率，有效地降低了交易风险，维护集团公司的合法利益。（3）工程审计以集团公司“三步走”发展战略为重点，突出对重点工程全过程、全方位的审计监督。首先，审计部细化工作内容，项目审计落实到人，实施从立项、招标、合同、施工、结算全过程的审计监督，并建立审计问题内部集体讨论外部协调解决的相互沟通机制；其次，加大对招标定价施工方案的监督力度；最后，加大现场核实力度，利用照相机、现场交谈等方法，掌握第一手资料，向现场要效益。（撰稿人：靳雨顺　杨　平）

【河南省交通厅公路管理局】　河南省交通厅公路管理局是直属于河南省交通厅的副厅级事业单位，对全省公路系统行使行业管理职能。主要负责参与编制公路发展规划、中长期计划和年度计划；全省一般公路工程管理以及质量监督、验收；全省公路养护的行业管理，制定国、省干线公路的养护规划和标准，指导监督检查公路养护目标的实施；全省一般公路路政管理工作，维护路产、路权；全省干线公路通行费征收管理等项工作。局机关设有办公室、政治处、计划处、工程处、养护处、通行费管理处、路政管理处、财务处、审计监察处9个处室，12个直属单位。

领导成员

局　长：常凤波

副局长：朱理平　宋华东
　　　　焦建华　温胜强
　　　　洪立发

审计职责　根据审计法及有关法律、法规，制定全省公路系统内部审计工作发展规划和规章、制度、办法；制定年度审计工作计划；负责全省公路内审工作的管理、业务指导和监督检查；组织全省公路内部审计机构开展行业性审计和审计调查；组织开展内部审计理论研究，培训内部审计人员；对全省公路系统及直属单位的财务收支、预决算、经济活动、经济责任、经济效益及工程建设等事项进行内部审计和监督。全省各级公路管理部门均设有专、兼职内部审计机构，配备了专、兼审计人员。截止2004年底，全省各级公路部门专、兼职审计机构138个，专职审计人员321人，兼职审计人员63人。

审计成果　2004年，各级公路审计部门共完成审计项目427个，其中：财务收支审计167个；公路工程项目竣工决算审计44个，完成送审项目的审计金额23.2亿元；经济责任审计项目22个，促进了增收节支；审计调查项目64个，针对管理中存在的不足提出合理化建议120多条。2004年，河南省交通厅公路管理局分别被河南省审计厅和河南省内审协会评为内部审计工作先进单位。

审计工作　1. 结合河南省公路建设的具体情况，大力开展工程项目审计。为确保公路建设资金使用的安全有效，推动公路行业廉政建设，对路网建设项目坚持做到“不经审计，不得付清工程尾款，不得报批竣工决算，不得办理竣工验收”。

2. 以内部控制为重点，积极开展经济效益审计。全省各级公路管理部门以加强内部控制，提高经济效益为目标，积极开展对直属单位的经济效益审计。通过审计，发现和查找管理工作中存在的问题和薄弱环节，促进单位和企业进一步建立健全各项内控制度，加强和改善经营管理，增强效益意识，不断提高管理水平和经济效益。

3. 积极开展领导干部经济责任审计。根据交通部《交通企事业单位领导人员任期经济责任审计规定》，各市公路管理部门对所属二级机构以及直属单位的行政“一把手”凡调整工作岗位的都必须进行离任审计，离任经济责任审计覆盖面达到100%。

4. 加强审计业务培训，不断提高审计人员素质。2004年，举办审计业务知识培训班4期，共培训人员462人次。（撰稿人：刘国庆　熊培君）

【三环集团公司】　三环集团公司是湖北省人民政府国有资产监督管理委员会管理的省属大型企业。“三环股份”在深圳上市，资产总额70亿元。公司主要产业涉及机械、汽车、电子产品的生产和经营。共有职工3万余人，集团总部设有12个职能部门，下辖33个分支机构。

领导成员

董 事 长：舒　健
副董事长：彭　明　谢家洲
总 经 理：舒　健
副总经理：彭　明　景小清　袁宏亮
　　　　　梅汉生　吴　军

审计职责　三环集团公司下设审计监察部，职责是：参与研究制定公司有关的规章制度，拟定和修改公司内部审计工作规章制度和业务技术规程；制定年度审计工作计划，提出内部审计工作报告；对公司总部及所属企业（含占控股地位或相对控股或者主导地位的单位）的财务收支、预算内、外资金的管理和使用情况、领导干部任期经济责任、固定资产投资项目等进行审计监督；对经济管理和效益情况进行内部控制制度的健全性和有效性以及风险管理进行评审。集团共设有审计机构7个，专职审计人员21人。

审计成果　完成审计项目46个，审计金额20亿元，必审项目完成率为100%，查证问题金额1943万元，查出违规金额387万元，为企业直接增收节支的金额1724.58万元。提出审计管理建议220条，被采纳180条。被湖北省审计厅评为“2002～2004年湖北省内部审计先进单位”；被中国机械工业审计协会评为“2002～2004年全国机械工业内部审计先进单位”。

效益审计　对湖北三环锻压机床有限公司等9个工业企业进行年度经济效益审计，完成审计项目24个，审计金额20亿元，查出违规金额和影响经济效益金额1056余万元，调增成本费用196余万元，提出审计建议100余条，为企业年度经营成绩认定起了积极作用。在专汽公司审计中，发现该公司隐藏年度经营潜亏2100余万元；在对气门公司的资金流审计中，发现该公司有公款私存问题。

专项资金审计　对湖北三环离合器有限公司进行了专项审计，发现该公司经营及财务管理极为混乱，存在着虚开收入发票、编造虚假单据、销售收入不入账、费用严重不合理、盲目投资、转移利润等严重问题。查出虚增收入4000余万元，转移利润200余万元，盲目投资2600余万元，并挪用公款188万元为私自谋利。审计后，原负责人被撤换。

固定资产投资审计　组织了湖北三环盛通汽车有限公司等汽车专营公司基础建设的审计。在对盛通公司钢结构审计中，审减201万元；在对华通公司审计中，审减造价453.58万元。

审计工作　集团公司提出了三个延伸：一是以经济责任审计为主线，重点关注工业企业；二是注重日常监督与突击审查相结合；三是审计关注会计收益与经营实绩的区别对待。对集团公司下属单位审计机构的管理，以原则要求及程序为主线制定计划，一是重定量，时间适度放宽；二是审计力量自行安排。审计处及审计机构机动灵活安排，完成项目比上年增加10余个，工作更加完善，做到了日常审计项目与领导交办两不误。

为了进一步适应集团公司管理的要求，使内部审计能够真正地发挥监督管理的职能作用，根据国家有关法规，按照集团公司内部管理制度要求，结合企业经营管理的实际情况，修订了《三环集团公司内部审计工作基本规范》；制定了以资产审计情况调查表、负债审计情况调查表、损益情况调查表、企业基本情况调查表、账外账资产调查表、重大投资关联方交易调查表等审计工作底稿为基础的相应工作程序及操作步骤，基本上形成了审计工作的规范化、制度化，确保了内审工作的全面、准确、客观、完整，提高了工作效率，区别了会计责任和审计责任，降低了审计风险，收到了良好的效果。（撰稿人：刘　伟）

【太极集团有限公司】　太极集团有限公司（以下简称太极集团）是国内医药产业链最为完整的大型企业集团，有实物资产60亿元，无形资产100亿元，是中国520家大别企业集团之一。拥有3家上市公司、1500多个生产批文、2000家桐君阁大药房、13000名员工、13家药厂、12家医药商业公司及太极医药研究院和重庆中药研究院两个大型研发机构。TAIJI（太极）为中国驰名商标。集团公司设有23个职能部门：总经办、广告处、办公室、管理处、资产管理公司、普药处、信息处、建设处、营销研究所、生产处、人事处、保卫处　包装工业处、监察处、旅游发展处、宣传处、审计处、法律顾问处、财务处、商发处、物流管理处、科研处、医院发展处。

领导成员

董 事 长：白礼西

副董事长：郑富帧

总 经 理：李志超

副总经理：朱明希　艾尔为

朱志颖　丁学军

审计职责　太极集团有限公司下设审计处，审计处下设3个分支机构：西南药业监察审计处、桐君阁股份公司监察审计处、绵阳药业管理审计处。审计处职责是：根据审计法及有关法律、法规，拟定集团公司审计业务方面规章制度和办法；拟定集团公司审计工作计划；对太极集团所属独立核算单位的财务收支、领导干部任期、离任经济责任、建设工程及经济效益等进行内部审计监督；对集团公司经营管理中的特定事项进行专项审计调查；组织集团公司内部审计机构进行全面审计；负责集团公司内部审计工作的管理、业务指导和监督检查。截止2004年底，集团公司有专职审计人员22人，兼职审计人员20人。

审计成果　2004年，累计完成对36个单位的审计和12个审计调查项目，其中完成财务收支审计3个、任期经济责任审计1个、经济效益审计32个、审计调查12个。促进增收节支285.57万元，纠正违规金额677.78万元。为领导提出合理化意见及建议27条。工程审计完成土建项目审计5个、安装工程审计4个、装修工程审计1个，完成送审项目的审计金额为1.3亿元，节约建设资金456.26万元。

审计工作　1. 加强内审机构建设，完善内审管理制度。为使内部审计工作有序开展，太极集团在认真贯彻执行审计法、《审计署关于内部审计工作的规定》及《重庆市内部审计工作办法》的基础上，根据集团公司的实际情况，对内部审计制度进行了制定、修订和完善。已完成了《太极集团有限公司内部审计管理制度》、《关于印发内部审计人员经济责任制的通知》等制度，对各级内审机构的人员配备、审计职能、审计权限、审计工作程序、审计计报告、奖励和处罚作了明确的规定，还对各类审计工作程序进行了规范，并绘制了简捷明快的审计作业流程图，使审计工作有章可循、有规可依。

2. 加强内部审计队伍建设，提高内审人员的专业素质。集团重点抓了审计队伍建设，积极充实审计力量，现有专职审计人员 22 人（下属单位 5 人），从财务系统抽选 20 名财务人员任兼职审计员。公司加强内审人员的职业道德规范教育，组织内部审计人员参加学习了“三个代表”、反腐倡廉形势教育、“十六大精神”宣讲等活动，提高了大家的政治理论素质。其次，注意抓内审人员的专业知识培训，派内审人员参加了中国内审协会组织的审计准则汇编及重庆市组织的计算机辅助审计学习、财政局组织的会计准则学习，积极组织内审人员参加各种业务培训学习，使内审人员熟悉企业相关管理制度，同时鼓励员工报考各种职业技能及资格考试，提高了内审人员业务素质。

3. 强化内审工作，加强内部控制，为决策者提供信息。公司为强化内审工作，加强内部控制，为决策提供有力的财务信息，审计处对下属厂、公司开展了不同形式的审计活动，重点抓了经济效益审计、财务收支审计、基建审计等，在维护正常会计程序、强化负责人经济责任意识、改善企业经营管理等方面取得了很好的效果。

【重庆新华书店集团公司】 重庆新华书店集团公司是中宣部、国家新闻出版总署、重庆市人民政府批准建立，由重庆市人民政府授权经营的国有大型发行企业集团公司。集团辖全市 39 个区（市）县新华书店，8 个经营分公司，2 个外设经营分公司（北京、广州分公司），5 个控股、参股公司，3 个星级酒店。公司内设总经理办公室、人力资源部、计划财务部、审计部、企划部、基层管理部、党群工作部、基建管理部和信息中心 9 个职能管理部门。

审计职责 集团公司审计部直属集团公司董事会，由董事长兼总经理直接领导，集团公司党委书记兼常务副总经理主管具体工作。审计部设部长 1 名，部下设财务审计科和基建审计科，配备专职内审人员 9 人。职责是：根据审计法和相关法律、法规及集团公司决策草拟公司内审业务方面规章制度和办法；制定审计工作计划并组织实施；负责集团公司所属单位领导干部（中层及其以上）的任期、离任经济责任审计；对集团公司所属单位的经营管理、经济效益、内控制度等进行审计监督和检查考核；对集团公司范围内的建设工程、投资项目及较大的非经营性经济活动进行事前、事中、事后监督和审计；接受总经理室的指令，对企业经营管理中的特定事项进行专项审计调查。

审计成果 截止 2004 年底，集团公司建立近 6 年中，仅正式立项审计累计完成项目 168 个，其中：任期、离任经济责任审计 24 个，财务收支和效益审计 40 个，固定资产投资项目和重大经济合同审计 98 个，专项审计 2 个。查出违规金额 464.8 万元，挽回和避免企业直接经济损失 96013 万元，促进增收节支 347.7 万元，避免国有资产流失 900 余万元。提出合理化建议整改见效 80 余条。

审计工作 1.“一有”：有保障。集团公司自建立始就把内审工作摆在重要的议事日程，放在突出的地位，董事会、总经理“一把手”亲自管、具体抓，内审工作已形成制度化、规范化。

2.“二清”：一是思路清，紧紧围绕集团公司制定的“促管理、增效益”内审工作方针而开展工作；二是内审人员头脑清，廉洁奉公，有所为，有所不为。

3.“三突破”：一是突破传统，与时俱进，创造性地工作。结合企业特点，把任期、离任经济责任审计对象扩大至法人代表以外的管（涉）钱、物和工作岗位相对独立的责任人，拓展了审计监督视野。二是突破界限，审计无禁区。明文规定“内审直接对董事会、总经理负责，独立行使职权，不受其他任何部门或者个人的干涉。”三是突破重点和难点，为企业分忧，给经营者解难，运用审计手段解决了一些历史遗留问题和经营者较为棘手的难题，寓经营管理于审计监督之中，为维护国家财经法纪，加强企业经营管理，提高经济效益和促进党风廉政建设，发挥了不可替代的重要作用。

【陕西省高速公路建设集团公司】 陕西省高速公路建设集团公司（以下简称陕西高速集团）是经陕西省人民政府批准成立的省政府直属大型

国有独资企业，享有道路通行费收费权，负责省内国道、规划中的国道、高等级专用公路及城市过境公路等项目的建设和经营，实行一级法人管理。经营范围为道路建设、经营管理、养护、资本运营和配套开发服务。现拥有员工4008人，资产总额206亿元。陕西高速集团总部设有投资发展处、审计处、政策研究处、财务处、企业管理处、资产管理处、公路征费管理处、公路建设管理处、质量科技处、路政管理支队、集团办公室、法律事务室、保卫处等职能处室和有关党群工作部门。下辖北秦、西渭、西宝3个公路运营分公司和西禹、西汉、黄延3个项目建设公司，公路建设总里程580公里，概算总投资259亿元，养护管理公路总里程587公里。拥有独资、控股的多元化经营公司13个。

领导成员

董 事 长：陈双全

总 经 理：王明祥

纪委书记：申艺学

审计职责 根据《审计署关于内部审计工作的规定》、《内部审计基本准则》、《内部审计人员职业道德规范》及有关法律、法规，制定陕西高速集团内部审计工作制度、规定和办法并组织实施；编制陕西高速集团内部审计工作计划并负责组织实施；对陕西高速集团及所属单位的内部控制制度、经营管理和经济效益等经济活动，财务收支、领导干部经济责任、建设工程等进行内部审计监督与评价；对陕西高速集团经营管理中的特定事项进行专项审计调查；参与陕西高速集团经济合同的审查；国家审计、社会审计组织对陕西高速集团及所属单位审计时，协调两者之间的关系。

审计成果 2004年，陕西高速集团共完成审计项目15个。其中经济责任审计1个，财务收支审计3个，经济效益审计1个，建设项目竣工决算审计8个，在建工程项目审计2个，审计调查研究2个。审计总金额43.9亿元，查出违规金额4818万元，增收节支2777万元。提出合理化建议42项，已被采纳42项。

审计工作 1. 以提高审计人员素质为目标，努力加强审计队伍建设。一是确立了集团公司董事长直接领导审计机构，审计处在董事长领导下对所有审计业务直接进行审计，下属公司不设审计机构的领导和管理体制，在组织机构的设置和审计管理体制上，具有较高独立性和较强的权威性，为审计职能的充分发挥奠定了基础。二是逐步充实了审计人才。通过两次大规模的公司内部竞岗和面向社会招考，集团公司选调和招聘了政治素质高和业务能力强的人才至审计岗位。审计处设正处长1人，专职审计人员7人。为了解决任务重，审计人员不足的矛盾，审计处还备有“人才库”，备有包括高级审计师、高级工程师、注册造价师、注册咨询师、注册会计师、法律顾问等各种人才60多人。2004年，集团公司组织审计人员撰写各类文章，从不同角度宣传审计工作，总结审计经验，共发表文章10篇，其中论文4篇。

2. “全面审计，突出重点”，积极履行审计职责。2004年，陕西高速集团先后组织了西安至咸阳国际机场高速公路在建项目和西汉高速公路在建项目审计，对联网工程联合设计增加内容及招标文件漏项费用的审核，对3个重点建设项目的工程成本的管理情况进行了专项审计调查；全面开展建设项目竣工决算审计，控制建设投资，完成4个竣工决算审计项目，核减工程支出2777万元；围绕企业改制，实现国有企业投资主体和产权结构多元化，完成了下属待清算经营性公司的财务收支审计。积极为集团所属子、分公司提供咨询服务，为企业创造直接经济效益50余万元。

3. 组织开展“审计质量年”活动，强化组织管理，提高审计质量，防范审计风险。为了规范组织管理，陕西高速集团在审计工作中严格实行审计例会制度、项目组长负责制、审计工作底稿三级复核制度、审计处处长听取汇报和现场督查结合制，并将2004年度确定为“审计质量年”，制定了实施方案和步骤，规范了审计做法和程序，有效地提高了审计质量，防范了审计风险。

4. 严格遵守党风廉政纪律规定。2004年，陕西高速集团通过组织审计人员学习国家和集团公司的有关制度以及重点腐败案件，从思想上提高审计人员反腐倡廉、廉洁从业的自觉性。并在执行《高速集团审计组（人员）廉政纪律规定》基础上，又建立了审计组廉政监督员制度，从而建立健全了审计组自我监督、自我约束、处长进行间接监督的廉政监督机制。此外还通过审计进点会宣传审计廉政纪律、通过廉政纪律反馈表等形式联系被审计单位，让被审计单位的干部群众共同监督审计人员，使每一名审计人员以良好的职业道德和工作作风开展工作。

【陕西有色金属控股集团有限责任公司】 陕西有色金属控股集团有限责任公司（以下简称陕西有色）原属于省政府批准的授权投资机构和国有独资的有限责任公司，是陕西省政府作为省国资管理体制改革试点企业，2004 年 4 月 26 日，中国铝业公司和陕西省政府签订经济合作协议，由中国铝业公司对陕西有色实施控股。陕西有色在 2004 年已跻身中国企业 500 强和中国有色金属工业前 10 强行列。陕西有色本部下设董事会办公室、总经理办公室、规划发展部、经济运行部、人力资源部、组织部、资产财务部、审计部、党委工作部、监察室、工会 11 个职能部室。截止 2004 年底，陕西有色资产总额 107 亿元，在职职工 2.4 万余人。

领导成员

董 事 长：宋钧炉

纪委书记：于留英

副董事长：霍宝珊

总 经 理：黄晓平

副总经理：卢长春　颜学柏

工会主席：张金强

审计职责　陕西有色下设审计部，职责是：拟定系统内审计业务方面规章制度和办法；拟定系统内审计工作计划；对系统内下辖单位的财务收支、领导干部任期、离任经济责任、建设工程及经济效益等进行内部审计监督；对系统内企业管理中的特定事项进行专项审计调查；负责系统内部审计工作的管理、业务指导和监督检查。目前，陕西有色共有专兼职审计人员 50 余人。

审计成果　2004 年，全集团审计项目共 46 个，其中：财务收支审计 7 个，经济效益审计 5 个，经济责任审计 19 个，基本建设审计 2 个，专项审计 11 个，内控制度评审 2 个。共查出损失浪费金额 2730.80 万元，促进增收节支 6744.63 万元，已纠正违规金额 433.25 万元。提出审计建议被采纳 152 条。

审计工作　(1) 审计部门围绕企业中心工作，开展经济效益审计、经济责任审计、年薪绩效考核审计，审计覆盖面达到 100%，使审计监督关口前移，促进内部审计活动围绕决策层考虑的重大事项开展工作。在提高审计质量上，从审计项目立项、编制审计计划、审前调查、编制审计方案以及在审计计划执行过程等方面进行严格的控制和复核制度。采取参加国家内审协会举办的理论学习班和理论研讨会，组织内审人员在集团企业间相互学习交流审计工作经验，组织开展集团内优秀审计项目评选活动，并采取审计回访，检查内审机构的设置、人员配备、规章制度的建立、审计报告所列问题和审计建议的落实及整改情况，有效地保证了审计质量和审计效果的提高。

(2) 针对企业中心工作，内部审计根据陕西有色年度工作会议对以后工作的整体部署，编制年度审计计划，并根据所定计划的内容和决策层及管理层对所列计划项目的重视程度，确定每个项目的轻重缓急，制定项目实施计划。除计划内项目外，内部审计还要面对企业出现的新问题、新情况，管理层及大家所关心的难点、热点问题，完成计划外项目。以计划内为主，计划外为辅保证内部审计围绕企业中心工作展开，促进内部审计活动围绕决策层考虑的重大事项开展工作，发挥内部审计的参谋作用、经营诊断作用、评价和监督作用，提高了内部审计的价值。

(3) 针对内部审计在风险管理、控制及治理过程中应发挥的作用，内部审计在思路、制度、机制等方面进行了积极探索。在思路方面，提出了向管理效益延伸，向评价经营性现金流延伸，向内部控制延伸，即“三个延伸”，体现了内部审计在管理上的特点和优势，拓展了企业内部审计的深度。在机制方面，采取和中介机构相结合审计，内部审计人员互调审计，有效解决了人员少，任务重的矛盾，使审计任务成倍增长，增强了内部审计和外部审计的资源相互利用，使内部审计信息更趋于管理层的需要，减少了重复工作，大大提高了审计效率和效果，提升了内部审计的价值。(撰稿人：王浩亮)

【甘肃省气象局】　甘肃省气象局实行中国气象局与甘肃省人民政府双重领导，以中国气象局领导为主的管理体制，是甘肃省人民政府管理气象工作的主管部门，行使同级人民政府管理气象工作的行政职能，并对本行政区域内的气象工作实施行业管理。同时承担着西北五省（区）气象业务技术指导任务，负责管理全省各市、州气象局及其所属气象台站的业务、服务、科研等工作，共有职工 1829 人。甘肃省气象局机关设办公室、业务科技处、计划财务处、人事教育处、政策法规处、监察审计处（与党组纪检组合署办公）和直属机关党委办公室、离退休干部办公室 8 个职能处室。直属事业单位设中国气象局兰州干旱气象研究所、兰州中心气象台、甘肃省人工影响天气办公室、甘肃省气象信息网络中心、甘肃省气象技术装备中心、甘肃省气象培训中心、甘肃省专业气象台、甘肃省气象局机关后勤服务中心等 8 个机构。

领导成员

局　长：宋连春

副局长：邵志忠　岳　虎　张　强

纪检组长：崔振乾

审计职责　甘肃省气象局机关设监察审计处，职责是：贯彻执行国家审计法律，制定部门审计工作各项规章制度，制定审计工作发展规划和年度审计工作计划、审计调查、审计项目计划及实施方案；对部门管理中重大的、带普遍性或倾向性的财务收支及其经济效益进行审计调查或组织审计，对审计署划定的企事业单位的财务收支、国有资产和经济效益进行审计，并对审计结论和决定的执行情况进行监督；开展对基本建设项目、综合经营项目及专项资金的管理使用等进行审计和调查，推进具有部门特点的效益审计、经济责任审计、内控制度等审计；组织指导部门内审工作，检查、考核、评比内审业务，总结、交流经验，召开工作会议，组织并实施审计业务培训；会同有关职能部门完成年度税收财务物价大检查任务，参与有关计划制定、项目论证、效益检查、工程验收等工作；归口管理和承办审计统计工作，进行审计理论与方法的研究，逐步开展电算化审计业务；对违反财经法律的被审单位的直接责任人员和单位负责人提出处理意见。完成上级审计部门和省局党组交办的其他任务。截至 2004 年底，甘肃省气象局设专职审计机构 1 个，专职审计员 2 人，兼职审计人员 28 人。

审计成果　2004 年，气象部门各级专兼职内部审计人员对全省气象部门的 9 个市、州气象局以及 6 个省气象局直属单位、66 个县气象局进行审计，并对全省市、州气象局及直属单位、县气象局 46 名处（科）级领导干部进行经济责任审计。共完成审计项目 159 个，其中财务收支审计 79 个，经济责任审计 46 个，基建审计 33 个，其他审计 1 个，审计总金额 10826.50 万元，违规金额 121.43 万元，违规金额占审计总金额的 1.12%。特别是对多普勒天气雷达建设的基建工程审计，审减额达 355.51 万元，确保了国债专项资金的严肃性、安全性。

审计工作　1. 以人为本，创建学习型部门。有计划地组织全省专兼职内部审计人员学习审计、财会业务知识，促进提高审计人员政治、业务素质。主动与甘肃省内部审计师协会联系，组织市、州气象局专兼职纪检组长和审计人员参加固定资产投资、内审法规等业务培训；省气象局内审机构专职审计人员结合工作实际给兼职审计员培训班授课，取得较好的培训效果。通过省、市州气象局的共同努力，2004 年全省专兼职审计人员普遍参加轮训，提高了审计干部队伍的政策水平和专业化水平。共有 25 名专兼职审计员获得中国内部审计协会颁发的审计岗位资格证。

2. 与时俱进，构建“小队伍，大网络”。为了适应气象部门改革发展的形势，加大审计监督力度，扩大审计范围，加强审计力量，充分发挥审计监督的职能，建立了兼职审计员制度，由市州气象局和气象局直属单位推荐，监审处严格审查培训，选拔 28 名政治素质好，熟悉财务工作的同志担任兼职审计员工作，其中 22 人已取得审计岗位资格证书。目前，甘肃省气象部门内部审计队伍建设形成良好态势，“小队伍，大网络”的审计格局已经形成，工作辐射面覆盖每一个处科级单位，较好地发挥了内部审计对气象事业改革和发展保驾护航的作用。

3. 抓好落实，进行审计跟踪检查。甘肃省气象局把跟踪监督作为内审工作的一个重要环节，注意克服纠正重审计、轻落实，审改“两层皮”，屡审屡犯的问题，以提高审计成效。对重点人员、重点事件、重点工作进行重点审计。另外，重视后续审计，通过后续审计，对被审单位采纳审计意见的情况实施跟踪。一方面，可以了解其采取的措施是否恰当、有效和及时；另一方面，对可能出现的问题环节进行再审查。通过 4 年的跟踪审计，违规金额连年下降。

4. 提升质量，加快信息化建设。根据工作需要不断进行审计手段的创新，逐步建立系统、完整、丰富的审计数据库；有计划地推进和逐步规范计算机辅助审计工作；建立和健全计算机审计法规制度，现在全省气象部门已基本实现计算机办公联网。利用先进的网络，省气象局监审处创办《甘肃气象纪检监察审计信息》，主要采用电子版形式向上级主管部门和广大基层台站传递信息，指导了全省气象部门广大台站的内部审计工作。建立了“清风苑”二级网站，全省气象部门，特别是基层台站把“网站”作为了解上级领导工作部署、工作安排，以及学习审计法规、审计业务，了解国家审计工作最新动态的一个重要途径。

【兰州兰石集团有限公司】　兰州兰石集团有限公司（以下简称兰石集团）是按照建立现代企业制度的要求，在原兰州石油化工机械设备工程集团公司的基础上，于2002年末改制组建的新型集团公司，兰石集团主营石油钻采机械、炼油化工设备及通用机械制造。兰石集团现有兰石国民油井工程有限公司、兰石机械设备有限公司、兰州机械制造公司等11个子公司及经理办、发展规划部、财务部、审计室等内部机构。

领导成员

总经理兼审计委员会主任：贾子俊

纪委书记兼审计委员会副主任：孟庆祝

副总经理兼审计委员会副主任：徐建华

审计职责　兰石集团自1986年起成立审计室开展内部审计工作，2003年又设立了审计委员会。集团公司审计委员会负责企业的内部审计决策，其职责是：审批集团公司的长远审计规划与年度审计工作计划，安排重大审计项目，讨论并审定审计项目与审计报告，下达审计决定和审计意见，审计项目的部门协调，审定审计机构的设置与审计力量的配备，审定各项内部审计管理制度，审批审计人员的培训计划，审批年度内部审计工作总结，监督审计工作质量。截止2004年底，兰石集团现有专职内部审计机构4个、专兼职内部审计人员39人。

审计成果　2004年，兰石集团本部共对所属11个二级单位、子公司及其27个经济实体实施了审计，审计资金总额43909.75万元，查出有问题金额2718.17万元，提出审计建议35条，根据审计决定收缴有关单位隐瞒利润、私设“账外账”等违规金额1088.57万元。

审计工作　兰石集团领导高度重视内部审计，为强化审计监督创造了良好的审计环境。审计工作的不断深化开展，审计范围越来越大，已覆盖到集团公司及所属单位的所有经济活动；审计内容从最初的财务收支合规性审计发展到经济效益审计、内部控制审计；审计目的从当初的查错防弊发展到防范企业风险、促进企业改进管理水平和提高效益；在审计重点安排上，内部审计能够紧密结合企业的热点、难点及易失控点，紧紧围绕企业深化内部改革及强化管理的重点工作，安排内部审计项目，通过开展全面性、综合性审计，为企业改革改制及健康发展起到了保驾护航作用。

【青海省电信有限公司】　青海省电信有限公司是境外上市的中国电信股份有限公司的全资子公司，具有独立的法人资格。统一使用“中国电信”服务商标，其组织形式为有限责任公司。主要经营青海省省内的国内固定电信网络与设施（含本地无线环路）业务；基于固定电信网络的话音、数据、图像及多媒体通信与信息服务；按国家规定进行国际电信业务的对外结算，开拓国际通信市场，经营与通信及信息业务相关的系统集成、技术开发、技术服务、信息咨询、广告、设备生产、销售和设计与施工。青海省电信有限公司设综合管理部、市场经营部、运行维护部、网络发展部、企业信息化部、财务部、审计室、人力资源部、监察室、党群工作部、省电信工会、安全保卫部、离退休管理办公室等职能部室，下设1个直属单位、9个州地市分公司、38个县分公司。

领导成员

董事长、总经理：杨建青

副董事长：葛　凡

副总经理：葛　凡　曲俊贤　邢仁平

董　事：曲俊贤　邢仁平　李正龙

纪检组长：李正龙

审计职责　青海省电信有限公司审计室是省公司实施内部审计监督的职能部门，业务上受集团公司审计部的领导，并接受青海省内部审计协会的业务指导和监督。审计室在省公司行政主要负责人的领导下独立行使内部审计监督职责，根据国家法律、法规、政策和集团公司及省公司的规章制度，对公司及所属各单位的一切经济活动进行内部审计监督，促进企业经营活动的规范、有效。

具体职责是：贯彻落实审计法，拟定青海省电信有限公司审计规章制度和办法；负责对分公司贯彻执行国家财经法规、财经纪律的情况进行审计监督；负责对省公司及所属各单位的预算、财务收支、经济合同的执行情况进行审计监督；负责对省公司及所属各单位的各项通信工程、土建工程的真实性、效益性进行审计监督；负责对各单位资产、负债、损益的真实性、合法性、效益性进行审计监督；负责对企业管理中重大问题和经济效益进行审计调查；负责对企业内部控制制度进行评价；负责集团公司审计部委托审计的各项工作；负责公司领导交办的其他审计事项。截至2004年年底，青海省电信有限公司内设1个审计室，专职审计人员7人；下设合属办公审计机构1个，专职审计人员2人，3个分公司设兼职审计员各1人。

审计成果　2004年青海电信审计工作，主要以财务收支审计、经济责任审计、工程建设项目审计、内控管理审计为重点，在此基础上不断拓宽审计领域，加大监督力度，全面履行审计职能。全年各级审计机构对50个单位累计完成审计项目824个，其中工程审计794个、财务审计11个、经济责任审计6个、内控制度审计2个、专项审计调查11个。审计中共查出违规金额5571万元，已纠正违规金额4785万元；审减不合理工程支出1946万元，提出管理建议93条。审查各类经济合同562份，审查金额3.04亿元。

审计工作　1．财务审计。根据集团公司的总体部署，为适应现代企业运作和资本市场的要求，准确定位，调整思路，针对企业管理中的薄弱环节，从查找问题根源入手，加大财务审计力度，不断向内部控制制度审计延伸，对重点内容、带有普遍性和倾向性的问题，加以分析和反映。

2．经济责任审计。在充分肯定领导干部任期内工作业绩的同时，如实提出存在的问题和处理意见及管理建议，认真剖析原因，分清领导干部所承担的责任，使提出的管理建议能够得到公司领导的认可，为完善公司相关管理制度提出了合理化建议。此外，在工作中积极探索审计新方法，如采取问卷的方式，向被审计单位员工发放“经济责任审计测评表”、“内部控制制度执行情况测评表”，全面考核被审计对象在任职期间的“德、能、勤、绩、廉”五个方面的表现，员工在民主透明的环境下，给领导干部以正确的评价。实践证明，这种方法比较受员工的欢迎，为开展经济责任审计工作起到一定作用。

3．工程审计。年初下达审计工作要点，明确划定了各级审计机构的审计权限，提出了强化审计质量，增强企业服务的意识，维护了企业的合法权益，做到了投资不损失、不浪费，审计面达到100%。在尝试审计监督关口前移工作中，重点抓了各类经济合同的审签环节和工程设计会审环节。在完善大宗设备、基建材料采购合同审签制度的基础上，对合同的真实性、合规性、合法性、效益性进行审核，以维护企业的合法权益。

4．专项审计调查。围绕领导关心、群众反映强烈的热点、难点问题，对全省小灵通、物资集中采购、固定资产、用户欠费等管理工作，积极开展了专项审计调查，针对存在的问题及时提出管理建议5条，为完善其业务收支会计核算和小灵通的管理提供了决策依据。（撰稿人：王维峰）

【青海省地质矿产勘查开发局】　青海省地质矿产勘查开发局（以下简称青海省地矿局）是负责全省矿产资源的勘查、开发和地下水资源的勘查，承担地质环境评价、地质灾害的勘查和治理，负责承担国家和省上安排的基础性、公益性地质调查和战略性矿产资源勘查工作的单位，是正厅级事业单位，归口省国土资源厅管理。省地矿局内设办公室、纪检处、财务处、审计处、地质矿产处、人事教育处、安全保卫处、基建办公室、工会等8个处（室）；下辖：青海省地质调查院、青海省基地管理中心、青海省地矿集团有限公司等22个单位，共有在职职工3521人。

领导成员

局　长：马顺清

副局长：高学忠　何大力

　　　　苏德有　张佰川

纪检副书记：张孔生

审计职责　青海省地矿局审计处的职责是：根据审计法及相关法律法规，拟定青海省地矿局内部审计规章制度；拟定审计工作计划；编制审计工作报告；对地矿局所属单位的财务收支，领导干部任期、离任经济责任及经济效益进行内部审计监督；实施基本建设投资审计；重大项目投资审计；项目竣工决算审计；审计调查等。地矿局下属单位（规模比较大的单位）设有独立的审计机构，各单位均设有专、兼职审计人员。截止2004年底全局有专职审计机构3个，其中专职审计人员12人，兼职审计人员15人。

审计成果 2004年，地矿局审计处完成了4个单位领导的离任经济责任审计；已实施审计但尚未出具审计报告的离任经济责任审计项目3个；基本建设投资审计项目1个。根据被审计单位的具体情况，共提出审计建议25条，均已被审计单位采纳。

审计工作 1. 设立了青海省地矿局审计委员会。审计委员会的职责是审定全局审计工作计划，制定全局中长期、短期工作规划，审查和批准执行全局审计工作规章制度，审定重大审计项目的审计报告和批准审计决定或审计意见书，审定和认定审计工作过程中难以确定和处理的事项，处理和协调审计工作中其他需要审计委员会解决的事宜。

2. 推行“严谨细致、提高质量”的工作作风。审计处要求审计人员在审计过程中把严谨细致贯穿到每一个环节，不懂的就问，拿不准的问题及时请示，查找资料。努力提高审计质量，规范审计程序，认真提高审计报告水平，提出合理建议。

3. 组织开展审计工作“回头看”。审计处组织实施了2001年以来审计报告执行情况的检查，涉及33个单位，29份审计报告中提出的137条意见和建议进行了逐条落实。

4. 加强财务、审计人员的业务培训。地矿局审计处和地矿局财务处对各单位的部分财务、审计人员进行了财务、审计方面的培训，针对地矿局管理和会计核算中存在的问题进行了研讨，使财务、审计人员的实际操作能力和业务水平有所提高，为今后审计工作的顺利开展打下了良好的基础。

5. 努力完成领导交办的各项任务。在审计过程中能够注重效益和效果，协调好各方面的关系，根据各单位的性质和情况提出有效的建议和意见，为地矿事业的发展献计献策。（撰稿人：马超英）

【中国石油天然气股份有限公司吐哈油田分公司】 吐哈油田分公司是中国石油天然气股份有限公司的地区公司，主营油气勘探、开发、研究、销售业务。分公司总部坐落于新疆鄯善县火车站镇。

领导成员

总 经 理：蔡志刚

领导成员：蔡志刚 朱洪月 袁明生
许君祖 张志东 王仲林

审计职责 1999年9月成立吐哈油田分公司审计监察处，2004年12月进一步理顺内部管理体制，撤销审计监察处，成立审计处，定员6人。审计处在分公司总经理的领导下开展工作，监督和评价公司所属单位财务收支、经济活动的真实、合法和效益的行为，以促进加强经济管理和实现经济目标。

审计成果 2004年，吐哈油田分公司审计部门，深入开展了以内控审计、预算审计、工程审计为重点的内审工作，在促进分公司加强管理、提高效益和推进廉政建设等方面发挥了重要作用。完成审计项目546个，审出违纪违规金额4207.33万元，纠正4207.33万元，取得经济成果3938.67万元，提出审计意见及建议65条，审计意见及建议采纳率100%。对所属14个单位财务预算执行情况进行了审计。审计单位覆盖率100%，审计资金覆盖率100%。共完成基建项目审计73个，审计金额26228.87万元，审定金额25146.35万元，净审减金额1082.52万元。专项审计调查方面，开展了专项审计调查项目工作。对有关单位“废旧油管外委修复情况”、“DCS系统改造项目办理外委情况”、“图书采购管理情况”和“丘陵采油厂鄯勒油田储油罐”有关问题进行了专项审计调查。

审计工作 2004年，审计部门积极配合分公司内控体系建设，派专人参加公司内控项目组，全程参与分公司内控体系建设，并按要求完成了《内部审计工作规范》和内审业务流程、关键控制点描述等工作。在参与内控体系建设的同时，审计部门综合分析分公司内控现状，抓住重点认真选题立项，按照股份公司“三二一”要求开展了内控审计工作。（1）开展市场管理内部控制专项审查。审计人员将遵循性审计作为重点，从合同管理等重要业务线路入手进行全程测试，依据《市场管理办法》、《物资采购与电子商务管理办法》等制度规定，对市场准入、招标管理、合同管理等关键控制环节进行了审查测试。对11个单位90份合同进行了实质性审查，并核查了合同登记台账、招标资料及评委库建立等管理控制情况，查出问题5个，提出审计建议6条。

（2）开展科研经费管理专项内控审计。审计部门结合预算执行情况审计工作的开展，依据分公司《科研经费管理使用办法》等4个管理规定，对科研经费的申请、使用、核销程序进行了业务审查，并以立项、审批、合同谈判、项目验收等8个关键控制点的遵循情况为重点，对112个科研项目的经费管理使用情况进行了实质性测试。查出问题4个，提出建议2条。

（3）开展分析性内控审计。审计部门运用内控的思维和方法，审计人员对2002、2003年的工程项目结算审计资料进行了汇总和分析对比，以从中识别工程项目控制方面存在的薄弱环节和潜在风险。根据汇总分析结果，审计人员提出了加强工程项目标底测算和控制的建议，制定了单井标底参考依据，并以此为依据指导2004年的单井工程量清单标底的编制和有关数据的测算标准，进一步规范和加强了单井工程项目重点环节的控制。

经济责任审计　2004年，根据人事部门委托，审计部门积极开展了离任经济责任审计，对3名离任者任职期间的业绩指标完成情况、生产经营情况、内部控制情况、党风廉政建设情况等7个方面的情况进行了全面深入的审计，并按照“客观公正，实事求是”的原则提出了审计评价，为人事部门考核、任用干部提供了依据。

招投标项目监督审计　2004年，审计部门以进一步规范招标和合同谈判工作程序，强化业务流程控制为重点，对招标及合同谈判的工作底稿进行了修订完善，并严格按照分公司《市场管理办法》等制度、规定，对新建、扩建、改建工程项目和重大物资设备采购项目的招投标、技术合同项目的合同谈判进行了审计监督。审计资金28723.41万元，审减资金2856.15万元。对招标条件不成熟或准备工作不充分的项目，审计监督人员及时建议终止了招标，规避了潜在的风险。（撰稿人：李大为）

【新疆独山子石油化工总厂（以下简称总厂）】

总厂位于新疆天山北麓、准噶尔盆地南缘克拉玛依市独山子区。总厂始建于1936年，隶属于中国石油天然气集团公司。1999年末，为顺应中国石油改革发展的需要，将下辖的炼油厂、乙烯厂和电厂等单位进行重组，组建成立了中国石油股份公司独山子石化分公司。重组改制后的总厂有固定资产净值9.46亿元，职工6000余人，以石油石化后续加工、炼化工程技术服务为主导产业，下辖化工厂、设计院、供应处、基建工程公司、动力公司、通讯公司等直属生产经营单位，以及经股份制改造的独山子炼油化工建设（集团）有限公司、独山子机械制造有限公司等企业。由总厂与独山子天利实业总公司等几家发起组建的新疆独山子天利高新技术股份有限公司是新疆第一家上市的高新技术公司。

领导成员

厂　长：付德新

副厂长：王明章　吕　健

审计职责　总厂设有独立的内审机构——审计处，实行一级审计体制，有内审人员7人。主要职责：负责全厂对国家审计法律、法规、政策的宣传和贯彻落实工作；负责全厂审计工作计划、管理、组织、实施，向厂长和上级审计部门报告工作；负责对所属企业会计决算、财务收支、经济责任（干部离任）、经济效益、基本建设及检维修、工程项目招投标、经济合同、企业改制、财经法纪和内部控制制度等方面开展审计监督工作，并负责审计决定、建设的拟定和监督执行；负责全厂审计理论研究和发展工作；负责与国家审计机关、自治区及中国内审协会等相关部门进行业务联系与协调工作。

审计成果　全年完成25个财务审计项目。其中：厂长经营目标责任审计6个，财务收支审计1个，离任经济责任审计3个，内控制度审计2个，管理效益审计1个，资产负债损益审计1个，专项审计11个（重组改制，法人清理等项目）。完成基本建设及检维修结算审计项目360个，审计工程结算资金14458万元。工程项目和物资采购招投标审计项目42个，审计查出违规金额2385万元，下达审计决定纠正处理1628万元。收缴账外资金29万元纳入总厂结算中心核算，“小金库”纳入大账核算6万元，减少超标准支出16万元，审减不合理工程结算金额405万元。提出168条审计建议，被审计单位采纳138条。完成独山子石化公司委托固定资产内控制度审计项目1个，馏分油加氢和气分改造工程项目结算108个，审计结算资金1.63亿元，审减不合理结算金额68万元。完成润滑油厂委托工程结算项目40个，审计结算资金92万元，审减不合理结算金额6.23万元。

2004年，总厂审计处被中国石油集团公司评为“2003年度内部审计先进集体”，1人荣获中国石油天然气集团公司“审计先进个人”。1项审计项目荣获中国石油集团公司优秀审计项目二等奖，2项获三等奖。（撰稿人：李新宇）

【中国石油天然气股份有限公司新疆油田分公司（以下简称新疆油田公司）】 2004年末，新疆油田公司共有在职员工15552人，设有23个职能部门，其中，机关管理处室（13个）：总经理（党委）办公室、开发处、勘探处、生产运行处、技术发展处、质量安全环保处、审计处、监察处（纪委）、规划计划处、财务资产处、人事处（组织部）、企管与法规处、油田保卫处；直属单位（10个）：勘探公司、开发公司、技术监督检测中心、安全监督中心、工程造价预算部、资金结算部、物资采购管理办公室、审计部、公共关系处、技术信息档案馆。公司所属二级单位（13个）：准东采油厂、采油一厂、采油二厂、采油三厂、百口泉采油厂、重油开发公司、彩南油田作业区、石西油田作业区、陆梁油田作业区、勘探开发研究院、油气储运公司、消防支队、新港公司。

领导成员

党委书记：徐卫喜

总 经 理：陈新发

其他领导成员：王庆祥　孙晓岗　匡立春

阿不来海提·克尤木　吴会军

审计职责 新疆油田公司内部审计机构设置为一级审计，在公司机关设审计处及机关附属单位审计部。审计处负责公司审计业务的管理和对审计部工作的业务指导，审计部负责审计业务的具体实施。审计部门是在公司总经理的直接领导下，依据国家法律、法规及股份公司内部审计制度、标准等，对公司内部所有经营活动独立行使评价、监督、咨询和控制职能。审计处（部）共有审计人员28人，其中：审计处3人，审计部25人。

审计成果 全年共完成各类审计项目36个，为年计划的138.46%，审计单位覆盖率100%；审计资金覆盖率100%；通过审计共取得直接审计效益1566.85万元。审计工程结算项目金额184545.61万元，审减不合理工程款1303.38万元，审减率为0.71%；审计合同送审标的金额577131.43万元，审减不合理的合同价款118.02万元。审计人员人均取得直接经济成果55.96万元。审计参加有关单位组织的各类招投标、比值比价谈判238次，取得联合效益6814.09万元。另外，针对被审单位在管理上存在的不足，提出审计建议57条，被采纳50条，建议采纳率为87.72%。（撰稿人：於建红）

【中国石油天然气集团公司新疆石油管理局】

中国石油天然气集团公司新疆石油管理局主要从事石油及天然气的钻井、录井、测井、试油、井下作业等钻采工程技术服务与工程建设施工、机械制造、公路运输、发供电、供排水、通讯等业务。截止2004年末，全局职工总数48798人。设职能处（室）18个，直、附属机构18个，局属二级单位43个。

领导成员

局　长：唐　健

副局长：陈　岩　张中洲　潘仁杰

审计职责 新疆石油管理局内部审计工作是在局长的直接领导下，由副总会计师协助局长开展审计工作。职责是：负责制定内部审计各项管理制度、工作制度和业务标准、规范；对局属各单位的财务法规、财经纪律执行情况进行财务收支审计，提出审计处理意见；对管理局的基本建设项目进行预结算审计和竣工决算审计；对局属各单位生产经营情况进行经济效益审计；根据人事部门的委托对企业领导人员进行离任审计；对管理局的支出性经济合同进行审计，出具审计意见书；负责全局委托社会审计事项的审批、协议的签订以及审计结果的审核；负责审理审计报告，监督、检查审计决定的执行情况和审计建议的采纳情况；负责协调局内外有关审计工作事项；负责对局内各审计所的行政和业务领导；完成局领导交办和部门委托的审计事项。

审计成果 2004年，新疆石油管理局全年财务收支类审计项目计划项数89个，实际完成89

个，完成计划的100%；应审基建维修工程结算项目2615个，实际审计2615个，完成率100%；应审经济合同项目13381个，实际审计11266个，完成率84.19%。全年共审计出违规金额6528.42万元，已纠正违规金额4521.86万元，取得直接经济成果4034.64万元，其中：内部收缴、罚款金额323.79万元；基建工程项目净审减1070.31万元，其中新建工程422.94万元；维修工程647.37万元；支出性经济合同审减金额129万元；收追回各项权益51.1万元；促进增效金额2460.44万元。完成经济责任审计项目21个。5个审计项目获得中国石油天然气集团公司优秀审计项目，其中二等奖2项，三等奖3项；有1篇审计论文荣获中国内审学会石油分会三等奖。新疆石油管理局审计处被中国石油天然气集团公司授予2001年至2003年审计工作先进集体，有2名同志荣获中国石油天然气集团公司审计工作先进工作者。（撰稿人：王玉军）

科研、培训、出版、学术团体

【审计署审计科研所】 2004年，审计署审计科研所（以下简称科研所）人员编制30人，在编25人，领导职数3人。设有审计基础理论研究处、审计技术方法研究处、审计管理研究处、审计法制研究处、科研管理处5个处。

领导成员

所　长：刘英来

副所长：崔振龙　于汉贵

课题研究 （1）组织、参与了《中国审计史》第三卷编纂工作。按照编史办领导署纪检组长王道成的安排，科研所负责具体组织《中国审计史》第三卷编纂工作。科研所组织人员重新编撰了第三章（建立社会主义市场经济体制时期的审计）、第五章（内部审计）、第六章（内部审计）。组织了两次总纂工作会，撰写了3期《〈中国审计史〉编辑工作动态》。该卷书稿已送出版社。

（2）完成《关于审计法修订的几个问题》课题研究。3月，在审计法修订小组开始审计法修订程序前，科研所提交了《关于审计法修订的几个问题》课题研究报告。报告中的部分观点为修订小组所利用，并得到了李金华审计长的肯定。安排专人参与了审计法修订小组，参加了修订小组的讨论会，提出了一些修改意见，并负责撰写部分修改说明。

（3）完成《效益审计程序与方法研究》课题研究。课题报告对效益审计的一般概念、效益审计项目的选择和确定、效益审计项目的审前准备、证据的收集和整理归纳、报告与后续跟踪等问题进行了详细阐述。该课题报告印发后，反映较好。

（4）完成了《政府绩效评价体系研究》课题研究。该课题为财政部会计准则委员会2004年度立项课题。课题报告首先对政府绩效评价体系的概念、主体和客体、内容、评价的程序与方法、评价报告等问题进行了讨论，在此基础上分别针对政府绩效评价的对象——政府总体、政府部门（单位）、政府项目，讨论了评价的内容和指标体系。

（5）完成了《国家审计职业化制度研究》课题研究。该课题从人力资源的角度探讨了国家审计职业化问题，着重研究了国家审计在社会结构中的角色定位与实行国家审计职业化的必要性、审计人员的职业准入资格和遴选标准、审计人员的职业等级、不同等级的审计人员在工作中应具有的职权和责任，并对改革和完善现行的审计工作制度，改革现有的行政人事管理考核制度，建立审计绩效考评制度，建立和完善审计人员的激励制度，建立国家审计的内部监督机制和责任追究制度等多方面提出有益的对策建议。该课题的研究对建立审计职业化制度的进一步深入研究将起到有益的推动和促进作用。

（6）完成了《国家审计对国有企业保值增值监督机制》课题研究。该课题为科技部软科学研究项目。针对新的国有资产管理体制的建立，国家审计能否监督国有企业，监督的目的如何，通过什么形式监督，以及国家审计、民间审计和内部审计在监督国有企业、实现国有资产保值增值不同功能等方面的问题，本课题从国家审计监督国有企业的必要性、国家审计对国有资产保值增值传导机制、国家审计对国有企业审计监督的主要形式对上述问题进行了论证。

（7）参与编纂《于明涛、吕培俭、郭振乾、李金华论中国特色社会主义审计监督制度》。在纪检组长王道成的领导下，科研所从年初开始，负责搜集《于明涛、吕培俭、郭振乾、李金华论中国特色社会主义审计监督制度》一书的史料，并进行史料的加工整理、编辑。该书已经完成编纂工作。

（8）完成《中国审计行政管理研究》一书的初稿。该课题从理论上对20年来我国审计行政管理的发展历史及积累的丰富经验进行系统的总结和提炼概括，以求初步确立中国审计行政管理的基本理论框架，得出一些具有一般指导意义的原则和方法；同时更好地指导审计机关行政管理实践，贯彻落实五年规划，进一步加强审计管理，推动审计机关行政管理的科学化、法制化和现代化，提高审计机关行政管理水平和行政效率。该课题各章的写作工作已经完成，进入了初稿的总纂阶段，已按预定进度完成初稿。

审计与理论研究　(1) 编辑、出版了《世界主要国家审计法规》研究资料。根据审计法修订小组的安排，科研所组织了对30个国家审计法规翻译稿进行校核和出版、各校次的校对，编译了国外审计法规资料，提供给修订小组、国务院法制办、人大常委会参考。该书是目前国内关于国外审计法规最详尽、最权威的书籍。

(2) 完成了《美国政府审计准则》(2003版) 的翻译和出版。该项工作于8月完成，译书由中国财政经济出版社出版发行。该书在社会上反映很好，出版社的编辑认为译稿质量较高。

其他工作　(1) 组织完成了计算机审计专家经验的评审工作。该项工作与京津冀特派办和署计算中心合作进行，已按照计划于7月完成。科研所负责计算机审计专家经验的收集、初选和评审、汇总评审结果进行通报以及向作者和相关组织单位发放证书等工作。整个评审工作细致、严密有序，得到了相关单位的肯定。

(2) 与直属机关党委共同主办了审计文化建设研讨会。根据年初计划，科研所与直属机关党委共同策划了在全国审计机关开展审计文化的研究工作，科研所负责了前期的会议论文选编及会议日程、会务安排等工作，并于11月30日至12月1日共同成功地举办了审计文化建设研讨会。石爱中副审计长全程参加了此次理论研讨会。

(3) 编发了13期《审计研究简报》和14期《国外审计动态》。《审计研究简报》的撰写和《国外审计动态》选稿更加侧重于围绕署五年工作规划的重点及理论研究中的突出问题，解决审计实践中的突出问题。其中多篇文章受到署领导的重视，并引起广泛的关注。如，《简报》第1期"关于审计职业化体系框架的思考"一文受到令狐安副审计长的重视，作了大段批示，要求人事教育司在设计审计职业化体系时阅参并吸纳其中的有益观点。《动态》第9期"美国审计署更名"一文，引起强烈反响，被很多网站媒体引用。这篇动态受到李金华审计长和董大胜副审计长的重视，批示作为审计署的《审计简报》(第10期) 印发，并在《中国审计报》上刊登。《动态》第8期"真实和透明：联邦政府的财务状况和财政前景"一文受到刘家义副审计长的重视，批示"此类材料很好，建议适当扩大印送范围，如中央、国务院有关部门、有关领导同志"。

(4) 参与联网审计软课题研究项目组。该课题的主要目的是对部门预算执行联网审计相关的法律问题、技术问题、管理问题进行研究，提出部门预算执行联网审计的相关政策建议，为起草《部门预算执行联网审计办法》奠定理论基础。10月，根据石爱中副审计长的指示，科研所提出了该课题研究大纲。11月初，石爱中副审计长组织召开课题启动会。目前，正在进行国外联网审计有关资料的搜集整理工作。

(5) 组织开展了对外科研协作与课题组织管理工作。科研所从去年开始加强了对外科研协作与课题管理工作，特别是强化了与科技部、社会科学基金会、中央党校理论部的联系，主要工作有三个方面：一是组织审计系统对国家软科学项目征求意见的活动，以及每年的课题建议；二是组织、协调审计系统向上述部门的课题申报与管理；三是积极配合中国审计学会的理论研讨活动。

(撰稿人：张　荣)

【审计署审计干部培训中心】　2004年，审计署审计干部培训中心（以下简称培训中心）正式编制32人，实际在编30人，领导职数4人。设有办公室、培训处、考试处（考试中心）、电教处、国际合作处、国际会计审计师培训部、职业发展处。

领导成员

主　任：鲍国明（—9月）

　　　　钱啸森（9月—）

副主任：章　轲　杨彩霞　刘建础

工作综述　2004年，培训中心从审计干部教育培训工作的全局出发，树立"大教育、大培训"和服务于审计工作大局的观念，全面贯彻落实五年规划的要求，以构建审计干部职业教育体系为目标，从职业教育培训体系、教材体系、师资体系、网络教育体系和考核评价体系5个子系统入手全面开展工作。

培训体系 2004年，审计干部职业培训体系已整合完成并不断完善，形成了针对不同职级、岗位和知识结构，覆盖审计干部整个职业生涯，分职级、分层次，多类别、多渠道、多方式的培训格局。全年共举办各级、各类培训班74期，培训近7300人（次），培训工作成效显著。

（1）切实抓好入门培训。2004年，培训中心举办新录用干部初任培训班和业务培训班各1期，培训175人（次）。入门培训充分应用项目管理技术，完善培训需求、计划、课程、总结和评估等环节，充分调动教与学双方的主动性，讲求针对性和实效性，创新了情景式、互动式、体验式、启发式和案例教学等形式和方法，对培训工作质量的提升和项目管理的制度化起到了积极的促进作用。

（2）重点抓好领导干部培训。2004年，培训中心共完成1期厅（局）级领导干部培训班、2期特派办新任处级干部培训班、1期派出审计局局长助理培训班、2期市（地）审计局长培训班，共培训各级领导干部501人，其中：厅（局）级干部59人、特派办新任处级干部245人、派出局局长助理72人、市（地）审计局长125人。领导干部培训在以往经验的基础上，针对职级、岗位特点，突出了领导干部应具备的能力、观念、知识和素质教育，每期培训班均有不同的特色，内容丰富、重点突出、形式多样。如特派办新任处级干部培训班增加的自我认知、拓展训练、自助研讨、畅谈感想等活动形式，受到了学员的普遍欢迎，收到很好的效果。

（3）大力推进专项业务培训。2004年，培训中心与署机关各司（局）合作，共完成专业培训班20期，培训2018人（次）。专项业务培训充分贯彻署领导的要求，结合年度审计工作的安排，聘请水平高、业务通、理论研究深入的专家、领导讲课，涵盖了主要的审计行业和领域，对确保年度审计工作计划的落实和审计工作任务的完成起到了十分重要的作用。

（4）定期开展继续教育培训。2004年，审计署共有636人参加了为期10天的集中培训，各特派办同步收看了网上直播，739人（次）听取了3期特色专题讲座。同时，还提供了丰富的网上教育课程及多姿多彩的网上培训节目，并不断更新和补充，为审计人员有针对性地自主学习创造了良好的条件。

（5）继续做好西部地区培训。2004年，培训中心有针对性地为西部地区举办了1期县市审计局长培训班和1期审计业务骨干培训班，共培训117人。所有参训人员均完成了培训任务，达到了预期的培训效果。

（6）灵活开展技能培训。培训中心通过不断开发新项目、尝试新方法、开辟新途径，为提高审计干部的技能做出了不懈的努力。继BFT英语培训后，又成功推出局（处）长英语培训班，共培训55人。为配合“金审工程”的推广普及，举办了1期“金审工程”应用系统软件培训班，辅导48名审计人员掌握了软件使用方法。为提高审计频道栏目素材的质量，造就一批优秀的通讯员，培训中心还举办1期特约通讯员培训班，培训25名DV骨干人才，普及了摄像、剪辑、新闻捕捉等基础知识。

（7）广泛开展国际合作培训。培训中心与外事司密切合作，在北京成功举办了有23个国家和地区的34名审计人员参加的第二届国际审计培训班，充分展示了中国审计的巨大成就，进一步扩大了中国审计的国际影响，提升了中国审计的国际地位。

举办5期审计业务短期境外培训班，送出境外培训138人。在中长期境外培训方面，顺利实施19人为期5个月的赴英培训，3人完成香港理工大学的学习并获得硕士学位，同时又选派3人赴香港理工大学攻读硕士学位。赴英中长期培训班坚持学研结合，搜集整理了大量文献资料，完整准确地翻译了英国新版绩效审计手册，出版了绩效审计研究论文集，为我国效益审计事业的发展作出了贡献，体现了规范管理的成果和效益。

（8）ACCA与CISA国际专业人才培养。ACCA项目招生380余人，在北京和深圳举办培训班46期，面授培训1150人（次），并成功地将两门课程进行了网上直播，使外地学员能够与北京同步开展培训。ACCA项目继续积极拓展与高等院校的合作，先后与上海交通大学、江西财经大学、四川大学、宁波大学、集美大学、江南大学、浙江财经大学7所高等院校合作建立了成建制班，为进一步发展ACCA项目奠定了基础。5月，培训中心顺利通过了英国 ACCA 培训机构的评估，被授予优等培训机构的称号。CISA 项目招生 103 人，在北京、上海和南京举办了培训班，培训 67 人。

此外，还与国际知名的 BPP 教育培训机构共同在全国推出中文国际注册会计员资格证书；与普华永道联合为中石油举办 2 期国际会计准则培训班；与中国注册会计师协会联合在国家会计学院举办 1 期信息系统审计培训班；与 FTMS 培训机构联合在香港举办中国注册会计师的会计和税法考试课程培训。

教材体系建设 2004 年，培训中心根据教材体系框架的初步设想，着力构建以审计干部岗位知识和综合素质为基础、审计理论和审计技术方法为主体、相关知识为补充的审计干部职业教育系列教材体系。

4 月份，《审计干部知识问答》、《审计干部综合素质读本》、《审计技术方法》、《国外绩效审计方法与案例》4 本教材的出版发行，展示了培训中心贯彻落实审计工作五年规划的力度和成果，迈出了教材体系建设的重要一步。编写中的教材有《中国政府审计》，修订中的教材有《市场经济理论研究》、《财政理论研究》、《金融理论研究》、《财务与会计理论研究》、《审计理论研究》5 本书。系列教材的编写实行项目负责制、主编负责制和专家审定制等一套完整规范的教材编写管理体制，贯彻了精品意识和创新意识，为审计队伍人才建设提供了优质教材。

此外，继续每月整理出版 1 期《审计干部培训活页文选》，关注最新的社会、经济热点以及政策动向，及时发送到审计署各在京单位及各审计厅（局），受到广大审计干部的喜爱。

师资建设 2004 年，培训中心从对内、对外师资两条线入手部署和落实师资建设任务，举办 2 期业务讲师培训班和 1 期对外审计师资培训班，培训对内师资 96 人、对外师资 18 人。

对内师资培训侧重于教学方法和技巧的传授，系统地讲授了现代教学理论、课程设计开发、教案准备等知识和技巧，探索出观摩教学、经验交流、互动体验、实际演练、小组展示、多元化教学导引等实用的师资培训形式，有效提高了师资的教学质量和水平。业务讲师培训班开创了审计系统大规模培训师资的新局面，促进了教育培训工作的系统化和可持续发展。

对外师资培训针对我国与东南亚和印巴地区最高审计机关交流频繁的特点，对课程设置、师资配备和教材内容进行了相应的调整，专门聘请了一位巴基斯坦外教，增加了印巴英语听力课程，并充分利用国外审计长访华音像资料作为视听教材，使师资建设更具针对性和实用性。

网络教育 2004 年，培训中心在网站建设、虚拟教室、课件制作、网络点播等方面都实现了可喜的突破。

在网站建设方面，对外网的网页设计、版面安排、栏目结构等方面进行了人性化的全新改版，内网浏览量继续保持署内第一的位置。在网络虚拟教室方面，成功实现了 CISA 和 ACCA 培训课程的网上交互直播。在课件制作方面，完成了《机关公文处理规范》、《审计技术方法学习辅导》和《效益审计的程序与方法》3 门课程共 18 课时教学课件制作。在网络点播方面，开辟了审计频道和网络课件等全新的栏目供审计干部点播学习。

另外，培训中心将互联网技术和电视制作技术相结合，通过网络现场直播全国审计工作座谈会和全署集中培训，使 18 个特派办通过互联网直接联通到会议现场，实现了摄录技术和数字制作与传输技术结合的突破，取得了令人鼓舞的成绩。

评价体系 2004 年，全国有 18986 人分别报考了审计专业技术初（1043 人）、中（13798 人）、高级（4145 人）资格考试，249 人报名参加了审计英语考试。考试工作一直本着“规范、创新、科学、严密、高效”的原则，考务管理、命审题管理、阅卷管理和成绩管理方面形成了一整套科学严密的组织管理模式，数据处理、监控、统计和分析工作实现了自动化、信息化和系统化，在人事部职称系列考试中屡受好评。考试工作还本着以人为本的原则，开通了网上报名指导、政策查询、辅导资料推介、报名填涂在线查询、成绩在线查询、自动评分模拟考场、查分和核分服务等内容，极大地方便了考生。（撰稿人：程　鸿）

【计算机技术中心、信息化建设办公室】 计算机技术中心（以下简称中心）现有四个处：信息系统处、软件开发处、应用技术推广处（兼办公室）、辅助审计处。信息化建设办公室有两个组：网络与安全建设组、应用系统建设组。实有人员 30 人。

领导成员

主　任：王智玉

副主任：李进建　于广军

信息化建设办公室主任：周德铭（兼办公厅副主任）

信息化建设　(1) 制定两个指导（安排）意见和四年规划。根据李金华审计长的指示，中心要对全系统的审计信息化工作“加强指挥协调”，在服务机关职能的基础上，中心被赋予“署信息化工作的主管部门”职能。为了做好对全国审计信息化建设的指挥、指导、协调。根据 2004 年度总体工作安排，在调查研究的基础上，起草并印发了《审计署 2004 年信息化工作安排意见》和《2004 年审计信息化工作指导意见》，明确了署机关、派出局和特派办信息化工作的具体任务，提出了地方审计机关信息化建设的指导意见。上半年，根据审计署 2004 至 2007 年审计工作发展规划，起草了《2004 至 2007 年审计信息化发展规划》，经过全国审计工作座谈会讨论修改后，于 8 月 20 日正式印发。

(2) 积极做好全国审计工作座谈会的准备工作。中心 4 位领导分别赴沈阳、哈尔滨、郑州、西安、南京、武汉、济南、襄樊、南海等地进行了调研，了解特派办、省级审计机关（包括部分中心城市和县区）信息化工作的情况、主要成绩和经验、当前存在的问题和近期的打算，听取他们对年中座谈会开法的意见。在此基础上，向署领导提出年中座谈会的主要内容及目的。协助署领导组织了 14 篇大会发言，对每个单位的发言材料进行了审查和指导，确保材料的质量和效果。协助培训中心将全部的文字资料和电子幻灯制作光盘，首次实现了会议文件的全部电子化。3 位中心领导在会议上作了发言，中心草拟的《2004 至 2007 年审计信息化发展规划》提交会议讨论。

(3) 积极稳妥地推广金审工程开发的软件，进行本地化部署，取得显著的经济效益和社会效益。金审工程两大应用系统，即《机关辅助办公系统》(OA) 和《现场审计实施系统》(AO) 完成了集成，已在署机关和特派办进行了部署，下半年，重点做了金审软件在地方的本地化部署工作。《现场审计实施系统》已在审计署和地方各级审计机关推广应用，已发出软件 20277 套。印发了《金审工程应用软件使用管理暂行办法》和《做好金审工程应用系统推广试用设备环境准备工作的通知》，从制度上给予了保障。

金审工程建设　(1) 机关辅助办公系统（OA 平台)。《机关辅助办公系统》分别在署机关和特派办部署应用，主要是对系统已有功能作进一步完善，添加数据，修改程序中的 bug。同时增加审计管理工作需要的新功能（如与现场交互等)。

(2) 现场审计实施系统（AO 软件)。《现场审计实施系统》4 月 12 日至 5 月 15 日，在长春特派员办事处、太原特派员办事处和农林水审计局审计项目上进行试用。根据试用情况，进一步对软件进行了修改完善。7 月 21 日正式推出试用版。9 月份开始，中心连续组织 11 期培训班，对署机关派出审计局的业务人员和特派办的师资骨干进行了全面培训，为软件在审计署的整体推广应用打下基础。财政审计司 2005 年工作安排，在中央预算执行审计中要有 50 个部门全面应用 AO 系统审计。

(3) 联网审计试点。金融联网审计继续取得效果。中心配合经济执法审计局实现了对国家工商行政管理总局的联网审计，各派出局正在积极落实与驻在部门联网审计事宜，列入金审一期预研项目的海关联网审计也在西安、厦门、广州 3 个海关开展审计试点。

(4) 网络建设。各特派办根据署《特派办局域网建设指导书》的要求进行局域网改造工作。除新建办公大楼的 5 个特派办（长沙、长春、重庆、广州、西安）外，13 个办已完成机房改造工程，其中 9 个办事处做了机房加固。中心对 8 个特派办局域网工程进行了验收检查。

(5) 配置计算机设备和系统软件。为 18 个特派办配置 948 台便携计算机，占实有总人数 1866 人的 50.8%，是初步设计 670 台的 141%；为 18 个特派办配置了局域网的机柜、交换机、服务器和不间断电源（UPS）等；为 7 个试点单位配置了广域接入的路由器、防火墙、加密机等。为署机关和派出审计局配置便携式计算机 496 台，是初步设计 170 台的 291%；另外还在初步设计计划外，为署机关配置台式计算机 193 台。为 25 个派出审计局配置了城域网接入的交换机、路由器、防火墙、加密机等。为 18 个特派办配投影机 70 台，用于在机关和审计现场交流审计情况。

(6) 金审二期准备工作。根据刘家义副审计长的指示，成立了金审工程二期业务需求调研组，6月底下发了《关于开展会计核算和业务信息系统专项调查的函》，已收到5个业务司、19个派出局提交的86个被审计单位的回函，写出了汇总材料。根据国家发改委的要求，11月起草上报了《全国审计信息化发展“十一五”专项规划思路报告》，起草了《金审工程二期可行性研究报告（简本)》，并在中心处以上干部会上进行了讨论，送交有关专家征求意见。

计算机辅助审计 (1) 配合金融审计司组织开展了对资产管理公司的计算机审计。从2月中旬起分期分批搭建了各资产管理公司的计算机审计网络环境8个，取得并转换了华融、信达两家资产管理公司全国范围的资产管理系统和资金系统5.4G的电子数据。审计全面开展后，指导特派办审计人员取得并转换了长城、东方两家资产管理公司全国范围的资产管理系统和资金系统的电子数据5.2G。审计中制定出《计算机审计现场环境搭建实施方案》和《计算机审计数据转换方案》等具有较强可操作性的实施方案，为各审计现场的计算机审计环境建设和数据转换工作提供了具体详细的指导。

中心与金融审计司共同讨论整理出用软件保证质量控制的办法。4月，在金融审计培训班上，下发了包含质量控制功能的《通用审计系统》(资产管理公司版)，对参加今年资产管理公司审计的审计人员进行了专门的培训。通过对审计软件的快速调整，为落实贯彻《审计机关审计项目质量控制办法（试行)》提供了技术手段和保证。

(2) 配合行政事业审计司开展对中央部属高校和医院审计调查项目。中心安排了技术人员，在多家医院的审计现场搭建计算机审计网络环境、转换审计电子数据，运用计算机审计软件，开展计算机审计。指导、协助派出局审计人员取得并转换了各自审计医院的财务数据和业务数据。其中转换了北京大学第一医院的医疗器械、药品、服务收费的全部数据10G。根据医院单位数据量的情况，及时组织开发了预算执行审计软件网络版，保证了审计的顺利进行。

(3) 对派出局预算执行审计的支持。为配合和行政事业审计司做好2004年各部委的预算执行审计工作，从10月8日起中心派技术人员前往各派出局协助转换数据，对各派出局所辖一级预算单位和部分（主要是已经确定的年底或者明年要审的）二级预算单位的财务数据进行采集、转换，保证各派出局自2005年预算执行审计工作正式开始时，采集、转换数据的问题得到解决，可以直接使用《现场审计实施系统》进行审计工作。

科研项目 (1)《信息技术——会计核算软件数据接口》国家标准出台。2004年2月，根据国家标准化管理委员会“关于调整《信息技术会计核算软件数据》国家标准计划项目的复函”(标委办函［2004］6号)，审计署成立了以刘家义副审计长为项目组组长的项目工作组。中心组织相关部门、单位和专家编写了《信息技术、会计核算软件数据接口》国家标准。此国家标准于2004年10月获得中华人民共和国国家质量监督检验检疫总局批准，标准号为GB/T 19581－2004，发布日期为2004年10月20日，实施日期为2005年1月1日。

(2) 863项目和中科院项目取得进展。863项目通过专家组中期检查，进展顺利。2003年底，科技部关于审计署《计算机审计数据采集与处理技术》“863计划”课题批复后，课题组组长刘家义副审计长批示“抓紧准备，全面启动”。以审计署计算机技术中心的研究力量为依托，组织了审计署所属的南京、上海、昆明、长沙特派办，以及审计署驻国务院部门的审计业务和计算机技术人员。各机构的领导亲自担任各子课题的负责人，还组织了当地的科研院所高级研究人员参与课题研究。同时，设置了4个核心技术研究项目，邀请清华大学、哈尔滨工业大学和南京审计学院的教授和博士参与课题研究。根据“863计划”管理办法、文档资料管理办法、专项经费管理办法等规定，制定了相应的管理制度，起草了《审计署“863计划”课题经费管理使用暂行办法》，以确保课题严格执行国家863计划的各项规定。

8月，按照科技部的有关要求，组织了课题阶段工作总结会，通过了国家863计划专家组对课题的中期检查。中科院重大创新项目立项继续进行。继续准备《联网审计技术研究与应用》课题在中科院重大创新工程立项。进一步完善课题

《可行性研究报告》和研究方案，按照中国科学院知识创新工程项目的要求，编制了项目课题预算，整理项目立项需要的所有报告材料，协助有关方面积极筹备项目立项评审专家会议。2004年10月28日，该项目通过了中国科学院组织的专家评审。

（3）完成农业银行项目验收。审计署与农业银行合作开发了《金融计算机审计系统》，包括项目文档的整理、印刷、制作，项目资产的移交与登记，项目资产评估与置换，项目决算等。该项目已在2004年12月正式验收并运行。

（4）《基于Excel的审计分析模板》的研制。中心与内蒙古自治区审计厅、内蒙古工业大学共同组织项目组，研制基于Excel的审计分析工具。经过半年多的努力，完成了《基于Excel的审计分析模板》。

（5）举办第二届计算机审计国际研讨会。9月1日，在南京审计学院举行了第二届计算机审计国际研讨会。来自不丹、巴西、加拿大、德国、匈牙利、印度、日本、荷兰、巴基斯坦、波兰、罗马尼亚、俄罗斯、瑞典、英国15个国家和香港、澳门两个特别行政区最高审计机关参加了会议，与会代表共54名，向大会提交论文22篇。会上，各国代表就联网审计应具备的法规环境、联网审计中数据采集技术与数据的使用、操作系统安全审计标准、通讯安全审计和访问安全审计标准等问题进行了积极热烈的讨论。中心杨蕴毅处长和曹洪泽博士分别代表审计署在会议上作了题为《中国会计核算软件数据接口标准介绍》、《中国联网审计技术研究》的发言。

（6）《现场审计实施系统》实用手册。配合《现场审计实施系统》的推广工作，中心按照业务需求和系统功能设计方案，结合试用中的案例，组织编写了《现场审计实施系统实用手册》。

计算机培训　（1）全国审计系统第二轮计算机基础知识和操作技能培训考试。从2003年12月起，审计署共组织了4次全国审计系统第二轮计算机基础知识考试，除署机关、特派办以外，已有15个省的地方审计机关组织了培训工作并参加了审计署统一组织的考试。共有15714人次报名参加考试，通过考试11493人。

（2）计算机审计中级培训。2004年，审计署举办了3期计算机审计中级培训，参加培训的共151人。2004年，组织4次计算机审计中级水平考试，参加考试有623人。中心针对中级培训效果到特派办和省审计厅进行了调研，根据审计人员提出的问题，调整了讲课内容，修改了教材，建立了考试题库。

（3）计算机软件应用培训。组织了6期应用系统培训班，先后为各特派办、地方审计机关培训了《审计管理系统》、《现场审计实施系统》、《公文管理软件》和《人力资源管理软件》等，共计657人次。为了及时解决金审工程应用软件在使用中出现的问题，《金审工程服务网站》和热线电话于9月开通，提供软件应用支持服务。

系统运行维护　中心用于系统维护的工作量已开始加大，为做好该项工作，中心出台《金审工程运行费管理办法》，并结合二期工程建设开始着手考虑“三个”中心的建设方案。

（1）网络系统的运行维护。审计署办公局域网运行正常。中心结合金审工程的建设，为解决署机关2000年建成的内网信息点与日益增长的需求之间的矛盾，对署机关局域网进行扩容，新增交换机11台，共重新统筹分配744个用户端口。还针对ISDN/PSTN拨号过程中可能产生的安全风险，寻找不同的专家论证解决方案，对局域网网络安全进行加固，最后选用了中心技术人员提出的通过防火墙策略调整的方式解决。定时更新KILL防病毒软件病毒库，提供病毒专杀工具和相应的补丁，对重大病毒进行了积极预警，变被动为主动，有效地防止新的病毒大面积爆发。结合OA平台的部署，部署了新版网管软件，为软件补丁分发等提供了有效手段。目前，审计署机关大楼与在京事业单位、25个派出审计局的城域网络畅通，与各特派员办事处、各省级审计机关、计划单列市审计机关的远程电子邮件通讯基本畅通；主域、邮件、宏观经济信息、新华社信息和图书馆等服务器运行正常。

中心与办公厅一起，对审计署网站进行了局部更新；部署了反病毒墙，减少了垃圾邮件、病毒软件、蠕虫病毒等发作，加强了外网安全。8月，全署集中整训时，配合培训中心，调通了10M高速宽带网络，从技术上保证了整训实况转播方案的施行。另外，中心还保障了国办网的正常运转；协助办公厅建立了中机密码通讯专网。

(2) 软件系统的运行维护。对 OA 系统服务器软硬件的日常维护，包括 OA 系统数据库服务器、应用服务器、课件服务器硬件的组装；Windows 2000 Server、DB2、WebSphere、MQ、流媒体服务等软件的安装配置、补丁升级，以及防火墙、杀毒软件的定期更新；11 个应用软件数据库的定期备份。

对挂接在 OA 系统上的各个软件进行开发管理、应用推广、运行维护，按照各应用软件的设计配置软件角色和权限，管理 OA 平台账号口令和软件权限配置，根据审计署人员调动、职位变动情况及时进行后台维护，确保 OA 平台全体用户能够正常登录，以及具有相应的软件使用权限。

(3) 计算机设备的运行维护。为署机关、派出局更新设备 488 台，为署机关计算机设备和打印机设备做日常维护，累计解决各类设备故障 2000 余次。为署内各种培训班、交流干部提供周转机累计约 200 台次。署机关更新了 200 多台计算机，按照要求，替换下来的旧设备一律作支援西部审计机关处理。(撰稿人：程建勤)

【南京审计学院】 2004 年，南京审计学院全日制在校生人数 9253 人，教职工 858 人，其中专任教师 564 人（教授 35 人，副教授 136 人，讲师 184 人）。学院设有以下教学及教学辅助机构：审计学系、国际审计系、财政学系、会计学系、经济学系、管理学系、金融学系、计算机科学与技术系、法律系、外语系、对外汉语系、应用数学系和人文社科部、体育教学部、管理干部学院、成人教育学院、公有民办二级“金审学院”、高等职业技术学院等教学系部及公共管理与绩效评估研究院、图书馆、现代教育技术中心、金融高级人才培训中心等；设有以下行政管理机构：党委办公室、组织部、统战部、宣传部、纪委办公室、保卫部、团委、学生工作部、院长办公室、外事办公室、监察室、审计处、人事处、教务处、科研处、财务处、学生处、保卫处、基建处、工会、离退休工作处、后勤管理办公室、浦口校区管理委员会、后勤集团公司等。

领导成员

院　长：易仁萍（—12 月）
　　　　王家新（12 月—）
副院长：熊仁民（—12 月，改任党委书记）
　　　　黄国平　王家新（—12 月）
　　　　张　进　尹　平（12 月—）
纪委书记：叶国英

计算机审计国际研讨会　9 月 1～4 日，由审计署举办的第二届计算机审计国际研讨会在南京审计学院召开。来自英国、巴西、加拿大、德国、瑞典、挪威、匈牙利等 15 个国家和港澳地区最高审计机关的 28 名代表、全国审计机关和该院的 30 名代表参加了会议。李金华审计长、梁保华省长出席大会开幕式并致辞。刘家义副审计长介绍了中国计算机审计情况。挪威、英国、加拿大、香港等国家和地区的审计官员分别主持了学术研讨。来自世界各地的代表围绕计算机环境下的审计标准建设、联网审计的法律法规要求、审计数据的采集、处理与使用以及信息系统安全等热点问题进行了论文宣读和讨论，并就计算机审计工作进行了经验交流。

“CISA”考试培训中心　信息系统审计师 CISA，(Certified Information Systems Auditor) 是目前政府审计机关、金融等单位、会计师事务所、跨国公司、上市公司、软件供应商等行业急需的人才。由美国推出的金领职业证书——国际注册信息系统审计师（CISA）正式登陆南京，南京审计学院作为江苏省惟一的考试培训中心。2004 年 9 月底，由该中心开办的注册信息系统审计师（CISA）培训班开始授课，来自全省的注册会计师、大学教师、公务员、公司职员、在读研究生和本科生等 37 名学员参加了培训。目前，由审计署授权的南京审计学院 CISA 考试培训中心是全国五个中心之一，负责 CISA 考试的报名、考培工作。

教务管理　为顺应学生弹性学制和学分制管理的变化，经过长期酝酿和深入细致的探索，学院对教务管理机构、管理模式和操作程序进行了重大配套改革。按服务和管理两条线新增了注册中心、考试中心、学生学习支持中心、教学信息与评估中心，人员定岗、定编，明确了岗位职能和工作要求。新型的教务管理机制突出专门化、信息化、科学化和人性化特色，落实全员责任制，全面体现“以教学为本、以学生为本”的管理理念，充分发挥计算机信息化管理准确、高效、及时的优势，为协调全院师生、教学行政管理部门提供了一个信息汇集、管理、传递和交流的一个快捷的平台，为学院的人才培养和教学质量的全面提升，履行管理职能。

学科建设　(1) 对外汉语系的《诗词鉴赏》多媒体课件获第八届全国多媒体教学软件大奖赛一等奖（全国高等教育和职业教育的一等奖全国只有5个）和江苏省第二届高校“方正奥思”杯多媒体教学课件一等奖；金融系的《国际结算》多媒体课件和人文社科部《邓小平理论》多媒体网络课件分别获得江苏省第二届高校“方正奥思”杯多媒体教学课件二等奖和三等奖。

(2) 审计系的《固定资产投资审计》获得省一类优秀课程奖，对外汉语系的《经济应用文写作》和外语系的《大学英语》获得省二类优秀课程奖。

(3) 审计系的《内部控制学》教材获得2004年江苏省高等教育省级教学成果奖一等奖，经济系的《宏观经济课程结构和教学方法研究》和《计量经济学课程的教学改革与创新》、管理系的《案例教学法在管理学课程教学中的应用》、对外汉语系的《中文类课程多媒体教学模式的探索与创新》分别获得2004年江苏省高等教育省级教学成果奖二等奖。

(4) 2004年，经济学专业、信息管理与信息系统专业取得了学士学位授予权。

其他教育　2004年，学院遵循“统揽全局、统筹兼顾，有所侧重、有所突破”的原则，协调发展各种形式教育。

(1) 研究生教育。经国务院学位办批准，2004年，南京审计学院与南京大学首次联合招收硕士研究生22人。

(2) 公有民办教育。金审学院2004年在校生规模已达1000余人。按照“以人为本，依法办学，从严治教，科学管理”的办学方针，金审学院认真贯彻《民办教育促进法》，解放思想，大胆探索，积极进行运作机制和管理模式的创新，优化资源配置，提升办学形象。2003～2004学年，金审学院的2003级学生在参加与审计学院公费本科学生同样命题试卷考试中，有246名同学（占80%）学分绩点超过3，44名同学通过大学英语四级考试，92人通过计算机二级考试，有111人次获得审计学院优秀学生奖学金。

(3) 留学生教育。2004年，留学生教育开始起步，对外汉语系从韩国招收了留学生。

(4) 高等职业技术教育。高等职业技术教育学院从高职教育的发展策略、管理模式、专业及师资队伍建设入手，明确学院建设定位，逐步完善教学指导机构，加强教学管理，突出对学生应用能力的培养，并建设了较为完整的高职人才实践能力培养保障体系。在2004年专升本的考试中，高职院有156名学生参加选拔考试，其中有93名同学被正式录取，录取比例在全省高职院校中名列前茅。

(5) 成人教育。2004年，成人学历教育招生2200人。在招生规模缩减的情况下，管理干部学院实际上交学校年度利润640万元，其中：计划任务500万元、超额上交70万元、为学院解决商校遗留问题承担70万元费用。

(6) 中外合作办学。认真贯彻落实《中外合作办学管理条例》，与国外有关机构密切合作，在继续办好ACCA、CPA、CIA、CAS、LCCIEB等培训工作基础上，按照“广开渠道、促进交流、突出重点、务求实效”的工作方针，进一步引进国外优质教育资源，扩大合作领域和合作形式。2004年，与澳大利亚科廷科技大学联合举办了会计学专业中澳合作班。

浦口新校区建设　建设浦口新校区是学院工作中的重中之重。一期基建工程预计在2005年底完成，全部工程建设任务到2006年底前完成。2004年，江苏省国土资源厅颁发了浦口新校区土地使用证。目前，浦口新校区总体规划和一期单体设计方案、市政设计方案、景观设计方案均已完成。

科研成果　2004年，学院获得各类纵向科研项目29项，其中：国家社科基金项目2项，全国统计项目1项，江苏省哲学社会科学规划基金项目5项、指导性1项，江苏省教育厅自然科学研究资助项目2项、指导性项目4项，教育厅人文社会科学研究资助项目4项、指导性6项，中国审计学会资助项目1项，江苏省统计局投入产出办项目1项，江苏省统计研究计划项目1项，煤炭科学研究总院南京研究所项目1项。截至2004年底，全院各类在研项目113项。2004年，全院发表论文625篇，出版著作12部。

2004年，共有30多项科研成果获奖，其中：全国审计科研优秀论文奖1项，全国统计科研优秀成果奖1项，江苏省社会科学研究“十五”规划项目优秀研究成果奖1项，院级科学研究优秀成果奖27项。（撰稿人：禹志梅）

【中国时代经济出版社】 2004年，中国时代经济出版社在编人员31人，招聘人员32人，领导职数3人；设有行政人事管理部、总编室、财务部、图书编辑一部、图书编辑二部、对外合作部、期刊编辑一部、期刊编辑二部、图书营销部、期刊营销部、北京时代国审广告传媒有限公司。

领导成员

社　长：宋灵恩

副社长：杨　岗　乔晚根

工作综述 2004年，中国时代经济出版社圆满完成了《中国审计》、《中国财经审计法规选编》和《中国审计年鉴》（2004卷）的编辑出版任务。全年编辑出版图书195种，其中，新版图书146种，比上年增长17.74%；修订、重版图书49种，重版率25.12%；向国外及台湾地区输出14种图书的出版权；引进国外版权图书72种。实现书刊销售码洋6000多万元。

图书出版 2004年，中国时代经济出版社重点推出了《印记—中国审计二十年》、《中国审计史》（一、二卷）、《审计理论研究文集》、《中国审计文化研究》、《审计软件开发指南》、《论建设中国特色社会主义审计监督制度》等审计理论与实务图书；同时还策划出版了《学习型书系》、《中国年度报告》等一系列丛书、套书和品牌图书。其中：《2004年决策报告》、《2004年资政报告》、《2004年城市报告》、《2004年数字报告》成为当年图书市场的亮点；《商业领袖底蕴》出版后，在国内企业界反响较大，《经理人》杂志还就书中阐述的企业现象进行了跟踪报道；《学习型政府》、《学习型城市》、《学习型社区》、《学习型组织》、《学习型企业》、《学习型人才》等图书被中国书刊发行业协会评为“（社科类）全国优秀畅销书”。

为进一步宣传审计工作取得的成果，促进审计工作顺利开展，在审计署有关部门支持与配合下，中国时代经济出版社汇集了2004年6月以来各媒体发表的与“审计风暴”有关的文章、评论、案例等200余篇，及时出版了《聚焦“审计风暴”》一书，受到审计工作者与社会读者的欢迎，取得了较好的社会效益。此外，中国时代经济出版社还加大对外合作出版力度，通过与国内外教育机构联合，以定向为大中专院校提供教材等方式，搭建起了教材出版平台，为今后跻入教材出版市场奠定了基础。

期刊出版 为加大审计宣传工作力度，更好地适应审计事业发展的需要，2004年，中国时代经济出版社对《中国审计》的版式、栏目和内容又进行了全面调整，增加了对《中国审计》的资金投入，使该刊在装帧质量和风格上又有了较大改观，刊物内容更加精良，刊物的指导性、权威性和可读性有所增强。

2004年，《中国审计》积极宣传贯彻落实“全国审计工作会议”精神和《审计署2003至2007年审计工作发展规划》，着重加大了对重大违法违纪案件的报道力度，进一步突出宣传重点，不断改进报道方式，并以“面向基层、精益求精”为工作重心，加强了对基层审计工作经验与审计工作者精神风貌的报道，使《中国审计》更加贴近基层、贴近审计工作者，宣传效果明显提高。

《中国审计》以围绕贯彻落实审计法和努力完成审计宣传工作中心任务为己任，突出刊物的指导性，为提高审计人员素质、加强审计工作经验交流、促进审计技术的提高提供了广泛的空间，对配合审计署党组的中心工作，扩大审计影响，发挥了积极有效的作用。全年按正常刊期编辑出版24期，刊载文章千余篇，约300余万字；编辑出版《中国审计·理论版》4期，刊载文章约400篇，共163.2万字。编辑出版《国际审计纵横》第八集、第九集共80万字。

为培养《中国审计》的通讯员队伍，广泛吸纳基层优秀的写作人才，不断提高期刊质量，进一步加强与各省审计系统宣传人员的联系，2004年，中国时代经济出版社先后举办了3期通讯员培训班，对210多名通讯员进行了新闻写作知识、采访技巧等方面的培训，调动了基层审计人员的积极性，有力地推动了基层审计宣传工作的开展。

编辑出版《中国财经审计法规选编》，积极为审计一线人员提供政策支持。全年共编辑出版24册，约230万字。编辑出版《审计署干部培训活页文选》12期，约48万字。同时，还配合审计署办公厅完成了7期《中华人民共和国审计署审计结果公告》的出版和赠阅工作。

书刊发行　2004年，中国时代经济出版社在努力提高书刊质量、调整图书结构的同时，进一步加强书刊发行工作，通过对现有人员的业务培训，向社会公开招聘专业人才，改进和完善业绩考核和奖惩制度等举措，有效地调动了业务人员的积极性，使员工既有压力，也有动力，自觉提高自身的业务水平。中国时代经济出版社与《中国图书商报》、《中国新闻出版报》等媒体紧密合作，进一步加大书刊宣传推广工作力度，取得了显著效果。在“2004年全国图书订货会”上，中国时代经济出版社通过全方位的展示和宣传，图书征订码洋达1000余万元。在2004年5月举行的第十四届全国书市上，中国时代经济出版社图书订货码洋在320家参展出版社中名列第25位。2004年，中国时代经济出版社共发行图书672种，约4100万码洋，图书销售网点比上年约增长10%。

为认真贯彻落实中央关于报刊治理整顿的指示精神，《中国审计》从2004年起改由邮局发行，为中国时代经济出版社今后的发行工作创造了有利条件。

深化改革　为了巩固内部改革成果，不断提高经营管理水平，在全面总结、认真分析各方面经验的基础上，针对新闻出版行业的新情况、新问题，结合自身各项业务不断发展的实际情况，中国时代经济出版社对《中国时代经济出版社进一步深化改革实施方案》及其《实施细则》作了必要的修改和补充，并陆续制定了《社长基金管理办法》、《员工年度考核试行办法》、《2004年度图书营销目标责任管理办法》、《2004年度图书编辑目标责任管理办法》。通过逐步完善内部经营管理制度和内部分配制度，进一步调动了员工的积极性和创造性，为在2005年初开始的下一聘期员工竞聘上岗做好了充分准备。

为进一步加强内部管理，提高经营管理水平，强化管理手段，中国时代经济出版社在改造社内局域网的同时，自行开发了社内经营管理软件系统，达到了内部数据共享，避免了重复劳动，实现了动态化管理，工作效率明显提高。

党建工作　(1) 组织员工重点学习了“三个代表”重要思想、党的十六届三中全会《关于完善社会主义市场经济体制若干问题的决定》和四中全会《关于加强党的执政能力建设的决定》及中央领导同志的有关讲话精神，并结合实际，对如何进一步搞好新闻出版工作，为审计事业服务等问题进行了讨论。党员干部在学习贯彻“三个代表”重要思想的过程中，紧密联系工作实际，结合新时期国内外出版形势的变化和发展，认真总结经验，全面分析经营管理和改革以后各项工作中存在的问题以及面临的困难；围绕贯彻落实《审计署2003至2007年审计工作发展规划》，加大了对审计工作的宣传力度，增强了对审计工作宣传的计划性和针对性。通过学习，党员和干部对如何科学制定出版社今后几年的发展战略与规划，进一步提高出版社的整体实力和市场竞争力，充分调动全体员工的积极性、主动性和创造性等问题有了更深刻的认识，并统一了思想，使政治理论学习取得了实效。

(2) 组织全社党员集中学习了《中国共产党党内监督条例》和《中国共产党纪律处分条例》，并就如何贯彻落实两个《条例》进行了专题讨论；重温了毛泽东同志《反对自由主义》；集中学习了刘少奇同志《论共产党员的修养》和《党章》有关内容。出版社党支部要求全社共产党员要率先做好以下五个方面的表率：一是要做遵守纪律的表率，二是要做维护团结的表率，三是要做廉洁自律的表率，四是要做吃苦耐劳的表率，五是要做联系群众的表率。

(3) 认真开好支委会和民主生活会。长期以来，社党支部一直把民主生活会作为党员交流思想、改进支部作风，提高党组织战斗力的一项重要措施。社里的重大决策、重要举措都要召开支委会进行研究，交换看法，统一思想，并广泛征求员工意见。针对不同阶段出现的不同问题，通过支委会、社长办公会、职工大会和各种业务会议，及时加以解决。

(4) 组织员工收看了创建学习型组织的理论讲座，使员工进一步明确了创建学习型组织的意义、目的与方法，极大地调动了全体员工的学习热情，以及创建学习型组织，打造优秀团队的积极性。党支部还与工会、团支部共同组织了“缅怀革命先辈丰功伟绩，重温入党誓词”主题活动，以及“出版社青年状况调查”、“计算机岗位竞赛”、“轻松一刻”文体比赛等活动。成立了青年读书小组、计算机培训班，丰富了员工的业余生活，为员工陶冶情操、提高自身修养创造了良好的环境。

党风廉政建设　2004年，中国时代经济出版社通过深化改革，理顺了内部关系，建立健全了内部管理制度，堵塞了经营管理中的漏洞，有效防止了经营活动中可能发生的腐败现象，促进了党风廉政建设工作。

(1) 继续坚持“制度为基础、监督为保证、控制为目的”的工作方针，全方位推进廉政建设工作。为防止业务活动中出现违规违纪问题，在党支部的指导与参与下，制定了有效的管理制度，并在执行过程中，坚持制度面前人人平等，不搞例外，也不搞下不为例，同时还对制度的执行情况进行了严格监督。几年来，社内重点选题、重大投资项目都要反复论证，并在认真听取专家、学者、律师意见的基础上，召开支委会、社长办公会和社务会集体研究，保证了决策的科学性、民主性，尽可能避免决策失误。

(2) 领导干部带头自查自纠、自我约束，建立党风廉政建设责任制。制定了《加强党风廉政建设暂行规定》，并严格按照规定，认真执行；成立了廉政工作检查小组，多次对社内党风廉政建设责任制的执行情况进行自查，重点对领导干部和某些重要岗位进行检查，从自查情况看，没有发现严重违规违纪问题；在年底的考评中，全社95%以上员工为领导干部投了信任票。

(3) 实行“公开、公正、透明”的管理和决策制度，尽可能地挤压易出问题的环节和容易滋生腐败现象的空间。积极倡导“大家管理，共同监督”的经营管理理念，坚决不搞“一言堂”，使领导干部在员工的监督下行使自己的权利，履行自己的工作职责。将过去一对一的纸张、装帧材料及办公用品的采购，变为二对一或三对一的采购；建立了相互监督的管理制度。通过规章制度的建立以及所采取的各种措施，既节约了成本支出，有效防止了腐败的产生，同时也促进了党风廉政建设。（撰稿人：王文友）

【中国审计报社】　2004年，中国审计报社（以下简称报社）实有人员53人，领导职数3人。设有办公室、总编室、新闻部、专刊部、发行部、广告部。

领导成员

社长兼总编辑：谭绳喜

副总编辑：姚汝杰　陈胜利（6月—）

工作成果　2004年，是中央对全国报刊治理整顿后按照新的管理方式运行的第一年，审计报社全体职工和各记者站的同志们正确认识当前面临的新形势和新任务，在署党组的正确领导和各级审计机关的大力支持下，团结协作，开拓创新，积极探索总结新形式下审计宣传工作的规律和特点，以务实理性的工作作风，不断完善工作思路，创新工作机制，增强宣传工作的针对性和实效性，比较圆满地完成了各项工作任务，保持审计宣传工作持续发展的良好局面。

巩固报刊治理整顿成果　2003年的报刊治理工作无论从力度、深度、广度看，都超过以往历次整顿。在署党组的领导下，审计报社顺利完成了党中央、国务院部署的治理报刊散滥和摊派发行工作，顺利实现管办分离。8月，按照中央要求，对照中办、国办19号文件，进行了报刊治理整顿的自查工作，巩固了报刊治理整顿成果。

审计宣传报道　报社编辑部门和各记者站的编辑记者，紧紧围绕署党组中心工作，积极投身审计宣传的热潮中，新闻版大力宣传了署党组的工作部署及财政、金融、外资、行政事业等审计，全面反映了审计机关“人、法、技”建设的新成果、新成就。副刊围绕党中央、审计署工作的主旋律，服务于经济建设大局，服务审计机关人员素质的全面提高，受到了各级审计机关的一致好评。在编辑过程中，注重了对稿件在思想性、理论性、指导性等方面的要求，围绕“三个代表”重要思想，坚持“三贴近”原则，确立了弘扬先进文化为主线和探讨审计工作为重点的总体思路。在相应的栏目中，精选稿件，加强可读性，注意了文章内容的启发性和可操作性，导向正确，主题鲜明，重点突出。

6月，李金华审计长在十届全国人大常委会第十次会议上作的审计工作报告，引起了社会的广泛关注，以致被诸多传媒称作“审计风暴”。全社会对审计的重视程度，从来没有这样高，社会各种媒体也共同为审计宣传营造了良好的舆论氛围。审计报社乘势而上，整合资源，围绕主题，加强策划，加大版面，积极组织记者深入基层采写稿件：如武汉办查处大要案的经验揭秘，分3期连续编发了6篇报道，并配发了3篇评论；成都记者站关于通过审计解决拖欠农民工工资6000万的报道、上海记者站关于浙江三县支农资金整改的报道、海南省审计公开的报道、安徽省粮食审计的报道等，由于主题明确，策划周密，抓住了社会的热点、难点、焦点，在社会上引起了强烈的反响。

三个专刊也都办出了特色。财经周刊更加关注经济前沿，经济改革，经济理论；学习周刊配合学习十六届四中全会精神，邀请北大、人大、中央党校等单位的专家教授，围绕加强党的执政能力建设和精神文明建设等方面，撰写了很多学术文章；周末特刊刊发了大量的社会热点专题和文艺作品。知识性、趣味性、群众性得到提高，精品意识有了进一步加强，同时，在行业性、大众性的统一上也进行了积极探索。

在宣传形式上，报社大胆创新，注重效果，主动服务，积极推进审计宣传社会化。来自基层的通讯员提供了大量的审计信息和宣传点，使审计报有更多的触角捕捉到更好的新闻。在宣传报道中多用平实的语言阐释深刻的道理，用生动的事例揭示真实的本质，用容易理解的词汇来反映审计工作，为审计事业的发展营造了良好的社会氛围和舆论环境，得到了审计系统内外广大读者的充分肯定。

记者站、通联组织建设　根据中央“两办”文件和新闻出版总署下发的《关于开展报刊社记者站清理整顿工作的通知》要求，报社有计划、有步骤地完成了挂靠在各特派员办事处和省审计厅共32个记者站的重新登记和新建工作。

为进一步加强记者站、通联队伍的建设，不断加大对通联队伍培训和管理力度，报社在内蒙古、宁夏、山东共举办了3期通讯员班，参加培训的通讯员100多人，培训授课注重实际、实效、实用。2004年，各地记者站和通讯员、读者提供稿件总量近5万篇，同以前年度相比，有较大幅度增长。基层稿件质量不断提高，边疆地区稿件有了相当大的增长。目前已初步形成了以报社编辑部为龙头，以记者站为中坚，以通联组织为基础的遍布全国的通联网络。

发行工作　审计报2004年的发行数量有一定幅度的下降，在全国县、市中，审计报的发行依然存在着空白点。9月，李金华审计长在一份审计署下派干部的汇报材料上批示，要求报社清查发行空白点，认真分析原因。发行部门积极行动，采取措施，大力宣传，深入基层，确保了全年发行工作整体稳定。同时，为使发行工作进一步符合中央的要求，符合市场化机制，并逐步规范化、制度化，报社发行部门积极探索在新形势下发行工作的新路子，专门印制了8万份征订单，以确保发行工作的顺利进行。

改革与发展研讨会　11月，报社在江西九江召开改革与发展研讨会，王道成组长和办公厅有关领导到会，王道成组长作了《积极深化报社改革，不断提高办报质量，进一步提升中国审计报的社会影响力》的重要讲话，肯定了审计报取得的成绩，并对报社今后的长远发展提出了殷切的希望。会议认真总结了全国审计宣传工作的开展情况，交流各地、各单位组织审计宣传的经验，明确了下一步的任务和重点。

对外交流　6月，报社接待了马其顿新闻代表团，社领导和有关部门的同志就中国经济、中国审计以及审计报的发展情况与客人们进行了交流，获得了客人的好评。10月初，谭绳喜社长应中华全国新闻工作者协会邀请，随中国新闻代表团出访意大利，考察学习报业动态。10月中旬，意大利新闻代表团回访审计报社。

基础建设　(1) 加强领导班子和中层队伍建设。按照国家干部人事制度改革的要求，根据审计署《审计署直属事业单位聘任、聘用暂行办法》的精神，本着“公开、平等”的原则，通过推荐、资格审查、组织考察、任前公示、讨论决定等程序，报署领导和人教司批准后，聘任1名副总编辑和9名中层干部，领导班子和中层干部队伍的建设得到了进一步加强。

(2) 健全党组织。经机关党委批准，3月，报社党支部增补了1名支部成员。党支部认真组织全体党员学习贯彻党的十六大和十六届四中全会精神，落实上级党组织的各项工作部署，加强了思想政治工作，召开了党员领导干部民主生活会。办理了1名预备党员转正，确定了入党积极分子培养计划，举办了纪念党的生日等活动。

(3) 加强思想教育和业务学习。报社充分利用一切机会，运用各种方式加强对全体职工进行思想政治教育和业务学习。在思想教育的过程中，报社十分注重其广泛性和层次性，集中学习和处室分散学习相结合，针对性强，重点突出。对思想教育和业务学习的效果格外重视，杜绝一切形式的和表面的活动，让思想教育深入人心，业务学习落到实处。比如编辑部门组织开展新闻宣传战线上的"三项教育"活动，自觉保持与时俱进的精神面貌；办公室的同志根据署办公厅的要求，学习公文写作的知识，规范公文程序，公文印制逐步规范。

(4) 聘请常年法律顾问。为维护自身的合法权益，保证报纸出版和经营工作的顺利进行，报社聘请了1名常年法律顾问，在购置房产、合同签订的过程中发挥了应有的作用，切实维护了报社的利益。

内部改革　报社的人员构成形式多样，在不断加强自身建设的基础上，报社积极完善用人机制，加强制度建设，推进内部改革。先后印发了《职工考勤制度》、《职工请假休假制度》等一系列内部行政管理制度，用制度约束人，用制度激励人，职工工作面貌大大改善。(撰稿人：李格格)

【中国审计学会】　2004年，中国审计学会共有单位会员112个、个人会员605人，学会第四届理事会理事199人、常务理事38人。学会设学术委员会、编辑委员会和培训工作委员会；学会办事机构为秘书处，设办公室、《审计研究》编辑部。

领导成员

会　长：吕培俭

副会长：金基鹏　罗进新　翟熙贵

　　　　张以宽　易仁萍

秘书长：刘英来

副秘书长：韩笃明　沈志德　刘大贤

工作综述　2004年，中国审计学会按照2004年初召开的四届五次常务理事（扩大）会议提出的工作安排，在审计署的指导下，依靠理事会成员和广大会员的共同努力，认真学习贯彻邓小平理论和"三个代表"重要思想，在围绕审计工作重点组织学术活动，活跃学术研究气氛；开展课题研究；加强《审计研究》编辑工作，提高刊物质量；根据学会特点，培养审计理论研究队伍，积极开展国际间及对台学术交流等方面取得了一定成效，进一步扩大了学会的影响。

学术研究　根据四届五次常务理事会确定的学术研究重点和要求，结合审计工作发展的实际需要，积极改革学会学术活动的组织方式，2004年举办或与有关单位联合举办了两次研讨活动，并组织开展了其他形式的学术研讨活动。

(1) 审计管理研讨会。为了从理论上研究加强和改进审计管理问题，总结交流学会课题研究的成果，学会于2004年9月在大连召开了审计管理课题研讨会。会议共收到20多篇论文，经过学术委员会评审，确定15篇论文在会议上交流。各课题承担单位、部分院校专家学者、审计实务工作者共30多人参加了研讨会。这次会议紧紧围绕审计管理的一般理论、审计项目质量管理、审计资源管理、审计计划等问题进行研讨，提出了许多富有创见的意见，为加强审计管理、提高审计工作质量和水平提出一些可供借鉴的思路。

(2) 效益审计研讨会。2004年10月，学会和厦门大学会计系、厦门大学会计发展研究中心在厦门联合举办了效益审计研讨会。来自审计机关、高等院校的50多位专家学者参加了会议，提交40余篇论文，其中26篇论文在会议上交流。与会代表就我国审计机关开展效益审计的意义、原则、目标、内容、范围等理论问题和效益审计的程序和方法、评价原则、评价指标体系、后续跟踪等技术方法问题进行了交流，对推进效益审计提出了建议。

(3) 继续参与《中国审计史》的编撰工作。中国审计学会作为审计署《中国审计史》的参编单位，积极参加研究和编写工作。学会有关领导和理事等十几人直接参与编写的组织领导、专题研究、史稿撰写和史料的收集考证。部分地方审计学会也积极参加了当地审计机关所承担有关内容的编写。其中，《中国审计史》一、二卷已经出版发行，第三卷也完成了编写和修改工作。

(4) 研究并提出修改审计法的建议。根据审计署有关审计法修改通知的要求，学会多次组织有关专家学者开展审计法制的理论研究，形成了不少有一定见地的研究成果。学会还在 2004 年 2 月召开了审计法修改座谈会，与会专家、学者和学会领导同志对审计法提出了不少修改建议。在此基础上，学会向审计署审计法修改小组提交了《关于〈审计法〉修改的建议》。

（5）编辑出版研讨会文集。为加大审计理论科研成果的宣传推广，学会与有关单位合作编辑出版的《中国审计高层论坛论文集》文集，集中收录了学会与南京审计学院联合组织召开的中国审计高层论坛上交流的研究成果，为这些成果的宣传推广提供了更为广阔的空间。

《审计研究》扩版　根据广大读者的要求和审计理论研究的需要，经审计署批准并报北京市新闻出版局审批，学会在 2004 年对《审计研究》的版页进行了调整，使刊物页码从原来的 64 页增加到 84 页，刊物容量也从每期 12 万字增加到 16 万字，总计刊发论文 100 余篇，刊物的容量基本适应了审计学术研究的发展要求。为保证扩版后刊物的质量，编辑部加大了组稿力度，积极扩大稿件的来源，2004 年来稿数量较 2003 年有了比较明显的增长。拓展政府审计理论研究的稿件来源，使政府审计的比重较上年有一定的提高。加强了编辑工作的组织，进一步发挥编辑委员会的作用，提高了《审计研究》的编审质量。同时，为配合中央有关期刊治理整顿工作的要求，《审计研究》办理了刊物的邮发手续，通过多种渠道，采取多种办法，积极宣传和推广杂志，保证了刊物发行征订量的基本稳定。

网站建设　学会于 2004 年 4 月建立了学会互联网站，为报道学会各项活动、宣传审计理论、普及审计知识、交流审计研究成果开辟了新的阵地。网站设立了学会动态、学术动态、学术会议、学会出版物等栏目，比较全面地反映了学会活动和审计理论研究的发展情况。从网站开通以来的情况看，点击率是比较高的，说明社会各界对中国审计学会活动的关注和对审计理论研究的关心。

国际交流　一是为落实 2003 年与加地夫商学院中国会计财务和工商管理研究中心商定的 2004 年合作意向，学会 2004 年派员参加了在英国卡迪夫大学举办的 2004 年度会计、经营管理和金融史年会，在会议上作了《中国审计史——一项重大的审计史学研究工程》主题演讲，引起与会各国学者的关注。二是学会组织了由易仁萍副会长为团长的代表团到台湾访问，就政府审计、内部控制和效益审计等课题与台湾地区高等院校和审计界的专家学者进行了比较深入的交流。

培训工作　2004 年，学会继续举办具有学会特色的“审计理论研究方法和审计论文写作”培训班。同时，根据审计工作发展需要，为配合审计署 5、6 号令贯彻落实，举办了审计质量控制培训班。共有十几个省区的 330 多名学员参加了这两次培训。为保证培训质量，学会聘请了知名学者和专家任教，组织授课教师编写和修订专用教材，使课程设置和教材更适应学员的需要。

组织建设　（1）积极发展会员，壮大队伍。2004 年，学会共发展会员 155 个，其中单位会员 1 个、个人会员 154 人。审计署特派办成立审计理论研究会（组）的工作也取得了一定进展，2004 年，共有 4 个特派办成立了审计理论研究会（组），使特派办审计理论研究会（组）的总数达到 13 个。

（2）加强学会与会员的联系沟通。学会秘书处继续向会员寄送《审计研究》杂志，赠寄由审计科研所编发的《审计研究简报》和《国外审计动态》，充分利用网络技术在学会网站上开辟了会员专区，为会员提供及时的信息服务，加强会员与学会、会员之间的交流和联系。（撰稿人：郭　彤）

优秀审计项目及科研成果

审计署2004年度优秀审计项目和表彰审计项目

审计署2004年度优秀审计项目（8个）

1．金融审计司、武汉特派员办事处实施的中国信达资产管理公司总部1999至2003年度资产负债损益审计项目

2．武汉特派员办事处实施的长江重要堤防隐蔽工程国债审计项目

3．广州特派员办事处实施的中国华融资产管理公司广州办事处2000至2003年度资产负债损益审计项目

4．昆明特派员办事处、海关审计局实施的清华大学2003年度财务收支审计和审计调查项目

5．沈阳特派员办事处实施的天职孜信会计师事务所2003年度审计业务质量检查项目

6．广州特派员办事处实施的中国东方资产管理公司广州办事处2000至2003年度资产负债损益审计项目

7．京津冀特派员办事处、郑州特派员办事处实施的中国航空工业第二集团公司2003年度财务收支及其原法定代表人任期经济责任审计项目

8．哈尔滨特派员办事处实施的吉林省2002至2003年中央水利建设资金管理和使用情况专项审计调查项目

审计署2004年度表彰审计项目（15个）

1．金融审计司、沈阳特派员办事处实施的中国东方资产管理公司总部1999至2003年度资产负债损益审计项目

2．南京特派员办事处实施的安徽省2003年淮河流域洪灾救济补偿资金审计项目

3．社会保障审计司、昆明特派员办事处实施的云南省大姚地震救灾资金审计项目

4．京津冀特派员办事处实施的廊坊市“东方大学城”开发建设情况专项审计调查项目

5．沈阳特派员办事处实施的吉林省1999至2004年6月关闭破产企业中央财政补助资金专项审计调查项目

6．南京特派员办事处实施的中国石化驻苏企业2002年度财务收支及任期经济责任审计项目

7．长沙特派员办事处实施的神华集团有限责任公司2002年度财务收支及其原法定代表人任期经济责任审计项目

8．科学工程审计局、信息邮政审计局实施的中国医学科学院阜外心血管病医院2003年财务收支审计项目

9．济南特派员办事处实施的河南省2002至2003年水利建设资金审计调查与重点建设项目审计项目

10．成都特派员办事处实施的中国华融资产管理公司成都办事处2000至2003年度资产负债损益审计项目

11．太原特派员办事处、地震气象审计局实施的北京大学2003年度财务收支审计和审计调查项目

12．资源环保审计局实施的国家林业局2003年度预算执行审计项目

13．江苏省审计厅实施的宿迁市及泗洪、泗阳县2003年淮河流域洪灾救济补偿资金的审计项目

14．外资运用审计司实施的政府外债铁路项目设备效益审计项目

15．固定资产投资审计司、发展计划审计局实施的国家发展改革委2003年度预算执行审计项目

科研成果

【审计署审计科研所科研成果】 **《效益审计程序与方法研究》** 李金华审计长指出，审计部门要关注政府效率，要对政府部门和公营机构开展效益审计。发达国家的审计实践也证明了效益审计将是国家审计的发展方向。研究效益审计有关问题有利于正确认识我国效益审计的现状，解决效益审计实践中的具体问题。

目前，我国审计部门开展效益审计的实践对效益审计的研究提出了迫切的要求，许多审计机关和审计人员需要了解相关知识，掌握开展效益审计的技能。本课题的研究将在一定程度上满足这方面的需要。

本课题重点探讨效益审计过程中的程序和方法问题，分成五个部分：第一部分设定了本课题报告的概念框架，主要探讨了有关效益审计的一般问题，包括效益审计的定义及其目标。第二部分重点分析了选择效益审计项目应该考虑的因素、选择审计项目的步骤和方法。第三部分重点探讨了效益审计方案编制环节的技术方法问题。具体包括初步调查了解被审计单位及其业务、审计目标的确定和分解、审计标准的确定、选择审计方法和范围、编制审计方案等内容。第四部分对效益审计证据的特点以及效益审计证据的收集和评价方法等问题进行了探索。第五部分重点对效益审计的报告及后续跟踪问题进行讨论，提出了我国效益审计报告的基本框架。

《政府绩效评价体系研究》 开展政府绩效评估对于推动我国政治体制改革，改进政府管理，提高政府绩效以及树立政府的信誉和形象，强化政府的责任具有重要的意义。随着全球化进程的加快，我国的社会政治经济生活领域都发生了显著的变化，建立廉洁、高效的政府运作模式是当前政治体制改革的主要任务。民主化进程的加快，公民参与政府绩效评估的积极性提高为开展政府绩效评估创造了有利的政治和社会环境。在这种情况下，对政府绩效评估体系进行深入研究，对现有的政府绩效评估的实践经验进行归纳和总结，对于我国政府绩效评估事业的发展具有重要意义。

对政府绩效评估的研究始于第二次世界大战期间，其标志是克莱伦斯·雷德和赫伯特·西蒙的《市政工作衡量：行政管理评估标准的调查》一书。大规模的政府绩效评估是上世纪70年代初期开始的；80年代受到极大的重视；90年代以后，政府绩效评估的重点从经济和效率转向了效益和顾客满意程度方面，政府的服务质量被提到了重要地位。目前，政府绩效评估是西方各国普遍接受的概念，对于政府绩效评估的过程、标准和指标的确立与分析方法的选择、定性与定量相结合进行评价的方式等方面的研究更加规范化、系统化。

在我国，随着政府体制改革的推进和政府职能的转变，政府绩效评估问题开始引起理论界和实务界的重视。由于起步较晚，我国政府绩效评估的发展还处于初级阶段，无论在理论上还是在实践方面都还很不成熟，表现在政府绩效评估缺乏系统的理论指导，实践中存在很大的盲目性，评估缺乏科学的指标体系，程序不规范，方法上定性较多，定量方法运用少等。这些都需要理论界加以认真研究和解决。

本课题采用理论联系实际的方法，借鉴和分析国外绩效评价的经验，探讨建立适合我国国情的政府绩效评价体系。

本课题研究报告由七个部分构成：在第一部分对政府绩效评价基本概念进行了分析，提出政府绩效评价体系的内容，包括政府绩效评价的主体、客体、内容、标准、程序与方法、报告等环节或内容。第二部分对政府绩效评价的程序、方法与标准等问题进行深入论述。第三、第四、第五部分针对政府绩效评价的三个对象——政府总体、政府部门和政府项目分别论述了具体评价内容、指标体系及其建立。课题报告最后是在全面探讨政府绩效评价报告问题之后，针对当前我国政府绩效评价的现状，提出了我国开展政府绩效评价的7条政策建议。

《关于审计法修改的几个问题》 1993年，党的十四届三中全会通过《中共中央关于建立社会主义市场经济体制若干问题的决定》，将审计部门在建立社会主义市场经济体制的工作重点确定为加强廉政建设、反对腐败。2003年，党的十六届三中全会通过《中共中央关于完善社会主义市场经济体制若干问题的决定》，指出要改革预算编制制度，完善预算编制、执行的制衡机制，加强审计监督。由此可见，社会主义市场经济在建立与完善过程中，对审计工作重点的要求有所不同。社会主义市场经济体制建立初期通过并实施的审计法，能否在完善社会主义市场经济体制中发挥作用，已经成为审计理论研究和实务工作者共同关注的课题。事实上，现行审计法对目前的一些审计实践已经无法起到应有的规范作用，比如政府采购审计、效益审计等，修订审计法相关立法原则和条款，既可以规范审计实践，也可以使审计工作在促进财政管理体制改革，完善社会主义市场经济方面发挥更大作用。

本课题的研究意义是，通过对目前审计工作相关政治经济制度的分析，明确修订审计法的必要性与重要意义；通过对现有审计实践问题的评述，明确审计法的基本原则、审计职权、审计程序和审计法律责任及其追究等方面存在的缺陷；同时提出修订审计法的具体建议。

本课题在不改变现行审计体制的前提下，对审计法中存在的重大问题进行研究，并提出了相关修改建议，既注重理论性，也注重实际可用性。研究报告分为5个部分，研究讨论了12个方面的重大问题，涉及审计机关一般职责、具体职责、审计机关和审计人员、审计机关权限、审计程序、法律责任等，并提出了审计机关行政首长的任免、将审计公告纳入审计程序等建议。研究报告对各个问题的论述基本上由三部分组成：一是提出由于审计环境的变化与审计实践的发展，当前审计法规定所表现出的问题；二是针对审计法规定存在的问题，提出修改建议；三是列举国内相关立法实践与国外立法经验，以证明修改建议的可行性。

《审计职业制度研究》 审计质量是审计工作的生命线，而审计制度的安排对审计质量的优劣起着至关重要的作用。在审计制度的各种安排中，审计职业制度具有承上启下的作用。审计署一直强调要加强“人、法、技”建设，关键在于人力资源制度的健全和完善，而人力资源制度的根本体现在于建立良好的职业制度。一个良好的职业制度，既能使优秀的审计人员脱颖而出，充分发挥其才能，同时又可以在一定程度上规避因部分审计人员素质欠佳而形成的审计风险，充分整合审计资源，发挥审计人员的整体协同效应；既能使先进的审计技术与方法得到熟练的掌握和运用，又能举一反三获得不同条件下的改进和灵活应用。审计职业制度是指对审计人力资源的管理和运用制度，包含了审计人员的选拔制度、工作制度、激励制度、责任制度等。从一定意义上而言，审计职业制度的健全与否，关系审计功能的实现，关乎审计地位的巩固。因此，有必要深入研究和探讨适合审计当前及未来发展的审计职业制度。

审计职业化的制度建设是一个系统工程，所探讨的不是审计人员等级待遇问题，而是从审计职业本身出发，探讨国家审计在社会结构中的角色定位，探讨国家审计如何发展；从人力资源的基本属性出发，探讨如何实现审计人员整体素质提高；从人文理念出发，实现审计队伍建设由传统的行政管理模式转向人力资源管理。

本课题从人力资源的角度探讨国家审计职业化问题，着重研究国家审计在社会结构中的角色定位与实行国家审计职业化的必要性；审计人员的职业准入资格和遴选标准；审计人员的职业等级，不同等级的审计人员在工作中应具有的职权和责任；改革和完善现行的审计工作制度；改革现有的行政人事管理考核制度，建立审计绩效考评制度；建立和完善审计人员的激励制度；建立国家审计的内部监督机制和责任追究制度；完善国家审计的职业道德准则，树立国家审计的职业形象；建立适合国家审计职业发展需要的培训和发展体系；以人力资源的开发和管理为根本，改革人事管理制度。改变和疏理传统审计文化，以新的审计文化理念倡领审计人员的职业思维和行为方式。

《审计监督对国有资产保值增值监督机制研究》 企业审计是审计机关工作的重点内容。如何通过审计工作推动国有资产的保值增值一直是审计机关关注的重点。经过十几年不断的探索和实践，已经取得一定的成绩。随着我国经济管理体制改革的不断深化和发展，需要不断深化审计对国有资产保值增值监督机制的研究。党的十六大报告指出，中央政府和省、市（地）两级地方政府设立国有资产管理机构，继续探索有效的国有资产经营体制和方式，根据这一精神，我国成立了新的国有资产管理机构——国有资产监督管理委员会（以下简称国资委）。国资委是一个管资产、管人、管事相结合、履行国有资产出资人职能的机构，其成立将引起国家对国有企业管理方式的巨大变化，进而引起国有企业经营管理方式的变化。由于国资委及其所属机构代表国家管理和经营的是国有资产，所以国家审计机关作为专门的经济监督机构，依据宪法和审计法规定，应对新国有资产管理机制的各个层次进行监督，以维护国有资产的保值增值。在此，审计监督的传导机制和传导方式成为亟需研究解决的问题，如对于国资委来说，审计监督的内容和方式问题，对于国资委所监督管理国有企业的监督内容和方式等。

由于国有企业在社会主义市场经济的特殊地位和作用，特别是新国有资产监督管理体制是对国有资产保值增值管理体制的一种创新，目前也处于探索阶段。因此，本课题将涉及的许多研究内容属开拓性、创新性研究，国内目前尚无此方面的最新研究成果，国外亦无成功的案例可供借鉴。

本课题在总结以往企业审计历史经验的基础上，从国有资产监督管理机制的变化入手，分析国资委成立后国有资产管理方式、内容的变化对国家审计发挥对国有企业保值增值作用的影响；然后，就德国、法国、意大利、加拿大、印度、泰国等市场经济体制国家的审计机关对其国有企业开展审计的原则、内容、方式及相关法律规定进行比较研究，探索可供借鉴的经验教训；第三，从理论和法律规定两方面分析当前我国审计监督在新国有资产管理机制中应有的地位，提出国家审计对国有资产保值增值传导机制的框架结构；第四，根据当前我国的实际情况，提出构建国家审计对国有资产保值增值监督机制需解决的相关问题。

该课题的创新之处，也是重点要解决的问题，即审计监督在新的国有资产管理体制中的内容与方式，以及这些方式对国有资产保值增值进行监督的机制。

该课题的研究涉及以下四个子课题：一是审计对国有资产保值增值监督机构基本理论的研究；二是外国国家审计对国有企业保值增值监督机制的比较研究；三是国家审计对国有企业审计监督机制现状与问题的分析；四是国家审计对国有资产保值增值监督机制的构建研究。

【山西省审计科研成果】　审计风险问题研究

本课题由山西省审计学会、山西省审计厅行政事业审计处合作完成，2004 年 4 月，通过了山西省科学技术厅组织的课题鉴定，并获得山西省科学技术厅《软科学成果评审证书》（晋科软字[2004] 第 008 号），达到了同类研究的国内领先水平。

本课题专题研究了审计风险的组成内容及相互关系，研究了审计风险的类型、期望审计风险、固有风险、控制风险评估和国家审计风险控制等问题；分析了审计风险特征，初步论证了期望审计风险的确定依据和计量方法，研究了固有风险委托前与委托后两类评估方式与具体方法，提出了风险基础审计的规范程序，探讨了审计检查风险的形成原因及防范对策，讨论了国家审计风险的特征、产生原因和控制方法。

本课题的创新之处：一是对审计风险的特征作了较详细的研究论证，提出了确定审计风险特征的明确依据，认为审计风险具有不确定性、普遍性、可控制性和利害双重性的特征，为正确识别、评估和控制审计风险提供了理论依据；二是详细论证了期望审计风险确定的依据和计量方法，为确定审计风险控制目标，实施审计风险控制策略奠定了基础；三是首次提出审计人员应在接受客户委托前要对其固有风险进行评估，以及评估的具体方法，提前了审计风险控制的环节，对于审计人员有效防范掉入客户设置的“审计陷阱”，具有重要指导意义；四是从保证审计质量、提高审计效率的目的出发，提出了风险基础审计的规范程序，纠正了风险基础审计实际运用中的一些错误做法；五是详细分析了审计检查风险形成的原因，并有针对性地提出了控制审计检查风险的对策；六是拓展了审计风险的研究领域，对国家审计风险问题进行了比较全面的研究。

《建设项目效益审计方法及其评价指标体系研究》　本课题由山西省审计科学研究所课题组完成，2004 年 4 月，通过了山西省科学技术厅组织的课题鉴定，并获得山西省科学技术厅《软科学成果评审证书》（晋科软字［2004］第 009 号），达到了同类研究的国内领先水平。

本课题重点对以下方面的问题进行了研究：

一、建设项目效益审计产生动因及其含义的研究。建设项目效益审计的产生是基于政府公共支出的日益增加和公营企业的不断涌现，以及整个社会民主意识的不断增强，人们对政府投资性支出的效益性的关注；建设项目效益审计的含义是对建设项目的经济性和效率性审计以及项目审计。

二、国外建设项目效益审计分析研究。分析和借鉴了国外的一些比较先进的方法。

三、建设项目效益审计的内容与方法研究。包括建设项目效益审计内容和开展形式；建设项目效益审计的规范建设以及人员构成分析。

四、建设项目效益审计评价指标体系研究。具体包括评价指标的选用原则；评价指标体系的构成；财务效益审计评价指标内容；国民经济效益审计评价指标内容；建设项目风险评价指标；社会效益审计评价指标；生态效益审计评价指标。

【浙江省审计科研成果】　《我国环境审计管理研究》　环境审计在我国的发展还不成熟，尚处于起步阶段，目前开展的环境审计工作主要是由国家审计机关组织进行的。环境审计管理研究应当考虑我国环境审计的实际，本文立足于国家环境审计管理，首先研究了环境审计管理的涵义、特征和主要内容，之后通过座谈和问卷调查找出国家环境审计管理中存在的问题，最后针对国家环境审计管理中存在的问题提出解决建议。

课题首先对环境审计管理的涵义和环境审计管理的特征进行了阐述，从环境审计管理是一种专业技术性强、涉及范围广、具有较强的社会效益性和具有高速发展创新等特点进行分析。课题同时对环境审计管理的内容进行了研究，认为环境审计管理的内容主要包括：1．环境审计组织管理。环境审计组织管理的关键内容包括：（1）设置稳定的环境审计机构；（2）设置临时性环境审计小组。2．环境审计计划管理。环境审计计划管理就是把审计计划作为管理手段，通过审计计划的指导作用实现环境审计管理目标的活动。3．环境审计人员管理。包括计划、组织、决策、指挥、监督和协调等一系列综合管理活动。4．环境审计作业管理。5．环境审计质量管理。

课题对我国环境审计管理现状和存在的问题进行了深入分析，认为近十年来我国逐步拓宽了环境审计的范围，审计署开展了包括工业、农业、渔业、林业对环境影响的审计评价，并着重开展了环保专项资金、基建项目防治污染“三同时”、环境投资、排污费、污染治理费等审计，还包括可持续发展的有关领域，环境审计实务工作都取得了一定成效。但是，环境审计管理存在以下几个方面问题，如环境审计计划管理不科学；环境审计组织管理不完善；缺乏环境审计准则，环境审计人员知识结构不合理，环境审计程序不规范；环境审计质量控制的随意性。课题针对问题提出了加强我国环境审计管理的对策：一是要实施科学的环境审计计划管理。二是完善环境审计组织管理。三是强化环境审计人员管理，加强环境审计人员培训，实行环境审计人员资格认定制度，制定环境审计准则。四是加强环境审计作业管理，规范环境审计程序与专业技术方法。五是建立健全环境审计质量管理体系，提高环境审计质量管理水平。

《国家审计质量控制专题研究》　审计质量是审计工作的生命线。要确保审计成果的可信性，维护审计机关的权威性，充分发挥审计的作用，必须建立完善、有力的审计质量控制体系，切实提高审计质量。李金华审计长在2004年全国审计工作会议上指出，今后几年的审计“应以提升审计成果质量为核心，全面提高审计工作水平”；审计署“五年规划”对此又予以进一步明确，将“提升审计成果质量”列为实现审计工作“法制化、规范化、科学化”目标的重中之重。提高审计质量，防范审计风险是新形势下审计机关面临的一项迫切的任务和必然的要求。为此，浙江省审计学会2004年开展了对审计质量控制课题的研究，由审计科研所具体组织，将《国家审计质量控制研究》课题分解成15个子课题，各个子课题既独立成章，又构成一个系统完整的课题体例，分别由审计质量控制体系、审计计划管理、审计方案、审计证据、审计重要性水平与审计风险评估、审计分析性复核方法、内部控制测评方法、审计抽样方法、审计日记和审计工作底稿、审计报告、审计事项评价、审计档案、审计项目质量责任划分及责任追究、审计结果公告制度的质量控制等15个篇章组成。采取省市两级审计机关上下联动、合作攻关的形式。各市审计局根据自身优势和当地实际确定选题意向，承担至少一个子课题的研究任务，对国家审计质量控制课题进行了系统研究，在全省上下各级审计机关的周密筹划和大力支持下，经过各课题组的努力，终于顺利结题，形成了10余万字的课题报告。为了总结经验交流成果，2004年8月，省审计学会在杭州举行了审计质量控制专题研讨会。审计厅机关各处室和直属单位的主要负责人、市审计局的领导、课题的主要作者及有关专家教授等50余人参加了会议，旨在通过专题研讨的形式，深入开展审计质量控制课题的研究。课题成果在《浙江审计》刊物上发表。

课题研究成果主要体现在三个方面：一是深化了对国家审计准则的学习和理解，二是对实践经验进行了初步总结，三是提出了不少有价值、有新意的观点。这些成果将会在今后一个时期的工作中生根开花，进一步推动审计署6号令的贯彻落实，进一步增强全省审计人员的质量意识，促进先进审计技术方法的推广应用，从而全面地提升审计工作质量。

《专项审计调查研究》 审计调查在全部审计工作中的地位、作用不断提升，所占份额越来越大，将是不争的趋势。要加快研究和创新审计调查的方式方法，推动审计调查快速、有序发展，必须做好以下工作：

1. 提高对审计调查的认识。(1) 审计调查有利于扩大审计监督的覆盖面。正确认识和处理审计调查与审计的关系，可以较好地把握"全面审计、突出重点"的工作方针。(2) 审计调查有利于整合审计资源，提高审计成果的利用水平。审计调查方式灵活，可以打破审计机关内部分工管辖，促进相互配合、协作；可以利用已完成和正在进行的审计项目的资料，实现审计资料的二次开发和深度利用；还可以广泛利用其他信息资源，集中各种专业人士对所调查问题的意见，提高审计调查的效率及其成果的社会和专业信任度。(3) 审计调查有利于形成具有普遍和宏观意义的成果，其社会意义更大，是提高审计绩效的必由之路。(4) 审计调查有利于降低和化解审计风险。通过审计调查，从体制上、机制上提出有益于被审计单位改善工作的建议，便于形成审计与被审计单位之间的良性互动。

2. 创新审计调查程序。审计调查在程序上区别于审计最大的特点是针对性强，灵活度高。审计调查是在对情况有一个大概了解的前提下，确定选题开展的，审计调查的每个步骤，都应针对这个选题，同时，只要围绕这个选题，采取怎样的顺序和步骤，就具有较大的灵活性。审计程序的严肃性是为了确保审计质量，降低审计风险；而审计调查程序的灵活性是为了提高审计调查效率，以较小的人力、物力、财力，实现审计调查的目的。审计调查不同于民意调查和意识形态领域的社会调查，它的监督职责使其必须注重调查资料的客观真实性和可复查性，因此，审计调查大量地运用审计的方法，以确保审计调查资料所反映问题的真实、准确，经得住复查和检验。

3. 丰富审计调查方法。审计调查的方法其实可以多种多样，各种调查方法可以灵活运用，只要能有效搜集调查所需资料就可以，而且也不仅是收集财务会计数据资料，也要搜集"活"的材料。还要不局限于审阅财务会计资料的方法，观察、对比、分析等方法都是审计调查非常重要的方法。除审计常用方法外，还应充分重视观察法、问卷调查法、访谈调查法、分析比较法、抽样调查法、实验法等。

【安徽省审计科研成果】 《关于强化审计管理的若干思考》 一、夯实基础，科学整合审计资源。坚持以人为本，深度开发人力资源。当前及今后一段时间内，整合审计人力资源，必须坚持"内外并重、以内为主"的原则，深度开发现有审计人员的内在潜能。

坚持方法创新，合理配置技术资源。做到技术方法和管理方法同步创新、硬件技术和软件技术协调发展。一方面，在运用先进的技术方法取代落后的技术方法的同时，还应用先进的管理方法取代落后的管理方法；另一方面，要以计算机审计为突破口，全方位地强力推进审计信息化建设。

坚持成果共享，有效利用信息资源。在审计机关内部建立互联互通机制，提高审计信息的共享水平；在审计公告制的基础上建立审计信息披露机制，提高审计信息的利用水平；在为宏观调控服务原则指导下建立审计信息反馈机制，提高审计信息的转化水平。

坚持沟通协调，充分发掘社会资源。要加强与社会组织其他成员的沟通和协调，充分发挥他们对审计工作的促进作用，为审计事业的发展营造良好的外部环境。

二、完善制度，依法规范审计行为。以宪法和法律为准绳，认真履行审计监督职责。各级审计机关应严格按照法定权限和程序组织开展审计监督工作，既不能越权进行审计，也不能不履行法定职责；全体审计人员必须强化依法审计观念，使自己的一切行政行为，符合法律规定的职责、权限和程序要求，确保审计监督的权威性和有效性。

以审计准则为依据，全面规范审计程序和作业标准。各级审计机关应依据审计准则，全面规范审计程序、作业标准和审计行为，明确审计执法责任，防止审计行为的主观随意性。

以审计实践为基础，不断完善各项审计制度。各级审计机关应根据自身工作实际，在审计实践的基础上，不断制定和完善审计作业制度、内部控制制度、检查评比制度等，为审计工作的规范开展提供法律制度保障。

三、突出重点，统筹协调审计项目。正确处理全局与重点的关系。在审计项目管理中，首先要树立全局观念，按照“全面审计”的要求，依法全面履行审计监督职责。同时，要善于抓住要害，按照“突出重点”的要求，围绕各个时期经济工作大局和政府工作中心，把审计工作引向深入。

正确处理中长期目标与年度计划的关系。对财政财务收支的真实、合法和效益的全面审计监督是一个中长期目标。但是，在弄虚作假、违法违规问题还比较突出的情况下，年度计划应以打假治乱为重点，同时围绕审计工作中长期目标开展一些效益审计的试点工作。

正确处理宏观与微观的关系。体现在审计项目管理上，就是要从社会经济发展和加强宏观管理的视角来确定审计项目，明确指导思想，确定工作重点，采取适当方式，查深查透问题。

正确处理数量与质量的关系。数量和质量是相互依存、相互交融的。审计项目的安排要坚持量力而行、数量服从质量；审计项目的实施要坚持查深查透、质量符合要求。

四、着眼宏观，全面提升审计质量。树立风险意识，提高审计项目质量。以审计责任追究为核心，建立和完善以审计复核、审计考核和审计责任追究为主体的审计质量控制体系，对审计方案、审计证据、审计底稿、审计报告等实施全过程质量控制。

树立宏观意识，提高审计成果质量。在审计项目的选择上，关注重大经济决策、重大经济建设项目、大额资金的分配使用等；在审计项目的实施中，关注宏观调控政策落实、有关法规制度的执行、行政权力的运用等；在审计结果的处理上，加强综合、提炼、归纳，通过对审计结果的深加工，提高审计结果的使用价值。

《公共财政框架下的财政审计》 安徽省审计厅厅长桂建平主编的《公共财政框架下的财政审计》一书，于2004年6月由安徽人民出版社出版。该书对公共财政框架下的部门预算审计、国库集中支付审计、政府采购审计、转移支付审计、税费改革审计等作了积极的探索，填补了财政审计研究的空白，对国家审计机关适应建立公共财政框架的要求，理清思路，调整部署，与时俱进，努力探索新形势下财政审计工作的新模式，推动财政体制改革的深入进行将产生深远的影响。该书有以下三个鲜明的特点：

一、选题新颖体现了针对性。围绕构建公共财政框架，国家财政制度正在进行一系列重大改革。这些改革措施的实施，对财政审计工作提出了新的更高的要求。作为将财政审计作为永恒主题的国家审计机关，如何适应建立公共财政框架的要求，实现财政审计由收支审计并重向以支出审计为主转变，促进提高财政资金管理水平和使用效益，已成为新形势下财政审计研究和财政审计实践必须回答的问题。该书及时捕捉与审计实践联系紧密的新课题，在总结公共财政框架下财政审计实践经验的同时，对公共财政框架下财政审计的若干理论问题展开论述，为深入开展公共财政框架下的财政审计提供了针对性较强的工具书。

二、内容丰富体现了实践性。以部门预算、国库集中收付、转移支付和政府采购制度等为主要内容的公共财政框架的建立，为财政审计的发展带来了新机遇和挑战，该书在认真分析研究财政改革的内容、特点和发展变化趋势的基础上，对部门预算审计、国库集中支付审计、政府采购审计、转移支付审计、税费改革审计以及财政决算审计如何与经济责任审计相结合等内容、方法进行了详细阐述，并对审计实践中遇到的问题进行了深入探索，提出了操作性较强的财政审计工作的新思路。

三、重点突出体现了指导性。公共财政框架的建立，使财政审计的内涵和外延都有了相当大的扩展，财政审计必须作出必要的调整，以找准审计工作的定位。该书通过对公共财政理论的研究和对公共财政特点的分析，提出了审计中心转移、审计重点把握、审计方法创新的原则和途径，对进一步做好公共财政框架下的财政审计工作具有很强的指导性。

《对不断深化经济责任审计的思考》 一、积极稳妥，就是要扎实有效地推进经济责任审计工作。各级审计机关在积极推进经济责任审计工作的同时，也要保持清醒的头脑，按照辩证统一的观点来理解积极与稳妥的关系，全面、准确地认识经济责任审计的地位和作用，从实际出发，掌握好工作的分寸，切忌急于求成，大包大揽。要在法定职权范围内开展经济责任审计工作，既不要缺位，被动应付，履行职责不到位；也不要越位，超越法定职权去干；更不要错位，去干审计职责以外的事。

二、量力而行，就是要科学合理地安排经济责任审计项目。领导干部承担的经济责任涉及经济建设、社会事业发展以及遵守党风廉政规定等方方面面，审计机关只能在法定职权范围内，在审计手段所能触及的领域内，对领导干部经济责任进行审查和界定。要把量力而行与突出重点结合起来，统筹规划，科学安排，把有限的审计资源用到刀刃上，做到审计一个项目就要审深、审透、审好，达到事半功倍的效果。要进一步强化审计项目计划管理意识，逐步增加任中审计项目，减少多头委托和临时交办的审计事项。

三、提高质量，就是要不断提高经济责任审计工作水平。要加大审计工作力度，对审计中发现的违纪违规问题和决策失误等问题，要查清问题的决策过程，查清问题的来龙去脉，查清问题所带来的经济损失和后果。要注意宏观与微观的结合，在如实揭示问题的同时，注重从全局的高度和宏观的角度研究分析问题，从体制上、机制上和制度上提出解决问题的对策和建议。要逐步建立有效的审计质量控制体系，强化审计项目质量管理，规范审计行为。要注重审计方法和技术手段的创新，推进审计方法和技术手段的科学化、现代化。

四、防范风险，就是要努力保障经济责任审计工作健康发展。经济责任审计由于审计对象的人格化，审计内容的复杂化，审计成果运用的特殊化等，其审计风险要远远高于其他审计项目。只有树立强烈的风险意识，并在实际工作中努力防范和减少审计风险，才能使这项工作真正成为干部管理和监督中的一个必不可少的环节。要严格审计程序，避免因程序不规范而造成审计风险；要划清责任界限，避免因责任划分不清而形成审计风险；要正确进行审计评价，避免因评价不当而产生审计风险。

【江西省审计科研成果】 **《试论财政资金的效益审计》** 从研究效益审计的基本理论入手，围绕效益审计中的热点、难点问题，探讨财政资金效益审计的实务操作，总结了试行过程中一些科学、可行、实用的经验和对策，借以指导和推动效益审计工作。主要从以下三个方面展开论述：

一是对效益审计若干基本理论问题的认识。效益审计是指国家审计机关受社会公众和纳税人的委托，对政府及其部门在履行职责过程中，管理和使用公共资源的经济性、效率性和效果性独立进行审计监督。其本质内涵是审查预期目标与完成该目标所投入的货币资金或所消耗的公共资源之间的关系。具有审计本质的现代性、审计形态的多样性、审计目标的宏观性、评价依据的双重性和成果运用的广泛性五大显著特征。具有监督职能、评价职能和鉴证职能。我国开展效益审计，应当符合我国国情。我国效益审计的特色主要有：政府审计的有效性、效益含义的双重性、审计范围的拓展性、审计内容的广泛性和审计基础的差异性。

二是财政资金效益审计的实务操作。对财政资金使用效益的审计，是当前我国开展效益审计的入手处和重点。（一）审计项目的选择。选择的原则，一是项目内容的重要性，二是资金运作的规范性，三是可能存在的风险性，四是公众关注的社会性。（二）审计目标的确定。总体目标是通过审计，对政府及其部门、使用财政资金的相关单位管理、利用公共资源履行职责的经济性、效率性和效果性进行评价，界定其责任，促进其提高公共管理水平和完善公共服务。（三）审前调查的内容。首先要对被审计单位的职能和业务范围的稳定性进行调查；其次要对职能部门业务活动目标的明确性进行审前调查。（四）审计方法的运用。有其独特的专门审计方法，一般来说包含两大类：一类是效益审计的基本模式，即获取相关信息、收集审计证据、评价业绩效果、界定相应责任、提出意见建议；一类是效益审计的技术方法，即相关资料阅读法、实绩计划对比法、现值绩效评价法等。（五）审计评价的标准。财政资金效益审计具体指标主要有总体评价类指标、综合资源类指标、资金投入类指标和实物形态类指标四类。（六）审计报告的框架。第一，摘要项目审计内容；第二，表明审计事项背景；第三，表述审计实施情况；第四，发表审计评价意见或作出审计结论；第五，提出审计处理意见；第六，提出审计建议意见。被审计单位的反馈意见也应在报告中如实表述。

三是效益审计的难点与对策。我国开展效益审计目前可能遇到的难题和问题主要有认识没有完全到位、理论支持力度不足、资源受限存有困难和环境影响增加难度。解决效益审计的难题，本文以下几点对策建议：第一，加紧解决法律依据问题；第二，尽快建立效益审计规范；第三，切实解决人才素质问题；第四，提高认识转变思想观念；第五，营造效益审计良好环境。

【山东省审计科研成果】　《立体效益审计模式的框架体系》　坚持审计内容和审计方式上的“两个并重”，即实行财政财务收支的真实、合法审计与效益审计并重，逐年加大效益审计分量，实行审计与专项审计调查并重，逐年提高专项审计调查的比重，标志着我国审计事业进入新的发展阶段。而构建以微观审计和专项审计为基础，以效益审计为导向，以审计调查为辅助手段的现代审计体系，则需要在真实、合法的基础上，通过对不同评价内容和服务对象的多层次审计，通过对立体型效益审计模式的创建来实现。

各国普遍进行的绩效审计，由于审计内容、评价指标和目的性的不同，都有自己的特点，并形成不同的绩效审计模式。我国的效益审计与各国的绩效审计属于同一审计类型，因此，选择和建立效益审计模式，我国可以借鉴国外的一些成功经验和做法，但不能照抄照搬，应根据我国的基本国情，以及经济发展和规范经济管理的客观要求，创建以财政财务收支和专项审计为基础的立体型效益审计模式，使效益审计在更广泛、更高层次的领域发挥作用。

所谓立体型效益审计，就是以微观和专项真实、合法性审计为基础，审计调查为辅助而进行的专业系统的、区域的、综合性的经济活动和资源利用情况的审计评价体系。它主要是利用微观审计、专项审计和审计调查所获取的审计信息数据资料和相关情况，从不同的角度和不同的目的，分层次、专业和门类进行分析评价，向被审计单位和不同的决策层提供审计评价报告。立体效益审计是具有中国特色的一种效益审计模式，它表现出微观审计监督、专业审计监督与微观效益评价、专业效益评价、区域经济效益评价和综合经济效益评价等相关联、多层次的效益评价特点，以及微观审计基础性、信息资料利用多元性和效益评价多层次性的结构特点。

第一个层次，效益审计的基础——微观审计与专项审计。所谓微观审计，就是根据审计法规定所进行的财政财务收支和有关经济活动事项的审计，这是审计机关在现阶段的基本职责和常规性的审计活动。专项审计也属于微观审计活动，主要是针对某项建设工程、投资项目、国家专项应用资金和专业性经济活动事项等项目的审计。这两种审计监督行为同时发挥双重作用，一是履行审计监督职责，查错纠弊，保护国有资产，指导和促进规范财政财务管理制度，提高国有资产和资金利用效果，进而达到维护经济秩序的宏观目的；二是获取了大量的审计信息资料和有关经济活动情况，构成了审计信息资源库，为开展效益审计提供了基础的数据分析资料。因此，立体效益审计必须建立在微观审计和专项审计的基础上，依托财政财务收支和经济活动事项及专项审计开展效益审计。

第二个层次，效益审计的辅助手段——审计调查。审计调查是审计监督检查的常用手段或方式，目前仍然是审计监督的辅助性手段。但是，随着经济形势的变化、经济管理体制的完善、审计事业发展的客观要求、与国际接轨的发展趋势，审计调查将成为审计监督的重要手段。审计调查，一方面根据审计指标进行广泛的和专业性审计调查，为制定审计计划和确定审计重点提供参考依据，指导实施审计；另一方面，了解被审计单位和审计领域的财政财务收支管理、经济活动和国有资本运作情况，进行分析评价；再一个方面，就是根据效益审计项目和效益审计评价指标，调查所需的真实性财务、会计和有关经济数据及有关经济活动情况，充实和完善效益审计评价所需要的数据信息资料和有关情况。从这个意义上讲，审计调查也是开展效益审计的基础性工作。今后，审计调查将成为开展效益审计的重要支撑力量。

第三个层次，常规效益审计——微观效益审计评价。常规效益审计，就是在对被审计单位和审计项目进行财务收支审计基础上，进行经济性、效益性和效果性的审计评价，主要评价资金利用效果、经营效果、投资效果和社会效应，在总体上主要是评价资源利用效果。这种审计和效益审计评价，仅对单个被审计单位、被审计项目和经济活动事项进行评价，一般不涉及相关联的单位和事项。对这种效益审计，我们称之为微观效益审计。这也是国际上通称的绩效审计。微观审计和微观效益审计是立体效益审计的基础，为专业效益审计、区域效益审计和综合效益审计提供审计评价信息和基础资料。同时，微观效益审计也是立体效益审计的组成部分，当前微观效益审计是开展效益审计的主体内容和形式。微观效益审计的有效实施，将有利于推动和促进立体效益审计模式的形成和完善。

第四个层次，专业效益审计——专业系统效益审计评价。专业效益审计有两种评价方式，一是专业立项审计，即对某个行业或某个系统、某个部门系统、某个门类的财政财务收支和经济活动事项的效益审计评价；二是非专业立项审计的专业效益审计评价，主要是利用常规效益审计所获取的审计信息和数据资料，按行业系统、部门系统和门类分别进行分析评价。专业系统效益审计评价，可以是全国性的，也可以是区域性的，县级以上审计机关都可以进行专业系统效益审计评价。从分析评价报告的应用价值和效果来分析，政府同一级审计机关对本区域专业系统效益审计评价针对性较强，层次越高分析评价的覆盖面越大，代表性越强，分析评价报告的影响力越大，社会效应也会更大。

第五个层次，区域性效益审计——区域效益审计评价。区域性效益审计仍然是以微观审计、微观效益审计和审计调查为基础，延伸进行县、市、省行政区域范围的综合性和专业系统效益审计。区域专业系统效益审计，就是对本行政辖区内的某个部门系统和行业整个系统进行效益审计评价，也可以搜集财政财务收支审计和微观效益审计的基础数据资料，集中对部门系统和行业系统进行专业性分析评价。区域性综合效益审计，主要是利用财政财务收支审计和经济活动事项及微观效益审计的数据资料，对整个经济运行状况、经济发展态势和实现效益情况进行分析评价。专业系统效益审计，一般是根据专业审计立项和全面审计获取的数据资料情况而进行，实施专业系统审计应进行专业系统评价。由于全面审计获取的数据资料和情况比较充实，因此，也可以不定期地进行专业系统效益分析评价，就是专业系统效益审计要随着审计工作进展情况和宏观决策的需要而进行。

第六个层次，宏观效益审计——综合效益审计。李金华审计长向全国人大常委会提交的审计工作报告，披露了中央预算管理、中央基本建设预算管理和中央其他部门预算执行中存在的一些问题和违纪违规案例，引起了中央、各级领导和社会的广泛关注。为此，政府和社会对审计产生了新的期望，一方面要求强化审计监督力度，查处大案要案，保护国有资产，遏制腐败；另一方面要求提高审计透明度，公告审计信息和审计报告，披露审计案情。审计署和地方各级审计机关已开始着手做这方面的工作。但是，国家审计并不能仍然停留在查错纠弊这个平台上，而要在微观审计的基础上，为促进整个国民经济发展和实现全面建设小康社会发挥作用，以效益审计领导整个审计工作，推动审计事业的发展。面对新的机遇与挑战，审计工作要有新的突破，就必须进行宏观效益审计，充分开发审计信息资料，对宏观经济形势进行分析评价，为宏观决策和进行宏观经济调控提供参考依据。

宏观效益审计主要分两个层次，一是全国性宏观效益审计，二是地方区域性效益审计。全国性宏观效益审计，就是运用经济形势评价指标对全国审计机关在审计过程中获取的审计信息资料和审计调查的数据资料及搜集的相关经济资料对宏观经济形势进行综合分析评价，主要是评价整体经济运行状况、经济发展态势、国有资本经营状况、国有资本结构变化情况和投资方向、财政资金运用效果、经济运行内在的规律性和存在的问题，以及经济管理体制、制度和机制还存在哪些不完善的地方，为规范经济管理和市场经济秩序及宏观决策提供参考依据。地方区域性宏观效益审计，就是运用统一的经济形势评价指标，对本行政区域审计机关在审计过程中获取的审计信息资料和审计调查的数据资料及搜集的相关经济数据资料对区域经济形势进行区域性综合分析评价，同时要结合中央的经济政策和全国经济形势进行分析评价，主要是评价行政区域的经济运行的状况、国有资本运营状况、国有资本结构和变化趋向、财政资金运用效果、经济发展态势、经济运行内在的规律性和存在的普遍性问题，以及为执行国家经济政策、财经法规和经济管理及经济决策提供依据，当好政府的参谋。

【湖北省审计科研成果】　《审计项目计划管理研究》　《审计项目计划管理研究》是由湖北省审计学会、湖北省审计科研所、中南财经政法大学合作完成。该成果是在中国审计学会中标课题《中国审计管理科学化的实现机制创新研究》基础上进一步研究成稿的。如何加强审计项目计划管理，以有效利用审计资源、实现审计目标，是探索我国审计管理现代化必须研究解决的重大课题。该成果以省级审计机关的年度审计项目计划为例，着重探讨了四个问题：一是审计项目计划管理的概念、依据、目标、原则及内容；二是审计项目计划的编制；三是审计项目计划执行成本的管理与控制；四是审计项目计划执行情况的检查与评价。

本科研成果认为，审计项目计划是各级审计机关和审计人员在1年（含1年内）或更长时期内对审计工作发展所做的预期规划，是指导、组织和控制全部审计活动的纲领。审计项目计划管理就是各级审计机关和审计人员编制、协调和实施审计项目计划，并评价和报告审计项目计划执行情况的活动过程。审计项目计划管理是一个动态概念，它通过计划编制管理、计划执行管理和计划质量管理，有效调度各项审计资源，以保证审计项目的有序进行，提高审计项目的效率和质量。计划工作是全体审计人员的一项职能，审计项目计划管理需要全体审计人员共同参与，广泛树立管理意识和宏观意识，实现审计资源整合的最优化。审计项目计划执行评价，是指依据一定的标准和程序，对审计项目计划执行情况和效果进行判断的一种审计管理活动。对审计项目计划执行效果进行评价，对于进一步加强和改进审计项目计划管理，实现审计项目计划的科学化管理具有重要意义。审计项目计划执行检查与评价的主要内容包括：计划安排的科学性、合理性；计划编制和执行的及时性；计划编制的完整性；计划完成的质量和效果等。计划完成的质量和效果考核包括：

一、审计项目计划执行效果的考核。对审计项目计划执行效果评价实际上是对审计目标实现程度的评价，主要用以下指标和数据进行考核评价：

审计计划完成率＝全年实际完成审计项目（个数）/审计计划项目（个数）×100%

审计决定落实率＝审计实际收缴金额/审计决定下达金额（或审计决定完全落实单位数/下达审计决定单位数）

审计建议采纳率＝审计间被采纳条款/审计提出建议条款

二、审计项目计划执行综合效果的考核。主要包括审计报告反映的情况和问题得到党委、政府的重视程度。依据审计结果，党委政府修改、完善制度规定条款；制定新的管理制度和办法；查出违纪违规人员和层次；审计促进增收节支和提高效益情况；审计情况和信息在为宏观管理和调控方面发挥的作用。通过抽样调查，考核社会各界对审计工作的认可度，反映审计工作的社会影响情况。

《投资审计理论与实务》　为了总结和探讨投资审计理论及实务工作，湖北省审计学会和湖北省审计厅固定资产投资审计处组织开展了投资审计理论与实务的探讨。研究成果简介如下：

一、关于投资效益审计的概念、分类及特征。投资效益审计从广义和狭义理解可分为广义的投资效益审计和狭义的投资效益审计；从宏观和微观两个层面来理解可分为宏观投资效益审计和微观投资效益审计；投资效益审计还可划分为对于有形资产的投资效益审计和对于无形资产的效益审计。审计组织和审计人员必须享有足够的权威才能顺利开展工作；投资项目从立项论证、组织实施到评估验收，一般需要经过较长的时间才能完成，投资效益审计不能仅局限于投资结果的事后评价，而要对投资全过程进行追踪审计；投资效益审计的专业性和技术性要求很高，需要具有不同专业技能的审计人员协同合作来完成审计项目，有时还需要聘请有关专家提供专业技术方面的咨询和服务。

二、关于开展投资效益审计的必要性。一是开展效益审计是投资审计工作发展的必然趋势，投资审计必须走出一条有中国特色的效益审计的新路子。二是开展效益审计是投资审计工作适应社会主义市场经济的客观需要。探索投资领域开展效益审计的新路子和新方法，是社会主义市场经济对审计工作的客观需要。三是开展效益审计是审计署对投资审计工作的新要求。审计署五年工作规划提出"两个并重"，其中之一就是实行财政财务收支的真实合法审计与效益审计并重，逐年加大效益审计分量，争取到2007年投入效益审计力量占整个审计力量的一半左右，同时提出，固定资产投资审计以效益审计为主。重点抓住投资决策、投资管理、资金的使用、投资效果等环节，抓住国家财政直接投资、财政担保及信誉投资、国有企业投资这些重点，深入开展绩效审计等。

三、关于投资效益审计的目标和原则。投资效益审计的目标是评价受托责任人是否以经济有效的方式将受托资源用于投资目的，并监督受托责任人在投资活动中按照最有利于委托人的方式行事。投资效益审计的基本目标理应定位于监督受托人是否恰当地履行了有关投资效益的受托责任。在立项论证阶段，投资效益审计的具体目标是评价投资项目的选取是否经过了科学合理的决策程序；投资项目的经济可行性是否已经通过严格论证；投资项目的收益、成本、风险等各个因素是否已经得到充分的考虑，特别是社会效益和社会成本是否得到应有的关注；所需的资金、人力和其他资源是否有可靠的来源和保障。在组织实施阶段，投资效益审计的具体目标是评价投资项目的实施是否经过精心的组织和安排，是否建立了科学合理的项目管理体制，成本控制措施是否严格到位，项目进展是否合乎计划、预算和进度的要求，项目实施过程中对于投资计划的重大变更是否有合理依据，是否履行了必需的批准手续。在评估验收阶段，投资效益审计的具体目标是评价投资项目的实际效益状况，是否已经达到了计划或者预算所设定的效益指标；如果投资的实际效益与预定指标出现重大偏差，则需要查明具体原因并确定相关人员的责任。

投资效益审计应遵循四个原则：一是全面性的效益审计，就是真实性、合法性与效益审计相结合；二是综合性的效益审计，就是在开展效益审计时，不但要关注项目的经济效益，同时也要关注项目的社会效益和环境效益；三是系统性的效益审计，就是将个别项目的效益情况与一批项目的效益情况、个别项目的效益情况与专项资金的效益情况统筹兼顾；四是创新性的效益审计，就是开展投资效益审计不能照搬投资项目后评估的一般方法，要借鉴国外绩效审计的技术方法，使我们的效益审计更富有创造性和可靠性。

四、关于投资效益审计的内容和重点。1. 投资决策过程的审计与评价。投资效益审计要变事后审计为全过程审计，突出事前审计，在投资决策过程中提前介入，评价投资决策本身的科学性与合理性。2. 概、预算及其执行情况的审计与评价。概、预算是建设项目投资重要的事前控制工具，合理的概、预算以及对于概、预算执行的严密控制制度，是建设项目投资效益的基本保证，审计人员应着重考察概、预算的编制是否合理，确认使用的标准、定额是否恰当。3. 招投标审计。公开、公平、公正的招投标制度，是杜绝投资项目活动中腐败行为并利用市场机制来保证投资项目效益的重要工具。缺乏审计监督的招投标过程，很容易形成"暗箱操作"，造成投资项目尚未开工进行就已经注定经济效益低下的不利局面。4. 对投资建设资金的拨付、使用和管理进行审计与评价。政府直接投资项目资金来源主要为财政性资金，目前由于管理部门和环节较多，在资金的拨付、管理和使用中存在的问题比较多，因此，必须就其真实性、合法性、经济性等作出审计评价。5. 对项目管理的审计评价。主要审计法人责任制、资本金制、招投标制、合同制和工程监理制的落实与完善情况。6. 竣工决算审计与评价。竣工决算是投资项目实施的最后环节，也是决定投资效益高低的关键环节，审计人员应抓好该环节的审计工作，计算各项效益指标的实际完成情况，对投资项目的投资效益作出综合评价。

五、关于建设项目投资审计的风险控制。审

计机关要规避建设项目投资审计风险，主要从四个方面入手：一是要建立健全政府对建设投资项目的监管机制，打好建设项目投资审计风险的防控基础；二是要督促建设单位完善内控制度，降低建设项目投资审计的检测风险；三是要规范审计机关建设项目投资审计的有关制度，建立防范和控制审计风险的保障体系；四是要加强审计队伍建设，不断提高工程人员的业务能力。

六、关于投资效益审计面临的难点。主要有：1. 评价效益的标准难以确定。由于效益审计的对象千差万别，衡量审计对象的经济性、效率性和效果性的标准难以统一，给效益审计人员客观公正地提出评价意见造成困难。2. 效益审计没有统一的方法和技术。由于审计对象的不同，审计部门不能为效益审计提供一个统一的方法和技术，审计人员在效益审计中可以灵活地选择与被审计事项相适应的技术和方法进行审计，使审计的风险加大，给审计证据提出了更高的要求。3. 效益审计要求审计人员具备更高的综合素质。效益审计需要审计人员掌握除了财务知识以外的多学科的知识，如经济学、社会科学、法律、工程学等，否则不足以胜任效益审计工作。但目前我们的审计人员的知识面相对狭窄，要达到开展效益审计的要求，还需要付出不小的努力。

七、关于加强投资项目审计的思路。一是要创新审计手段，改进审计方法，拓展审计范围和深度，提高审计效率。投资审计要把握好“两个坚持”、“三个必须”和“四个结合”。“两个坚持”一是要继续坚持“全面审计、突出重点”的工作方针；二是要坚持科学整合审计资源，解决审计力量不足与任务重之间的矛盾。“三个必须”就是必须把握“揭露问题，促进管理，规范秩序，提高效益”这一效益审计总体的要求；必须处理好真实、合法、效益三者的关系；必须增强依法独立审计意识、宏观和全局意识。“四个结合”：一是效益审计与财政预算执行情况相结合；二是项目在建审计和竣工决算审计相结合；三是要把建设项目审计同发现的大案要案相结合；四是国家审计与社会审计相结合。

【重庆市审计科研成果】　《逐步推行审计结果公告，切实发挥审计监督作用》　审计结果公告是指国家审计机关在一定范围内将审计结果公开的制度。审计署制定的《2003 至 2007 年审计工作发展规划》指出，到 2007 年，除涉及国家秘密、商业秘密及其他不宜对外披露的内容外，全部对社会公告。

逐步实施审计结果公告是实现民主政治的根本要求。李金华审计长在总结我国 20 年审计工作基本经验的基础上指出：现代国家审计是民主与法制的产物，更是民主与法制的工具。而要真正起到这个作用，审计结果公告是最为重要的手段之一。随着世界经济一体化等局面日趋形成，政务公开作为世界潮流的一项内容，新一届中央领导更自觉地跟进了这一潮流。从审计部门的角度，审计结果公开，增强审计信息的透明度与老百姓的知情权，是深化改革的需要，其价值在于把审计结果公布出去，让社会舆论来共同发挥监督之职。

审计机关的一切权力都来自宪法与法律法规的授予、确认和许可。而审计结果公告在审计法及相关法规中早已明确规定，因此，审计结果公告是依法治国、依法行政的要求。审计结果公告也有利于提高审计工作的独立性与权威性，并促进我国融入国际审计主流社会及地方审计机关融入全国审计主流社会。

我国作为行政型审计机关，具有浓厚的政府内部审计监督色彩，审计结果公告从立法与实际操作均有较大差距，地方审计机关与审计署在审计结果公告准备方面也有较大差距。所以，审计结果公告在我国任重而道远。笔者以为，推行审计结果公告应遵循法律至上原则、谨慎性原则、逐步推进原则、简明准确原则及保密原则五条基本原则。公告的内容应为：（1）预算执行情况和其他财政收支的审计结果。（2）政府部门或者国有企事业单位财政收支、财务收支的单项审计结果。（3）有关行业审计或者专项资金审计的综合审计结果。（4）有关经济责任审计结果。（5）国家投资项目竣工决算审计结果。（6）对社会中介机构业务的质量检查结果。

为了确保公告的质量，从公告的授权到公告文书的起草、审核、签发、公布，都要依照严格的法定程序，层层把关，明确责任。在审计机关内部对审计结果公告内容的审查应有一套像审计工作底稿三级复核制度一样严格的程序，在外部则应有一般公告程序与新闻发言人公告程序。

审计结果公告重点应是审计揭露的问题。如因为大吃大喝、铺张浪费、管理不善、与决策失误造成的严重损失浪费和国有资产流失等；其次是被审计单位审计整改情况。

审计结果公告分为多个层次，一是对社会公众的公告，即对关系国计民生的重大审计项目。主要采取审计公告，广播、电视、报刊、杂志、互联网等公共媒体，或新闻发布会等形式加以公开。二是审计机关向同级人民政府提交的审计结果报告和受同级人民政府委托向同级人大常委会的工作报告。三是对有关主管部门公告。四是对被审计单位所有人员的公告。

审计结果公告风险控制即应建立审计结果公告责任风险机制与审计结果公告风险控制机制。

《对民营企业涉及国家利益的经济活动的审计研究》 结合审计法颁布执行以来的新形势与国家审计在宏观经济管理中的职能作用，对民营企业涉及国家利益的活动进行国家审计是适应我国改革开放新形势和保护国有资产与国家利益的需要。一方面随着投资主体的多元化和混合经济的形成，民营企业的资产来源渠道也呈多元化趋势，除了私人投资转入和正常的借款外，还有因种种原因导致国有资产的投入，因此，国家审计机关站在国家的立场上，为了保护国有资产、监督有关经济法规执行、保护国家利益，就应该对民营企业涉及国家利益的经济活动开展审计。另一方面，民营企业虽为国家作了很大贡献，但是民营企业偷税、漏税的现象也很严重，所以要有税务监督之外的再监督，即要有国家审计等外部监督的制约。笔者以为对民营企业涉及国家利益的活动进行国家审计还可以促进环境保护、社会保障等国家法律法规得到有效执行和保护劳动者利益、未来者利益、国家可持续发展利益，同时也是发现粉饰账务、权钱交易、经济大案要案等国家与集体经济利益流失现象的重要渠道，从而促进廉政建设。所以，对民营企业涉及国家利益的经济活动若不进行国家审计，民营企业则成了国家审计的审计空白或盲点，不利于社会主义经济基础的保护。

针对当前对民营企业涉及国家利益的经济活动进行国家审计与现行法律法规之间的矛盾，笔者认为，首先，修改审计法，即明确规定对民营企业涉及国家利益的经济活动应当进行国家审计，而且按照国家审计立场、利益方向及应有职责来确定审计对象，并要求民营企业积极配合国家审计机关进行的审计或调查。其次对民营企业涉及国家利益的经济活动进行国家审计或调查要突出审计重点，主要对接受了财政无偿资金、财政有偿资金等各类专项资金；享受税收优惠较多或纳税情况较差；企业职工较多而参与社会保险费缴纳情况较差；接受了国家银行贷款较多；接受了国家土地划拨或优惠土地出让而土地收益较多；提供公共服务或参与国家高新技术研究或接受产业政策优惠等六类大中型民营企业进行国家审计。第三，要落实国家审计机关对民营企业涉及国家利益的经济活动进行审计查证后违纪违规问题的处理，由审计机关建议被审计单位主管部门或专业部门处理。笔者以为，在未实行全面审计结果公告制度之前，国家审计可增加责任追究和代位处理处罚权，即当审计处理处罚建议在限定时期内得不到有效落实时，审计机关就有权代替主管部门或专业部门进行处理处罚，并追究有关当事人的责任。最后，要转变国家审计机关的观念和民营企业的观念。即树立大审计观念和高层次经济再监督观念，按照“财物资产＋人力资产＋环境资产＝债权人权益＋所有者权益＋劳动者权益＋未来者权益”的新的会计恒等式，积极开展对民营企业涉及国家利益的经济活动的国家财政资金审计、环境审计、社保审计等方面的审计。同时要避免与财政、税务、银监委、内部审计、社会审计部门无效重复，又要有强烈的再监督意识。

【甘肃省审计科研成果】　《关于审计机关廉政建设与审计监督有机结合的思考》 从当前存在的现实问题分析，积极探求廉政建设与审计监督二者有机结合的新思路、新途径，意义重大。

（一）必须排除各种思想障碍。把廉政建设和审计监督有机地结合起来，促进各项工作全面发展是一次全新的监督方式，目前还不为广大审计人员熟悉和掌握。为此，首先要解决好思想认识问题，以思想的统一促进行动的统一，从而形成领导重视、职工参与、组织健全、整体联动的良好局面。审计机关的各级领导要高度重视并认真抓好这项工作，要建立健全领导机构，定期召开会议，及时研究分析和解决工作实践中遇到的实际问题，为廉政建设与审计监督有机结合提供坚强的领导保证；作为审计人员，要积极参与和主动配合，组织上也必须采取积极措施，抓好这一关键要素，严格要求、严格教育、严格管理、严格监督，进而克服党风廉政建设是“紧箍咒”、“找茬子”及不信任等错误观念，自觉搞好结合；要充分利用电视、报刊等新闻媒体，加大对廉政建设与审计监督有机结合的宣传力度，提高社会对廉政建设与审计监督有机结合的认识，优化廉政建设与审计监督有机结合的社会环境，形成社会合力，使广大干部群众大力支持廉政建设与审计监督的有机结合，促进廉政建设与审计监督有机结合向规范化、制度化的方向发展。

（二）必须将廉政建设与审计监督置身于市场经济大舞台。廉政建设与审计监督要寓于经济建设之中，必须把握“从市场中来，到市场中去”的原则。从市场中来，就是廉政建设与审计监督要必须适应市场经济的新发展、新变化，把握规律，探索新路子。廉政建设与审计监督都要适应和服从于社会主义市场经济的发展。审计监督以解放和发展生产力为己任，促进市场经济发展就是为了更好地解放和发展生产力。促进市场经济发展是广大人民群众共同的事业，审计监督担负着促进市场经济发展的重大责任，广大审计人员是促进社会主义市场经济必不可少的力量。市场经济不断发展，对廉政建设与审计监督提出了新的要求，廉政建设与审计监督又促进市场经济的建立和完善，两者相互促进，共同提高。

（三）必须把廉政建设与审计监督的有机结合贯穿于经济建设的始终。在制定工作目标、安排部署任务时要把二者同步考虑，把廉政建设与审计监督的任务目标融汇在一起，统筹谋划，全面考虑。在工作思路上从多角度、多方位谋划考虑，扩大视野，服务宏观。在研究廉政建设时，要努力在审计监督领域去寻找对策；在研究审计监督时，要努力从源头治理腐败的领域去发现对策，避免“头痛医头，脚痛医脚”单打一的做法，切实找到问题的症结和根源；在具体组织实施时，要层层建立责任制，使廉政建设与审计监督互相促进，彼此渗透，同步到位。在总结考核工作时，要把二者纳入同一轨道，在衡量一个部门、一个单位的工作时，要经过廉政建设与审计监督双重网络的过滤，防止两者在实际结合上“失真”。

（四）必须在调整转换廉政建设与审计监督有机结合的手段措施上寻求新突破。各级审计机关党的组织、纪检、宣传和群团组织等在具体工作中都要向廉政建设与审计监督靠拢“渗透”，要在两者的结合上不留死角；廉政建设与审计监督的有机结合，不能搞简单的“一加一”模式。要强化结合的力度，突出一个“实”字，把求真务实的作风作为促进廉政建设与审计监督有机结合的有效手段，把廉政建设机关的触角伸向为审计监督服务的各个领域、各个层次，转变围绕型为参与型。

【新疆维吾尔自治区审计科研成果】　《完善我国审计法制建设的思考》　在经济全球化、信息化，以及完善社会主义市场经济体制的条件下，政府在经济方面的职能主要集中在搞好宏观调控，营造公平、公正的市场环境，维护和保证社会公平竞争等方面，市场主体的对等原则又限制和减少政府对经济的行政干预。审计工作必须适应政府职能转变的形势，适应我国加入 WTO 以后的国际环境，加快推进审计法制建设进程。作为国家经济监督部门的审计机关，在实现社会公正、维护公平竞争以及防止腐败方面负有重要的职责。因此，审计法制建设的方向和思路，要立足于推动民主和法制建设，加强对权力的制约和监督，实现维护国家经济安全，关注政府效率这两个重点目标。

一个国家采用何种审计模式必须与该国政治、经济制度和文化传统相适应。在目前条件下，将我国审计机关列入立法机关序列不仅是现实的和惟一的选择，关键是要按照我国经济体制改革和民主政治发展的方向，总结 20 年审计工作的成功经验，逐步形成一套适合我国国情的、与国际接轨的、完善的审计制度。在审计法及其实施条例方面的具体内容为：

一是增加审计建议权。即有对政府和所属部门的预算草案提出意见和建议的权力。凡政府所属部门向财政部门报送部门预算草案以及财政部门向政府报送下一年度财政预算草案时，审计机关必须根据审计掌握的情况，对上述预算草案提出意见和建议。

二是增加表示意见权。即有对行政机关制定和发布的有关财政、财务管理方面的决定、命令等规范性文件的行为表示意见的权力，以制约一些地方、部门受利益驱动，乱发文件，违反规定审批、罚款、收费现象。政府各部门及下级政府在制定、发布财政、财务管理规章、规定前，或政府业务主管部门对有特殊要求的会计核算和会计监督，制定具体办法或者补充规定，报财政部审核批准前，应当提交审计机关。国家审计机关有权根据自己掌握的情况和对相关法律法规表明自己的意见。

三是强化审计检查权及调查权。现行审计法规定：审计机关进行审计时，有权检查被审计单位的会计凭证、会计账簿、会计报表以及其他与财政收支或者财务收支有关的资料和资产，被审计单位不得拒绝。审计机关进行审计时，有权就审计事项的有关问题向有关单位和个人进行调查，并取得有关证明材料，有关单位和个人应当支持、协助审计机关工作，如实向审计机关反映情况，提供有关证明材料。《审计法实施条例》又规定：审计机关就审计事项的有关问题向有关单位和个人进行调查时，有权查询被审计单位在金融机构的各项存款，并取得证明材料。现实中，常常出现被审计单位拒绝或者拖延提供与审计事项有关的资料，或者拒绝、阻碍检查。另外，对于丢失会计资料或经手巨额公款说明不了去向的行为，又无明确的法律、法规依据予以追究。有关部门还规定了审计机关无权查询个人银行存款账户。以上这些问题严重限制了审计的视野，影响了审计查处的深度，建议在修改审计法及其实施条例中应规定审计机关有权要求公安机关协助取证，以保证审计机关审计检查权和调查权的有效落实。

四是实行审计公告制度。法制社会的原则是规范政府行为，依法行政，并提高政府信息的公开化程度。我国传统的审计方法，是审计组在被审计单位会计资料、财务人员、相关领导人和当事人这样一个较狭窄的范围内搜集和反馈审计信息，采用的是“查查会计资料、问问财务人员和相关当事人”的套路，审计方法单调。尤其在当前会计信息失真严重、弄虚作假盛行的情况下，更难以搜集到真实、全面的信息。审计终结后，被审计单位的大多数职工往往不知道审计查了些什么，处理了什么，实际上剥夺了群众的知情权。实行审计公告制度，除了向社会公开审计机关的审计监督活动外，更主要的是将审计结果向社会公布，增加政府经济运作的透明度。对财政资金的使用情况、政府投资项目的绩效审计结果进行公告，还可以促进政府公共服务质量与效益的提高，加强群众监督。

五是把审计机关开展经济责任审计以法律条款的形式明确下来。由于缺乏法律依据，此项工作开展中遇到了不少困难甚至阻力，特别是党政领导干部的经济责任难以界定，缺乏科学的界定标准，使审计工作成效受到影响；同时，一些党政领导干部对开展这项审计有些误解。因此，把经济责任审计以法律的形式明确下来，以促进此项工作的法制化、规范化。

六是健全和强化对社会审计质量监督检查制度。目前，国内外上市公司虚假财务报告造成的恶果，对经济和社会造成了极大的冲击，严重扰乱了经济秩序，对国民经济的持续稳定发展和社会公众利益造成了很大的负面影响。因此，加强对会计师事务所的审计质量监督，是当前迫切的任务。国家审计机关加强对会计师事务所等社会中介组织审计质量的监督检查，有利于促进社会主义市场经济的诚信建设。

审计结果公告

中华人民共和国审计署审计结果公告 2003年第1号

审计署关于防治非典型肺炎专项资金和社会捐赠款物审计结果的公告

根据党中央、国务院的指示，2003年7月至8月，审计署组织全国审计机关对中央部门及30个省（自治区、直辖市）自非典疫情发生以来至7月31日，筹集分配和管理使用防治非典专项资金、社会捐赠款物的情况进行了专项审计。审计署会同发展改革委、民政部、财政部对此项审计进行了督促检查。现将审计结果公告如下：

审计查明，截至7月31日，中央及地方各级有关部门共拨付防治非典专项资金140.93亿元。具体情况是：各级财政部门共拨出102.62亿元，其中，中央、省、市（地）、县级各为12.62亿元、22.17亿元、24.64亿元、43.19亿元；各级计划部门共拨出10.52亿元，其中，中央、省、市（地）、县级各为8.56亿元、1.44亿元、0.46亿元、0.06亿元；各级其他部门共拨出27.79亿元，其中，中央、省、市（地）、县级分别为0.10亿元、9.13亿元、5.36亿元、13.20亿元。

各级民政、卫生等部门和单位共接收社会捐赠款物41.52亿元，其中，资金24.42亿元，物资折价17.10亿元。在捐赠款物中，内地党政机关、社会团体、企事业单位及个人捐赠35.67亿元；港澳台地区、外国政府、境外机构及个人捐赠款物折合人民币5.85亿元。截至7月31日，已分配捐赠款物31.66亿元，包括资金16.30亿元，物资15.36亿元。待分配捐赠款物9.86亿元，其中财政专户待分配捐赠资金6.28亿元，民政、卫生等部门待分配捐赠资金1.84亿元、待分配捐赠物资1.74亿元。

延伸审计专项资金和捐赠款物的使用情况，重点检查了5533所医院，219所急救中心，1190所疾病控制机构和16380个学校、街道、乡镇等。截至7月31日，这些单位共支出专项资金和捐赠资金127.61亿元，其中，用于购置急需医疗设备37.06亿元，购置防护设备及物资25.99亿元，改扩建医院或改造医院病房等16.76亿元，补助一线医务人员和防疫工作者10.31亿元，应急物资储备7.40亿元，救治救助患者及其家属4.14亿元，社会非典防控等其他支出25.95亿元；共投入使用捐赠物资折价11.02亿元，其中，医疗、防护设备及药品2.65亿元，药品生物试剂2.38亿元，诊断、救护设备及药品1.89亿元，其他4.10亿元。

审计结果表明，防治非典专项资金和社会捐赠款物的管理使用情况是好的，未发现贪污、私分、盗窃等严重违法违规问题。在防治非典过程中，各地区、各部门按照国务院有关规定，采取有效措施，切实加强对防治非典专项资金和社会捐赠款物的管理。计划、民政、财政、监察等部门加强了监督检查，促进了规范管理和使用。但审计发现少数单位仍存在一些问题，主要是管理不够规范：部分专项资金分配较为分散、结算不够及时，有的地方和单位多头接受捐赠款物或接受捐赠物资的手续不完备，部分捐赠款物入账或上缴财政专户不及时。这些问题，一经审计查出，有关地区和部门均高度重视，立即进行清理纠正，并及时采取措施完善管理。目前，非指定部门接收的捐赠款物已全部清理移交民政或卫生部门，未登记入账、未及时上缴财政专户的问题也基本得到纠正。

中华人民共和国审计署审计结果公告 2004 年第 1 号

50 个县基础教育经费审计调查结果

（2004 年 6 月 18 日公告）

为促进建立基础教育经费投入保障机制，加强基础教育经费管理，2003 年 10 月至 2004 年 1 月，审计署组织 17 个驻地方特派员办事处，对 17 个省（区、市）的 50 个县（市、区）2002 年和 2003 年上半年基础教育经费投入及管理使用情况进行了审计调查。

一、基本情况

近年来，各级政府认真贯彻《教育法》和《义务教育法》，高度重视基础教育工作，不断深化改革，加大投入，逐步建立了“以县为主”的农村义务教育管理体制，基础教育事业取得了较快发展。2002 年，50 个县基础教育经费普遍增长，总计投入 60.17 亿元，比上年增长 20.8%。其中财政预算内安排 40.42 亿元，预算外收费 17.11 亿元，分别增长 29.2%、14.1%；政府性基金、社会捐赠、集资等其他资金 2.64 亿元，比上年有所下降。

大部分县预算内教育经费的增长高于同期财政收入的增长。中央和省级财政明显加大了支持力度，2002 年通过转移支付和专项补助，分别投入 9.98 亿元、6.06 亿元，增长 48.5%、43.9%；县乡财政安排资金也比上年增长 18.7%，承担了超过一半的教育拨款。各级财政对基础教育的投入机制正在逐步完善。但审计调查也发现，基础教育经费投入及管理使用中仍存在一些问题。

二、审计调查发现的主要问题

（一）挤占挪用教育资金问题依然存在

审计调查发现，43 个县地方政府及财政、税务、教育主管部门和中小学校挤占、挪用、滞留各类教育资金 4.45 亿元。

一是 33 个县挤占挪用学校收费等预算外资金 2.19 亿元，用于平衡财政预算、部门经费、市政工程、建办公楼、发放教职工补贴等。如广东省化州市财政局挪用学校收费资金 400 万元用于平衡预算，市教育局及各镇教办挪用学杂费等 2561 万元，主要用于建办公楼和办公费、招待费开支；云南省马龙县政府挪用农村义务教育捐款 200 万元用于道路绿化亮化工程。

二是 20 个县挤占挪用教育费附加 1.2 亿元，用于办公经费、平衡预算、发放工资、垫缴农业税等；16 个县的财税部门从教育费附加中提取手续费等 964 万元。如浙江省东阳市挪用农村教育费附加 5486 万元，发放教师地方性补贴和奖金。河北省涞源县国税局从矿业企业上缴的城市教育费附加中，支取奖励经费比例高达 50%。

三是 19 个县擅自变更上级专款投向，挪用基础教育补助资金 2805 万元，用于发放工资、偿还债务、抵顶乡镇上缴税收缺口等；20 个县滞留上级拨付的教育专款 3810 万元。如四川省南部县财政对未完成农业税收任务的乡（镇），直接扣减农村税费改革转移支付补助，抵作上缴的农业税，据测算相应扣减教育经费 226 万元；截至 2003 年 10 月，江苏省灌南县财政局和北陈集财政所，尚未将省市 2002 年下达的危房改造专款、教师陈欠工资专款等 1548 万元拨付到位。

四是 14 个县教育部门及所属单位将本应取之于学生、用之于学生的各种教育回扣、代办劳务费等 3671 万元占为己有，用于本部门及所属单位经费开支。广东省化州市教育局通过向发行单位收取图书资料回扣款等方式，将中小学生交纳的 1356 万元图书资料款、体检费等以现金、私人存折等形式隐匿账外，大部分被集体和个人私分，目前涉案人员有 10 人受到党纪政纪处分，其中 2 人被移交司法机关查处。

（二）乱收费现象尚未得到根本遏制

近年来，国家有关部门加大了治理教育乱收费的力度，中小学乱收费现象得到一定程度的控制，部分县义务教育阶段生均负担有所下降。但总体看，50 个县基础教育收费总规模仍呈增长趋势，2002 年收费总额 23.2 亿元，较上年增长 7.87%，生均负担 469 元，增长 4.68%。

乱收费现象尚未得到根本遏制，基础教育收

费中有相当一部分是违规收费。调查发现，2001年至2003年10月，45个县违规收费4.13亿元，其中政府部门违规制定政策收费2.46亿元；中小学自行违规收费1.67亿元。一些地区层层加码，违规收费名目繁多。如2002年春季至2003年春季，国家扶贫开发重点工作县重庆市巫溪县政府及有关部门，自定政策向学生收取伤害赔偿金、公务业务费、环卫费、搭伙费117万元，同时3个镇政府分别以普九基金、危改基金、排危和锅炉集资款名义，向学生收费19万元，7所中小学又自行向学生收取初中择校费、防疫费、学前班增容费、代办保险费等128万元。

（三）基础教育负债增长迅速。

50个县2001年底基础教育负债为23.84亿元，2002年底达31亿元，增长30%；至2003年6月末，仅半年时间又增长了25.7%，达38.98亿元。负债增长速度大大高于同期教育经费投入增长速度，负债总额相当于这些地方一年财政收入的80%，最高的四川省小金县负债高达地方财政收入的6倍多。同时基础教育负债面广，有些县80%以上的中小学校都有负债，宁夏中宁县中小学负债面达96%。

审计调查发现，一些地方和学校，过分追求超前发展和不适当的达标升级，目前的负债中有72.5%是因新建校舍和达标升级形成的。如山西平遥中学计划投资8516万元新建校舍8.4万平方米，实际建筑面积12万平方米，总投资1.3亿元，学校总负债已达1.16亿元。负债形式主要是银行贷款、施工队垫款以及向教师和社会借款等，其中拖欠施工队垫款较为普遍。据对28个县的不完全统计，截至2003年6月底，拖欠施工队垫款达12.1亿元，约占负债额的50%。

另外，审计调查发现，到2003年6月末，有19个县仍在欠发国家规定的教师工资2.02亿元，相当于2002年应发国家规定工资总额的17.7%，其中2001年以前陈欠1.04亿元，2002至2003年上半年新欠0.98亿元。

三、产生上述问题的主要原因

（一）公用经费投入不足。

财政对教育的投入虽有较快增长，但仍存在结构性不足。2002年，50个县教育系统用财政拨款安排的支出中，人员经费占到了87.3%，新增拨款有73%用在了人员经费开支上。而同期中小学校公用经费支出9.51亿元中，约90%是靠收费等预算外资金解决。在已制定公用经费标准的34个县中，有23个县实际投入公用经费低于规定标准的32%，缺口资金1.15亿元。公用经费不足成为中小学违规收费的一个客观诱因。

（二）基础教育底子薄弱。

近几年，各级政府加大了对中小学基础设施投入和危房改造力度，但由于基础教育特别是农村中小学基础设施建设历史欠账多，底子薄，财政对基础教育的建设性投入，只能满足需要的1/4左右，其余仍靠负债、收费等非财政资金解决。截至2003年6月末，45个县仅重新翻建学校危房一项，就需投入资金约7.5亿元，大部分资金未落实。

（三）相关改革措施未衔接、落实到位。

农村税费改革切实减轻了农民负担，但调查发现，有14个县在取消农村教育费附加和教育集资后，相关弥补机制还没有及时建立和完善，形成了约8200万元的教育资金缺口；23个县尚未按要求撤销乡（镇）教办，8个县虽撤销了乡（镇）教办，成立了中心学校，但未转换职能，分流人员，一年花掉教育经费约1.18亿元。另外，教职工超编问题在一些县还未得到解决，占用了有限的教育经费。

（四）一些地方政府及部门法纪观念不强。

有些地方政府和部门缺乏严格自律和依法办教育的责任意识，将教育收费视为可支配财力，不顾中小学经费困难，随意挤占挪用甚至挥霍浪费教育资金。如广东省吴川市教育局及17个镇教办一年半时间就吃、分教育经费600多万元。有的地方部门向中小学转嫁债务，抽调学校资金发工资、补经费、买轿车，加重学校负担。一些地区对治理中小学乱收费认识不足，相关检查工作不够深入、扎实、严格，对违法违规行为惩戒不严，缺乏标本兼治的措施。

四、审计建议

根据审计调查情况，为进一步加强基础教育经费管理，推动教育事业发展，审计署建议：

（一）严肃纪律，严禁挤占挪用教育资金。

应抓紧推行和完善县以下教育系统“收支两条线”、部门预算等改革措施，强化教育部门和中小学财务管理，严肃查处挤占挪用教育资金等违规行为。同时，逐步实行教育经费收支公告制度，发挥社会和舆论的监督作用。

（二）采取措施，坚决制止教育乱收费。

进一步完善联检制度，将治理教育乱收费作为一项重点工作，常抓不懈，并严格责任追究，严肃处理和曝光各种乱收费行为，在全社会形成一种对乱收费的高压氛围，促进基础教育收费形势有一个根本性的好转。

（三）高度重视，妥善处理基础教育负债。

地方政府和教育主管部门应加强对县乡基础教育负债的调查研究，摸清底数，从实际出发，制定有效的解决办法，防止形成重大隐患。今后应严格控制普通高中负债，严禁农村义务教育阶段中小学搞负债建设。

（四）加快步伐，调整优化教师队伍。

各地要严格按国务院及中央有关部门的决定和要求，核定教职工编制，抓紧撤销乡（镇）教办等乡镇教育主管专门机构，加快分流超编人员，使有限的教育资金能够切实有效地用在教育一线。

（五）增加投入，努力弥补基础教育资金缺口。

各级财政要结合公共财政改革，逐步将教育支出的重点向基础教育特别是农村义务教育倾斜。上级财政要继续加大对县级财政的一般性转移支付和教育专项转移支付力度；县乡政府应从促进社会经济长远发展，维护人民群众根本利益的高度，进一步加强对基础教育的投入，在保证教师工资发放的基础上，逐步增加对中小学校公用经费和建设性经费的投入，缓解中小学收费和负债压力。

五、审计调查发现问题的整改情况

审计调查结束后，审计署及时汇总调查情况，向国务院提交了专项审计调查报告，并将调查情况向有关地方政府作了通报。国务院和地方各级政府对审计调查结果给予高度重视。国务院领导同志多次批示有关部门和地方政府严肃查处审计调查发现的违法违规问题，进一步加强教育资金的管理。财政部、教育部以审计调查反映的问题为切入点，结合教育系统的现状，联合下发了《关于严禁截留和挪用学校收费收入加强学校收费资金管理的通知》，教育部还以内部明电的形式下发《关于进一步规范学校收费行为加强资金管理的紧急通知》。各省（区、市）采取具体措施予以落实。对这次审计调查发现的违法违规问题，有关省、市、县认真整改，有关责任人受到了党政纪处分，触犯刑律的已移交司法机关查处。

附件：

基础教育经费审计调查50个县名单

河　北：涞源县　平泉县　黄骅市
山　西：平遥县　夏　县　汾阳市
黑龙江：巴彦县　宾　县　通河县
江　苏：溧水县　灌南县　金湖县
浙　江：东阳市　桐庐县　安吉县
江　西：永修县　吉水县　大余县
安　徽：休宁县　长丰县　霍山县
湖　北：长阳土家族自治县　阳新县　襄樊市襄阳区
湖　南：汉寿县　邵东县　平江县
广　东：化州市　雷州市　吴川市
海　南：陵水县　保亭县　儋州市
四　川：小金县　中江县　南部县
重　庆：巫溪县　武隆县
云　南：禄劝彝族苗族自治县　江川县　马龙县
甘　肃：定西市安定区　天水市北道区　会宁县
宁　夏：中宁县　海原县　中卫县
新　疆：伊宁县　察布查尔锡伯自治县　昌吉市

中华人民共和国
审计署审计结果公告
2004年第2号

50个县财政支农资金审计调查结果

（2004年6月21日公告）

为促进加强财政支农资金管理，提高资金使

用效益，2003年10月至2004年2月，审计署组织17个驻地方特派员办事处，对50个县2001至2002年财政支农资金的投入、管理、使用情况进行了审计调查。

一、基本情况

这次审计调查的50个县中，西部17个县、中部24个县、东部9个县，调查资金总额49.5亿元，主要包括：支援农村生产、农业综合开发、农林水气等部门事业费、支援不发达地区支出、农林水气基本建设、农林水气科技三项费和用于村民委员会的其他支出等资金。从总体看，财政支农资金投入增加，管理加强，为促进农业和农村经济发展发挥了积极作用。50个县2002年财政支农资金投入27.57亿元，县均5514万元，平均比上年增长25.8%，高于同期财政经常性收入增长幅度16.7个百分点。其中，中央财政投入比上年增长36.5%。但财政支农资金投入、管理和使用上还存在一些值得关注的问题。

二、审计调查发现的主要问题

（一）省、市（地）级财政支农资金投入增长低，县本级财政压力大。

50个县所在的17个省、市和38个市（地）本级财政2002年对支农的资金投入，均低于其财政经常性收入增长幅度。其中，省级财政支农资金投入平均比上年增长3.5%，低于其财政经常性收入增长幅度2.5个百分点；市（地）级财政支农资金投入平均比上年增长7.4%，低于其财政经常性收入增长幅度0.9个百分点。2002年50个县财政支农资金投入中，中央投入占50.8%，县本级投入占23.3%（东部县占45%，中部县占21%，西部县占14%），而省、市（地）级投入分别仅占19.5%和6.4%。

县本级财政支农资金投入总体增加，2002年比上年增长17.2%。其中：23个县一般预算收入和县本级支农投入均增加；15个县一般预算收入减少而县本级支农投入增加；9个县一般预算收入增加而县本级支农投入却减少；3个县一般预算收入和县本级支农投入均减少。

（二）财政支农资金投入渠道多，资金分散，难以形成合力。

财政支农资金除由各级财政部门拨付外，县以上各级农、林、水等主管部门也层层下拨到县级对口部门，形成资金来源渠道多、投入分散的状况。县级管理、分配财政支农资金的部门有计委（发展局）、财政局、扶贫办、农业综合开发办公室、农业局、林业局、水利（水务）局、畜牧局、农机局、水产局、气象局、国土局、交通局等十多个，时常出现同一项目多个部门管理，不仅投入重复，使用分散，而且造成资金管理成本高。如黑龙江省宾县2002年上级拨入支农资金32项，其中农业16项（由6个部门拨付）、林业7项、水利12项（由5个部门拨付）、农机3项；这些项目中投资额小于10万元的有22项，最少的一项仅1千元。

（三）部分财政支农资金投入不到位或被挤占挪用。

一是40个县本级虚增支农投入、配套资金不到位等5.35亿元，占财政支农资金投入总额的10.8%。如湖南省汉寿县在编制2001和2002年财政决算报表时，虚增支农投入7725万元。2002年7月，重庆市巫溪县政府为了得到天然林保护工程基本养老保险金补助110万元，承诺当年安排等额配套资金，但至审计调查时尚未兑现。

二是有的财政和农业主管部门批复项目和拨付资金不及时，造成资金年终大量结转，名义上的这部分支农投入实际并未到位。46个县两年财政支农资金结转分别为3.45亿元和5.74亿元，占当年应投入资金的15%和18%。如湖北省阳新县近两年收到的上级财政支农资金中，分别有1493万元和969万元在当年12月份才收到，分别占资金总额的74%和45%，致使无法及时拨付，投入未实现。

三是50个县挤占挪用财政支农资金4.95亿元，主要用于平衡财政预算、弥补经费、出借、经营、建房买车等，占财政支农资金投入总额的10%。如云南省马龙县财政局2002年12月初将1000万元烤烟专项资金拨到各相关乡镇和单位后，当月底划回用于平衡财政预算。四川省南部县财政局2002年直接扣减应付乡镇的农村税费改革转移支付补助653万元，用于抵扣乡镇应缴的农业税。1999年至2003年6月，山西省平遥县农机局挪用财政支农资金81.58万元，用于该局自身的副食品基地建设和职工福利等支出。

（四）部分财政支农资金使用效益不佳，用于主管部门自身支出比例偏高。

主要是部分项目建设没有达到计划要求，有

的项目管理薄弱、建设质量差。另外，农业等主管部门人员工资和公用经费支出比例偏高，也影响财政支农资金对农业生产的支持力度。50个县2001和2002年财政支农资金投入中，平均有26.7%和27.6%被用于农林水气等部门的事业费。在县本级的投入中这一比例更高，平均为58.4%和58.8%（西部县高达72.5%和78.4%）。如新疆伊宁县1999至2002年，农林水事业单位人员由1358人增加到2018人，增长49%，导致财政支农资金用于非生产性支出的比重则由2001年的64.8%上升到2002年85.2%。

三、产生上述问题的原因及建议

从审计调查情况看，产生上述问题的主要原因：一是现有法规对各级财政在支农投入上的责任、范围和重点等还不够明确，缺乏操作性强的规范要求。二是县财政供养人员多，负担重，自给能力弱，无力更多地投入农业。三是支农资金投入渠道多，有的资金未纳入财政预算管理，有的在建设内容、实施范围上有交叉，不利于严格管理和监督。四是有些地方政府及有关部门重争取资金和分配指标，而对加强管理，提高资金使用效益重视不够。

针对上述问题，审计署建议：

（一）进一步加大财政支农资金投入。各级政府应认真落实《农业法》的规定，不断增加对农业的投入，确保对农业投入的增长幅度高于财政经常性收入的增长幅度。上级财政应增加对县级财政一般转移支付的比重，缩小安排专项资金的规模，以利于增强县级财力运用的自主性；在项目建设上区别不同地区，确定符合实际的配套及自筹资金规模，以使县级财力更多用于农村公益事业。要进一步完善相关法规，合理划分中央和地方在支农资金投入上的事权，进一步明确各级政府的支农投入责任，促进形成稳定可靠的财政支农投入保障机制。

（二）对财政支农资金和项目实行相对集中管理。逐步实现由财政部门统一拨付财政支农资金。对财政支农项目，特别是农业基础设施和农村公益事业项目，应相对集中管理，强化统筹协调，避免多头审批、重复投资和分散投资，尽力归并支出事项和纳入一个部门管理，以降低管理成本，提高资金使用效益。

（三）强化监督检查。要加大对各类违法违规问题的查处力度，严格实行责任追究制度，促进加强财政支农资金的管理。

四、审计调查发现问题的整改情况

此次审计调查结果引起国务院和地方各级政府的高度重视。国务院领导同志在审计调查结果报告及有关信息材料上作了批示，要求有关部门和各级政府严肃查处违法违规问题，研究加强和改进财政支农资金管理的措施。省、市、县政府及有关部门认真整改，根据财政体制改革、农业结构调整的需要，进一步加大工作力度，逐步建立健全财政支农资金管理制度，实行国库分账核算以及支出报账制等。审计调查发现的问题，正逐步得到纠正。

附件：财政支农资金审计调查50个县名单

附件：

财政支农资金审计调查50个县名单

河　北：涞源县　平泉县　黄骅市
山　西：平遥县　夏　县　汾阳市
黑龙江：巴彦县　宾　县　通河县
江　苏：溧水县　灌南县　金湖县
浙　江：义乌市　桐庐县　德清县
江　西：吉安县　兴国县　波阳县
安　徽：休宁县　长丰县　霍山县
湖　北：长阳土家族自治县　阳新县　襄樊市襄阳区
湖　南：汉寿县　邵东县　平江县
广　东：化州市　雷州市　吴川市
海　南：陵水县　保亭县　儋州市
四　川：小金县　中江县　南部县
重　庆：巫溪县　武隆县
云　南：禄劝彝族苗族自治县　江川县　马龙县
甘　肃：定西市安定区　天水市北道区　会宁县
宁　夏：中宁县　海原县　中卫县
新　疆：伊宁县　察布查尔锡伯自治县　昌吉市

中华人民共和国审计署审计结果公告 2004年第3号

部分城市基础设施国债项目建设效果的审计结果

（2004年7月30日公告）

为了促进加强城市基础设施项目管理，提高国债资金投资效益，2003年，审计署组织对山西、河南、辽宁等28个省（区、市）的526个利用国债资金建设的城市基础设施项目建设效果情况进行了审计，重点检查了项目建设进展和建成后的运营情况。

一、审计的基本情况及评价意见

这次审计的范围是，28个省（区、市）截至2002年底利用国债资金建设的城市污水和垃圾处理以及供水、供气、供热等城市基础设施项目。审计的主要内容是，地方政府与国家发展改革委员会（以下简称国家发展改革委）及有关部门签订的《国债项目2002年建设任务、工程质量责任书》（简称《建设责任书》）中明确的有关责任的履行情况，以及项目资金管理使用和建设效果情况。审计的重点是，检查因决策失误、可行性研究偏离实际、规划布局不当、总体设计不配套、管理不善、运营条件不具备等原因造成的效益低下、损失浪费问题。审计过程中，注重采取审计与专项审计调查、真实合法审计与效益审计相结合的做法，严肃查处项目建设中的各类违法违规问题，分析和评价项目建设效果，促进加强国债项目管理，提高投资效益。

审计查明，1998至2002年，中央为改善城市基础设施落后现状，累计安排国债资金983.88亿元，用于28个省（区、市）1965个污水和垃圾处理以及供水、供气、供热等项目的建设，总投资达3992亿元。这次审计抽查了526个项目，其中污水处理230个，垃圾处理83个，供水157个，供气33个，供热23个，总投资967亿元，占这些地区城市基础设施项目投资总额的24%。

审计结果表明，在各级政府的重视下，城市基础设施国债项目建设取得了较好成效。截至2002年底，审计的526个项目中，已建成320个，新增日污水处理总量1300万吨，日垃圾处理总量2.2万吨，日供水626万吨，日供气684万立方米。这些项目的建成，缓解了许多城市基础设施薄弱的状况，对保护和改善城市居民的生活环境，促进经济社会的可持续发展发挥了积极的作用，产生了良好的社会效益和环境效益。但审计中也发现，部分项目建设效果比较差，没有达到预期建设目标。

二、项目建设效果方面存在的主要问题及原因

（一）四分之一项目没能按建设责任书或计划建成。

抽查的526个项目中，有136个未按照国家发展改革委与有关省（区、市）政府签订的建设责任书或项目计划建成，其中，污水68个，垃圾18个，供水29个，供气16个，供热5个。这些项目尚有85.47亿元投资未如期完成，占计划投资额的26.8%（参见图1）。

这些项目逾期未建成的直接原因：一是前期工作薄弱，“三边”问题比较突出；二是配套资金不落实，一些地方政府没有完全落实建设责任，未及时足额落实配套资金。截至2003年6月，这526个项目中，中央补助国债和转贷地方国债已到位98%，而地方配套资金只到位78%，实际缺口近100亿元；三是部分利用外资项目，因对外谈判、招标程序复杂等影响了建设工期；四是因城市改造、拆迁等影响管网建设。陕西省1998年在渭河沿岸建设5个污水处理工程，其中应于2002年底建成4个，但实际只建成2个，渭河污染问题仍未得到根本解决。山东省莒县、日照、微山污水处理厂和菏泽引黄供水工程等4个项目已上报建成，但实际还有近一半工程量未完成。

图 1 各行业逾期未建成项目所占比重图

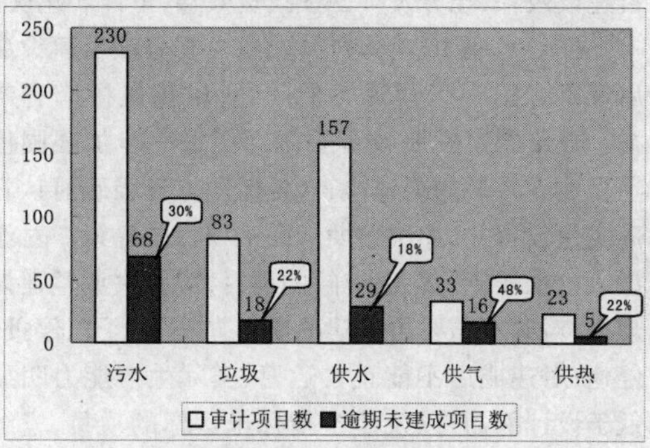

（二）部分已建成项目运营效果较差。

在已建成的 320 个项目中，有 32 个基本未投入运营，18 个长期处于试运营或开开停停状态，另有 69 个运营项目未达到当年设计生产能力，其中，污水、垃圾处理和供水项目平均实际生产能力分别只占当年设计能力的 59%、56% 和 33%，设备闲置问题比较突出。

造成项目不能正常运营和未达到设计能力的直接原因是：配套管网建设滞后；运营经费不足；工艺和设备设计不合理；设备质量存在严重问题；少数项目建设规模过大，超过了实际需要。安徽省巢湖市污水处理厂 2001 年 6 月一期工程完工后，因缺少运营资金仅试运行了一个月，二期工程完工后，也只进行了设备联动试运行。辽宁省鞍山市西部污水处理项目投产一年来，由于运营资金不足，仅能从事维护性运转，污水仍被直接排入太子河和大辽河，未能实现可行性研究报告中提出的集中处理城市污水、改善辽河下游地区生态环境的投资目标。山西省榆次、阳泉市两个污水处理厂由于项目建设时没有考虑相应的管网建设，2000 年建成后一直无法投入运营。四川省阿坝州 4 个已建成的垃圾处理厂因设备质量严重不合格，处于瘫痪状态；都江堰市污水处理厂设计能力为每天 4 万吨，因管网不配套，仅能流进污水 0.15 万吨，达不到进水量的最低要求，生化处理无法运转。甘肃省白银市城市供水工程投产近一年来，平均日供水量不到 1 万吨，不到设计能力的 10%，设备利用率仅为交付使用设备的 15%。

（三）部分污水、垃圾项目处理指标不达标。

在已投入运营的污水、垃圾处理项目中，有 14 个处理指标未达标。其直接原因是，项目设计不合理，擅自减少建设内容，降低建设标准，使项目功能和质量受到较大影响。安徽省合肥市建委等有关部门在建设南淝河治理项目过程中，一方面大幅度增加沿河两岸景观改造等建设内容，其中绿化与景观用地多征了 80 万平方米，超概算达 1.72 亿元，概算外增加灯饰景观费用 3327 万元；另一方面又大幅削减污水管网、河道清淤等必要的建设内容，少建污水管道 60 公里和 1 座泵站，比概算减少投资 1.25 亿元。由于大幅削减管网建设，致使原设计中的雨水、污水分流无法实现，汛期时污水直接排入河道，加之由于上游河道未进行清淤，造成淤泥堆积，严重影响了南淝河水污染治理效果。山东省烟台市套子湾污水处理厂回用水处理工艺无法消除氯离子，生产的回用水氯离子严重超标，连绿化用水标准都难以达到。贵州省贵阳市高雁垃圾填埋场已投入使用近两年，渗透液处理指标一直未能达标。

表 1 526 个城市基础设施项目建设情况统计表

项目实施情况	合计	其中：按行业划分（个）				
		污水处理	垃圾处理	供水	供气	供热
审计项目	526	230	83	157	33	23
未建成项目	136	68	18	29	16	5
建成项目	320	132	51	102	17	18
其中：						
1.建成后基本未投入运营项目	32	18	4	8	1	1
2.建成后不能投入正常运营项目	18	11	2	5		
3.未达到当年设计能力项目	69	29	6	29	4	1
4.技术指标未达标项目	14	7	7			

（四）部分项目损失浪费严重。

审计发现，有 34 个项目由于管理不善、设备不合格以及工程质量缺陷等原因，存在较为严重的损失浪费问题。如广西壮族自治区北海市白水塘垃圾处理项目在设备采购过程中把关不严，对代理商未进行资格审查，在签订合同时，多处违反国际通用惯例，付款方式、期限、索赔等条款明显不合理，已给国家造成直接经济损失约 1900 万元，还使价值近 9200 万元的设备和厂房闲置。河南省郑州市供水工程因前期勘察设计失误、建设管理不善等原因造成各种损失 2716 万元。投资 5.6 亿元的牡丹江煤气工程因盲目建设、管理混乱、损失严重而停产。

从审计情况看,部分项目建设效果较差,除上述直接原因外,还存在以下一些深层次的问题:

一是政府投资项目决策机制尚不健全。由于前期规划工作薄弱,有些地方将论证不充分、概算编制不完整的项目予以申报,甚至将已完工项目改头换面重复申报,造成有些项目选址布局不当、设施不配套、设计漏项多,建设规模、标准脱离当地经济社会发展实际。

二是经营机制落后,建设和运营仍主要依赖政府。不少地方的城市基础设施国债项目的建设和运营基本由政府承担,资金配套、贷款担保和弥补运行经费不足都主要依靠地方财政。项目建成后实行事业管理的模式,造成政企不分,职责不清,机构臃肿,效益低下;同时,一些地方的污水、垃圾处理收费标准偏低,难以补偿运行维护费用,一方面加重了地方政府的财政负担,另一方面也使经营者缺乏积极性,在很大程度上影响了城建和环保基础设施国债项目的建设运营效果。

三是项目管理比较薄弱。一是 90 个项目执行招投标制度不严格。主要采取邀标、议标和指定方式,致使一些无相应资质的施工单位承揽工程,或违法转包,层层收取管理费。如广东火电工程总公司海南分公司不具有市政工程施工资质,在承包三亚城市污水处理项目部分管道工程后,转包给两家单位,收取转包费 288 万元。二是挤占挪用建设资金 4.67 亿元。辽宁省抚顺市三宝屯污水处理项目在考察工艺和采购 2300 万元的国外设备中,出国费用就达 195 万元。新疆石河子市污水处理厂在完成投资尚不到 10%的情况下,业务招待费就已超支 2.3 倍。

三、审计建议

这次审计结束后,审计署征求了国家发展改革委、建设部和有关省(区、市)政府及被审计单位对审计结果的意见,对查出的违法违规问题依照有关法律、法规进行了处理,并提出了整改意见。对少数项目因决策失误、管理不善造成严重损失浪费及其他违法违规问题,及时向国务院作了反映,国务院领导同志均作了重要批示。有关部门和地方政府对此十分重视,积极整改,有的很快得到落实,部分违法违规问题已得到纠正,项目管理薄弱的情况也有所改善。为进一步提高城市基础设施国债项目建设效果,充分发挥国债投资效益,审计署建议:

(一)采取切实有效措施,解决部分项目建设滞后及不能正常运营等突出问题,尽快发挥应有效益。建议国家发展改革委等部门进一步加强国债项目建设效果的跟踪检查,督促地方各级政府认真落实建设责任,加快逾期未完工项目的建设。对经深入论证属于"贪大求洋"的项目,应坚决调整建设规模;对确不需要再续建的项目,应坚决予以停批、停建;对建成后不能正常运营、实际生产能力明显低于设计能力,以及生产指标未达标的项目,应组织专家分析原因,采取相应补救措施,尽量减少损失;对未严格履行建设责任,造成严重损失浪费的,应依照有关规定追究责任。要切实重视配套管网建设,尽量避免主体厂房与管网建设脱节的情况。

(二)完善政府投资项目决策及监管机制,从根本上解决部分项目管理不善和建设效果较差的问题。建议国家发展改革委、财政部按照中央关于健全科学决策机制和投资体制改革的要求,尽快研究建立和完善政府投资项目咨询制度、公示制度、投资效益评审制度以及建设责任追究办法,增强政府投资透明度,强化规划的指导作用,提高项目决策的科学化程度和监管水平。

(三)进一步加强资金和项目管理,确保项目建设规范有序地进行。针对部分项目仍存在挤占挪用建设资金、不严格实行招投标和损失浪费等问题,建议国家发展改革委会同地方各级政府进一步加大监督检查力度,严格执行国家有关国债资金和项目管理的各项规定,切实做好项目的竣工验收工作,严肃处理违法违规问题,确保工程质量。

(四)改革管理体制和运营机制,加快推进城市污水、垃圾处理产业化、市场化。针对目前城市基础设施行业长期主要靠政府投资经营,实施产业化和市场化还存在不少亟待解决的问题,建议国家发展改革委会同建设部等有关部门认真总结经验,找出存在问题,尽快研究制定城市污水和垃圾处理设施建设、运营、市场准入、市政公用产品质量标准等方面的配套政策及实施办法,鼓励各类所有制企业参与投资和经营,改变主要由政府投资的格局,解决政企不分的问题,完善项目管理体制和经营机制,促进国债投资更好地发挥效益。

附件：

城市基础设施国债项目审计涉及的28个省(市、区)名单

北	京	天	津	山	西	内蒙古	辽 宁
吉	林	黑龙江		上	海	江 苏	浙 江
福	建	安	徽	山	东	河 南	湖 北
湖	南	广	东	广	西	海 南	四 川
重	庆	贵	州	云	南	西 藏	陕 西
甘	肃	宁	夏	新	疆		

中华人民共和国审计署审计结果公告 2004年第4号

788户企业税收征管情况审计调查结果

（2004年9月13日公告）

为了解目前税务部门税收征管质量状况，2003年9月至2004年1月，审计署组织17个驻地方特派员办事处，对17个省(区、市)税源比较集中的35个市(地)税务机关2002年至2003年9月税收征管情况进行了审计调查，重点抽查了788户企业的纳税申报、税款缴纳、税收优惠政策执行以及税收流失等情况。

一、基本情况

这次审计调查的788户企业，大都是财务制度比较健全、管理相对较好的重点税源大户，纳税规模占35个市(地)税收收入的20%左右，年实现税收超过百万元的企业占90%以上。其中，股份制企业367户，占46.57%；国有企业218户，占27.66%；涉外企业112户，占14.21%；集体企业52户，占6.60%；其他企业39户，占4.95%。

审计调查显示，788户企业2002年实现税收1173.47亿元，缴纳税款1105.03亿元，少缴税款133.85亿元；2003年1至9月实现税收1037.78亿元，缴纳税款978.82亿元，少缴税款118.94亿元。

调查结果表明，近年来，各级税务部门积极推进各项税收征管改革，税收征管质量和水平不断提高，有力地促进了税收收入的持续快速增长，但税收征管中仍存在一些问题。

二、审计调查发现的主要问题

(一)税务部门受税收计划和地方财政预算刚性等因素影响，人为调节税收进度。

一些税务部门在完成上级下达的年度税收计划的情况下，或者迫于地方政府的压力，人为控制税收入库进度，将税源留在企业。788户企业中有364户(占46.19%)存在此类问题。2002年底和2003年9月末，分别有106.32亿元、102.95亿元应入库税款因此未征收入库。其主要表现：一是在企业货币资金充足的情况下，税务机关有税不征。如云南省安宁市国税局在昆明钢铁集团有限责任公司银行存款余额超过8亿元的情况下，将其2002年应纳税款1.53亿元，延迟到2003年征收入库；湘潭市国税局岳塘分局在湘潭钢铁集团有限公司2002年底货币资金达3亿多元的情况下，未将其当年新增加的增值税欠税4500万元征收入库。二是违规批准缓税，将税款延期入库。如2002年黑龙江省国税局对大庆油田有限责任公司、哈药集团等12户有能力缴纳当期税款的企业，采取逐月或逐季批准缓征的方式，到年底仍有37.72亿元未征收入库。三是用违规退库等方法调节收入。如哈尔滨市地方税务局香坊分局对黑龙江移动通信公司2002年底已申报入库的个人所得税559.7万元，以"误收退税"的名义退库，2003年1月又重新征收入库。

另外，在经济欠发达的内蒙、江西、四川等地区，税务机关为完成税收计划，征收"过头税"10.02亿元。如四川省德阳市什邡市地税局2002年根据上级税务机关和当地市政府必须完成所得税任务的要求，多征德阳蓝剑包装股份有限公司企业所得税1549万元，是该企业应缴税款的7.63倍。

审计调查还发现，国税、地税部门由于受各自税收计划的影响，对同一纳税人分别存在少征和多征两方面的问题。如河北省新乐地税局在石家庄新乐国人啤酒有限公司2003年9月末欠缴"两税"(应由国税局征收)1.33亿元的情况下，多征城建税和所得税1859万元。湖北省红安县地税局在红安卷烟厂2002年12月底欠缴"两税"2.23亿元的情况下，多征城建税4522万元。

(二)企业会计核算和纳税申报不实,导致税收严重流失。

2002年至2003年9月,788户企业中有100户(占12.69%)存在核算、申报不实以及骗取税收优惠等问题,由此少缴税款14.25亿元。主要表现:一是企业违规核算,少申报和缴纳税款。如2002年中国石油天然气股份有限公司大庆石化分公司采取少计收入、多列成本的手法,少计增值税、所得税等税款1471.52万元。南京市玄武区城镇建设综合开发有限公司等4户企业,截至2003年9月未及时结转已完工项目利润,少缴纳企业所得税4500.97万元。审计调查发现,部分由地方政府出资兴办的企业,少申报和缴纳税款情况更为严重。如江苏省国信资产管理集团有限公司是代表江苏省政府行使国有资产出资人职能的企业,其所属国际信托公司、投资管理公司2002年少申报各项税收9520.44万元。江苏交通产业集团有限公司是江苏省政府用预算外交通资金投资成立的企业,自1998年成立以来,一直未办理所得税纳税申报,少申报所得税19850万元。二是有的企业利用优惠政策少缴税款。如海南汽车制造有限公司和一汽海南汽车有限公司2002年申请减免税时,上报的岛内岛外销售比例与实际不符,多享受"地产地销"增值税减免14081.55万元。

(三)地方政府干预税收政策执行情况仍然存在。

在调查的35个市(地)中有19个市(地)存在地方政府干预税收政策执行以及越权减免税问题。调查的788户企业中有46户(占5.83%)享受地方政府越权批准的各类减免税政策。如2002年至2003年9月,陕西省财政厅、地税局、国税局等五家单位经省政府批准,对陕西金秀交通有限公司取得的公路运营收入,由税法规定的5%税率改按3%的税率征收营业税及附加,致使该公司少缴税款277万元。2002年,杭州市萧山地税局依据地方政府政策,将国家对新办劳动就业服务企业的所得税优惠政策扩大到21户非劳动就业服务企业,减免所得税1714.35万元。

审计调查还发现,部分地方政府为吸引投资,违反国务院规定,自行制定税收返还政策,不仅损害了税法的严肃性,而且加剧了企业的不公平竞争,导致一些企业为追逐税收优惠,在地区间无序流动。如呼和浩特市和林县盛乐经济开发区自定税收返还政策,将税务局征收的地方收入全部返还给企业,仅2002年返还蒙牛乳业股份公司税款就达4900多万元。

(四)税务部门征管不力,造成税收大量流失。

调查的788户企业中有169户(占21.45%)由于税务部门征管不力,导致税收流失27.6亿元。主要表现:一是部分税务机关擅自扩大优惠政策执行范围,或变通政策违规批准减免税。审计抽查发现,有83户存在此问题,共少征税款20.52亿元。如2002年至2003年9月,上海市国税局、地税局第六分局在上海农工商超市有限公司税收优惠政策期满、当年新安置待业人员达不到国家规定比例的情况下,批准该公司减半征收企业所得税,少征税款13333万元。二是对企业纳税申报审核不严,导致税收流失。三是稽查查补税款不按规定加收滞纳金。如无锡市国税局稽查局2002年对稽查案件查补税款全部未征收滞纳金,据对该局2002年至2003年9月稽查案件中涉税金额前21名企业统计,应征未征滞纳金达1549.86万元。四是部分税收优惠政策多环节审批、多头管理,导致部分纳税人钻"空子",造成国家税收流失。如南京市科学技术局将从事商品流通的南京医药股份有限公司,经营手机销售、娱乐、印刷等业务的南京鸿兴达通信实业有限公司,从事长江货运的南京水运实业股份有限公司等,认定为高新技术企业,2002年至2003年9月,税务部门据此批准减免税5667.8万元。

三、审计建议

针对以上问题,审计署建议:

(一)进一步完善税收工作考核机制,努力构建依法治税的税收征管环境。目前,各级税务机关在制定和分配税收计划工作中,仍采取"基数加增长率"的模式,这样做有其历史的原因,对税收的持续快速增长也发挥了一定的积极作用。但计划与实际往往存在较大出入,且税收计划完成的好坏不仅是上级税务机关考核下级税务部门工作业绩的重要内容,也是各级政府评价、奖励税务部门最直接的参考依据。在这样一种税收计划管理和考核机制下,税务机关在完成税收计划后,为防止基数过大,往往延压税款,而在完不成税收计划时,则又容易出现征收"过头税"的问题,很难做到依法治税。为此,建议国家税务总局进一步完善税收管理机制,逐步以税收征管综合质量考评取代现行的税收计划考核,从制度上保证税务部门依法治税,杜绝人为调节税收入库进度现象的发生。

（二）严管重罚，加大对偷税行为的处罚力度。在目前自主申报纳税的税收征管模式下，对偷税行为的处罚力度，直接影响税收征管秩序。从这次调查情况看，由于税务机关对偷税行为处罚不力，在一定程度上助长了纳税人偷税的主观故意。在调查的788户企业中，2002年有157户企业的偷税行为被查处，税务机关仅对其中的48户处以罚款，对57户加收滞纳金，处罚率和滞纳金加收率（按户次）分别仅为30.57%和36.31%，远远低于税法规定的处罚标准。这样的处罚对少数存在侥幸心理不依法纳税的企业，起不到震慑作用。建议各级税务机关严格依法惩处偷税行为，保证税法的严肃性。

（三）强化征管，建立严格的责任追究制度。目前，执法不严、征管不力，已成为影响税收征管质量的一个突出问题。究其原因，虽然存在地方政府干预、征管手段落后等外部因素，但税务系统对税收执法行为缺乏严格的责任追究制度也是一个重要原因。建议国家税务总局尽快建立严格的责任追究制度，在依法赋予税务机关和税务人员征管权利的同时，明确其应该承担的责任，使税收征管权利和责任相统一。

四、审计调查发现问题的整改情况

审计调查结束后，审计署及时汇总调查情况，向国务院提交了专项审计调查报告，并将有关情况向国家税务总局作了通报。国务院及国家税务总局对审计调查结果给予了高度重视，国务院领导作了批示，国家税务总局召开了专门会议进行研究，并在全国税收征管工作会议上对审计调查情况进行了通报，要求全国税务系统高度重视审计调查发现的问题，坚决纠正。税务总局同时还下发了整改通知，要求各级税务机关统一思想，充分认识审计监督对促进依法治税、提高征管水平的重要意义；要求各级税务机关"一把手"亲自负责，坚决纠正审计调查发现的问题；对存在违规涉税问题的企业，逐户进行税务专项稽查，对查实的问题要严格依法处理；对有执法过错的税务人员，要按照税收执法责任制的要求进行责任追究，涉及违法违纪问题的，移交监察部门处理。有关省市区人民政府也高度重视，采取措施加以纠正和整改。

附件：

税收征管情况审计调查35个市（地）名单

河北省：石家庄市、唐山市
内蒙古自治区：呼和浩特市、呼伦贝尔盟
吉林省：长春市、吉林市
黑龙江省：哈尔滨市、大庆市
上海市
江苏省：南京市、无锡市
浙江省：杭州市、嘉兴市
江西省：南昌市、景德镇市
山东省：济南市、淄博市
湖北省：武汉市、襄樊市
湖南省：长沙市、湘潭市
广东省：广州市、惠州市
海南省：海口市、三亚市、洋浦经济技术开发区
四川省：成都市、德阳市
云南省：昆明市、玉溪市
陕西省：西安市、延安市
甘肃省：兰州市、白银市、天水市

中华人民共和国审计署审计结果公告 2004年第5号

国家林业局2003年度预算执行审计结果

（2004年11月1日公告）

根据《中华人民共和国审计法》的规定，2004年2月至3月，审计署对国家林业局2003年度预算执行情况进行了审计，并延伸审计了国家林业局调查规划设计院等12个直属和原直属单位的部分项目及资金。

一、基本情况

国家林业局是主管林业工作的国务院直属机

构。2003年,财政部等部门共批复国家林业局财政拨款预算31.66亿元。国家林业局2003年已将上述财政拨款预算全部批复给有关单位。

审计结果表明,国家林业局2003年度预算执行情况总体较好,部门本级和所属单位的预算编制质量较上年有所提高,内部控制制度进一步健全和完善,较好地开展了国库集中支付改革试点。但审计也发现了一些需要纠正和进一步改进的问题。

二、审计发现的主要问题

(一)2002年、2003年,国家林业局所属调查规划设计院伪造林业治沙借款合同和贷款利息回单,骗取2001年和2002年中央财政贴息147万元;2003年10月,国家林业局所属中南林业调查规划设计院主管的湖南三元木业有限公司伪造林业治沙借款合同和银行对账单,骗取中央财政贴息120万元,并编制虚假会计账证应付检查;2002年、2003年,国家林业局原直属企业中林食品药材开发公司变造林业治沙借款合同,骗取2002和2003年中央财政贴息共计48.3万元;2003年10月,国家林业局原直属单位南京林业大学涂改林业治沙借款合同,骗取中央财政贴息100万元;2003年10月,国家林业局原直属单位中南林学院以未执行的林业治沙借款合同,虚报冒领中央财政贴息84万元。上述行为,严重违反国家财经法规。

(二)2003年,国家林业局挪用"重点工程及资源核查"项目经费100万元,用于天然林保护工程、退耕还林后期政策研究等;该局在"林业宣传"项目经费中安排所属宣传中心办公费130万元,将项目经费用于基本支出;该局所属调查规划设计院挤占挪用"林业标准化项目"等专项经费425.88万元,用于人员经费开支。此外,2003年,国家林业局向非财政预算拨款单位中国花卉协会拨款70万元,作为该协会日常办公经费;在国际竹藤网络中心(以下简称竹藤中心)扩建工程项目尚未经发改委批复,且当年财政预算中未安排此项经费的情况下,国家林业局将预算内基本建设资金1500万元拨给竹藤中心用于扩建工程征地。上述做法,不符合《中华人民共和国预算法实施条例》关于"各部门、各单位的预算支出,必须按照本级政府财政部门批复的预算科目和数额执行"和"各级政府、各部门、各单位应当加强对预算支出的管理,严格执行预算和财政制度,不得擅自扩大支出范围、提高开支标准;严格按照预算规定的支出用途使用资金"的规定。

(三)2003年,国家林业局批复预算时自行调整了部分项目内容,共计201万元;在预算执行中,国家林业局用自有资金弥补经费不足691.3万元,未纳入当年部门预算中。2003年,国家林业局在财政部批复购置汽车13辆、预算450万元的情况下,当年安排购置汽车36辆,购车金额1253万元,超出预算803万元。上述做法,不符合《中华人民共和国预算法实施条例》(国务院令〔1995〕第186号)关于"各部门、各单位的预算支出,必须按照本级政府财政部门批复的预算科目和数额执行,不得挪用;确需作出调整的,必须经本级政府财政部门同意"的规定。

(四)2000年至2003年,国家林业局先后拨给所属竹藤中心设备购置费、外交外事费、管理费、"引进国际先进林业技术"项目经费等共计5341万元,截至审计时,上述项目经费尚有2690万元没有执行。2001年11月,原国家计委追加国家林业局2001年西藏林芝原始生态自然保护区经费500万元,至2003年底,国家林业局拨给西藏自治区林业局200万元,其余300万元未下拨。2003年,财政部批复国家林业局"陆生野生动植物资源保护管理费"项目预算200万元,由于项目承担单位野生动植物保护司未得到预算安排通知书,当年项目预算未执行。2003年国家林业局批复所属调查规划设计院"林业标准化项目"等11个项目预算共计1876万元,该院实际支出706.17万元,当年尚有1169.83万元的项目预算未执行,累计项目结余1662.51万元。上述做法,形成财政资金的闲置,不利于发挥其应有的效益。

(五)2003年,国家林业局没有根据编制内实有人数申请所属竹藤中心经费,财政部批复该中心基本支出预算160万元,该中心实际支出44.2万元,结余115.8万元。上述做法,不符合《财政部关于编制2003年中央部门预算的通知》关于"基本支出预算控制数中的人员经费根据编制内实有人数核定;日常公用经费根据编制人数核定(新成立的空编较多的单位酌情考虑)"的规定。

(六)2003年,国家林业局提前批复当年第四季度林业治沙中央财政贴息309.02万元,不符合《财政部林业治沙贷款财政贴息资金管理规定》关于"'十五'期间,在确定的贷款规模之内,林业治沙贷款贴息采用据实核拨的办法,即当年财政贴息按当年前三个季度和上年第四季度实际贷款额计算，当年第四季度实际贷款的财政贴息在下年拨付”的规定。

(七)国家林业局报送财政部2003年行政事业类项目42个，预算4.34亿元，其中有20个项目共3.63亿元没有细化到具体项目和承担单位，不符合《财政部关于编制2003年中央部门预算的通知》关于“切实细化预算项目，科学、合理地编制部门预算”的要求。

(八)2003年，国家林业局未及时批复本级和所属单位预算27.88亿元，不符合《中华人民共和国预算法实施条例》关于“中央各部门应当自财政部批复本部门预算之日起15日内，批复所属各单位预算”的规定。

(九)自1998年8月以来，国家林业局森林公安局未将领取的加班费及售书款等收入纳入单位财务账内管理核算，账外设账，用于发放节日补助、通讯补助、餐费等支出。截至2004年2月，“小金库”共计收入39.21万元，支出31.86万元。

(十)2003年，国家林业局安排预算内基本建设资金866万元，用于机关服务局兴建车辆维修综合服务站，项目完工后，未办理非经营性资产转经营性资产手续，便交由机关服务局投资成立的中林达汽车销售服务有限责任公司经营，不符合《国家国有资产管理局关于颁发〈事业单位非经营性资产转经营性资产管理实施办法〉的通知》关于“事业单位将非经营性资产转作经营，要符合国家法律、法规和政策规定，进行可行性论证，办理申报手续，填报《非经营性资产转经营性资产申报审批单》”的规定。

三、审计处理情况及建议

审计结束后，审计署按照国家法律、法规规定，及时下达审计决定书和审计意见书。对国家林业局下属单位弄虚作假，骗取林业治沙中央财政贴息资金问题，要求该局追回资金，上缴中央财政，并对国家林业局调查规划设计院等单位按规定处以罚款，由有关部门进一步调查和追究有关人员的责任。对挤占、挪用及闲置的财政资金，要求予以收回，按规定用途重新安排使用。对其他财政财务管理中的问题，要求予以纠正。为促进国家林业局进一步加强财政财务收支管理，提出如下建议：

(一)加强对中央财政贴息资金的管理，完善审核管理制度，加大对林业治沙项目、贷款合同及银行贷款利息单真实性的审查力度，采取有效措施防止和杜绝虚报冒领骗取财政贴息问题的发生。

(二)进一步细化部门预算，使预算编制更加科学合理。国家林业局应科学合理地编制项目预算，按照财政部规定的程序和要求申报预算。项目经费预算要进行事前充分的可行性论证，支出预算要细化到具体项目。项目预算一经批复，不得擅自调整。如有特殊情况需调整项目或更改项目内容的，应履行报批程序。

(三)强化依法理财意识，提高自觉执行国家财经法规的自觉性，加强预算和财务管理知识的培训，加大监督管理力度，建立健全违纪违规责任追究制度。

四、审计发现问题的整改情况

审计结束后，国家林业局迅速采取措施，积极进行整改。对下属单位骗取和虚报冒领的林业治沙贴息贷款贴息资金已全部收回，罚没款项已全部上缴国库，有关部门正在进一步调查和追究相关责任人的责任；一些被挤占挪用的专项资金已归还原资金渠道；向非财政预算单位的拨款已陆续收回；对部分所属单位闲置的项目资金也已收缴；多批复直属单位中央财政贴息已全部归还；超政府采购预算购置汽车的问题，已向财政部补报了政府采购调整预算文件；在预算管理、基本建设管理等方面也相应采取了一系列整改措施。为杜绝类似问题的再度发生，该局采取了深入开展法纪教育、建立健全各项资金管理制度、落实资金管理责任制、加强对直属单位的监管等六项措施；制定了《国家林业局关于进一步加强林业项目资金管理的意见》；下达了《关于加强林业治沙贴息贷款项目检查监督工作的通知》，要求各省、自治区、直辖市林业部门和直属单位，切实加强对林业治沙贴息贷款项目的检查监督，确保资金安全有效运营。并拟商财政部对《林业治沙贷款财政贴息资金管理规定》进行修订。

附件1：

延伸审计国家林业局
12个直属和原直属单位名单

国家林业局调查规划设计院
国家林业局林业基金管理总站
国家林业局宣传中心

国家林业局天然林保护工程管理中心
国家林业局濒危物种进出口管理中心
国家林业局森林公安局
国家林业局机关服务中心
中国花卉协会
国际竹藤网络中心
中林食品药材开发公司
北京林技普林业新技术开发中心
大兴安岭林业集团公司

附件 2:

国家林业局执行审计决定和落实审计意见的情况

审计署:

我局收到你署《审计署关于国家林业局 2003 年度预算执行情况的审计决定》(审资源决[2004]239 号)和《审计署关于国家林业局 2003 年预算执行情况的审计意见》(审资源意[2004]238 号)后,局长和主管副局长对此都作了明确批示,要求严肃对待下属事业单位和原直属单位所发生的违法问题,举一反三,吸取深刻教训,坚决防止再次出现类似问题。我局先后多次召开局党组会议,学习贯彻国务院领导的重要批示,研究落实审计整改措施。我局采取的具体措施:一是提高认识,全面深入开展思想教育和法纪教育;二是加强领导,完善机制,落实责任制,强化"一把手"负责制;三是完善林业治沙贴息贷款管理制度,规范项目和贴息资金的审批程序;四是健全和完善各项资金管理制度;五是认真落实责任追究制度,切实做到依法行政;六是加强对直属单位财务资金的监管。现将具体整改情况函告如下:

一、关于"5 个下属单位骗取和虚报冒领林业治沙贴息贷款贴息资金"问题。

今年 3 月中旬,审计组就我局 2003 年度预算执行情况审计中存在的问题向我局进行了通报。得知我局 5 个下属单位发生骗取和虚报冒领中央财政贴息的严重违法问题时,我局党组立即采取果断措施,责令 5 个单位立即退回骗取和冒领的贴息资金,3 月中旬我局已将 5 个下属单位骗取和虚报冒领的 499.3 万元资金收回并交国库。随后进行了认真整改,按工作职责范围严查在哪个环节上、在具体责任人上的责任,以备严肃处理。

我局认识到,两个直属事业单位和两个原所属单位伪造变造贷款合同、骗取中央财政贴息共 415.3 万元属严重违法行为,事实清楚,情节严重,性质恶劣。下属单位出现的这一严重违法问题,暴露出我局在项目和资金管理上还存在很大漏洞,给我局的声誉和形象造成极坏影响,教训十分深刻。国务院领导同志的批示非常重要,非常及时,是对我局工作的爱护、鞭策和支持,我局一定要以贯彻落实国务院领导同志重要批示精神为动力,对审计出来的问题一查到底,严肃追究有关人员的责任,举一反三地进行全面整改,要把坏事变为好事,要以此为契机,进一步加强对干部职工的法纪教育,切实提高管理水平和依法行政的能力,不辜负党中央、国务院和全国人民对我们的殷切期望。

5 个单位骗取和虚报冒领中央财政贴息,暴露出我局在制度执行和干部法纪教育管理方面存在以下三个方面的问题:

一是干部教育存在死角,少数干部法纪观念淡薄。极少数单位、少数干部利欲熏心,为了小集体、小团体的经济利益,无视国家财政法规和规章制度,不惜铤而走险,采取伪造、变造借款合同等违法手段骗取财政贴息。这些同志的法制观念淡薄到如此程度,反映出我局对干部的思想教育和法制教育还存在死角,平时对干部的管理教育措施不力或没有落实到位。

二是贴息贷款的管理制度存在漏洞,管理措施不严密。近年来,林业治沙贴息贷款政策和我局部分直属单位管理体制均发生了很大变化。林业治沙贴息贷款由国家政策性贷款转变为一般商业性贷款后,我局的管理工作没有及时跟上,留下了很大隐患。随着管理体制的变化,我局对原直属公司和林业高等院校也不再有隶属关系,事实上已不存在对这些单位的监督管理职能。对于这些新的变化,我局没有进行调整完善,没有形成严密的监督、防范措施,充分暴露出我局在管理制度和管理方式上还存在很大的问题。

三是局机关部分工作人员工作责任心不强,审核把关工作不到位。国家对林业治沙贷款的政策调整后,过去以使用多种经营贷款、增加创收弥补事业费不足为目的的贷款不再符合财政贴息条件,但造林和治沙项目仍保持贴息。我局对一些单位可能不惜伪造、变造贷款合同,以骗取国家财政资金的行为，没有及时采取有效防范措施。工作中只注重下达项目计划，没有查验各单位的贷款合同原件，没有审查各单位贷款资金的到账情况和实际发生银行利息的情况，没有实施跟踪检查，对申请财政贴息的贷款项目没有到申报单位和项目实施现场进行项目检查。轻信上报单位申请文件，致使这些单位连闯几道审核关，充分暴露出我局在管理中作风不扎实，责任心不强，审核把关不严、不到位，具体管理部门和工作人员严重失职。

痛定思痛，为坚决杜绝类似问题的再度发生，我局下一步决定采取以下六项措施：

一是提高认识，在干部职工中深入开展思想教育和法纪教育。要在全局范围内开展一次思想、组织和制度的全面整顿。从局长到一般干部分层次进行思想教育和法纪教育，开展"立党为公，执政为民"，为人民掌好权、用好钱的思想大讨论。对司局和直属单位"一把手"、主管领导和财会人员进行法纪、政策和业务知识的集中强化教育、培训。采取切实有效措施，强化法纪意识、责任意识和政策观念，使各级干部都认识到国家对林业的每一分投入都是人民的血汗钱，必须管好用好，发挥应有的作用。

二是切实加强领导，认真落实资金管理责任制。局党组成员进一步加强对分管司局和单位的领导和监管，实行领导和监管责任制。实行机关司局和直属单位"一把手"资金安全运行责任制，各单位"一把手"对本单位资金管理负全责，与国家林业局签订资金安全运行责任状。建立问责制，层层落实资金安全运行的管理责任，实行下级单位对上级单位负责、主管领导对"一把手"负责，分管领导一岗双责，哪个环节出现问题就追究哪个领导的责任，切实把资金安全运行的责任和措施通过组织手段落到实处。对资金管理出现较严重违纪问题的单位，其"一把手"和相关责任人员年度考核为不称职，出现严重问题的严格按党纪政纪给予严肃处理，触犯刑律的坚决依法移交司法机关追究刑事责任。各级工作人员都必须严格遵纪守法，对于触犯条规的，无论是领导干部还是一般工作人员，都要追究到底，绝不姑息。

三是进一步完善林业治沙贴息贷款管理制度，规范项目和贴息资金的审批程序。拟商财政部对《林业治沙贷款财政贴息资金管理规定》进行修订。完善贴息资金申报程序和申报材料审查制度，吸取以往的深刻教训，将仅审查复印件改为审查贷款合同原件。负责审核把关的人员要到项目单位所在地进行现场核实，检查有关账簿，核实贷款资金到位情况和利息支付情况，防止个别单位钻制度空子骗取贴息资金。强化监督职责，将林业治沙贴息贷款项目的审批、监督管理与贴息资金的申报审核结合起来，确保只对符合贴息政策规定的贷款进行贴息。抓紧制定《林业治沙贴息贷款立项审核下达管理办法》，规范贴息贷款申报和审批程序，严格按照国家规定的贴息贷款使用方向进行贷款项目的安排，严把贴息贷款项目审批关。对直属单位的贷款项目进行跟踪管理，从项目计划、贷款落实到项目实施情况进行全过程检查，防止挪用、串用贷款资金，确保贷款真正用于造林治沙事业。

四是举一反三，进一步建立健全各项资金管理制度。一要建立重大项目安排及投资计划集中审批制度，成立重大项目和投资计划审查领导小组，对年度重大基本建设项目及投资计划安排，由审查领导小组实行民主决策、集体审批。建立科学、合理、有效且相互制约的项目审批程序，使项目审批做到"公正、公平、公开"。严肃计划安排纪律，个人不得违反规定和程序，擅自承诺和安排投资事项。建立健全政府投资的审计监督机制，完善重点项目的稽查制度，对国家投资项目进行全过程监管。二要严格实行重大经济活动事项和大额资金支付单位领导班子集体决定制度。树立依法行政和依法理财观念，项目资金的使用严格按批复的预算和国家财经法规办理，不得越轨，不得变通。严格履行资金审批程序，明确资金审批权限，凡属单位重大经济活动事项和大额资金支付，必须经单位领导班子集体研究决定。所属各事业单位的重要理财活动必须定期向职工公布，接受群众监督。

五是认真落实责任追究制度，切实做到依法行政。严格执行《中国共产党党内监督条例》和《中国共产党纪律处分条例》。严格预算管理，对出现问题的单位调减其下年度经费，依照预算法和会计法追究主要领导、主管领导、分管领导和直接责任人员的责任，特别是对林业重点工程，要严格执行《林业重点工程资金违规责任追究暂行规定》，对检查发现的问题进行通报批评、限期整改和责任追究，发现一起，查处一起。严格执行年度计划，对擅自调整国家投资计划，变更建设地点、调整建设内容、扩大建设规模和建设标准以及挪用、截留、挤占国家建设资金的单位，采取停止审批新的建设项目，调减或停止安排、拨付建设资金等调控措施。严格执行《中共中央办公厅、国务院办公厅关于继续从严控制党政机关办公楼和培训中心项目建设的通知》的规定。在投资项目的决策和建设过程中，凡不遵守法律法规给国家造成重大损失的，依法追究有关责任人的行政和法律责任。

六是采取有效措施，加强对直属单位的财务监管。六月初，为把审计决定落到实处，我局已召开了全国林业资金项目安全座谈会，学习了国务院领导同志的重要批示精神，对下一步资金安全问题提出了严格要求，年内要组织开展局直属单位财务管理和资金使用情况全面检查，并请会计师事务所等中介机构帮助审计检查，扩大检查面，增加检查次数，加大监管力度。认真落实领导干部离任经济责任审计制度，严格履行先审计、后离任的操作程序，切实做到离任领导干部未经审计不得升迁、轮岗和退休。

至6月底，5个单位违规资金与罚款金额共617.46万元我局已分两批全部上缴国库。

二、关于"挪用'重点工程及资源核查经费'项目经费100万元"问题。100万元资金以额度形式留存在局本级零余额账户上，我们将严格按规定用途安排使用。关于"向非财政预算拨款单位中国花卉协会拨款70万元用于该协会日常办公经费"问题。中国花协已将70万元交还我局，我们将重新按规定用途安排使用。

三、关于"我局超政府采购预算购置汽车支出803万元"问题。我局已向财政部补报了该笔支出的政府采购调整预算文件（计工函[2004]73号）。

四、关于"竹藤中心尚有部分项目经费没有执行"问题。竹藤中心已将设备购置费、外交外事费、管理费、"引进国际先进林业技术"项目结余资金上缴我局，以上收缴资金我们将按规定用途重新安排使用。关于"我局陆生野生动植物资源保护管理费200万元未下达预算，停留在本级"问题，2004年内我们将严格按照该项资金的使用规定专项安排用于野生动植物资源保护管理工作方面的支出。

五、关于"竹藤中心2003年累计结余基本支出经费115.8万元"问题。竹藤中心已将基本支出结余资金115.8万元上缴我局，我局将按照该项资金使用用途重新安排预算并报财政部批准后再使用。

六、关于"多批复直属单位中央财政贴息309.02万元"问题。收到《审计决定》后我们立即要求这些单位将多得贴息归还我局，现已全部归还，我们将报财政部批准后用于符合规定的林业治沙贷款贴息。

七、关于"森林公安局设置账外账"问题。森林公安局已深刻认识到这种做法是严重错误的，表示一定要认真吸取此次教训，彻底整改，保证今后不再发生类似问题。现森林公安局已将所有账外收支发生额（其中收入392184.47元，支出318617元，余额73565.47元）如数转入法定账册核算、使用。

八、对于审计意见中提及的其他有关问题，包括"在林业宣传项目经费中安排所属宣传中心办公费130万元用于基本支出"、"所属调查规划设计院挤占挪用林业标准化项目等专项经费425.88万元用于人员经费开支"、"在未履行完程序前将预算内基本建设资金拨给竹藤中心用于扩建工程"、"局本级自行调整部分预算内容"、"用自有资金弥补经费不足691.3万元未纳入当年部门预算"、"应拨未拨西藏原始生态自然保护区经费300万元"、"调查规划设计院累计项目结余1662.51万元"、"国家林业局有20个项目预算没有细化到具体项目和承担单位"、"未及时批复本级和所属单位预算"、"机关服务局车辆维修综合服务站未办理非转经手续"等问题，我局一并进行了认真的研究落实和整改。在预算管理、基本建设管理等方面也相应采取了一系列具体的整改措施。

海关总署2003年度预算执行审计结果

（2004年11月1日公告）

根据《中华人民共和国审计法》的规定，2003年7月至2004年3月，审计署对海关总署2003年度预算执行情况进行了审计，并对北京海关、全国海关信息中心专项资金管理使用情况进行了延伸审计。

一、基本情况

海关总署为国务院直属机构，是国务院主管海关工作的行政执法机构。2003年初，财政部批复海关总署2003年支出预算75.09亿元，年内追加3.7亿元，全年支出预算78.79亿元。海关总署2003年决算报表反映，全国海关系统上年结余40.28亿元，当年各项经费收入87.05亿元，支出84.74亿元，结余分配5.4亿元，年末结余37.18亿元，其中海关总署本级结余18.62亿元。

审计结果表明，2003年，海关总署按照国家财政预算改革的要求，紧紧围绕海关改革与建设的中心任务，努力规范预算管理，按照部门预算的要求，改进了项目择优排序制度，制定和修订了《海关资产管理办法》、《海关罚没财物管理办法》等财务装备管理制度，并积极推进事业单位财务改革，不断加强对经济实体的管理，使财务工作向制度化、规范化方向发展。但审计也发现了一些需要纠正和进一步改进的问题。

二、审计查出的主要问题

(一)未及时批复所属单位预算3.2亿元。2003年4月8日，财政部正式批复海关总署2003年度预算，但直到2003年10月27日海关总署才批复所属单位预算3.2亿元，不符合《中华人民共和国预算法实施条例》关于“中央各部门应当自财政部批复本部门预算之日起15日内，批复所属各单位预算”的规定，不利于预算资金的有效利用。

(二)将收费业务费项目支出预算用于基本支出1.08亿元。海关总署在上报2003年预算时，将收费业务费支出作为行政管理费项目支出向财政部申请预算3亿元。2003年决算报表反映：全国海关实际收费业务费支出3.02亿元，其中用于不属于该项目开支范围的支出1.08亿元，分别为：发放津贴和奖金6879万元、安排医疗及医疗改革支出2857万元、安排离退休经费等1132万元，不符合《中华人民共和国预算法实施条例》关于“各级政府、各部门、各单位应当加强对预算支出的管理，严格执行预算和财政制度，不得擅自扩大支出范围、提高开支标准，严格按照预算规定的支出用途使用资金”的规定。

(三)自行用行政管理费和缉私警察经费预算安排住房改革支出1.84亿元。2003年，财政部批复海关总署行政管理费支出预算为60.3亿元、缉私警察经费支出预算为8.31亿元、住房改革支出预算为3250万元。海关总署未经财政部批准，批复安排所属单位住房改革支出2.16亿元，多批复1.84亿元，其中，从行政管理费支出预算中调剂安排1.59亿元、从缉私警察经费支出预算中调剂安排2412万元，不符合《中华人民共和国预算法实施条例》关于“各部门、各单位的预算支出，必须按照本级政府财政部门批复的预算科目和数额执行，不得挪用；确需作出调整的，必须经本级政府财政部门同意”的规定。

(四)运行维护费项目支出不实。全国海关信息中心为独立核算的事业法人单位，自2000年12月起对海关总署实行技术服务有偿制。2001年至2003年，海关总署没有根据实际发生数，而是按预算数付给该中心运行维护费9972万元，加上支付给该中心的开发项目支出，海关总署三年累计支付该中心1.16亿元，该中心在比较充分地核算各项支出8943万元的情况下，三年累计产生结余2748万元，不利于充分发挥财政资金的使用效益。上述做法，不符合《中华人民共和国会计法》关于“各单位必须根据实际发生的经济业务事项进行会计核算”和《中共中央办公厅国务院办公厅关于印发〈中央机构编制委员会关于事业单位机构改革若干问题的意见〉的通知》关于“要按照实现事业单位同国民经济和社会协调发展的要求，加强对事业单位机构编制的宏观管理和预算调控，逐渐减轻财政负担”的规定。

(五)部分基本建设支出预算编制不细化。2003年，海关总署在上报财政部基本建设项目支出预算时，将1390万元作为机动，未明细上报具体单位和项目名称，财政部也未明细批复。预算执行中，海关总署将上述1390万元实际用于购建交流干部住房及宿舍等生活设施1078.3万元、业务用房311.7万元。

(六)自行调整使用基建项目资金800万元。2003年，凭祥海关业务技术用房基建项目因选址等原因暂缓建设，海关总署将2002年拨付该海关的300万元国拨基建资金收回。在未经财政部批准的情况下，海关总署将上述收回的基建资金与2003年为该项目申请的基建拨款500万元实际用于购买宿舍，不符合《财政部关于印发〈中央本级项目库管理规定〉(试行)的通知》关于“项目支出预算一经批复，部门和项目单位不得自行调整。预算执行过程中，因项目发生终止、撤销、变更，引起预算调整的，相关项目单位应当按照规定的程序报批”的规定。

(七)未经财政部批准动用以前年度本级政府机关经费经常性结存2516万元。财政部批复海关总署2003年用当年财政拨款安排的政府机关经费基本支出预算为36.89亿元，海关总署当年实际支出37.14亿元，其中未经批准动用以前年度政府机关经费结存2516万元，不符合《中华人民共和国预算法实施条例》关于“各部门、各单位的预算支出，必须按照本级政府财政部门批复的预算科目和数额执行”的规定。

三、审计处理情况及建议

审计结束后，审计署按照国家法律、法规规定，及时下达审计决定书和审计意见书，对运行维护费项目支出不实问题，要求海关总署科学制定全国海关信息中心为海关总署提供技术服务的结算办法，并将对该中心结余资金的处理情况函告审计署；对自行调整基建项目800万元问题，要求海关总署向财政部补办报批手续。同时，建议海关总署认真按照部门预算的要求，强化预算约束，细化预算编制，切实提高预算编制的科学性和计划性，尽可能把预算做实、做细；进一步建立健全项目支出预算的追踪问效和绩效考评制度，强化对预算资金使用过程的监督和管理，切实提高财政资金的使用效益。

四、审计发现问题的整改情况

海关总署对此次审计高度重视，对审计决定书和审计意见书中提出的问题认真进行了整改。该署成立了专题调研组，重新确定全国海关信息中心工作绩效的量化考核标准，研究制定科学合理的技术服务内部结算和结余资金处理办法；对自行调整基建项目800万元问题，已向财政部补办了报批手续；对预算批复不够及时、预算编制不够细化、调剂安排费用支出科目以及未经批准动用以前年度政府机关经费结存等问题，将按照部门预算的要求进一步规范管理，严格程序，严密手续，不断提高预算编制和预算管理水平。

国家质量监督检验检疫总局 2003年度预算执行审计结果

（2004年11月1日公告）

根据《中华人民共和国审计法》的规定，2003年9月至2004年2月，审计署对国家质量监督检验检疫总局（简称质检总局）2003年度预算执行情况进行了审计，并延伸审计了机关服务中心等8个直属单位。

一、基本情况

质检总局是国务院主管全国质量、计量、出入境商品检验、出入境卫生检疫、出入境动植物检疫等工作，并行使行政执法职能的直属机构。2003年，财政部批复质检总局部门预算52.21亿元，质检总局收入总额63.59亿元，支出总额59.8亿元，当年收支结余3.79亿元。审计结果表明，质检总局在推进预算改革方面取得了阶段性成果，在规范和加强系统财务管理方面取得了一定成效。但预算编制和执行中也存在一些问题。

二、审计发现的主要问题

（一）2003年，质检总局将动植物检疫实验所、信息中心、中国国门时报社等7家非预算单位的基本支出2203万元，编入部门预算并上报财政部获得批复，扩大了预算支出范围。

（二）2003年，质检总局上报财政部的“工业交通等部门的事业费”、“科技三项费用”等项目支出预算共4.72亿元，未明细到具体项目和用途，预算编制不够细化，不符合《财政部关于编制2003年中央部门预算的通知》关于“凡纳入2003年试点范围的项目支出，要按规定程序、项目文本格式及内容随部门预算申报”的规定。

（三）2003年6月，质检总局在转批财政部批复的经费预算时，少批复检验检疫专项业务费预算5000万元、设备购置经费预算3000万元，直至2004年1月才批复完毕；截至2003年底，质检总局尚有检验检疫行政事业性收费成本性支出预算、人员工资等合计1.21亿元未予批复，不符合《中华人民共和国预算法实施条例》关于“中央各部门应当自财政部批复本部门预算之日起15日内，批复所属各单位预算”的规定。

（四）2003年，质检总局未经财政部批准，将本级检验检疫技术保障专项经费预算1亿元，批复给所属7个二级单位，不符合《中华人民共和国预算法》关于“各部门、各单位的预算支出应当按照预算科目执行。不同预算科目间的预算资金需要调剂使用的，必须按照国务院财政部门的规定报经批准”的规定。

（五）2003年，机关服务中心等四个直属单位挪用检验检疫技术保障专项经费2066万元，用于办公楼和职工宿舍楼的物业管理等项支出；中国标准化研究院挪用组织机构代码证书收费项目经费309万元，用于下属全国组织机构代码管理中心基本支出。

（六）1998年5月立项的中国计量科学研究院实验基地建设项目，财政累计拨款4亿元，由于在规划和选址等方面存在问题，5年来仅完成了征地等前期准备工作，支出1.22亿元，截至2003年底，其余2.78亿元财政性资金仍被滞留在中国计量科学研究院和质检总局,造成财政资金闲置,没有发挥应有效益。2001年5月,原国家质量技术监督局检测综合业务楼建设项目因原国家出入境检验检疫局与原国家质量技术监督局合并而停建,累计财政拨款2443万元,截至审计时,有1872万元在质检总局挂账,但质检总局未将项目停建情况上报财政部。

此外,机关服务中心所属北京金越发展公司原主要负责人未经公司法人代表同意和公司管理委员会批准,出借公司资金1600万元,至今仍有350万元未追回。截至2004年1月,国家标准物质研究中心私设"小金库"累计金额247万元,其中201万元用于职工奖金等支出。

三、审计处理情况及建议

审计结束后,审计署按照国家法律、法规规定,及时下达《审计决定书》和《审计意见书》,对不按规定编制和批复预算、挤占挪用财政专项资金的问题,要求严格按预算管理规定予以纠正;对建设项目资金大量闲置问题,要求如实向国家发改委及财政部上报有关情况,作出处理;对违规借款造成资金损失的问题,责成有关责任人限期追还,并已移送检察院处理;对私设"小金库"问题,要求追究有关人员责任。同时,根据审计情况,提出以下建议:(一)应严格按照财政部细化预算的要求,督促有关司局将项目资金编制进一步细化;(二)严格按照部门预算要求,将能分解到各预算单位的项目资金编入各单位预算;(三)严格按照批复的用途使用项目资金,不得挪作他用。

四、审计发现问题的整改情况

质检总局党组对审计决定和审计意见中提出的问题认真研究纠正。针对专项资金使用中的问题,在全系统进行了一次认真检查。目前,质检总局有关部门正在追还被挪用的国有资金;国家标准物质研究中心已对私设"小金库"责任人员进行批评和经济处罚。

附件1:

延伸审计国家质检总局
8个直属单位名单

机关服务中心
信息中心
中国国门时报社
中国纤维检验局
中国标准化研究院
国家标准物质研究中心
中国计量科学研究院
国际检验检疫标准与技术法制中心

附件2:

国家质检总局落实审计决定
和审计意见的情况

一、关于"2003年质检总局将动植物检疫实验所、标准法规中心、信息中心、中国国门时报等7家非预算单位的基本支出2203万元编入部门预算并上报财政部获得批复,扩大了预算支出范围"的问题。

由于这些单位原来就是和出入境检验检疫局同时编制费用,改革之后,沿用了老的管理办法,所以扩大预算支出范围问题是改革中遇到的问题,我们将继续积极与有关部门协商,并通过改革加以逐步解决,目前,根据事业单位的改革进度,我们将实施分类改革,逐步成熟一个解决一个,我局将积极配合国家做好事业单位的体制改革工作,并尽快理顺事业单位的预算体制。

二、关于"2003年,质检总局上报财政部'工业交通等部门的事业费'、'科技三项费用'项目支出预算共4.72亿元未明细到具体项目名称和用途,预算编制不够细化,不符合《财政部关于编制2003年中央部门预算的通知》关于'凡纳入2003年试点范围的项目支出,要按规定程序、项目文本格式及内容随部门预算申报'的规定"的问题。

上述项目我局均按财政部的有关要求编报了项目文本,进行了项目论证。在项目文本中明确填列了项目内容和用途。我们将积极按照审计署和财政部的要求,进一步做好我局的部门预算细化工作。

三、关于"2003年6月,质检总局在转批财政部批复的经费预算时,少批复检验检疫专项业务费预算5000万元,设备购置经费预算3000万元,直至2004年1月才批复完毕;截至2003年底,质检总局尚有检验检疫行政事业性收费成本性支出预算、人员工资等合计1.21亿元未予批复,不符合《中华人民共和国预算法实施条例》关于'中央各部门应当自财政部批复本部门预算之日起 15 日内,批复所属各单位预算'的规定"的问题。

(一)少批复预算问题。预算体制改革后,因全国各口岸进出口贸易额增长的不确定性而带来的成本性支出的增加,以及对突发事件处置无预见,因此不得不预留部分机动应急经费,此做法是不符合预算法要求。我们将尽快向有关部门反映,并在今后工作中严格按预算法执行。

(二)预算批复不及时问题。此问题的出现是客观原因造成的,今后,我局将严格按有关规定及时批复各项预算。

四、关于"2003 年,质检总局未经财政部批准,将本级检验检疫技术保障专项经费预算 10000 万元,批复给所属 7 个二级单位,不符合《中华人民共和国预算法》关于'各部门、各单位的预算支出应当按照预算科目执行。不同预算科目间的预算资金需要调节使用的,必须按照国务院财政部门的规定报经批准'的规定"的问题。

我们根据财政部"二下"批复上述项目支出预算和年度工作安排,逐批将项目及经费下达到具体的项目承担单位(所属的 7 个二级单位也是其中的具体项目承担单位),并报财政部备案。我局将严格按照审计署和财政部的要求,进一步做好我局的部门预算工作。

五、关于"2003 年,机关服务中心等四个直属单位挪用检验检疫技术保障专项经费 2066 万元,用于办公楼和职工宿舍楼的物业管理等项支出;中国标准化研究院挪用组织机构代码证书收费项目经费 309 万元,用于下属全国组织机构代码管理中心基本支出"的问题。

总局办公条件维护运行费缺口很大,包括在此办公的总局机关、认监委、标准委、总局机关服务中心、标准法规中心、信息中心在内的各单位的基本支出预算中可用于办公运行维护的经费严重不足,不得已调剂了部分专项经费用于解决办公大楼维护运行问题。

2003 年财政部将行政事业性收费成本支出列入项目支出批复,含有关人员办公费用支出部分。由于全国组织机构代码中心是人事部批准的自收自支事业单位,国家并没有拨付专项经费,因此,挤占了部分项目经费用于基本支出。

今后我局将严格按照审计署和财政部的要求,进一步规范所属单位预算的执行。

六、关于"1998 年 5 月立项的中国计量科学研究院实验基地建设项目,财政累计拨款 4 亿元,由于在规划和选址等方面存在问题,5 年来仅完成了征地等前期准备工作,支出 1.22 亿元,截至 2003 年底,共余 2.78 亿元财政性资金仍被滞留在中国计量科学研究院和质检总局,造成财政资金闲置,没有发挥应有效益。2001 年 5 月,原国家质量技术监督局检测综合业务楼建设项目因原国家出入境检验检疫局与原国家质量技术监督局合并停建,累计财政拨款 2443 万元,截至审计时,有 1872 万元在质检总局挂账,但质检总局未将项目停建情况上报财政部"问题。

(一)中国计量科学研究院实验基地项目资金滞留问题。由于我们对项目进行中客观影响因素预见不足,特别是在项目具体设计等内容审批过程了解不够,多次磋商,延长了审批时间,致使 2002 年为工程全面开工准备的 2 亿元资金闲置,没有发挥出应有的效益。为此,我局已采取措施,减少 2003 年和 2004 年度的财政资金的申请,加强资金安全的监管,加快项目进展。

(二)原国家质量技术监督局基建挂账问题。由于财政部不是中央机关基建项目主管部门,我局于 2003 年 1 月 14 日以《关于请将原国家质量技术监督局检测综合业务楼建设项目投资转为购买质检总局办公业务用房投资的函》(国质检财函[2003]48 号)上报国务院机关事务管理局,请示调整该项目资金结余。我们将尽快解决挂账问题。

(三)关于"机关服务中心所属北京金越发展公司原主要负责人未经法人代表同意和公司管理委员会批准,出借公司资金 1600 万元,至今仍有 360 万元未追回"的问题。

此问题已移交有关部门处理,我局已责成机关服务中心开展追款工作,并要求还款人写出还款计划,我们将尽快将款项追缴完毕。

(四)关于"国家标准物质研究中心私设'小金库'累计金额 247 万元,其中 201 万元用于职工奖金等支出"的问题。

我局已责成该单位进行纠正整改,目前就此问题,该单位已对有关责任人进行了通报批评和经济处罚,并要求在今后要进一步加强财经纪律观念,加强财务管理工作,杜绝此类问题的发生。

中华人民共和国审计署审计结果公告 2004年第6号

国土资源部2003年度预算执行审计结果

（2004年11月1日公告）

根据《中华人民共和国审计法》的规定，2003年10月至2004年2月，审计署对中华人民共和国国土资源部（以下简称国土资源部）2003年度预算执行情况进行了审计。并延伸审计了中国国土资源经济研究院（简称经研院）等8个直属事业单位的部分项目及资金。

一、基本情况

国土资源部是主管土地、矿产、海洋等自然资源的规划、管理、保护与合理利用的国务院部门。2003年，财政部等部门共批复国土资源部财政拨款预算17亿元，该部已全部批复给部本级、所属单位及地方有关单位。2003年，国土资源部预算外资金收入4.89亿元，年末已全额上缴中央财政专户。审计结果表明，国土资源部2003年预算执行情况总体较好，能按照预算法的要求，及时批复所属单位预算，财务管理比较规范。但审计也发现，国土资源部在预算执行和其他财政财务收支管理中仍存在一些问题。

二、审计发现的主要问题

（一）2003年4月，国土资源部批复所属中国土地勘测规划院（简称规划院）预算时，安排了隶属于国土资源部的经费自理事业单位——中国土地矿产法律事务中心（简称法律中心）房租及人员经费等补贴100万元，形成向非财政拨款单位安排预算资金。法律中心为了取得上述预算资金，修改了其与北京晟佳国业经贸公司（简称晟佳公司）签订的房屋租赁合同，将原合同租金46.2万元修改为100万元。规划院依据修改过的合同，通过国库集中支付方式，将100万元支付给晟佳公司，晟佳公司将款项挂在往来账上，用于抵扣房租等。

（二）2000年至2003年，国土资源部本级及所属单位以各种名义，截留挪用专项资金6307万元，用于发放工资、奖金及弥补行政支出等。主要是：2000年至2003年，国土资源部扶贫开发领导小组办公室截留、挪用项目资金共计117万元，全部用于扶贫办人员效益津贴、差旅费及制作电视专题片等支出；2003年，国土资源部本级从行政事业类项目“地质及矿产资源管理”经费中拨出475万元，用于离退休人员及公用支出，并动用探矿权采矿权使用费专项结余238万元弥补2002年行政经费超支；2002年，所属中国国土资源航空物探遥感中心（简称航遥中心）挪用国土资源调查经费等700万元，全额拨给其全资公司用于购置印刷设备，并挤占挪用国土资源调查等专项经费4227万元，用于工资津贴、职工福利费及管理费等基本支出；2003年，所属经研院挪用“中国矿业融资与培训”等项目资金183万元，发放职工奖金等，并挪用社会集中供暖基本建设投资155万元用于新建职工集资住宅楼的配套设施建设；2003年，所属中国地质调查局挤占挪用国土资源调查专项经费212万元用于发放工资津贴。

（三）2002年末，所属航遥中心未经财政部批准同意，将国土资源调查专项经费结余80万元进行分配，将40%计入地勘发展基金，按30%计提公益金，用30%直接发放奖金，不符合财政部《中央本级项目支出预算管理办法》关于“项目完成后，结余的资金经报财政部批准同意后，可结转下一年度使用”的规定。

（四）一些财务收支未纳入年初预算或未经财政部同意自行调整预算，不符合《预算法实施条例》关于“各部门、各单位的预算支出，必须按照本级政府财政部门批复的预算科目和数额执行”的规定。一是2003年9月，所属中国地质环境监测院（简称监测院）在没有支出预算安排的情况下，动用修购基金27.72万元购买帕萨特轿车1辆。二是2003年，国土资源部本级累计动用结存资金1.6亿元，未纳入当年预算。三是2003年，所属经研院未经财政部门同意，对140万元的基本建设支出项目预算进行调整，将其中55万元用于购置空调、办公家具等非预算支出；所属土地整理中心对购置交通设备经费预算70万元进行调整，应购置面包车2辆，实际支出54万元购置公务轿车2辆，余款购置计算机设备等。四是2003年，所属外事服务中心收入504万元，支出688万元，均未纳入国土资源部年初预算，不符合预算法关于“各部门预算由本部门所属各单位预算组成”的规定。

（五）2002年6月，国土资源部自行设立国库集中支付工作办公室，编制列监测院，机构设在财务司。2002年、2003年，共安排国库支付办专项工作经费96万元。

此外，1998年7月，所属人力资源开发中心将专项经费50万元，借给企业用于资金周转，至审计时仍未收回；2001年至2003年，该中心及其经贸中心将收取的资料费等25.35万元现金收入存放账外，已累计支出22.49万元，用于发放福利等。1999至2003年，国土资源部通过监测院拨付三峡中心专项经费1.3亿元，实际执行中，监测院未对其进行必要的监督检查，只是在账簿上反映有关数字。

三、审计处理情况及建议

对上述问题，审计署按照国家法律、法规规定，已及时下达《审计决定书》和《审计意见书》，对安排非财政拨款单位预算资金问题，要求国土资源部收回上缴中央财政；对未按照预算规定的支出用途使用资金，挤占挪用项目经费问题，要求由国土资源部收回资金，或归还原资金渠道；对所属单位无预算购置轿车及自行调整预算问题，要求国土资源部报财政部批准；其他财政财务管理中的问题，要求予以纠正。同时根据审计情况，提出以下建议：（一）进一步细化部门预算，使预算编制更加科学合理。对项目经费预算要进行充分的可行性论证，支出预算要细化到具体项目。项目预算一经批复，不得擅自调整。（二）加强预算资金的管理使用，提高资金使用效益。要按照细化的项目内容控制费用支出，按照预算安排和有关规定使用资金，严禁挤占挪用。（三）进一步加强对所属单位的监督、检查和指导。国土资源部应采取措施，强化各单位人员依法行政、依法理财意识，促进财务管理水平的不断提高。

四、审计发现问题的整改情况

对这次审计反映的问题，国土资源部非常重视，适时举办了由机关各司局和直属单位有关人员参加的“依法理财”专题讲座。财务主管部门多次通报情况，研究落实整改措施，督促指导各单位全面整改。对提供虚假合同、虚假支付申请的责任人进行了通报批评；挤占、挪用的部分项目资金已收回，或归还原资金渠道；未经财政部批准同意分配的专项结余资金已归还原资金渠道；所属单位无支出预算购置轿车问题，已在部门财务决算中作出说明。同时，国土资源部还会同财政部制定了《国土资源调查专项资金管理暂行规定》。2004年7月国土资源部已向审计署报送了整改情况报告。

附件1：

延伸审计国土资源部
8个直属单位名单

中国国土资源经济研究院
国土资源部人力资源开发中心
中国土地勘测规划院
国土资源部土地整理中心
中国地质调查局
中国国土资源航空物探遥感中心
中国地质环境监测院
中国土地矿产法律事务中心

附件2：

国土资源部关于执行审计决定
和落实审计意见的情况

2003年10月13日至2004年2月4日，审计署对我部2003年度预算执行情况进行了审计，并延伸审计了有关单位，下达了《关于国土资源部2003年度预算执行情况的审计决定》（审资源决［2004］137号）和《关于国土资源部2003年度预算执行情况的审计意见》（审资源意［2004］136号）。我部领导对《审计决定》和《审计意见》非常重视，并就执行审计决定和落实审计意见作了重要批示。部财务主管部门按照《审计决定》和《审计意见》的要求及部领导的批示，组织各有关单位认真研究落实整改措施，各被审计单位及时进行了整改。

一、关于《审计决定》的执行情况

根据要求，我部各有关单位对《审计决定》中提出的有关问题分别进行了纠正和整改。

中国国土资源航空物探遥感中心已按照规定的时限，认真执行了《审计决定》。4月28日，将挪用的项目资金700万元上交我部。同时，进行了相应的账务调整,调减了项目支出。对2002年分配的国土资源调查项目专项资金进行了调账处理。

中国国土资源经济研究院对《审计决定》提出的问题也进行了认真纠正。4月28日,将挪用与结余的项目资金295.75万元上交我部,并进行了相应的账务调整;将挪用的项目经费183.03万元退回原资金渠道,调增项目专项结余。

我部所属人力资源开发中心对《审计决定》提出的问题十分重视。多次召开专题会议,分析原因,采取积极措施,认真整改、纠正。已将所属地矿经贸中心纳入2003年财务决算编报范围,将未入账的收支纳入年度财务决算。

中国地质环境监测院已按照《审计决定》要求,将2003年用修购基金购置的小轿车纳入年度财务决算。我部在《2003年度行政事业单位决算报表》的编制说明中作了专项说明。

部办公厅已对《审计决定》提出的用专项资金弥补机关经费不足的238.09万元进行了账务调整。

我部对《审计决定》提出的"安排所属中国土地矿产法律事务中心房租及人员经费补贴100万元"问题进行了认真研究、落实。一是对审计提出的法律中心有关修改房屋租赁合同情况在我部直属单位范围内进行了通报批评;同时提出了明确要求,切实增强依法理财意识,规范财务行为。二是采取积极措施,理顺法律中心的经费渠道。鉴于法律中心承担的主要工作均为部委托的国土资源法律和土地争议的调解、调处和行政复议、法律咨询等公益性工作,我部目前正在与有关部门协商,以理顺法律中心的经费渠道。三是对《审计决定》中提到的问题作了进一步的补充说明。四是根据你署《关于国土资源部就预算执行情况审计决定中有关问题补充说明的复函》(审函[2004]31号)的意见,我部已向财政部报告。

二、关于《审计意见》的落实情况

(一)关于预算编制方面的问题。

《审计意见》指出的部本级动用结存资金16066.19万元未纳入当年预算、所属外事服务中心2003年收入504.49万元和支出688.66万元未纳入年初预算、所属中国国土资源经济研究院在基本建设项目支出预算中列支与项目支出预算内容不符的支出55.78万元等问题,表明我部在预算编制方面仍存在薄弱环节,主要是预算法制观念不强、预算管理意识淡薄。

针对该问题,我部开展了一系列的工作。一是进一步加大了预算法、会计法和审计法等财经法规的学习、宣传力度。审计署对我部预算执行情况进行审计期间,我部召集所属单位主要领导、财务负责人和项目负责人,通报有关情况,强调依法理财的重要性,并于3月4日举办了依法理财的专题讲座。二是加强决算审核,确保部门决算的全面覆盖。在汇审、编报2003年度部门决算时,对上述问题进行了重点审核。三是采取补救措施,完善有关手续。根据审计意见,结合部门预算编制的有关情况,我部4月份印发了《关于编报2004年项目预算实施方案的通知》,要求各预算单位对2004年预算编制"二上二下"的预算申报文本进行认真清理,补充、完善有关内容和手续。四是认真研究、及早部署2005年部门预算编制工作。要求各单位将动用上年结存资金等纳入年度预算,确保预算的全面覆盖。

(二)关于预算执行方面的问题。

《审计意见》指出的我部扶贫工作经费由于没有将扶贫项目经费和扶贫开发领导小组基本支出分别核定而造成的"截留、挪用"项目资金问题、土地整理中心自行调整交通工具购置项目预算和部本级从行政事业类项目"地质及矿产资源管理"项目经费中列支离退休人员及公用支出475.55万元等问题,表明我部有关单位个别项目预算编制不够细化,预算执行不够严格。

今年,我部将继续加强对所属单位预算执行情况的监督检查,在2003年对47个单位进行全面检查的基础上,督促各单位对存在问题及时进行整改、纠正,通过内部专项审计、专项审计调查和专题调研等方式,对10个国家重大专项和部门重点项目进行监督、检查。同时,根据国家有关规定和财政部关于绩效考评的要求,结合国土资源管理工作的实际,对中央财政预算安排的项目预算试行项目预算绩效考评,以切实加强项目预算管理,进一步提高财政资金的使用效益。

(三)关于国土资源调查经费问题。

《审计意见》指出的我部所属中国地质调查局挤占国土资源调查专项经费212.69万元用于发放工资津贴和中国国土资源航空物探遥感中心挤占国土资源调查等专项经费4228.24万元用于基本支出等问题主要源于《国土资源调查专项资金管理暂行办法》没有及时出台,不便于专项经费的使用管理。目前，我部已与财政部制定并印发了《国土资源调查专项资金管理暂行办法》。今后，我部将督促有关单位严格执行《国土资源调查专项资金管理暂行办法》的规定，加强国土资源调查经费的使用管理。

（四）其他问题。

所属人力资源开发中心已经制订了收款计划，催收1998年出借的资金50万元。中国地质环境监测院将根据审计意见加强对所属三峡地质灾害监测中心的管理与监督。

国家测绘局2003年度预算执行审计结果

（2004年11月1日公告）

根据《中华人民共和国审计法》的规定，2004年1月至2月，审计署对国家测绘局2003年度预算执行情况进行了审计。并延伸审计了中国测绘科学研究院、国家基础地理信息中心两个直属事业单位2003年度预算执行情况（部分项目及资金），重要事项追溯到以前年度。

一、基本情况

国家测绘局属国土资源部管理的国家局，是主管全国测绘事业的行政机构。审计结果表明，2003年度国家测绘局预算执行情况较好，财务管理比较规范，预算安排较为合理，没有发现截留、挤占和挪用预算资金等严重问题。

二、审计发现的主要问题

（一）国家测绘局当年收到所属单位上缴的行政事业性收费收入418万元。到2003年底，上述资金仍在局财务“应缴财政专户”中挂账，未按规定及时缴入中央财政专户。

（二）4个基础建设项目（总金额为617.6万元）已超过了建设年限，至2003年末仍未完成，不利于预算资金的有效使用。

（三）对已完成的国家基础测绘设施建设项目未进行整体验收。该项目由国家测绘局自1999年开始组织实施。到2003年底，33个单项工程已全部完成，国家测绘局已分别进行了单项验收，但对该项目的整体验收和结题工作尚未进行，不符合《中央本级项目支出预算管理办法》中“项目完成后，项目单位要及时组织验收和总结，并将项目完成情况报中央部门；中央部门要将项目完成情况汇总报送财政部”的规定。

（四）对部分逾期合同项目及多年以前形成的应收款项，未按规定及时进行清理。一是国家测绘局在2001年7月分别与3家公司签订国家基础航空摄影招标项目合同，合同资金总额1682万元，规定项目实施单位应在2002年7月30日前完成此项工作。截至2003年底，测绘局已支付预付款420万元，但上述3个项目因天气因素无法完成全部拍摄，测绘局未及时办理合同终止手续，预付款仍挂在账上，未对项目进行清理，不符合财政部《国家基础航空摄影经费管理办法》关于“预算执行过程中，发生项目终止、撤销、变更、追加预算的，必须按规定的程序报批”的规定。二是截至2003年底，国家测绘局财务账反映，属于2000年以前发生的应收款项1090万元；属于项目已完成，但仍在预拨经费中挂账的款项51万元；属于以前年度建立副食基地的投资款，现仍在局机关行政财务挂账的30万元。上述做法不符合《财政部、国家测绘局关于印发<测绘事业单位会计制度>的通知》关于“应收及预付款项应以实际发生数额记账。这些款项还应定期与债务人对账核实，及时结算、催收”以及《行政单位财务规则》关于“行政单位应当严格控制暂付款的规模，并及时进行清理，不得长期挂账”的规定。

三、审计处理情况及建议

审计结束后，审计署按照国家法律、法规规定，及时下达了《审计决定书》和《审计意见书》，对部分行政事业性收费收入未及时缴入中央财政专户问题，要求尽快缴入，并提出以下建议：（一）应加强对尚未完成的基础建设项目工程的管理，抓紧实施，促进国家测绘事业的健康发展；（二）应抓紧与有关部门联系，尽早完成对国家基础测绘设施建设项目的验收、结题；（三）应尽快组织人员，对尚未执行完毕的国家基础航空摄影招标项目执行情况进行检查、清理，并将清理结果报财政部；（四）应进一步严格执行有关规定，对长期挂账的往来款项，及时组织人员进行清理。

四、审计发现问题的整改情况

国家测绘局接到审计决定书和审计意见书后，非常重视，召开了相关部门和单位参加的专题会议，针对审计提出的问题，逐条落实整改，并于2004年6月向审计署报送了落实情况的书面报告。目前,应上缴的行政事业性收费收入已按审计决定执行完毕;对以前年度遗留的部分基础建设未完工、航摄合同未执行、基础测绘项目未整体验收结题以及往来款项清理等问题,已着手进行整改落实。

附件:国家测绘局关于落实 2003 年度预算执行情况审计决定整改情况的报告

附件:

国家测绘局关于落实 2003 年度预算执行情况审计决定整改情况的报告

审计署:

《审计署意见》(审建设意[2004]120 号)(以下简称《审计意见》)和《审计署关于国家测绘局 2003 年度预算执行情况的审计决定》(审建设决[2004]121 号)(以下简称《审计决定》)下达我局后,我局非常重视,针对《审计意见》和《审计决定》提出的问题,召开了由有关部门和单位参加的落实审计意见和执行审计决定的会议。经过认真研究,逐条落实整改。

一、关于"审计意见"中有关问题的整改建议

1.关于"部分基础建设项目管理力度不强,不能保证相关工程按期完成"的问题。建设部大院测绘宿舍楼加固项目 250 万元,经报国务院机关事务管理局批准同意(国管房改[2003]166 号),加固项目经费 250 万元用于该楼的拆迁重建,目前正在按计划进行;车道沟煤改气项目尾款 72.9 万元,该项目已基本结束,正在进行竣工决算;玉渊潭煤改气项目尾款 123.47 万元,该项目国管局已调整实施方案,调整后核减该项工程款 111 万元,尾款将与联建单位中国水利水电科学研究院尽快结清;老干部活动中心改造项目尾款 171.23 万元,按照北京市规划委文件要求(规意字[2003]1496 号),该项目因涉及变更改造方案,新方案待批复后实施。

2.关于"国家基础测绘设施建设项目尚未整体验收"的问题。鉴于各单项工程验收工作已经全部结束,整体验收工作已开始按计划实施,2004 年 7 月将完成整体验收工作。

3.关于"在 2001 年签订的航摄招标合同未执行"的问题。该项目涉及三个航摄单位(中飞通用航空公司、太原航空摄影有限公司、煤航实业发展有限公司),合同总金额 1682.68 万元,其中已支付预付款 420.67 万元。以上项目均已超过合同期限且未执行,主要原因是由于天气的影响,合同测区航摄无法实施,建议合同终止执行,并根据《合同法》的有关条款,结合承办单位国家基础地理信息中心提出处理意见,对获取部分资料的,进行验收后据实结算;对未获取资料的,只支付规定的调机费;对预付款多出实际结算部分的,要求航摄单位将多余款退还我局。

4.关于"其他应收款未及时清理"的问题。其中 90 年代初发生的"1:5 万比例尺地形图更新项目"预拨款 51 万元,主要因为该项目时间跨度长,且项目在执行过程中有的发生变更,根据国土司提出的清理建议,对项目已完成的部分予以结算,并办理结算手续,对未完成项目的,将预付款收回;2000 年以前发生的其他应收款 1090 万元,主要是下属单位借用的周转金等,有的尚未到期,对到期的我局将按有关会计制度的要求,向有关单位发出催款通知,及时收回和清理;局机关行政财务"暂存款"30 万元,主要是与有关单位联合开办副食基地的投资款,该款项投资时间较长,人员变动较大,有的被投资方已经解散或变更,形成投资损失,我局将按照有关规定,做好投资款的回收及清理处置工作。

二、关于审计决定中有关问题的整改建议

关于"收到所属单位上缴的行政事业性收费收入 418 万元未及时上缴的问题"。该项收入属 2003 年底收到,加上收入收缴制度的改革,年末时未及时上缴,目前已与财政部国库司取得联系,近期将款项全额上缴中央财政专户或中央汇缴专户。

我局认为,一年一度的部门预算执行情况审计,在促进我局进一步加强预算管理,提高预算资金使用效率,规范会计核算行为等工作起到了积极作用,对此我局表示感谢。

中国工商银行 2002 年度资产负债损益审计结果

(2004 年 11 月 1 日公告)

为促进国有商业银行防范风险、提高效益、规范管理,建立安全高效稳健的金融运行机制,2003 年 2 月至 10 月,审计署组织 17 个驻地方特派员办事处，对中国工商银行(以下简称工商银行)总行及其21家分支机构2002年度资产负债损益的真实、合法和效益情况进行了审计。

一、基本情况

这次审计围绕“风险、效益、管理”，以检查内控制度为切入点，以审计资产质量为主线，以揭露重大违法违规问题为突破口，以从政策、制度和监管上分析原因、提出建议为目的，重点关注了银行风险较高的业务和对银行效益有重大影响的财务问题。

从审计情况看，近年来工商银行认真贯彻执行党中央、国务院关于金融工作的方针政策，通过加强财务管理和成本控制、实施全面风险管理、推进内控体系建设、加快技术创新、调整经营结构、加大呆坏账核销力度等措施，逐步加快银行商业化进程，各项业务稳步发展，资产质量有所好转，财务状况进一步改善，综合竞争力显著提高。自2000年扭转经营亏损局面至2002年底，该行累计实现经营利润891亿元，提取风险拨备529亿元，核销不良贷款和财务包袱922亿元，体现账面利润182亿元；2000年剥离部分不良资产后，当年首次实现不良贷款占比和绝对额双下降，2001年持续双下降，2002年资产质量得到进一步改善，不良贷款额和不良贷款率分别从年初的7948亿元、30.12%，下降到年末的7590亿元、26.01%，分别下降了358亿元、4.11个百分点；2000年至2002年，全系统共撤并1.1万个分支机构，分流富余人员13万人。但审计也发现，工商银行在经营管理、风险控制、财务核算等方面仍存在一些薄弱环节，一些分支机构违规发放贷款、违规办理票据承兑和贴现等问题时有发生。审计还查出各类涉嫌违法犯罪案件线索30起，涉案金额69亿元。

二、审计发现的主要问题

(一)票据业务方面。近年来，银行票据业务发展迅速，仅工商银行2002年累计票据交易就达8759亿元，比上年增长35%；票据融资余额957.8亿元，比上年增长44%。但同时，票据市场管理混乱的问题十分突出，主要表现为：一些地方大量无真实贸易背景的票据充斥市场，一些企业把银行票据当作低成本融资的工具；一些银行分支机构为了自身经济利益，不按规定办理银行承兑汇票的签发、承兑和贴现，甚至将票据业务作为虚增经营业绩、降低不良贷款率的手段，由此给不法分子套取银行资金造成可乘之机。经审计抽查，共发现违规办理银行承兑汇票承兑和贴现金额101.07亿元。在一些地方，甚至出现以提供虚假贸易合同、增值税发票为主要“服务”内容的公司，专门对无真实贸易背景的银行承兑汇票进行“包装”，帮助企业大量套取银行信贷资金，有的贴现资金被违规直接划到个人储蓄账户，造成较大风险。如洛阳芬莱商贸有限公司与银行工作人员内外勾结，2002年仅为大连实德塑料工业公司及其关联企业就“包装”银行承兑汇票4.92亿元。2001年以来，该公司通过此类“业务”共收取好处费216万元。

(二)城市建设贷款业务方面。由于城市建设贷款是近年来一些商业银行新增贷款投向的重要领域。但有的商业银行为了争夺这项贷款的市场份额，往往放松贷款管理，甚至违规发放贷款。从审计情况看，相当多的城市建设贷款存在贷款和担保主体不合规的问题，有的是违反规定直接向政府机关发放贷款；有的贷款由地方财政部门违规担保；有的贷款虽由地方政府控制的其他公司担保，但保证能力往往不足。由于一些地方政府超越自身财力搞城市建设，给银行城市建设贷款带来一定风险。如长春市东南建设有限公司贷款总额14.56亿元(其中工行贷款6.37亿元)，贷款本息由开发区财政局负责偿还，每年仅还息就需9000万元，而2002年开发区财政收支结余仅2900万元，还款压力巨大。

(三)个人消费信贷方面。个人消费信贷近几年呈快速增长趋势。但由于一些银行在风险控制和管理方面的措施没有跟上，致使一些单位和个人通过伪造虚假资料，骗取住房和汽车等个人消费贷款的问题时有发生，有的甚至是银行员工和不法分子内外勾结，合谋骗取银行资金。审计发现的突出问题有：1.以消费信贷名义经营谋利。如2002年上海市分行外高桥保税区支行向“姚康达”一人就发放个人住房贷款7141万元，购买住房128套，用于“炒楼”营利。2.利用虚假资料套取银行资金。如审计抽查北京市分行翠微路支行截至2003年6月末7.91亿元汽车消费贷款发现，汽车特约经销商和购车人通过提供虚假资料，骗取的银行贷款有9650万元，占抽查金额的12%。

(四)民营企业贷款业务方面。审计发现，不少民营企业采取关联公司相互担保等方式，从商业银行套取巨额贷款，造成信贷资金严重损失。如广东省佛山市民营企业主冯明昌利用其控制的南海华光装饰板材有限公司及其关联企业(以下简称华光集团),自1996年以来,累计从工商银行广东南海支行取得贷款386笔、金额74.21亿元,截至审计日,尚有余额19.29亿元。审计贷款资金去向发现,冯明昌通过非法渠道直接提现1.1亿元,转入个人储蓄存折10.45亿元,其中部分资金被非法汇出境外。由于贷款被大量转移挪用,且大部分抵押物无效,上述贷款已形成重大风险。又如1994年以来,吉林省恒和企业集团有限责任公司等13家关联企业,采用多种手法合谋骗取银行贷款。截至2002年末,该集团累计向工行吉林省分行贷款28.06亿元,余额7.23亿元,其中面临损失3.66亿元。

(五)财务管理等方面。审计发现,工商银行在财务管理等方面还存在一些薄弱环节,其中一些突出问题已移交监察部、银监会处理。如北京市分行朝阳支行无视国家三令五申,不仅未按规定对1996年以前违规形成的账外资产2.18亿元进行清理,还将其中的1.21亿元"小金库"资金继续存放账外,并与1997年以后通过截留收入等方式形成的9686万元账外资金一道进行账外经营、滥发奖金,造成严重损失。广东省分行1992年以来,通过自办经济实体广东南粤信托房地产开发有限公司以贷款形式向境内外累计投资13.57亿元,该行长期疏于管理,没有对南粤公司采取有效措施进行清理,也未及时开展境外资产保全,2000年南粤公司负责人李少鹏在境外变卖部分资产后携巨款出走,9亿多元国有资产难以收回。

三、审计处理情况和审计建议

对审计查出的工商银行各项违规问题,审计署已依照国家有关法规作出了相应处理;对审计发现的涉嫌犯罪案件,已移送司法机关。同时,针对审计揭露的突出问题,审计署注意从政策、制度和监管等方面分析原因,向国务院上报了专题审计报告,并将审计情况向有关方面作了反映。根据审计情况,审计署建议:

(一)国有商业银行应将改革的着眼点放在健全、完善内部经营机制上。从这些年审计的情况看,国有商业银行经营管理中之所以存在一些普遍性问题,其根本原因是商业银行尚未按照现代企业制度的要求建立起完善、科学、有效的内部管理和约束机制。有的分支机构为了完成上级下达的降低不良贷款率、增加收入等考核指标,往往只顾眼前利益,不考虑银行长远发展;有的为了部门或个人利益,不执行已有的规章制度,放松风险管理,盲目扩张业务,导致部分银行业务出现风险。因此,下一步国有商业银行应重点完善内部经营机制,真正建立起以防范风险为核心的内部控制制度和以银行长远利益为目标的自我约束机制。

(二)加强对国有商业银行分支机构"一把手"的监督制约。银行重大经济案件时有发生,与一些分支机构内部控制制度和风险防范机制不健全、不落实,特别是对"一把手"的监督制约机制不完善有直接关系。如前述广东省华光集团在骗贷过程中,尽管工商银行部分信贷管理人员也曾提出过异议,但由于对华光集团的贷款是由分支行"一把手"决定的,因此该集团从工商银行获得的授信额度和贷款余额始终在增加,银行风险也越来越大。在该集团贷款已出现重大风险的情况下,工行广东南海支行仍将这些贷款作为正常类贷款反映,当地有关监管部门也没有对此给予应有的关注。为有效防范重大经济案件给银行经营带来的损失,建议银监会和各国有商业银行采取切实可行的措施,加大对分支机构"一把手"的制约和监督。

(三)尽快对现行金融法规不完善的地方加以修订。例如,现行的票据法规要求,企业在办理票据业务时,仅需向银行提供增值税发票复印件。这就为一些企业和不法分子利用虚假增值税发票套取银行资金提供了可乘之机。另外,现行法规要求,银行在办理票据承兑、贴现、转贴现等业务时都要对票据贸易背景的真实性进行审核,但实际上在很多情况下(如异地贴现、转贴现),这种审核是难以操作的,最终造成责任无法落实。建议银监会和人民银行抓紧对相关票据法规进行修订,应明确规定由承兑银行承担审核票据贸易背景的责任,并要求企业在开立承兑汇票时提供有关增值税发票原件;同时,银监会应进一步加大对承兑银行票据业务的监督力度,以尽快制止和纠正当前票据市场的混乱状况。

(四)加快银行电子信息系统的开发和利用。目前商业银行的信贷管理水平难以有效控制跨地区集团公司和关联企业间的贷款风险,致使一些重大金融诈骗案件时有发生。建议银监会和各国有商业银行总行加强电子信息系统的研究开发,并利用电子数据随时关注和分析分支机构的大额贷款情况和贷款企业情况，以及时有效防范各种风险。

四、审计发现问题的整改情况

国务院领导高度重视这次审计结果，在审计报告及有关的信息材料上作了重要批示，要求工商银行认真分析问题的根源，采取切实有力措施予以改进，同时要求各商业银行结合贯彻中央宏观调控措施进行一次普遍自查。工商银行针对审计发现的问题，采取积极措施予以全面整改，目前已初见成效：一是围绕加强内部管理、完善内控机制，开展了信贷和票据业务的综合整治，规范票据业务管理，抑制城市建设贷款风险，改进和加强个人消费信贷管理。二是彻底清理自办实体，改进清算系统，严格财务核算和管理。三是按照从严治行的方针，整顿管理较乱的机构，加强薄弱环节控制，对审计揭露问题涉及的 336 名责任人进行了严肃处理。

附件 1：

审计的中国工商银行 21 家分支机构名单

中国工商银行甘肃省分行
中国工商银行广东省分行
中国工商银行河北省分行
中国工商银行河南省分行
中国工商银行黑龙江省分行
中国工商银行湖北省分行
中国工商银行吉林省分行
中国工商银行江苏省分行
中国工商银行辽宁省分行
中国工商银行山东省分行
中国工商银行四川省分行
中国工商银行云南省分行
中国工商银行浙江省分行
中国工商银行北京市分行
中国工商银行上海市分行
中国工商银行重庆市分行
中国工商银行大连市分行
中国工商银行宁波市分行
中国工商银行青岛市分行
中国工商银行深圳市分行
中国工商银行上海票据营业部

附件 2：

中国工商银行关于落实审计建议加强内部整改情况的报告

审计署：

2003 年 2 月到 10 月审计署对我行 2002 年度资产负债和损益情况的审计是全面而深入的，审计结果对我行近年来改革发展和经营管理情况的评价实事求是，指出的问题客观存在，审计建议切实可行。通过这次审计使我们更加清醒地认识到，虽然近些年全行内部管理和风险控制不断加强，但管理中仍然有不少漏洞和隐患，个别分支机构管理还十分薄弱。我行领导班子对这次审计高度重视，本着边查边纠、重在整改的原则，从审计进驻到审计结束，多次召开党委会、行长办公会和专题会议，针对审计指出的问题研究整改措施，严厉查处有关责任人。对一些严重违规问题和案件线索，总行直接组织和配合有关部门查处；对带有苗头性、倾向性问题深入分析原因，组织了多个全行性大检查，并从体制和机制上研究治理措施。通过一系列整改，已取得阶段性成效。

一、严肃查处违规责任人员

我们对这次审计揭露的各种违规问题，在深入核查、分清责任的基础上，本着从严治行的方针，按照党纪、政纪和行规，对责任人进行了严肃处理，不仅追究了直接经办人员的责任，而且上追一级，追究了有关管理人员和领导干部的责任。审计结果中提及的河南个别分支机构员工内外勾结、利用票据“包装”诈骗资金案，我行已对 26 名有关责任人作出处理，其中行政开除 17 人，撤职 1 人，移交司法机关 4 人；在查处广东南海支行对华光装饰板材有限公司贷款风险问题中，处理责任人 26 名，其中行政开除 11 人，移交司法机关 10 人；在查处北京朝阳支行私设“小金库”问题中，处理责任人 18 名，其中行政开除 4 人；对上海外高桥保税区支行违规发放个人住房贷款中负有责任的支行副行长予以行政开除处分。这次审计揭露出的违法违规问题，除少数还在进一步核查和责任认定中之外，绝大多数责任人员已经处理完毕。到目前，共计处理责任人 368 名，其中开除 42 人，撤职 18 人，记过、记大过 81 人，解除劳动合同和辞退 10 人。

这次全面审计和对违法违规人员的严厉惩处，

不仅对极少数不法分子和违规违纪人员形成了强大的震慑，也进一步教育了广大干部员工，使全行更加深刻地认识到，越是改革发展任务艰巨，越要注意坚持依法合规经营和从严治行，这是顺利推进现代金融企业建设和各项业务创新发展的根本保障。自从这次全面审计以来，全行普遍加强了行风行纪建设，进一步落实了管理和案件防控责任，明确和细化了违规处罚规定。还建立了处理违规违纪人员联席会议制度，规范和监督对违规违纪人员的处理，并定期通报全行，不断进行警示教育。

二、认真开展内部整改

针对审计指出的突出问题，我们对有关业务领域、分支机构和管理环节进行了重点整治。对属于不符合政策规定的问题，我们要求全行加强对国家政策的理解和把握，及时制止不规范行为，并就政策执行中出现的一些新情况、新问题积极向有关部门反映；对属于过去清理出来的违规或账外经营问题纠正不彻底的，进一步加强清查工作，明确责任，彻底落实整改措施和管理要求；对管理薄弱、风险突出领域和部位，着重强化风险管理和内部控制，制定和完善了二十多项制度办法。

（一）规范票据业务管理。我们及时向全行通报了审计部门反映的票据市场秩序混乱和我们一些分支机构存在的票据业务违规问题，要求迅速采取措施加以纠正，加强风险防范。总行还相继组织了两次票据业务专项稽核，责令存在问题较多的机构暂停业务，限期整改。经过半年多的清理整顿，违规问题得到了全面纠正，审计及各种检查发现的无真实贸易背景的票据已全部收回，没有发生资金损失。我们在认真纠正违规的同时，剖析根源，汲取教训，进一步规范票据业务操作流程，完善相应的制度办法，在全行实施了票据业务统一归口管理、专业化经营和计算机实时监控，从根本上提高了票据业务风险控制能力。截至今年 8 月末，全行票据融资余额 2703 亿元，不良率仅为 0.03%。

（二）完善城市建设贷款管理。我们在全面调查全行城建贷款情况、纠正存在问题的基础上，结合贯彻国家宏观调控政策，系统规范了贷款管理办法，特别是对城建项目的分类、贷款准入条件、评审方式、还款来源评价、地方财政偿债风险评价、贷款担保和避险措施等方面作了明确规定，还根据地方财力及增长能力核定了各行城建贷款总量控制指标，全面加强了对此类贷款的信用风险和政策性、区域性风险的防范。从目前各地固定资产投资项目清理情况来看，我行的城建项目贷款尚未出现明显的风险隐患。

（三）加强个人消费信贷管理。我们在全行开展了个人消费信贷业务大检查，重点查处和纠正了个别分支机构住房按揭和汽车消费贷款业务中存在的“假按揭”问题，对管理不严、风险加大的分支机构予以了收权严控。对北京翠微路支行等 13 个二级分行的个人消费信贷业务进行停牌整顿，总行和分行联合派出工作组现场指导和督促整改。目前，审计指出的上海外高桥保税区支行向一人发放的 7141 万元个人住房贷款已全部收回；北京翠微路支行被汽车经销商和购车人利用虚假资料套取的银行资金已收回 2633 万元，另有 3500 万元也已落实了保全措施。我们还进行了个人消费信贷业务流程再造，彻底分离前后台业务，完善风险控制体系，实施个人消费信贷业务“精品工程”，有效保证了贷款质量。截至今年 8 月末，我行个人消费类贷款余额为 4652 亿元，不良率控制在 1.35% 的较低水平。

（四）改进民营关联企业贷款管理。我们根据民营关联企业的资金运作特点和风险特征，改进了相应的信贷管理制度办法，突出加强对民营关联客户实际控股股东情况的分析、资本金来源的审查、关联担保的管理和交叉违约的控制，严防关联交易风险。总行通过客户信息计算机管理系统，加强了关联企业贷款的集中监控，对其中关联关系复杂、存在风险苗头的客户及时向贷款行进行风险提示，要求给予充分关注。对已经出现的风险落实资产保全措施和责任人，通过清收、诉讼、重组等多种方法，最大限度地化解贷款风险。我们还加强了对关联企业的统一授信控制，并且对贷款额度较高、跨区域经营的客户由总行直接进行授信，从而有效防范了关联客户过度融资和整体风险。

（五）严格财务管理。针对个别机构私设“小金库”的问题，组织全行开展“小金库”和截留收入问题大清查，并层层签订《杜绝“小金库”承诺书》，明确今后再发现私设“小金库”问题，对有关责任人一律开除。对审计指出的北京朝阳支行私设“小金库”从事账外经营问题，我行及时组织工作组进行调查和清收。目前已收回拆借资金 250 万元，对 7100 多万贷款及应收款落实了还款计划，对账外资产作了并账清理。同时我们立足于从制度上防止发生新的财务违规行为，积极推进财务管理体制改革，上收财务核算层次，清理内部账户，规范会计科目使用，提高了财务管理水平。

我行高度重视自办经济实体清理工作，经过长达八年的清理整顿，至2003年6月末，全行3000多家自办经济实体已全部关闭或脱钩。为避免自办经济实体关闭过程中的道德风险和国有资产流失，今年对这项工作实行总行集中统一管理。对审计指出的南粤公司问题，我行正组织力量进行深入调查，做到情况清、账册清、资金清、损失清、责任清，落实资产保全措施，尽量挽回损失。

三、以改革促管理

我们在按照党中央、国务院关于金融工作的总体部署和确立的国有商业银行改革目标，推进现代金融企业建设中，认真研究和吸纳了审计建议，把深化改革、强化管理与落实国家宏观调控政策有机结合起来，加快提高全行的经营管理水平。

（一）认真贯彻落实国家宏观调控政策。充分发挥国有银行在宏观调控中的应有作用，坚决执行稳健的货币政策，合理控制信贷规模，依法合规、均衡审慎地掌握贷款投放。加强信贷政策与产业规划和各项经济政策的协调，坚持有保有压，有进有退，区别对待，把好信贷投向，加快信贷结构调整。

（二）扎实和快速地推进资产质量改善。首先，确保新增贷款质量。目前我行1999年以来发放的贷款已占到全部贷款余额的三分之二，其不良率仅为1.36%，达到国际银行业先进质量水平，成为我行每年利润增长的重要来源。我们一定确保长期管好这块贷款增量。其次，控制住存量贷款劣变。我们计划用3年左右的时间彻底解决历史上形成的潜在风险较大的贷款借新还旧问题，切断不良贷款形成的源头。第三，加速处置不良资产。从2000年剥离部分不良资产以后到现在大约40个月的时间里，我行不良资产余额每月平均净下降50亿元。我们将综合运用各种政策和手段，继续保持这种不良资产快速下降的态势。

（三）不失时机地推进综合改革。在积极做好股份制改造准备的同时，加快管理体制改革和经营机制转换，完善内部公司治理。一是以科学的发展观为指导完善发展战略，大力推进经营结构调整和增长方式、盈利模式的转变。二是健全内部控制机制和风险管理体系。完善内审垂直管理体制，强化内部审计的独立性、权威性和有效性。按照巴塞尔新资本协议要求，加快开发应用内部评级法，构建覆盖信用风险、市场风险、操作风险的全面风险管理体系。三是推进业务流程再造和组织机构整合。按照以客户为中心、以风险控制为主线的原则，建立科学高效的业务流程和组织架构。四是改革财务和会计制度。实施更加审慎的会计制度，逐步与国际会计准则接轨。扩大国际审计，规范信息披露制度。五是扩大现代信息技术在管理领域的应用，不断提升管理信息化水平。

（四）加强员工队伍建设。深入实施人才战略，建立市场化的人力资源管理体制和有效的激励约束机制，开展全员培训，提升员工素质，优化队伍结构。制定高级管理人员道德规范，建立对领导干部全方位的教育监督管理体系，特别是加强对分支机构"一把手"的监督制约，加大对各项决策程序和"权、钱、人"等重点环节的管理与检查力度，促进从严治行落到实处。

总之，这次审计署的全面审计，是对我行经营管理的巨大帮助。我们一定以此为促进，大力整肃行风行纪，积极推进综合改革，完善公司治理，健全经营机制，全面提高经营管理水平。

中华人民共和国
审计署审计结果公告
2004年第7号

人事部2003年度预算执行审计结果

（2004年11月17日公告）

根据《中华人民共和国审计法》的规定，2004年2月至3月，审计署对人事部2003年度预算执行情况进行了审计，并对人事部留学人员和专家服务中心、中国高级公务员培训中心的项目经费，人事部人事考试中心及人才流动中心的行政事业性收费情况进行了延伸审计。

一、基本情况

人事部是国家主管人事工作和推行人事制度

改革的部门。自2003年起,除离退休经费由国务院机关事务管理局转拨外,人事部财政性资金全部实行国库集中支付方式。2003年财政部批复人事部财政预算指标(资金)3.93亿元,其中,拨付人事部本级2.46亿元,直接拨付人事部所属事业单位1.46亿元。人事部本级支出当年预算指标(资金)2亿元,当年财政资金预算指标结余4605万元。

审计结果表明,人事部注重加强财务基础工作,财务制度较为健全,部门预算和财务核算较为规范,2003年预算编报符合程序,会计资料真实地反映了年度预算执行情况及财务收支情况。但在预算执行方面还存在一些问题,需加以改进和纠正。

二、审计查出的主要问题

(一)2003年,人事部使用以前年度政府机关经费结余和基建结余共计93万元购置中型轿车1辆、小轿车2辆,未按规定列入本部门政府采购预算,也未在2003年6月30日前补报,不符合《财政部关于进一步做好中央单位2003年政府采购工作有关问题的通知》关于"应编报而未编报政府采购预算或者有漏报政府采购项目的中央单位,必须于2003年6月30日前向财政部国库司补报"的规定。

(二)2003年,人事部使用以前年度基建结余448.93万元购置16套商品房作为职工集体宿舍,未列入2003年度部门预算报财政部批准,不符合《中华人民共和国预算法实施条例》关于"各部门、各单位的预算支出,必须按照本级政府财政部门批复的预算科目和数额执行"的规定。

(三)人事部所属中国博士后科学基金会管理的博士后经费是具有特定用途的项目经费。2003年,中国博士后科学基金会按2%的标准从博士后经费中为人事部专业技术人员管理司报销管理费145.74万元,并从以前年度结存的该项经费结余中报销管理费12.91万元,合计158.65万元。上述做法不符合《中华人民共和国预算法实施条例》关于"各级政府、各部门、各单位应当加强对预算支出的管理,严格执行预算和财政制度,不得擅自扩大支出范围、提高开支标准;严格按照预算规定的用途使用资金"的规定。

三、审计处理情况及建议

审计结束后,审计署按照国家法律、法规的规定,及时下达审计意见书,要求人事部进一步加强政府采购的基础性工作,严格按照政府采购法的有关规定,准确完整地编报政府采购预算;加强对结存资金的使用管理,依照预算法的有关规定,在年度预算中如实反映结存资金使用情况,并报财政部审批;规范博士后经费管理,尽快商财政部明确项目管理费的列支渠道。

四、审计发现问题的整改情况

人事部对此次审计高度重视,针对管理上的薄弱环节研究制定相应措施,加强了对结存资金和项目经费的使用管理。已将结余如实纳入预算并上报财政部;把使用以前年度结余资金的采购计划编入了2004年度政府采购补报计划;停止从博士后科学基金会提取日常管理费的做法,严格按财政部规定的标准执行。

附件:人事部关于落实2003年审计意见整改情况的函

附件:

人事部关于落实2003年审计意见整改情况的函

《审计署关于人事部2003年度预算执行情况的审计意见》收到后,我们立即向部领导作了报告。张柏林部长批示,要按照审计署的要求,加强对预算执行、项目经费和结存资金等方面的管理。根据柏林部长的批示精神和你署的审计意见,我们对工作中存在的问题进行了认真研究,并进行了整改。现将有关情况汇报如下:

一、我们将严格按照审计意见,在动用以前年度结余时,按财政部批复的预算科目和数额执行,并在预算中如实反映,上报财政部批准。

二、按照审计意见,我们在补报2004年政府采购计划时,把需要动用以前年度结余资金的采购计划编入了政府采购补报计划,既加强了对结余资金的使用管理,也严格执行了《中华人民共和国政府采购法》的有关规定。

三、按照审计意见,我们已将博士后科学基金会的日常管理费调为财政部规定的50万元的标准,不再按2%的比例从博士后科学基金会中提取。如果确因工作需要,提高开支标准,我们也将严格执行预算和财政制度,上报财政部批准同意。

我们将严格按照《审计署关于人事部2003年度预算执行情况的审计意见》要求,不断加强工作的规范化管理，改进工作中存在的不足，并严格按照有关规章制度的要求，进一步加强财务管理，不断提高财务管理水平。

铁道部2003年度预算执行审计结果

（2004年11月17日公告）

根据《中华人民共和国审计法》的规定，2003年9月至2004年3月，审计署对铁道部2003年度预算执行情况进行了审计，并延伸审计了铁道部老干部局、机关服务中心、机关工会和所属外资中心、工程管理中心等二级单位。

一、基本情况

铁道部是主管全国铁路工作的国务院组成部门。2003年，财政部等批复并实际拨付铁道部预算资金27.83亿元，铁道部当年实际拨出25.81亿元；财政部批复铁道部预算外资金收支预算2.51亿元，铁道部当年上交财政部2.7亿元并被返还2.51亿元，已全部拨出；财政部批复铁路建设基金收支预算402.08亿元（包含提取的水利建设基金），铁道部汇缴各铁路局建设基金406.94亿元，上缴财政394.5亿元并被返回377.36亿元，上年结转24.7亿元，铁道部本年实际拨出384.86亿元；财政部拨入国债资金56.15亿元，铁道部本年全部拨出。

审计结果表明，铁道部2003年预算执行情况基本是好的，能够按照预算要求及时、足额下拨和使用预算资金，并能按照2002年审计决定的要求进行认真整改，预算管理和财务管理工作逐步得到改进和提高。

二、审计发现的主要问题

（一）2003年，铁道部上报财政部并被批复的铁路建设基金用于建设项目的预算金额为238.8亿元，而铁道部上报国家发改委的项目计划金额为182.6亿元，造成财政部批复预算资金数额大于计划资金数额56.2亿元，不符合《财政部关于印发〈铁路建设基金使用管理暂行办法〉的通知》中“基本建设项目可先报总规模由财政部审批，待有关部门批准基本建设计划后，铁道部应将分项目预算报财政部审核”的规定。同时，上述财政部拨付铁道部的238.8亿元资金，铁道部当年实际向所属单位拨款221.6亿元，年末还有17.2亿元滞留在铁道部，不符合《中华人民共和国预算法》关于“各级政府、各部门、各单位的支出必须按照预算执行”的规定。

（二）2000年至2003年，铁道部工程管理中心未取得国家有关部门收费许可，铁道部工程交易中心未依法取得独立法人资格，共违规收取招标费和招投标咨询服务费4149万元，作为两单位的管理支出。不符合《国家计委关于加强行政事业性收费管理的通知》中“严格执行收费许可证制度”和财政部、国家计委2000年印发的《关于铁道部工程交易中心收取铁路工程交易服务费等问题的复函》中“工程交易中心应当按规定取得法人资格后，方能按经营服务性收费”的规定。

（三）2000年至2002年，铁道部工程管理中心收取建设工程监督费1082万元，自行设立专户存储，未纳入财政专户管理。不符合财政部《关于发布建设工程质量监督费的通知》中“收费收入实行财政专户储存，专款专用”和《行政事业性收费和罚没收入实行“收支两条线”管理的若干规定》中“具有执收执罚职能的单位根据国家法律、法规和规章收取的行政事业性收费和罚没收入，属于财政性资金，均应实行财政‘收支两条线’管理”的规定。

（四）1995年8月，铁道部机关服务中心投资成立山西省介休市路鑫煤炭气化有限责任公司（简称路鑫公司），截至2002年末，已累计投资1323万元，占74.91%股份。2003年5月，机关服务中心未经资产评估和未报国有资产管理部门审核批准，将持有的路鑫公司股份作价956万元，转让给山西省介休市路通运输有限公司，不符合国有资产管理局《关于加强企业国有产权转让监督管理工作的通知》中“转让企业国有产权，必须对包括土地使用权在内的企业资产统一进行评估，评估工作必须委托经国有资产管理部门批准取得资格的机构承担并依法进行，评估价值要经国有资产管理部门确认，并据此作为转让底价”的规定。

（五）2003年，铁道部用运营管理费等企业资金补助行政事业单位经费和项目支出1.12亿元，未列入2003年度部门预算，不符合《中华人民共和国预算法》关于“预算收入包括其他收入，预算支出包括各项补贴支出，按照规定必须列入预算的收入，不得隐瞒、少列”的规定。

（六）2003年，铁道部报送财政部并得到批复的部门预算中，上报了已改制为企业的4个勘测设计院住房改革经费851万元，这4个单位已在2002年按中编办规定实行经费自理，不属于申请财政拨款范围。上述做法不符合《中华人民共和国预算法》关于“各部门、各单位不得将不应当在预算内支出的款项转为预算内支出”的规定。

三、审计处理情况及建议

审计结束后，审计署按照国家有关法律、法规规定，已正式下达审计决定和审计意见。对滞留预算资金问题，要求及时拨付；未执行“收支两条线”管理规定问题，要求纳入财政专户管理；未经批准收费问题，要求停止收费；机关服务中心违规转让国有资产问题，要求铁道部进行查处；为已改制企业申报预算资金问题，要求铁道部加强预算编制，真实上报部门预算。并提出以下建议：进一步加强预算管理，细化预算编制，强化预算约束，加强对二级预算单位的管理；进一步加强会计基础工作，规范会计行为，保证会计信息真实、准确。

四、审计发现问题的整改情况

铁道部对审计提出的问题高度重视，专题进行研究，并责成有关司局逐条落实，全面整改。目前滞留资金已大部分下拨有关单位；未执行“收支两条线”管理规定问题，已纳入财政专户管理；为已改制企业申报预算资金问题，已停止拨付款项。

附件：铁道部关于执行和落实2003年度预算执行审计决定和审计意见的报告

附件：

铁道部关于执行和落实2003年度预算执行审计决定和审计意见的报告

审计署：

我部接到审计署《关于铁道部2003年度预算执行情况的审计决定》（审交通决[2004]187号）和《关于铁道部2003年度预算执行情况的审计意见》（审交通决[2004]186号）后，部领导十分重视，专题组织有关部门进行了研究，落实了相关部门的责任。按照审计决定和审计意见的要求，逐项落实，在规定时间内进行了全面整改。现将我部执行审计决定和落实审计意见的情况报告如下：

（一）审计决定提出我部2003年末有铁路建设基金17.2亿元滞留资金，除3.08亿元由于项目变化重新上报财政部外，其余已经按照审计决定要求全部下拨。

（二）审计决定提出我部工程管理中心未取得收费许可，工程交易中心未取得法人资格违规收费问题，我们已经按照审计决定的要求停止了收费，并向有关部门申请办理收费许可和法人资格。

（三）审计决定提出我部工程管理中心收取建设工程监督费未纳入财政专户管理，我部已经向财政部提出申请，将上述收费纳入财政预算，财政部已经批复，同意纳入财政预算管理。

（四）审计决定提出我部机关服务中心处置国有产权未经评估，我部在收到审计决定后，组成了专项审计调查组对该事项进行了审计调查，并按照审计决定的要求进行了处理。

（五）审计意见提出我部用运营管理费等企业资金补助行政事业单位经费1.12亿元没有纳入2003年度部门预算，我部已将该情况向财政部反映，在2004年部门预算中积极妥善解决。

（六）审计意见提出我部在报送财政部并得到批复的预算中上报了已改制为企业的四个勘测设计院住房改革经费851万元，上述四个单位不属于申请财政拨款范畴，我部按照审计意见已经从2004年起停止拨付该款。

审计署对我部提出的管理建议和改进措施，我部将认真采纳和积极落实，进一步改进和加强财会管理工作，提高预算管理水平。

中国国际贸易促进委员会2003年度预算执行审计结果

（2004年11月17日公告）

根据《中华人民共和国审计法》的规定，2003年10月至2004年3月，审计署对中国国际贸易促进委员会（简称贸促会）2003年度预算执行情况进行了审计，并延伸审计了机关服务中心、法律事务部两个下属单位。

一、基本情况

贸促会是为推动进出口贸易和投资、中外经济技术交流与合作，由经济贸易界有代表性的人士、企业、协会和团体组成的全国民间对外经济贸易组织。2003年，贸促会收到财政拨款2.07亿元，上年结转7048万元，当年支出2.04亿元，结转下年7378

万元。审计结果表明,该会在预算执行、会计核算、资产管理等方面比较规范,但也存在一些需要纠正并加强管理的问题。

二、审计发现的主要问题

(一)所属法律事务部 2003 年将应缴中央财政专户的认证费收入 697 万元直接支出;年底未将行政事业性收费 1.6 亿元产生的存款利息 731 万元及已结案仲裁收入 3790 万元上缴财政专户。上述做法不符合《国务院办公厅转发财政部〈关于深化收支两条线改革进一步加强财政管理意见〉的通知》中"各部门必须将罚没收入、行政性收费和预算外收入,及时足额缴入国库或预算外资金财政专户"等规定。另外,法律事务部超出合理的实际支出需要,向仲裁当事人多收取办理案件特殊报酬、差旅费、住宿费等 724 万元。

(二)2003 年,贸促会未将财政部门批复的项目预算 2010 万元细化到具体明细项目,其中将事业发展项目、外事服务支出项目中的 1659 万元分别用于职工福利 1411 万元、职工医疗费用 248 万元;所属法律事务部挤占认证支出项目经费 1050 万元,用于人员经费 557 万元、公用经费 493 万元;作为涉外经贸仲裁办案费用项目执行单位,法律事务部以经办秘书报酬、辅助费等名义挤占项目资金 803 万元,用于发放职工补贴。

(三)机关服务中心将历年由利息等形成的杂项收入 96 万元从收入中转出,在暂存款科目挂账,造成收入不实。不符合《财政部关于发布〈事业单位会计准则(试行)〉的通知》关于"会计核算应当以实际发生的经济业务为依据,客观真实地记录、反映各项收支情况和结果"的规定。

(四)法律事务部 2003 年底共有银行账户 11 个,如开设行政事业性收费账户、外汇账户及与外汇账户配套使用的人民币账户等,不符合财政部、中国人民银行、监察部、审计署《关于印发〈中央预算单位银行账户管理暂行办法〉的通知》关于"中央预算单位只能开设一个基本存款账户"的规定。

此外,上世纪 70 年代末,贸促会向财政部申请 770 万元周转金,用于购买展品等。目前资金已不再发挥作用,未及时清理归还。

三、审计处理情况及建议

审计结束后,审计署按照国家法律、法规规定,及时下达审计决定书和审计意见书,要求将行政事业性收费及利息等及时上缴中央财政专户,调整有关会计账目。同时,根据审计情况,提出审计建议:增强预算编制的科学性;强化财政专户管理;对有关银行账户进行撤并;清理归还展卖品周转金。

四、审计发现问题的整改情况

贸促会对审计提出的问题高度重视,逐项逐条狠抓落实。已上缴部分中央财政专户资金,撤销了有关账户。正在制定和完善相关措施和制度,进一步细化支出项目预算。其他问题也在积极整改中。

附件:贸促会关于落实 2003 年度预算执行情况审计决定及审计意见整改情况的汇报

附件:

贸促会关于落实 2003 年度预算执行情况审计决定及审计意见整改情况的汇报

审计署:

审计署下达给我会的《审计署关于对中国国际贸易促进委员会 2003 年度预算执行情况的审计决定》(审贸易决[2004]198 号)及《审计署关于中国国际贸易促进委员会 2003 年度预算执行情况的审计意见》(审贸易意[2004]197 号)均已收悉。对于审计工作我会党组十分重视,会领导也多次要求有关部门抓紧研究落实审计决定和审计意见。我会有关部门能够通力合作,将整改落实到人头,逐项逐条狠抓落实。现将截止到目前执行和落实审计决定和审计意见的情况报告如下。

一、审计决定的整改情况

(一)关于法律部行政事业性收费及利息未上缴中央财政专户及多收仲裁员办案费问题的整改情况

法律部 2003 年底已结案仲裁收入未及时上缴中央财政专户以及法律部 2003 年底未上缴中央财政专户行政事业性收费存款利息的问题已整改完毕。上述款项共计 4507 万元已于 7 月初汇至中央财政专户。剩余部分正在积极清理当中。

(二)关于我会机关服务中心将以前年度杂项收入结余 96.77 万元挂往来科目的问题。已整改完毕。

二、审计意见的整改情况

(一)关于预算编制执行方面问题的整改情况

1.项目预算编制不细,未严格按批准的项目和用途使用项目预算资金的问题。我会正在与财政部有关部门积极沟通,争取2005年度项目预算能细化。

2.关于法律部涉外仲裁办案费用项目2003年预算2000万元,项目执行单位法律部当年实际支出2033万元,其中以“经办秘书报酬”、“辅助费”等名义在项目中列支803.81万元,主要用于发放职工补贴,占预算数的40%的问题。法律部正在进行整改。

(二)关于银行账户管理方面的问题。法律部2003年底共有银行账户11个,根据审计决定应进行清理。截至目前为止,法律部已关掉中行总行外汇账户配套使用的人民币账户2个,海事仲裁收费账户1个,按规定应关闭的其他账户法律部正在抓紧时间进行清理。

(三)关于展卖品周转金方面的问题

我会已责成有关人员对已形成展卖品的周转金770万元进行清理,但由于展卖品数量较大,积压时间过长,清理起来需要投入较长时间,我会将抓紧时间整改。

以上是我会的落实整改决定和整改意见的报告,对于情况复杂尚未落实的问题,已纳入我会2004年度重要工作计划之中,我会将积极主动地与有关部门沟通,以期早日落实。

中国外文出版发行事业局 2003年度预算执行 审计结果

(2004年11月17日公告)

根据《中华人民共和国审计法》的规定,2004年2月,审计署对中国外文出版发行事业局(以下简称外文局)2003年度预算执行情况进行了审计。

一、基本情况

外文局又名中国国际出版集团(CIPG),是通过出版物(外文书刊为主)和因特网向海外读者提供有关中国信息的中共中央事业单位,该局除了对其所属单位负有管理职能外,不承担其他政府管理职能。

2003年度,财政部共向该局批复预算并拨款1.54亿元。审计结果表明,外文局认真组织预算管理工作,制定了一系列有关预算编报、分配、拨付和考核的管理规定,能较好地遵守财务规章制度。但审计也发现了一些需要加以纠正和改进的问题。

二、审计发现的主要问题

(一)2003年,外文局应向下属单位转拨预算资金1.15亿元,实际转拨1.08亿元,应拨未拨652.2万元;1999至2002年,财政部拨给外文局部分刊物改版补贴及追加出版亏损补贴等1100万元,截至2003年底仍未下拨。上述做法不符合《中华人民共和国预算法》关于“各级政府、各部门、各单位的支出必须按照预算执行”的规定。

(二)2003年,财政部批准外文局基本建设经费1446万元,用于中国互联网新闻中心业务用房建设和花园村6号楼翻建,但当年未支出,不符合《中华人民共和国预算法》关于“各级政府、各部门、各单位的支出必须按照预算执行”的规定。

(三)2003年底,外文局将当年本级集中使用的重点图书出版经费200万元拨付给外文局翻译资格考评中心,用于该中心开办费;8.6万元拨付给《今日中国》杂志社,用于医药费支出。同时,外文局将以前年度本级集中使用的重点图书出版经费,向服务中心、培训中心、编研中心拨出174.6万元,用于办公用房供暖费和事业费支出。以上共造成383万元资金被改变用途。

(四)1994年国家计委批准外文局建设职工住宅楼,该项目于1998年竣工,截至2003年底,结余资金394万元仍挂在账上,按照财政部《基本建设财务管理若干规定》关于“国家投资形成的结余资金,50%上交同级财政部门”的规定,应交未交财政197万元。

三、审计处理情况及建议

审计结束后,审计署按照国家法律、法规规定,下达了审计意见书,要求及时将资金下拨至用款单位,收回改变用途资金,将基建资金结余报经财政部批准后纳入预算管理使用。并提出以下建议:加强预算编制的科学性,使预算编报尽可能与工作计划同步;严格执行预算,及时拨付预算资金,减少滞留;及时清理以前年度专项资金,切实提高资金使用效益。

四、审计发现问题的整改情况

审计结束后,外文局按照审计意见积极整改,有的已得到落实。对应拨未拨、长期滞留的预算资金逐项进行了清理,按财政批复的预算项目执行;中国互联网新闻中心用房项目已执行完毕,花园村

6号危楼改造项目待首都规划委员会批准后实施；改变资金用途拨付的资金已退回原资金渠道；基建资金结余已纳入外文局2004年部门预算。

附件：中国外文出版发行事业局关于落实2003年度预算执行情况审计意见的说明

附件：

中国外文出版发行事业局关于落实2003年度预算执行情况审计意见的说明

审计署：

现将我局落实贵局2003年度预算执行情况审计意见的具体情况汇报如下：

一、当年应拨未拨预算资金653万元

2004年落实130万元，其中，落实了艾培个人展款80万元，见3月31日第91号凭证；《中国之光》出版制作费50万元，见6月23日第76号凭证。

二、长期滞留资金

1.刊物改版补贴384.41万元，落实了50万元，见4月30日第116号凭证。

2.2001、2002年财政追加的出版亏损补贴和重点图书出版补贴未拨数715.65万元，2004年执行了141.25万元，见7月29日第108、113号凭证；7月31日第119号凭证；8月9日第29号凭证；9月20日第54、55号凭证。

需要说明的是，在715.65万元资金结余中，包含了今日中国阿文改版经费64.76万元。该项资金执行于2002年，而专项经费批复于2003年，所以，阿文改版专项资金在2004年进行了调整。

三、基本建设经费

中国互联网新闻中心业务用房，经局长办公会决定，办公房址选定北京外文出版纸张交易中心，建房款已拨入建设单位。见8月24日第4012号凭证；9月3日第4031、4032号凭证。

四、改变资金用途383.21万元

以重点图书出版经费拨付给外文局翻译资格考评中心200万元，已按原资金渠道退回，见6月30日第118号凭证。

五、基建资金结余应交未交197.17万元

我局已将此款纳入2004年业务用房改造预算中，见国家发改委计划大本。由于2004年基建计划编制于2003年底，而审计是2004年初进行的，所以该项资金纳入我局2004年计划中。

我局对审计署提出的审计意见十分重视，逐项进行了检查和纠正。需要说明的是：

1.财政部在批复我局2004年预算中，已将局集中留用的重点图书出版补贴改为局本级集中使用的专项经费；

2.我局承担国家对外宣传任务，各出版单位基本依靠财政拨款运行，经济效益较差，为避免各单位将专项拨款用于弥补亏损，我们一直采用专项拨款按工作进度下拨的资金管理办法。虽然在局本部留存了部分专项资金，但这种管理办法可以保证专款专用，以维护预算的严肃性及实效性。

重要财经审计法规

财政部关于印发《关于改进和加强企业年度会计报表审计工作管理的若干规定》的通知

财企［2004］5号　2004年1月17日

国务院各部委、各直属机构，各省、自治区、直辖市、计划单列市财政厅（局），新疆生产建设兵团财务局，各中央管理企业：

为了进一步提高企业会计信息质量，充分发挥社会中介机构在企业财务会计监督中的作用，规范企业年度会计报表审计管理行为，我们根据《国务院关于整顿会计工作秩序进一步提高会计工作质量的通知》（国发［1996］16号）第二条的规定，在总结近年来企业实行年度会计报表注册会计师审计制度情况的基础上，结合我国加入世界贸易组织和企业进一步改革发展的形势要求，重新制定了《关于改进和加强企业年度会计报表审计工作管理的若干规定》。现予印发，请遵照执行。

《关于改进和加强企业年度会计报表审计工作管理的若干规定》施行后，财政部《关于印发国有企业年度会计报表注册会计师审计暂行办法》（财经字［1998］114号）、《关于国有企业年度会计报表注册会计师审计若干问题的通知》（财企［2000］905号）和《财政部关于国有企业年度会计报表注册会计师审计若干问题的补充通知》（财企［2001］707号）同时废止。

附件：关于改进和加强企业年度会计报表审计工作管理的若干规定

附件：

关于改进和加强企业年度会计报表审计工作管理的若干规定

第一章　总　　则

第一条　为了适应社会主义市场经济发展的需要，提高企业年度会计报表质量，加强和改进企业年度会计报表审计工作，根据《国务院关于整顿会计工作秩序进一步提高会计工作质量的通知》关于依法实行企业年度会计报表审计制度的要求，制定本规定。

第二条　本规定适用于中华人民共和国境内除第三条规定的特殊行业企业以外的各类国有及国有控股的非金融企业（以下统称为“企业”）。

外商投资企业和上市公司年度会计报表审计，国家另有规定的，从其规定。

企业在境外投资设立的企业，其年度会计报表审计按照所在地有关法律规定执行。

第三条　以下特殊行业的国有企业暂不实行年度会计报表注册会计师审计制度：

（一）继续保留或者封存军工科研生产能力的军工企业（不包括其投资兴办的具有独立法人资格的民品企业）；

（二）监狱劳教企业、边境农场、新疆生产建设兵团和黑龙江垦区所属农业企业。

第四条　企业承担国家物资、粮食、棉花及副食品等储备业务的，其特准储备物资和特准储备资金以及享有特殊政策的相关业务执行情况，以主管财政机关审批结果为准。

第五条　企业应当主动配合注册会计师实施的年度会计报表审计，按业务约定书的要求提供审计相关资料，并对所提供资料的真实性作出承诺，承担相应的会计责任。

第六条　注册会计师和会计师事务所应当根据《独立审计准则》和其他执业规范的规定，按照“独立、客观、公正”的原则执行审计业务，按业务约定书的要求出具审计报告，并对所出具的审计报告承担相应的责任。

第二章　企业年度会计报表审计管理的一般要求

第七条　企业委托审计，应当根据董事会或者经理（厂长）办公会的决定进行委托。

企业集团所属全资企业年度会计报表审计业务，由集团公司统一委托。

尚未实行与政府主管部门脱钩的企业，以直接向政府主管部门报送年度会计报表的企业为单位，统一委托会计师事务所对所属企业年度会计报表进行审计。

第八条　企业应当在9月底之前委托或者变更委托会计师事务所，并与委托的会计师事务所签订业务约定书，明确委托审计的范围、内容、双方的权利与责任、收费金额与付款方式、违约责任，并为会计师事务所实施审计提供必要的条件。

第九条　企业年度会计报表审计由中国注册会计师和境内依法设立的会计师事务所依法进行。

企业必须根据拥有的资产规模、子公司数量及其地区分布和业务特点，选择具有相应的注册会计师人数、执业经验、审计能力的会计师事务所。

任何单位不得排挤、限制依法设立的会计师事务所执业。除企业集团公司外，不直接支付审计费用的任何部门、机构，不得要求或者授意企业委托指定的会计师事务所，也不得给企业委托审计设置障碍。

第十条　接受企业委托审计的会计师事务所，承接的审计业务必须由本所的注册会计师完成，不得分拆后转给其他会计师事务所承担。

第十一条　企业集团公司统一委托审计，按照“公正、公开、公平”的原则，制定具体管理办法和操作程序，采取招标等透明、合理的方式选择一家或者多家会计师事务所，并事先以一定方式发布选择会计师事务所的信息。

第十二条　企业集团公司选择多家会计师事务所实行联合审计的，应当确定牵头审计的会计师事务所，并协助牵头审计的会计师事务所制定集团审计方案，组织子公司或者所属企业配合实施。

第十三条　企业年度会计报表审计，按照“谁委托、谁付费”的原则支付审计费用。

企业年度会计报表审计费用标准，按照被审计企业当地政府主管部门的规定执行。

第十四条　企业对于上年委托审计的、符合本规定第九条规定且没有出现违纪违规问题的会计师事务所，一般不应随意变更；需要变更的，须说明理由，并予披露。

为同一企业连续执业5年的签字注册会计师，企业应当要求会计师事务所予以更换。

第十五条　企业在审计年度内实施企业改革，需要进行整体资产评估或者财务咨询等，不得将年度会计报表审计业务委托给执行资产评估或者财务咨询业务的同一家会计师事务所或者相同出资人的会计师事务所。

第十六条　审计业务约定书签定后，企业应当在每年10月31日以前向主管财政机关办理备案手续，其中：中央管理企业由集团公司向财政部企业管理机构备案；地方管理企业向地方同级财政部门企业管理机构备案；尚未与政府主管部门脱钩的企业，由政府主管部门向同级财政部门备案。

企业向主管财政机关备案，应当提交备案报告，说明集团公司及其子公司选择与更换会计师事务所的理由、约定的审计范围、审计委托方式、审计付费标准等情况，并填报《企业年度会计报表审计备案表》（详见附表）。

第三章　企业年度会计报表审计的重点

第十七条　企业集团在委托审计时，对纳入年度会计报表合并（或汇总）范围的子公司必须全部委托审计。对子公司所属企业，或者个别行业性企业集团所属五级及其以下分支机构，由注册会计师根据《独立审计准则》有关重要性的规定进行审计。

第十八条　企业年度会计报表审计包括个别会计报表审计和合并会计报表审计。

注册会计师审计的个别会计报表为资产负债表、利润表、现金流量表、企业会计制度规定的相关附表以及会计报表附注；注册会计师审计的合并会计报表，包括合并资产负债表、合并利润及利润分配表、合并现金流量表以及会计报表附注。

对于尚未与政府主管部门脱钩的企业，政府主管部门应当根据经过注册会计师审计的企业年度会计报表进行审核汇总，其审核后汇总的年度会计报表可以不再委托审计。

第十九条　企业应当按照《企业财务会计报告条例》第十四条的规定编写会计报表附注。对注册会计师为审计会计报表所需的年度内全部会计凭证、会计账簿、内部财务管理制度和会计政策及会计核算方法、重大购销合同、重大投资及融资合同、资产重组与企业改制等重大经济事项的决策或者审批文件以及其他相关资料。应当及时提供，不得隐瞒或者随意编造。

第二十条　注册会计师和会计师事务所依据《独立审计准则》和其他执业规范对企业年度会计报表实施审计，并应当重点关注以下事项：

（一）应收账款、预付账款、其他应收款的账龄情况及其主要债务人，坏账处理及坏账准备提取办法；

（二）存货计价方法和存货跌价准备提取办法，存放时间超过3年的存货；

（三）长期待摊费用（递延资产）及无形资产的主要内容、摊销办法及无形资产减值准备提取办法；

（四）长期股权投资的项目、持股比例、核算方法和减值准备提取方法以及投资损益的确认；

（五）固定资产主要类型、折旧年限、折旧方法及减值准备提取办法；

（六）在建工程主要项目及其投资情况，在建工程减值准备提取办法；

（七）应付账款、预收账款、其他应付款主要内容、账龄3年以上数额及主要债权人；

（八）应交税金的税种、税率及其本年发生额、年末余额，所得税纳税调整事项；

（九）出口退税申报及其结果、享有税收返还、减免政策以及财政资金拨付和使用情况；

（十）从事证券、期货、外汇交易业务占用资金、当年损益的确认和浮动盈亏情况；

（十一）年初未分配利润调整事由、金额以及本年利润分配政策及其执行情况；

（十二）提供担保、未决诉讼或仲裁等或有事项；

（十三）企业资产或者债务重组、企业改制、产权转让等事项的决策、实施情况，及其对企业年度会计报表的影响；

（十四）企业工资分配制度以及住房、医疗、养老制度建立、实施情况和职工内部退养状况，及其对企业年度会计报表的影响；

（十五）主管财政机关或者委托人要求的其他重要事项。

第四章　企业年度会计报表审计的实施管理

第二十一条　企业前一年度会计报表审计报告被出具保留意见、无法表示意见或者否定意见的，应当向审计本年度会计报表的注册会计师阐述年初数的调整事项，或者本年度采纳审计意见情况，并提供相关资料。

注册会计师对企业前期审计差异的调整情况，应当予以关注，并在审计报告中予以恰当反映。

第二十二条　注册会计师在审计中发现企业存在的财务、税务、会计等处理失当或者差错，应当及时提请企业按照国家有关规定调整。

注册会计师在审计中，对企业会计报表附注中的披露，特别是本规定第十九条列明的审计重点关注事项存在异议，或者企业已编制的会计报表未按审计意见调整，或者注册会计师在审计中认为的其他重要事项，需要在审计报告中恰当反映。

第二十三条　企业不提供所需的财务会计资料及其他相关资料，或者不予配合，导致年度会计报表不能如期正常审计的，注册会计师应当依据《独立审计准则》的要求进行处理，并在审计报告中作出必要的说明。

第二十四条　企业在审计年度内实施合并、分立、改组、改制、高层管理人员收购及其报酬分配制度、职工住房、医疗、养老等制度改革，应当提供企业改革批准文件和经批准的具体实施方案。

注册会计师应当充分关注企业改革措施是否符合国家有关资产与财务、税务、会计处理等规定及其对年度会计报表的影响，对企业披露企业改革事项不充分或者不符合国家有关规定的，应当在审计报告中恰当反映。

第二十五条　企业在配合注册会计师实施年度会计报表审计时，应当提供与经营决策、业务流程、资金收付、成本控制、损失核销等相关的内部控制制度。

注册会计师对于注意到的影响企业资产安全或者会计信息真实性的内部控制重大缺陷，应当与委托人进行有效沟通，并按照有关要求出具管理建议书。

第二十六条　企业集团公司在配合注册会计师实施年度合并会计报表审计时，应当提供与编制合并会计报表有关的详细资料，包括合并工作底稿、关联交易核对资料、集团内部统一会计政策调整资料、合并抵销事项以及前一年度合并抵销资料。

注册会计师应当充分关注企业集团的合并范围、合并抵销事项及其抵销方法，审验企业集团合并会计报表编制的合规性。

第二十七条　现场审计工作结束后，注册会计师和会计师事务所应当在约定的时间内，按照《独立审计准则》和其他执业规范出具审计报告。企业不得授意、强制要求注册会计师和会计师事务所出具不实或者不当的审计意见以及提出其他不合理要求。

第二十八条　接受集团公司委托牵头审计的会计师事务所，应当协调参与审计的其他会计师事务所共同实施总体审计方案，负责全部审计工作的质量控制，同时出具总的审计报告，并承担审计责任。

接受集团公司委托参与审计的会计师事务所，应当密切配合牵头审计的会计师事务所制定并实施总体审计方案，就承担的审计业务出具审计报告，并承担相应的审计责任。

第五章　审计报告的管理

第二十九条　企业年度会计报表审计报告应当提供审计情况说明。审计情况说明包括以下内容：

（一）接受委托审计的企业范围；

（二）前期审计差异调整情况；

（三）本年度审计未调整事项；

（四）本年度审计不确认事项；

（五）注册会计师认为需要说明或者恰当反映的其他事项。

牵头审计的会计师事务所，在审计情况说明中，还应当列明参与企业集团联合审计的其他会计师事务所及其出具的审计报告类型。

第三十条　牵头审计的会计师事务所出具总的审计报告，应当汇总反映各参与审计的会计师事务所的有关审计情况。

子公司会计报表被出具保留意见、无法表示意见或者否定意见的，牵头审计的会计师事务所在出具总的审计报告时，应当考虑对集团公司合并会计报表构成的影响程度，并决定总的审计报告应当采取的类型。

第三十一条　企业应当将审计报告连同经审计的年度会计报表按规定报送主管财政机关、企业投资者以及其他有关部门。

企业集团公司年度合并会计报表及其审计报告报送时间为次年4月20日之前。纳入企业集团合并会计报表合并范围的子公司或者所属企业，其年度会计报表及其审计报告报送时间，由集团公司按照会计制度的规定自行决定。

第三十二条　会计师事务所出具保留意见审计报告的，主管财政机关经过审核，应当责成企业根据国家有关企业财务管理、会计制度的规定，改进财务管理或者调整账务。

第三十三条　会计师事务所出具无法表示意见或者否定意见审计报告的，企业应当陈述有关年度会计报表编制的有关情况和意见。

主管财政机关可视企业的不同情况，根据国家有关规定进行会计信息质量检查，或者对企业进行会计整顿，并依据《中华人民共和国会计法》、《企业财务会计报告条例》等法律、行政法规的规定进行处罚。

第六章　财政监督

第三十四条　主管财政机关对企业备案的资料和报送的年度会计报表及其审计报告，应当进行认真审核，加强企业年度会计报表审计工作的监管。

第三十五条　具有以下情形之一的，企业必须更改委托审计：

（一）委托审计的主体不符合本规定第七条规定的；

（二）委托审计的会计师事务所不符合本规定第九条规定，导致审计计划不能完全实施的；

（三）委托审计的会计师事务所违反本规定第十条规定，将承揽的审计业务分拆转给其他会计师事务所审计的；

（四）违反本规定第十四条第一款规定，没有充分理由，随意变更会计师事务所的；

（五）违反本规定第十五条规定，将审计业务委托给执行资产评估、财务咨询业务的同一家会计师事务所或者相同出资人的会计师事务所的；

（六）会计师事务所出具的审计报告，存在内容虚假，或者隐瞒重要事实的；

（七）会计师事务所不能履行业务约定书，导致企业年度会计报表披露事项严重缺失，或者存在重大信息偏差的。

第三十六条　经审计的年度会计报表，对本规定第十九条、第二十条规定的事项披露不全的，或者审计报告组成内容不符合本规定第二十九条规定的，主管财政机关应当退回企业，同时通知会计师事务所，要求补充审计。

第三十七条　企业不委托审计，或者在审计过程中不提供有关财务会计资料及其相关资料，或者不给予有效配合，导致注册会计师不能有效实施必要的审计程序，从而影响审计报告的出具及其使用的，主管财政机关应当责令企业重新实施审计，并可予以通报批评。

第三十八条　主管财政机关按照本规定第三十五条、第三十六条、第三十七条规定处理的，企业应当自主管财政机关处理决定生效之日起30个工作日内执行完毕。

企业执行主管财政机关的处理决定，需要增加审计费用的，由企业承担。

第三十九条　企业发生以下行为之一的，主管财政机关可以按照《企业财务会计报告条例》第三十九条的规定，追究企业直接责任人员和其他责任人员的法律责任：

（一）不委托或者拒绝接受会计师事务所审计；

（二）提供虚假的年度会计报表及相关会计资料和文件；

（三）在审计中不提供有关财务会计资料和文件、不配合注册会计师审计，妨碍注册会计师执业；

（四）授意、强制要求注册会计师和会计师事务所出具内容不实或者虚假的审计报告。

第四十条　注册会计师和会计师事务所违反本规定，发生以下情形之一的，主管财政机关一经查实，可予以通报谴责：

（一）低价承揽业务导致不能完全实施审计程序的；

（二）将审计业务分拆转给其他会计师事务所的；

（三）超出审计能力承揽业务导致不能按期完成审计计划的；

（四）提供的审计报告不符合本规定规定的。

注册会计师和会计师事务所违反法律、行政法规执业的，按照《中华人民共和国注册会计师法》及其他有关规定追究其法律责任。

第四十一条　各级财政机关根据《中华人民共和国会计法》的规定组织开展对企业的会计信息质量检查，并按规定向全社会发布会计信息质量检查公告。

第四十二条　各级财政机关的有关工作人员在企业年度会计报表审计监管中滥用职权、徇私舞弊、以权谋私，或者泄露商业秘密给企业造成损失的，给予行政处分；构成犯罪的，移交司法机关依法追究法律责任。

第七章　附　则

第四十三条　本规定从2004年2月1日起施行。

附表：企业年度会计报表审计备案表（略）

审计署关于贯彻实施行政许可法工作安排的通知

审法发［2004］4号　2004年1月18日

各省、自治区、直辖市和计划单列市、新疆生产建设兵团审计厅（局），署机关各单位、各特派员办事处、各派出审计局：

《中华人民共和国行政许可法》（以下简称行政许可法）于2003年8月24日通过后，国务院于2003年9月28日发出了《关于贯彻实施〈中华人民共和国行政许可法〉的通知》（国发［2003］23号）。审计署于2003年11月18日发出《审计署关于贯彻实施〈中华人民共和国行政许可法〉的通知》（审法发［2003］53号）。2003年12月10日国务院办公厅发出《关于贯彻实施行政许可法工作安排的通知》（国办发［2003］99号）。现就贯彻实施行政许可法的工作安排通知如下：

一、提高认识。认真学习温家宝总理在全国贯彻实施行政许可法会议上的讲话精神，充分认识贯彻实施行政许可法的重要性、必要性、艰巨性和复杂性，要把贯彻实施行政许可法提高到进一步完善社会主义市场经济体制、转变政府职能的高度来认识，自觉推动这部法律的贯彻落实。

二、加强行政许可法的宣传。各级审计机关要大力宣传行政许可法，增强执政为民，公正执法的意识。有关单位可以采取编辑活页文选，办好《审计播报》，开设宣传网页等多种形式宣传行政许可法，使广大审计人员对行政许可的基本原则、行政许可的设定、实施行政许可的机关、实施行政许可的程序、行政许可的收费、对许可事项的监督检查和法律责任等有深入的了解。

三、结合审计业务认真学习行政许可法。审计署举办司长培训班、处长培训班和地市审计局长培训班时，要将行政许可法作为一项重要内容安排培训；地方审计机关在举办培训班时也要将行政许可法作为培训内容予以安排。审计机关在整训时也要安排专题讲座，请专家讲解行政许可法。

四、按时清理规范性文件。根据行政许可法的规定，除全国人大及其常委会、国务院、省级地方人大及其常委会以及省级人民政府外，包括国务院部门在内的其他国家机关一律不得设定行政许可。地方不得设定有关资格、资质的行政许可，不得设定企业或者其他组织的设立登记及其前置性行政许可，不得通过设定许可限制其他地区的商品、服务进入本地市场。各级审计机关应当对照行政许可法关于行政许可的设定主体、设定形式、设定权限等有关规定，对本级审计机关制定的规范性文件进行清理，对违反法律、法规和规章的、越权制定的行政许可的规范性文件，予以废止，防止因规范性文件不适当而损害公民、法人和其他组织的合法权益。审计署负责署机关制定的规范性文件的清理工作，地方审计机关负责本机关制定的规范性文件的清理工作，于2004年3月底前清理完毕。

五、审计机关在安排预算执行情况审计时，要将行政许可专项费用和依法收取的许可费用作为一项重要内容进行审计监督。行政许可法第五十八条规定，行政机关实施行政许可和对行政许可事项进行监督检查，不得收取任何费用。行政机关提供行政许可申请书格式文本，不得收费。行政机关实施行政许可所需经费应当列入本行政机关的预算，由本级财政予以保障，按照批准的预算予以核拨。第五十九条规定，行政机关实施行政许可，依照法律、行政法规收取费用的，应当按照公布的法定项目和标准收费；所收取的费用必须全部上缴国库，任何机关或者个人不得以任何形式截留、挪用、私分或者变相私分许可费用。财政部门不得以任何形式向行政机关返还或者变相返还实施行政许可所收取的费用。严禁搞任何形式的提留、分成和收支挂钩。行政性收费应当严格执行“收支两条线”。在进行预算执行审计时，要注意对上述问题的审计。

六、各级审计机关要以贯彻实施行政许可法为契机，进一步增强依法行政和依法审计的意识，进一步提高法治观念和政策水平，不断提高审计质量和水平，为全面建设小康社会作出更大的贡献。

国务院国有资产监督管理委员会关于印发《中央企业财务决算审计工作规则》的通知

国资发评价［2004］173号　2004年2月5日

各中央企业：

为加强中央企业财务监督，规范中央企业年度财务决算审计工作，促进提高企业会计信息质量，根据《企业国有资产监督管理暂行条例》和国家有关财务会计制度，我们制定了《中央企业财务决算审计工作规则》，现印发给你们。请结合企业自身实际，认真遵照执行，并及时反映工作中有关情况和问题。

中央企业财务决算审计工作规则

第一章　总　则

第一条　为加强中央企业（以下简称企业）财务监督，规范企业年度财务决算审计工作，促进提高企业会计信息质量，依据《企业国有资产监督管理暂行条例》和国家有关财务会计制度规定，制定本规则。

第二条　本规则所称年度财务决算审计，是指按照有关规定委托具有资质条件的会计师事务所及注册会计师，以国家财务会计制度为依据，对企业编制的年度财务决算报告及经济活动进行审查并发表独立审计意见的监督活动。

第三条　本规则所称年度财务决算报告，是指企业按照国家财务会计制度规定，根据统一的编制口径、报表格式和编报要求，依据有关会计账簿记录和相关财务会计资料，编制上报的反映企业年末结账日资产及财务状况和年度经营成果、现金流量、国有资本保值增值等基本经营情况的文件。企业年度财务决算审计报告是企业年度财务决算报告的必备附件。

第四条　国务院国有资产监督管理委员会（以下简称国资委）依法对企业年度财务决算的审计工作进行监督。

第二章　审计机构委托

第五条　为保障企业年度财务状况及经营成果的真实性，根据财务监督工作的需要，国资委统一委托会计师事务所对企业年度财务决算进行审计。

第六条　国资委统一委托会计师事务所，按照“公开、公平、公正”的原则，采取国资委公开招标或者企业推荐报国资委核准等方式进行。其中，国有控股企业采取企业推荐报国资委核准的方式进行。

第七条　国资委暂未实行统一委托会计师事务所进行年度财务决算审计工作的企业，应当按照“统一组织、统一标准、统一管理”的工作原则，经国资委同意，由企业总部按照有关规定，采用公开招标等方式，委托会计师事务所对企业及各级子企业年度财务决算进行审计。

第八条　对于企业总部统一委托会计师事务所的企业，应当事先报国资委同意，并在与所委托会计师事务所签订年度财务决算审计业务约定书之日起15日内，将约定书及会计师事务所有关资质证明材料报国资委审核备案。

（一）业务约定书应当明确企业与会计师事务所双方在年度财务决算审计工作中的权利、义务和责任。

业务约定书应当明确规定，会计师事务所不得将承揽企业的年度财务决算审计业务再转包或分包给其他会计师事务所。会计师事务所下属分所不得单独出具企业年度财务决算审计报告。

（二）会计师事务所相关资质证明材料包括：

1. 会计师事务所营业执照、执业证书复印件；

2. 注册会计师名单；

3. 会计师事务所最近3年执业情况总结；

4. 要求提供的其他有关证明材料。

第九条　企业年度财务决算审计工作，原则上统一委托一家会计师事务所承办；对于所属子企业分布地域较广的，可由企业总部委托多家会计师事务所共同承办（一般不超过5家）。

第十条　委托多家会计事务所共同承办年度

财务决算审计业务的，应当明确由承办企业总部审计业务的会计师事务所担任主审会计师事务所。主审会计师事务所承担的审计业务量一般不得低于50%（特殊情形企业另行规定），同时负责该企业全部审计工作的组织、质量控制及集团合并报表的审计，并对出具的该企业年度财务决算审计报告负责。

对于多家会计师事务所共同承办年度财务决算审计的，企业应当做好主审会计师事务所与参审会计师事务所的分工协作，并在业务约定书中予以明确。

第十一条　企业委托的会计师事务所应当连续承担不少于2年的企业年度财务决算审计业务，因特殊情形需变更会计师事务所的，应当将变更原因及重新委托的会计师事务所有关情况及时报国资委同意。

被更换会计师事务所对变更有异议的，可以向国资委提交陈述报告。

第十二条　同一会计师事务所承办企业年度财务决算审计业务不应连续超过5年。

第十三条　企业与承办企业年度财务决算审计业务的会计师事务所及注册会计师之间不应当存有利害关系。

第十四条　承办企业年度财务决算审计的会计师事务所（含参审会计师事务所）应当具有较完善的内部执业质量控制管理制度，执业质量应当符合国家有关规定要求，并且其资质条件应当与企业规模相适应。

第三章　审计工作要求

第十五条　承办企业年度财务决算审计业务的会计师事务所及注册会计师实施审计的范围应当包括：

（一）资产负债表、利润及利润分配表、现金流量表、所有者权益变动表；

（二）会计报表附注；

（三）国资委要求的专项审计事项；

（四）企业要求的其他专项审计事项。

第十六条　企业应当为会计师事务所及注册会计师开展年度财务决算审计、履行必要审计程序、取得充分审计证据提供必要条件，不得干预会计师事务所及注册会计师的审计活动，以保证审计结论的独立、客观、公正。

第十七条　承办企业年度财务决算审计业务的会计师事务所及注册会计师，应当认真遵照《独立审计准则》以及其他职业规范，并按照国家有关财务会计制度规定和国资委对年度财务决算的统一工作要求，对企业年度财务决算实施审计。

第十八条　会计师事务所及注册会计师对企业年度财务决算出具的审计结论及意见应当准确恰当，审计结论与审计证据对应关系应当适当、严密，审计结论披露信息应当全面完整。

第十九条　会计师事务所应当在企业年度财务决算报告规定上报时间前完成审计业务工作，并出具审计报告。对不能按期完成企业年度财务决算审计工作的会计师事务所，企业报国资委同意后可予以更换。

第二十条　承办企业年度财务决算审计业务的会计师事务所，应当按照国家有关规定，妥善保管好年度财务决算审计工作底稿及相关材料，并做好归档管理工作，以备查用。

第二十一条　企业及各级子企业应当根据会计师事务所及注册会计师提出的审计意见进行财务决算调整；企业对审计意见或审计结论存有异议未进行财务决算调整的，应当在上报年度财务决算报告中向国资委专门说明。

第二十二条　企业总部设在港澳地区的企业年度财务决算审计工作，以所在地区法律规定为依据。

第二十三条　企业对下列特殊情形的子企业，应当建立完善的内部审计制度，并出具内部审计报告，以保证年度财务决算的真实、完整。

（一）按照国家有关规定，涉及国家安全不适宜会计师事务所审计的特殊子企业；

（二）依据所在国家及地区法律规定进行审计的境外子企业；

（三）国家法律、法规未规定须委托会计师事务所审计的有关单位。

第四章　审计事项披露

第二十四条　承办企业年度财务决算审计业务的会计师事务所及注册会计师，在审计工作中要按照国家有关财务会计制度、独立审计准则和年度财务决算工作要求，对企业重要财务会计事项予以关注，并在审计报告中予以披露；对于国资委提出的专项工作要求，可以专项报告的形式予以披露。

第二十五条　会计师事务所及注册会计师在年度财务决算审计中，应当重点关注企业年度财务决算编报范围是否齐全、报表合并口径和方法是否正确、合并内容是否完整及对资产和财务状况的影响，并应当对应纳入而未纳入合并范围的子企业对资产和财务状况的影响作重点说明。主要说明内容包括：

（一）未按照规定纳入合并报表范围的所属子企业户数情况；

（二）未按照规定将企业所属实行金融或者事业会计制度的子企业或者单位资产及效益并入年度财务决算报表情况；

（三）企业所属境外子企业和分支机构资产及效益是否并入年度财务决算报表情况；

（四）未按照规定对具有控制权或者重大影响力的长期投资情况进行权益法核算；

（五）其他需要说明的事项。

第二十六条　主审会计师事务所应当关注与披露企业所属各子企业的分户年度财务决算审计情况，逐户列明审计机构、审计结论及审计保留事项的原因，以及对企业财务状况的影响程度或金额。

第二十七条　会计师事务所及注册会计师应当关注与披露企业实际发生的各项经济业务是否按照国家统一的财务会计制度规定予以确认、计量和登记，会计核算方法和会计政策是否符合国家财务会计制度规定。具体披露内容应当包括：

（一）采用的会计核算方法和会计政策是否正确，年度间是否一致，发生变更是否经过核准或者备案；

（二）资产、负债和所有者权益的确认标准和计量方法是否准确；

（三）固定资产主要类型及计歪折旧情况，在建工程项目及结算情况；

（四）各种资产损失情况及处理办法；

（五）各项减值准备的计提方法、变更情况及减值准备转回情况；

（六）企业从事高风险投资经营情况，如证券买卖、期货交易、房地产开发等业务占用资金和效益情况；

（七）财产抵押、对外担保、未决诉讼等或有事项，是否如实在年度财务决算中予以反映；

（八）财务成果的核算是否真实、完整，影响企业财务经营成果的各种因素是否合理及其金额；

（九）所有者权益增减变动因素是否真实可靠。

第二十八条　会计师事务所及注册会计师在审计过程中发现企业内部会计控制制度存在重大缺陷的，应当予以披露，并按照要求出具管理建议书。

第二十九条　会计师事务所及注册会计师在年度财务决算审计报告或者报告附件中，根据国资委要求应当关注和披露下列有关专项审计事项：

（一）国有资本保值增值及主客观因素变动情况；

（二）企业年度财务决算中主要指标年初数与上年年末数不一致的情况及主要原因；

（三）按照国家政策开展清产核资、主辅分离、债务重组、改制改组、破产出售、资产处置、债转股等工作的企业，依据有关部门批复文件调整会计账务情况；

（四）企业本年度财务决算中依据会计师事务所对上年度财务决算出具的审计意见予以会计账务调整情况；

（五）企业本年度财务决算中依据会计师事务所审计意见所进行的主要账务调整事项；

（六）其他需要关注和披露事项。

第五章　审计意见处理

第三十条　企业对会计师事务所及注册会计师对年度财务决算出具的审计报告中提出的意见和问题，应当依据国家有关财务会计制度，认真对照检查，对确实存在问题的，应当采取有效整改措施。

第三十一条　对会计师事务所及注册会计师出具的审计结论有不同意见的，应当在年度财务决算报告中予以说明；存在较大分歧的，应当向国资委提交专项报告予以说明。

第三十二条　对会计师事务所及注册会计师出具的审计报告为保留意见的，企业应当在年度财务决算报告中，对保留事项予以说明。

第三十三条　对会计师事务所及注册会计师

出具审计报告属否定意见和无法表示意见的，企业应当在上报年度财务决算报告时提交专项报告予以说明。

第六章　审计工作责任

第三十四条　企业应当对向会计师事务所及注册会计师提供的会计记录和财务数据的真实性、合法性和完整性承担责任。会计师事务所及注册会计师应当对出具的审计报告承担相应责任。

对按照国家有关规定不适宜会计师事务所审计的子企业或所属单位，注册会计师和会计师事务所可以依据内部审计报告发表审计意见。企业应对内部审计报告的真实性、完整性承担责任。

第三十五条　会计师事务所及注册会计师对企业年度财务决算的审计工作或者审计质量不符合统一工作要求，国资委可要求补充相关资料或者重新审计；审计结论及意见不准确或审计质量存在较多问题的，国资委可更换或者要求企业更换会计师事务所重新审计。

第三十六条　企业拒绝或者故意不提供有关财务会计资料和文件，影响和妨碍注册会计师正常审计业务，会计师事务所应当及时向国资委反映情况。

第三十七条　国资委将建立企业年度财务决算审计工作质量档案管理制度，对于在企业年度财务决算审计工作中存在以下问题或行为的会计师事务所，将予以通报或者限制其审计业务：

（一）对企业年度财务决算审计程序、范围、依据、内容、审计工作底稿等存在问题和缺陷，以及审计结论避重就轻、含糊其辞、依据严重不足的，予以内部通报；

（二）对连续2年（含2年）或者同一年度承担的2家企业年度财务决算审计工作均被给予通报的，3年内不得承担企业有关审计业务；

（三）在企业年度财务决算审计中存在重大错漏，应当披露未披露重大财务事项，或者发生重大违法违规行为的，今后不得承担企业有关审计业务。

第三十八条　会计师事务所和注册会计师违反《中华人民共和国注册会计师法》等有关法律法规，与企业及相关人员串通，弄虚作假，出具不实或虚假内容的审计报告的，国资委将通报有关部门依法予以处罚。

第三十九条　国资委通过企业年度财务决算审核和监事会稽核等工作制度，对企业年度财务决算审计质量进行监督。

第七章　附　则

第四十条　各省、自治区、直辖市国有资产监督管理机构可以参照本规则，制定本地区相关工作规范。

第四十一条　本规则自公布之日起施行。

审计署办公厅关于印发《审计报告》文书格式标准的通知

审办办发〔2004〕44号　2004年3月22日

各省、自治区、直辖市审计厅（局），解放军审计署，各计划单列市、新疆生产建设兵团审计局，署机关各单位、各特派员办事处，各派出审计局：

根据审计署第6号令的要求，《审计机关审计项目质量控制办法（试行）》将于4月1日起试行。为了规范《审计报告》文书格式，经署领导同意，现印发《审计报告》文书格式标准，请遵照执行。

（审计机关名称）

审 计 报 告

××××年第××号

被审计单位：××××××

审 计 项 目：××××××××××××××
××××××××××××

××

××。

X、×××××

××。

（省略）

XX、××××××

××。

审计机关（盖章）

××××年××月××日

《审计报告》文书印制说明

一、《审计报告》封面规格

（一）《审计报告》封面纸一般采用A4型幅面（长297毫米、宽210毫米），版心尺寸为长225毫米、宽156毫米。

（二）审计机关名称用全称或规范化简称，字体为长城小标宋体1号加粗；“审计报告”的字体为长城小标宋体初号加粗；“编号”的字体为楷体3号；“被审计单位”和“审计项目”的字体为宋体3号加粗，其内容为楷体3号。

（三）如需标识秘密等级，用黑体3号字，顶格标识在版心右上角第一行，两字之间空1字。

（四）审计机关名称上边缘至上版心23毫米（至A4上边缘60毫米）。

审计机关名称上边缘至文书编号下边缘50毫米。

“审计报告”四个字的下一行为编号。

审计机关名称、“审计报告”、文书编号水平位置均居中排列。

文书编号下边缘至“被审计单位”上边缘80毫米。

“被审计单位”下空一行为“审计项目”。

（五）“被审计单位”和“审计项目”至左版心17毫米（至A4左边缘45毫米）。

二、《审计报告》排版与印制规格

（一）《审计报告》排版与印制、用印规格按照中华人民共和国国家标准《国家行政机关公文格式》（GB/T9704－1999）执行。

（二）为了消除变造《审计报告》的隐患，签发日期和审计机关印章移至正文之后。

三、《审计报告》字体颜色

《审计报告》封面不套红印制，封面和正文字体均为黑色。

审计署办公厅转发《关于加强行政执法机关与公安机关、人民检察院工作联系的意见》的通知

审办法发［2004］54号　2004年3月30日

各省、自治区、直辖市和计划单列市、新疆生产建设兵团审计厅（局），署机关各单位、各特派员办事处、各派出审计局：

现将最高人民检察院、全国整顿和规范市场经济秩序领导小组办公室、公安部联合下发的《关于加强行政执法机关与公安机关、人民检察院工作联系的意见》（高检会［2004］1号，以下简称《意见》）转发给你们，请认真贯彻执行。根据审计工作的实际情况，对审计机关的案件移送工作提出如下要求：

一、各级审计机关要认真学习并严格执行《意见》及国务院《行政执法机关移送涉嫌犯罪案件的规定》、最高人民检察院《人民检察院办理行政执法机关移送涉嫌犯罪案件的规定》，切实加强案件移送工作，促进审计监督和刑事执法的有效衔接。

二、各级审计机关在审计监督过程中，发现被审计单位及有关人员涉嫌犯罪需要追究刑事责任的，应当按照《最高人民检察院、审计署关于建立案件移送和加强工作协作配合制度的通知》和《审计署、公安部关于建立案件移送制度和加

强工作协作配合的通知》要求，将犯罪案件线索移送有管辖权的公安、检察机关处理。不构成犯罪，但需要由纪检、监察等机关追究党纪、政纪责任的，应当按照《中共中央纪委、监察部、审计署关于纪检监察机关和审计机关在查处案件中加强协作配合的通知》要求，将案件线索及时移送纪检、监察机关处理。

三、各级审计机关向公安、检察和纪检、监察等机关移送案件前，应当加强与相关部门的沟通、协调，做到移送的案件基本事实清楚，证据充分，适用法律法规正确，审计程序合法。

最高人民检察院、全国整顿和规范市场经济秩序领导小组办公室、公安部关于加强行政执法机关与公安机关、人民检察院工作联系的意见

高检会［2004］1号　2004年3月18日

各省、自治区、直辖市人民检察院、人民政府整顿和规范市场经济秩序领导小组办公室、公安厅(局)，新疆生产建设兵团人民检察院、公安局：

国务院制定的《行政执法机关移送涉嫌犯罪案件的规定》和最高人民检察院制定的《人民检察院办理行政执法机关移送涉嫌犯罪案件的规定》颁布后，行政执法机关与公安机关、人民检察院积极配合，推动了向司法机关移送涉嫌犯罪案件的工作，增强了打击破坏社会主义市场经济秩序犯罪的合力，并在实践中取得了明显的成效。但是，目前行政执法与刑事执法相衔接的工作机制还不够完善，工作中还存在信息沟通不畅、案件移送不及时、协作配合不规范等问题，影响了对破坏社会主义市场经济秩序犯罪的打击力度和效果。近年来，破坏社会主义市场经济秩序的违法犯罪案件不断增多，行政执法机关查处的案件也逐年增长，但移送司法机关追究刑事责任的案件较少，移送后最终追究刑事责任的案件也较少。为了解决工作中存在的问题，建立起行政执法机关与公安机关、人民检察院相互配合的长效工作机制，根据国务院和最高人民检察院上述两个规定的精神，现就加强行政执法机关与公安机关、人民检察院的工作联系提出如下意见：

一、树立全局观念，形成打击合力。整顿和规范市场经济秩序，是建立和完善社会主义市场经济体制的重大举措。加强行政执法机关与公安机关、人民检察院的工作联系，对于保证准确、及时地查明犯罪事实，依法追究破坏社会主义市场经济秩序犯罪分子的刑事责任，确保整顿和规范市场经济秩序工作取得实效，具有十分重要的意义。各级行政执法机关、公安机关、人民检察院要从有利于打击犯罪的大局出发，加强工作联系，加强协调配合，切实解决涉嫌犯罪案件移送中存在的突出问题，实现行政执法与刑事执法的有效衔接，促进执法资源的合理利用，提高工作效率，增强打击破坏社会主义市场经济秩序犯罪的力度。

二、加强联系配合，建立信息共享机制。各级行政执法机关、公安机关、人民检察院要在充分发挥各自职能作用的基础上，做到信息共享、密切合作。要建立情况信息通报制度，并在加强保密工作的前提下，逐步实现各行政执法机关信息管理系统与公安机关、人民检察院的信息联网共享。行政执法机关定期向公安机关、人民检察院通报查处破坏社会主义市场经济秩序案件情况以及向公安机关移送涉嫌犯罪案件情况；公安机关定期向行政执法机关通报行政执法机关移送案件的受理、立案、销案情况；人民检察院定期向行政执法机关通报立案监督、批捕、起诉破坏社会主义市场经济秩序犯罪案件的情况。建立联席会议制度，定期或不定期召开不同层次的联席会议，沟通情况，统一认识，共同研究执法中遇到的新情况、新问题，协调解决疑难问题。

三、强化案件移送工作，推动涉嫌犯罪案件及时进入司法程序。行政执法机关查处的破坏社会主义市场经济秩序违法案件，根据法律和司法解释的规定，凡是达到刑事追诉标准、涉嫌犯罪的，应按照《行政执法机关移送涉嫌犯罪案件的规定》，及时向公安机关移送，并向人民检察院备案，切实防止“以罚代刑”现象的发生。对于案情重大、可能涉嫌犯罪的案件，行政执法机关在查处过程中应及时向公安机关、人民检察院通报、并可以就涉嫌犯罪的标准、证据的固定和保全等问题进行咨询，公安机关、人民检察院应当认真

研究，及时答复。对于行政执法机关不移送涉嫌犯罪案件，有关单位、个人举报或者群众反映强烈的，人民检察院可以向行政执法机关查询案件情况；经协商同意，还可以派员查阅有关案卷材料，行政执法机关应予配合。必要时，人民检察院应当向行政执法机关提出检察意见，建议其按照管辖规定向公安机关移送涉嫌犯罪案件，行政执法机关应当反馈落实情况。行政执法机关仍不移送的，检察机关应将情况书面通知公安机关。公安机关经过审查，认为有犯罪事实需要追究刑事责任，且属于公安机关管辖的，应当立案侦查。

四、加强立案监督工作，确保对涉嫌犯罪案件依法立案侦查。人民检察院对于行政执法机关已经移送公安机关的涉嫌犯罪案件，应当跟踪了解公安机关的立案情况。对于公安机关未及时受理或者立案的，应当依法开展立案监督，督促公安机关在法定期限内依法受理或者立案侦查；对立案后久侦不结的案件，要加强督促；在审查批准逮捕过程中，必要的时候，人民检察院可以派人参加公安机关对于重大案件的讨论，协助公安机关及时侦结案件。

五、及时移送职务犯罪案件线索，依法惩治职务犯罪。行政执法机关在工作中发现行政执法人员贪污贿赂、徇私枉法、玩忽职守以及徇私舞弊不移交刑事案件等职务犯罪线索，应依法及时向人民检察院移送。人民检察院对行政执法机关移送的职务犯罪线索应当认真审查，依法处理，并将处理结果及时通知移送案件的行政执法机关。

六、积极开展联合调查研究，及时解决工作中遇到的突出问题。行政执法机关、公安机关、人民检察院应当有针对性地共同开展专题调研活动，分析破坏社会主义市场经济秩序犯罪的新情况、新特点，提出相应对策。行政执法人员和公安、检察人员应当加强业务交流，相互学习业务知识、业务技能，增进相互之间的理解和信任，并不断总结办案经验，提高业务水平。

七、各地整顿和规范市场经济秩序领导小组办公室要发挥综合协调作用，促进行政执法与刑事执法的有效衔接。公安机关、人民检察院要积极主动地与行政执法机关建立联系，立足本职，加强配合，把打击破坏社会主义市场经济秩序犯罪的工作不断推向深入。

财政部关于印发《中央本级项目支出预算管理办法》（试行）的通知

财预［2004］84号　2004年5月13日

党中央有关部门，国务院各部委、各直属机构，全国人大常委会办公厅，全国政协办公厅，高法院，高检院，总后勤部，总装备部，武警总部，有关人民团体，有关中央管理企业，新疆生产建设兵团：

为了进一步深化预算改革，规范和加强中央本级项目支出预算管理，提高项目资金使用效益，我们制定了《中央本级项目支出预算管理办法》（试行），现印发给你们，请遵照执行。执行中有何问题，请及时函告我部。

附件：中央本级项目支出预算管理办法（试行）

附件：

中央本级项目支出预算管理办法（试行）

第一章　总　则

第一条　为规范和加强中央部门（含直属单位，下同）项目支出预算管理，提高资金使用效益，根据《中华人民共和国预算法》，制定本办法。

第二条　中央本级项目支出预算由中央各部门项目支出预算组成。本办法所称“中央部门”，是指与财政部直接发生预算缴款、拨款关系的国家机关、军队、政党组织和社会团体；所称“直属单位”，是指与财政部直接发生预算缴款、拨款关系的企业和事业单位。所称“项目单位”，是指直接负责项目申请并组织项目实施的单位。

第三条　本办法适用于中央部门的项目支出预算管理。

第四条　项目支出预算是部门支出预算的组成部分，是中央部门为完成其特定的行政工作任务或事业发展目标，在基本支出预算之外编制的年度项目支出计划。

第五条　项目按照其支出性质分为基本建设类项目、行政事业类项目和其他类项目。

基本建设类项目，是指按照国家关于基本建设管理的规定，用基本建设资金安排的项目。

行政事业类项目，是指中央部门由行政事业费开支的项目。主要包括：由国家批准设立的有关事业发展专项计划、工程、基金项目，经常性专项业务费项目，以及大型修缮、大型购置、大型会议等项目。

其他类项目，是指除上述两类项目之外的项目。主要包括：用科技三项费用、农业综合开发、政策性补贴、对外援助、支援不发达地区支出等资金安排的项目。

第六条　项目支出预算管理应遵循以下基本原则：

（一）综合预算的原则。项目支出预算要体现预算内外资金统筹安排的要求。

（二）科学论证、合理排序的原则。申报的项目应当进行充分的可行性论证和严格审核，分轻重缓急排序后视当年财力状况择优进行安排。

（三）追踪问效的原则。财政部和中央部门对财政预算资金安排项目的执行过程实施追踪问效，并对项目完成结果进行绩效评价。

第二章　项目库

第七条　项目库是对项目进行规范化、程序化管理的数据库系统。

第八条　项目库管理应遵循统一规划的原则。由财政部统一制定中央部门项目库管理的规章制度、项目申报文本，统一设计计算机应用软件。

第九条　项目库分为中央部门项目库和财政部项目库。中央部门和财政部按照规定对各自设立的项目库实行管理。

中央部门项目库，由中央部门按照申报项目支出预算的要求，结合本部门特点，对所属单位申报的项目进行筛选排序后设立。

财政部项目库，由财政部根据项目支出预算管理的需要，结合财力可能，对中央部门所报项目进行筛选排序后设立。

第十条　中央部门项目库由中央部门负责本部门预算管理工作的财务主管机构进行具体管理。

中央部门可以按照本办法规定的原则，结合本部门业务工作的需要设立项目分库。

第十一条　财政部项目库由财政部负责总预算的机构进行具体管理。

第十二条　项目库中的项目应当按照轻重缓急进行合理排序，并实行滚动管理。

第三章　项目申报

第十三条　申报条件

申报的项目应当同时具备以下条件：

（一）符合国家有关方针政策；

（二）符合财政资金支持的方向和财政资金供给的范围；

（三）属于本部门行政工作和事业发展需要安排的项目；

（四）有明确的项目目标、组织实施计划和科学合理的项目预算，并经过充分的研究和论证。

第十四条　项目申报分为新增项目和延续项目

新增项目，是指本年度新增的需列入预算的项目。

延续项目，是指以前年度已批准，并已确定分年度预算，需在本年度及以后年度预算中继续安排的项目。

第十五条　项目按照部门预算编报要求分为国务院已研究确定项目，经常性专项业务费项目，跨年度支出项目（以下统称“前三类支出项目”）和其他项目4种类型。

国务院已研究确定项目，是指国务院已研究确定需由财政预算资金重点保障安排的支出项目。

经常性专项业务费项目，是指中央部门为维持其正常运转而发生的大型设施、大型设备、大型专用网络运行费和为完成特定工作任务而持续发生的支出项目。

跨年度支出项目，是指除以前年度延续的国务院已研究确定项目和经常性专项业务费项目之外，经财政部批准并已确定分年度预算，需在本年继续安排预算的项目和当年新增的需在本年度及以后年度继续安排预算的支出项目。

其他项目，是指除“前三类支出项目”之外，中央部门为完成其职责需安排的支出项目。

第十六条　项目申报文本由项目支出预算汇总表、项目申报书、项目可行性报告（编写提纲）和项目评审报告组成。

第十七条　项目申报文本的填报要求

（一）基本建设类项目，其他类项目中的科技三项费用项目、农业综合开发项目等，按照国家有关部门现行规定进行申报。

（二）除上述项目之外的项目，中央部门申报当年预算时，都应按照财政部规定，填写项目支出预算汇总表、项目申报书并附相关材料。

（三）新增项目中预算数额较大或者专业技术复杂的项目，应当填报项目的可行性报告、项目评审报告。

（四）延续项目中项目计划及项目预算没有变化的，可以不再填写项目的可行性报告和项目评审报告；延续项目中项目计划及项目预算发生较大变化的，应当重新填写项目可行性报告和项目评审报告。

（五）中央部门应当按照财政部规定的时间报送项目申报材料，项目申报材料的内容必须真实、准确、完整。

第十八条　项目申报程序

（一）项目单位应当按照预算管理级次申报项目，不得越级上报。

（二）中央部门对申报的项目审核后，将符合条件的项目纳入中央部门项目库。

（三）对进入中央部门项目库的项目，中央部门择优排序后统一汇总向财政部申报。

第四章　项目审核

第十九条　项目审核的内容主要包括：

（一）项目单位及所申报的项目是否符合规定的申报条件；

（二）项目申报书是否符合规定的填报要求，相关材料是否齐全等；

（三）项目的申报内容是否真实完整，项目预算是否合理；

（四）项目排序是否合理等。

第二十条　财政部对中央部门申报的项目进行审核后，对符合条件的项目，经商中央部门后，排序纳入财政部项目库。

第二十一条　对延续项目中项目计划和项目预算发生较大变化的和新增项目中预算数额较大或者专业技术复杂的项目，财政部和中央部门可以组织专家或者委托中介机构进行评审。

第五章　项目排序

第二十二条　排序原则

（一）“前三类支出项目”中的延续项目予以优先排序；

（二）其他项目根据中央财力状况，按照项目的轻重缓急、择优遴选后进行排序。

第二十三条　排序方式

（一）中央部门对申报的项目按照政府预算收支科目类（款）在项目库中进行排序。

（二）财政部对中央部门申报的项目按照政府预算收支科目类（款）在项目库中分部门进行排序。

第六章　项目支出预算的核定与项目实施

第二十四条　财政部根据国家有关方针、政策和中央部门行政工作任务、事业发展目标，确定当年项目安排的原则和重点，并根据年度财力状况和项目排序，安排项目支出预算，列入中央部门年度预算。

第二十五条　财政部依法对中央部门报送的预算建议数进行审核汇总，上报国务院审定。经全国人民代表大会批准后，及时向中央部门批复预算。

第二十六条　项目支出预算一经批复，中央部门和项目单位不得自行调整。预算执行过程中，如发生项目变更、终止、调整预算的，必须按照规定的程序报批。

第二十七条　中央部门应当按照批复的项目支出预算组织项目的实施，并责成项目单位严格执行项目计划和项目支出预算。

第二十八条　项目完成后，结余资金的使用应当按照财政部的有关规定执行。

第二十九条　财政部对列入部门预算的经常

性专项业务费项目，应当明确项目的支出范围，并会同中央部门根据项目的具体情况制定专门的管理办法。

第三十条　按照规定属于政府采购的项目，应当编入政府采购预算，并按照政府采购制度的有关规定执行。

第七章　项目的滚动管理

第三十一条　项目库中的延续项目列入部门预算后，项目的名称、编码、项目的使用方向在以后年度申报预算时不得变动，项目预算按照立项时核定的分年度预算逐年安排。

第三十二条　项目库中的延续项目有执行年限的，应当明确项目的起止年限，项目到期后自行终止，如项目到期后需继续安排预算的，视同新增项目，应重新申报。

第三十三条　项目库中的延续项目实行滚动管理。每年项目支出预算批复后，中央部门和财政部要对项目库进行清理，对到期项目予以取消。对延续项目要按照中央部门中长期计划和财政部编制部门预算的要求，滚动转入以后年度项目库，与下年新增项目一并申请项目支出预算。

第八章　项目的监督检查与绩效评价

第三十四条　财政部、中央部门以及项目单位应当对项目的实施过程和完成结果进行监督、检查。对违反有关法律、行政法规和财务规章制度的，依法进行处理。

第三十五条　项目完成后，项目单位应当及时组织验收和总结，并将项目完成情况报中央部门；中央部门应当将项目完成情况汇总报送财政部。

第三十六条　中央部门和财政部对年度预算安排的项目实行绩效评价。绩效评价办法由财政部另行制定，具体考评工作由中央部门和财政部组织实施。

第三十七条　中央部门应当将项目绩效评价结果报送财政部，财政部应当将绩效评价结果作为加强项目管理及安排以后年度项目支出预算的重要依据。

第九章　附　则

第三十八条　基本建设类项目以及其他类项目中的科技三项费用等项目，按照国家有关规定及本办法规定的原则进行管理，并纳入财政部项目库。

第三十九条　中国人民解放军、中国人民武装警察部队可以参照本办法规定的原则，另行制定管理办法。

第四十条　本办法由财政部负责解释。

第四十一条　本办法自2004年7月1日起施行。财政部《关于印发〈中央本级项目支出预算管理办法（试行）〉的通知》（财预［2002］356号）和财政部《关于印发〈中央本级项目库管理规定（试行）〉的通知》（财预［2002］358号）同时废止。

附：中央部门项目申报文本（范本）（略）

审计署办公厅关于《审计报告》送达问题的通知

审办法发［2004］90号　2004年5月31日

各省、自治区、直辖市和计划单列市、新疆生产建设兵团审计厅（局），署机关各单位、各特派员办事处、各派出审计局：

审计署发布的《审计机关审计项目质量控制办法（试行）》对《审计报告》的内容和格式进行了规定，《审计报告》成为审计机关出具的审计文书。现将《审计报告》送达有关单位的问题通知如下：

《审计报告》应当送达被审计单位，并填写送达回证；需要报送本级人民政府和上级审计机关的，以机要交换等方式直接送达；需要送达其他有关单位的，可以以函的形式送达。以往规定与本通知要求不一致的，按此通知执行。

审计署关于印发《2004至2007年审计信息化发展规划》的通知

审计发［2004］51号　2004年8月20日

各省、自治区、直辖市和计划单列市、新疆生产建设兵团审计厅（局），署机关各单位、各特派员办事处、各派出审计局：

《2004至2007年审计信息化发展规划》已经署领导审定，现予印发，请认真贯彻执行。

2004至2007年审计信息化发展规划

2004年8月18日

为贯彻落实《审计署2003至2007年审计工作发展规划》关于“大力推广先进审计技术方法，积极探索信息化环境下的新的审计方式，促进提高审计工作效率和质量”的要求，大力推进信息技术在审计实施和审计管理中的普及应用，推动全国审计机关审计信息化的进一步发展，特制定本规划。

本规划的适用范围是审计署、省级和中心城市审计机关，其他市（地）、县（区）审计机关可根据实际情况，创造条件参照执行。

一、主要目标

从2004至2007年，审计信息化建设的主要目标是：

——金审工程开发的审计管理系统、审计实施系统（包括现场审计和联网审计两个子系统）全面投入使用。

——基本完成基础性审计资源数据库的建设。

——审计署与各特派办、审计署与省级审计机关、省级审计机关与市（地）审计机关之间的信息网络平台初步建成。

——基本形成适应信息化条件下开展工作的审计队伍。

——逐步完善审计信息化的标准、规范。

通过以上建设目标的实现，初步形成以计算机为审计作业主要手段的审计方式；初步建成对财政财务收支的真实、合法和效益实施有效监督的审计信息化系统，提高审计监督的效率、质量和水平。

二、主要任务

（一）强力推行计算机技术在审计业务和管理中的应用。

——把计算机技术在审计业务中的应用作为审计信息化的首要任务，推广普及计算机审计，到2007年，利用计算机技术开展的审计项目力争达到年度计划项目的60%以上。积极探索信息系统审计。

——全面推广应用金审工程一期统一整合开发的现场审计实施系统和在审计实践中行之有效的各专业审计软件，扩大Excel、Access、SQL Server等通用软件在审计实施中的应用范围。

——结合金审工程二期建设，初步建成联网审计实施系统。到2007年，审计署要初步建成联网审计系统，逐步开展对中央部门一级预算单位以及财政、海关、国税、金融等部门的联网审计。省级和中心城市审计机关要开展以一级预算单位以及地税、社会保障等部门、会计结算中心为重点的联网审计。

——进一步总结和推行计算机审计专家经验，推行程序导向、审计抽样与分析、内控测试、风险评估等审计方法。2007年底前，基本形成计算机审计专家经验库和计算机审计方法库，并在审计实施系统中集成、应用。

——完善并推广应用审计管理系统。到2007年建成审计管理系统，并加大推广应用力度，全面提高审计计划、统计、档案、公文流转的规范管理水平和利用效率；建立审计机关与审计现场信息互动渠道，了解指导审计现场工作；发挥计算机技术在人事、党务、财务、机关事务管理中的作用。为实行科学的审计管理、建立审计质量控制体系提供技术保障。

——审计署和省级审计机关、有条件的中心城市审计机关要办好因特网站（页），使其成为与公众沟通、展示审计成果的重要渠道。

（二）加快审计数据库建设，促进信息共享。

——审计署要加快被审计单位资料、审计专家经验、审计情报资料、财经审计法规、人力资源等基础性资源数据库建设，力争在2007年底前基本形成适应审计业务和管理需要的信息资源库。

——建立畅通高效的信息资源收集渠道和方式，不断充实、完善、整理、丰富信息资料。利用审计管理软件和网络平台，实现审计机关内部、审计署与省级审计机关之间、省级审计机关与市（地）审计机关之间的信息资源共享，为审计决策提供支持。

——积极利用宏观经济信息、网上培训信息等，开阔审计人员视野，强化宏观意识，提高学识水平。

（三）加快审计系统网络互联基础设施建设。

——建成符合国家电子政务建设要求的局域网基础设施。

——按照国家电子政务建设的规划，在审计署与各特派办、审计署与省级审计机关、省级审计机关与市（地）审计机关之间，建成依托保密通讯网的审计内网，运行审计工作的秘密级以上信息；建成依托国家公共通讯网的审计专网，运行审计工作的内部信息；建成因特网接入网，向社会提供审计信息交互。

——审计署和省级审计机关要实现与本级政府重点部门、单位的网络互联和信息资源共享。

——利用公共通信基础设施，在保障安全保密的前提下，实现审计署机关、特派办各自与审计现场的数据传递交互，为领导决策提供信息，为强化对审计现场的指导提供技术保障。有条件的省级和中心城市审计机关可视工作需要逐步实现。

——综合平衡安全成本和风险，建设符合国家要求和审计实际情况的安全保密系统，建立必要的数据备份、应急恢复机制。

（四）培养适应信息化条件下开展工作的审计队伍。

——按照培训大纲要求，搞好第二轮计算机基础知识和操作技能的全员普及培训，力争四年内规定条件的人员全部通过考试。

——继续开展计算机审计中级培训。到2007年，通过计算机审计中级水平考试的人员达到审计署和省级审计机关总人数的15%以上。在中级骨干中遴选优秀人才，强化培养，形成计算机审计专家队伍。

——结合实际工作的需要，开展多种形式的计算机技术和应用专项培训，提高应用水平，提高系统运行、管理和服务的能力。

（五）建立健全审计信息化的标准、规范。

——审计署组织制定和完善有关审计应用、数据库、网络、安全的标准规范，保障审计信息系统有序建设、有效运行、规范管理。

——按照信息化环境下新的审计方式对规范审计管理和审计行为的要求，适时修订有关审计准则。

——审计署组织制定计算机审计项目审计准则，规范审计程序，明确质量责任。

三、措施和要求

（一）加强对审计信息化建设的规划和领导。

审计署按照国家电子政务建设要求和审计工作实际，制定审计信息化建设总体规划、标准规范，保证审计信息化应用技术的适用性、先进性和一致性。建立项目建设领导机构，加强组织、指挥和协调，落实各项建设任务。省级审计机关要发挥承上启下的重要作用，依照审计署总体规划和相关设计方案，组织好本行政区的信息化建设，引导市县审计机关开展计算机技术培训和推广应用，讲求实效。

（二）提高对推进审计信息化必要性和紧迫性的认识。

审计信息化是一项涉及审计观念转变、方式转变、干部队伍结构转变、人员知识结构转变的深刻革命，审计机关的领导干部、审计业务人员、审计管理人员都要自觉学习，积极实践，尽快适应信息化环境下新的审计方式。

（三）用科学发展观指导审计信息化。

以审计业务和管理的计算机技术应用为重点，整合人力、财力资源，通盘构架、整体设计开发骨干应用系统，减少低水平重复建设。

（四）加快审计信息化建设项目的申报和建设。

省级和中心城市审计机关要争取地方政府和相关部门的支持，申报地方金审工程等信息化建设项目。审计署要在2004年底前，优质高效地完成金审工程一期的建设，接受国家验收。及时启动二期申报和建设。

（五）加强审计信息化理论研究。

要总结实践经验，实现技术方法的创新。积极参与世界审计组织 IT 审计委员会的工作，开展对外交流与合作。

（六）确保完成本规划提出的各项任务。

各级审计机关的领导干部要结合本地区、本单位的实际，组织制定相应的规划或工作计划，有所创新地落实本规划；全体审计机关工作人员要认清形势，振奋精神，积极投入到审计信息化建设之中，确保完成本规划提出的各项目标任务。

中华人民共和国审计署令

第 6 号

《审计机关审计项目质量控制办法（试行）》已经审计长会议通过，现予发布，自 2004 年 4 月 1 日起在审计署机关及派出、派驻机构试行，地方审计机关可以根据具体情况确定试行范围。

审计长　**李金华**

2004 年 2 月 10 日

审计机关审计项目质量控制办法（试行）

第一章　总　则

第一条　为了规范审计行为，提高审计质量，明确审计责任，根据审计法及其他有关审计法规，制定本办法。

第二条　审计机关依法对国务院各部门和地方各级人民政府及其各部门的财政收支、国有金融机构和企业事业组织的财务收支，以及其他依法应当接受审计的财政收支、财务收支的真实、合法、效益进行审计监督时，应当遵守本办法。

第三条　审计机关实施审计项目时，对编制审计方案、收集审计证据、编写审计日记和审计工作底稿、出具审计报告、归集审计档案等全过程实行质量控制。

第四条　审计机关实行审计项目质量责任评估和追究制度，依据有关审计法规、国家审计准则和本办法评估审计项目质量，追究有关人员对审计项目质量应承担的责任。

第五条　审计机关制定年度审计项目计划时，应当考虑审计项目的时间、经费和人员要求，为审计项目质量控制提供保障。

第二章　审计方案的质量控制

第六条　审计机关和审计组在实施审计前，应当编制审计工作方案和审计实施方案。

审计机关统一组织由不同级次审计机关或多个审计组参加的行业审计、专项资金审计或者其他统一审计项目时，应当编制审计工作方案。

审计组具体承办审计项目或者实施单个审计项目时，应当编制审计实施方案。

第七条　审计机关和审计组在编制审计实施方案前，应当根据审计项目的规模和性质，安排适当的人员和时间，对被审计单位的有关情况进行审前调查。

第八条　审前调查应当了解被审计单位下列基本情况：

（一）经济性质、管理体制、机构设置、人员编制情况；

（二）财政、财务隶属关系或者国有资产监督管理关系；

（三）职责范围或者经营范围；

（四）财务会计机构及其工作情况；

（五）相关的内部控制及其执行情况；

（六）重大会计政策选用及变动情况；

（七）以往接受审计情况；

（八）其他需要了解的情况。

第九条　审前调查应当收集与审计项目有关的下列资料：

（一）法律、法规、规章和政策；

（二）银行账户、会计报表及其他有关会计资料；

（三）重要会议记录和有关文件；

（四）审计档案资料；

（五）电子数据、数据结构文档；

（六）其他需要收集的资料。

第十条　审前调查可以根据需要选择下列方式：

（一）到被审计单位调查了解情况；

（二）对被审计单位进行试审；

（三）查阅相关资料；

（四）走访上级主管部门、有关监管部门、组织人事部门及其他相关部门；

（五）其他方式。

第十一条　审前调查一般在送达审计通知书之前进行，必要时，可以向被审计单位送达审计通知书后进行审前调查。

第十二条　审计工作方案的主要内容包括：

（一）审计工作目标；

（二）审计范围；

（三）审计对象；

（四）审计内容与重点；

（五）审计组织与分工；

（六）工作要求。

审计工作方案应当具有指导性。

第十三条　审计工作方案由审计机关业务部门具体负责编制，报审计机关分管领导批准，并下达到具体承担审计任务的下级审计机关或者审计组实施。

重要审计项目的审计工作方案应当经审计机关审计业务会议审定。

第十四条　审计实施方案的主要内容包括：

（一）编制的依据；

（二）被审计单位的名称和基本情况；

（三）审计目标；

（四）重要性水平的确定和审计风险的评估；

（五）审计的范围、内容、重点以及对审计目标有重要影响的审计事项的审计步骤和方法；

（六）预定的审计工作起止时间；

（七）审计组组长、审计组成员及其分工；

（八）编制的日期；

（九）其他有关内容。

第十五条　审计实施方案的审计目标是指审计组办理审计项目所要完成的任务。

确定审计目标时，应当考虑下列因素：

（一）法律、法规、规章的规定及相关政策；

（二）政府、审计机关、有关部门对审计项目的要求；

（三）被审计单位的有关情况；

（四）审计组成员的业务能力、审计经验；

（五）审计的时间和经费预算；

（六）其他需要考虑的因素。

审计实施方案应当将审计工作方案的审计工作目标具体化。

第十六条　审计组应当分析被审计单位有关情况，确定重要性水平和评估审计风险，围绕审计目标确定审计的范围、内容和重点。

审计组应当对被审计单位内部控制进行初步评价，确定是否依赖内部控制。依赖内部控制的，要对内部控制进行符合性测试。在内部控制测评的基础上，对被审计单位财政收支、财务收支的业务活动或者会计报表项目进行实质性测试；不依赖内部控制的，在实施审计时直接对被审计单位财政收支、财务收支的业务活动或者会计报表项目进行实质性测试。

对规模较小或者业务简单的审计项目，可以直接确定实质性测试的范围、内容和重点。

第十七条　审计实施方案的审计范围是指被审计单位财政收支、财务收支所属的会计期间和有关审计事项。

第十八条　审计实施方案的审计内容是指为实现审计目标所需实施的具体审计事项以及所要达到的具体审计目标。

审计事项一般可以按照被审计单位财政收支、财务收支的业务活动或者会计报表项目划分。

第十九条　审计实施方案的审计重点是指对实现审计目标有重要影响的审计事项。

审计组应当对审前调查所取得的资料进行初步分析性复核，关注资料间的异常关系和异常变动，分析被审计单位财政收支、财务收支及其有关的经济活动中可能存在的重要问题和线索，确定审计重点。

第二十条　对实现审计目标有重要影响的审

计事项应当确定审计的步骤和方法。

审计步骤和方法应当能够指导审计人员实施审计，实现具体审计目标。

第二十一条　确定审计组组长、审计组成员及其分工时，应当考虑其专业胜任能力和职业道德水平，符合有关规定要求。

审计组组长可以委托有资格的审计人员担任主审，履行审计组组长授权范围内的职责，但审计组组长应当对主审履行职责的结果承担责任。

第二十二条　审计组组长具体负责编制审计实施方案，经审计组所在部门负责人审核，报审计机关分管领导批准，由审计组负责实施。

重要审计项目的审计实施方案，可以由审计机关审计业务会议审定。

第二十三条　审计组所在部门负责人应当对审计实施方案的下列事项进行审核：

（一）审计目标的可行性；

（二）重要性水平确定和审计风险评估的合理性；

（三）审计范围、内容和重点的适当性；

（四）审计步骤和方法的可操作性；

（五）时间安排的合理性；

（六）审计分工的恰当性；

（七）其他需要审核的事项。

第二十四条　实施审计过程中有下列情形之一的，应当调整审计实施方案：

（一）审计工作方案调整的；

（二）审计组在对被审计单位内部控制测评后，认为需要调整审计重点、步骤和方法的；

（三）审计组人员发生变化，足以影响审计实施方案执行的；

（四）审计中发现重大违法案件线索，需要改变审计内容和重点的；

（五）审计范围受到限制，不能正常开展审计工作的；

（六）其他需要调整的。

第二十五条　审计实施方案中下列事项的调整应当报经审计组所在部门负责人批准：

（一）审计范围、内容和重点；

（二）重要性水平及审计风险水平；

（三）重要的审计步骤和方法；

（四）审计组成员。

第二十六条　审计实施方案中下列事项的调整应当报经审计机关分管领导批准：

（一）审计目标；

（二）审计组组长；

（三）审计工作起止时间；

（四）审计组所在部门认为需要报审计机关领导批准的其他事项。

第二十七条　审计组在特殊情况下不能按照本办法第二十五条、第二十六条规定办理调整审计实施方案审批手续的，可以口头请示审计组所在部门负责人或者审计机关分管领导同意后，调整并实施审计实施方案。审计结束时，审计组应当及时补办审批手续。

第二十八条　审计组应当将审前调查情况，初步分析性复核、内部控制测评、重要性水平确定和审计风险评估的过程，以及审计实施方案调整情况加以记录。

第二十九条　审计机关分管领导对审计实施方案所确定的审计目标的恰当性负责。

审计组所在部门负责人对审计范围和重点的适当性负责。

审计组组长对审计内容的适当性、步骤和方法的可操作性负责。

审计组成员对审前调查过程中形成的有关记录的真实性和完整性负责。

由于审计实施方案编制、调整不当，造成重大违规问题应当查出而未能查出的，有关人员应当承担相应责任。

第三章　审计证据的质量控制

第三十条　审计人员应当按照审计实施方案确定的具体审计事项，在实施审计过程中收集审计证据。

第三十一条　审计证据的形式包括书面证据、实物证据、视听或者电子数据资料、口头证据、鉴定结论和勘验笔录以及其他证据。

第三十二条　审计证据必须具备客观性、相关性、充分性和合法性。

第三十三条　审计人员应当有针对性地收集与审计事项相关的审计证据。

对违反国家规定的财政收支、财务收支行为

以及对审计结论有重要影响的审计事项，应当在审计工作底稿后附有审计证据支持。其他审计事项以审计日记记载审计事项的查证过程和结果，必要时可以附有审计证据或者相关资料。

第三十四条　审计人员应当按照下列方法收集审计证据：

（一）通过检查方法收集审计证据的，应当取得与审计事项相关的会计资料、被审计单位承诺书、会议记录、文件、合同等资料，以及审计人员编制的汇总表、调节表、分析表等材料；

（二）通过监盘方法收集审计证据的，应当编制实物资产盘点清单和现金、有价证券盘点表等材料，并由审计人员和被审计单位有关人员签名；

（三）通过观察方法收集审计证据的，应当编制观察记录，注明观察的事项、内容和结果等情况；

（四）通过查询方法收集审计证据的，应当取得被查询的单位或者个人的书面答复材料或者口头答复记录，并注明查询事项、内容、方式和查询结果等情况；

（五）通过函证方法收集审计证据的，应当取得被函证单位或者个人的回函，编制函证记录，注明函证事项、范围和回函结果等情况；

（六）通过计算方法收集审计证据的，应当编制计算表或者计算工作记录，注明计算的事项，所根据的相关数据，计算的方法和结果等；

（七）通过分析性复核方法收集审计证据的，应当编制对比分析表、比率分析表和趋势变动表，分析和说明异常变动项目、重要比率或者趋势与预期数额和相关信息的差异情况。

第三十五条　审计人员可以收集能够证明审计事项的原始资料、有关文件和实物等；不能或者不宜取得原始资料、有关文件和实物的，也可以采取文字记录、摘录、复印、拍照、转储、下载等方式取得审计证据。

第三十六条　审计人员在收集实物证据时，应当注明实物的所有权人、数量、存放地点、存放方式和实物证据提供者等情况。

审计人员在收集视听资料或者电子数据资料时，应当注明制作方法、制作时间、制作人和电子数据资料的运行环境、系统以及存放地点、存放方式等情况。必要时，电子数据资料能够转换成书面材料的，可以将其转换成书面材料。

审计人员在收集鉴定结论和勘验笔录时，应当注明鉴定或者勘验的事项、向鉴定人或者勘验人提交的相关材料、鉴定人或者勘验人资格等。

第三十七条　对实现审计目标有重要影响的审计事项的审计步骤和方法难以实施或者实施后难以取得充分审计证据的，审计人员应当实施追加或者替代的审计步骤和方法，仍难以取得充分审计证据的，应当由审计组组长确认，并在审计日记中予以记录和审计报告中予以反映。

第三十八条　审计人员取得审计证据，应当由证据提供者签名或者盖章；不能取得提供者签名或者盖章的，审计人员应当注明原因。不能取得签名或者盖章不影响事实存在的，该审计证据仍然有效。

第三十九条　取得的审计证据数量较大的，可以编制汇总的审计证据，由证据提供者签名或者盖章。

审计人员应当对取得的审计证据进行分析、判断和归纳。按照审计事项分类，按照审计证据与审计事项相关程度排序；对审计证据进行比较判断，决定取舍，剔除与审计事项无关、无效、重复、冗余的证据；对审计证据进行汇总和分析，确定审计事项的审计证据是否足以支持审计结论。

第四十条　经过分析、判断和归纳的审计证据，应当编制索引号排序，附在相应的审计工作底稿之后；必要时，可以附在相应的审计日记之后。

不能附在审计工作底稿或者审计日记之后的实物证据、视听资料和电子数据资料等，应当按照本办法第三十六条第一款、第二款的规定编制书面材料，附在相应的审计工作底稿或者审计日记之后。

第四十一条　审计组组长应当督导审计人员收集审计证据工作，审核审计证据。发现审计证据不符合要求的，应当责成审计人员进一步取证。

第四十二条　审计人员应当对其收集的审计证据严重失实，或者隐匿、篡改、毁弃审计证据的行为承担责任。

审计组组长应当对重要审计事项未收集审计证据或者审计证据不足以支持审计结论，造成严重后果的行为承担责任。

第四章　审计日记和审计工作底稿的质量控制

第四十三条　审计日记是审计人员以人为单位按时间顺序反映其每日实施审计全过程的书面记录。

第四十四条　审计人员应当在实施审计过程中逐日编写审计日记。

第四十五条　审计日记的要素包括：

（一）审计项目名称；

（二）审计人员姓名；

（三）审计分工；

（四）实施审计的日期；

（五）审计工作具体内容；

（六）索引号；

（七）页次。

第四十六条　审计日记记载的审计工作具体内容包括：

（一）审计事项的名称；

（二）实施审计的步骤和方法；

（三）审计查阅的资料名称和数量；

（四）审计人员的专业判断和查证结果；

（五）其他需要记录的情况。

第四十七条　审计人员应当真实、完整地记录审计日记，不得遗漏、虚构、隐匿、毁弃，其他人不得删改。

审计日记应当要素齐全，内容完整，简明扼要。

第四十八条　审计人员同时承担多个审计事项，应当在同一审计日记中依次记载；多名审计人员共同承担同一审计事项，应当在各自的审计日记中分别记载。

第四十九条　对被审计单位违反国家规定的财政收支、财务收支行为以及对审计结论有重要影响的审计事项，审计人员应当在编写审计日记的基础上，编制审计工作底稿。

其他审计事项以审计日记记载审计事项的查证过程和结果。

第五十条　审计工作底稿的要素包括：

（一）被审计单位名称，即接受审计的单位或者项目的名称；

（二）审计事项，即审计实施方案确定的审计事项；

（三）会计期间或者截止日期，即审计事项所属会计期间或者截止日期；

（四）审计人员及编制日期，即实施审计项目并编制审计工作底稿的人员及编制日期；

（五）审计结论或者审计查出问题摘要及其依据，即简要描述审计结论或者审计查出问题的性质、金额、数量、发生时间、地点、方式等内容，以及相关依据；

（六）复核人员、复核意见及复核日期，即审计组组长或者其委托的有资格的审计人员对审计工作底稿的复核意见及实施复核的日期；

（七）索引号及页次，即审计工作底稿的统一编号及本页的页次；

（八）附件，即审计工作底稿所附的审计证据及相关资料。

第五十一条　审计工作底稿应当附有审计证据。

审计工作底稿与审计证据的对应关系，应当通过审计证据的索引号来体现。审计证据对应多个审计工作底稿时，应当将审计证据附在与其关系最密切的审计工作底稿后面，并在其他审计工作底稿上予以注明。

第五十二条　审计日记与审计证据、审计工作底稿的对应关系应当在审计日记中通过索引号加以注明。

第五十三条　审计组组长或者其委托的有资格的审计人员对审计工作底稿的下列事项进行复核，并提出复核意见：

（一）审计实施方案确定的审计事项是否实施审计；

（二）审计实施方案确定的具体审计目标是否实现，审计步骤和方法是否执行；

（三）事实是否清楚；

（四）审计证据是否充分；

（五）适用法律、法规、规章是否准确；

（六）审计结论是否恰当；

（七）其他有关重要事项。

必要时，审计组组长或者其委托的有资格的审计人员可以对审计日记进行检查。

第五十四条　对审计日记和审计工作底稿中

存在的问题，审计组组长应当责成审计人员及时纠正。

第五十五条　审计人员应当对审计日记和审计工作底稿的真实性、完整性负责；对未执行审计实施方案导致重大问题未发现的，审计过程中发现问题隐瞒不报或者不如实反映的，以及审计查出的问题严重失实的承担责任。

审计组组长对复核意见负责，对未能发现审计工作底稿中严重失实的行为承担责任。

第五章　审计报告的质量控制

第五十六条　审计报告是审计机关实施审计后，对被审计单位的财政收支、财务收支的真实、合法、效益发表审计意见的书面文书。

第五十七条　审计报告包括下列基本要素：

（一）标题，统一表述为“审计报告”；

（二）编号，一般表述为“＊＊＊＊年第＊号”；

（三）被审计单位名称；

（四）审计项目名称，一般表述为“＊＊＊＊年度＊＊＊＊审计”；

（五）内容；

（六）出具单位，即派出审计组的审计机关；

（七）签发日期。

第五十八条　审计报告的内容包括：

（一）审计依据，即实施审计所依据的法律、法规、规章的具体规定。

（二）被审计单位的基本情况，包括被审计单位的经济性质、管理体制、财政、财务隶属关系或者国有资产监督管理关系，以及财政收支、财务收支状况等。

（三）被审计单位的会计责任，一般表述为被审计单位应对其提供的与审计相关的会计资料、其他证明材料的真实性和完整性负责。

（四）实施审计的基本情况，一般包括审计范围、审计方式和审计实施的起止时间。

审计范围应说明审计所涉及的被审计单位财政收支、财务收支所属的会计期间和有关审计事项。

（五）审计评价意见，即根据不同的审计目标，以审计结果为基础，对被审计单位财政收支、财务收支真实、合法和效益情况发表评价意见。

真实性主要评价被审计单位的会计处理遵守相关会计准则、会计制度的情况，以及相关会计信息与实际的财政收支、财务收支状况和业务经营活动成果的符合程度。

合法性主要评价被审计单位的财政收支、财务收支符合相关法律、法规、规章和其他规范性文件的程度。

效益性主要评价被审计单位财政收支、财务收支及其经济活动的经济、效率和效果的实现程度。

发表审计评价意见应运用审计人员的专业判断，并考虑重要性水平、可接受的审计风险、审计发现问题的数额大小、性质和情节等因素。

审计机关只对所审计的事项发表审计评价意见。对审计过程中未涉及、审计证据不充分、评价依据或者标准不明确以及超越审计职责范围的事项，不发表审计评价意见。

（六）审计查出的被审计单位违反国家规定的财政收支、财务收支行为的事实和定性、处理处罚决定以及法律、法规、规章依据，有关移送处理的决定。

（七）必要时可以对被审计单位提出改进财政收支、财务收支管理的意见和建议。

第五十九条　审计组对审计事项实施审计后，应当提出审计报告。

第六十条　审计报告经审计组组长审核后，送达被审计单位征求意见。

第六十一条　被审计单位对征求意见的审计报告有异议的，审计组应当进行核实，并作出书面说明。必要时，应当修改审计报告。

被审计单位自收到审计报告之日起10日内没有提出书面意见的，视同无异议，并由审计人员予以注明。

征求意见的审计报告应予保留。

第六十二条　审计组应当将审计报告、被审计单位对审计报告的书面意见、审计组的书面说明、审计实施方案、审计工作底稿、审计证据以及其他有关材料，报审计组所在部门复核。

第六十三条　审计组所在部门应当对下列事项进行复核，并提出书面复核意见：

（一）审计实施方案确定的审计目标是否

实现；

（二）事实是否清楚；

（三）审计证据是否充分；

（四）适用法律、法规、规章是否正确；

（五）评价、定性、处理、处罚和移送处理是否恰当；

（六）其他需要复核的事项。

第六十四条 审计组所在部门对审计报告进行复核后，代拟审计机关的审计报告。

第六十五条 对被审计单位违反国家规定的财政收支、财务收支行为需要依法进行处理、处罚的，审计组所在部门应当代拟审计决定书。

第六十六条 对审计发现的依法应当由其他有关部门纠正、处理、处罚或者追究有关责任人员行政责任、刑事责任的问题，审计组所在部门应当代拟审计移送处理书。

第六十七条 审计组所在部门应当将其代拟的审计报告、审计决定书、审计移送处理书、被审计单位对审计报告的书面意见，以及其他有关材料报送法制工作机构复核。

第六十八条 法制工作机构应当对下列事项进行复核：

（一）主要事实的表述是否清楚；

（二）适用法律、法规、规章是否正确；

（三）评价、定性、处理、处罚和移送处理是否恰当；

（四）审计程序是否符合规定；

（五）其他需要复核的事项。

法制工作机构应当在规定的期限内提出复核意见，出具复核意见书。

第六十九条 审计组所在部门应当将代拟的审计报告、审计决定书、审计移送处理书和法制工作机构的复核意见书，报送审计机关分管领导。

第七十条 一般审计项目的审计报告，由审计机关分管领导召开小型审计业务会议讨论审定。参加人员包括审计机关分管领导、审计组所在部门负责人、法制工作机构负责人、审计组组长和其他有关人员。

第七十一条 重要审计项目的审计报告，由审计机关分管领导提议，经审计机关主要负责人或其指定的其他负责人同意后，召开审计业务会议讨论审定。参加人员包括审计机关负责人、审计组所在部门和法制工作机构的负责人、审计组组长、有关专家和其他有关人员。

第七十二条 审计业务会议应当在充分讨论的基础上形成审计业务会议决定。

第七十三条 审计组所在部门负责审计业务会议的记录工作，并根据审计业务会议决定修改审计报告、审计决定书和审计移送处理书。

第七十四条 对被审计单位和有关责任人员违反国家规定的财政收支、财务收支行为，作出较大数额罚款的审计决定之前，应当根据审计机关审计听证的规定，告知被审计单位和有关责任人员自收到审计听证告知书之日起3日内有权要求举行听证；被审计单位和有关责任人员要求举行听证的，审计机关应当组织听证。

第七十五条 审计组所在部门应当将审计报告、审计决定书、审计移送处理书报送审计机关分管领导或者主要负责人签发。

第七十六条 审计机关应当在规定期限内将出具的审计报告、审计决定书送达被审计单位和有关单位，将审计移送处理书送达有关单位。

第七十七条 审计机关组织行业审计、专项资金审计或者其他统一审计项目时，需要汇总编制审计报告的，应当由审计组所在部门或者审计机关分别编写审计报告，报送组织审计项目的审计机关，由其按审计发现的问题金额和性质汇总，形成统一的审计报告。

汇总审计报告的审计机关有关业务部门负责人及相关人员，对汇总的审计报告的真实性、完整性负责。

汇总的审计报告按照本办法的有关规定审定。

第七十八条 审计机关实行审计结果公告制度，可以依照有关规定向社会公布审计报告。

审计机关公布审计报告，应当依法保守国家秘密和被审计单位的商业秘密，遵守国家的有关规定。

第七十九条 审计组组长对其提出的审计报告的真实性和完整性负责；对审计工作底稿记录的重大问题不予反映或者不如实反映的，审计报告反映的问题严重失实的承担责任。

审计组所在部门负责人对其代拟的审计报告、审计决定书、审计移送处理书的恰当性负责；对审计组提出的审计报告中记录的重大问题隐瞒不报或者不如实反映的，其代拟的审计报告、审计决定书、审计移送处理书反映的事实严重失实的承担责任。

法制工作机构负责人和复核人员对其复核意见的恰当性负责；对审计报告中存在的定性不准确、适用法律、法规、规章不正确、处理处罚不当问题应当发现而没有发现，造成严重后果的行为承担责任。

审计机关分管领导对审计机关出具的审计报告、审计决定书、审计移送处理书负责。

审计机关根据审计结果编制的审计信息严重失实的，有关人员应当承担责任。

第六章　审计档案的质量控制

第八十条　审计组应当按照审计档案管理要求收集与审计项目有关的材料，建立审计档案。

第八十一条　审计档案实行审计组负责制，审计组组长对审计档案反映的业务质量进行审查验收。

第八十二条　审计组应当确定立卷责任人及时收集审计项目的文件材料；审计项目终结后，立卷责任人及时办理立卷工作。

第八十三条　立卷责任人应当将与审计项目有关的下列文件材料归入审计项目案卷：

（一）结论类文件材料，主要是审计报告及审计业务会议记录、复核意见书、审计组的书面说明、被审计单位对审计报告的书面意见等审计报告形成过程中形成的文件材料、审计决定书及相关文件材料、审计移送处理书及相关文件材料等；

（二）证明类文件材料，主要是被审计单位承诺书、审计日记、审计工作底稿、审计证据等；

（三）立项类文件材料，主要是上级审计机关或者本级政府的指令性文件、与审计事项有关的举报材料及领导批示、审计实施方案及审前调查记录等相关材料、审计通知书和授权审计通知书等；

（四）备查类文件材料，主要是不能归入前三项的其他文件材料。

第八十四条　文件材料按照审计项目立卷，一个项目可立一卷或者若干卷，但不得将数个项目合并立为一卷。

跨年度的审计项目，在项目审计终结的年度立卷。

第八十五条　立卷责任人应当按照下列规则排列文件材料：

（一）审计项目案卷内的文件材料按照结论类、证明类、立项类和备查类的顺序排列；

（二）结论类采用逆审计程序并结合文件材料的重要程度排列；

（三）证明类按照审计工作底稿及所附审计证据与审计实施方案所列审计事项对应的顺序排列；

（四）立项类按照文件材料形成的时间顺序，并结合文件材料的重要程度排列；

（五）备查类按照文件材料形成的时间顺序，并结合文件材料的重要程度排列；

（六）审计项目案卷内的每份或者每组文件之间按照正件在前附件在后、定稿在前修改稿在后、批复在前请示在后、批示在前报告在后、重要文件在前次要文件在后、汇总性文件在前基础性文件在后的顺序排列；

（七）审计日记以人为单位按照审计组组长及审计组成员顺序排列，可以单独立卷和存放。

第八十六条　立卷责任人将文件材料归类整理、排列后，交由审计组组长审查验收。

审计组组长按照有关规定对文件材料进行审查验收，并签署审查意见。对不符合规定的，应当责成有关人员改正或者向有关机构提出改进意见。

第八十七条　审计组所在部门应当按照规定期限将检查合格的审计项目案卷移交档案管理机构归档。

审计组所在部门在移送审计项目案卷时，应当做好该被审计单位审计资料库的建立或者补充工作。

第八十八条　审计组成员对文件材料内容的真实性、完整性负责。

立卷责任人对卷内文件材料的完整性、归档的规范性负责。

审计组组长对审查验收意见负责。

审计组所在部门负责人对归档的及时性负责。

第七章　审计项目质量责任

第八十九条 审计组成员、审计组组长、审计组所在部门负责人、法制工作机构负责人和复核人员、审计机关领导在执行审计项目过程中，违反审计法规、国家审计准则和本办法有关审计项目质量控制规定的，应当追究相应责任。

第九十条 追究审计项目质量责任包括下列处理形式：

（一）责令改正错误；

（二）告诫、批评教育；

（三）责令书面检查；

（四）通报批评；

（五）停职培训、转岗；

（六）情节严重的，按照有关规定给予行政处分；

（七）构成犯罪的，依法追究刑事责任。

除上述形式外，可以并处取消评优、评先、晋级、晋职资格。

第九十一条 有下列情形之一的，可以减轻或者免予处理：

（一）非审计人员人为因素造成不良后果的；

（二）主动改正错误或者情节轻微的；

（三）其他可以减轻或者免予处理的情形。

第九十二条 审计机关设立审计项目质量检查委员会，负责评估和追究审计项目质量责任。审计机关主要领导为委员会主任，委员为审计机关其他领导、相关审计业务机构、法制工作机构、人事教育机构、监察机构、机关党委、办公厅（室）负责人及有关专家。

审计项目质量检查委员会下设办公室，办公室设在法制工作机构。

审计机关主要负责人违反审计项目质量控制规定需要承担责任的，由上级审计机关审计项目质量检查委员会负责评估和追究。

第九十三条 审计机关可以每年组织优秀审计项目评选，对被评为优秀审计项目的单位给予通报表扬，并对参加审计项目的有关人员给予奖励。

第九十四条 审计机关各有关部门应当加强对审计项目质量的检查和了解，对违反审计项目质量控制规定的行为，由法制工作机构及时报告审计项目质量检查委员会。

第九十五条 审计项目质量检查委员会对违反审计项目质量控制规定的行为，责成各有关部门、法制工作机构进行调查，并根据调查结果作出处理决定，应当依法追究刑事责任的，移送司法机关处理。

第九十六条 被处理人员若对处理决定不服，可在收到处理决定之日起30日内向审计项目质量检查委员会提出申诉。

第八章 附 则

第九十七条 本办法在审计署机关及派出、派驻机构试行。地方审计机关可以根据具体情况确定试行范围。

第九十八条 审计机关办理任期经济责任审计和专项审计调查事项，参照本办法执行。

第九十九条 本办法由审计署负责解释。

第一百条 本办法自2004年4月1日起施行。此前发布的有关准则、规定与本办法不一致的，按照本办法执行。

附件：1. 审计日记参考格式（略）

2. 审计工作底稿参考格式（略）

3. 审计报告封面格式（略）

国务院国有资产监督管理委员会令

第7号

现公布《中央企业经济责任审计管理暂行办法》，自2004年8月30日起施行。

国务院国有资产监督管理委员会主任 **李荣融**

2004年8月23日

中央企业经济责任审计管理暂行办法

第一章　总　则

第一条　为加强对国务院国有资产监督管理委员会（以下简称国资委）履行出资人职责企业（以下简称企业）的监督管理，规范企业经济责任审计工作，客观评判企业负责人任期经济责任及经营绩效，根据《企业国有资产监督管理暂行条例》和国家有关法律法规，制定本办法。

第二条　企业及其独资或者控股子企业的经济责任审计工作，适用本办法。

第三条　本办法所称企业经济责任审计，是指依据国家规定的程序、方法和要求，对企业负责人任职期间其所在企业资产、负债、权益和损益的真实性、合法性和效益性及重大经营决策等有关经济活动，以及执行国家有关法律法规情况进行的监督和评价的活动。

第四条　本办法所称企业负责人是指企业主要负责人，即法定代表人。

第五条　国资委按照企业负责人管理权限负责组织对企业负责人的经济责任审计工作，并会同有关部门依法对企业经济责任审计工作进行监督。

第二章　审计工作组织

第六条　企业经济责任审计工作，按照企业负责人管理权限和企业产权关系，依据"统一要求、分级负责"的原则组织实施。

（一）企业负责人离任或任期届满，都应依据国家有关法律法规规定，组织开展经济责任审计工作。

（二）企业独资或者控股子企业负责人离任或者任期届满，企业应当组织开展经济责任审计工作；对于提拔到企业总部领导岗位的子企业负责人经济责任审计工作结果，应报国资委备案。

（三）企业应当建立对主要业务部门负责人的任期或定期经济责任审计制度。

第七条　根据出资人财务监督工作需要，对企业发生重大财务异常情况，如企业发生债务危机、长期经营亏损、资产质量较差，以及合并分立、破产关闭等重大经济事件的，应当组织进行专项经济责任审计，及时发现问题，明确经济责任，纠正违法违规行为。

第八条　国资委在企业经济责任审计工作中履行下列职责：

（一）根据国家有关法律法规，制定有关企业经济责任审计工作规章制度；

（二）负责企业负责人经济责任审计工作的组织实施；

（三）决定对发生重大财务异常情况企业进行专项经济责任审计；

（四）指导监督企业按照国家有关规定开展企业内部经济责任审计工作。

第九条　国资委组织实施企业经济责任审计工作，主要采取以下三种形式：

（一）按国家有关规定，委托国家有关审计机关具体实施审计工作；

（二）根据出资人财务监督工作需要，聘请具有相应资质条件的社会审计组织承担审计工作任务；

（三）根据实际工作需要，组织或者抽调企业内部审计机构人员实施有关审计工作。

第十条　企业在经济责任审计工作中履行下列职责：

（一）按照国家有关规定和国资委统一工作要求，制定本企业经济责任审计具体实施细则；

（二）组织实施独资或者控股子企业负责人任期经济责任审计工作；

（三）组织实施企业主要业务部门负责人任期或者定期经济责任审计工作；

（四）决定并组织实施对发生重大财务异常情况子企业的专项经济责任审计工作。

第十一条　中央有关部门干部管理权限内的企业负责人经济责任审计工作按照有关规定办理。

第十二条　按照重要性原则，企业总部及重要子企业应当纳入经济责任审计工作范围内，其他子企业可视不同情况决定审计工作范围，但审计户数不得低于50%，审计资产量不得低于被审计企业资产总额的70%。

第十三条　在经济责任审计工作中，企业或者承办审计业务的社会审计组织应当将经济责任审计工作与其他财务审计工作相结合，在确保审计结果客观公正的基础上，可以参考利用相关财务审计或者经济责任审计工作资料，避免重复审计。

第十四条　企业领导班子其他成员（不含企业负责人）离任或者任期届满，可根据出资人监管工作需要或者企业负责人建议开展相应的经济责任审计工作。

第三章　审计工作内容

第十五条　根据国家有关规定，结合出资人财务监督工作需要，企业负责人经济责任审计工作主要内容包括：

（一）企业负责人任职期间企业经营成果的真实性；

（二）企业负责人任职期间企业财务收支核算的合规性；

（三）企业负责人任职期间企业资产质量变动状况；

（四）企业负责人任职期间对企业有关经营活动和重大经营决策负有的经济责任；

（五）企业负责人任职期间企业执行国家有关法律法规情况；

（六）企业负责人任职期间企业经营绩效变动情况。

第十六条　企业经营成果的真实性是指企业负责人任职期间会计核算是否准确，企业财务决算编报范围是否完整，企业经济成果是否真实可靠，以及企业计提资产减值准备与资产质量是否相匹配。主要内容包括：

（一）企业财务会计核算是否准确、真实，是否存在经营成果不实问题；

（二）企业年度财务决算报告合并范围、方法、内容和编报质量是否符合规定，有无存在故意编造虚假财务决算报告等问题；

（三）企业是否正确采用会计确认标准或计量方法，有无随意变更或者滥用会计估计和会计政策，故意编造虚假利润等问题。

第十七条　企业财务收支核算合规性是指企业负责人任职期间财务收支管理是否符合国家有关法律法规规定，会计核算是否符合国家有关财务会计制度，年度财务决算是否全面、真实地反映企业财务收支状况。主要内容包括：

（一）企业收入确认和核算是否完整、准确，是否符合国家财务会计制度规定，有无公款私存、私设“小金库”，以及以个人账户从事股票交易、违规对外拆借资金、对外资金担保和出借账户等问题；

（二）企业成本开支范围和开支标准是否符合国家有关财务会计制度规定，有无多列、少列或不列成本费用等问题，以及企业工资总额来源、发放、结余和企业负责人收入情况；

（三）企业会计核算是否符合国家有关财务会计制度规定，是否随意改变资产、负债、所有者权益的确认标准或计量方法，有无虚列、多列、不列或者少列资产、负债、所有者权益的问题；

（四）企业会计账簿记录与实物、款项和有关资料是否相符，有无存在账外资产、潜亏挂账等问题，有无存在劳动工资核算不实等问题。

第十八条　企业资产质量变动情况是指企业负责人任职期间各项资产质量是否得到改善，是否存在严重损失、重大潜亏或资产流失等问题，企业国有资本是否安全、完整，以及对企业未来发展能力的影响。主要内容包括：

（一）企业负责人任职期间有关企业资产负债结构合理性及变化情况，以及对企业未来发展的影响；

（二）企业负责人任职期间企业资产运营效率及变化情况，以及对企业未来发展的影响；

（三）企业负责人任职期间企业有效资产及不良资产的变化情况，以及对企业未来发展的影响；

（四）企业负责人任职期间企业国有资产保值增值结果，及企业在所处行业中水平变化的对比分析。

第十九条　企业有关经营活动和重大经营决策是指企业负责人任职期间做出的有关对内对外投资、经济担保、出借资金和大额合同等重大经济决策是否符合国家有关法律法规规定，及其企业内部控制程序，是否存在较多问题或者造成重大损失。主要内容包括：

（一）企业重大投资的资金来源、决策程序、管理方式和投资收益的核算情况，以及是否造成重大损失；

（二）对外担保、对外投资、大额采购与租赁等经济行为的决策程序、风险控制及其对企业的影响情况；

（三）涉及的证券、期货、外汇买卖等高风险投资决策的审批手续、决策程序、风险控制、经营收益或损失情况等；

（四）改组改制、上市融资、发行债券、兼并破产、股权转让、资产重组等行为的审批程序、操作方式和对企业财务状况的影响情况等，有无造成企业损失或国有资产流失问题。

第二十条　企业经济责任审计要认真检查企业负责人及企业执行国家有关法律法规情况，核实企业负责人及企业有无违反国家财经法纪，以权谋私，贪污、挪用、私分公款，转移国家资财，行贿受贿和挥霍浪费等行为，以及弄虚作假、骗取荣誉和蓄意编制虚假会计信息等重大问题。

第二十一条　企业经济责任审计在全面核实企业各项资产、负债、权益、收入、费用、利润等账务的基础上，依据国家有关经营绩效评价政策规定，对企业负责人任职期间经营成果和经营业绩，以及企业资产运营和回报情况进行客观、公正和准确的综合评判。

第四章　审计机构委托

第二十二条　企业负责人经济责任审计工作，采取委托国家有关审计机关或者聘请有关社会审计组织等方式具体组织实施。

（一）对于资产规模较大企业负责人经济责任审计工作，根据国家有关规定，委托国家审计机关组织实施；

（二）对于未委托国家审计机关实施企业负责人经济责任审计的，按照“公开、公平、公正”的原则，采取招标等合理方式，聘请具有相应资质条件的社会审计组织组织实施。

第二十三条　委托国家有关审计机关开展企业经济责任审计工作的，有关审计工作组织实施依据国家有关规定进行。

第二十四条　承办企业负责人经济责任审计的社会审计组织，应当具备以下资质条件：

（一）资质条件应与企业规模相适应；

（二）具备较完善的审计执业质量控制制度；

（三）拥有经济责任审计工作经验的专业人员；

（四）3年内未承担同一企业年度财务决算审计业务；

（五）与企业或企业负责人不存有利害关系；

（六）近3年未有违法违规不良记录；

（七）能够适时调配较强的专业人员承担经济责任审计任务。

第二十五条　接受聘请的社会审计组织应严格依据国家有关法律法规，以及国资委对企业经济责任审计工作的统一要求，按照规定的方法、程序和内容，依据独立审计原则认真组织经济责任审计工作，并对审计报告的真实性、合法性负责。

第二十六条　国资委根据财务监督工作需要，可委托企业内部审计机构承担相关专项经济责任审计工作任务。

第二十七条　受委托承担国资委专项经济责任审计工作任务的企业内部审计机构和专业人员，应依据国资委统一工作要求，独立、客观、公正地开展审计工作，对审计工作结果承担相应的工作责任。

第五章　审计工作程序

第二十八条　国资委组织实施企业负责人经济责任审计基本工作程序如下：

（一）编制审计工作计划；

（二）确定审计机构；

（三）下达审计工作通知；

（四）拟定审计方案；

（五）成立审计项目组；

（六）组织实施审计；

（七）交换审计意见；

（八）出具审计报告；

（九）下达审计意见或审计决定。

第二十九条　根据干部管理部门提出的任期经济责任审计工作要求，以及出资人财务监管工作需要，编制企业经济责任审计工作计划，明确审计的对象、时间安排、范围、重点内容、方法与组织方式等内容。

第三十条　国资委应当在实施审计7日前通知被审计企业。被审计企业在接到审计通知书后，应做好接受审计的有关准备工作，如实地提供有关资料。

第三十一条 按照企业经济责任审计工作要求，审计机构应拟定审计方案，明确审计目标、审计范围、审计重点、审计要求、审计组织、延伸审计单位和其他审计事项等，并报国资委同意。

第三十二条 审计机构按照企业经济责任审计工作任务要求，成立由具有相关工作经验和一定专业知识的专业人员组成的审计项目组，组长应由具有经济责任审计工作经验和具备较高专业技术资格的业务负责人担任。

第三十三条 审计项目组在对企业负责人任职期间企业经营成果、财务收支、资产质量和有关经营活动、重大经营决策，以及经营绩效等资料审计过程中，也可采取向有关单位、个人调查等方式，充分听取企业董事会、监事会、纪检监察、工会和职工反映的情况和意见。

第三十四条 审计项目组完成现场审计后，审计机构应在10个工作日内向国资委提交审计报告。审计报告提交前，应当征求被审计企业负责人及其所在企业的意见，并将审计报告及企业负责人或其所在企业的书面意见一并上报。

第三十五条 审计项目组应当在计划工作时间内完成审计任务，确需延长审计时间的，应当商国资委同意，并及时通知被审计企业及其负责人。

第三十六条 国资委依据审计报告，对发现的重大问题，经研究核实后正式下达相关审计决定。

第三十七条 在经济责任审计工作中发现企业负责人有严重违法违纪问题的，应移交有关管理机构予以处理。

（一）对于需由企业负责人承担一般经济责任的，移交相应管理部门予以处理；

（二）对于企业负责人违反党纪政纪的，移交纪检监察机关予以处理；

（三）对于应依法追究企业负责人刑事责任的，移送司法机关处理。

第三十八条 相关审计机构在企业负责人经济责任审计工作中，采用其他审计资料和审计结果时，应进行必要的复核工作，并对其真实性、合法性承担相应的法律责任。

第六章 审计工作结果

第三十九条 企业经济责任审计应当分清企业负责人本人应当负有的直接责任和主管责任。

（一）直接责任是指企业负责人因对主管的资产经营活动和财务管理事项未履行或者未正确履行职责，致使企业经营管理不善，或由于决策失误而事后又处理不力以及违规操作等，造成所在企业经济损失或经济效益下降应负的经济责任。

（二）主管责任是指企业负责人在其任期内对其所在企业资产和财务状况，以及有关经济活动应当负有的直接责任以外的领导和管理责任。

第四十条 企业负责人应对下列行为负有直接责任：

（一）直接违反国家财经法规和财经纪律的；

（二）授意、指使、强令、纵容、包庇下属人员违反国家财经法规的；

（三）失职、渎职的；

（四）其他直接违法违规行为。

第四十一条 承办企业负责人经济责任审计的社会审计组织提交的审计报告，应当对企业负责人的经济责任做出客观、公正的评价，并对提交的审计报告真实性、客观性承担相应责任。

第四十二条 承办企业负责人经济责任审计的社会审计组织提交审计报告前，报国资委审核。国资委审定的内容主要包括：审计证据是否充分、审计评价是否适当、主要事实是否清楚和审计处理意见是否正确。

委托国家审计机关进行经济责任审计工作的，审计工作结果应送国资委，并抄送被审计企业。

第四十三条 企业对财务部门负责人开展经济责任审计工作的结果，应当向国资委备案。

第四十四条 企业经济责任审计工作结果，作为对企业负责人任免、奖惩的重要依据。

第四十五条 对于在经济责任审计工作中，发现因经济决策失误给企业造成重大损失，或者企业资产状况不实、经营成果虚假等问题，应当视其影响程度相应追究有关负责人责任，并予以经济处罚。

第四十六条 企业应根据经济责任审计工作所反映出的有关管理问题，及时加强整改工作，堵塞管理漏洞。企业内部审计机构应当对企业有关整改工作做好后续跟踪审计。

第四十七条　在经济责任审计工作中，发现企业领导班子有关成员存在严重问题的，经国资委批准后，可进一步开展延伸审计工作。

第七章　罚　则

第四十八条　被审计企业负责人或所在企业拒绝、阻碍经济责任审计，或拒绝、拖延提供相关资料或证明材料的，国资委或企业上级单位应当责令改正或给予警告，并对负有直接责任的主管人员和直接责任人给予行政或者纪律处分。

第四十九条　被审计企业负责人所在企业转移、隐匿、篡改、伪造、毁弃有关经济责任审计资料的，国资委或企业上级单位对负有直接责任的主管人和直接负责人给予行政或者纪律处分；涉嫌犯罪的，依法移送司法机关处理。

第五十条　对于打击报复或者陷害检举人、证明人、资料提供人和审计人员的，国资委或企业上级单位应当责令其改正，并给予行政或纪律处分；给被害人造成损失的，应当依法予以赔偿；涉嫌犯罪的，依法移送司法机关处理。

第五十一条　审计人员利用职权牟取私利、徇私舞弊、玩忽职守、索贿受贿和泄漏国家机密或者商业秘密的，应当给予行政或纪律处分；涉嫌犯罪的，依法移送司法机关处理。

第五十二条　承担经济责任审计的社会审计组织出具虚假不实的审计报告，或者违反国家有关审计工作要求，避重就轻、回避问题或明知有重要事项不予指明的，移交有关部门予以处罚；涉嫌犯罪的，依法移送司法机关处理。

第八章　附　则

第五十三条　各中央企业可结合本企业实际情况，制定具体实施细则。

第五十四条　各省、自治区、直辖市国有资产监督管理机构可参照本办法，结合本地区实际，制定相应的工作规范。

第五十五条　本办法自2004年8月30日起施行。

国务院国有资产监督管理委员会令

第8号

现公布《中央企业内部审计管理暂行办法》，自2004年8月30日起施行。

国务院国有资产监督管理委员会主任　**李荣融**

2004年8月23日

中央企业内部审计管理暂行办法

第一章　总　则

第一条　为加强对国务院国有资产监督管理委员会（以下简称国资委）履行出资人职责企业（以下简称企业）的内部监督和风险控制，规范企业内部审计工作，保障企业财务管理、会计核算和生产经营符合国家各项法律法规要求，根据《企业国有资产监督管理暂行条例》和国家有关法律法规，制定本办法。

第二条　企业开展内部审计工作，适用本办法。

第三条　本办法所称企业内部审计，是指企业内部审计机构依据国家有关法律法规、财务会计制度和企业内部管理规定，对本企业及子企业（单位）财务收支、财务预算、财务决算、资产质量、经营绩效，以及建设项目或者有关经济活动的真实性、合法性和效益性进行监督和评价工作。

第四条　企业应当按照国家有关规定，依照内部审计准则的要求，认真组织做好内部审计工作，及时发现问题，明确经济责任，纠正违规行为，检查内部控制程序的有效性，防范和化解经营风险，维护企业正常生产经营秩序，促进企业提高经营管理水平，实现国有资产的保值增值。

第五条　国资委依法对企业内部审计工作进行指导和监督。

第二章 内部审计机构设置

第六条 企业应当按照国家有关规定，建立相对独立的内部审计机构，配备相应的专职工作人员，建立健全内部审计工作规章制度，有效开展内部审计工作，强化企业内部监督和风险控制。

第七条 国有控股公司和国有独资公司，应当依据完善公司治理结构和完备内部控制机制的要求，在董事会下设立独立的审计委员会。企业审计委员会成员应当由熟悉企业财务、会计和审计等方面专业知识并具备相应业务能力的董事组成，其中主任委员应当由外部董事担任。

第八条 企业审计委员会应当履行以下主要职责：

（一）审议企业年度内部审计工作计划；

（二）监督企业内部审计质量与财务信息披露；

（三）监督企业内部审计机构负责人的任免，提出有关意见；

（四）监督企业社会中介审计等机构的聘用、更换和报酬支付；

（五）审查企业内部控制程序的有效性，并接受有关方面的投诉；

（六）其他重要审计事项。

第九条 未建立董事会的国有独资公司及国有独资企业，应当按照加强财务监督和完善内部控制机制的要求，依据国家的有关规定，加强内部审计工作的组织领导，明确工作责任，强化企业内部审计工作，做好内部审计机构与内部监察（纪检）、财务、人事等有关部门的协调工作。

第十条 企业内部审计机构依据国家有关规定开展内部审计工作，直接对企业董事会（或主要负责人）负责；设立审计委员会的企业，内部审计机构应当接受审计委员会的监督和指导。

第十一条 企业所属子企业应当按照有关规定设立相应的内部审计机构；尚不具备条件的应当设立专职审计人员。

第十二条 企业内部审计人员应当具备审计岗位所必备的会计、审计等专业知识和业务能力；内部审计机构的负责人应当具备相应的专业技术职称资格。

第三章 内部审计机构主要职责

第十三条 根据国家有关规定，结合出资人财务监督和企业管理工作的需要，企业内部审计机构应当履行以下主要职责：

（一）制定企业内部审计工作制度，编制企业年度内部审计工作计划；

（二）按企业内部分工组织或参与组织企业年度财务决算的审计工作，并对企业年度财务决算的审计质量进行监督；

（三）对国家法律法规规定不适宜或者未规定须由社会中介机构进行年度财务决算审计的有关内容组织进行内部审计；

（四）对本企业及其子企业的财务收支、财务预算、财务决算、资产质量、经营绩效以及其他有关的经济活动进行审计监督；

（五）组织对企业主要业务部门负责人和子企业的负责人进行任期或定期经济责任审计；

（六）组织对发生重大财务异常情况的子企业进行专项经济责任审计工作；

（七）对本企业及其子企业的基建工程和重大技术改造、大修等的立项、概（预）算、决算和竣工交付使用进行审计监督；

（八）对本企业及其子企业的物资（劳务）采购、产品销售、工程招标、对外投资及风险控制等经济活动和重要的经济合同等进行审计监督；

（九）对本企业及其子企业内部控制系统的健全性、合理性和有效性进行检查、评价和意见反馈，对企业有关业务的经营风险进行评估和意见反馈；

（十）对本企业及其子企业的经营绩效及有关经济活动进行监督与评价；

（十一）对本企业年度工资总额来源、使用和结算情况进行检查；

（十二）其他事项。

第十四条 企业内部审计机构对年度财务决算的审计质量监督应当根据企业的内部职责分工，依据独立、客观、公正的原则，保障企业财务管理、会计核算和生产经营符合国家各项法律法规要求。

第十五条 为保证企业年度财务决算报告的

真实和完整，企业内部审计机构应按照国资委相关工作要求，对下列特殊情形的子企业组织进行定期内部审计工作：

（一）按照国家有关规定，涉及国家安全不适宜社会中介机构审计的特殊子企业；

（二）依据所在国家及地区法律规定，在境外进行审计的境外子企业；

（三）国家法律、法规未规定须委托社会中介机构审计的企业内部有关单位。

第十六条　企业内部审计机构对本企业及其子企业的经营绩效及有关经济活动的评价工作，依据国家有关经营绩效评价政策进行。

第十七条　企业内部审计机构应当加强对社会中介机构开展本企业及其子企业有关财务审计、资产评估及相关业务活动工作结果的真实性、合法性进行监督，并做好社会中介机构聘用、更换和报酬支付的监督。

第十八条　企业内部审计机构相关审计工作应当与外部审计相互协调，并按有关规定对外部审计提供必要的支持和相关工作资料。

第十九条　企业应当依据国家有关法律法规，完善内部审计管理规章制度，保障内部审计机构拥有履行职责所必需的权限：

（一）参加企业有关经营和财务管理决策会议，参与协助企业有关业务部门研究制定和修改企业有关规章制度并督促落实；

（二）检查被审计单位会计账簿、报表、凭证和现场勘察相关资产，有权查阅有关生产经营活动等方面的文件、会议记录、计算机软件等相关资料；

（三）对与审计事项有关的部门和个人进行调查，并取得相关证明材料；

（四）对正在进行的严重违法违规和严重损失浪费行为，可作出临时制止决定，并及时向董事会（或企业主要负责人）报告；

（五）对可能被转移、隐匿、篡改、毁弃的会计凭证、会计账簿、会计报表以及与经济活动有关的资料，经企业主要负责人或有关权力机构授权可暂予以封存；

（六）企业主要负责人或权力机构在管理权限范围内，应当授予内部审计机构必要的处理权或者处罚权。

第四章　内部审计工作程序

第二十条　企业内部审计机构应当根据国家有关规定，结合企业实际情况，制定企业年度审计工作计划，对内部审计工作作出合理安排，并报经企业主要负责人或审计委员会审核批准后实施。

第二十一条　企业内部审计机构应当充分考虑审计风险和内部管理需要，制定具体项目审计计划，做好审计准备。

第二十二条　企业内部审计机构应当在实施审计前5个工作日，向被审计单位送达审计通知书。对于需要突击执行审计的特殊业务，审计通知书可在实施审计时送达。

被审计单位接到审计通知书后，应当做好接受审计的各项准备。

第二十三条　企业内部审计人员在出具审计报告前应当与被审计单位交换审计意见。被审计单位有异议的，应当自接到审计报告之日起10个工作日内提出书面意见；逾期不提出的，视为无异议。

第二十四条　被审计单位若对审计报告有异议且无法协调时，设立审计委员会的企业，应当将审计报告与被审计单位意见一并报审计委员会协调处理；尚未设立审计委员会的企业，应当将审计报告与被审计单位意见一并报企业主要负责人协调处理。

第二十五条　审计报告上报企业董事会或主要负责人审定后，企业内部审计机构应当根据审计结论，向被审计单位下达审计意见（决定）。

对于报请审计委员会、主要负责人协调处理的审计报告，应当根据审计委员会、主要负责人的审定意见，向被审计单位下达审计意见（决定）。

第二十六条　企业内部审计机构对已办结的内部审计事项，应当按照国家档案管理规定建立审计档案。

第二十七条　企业内部审计机构应当每年向本企业董事会（或主要负责人）和审计委员会提交内部审计工作总结报告。

第二十八条　企业内部审计机构对主要审计

项目应当进行后续审计监督，督促检查被审计单位对审计意见的采纳情况和对审计决定的执行情况。

第五章　内部审计工作要求

第二十九条　企业内部审计机构应当根据国家有关规定和企业内部管理需要有效开展内部审计工作，加强内部监督，纠正违规行为，规避经营风险。

第三十条　企业内部审计机构应当对违反国家法律法规和企业内部管理制度的行为及时报告，并提出处理意见；对发现的企业内部控制管理漏洞，及时提出改进建议。

第三十一条　对于被审计单位及相关工作人员不及时落实内部审计意见，给企业造成损失浪费的，企业应当追究相关人员责任；对于给企业造成重大损失的，还应当按有关规定向上一级机构及时反映情况。

第三十二条　企业内部审计机构下列工作事项应当报国资委备案：

（一）企业年度内部审计工作计划和工作总结报告；

（二）重要子企业负责人及企业财务部门负责人的经济责任审计报告。

企业内部审计工作中发现的重大违法违纪问题、重大资产损失情况、重大经济案件及重大经营风险等，应向国资委报送专项报告。

第三十三条　根据出资人财务监督工作需要，企业内部审计机构按照国资委有关工作要求，对企业及其子企业发生重大财务异常等情况组织进行的专项经济责任审计，应当向国资委提交审计报告。

第三十四条　企业内部审计机构要不断提高内部审计业务质量，并依法接受国资委、国家审计机关对内部审计业务质量的检查和评估。

第三十五条　企业内部审计机构应当根据本办法组织开展内部审计工作，并对其出具的内部审计报告的客观真实性承担责任。

第三十六条　为保证内部审计工作的独立、客观、公正，企业内部审计人员与审计事项有利害关系的，应当回避。

第三十七条　企业内部审计人员应当严格遵守审计职业道德规范，坚持原则、客观公正、恪尽职守、保持廉洁、保守秘密，不得滥用职权，徇私舞弊，泄露秘密，玩忽职守。

第三十八条　企业内部审计人员在实施内部审计时，应当在深入调查的基础上，采用检查、抽样和分析性复核等审计方法，获取充分、相关、可靠的审计证据，以支持审计结论和审计建议。

第三十九条　企业董事会（或主要负责人）应当保障内部审计机构和人员依法行使职权和履行职责；企业内部各职能机构应当积极配合内部审计工作。任何组织和个人不得对认真履行职责的内部审计人员进行打击报复。

第四十条　企业对于认真履行职责、忠于职守、坚持原则、作出显著成绩的内部审计人员，应当给予奖励。

第四十一条　企业应当保证内部审计机构所必需的审计工作经费，并列入企业年度财务预算。企业内部审计人员参加国家统一组织的专业技术职务资格的考评、聘任和后续教育，企业应当按照国家有关规定予以执行。

第六章　罚　则

第四十二条　对于企业出现重大违反国家财经法纪的行为和企业内部控制程序出现严重缺陷，除按规定依法追究企业主要负责人、总会计师（或者主管财务工作负责人）及财务部门负责人的有关责任外，同时还相应追究企业审计委员会及内部审计机构相关人员的监督责任。

第四十三条　对于滥用职权、徇私舞弊、玩忽职守、泄漏秘密的内部审计人员，由所在单位依照国家有关规定给予纪律处分；涉嫌犯罪的，依法移交司法机关处理。

第四十四条　对于打击报复内部审计人员问题，企业应及时予以纠正；涉嫌犯罪的，依法移交司法机关处理。受打击报复的企业内部审计人员有权直接向国资委报告相关情况。

第四十五条　被审计单位相关人员不配合企业内部审计工作、拒绝审计或者不提供资料、提供虚假资料、拒不执行审计结论的，企业应当给予纪律处分；涉嫌犯罪的，依法移交司法机关处理。

第七章　附　则

第四十六条　各中央企业可结合本企业实际情况，制定具体实施细则。

第四十七条　各省、自治区、直辖市国有资产监督管理机构可参照本办法，结合本地区实际制定本地区相关工作规范。

第四十八条　本办法自 2004 年 8 月 30 日起施行。

中央纪委、中央组织部、监察部、人事部、审计署关于将党政领导干部经济责任审计范围扩大到地厅级的意见

审经责发［2004］65 号　2004 年 11 月 24 日

各省、自治区、直辖市党委、政府、纪委、组织部、监察厅（局）、人事厅（局）、审计厅（局），中央和国家机关各部委党组（党委）、纪检组（纪委）、监察局、人事（干部）部门、审计部门：

1999 年，中共中央办公厅和国务院办公厅印发了《县级以下党政领导干部任期经济责任审计暂行规定》（中办发［1999］20 号），在各级党委、政府的领导下，纪检、组织、监察、人事、审计等部门密切配合，共同努力，使经济责任审计工作取得了长足的进展，县级以下党政领导干部经济责任审计工作已在全国普遍推开。2000 年中共中央办公厅和国务院办公厅转发了中央纪委等部门《关于认真贯彻落实中办发［1999］20 号文件切实做好经济责任审计工作的意见》（中办发［2000］16 号），2001 年中央纪委、中央组织部、监察部、人事部、审计署联合下发了《关于进一步做好经济责任审计工作的意见》（审办发［2001］7 号），要求逐步开展县级以上党政领导干部经济责任审计试点工作。各地区、各部门狠抓落实，积极探索，大胆实践，取得了明显的成效，积累了有益的经验。经济责任审计工作在强化干部管理监督、促进领导干部正确履行经济责任、加强党风廉政建设和惩治腐败行为等方面发挥了重要作用。

为贯彻落实党的十六大和十六届四中全会精神，切实加强对权力的制约和监督，促进提高领导干部的执政能力，进一步推动经济责任审计工作深入健康地发展，中央纪委、中央组织部、监察部、人事部、审计署决定从 2005 年 1 月 1 日起将党政领导干部经济责任审计范围从县级以下党政领导干部扩大到地厅级，具体的审计范围、审计管辖、审计组织、审计实施程序、审计要求等按照《县级以下党政领导干部任期经济责任审计暂行规定》及其实施细则的要求执行。

现就进一步做好党政领导干部经济责任审计工作提出以下意见：

一、突出重点，稳步推进，提高经济责任审计质量

各级党委、政府和纪检、组织、监察、人事、审计等部门要进一步增强政治责任感，将经济责任审计工作作为一项长期的重要任务抓紧抓实，要结合本地区、本部门实际，认真贯彻落实“积极稳妥，量力而行，提高质量，防范风险”的指导原则，有计划、有步骤地做好经济责任审计工作。各级党委、政府和各相关部门要坚持以充分发挥经济责任审计的作用为出发点和落脚点，既要注重发挥经济责任审计在推进党风廉政建设中的预防作用和威慑作用，又要注重促进提高领导干部执政能力和领导水平，务求实效。经济责任审计工作要突出监督重点，不断加大审计力度。各相关部门要根据干部管理监督的要求和实际情况确定经济责任审计的重点单位和重点人员，进而根据现有的审计力量确定每一年度经济责任审计的重点项目，强化经济责任审计计划管理，避免计划外大量追加审计项目，使有限的审计力量发挥更大的效用。要有计划地开展任中审计，前移审计关口，切实解决审计数量多、时间短与审计力量不足的现实矛盾，避免和纠正因盲目追求审计数量而忽视审计质量的问题，确保经济责任审计质量。县级以上党政领导干部经济责任审计工作应当根据各地的实际情况有计划地稳步推进，在保证审计质量的前提下，分步实施，逐步深化。

二、统一思想，加强配合，形成合力

经济责任审计是纪检、组织、监察、人事、

审计等部门的共同任务，各相关部门要统一思想，统一步骤，密切协作，形成合力，共同做好经济责任审计工作。各地要注重发挥经济责任审计工作领导小组、联席会议的作用，有效解决经济责任审计过程中，特别是在审计计划的制定、研究和处理审计过程中的重大问题以及审计结果利用等方面遇到的困难和问题，切实保障经济责任审计工作的顺利进行。各相关部门要牢固树立全局观念，克服本位主义，积极拓宽和畅通信息交流渠道，充分利用各种信息资源，做到信息共享，减少不必要的重复工作，切实提高经济责任审计的效果。

三、总结经验，探索方法，不断深化经济责任审计工作

各地区、各部门要认真总结经验，坚持以科学的发展观和正确的政绩观为指导，以提高审计质量和防范审计风险为原则，不断探索有效的审计方法和工作方式。要认真执行党政领导干部经济责任审计工作的各项规定，进一步关注与领导干部履行经济责任有关的管理、决策等活动的经济效益、社会效益和环境效益，关注领导干部履行经济责任行为对所在地区、所在单位可持续发展的影响（如是否存在政绩工程、形象工程等）以及不能有效履行经济责任而造成业绩平庸、管理不善等问题，尤其要注意探索和规范党委、政府主要领导干部经济责任审计的目标、内容、方法、评价标准等，不断规范经济责任审计工作，使经济责任审计能够真正在促进领导干部树立正确的政绩观和科学评价领导干部履行经济责任行为效果方面发挥作用。

四、重视成果运用，建立有效机制，切实发挥经济责任审计的作用

各级党委、政府和纪检、组织、监察、人事、审计等部门要高度重视经济责任审计成果的转化运用工作，结合贯彻落实《中国共产党党内监督条例（试行）》、《中国共产党纪律处分条例》和《党政领导干部选拔任用工作条例》等有关规定、文件，切实加强对党政领导干部的管理和监督，逐步建立经济责任审计成果转化运用机制，使经济责任审计成果的运用制度化，确保经济责任审计在加强干部监督管理、推进党风廉政建设和促进提高领导干部执政能力等方面的作用得到切实发挥。纪检、监察机关要不断强化干部监督，加大对审计查出案件和审计移交案件线索的查处力度。组织、人事部门要充分利用经济责任审计结果，将经济责任审计结果作为干部选拔、任用的重要参考依据。审计机关要逐步建立经济责任审计通报或公告制度，增强经济责任审计的透明度。

审计署关于印发《审计署优秀审计项目评选办法》的通知

审法发［2004］73号　2004年12月20日

各省、自治区、直辖市和计划单列市、新疆生产建设兵团审计厅（局），署机关各单位、各特派员办事处、各派出审计局：

为了进一步规范优秀审计项目评选工作，充分发挥优秀审计项目的示范、引导作用，审计署在总结3年来全国优秀审计项目评选工作经验的基础上，结合《审计机关审计项目质量控制办法（试行）》的有关要求，对审计署优秀审计项目评选办法及评分标准进行了修订。现将审计长会议通过的《审计署优秀审计项目评选办法》印发给你们，请遵照执行。《审计署优秀审计项目评选办法（试行）》（审法发［2002］45号）和《优秀审计项目评分标准（试行）》（审法发［2002］69号）同时废止。

审计署优秀审计项目评选办法

第一条　为了推进审计法及其实施条例和审计准则的贯彻落实，规范审计行为，提高审计质量和审计执法水平，促进廉政建设，特制定本办法。

第二条　本办法适用于审计署机关、派出审计局、驻地方特派员办事处完成的审计项目以及地方审计机关完成的审计署统一组织的审计项目。

第三条 参加评选的审计项目必须由参评单位在计划年度内直接实施完毕并按时完成立卷归档，同时，应当符合下列条件：

（一）审计工作全过程能严格按照审计法及其实施条例、审计准则和审计项目质量控制办法的规定进行；

（二）审计结果事实清楚，证据确凿，定性准确，评价客观公正，处理处罚适当，建议切实可行；

（三）审计揭露出重大违法违纪问题或重大违法犯罪案件线索，或者在效益审计方面取得明显成效；

（四）审计结果得到较好采用并产生较大社会影响。

审计人员违反廉政规定或者审计工作纪律受到查处以及审计结论被依法变更或者撤销的审计项目，不能参加优秀审计项目评选。已被评为优秀审计项目的，予以撤销。

第四条 优秀审计项目评选工作应当遵循公开、公平、公正的原则，采取统一组织，逐级推荐的方式进行。

第五条 审计署成立优秀审计项目评选小组。评选小组由分管法制工作的副审计长任组长，总审计师任副组长，办公厅、法制司、人教司、监察局、机关党委、科研所、与优秀审计项目评选无利害关系的部分业务司的主要负责人以及有关专家为成员。评选小组负责组织和协调优秀审计项目评选工作，提出审核意见。

优秀审计项目评选小组办公室设在法制司，负责日常工作。

第六条 审计署每年组织一次优秀审计项目评选，一次评选的优秀审计项目不多于8个。同时，对若干审计项目予以表彰。

第七条 审计署机关各有关司、派出审计局、驻地方特派员办事处和省、自治区、直辖市审计厅（局）按照本办法第三条规定的评选条件对本年度本单位、本地区办结的审计项目进行初选，根据初选情况每次可以推荐1至3个审计项目参加评选。

第八条 优秀审计项目评选小组办公室收到各单位、各地方推荐的审计项目后，应当根据评选条件对其进行资格审查和初评，提出优秀审计项目初选名单。

优秀审计项目评选小组办公室在初评过程中，可以聘请若干名署机关、派出机构和地方审计机关的人员参加。

第九条 优秀审计项目评选小组办公室将初评意见提交优秀审计项目评选小组审核后，提请审计长会议审定。

第十条 审计署对获奖审计项目给予通报表扬，并对项目有关人员给予奖励。

第十一条 各单位推荐的审计项目应当实事求是。对弄虚作假的单位，给予通报批评，取消参加本年度评选的资格和获奖项目，并追究有关人员的责任。

第十二条 专项审计调查项目参照本办法执行，评分标准另行制定。

第十三条 本办法自发布之日起施行，署机关各业务司不再组织其他形式的优秀审计项目评选活动。审计署于1999年3月12日发布施行的《审计署关于办理审计项目揭露重大违法犯罪线索奖励办法（试行）》同时废止。

附件：1. 优秀审计项目评分标准（略）

2. 优秀审计项目推荐表（略）

大　事　记

一　月

1月5日　刘家义副审计长在署机关主持召开座谈会，研究贯彻落实李审计长关于切实加强派出局年度综合考核的意见和办法。办公厅、法制司、行政事业审计司、人事教育司、机关党委、监察局以及机关服务局的负责同志参加。

1月6日　李金华审计长、董大胜副审计长出席全国贯彻实施行政许可法工作会议。

1月7日　刘家义副审计长出席中纪委常委会。

署机关在红塔礼堂举办2004年迎新春文艺演出会，李金华审计长出席并致新年贺词。中国广播艺术团表演了文艺节目。令狐安副审计长主持文艺演出会，副审计长刘家义、项俊波，纪检组长王道成出席。署老领导、署机关各单位、各派出审计局干部职工、离退休老干部以及北京市审计局的干部职工1700人参加了文艺演出会。

1月8日　令狐安、刘家义副审计长代表署党组亲切看望了署老领导吕培俭、郭振乾、周光春同志。办公厅、人事教育司、机关服务局负责同志陪同。

项俊波副审计长主持召开中共审计署直属机关委员会第一次全体会议。

1月9日　项俊波副审计长出席直属机关工会第四次会员代表大会并作讲话。

1月9~10日　刘家义副审计长出席国家信息化领导小组召开的全国信息安全保障工作会议。

1月11~13日　刘家义副审计长出席中纪委第三次全体会议。党组成员、纪检组长王道成，监察局、监察人事审计局主要负责同志列席了会议。

1月13日　项俊波副审计长到人民大会堂参加在京老同志迎春茶话会。

1月13~14日　项俊波副审计长、纪检组长王道成代表署党组分别看望了署老领导祁田、王宸生、任景德、崔建民、罗进新以及部分局级离休老同志。人事教育司、机关党委、机关服务局、离退休干部局负责同志陪同。

1月14日　李金华审计长在署机关会见了来访的日本会计检查院检查官（副部级）森下伸昭先生一行4人。刘家义副审计长出席。会见结束后，刘副审计长与日本客人进行了工作会谈，并于晚上宴请了日本代表团。外事司负责同志及有关人员参加了会见和宴请。

党组书记李金华同志主持召开署党组会议，讨论对《政府工作报告》（修改稿）的修改意见；研究有关人事问题；讨论2003年度公务员考核情况；研究贯彻落实全国人才工作会议精神的意见；讨论2004年外事工作计划。党组副书记令狐安，党组成员刘家义、董大胜、项俊波、王道成出席。办公厅、人事教育司、外事司、机关党委、监察局、培训中心主要负责同志分别列席有关会议。

1月15日　刘家义副审计长出席第29届奥林匹克运动会组织委员会第一次全体会议。

项俊波副审计长在署机关会见中国通用技术（集团）控股有限责任公司党组书记、董事长兼总经理陈伟根。

1月16日　刘家义副审计长在署机关会见了人事部戴光前副部长一行。

1月17日　李金华审计长、项俊波副审计长在署机关会见国家电网公司总经理赵希正、纪检组长祝新民等。经贸审计司主要负责同志参加会见。

中央五部委经济责任审计工作联席会议办公室召开会议，通报全国县级以上党政领导干部经济责任审计工作的开展情况，研究确定今年的主要工作任务。令狐安副审计长出席会议并讲话。

1月18日 李金华审计长参加国务院第三次全体会议，讨论《政府工作报告》(征求意见稿)。

项俊波副审计长前往国务院国有资产监督管理委员会与该委王淑和副主任等进行工作会谈。经贸审计司主要负责同志参加。

1月19日 李金华审计长到国务院向温家宝总理汇报审计工作。温家宝总理听取审计署工作汇报后，对审计工作给予了高度评价，并对今后的审计工作作了重要指示。国务委员、国务院秘书长华建敏也同时听取了汇报。副审计长刘家义、董大胜、项俊波，纪检组长王道成以及办公厅负责同志参加了汇报。

李金华审计长主持召开座谈会，向署老领导传达温家宝总理在听取审计署工作汇报时的重要指示，并征求老领导对全国审计工作会议报告(征求意见稿）的意见。副审计长令狐安、刘家义、董大胜、项俊波，纪检组长王道成，署老领导于明涛、吕培俭、周光春、翟熙贵、郑力、王宸生、任景德、崔建民、罗进新出席，办公厅、人事教育司、机关服务局负责同志参加了座谈会。

令狐安副审计长出席中共中央台湾工作办公室召开的纪念江泽民同志《为促进祖国统一大业的完成而继续奋斗》重要讲话发表九周年座谈会。

1月20日 党组书记李金华主持召开党组会议，讨论研究贯彻温家宝总理听取审计署工作汇报时的指示精神，对全国审计工作会议报告（征求意见稿）及2004年审计项目计划进行修改。党组副书记令狐安，党组成员刘家义、董大胜、王道成出席会议，办公厅、法制司、财政审计司、金融审计司、行政事业审计司、经贸审计司、农业与资源环保审计司、社会保障审计司、固定资产投资审计司、外资运用审计司、经济责任审计司、人事教育司、培训中心主要负责同志列席会议。

1月20日 李金华审计长主持召开署机关、直属事业单位司局级干部会议，传达温家宝总理听取审计署工作汇报时的指示，并就如何贯彻总理指示，以求真务实的精神和良好的精神状态做好审计工作提出了意见和要求。副审计长令狐安、刘家义、董大胜，纪检组长王道成出席会议，署机关、直属事业单位司局级干部及有关部门处级干部参加了会议。

项俊波副审计长前往我署定点扶贫县——河北顺平县开展送温暖活动。机关党委、机关服务局负责同志陪同。

1月21日 项俊波副审计长看望北京武警总队一支队驻我署执勤分队全体官兵。机关党委、机关服务局负责同志陪同。

1月30~31日 全国审计工作会议在北京怀柔审计基地召开。这次会议主要是贯彻党的十六届三中全会和中央经济工作会议精神，总结去年审计工作情况，部署今年审计任务，研究进一步提高审计工作质量和水平的措施。会议期间，李金华审计长作了题为《求真务实，开拓创新，进一步提高审计工作质量和水平》的工作报告；令狐安副审计长传达了国务院总理温家宝对审计工作的重要指示，并在会议结束时作大会总结。副审计长刘家义、董大胜、项俊波，纪检组长王道成出席会议，国务院办公厅、中组部有关人员及解放军审计署，各省、自治区、直辖市和计划单列市审计厅（局)，署机关各单位、各派出审计局、驻地方特派员办事处的负责同志近200人参加了会议。

二　月

2月4日 李金华审计长出席国务院第38次常务会议。

李金华审计长在署机关会见了来我署拜会的挪威审计署署委员会成员温彻·林文女士。刘家义副审计长介绍了我署的职能、概况、审计成果以及今后工作重点，并于晚上设宴款待了挪威客人。外事司主要负责同志参加了会见和宴请。

2月9日 刘家义副审计长出席国家发展和改革委员会主持召开的加快基础设施建设领导小组第23次会议，固定资产投资审计司负责同志陪同参加。

刘家义副审计长在署机关主持召开座谈会，听取并讨论《关于对教育部直属高校和卫生部直属医院开展试点审计的审计实施方案（草案)》。行政事业审计司、教育审计局、卫生药品审计局的有关同志参加。

2月10日 董大胜副审计长出席全国银行、证券、保险工作会议。

刘家义副审计长出席治理教育乱收费工作部际联席会议第三次会议，行政事业审计司负责同志陪同参加。

2月11日　董大胜副审计长出席我署第一期业务培训师资班开学典礼并讲话。

2月13日　李金华审计长参加国务院第二次廉政工作会议。

2月14日　刘家义副审计长出席中纪委召开的金融巡视组协调会。

2月14～20日　董大胜副审计长赴广西壮族自治区就审计法修改和县级审计机关情况进行调研。办公厅、法制司负责同志及有关人员陪同。

2月15～20日　项俊波副审计长赴陕西调研，了解县级审计机关队伍建设和审计工作开展情况。社会保障审计司主要负责同志陪同。

2月16～21日　李金华审计长在中央党校参加省部级主要领导干部“树立和落实科学发展观”专题研究班。

2月18～21日　党组成员、纪检组长王道成出席河南省审计系统纪检监察工作会议并讲话。

2月19日　刘家义副审计长出席国务院召开的关于部署“两会”有关安排及信访、信息、办公厅日常工作的会议。办公厅主要负责同志一同参加。

2月23日　李金华审计长主持召开审计长会议，讨论研究《关于2003年度财政部具体组织执行中央预算情况的审计工作方案》、《关于2003年度国家发展改革委财政预算执行情况的审计工作方案》、《关于2003年淮河流域洪灾救济补偿资金审计工作方案》、《审计机关2004年反腐倡廉工作意见》、关于召开经济责任审计工作第三次联席会议有关问题，听取机关党委关于署机关2003年评选先进党支部、优秀共产党员和优秀兼职党务干部情况的汇报并进行审定，研究其他有关问题。副审计长令狐安、刘家义、董大胜、项俊波，纪检组长王道成出席会议，办公厅、机关党委负责同志列席会议，法制司、财政审计司、固定资产投资审计司、农业与资源环保审计司、经济责任审计司、监察局、机关服务局主要负责同志分别列席了有关内容的讨论。

2月24日　李金华审计长在署机关会见了ACCA行政总裁布里维先生。外事司、培训中心负责同志参加了会见。

李金华审计长主持召开署务会议，传达国务院第二次廉政工作会议精神。副审计长董大胜、项俊波，纪检组长王道成出席会议。署机关各单位，各派出审计局和在京直属事业单位司（局）级干部参加了会议。

李金华审计长与来署的国家开发银行行长陈元一行举行工作会谈。刘家义副审计长出席，财政审计司、金融审计司、固定资产投资审计司负责同志参加了会谈。

2月25日　李金华审计长出席在怀柔审计干部培训基地召开的内审协会第四届常务理事扩大会议并讲话。

署保密委员会主任王道成主持召开署保密委员会全体委员会议，传达中央保密委员会、中央密码工作领导小组2004年工作要点；总结2003年署保密工作；研究署保密委员会2004年工作要点。署保密委员会全体委员，署保密办有关人员参加了会议。

2月26日　刘家义副审计长出席国务院召开的国家西部地区“两基”攻坚工作会议。

项俊波副审计长参加国务院召开的治理整顿土地市场秩序工作会议。农业与资源环保审计司主要负责同志陪同。

2月27日　审计署机关2003年度党建工作总结暨表彰大会在机关多功能厅举行。党组书记、审计长李金华在大会上发表讲话并传达国务院第二次廉政工作会议精神。党组成员、副审计长、机关党委书记项俊波在大会上对署机关去年的党建工作作了总结，并宣读了《中共审计署直属机关委员会关于表彰先进党支部、优秀党员和优秀兼职党务干部的决定》和第7号、第8号中华人民共和国审计署令。署领导为荣获先进党支部、优秀党员和优秀兼职党务干部称号和荣立三等功的单位和个人颁发了奖牌、荣誉证书和奖章。党组成员、副审计长刘家义、董大胜出席，署机关各单位，各派出审计局以及在京直属事业单位的全体党员和入党积极分子参加了大会。

项俊波副审计长在署机关会见中国第一汽车集团公司腾铁骑副总经理。经贸审计司负责同志参加会见。

2月27～3月8日　党组成员、纪检组长王道成到重庆、湖北两地审计机关就建立健全廉政工作体系情况和开展领导干部经济责任审计工作情况进行调研。办公厅、监察局负责同志陪同调研。

2月28日　李金华审计长出席在怀柔审计干部培训基地举行的审计署驻地方特派员办事处第一期新任处级领导干部培训班开班典礼，并为学员们上了第一课。项俊波副审计长主持典礼并作了学习动员讲话。来自各特派办的100多名新任处长和主持工作的副处长参加了本次培训班。

三　月

3月1日　董大胜副审计长参加全国治理教育乱收费工作电视电话会议，并代表审计署发言。行政事业审计司负责同志一同参加会议。

3月2日　李金华审计长参加国务院第42次常务会议。

令狐安副审计长参加中共中央书记处书记何勇同志在中纪委主持召开的有关案情协调会。农业与资源环保审计司主要负责同志一同参加会议。

项俊波副审计长在怀柔审计干部培训基地为参加审计署特派员办事处新任处级领导干部培训班的学员作辅导报告。

3月3日　项俊波副审计长在署机关会见中国航空工业第二集团公司梁振河副总经理一行。经贸审计司主要负责同志参加会见。

3月8日　李金华审计长出席在怀柔审计干部培训基地举行的审计署驻地方特派员办事处第二期新任处级领导干部培训班开班典礼并为学员授课。项俊波副审计长主持典礼并作学习动员讲话。

3月9日　令狐安副审计长出席北京市首都规划委员会召开的《北京城市总体规划》重点内容修编工作动员大会。固定资产投资审计司主要负责同志一同参加了会议。

董大胜副审计长出席派出审计局工作例会，并就中央部门预算执行审计工作如何保证审计质量，如何起草好审计业务文书提出明确要求。行政事业审计司、法制司、派出审计局的负责同志参加了会议。

3月3～12日　全国政协十届二次会议在北京召开。政协常委、副审计长令狐安，政协常委、原副审计长金基鹏参加了大会。会议期间，董大胜副审计长列席了3月7日上午召开的中共组会议，项俊波副审计长分别列席了3月9日下午的全体会议和3月12日下午的闭幕大会。

3月5～14日　十届全国人大二次会议在北京召开。人大常委、原副审计长刘鹤章，人大代表、人大财经委员会委员、原副审计长翟熙贵参加了大会。会议期间，李金华审计长分别列席了3月5日召开的开幕式，6日、8日、10日召开的全体会议以及14日下午召开的闭幕大会。其中，3月6日下午，李金华审计长受国务院的委托，参加了天津代表团全体会议听取意见。

3月10日　项俊波副审计长主持召开审计长办公会议，专题研究我署定点扶贫工作事宜。

3月11日　令狐安副审计长在署机关与北京市副市长刘敬民就我署经济适用房建设有关问题进行了会谈。会谈前，李金华审计长会见了刘敬民副市长一行。北京市政府副秘书长阎仲秋及有关部门负责同志和海淀区、西城区政府主管领导，署办公厅、机关党委、机关服务局负责同志以及有关人员参加了会谈。

项俊波副审计长在怀柔审计干部培训基地为参加特派员办事处第二期新任处级领导干部培训班全体学员作了《深入学习“三个代表”重要思想，牢固树立正确的世界观、人生观、价值观》的专题辅导报告。

3月12日　党组书记李金华主持召开署党组会议，研究有关机构和编制问题。党组副书记令狐安，党组成员董大胜、项俊波、王道成出席，人教司负责同志列席会议，有关司负责同志列席了有关内容的讨论。

李金华审计长主持召开审计长会议，研究《2004年企业审计工作方案》、《2004年失业保险基金审计工作方案》、《2004年云南大姚地震救灾资金审计工作方案》。副审计长令狐安、董大胜、项俊波，纪检组长王道成出席，办公厅、法制司负责同志和有关人员列席会议，经贸审计司、社会保障审计司主要负责同志和有关人员列席了有关内容的讨论。

3月14～25日　越南国家审计署审计长杜平洋率代表团来华进行友好访问。李金华审计长于15日上午会见了杜平洋先生一行。晚上，李审计长设宴欢迎，宴会前中越双方共同签署了中越审计谅解备忘录。董大胜副审计长出席会见和宴请并与杜平洋先生进行了工作会谈。外事司、法制司负责人参加了会见等活动。

3月16日　李金华审计长参加国务院第43次常务会议。

3月17日　李金华审计长参加全国人大财经委员会召开的研究十届全国人大第二次会议代表提出的有关财经类议案处理事宜的会议。此次涉及审计署的议案共4件，主要内容是关于修改审计法。

董大胜副审计长出席在怀柔审计干部培训基地召开的2004年外资审计培训班并讲话。

李金华审计长主持召开审计署教育培训工作领导小组会议，审议审计署2004年度培训计划。会议认为对全署培训工作实行集中领导和管理是十分必要的，有利于提高培训质量，节省开支，净化培训环境。会议经讨论议定，今年的培训工作重点主要围绕计算机审计和审计质量控制开展培训。会议决定成立由令狐安副审计长任组长、董大胜副审计长任副组长的审计署人才工作领导小组。今后，审计署教育培训工作领导小组的职能由审计署人才工作领导小组承担。董大胜副审计长出席，署教育培训工作领导小组全体成员参加了会议。

3月18日　李金华审计长参加国务院督查工作动员会。

董大胜副审计长出席由全国人大财经委员会、预算工作委员会、法制工作委员会、国务院法制办和财政部联合在人民大会堂召开的预算法颁布十周年座谈会。

3月19日　李金华审计长作为国务院督查组小组组长主持召开第六组工作会议，研究督查组工作。

项俊波副审计长赴监察部参加有关专案联合协调小组工作会议。经贸审计司、兰州特派员办事处主要负责同志陪同。

3月19～21日　署党组中心组第一季度学习会在怀柔审计干部培训基地召开。学习会主要是学习《中国共产党党内监督条例（试行）》、《中国共产党纪律处分条例》和温家宝总理在十届全国人大二次会议上所作的《政府工作报告》，党组同志结合审计署及审计工作实际，交流学习体会，研究贯彻落实的意见。党组书记李金华、副书记令狐安，党组成员刘家义、董大胜、项俊波、王道成，机关党委、办公厅、法制司、人事教育司、监察局主要负责同志及有关人员参加了学习会。

3月22日　党组书记李金华主持召开署党组会议，研究《审计署党组关于学习贯彻〈中国共产党党内监督条例（试行）〉和〈中国共产党纪律处分条例〉的贯彻意见》。党组副书记令狐安，党组成员董大胜、王道成出席，办公厅、法制司、机关党委、监察局主要负责同志列席会议。

李金华审计长主持召开审计长会议，讨论研究《金融资产管理公司审计工作方案》。副审计长令狐安、董大胜，纪检组长王道成出席，办公厅、法制司、金融审计司、机关党委负责同志及有关人员列席会议。

署机关召开全体干部职工大会，通报署党组中心组2004年第一季度学习情况。李金华审计长主持会议，令狐安副审计长通报了中心组学习十届全国人大二次会议精神，学习宪法有关条款修改重要意义及学习温家宝总理所作的《政府工作报告》的情况和体会。纪检组长王道成通报了学习《中国共产党党内监督条例（试行）》、《中国共产党纪律处分条例》的情况。董大胜副审计长出席会议，署机关各单位、各派出审计局、在京直属事业单位全体干部职工以及部分离退休老干部参加了大会。

3月23日　董大胜副审计长出席审计机关监督检查社会审计组织审计业务质量培训班。

3月24日　董大胜副审计长出席全国水利审计培训班并讲话。

3月27日　刘家义副审计长在署机关主持召开金审工程二期建设座谈会，听取对金审工程二期建设的设想和建议。上海、南京、长沙、广州、昆明特派员办事处，广东省审计厅及佛山市南海区审计局、南京审计学院主要负责同志以及署计算机中心、信息办等单位有关人员参加了会议。

3月28日　刘家义副审计长在署机关出席由署计算机中心组织召开的863课题《计算机审计数据采集与处理技术》任务安排座谈会，并对课题的研究方法、组织形式、经费安排、项目进度计划等提出了要求。署信息办、计算机中心、科学技术审计局、经济执法审计局以及上海、南京、长沙、昆明特派员办事处有关负责同志参加了会议。

3月24～29日　党组成员、纪检组长王道成参加由中组部举办的省部级领导干部“树立和落实科学发展观”专题研究班。

3月25～31日　应李金华审计长的邀请，缅甸国家审计署审计长伦貌少将一行四人来华进行友好访问。26日上午，令狐安副审计长会见了伦貌少将一行并进行了工作会谈，并于晚上宴请了缅甸代表团，并代表李金华审计长与伦貌少将签署了中缅审计谅解备忘录。外事司负责同志参加了会见和宴请。

3月30日　董大胜副审计长出席在怀柔审计干部培训基地召开的金融审计培训班并讲话。

四　月

4月2日　李金华审计长列席国务院第46次常务会议。

4月5日　李金华审计长出席中央五部委经济责任审计工作联席会议办公室组织召开的第三次联席会议并讲话。李审计长在讲话中通报了近五年全国经济责任审计工作情况，提出了今年经济责任审计工作的主要任务。他指出，今年要重点抓好五项工作：一是扩大党政领导干部经济责任审计的范围，将审计的范围扩大到地厅级，省部级继续试点；二是召开全国经济责任审计工作会议，主要是总结2000年以来全国经济责任审计工作的基本经验，部署今年和今后一个时期经济责任审计工作任务；三是加强经济责任审计法规建设，把经济责任审计写入审计法，研究起草《经济责任审计条例》；四是确定中央管理干部经济责任审计任务；五是提高经济责任审计质量，进一步深化县级审计机关经济责任审计工作。令狐安副审计长主持会议并作会议小结。署党组成员、纪检组长王道成，国有资产监督管理委员会副主任李毅中，监察部副部长李玉赋，人事部纪检组长李有慰，中组部干部监督局局长辛桂梓以及联席会议其他成员参加了会议。

令狐安副审计长设宴招待了应监察部邀请前来我国访问的古巴监察审计部第一副部长雷依诺尔·佩雷斯一行6人。古巴驻华公使白诗德、监察部和署外事司有关人员参加了宴会。

4月6日　党组书记李金华主持召开署党组会议，听取法制司关于对修改审计法征求意见的情况，研究议定审计法修改中的一些基本原则问题。党组副书记令狐安，党组成员董大胜、王道成出席会议，办公厅、法制司、人事教育司主要负责同志列席了会议。

李金华审计长主持召开审计长会议，研究讨论《2004年驻外机构审计项目的具体安排意见》和《2004年水利建设资金和重点水利建设项目审计工作方案》。副审计长令狐安、董大胜，纪检组长王道成出席会议，办公厅、法制司主要负责同志列席会议，行政事业审计司、固定资产投资审计司主要负责同志列席了有关内容的讨论。

4月7日　李金华审计长出席中纪委召开的中央纪委监察部派驻机构统一管理工作会议。党组成员、纪检组长王道成出席会议，监察局全体同志参加了会议。

根据国务院统一部署，由李金华审计长、董大胜副审计长先后担任组长的国务院第六督查组，于3月23日至4月8日，分别对广东、福建两省贯彻落实中央经济工作会议精神情况进行了督查。

4月9～22日　李金华审计长率中国审计代表团访问了法国、英国和德国最高审计机关，分别会见了法国审计法院院长弗朗索瓦·罗日浩先生、英国审计长约翰·布恩爵士和德国审计院长迪特耳·恩格斯博士，并与三国审计机关举行了工作会谈。

4月14日　刘家义副审计长出席中纪委常委会议。

4月15日　董大胜副审计长出席国务院机关事务管理局召开的2004年中央国家机关政府集中采购工作会议，并代表审计署讲话。

署党组成员、纪检组长王道成出席国务院召开的全社会深入开展资源节约活动电视电话会议。

4月19日　令狐安副审计长出席在人民大会堂召开的全国人大常委会《义务教育法》执法检查组第一次全体会议，并汇报了审计署关于基础教育经费审计情况。行政事业审计司负责同志也参加了会议。

4月20日　令狐安副审计长参加了国务院召开的土地市场秩序治理整顿检查验收工作部署和动员会议。我署参加检查验收工作的农业与资源环保审计司有关人员也一同参加了会议。

4月21～28日　按照国务院统一部署，由令狐安副审计长担任组长的国务院五部委联合检查验收组第一组一行7人，对山东省贯彻落实国务院治理整顿土地市场秩序电视电话会议精神、清理整顿开发区（园区）、纠正征用土地中侵害农民利益问题、落实经营性用地招标拍卖挂牌出让制度和查处土地违法案件的情况进行了阶段性检查验收，并与山东省政府交换了意见。省委书记张高丽、常务副省长林廷生和省人大、政协和军区的主要领导同志参加了有关会议。

4月27日　党组成员、纪检组长王道成出席国务院召开的全国安全生产电视电话会议。

4月28日　李金华审计长参加了国务院第49次常务会议。

4月29日　党组成员、纪检组长王道成出席国务院召开的全国整顿和规范市场经济秩序领导小组第二次全体会议。

4月30日　项俊波副审计长出席国家发展和改革委员会召开的“贯彻落实国务院办公厅通知精神，部署清理固定资产投资项目工作”电视电话会议。

五　月

5月9日　刘家义副审计长在署机关会见了监察部有关人员，就有关审计问题交换意见。行政事业审计司、文化体育审计局主要负责同志一同参加。

5月10日　刘家义副审计长出席署行政事业审计司在怀柔审计干部培训基地主持召开的中央部属高校和医院审计调查培训班并讲话。署机关、各派出局、各特派办和北京市审计局180余人参加此次培训。

5月11日　党组书记李金华主持召开署党组会议，研究有关干部人事问题；听取监察局关于向中纪委报送《审计署纪检监察局关于实行统一管理的实施办法》；讨论《关于浙江省审计厅原厅长陈正兴同志任期经济责任审计报告》；讨论议定《中共审计署党组工作规则》（修改稿）；研究年中审计工作座谈会等有关问题。党组副书记令狐安，党组成员刘家义、董大胜、项俊波、王道成出席会议，人事教育司、机关党委、监察局主要负责同志列席会议，办公厅、法制司、经济责任审计司、机关服务局、计算机中心主要负责同志列席了有关内容的讨论。

董大胜副审计长在京出席特许公认会计师公会（ACCA）2004年春季颁奖暨毕业典礼并致辞。

5月13日　刘家义副审计长出席中纪委常委会议。

刘家义副审计长在署机关会见了国家开发银行王益副行长一行。双方在年初李金华审计长与陈元行长会谈的基础上，就拟签署的《开发性金融监管合作协议》和《2004—2005年度合作事项计划备忘录》进行了审议，并就协议签署等重要事项进行了商议。办公厅、财政审计司、金融审计司、固定资产投资审计司、人事教育司、计算机中心的有关负责同志一同参加。

项俊波副审计长在京参加国务院召开的全国食品安全专项整治工作电视电话会议。办公厅负责同志陪同参加。

5月14日　李金华审计长主持召开审计长会议，讨论《关于原国家电力公司领导班子任期经济责任审计的结果报告》、《2004年“三河一湖”水污染防治资金审计工作方案》、《2003年部属高校财务收支专项审计调查工作方案》、《药品购销和医疗检查收费专项审计调查工作方案》，研究《审计署2004年预算资金分配方案》以及其他有关问题。副审计长令狐安、刘家义、董大胜、项俊波，纪检组长王道成出席会议，办公厅主要负责同志列席会议，法制司、经贸审计司、农业与资源环保审计司、行政事业审计司、机关服务局主要负责同志及有关人员分别列席了有关内容的讨论。

5月17日　李金华审计长主持召开审计长会议，讨论《审计法（修订征求意见稿）》。副审计长令狐安、刘家义、董大胜、项俊波，纪检组长王道成出席会议，办公厅、法制司以及审计法修订案起草小组有关人员列席了会议。

5月18日　我署义务植树基地纪念碑揭幕仪式在北京门头沟区举行。李金华审计长，令狐安、刘家义、董大胜、项俊波副审计长，国家林业局张建龙副局长，全国和首都绿化委员会办公室、北京市审计局、门头沟区负责同志，以及署机关各单位、各派出审计局的部分同志出席了揭幕仪式并参加植树活动。项俊波副审计长主持了揭幕仪式。这次义务捐款植树活动，全署干部职工共捐款83000多元。

5月19日　李金华审计长列席国务院第50次常务会议。

项俊波副审计长赴国务院机关事务管理局就我署有关基础建设问题与焦焕成局长进行商谈。机关服务局主要负责同志陪同。

5月20日　刘家义副审计长在署机关会见了财政部楼继伟副部长一行。双方就2003年中央预算执行审计情况交换了意见，同时还就中央专项转移支付清理工作进行了磋商。财政审计司有关负责同志参加了会见。

项俊波副审计长出席经贸审计司在怀柔审计干部培训基地举办的企业审计培训班开班会并作动员讲话。

刘家义副审计长在署机关出席行政事业审计司召开的高校及医院审计和审计调查审前动员会并作讲话。行政事业审计司、各派出审计局主要负责同志及项目主审参加了会议。

5月21日　项俊波副审计长赴中纪委参加有关专案联合协调小组工作会议，经贸审计司主要负责同志陪同参加。

李金华审计长会见了应监察部邀请前来我国访问的波兰最高监察院院长米罗斯瓦夫·塞库瓦一行8人。刘家义副审计长，财政审计司、监察局主要负责同志和外事司有关人员参加了会见。

5月24日　李金华审计长主持召开审计长会议，讨论《中央预算执行和其他财政收支审计结果报告（初稿）》。副审计长刘家义、董大胜、项俊波，纪检组长王道成出席会议，办公厅、法制司、财政审计司、金融审计司、行政事业审计司、经贸审计司、社会保障审计司、固定资产投资审计司、外资运用审计司主要负责同志及有关人员列席了会议。

5月24日　董大胜副审计长出席了由国家发改委召开的清理固定资产投资项目工作领导小组会议，并介绍了我署贯彻国务院办公厅关于清理固定资产投资项目通知精神的情况。固定资产投资审计司有关人员一同参加了会议。

5月25日　刘家义副审计长在署机关会见了民政部姜力副部长一行，双方就预算执行审计的有关问题交换了意见。行政事业审计司、社会保障审计局主要负责同志一同参加。

5月26日　董大胜副审计长出席审计署干部培训中心举办的第一期市（地）审计局长培训班并讲话。开班典礼之后，董副审计长以“严格规范审计程序，应用先进技术方法，全面提高审计质量”为主题为大家授课。

5月27日　董大胜副审计长出席公安部在京召开的第二次全国经济犯罪侦查工作会议。

5月31日　李金华审计长在怀柔审计干部培训基地为第一期市（地）审计局长培训班作了题为《学习贯彻“三个代表”重要思想，树立科学的发展观，推动中国审计事业发展》的讲话。

刘家义副审计长受李金华审计长委托，前往全国人大预算工作委员会，通报关于2003年中央预算执行和其他财政财务收支的审计情况。办公厅、财政审计司有关负责同志参加。

署党组成员、纪检组长王道成到监察部出席中央纪委、监察部召开的派驻机构实行统一管理工作座谈会。监察局负责同志也参加了会议。

5月31～6月1日　项俊波副审计长参加国务院召开的全国粮食流通体制改革工作会议。

六　月

6月1日　刘家义副审计长在署机关会见了国家发展和改革委员会姜伟新副主任，双方就预算执行审计中的有关问题交换了意见。

6月3日　刘家义副审计长在怀柔审计干部培训基地为第一期市（地）审计局长培训班作了题为《借鉴国外审计经验，搞好我国审计工作》的讲话。

6月7～9日　审计署党支部书记培训班在怀柔审计干部培训基地举办。署党组书记李金华就创建学习型组织、加强党支部建设等问题作了重要讲话，并通报了近期的有关工作情况；署党组成员、机关党委书记项俊波对开展创建学习型党支部、进行保持共产党员先进性教育活动准备工作进行了动员，并作了会议总结。署机关各单位、各派出审计局党支部（总支）书记，各特派办的机关党委专职副书记70多人参加了培训学习。

6月10日　党组成员、纪检组长、署保密委员会主任王道成出席中央保密委员会在京召开的中央国家机关保密工作会议。署保密办有关同志也参加了会议。

董大胜副审计长应邀出席交通部召开的纪念交通审计20周年暨2004年全国交通审计工作会议。

刘家义副审计长在署机关主持召开第二次派出局局长例会。高校和医院审计协调小组分别通报了相关审计和审计调查实施方案的有关情况，行政事业审计司通报了近期主要工作的有关情况。行政事业审计司、太原特派员办事处、郑州特派员办事处、昆明特派员办事处的有关负责同志以及各派出审计局的局长和助理参加了会议。

董大胜副审计长在署机关会见德勤大中华区首席执行官 Peter Bowie 一行，双方就有关审计事宜进行了交流。法制司负责同志参加了会见。

6月11日　办公厅党总支在署机关召开全体党员大会，传达审计署 2004 年党支部书记培训班会议精神。署党组书记、审计长李金华同志，署老领导吕培俭、郭振乾、郑力同志以普通党员身份参加了会议。

6月14日　受国务院委托，李金华审计长、刘家义副审计长到全国人大财经委，向全国人大财经委全体会议通报了 2003 年度中央预算执行和其他财政收支的审计情况，办公厅、财政审计司有关负责同志随同参加。

6月15日　李金华审计长在署机关会见了应邀来华访问的哥伦比亚审计长埃尔南德斯。埃尔南德斯及其随同人员就哥伦比亚审计工作及审计技术现代化作了专题演讲。刘家义副审计长主持了演讲。哥伦比亚驻华大使佩雷斯参加了演讲活动。晚上，李审计长宴请了哥伦比亚客人，刘副审计长，佩雷斯大使等参加了宴请活动。

项俊波副审计长作为中国石油化工集团公司审计组组长出席在中石化集团公司总部召开的进点会议并讲话。中石化集团公司党组书记、总经理，股份公司董事长陈同海及其他班子成员参加了会议。

6月16日　项俊波副审计长赴美国哈佛大学肯尼迪政治学院参加为期 2 周的学习培训。

令狐安副审计长在署机关主持召开了署住房工作领导小组会议，听取了服务局前一阶段职工住房工作情况汇报，确定了近期工作安排。署住房工作领导小组成员及有关人员参加了会议。

6月17日　董大胜副审计长到中国长城资产管理公司审计调研并指出，要加强分析，找出重点，突破个案。金融审计司负责同志陪同前往。

6月18日　董大胜副审计长在署机关会见了加拿大前审计长戴依先生，双方就中国的会计与审计培训工作进行了交流。外事司负责同志参加了会见。

6月22日　党组书记李金华主持召开署党组会议，主要讨论研究干部人事方面的有关事项；关于反映有关人员出国考察期间违反纪律情况的调查报告。会上李金华同志就有关情况进行了通报，刘家义同志就年中全国审计工作座谈会筹备情况进行了通报。会议议定，今年全国审计工作座谈会将于 7 月 22 日至 23 日在云南省昆明市召开，会议将重点以审计信息化建设为主题进行总结和交流。党组副书记令狐安，党组成员刘家义、董大胜、王道成出席会议，人事教育司、监察局有关负责同志分别列席了有关内容的讨论。

6月22～25日　令狐安副审计长赴河北调研县级审计机关班子建设和经济责任审计工作。

6月23日　李金华审计长参加国务院第 55 次常务会议。

李金华审计长列席第十届全国人民代表大会常务委员会第十次会议，并受国务院委托向大会作《2003 年度中央预算执行和其他财政收支的审计工作报告》。刘家义副审计长，办公厅、财政审计司负责同志陪同到会。

6月24日　刘家义副审计长出席中纪委常委会议。

6月24～26日　审计署 2004 年度高级审计师资格评审工作会议在北京怀柔审计干部培训基地召开。李金华审计长担任评审委员会主任，评审委员会成员由副审计长刘家义、董大胜，纪检组长王道成，审计一线的专家以及高校学者组成。经过科学、严谨、客观、公正的评审，共有 61 名申报者获得了高级审计师任职资格。人事教育司负责同志参加了会议。

6月28日　李金华审计长参加国务院召开的全国依法行政工作电视电话会议。

6月28～29日　党组成员、纪检组长王道成出席五部委经济责任审计办公室在江苏省邳州市召开的全国经济责任审计工作现场会，并发表讲话。

6月29日　李金华审计长主持召开审计长会议，讨论关于《粮食风险基金审计调查工作方案》和《关闭破产企业专项补助资金审计调查工作方案》；关于《2004 年至 2007 年审计信息化发展规划》；《关于审计法修订的几个主要问题》。副审计长刘家义、董大胜、项俊波出席会议，办公厅、法制司主要负责同志列席会议，财政审计司、人事教育司、计算机中心、审计信息化办公室主要负责同志分别列席了有关内容的讨论。

6月30日　李金华审计长主持召开审计长会议，传达全国依法行政工作电视电话会议精神，部署党组中心组第二季度学习会有关事宜。副审计长刘家义、董大胜、项俊波出席会议，署办公厅、人事教育司、机关党委负责同志列席会议。

七　月

6月30~7月9日　署党组成员、纪检组长王道成赴浙江、上海等地，就经济责任审计工作和审计机关构建教育、制度、监督并重的廉政工作体系情况进行调研。办公厅、监察局、经济责任审计司有关同志陪同调研。

7月2日　吕培俭会长主持召开审计学会会长办公会，研究讨论关于中国审计学会第五届理事会和常务理事会构成及推荐程序意见；审计学会章程修改（草案）；中国审计学会第四届工作报告基本框架。金基鹏、张以宽、罗进新、翟熙贵副会长及学会秘书长参加了会议。

7月5日　李金华审计长与保加利亚审计长尼科洛夫博士进行了工作会谈。李审计长介绍了中国审计机关在反腐败工作中的作用，强调增加透明度、建立决策失误问责制和强化内部监督机制。4日晚，李审计长设宴款待了尼科洛夫博士一行。保加利亚驻华大使和外事司负责同志参加了宴请。

7月5~6日　刘家义副审计长在国谊宾馆出席国务院召开的全国农村税费改革试点工作会议。

7月6日　董大胜副审计长出席中央政法委召开的专题研究关于锦州交行与当地法院联手伪造法律文书核销银行贷款案件会议。金融审计司负责同志也参加了会议。

李金华审计长应邀参加中宣部、国务院法制办联合召开的“全面推进依法行政、建设法治政府”座谈会，并作了题为《全面履行审计监督职责推进依法行政》的发言。

7月6~8日　署党组中心组第二季度学习会在怀柔审计干部培训基地召开。这次学习会以推进依法行政为主题，重点学习了《行政许可法》、《行政复议法》、《行政处罚法》，《全面推进依法行政实施纲要》、《国务院工作规则》和温家宝总理在全国依法行政工作电视电话会议上的讲话，听取了国务院法制办汪永清副主任所作的关于依法行政建设法治政府的辅导报告，并就如何坚持依法审计、做好各项工作进行了分组讨论。党组书记、审计长李金华作了学习动员并作总结讲话。署党组成员刘家义、董大胜、项俊波，署机关各单位、各特派员办事处、各派出审计局的主要负责同志参加了学习。

7月12日　刘家义副审计长在署机关出席行政事业审计司组织召开的医院审计工作座谈会。刘家义副审计长在听取了各审计组的阶段性工作汇报后，对下一步工作提出了要求。

刘家义副审计长在署机关会见了水利部刘光和纪检组长一行。刘光和组长受水利部党组委托，向刘副审计长通报了该部对长江隐蔽堤防工程的整顿情况。刘副审计长对水利部提出了进一步做好整改工作的建议。署固定资产投资审计司、行政事业审计司负责同志参加了会见。

董大胜副审计长出席财政部召开的会计准则国际研讨会暨会计咨询专家全体会议。

7月13日　刘家义副审计长在怀柔审计干部培训基地出席财政司组织召开的财政审计培训班开幕式并讲话。

7月5日、7月14日　令狐安副审计长分别听取了京津冀、沈阳、广州、济南四个特派办对东方大学城、南京大学城、珠海大学城、杭州大学城审计情况的汇报，并就把握审计重点、提高审计质量、规范审计报告等方面工作提出了要求。农业与资源环保审计司主要负责同志参加了会议。

7月14日　刘家义副审计长在署机关出席行政事业审计司组织召开的高校审计和审计调查工作座谈会。各高校审计组组长、主审以及行政事业审计司的有关人员参加了座谈。

7月15日　令狐安副审计长主持召开了署机关住房领导小组第六次会议。听取了机关服务局对第五次领导小组会议以来职工住房工作进展情况的汇报，确定了近期购建住房、向国管局履行报批手续等工作任务，并对购房工作明确人员分工、提高工作效率等问题提出了要求。署住房领导小组成员、办公厅、机关党委、人事教育司、机关服务局有关同志列席了会议。

7月16日 刘家义副审计长出席全国人大预算工作委员会组织召开的《财政转移支付法》起草组成立会。法制司、财政审计司有关人员一同参加。

7月19日 李金华审计长与来访的瑞士审计长格鲁特先生一行进行了工作会谈。李审计长指出，传统的财政财务收支审计仍是我国的重要任务，但将加大绩效审计的力度，争取在2007年使绩效审计的比重达到50%。刘家义副审计长、瑞士驻华大使，署固定资产投资审计司和外事司的主要负责同志分别参加了会见。

7月20~26日 审计署2004年度新录用审计干部初任培训班在怀柔审计干部培训基地举行。20日，董大胜副审计长在开班典礼上作了动员讲话。李金华审计长为学员们上了第一课。26日，令狐安副审计长参加了培训班闭幕式并讲话。

7月22日 令狐安副审计长在京参加全国贯彻落实国务院关于投资体制改革决定电视电话会议。固定资产投资审计司有关负责同志一同参加。

国务院决定，任命项俊波同志为中国人民银行副行长，免去其审计署副审计长职务。

7月22~24日 2004年全国审计工作座谈会在云南省昆明市举行。本次会议以总结交流计算机审计工作经验，全面推进审计信息化建设为主题。在22日的开幕大会上，李金华审计长主持了会议，云南省副省长程映萱在开幕式上致辞，国务院信息办副主任杨学山发表了讲话，刘家义副审计长作了题为《为全面推进审计信息化建设而努力奋斗》的报告。在24日大会闭幕时，李金华审计长发表了讲话。副审计长董大胜、项俊波，纪检组长王道成出席了会议。中央组织部、国务院办公厅、国家发改委、财政部等有关部门派员参加。各省、自治区、直辖市审计厅（局），解放军审计署，各计划单列市审计局，新疆生产建设兵团审计局，各特派员办事处主要负责同志和负责信息化工作人员以及署机关各单位、各派出审计局、南京审计学院主要负责同志参加了会议。

7月25~26日 刘家义副审计长在郑州参加由固定资产投资审计司组织召开的长江、黄河等七大流域机构审计调查情况汇报会。固定资产投资审计司和有关特派办的同志参加了会议。

7月27日 令狐安副审计长在京参加中央国家机关、中央企业第四批援藏干部培训会。

7月29日 党组书记李金华主持召开署党组会议，传达中央文件，研究有关人事问题。党组副书记令狐安，党组成员刘家义、董大胜、项俊波出席会议。

李金华审计长主持召开审计长会议，讨论研究关于锦州交行和锦州法院联手造假核销贷款给国家造成重大损失的认定意见。副审计长令狐安、刘家义、董大胜、项俊波出席，办公厅、法制司、科研所、培训中心负责同志列席了会议。

7月29~30日 署党组成员、纪检组长王道成出席中纪委纪检监察工作座谈会。驻署监察局负责同志一同参加。

7月30日 李金华审计长在署机关接见了署第4批3名援藏干部。中午，令狐安副审计长在华审宾馆亲切看望并慰问了援藏干部。人事教育司、机关服务局有关负责同志参加接见和慰问。

八 月

8月8日 国务院决定，任命余效明、石爱中为审计署副审计长。

8月16日 刘家义副审计长到监察部研究对有关审计问题调查工作，行政事业审计司、文化体育审计局负责同志参加。

8月18日 李金华审计长参加国务院第61次常务会议。

8月20日 刘家义副审计长出席中纪委常委会。

8月23日 刘家义副审计长在国务院出席全国清理拖欠工程款电视电话会议，固定资产投资审计司有关负责人陪同参加。

8月24日 李金华审计长参加国务院第四次学习讲座。

李金华审计长、刘家义副审计长及有关司局负责人在署机关与国家发改委马凯主任、王春正、刘江、姜伟新副主任一行就审计的有关问题进行会谈。

刘家义副审计长在署机关会见了由印度尼西亚政府内部审计机构论坛主席穆斯塔法·阿布巴卡尔先生率领的访华代表团。刘副审计长回答了代表团关注的中国审计机关在反腐败中的重要作用以及中国审计署与监察部的关系、审计的独立性等问题。经济责任审计司和外事司有关负责同志参加。

8月25日　刘家义副审计长列席由外交部在北京召开的第十次驻外使节会议第一次全体会议，听取了胡锦涛总书记、温家宝总理的重要讲话。

董大胜副审计长在署机关与最高人民检察院王振川副检察长一行就有关审计机关和检察机关加强工作协作配合问题进行工作会谈。办公厅、法制司有关负责同志参加会谈。

8月26日　董大胜副审计长应邀出席中国银行股份有限公司成立大会。

董大胜副审计长应邀出席中央汇金公司举办的国有商业银行股份制改革专题研讨会并授课。

李金华审计长在署机关会见了来访的印度审计长公署外事司司长巴哈瑞先生。双方就亚审组织有关工作安排进行了磋商。中午，刘家义副审计长宴请了巴哈瑞先生一行。

8月16～27日　审计署组织开展了2004年度集中培训。在16日的开学典礼上，董大胜副审计长作了培训动员讲话。李金华审计长以“树立科学发展观，推动审计事业持续发展”为题讲了第一课。刘家义副审计长主持了27日的培训总结大会。董大胜副审计长受署党组委托对集中培训作了总结。署机关16个司局、25个派出局、8个事业单位共636人参加了集中培训，本次培训还首次采用网上直播方式，各特派办通过网络与北京的主会场同步学习培训内容。

8月31日　署党组成员、纪检组长王道成主持召开座谈会，代表署党组欢迎中纪委、监察部驻审计署监察局李广和局长到署任职。中纪委、国家旅游局，办公厅、人事教育司、机关党委、驻署监察局有关负责同志参加了座谈会。

九　月

9月1日　石爱中副审计长受李金华审计长委托，参加国务院第四次全体会议。

9月2日　刘家义副审计长在京出席中共中央办公厅、国务院办公厅举行的“热烈欢迎中国体育代表团招待会”。行政事业审计司负责同志一同参加。

9月3日　党组书记李金华主持召开署党组会议，研究署领导工作分工和有关干部人事问题。党组成员刘家义、董大胜、王道成、余效明出席，石爱中副审计长，办公厅、人事教育司、机关党委、监察局主要负责同志列席会议。

9月1～4日　第二届计算机审计国际研讨会在南京审计学院举行。1日，李金华审计长、江苏省省长梁保华出席研讨会开幕式并分别致辞。刘家义副审计长主持了开幕式，并在研讨会上首先发表了题为《中国审计信息化的现状与展望》的演讲。来自巴西、加拿大、波兰、英国、印度、日本等15个国家和港澳地区最高审计机关，江苏省审计厅，外事司、计算机中心，南京审计学院及部分特派办近60位代表参加了此次研讨会。

9月3～4日　石爱中副审计长在京出席国务院再就业工作表彰大会。

9月6日　李金华审计长在署机关会见了应邀来访的罗马尼亚审计法院院长丹·德·沙古纳一行6人。李金华审计长和丹·德·沙古纳院长共同签署了《中华人民共和国审计署和罗马尼亚审计法院合作协议》，李审计长还设宴款待了来宾。刘家义副审计长，罗马尼亚驻华大使，外事司主要负责同志参加了上述活动。

9月6～7日　余效明副审计长出席署经贸审计司在京召开的企业审计汇报会。会议就开展的9家企业原领导人任期经济责任审计、烟草行业财务收支试点审计阶段性工作进行了汇报交流。余副审计长听取了汇报并作了总结讲话。经贸审计司、各特派办及部分省审计厅有关负责同志参加了会议。

9月7日　党组书记李金华主持召开署党组会议，听取人事教育司关于派出审计局竞争上岗情况汇报，审议派出审计局竞争上岗处级干部人选。党组成员刘家义、董大胜、王道成、余效明出席，石爱中副审计长，人事教育司、机关党委、监察局主要负责同志列席会议。

9月8日　刘家义副审计长出席中纪委常委会。

刘家义副审计长在署机关会见了应国务院侨办邀请来华访问的美国劳工部财务总长莫天成先生。法制司、外事司和审计学会有关负责同志参加了会见。

9月9日　刘家义副审计长主持召开审计业务会议，讨论《关于2004年审计医院财务收支查出违法违规问题处理原则》和《关于2004年审计高校财务收支查出违法违规问题处理原则》。副审计长余效明、石爱中，办公厅、法制司、行政事业审计司和医院、高校审计协调小组有关人员参加了会议。

9月10日　刘家义副审计长出席中纪委召开的惩治和预防腐败体系监督专题座谈会。

受李金华审计长的委托，刘家义副审计长在署机关会见了应邀来访的尼泊尔审计长阿德里卡瑞先生。

8月1~9月11日　党组副书记、副审计长令狐安先后到四川、西藏两省区，对审计机关机构设置、人员编制、队伍建设、人员培训、廉政建设、农业资源环保和经济责任审计工作情况等进行了工作调研。调研期间共召开各类座谈会20余次，与各级党政领导交换意见、干部谈话20余次。

9月13日　李金华审计长出席国务院第64次常务会议。

刘家义副审计长参加国务院第一次全国经济普查电视电话会议。办公厅有关人员陪同参加。

石爱中副审计长出席首都规划建设委员会第24次全体会议。固定资产投资审计司主要负责同志一同参加。

李金华审计长在署机关会见了应邀来访的意大利审计法院院长斯塔里尼先生。

9月13~15日、9月20日　余效明副审计长受署党组委托，分赴昆明办、京津冀办宣布两办"一把手"的任免，并与办领导班子成员谈话，与昆明办处级干部座谈。

9月15日　李金华审计长主持召开审计长会议，研究《审计署2004年度财政审计总体工作方案》、《关于云南大姚地震资金审计报告》及其他有关问题。会议还听取了经济责任审计司关于拟召开第二次全国经济责任审计工作会议有关问题的汇报，听取了人事教育司关于对派出审计局考评结果的汇报。副审计长令狐安、刘家义、石爱中出席，办公厅、法制司、人事教育司主要负责同志列席会议，财政司、农业与资源环保审计司、固定资产投资审计司、社会保障审计司主要负责同志参加了有关内容的讨论。

9月17日　李金华审计长会见了前来我署拜会的美国主计审计长大卫·沃克尔先生。双方愉快地回顾了2001年在北京的首次会面，并相互通报了各自审计事业的发展状况与面临的新挑战，还就即将在匈牙利召开的世界审计组织大会上将推出的该组织的战略计划初步交换了意见。晚上，李审计长设宴款待了沃克尔夫妇。刘家义副审计长参加了上述活动。

署党组成员、纪检组长王道成在怀柔审计干部培训基地出席2004年度第二期市（地）审计局局长培训班开班典礼，并授第一课。

9月21日　李金华审计长在署机关接见了最近被中组部、中宣部、中央文明办和国家人事部授予"人民满意的公务员"光荣称号的广州特派办干部刘丹。会见中，李审计长勉励她要进一步加强学习，勤奋工作，继续发扬"拚命三郎"的精神，争取取得更大的成绩。

9月22日　李金华审计长在审计署怀柔审计干部培训基地看望了参加市（地）审计局局长培训班的学员，听取了14位学员的发言，并作了重要讲话。

9月22~23日　中国审计学会审计管理研讨会在辽宁省大连市召开。石爱中副审计长，中国审计学会会长吕培俭、副会长罗进新、张以宽，学会理事和专家、教授共30多名代表参加了这次研讨会。大会研讨交流论文15篇。

9月23日　李金华审计长主持召开审计长会议，讨论关于署机关服务局局长张德山同志离任经济责任的审计报告。副审计长刘家义、石爱中，纪检组长王道成出席，办公厅、人事教育司、机关服务局主要负责同志列席了会议。

9月20~24日　署党组中心组第三季度学习会在署机关召开。9月23日，党组书记李金华主持会议，党组同志进行了集中学习讨论和交流。24日，召开署机关和派出局司局级干部会议进行了传达，并通报了党组中心组学习情况。

9月27日　刘家义副审计长受李金华审计长的委托，在京出席庆祝中华人民共和国成立55周年外国专家招待会。

9月28日　党组副书记、副审计长令狐安代表署党组和李金华审计长看望今年办理离退休手续的吕培俭、郭振乾、郑力三位老领导，并致以中秋佳节、国庆节的问候。人事教育司有关负责同志陪同看望。

9月28日　署党组成员、副审计长余效明受署党组委托看望和慰问了于明涛等七位建国前入党的部级老党员，机关党委负责同志陪同。同时，机关党委组织了对建国前入党的36位老党员和25位生活比较困难党员的慰问活动。

9月29日　余效明副审计长在京出席海外侨胞港澳台胞外籍华人国庆招待会。

十　月

10月9日　令狐安副审计长赴国务院机关事务管理局，与国务院副秘书长兼国管局局长焦焕成、国管局副局长寻寰中就署机关职工住房问题沟通了情况，并就有关事项达成了一致意见。机关服务局主要负责同志陪同前往。

10月11日　令狐安副审计长出席了曾培炎副总理主持召开的征求对《国务院关于深化改革严格土地管理的决定》意见的会议。

审计署党组成员、纪检组长王道成出席审计署2004年度厅（局）级领导干部培训班开班式，并以《关于建立健全惩治和预防腐败体系问题》为题进行授课。

10月10～12日　余效明副审计长赴济南特派办进行工作调研。余副审计长听取了济南办领导班子的汇报，并就特派办如何进一步发展等问题，与处室负责人进行了座谈。期间，余副审计长到山东省审计厅、济南市审计局看望了审计人员。人事教育司有关人员陪同。

10月13日　令狐安副审计长受李金华审计长委托，参加国务院第66次常务会议。

10月14日　党组书记李金华主持召开署党组会议，讨论审议《关于进一步加强审计机关人才工作的意见》和《关于建立健全审计机关廉政体系的指导意见》，听取了办公厅关于召开全国审计机关人才和廉政工作会议准备情况的汇报并研究有关会议的具体事宜。党组副书记令狐安，党组成员王道成、余效明出席，办公厅、法制司、人事教育司、机关党委、监察局主要负责同志及有关人员列席了会议。

李金华审计长主持召开审计长会议，听取法制司对国家体育总局申请复议案件审理情况的汇报，并研究审议审理意见报告。副审计长令狐安、余效明，纪检组长王道成出席，办公厅、法制司、机关党委、监察局、文化体育审计局、机关服务局主要负责同志及有关人员列席了会议。

10月15日　李金华审计长在署机关会见了来访的韩国监查院院长田允喆先生率领的代表团。外事司、驻署监察局主要负责同志参加了会见。

余效明副审计长出席北京市审计机关第六届职工体育运动会开幕式。

10月17日　李金华审计长在审计署2004年度厅（局）长培训班上，作了题为《新时期党的执政能力建设》的专题讲座。

全国审计技术专业资格考试在全国各考点进行，令狐安副审计长视察了北京考点。署人事教育司、考试中心，北京市人事局考试中心负责同志陪同视察。全国共有31个省、自治区、直辖市及新疆生产建设兵团的18987人报名参加考试，考生人数与去年大体持平。

10月18日　李金华审计长在署机关会见了中国残联副主席王新宪、汤小泉一行，就审计有关问题交换意见。

10月19日　李金华审计长在署机关会见了国家税务总局谢旭人局长、郝昭成副局长一行6人，双方就有关问题交换了意见。署办公厅主要负责同志、财政审计司有关负责同志，国家税务总局办公厅、法规司、稽查局、统计局有关负责人参加。

10月22日　余效明副审计长在人民大会堂出席中共中央组织部举行的全国老干部先进个人和先进离退休干部党支部表彰大会。署离退休干部第一党支部被评为全国先进离退休干部党支部。离退休干部局主要负责同志一同参加。

10月25日　副审计长令狐安、刘家义参加了由国务院秘书长华建敏主持召开的专题会议，研究对国家体育总局申请复议事项的审计复议决定及其他有关情况。国务院副秘书长尤权、监察部部长李至伦，监察部有关负责同志及署法制司主要负责同志参加了会议。

刘家义副审计长出席中纪委常委会。

10月25～28日　亚洲审计组织第七个科研项目“审计质量管理体系”第三次研讨会在北京召开。石爱中副审计长出席25日的开幕式，并发表讲话。来自菲律宾、印度、巴基斯坦、马来西亚、也门、孟加拉和中国等7个国家最高审计机关的10位代表参加了会议。25日晚，刘家义副审计长会见并宴请了全体会议代表。

10月26日 余效明副审计长在怀柔审计干部培训基地出席社会保障基本理论和审计业务培训班开班式，并以《认清形势，总结经验，以科学的发展观指导社会保障审计工作》为题发表讲话。来自全国各省（区、市）、计划单列市、新疆生产建设兵团审计厅（局）和各特派办负责社会保障审计项目的人员共70余人参加培训。

10月26～27日 由中国审计学会、厦门大学会计系、厦门大学会计发展研究中心联合举办的效益审计理论与实务研讨会在福建省厦门市召开。中国审计学会会长吕培俭、副会长翟熙贵、罗进新、张以宽，学会领导、科研机构和高等院校的专家、教授共50多名代表参加了这次研讨会。大会研讨交流论文27篇。

10月27日 刘家义副审计长在署机关会见了科技部刘燕华副部长一行。双方就2003年预算执行审计的有关问题进行了交流，并就今后双方如何建立经常性沟通机制进行了讨论。行政事业审计司、科学技术审计局的有关负责同志参加了会见。

10月28日 石爱中副审计长出席全国深化改革严格土地管理工作电视电话会议。

10月27～29日 全国审计机关人才和廉政工作会议在南京审计学院召开。这次会议是审计署深入学习和全面贯彻党的十六届四中全会、全国人才工作会议精神和中纪委四次全会精神的一项重要举措。主要包括两个议题：一是总结我国20年来审计人才建设的基本经验，部署今后人才工作任务；二是总结2001年以来审计机关反腐倡廉工作，交流成功的做法和经验，研究部署审计机关廉政工作体系。江苏省省长梁保华、副省长吴瑞林到会并表示祝贺。副审计长令狐安，党组成员、纪检组长王道成分别作了题为《全面实施人才战略，推进审计事业发展》、《总结经验，与时俱进，努力构建审计机关廉政工作体系》的讲话。中央纪委、监察部，各地方审计机关，署机关各单位、派出局、特派办共200余人参加了会议。

十一月

11月1日 李金华审计长在署机关主持召开审计长会议，研究讨论《中央部门2004年度预算执行审计和决算审签总体工作方案》、《中央科技经费专项审计工作方案》、《审计署关于中国地震局原局长宋瑞祥同志任期经济责任审计工作方案》和《关于吉林省原省长洪虎同志任期经济责任审计工作方案》。副审计长刘家义、石爱中出席，办公厅、法制司主要负责同志列席会议，行政事业审计司、财政审计司、经济责任审计司主要负责同志参加了有关内容的讨论。

刘家义副审计长在人民大会堂出席中国科学院建院55周年茶话会。

11月2日 石爱中副审计长到经济执法审计局考察、指导计算机联网审计工作情况。办公厅、法制司、行政事业审计司、计算机中心、科研所及部分派出审计局参加。由科研所牵头的中央部门预算执行联网审计课题研究将正式启动。

11月1～3日 余效明副审计长参加国务院在陕西省西安市召开的全国扶贫开发工作会议。

11月4日 李金华审计长在署机关主持召开审计长会议，研究《审计署关于四城市“大学城”开发建设情况的专项审计调查报告》、《审计署关于中国普天信息产业集团公司欧阳忠谋同志任期经济责任审计报告》、国外贷援款项目审计服务中心《章程》、《人事管理制度》、《财务管理制度》以及开展业务等问题和云南省大姚地震救灾资金审计情况报告及审计决定。副审计长刘家义、余效明、石爱中出席，办公厅、法制司主要负责同志列席会议，人事教育司、财政审计司、经贸审计司、经济责任审计司、外资运用审计司、社会保障审计司主要负责同志参加了有关内容的讨论。

石爱中副审计长在京出席国家标准化管理委员会、审计署、财政部联合召开的《信息技术——会计核算软件数据接口》国家标准新闻发布会，并发表讲话。

11月5日 李金华审计长列席国务院第69次常务会议。

余效明副审计长出席了由署经贸审计司在署机关主办的烟草企业审计培训班并讲话。

11月6日　审计署派出局局长助理座谈会暨处长培训班在怀柔审计干部培训基地举行，李金华审计长出席会议并作了重要讲话。李审计长首先重申了派出局工作的总体思路，仍然要做到“守土有责、总体把握、突出重点”。刘家义副审计长主持会议，派出局局长助理、处长70余人参加了会议。

11月5日和8日　刘家义副审计长受李金华审计长委托，分别同中纪委、中组部和监察部有关领导同志就即将开展的对中国地震局原局长宋瑞祥同志和吉林省原省长洪虎同志的任期经济责任审计情况进行了沟通。财政审计司、行政事业审计司的负责同志参加。

11月9日　刘家义副审计长受李审计长的委托出席中共中央办公厅、国务院办公厅主持召开的电视电话会议。10日下午在署机关召开各单位主要负责人会议，传达会议精神。署机关各单位、各派出局、事业单位共50余人参加。

刘家义副审计长在中央电视台出席纪念新中国外交成立55周年文艺晚会。

11月10日　刘家义副审计长在署机关出席署行政事业司主持召开的中央部门2004年度预算执行审计培训班并讲话。

石爱中副审计长前往京津冀特派办，看望特派办OA系统培训班的学员并发表讲话。计算机中心主要负责人陪同。

11月11日　石爱中副审计长参加中纪委召开的部分中央部委有关领导同志座谈会。讨论《关于纪检监察机关严格依纪依法办案提高执纪办案水平的若干意见（征求意见稿）》。

刘家义副审计长受李金华审计长委托，代表令狐安副审计长在长春出席对吉林省原省长洪虎同志任期经济责任审计进点会。吉林省委、省政府有关部门以及审计组的主要负责同志参加了会议。

11月12日　刘家义副审计长出席中纪委常委会。

11月16日　刘家义副审计长出席对国家地震局原局长宋瑞祥同志任期经济责任审计进点会。行政事业审计司、地震气象审计局有关负责同志参加。

刘家义副审计长出席全国整顿和规范市场经济秩序领导小组会议，听取吴仪副总理重要讲话。

11月8～16日　余效明副审计长赴重庆办、西安办、兰州办进行工作调研。期间，到重庆市审计局、甘肃省审计厅看望审计人员。余效明副审计长强调：要注重四个创新，即：创新审计观念思路，创新审计方式方法，创新审计技术手段，创新审计业务成果。人事教育司、机关服务局有关负责同志陪同。

11月17日　石爱中副审计长到署农林水审计局检查该局被审计单位数据库建设情况并讲话。计算机中心、信息办主要负责同志陪同参加。

11月18日　党组书记李金华主持召开署党组会议，研究有关人事问题，听取关于职工住房购置及分配有关情况汇报，研究召开全国经济责任审计工作会议有关问题。党组副书记令狐安，党组成员刘家义、王道成、余效明出席，石爱中副审计长列席会议。办公厅、人事教育司、机关党委、监察局、机关服务局主要负责同志列席了有关内容的讨论。

11月22日　刘家义副审计长出席中纪委常委会。

李金华审计长出席中纪委主持召开的全国党风廉政责任制电视电话会议，听取吴官正同志的重要讲话。

11月16日、19日和24日　刘家义副审计长在中国地震局就对该局原局长宋瑞祥同志任期经济责任审计，分别同局领导班子成员进行座谈。

11月25日　党组书记李金华主持召开署党组会议，研究有关干部人事问题。党组成员刘家义、王道成、余效明出席，石爱中副审计长，人事教育司、机关党委主要负责同志列席会议。

署机关党委书记余效明前往中央国家机关工委拜访新任常务副书记杨衍银，并就我署机关党委换届选举工作的有关情况进行了汇报。机关党委负责同志陪同。

李金华审计长会见了应邀来访的乌克兰审计长西蒙年科率领的审计代表团，双方进行了友好的会谈。当晚双方审计长签署了《中华人民共和国审计署和乌克兰审计院合作协议》，李审计长设宴款待了代表团全体人员。副审计长刘家义，乌克兰驻华大使谢尔盖·卡梅舍夫，外事司负责同志参加了会见活动。

11月26日　李金华审计长应中央党校邀请，以《切实加强领导，强化审计监督》为题为党校学员讲课。李审计长着重讲了五个方面的问题：一是审计监督在我国源远流长；二是世界发达国家审计工作发展趋势；三是我国社会主义审计20年的发展历程；四是从审计情况看当前财经领域存在的主要问题；五是加强领导，充分发挥审计监督的作用。

11月28日　李金华审计长参加中央财经大学举办的"2004中国财经法律论坛"，并作了题为《关注责任，完善治理，促进民主与法制》的发言。

11月30日　刘家义副审计长出席中纪委常委会。

余效明副审计长到中国科学院文献情报中心参观中科院举办的知识创新成就展览。

令狐安副审计长主持召开会议，研究关于评选全国优秀审计项目的有关问题。署办公厅、法制司、人事教育司、金融审计司、行政事业审计司、经贸审计司、农业与资源环保审计司、社会保障审计司、固定资产投资审计司、外资运用审计司和监察局有关负责同志参加。

11月29～30日　中纪委、中组部、监察部、人事部、审计署、国资委在北京联合召开了全国经济责任审计工作会议。这是自2000年以来召开的第二次全国经济责任审计工作会议。党中央、国务院领导十分重视，温家宝总理和吴官正书记分别作了重要批示。这次会议主要总结2000年以来经济责任审计工作情况和经验，表彰先进地区和先进单位，提出今后的发展目标和工作措施。会上，中组部常务副部长赵洪祝传达了中央领导同志的批示精神，李金华审计长作了题为《把握机遇　开拓创新　全面推进经济责任审计工作》的报告，李至伦部长作了会议总结。审计署副审计长令狐安，监察部副部长李玉赋，中组部部务委员王尔乘，人事部副部长尹蔚民及国资委党委书记、副主任李毅中，中央六部门，各省、自治区、直辖市和计划单列市、新疆生产建设兵团及副省级省会城市的纪委、组织、监察、人事、审计部门和国资委的主要负责人，先进地区和单位的负责人414人参加了会议。

十二月

11月26～12月1日　刘家义副审计长受署党组委托，分别与各派出局领导班子进行座谈，就各局年度考核情况、领导班子存在的主要差距进行了深入交流，并提出了有针对性的要求和希望。人事教育司、行政事业审计司有关负责同志一同参加。

12月6日　党组书记李金华主持召开署党组会议，传达中央经济工作会议精神，研究结合审计工作实际学习贯彻的意见。会议议定，12月8日至11日，署党组中心组第4季度学习会在怀柔审计干部培训基地召开。党组成员刘家义、余效明出席，石爱中副审计长，办公厅、人事教育司、机关党委主要负责同志列席了会议。

刘家义副审计长会见了陈树坚会长率领的香港华人会计公会代表团。金融审计司、经贸审计司、外事司的有关负责同志参加了会见。

12月7～8日　余效明副审计长在京参加中央政法委员会召开的全国政法工作会议。中央政治局常委、政法委书记罗干到会并讲话。

12月8～11日　党组中心组2004年第4季度学习会在怀柔审计干部培训基地召开。这次学习会主要是传达贯彻中央经济工作会议精神，深入学习十六届四中全会关于加强党的执政能力建设的决定，结合审计工作实际，总结2004年审计工作，研究2005年审计工作。

12月13日　李金华同志主持召开署党组会议，讨论听取机关党委换届工作有关情况汇报，审议新一届机关党委、纪委委员候选人推荐提名人选；研究春节前有关工作。会上，令狐安同志还传达了全国组织部长会议精神。党组成员刘家义、余效明出席，办公厅、人事教育司、机关党委、监察局主要负责同志列席了会议。

刘家义副审计长在署机关主持召开"公共资金绩效审计"课题讨论会。会上，刘副审计长听取了各子课题负责人的阶段性工作进展情况汇报，并对下一步工作如何开展提出了具体意见和要求。

12月14日　刘家义副审计长出席中纪委常委会议。

余效明副审计长在京参加全国安全生产电视

电话会议。

12月15日　党组书记李金华主持召开署党组会议，讨论研究给国务院的审计工作汇报提纲，并通报了当日上午国务院常务会议在听取了审计署2004年预算执行和其他财政财务收支整改情况汇报后，温家宝总理和国务院其他领导同志对审计工作的重要指示。党组副书记令狐安，党组成员刘家义、王道成、余效明出席，石爱中副审计长，办公厅、法制司主要负责同志列席了会议。随后，李金华审计长又召开审计长会议，对署机关各单位报送的2005年全国性会议计划进行了审议。会议议定，2005年，除人事教育司报送的审计署与国家人事部联合召开的全国审计专业技术初、中、高级资格考试（评）工作总结暨全国工作会议之外，其他上报的会议不再举行。

12月23日　党组书记李金华主持召开了2004年度署党组民主生活会。并邀请署机关各单位和派出局全体司局级干部参加述职述廉会，对党组工作及党组同志的工作学习以及廉政等情况进行广泛评议。中纪委、中组部和中央国家机关工委派人参加了会议。党组副书记令狐安，党组成员刘家义、董大胜、王道成、余效明出席，石爱中副审计长，机关党委、办公厅、人事教育司、监察局主要负责同志列席了会议，署机关各单位、各派出审计局以及直属事业单位副司级以上干部参加了署领导述职述廉会议。

党组书记李金华主持召开署党组会议，研究有关人事问题，讨论企业领导人经济责任审计有关工作。党组副书记令狐安，党组成员刘家义、王道成、余效明出席，石爱中副审计长，办公厅、人事教育司主要负责同志列席了会议。

刘家义副审计长在署机关会见了劳动和社会保障部张小建副部长一行，双方就关于审计失业保险基金和再就业资金需注意和应研究的问题进行了沟通。社会保障审计司及社会保障审计局的主要负责同志一同参加。

12月24日　石爱中副审计长在署机关主持召开"国家重点建设项目绩效评审体系研究"课题讨论会。

12月28日　中国共产党审计署机关第四次代表大会在署机关召开。大会审议并通过了中国共产党审计署直属机关第五届委员会工作报告，选举产生了第六届中国共产党审计署直属机关委员会和纪律检查委员会。党组书记李金华参加大会并代表党组作了重要讲话。他充分肯定上一届机关党委所取得的成绩，对新一届机关党委的工作提出了希望。党组成员余效明同志代表新一届机关党委和机关纪委在会上发言。中纪委常委、中央国家机关纪工委书记马志鹏同志代表中央国家机关工委出席会议，署党组成员、纪检组长王道成和署机关各单位、各派出审计局的91名党员代表出席了大会。

在中央电视台举办的"2004CCTV年度经济人物"评选中，李金华审计长被评为"2004CCTV年度经济人物"，并获"2004CCTV年度经济人物大奖"。12月28日晚，李金华审计长参加了中央电视台举办的颁奖晚会。办公厅、法制司、机关党委有关负责同志和有关人员陪同参加。

12月29日　李金华审计长主持召开审计长会议，研究讨论全国审计工作会议报告、2005年审计计划等。副审计长令狐安、刘家义、余效明、石爱中，纪检组长王道成出席，办公厅、法制司、财政审计司、金融审计司、行政事业审计司、经贸审计司、农业与资源环保审计司、社会保障审计司、固定资产投资审计司、外资运用审计司、经济责任审计司、机关党委主要负责同志列席会议。

受李审计长委托，刘家义副审计长出席审计署与国家开发银行第一次联席会议。期间，刘副审计长与王益副行长进行了会谈，并签订了审计署与国家开发银行2004～2005年合作备忘录，还研究讨论了2005年的合作计划。固定资产投资审计司、财政审计司、金融审计司、人事教育司、计算机中心、科研所、培训中心等有关部门负责人一同参加。

12月30日　温家宝总理在国务院听取审计署工作汇报，并对审计工作作出重要指示。温总理充分肯定了2004年审计工作取得的成绩，同时对2005年工作提出了要求。审计长李金华，副审计长令狐安、刘家义、董大胜、余效明、石爱中，纪检组长王道成参加。办公厅、法制司主要负责同志陪同参加。

审 计 工 作 统 计

2004 年全国审计机关分行业审计情况统计表

金额单位:万元

指标 分类	审计单位（个）	审计处理情况						
		审计决定处理处罚						应自行纠正金额
		应上交财政			应减少财政拨款或补贴	应归还原渠道资金	应调账处理金额	
		小计	其中：税金	罚没				
合 计	124168	3627445	1020164	184949	274781	2586913	12033825	78167782
预算执行	17833	1190507	264423	39196	35989	789640	4021241	38731011
财政决算	7089	498812	95205	17140	14688	417512	687194	4332977
专项资金	13680	805626	23575	25950	2096	454738	491539	3785096
行政事业	55818	468195	109035	63383	20168	479036	1668844	8349183
固定资产投资	13135	54232	27442	6467	191807	174465	544663	3048733
金 融	1233	102083	91185	8006		35508	637681	10829744
外资运用项目	3984	3847	2926	630		13729	121417	969567
企 业	10688	503500	406090	24069	10033	221625	3852849	8114610
其 他	708	643	283	108		660	8397	6861

(续表)

指标 / 分类	审计处理情况 / 移送处理 / 移送司法机关 / 案件（件）	审计处理情况 / 移送处理 / 移送司法机关 / 涉案人员（人）	审计处理情况 / 移送处理 / 移送司法机关 / 涉案金额	审计处理情况 / 移送处理 / 移送纪检监察部门 / 事项（件）	审计处理情况 / 移送处理 / 移送纪检监察部门 / 涉及人员（人）	审计处理情况 / 移送处理 / 移送纪检监察部门 / 涉及金额	审计处理情况 / 建议有关部门处理 / 件数	审计处理情况 / 建议有关部门处理 / 涉及人员（人）	审计处理情况 / 建议有关部门处理 / 涉及金额	审计处理情况 / 建议有关部门处理 / 建议纠正部门不当规定（条）	审计处理情况 / 建议有关部门处理 / 建议制定修改法律法规（条）	审计处理结果落实情况 / 已上交财政 / 小计	审计处理结果落实情况 / 已上交财政 / 其中：税金	审计处理结果落实情况 / 已上交财政 / 其中：罚没	审计处理结果落实情况 / 已减少财政拨款或补贴	审计处理结果落实情况 / 已归还原渠道资金	审计处理结果落实情况 / 已调账处理金额	审计处理结果落实情况 / 已自行纠正金额
合　计	649	1020	626249	1240	1525	224524	1207	842	646953	2973	18	2621322	639428	265335	169817	1060998	7017189	44685706
预算执行	43	38	4618	113	135	48802	194	98	220387	519	6	960479	194560	30409	22741	293614	2286934	30988774
财政决算	21	23	954	66	98	2526	69	51	80811	325		319526	57151	10999	9444	218005	362349	2042072
专项资金	54	49	11817	98	115	5411	177	228	7238	245	3	647058	21520	147985	1245	162144	280577	1271717
行政事业	242	355	16694	695	827	62499	484	348	42112	1348	5	320014	66177	46206	20775	192635	1342680	3732208
固定资产投资	28	45	67860	20	23	31093	80	15	29431	122		29640	13982	5202	112299	110249	335452	1272401
金　融	66	197	402953	7	9	15425	33	11	57619	38	2	32268	25160	6580		4568	421561	1387548
外资运用项目	3	10	6581	5	4	1048	8	4	89648	16		2357	1630	467	25	8028	107815	463958
企　业	187	293	114324	195	287	57633	161	86	91147	360	1	309491	259076	17424	3288	71592	1879604	3524561
其　他	5	10	448	41	27	87	1	1	28560		1	489	172	63		163	217	2467

（续 表）

指标 分类	审计处理结果落实情况						审计结果开发利用情况									补充资料	
	移送司法机关		移送纪检监察部门		建议有关部门处理		提交工作报告、信息(篇)				工作报告、信息被批示采用(篇)				向社会公告审计结果（篇）	行政复议案件（件）	行政应诉案件（件）
	已立案（件）	已追究刑事责任（人）	已处理（件）	已给予党政纪处分（人）	已落实（件）	已处理人员（人）	合计	专题或综合性报告	审计调查报告	信息简报	合计	专题或综合性报告	审计调查报告	信息简报			
合　计	312	236	444	457	451	223	92666	24230	5187	60315	42343	5997	1107	34094	522	18	1
预算执行	19	9	32	32	107	17	8637	3036	492	4864	3727	1012	97	2542	81	1	
财政决算	14	4	22	36	62	25	2558	942	209	1284	972	248	19	689	14		
专项资金	18	9	37	67	38	43	8431	2919	2056	3228	3066	718	435	1845	105	10	
行政事业	121	83	249	215	174	83	23666	11366	793	10320	8496	2405	172	5694	192	4	1
固定资产投资	11	8	5	2	20	2	3576	1076	328	2090	1554	303	66	1149	44	2	
金　融	37	22	1		2	1	1161	290	108	724	465	78	18	327	4		
外资运用项目	2		3	3	1	1	1678	815	108	682	532	131	26	366	7		
企　业	89	100	74	80	47	50	4328	1670	407	2142	1645	357	99	1155	28	1	
其　他	1	1	21	22		1	38631	2116	686	34981	21886	745	175	20327	47		

2004年审计署业务司审计情况统计表

金额单位：万元

指标 审计机关	审计单位（个）	审计处理情况						
		审计决定处理处罚						应自行纠正金额
		应上交财政			应减少财政拨款或补贴	应归还原渠道资金	应调账处理金额	
		小计	其中：税金	其中：罚没				
合　计	236	232272	149164	3153	3100	18178	1713612	21028747
财政审计司	1							19115303
金融审计司	3	6748	5639	1109			1219505	1688276
行政事业审计司	2				3100	1505	115329	54767
经贸审计司	1	145503	143458	2044		9486	371000	
农业与资源环保审计司	7	334				1557	7751	155683
固定资产投资审计司	1	79687	67			800		
社会保障审计司	2					4830	27	12680
外资运用审计司	218							
经济责任审计司	1							2038

（续 表）

审计机关 \ 指标	审计处理情况											审计处理结果落实情况						
	移送处理						建议有关部门处理					已上交财政			已减少财政拨款或补贴	已归还原渠道资金	已调账处理金额	已自行纠正金额
	移送司法机关			移送纪检监察部门			件数	涉及人员（人）	涉及金额	建议纠正部门不当规定（条）	建议制定修改法律法规（条）	小计	其中：					
	案件（件）	涉案人员（人）	涉案金额	事项（件）	涉及人员（人）	涉及金额							税金	罚没				
合 计	11	54	35198	4	12	5166	6	4	150686	1	3	150167	147244	2922		2053	636428	19898938
财政审计司											2							19115303
金融审计司	2	3	24364				1		14900	1		6748	5639	1109			271556	666600
行政事业审计司																		
经贸审计司	8	49	4834	4	12	5166	2	2	46277		1	143419	141605	1813		122	357192	
农业与资源环保审计司																1931	7680	117035
固定资产投资审计司																		
社会保障审计司																		
外资运用审计司	1	2	6000				3	2	89509									
经济责任审计司																		

（续 表）

指标 审计机关	审计处理结果落实情况						审计结果开发利用情况									补充资料	
	移送司法机关		移送纪检监察部门		建议有关部门处理		提交工作报告、信息(篇)				工作报告、信息被批示采用(篇)				向社会公告审计结果（篇）	行政复议案件（件）	行政应诉案件（件）
	已立案（件）	已追究刑事责任（人）	已处理（件）	已给予党政纪处分（人）	已落实（件）	已处理人员（人）	合计	专题或综合性报告	审计调查报告	信息简报	合计	专题或综合性报告	审计调查报告	信息简报			
合　计	9	51	4	39	3	2	166	15	4	147	116	11	2	102	4		
财政审计司							27	2	1	24	22	2	1	19	1		
金融审计司	1	2			1		28	2		26	23	2		21			
行政事业审计司							17	6		11	9	2		6	1		
经贸审计司	8	49	4	11	2	2	15			15	15			15			
农业与资源环保审计司							30	5		25	20	5		15	1		
固定资产投资审计司							22			22	12			12	1		
社会保障审计司				28			10		3	7	7		1	6			
外资运用审计司							17			17	8			8			
经济责任审计司																	

2004年审计署派出局审计情况统计表

金额单位:万元

指标 审计机关	审计单位（个）	审计处理情况							
		审计决定处理处罚							应自行纠正金额
		应上交财政			应减少财政拨款或补贴	应归还原渠道资金	应调账处理金额		
		小计	其中：税金	其中：罚没					
合　计	73	75107	633	740	8385	57823	1176161		4635220
外交外事审计局	4					1890	24298		516809
发展计划审计局	2	3906			7367	2875	30014		199158
经济审计一局	4				946	16638	6973		9988
经济审计二局	3	49590	149				212		14535
贸易审计局	2	5943					497		96559
国防工业审计局	3	8625				358	24071		644669
教育审计局	3	17	17				5485		51369
科学技术审计局	3	257	257			120	10876		431288
政法审计局	3					5098			65590
民族宗教审计局	3	2361			72	491	1489		20450
建设建材审计局	3	418				3212	8610		9013
交通运输审计局	2	1082					850880		925538
信息邮政审计局	3					290	96761		203146
农林水审计局	3	176	29	100		203	703		386386
文化体育审计局	3						7500		137797
卫生药品审计局	3					1257	1837		69436
海关审计局	3					1847	40930		226683
经济执法审计局	3					1820			16542
新闻通讯审计局	2	67	67			402	2311		19463
旅游侨务审计局	4	1846	35			2210	22838		119333
监察人事审计局	3						108		4215
资源环保审计局	2	717		617			295		286799
社会保障审计局	3	40	40			136	134		26794
科学工程审计局	3	62	39	23		20646	6778		80295
地震气象审计局	3					150	30741		73365

（续 表）

审计机关＼指标	审计处理情况											审计处理结果落实情况						
	移送处理						建议有关部门处理					已上交财政			已减少财政拨款或补贴	已归还原渠道资金	已调账处理金额	已自行纠正金额
	移送司法机关			移送纪检监察部门								小计	其中：					
	案件（件）	涉案人员（人）	涉案金额	事项（件）	涉及人员（人）	涉及金额	件数	涉及人员（人）	涉及金额	建议纠正部门不当规定（条）	建议制定修改法律法规（条）		税金	罚没				
合　计	1	2	1100	1	2	200	16	5	172974	1	4	69896	1274	123	5422	35325	1094302	4016210
外交外事审计局																1890	24298	513722
发展计划审计局												1569			4476	2875	24684	192858
经济审计一局							11		3230						946			15019
经济审计二局												49590	149				212	14525
贸易审计局												4507					400	2463
国防工业审计局											4	8625				358	11741	619800
教育审计局												2	2				5391	51305
科学技术审计局												257	257			120	5313	83184
政法审计局																5098		58677
民族宗教审计局				1	2	200	2	5	4926			2361				179	1451	13980
建设建材审计局												418				3212	8610	9013
交通运输审计局												1082					850880	925538
信息邮政审计局																290	96761	203146
农林水审计局												205	58	100		279	709	8955
文化体育审计局							3		119631							6797	32729	
卫生药品审计局																		
海关审计局	1	2	1100													247	40903	226683
经济执法审计局																		
新闻通讯审计局												741	741			402	3536	6901
旅游侨务审计局									45187			349				47	5029	87241
监察人事审计局																	108	4215
资源环保审计局												100					295	286799
社会保障审计局												40	40			136	134	
科学工程审计局										1		50	27	23		20042	6663	618592
地震气象审计局																150	387	40865

（续 表）

指标 审计机关	审计处理结果落实情况						审计结果开发利用情况									补充资料	
	移送司法机关		移送纪检监察部门		建议有关部门处理		提交工作报告、信息(篇)				工作报告、信息被批示采用(篇)				向社会公告审计结果(篇)	行政复议案件(件)	行政应诉案件(件)
	已立案(件)	已追究刑事责任(人)	已处理(件)	已给予党政纪处分(人)	已落实(件)	已处理人员(人)	合计	专题或综合性报告	审计调查报告	信息简报	合计	专题或综合性报告	审计调查报告	信息简报			
合　计							102	30	14	53	44	9	3	32	3	2	
外交外事审计局							8	1	1	6	8			8		1	
发展计划审计局																	
经济审计一局							6	3	1	2	7	5	1	1			
经济审计二局																	
贸易审计局							1			1					1		
国防工业审计局							4		2	2	3		2	1			
教育审计局																	
科学技术审计局																	
政法审计局																	
民族宗教审计局							2		2								
建设建材审计局																	
交通运输审计局							4	1	1	2	2			2	1		
信息邮政审计局							3	3									
农林水审计局							3	1		2	3			3			
文化体育审计局							10	3	4	2	5	3		2		1	
卫生药品审计局																	
海关审计局							6	3		3	1			1			
经济执法审计局																	
新闻通讯审计局																	
旅游侨务审计局							15	6	2	7	3			3			
监察人事审计局															1		
资源环保审计局							20	7		13	6	1		5			
社会保障审计局							4				4			4			
科学工程审计局							13	2		11	2			2			
地震气象审计局							3		1	2							

2004 年审计署特派办审计情况统计表

金额单位:万元

审计机关 \ 指标	审计单位(个)	审计处理情况						
		审计决定处理处罚						应自行纠正金额
		应上交财政			应减少财政拨款或补贴	应归还原渠道资金	应调账处理金额	
		小计	其中:税金	其中:罚没				
合　计	209	692168	175939	3360	6448	392815	450982	10968083
上海特派办	15	1080	1066	14			3182	3921518
沈阳特派办	24	402512			294			44673
广州特派办	13	46093	45128	965		4965	49080	3569958
武汉特派办	11	29		9	268		16945	124879
济南特派办	8	122720	19445	155	48	61084	89720	474656
郑州特派办	20	1578	2			252381	2189	813608
南京特派办	17	28985	27877	999	109	5612	186320	718694
西安特派办	9					29567	33595	84670
成都特派办	10	11319	10731	588		35341	7232	326362
哈尔滨特派办	11	59963	59963			205	91	687
昆明特派办	7	4662	3980	214			28146	44863
长沙特派办	9	5229	239					1220
深圳特派办	5					3393	17764	78868
兰州特派办	9	550	136	340	5729		13915	53556
太原特派办	15	794	786	8			142	387155
京津冀特派办	19	14	14				1515	203360
长春特派办	4	4025	4025					72106
重庆特派办	3	2615	2547	68		267	1146	47250

（续 表）

指标 / 审计机关	审计处理情况											审计处理结果落实情况						
	移送处理						建议有关部门处理					已上交财政			已减少财政拨款或补贴	已归还原渠道资金	已调账处理金额	已自行纠正金额
	移送司法机关			移送纪检监察部门			件数	涉及人员（人）	涉及金额	建议纠正部门不当规定（条）	建议制定修改法律法规（条）	小计	其中：					
	案件（件）	涉案人员（人）	涉案金额	事项（件）	涉及人员（人）	涉及金额							税金	罚没				
合　计	71	177	445744	6	3	4364	31	18	53979	8	2	580009	69577	130680	5777	84672	332905	1438040
上海特派办																		14893
沈阳特派办	3	3	3150						28548			402512		127537				
广州特派办	4	55	194915	3		2039	1		637			23146	22218	928		4539	16269	5025
武汉特派办							1	1	1831			9		9				
济南特派办	2	5	13405									120369	17094	155	48	61084	89720	343633
郑州特派办	10	24	32952	1	1	2262	9	9	12895			2	2			6351	2016	347044
南京特派办	5	7	15926	2	2	63				8	2	10551	9552	999		4524	127250	372269
西安特派办			212														2099	111
成都特派办	28	49	77084				12		1433			11319	10731	588		8174	4628	264486
哈尔滨特派办	1	1	19				2	7	730									687
昆明特派办	2	3	1313									4522	3870	214			32397	
长沙特派办	7	10	20144				1		120			84	84					1220
深圳特派办	2	4	5944				4	1	6866			380	380					
兰州特派办	4	12	929				1		919			74			5729		2372	5124
太原特派办																		941
京津冀特派办	1	4	2937															
长春特派办	2		76814															
重庆特派办												7041	5646	250			56154	82607

（续 表）

审计机关＼指标	审计处理结果落实情况						审计结果开发利用情况									补充资料	
	移送司法机关		移送纪检监察部门		建议有关部门处理		提交工作报告、信息(篇)				工作报告、信息被批示采用(篇)				向社会公告审计结果（篇）	行政复议案件（件）	行政应诉案件（件）
	已立案（件）	已追究刑事责任（人）	已处理（件）	已给予党政纪处分（人）	已落实（件）	已处理人员（人）	合计	专题或综合性报告	审计调查报告	信息简报	合计	专题或综合性报告	审计调查报告	信息简报			
合　计	26	15	1		5	21	1346	212	200	917	449	43	39	342	4		
上海特派办							98	21	16	61	31			31			
沈阳特派办							57	15	5	37	5		1	4			
广州特派办	1	3					58	6	14	38	24	2	1	21			
武汉特派办							18	1	13	4	4		3	4	1		
济南特派办	1						86	12	11	63	39	6	6	27			
郑州特派办	4						61	14	3	31	32	3		16			
南京特派办	5	1	1				160	13	18	129	59	6	6	47			
西安特派办							32	2	10	20							
成都特派办	14	11					84	24	11	48	28	10	5	13	3		
哈尔滨特派办							143	13	8	122	33		4	29			
昆明特派办	1						154		20	134	69		6	63			
长沙特派办							180	42	16	122	73	13		60			
深圳特派办							45	9	12	22	15						
兰州特派办							15	2	7	6	1		1				
太原特派办							38	3	13	22	13	1	2	10			
京津冀特派办							87	30	14	42	8		2	6			
长春特派办							12	3	1	8	10	2		8			
重庆特派办					5	21	18	2	8	8	5		2	3			

2004 年地方审计机关审计情况统计表

金额单位:万元

指标 / 审计机关	审计单位（个）	审计处理情况						
		审计决定处理处罚						应自行纠正金额
		应上交财政			应减少财政拨款或补贴	应归还原渠道资金	应调账处理金额	
		小计	其中：税金	其中：罚没				
合　计	123651	2707585	694495	177696	256848	2118897	8693070	41535732
北京市审计局	782	37370	24392	27	5756	94670	194466	1688441
天津市审计局	912	58853	8053	662	108	28277	735584	1245257
河北省审计厅	4424	166983	61749	8357	406	66379	424285	1266504
山西省审计厅	5233	216038	59319	13853	1700	124357	287950	1189259
内蒙古自治区审计厅	5581	62129	11148	6384	2761	78390	209546	338466
辽宁省审计厅	5322	77304	15434	5396	10149	52164	59630	1696178
其中:大连市审计局	567	17290	1132	845	58	620	457	759235
吉林省审计厅	3287	122286	77689	10657	3592	136972	193560	899273
黑龙江省审计厅	4629	21395	6914	8296	26617	85994	197567	1350009
上海市审计局	839	18041	2393	246	44480	5306	640879	1292777
江苏省审计厅	5486	333518	72446	7983	35608	131574	649784	3248198
浙江省审计厅	5181	171391	53086	8221	26324	149144	382607	3351316
其中:宁波市审计局	469	9934	2224	124	7506	14531	11010	533914
江西省审计厅	7440	47212	14304	6951	10627	33855	153134	1059820
福建省审计厅	3560	241279	21434	6766	7402	60564	207639	1457290
其中:厦门市审计局	185	28034	321	114	5813	369	40656	342380
安徽省审计厅	5223	59480	10804	2954	1917	28008	140796	1709599
山东省审计厅	7689	279830	71095	12194	18039	186336	893820	4234613

（续表）

指标 审计机关	审计单位（个）	审计处理情况						
		审计决定处理处罚						应自行纠正金额
		应上交财政			应减少财政拨款或补贴	应归还原渠道资金	应调账处理金额	
		小计	其中：税金	罚没				
其中:青岛市审计局	758	27848	11084	297	8641	43519	39224	476730
河南省审计厅	6728	87208	19150	15448	15409	157692	613612	1621164
湖北省审计厅	4654	59614	18281	9527	2053	110567	294000	1711863
湖南省审计厅	5882	28460	11354	8239	3178	52231	148625	1174568
广东省审计厅	5153	91346	45405	4030	9306	39074	622479	3835284
其中:深圳市审计局	873	3177	707	164	1652	13315	20706	819271
广西壮族自治区审计厅	2656	54001	13183	4524	2284	40971	249522	758300
海南省审计厅	502	20040	3657	287	2757	19916	126520	380603
四川省审计厅	6943	146189	35038	7345	9870	121081	392839	1746217
重庆市审计局	1336	8265	1489	1632	30	15976	51612	341521
贵州省审计厅	2284	32993	4644	1491	3198	70039	66754	290030
云南省审计厅	4537	100043	10823	3227	8244	51816	141035	750201
西藏自治区审计厅	207	2660	140	510		6067	4994	44161
陕西省审计厅	6690	85355	8579	13812	2555	39516	101524	1138467
甘肃省审计厅	5082	17963	7235	2031	505	44767	326622	303371
青海省审计厅	1212	23263	319	312	231	11280	27840	282192
宁夏回族自治区审计厅	944	21592	1431	881	1290	16485	29679	155954
新疆维吾尔自治区审计厅	2752	14784	3502	4783	452	56491	62230	887649
新疆生产建设兵团审计局	501	700	5	670		2938	61936	87187

(续表)

指标 审计机关	审计处理情况											审计处理结果落实情况						
	移送处理						建议有关部门处理					已上交财政			已减少财政拨款或补贴	已归还原渠道资金	已调账处理金额	已自行纠正金额
	移送司法机关			移送纪检监察部门								小计	其中：					
	案件（件）	涉案人员（人）	涉案金额	事项（件）	涉及人员（人）	涉及金额	件数	涉及人员（人）	涉及金额	建议纠正部门不当规定（条）	建议制定修改法律法规（条）		税金	罚没				
合 计	566	787	144207	1229	1508	214794	1154	815	269314	2963	9	181250	421333	131610	158618	938948	4953554	19332518
北京市审计局	1		1033	1	1		5	5	306			26231	13111	68	3868	25393	53157	1244263
天津市审计局	3	5	870	2	3	60	15	4	8029	6		49085	3973	170	108	25959	135494	209202
河北省审计厅	8	22	14370	19	21	11660	39	16	13604	30		123706	51577	5703	323	35593	143051	613825
山西省审计厅	50	58	2154	202	208	5272	75	69	3764	44		160731	46756	11994	1499	54898	139753	600530
内蒙古自治区审计厅	31	50	569	66	106	2471	29	19	4376	12		60253	10794	5893	2021	51144	167950	272775
辽宁省审计厅	23	26	2921	40	37	45347	19	11	841	40		55745	8861	3430	1775	14827	26936	562380
其中：大连市审计局	12	13	2225	13	13	481	2		458			14539	733	828	58	613	319	155154
吉林省审计厅	3	3	56	6	4	1049	10	3	4935	12		9981	2376	4483	43	12173	33574	54417
黑龙江省审计厅	14	8	386	44	31	3517	78	173	3199	142		9880	3555	4894	26593	23319	56707	437547
上海市审计局	6	11	468	4	14	23384						13905	2639	239	8588	726	463662	835238
江苏省审计厅	49	58	7413	106	150	8689	58	38	5484	159		211125	45134	7970	34343	91745	465255	2250313
浙江省审计厅	32	42	6093	49	60	4256	81	43	5912	68		86058	29226	6403	19219	55367	164361	1411796
其中：宁波市审计局	2	2	19	6	7	255	4	2	1600			4098	1932	97	1033	3484	4197	60039
江西省审计厅	20	47	358	46	54	3802	11	12	148	94		42090	12664	4586	9094	14052	42405	519413
福建省审计厅	11	16	502	63	87	14302	104	40	7267	6		117539	20566	2611	479	13053	82019	243777
其中：厦门市审计局	2	6	155	14	40	4680	9	2	3561			16995	153	108	200	91	13455	76472
安徽省审计厅	16	17	3210	34	27	974	21	6	4839	5		38883	7016	2186	1671	10299	72432	688733
山东省审计厅	39	64	61059	54	72	7056	117	42	32267	307		223376	48443	9272	16191	98759	551040	2385561

(续 表)

指标 审计机关	审计处理情况											审计处理结果落实情况						
	移送处理						建议有关部门处理					已上交财政			已减少财政拨款或补贴	已归还原渠道资金	已调账处理金额	已自行纠正金额
	移送司法机关			移送纪检监察部门			件数	涉及人员（人）	涉及金额	建议纠正部门不当规定（条）	建议制定修改法律法规（条）	小计	其中:					
	案件（件）	涉案人员（人）	涉案金额	事项（件）	涉及人员（人）	涉及金额							税金	罚没				
其中:青岛市审计局	7	17	1404	9	14	3247	10	2	9169	2		18678	7369	213	7312	3415	15072	165951
河南省审计厅	46	46	8714	78	78	5460	71	53	78661	540		99041	11495	11527	5437	80906	349537	1304814
湖北省审计厅	30	45	13772	42	66	5878	11	12	1014	133	1	45801	10487	8267	1322	43526	116493	493476
湖南省审计厅	23	37	1419	68	74	3343	20	11	546	554		22277	8951	6944	1736	22629	96482	693303
广东省审计厅	9	12	1413	67	62	19677	75	41	26918	16		108471	36425	3890	5491	37170	957134	1514507
其中:深圳市审计局				1	1	6				3		6198	5421	75	1652	150	278	185337
广西壮族自治区审计厅	12	9	838	19	26	1925	22	63	1218	115	2	29147	6408	2900		11542	32746	109475
海南省审计厅	2	2	39	6	7	219	8	5	257		1	17027	2345	107	1109	4436	86086	233575
四川省审计厅	51	57	9993	63	82	4890	157	40	47838	121	3	61318	14729	4787	5710	59122	138645	894810
重庆市审计局	12	21	933	17	28	4455	5	3	781			6077	809	1163	592	26281	35204	282708
贵州省审计厅	11	20	440	26	31	1167	15	14	145	6		11269	897	1015	1734	18050	32023	195194
云南省审计厅	22	23	2598	22	32	11657	30	45	4095	21		86710	7267	2838	7946	16399	92839	276960
西藏自治区审计厅								3	9	116		2255	14	166		335	1797	5292
陕西省审计厅	12	45	1367	17	41	19653	14	5	3901	321		47720	6301	11532	824	17976	76481	470587
甘肃省审计厅	5	7	479	14	23	1344	13	6	938	55		9971	4412	1293	9	27771	229670	45863
青海省审计厅	2	2	12	1		34	7	1	156	5		22309	528	184	101	6260	14827	227785
宁夏回族自治区审计厅	4	6	64	6	9	587	8	11	707	13	1	13067	1058	1081	530	6369	25235	37553
新疆维吾尔自治区审计厅	18	27	662	37	60	2375	35	20	7141	14	1	10001	2511	3818	262	31037	24846	203699
新疆生产建设兵团审计局	1	1	2	10	14	291	1	1	18	8		201	5	196		1832	45713	13147

（续 表）

指标 / 审计机关	审计处理结果落实情况						审计结果开发利用情况									补充资料	
	移送司法机关		移送纪检监察部门		建议有关部门处理		提交工作报告、信息(篇)				工作报告、信息被批示采用(篇)				向社会公告审计结果（篇）	行政复议案件（件）	行政应诉案件（件）
	已立案（件）	已追究刑事责任（人）	已处理（件）	已给予党政纪处分（人）	已落实（件）	已处理人员（人）	合计	专题或综合性报告	审计调查报告	信息简报	合计	专题或综合性报告	审计调查报告	信息简报			
合　计	277	170	439	418	443	200	91052	23973	4969	59198	41734	5934	1063	33618	511	16	1
北京市审计局	1	1	1		4	5	1198	133	66	891	887	22	13	792	1		
天津市审计局			1		2		1443	202	120	1094	639	32	16	591	1		
河北省审计厅	2	1	5	6	5	3	4423	1099	98	3083	1894	278	20	1563	23		
山西省审计厅	27	21	103	98	40	44	4225	994	190	2969	2046	245	27	1598	31		
内蒙古自治区审计厅	21	8	26	14	14	12	5802	1922	133	3681	2674	365	22	2278	24		
辽宁省审计厅	7	6	9	12	4	5	2591	622	179	1689	1099	149	33	905	2		
其中:大连市审计局	6	3	4	5	1		454	38	62	354	224	15	11	197			
吉林省审计厅	1	1	1	1	2	2	865	35	42	786	478	9	13	455			
黑龙江省审计厅	9	5	16	10	48	2	5334	2597	189	2184	1188	230	15	752	16		
上海市审计局	4	9					1173	136	64	968	606	43	9	549	4		
江苏省审计厅	29	13	33	43	117	17	7726	1766	305	5603	4446	595	77	3726	49		
浙江省审计厅	19	11	17	21	24	12	4534	723	307	3363	2397	269	144	1968	39		
其中:宁波市审计局	2	1			2	2	535	40	48	447	361	5	20	336	4		
江西省审计厅	8	15	17	16	6	6	1382	860	135	387	417	200	25	192	12		
福建省审计厅	7	2	11	17	10		4482	651	272	3491	2474	158	48	2264	36		
其中:厦门市审计局	2		5	3			705	54	20	631	456	28	6	422			
安徽省审计厅	5	1	11	10	11	2	5263	1376	194	3119	3002	373	58	2323	7		
山东省审计厅	18	21	24	21	72	10	9413	2767	304	6106	3758	686	76	2932	75	1	

(续表)

指标 审计机关	审计处理结果落实情况						审计结果开发利用情况									补充资料	
	移送司法机关		移送纪检监察部门		建议有关部门处理		提交工作报告、信息(篇)				工作报告、信息被批示采用(篇)				向社会公告审计结果(篇)	行政复议案件(件)	行政应诉案件(件)
	已立案(件)	已追究刑事责任(人)	已处理(件)	已给予党政纪处分(人)	已落实(件)	已处理人员(人)	合计	专题或综合性报告	审计调查报告	信息简报	合计	专题或综合性报告	审计调查报告	信息简报			
其中:青岛市审计局	2	2	2	1	4		877	359	21	496	370	106	6	257	6		
河南省审计厅	34	20	40	42	28	40	4180	941	198	2906	1912	376	43	1446	16		
湖北省审计厅	12	4	12	13	1	1	8229	1761	87	6240	4792	507	24	4203	48		
湖南省审计厅	13	6	37	25	9	6	2205	982	245	751	865	401	67	317	23		1
广东省审计厅	4	4	15	10	8	1	1695	491	295	879	639	116	93	428	5		
其中:深圳市审计局			1				42	9	12	18	24	3	3	18			
广西壮族自治区审计厅	2	1	3	1	3	1	280	122	96	35	144	95	26	21	14	11	
海南省审计厅	1	1	3	4			378	67	33	272	242	35	5	198	9	1	
四川省审计厅	14	1	14	15	5	7	2718	708	308	1503	1189	108	48	998	27		
重庆市审计局	9	7	1		1		1985	635	112	1215	691	84	14	592			
贵州省审计厅	5	2	6	3	8		2111	247	262	1601	649	27	10	612		2	
云南省审计厅	9	3	10	14	6	4	1595	219	225	1147	486	44	16	424	3	1	
西藏自治区审计厅							81	63	7	8	7		6	1			
陕西省审计厅	7	1	6	3	1	2	1422	565	119	683	650	163	34	441			
甘肃省审计厅	1	1	5	6	5	5	1124	463	182	393	312	132	38	140	8		
青海省审计厅	1				2	1	687	253	26	404	138	23	2	113	7		
宁夏回族自治区审计厅			3	2	2	10	707	210	21	476	371	46	11	314	27		
新疆维吾尔自治区审计厅	7	4	8	10	5	2	1672	259	130	1271	580	71	20	482	4		
新疆生产建设兵团审计局			1	1			129	104	25		62	52	10				

2004年全国审计机关经济责任审计结果情况统计表

金额单位：万元

分类＼指标	审计经济责任人（人）	审计单位（个）	审计查出主要问题						领导干部个人经济问题				
			违规金额		管理不规范		损失浪费						
			主管责任	直接责任	主管责任	直接责任	主管责任	直接责任	小计	贪污	行贿受贿	挪用	其他
合　计	33737	34277	5981751	570372	11587993	372599	1247865	15264	12908	242	82	1204	11380
党政领导小计	31568	32042	3020871	355729	7363024	277841	84583	7132	8244	168	82	810	7184
国有及国有控股企业小计	2169	2235	2960880	214643	4224969	94758	1163282	8132	4664	74		394	4196
一、审计署	2	2	466000		1115738		780055						
党政领导	1	1			1738								
国有及国有控股企业	1	1	466000		1114000		780055						
二、省级审计机关	416	440	2066950	242552	4269802	135345	280621	7124	379				379
党政领导	314	328	630181	91909	2397824	106452	38015	2126	199				199
国有及国有控股企业	102	112	1436769	150643	1871978	28893	242606	4998	180				180
三、地级审计机关	6078	8122	2209632	140523	3227920	112220	145242	3427	4911	33	14	655	4209
党政领导	5309	7263	1331400	102021	2283654	57844	16841	1840	3720	23	14	553	3130
国有及国有控股企业	769	859	878232	38502	944266	54376	128401	1587	1191	10		102	1079
四、县级审计机关	27241	25713	1239169	187297	2974533	125034	41947	4713	7618	209	68	549	6792
党政领导	25944	24450	1059290	161799	2679808	113545	29727	3166	4325	145	68	257	3855
国有及国有控股企业	1297	1263	179879	25498	294725	11489	12220	1547	3293	64		292	2937

（续 表）

分类 \ 指标	国有资产（个）			被审计人员的职务变动情况（人）					建议给予党政纪处分（人）	移送纪检监察（人）	移送司法机关（人）	移送纪检司法部门其他涉案人员（人）
	增值单位	保值单位	减值单位	平调	晋升	免职	降职	撤职				
合　计	8295	9674	1489	14352	2283	1738	162	76	119	402	159	349
党政领导小计	7744	9242	1144	13718	2184	1533	152	58	112	339	127	235
国有及国有控股企业小计	551	432	345	634	99	205	10	18	7	63	32	114
一、审计署	1			1								61
党政领导				1								
国有及国有控股企业	1											61
二、省级审计机关	114	40	17	45	18	18		1	2	6	4	50
党政领导	80	36	3	40	16	11			1	4	3	26
国有及国有控股企业	34	4	14	5	2	7		1	1	2	1	24
三、地级审计机关	1796	1315	272	1835	322	275	15	18	12	75	29	98
党政领导	1590	1212	132	1626	301	230	10	11	12	64	20	85
国有及国有控股企业	206	103	140	209	21	45	5	7		11	9	13
四、县级审计机关	6384	8319	1200	12471	1943	1445	147	57	105	321	126	140
党政领导	6074	7994	1009	12051	1867	1292	142	47	99	271	104	124
国有及国有控股企业	310	325	191	420	76	153	5	10	6	50	22	16

2004 年全国审计机关审计调查情况统计表

金额单位:万元

指标 分类	专项审计调查项目(个)	审计调查单位(个)	审计调查金额	调查发现问题金额	提交审计调查报告(篇)			审计调查报告被批示、采用(篇)							促进地方部门制定完善规章(条)
					合计	提交专项调查报告	提交综合报告	合计	党中央国务院	国务院各部门	地方党政领导	上级审计机关	新闻单位	其他	
合　计	5419	51187	279089901	35975154	5187	4357	677	1107	18	8	612	260	61	148	2124
审计署	159	2427	136259057	23201386	218	193	25	44	17	7	1	17	1	1	25
省级审计机关	428	4337	49071253	5302154	276	230	43	69			54	3	6	6	152
地级审计机关	1690	16551	64125295	5284421	1489	1221	261	359			215	64	15	65	711
县级审计机关	3142	27872	29634296	2187193	3204	2713	348	635	1	1	342	176	39	76	1236

2004 年全国审计机关分行业审计调查情况统计表

金额单位:万元

指标 分类	专项审计调查项目(个)	审计调查单位(个)	审计调查金额	调查发现问题金额	提交审计调查报告(篇)			审计调查报告被批示、采用(篇)							促进地方部门制定完善规章(条)
					合计	提交专项调查报告	提交综合报告	合计	党中央国务院	国务院各部门	地方党政领导	上级审计机关	新闻单位	其他	
预算执行	734	3442	87971667	14033258	492	434	55	97	4	3	56	23	2	9	290
财政决算	178	678	9747436	1288831	209	189	19	19	1		12	6			61
专项资金	2301	21555	54951521	7403647	2056	1776	275	435	12	4	215	126	47	31	800
行政事业	748	7184	8957843	835459	793	650	132	172			108	37	3	24	262
固定资产投资	280	1971	18583559	2521562	328	283	44	66			50	10	1	5	131
金融	70	1050	5527700	408859	108	89	19	18			7	10	1		44
外资运用项目	132	595	7544882	363589	108	97	11	26			16	6	2	2	52
企业	377	3395	37597841	3469678	407	365	41	99			66	14	1	18	152
其他	599	11317	48207452	5650271	686	474	81	175	1	1	82	28	4	59	332